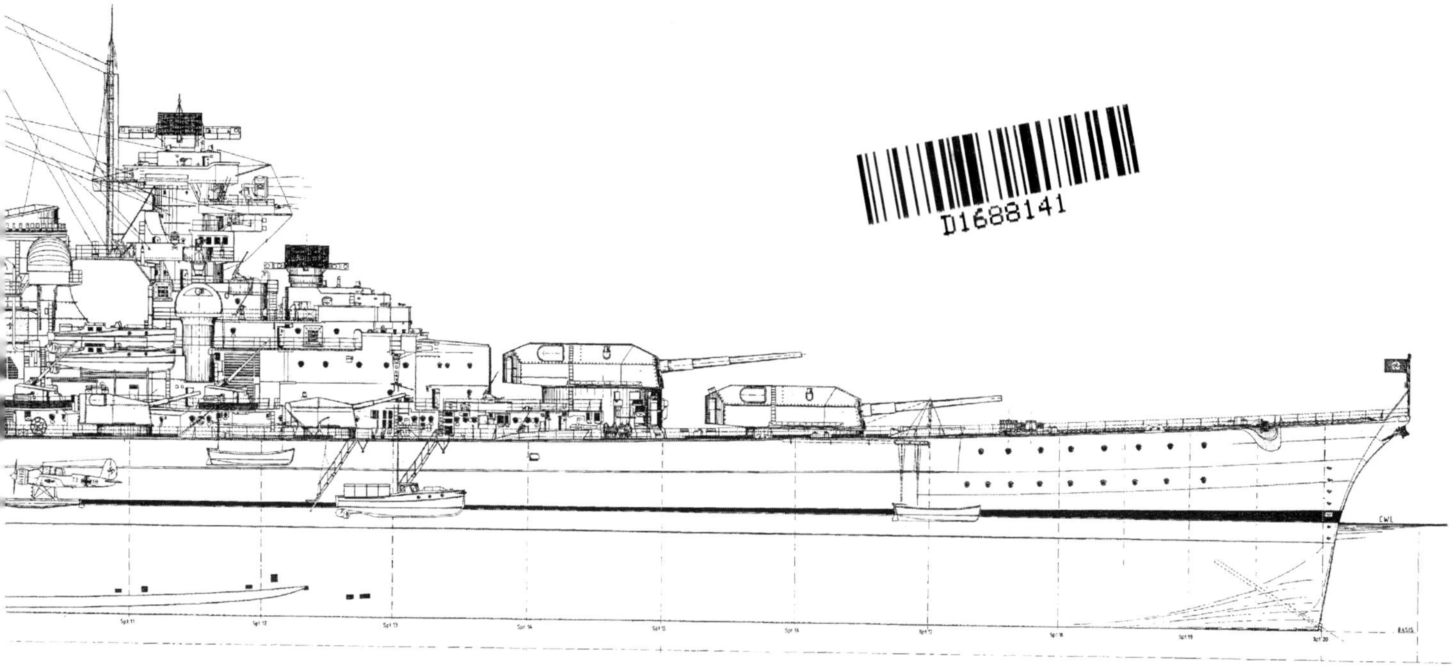
CWL
BASIS

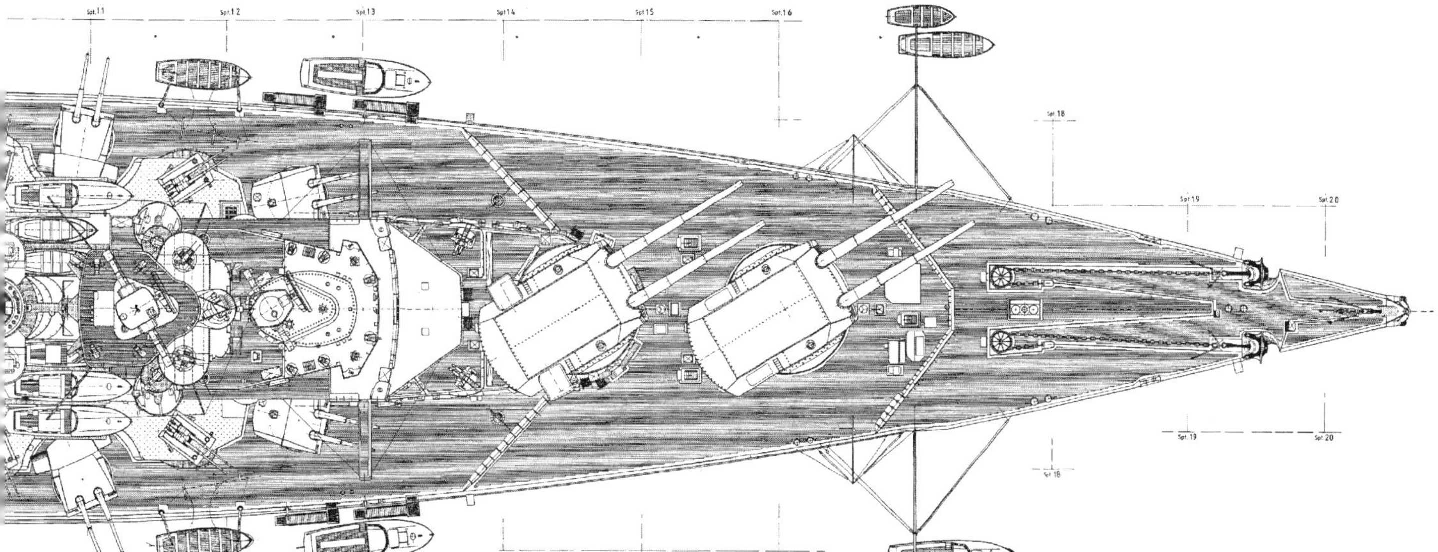
Spt.11
Spt.12
Spt.13
Spt.14
Spt.15
Spt.16
Spt.17
Spt.18
Spt.19
Spt.20

Jochen Brennecke

SCHLACHTSCHIFF
BISMARCK

Jochen Brennecke

SCHLACHTSCHIFF
BISMARCK

6., überarbeitete Auflage

Koehlers Verlagsgesellschaft mbH
Hamburg

Schutzumschlag:
Schlachtschiff BISMARCK. Foto: Archiv Blohm + Voss AG, Hamburg

Vorsätze:
© Besch, Modellbau Haarhaus
Vorn: Generalplan und Decksplan des Schlachtschiffes BISMARCK.
Hinten: Bug- und Heckansicht des Schlachtschiffes BISMARCK.

Fotos:
Archiv Blohm + Voss AG, Hamburg (26)
Wissenschaftliches Institut für Schiffahrts- und Marinegeschichte Peter Tamm, Hamburg (6)
Privatbesitz Paul Schmalenbach, Altenholz (4)
Fregattenkapitän Machon/Sammlung W. Harnack (1)
Hapag-Lloyd Aktiengesellschaft, Hamburg (1)

Gemälde:
Fünf mit den jeweiligen Seiten genannte stammen von Marinemaler Walter Zeeden.
Das Gemälde auf Seite 186 stammt vom Augenzeugen J. C. Schmitz-Westerholt,
der als Kriegsberichter auf PRINZ EUGEN eingeschifft war.

Ein Gesamtverzeichnis der lieferbaren Titel der Verlagsgruppe
Koehler/Mittler schicken wir Ihnen gern zu. Sie finden es aber
auch im Internet unter www.koehler-mittler.de

Bibliografische Information Der Deutschen Bibliothek
Die Deutsche Bibliothek verzeichnet diese Publikation in
der Deutschen Nationalbibliografie; detaillierte bibliografische
Daten sind im Internet über http://dnb.ddb.de abrufbar.

ISBN 3-7822-0877-3;
© 6., überarbeitete Auflage, 2003 by Koehlers Verlagsgesellschaft mbH, Hamburg
Alle Rechte, insbesondere das der Übersetzung, vorbehalten
Produktion: Anita Krumbügel
Gesamtherstellung: Hans Kock Buch- und Offsetdruck GmbH, Bielefeld
Printed in Germany

Inhalt

Einleitung und Dank	7
Vorwort	8
Die Vorbereitungen	11
Schlachtschiff BISMARCK: Planung, Bau, Stapellauf, Indienststellung und Erprobung	31
Die Werfterprobungsfahrten	77
Das Unternehmen »Rheinübung«	119
Der Marsch durch die Dänemarkstraße	157
Die Lage danach	187
Der Marsch nach Süden bis zum Ruderausfall	211
Der Endkampf	251
Erlebter Untergang	273
Die Luftwaffe beim Endkampf der BISMARCK	295
Das Ende des Unternehmens »Rheinübung«	305
Das Porträt des Flottenchefs Günter Lütjens	313
Raeder, Hitler und das Schlachtschiff BISMARCK	317
Anhang	325
Anmerkungen/Fußnoten	381
Abkürzungsverzeichnis	439

Den Gefallenen
vom Schlachtschiff BISMARCK,
denen vom Schlachtkreuzer HOOD,
allen Männern, die bei dieser Aktion
in Erfüllung ihrer höchsten Pflicht
für ihr Vaterland
auf der grauen See
geblieben sind,
in Ehrfurcht gewidmet.

Einleitung und Dank

Mittlerweile sind vier Auflagen erschienen, und inzwischen stehen beim Bundesarchiv/Militärarchiv in Freiburg die von den ehemaligen Feindmächten beschlagnahmten und endlich zurückgegebenen Kriegstagebücher der deutschen Kriegsmarine wie auch die Originaldokumente der »Führerkonferenzen« in Sachen Kriegsmarine und viele andere Quellen und Unterlagen zur Einsichtnahme zur Verfügung. So wurde dann die vom Verlag gewünschte fünfte Neuauflage nicht nur eine mit bloßen Ergänzungen, sie wurde praktisch ein neues Buch zum Thema, ausgewiesen auch durch das Studium der auf Mikrofilmen aufgenommenen, sachbezogenen Kriegstagebücher des Commander in Chief Home Fleet, der Niederschriften der Kommandanten und Offiziere der an der »Jagd nach der BISMARCK« und deren Bekämpfung beteiligten Schiffe und Flugzeuge der Royal Navy (wobei nicht nur die Einheiten der HOME FLEET herangezogen wurden). Dazu kamen weitere Mikrofilme der britischen Admiralität (so zum Beispiel die Akten der Korrespondenz des Ersten Seelords mit dem Premierminister usw.) oder die Akten der Royal Air Force (RAF). Die deutschen KTBs erlaubten nunmehr eine vertiefende Analyse zum Beispiel der Operationsbefehle der Marinegruppenkommandos »Nord« und »West« und des Flottenkommandos. Auch die oben erwähnten Publikationen – Bucheditionen wie Zeitschriftenbeiträge oder Gespräche mit an dem Unternehmen »Rheinübung« befaßten Persönlichkeiten und BS-Überlebenden – nutzten dem Studium zum Thema. In diesem neuen Buch, in dem erstmals auch die so gewichtigen Ergebnisse der bislang deutscherseits nicht einsehbaren »Prüfberichte des Artillerieversuchskommandos für Schiffe« [D 34] zur Verfügung standen, handelt es sich um politische, strategische, taktische, personelle und technische Aspekte des Entwurfs des Schlachtschiffes BISMARCK und hier grundsätzlich um die militärischen Forderungen an die neuen deutschen Großkampfschiffe, ausgewiesen durch den Bau, die Erprobung und den Einsatz der BISMARCK vor allem um die Darstellung **und** Analyse des Unternehmens »Rheinübung« aus deutscher und aus britischer Sicht. Es geht aber auch um die Qualifikation des Flottenchefs Admiral Lütjens: »Wie er war und warum er so war« und auch um seine Offiziere, Unteroffiziere und Mannschaften und deren hier nüchternen, sachlichen und dort menschlichen, erschütternden Aussagen und Retrospektiven.

Insbesondere Dank, herzlichen Dank:

- Rolf Güth, Kapitän zur See a.D., 1961–1973 an der Führungsakademie der Bundeswehr, 1972–1979 Fachleiter im Militärgeschichtlichen Forschungsamt Freiburg (MGFA) für seine sach- und fachkundige Mitarbeit, insbesondere als Kenner der Ära Raeder wie auch der politischen Zusammenhänge für das Kapitel 14;
- Paul Hillen, Mettmann, von der IV. (seemännischen) Division der BISMARCK mit Gefechtsstationen im Handruderraum und als Munitionsmanner der 15-cm-Kanone, ein technisch sehr interessiertes und versiertes überlebendes BS-Besatzungsmitglied;
- Hans-Jürgen Lück, Kaufbeuren, der das umfangreichste private KTB-Archiv zum Thema besitzt;
- Günter Muscheid, Weiden bei Köln, der sich als Artilleriespezialist mit einigen Phänomenen bei der Artillerie der BISMARCK befaßte und über ein Archiv seltener und unausgewerteter Dokumente (insbesondere der Fa. Krupp) zum Thema verfügt.

Im Rückblick darf ich auch noch einmal allen in den vorherigen Auflagen einzeln genannten Persönlichkeiten (und Dienststellen) Dank sagen für die Unterstützung sowie für alle Auskünfte und gewährten Unterredungen und ihrer zur Verfügung gestellten, aus der Praxis gewonnenen Erfahrungen. So wurden oft erst über nach dem Kriege geführte Gespräche oder durch umfangreichen Schriftwechsel bislang unerwähnte Einzelheiten und Hintergründe bekannt.

Harmsdorf/Ostholstein
Sommer 1997
Jochen Brennecke

Vorwort

Der »Mob.-Neubau- und der Indienststellungsplan 1936 bis 1941« des Oberkommandos der Kriegsmarine wurde am 9. Juni 1936 vom Ob.d.M. Generaladmiral Dr. h.c. Erich Raeder befohlen: Der Plan umfaßte folgende »Schweren Schiffe«:
5 Panzerschiffe (= Schlachtschiffe) D bis H, Fertigstellung 30.12.1937 bis 1. Mai 1941;
5 Schwere Kreuzer G bis L, Fertigstellung 14.7.1938 bis – etwa – 1940;
2 Flugzeugträger, Fertigstellung 1.4.1939 bzw. 15.11.1939.
Der Schiffbauplan basierte auf dem deutsch-englischen Flottenabkommen vom 18. Juni 1935. Raeder war jedoch »von vornherein gegenüber dem Plan des Führers, England durch ein Stärkeverhältnis von 35 : 100 auf die Dauer für eine Politik des Friedens zu gewinnen, skeptisch«. Im Schlachtschiffbau zog er schon frühzeitig »auch die englischen Schiffstypen KING GEORGE V als Gegner in Betracht«. Es handelte sich um Schlachtschiffe, deren Tonnage mit 35 000 ts im Londoner Seerüstungsabkommen am 1. Januar 1937 zwischen Großbritannien, Frankreich und den USA vereinbart wurde.
Den »Vereinbarungen über den Nachrichtenaustausch über Neubauten« – als Sicherung gegen ein Wettrüsten zur See – trat das Deutsche Reich am 17. Juli 1937 bei. Die deutschen »Panzerschiffe D und E« (später SCHARNHORST und GNEISENAU) lagen zu dieser Zeit auf Stapel mit einem Standard-Deplacement von 26 000 ts. Die Schlachtschiffe F und G – später BISMARCK und TIRPITZ – befanden sich in der Konstruktion – wie schon D und E größer und schwerer als im Nachrichtenaustausch vereinbart, nämlich mit 41 700 ts Typ-Deplacement. Die Kiellegung der beiden Schiffe erfolgte fast gleichzeitig mit den britischen Parallelbauten – den späteren Schlachtschiffen KING GEORGE V und PRINCE OF WALES. Diese sollten Ende Mai 1941 der BISMARCK zum Schicksal werden.
Die Vorgeschichte dieses Schicksals begann im April 1938 mit dem »Kommandoamtskriegsspiel des O.K.M.«, das der Oberbefehlshaber der Kriegsmarine, Generaladmiral Dr. h.c. Erich Raeder, am 12. April 1938 mit dem Ergebnis abschloß: »Der deutschen Flotte ist nach ihrem Aufbau/Neubauplan 9.6.1936 die Möglichkeit gegeben, gegen die englischen Seeverbindungen zu operieren …

Wenn England überhaupt zur Behauptung seiner Vormachtstellung in Europa und damit seiner Weltmachtstellung Krieg führen will, muß dies geschehen, bevor wir so erstarkt sind, daß das Risiko für England zu groß geworden ist. Der für den Krieg günstigste Zeitraum liegt zwischen 1938 und 1942.«
Raeders »Skepsis« von 1935 England gegenüber war ihm zur Gewißheit geworden, nachdem Hitler am 5. November 1937 unumwunden ausgesprochen hatte, daß England und Frankreich die »Haßgegner« Deutschlands sein würden bei dessen »Lösung der Raumprobleme« in Europa. Dabei aber mußte die Kriegsmarine die Hauptlast tragen unter der Voraussetzung, daß überhaupt das Ziel des Flottenaufbauplanes bis 1941/42 erreicht wurde, der das Operieren gegen die englischen atlantischen Zufuhren ermöglichen sollte. Raeder sprach – wie Tirpitz dreißig Jahre zuvor – vom »Risiko für England«, aber auch von der »Gefahrenzone« für Deutschland »zwischen 1938 und 1942«.
Nach englischen vergeblichen »agreement«-Versuchen am 30. Dezember 1938 und nach Hitlers Griff nach Prag am 15. März 1939 verkürzte sich diese »Gefahrenzone« auf nur wenige Monate:
Am 3. September erklärten Großbritannien und Frankreich dem Deutschen Reich den Krieg, nachdem Hitler zwei Tage zuvor Polen überfallen hatte.
Raeder konstatierte: »Die Überwasserstreitkräfte aber sind noch so gering an Zahl und Stärke gegenüber der englischen Flotte, daß sie, vollen Einsatz vorausgesetzt, nur zeigen können, daß sie … mit Anstand zu sterben verstehen.«
Die beiden Schlachtschiffe SCHARNHORST und GNEISENAU forcierten ihre Gefechtsausbildung. Ihre dann folgenden Einsatzgrundsätze aber entsprachen nicht den Auffassungen Raeders. Diese teilte er schriftlich am 23. Mai 1940 den operativen Befehlshabern und dem Flottenchef, Admiral Marschall, mit im Blick auf die Unternehmung »Juno« Anfang Juni in das Nordmeer.
»Die Schlachtschiffe müssen außerhalb des Küstenvorfeldes als stärkste und widerstandsfähigste Einheiten betrachtet werden. Nur durch die Kühnheit der gefaßten Entschlüsse, durch unvorhergesehene und nach hergebrachten Kriegsregeln unwahrscheinliche Operationen können wir den Gegner treffen, seinem Prestige schaden und damit unseren Teil zu dem Gesamtsieg beitragen.«
Es ging Raeder danach um die Lösung von Prestigefragen zwischen der Royal Navy und der Kriegsmarine in

einem Krieg zur See mit unterlegenen Kräften (von der Force Navale Frankreichs war keine Rede).

»… Schließlich bin ich der Überzeugung, daß auch durch den Ausfall eines dieser großen Schiffe an der Seelage und für den Kriegsausgang wenig geändert, durch ihren laufenden Einsatz aber viel gewonnen werden kann. Durch Nichteinsatz oder durch zögernde Verwendung wird aber nicht nur nichts gewonnen, sondern auch die Zukunft der Marine verloren.«

Dies schrieb Raeder aus den bitteren Erfahrungen der deutschen Hochseeflotte im Ersten Weltkrieg mit deren Ende in Scapa Flow am 21. Juni 1919.

Der erfolgreiche Wintereinsatz der beiden Schlachtschiffe SCHARNHORST und GNEISENAU vom 22. Januar bis 22. März 1941 gegen die britische Halifax-England-Geleitzugroute unter Führung von Admiral Lütjens bestätigte Raeders Auffassungen. Hitler gegenüber stellte er die »Prestige«-Bestrebungen nicht heraus. Der aber kalkulierte sehr wohl den Aufwand von Menschen und Material bei Schlachtschiffunternehmungen gegen den der U-Boote und deren möglichen Versenkungserfolge. Auch unter »Diversionswirkung« und »Bindung feindlicher Kräfte zur See« konnte er sich wenig vorstellen, eher schon von der Stärke der Panzerung und Artillerie in einer Seeschlacht: dorthin waren vielleicht auch seine Visionen gerichtet gewesen zum Aufbau einer »Z-Plan-Flotte«, den er am 27. Januar 1939 befohlen hatte …

Aus dieser Einstellung Hitlers zog Raeder die Konsequenz, als er die Operation »Rheinübung« mit dem Schlachtschiff BISMARCK und dem Schweren Kreuzer PRINZ EUGEN durch die Seekriegsleitung vorbereiten ließ und sie schließlich alleine – ohne Hitlers Wissen – befahl: Dieses Schlachtschiff und dessen Einsatz gegen England war sein höchstes Ziel, fast ein Vierteljahrhundert nach dem für ihn schändlichen Ende der Hochseeflotte. Es ist bezeichnend, daß Raeder fast zwei Jahre danach vor seinem Rücktritt als Ob.d.M. und Chef Skl am 15. Januar 1943 bei einer Bilanz seines Wirkens in den Mittelpunkt seiner Ansprache den Satz stellte:

»In einer so unglaublich kurzen Zeit bis zum Ausbruch des Krieges war der Typ unserer Schlachtschiffe BISMARCK, der im Ausland allgemein anerkannt wird, eine ganz hervorragende Leistung der Schiffbau-, Maschinenbau- und Waffenstellen des Oberkommandos der Kriegsmarine.«

Rolf Güth

Geballte Technik und Kampfkraft verkörpert der 251 m lange, 36 m breite und bei Vollausrüstung 50 300 t Wasser verdrängende Riese. Mit drei Satz Getriebe-Turbinen und einer Maschinenleistung von 50 300 PS erreicht Schlachtschiff BISMARCK eine Höchstgeschwindigkeit von 30,1 Knoten.

Die Vorbereitungen
Gedanken zum Thema ozeanischer Zufuhrkrieg mit einem Großkampfschiff, hier mit dem BISMARCK-Schlachtschiff

»Nein, es sind schon zwei Flottenchefs in Unfrieden mit der Seekriegsleitung aus ihrem Kommando ausgeschieden, ich will nicht der dritte sein. Ich weiß, was die Skl will, und ich werde ihre Befehle ausführen.«[1]
Diese kategorisch knappen Überlegungen waren die Antwort des Flottenchefs der Deutschen Kriegsmarine, Admiral Günther Lütjens, an seinen Vorgänger Admiral Wilhelm Marschall[2], als er diesen einen Tag vor seiner offiziellen Einschiffung auf dem neuen Flottenflaggschiff BISMARCK aufsuchte. Es war ein kameradschaftlicher und in persönlichen, praktischen Erfahrungen begründeter Rat, »… sich bei einer gegenüber der Planung veränderten Lage nicht allzu starr an den Operationsbefehl gebunden zu fühlen.«
Marschalls Rat war darin begründet, daß er als seinerzeitiger Flottenchef für den Flottenvorstoß Unternehmen »Juno« vom 6. bis 9. Juni 1940 von der Seekriegsleitung in deren strategische Absichten nicht genügend eingewiesen worden war, die Skl aber nach Abschluß des Unternehmens Wilhelm Marschall mit Kritiken über dessen persönliche Entschlüsse und dessen Führung überraschte und mit Vorhaltungen nicht sparte. Diese massive Konfrontation hatte harte Auseinandersetzungen zwischen dem Flottenchef und der Seekriegsleitung zur Folge. Die Diskrepanzen bewegten sich dabei im wesentlichen um die Definition des Entscheidungsspielraumes eines Flottenchefs als Seebefehlshaber, die, was heute an den Ergebnissen und Folgen zu belegen ist, im Fall Unternehmen »Juno« im Widerspruch zu den Überlegungen und Weisungen (Befehlen) der Skl (Raeder) stand, aber aus einer inzwischen vor Ort veränderten Lage heraus taktisch wie auch strategisch richtig war. Wer Marschall kannte, wußte, daß er seine Standpunkte mit profunder Sachlichkeit, aber auch mit schwäbisch-bayerischer Hartnäckigkeit und Konsequenz der Skl gegenüber vertrat.
Die Skl = Seekriegsleitung: Das war die Oberste Befehlsebene der Deutschen Kriegsmarine für
– Planung,
– Führung und
– Kräfteverteilung im Seekrieg.

Skl, das war die strategische Führung. Operativ führte die Skl Unternehmungen in außerheimischen Gewässern von Einzelschiffen wie auch/oder von Flottenverbänden, ausgenommen waren lediglich die U-Boote. Die operative Führung von Schiffen und Verbänden in den heimischen Gewässern dagegen war den Oberbefehlshabern der Marinegruppenkommandos Nord und West übertragen worden.
Diese kurz vor Kriegsbeginn eingerichtete Führungsorganisation hatte bereits im Oktober 1939 zur Verabschiedung des Flottenchefs Admiral Hermann Boehm geführt: nach Lütjens oben zitiertem Wort »der Erste«, der gehen mußte.
Am 7. Juli 1940 war Marschall nach der oben erwähnten Operation »Juno« der Zweite, der als Flottenchef »beurlaubt« wurde. Damals trat Lütjens dessen Vertretung an. Flottenchef wurde er am 8. Juli 1940. Die Beförderung zum Admiral folgte am 1. September 1940. (Marschall wurde nach seiner Ablösung Inspekteur des Bildungswesens der Marine; Boehm war seit dem Unternehmen »Weserübung« Kommandierender Admiral Norwegen.)
Blenden wir zurück auf den Tag, bevor sich Lütjens auf seinem neuen Flottenflaggschiff BISMARCK einschiffte, das war am 22. Mai 1941. Das Gespräch, in dem Lütjens Marschall gegenüber seinen oben zitierten Standpunkt erhärtete, war zweifelsohne über das bevorstehende Unternehmen »Rheinübung«[3] geführt worden, über den von der Seekriegsleitung geplanten und befohlenen Frühjahrseinsatz schwerer Einheiten im fortgesetzten atlantischen Zufuhrkrieg. Die Frage stellte sich: Warum besuchte Lütjens seinen Vorgänger?! Schließlich hatte Lütjens am 22. März 1941 mit dem Unternehmen »Berlin« einen solchen atlantischen Einsatz – über ein Vierteljahr! – erfolgreich beendet.
Seine Erfahrungen als Flottenchef waren nun auch in die Operationsplanung Unternehmen »Rheinübung« eingeflossen. Eine weitere, naheliegende Frage ist:
Wer war die Skl?
»Schon im Herbst 1937 hatte der Oberbefehlshaber der Kriegsmarine, Generaladmiral Raeder, seine Dienststellung als Chef der Seekriegsleitung bezeichnet. Das läßt

sich ausdeuten mit: Raeder wollte nicht nur (wie v. Tirpitz ab 1897) die Flotte schaffen, er wollte sie auch im Kriegsfalle führen (was v. Tirpitz versagt worden war).
Als Führungsorgan schuf er sich keinen Admiralstab als ständige Behörde, sondern – ihm als »Chef« direkt unterstellt – die 1. Abteilung (Operation) und die 3. Abteilung (Nachrichten) der Seekriegsleitung (die 1. Skl und die 3. Skl), die beide einem Chef des Stabes der Seekriegsleitung (dem C Skl) unterstanden. Das war – seit dem 1. November 1938 – Vizeadmiral Otto Schniewind, zugleich Chef des Marinekommandoamtes (OKM – A). Chef der Operationsabteilung 1 Skl war seit Oktober 1937 Konteradmiral Kurt Fricke, dessen Operationsreferent (1Skl Ia) seit April 1939 Kapitän z.S. Gerhard Wagner.
Zurück zur Besprechung Lütjens/Marschall. Auffallend ist: Lütjens Antwort an Marschall kam schnell und war unmißverständlich, denn er kannte Raeder, Schniewind und Fricke gut durch den gemeinsamen Aufbau der Reichs- und der Kriegsmarine. Lütjens hatte – vor dem Gespräch mit der Skl – nach seinen praktischen Erfahrungen jede nur mögliche Variante für eine Frühjahrs-Atlantikunternehmung mit seiner Fülle an Imponderabilien gründlich überlegt, systematisch und nüchtern analysiert und bezweifelt.
Hatte Marschall, Lütjens geachteter Vorgänger, mit seiner Meinung recht: »Das Denken der Skl ist nie über den Horizont der Torpedobootbrücke hinausgekommen?« Oder stimmten die Argumente seines Crewkameraden Otto Schniewind? War daher auch Lütjens von der Richtigkeit der Weisungen der Skl überzeugt? Glaubte er noch an einen operativ und taktisch erfolgreichen Verlauf, trotz des derzeitigen Ausfalls der im Hafen von Brest liegenden Schlachtschiffe SCHARNHORST und GNEISENAU, die nach Luftangriffsschäden noch nicht wieder einsatzbereit waren? Hatte die von der Skl befohlene Unternehmung dadurch überhaupt noch den vorgesehenen, eingeplanten, strategischen Sinn? War das Unternehmen »Rheinübung« allein mit der Kampfgruppe BISMARCK/PRINZ EUGEN angesichts der fortgeschrittenen Jahreszeit (und der damit für einen Durchbruch nicht mehr günstigen, daß heißt nicht mehr langanhaltenden Nächte im Durchbruchsraum nördlich von Island) und der inzwischen erfolgten und bekannten Verstärkung der britischen Home-Fleet [4] ein Unternehmen über das kalkulierbare Risiko hinaus? Sah er überhaupt noch eine Chance, den Krieg zugunsten der deutschen Waffen entscheidend mitbeeinflussen zu können? Oder ahnte er, daß die »Götterdämmerung« für Schlachtschiffe schlechthin aufgestiegen war? War er wirklich der Pessimist, als den ihn seine Crewkameraden oder dienstgleichen Kameraden werteten oder zu sehen glaubten?
Diese Fragen zu untersuchen, wird mit eine der Aufgaben dieser Neuauflage der Edition Schlachtschiff BISMARCK sein, die nun aus deutscher und britischer Sicht, erarbeitet und ergänzt wurde.
Hier, in Verbindung mit den Fragen zur Person des dritten Flottenchefs der Kriegsmarine, sei eine Devise der deutschen Marine seit General und Admiral Albrecht von Stosch, dem ersten Chef der Kaiserlichen Admiralität, zitiert, die lautete und mahnte:
»Nicht Schiffe, sondern Männer kämpfen!«
Diese Maxime trifft besonders auf die Kommandanten der Schiffe wie auch auf den eingeschifften Befehlshaber eines Unternehmens zu, das überdeutlich auch den Prägestempel der absoluten Verantwortlichkeit in See trägt. Gerade darum sollen in dieser Untersuchung Admiral Günther Lütjens, sein Stabschef Kapitän z.S. Harald Netzbandt, der Kommandant der BISMARCK, Kapitän z.S. Ernst Lindemann[4], der Leitende Ingenieur (LI) der BISMARCK, Korvettenkapitän (Ing.) Walter Lehmann[5] und der Kommandant des Schweren Kreuzers PRINZ EUGEN, Kapitän z.S. Helmuth Brinkmann[6], gewürdigt werden.
Das Unternehmen »Rheinübung« unter Führung von Günther Lütjens begann planmäßig. Sein Codename[7] deutete an, welche großen Erwartungen Raeder und die Skl in diese Operation setzten. Auch das Unternehmen »Weserübung« im April 1940 war ja trotz aller Skepsis und trotz der britischen Übermacht risikoreich geplant, mutig und geschickt geführt und erfolgreich abgeschlossen worden, wenngleich mit hohen Verlusten und dem Schock über die 100%igen Versager bei den neuen, mit viel Vorschußlorbeeren abgesegneten Torpedos mit Magnetzündung. Alle damit beschossenen Ziele schwammen weiter. Kein einziger der neuen Torpedos funktionierte. Diese Pauschalversager retteten die eingesetzten britischen Flotten-Einheiten von Schlachtschiffen bis zu Vorpostenbooten und U-Jägern.
Das Unternehmen »Rheinübung« wurde von den Befehlsstellen in der Heimat auf Distanz vom Schreibtisch aus und über Funkverbindungen dirigiert, das heißt, die Marinegruppenkommandos Nord und West versuchten, die

Unternehmung zu steuern. Das war schwierig bei einem Mann vom Format eines Günther Lütjens.

Am Ende stand sein Tod und der dramatische Verlust des Schlachtschiffes BISMARCK mit Kommandant und 2 000 Mann. Sein Gefechtssieg gegen den britischen Schlachtkreuzer HMS HOOD und seine alternative Selbstaufgabe erscheinen im Nachhinein wie ein Menetekel für die deutsche Kriegführung des Zweiten Weltkriegs. Sein Untergang ist zugleich ein Symbol für den Beginn vom Ende einer Epoche, in der Deutschland unter den Seemächten der Welt von 1848 bis 1918 über Jahrzehnte hin eine bemerkenswerte Rolle gespielt hatte: die Epoche der Schlachtschiffe, einer Zeitphase, deren »Schwanengesang« 1940/41 nach den Unternehmen »Berlin« und »Rheinübung« deutlich wird, aber keineswegs, wie noch in der 4. Auflage dieser Edition behauptet, bereits jetzt schon ihr definitives Ende fand.

Wenn in diesem Buch der kurze, an dramatischen und wechselhaften Höhepunkten reiche Lebensweg der BISMARCK kritisch untersucht und dargestellt werden soll, ist es unumgänglich, die Stellung dieses Schiffes innerhalb der internationalen »Schlachtschiffperiode« zu umreißen. Diese begann, als unter der Initiative von Lord Fisher im Jahre 1905 in England die Baupläne für die – spätere – DREADNOUGHT und ein Jahr später für die INVINCIBLE ausgearbeitet wurden. Diese neuen großen Kriegsschifftypen – zweifellos eine britische Antwort Fishers auch auf den Tirpitzschen Flottenaufbau – waren, taktisch gewertet, nur Nachfolger und Fortsetzer der bisherigen Linienschiffe und Panzerkreuzer, technisch gesehen waren sie völlig neue Entwicklungen.

Fisher bezeichnete sie als CAPITAL-SHIPS, ein Terminus, den auch Tirpitz übernahm. Ab jetzt setzten sich als Klassifizierungen durch
- das battleship = deutsch Groß-Linienschiff
- der battlecruiser = Großer Kreuzer.

Während bis dahin, außer den damals schon elf Jahre alten vier Linienschiffen der 1891 von Stapel gelaufenen deutschen BRANDENBURG-Klasse [122], [131], [133], [136], mit ihren 6 : 28-cm-Kanonen kein Schiff der Seemächte der Welt mehr als vier schwere Geschütze (SA = Schwere Artillerie) besaß, erhielt die 1905 entwickelte, turbinenbetriebene 18 110 ts standard/21 845 ts deep load große DREADNOUGHT als battle-ship-Typ 10 : 30.5-cm-Kanonen, das war, entgegen der bisher für Großkampfschiffe üblichen vier Großkaliber, eine maritime Weltsensation.

Außerdem: Der Wunsch nach Erhöhung der Standfestigkeit war bei diesem Typ fast noch mehr bestimmend als das Streben nach einer Steigerung der artilleristischen Schlagkraft.

Ein Jahr später, 1906, entwickelten die Briten mit der 17 373 ts/20 078 ts großen INVINCIBLE (v. St. 1907) den ersten battlecruiser. Dieser Typ hatte zwar eine etwas geringere Panzerung und als SA auch nur 8 : 30.5-cm-Kanonen, war aber gegenüber den 21 kn der DREADNOUGHT mit 25 kn durch die nun ebenfalls turbinenbetriebene Schiffsbetriebstechnik taktisch schneller.

Die neue Schlachtschiffepoche, die einer Zäsur gleichkam, war zugleich die eines modernen imperialistischen/ Navalismus: Eine Nation, die keine CAPITAL-SHIPS in Dienst hatte, das heißt, die sich mit ihrer Marinerüstung nicht dem unlösbaren Wechsel von Technik und Seemachtpolitik anpaßte, verlor ihren Anspruch auf
- Seemacht und
- Weltmacht.

Grundlage dafür waren im Hintergrund die explosionshaft aufstrebende Großindustrie (bislang ein Reservat der Briten) und der sich immer stärker ausweitende Welthandel über die Meere der Welt, verbunden mit weltweitem Kolonialbesitz mitsamt billigen Arbeitskräften.

Es entschlossen sich in dieser Zeitperiode unter dem Druck der Erkenntnisse, den britischen Beispielen mit dem Bau kostenzehrender, technisch schwieriger eigener CAPITAL-SHIPS zu folgen:
- die USA,
- Japan,
- Frankreich,
- Rußland,
- Spanien,
- Österreich-Ungarn und
- das Deutsche Reich.

Vier weitere Staaten erwarben CAPITAL-SHIPS im Ausland:
- Argentinien,
- Brasilien,
- Chile und
- das Osmanische Reich.

Die anderen Staaten mit Marinen aber, unter diesen China und die skandinavischen Staaten, verloren ihren Anspruch, als Seemacht gewertet zu werden. Eine Ausnahme bildeten die Niederlande, die ohne CAPITAL-SHIPS dank ihrer kolonialen Besitzungen dennoch eine Seemacht und eine Weltmacht blieben.

Das Deutsche Reich hatte den Weg in den modernen Navalismus innenpolitisch, wirtschaftlich und außenpolitisch seit den 80er Jahren des 19. Jahrhunderts beschritten. Mit dem Bau von CAPITAL-SHIPS nach den Plänen des Großadmirals von Tirpitz und dem Willen Kaiser Wilhelms II., des Reichstages und des Volkes trat es 1908 mit dem Stapellauf des ersten deutschen Schiffs solcher Art ein in die Konkurrenz der See- und Weltmächte. Für Tirpitz war eine der wesentlichsten Ausgangslagen für die deutsche Marine weniger eine höchstmögliche Schiffsgröße und ein höchstmögliches Kaliber für die SA, sondern eine optimale Sinksicherheit, hier vor allem der Unterwasserschutz und eine bienenwabenähnliche Unterteilung der unter Panzerschutz liegenden Räume: das war das Ergebnis der Defensiv-Strategie Tirpitz': »Risiko.« Es ist bemerkenswert, daß die technisch differenzierten »Risiko«-Ansprüche des Großadmirals – weniger superlative, aber dennoch zumindest gleichwertige Kampfkraft – bereits mit den vier 18 570 t/21 000 t großen Einheiten der 1907 begonnenen, 1908 von Stapel gelassenen und 1910 in Dienst gestellten NASSAU-Klasse mit je 12 : 28-cm-Kanonen als SA realisiert werden konnten.

Es würde den Rahmen der für dieses Buch gestellten Aufgabe sprengen, hier im Detail, die Entwicklung jener Schlachtschiffepoche von 1906 bis 1945 zu behandeln. Es sei nur kurz auf die deutsche Entwicklung bis zum Ersten Weltkrieg und den äußeren Höhepunkt im Jahre 1918 hingewiesen, als die Zahl der Großkampfschiffe eine weder vorher noch nachher gekannte Höhe erreichte. Weiter sind die Flottenverträge von Washington (1922) und von London (1930), in denen der Status quo in der Seerüstung und das befristete Bauverbot für Schlachtschiffe vertraglich fixiert wurden, Marksteine in der Epoche der CAPITAL-SHIPS gewesen.

Zusammenfassend sei festgestellt:
Deutschland hat von 1907 bis 1918 26 und von 1936 bis 1941 vier CAPITAL-SHIPS[8], also zusammen 30 Schlachtschiffe und Schlachtkreuzer, gebaut, wobei die nicht fertig gebauten abgelieferten Einheiten, aber begonnenen Großkampfschiffe nicht mitgezählt worden sind. Zwischen den beiden Perioden liegen neunzehn Jahre: Von der Selbstversenkung von 16 deutschen Großkampfschiffen am 21. Juni 1919 in Scapa Flow bis zur Indienststellung des Schlachtschiffes GNEISENAU (britisch »nur« als Schlachtkreuzer respektiert) am 21. Mai 1938, als Deutschland keine Schlachtschiffe in Dienst haben durfte und damit nach damaligen Maßstäben auch keine Seemacht war[9]. Beide Daten (1919–1938) aber werden überspannt vom Anfangs- und Endpunkt der deutschen Schlachtschiffära. Sie begann mit der am 22. Juli 1907 auf der Kaiserlichen Werft, Wilhelmshaven, auf Kiel gelegten und am 7. März 1908 von Stapel gelassenen NASSAU und endete mit dem durch Litfaßsäulenbomben verursachten Kentern des auch als Großlinienschiff klassifizierten Schlachtschiffes TIRPITZ am 12. November 1944.

Zweimal innerhalb dieser Periode sind feindliche CAPITAL-SHIPS gesunken:
• drei am 31. Mai 1916: die Schlachtkreuzer INDEFATIGABLE, QUEEN MARY und INVINCIBLE,
• eines am 24. Mai 1941: der Schlachtkreuzer HOOD.

Zu beiden Zeitpunkten sanken nur je ein deutsches Großkampfschiff:
• am 31. Mai 1916 der Schlachtkreuzer LÜTZOW[10] und
• am 27. Mai 1941 das Schlachtschiff BISMARCK.

In beiden Fällen wurden die deutschen Schiffe aber von ihren eigenen Besatzungen versenkt, nachdem sie durch eine Überzahl britischer Seestreitkräfte kampfunfähig geworden waren. Der große Unterschied aber war (und das wirft ein gutes Licht auf den deutschen Kriegsschiffbau und die deutsche Artillerie), daß die vier feindlichen Großkampfschiffe im Kampf Schiff gegen Schiff versenkt wurden, während die LÜTZOW und die BISMARCK durch eine Mehrzahl an Gegnern ausgeschaltet worden sind.

In beiden Fällen bleibt festzustellen, daß es dem Gegner trotz zahlenmäßiger Überlegenheit und trotz einsatzbedingter schwerster Verluste nicht gelang, auch nur eines der beiden deutschen CAPITAL-SHIPS zu vernichten, denn ihre Sinksicherheit überschritt das Optimum aller bisherigen Konstruktionen und Vorstellungen. Sie waren die deutsche Antwort auf die britischen DREADNOUGHT. Und wenn der Kommandant SMS LÜTZOW bei der Skagerrakschlacht von Egidy geheißen hätte, hätte wohl auch die LÜTZOW den 31. Mai/1. Juni 1916 überlebt[11]. Ob für die BISMARCK am 27. Mai 1941 noch eine Überlebenschance bestand, damit wird sich dieses Buch befassen.

Die seestrategische Ausgangslage für das Unternehmen »Rheinübung« im Frühjahr 1941

Der bisherige Zufuhrkrieg aus deutscher und britischer Sicht und die seit Monaten permanente Bedrohung der britischen Zufuhren über See

Zur Beurteilung der Überlegungen und der Entschlüsse der deutschen Seekriegsleitung, die zum Einsatz der Kampfgruppe BISMARCK führten, ist eine Betrachtung der seestrategischen Lage im Frühjahr 1941 unerläßlich. Erst aus ihr heraus wird die optimistische Einstellung der Skl hinsichtlich ähnlicher, weiterer Pläne im Zufuhrkrieg deutlich und verständlich.

Die ersten Monate des Jahres 1941 sehen die meisten der wenigen deutschen einsatzbereiten, größeren Überwassereinheiten im Einsatz. Trotz ihrer numerischen Unterlegenheit werden sie von Großadmiral Raeder in der Verfolgung ihrer strategischen Aufgabe, Handelskrieg gegen England zu führen, mit großer, ja beispielloser Kühnheit eingesetzt. Mit Rücksicht auf ihre Hauptaufgabe, nämlich Handelskrieg (= Zufuhrkrieg) zu führen, hatten die Kommandanten dieser Schiffe Anweisung, Kampfhandlungen mit überlegenen Gegnern in jedem Falle auszuweichen. Das betraf aber auch ebenbürtige, gleichstarke Einheiten. Gemessen an den Einsätzen und an den zahlenmäßigen Erfolgen, dürfen die Monate Januar, Februar und März 1941 heute als die erfolgreichste Periode der deutschen Überwasserstreitkräfte im Kampf gegen den britischen Seeverkehr überhaupt bezeichnet werden. Die Erfolge der hier in diesem Zusammenhang nicht zur Diskussion stehenden U-Boot-Waffe dagegen blieben infolge vorübergehend weiteren Absinkens der Anzahl frontklarer Boote besonders in den ersten Monaten des neuen Jahres unter den Erwartungen[12].

Die Diversionswirkung bei verschiedenen dieser Handelskriegunternehmungen der Überwassereinheiten: S.S., S.Kr., HSK (Hilfs-Krz.) U-Boote – war beträchtlich. Der Gegner wurde durch latenten Druck auf seine Seeverbindungen gezwungen, Abwehrkräfte auch in fernen überseeischen Seegebieten in Bereitschaft zu halten.

Die nachfolgenden Ausführungen überzeugen, daß die in der Frühjahrsperiode 1941 operierenden wenigen deutschen Seestreitkräfte in der Tat (neben ihren eigentlichen Aufgaben) Diversionen der überlegenen britischen Seemacht in geradezu klassischem Sinne herbeigeführt haben.

Die durch den Einsatz der deutschen Handelsstörer (also der aktiven Kriegsschiffe wie der Hilfskreuzer als Kriegsschiffprovisorien) bedingte Sicherung der sofort nach Kriegsbeginn eingeführten Geleitzüge, wie auch die Kontrolle der kriegs- und lebenswichtigen Seetransportwege verlangen bei der Royal Navy in Verbindung mit Ablösungen und Dockzeiten einen fast pausenlosen Einsatz der in Frage kommenden Kriegsschifftypen: Zerstörer, Fregatten, Sloops, Trawler, Flugzeuge usw. und **gegen die aktiven deutschen Überwasserkampfschiffe auch Schlachtschiffe, Flugzeugträger und Schwere Kreuzer.** Selbstverständlich werden insbesondere die schnellen Kreuzer engagiert, um gewisse Engen und Zwangswege, die von den Deutschen genutzt werden, möglichst permanent zu überwachen, so auch die **Dänemarkstraße** zwischen **Island** und **Ostgrönland** oder die **Shetlandenge** zwischen **Island** und den **Färöer**.

Dieser permanente Einsatz britischer Flotteneinheiten bedeutet eine enorme Beanspruchung des britischen Navypotentials: Es werden die Werften frequentiert, es wird tankschiffsladungsweise Heizöl verbraucht. Das aber müssen Tanker auf ihren bedrohten Seewegen erst heranschleppen. Übersehen wir auch nicht die enorme Beanspruchung der britischen Besatzungen durch den Einsatz bzw. das Vorhandensein der deutschen Raider: außer den Schlachtschiffen, den Schweren Kreuzern einschließlich der dieselmotorgetriebenen »pocket-battle-ships« der DEUTSCHLAND-Klasse, ferner durch die nacheinander in zwei Wellen operierenden Handelsstörkreuzer, die HSKs geheißenen Hilfskreuzer und die atlantikgängigen U-Boote. Darüber hinaus sei, was den Zufuhrkrieg gegen die Konvoirouten betrifft, daran erinnert, daß hier nicht allein Versenkungen von Handelsschiffen an der britischen Transportsubstanz zählen: auch die jeweiligen Zusammenstellungen und Sammlungen der Schiffe der Konvois in den Ausgangshäfen kostet Zeit – ebenso wie im Nahbereich der britischen Insel deren Auflösung und Geleit in die unterschiedlichen Zielhäfen durch deutsche Minenfelder.

Zeitverluste sind Transportverluste.

Summiert man diese – auch die Konvoiumwege und Ausweichkurse zählen dazu, ebenso wie die Tatsache, daß sich im Konvoi erfaßte Handelsschiffe stets nach dem langsamsten Schiff richten müssen – dann sind die zeitverlustbedingten »sekundären« Tonnageeinbußen für den Gegner gravierend und in summa Schiffsverlusten gleichzusetzen.

Großadmiral Dönitz schrieb darüber später in seinem Nachkriegsbuch »10 Jahre und 20 Tage«: »Eine Diversion hat aber nur dann Wert, wenn dabei, im ganzen gesehen, ein Nutzen für die eigene Kriegführung herausspringt. Sie ist zwecklos, wenn sie die Voraussetzungen zur Erfüllung der Hauptaufgabe schmälert. Man darf also, um eine Diversionswirkung beim Feinde zu erzielen, keine Kräfte wegnehmen, die dem strategischen Hauptziel des Seekriegs dienen, es sei denn, daß diese Kräfte gleichzeitig mit der Diversion ihre eigentliche Aufgabe in gleichem Maße wie auf dem Hauptkriegsschauplatz erfüllen können.«

*

Bei den Überwasserstreitkräften, die im Frühjahr 1941 im bzw. noch im Einsatz sind, sind zunächst die Hilfskreuzer zu nennen. Auf fast allen Ozeanen beunruhigten und schädigten seit Kriegsausbruch die Schiffe der Ersten und mit dem HSK KORMORAN[18] nun auch bereits der Zweiten Welle weiterhin den Gegner. Sie zwangen durch ihre Überraschungsvorstöße und durch das oft spurlose Verschwinden von Handelsschiffen in den verschiedensten Seegebieten den Gegner, seinen Einzelschiffverkehr auch in fernsten überseeischen Räumen über zeitraubenden Umleitungen zu lenken. Die Operationen dieser deutschen »Raider« erlaubten daher den Gegnern nicht (britische, australische, neuseeländische, kanadische und später US-amerikanische) Kriegsschiffe aus den überseeischen Gebieten für Konvoischutz-Aufgaben im Nordatlantik abzuziehen. Im Gegenteil.

Es operierten 1940/41 in den genannten Monaten folgende sechs Hilfskreuzer in nachstehend benannten Seegebieten:

HSK ORION (Schiff 36)[13]; Kommandant Fregattenkapitän Kurt Weyher, im westlichen Pazifik, später im östlichen Indischen Ozean;

HSK KOMET (Schiff 45)[14]; Kommandant Konteradmiral Robert Eyssen, im westlichen Pazifik, in der Antarktis und später im südöstlichen Indischen Ozean;

HSK ATLANTIS (Schiff 16)[15]; Kommandant Kapitän zur See Bernhard Rogge, im Südatlantik, im Indischen Ozean, im Pazifik;

HSK PINGUIN (Schiff 33)[16]; Kommandant Kapitän zur See Ernst-Felix Krüder, in der Antarktis, kurz im Südatlantik und nach einer Versorgung bei den Kerguelen im mittleren und nördlichen West-Indischen Ozean;

HSK THOR (Schiff 10)[17]; Kommandant Kapitän zur See Otto Kähler, im südlichen und mittleren Atlantik;

HSK KORMORAN (Schiff 41)[18]; Kommandant Kapitän zur See Theodor Detmers, im Nord-, Mittel- und Südatlantik, später auch im Indischen Ozean und vor Australien.

Die taktischen Erfolge der deutschen Hilfskreuzer beliefen sich im benannten Zeitraum auf insgesamt 25 Schiffe mit 114 581 BRT.

In See stand um die fragliche Zeit ferner der Schwere Kreuzer ADMIRAL SCHEER[19], der nach erfolgreichen Operationen im Südatlantik im Februar 1941 in die südwestlichen Gebiete des Indischen Ozeans vorstieß. Sein Auftreten im Raum nördlich von Madagaskar löste beim Gegner eine großangelegte aber ergebnislose Jagd von elf Leichten und Schweren Kreuzern und einem Flugzeugträger aus.

ADMIRAL SCHEER trat Ende Februar 1941 laut Skl-Befehl den Rückmarsch so an, daß das Schiff die Dänemarkstraße noch im »Schutze der polaren Winternacht« und überdies während der Neumondperiode Ende März passieren konnte[20]. Bemerkenswert ist, daß ADMIRAL SCHEER die vor und in der Dänemarkstraße Patrouille fahrenden britischen Kreuzer ausmanövrierte, obwohl ihr Funkmeßgerät defekt war und die Suche nach Gegnereinheiten nur optisch erfolgen konnte.

Die strategischen Erfolge der ADMIRAL SCHEER, das sei noch betont, waren natürlich bei einem aktiven Kriegsschiff zwangsläufig größer als die der Hilfskreuzer, auf die bereits eingegangen wurde.

Zur gleichen Zeit operierten nach Weisungen der Skl noch andere Überwassereinheiten an den Hauptschlagadern der überseeischen britischen Versorgung, nämlich an den Konvoirouten im Nordatlantik: Die Skl hatte schon lange vorher dafür im Nordatlantik acht Tankschiffe in vier Gruppen auf Position gelegt, um bei den Operationen der Schlachtkreuzer SCHARNHORST und GNEI-

SENAU und des Schweren Kreuzers ADMIRAL HIPPER als schwimmende Versorgungsbasen zur Verfügung zu stehen. Die ADMIRAL HIPPER lief unter Kapitän zur See Meisel am 30. November 1940 aus und nach praktisch erfolglos verlaufener Operation westlich vom Kap Finisterre[21] am 27. Dezember in Brest ein. HIPPER lief am 1. Februar 1941 zu einer neuen Unternehmung in den Mittelatlantik aus. Der Schwere Kreuzer versenkte am 11. Februar aufgrund von Fühlunghaltermeldungen Nachzügler des inzwischen aufgelösten H.G.53-Konvois, der damit von 16 Schiffen insgesamt neun mit 15 218 BRT [18] verlor. In der Nacht zum 12. Februar bekam die ADMIRAL HIPPER Fühlung mit dem aus 19 Schiffen bestehenden Konvoi S.L.64, aus dem nach deutschen Beobachtungen 13 Schiffe mit 78 000 BRT, nach britischen Berichten nur sieben Schiffe mit 32 806 BRT versenkt und zwei beschädigt wurden. Zwei Tage später, am 14. Februar, lief der Schwere Kreuzer wieder in Brest ein. Höhepunkt der deutschen Frühjahrsoperationen 1941 war das Unternehmen »Berlin« der Schlachtschiffe SCHARNHORST und GNEISENAU (Kapitän zur See Hoffmann und Kapitän zur See Fein). Die Kampfgruppe führte der Flottenchef, Admiral Lütjens. Die beiden Schiffe waren am 22. Januar 1941 aus Kiel ausgelaufen[22], stießen bei dem Versuch, durch die Enge zwischen Island und den Färöer den freien Atlantik zu erreichen, am 28. Januar südlich von Island auf gegnerische Einheiten, nämlich auf zwei britische Kreuzer der Bewachungslinie als Vorhut der britischen Home Fleet[23], die unter Admiral Tovey aufgrund einer Agentenmeldung über die Sichtung zweier, am 23. Januar auf dem Wege durch den Belt stehender Schlachtschiffe in See gegangen waren. Die deutsche Kampfgruppe machte kehrt.[24] Sie wich rechtzeitig zur Versorgung ins Nordmeer aus [83/a].
Die Home Fleet verließ Scapa Flow um Mitternacht des 25. zum 26. Januar. Sie bestand aus der NELSON, der RODNEY und der REPULSE, acht Kreuzern von der 2., 15. und 18. Squadron und elf Zerstörern. Tovey marschierte auf eine Position 120 Meilen südlich von Island, von wo aus er beide Zugänge zum Atlantik, die Island-Färöer-Enge und die Dänemarkstraße, gut zu überwachen glaubte. Am 27. teilte Tovey seine Streitkräfte. Er mußte aber einen Teil der Home Fleet zur Beölung nach Scapa Flow schicken.
In der ersten Morgendämmerung des 28. sichtete und meldete der Kreuzer NAIAD der Home Fleet zwei große Einheiten. Die NAIAD versuchte, Fühlung zu halten, während Admiral Tovey seinen schweren Schiffen befahl, die NAIAD zu unterstützen und allen anderen Schiffen befohlen wurde, auf Höchstfahrt zu gehen. Roskill sagt zu dieser Situation: »Aber das deutsche Radar schien bessere Resultate erzielt zu haben, als die auf Kreuzern der Home Fleet montierten Geräte (sets), denn in der Tat hatten die Deutschen die Anwesenheit von zwei der Kreuzer-Linien Admiral Toveys schon sechs Minuten vor der Sichtung durch NAIAD entdeckt, wie später festgestellt. Dies versetzte sie[25] in die Lage, kehrt zu machen und auf Höchstfahrt zu gehen, so daß die NAIAD den Kontakt verlor. Obgleich der C-in-C später die Vermutung aussprach, daß die Sichtung ein Irrtum gewesen wäre, wissen wir heute, daß es die SCHARNHORST und die GNEISENAU waren, die von der NAIAD im ersten Morgenlicht für ein paar Augenblicke gesehen wurden, und daß diese eben noch davor bewahrt wurden, direkt auf Admiral Toveys Flotte zu stoßen: Diese bestand nach dem Tovey-KTB (noch) aus dem Schlachtschiff NELSON als Flaggschiff, dem Schlachtkreuzer REPULSE, den Leichten Kreuzern NAIAD, PHOEBE, GALATEA, ARETHUSA und AURORA sowie den Großzerstörern BEDOUIN, MATABELE, TARTAR und PUNJABI und den kleineren Zerstörern ESCAPADE, ECHO und ELECTRA.«
Lütjens, der auf dem Flaggschiff GNEISENAU fuhr, machte also kehrt, beölte im Eismeer und passierte zwischen dem 3. und 5. Februar die Dänemarkstraße, ohne von gegnerischen Einheiten gesichtet zu werden. Die Kampfgruppe operierte nach einer Beölung südlich von Grönland an der Halifaxroute, griff gemäß striktem Skl-Befehl aber einen hier gesichteten Geleitzug, den Konvoi HX 106, nicht an, da er durch ein Schlachtschiff[26] gesichert war.
Lütjens marschierte erneut in das Gebiet südlich von Grönland zurück, wo er wieder Öl ergänzte, um dann nach Süden in den Mittelatlantik zu gehen und erneut an der Halifaxroute, und zwar diesmal südlich, zu operieren. Die Kampfgruppe versenkte hier fünf Einzelfahrer und verlegte dann in den Seeraum bei den Kanarischen Inseln, um an der sogenannten Sierra-Leone-Route zu operieren. Aber auch hier mußte ein Angriff auf einen am 7. März gesichteten und nach Norden marschierenden Geleitzug, es handelte sich um den Konvoi S.L.67, unterbleiben, da auch hier eine Schlachtschiffsicherung (es handelte sich um die MALAYA) beobachtet wurde. Die

Absicht des Flottenchefs, über M.Grp.Kdo und den BdU drei in der Nähe stehende U-Boote gegen das Schlachtschiff anzusetzen, scheiterte, nicht aber deren Ansatz gegen den S.L.67 durch den BdU. Interessant sind die verschiedenen Standpunkte bei der Untersuchung dieses Mißerfolges. Vizeadmiral Ruge macht in seinem Buch »Der Seekrieg 1939 bis 1945« die Befehlsorganisation der genannten Heimatstellen für das Scheitern der Absichten des Flottenchefs verantwortlich. Generaladmiral Marschall ist gleicher Auffassung. Er fügt noch bekräftigend hinzu: »Nicht genug, daß der Seekrieg auf dem Wasser und der über dem Wasser von verschiedenen Wehrmachtteilen, deren Oberbefehlshaber einander nicht grün waren, geführt wurde, bildete die U-Boot-Waffe unter Wasser eine dritte Gruppe der Eigenbröteleien.« Großadmiral Dönitz erklärte dem Verfasser später: »Gemäß KTB des BdU ging am 7. März 1941, 14.40 Uhr, beim BdU die FT-Meldung der Flotte über einen Nord steuernden Geleitzug mit Schlachtschiffbedeckung im Planquadrat DT90 ein. Unmittelbar darauf erhielten U 124, U 105 und U 106 den Befehl, anzugreifen und möglichst das Schlachtschiff zu versenken, um so den eigenen Schiffen SCHARNHORST und GNEISENAU den Angriff zu ermöglichen. Daß die Boote in dieser Phase fünf Dampfer (28 488 BRT) aus dem Geleitzug versenkten und einen (7 505 BRT) beschädigten, nicht aber das Schlachtschiff vor die Rohre bekamen und vernichten konnten, hing von der ungünstigen taktischen Situation ab, unter der sie dann auf den Geleitzug trafen.«

Der damalige Kommandant der SCHARNHORST, Kapitän z.S. Hoffmann, vertritt folgende Überlegung: »Es ist richtig, daß die Absicht des Flottenchefs scheiterte, die U-Boote gegen die MALAYA anzusetzen. Aber die Zusammenarbeit mit den U-Booten hatte doch insofern Erfolg, als ihnen Kurs und Fahrt des von den deutschen Schlachtschiffen aus beobachteten Geleitzuges mehrfach übermittelt werden konnte und ihnen dadurch das Einnehmen der Angriffspositionen erleichtert worden ist. Allerdings trat hier erschwerend in Erscheinung, daß die U-Boote mit anderen Schlüsselmitteln als die Schlachtschiffe GU und SH ausgerüstet waren, so daß ein unmittelbarer Funkverkehr mit diesen nicht möglich war und die Signale über die Gruppe Nord und den BdU in Paris geleitet werden mußten.«

Der damalige Kommandant des Schweren Kreuzers ADMIRAL SCHEER, der spätere Admiral Krancke, zu dieser Frage: »Der Ansatz scheiterte nicht. Bereits gegen 15.00 wurden drei U-Boote angesetzt. Daß sie an das Schlachtschiff nicht herankamen, war eine Folge der taktischen Lage, die weder vom Flottenchef noch vom BdU beeinflußt werden konnte. Die Verzögerung war nicht so wesentlich. Vor allem konnte nur der BdU getauchte U-Boote über die Längstwelle erreichen.«

Dennoch bleibt die Frage offen, ob die U-Boote bei einem direkten, also sofortigen Ansatz durch die Flotte, das heißt bei direkter Funkabsprache[27], nicht doch auf das Schlachtschiff zum Schuß gekommen wären. Der Beispiele gibt es genug, daß sich auch bei taktisch schwierigen Situationen kurzzeitige, günstige Gelegenheiten bieten. Vielleicht gab es unmittelbar zuvor eine solche einmalige Chance. Voraussetzung dafür war natürlich, daß die betreffenden U-Boote nicht gerade unter Wasser standen, also nicht nur über Längstwellen zu erreichen waren. Der Flotte die Befehlsgewalt über in ihrem unmittelbaren Operationsbereich stehenden U-Boote für solche Sonderfälle einzuräumen, wäre wohl zweckmäßig gewesen. Man konnte ja das eine tun und brauchte das andere, nämlich die zusätzliche Einhaltung des BdU, nicht zu lassen.

Übrigens bekam U 106 die MALAYA vierzehn Tage später dann doch noch vor die Rohre. Das Schlachtschiff sicherte im Südatlantik einen nach England gehenden Geleitzug. Bei der Bekämpfung dieses Konvois, an der auch U 105 (Kapitänleutnant Schewe) beteiligt war, konnte U 106 (Kapitänleutnant Oesten) später, am 20. März, auf 20° 02' N/25° 50' W Torpedotreffer an der MALAYA erzielen.

Doch wenden wir uns wieder der Unternehmung GNEISENAU und SCHARHORST nach der Begegnung mit dem Konvoi S.L.67 zu. Die britische Admiralität und Admiral Tovey rechneten jetzt schon mit einem Rückmarsch der deutschen Kampfgruppe über die Nordroute. Als der britische Funkbeobachtungsdienst Anzeichen für einen solchen bevorstehenden Durchbruchsmarsch zu erkennen glaubte, lief der C-in-C mit NELSON, NIGERIA und zwei Zerstörern aus und nahm südlich von Island Aufstellung[28] (siehe auch die Anmerkung aus britischer Sicht zum Thema). Die deutsche Kampfgruppe setzte aber den Handelskrieg im Atlantik fort.

Ablaufend versenkten die SCHARNHORST und die GNEISENAU am 9. März noch einen Einzelfahrer, beölten am 11./12. März und stießen wieder auf die Halifax-Route vor. Am 15. März versenkten sie sechs und am 16. März zehn ebenfalls ungesicherte Frachter aus einem aufgelösten, südgehenden Konvoi[29].

Viele der Frachtschiffe melden durch RRRR-FT den (Raider-)Angriff und die Position. Zwar wurde die ablaufende deutsche Kampfgruppe am gleichen Tage in den Abendstunden von dem britischen Schlachtschiff RODNEY kurz gesichtet, es kam aber zu keiner Gefechtsberührung. Die wegen des Auftretens der deutschen Einheiten eigens von England nach Halifax zusammen mit der RODNEY zum Schutze von zwei auslaufbereiten Geleitzügen geschickte KING GEORGE V.[30] wurde sofort aus Halifax in das bedrohte Seegebiet in Marsch gesetzt, während Admiral Tovey seine Streitkräfte zur Überwachung der Nordpassagen in Erwartung eines jetzt möglichen Durchbruchs verstärkte. Hier hatte der C-in-C Home Fleet nach dem 16. März in seinem KTB Überlegungen angestellt und entsprechende Maßnahmen eingeleitet:

»… If the enemy ships attempted the northern passage to the North Sea the earleast likely date would be the night of the 20th/21st March.

The NELSON, NIGERIA and destroyers continued their patrol to the south and south-west Iceland, the BOADICEA ACTIVE and ESCAPE rejoining on the 18th March.

The NORFOLK (Rear-Admiral Commanding, First Cruiser Squadron), who had returned to Scapa on 16th March from escorting convoys H.X.112 and S.C.24, was ordered to reinforce the Denmark Straits patrol after refuelling at Reykjavik. She sailed from Scapa on 18th and from Reykjavik on 20th March.

The HOOD (Vice-Admiral Commanding, Battle Cruiser Squadron), who had sailed from Rosyth on the 18th March after completing a nine weeks refit, was ordered to join the NELSON with the QUEEN ELISABETH who had completed a successful full-power trial on 18th (Admiralty message 2327/18).

A rendezvous was made between the HOOD and the QUEEN ELIZABETH in the Pentland Firth early in the morning of 19th March, and this force, screened by the INGLEFIELD (Captain [D], Third Destroyer Flotilla): ELECTRA, ARROW, ECHO, ECLIPSE and ESKIMO joined me at 10.00° an 20th, when they were directed to patrol thirty miles to the southward of NELSON.

In the meantime the Fleet-Minelaying Squadron, escorted by the AURORA and GALATEA, has sailed on 17th March to lay S.N.69, a northern, and the last, section of the Iceland – Faeroes minefiled. The field was laid on the 19th March with the NELSON and NIGERIA covering the operation. The minelaying squadron and their escort returned to harbour on 21th March.

During the late afternoon of 20th March an aircraft from the ARK ROYAL, with Force H, operating to the west of the Bay of Biscay, sighted and reported the German battlecruisers in position 46° 50 N / 21° 25 W steering north at 20 kn …«[31]

Die Position der ARK ROYAL und des Schlachtkreuzers RENOWN, beide der Force H zugehörig, war zu dieser Zeit 45° 00 N / 19° 25 W, Kurs 350°. Die Geschwindigkeit betrug um 19.00 Uhr 27 kn. Der verbleibende Ölvorrat lag bei 45 %. Mit den relativ wenigen, aber starken, wenn auch gegenüber der SCHARNHORST (31.5 kn) und der GNEISENAU (31.3 kn) langsameren Einheiten, die Admiral Tovey zur Verfügung standen, erwartete er inzwischen die deutschen Schlachtkreuzer[32] auf seiner Position südlich von Island.

Doch der C-in-C Home Fleet auf dem Schlachtschiff NELSON wartet vergeblich, denn: Steuerleute und N.O.S der deutschen Schlachtschiffe [32] hatten bereits die Seekarten für die Ansteuerung des Hafens von Brest bereitgelegt. Sie erreichten diesen Stützpunkt ungefährdet am 22. März, ohne daß der Gegner seine vorherige, oben vermerkte Sichtung in den Abendstunden des 20. März durch ein Bordflugzeug der Force H (ARK ROYAL) nunmehr durch Flugzeuge des Küstenkommandos taktisch auswerten konnte. Zum deutschbesetzten Stützpunkt Brest mit seinen Werften und Docks ist einschränkend festzustellen, daß er noch näher im Aktionsbereich der britischen Luftwaffe lag als Wilhelmshaven. Brest bot sich der RAF als Ziel geradezu an. Bei der rapiden Entwicklung auch der britischen Luftwaffe – was Reichweite und die Kapazitäten der Bombenlast angeht – wurde Brest als deutsche Flottenbasis und als Reparatur- und Versorgungsplatz für den atlantischen Zufuhrkrieg von Woche zu Woche gefährdeter. Dessen ist man sich bei Skl durchaus bewußt. Wenn man hier Admiral Wagner folgt, so war für die Zukunft eine Verlegung in südlichere Häfen bereits im Gespräch, wobei – in Verbindung mit der Afrikafront – sogar Häfen im nördlichen West-Afrika zur Diskussion standen. Doch zunächst kommt die deutsche Kriegsmarine um Brest (und St. Nazaire) nicht umhin, allein schon der Docks wegen.

Mit dem Einlaufen in Brest verband die Skl außerdem eine taktische Maßnahme: Sie erleichterte den derzeit auf Durchbruchkurs nach Deutschland stehenden Schweren Kreuzern ADMIRAL SCHEER und der am 16. März während der Nacht aus Brest ausgelaufenen ADMIRAL HIPPER wie auch den später folgenden Einheiten ganz wesentlich die Rückkehr.

Dies gelang durch die Kräftezersplitterung beim Gegner bzw. durch die Kräfteverschiebungen bei der Überwachung des atlantischen Seeraumes im Vorfeld vor Brest und der anderen französischen Atlantikhäfen, insbesondere St. Nazaire mit seinem, auch für so große Einheiten wie die für die ebenfalls für den Zufuhrkrieg eingeplanten Schlachtschiffe BISMARCK und TIRPITZ ausgelegten Trockendocks.

Roskill [87, pg. 376–379] befaßt sich noch eingehender mit den britischen Maßnahmen. Er schreibt in [87]: »Die Funkmeldungen der am 15. und 16. März angegriffenen Schiffe, die Berichte der von der RODNEY geretteten Überlebenden und schließlich die kurze Sichtung des feindlichen Verbandes durch die RODNEY selbst am Abend des letztgenannten Tages machten es der Admiralität vollends zur Gewißheit, daß es dieselben zwei Schlachtkreuzer[32] waren, die erneut im westlichen Atlantik operierten.

Durch diese Identifizierung wurde es jedoch keineswegs leichter, die weiteren Bewegungen des feindlichen Verbandes richtig zu schätzen und dementsprechend die eigenen Streitkräfte in die günstigste Abfangstellung zu bringen. Nach den Erfahrungen der letzten Zeit war anzunehmen, daß die feindlichen Handelsstörer nach Abschluß ihres Vorstoßes versuchen würden, durch eine der nördlichen Passagen nach Deutschland zurückzukehren. Deshalb konzentrierte sich in den folgenden Tagen die Aufmerksamkeit auf diese Gewässer. Sowohl die Bewegungen der Heimatflotte als auch die Anforderungen der Admiralität an das Küstenkommando für Luftaufklärung und Patrouillenflüge beruhen auf dieser Voraussetzung.«

Vom 17. bis zum 20. März wurde über der Dänemarkstraße und über der Island-Färöer-Passage intensive Luftüberwachung durchgeführt. Aber um 17.30 Uhr des letztgenannten Tages sichtete ein Aufklärungsflugzeug des Flugzeugträgers ARK ROYAL die zwei deutschen Schlachtschiffe etwa 600 Seemeilen WNW von Kap Finisterre. Die ARK ROYAL gehörte zur Kampfgruppe H, die von der Admiralität von Gibraltar nach Norden gerufen worden war. Wir wissen heute, daß Admiral Lütjens am 20. März in den späten Abendstunden auf der Position 46° 50' / 21° 25' W taktisch klug und raffiniert zugleich seinen Kurs sofort von NO auf genau Nord änderte, als er merkte, daß er gesichtet worden war. Damit wollte er seine Verfolger irreführen, und, sobald das fühlunghaltende Flugzeug verschwunden war, drehte er auf seinen früheren NO-Kurs zurück. Diese Finte hatte Erfolg, denn eine Reihe von Zwischenfällen verhinderte, daß Vizeadmiral Somerville[33] sofort erfuhr, welchen Kurs der Feind bei der ersten Sichtung gesteuert hatte. Das Flugzeug konnte keine sofortige Meldung erstatten, weil sein Sender ausgefallen war. Es drehte deshalb ab, um in Sichtweite Meldung zu erstatten. Als es auf seinem Wege zur ARK ROYAL den Schlachtkreuzer RENOWN passierte, übermittelte es seine Meldung an dieser. Dabei gab es den Kurs des Feindes mit Nord an und fügte unglücklicherweise nicht hinzu, daß dieser Kurs bei der ersten Sichtung noch Nordost gewesen war. Dieser ursprüngliche Kurs wurde erstmals erwähnt, nachdem das Flugzeug auf der ARK ROYAL gelandet war. Aber auch der Flugzeugträger, der etwa 20 Seemeilen von seinem Flaggschiff entfernt war, unterließ es, dies sofort dem Admiral zu melden, so daß dieser mehrere Stunden lang ohne die Information war, die ihn in die Lage versetzt hätte, die Absichten seines Gegners zu ergründen.[34]

Obwohl die Flugzeuge des Küstenkommandos sofort nach Bekanntwerden der Sichtung des Gegners Anweisung erhielten, die Zufahrten zur Biskaya zu überwachen, dauerte es doch bis zum folgenden Tag, bis man in London das mutmaßliche Ziel des Gegners richtig einschätzte.

Als um 17.30 Uhr des 20. März 1941 ein Flugzeug der ARK ROYAL erstmals den Gegner gesichtet hatte, stand Somerville etwa 160 Seemeilen südöstlich von dessen Standort und war somit zu weit entfernt, als daß sofort ein Kampfverband[35] hätte entsandt werden können. Deshalb war es dringend notwendig, die Fühlung mit dem Gegner aufrechtzuerhalten, während der Flugzeugträger sich bemühte, den Abstand zum Feind zu verringern. Unglücklicherweise verhinderten jedoch die schlechten Sichtverhältnisse das Fühlunghalten bei Nacht oder Nachtangriffe von Trägerflugzeugen, und auch am nächsten Morgen waren die Sichtverhältnisse wenig besser. So ging die Fühlung verloren, kaum daß sie gewonnen war, und Vizeadmiral Sir J. Somervilles Erbitterung hierüber war beträchtlich. Wie er an einen anderen Flaggoffizier schrieb, war es »... äußerst unglücklich, daß wir den Gegner nicht schon früher an jenem Nachmittag in Sicht bekamen. Gott allein weiß, wie viele Tausende von Meilen unsere Jungens geflogen sind, um diese zwei Schiffe zu suchen«.

Übrigens lenkte die kurze Sichtung die Aufmerksamkeit der Admiralität wieder von den nördlichen Nordseezugängen zum Golf von Biskaya, und unsere Streitkräfte wurden am 21. März entsprechend umdisponiert. Zur NELSON, dem Flaggschiff von Admiral Tovey, das südlich von Island patrouillierte, waren (wie oben in Verbindung mit dem C.-in-C.-Home Fleet vermerkt) soeben die HOOD und QUEEN ELIZABETH gestoßen, und die Admiralität befahl jetzt Admiral Tovey, mit allen drei Schiffen nach Süden zu steuern und dabei Höchstfahrt zu laufen, soweit Roskill.[36]

Die Admiralty-Order lautete nach dem KTB des C.-in-C.-Home Fleet Admirals Tovey: »... all available forces to concentrate in the Biscaya area:
- the battleship NELSON
- the battlecruiser HOOD
- the battleship QUEEN ELIZABETH
- the Light Cruiser NIGERIA and destroyers,
- the Light Cruiser EDINBURGH (Vice Admiral Commanding, Eighteenth Cruiser Squadron with the Big-Destroyer SOMALI (Captain D Sixth Destroyer Flottilla),
- and so on:

»Die Patrouillenflüge des Küstenkommandos über der Biskaya wurden, so nach Roskill, verstärkt, und das Bomberkommando bildete eine Kampfgruppe von 25 Bombern des Typs Wellington, die den Gegner angreifen sollte, sobald die Fühlung mit ihm wieder hergestellt war. Kreuzer vom 10. und 18. Kreuzergeschwader erhielten ebenfalls Befehl, sich in südlicher Richtung zu sammeln. Aber bevor nicht die Torpedobomber der ARK ROYAL die Geschwindigkeit des Gegners herabsetzten – eine Möglichkeit, die infolge Mißgeschicks und schlechten Wetters am 20. und 21. März schließlich entschwand –, waren die Aussichten, den Feind zu stellen, nur gering, denn die schweren Schiffe von Tovey standen mehrere hundert Seemeilen hinter ihm, und der deutsche Verband näherte sich jetzt rasch jenen Gewässern, wo er unter dem Schutz der eigenen landgebundenen Luftwaffe stand. Man hatte eben die Absichten des Gegners zu spät erkannt. Der deutsche Verband wurde noch einmal in See gesichtet, und zwar am Abend des 21. März von einem Aufklärungsflugzeug des Typs »Hudson«, das zum 220. Geschwader des Küstenkommandos gehörte. Zu diesem Zeitpunkt stand der Verband jedoch nur weniger als 200 Seemeilen vor der französischen Küste, und die letzte Möglichkeit, ihn noch zu stellen, war damit verschwunden.

Die zwei Schlachtkreuzer liefen am Vormittag des 22. März in Brest ein, aber erst sechs Tage später wurden sie endgültig dort ausgemacht, nachdem das Coastal Command bis dahin alle französischen Häfen von Cherbourg bis Bordeaux nach ihnen abgesucht hatte. Die Wetterlage war für die Luftaufklärung ungünstig, und Lütjens hatte sein wirkliches Ziel bis zu den letzten Stunden seiner Annäherung an die französische Küste geschickt getarnt.«

Auf der anderen Seite mußten immer mehr britische Schiffe zur See wegen Heizölmangels aufgeben und zur Beölung ablaufen ... Admiral Tovey gab von Bord des Schlachtschiffes NELSON am 21. März, als der Verbleib der beiden deutschen Schlachtkreuzer nach wie vor unklar war, um 08.09 Uhr z.B. FT-Meldung über die schnellen Zerstörer: »... Am detaching COSSACK, MAORI and ZULU for Reykjawik 09.00 Z BROADICEA, ESCAPADE and ACTIVE at 21.00 Z today. They require oil, victuals and rest. My position at 08.00 Z 59° 23' N/20°, 41 W, 210°, nineteen knots. Capital ships may require fuel later at Reykjawik · 21. März 13.31: Received Admiralty message 13.32 C.S.19 – My 2247/20. Unless you hear news of ennemy battlecruisers return to Clyde · 21. March 13.35: Received Admiralty message 13.30 – we have no further informations of enemy battlecruisers. Cancel my 21.07/20 · 21. March 14.01: To B.C.1: Battlecruiser force return to Scapa.«

Für die Verantwortlichen der Admiralty sind – wie auch bei der Home Fleet – die sich aus der Ungewißheit anbietenden möglichen Vorstellungen über den Verbleib und die Absichten der beiden deutschen »battlecruisers« eine aufreibende, an der Substanz der letzten Kräfte zehrende Tortur:

Am 23. März, mitten in der Nacht, gibt die britische Admiralität die »message 00.44« heraus. Danach sei es von größter Wichtigkeit, bei der SCHARNHORST und der GNEISENAU einen erneuten Ausbruch »... on trade route again...« neben einem nicht minder möglichen Rückmarsch durch die nördlichen Passagen mit Kurs auf Norwegen oder einen deutschen Hafen einzukalkulieren. Immer neue Funksprüche. Und immer wieder Ungewißheit um die beiden schnellen deutschen Schlachtkreuzer, die auf den Schultern der Verantwortlichen in White Hall wie auch bei der Home Fleet lastet.

- Am 23. März im F.T. 18.38 Uhr: »... plans for operations against German battlecruisers in Western European waters ...«
- Am 24. März um 23.14 Uhr Force H an die Admiralität: »... Plans for attack on SCHARNHORST and GNEISENAU if located off France.«
- Am 26. März, an dem erneut bekräftigt wird, daß die Air Force die deutschen Schiffe in keinem der französischen Biscaya-Häfen gesichtet habe, erhärtet sich mit dem FT an die RODNEY um 02.03 die Vermutung »... the SCHARNHORST and GNEISENAU have sailed and be making for focal points off Newfoundland. You should reach this area with despatch.«
- Später, 03.08, geht ein 09.20/24-FT an die Force H ein: »Information received from German prisoners ex GNEISENAU. Reliability cannot be assessed: GNEISENAU left Kiel on 23rd January 1941. GNEISENAU's maximum speed stated to be twentysix knots.« (Welch ein Irrtum oder welch eine gezielte Irreführung, denn das Maximum der GNEISENAU lag (nach Gröner 1982 [122] bei 31.3 kn, laut Conway [135] 32 kn, laut Parkes [142] ebenso).
- Am 28. März wird Admiral Tovey, jetzt wieder in Scapa eingetroffen, gemeldet: »00.35, to B.C.1 NIGERIA, C-in-C Western Approaches. It is reported from reliable source (wahrscheinlich Agentenquelle) on 26th March that SCHARNHORST and GNEISENAU have entered Brest ...«[37]

Die Folgen – von nicht See-erfahrenen Historikern unbeachtet, übersehen oder gar nicht erkannt – sind laut Roskill beachtlich:

»Sobald bekannt war, daß der feindliche Verband in einen Hafen eingelaufen war, wurde der normale Schiffsverkehr im Atlantik wieder aufgenommen, und die Home Fleet kehrte für kurze Zeit nach Scapa oder zum Clyde zurück. Admiral Tovey erhielt dort sofort Anweisung, kampfkräftiges Geleit für die Konvois nach Übersee und insbesondere für die Truppentransporte zum Mittleren Osten bereitzustellen. Die Kampfgruppe H kehrte nach Gibraltar zurück und patrouillierte dann auf der Nord-Süd-Route der Geleitzüge, wohin am Ende dieses Monats auch die HOOD, die FIJI und die NIGERIA entsandt wurden.[38] Alle einsatzbereiten Unterseeboote wurden vor Brest und im Golf von Biskaya eingesetzt, und das Coastal Command verstärkte seine Überwachung dieses Hafens. Es wurde eine Serie der schwersten möglichen Luftangriffe auf die zwei Schlachtkreuzer gefordert, und gleichzeitig wurden alle Vorbereitungen getroffen, um einem Versuch des Verbandes, nach Deutschland durchzubrechen, begegnen zu können. Während der folgenden Tage bildete die Admiralität drei bis vier getrennte Kampfgruppen, von denen jede aus mindestens einem schweren Schiff, begleitet von Kreuzern oder Zerstörern, bestand.[39/1] Sie wurden so aufgestellt, daß sie den Gegner stellen konnten, falls dieser wieder auslief. Aber eine derartige Blockade bedeutete eine ungewöhnliche Beanspruchung der beteiligten Schiffe und konnte deshalb nicht für längere Zeit aufrechterhalten werden.«

Um die Märzmitte kam eine weitere Sorge bei den Briten hinzu. Am 18. März trifft beim B.C.1 und auf der QUEEN ELIZABETH die Admiralitätsmeldung 23.51 ein. Sie lautet:

»a) Assum (ing – e – ed) that SCHARNHORST and GNEISENAU are returning to North See.
b) We have lost sight of BISMARCK* and, though W/T traffic on Norwegian coast has not been abnormal, it is possible that BISMARCK may be used to escort SCHARNHORST and GNEISENAU past Iceland.
c) German know whereabouts of RODNEY and, to a lesser degree, of KING GEORGE V.
d) HOOD is to cancel full power trials and, if necessary, the full calibre shoot.
e) Subject to any orders received from C-in-C-Home Fleet, HOOD and QUEEN ELIZABETH are to proceed in company to 60° Nord, 11° West. B.C.1 to inform C-in-C. Home fleet time at which this position will be reached.«

Die NELSON wird alarmiert. Für die Nacht vom 19. zum 20. »... passing through positions
a) 63° 30' N/14° 00 W at 0700 z/20 and b) 62° 50' N/14° 40 W at 1000 Z/20. Rendezvous with me in postion b.«
Mit full speed in See befohlen sind Kreuzer und Zerstörer, außerdem zeigt sich die Air Force äußerst aktiv. Hier

---

* Diese folgende Darstellung ist für das britische strategische Denken »klassisch«: »We have lost sight of BISMARCK«. Also kann sich – nach britischem Verständnis – das Schlachtschiff nur auf Kurs zur SCHARNHORST und GNEISENAU befinden.

interessiert die KTB-Eintragung vom 19. März 0219 »... Aircraft unable to take off until daylight ...«
(Dieses C-in-C Rosyth's FT beweist, daß die hier eingesetzten Flugzeuge noch kein Radar haben.)
Ernsthaft müssen auch noch andere Bedrohungen beachtet werden, »intelligence points«, die ebenfalls den Home Fleet-Chef bewegen, nämlich
- die Befürchtung, die Deutschen könnten von Norwegen aus einen Raid oder womöglich sogar eine Invasion gegen Island planen.[39/2] Bei einem solchen Unternehmen könnte – quasi als Antwort auf den britischen *Clayrmont*-Raid – der Riglu-Fjord das Hauptziel sein, befinden sich doch hier die lebens- und damit kriegswichtigen Fischverarbeitungsfabriken: die Herings-Verwertungs-Unternehmen wie auch solche für die Frischfleischverarbeitungen. Und man fügt hinzu: »... all highly inflammable most likely targets.«

Bei Roskill ist über diese bei der Navy hartnäckig in Erwägung gezogene kombinierte See- und Landoperation mit dem Schlachtschiff BISMARCK als Kern einer deutschen Expeditionsflotte nichts vermerkt, wohl aber im KTB des britischen Flottenchefs. In Wahrheit befand sich das von den britischen Aufklärern gesuchte und noch immer vermißte Schlachtschiff, das bei den Kontrollflügen letztmalig am 13. März in Kiel beobachtet worden war, nach wie vor in der östlichen Ostsee im Raum Bornholm, wohin es laut KTB am 17. März zur Gefechtsausbildung ausgelaufen war.

Die jetzt schon legendäre BISMARCK ist Zündstoff zur steten Beunruhigung bei den Briten. Aufklärer versuchen daher permanent, ihren Aufenthaltsort zu ermitteln. Sie suchen die BISMARCK in Kiel,
BISMARCK im Schwimmdock,
BISMARCK in der Lübecker Bucht
bis schließlich
die BISMARCK »reported at Gdynia« (Gotenhafen).[40]
Auch im Tovey-KTB wirkt der Name BISMARCK wie ein »Trauma«.
Überdies kam es zur gleichen Zeit zur Sichtung der vermißten beiden deutschen »battlecruisers«. Ein Flugzeug des Trägers ARK ROYAL der Force H hatte die Schlachtschiffe SCHARNHORST und GNEISENAU wiedergefunden. Am 21. März 1941 funkte die Admiralität 02.21 Uhr mit Eingang beim Flottenchef 02.27: »Three bomber squadrons may be sent to attack enemy battlecruisers reported in F.O.Force H's 18.20 2/20 if located.«

Nach Roskill wurden vor allem der BISMARCK wegen die nördlichen Zufahrten zum Atlantik versperrt, unter anderem wurde der Schlachtkreuzer HOOD nach dort befohlen, »um unseren hier patrouillierenden Kreuzern Rückhalt zu geben«.

Blenden wir noch einmal zusammenfassend auf die bisherigen Konvoi-Operationen im Jahre 1941 zurück. Der britische Seekriegshistoriker Captain Roskill kommentiert [87][41]:
»Es war schon erwähnt worden, daß die Admiralität wegen der Angriffe von ADMIRAL HIPPER, SCHARNHORST und GNEISENAU auf unsere Geleitzüge der Atlantik- und Sierra-Leone-Route beschlossen hatte, für diese Konvois ein Schlachtschiff- oder Kreuzergeleit vorzusehen, wann immer dies möglich war. Im allgemeinen mußten für diese Aufgabe Schiffe der Home Fleet detachiert werden. Glücklicherweise waren die Admiral Tovey zur Verfügung gestellten Kreuzer kurz vorher beträchtlich vermehrt worden.[42] Dadurch war er jetzt in der Lage, diese neue Aufgabe zu erfüllen, ohne deshalb die Erledigung der anderen Aufgaben seiner Flotte zu beeinträchtigen. Die Notwendigkeit freilich, den jetzt regelmäßig jeden Monat zum Mittleren Osten auslaufenden wichtigen WS-Geleitzügen aus Truppentransportern ein besonders kampfkräftiges Geleit zu geben, hielten in Verbindung mit den hinzugekommenen Anforderungen im Endergebnis die Zahl der Admiral Tovey zur Verfügung stehenden Kreuzer nur wenig über jenem Minimum, das für gemeinsame Operationen mit den schweren Schiffen der Home Fleet und zur Überwachung der nördlichen Zufahrten zum Atlantik unabdingbar war! So war zum Beispiel der aus 21 Schiffen mit zusammen 418 000 BRT bestehende Geleitzug WS 5 B, der mit 40 000 Mann Truppen an Bord am 12. Januar von England auslief, gesichert von der RAMILLIES,[43] der AUSTRALIA, der NAIAD und der PHOEBE sowie zur Unterseebootabwehr von zwölf Zerstörern.

Den ersten Teil des nächsten WS-Geleitzuges, nämlich von WS 6, der am 8. Februar auslief, sicherten die RODNEY, drei Kreuzer und drei Zerstörer. Von Gibraltar an übernahm die Kampfgruppe H am 17. Februar die Sicherung dieses Geleitzuges, und die RODNEY verließ nun dieses Geleit, um einen Halifaxkonvoi zu treffen und nach England zu geleiten.

Die NORFOLK geleitete zwei andere Geleitzüge im Nordatlantik, während die EDINBURGH sich mit der ROYAL

SOVEREIGN traf und diese als Hochseegeleit des kanadischen Truppenkonvois TC 9 ablöste. Gleichzeitig geleitete der Kreuzer MAURITIUS den zweiten Teil des Geleitzuges WS 6 bis Gibraltar, und die ARETHUSA befuhr die gleiche Route, als sie einen für Gibraltar bestimmten und von England ausgehenden Geleitzug sicherte.

Alle diese hier genannten Geleitaufgaben entstanden im letzten Abschnitt Januar 1941 oder in den ersten Tagen des Februar. Sie sind deshalb mit so vielen Einzelheiten geschildert, weil sie zeigen, **zu welch weiter Zerstreuung unserer Streitkräfte uns die Gefahr zwang, die von den im Handelskrieg eingesetzten deutschen Überwasser-Kriegsschiffen ausging.** Sie zeigen ferner, wie dringend notwendig eine Verstärkung besonders an Kreuzern war, wenn wirklich alle die vielen in See befindlichen Geleitzüge an jedem Tag gesichert werden sollten. Es war in der Tat ein glücklicher Zufall, daß wir zu jener Zeit auf einen kleinen Zuwachs rechnen konnten, aber wie geringfügig er war, wurde klar, als zwischen dem 16. und 22. März 1941 ein Durchbruch der zwei feindlichen Schlachtkreuzer aus dem Atlantik zurück nach Deutschland fast gewiß erschien ...«

Der Verfasser fügt zum britischen Problem »erwarteter Durchbruch« hinzu: Der ja dann nicht nur unterblieb, sondern nun erst recht zu einer relativ langen Phase der Unsicherheit wurde. Diese war offenbar beängstigend groß – (weil sie ja nicht nur die SCHARNHORST und die GNEISENAU im Nordatlantik, sondern auch die »irgendwo« anwesende, aber inzwischen noch nicht wieder georderte ADMIRAL SCHEER betraf), da der am 24. März zunächst nach Freetown ausgehende Truppentransport-Konvoi WS 7 (KTB Tovey: »The troops are urgently required for Middle East«) sogar die NELSON zur Sicherung gegen die deutschen Raider beigegeben wurde.

Admiral Tovey hatte nun zu wählen, ob er seine Streitkräfte so aufstellen sollte, daß sie einem Versuch des Gegners, die nördlichen Zufahrten des Atlantik zu benutzen, entgegentreten konnten, oder ob er sie zu dem Versuch einsetzen sollte, den Feind am Einlaufen in einen französischen Biscayahafen zu hindern. Als dann am 28. und 29. März gewisse Anzeichen darauf hindeuteten, daß die ADMIRAL SCHEER den Versuch unternehmen wollte, durch die Dänemarkstraße die Heimat zu erreichen, hatte Admiral Tovey nur noch wenige Streitkräfte für diese neue Operation übrig, solange er die Blockade der Schlachtkreuzer aufrechterhielt, denen es, wie bereits dargestellt, unterdessen gelungen war, Brest zu erreichen.[44]

Am 28. März bestätigten Luftaufnahmen die Anwesenheit der Schlachtkreuzer in dem französischen Stützpunkt, und während der folgenden drei Wochen setzte die Admiralität fast sämtliche Streitkräfte der Home Fleet und der Kampfgruppe H auf Wartestellungen rund 500 Seemeilen westlich von Brest für den Fall ein, daß die feindlichen Schiffe versuchen würden, über Norwegen nach Deutschland zurückzukehren. Von den zwei bis drei hierbei eingesetzten Kampfgruppen, von denen jede mindestens ein schweres Schiff enthielt, kehrte jeweils eine nach einiger Zeit zur Ölergänzung nach Scapa oder Gibraltar zurück. Sie nahm danach ihre Patrouillen wieder auf, während sich die Admirale Tovey und Somerville gegenseitig im Kommando der blockierenden Streitkräfte ablösten. Es verdient übrigens vermerkt zu werden, daß Admiral Tovey schon zu diesem frühen Zeitpunkt der Ansicht war, daß die wahrscheinlichste Route der feindlichen Schiffe in Brest, falls diese sich zu einem Durchbruch in die Heimat entschlössen, der Weg durch den Englischen Kanal sei. So Roskill.

Während der ersten drei Monate des Jahres 1941 schädigten die deutschen Überwasserstreitkräfte die britische Zufuhrschiffahrt direkt um 289 501 BRT an Schiffsraum und um noch einiges mehr an Ladetonnen zum Teil kriegswichtiger, in allen Fällen aber lebenswichtiger Güter. Auf die indirekten, also strategischen Folgen der deutschen Operationen wurde bereits eingegangen, ebenso auch auf die Diversionswirkungen, die eine Zersplitterung der gegnerischen Abwehrkräfte nachweisbar zur Folge hatten.

In der gleichen Zeit versenkte die zahlenmäßig noch immer schwache U-Bootwaffe im Januar 126 785 BRT, im Februar 196 783 BRT, im März 243 020 BRT, also zusammen 566 582 BRT. Deutlich zeigen diese Zahlen den nun von Monat zu Monat gesteigerten Erfolg durch den, wenn auch noch immer langsam vermehrten Einsatz neuer Boote.

Unzweifelhaft geht aus dieser Gegenüberstellung hervor, wie richtig die operativen Planungen der Skl im Rahmen der Raederschen **seestrategischen Gesamtkonzeption** waren, auch das Einlaufen der beiden Schlachtkreuzer in Brest, von wo aus diese beiden schweren Einheiten in Verbindung mit in Aussicht genommenen Operationen der BISMARCK und der TIRPITZ eingesetzt werden sollten. Allerdings war zur Zeit auf der SCHARNHORST[45] mit längeren Reparaturen zu rechnen, während auf der GNEISENAU nur kurzfristige Überholungsarbeiten notwendig waren. Daß bei der Stationierung von Kriegsschiffen in französischen Häfen sehr bald schon die Nachteile die Vorteile überwogen, weil man der kriegsbedingt forciert vorangetriebenen und indirekt durch die Amerikaner umfassend beeinflußten gegnerischen Flugzeugindustrie und -entwicklung und der daraus resultierenden zunehmenden Luftüberlegenheit der Gegner nicht energisch genug Beachtung schenkte, sollte sich bald schon zeigen. Tatsache blieb zunächst, daß alle Überwassereinheiten, die 1940/41 in nahen und fernen ozeanischen Gebieten eingesetzt worden waren, mit Ausnahme der ADMIRAL GRAF SPEE wieder glücklich in ihre Stützpunkte zurückkehrten.

Das betrifft, um die Fakten noch einmal zusammenzufassen, die SCHARNHORST und die GNEISENAU, die, wie vorgesehen, Brest als neuen Stützpunkt zugewiesen erhielten, und die Schweren Kreuzer ADMIRAL HIPPER [13 a] und ADMIRAL SCHEER [16], die, heimkehrend, dank ihrer Funkmeßgeräte beim Durchbruch durch die Dänemarkstraße feindliche Bewacher ausmanövrieren konnten. Auch sonst hatten sich die deutschen elektronischen Rückstrahlgeräte vom Typ SEETAKT beim ozeanischen Einsatz bewährt.

Bei der Skl, wurde (nur zu recht) beim Gegner eine taktische Ohnmacht gegenüber den »Augen durch Nacht und Nebel« angenommen, die den deutschen Einheiten eine rechtzeitige Feindortung und damit Ausweich- bzw. Umgehungsmanöver möglich machten.

Voll befriedigend war diese Kriegführung bei allen Erfolgen für die deutsche Seekriegsleitung indessen nicht. Dies geht aus einem Brief hervor, den Generaladmiral Schniewind nach dem Kriege dem Verfasser des britischen Buches über die BISMARCK, Captain R. N. Russel Grenfell, in englischer Sprache schrieb:

»Zur Lage für die Zeit zwischen dem Monatsende März (1941) bis zum Beginn des BISMARCK-Unternehmens ›Rheinübung‹ (18.3.1941) ist noch notwendig zu sagen, daß sich England sorgte, die Deutschen könnten über Spanien Gibraltar (als Stützpunkt für den ozeanischen Handelskrieg) besetzen. Für diesen Fall sah die britische Admiralität als einzige Alternative an, die spanischen und portugiesischen Atlantikinseln, die Kanaren, Azoren und Kap Verden gewaltsam zu besetzen, um bei einem Verlust Gibraltars von hier aus die Sicherung der Geleitzugrouten zu betreiben. Auch Hitler zeigte sich an der Besetzung dieser Inseln stark interessiert. Immer wieder kam er auf diesen seinen Plan zurück. Raeder warnte ihn, da er keine Möglichkeiten sähe, solche ozeanischen Stützpunkte gegen die überlegene britische Seemacht zu verteidigen und zu halten. Jedenfalls wurden in England über den Director of Combined Operations prophylaktisch Pläne zur Besetzung dieser Inseln vorbereitet. Diese wurden am 9. April 1941 vom Kabinett gutgeheißen. Die Regierung behielt sich den Stichtag der Ausführung vor. Truppen und Schiffe wurden bereitgestellt, Marine und Heereskommandos wurden bestimmt, und Landeübungen wurden in Schottland durchgeführt. An Seestreitkräften waren vorgesehen:

Ein Schlachtschiff,
drei Flugzeugträger,
drei Kreuzer und
neunzehn Zerstörer.«

Raeders Intentionen zur »Strategie des Schwächeren« · Reale Perspektiven im Zufuhrkrieg mit Schlachtschiffen

Was in diesem Buch über das Schlachtschiff BISMARCK spezifisch interessiert, ist einmal,
- daß der Befehlshaber der atlantischen Zufuhrkriegoperationen mit den beiden Schlachtschiffen der SCHARNHORST-Klasse, Admiral Günther Lütjens, nicht nur taktisch ausgesucht geschickt führte, sondern, zum anderen
- daß er auch, wie bei vielen Größen der Zeitgeschichte nachzuweisen, eine »glückliche Hand« bewies.

Darüber hinaus erscheint dem Verfasser eine Antwort auf die Frage geboten, welche Überlegungen den Oberbefehlshaber der Kriegsmarine, Großadmiral Dr. h.c. Erich Raeder, bewogen und bestimmten, auch Schlachtschiffe im »Kreuzerkrieg« (= Zufuhrkrieg = Handelskrieg) einzusetzen.

Zufuhrkrieg als »Strategie des Schwächeren«, das war das Ergebnis der historischen Untersuchungen Raeders, die er seit vielen Jahren, bereits als junger Seeoffizier, mit wissenschaftlicher Akribie betrieb und die er 1922 als Kapitän z.S. in dem vom Marine-Archiv herausgegebenen wissenschaftlichen Werk mit dem Sammeltitel KRIEG ZUR SEE über den »Kreuzerkrieg in ausländischen Gewässern« [83] vertrat. Dabei kam er zunächst zu der Erkenntnis, »... die Seekriege der Vergangenheit bieten für eine Durchführung eines Handelskrieges zur See in heutiger Zeit (1923, dem Erscheinungsjahr der oben genannten Edition) nur wenig brauchbare Anhaltspunkte.« Wesentlich für eine solche Beurteilung waren hierbei seine gründlichen Analysen über die Zeitepochen zuvor. So hat Raeder vor allem die negativen Bewertungen Mahans [65] über den »Handelskrieg als grundlegendes Mittel zur Vernichtung eines Feindes« sehr aufmerksam durchleuchtet, weil der amerikanische Seekriegswissenschaftler nicht den Handelskrieg als das Nonplusultra bewertete, sondern darin vielmehr einen »höchst gefährlichen Irrtum« sah.

Auch der berühmte niederländische Admiral M. A. de Ruyter hatte den Handelskrieg schließlich der Gesamtkriegführung zugeordnet. Dagegen schätzte der kontinental verwurzelte Napoleon, trotz aller Lehren aus früheren Seekriegen, die Bedeutung des Handelskrieges falsch ein. Ein überzeugendes Beispiel für diese Fehlbeurteilungen ist auch das des französischen Marineministers Admiral Théophil Aube (1886 bis 1887 Minister,[46]) der mit seiner »Jeune Ecole« eine Strategie entwarf, mit der unter Umgehung des nach seiner Meinung als aussichtslos betrachteten Kampfes um die Überlegenheit auf den Meeren England allein durch Handelskreuzer und durchaus ohne den Rückhalt einer Schlachtflotte bezwungen werden könnte.

Unter Außerachtlassung der bitteren Lehren der Geschichte früherer Kriege war der französische Admiral (wie auch seine Nachfolger) sehr selbstsicher, auf diesem Wege die Zufuhren von Lebensmitteln und Rohstoffen nach dem englischen Mutterland unterbinden und damit einen französisch-britischen Krieg für die Trikolore entscheiden zu können.[47]

Auch das deutsche Kaiserreich unter Wilhelm II. plante 1893 im Reichs-Marineamt eine reguläre Auslandskreuzerflotte für den Handelsschutz, für
- das spät erwachte Kolonialwesen und
- den Kreuzerkrieg.

Obgleich dieser Plan 1897/98 durch das Schlachtflottengesetz des Konteradmirals von Tirpitz schubladisiert und dann außer Kraft gesetzt wurde, gab es auch weiterhin Anhänger des Kreuzerkrieges, die, so nach Raeder [83], den Ausbau der Schlachtflotte auf der Grundlage der Flottengesetze bekämpften und den Lehren der »Jeune Ecole« Geltung zu verschaffen suchten, sei es aus sach- und fachlicher Überzeugung, sei es auch aus Gründen vermeintlicher Sparsamkeit.

Indessen: Tirpitz ertrotzte der Schlachtflotte den absoluten Vorrang. Gleichzeitig wurde die Entwicklung eines Kleinen Kreuzers mit den Eigenschaften eines Flotten- und Auslandskreuzers beim Reichsmarineamt eingeschränkt, ja, sogar hintenan gestellt.

Raeder in [83]: »Vor Ausbruch des (I.) Weltkrieges hatte in der deutschen Marine auf Grund der Lehren aus der Geschichte, wie auch nach dem Ergebnis militärischer und wirtschaftlicher Untersuchungen die Überzeugung Geltung, daß der Kreuzerkrieg von Überwasserkriegsschiffen nur dann von entscheidender Wirkung sein könnte, wenn er sich auf die Überlegenheit der eigenen Flotte stützte ... Man gab sich keiner Illusion hin, durch den Überwasserkrieg = Kreuzerkrieg einen wesentlichen Einfluß auf den Ausgang des Krieges zu erzielen ...«

Schließlich kommt Raeder auf des Pudels Kern: »Die wesentliche Erschwerung der (deutschen) Kreuzerkriegführung gegenüber den Verhältnissen der Segelschiffzeit ist jedoch die Abhängigkeit des modernen Kreuzers vom Heiz- und sonstigen Betriebsmaterial sowie von der Möglichkeit bedingt, Maschinen und Kessel in gewissen Zeiträumen bei weitgehender Außerbetriebsetzung gründlich überholen zu müssen ...« Die Möglichkeit des »Kohlens« und die Übernahme von Nachschub sowie die Überholung der Schiffsbetriebstechnik ... kann einem Handelskreuzer im vollen Maße nur ein eigener, auch im Kriege brauchbarer, das heißt, sich auf eine Seemacht stützender Hafen als Stützpunkt in der Nähe seines Tätigkeitsbereiches gewähren ... Aber auf koloniale Stützpunkte kann Deutschland nach dem Kriege 1914/18 nicht mehr zurückgreifen.

Aus dieser Erkenntnis heraus führte schon Tirpitz auch bei der deutschen Marine die von der Royal Navy mutig und großzügig geförderte neuartige Turbine in der Schiffsbetriebstechnik ein, die ab 1911 Auslandsfahrten – auch von CAPITAL-SHIPS bis nach Südamerika – und zurück ermöglichte, mit problemlos über Schlauchleitungen an Bord gepumptem Heizöl statt Kohle[48], deren Übernahme stets ein an Arbeit, Schmutz und Zeit überquellendes Ereignis und in See nur bei ruhiger Wetterlage möglich war. Für die Mannschaft war das »Kohlen« dessenungeachtet so etwas wie ein Gammelfest, für einen peniblen Ersten Offizier (er wäre sonst kein IO) aber ein Alptraum. Das »Tanken« von Heizöl erledigt nunmehr eine kleine Gruppe: ohne Lärm, ohne Schmutz, und schnell – auch in See, wenn's nicht gerade stürmt. Dazu Professor Dr.-Ing. Schneekluth: »Ölfeuerung wurde in der KM ab 1907 zunächst nur für Torpedoboote eingeführt, für die meisten anderen Schiffe nur partiell und für die Schlachtkreuzer noch gar nicht.«

Parallel zur Umstellung auf Turbinenbetrieb und die damit in eigener Regie laufenden Verbesserungen bis hin zu den späteren HD-Anlagen (Hochdruck Heißdampf) liefen dann bei der Reichsmarine, auch schon in der Kaiserlichen Marine, Anstrengungen, die Dieselmotorenindustrie zu bewegen, leistungsstarke Dieselschiffsmotoren auch (zunächst) für Schiffe vom Kreuzertyp zu entwickeln, Motoren mit wesentlich größerer Betriebszeit vermöge ihres wesentlich geringeren Verbrauchs. Zudem bietet sich beim Dieselmotor auch ein taktisch bedeutsamer Vorteil an, kann doch ein damit betriebenes Schiff sozusagen »im Handumdrehen« von »Stop« oder »Langsame Fahrt« auf AK hochgefahren werden, während beim Turbinenbetrieb taktisch kostbare Zeit benötigt wird, um erst einmal Dampf für AK aufzumachen.[49]

Mit den ölbeheizten Turbinenanlagen einerseits und den Dieselmotoren andererseits eröffnen sich für die deutsche Marine völlig neue Perspektiven, um auslaufend und einlaufend bis in den Nordatlantik zu operieren. Für die Einheiten der dieselmotorbetriebenen Panzerschiffe der über 28 kn schnellen DEUTSCHLAND-Klasse bietet sich sogar bei 19 kn Marschfahrt ein Fahrbereich von 17 000 sm an. Außerdem ist es, wie gesagt, technisch-seemännisch kein Problem, zur Erweiterung des Fahrbereichs in See eine Beölung aus einem Tanker, Versorger oder Troßschiff über eine schwimmfähige Schlauchleitung durchzuführen. Ebenso in See könnten auch fällige Inspektionen innerhalb der Schiffsbetriebstechnik – so vor allem die Überholung der Dieselmotoren – durchgeführt werden. Das betrifft auch Reparaturen, die von den erfahrenen Praktikern unter dem Maschinenpersonal »mit Bordmitteln« gemeistert werden. Technische Hilfsgeräte müssen daher soweit platzmäßig unterzubringen und mitgeführt werden, weitere auf den marineeigenen V-Schiffen vorhanden sein.[50]

Für Raeders Intentionen ist diese neue Lage ein hoffnungsvoller Ausblick auf einen weltweiten, ozeanischen Handelskrieg. Wenn die Skl bis in das Jahr 1937 zwar nur mit einer Auseinandersetzung mit Frankreich rechnete, so bleiben die abwägenden Gedanken für einen nunmehr betriebstechnisch realisierbaren Zufuhrkrieg im Nord-, Mittel- und Südatlantik zunächst bis hin in den Indischen Ozean akut. Tritt auch die Seemacht Nummer Eins, Großbritannien, in den Bannkreis der prophylaktischen Planungen, sind und bleiben Raeders Zielgruppen 100%ig relevant, indessen, ohne vorerst Hoffnung zu haben, sie auch nur 50%ig zu bewältigen.

Vorerst, wie gesagt.

Inzwischen ist im Januar 1939 beim OKM der Z-Plan geboren, der nun nicht mehr unter den Begriff »Seekriegsspiele« einzuordnen ist. Er ist absolute, nüchterne Realität, denn spätestens in fünf Jahren soll Raeder, den praktischen Vorstellungen und Wünschen Hitlers folgend, auch über sechs dieselmotorbetriebene Großschlachtschiffe des H-Typs verfügen: 52 600/62 000 ts groß, mit 8 : 40.6-cm-Kanonen bestückt, werden diese auf die Amtsentwürfe von 1937 bis 1939 zurückgreifenden Mammuteinheiten bei 19 kn Marschfahrt eine Fahrstrecke von 19 200 sm bewältigen.[51]

Als H 41[51] wird der Amtsentwurf 1940/41 auf der Basis des Typs H bezeichnet, eine auch für das Schlachtschiff BISMARCK interessante »Ersatzkonstruktion« für den Typ H, und zwar unter Berücksichtigung der inzwischen angefallenen Kriegserfahrungen zur Verbesserung der Schwächen des Typs H (u.a. besserer Abstand zum T-Schott, bessere Lage des Panzerdecks zur Schwimmebene, Deckshöhe, Tripelboden [erstmals auf deutschem Kriegsschiff]). Der Baubeginn soll 6 bis 9 Monate nach der Demobilisierung bei Blohm & Voss und den Deutschen Werken Kiel erfolgen, später, nach Fertigstellung des Baudocks, wird der Bau auch bei der KM-Werft Wilhelmshaven erwogen. Die Deschimag kam für ein Schiff dieses Tiefgangs wegen der Fahrwassertiefen der Weser nicht in Frage. Interessant sind neben der Verbesserung des Horizontalschutzes des 90 % geschweißten Quer- und Längs-Stahlbaues die vorgesehenen **drei Wellen und drei Ruder.**

Zum Z-Plan traten ferner die ab 14. Januar 1939 beschlossenen zwölf 22 145 t/25 659 t großen, dieselmotorbetriebenen Panzerschiffe vom P-Typ. Fraglich blieb bei diesem Typ, ob er mit nur 28 cm als SA armiert werden sollte. Unstrittig ist indessen der durch Dieselbetrieb mögliche enorme Fahrbereich von 25 000 sm/13 kn bzw. 15 000 sm/19 kn.

Zum Z-Plan zählen (und zwar laut Amtsentwurf) 1937/40 drei unter den Buchstaben O, P und Q nominierte 28 000 ts/35 400 ts große Schlachtkreuzer mit 38.0-cm-Kaliber als SA und einer für Dieselmotoren nachgerade sensationellen Maximalgeschwindigkeit von 33.5 bis 35.0 kn (8 MAN 24zyl.-V doppelt wirkende Zweit-Diesel mit 2 Vulcangetrieben). Dabei ist der Fahrbereich doppelt so groß wie der der Schiffe der SCHARNHORST-Klasse.

Und da sind schließlich noch die dieselmotorbetriebenen Schlachtschiffplanungen der H 42-Klasse, die hier und dort umstritten sind und als »Konstruktionsspielerei« gewertet und abgetan werden.[52/1]

Bei den von Konstruktion zu Konstruktion durch die steigenden Anforderungen an Kaliber- und Panzerstärken wachsenden Größen, beginnend mit H 42 mit 83 268 ts/ 96 555 ts, H 43 mit 103 346 ts/118 110 ts und endend bei H 44 mit 122 047 ts/139 272 ts sollen diese Schiffe auf der Konstruktionsbasis vom Schlachtschifftyp H entstehen.

Vorgesehen sind für H 42 und H 43 als SA 8 : 48 cm Kaliber und für H 44 8 : 50.8-cm-Kanonen. Die Dieselmotoren sichern bei 280 000 PSe max. 30.1 kn bis 32.2 kn und einen Fahrbereich von 20 000 sm/19 kn. Für die größten Projekte sind 5 Propeller und 4 Ruder eingeplant. Unter »Sonstiges« ist bei Gröner/Jung [122] entgegen den obigen präzisen Angaben über diese utopisch wirkenden Baukonstruktionen der Schlachtschiffe vom Typ H 42 bis H 44 nachzulesen: »Als Amtsentwürfe ab 1941 reine Studienobjekte aus dem Bereich der Schiffsneubaukommission, **nicht des eigentlichen K-Amtes beim OKM, keinesfalls** zur Ausführung bestimmt.« Letztere Feststellung – wo ist sie nachzuprüfen? Wohl heißt es in der Sprachregelung der Marine (beschwichtigend vor allem gegenüber den Briten, sollten diesen über die Planungen H 42–H 44 Informationen zugespielt werden): »Mit ihnen wurde im wesentlichen überprüft, zu welcher Schiffsgröße die entsprechend den laufend zunehmenden Bombengewichten erforderlichen Panzerdicken führen würden.« Zum Z-Plan, der in Verbindung mit dem Schlachtschiff BISMARCK nur eine sekundäre Bedeutung hat, wären noch die Flugzeugträger A und B und die kriegsbedingten Hilfsflugzeugträger, ferner die Schweren und Leichten Kreuzer zu nennen, ferner Spähkreuzer, Zerstörer (allein 68), Torpedoboote (90), vor allem U-Boote verschiedenster Typen: Ozean-U-Boote (27), Typ IX (62), Typ VII (100), Typ II (60), ferner 300 weitere kleinere Kampfschiffe sowie Hilfs- und Versorgungsschiffe (Aufzählung nach [121]). Die Vorstellung von Dönitz nach mindestens 300 U-Boote vom frontbewährten Typ VII C als reine Kampfboote anstelle der Großkampfschiffe findet interessanterweise keine Erwähnung, obschon, was lag näher, nicht nur Dönitz, sondern auch verschiedene markante, kluge Seeoffiziere, wie etwa der Kapitän z.S. Hellmuth Heye, der spätere Admiral der K-Verbände, für mindestens 300 U-Boote eintraten.[52/2] Sie entsprach weder Raeders noch Hitlers Intentionen von einer dem III. Reich adäquaten Flotte.

Was bei all diesen Vorhaben im amtlichen Schrifttum und in offiziellen Dokumenten fehlt, ist eine Antwort auf die Kardinalfragen nach den Besatzungen, dem für dieses Mammutbauprogramm notwendigen Fachpersonal wie auch nach Werftkapazitäten und den Rohstoffen für das Schiffbaumaterial. Besonders bei den Dringlichkeitsstufen für die Schiffbaurohstoffe, die im Führerhauptquartier verhandelt und von Hitler persönlich vergeben wurden, löste nach Konteradmiral Karl-Jesko von Puttkamer, dem Marineadjutanten des Reichskanzlers und Obersten Befehlshabers der Wehrmacht im Gespräch mit dem Verfasser eine XXX-Dringlichkeit die andere ab. Diese Reziprokphänomene waren oft das Ergebnis auch der Rhetorik und nicht immer der Sachforderung, persönliche Sympathien füreinander oder Antipathien nicht ausgeschlossen. Auch die charakterlichen Ausstrahlungen waren von Einflüssen, wenn man nur an den robusten selbstgefälligen Reichsmarschall gegenüber dem sachlich-nüchternen, maritim erzogenen Großadmiral denkt, wenn es galt, Hitler eine noch größere Quote Stahlzuteilung abzuringen. Nach von Puttkamer kamen solche Rohstoffdebatten Tragikkomödien gleich, schließlich wollte jeder der drei Befehlshaber (Heer, Luft und Marine) nur das Beste für seine Waffe und seine Soldaten.

Für den Oberbefehlshaber der Kriegsmarine, der aus der geographischen Lage seines Landes heraus jetzt die optimale Erfüllung seines Ziels in einem Zufuhrkrieg sieht, bedeuten die dieselmotorbetriebenen Schlachtschiffe in Abweichung von der »Strategie des Schwächeren« die Erfüllung einer neuen, offensiven Seestrategie mit Kampfgruppen einschließlich Flugzeugträgern,
- in die Schwächen Großbritanniens zu operieren, nämlich
- in seine (über-)lebensnotwendigen Zufuhren.

Politisch gesehen ist diese Strategie für Großbritannien der Alptraum für Freiheit und Existenz.

Sind schon die in der Fertigstellung befindlichen Schlachtschiffe der BISMARCK-Klasse als eine ozeanische Bedrohung zu werten, wie dann erst die (relativ) stützpunktunabhängigen Dieselmotor-Schlachtschiffe des Z-Planes. Mit deren Kiellegung ist auch der letzte, nur noch schmale Steg, der das III. Reich mit dem Weltreich Großbritannien verbindet, zerbrochen.

Als am 3. September 1939 nach dem Kriegsfall Polen [114], Großbritannien und Frankreich zu ihren Bündnisverpflichtungen Polen gegenüber stehen und nun ihrerseits dem »Großdeutschen Reich« Hitlers den Krieg erklären, hat die deutsche Kriegsmarine außer den drei dieselmotorbetriebenen Panzerschiffen der DEUTSCHLAND-Klasse einsatzbereit nur noch die mit 28-cm-Kanonen unterarmierten, 31.5 kn schnellen, wie gesagt, von den Briten als Schlachtkreuzer bewerteten Schlachtschiffe GNEISENAU (in Dienst ab 21. Mai 1938) und SCHARNHORST (in Dienst ab 7. Januar 1939) zur Verfügung, während die auf einen Amtsentwurf der Jahre 1933 bis 1936 zurückgreifenden Schlachtschiffe F = BISMARCK (als Ersatz Linienschiff HANNOVER) und G = TIRPITZ (als Ersatz Linienschiff SCHLESWIG-HOLSTEIN) noch im Bau sind.

Zu 90 % geschweißt, entsteht der Quer- und Längsspant-Stahlbau auf der Helling der Hamburger Bauwerft Blohm & Voss. Die Panzer von Ober- und Panzerdeck sowie Vor- und Achterschiff werden aus Wotan-hart-Stahl verschiedener Stärke bestehen.

Schlachtschiff BISMARCK:
Planung, Bau, Stapellauf, Indienststellung und Erprobung

Der Bauplan der BISMARCK-Klasse als Kompromiß zwischen den Grundkonzeptionen von Tirpitz und Hitler · Materielle Kampfwerte · Maßgeblich ist für den Kampfwert die SA

Mußte die Artillerie der SCHARNHORST-Klasse aus noch zu erklärenden Gründen auf einer der Schiffsgröße, der Panzerstärke wie auch der Geschwindigkeit nicht angemessenen Kalibergröße bleiben, so war es nur natürlich, daß bei der Neuplanung der Schlachtschiffe F und G die Forderung erhoben wurde, diesen neuen Schiffen eine Bewaffnung zu geben, die der Norm des Auslandes für solche Schiffe entsprach. Das OKM wählte als Hauptbewaffnung acht Geschütze vom 38.0-cm-Kaliber. Hierfür war ebenso die Tatsache maßgebend, daß schon in der Kaiserlichen Marine diese Art der Bewaffnung (allerdings nach britischer Inch-Berechnung noch mit 38.1 cm) in mehr als zehnjähriger Entwicklung als das Optimum für die SA erkannt worden war, wie auch die weitere Tatsache, daß Frankreichs neueste Schlachtschiffe, die gleichzeitig in Bau gegebene RICHELIEU-Klasse, über die gleiche Bewaffnung, wenn auch in anderer Aufstellung, verfügten. Noch immer war ja Frankreich die einzige größere Seemacht, mit der deutscherseits ein kriegerischer Konflikt ernsthaft erwogen wurde. Der Bau von schweren Schiffen für ozeanische Kriegführung erklärt sich a priori schon aus diesem Gesichtspunkt heraus.

Die deutschen Artilleristen glaubten überdies, daß eine nominell gleiche Bewaffnung deutscher Schiffe gegenüber solchen des Auslandes faktisch schon Überlegenheit bedeute, weil sie – was sich nachher auch als richtig erwies – annahmen, daß die deutschen Geschütz- und Geschoßkonstruktionen* gleichschweren des Auslands überlegen seien.

Schließlich wurde die Entscheidung für das 38.0-cm-Kaliber noch dadurch weitgehend beeinflußt, daß sich gegenüber dem ursprünglich auf der Inch-Basis berechneten 38.1-cm-Kaliber zwei der vier vorgesehenen, noch 1916 vom Stapel gelaufenen Linienschiffe der BAYERN-Klasse ein deutscherbautes neuartiges, metrisch berechnetes 38.0-cm-Geschütz konstruiert und noch vor Kriegsende auf dem Typschiff BAYERN eingebaut wurde. Der Versailler Vertrag verbot ja Deutschland mit den Großkampfschiffen auch den Bau von 38.0-cm-Kanonen. Erst nach 1933 und nach der Wiederherstellung der Wehrhoheit wurde der Bau dieses Kalibers wieder aufgenommen. Es war eigentlich für die neue SCHARNHORST-Klasse (v. St. 1936) vorgesehen und sollte dort den zunächst eingebauten fertigen und erprobten 28-cm-Geschütztyp ersetzen.

So war die Festsetzung der Hauptbewaffnung des neuen Schlachtschiffs auf 8:38.0-cm-Geschütze in vier Doppeltürmen aus den politischen und technischen Gegebenheiten fast zwangsläufig erwachsen und auch später von den Schiffen der BISMARCK-Klasse übernommen. Auch aus Gründen der Verunsicherung der Gegner.

Obwohl damals die deutsche Flottenrüstung sich an Frankreich orientierte, mußte doch auch die Flotte der damals stärksten Seemacht Großbritannien als Vergleichsmaterial berücksichtigt werden. Gerade hier zeigte sich dann, daß die deutsche Marineleitung weder die früheren Tirpitzschen Grundsätze starr übernahm, noch den extremen Forderungen Hitlers in seinem Buch »Mein Kampf« folgte, sondern eine neue eigene Baupolitik entwickelte. Bei einem Vergleich der nominellen Stärken der schweren Artillerie britischer Großkampfschiffe nach Kaliber, Rohrzahl und auch Aufstellung fällt auf, daß elf der fünfzehn in Dienst befindlichen britischen Großkampfschiffe die gleiche Hauptbewaffnung hatten wie die zwei deutschen Neubauten, nämlich HOOD, RESOLUTION, RAMILLIES, REVENGE, ROYAL SOVEREIGN, ROYAL OAK, MALAYA, BARHAM, QUEEN ELIZABETH, VALIANT und die WARSPITE. Von den fünf britischen

---

* Es wird hier insbesondere an die Panzersprenggranate gedacht.

Neubauten, die gleichzeitig als britische Antwort auf die BISMARCK-Klasse als Großkamfschiffe der KING-GEORGE-V.-Klasse entstanden (die KING GEORGE V., die PRINCE OF WALES, die DUKE OF YORK ex ANSON, die ANSON ex JELLICOE und die HOWE ex BEATY) konnte man in Fachkreisen annehmen, daß auch diese Schlachtschiffe mit höherer Rohrzahl, nämlich mit zehn aber etwas geringerem Kaliber (nämlich 35.6 cm), praktisch die gleiche Leistung erzielen werden wie die elf älteren britischen und die zwei neuen deutschen Einheiten. (Von den fünf oben genannten britischen Neubauten im vierten Jahrzehnt des 20. Jahrhunderts waren zur Zeit des Unternehmens »Rheinübung« Ende Mai 1941 von den Schiffen der britischen Antwort erst zwei fertig.) Trotz des gütlich scheinenden britischen Einverständnisses mit dem Bau der beiden 35 000 ts großen Schlachtschiffe der BISMARCK-Klasse müssen die fünf britischen Neubauten schon von der doppelt überlegenen Anzahl her (erst KING GEORGE V., i.D. 11.12.1940 und PRINCE OF WALES, i.D. 31.3.1941) als das prophylaktische Ergebnis der klassischen Maxime eines principiis obsta, einer altvorderen Weisheit (»Wehre den Anfängen«), gewertet werden. Eine solche Erkenntnis hat übrigens in der deutschen Marinegeschichte bislang ebensowenig Platz gefunden wie für die hier aktuelle Ära Raeder/Hitler in der deutschen Kriegsschiffbauplanung nach dem Z-Plan-Modell. Vergeblich sucht der Historiker nach einer technisch und ökonomisch untermauerten, kritischen Analyse:

Wie reagiert der in Rechnung zu stellende Gegner Großbritannien (und USA), ein Gegner, dem Rohstoffe und Arbeitskraftreserven aus fast der ganzen Erde zur Verfügung stehen. Und Wissenschaftler nach Bedarf ... Dieser maritim so hocherfahrene Gegner wird doch bei einer für die wachsende Luftaufklärung schwer oder nicht zu verschleiernden Inangriffnahme der Bauten der Schiffe des Z-Planes nicht stillhalten, so wie er bei dem Schlachtschiffkompromiß der BS-Klassen von vornherein mit einer mehr als doppelten Überlegenheit antwortete. Allerdings, das sei einschränkend markiert, wird in einer solchen Lage immer der Aktivator Vorteile (der Überraschung) für sich buchen, aber oft auch nur in der Anfangsphase. Im Falle einer Gegnerschaft mit Großbritannien wird hier eine Notlage auf den Inseln wie auch bei den Seestreitkräften (die Home Fleet at first) zum Einsatz aller britischen (und anglophilen) Rohstoff- und Personalreserven erzwingen. Natürlich war auch eine Invasion auf das britische Mutterland geplant und mit schwersten Bombardierungen durch die Luftwaffe eingeleitet, dann aber nach Verlust der Luftherrschaft von Hitler abgebrochen worden. Auch für diesen Fall bleibt eine Frage ohne Antwort oder ohne Folgeuntersuchungen unbehandelt. Angenommen, die Invasion im britischen Mutterland hätte geklappt. Mit Sicherheit wären zumindest die britischen Spitzenpersönlichkeiten nach Kanada emigriert, ein zweites Dünkirchen wäre dann denkbar. Und dann?

Die Briten hätten den Krieg von Kanada und ihren Stützpunkten aus in den anderen Erdteilen zusammen mit der Masse ihrer Hilfstruppen weitergeführt ...

Doch wenden wir uns wieder der oben dargelegten Auflistung der Großkampfschiffe zu. Von den übrigen fertigen Einheiten dieser Größenklasse waren zwei überlegen und zwei unterlegen.

Für die deutschen Neubauten BISMARCK und TIRPITZ war also eine Bewaffnung vorgesehen, die genau dem entsprach, was in der britischen Flotte der Norm für die Schwere Artillerie (SA) entsprach.

Damit war Hitlers Forderung, daß das Einzelschiff jedem möglichen Gegner artilleristisch überlegen sein müsse, und zwar weniger durch Steigerung der Rohrzahl als vor allem des Kalibers, unberücksichtigt geblieben. Sie wurde auch bei den projektierten und zum Teil bereits auf den Hellingen gestreckten Schlachtschiffen des Z-Plans nur insoweit berücksichtigt, als eine spätere Ausbohrung der Rohre vorgesehen war. Das hätte ihnen dann ein höheres als das zunächst eingebaute Kaliber ermöglicht. Wenn Hitler auch in Gesprächen mit Raeder und dessen Konstrukteuren immer wieder auf sein Lieblingsthema, auf die Erhöhung der Geschützkaliber, zurückkam, so hat er sich am Ende dann doch dem Urteil seiner Fachleute gebeugt. Das erscheint bemerkenswert, denn die Marine hat sich ja auch bei anderen Gelegenheiten Hitlers Forderungen widersetzt.

Die Festsetzung der Artillerie bei Deutschlands erstem echten Nachkriegstyp auf das in der britischen Flotte übliche Maß war aber nicht nur ein Abweichen von Hitlers Verlangen nach stärkerer Artillerie, sondern ebenso ein Abweichen von Tirpitz' Forderung, aus politischen Gründen in Tonnage, Geschwindigkeit und Schlagkraft stets unter der britischen Norm zu bleiben und statt dessen die Standfestigkeit bis an die Grenze des technisch Möglichen zu steigern. Diese starke Betonung der Standfestigkeit, die mit Ausnahme der DEUTSCHLAND-Klasse bei allen deutschen Schiffen mit schwerer Artillerie das Hauptprinzip war und blieb, wurde nun freilich bei der Planung der BISMARCK nicht wegen der Angleichung an die artilleristische Norm der französischen Neubauten und der vorhandenen britischen Schiffe aufgegeben. Im Gegenteil: es wurde nicht nur der Schutz gegen Artillerie- und Torpedotreffer noch über das bis dahin übliche Maß ausgebaut, sondern auch der bei Tirpitz' Schlachtflottenbau noch nicht vorhandenen Luftbedrohung Rechnung getragen, wobei man in erster Linie an Bombendrohungen dachte, jedoch bei den Lufttorpedos Treffer im Ruder- und Schraubenbereich der Wahrscheinlichkeitsrechnung zuordnete. Zumindest hätte eine Notruderanlage überlegt, wenn nicht sogar praktiziert werden müssen. Allein schon bloße Überlegungen in dieser Richtung hätten das Risiko gegenüber torpedotragenden Trägerflugzeugen deutlich gemacht. Es ist nicht Sache des Autors, Möglichkeiten zu untersuchen, ob und wie sich ein Schutz vor oder bei solchen Treffern hätte realisieren lassen.

Der damalige Chef des Waffenamtes im OKM, Generaladmiral Carl Witzell, erklärt zu den Fragen der Bewaffnung und Panzerung der BISMARCK:

»Zu berücksichtigen war nach Lage der Dinge in erster Linie die französische Flotte. Bekannt war, daß Frankreich zwei schnelle, verhältnismäßig leicht gepanzerte Schlachtschiffe, ähnlich den früheren Schlachtkreuzern, im Bau hatte, nämlich die DUNKERQUE und die STRASBOURG, 8 : 33-cm-Kanonen, 26 500 ts Typdeplacement, Baubeginn 1932 bzw. 1934, Stapellauf Oktober 1935 bzw. Dezember 1936.«

Diese Schiffe waren unseren Panzerschiffen der DEUTSCHLAND-Klasse stark überlegen. Unsere Schlachtschiffe SCHARNHORST und GNEISENAU könnten als Antwort darauf angesehen werden. Dann aber lagen Nachrichten darüber vor, daß die französische Marine den Bau schwer armierter und stark gepanzerter, zugleich schneller Schlachtschiffe vorbereitete:

Die Schlachtschiffe RICHELIEU und JEAN BART mit 8 : 15 inch-(= 38.1-cm-)Kanonen und 31 kn Geschwindigkeit, Baubeginn 1935 bzw. 1939, Stapellauf Januar 1939 bzw. März 1940.

Auf diesen Typ war also bei der Armierung von BISMARCK Rücksicht zu nehmen. Das bedeutete natürlich nicht ein einseitiges Zuschneiden auf diesen Gegner, sondern das Schiff sollte zugleich jedem sonstigen Schlachtschiff gewachsen sein, das unter Berücksichtigung der Flottenabkommen in absehbarer Zeit als Gegner in Frage kommen würde.

Artilleristische und artillerietechnische Gesichtspunkte waren nun für die schwere Artillerie folgende:

Bei der Armierung steht das schwere Hauptkaliber bei weitem an erster Stelle. Für die Wahl des Kalibers ist, genaugenommen, nicht das Kaliber des voraussichtlichen Gegners maßgebend, sondern dessen Panzerschutz und Standfestigkeit gegenüber Artillerietreffern. Wenn ein Gegner ein Schiff bauen würde mit sehr schwerem Kaliber der Hauptartillerie, aber nur leichtem Panzerschutz, so wäre zu seiner Niederkämpfung ein Schiff mit einer größeren Anzahl mittelschwerer Geschütze und starkem Panzerschutz am besten geeignet. In der Praxis kann man aber damit rechnen, daß der Panzerschutz mit dem eigenen Hauptkaliber in einem harmonischen Verhältnis steht.[53]

Um also möglichst gute Wirkung gegen den Panzerschutz des Gegners und damit eine vernichtende Wirkung gegen das ganze Schiff zu haben, wird man nach Möglichkeit mindestens das Kaliber des Gegners wählen, daher erhalten, wie z.B. oben gesagt, die neuen französischen Schlachtschiffe 38.1-cm-Geschütze als SA.

Nach dem deutsch-englischen Flottenabkommen hätte die deutsche Kriegsmarine sogar bis zum Kaliber 40.6 cm gehen können. Aber dieses Kaliber hätte mit Nachteilen erkauft werden müssen.

Die besonderen Schwierigkeiten des Schießens auf See vom schnell bewegten Schiff auf ein schnell bewegtes Ziel auf große Entfernungen sind nur zu bewältigen, wenn eine möglichst schnelle Salvenfolge mit einer ausreichenden Schußzahl in der Salve erreicht werden kann. Unter Voraussetzung guter Leistung der Geschütze, also: hohe Anfangsgeschwindigkeit bei ausreichend hohem Geschoßgewicht und guter Feuergeschwindigkeit, geht nun bei festliegender Grenze des Deplacements jede Kalibersteigerung im allgemeinen auf Kosten der Rohrzahl. Bei gleicher Rohrzahl wächst das Gewicht der schweren Artillerie rund mit der dritten Potenz des Kalibers.[54] Das Deplacement des Schiffes wächst aber noch erheblich stärker, denn das Mehrgewicht kann natürlich nicht einfach dadurch ausgeglichen werden, daß man das Schiff tiefer eintauchen läßt. Das würde, ganz abgesehen von den Schwierigkeiten, die sich in flachen Gewässern, Häfen und Schleusen ergeben würden, die Geschwindigkeit herabsetzen, den Wasserlinienschutz verschlechtern und durch Fortfall von Reservedeplacement die Schwimmfähigkeit des Schiffes bei Wassereinbrüchen gefährden. Also muß das Schiff durch Vergrößerung der Maße, besonders des Unterwasserschiffes, das Mehrgewicht aufnehmen. Nun ist aber mit dem größeren Kaliber zwangsläufig eine größere Breite der Munitionskammern der schweren Artillerie verbunden. Das zwingt, um nicht den Unterwasserschutz gegen Torpedos- und Minentreffer gerade an diesen bedrohten Stellen zu gefährden, zu einer Verbreiterung des Schiffes. Um die geforderte hohe Geschwindigkeit beizubehalten, müssen die dazu nötigen schlanken Formen des Unterwasserschiffes durch Verlängerung des Schiffes wieder hergestellt werden. Das bringt weitere Gewichtsvermehrung, zumal auch die Längsverbände verstärkt werden müssen. Aber auch die Maschinenanlagen müssen für das größer gewordene Schiff vergrößert und für sie mehr Öl untergebracht werden, was wieder das Deplacement erhöht. Also eine Art Zinseszinsrechnung, ein Circulus, zwar nicht vitiosus, aber eine Verkettung mit schwerwiegenden Folgen!

Für die BISMARCK wurde bei der Projektbearbeitung die Aufstellung der SA[55] in vier Doppeltürmen angestrebt, je zwei vorn und achtern. Diese Aufstellung trägt den verschiedensten Kampflagen am besten Rechnung. Sie ermöglicht nach der Breitseite auf einem breiten Winkel ein Gefecht mit vier Türmen mit schnell folgenden Vier-Schuß-Salven, indem entweder in jeder Salve ein Rohr jedes Turmes feuert oder abwechselnd die vordere und achtere Gruppe Turmsalven schießt.

Die letztere Feuerart hat in vielen Fällen ihre Vorzüge. Die Störung im Turm durch die starke Erschütterung beim Feuern tritt dabei nur bei jeder zweiten Salve ein. Auch die Schiffsführung und die Artillerieleitung, die sonst beim Feuern der vorderen Türme durch Mündungsgasdruck und Rauch oft stark behindert werden, werden dann nur bei jeder zweiten Salve gestört. Auch der Einsatz von Vollsalven aller vier Türme ist ohne weiteres möglich, im Gegensatz zur Turmaufstellung auf den französischen Schiffen. Ein großer Vorteil ist es auch, daß sowohl für ein Bug- wie für ein Heckgefecht ausreichend starke Batterien zur Verfügung stehen und daß gleichzeitig zwei wirkungsvolle Gefechte gegen verschiedene Ziele geführt werden können.

Die Aufstellung von acht Geschützen in vier Doppeltürmen bedingt jedoch ein hohes Gewicht. Drillingstürme sind, je Rohr gerechnet, leichter als Doppeltürme. Anstelle von acht Rohren in Doppeltürmen können neun Rohre in Drillingstürmen aufgestellt werden.[56] Diese Aufstellung ist aus bestimmten Gründen für die 9 : 28 cm auf SCHARNHORST und GNEISENAU gewählt worden. Dem gewichtlichen Vorteil stehen eine Reihe von Nachteilen gegenüber, die sich sinngemäß aus den vorstehenden Bemerkungen über die Aufstellung in vier Doppeltürmen ergeben.

Noch mehr Gewicht läßt sich bei einer Aufstellung in Vierlingstürmen ersparen, vor allem, wenn acht Rohre in zwei Vierlingstürmen räumlich in einer Gruppe zusammengefaßt werden.[57]

Diese Aufstellung haben die Franzosen sowohl bei den Schlachtkreuzern DUNKERQUE und STRASBOURG wie bei den Schlachtschiffen der RICHELIEU-Klasse gewählt und die SA in zwei Vierlingstürmen vorn aufgestellt. Der erheblichen Gewichtsersparnis stehen aber große Nachteile gegenüber, von denen die wichtigsten sind:

- Verzicht auf ein Gefecht in achterlichen Richtungen mit der SA; diese Schiffe sind also ausgesprochen für das Jagen von unterlegenen Gegnern gebaut worden. Bei der DUNKERQUE hatte man dabei vielleicht an die Panzerschiffe der DEUTSCHLAND-Klasse gedacht. Aber welch ein schwerer Nachteil gegenüber den SCHARNHORST-Schiffen oder gar der BISMARCK. Dasselbe traf für die RICHELIEU unseren BISMARCK-Schiffen gegenüber zu.
- Hinzu trat weiter: Infolge der Aufstellung beider Türme vorn ergeben sich für die Schiffsführung und Artillerieleitung Störungen bei jeder Salve. Turmsalven, also Feuern aller vier Rohre eines Turmes gleichzeitig, werden praktisch unmöglich, weil die übermäßigen Erschütterungen und der hohe Mündungsgasdruck starke Beschädigungen des eigenen Schiffes zur Folge gehabt hätten. Die deutschen Konstrukteure und Schiffbauer haben das damals vorausgesagt, und es hat sich bestätigt, daß auf der DUNKERQUE aufgrund der Beschädigungen, die beim Anschießen der Türme eintraten, ganz auf Turmsalven verzichtet werden mußte. Das bedeutet auch, daß jeder Turm bei jeder Salve erheblich gestört wird. Schließlich: vier Geschütze, also die Hälfte der SA, in einem Turm sind »zu viele Eier in einem Korb«. Der Ausfall eines Turmes entweder durch Treffer oder durch eine Gefechtsstörung im eigenen Bereich, mit dem bei den starken Erschütterungen immer gerechnet werden muß, bedeuten hoffnungslose Unter-

legenheit gegenüber einem etwa gleichstarken Gegner, bei dem aber die SA besser unterteilt ist. Dabei sind die sehr breiten Barbetten der Vierlingstürme durch Treffer erheblich stärker gefährdet als bei Doppeltürmen, deren Barbetten nur in einem viel schmaleren Teil günstige Auftreffwinkel für Geschosse bieten.

Aus all den angeführten Gründen und nach Durcharbeitung einer Reihe von Entwürfen entschied sich die Kriegsmarine zum Verzicht auf eine Kalibersteigerung auf 40.6 cm und statt dessen zur Aufstellung von 8 : 38.0 cm in vier Doppeltürmen: je zwei vorn und achtern.

Dabei wurde mitberücksichtigt:
- einerseits war mit einer Steigerung der Panzerstärken des Hauptpanzers beim Gegner gegenüber den früher auf Schlachtschiffen üblichen nicht zu rechnen, weil diese erheblich schnelleren und deshalb längeren Schiffe viel größere Flächen zu panzern hatten,
- außerdem erforderte auch die Panzerung des oberen Decks zur Verminderung der Wirkung von Bomben ein gegenüber früheren Schiffen zusätzliches erhebliches Mehrgewicht.

Andererseits hatte die deutsche Marine durch jahrelange systematische Weiterentwicklung, verbunden mit Hunderten von Panzerbeschüssen auf dem Schießplatz, ihre Panzersprenggranaten, die sich schon in der Skagerrakschlacht so vorzüglich bewährt hatten, in ihrer Durchschlagswirkung erheblich verbessert, während »von einer Verbesserung des schweren, zementierten Nickelstahlpanzers«, so Witzell wörtlich, »gegenüber unserer Qualität aus dem Ersten Weltkrieg nur in geringerem Umfang gesprochen werden kann, dies im Gegensatz zu den ›weichen‹ Qualitäten für Panzerdecks und Panzerschotte, bei denen den deutschen Wissenschaftlern eine ganz erhebliche Verbesserung gelungen war.

Bei der Mittelartillerie blieb man zur wirksameren Abwehr von Zerstörerangriffen beim bewährten 15-cm-Kaliber und stellte 12 : 15-cm-Geschütze in sechs Doppeltürmen auf. Dabei machten wir die Massierung im Achterschiff nicht mit, die auf den französischen Schiffen der beiden hier behandelten Typen zum Teil die Folge ihrer Aufstellung der gesamten SA im Vorschiff war. Nach unseren Erfahrungen war es sehr bedenklich, damit zu rechnen, daß bei Zerstörerangriffen in allen Fällen mit ausreichender Sicherheit rechtzeitig abgedreht werden kann, um die Zerstörer in achterliche Richtung zu nehmen und zu beschießen. In vielen Fällen ist es günstiger, auf die angreifenden Boote zuzudrehen. Wir legten daher Wert darauf, mindestens die gleiche Stärke der Zerstörerabwehrartillerie zum Schießen in vorlichen Richtungen einsetzen zu können. Der Einwand, die französischen Schiffe könnten nach vorn gegen Zerstörer ihre schweren Vierlingstürme einsetzen, berücksichtigt nicht, daß bei Nacht das grelle Mündungsfeuer der schweren Geschütze sowohl die Schiffsführung wie auch die Artillerieleitung in einer Weise blendet, daß diese Störung gerade bei Zerstörerangriffen, bei denen Maßnahmen mit Sekundenschnelle getroffen werden müssen, unerträglich ist«.

Die Franzosen haben auf den DUNKERQUE-Schiffen, wie das auch bei anderen Marinen zum Teil geschah, die Zerstörerabwehrgeschütze mit der Schweren Flak in einem Geschütz vereinigt und dafür 13-cm-Rohre in Vierlingstürmen aufgestellt. Witzell: »... Wir hatten uns diesen Schritt ebenfalls seit langem oftmals und sorgfältig überlegt, sind aber bei der Durcharbeitung der verschiedensten Entwürfe und Modelle immer wieder zu dem Ergebnis gekommen, daß durch diese Ehe entweder eine schlechte Flak oder ein schlechtes Zerstörerabwehrgeschütz herauskommt, wenn nicht sogar beides, ganz abgesehen von der Schwierigkeit beim Einsatz, beide Arten von Zielen gleichzeitig zu bekämpfen. Selbstverständlich bestand auf der BISMARCK aber durchaus die Möglichkeit, die Flakbatterie ganz oder zum Teil ohne Verzögerung auch gegen Seeziele einzusetzen. Daß auch die französische Marine dieses Kompromißgeschütz wohl nur als ein für diese Schiffe notwendiges Übel betrachtete, ergibt sich daraus, daß die beiden Geschützarten auf der RICHELIEU wieder getrennt wurden.«

Für die BISMARCK wurden ferner 16 : 10.5-cm-Flak in acht turmartigen Doppellafetten in Gruppen zu vier Rohren so eingeplant und dann mit Leitständen und Feuerleitmitteln so ausgerüstet, daß vier getrennte Ziele gleichzeitig beschossen werden konnten. Dabei war aber eine Zusammenfassung von zwei Gruppen auf ein Ziel auch ohne weiteres möglich. Für einen schnellen Zielwechsel waren besondere Vorkehrungen getroffen.

Außer den Schweren Flak waren Leichte Fla-Kanonen zur Bekämpfung von Tiefliegern usw. in größerer Anzahl vorgesehen.

Über die schiffbaulichen Gesichtspunkte ist zu sagen: Diese sind zum großen Teil schon bei der Besprechung der Wahl von Zahl, Kaliber und Aufstellung der SA er-

örtert worden. Die hohen Gewichtsansprüche, welche die Armierung stellte, ließen sich bei gleichzeitiger Erfüllung der Forderungen auf
• guten Panzerschutz,
• wirksamen Schutz gegen Unterwasserwaffen,
• hohe Sinksicherheit und
• hohe Geschwindigkeit

nur dann erfüllen, wenn eine Antriebsanlage gewählt wurde, die bei hoher Leistung einen möglichst geringen Gewichts- und Raumbedarf hatte. Leider war der Stand der Entwicklung von Dieselmotoren von so hoher Leistung, wie sie hier erforderlich war, noch nicht soweit gediehen, daß diese Antriebsart, die vor allem auch einen besonders großen Aktionsradius ermöglicht haben würde und die sich mit geringerer Leistung bei den Panzerschiffen schon so gut bewährt hatte, für die BISMARCK gewählt werden konnte. Die Typen von Dieselmotoren, die als erprobt rechtzeitig hätten bereitgestellt werden können, waren für diese Leistung räumlich und gewichtlich nicht unterzubringen. Die Verwendung eines neuen, erst in der Entwicklung befindlichen Typs mit geringerem Gewichts- und Raumbedarf hätte aber eine Verzögerung von mindestens einem Jahr zur Folge gehabt. Dies aber schien nicht tragbar. Daher fiel auch für die BISMARCK, wie bereits vorher für die SCHARNHORST und die GNEISENAU, die Entscheidung noch für Hochdruck-Heißdampf-Anlagen. Für den nächsten Schlachtschifftyp, den Typ *H*, sind dann aber neuentwickelte Dieselmotoren vorgesehen worden.

Befassen wir uns noch kurz mit der Panzerung und dem Unterwasserschutz:

Die bei Entwurf und Ausführung des Panzerschutzes angewandten Grundsätze waren denen ähnlich, die sich bereits in der Skagerrakschlacht bei den damaligen neueren Schlachtschiffen bewährt hatten. Das galt besonders für den schweren Vertikalpanzer – für Gürtelpanzer, Barbetten, Geschütztürme, Kommandotürme – und die Anordnung des Hauptpanzerdecks. Der Horizontalschutz mußte jedoch der inzwischen stark gesteigerten Bedrohung aus der Luft Rechnung tragen.

Auf der BISMARCK wurde das Oberdeck daher aus zähem Panzermaterial in ausreichender Stärke hergestellt, um bei leichten, hochempfindlichen Bomben die Wirkung abzuweisen, dünnwandige Bomben mit Verzögerung aber zu Bruch zu bringen und damit, weil dann nur eine Teilexplosion statt der vollen Detonation einzutreten pflegt, die Wirkung stark zu verringern. Gegen starkwandige Bomben mit Verzögerung ist ein Schutz hier aus Gewichtsgründen nicht möglich. Aber Bomben dieser Art waren für die Mannschaftsdecks auch keine unmittelbare Gefahr, da ihre Verzögerung im allgemeinen so eingestellt wurde, daß sie nach Durchschlagen des Hauptpanzerdecks im Unterwasserschiff, dem sogenannten »lebenden Werk«, detonieren sollten. Gegen diese Wirkung mußte in erster Linie eine Abwehr durch Verstärkung des Hauptpanzerdecks geschaffen werden. Eine Verstärkung des Hauptpanzerdecks war auch deshalb erforderlich, weil durch die Entwicklung der Artillerie und der Verbesserung der Granaten und deren Wirkung das Panzerdeck auch durch Treffer stärker als früher gefährdet war. Gegenüber dem Ersten Weltkrieg waren nämlich auch durch die Fortschritte der Feuerleitanlagen und der Entfernungsmessung sowie die größere Genauigkeit der ballistischen Unterlagen die Gefechtsentfernungen für den Artilleriekampf stark gesteigert worden. Das hatte die Folge, daß auch die Auftreffwinkel der Geschosse am Ziel erheblich größer geworden waren. Während in der Skagerrakschlacht unmittelbare Durchschläge von Geschossen durch das Hauptpanzerdeck schwerer Schiffe nicht eintraten, weil der Fallwinkel bei den damaligen Gefechtsentfernungen zu flach war, um ein Anpacken des Deckpanzers mit der Geschoßspitze einen Durchschlag zu ermöglichen – die Geschosse wurden vielmehr abgewiesen –, mußte jetzt mit dem Durchschlagen des Panzerdecks und schwerer Zerstörungswirkung in den lebenswichtigen Räumen darunter gerechnet werden, wenn man sich mit der früheren Panzerstärke begnügen würde. Hinzu kommen noch, wie bereits gesagt, als weitere Bedrohung die inzwischen wirksamer gewordenen Fliegerbomben, geworfen aus – von Land aus gesehen – weitreichenden (Langstrecken-)Bombern oder Flugzeugen von seewärts operierenden Flugzeugträgern.

Auch die Panzerdeckböschung – der schräge seitliche Abschluß des Hauptpanzerdecks, auf dessen unterem Ende im allgemeinen der Seitenpanzer, also der Gürtel, aufgesetzt ist – wurde beträchtlich verstärkt. Dies geschah einmal aus den schon dargelegten Gründen – Schutz gegen Bomben und Artillerietreffer aus großer Entfernung – dann aber auch, um bei Treffern aus geringerer Entfernung gegen den vertikalen Wasserlinienschutz, den Gürtelpanzer, einen erhöhten Schutz für das Schiffsinnere zu erzielen. Es kam aus Gewichtsgründen

Planung, Bau, Stapellauf, Indienststellung und Erprobung

Nach einiger Zeit sind die beiden ersten kreisrunden Barbett-Panzer als Unterbau für je einen 38-cm-Zwillingsgeschützturm eingebaut worden. Die Panzerstärke beträgt in diesem Falle 50 Millimeter.

37

nämlich nicht in Frage, den Wasserlinienpanzer so stark zu machen, daß er auch auf geringeren Entfernungen, zum Beispiel beim Kampf in der Nacht oder bei unsichtigem Wetter, von schweren Panzergeschossen nicht durchschlagen werden kann. Mit Sicherheit wird das Geschoß aber beim Durchschlagen seiner »Kappe« beraubt, durch welche die Geschoßspitze beim Auftreffen auf die hochharte Oberfläche des Gürtelpanzers gestützt und geschützt wird – sie würde sonst mit Sicherheit abbrechen und dadurch würde das heile Durchschlagen vereitelt werden – und verliert ferner einen großen Teil seiner Auftreffwucht. Dieses dadurch geschwächte Geschoß trifft nun unter ungünstigem Winkel auf die Panzerdecksböschung, die so stark sein muß, daß das Geschoß abgewiesen oder zu Bruch gebracht wird und nicht heil unter die Panzerdecke gelangt.

Zu erwähnen ist noch, daß zur Lokalisierung der Wirkung von schweren dünnwandigen Bomben, die das Oberdeck einschlagen oder aufreißen und einen Teil der Wirkung in die Räume darunter bringen, sowie von schweren Brisanzgranaten in den Räumen unter dem Oberdeck Splitterschotten aus Panzermaterial in der Quer- und Längsrichtung angeordnet wurden.

Der Unterwasserschutz wird gegenüber den früheren Schiffen, bei denen sich das Prinzip im Ersten Weltkrieg voll bewährt hat, bei der BISMARCK entsprechend der seitdem erhöhten Wirkung von Torpedos und Minen verstärkt, einmal durch größere Dicke und erheblich verbessertes Material der Torpedoschotten, ferner durch erweiterte Abstände von der Bordwand und durch Anordnung eines leichten Innenschotts aus zähem Panzermaterial innerhalb des Torpedoschotts, um bei etwaigem Aufreißen oder Eindrücken des Torpedoschotts Bruchstücke abzufangen und Wassereinbrüche in die Innenräume zu verhindern.

Zusammenfassend kann gesagt werden, daß mit der BISMARCK ein Schiff geschaffen wurde, das, wie Raeder am 9. Mai 1935 entschied, jedem »unserer Gegner voll gewachsen« ist.

*

Ergänzend sei noch erwähnt, daß die für eine Steigerung der Standfestigkeit so wichtige Breite bei der BISMARCK-Klasse 36.00 m betrug. Damit war die BISMARCK, abgesehen von den einer anderen Größenordnung zugehörigen Riesenschlachtschiffen der Japaner, das breiteste aller jemals gebauten Schlachtschiffe. Von den sechs anderen gleichzeitig mit der BISMARCK-Klasse erbauten Typen des Auslands waren lange Zeit aus Japan und der Sowjetunion keine genauen Zahlen zu erfahren. Erst Jahre nach dem II. Weltkrieg wurden die Größenmaße aus den UdSSR und Japan bekannt. Bei den 1938/39 auf Kiel gelegten drei (an sich vier) UdSSR-Schlachtschiffen der SOWJETSKIY-SOYUZ-Klasse war (laut Conway [135]) bei einer Länge von 271.00 m eine Breite von 38.80 m eingeplant; bei den drei Einheiten der japanischen YAMATO-Klasse lag die Breite bei Längen von 244.00/256.00/263.00 m bei 36.50 m. Also hatte sich auch hier die Steigerung der Standfestigkeit auf größere Breiten ausgewirkt. Bei den Typen Frankreichs, Italiens, Englands und der USA betrug die Breite zwischen 31.4 m (KING-GEORGE-V.-Klasse) und 33.1 m (RICHELIEU-Klasse). Sie lag also überall weit unter der BISMARCK.

Für die relative Breite, das heißt für das Verhältnis der größten Breite zur CWL-Länge, gilt ähnliches. Auch hier war die BISMARCK-Klasse mit einem Verhältnis von 1 : 6.72 der »dickste« aller damals erbauten Typen. Nur die amerikanische WASHINGTON-Klasse kam ihr mit einem Verhältnis von 1 : 6.75 recht nahe. Die anderen Typen waren mit 1 : 7.23 (KING GEORGE V.), 1 : 7.28 (LITTORIO) und 1 : 7.49 (RICHELIEU) wesentlich schlanker.

Es lohnt sich in diesem Zusammenhang, auf die entsprechenden Angaben auch älterer deutscher Großkampfschiffe hinzuweisen. Von 1 : 5.43 beim ersten Großkampfschiffstyp, der NASSAU-Klasse, stieg die Verhältniszahl stetig bis auf 1 : 6 beim letzten Großkampfschiffstyp der Kaiserzeit, der BAYERN-Klasse, an, das heißt, die Schiffe wurden immer schlanker. Bei der parallelen Entwicklung der Schlachtkreuzer wurde bei dem letzten fertiggestellten Schiff dieses Typs, der HINDENBURG, sogar ein Verhältnis 1 : 7.34 erreicht.

Ganz anders verlief die Entwicklung bei den nach dem Ersten Weltkrieg gebauten deutschen Schiffen mit schwerer Artillerie. Bei der sehr schlanken DEUTSCHLAND-Klasse, die auch sonst manche an Kreuzer gemahnende Merkmale aufwies, war das Verhältnis noch 1 : 8.39. Bei den dann folgenden zwei Typen sank die relative Breite zuerst bei der SCHARNHORST-Klasse auf 1 : 7.41 und lag damit immer noch über dem vergleichbaren Wert der HINDENBURG. Diese hier angebahnte Entwicklung, daß nämlich zugleich mit der absoluten Breite auch die relative Breite anstieg, setzte sich dann bei der BISMARCK-

Klasse mit ihrer Verhältniszahl von 1 : 6.72 fort. Erst die nicht mehr vollendeten Schlachtschiffe des Z-Plans (*H*-Klasse) sollten zwar mit 37.6 m größter Breite an absoluter Breite noch zunehmen, aber mit einer Verhältniszahl von 1 : 7,07 lag ihre relative Breite zwischen den Werten von SCHARNHORST und BISMARCK.

Auch wenn das Ende des Zweiten Weltkriegs diese Entwicklung nicht abgebrochen hätte, wäre also die relative Breite der BISMARCK-Klasse ein Höchstwert unter den nach dem Ersten Weltkrieg erbauten deutschen Schlachtschiffen geblieben.

Dabei ist bemerkenswert, daß die im Ausland für die Verbreiterung von Schlachtschiffen meist maßgebenden Gründe – nämlich Raum für Drillings- oder Vierlingstürme zu schaffen – bei der BISMARCK nicht zutrafen, da diese ja nur Doppeltürme erhielt. In diesem Falle war die Verbreiterung nur zur Verbesserung der Standfestigkeit und zur Verringerung des Tiefgangs mit Rücksicht auf die Fahrwasserverhältnisse in der Nordsee vorgenommen worden.

Welches immer auch die Gründe waren, in jedem Falle mußte die absolute wie relativ hohe Breite von Nachteil für die Geschwindigkeit sein. Da gleichwohl bei der Konstruktion eine Geschwindigkeit von 29.5 kn gefordert wurde, war auch damit schon entschieden, daß auch für die BISMARCK-Klasse wie schon für die SCHARNHORST-Klasse kein Dieselantrieb in Frage kam. Hierfür reichten weder das für die Maschine verfügbare Gewicht noch der Raum aus. Die Entwicklung neuer Dieselmotoren von höherer Leistung, das ist an anderer Stelle schon gesagt worden, war aber noch nicht abgeschlossen. So erhielt auch die BISMARCK wie schon vorher aus den gleichen Gründen die SCHARNHORST eine Hochdruck-Heißdampf-Anlage von drei Turbinensätzen, ebensovielen Wellen und Schrauben und zwölf Kesseln. Über die Stärke dieser Anlage widersprechen sich die Angaben der Fachleute noch heute. Die Leistung je Welle wird bei der SCHARNHORST-Klasse einheitlich mit 50 000 bis 55 000 WPS angegeben. Für die BISMARCK werden teils die gleichen Zahlen, teils aber auch nur 46 000 WPS genannt. Wenn letzteres zutrifft, dann hätte das um rund 10 000 ts größere Schiff eine fast um 30 000 WPS schwächere Antriebsanlage besessen. Angesichts der von BISMARCK erreichten Höchstgeschwindigkeit, die nur um weniger als einen Knoten hinter der der SCHARNHORST zurückblieb, muß das als unwahrscheinlich gelten, zumal ja die BIS-MARCK, wie oben ausgeführt, nicht nur größer, sondern auch »plumper« als die SCHARNHORST war.

Zu der so entstandenen Kontroverse über die Geschwindigkeit und Maschinenleistung der BISMARCK erklärte Marineoberbaudirektor a.D. Professor Hermann Burkhardt dem Autor:

»Aus folgenden Gründen halte ich die Angaben: v = 30.8 kn; 150 000 WPS für verbindlich und richtig:

1. Für die Leistung einer Welle waren die Propellerabmessungen maßgebend. Dadurch entstand die Leistung von 50 000 PS je Welle. Unter diese auch für SCHARNHORST projektierte Leistung (ebenso für den Flugzeugträger viermal 50 000) herunterzugehen, wäre bei dem größeren Schiff vollkommen unlogisch gewesen und würde meine Zustimmung nicht gefunden haben.

2. Für den Zusammenhang zwischen Geschwindigkeit, Verdrängung und Maschinenleistung gibt es eine recht brauchbare Näherungsformel:

$$\text{WPS} = \frac{v^3 \times D^{2/3}}{C}\ ^{58}$$

Für die BISMARCK wird bei v = 30.8 kn, WPS = 138 000 (wie behauptet wurde), C = 286, ein unmöglicher Wert. Vergleichswerte betragen bei der MISSOURI 240 und der VANGUARD 230, bei der SCHARNHORST 226. Bei 150 000 WPS für die BISMARCK wird C = 264 bei 48 000 ts Probefahrtverdrängung, 246 bei 45 000 ts Probefahrtverdrängung. Das sind erheblich wahrscheinlichere Werte.

3. In einem längeren Ferngespräch habe ich mich mit Dr. Süchting über die Angelegenheit unterhalten, der mir 30.8 kn und 150 000 WPS bestätigte und erst wenige Tage vorher mit dem Probefahrtingenieur von Blohm & Voss darüber gesprochen hatte. Ungewiß ist natürlich die wirkliche Probefahrtverdrängung. Sie wird von der Wassertiefe am Seehafenbahnhof in Gotenhafen abhängig gewesen sein, die keinen übermäßigen Tiefgang zuließ.«

Das Ergebnis des Schriftwechsels, den der frühere Chef des K-Amtes, Admiral a.D. Fuchs, in dieser Sache führte, lautet:

»Es hat sich also herausgestellt, daß die Turbinen der BIS-MARCK zwar für eine Leistung von 138 000 WPS bestellt worden waren, aber 150 000 WPS geleistet haben. Es wurden mit diesen 150 000 WPS 30.8 kn erreicht. Die Ursache ist darin zu suchen, daß Blohm & Voss die Tur-

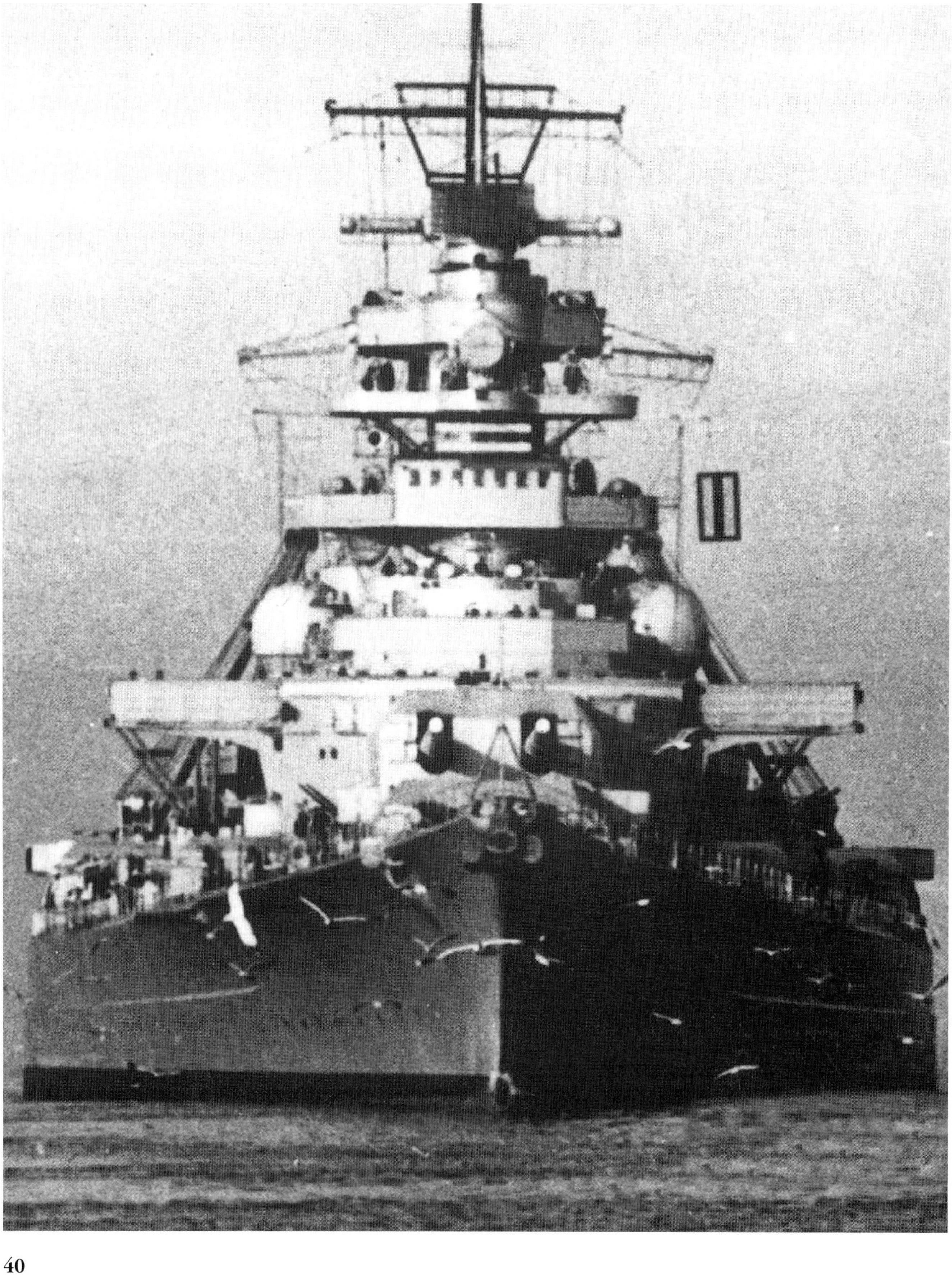

binen stark überdimensioniert hatte, um auf alle Fälle sicher zu gehen.«

Der Widerspruch zwischen Punkt 1 Professor Burkhardts zu der Erklärung von Admiral Fuchs, die Turbinen seien für eine Leistung von 138 000 WPS bestellt, ist zwar auffallend, kann aber ohne die hierfür notwendigen Dokumente nicht geklärt werden. Er ist im übrigen für den bei beiden Informanten übereinstimmenden endgültigen Endwert auch nicht von wesentlicher Bedeutung. Höchstens die Tatsache, daß laut Maschinen-KTB BISMARCK an keinem Tage die maximale Höchstgeschwindigkeit von 30.8 kn vom LI vermerkt worden ist. Bei Gröner [122] wird sie später, um noch einmal auf diese strittigen Fragen zurückzukommen, bei 150 170 WPS mit 30.1 kn angegeben, indessen spezifiziert für die TIRPITZ bei max. 163 026 WPS mit 30.8 kn bei der Meilenfahrt und mit 138 000 WPS mit 29.0 kn bei der Maschinenleistung nach Konstruktion.

Zusammenfassend läßt sich also zum materiellen Kampfwert sagen, daß die starke Betonung des Schutzes aus der Tirpitzschen Bautradition voll übernommen worden ist. Die relativ hohe Geschwindigkeit hingegen entsprach weder einer Forderung von Tirpitz noch von Hitler, sondern zeigt den eigenen Weg auf, den die Baupolitik Raeders ging.

Diese hohe Geschwindigkeit deutete klar auf die Absicht zu ozeanischer Kriegführung, insbesondere auf einen Handelskrieg hin. Diese Absicht ist der eigene, in keiner Tradition begründete Beitrag der damaligen Marineführung zur Entwicklung der Schlachtschiffe schlechthin.

Wenn nun also zu einer der britischen Norm und den französischen Neubauten entsprechenden Schweren Artillerie auch noch ein ungewöhnlich starker Schutz und eine relativ hohe Geschwindigkeit hinzutraten, dann blieb, um all dies auch wirklich vereinen zu können, nur der Ausweg, die Tonnage erheblich zu vergrößern.

Diesen Weg sind die deutschen Konstrukteure gegangen. Die zwei Schiffe der BISMARCK-Klasse haben nach der Fertigstellung die konstruktiv projektierte Typverdrängung von rund 42 000 ts. Sie übertrafen damit die Größe des damals größten Kriegsschiffes der Welt, des britischen Schlachtkreuzers HOOD. Für diese Größe freilich war dann die Hauptbewaffnung mit 8 : 38.00-cm-Kanonen schon fast zu gering.

So zeigt sich also in abschließender Betrachtung, daß die BISMARCK-Klasse sowohl einige der bewährten Prinzipien des Tirpitzschen Flottenbaues übernahm, wie sie auch andererseits bereits im Konstruktionsentwurf der veränderten seestrategischen Konzeption Rechnung trug und Hitlers Forderung nach stärkerer Artillerie nunmehr wenigstens teilweise berücksichtigte. Zusammen mit den neuen eigenen Ideen des OKM, hier besonders im Hinblick auf die Geschwindigkeit und den Fahrbereich, stellt sich so auch dieser Typ als ein Kompromiß vor, in dem Bewährtes und Neues in glücklicher Weise verschmolzen wurden:

1. Tirpitz' Forderung nach hoher Standfestigkeit,
2. Hitlers Verlangen nach Schwerer Artillerie und
3. Raeders Idee von der Bedeutung hoher Geschwindigkeit und großer Fahrbereiche auch für Schlachtschiffe für einen Zufuhrkrieg.

Auch das Ausland bestätigte später, nach Einblick in die streng geheimen Konstruktionsunterlagen, daß die praktisch nicht für möglich gehaltene gleichzeitige Erfüllung aller drei theoretischen Forderungen bei der BISMARCK-Klasse in vollem Umfang gelungen war.

Die Schiffbauer und die BISMARCK-Klasse · Typforderung: große Fahrstrecke · Dieselanlage schwerer als Dampfanlage bei nur halbem Brennstoffverbrauch · Indiensthaltungszeit für BISMARCK und TIRPITZ vorgesehen für etwa 20 Jahre · Weltkrieg-I-Erfahrungen für Panzerschutz · Torpedolängsschotte aus dehnbarem Ww-Stahl einer Neuentwicklung · Panzerdecke aus ungehärtetem Wh-Stahl · Zeit-Verlegenheitslösung: 38.0-cm-Doppeltürme · BISMARCK-Panzerung von höherem Prozentsatz als Gesamtgewicht Schlachtschiff SCHARNHORST

Obwohl das eine oder andere Sachgebiet bereits in den vorstehenden Kapiteln behandelt oder gestreift wurde, ist eine Stellungnahme des Schiffbauers von ganz besonderem Interesse, vor allem, um die Betrachtung der verschiedenen Probleme und Forderungen auch aus seiner Perspektive zu hören.

Der damalige, für den Entwurf und Bau der BISMARCK-Klasse verantwortliche Chef der Schiffbauabteilung im OKM, Marineoberbaudirektor Professor Hermann Burkhardt, äußerte sich in einem seiner Schreiben an den Verfasser wie folgt:

»Befassen wir uns zunächst mit der Frage der Typverdrängung.

Die Schlachtschiffe BISMARCK und TIRPITZ waren die ersten Großkampfschiffe, die für die deutsche Kriegsmarine nach den Vereinbarungen des englisch-deutschen Flottenvertrages in Bau gegeben wurden. (SCHARNHORST und GNEISENAU hielten sich zwar ebenfalls mit ihren Abmessungen innerhalb der durch jenes Abkommen gesetzten Grenzen. Sie waren jedoch schon mehrere Monate vor der Unterzeichnung auf Stapel gelegt worden.) Zulässig war daher eine Typverdrängung von 35 000 ts, unter der nach dem Washington-Abkommen die Verdrängung ohne Brennstoff und Wasser zu verstehen ist.

Der Konstrukteur konnte von klaren Voraussetzungen ausgehen und war frei darin, alle früheren Erfahrungen zu berücksichtigen, die schon bei dem letzten Entwurf eines schnellen Schlachtschiffes der Kaiserlichen Marine angewendet werden sollten. Freilich mußten alle derartigen Entwürfe infolge des Ausgangs des Ersten Weltkrieges in den Panzerschrank, also auf Eis gelegt werden.

Die besonderen Verhältnisse beim Entwurf der beiden Schlachtschiffe machen eine kritische Betrachtung des Begriffes ›Typverdrängung‹ erforderlich.

Für den Konstrukteur ist die Typverdrängung zunächst eine fiktive Zahl, während seine Überlegungen vom sogenannten Konstruktionsdeplacement, das heißt der Verdrängung des betriebsfertigen Schiffes, ausgehen müssen, die einen Teil des Gesamtbrennstoff- und Wasservorrates umfaßt, gewöhnlich etwa 40 bis 50 Prozent. Von dieser Verdrängung sind abhängig:
• die Maschinenleistung,
• die Geschwindigkeit,
• die Fahrstrecke und
• die Lage der Panzerung zur Wasserlinie.

Die erste militärische Forderung für den Fahrbereich ist eine Analyse der Funktion der maritimen Lage.

Die Schiffbauer der italienischen Flotte konnten zum Beispiel stets einen größeren Prozentsatz der Gesamttonnage eines Schlachtschiffs für die Gefechtswerte verwenden als ihre Kollegen in den USA, weil bei Schiffen, die nur im Mittelmeer operieren sollten und deshalb nur relativ geringe Fahrstrecken benötigten, viel weniger Raum und Gewicht für die Brennstoffvorräte zu reservieren war als bei Schlachtschiffen, die für Einsätze auch im Pazifik gebaut wurden. Auch bei der Wahl des Systems der Maschinenanlage zeigen sich ähnliche Mängel. Eine Dieselanlage ist schwerer als eine Dampfanlage, dafür aber der Brennstoffverbrauch nur etwa halb so hoch wie der der Dampfanlage. Das Mehrgewicht der Dieselanlage ist in der Typverdrängung enthalten, das Mindergewicht des Brennstoffes aber nicht, so daß die Dieselanlage also zu Unrecht schlechter abschneiden muß.

BISMARCK und TIRPITZ waren so wertvolle und kostspielige Einheiten mit einer vorgesehenen Indiensthaltungszeit von etwa 20 Jahren, daß bei ihrem Entwurf nicht nur die augenblickliche politische Lage, sondern auch die ungewisse Zukunft beachtet werden mußte. Sie hatten mit Rücksicht auf die geographische Lage einen großen Anmarschweg zurückzulegen, um in die freie See zu gelangen. Grundforderung war daher eine möglichst große Fahrstrecke, die aus den oben dargelegten Gründen einfach dazu zwang, die Typverdrängung von 35 000 ts zu überschreiten, wenn die übrigen Forderungen eingehalten werden sollten, die sich auf Grund früherer Erfahrungen und dem Verlangen nach Gleichwertigkeit ergaben.

*

Der zweite Punkt ist die Bewaffnung.
Die Schlachtschiffe SCHARNHORST und GNEISENAU hatten die 28-cm-Drillingstürme nach dem Muster der Panzerschiffe erhalten, weil, wie bereits erörtert, die Entwicklung eines schweren Kalibers nur mit einer Bauverzögerung von mindestens einem Jahr hätte erkauft werden können. Bei ihrem Bau war aber von vornherein vorgesehen worden, daß die Drillingstürme später durch 38.0-cm-Doppeltürme ersetzt werden konnten. Diese Türme waren beim Beginn der Entwurfsarbeiten der BISMARCK bereits in Auftrag gegeben, so daß ein anderes Kaliber nicht in Frage kam, wenn nicht große Verzögerungen entstehen sollten.
Die Doppeltürme wurden aus schießtechnischen Gründen zu je zwei im Vor- und Achterschiff vorgesehen.
Der dritte Komplex ist der Panzerschutz.
Entsprechend den Traditionen der Kaiserlichen Marine und den Erfahrungen des Ersten Weltkrieges wurde besonderer Wert auf den Panzerschutz gelegt. Dabei kam mit Rücksicht auf die rasante Entwicklung der Luftwaffe dem horizontalen Schutz eine erhöhte Bedeutung zu.
Der schwere Gürtel von 320 mm erstreckte sich bis zu den Endschotten der Munitionskammern der schweren Artillerie und wurde zum Schutze dieser Kammern durch Querschotte von gleicher Dicke abgeschlossen. Über dem schweren Gürtel wurde ein bis zum Oberdeck reichender Zitadellpanzer von 145 mm angeordnet.
Mit 320 mm war der Gürtelpanzer der BISMARCK geringer als der der SCHARNHORST-Klasse, bei der er 350 mm betrug. Nach einer alten Faustregel hätte er entsprechend dem Kaliber der schweren Artillerie 380 mm betragen müssen.[59]
Diese Verringerung des Gürtelpanzers gegenüber der SCHARNHORST-Klasse war unumgänglich geworden, weil sich bei BISMARCK über dem Gürtelpanzer noch der bis zum Oberdeck reichende Zitadellpanzer erhob, den die SCHARNHORST-Klasse nicht hatte. Das ist auch äußerlich daran zu erkennen, daß BISMARCK keine Bullaugen hatte.
Im Endergebnis bewirkte dabei dieser Zitadellpanzer, daß das Gesamtgewicht des Panzers bei der BISMARCK-Klasse nicht nur absolut höher war als bei der SCHARNHORST-Klasse – das war ja bei dem größeren Schiff fast selbstverständlich –, sondern auch relativ höher, das heißt, der Panzer bildete bei der BISMARCK einen höheren Prozentsatz des Gesamtgewichts als bei der SCHARNHORST.

Die aus ungehärtetem Panzermaterial Ww[60] bestehenden Torpedolängsschotte waren in etwa sechs Meter Abstand von der Außenhaut angeordnet. Um eine feste Einspannung zu erzielen, waren sie unten mit einem durch den Innenboden reichenden verstärkten Längsspant verbunden und reichten durchs Panzerdeck, über dem sie durch Splitterschotte fortgesetzt wurden.

Das Panzerdeck bestand aus ungehärtetem Panzermaterial Wh, die bis zum Torpedoschott reichenden Böschungen waren 120 mm, der mittlere Teil 100 mm dick. Das die Zitadelle nach oben abschließende Oberdeck von 50 mm Dicke bestand aus ungehärtetem Panzermaterial Wh.

Besonders zu beachten ist auch die Art der Panzergrätinge in den großen Öffnungen der Rauchfang- und Luftschächte. Die früher üblichen Stabgrätinge hatten sich schon im Ersten Weltkrieg nicht bewährt, weil sie in Richtung ihre Längsachse einkommende Splitter durchließen, die dann die Dampfrohre verletzten. Schon damals wurden sogenannte Lochgrätinge entwickelt, die düsenartige Öffnungen in homogener Platte erhielten.

Obgleich Lüftungsversuche günstige Ergebnisse hatten, scheiterte ihre Einführung am Widerstand des Maschinenbaus, der eine Beeinträchtigung der Kesselleistung befürchtete. Erst beim Bau des Kreuzers EMDEN III[61/1] gelang es, sie durchzusetzen, und zwar mit durchaus gutem Erfolg bezüglich der Kesselleistung. Bei der BISMARCK wurde die Dicke dieser Grätinge so bemessen, daß das Gewicht der Grätinge dem der vollen Beplattung entsprach. Bei Schießversuchen ergab sich, daß die Grätinge selbst bei Volltreffern einen erheblichen Widerstand boten, der weit über den Begriff des Splitterschutzes hinausging.

Erfahrungen aus der Skagerrak-Schlacht im Ersten Weltkrieg führten ferner dazu, ungehärtetes Panzermaterial Ww auch für einzelne Teile des eigentlichen Schiffskörpers zu verwenden. Die schweren Beschädigungen des Schlachtkreuzers LÜTZOW hatten damals wesentlich dadurch zur Katastrophe geführt, daß die Bordwand im Vorschiff bei Sprenggranattreffern in großem Umfange aufgerissen wurde und das Wasser von oben in das Schiff eindrang. Bei der BISMARCK wurde daher an solchen gefährdeten Stellen ungehärtetes Panzermaterial Ww verwendet.

Über das bei der BISMARCK verwendete Panzermaterial ist noch folgendes zu sagen:

In der deutschen Marine hatte seit jeher ein Antagonismus zwischen Waffenamt und Konstruktionsamt bestanden, der sich insbesondere bei der Zuständigkeit für das Panzermaterial auswirkte. Da dieses durch Beschuß abgenommen wurde, betrachteten es die Artilleristen als ihre eigene Domäne. Erst mit dem Eingreifen des Großadmirals von Tirpitz gelang es, daß die Schiffbauer wenigstens den Schießplatz betreten und an Versuchen teilnehmen konnten. Erst etwa im Jahre 1930, als mit dem späteren Generaladmiral C. Witzell ein aufgeschlossener Seeoffizier das Waffenamt leitete, gelang es, eine Verbindung herzustellen, die in kameradschaftlicher Zusammenarbeit ohne Berührung der Zuständigkeitsfrage zu einem Erfolg führte.

Eine Anfrage des Konstruktionsamtes bei der Firma Krupp, ob in Anbetracht der Qualitätssteigerung in der Stahlherstellung nicht auch eine Verbesserung des Panzermaterials möglich sei, führte zunächst zu einer Nachprüfung der bisherigen Abnahmebedingungen.

Bisher wurde das gehärtete Panzermaterial durch Beschuß mit Stahlvollgranaten abgenommen, einer Geschoßart, die es in Vorzeiten einmal gegeben hatte. Das ungehärtete Material wurde mit Rundkopf-Vollgeschossen geprüft, wobei bei einer nach Dicke abgestuften Auftreffenergie keine durchlässigen Risse entstehen durften. Nach Ansicht der Artilleristen sollte diese Abnahmeart den Schrägbeschuß ersetzen, dem der Horizontalpanzer in Wirklichkeit ausgesetzt ist, der aber auf dem Schießplatz wegen zu großer Gefährdung als nicht durchführbar galt.

Eine Nachprüfung bis in die Akten der 60er Jahre des vorigen Jahrhunderts ergab aber, daß man erst mit einer Kugel geschossen hatte, dann aber zu einem kleineren Kaliber überging und zur Erhaltung des bisherigen Geschoßgewichtes an die Kugel einen Zylinder anhängte.

Nunmehr wurde die Abnahme den wirklichen Verhältnissen angepaßt: Der gehärtete Panzer wurde mit Panzersprenggranaten unter 90 und 60 Grad beschossen. Noch von früher vorhandene Beschußplatten ermöglichten es, den Anschluß zu finden.

Der ungehärtete Panzer wurde unter 90, 30 und 15 Grad mit Panzersprenggranaten und Sprenggranaten beschossen. Auf Grund der neuen Versuche wurde ein Chrom-Nickel-Molybdän-Stahl entwickelt, dessen Widerstandsfähigkeit gegen Beschuß das bisherige Material um etwa 50 Prozent übertraf.

Beim Bau der BISMARCK war diese Entwicklung abgeschlossen, so daß deren Schutz voll den neuen Bedingungen entsprach.

*

Wenden wir uns nun dem Schiffskörper zu.

Das Schlachtschiff BISMARCK wurde nach dem in der deutschen Marine entwickelten reinen Längsspantensystem gebaut, das eine klare Erfassung der Festigkeitsverhältnisse aller Verbände und damit auch eine leichtere Bauart ermöglichte.

Bei den früheren Schiffen wurden alle hoch beanspruchten Längsverbände aus Stahl St52 hergestellt, der den bisher in der Marine verwendeten Schiffbaustahl III ersetzte, alle übrigen Verbände, wie Querschotte usw., aus Schiffbaustahl II von 41 bis 48 kg/qmm Festigkeit.[61/2] Inzwischen waren aber durch umfangreiche Dauerfestigkeitsprüfungen Erkenntnisse gewonnen worden, die zu einer Änderung in der Materialverwendung führten. Es zeigte sich, daß hochfeste Stähle keine wesentlich höhere Dauerfestigkeit aufweisen als die normalen. So betrug die Dauerfestigkeit von Schiffbaustahl II 24 kg/qmm, die von St 52 26 kg/qmm. Gerade bei den hochbeanspruchten Längsverbänden war aber die Dauerfestigkeit das Kriterium, so daß die hohe statische Festigkeit des St 52 nicht in dem erwarteten Maße ausgenutzt werden konnte. Bei den Verbänden wie den wasserdichten Schotten war dagegen die Dauerfestigkeit nicht von ausschlaggebender Bedeutung. Sie hatten dagegen im Havariefall einmalige hohe Beanspruchungen auszuhalten, welche die volle Ausnutzung der Materialfestigkeit bis nahe an die Streckgrenze ermöglichten. Hier konnte also die Überlegenheit von St 52 (Streckgrenze 36 kg/qmm) gegenüber Schiffbaustahl II (Streckgrenze 24 kg/qmm) voll zur Geltung kommen. Diese Überlegungen führten dazu, beim Schiffskörper der BISMARCK nicht nur wie bisher die Längsverbände aus St 52 (bzw. früher Schiffbaustahl III), sondern erstmals auch die Querverbände und damit den ganzen Rumpf aus diesem hochfesten Material herzustellen, womit gleichzeitig Gewicht gespart wurde.

Seit dem Bau des Kreuzers EMDEN III war in der deutschen Marine die elektrische Lichtbogenschweißung stufenweise angewendet worden. Beim Bau der BISMARCK

Planung, Bau, Stapellauf, Indienststellung und Erprobung

war die Entwicklung so weit fortgeschritten, daß alle Verbindungen des Schiffskörpers elektrisch geschweißt werden konnten. Auch die aus Panzermaterial bestehenden Teile des Schiffskörpers sowie die Panzerung des Oberdecks wurden mit Nichrotherm-Elektroden[62] geschweißt. Bei Schießversuchen hatte sich diese Verbindung völlig bewährt. Nur beim Torpedoschott wurde die bisherige bewährte Nietverbindung mit Verblattung und einseitiger Lasche beibehalten. Hier erschien das Risiko zu groß, das beim Riß einer vielleicht fehlerhaften Naht hätte entstehen können.

Und nun die Maschinenanlage.

BISMARCK und TIRPITZ sollten als erste Schiffe der Kriegsmarine eine mit Hochdruck-Heißdampf betriebene elektrische Hauptantriebsanlage erhalten. Für eine solche Anlage wurden die Entwürfe ausgeführt. Die einzelnen Kraftwerke sollten in drei Abteilungen aufgestellt werden, seitlich die Kesselanlagen, in der Mitte zwischen den Längsschotten die Generatoren. Die drei Propeller sollten durch je einen Elektromotor angetrieben werden. Starke Einwirkungen der großen deutschen Elektrofirmen waren einer der Gründe dafür gewesen, daß diese Antriebsart vorgesehen wurde.«

Es erscheint dem Autor wichtig, kurz in diesem Zusammenhang auf die Vor- und Nachteile dieser Anlage gegenüber einer normalen Turbinenanlage einzugehen.

Die Vorteile sind: Die Turbinen, die ja nun nicht mehr die Schrauben, sondern nur noch die Generatoren antreiben, können viel einfacher konstruiert werden, weil nur noch eine Drehrichtung und viel geringere Unterschiede in der Fahrtstufe zu beachten sind. Das Umschalten auf andere Fahrtstufen und Drehrichtungen geht bei den die Propeller antreibenden Elektromotoren viel schneller und einfacher als bei jeder anderen Antriebsart. Die Propellerwellen sind viel kürzer.

Die Nachteile sind: Die Stromübertragung durch Kabel vom Generator zum Elektromotor wird zur Achillesferse der ganzen Anlage (erst recht bei Kriegsschiffen, wo außer den mechanischen Störungen auch noch Gefechtsschäden in Rechnung zu stellen sind). Die Anlage ist mit vier Gliedern, also den Kesseln, der Turbine, dem Generator und dem Elektromotor, der komplizierteste aller Schiffsantriebe gegenüber nur einem Glied beim Motorschiff, zwei Gliedern beim normalen Dampfantrieb (1. Kessel, 2. Expansionsmaschine oder Turbine) und drei Gliedern beim dieselelektrischen Antrieb (1. Dieselmotor, 2. Generator, 3. Elektromotor). Dementsprechend sind auch die Quellen möglicher Störungen viel zahlreicher.

Das damals große Interesse an der turboelektrischen Anlage beruhte nicht zuletzt darauf, daß das seinerzeit größte Schiff der Welt, das 165 000 PSW starke, 32 kn schnelle, 79 280 BRT große französische Fahrgastschiff NORMANDIE, von einer solchen Anlage angetrieben wurde und mit ihr das Blaue Band errang.

Um Erfahrungen über die Vor- und Nachteile der elektrischen Kraftübertragung zu sammeln, wurden in Deutschland fünf große, damals erbaute Passagierschiffe zu einem Großversuch herangezogen.

Von den zwei größten KdF-Schiffen wurde die WILHELM GUSTLOFF als reines Motorschiff erbaut, während die sonst nahezu gleiche ROBERT LEY dieselelektrischen Antrieb erhielt.

Den entsprechenden Versuch beim Turbinenantrieb unternahm der Norddeutsche Lloyd (kurz NDL geheißen). Von den drei Ostasien-Schnelldampfern, die in allen übrigen Eigenschaften eine Klasse bildeten, wurde die GNEISENAU mit normalem Turbinenantrieb, ihre zwei Schwesterschiffe SCHARNHORST und POTSDAM dagegen mit turboelektrischem Antrieb ausgestattet.

So waren also alle Voraussetzungen gegeben, um sowohl für den dieselelektrischen wie auch für den turboelektrischen Antrieb wertvolles Vergleichsmaterial zwischen »normalen« Schiffen und sogenannten Elektroschiffen zu sammeln, aber erstens waren alle fünf genannten Schiffe während der Entwurfsbearbeitung für die BISMARCK-Klasse noch im Bau und zweitens wären die dort gewonnenen Erfahrungen für die andersartigen Verhältnisse auf einem Kriegsschiff nur bedingt anwendbar gewesen.

Doch folgen wir weiter den Ausführungen Professor Burkhardts:

»Nachdem jedenfalls für die BISMARCK-Klasse die Entwürfe für eine turboelektrische Hauptantriebsanlage abgeschlossen worden waren, entstanden bei den verantwortlichen Maschinenbauern des OKM so starke Bedenken, daß sie glaubten, die Verantwortung für die Ausführung der Anlage nicht übernehmen zu können. Zunächst war es noch vollkommen ungeklärt, in welcher Weise der hochgespannte elektrische Strom durch das Schiff geleitet werden sollte. Erfahrungen lagen nicht vor, und es hätten besondere Kabel entwickelt werden müssen. Auch das Verhalten der synchron geschalteten Pro-

45

pellermotoren im Drehkreis war ungeklärt. Bei hoher Fahrt hätten starke Überlastungen der einen Seite eintreten und Havarien zur Folge haben können.

Von besonderer Bedeutung war es auch, daß dem Maschinenpersonal alle Erfahrungen in der Bedienung und Wartung einer turboelektrischen Anlage fehlten. Es hätte neu ausgebildet werden müssen. Dabei ist zu berücksichtigen, daß dem Maschinenpersonal durch den dauernden Wechsel der Antriebssysteme – Naßdampf – Diesel – Hochdruck-Heißdampf – schon sehr viel zugemutet worden war. H. Schneekluth: »Weitere Gegengründe zum turboelektrischen Antrieb waren:
- höheres Gewicht und
- größere Übertragungsverluste.

Beide Fakten waren angesichts der Tonnagebegrenzung unakzeptabel ... Zudem ließ sich damals die künftige Entwicklung der politischen Lage noch nicht voraussehen. Bei den späteren Indienststellungen der beiden Schiffe mitten im Krieg wären aber sicher größte Schwierigkeiten entstanden. Es war daher ein großer Glücksfall, daß noch rechtzeitig eingegriffen werden konnte.

Nunmehr wurde für die Schlachtschiffe unter Umarbeitung der Entwürfe eine reine Hochdruckdampfanlage wie auf SCHARNHORST und GNEISENAU vorgesehen. Da für die Schiffe eine möglichst hohe Geschwindigkeit gefordert wurde, sollte die Maschinenleistung das Maximum betragen, das auf je einer Welle zu verarbeiten war. Diese Maximalleistung wurde zu 50 000 PS bestimmt, so daß die Schiffe eine Gesamt-Maschinenleistung von 150 000 PS auf drei Wellen erhielten, die eine Geschwindigkeit von 30 bis 31 kn ermöglichte.«

Abschließend dürfte noch eine Betrachtung über die Abmessungen und die Gewichte des Schlachtschiffes BISMARCK von Interesse sein.

Die Hauptabmessungen betrugen nach Burkhardt Länge über alles: 251.00 m; Länge in der CWL (L): 241.50 m; Breite (B): 36.00 m; Seitenhöhe (H): 15.00 m; Tiefgang Konstr. (T): 9.33 m; daraus ergeben sich folgende Relationen:

L : B = 6.70;
L : H = 16.10;
B : T = 3.85.

Es sei noch einmal auf die große Breite von 36.00 m hingewiesen, welche die vergleichbarer Schiffe fremder Marinen wesentlich überschritt.[63] Diese Überbreite war durch folgende Überlegungen begründet:

Die Wassertiefenverhältnisse in der Nordsee und im Kaiser-Wilhelm-Kanal zwangen die deutsche Marine zu einer Beschränkung im Tiefgang. Es war noch zu berücksichtigen, daß sich die großen Schiffe bei hoher Fahrt im flachen Wasser stark einsaugen. Außerdem wird der Schiffbauer, um eine vorgeschriebene größere Tonnage zu erzielen, ohnehin viel eher zur Steigerung der Breite als zur Vergrößerung der Länge bereit sein. Bei einer Vermehrung der Länge entstehen unwirtschaftliche Mehrgewichte, die die Tonnage noch über das gewünschte Maß hinaus steigern. Bei einer Vergrößerung der Breite hingegen treten solche Folgen nicht auf, und der beabsichtigte Zuwachs an Raum und Tonnage bleibt für die unterzubringenden Einrichtungen und Gefechtswerte in vollem Umfange verfügbar. Die große Breite war aber außerdem mit Rücksicht auf den Torpedoschutz sehr erwünscht. Dieser erfordert bei der gewählten Anordnung für den Leckfall eine große Stabilität. Befürchtungen, daß diese hohe Stabilität ungünstig auf die Bewegungen im Seegang einwirkt, sind unbegründet. Mit der großen Breite wird gleichzeitig durch das Herausrücken des schweren Seitenpanzers das Massenträgheitsmoment so vergrößert, daß die Nachteile der hohen Stabilität mehr als aufgewogen werden.

*

Die gestellten militärischen Forderungen machten es unmöglich, eine Typverdrängung von 35 000 ts einzuhalten. Es ergab sich schließlich eine Typverdrängung von 42 343 t = 41 700 t standard, eine Zahl, die einer näheren Erläuterung und Untersuchung bedarf.

Nach den vom Konstruktionsamt (K-Amt) im OKM ausgefüllten Formblättern wurden für das Schlachtschiff nachstehend aufgeführte Gewichte verwogen (siehe [Z 35]). Diese Zahlen muß man als Ausgangswerte verstehen, die sich jedoch im Laufe der Bauzeit durch Änderungen überholt haben. Schließlich wurde (nach den bislang bis 1990 nicht zur Verfügung stehenden Unterlagen M 496 des Bundesarchivs/Militärarchiv) am 31.III./1.IV.1940 eine neue Berechnung vorgenommen. Das Ergebnis dieser neuen Berechnung ist in diesem Buch im Anhangteil aufgeführt.

Schiffskörper	SI-IV	11 691,0 t
Panzer (ohne Artillerie)		17 540,0 t
Hauptmaschinen, einschließlich Turbinen, Kessel, Geräte, Schrauben, Wellenleitungen	MI	2 800,0 t
Hilfsmaschinen	MII	1 428,0 t
Artilleriebewaffnung mit Geräten	A	5 973,0 t
Torpedobewaffnung	T	–
Flugzeugeinrichtungen	F	83,0 t
Sperrwaffen	Spr	8,0 t
Allgemeine Geräte	I	369,4 t
Nautische Instrumente	N	8,6 t
Takelage	Ta	30,0 t
Leeres Schiff, bei dem die Gewichte M I, M II, A, F, T, Spr. auch die betreffenden Geräte und Zubehörteile enthalten, also:		39 931,0 t

Nach den Unterlagen der Werft Blohm & Voss[64] sind weniger Gewichte verwogen worden:

S I	= Stahlkörper	10 150 t	
HoP	= Horizontal-Panzer, d.h. Panzerdeck, Batteriedeck	8 910 t	
	= und Torpedoschotte	19 060 t	19 060 t
S II	= Schlosser- und Rohrleitung	960 t	
S III	= Blechtischlerei	335 t	
S IV	= Malerwerkstatt	220 t	
		1 515 t	1 515 t
	Vertikalpanzer:		
S	= Seitenpanzer	5 019 t	
Z	= Querschotte	363 t	
Ba	= Barbetten	2 285 t	
Ko.T	= Kommandotürme	466 t	
		8 133 t	8 133 t
M I	= Maschinenbau: Turbinen und Hilfsmaschinen	3 370 t	
M II	= Maschine	1 430 t	
	Apparate und Hilfsmaschinen	4 800 t	4 800 t
	Geschütze:		
	= gesamte Artillerie	6 180 t	6 180 t
TO	= Torpedorohre*	40 t	40 t
			39 728 t

Bei dieser Aufstellung, die sich in der Endsumme ebenfalls der Typverdrängung nähert, sind nicht berücksichtigt worden:
a) Die Wasserfüllung in Kesseln und Rohrleitungen;
b) die Munition für alle Kaliber einschließlich Torpedos (allein 800 Schuß 38-cm-Munition wiegen 750 bis 800 t);
c) die gesamte Flugzeug- und Sperrwaffeneinrichtung, die nautischen Geräte, die Anlagen für die Signal-, Funk-, Funkmeß-, Waffenrichtgeräte u.a.
d) die gesamte Ausrüstung ohne Wasser (Wasch- und Trinkwasser, das nicht zur Typverdrängung gehört), da diese keine Lieferung der Bauwerft, sondern die der Schiffskammer bildenden Marinewerft ist. Die Ausrüstung umfaßt auch das Gewicht der Besatzung mit Effekten.

Der an den Angaben interessierte Leser wird unschwer die Ursachen für die Differenz von 200 t erkennen, indessen: diese 200 t scheinen bei der Gesamtgröße des Schlachtschiffes ohnehin nicht so wesentlich, daraus etwa eine großangelegte Untersuchung herzuleiten.

Zur Errechnung der Typverdrängung ergeben sich unter Beibehaltung der in dem Formblatt

---

* Die BISMARCK bekam freilich keine Torpedorohre, wohl aber später das Schwesterschiff TIRPITZ.

festgelegten Gewichte	(39 931,0 t)
Artillerie-Munition A	1 510,4 t
Sperrwaffen-Munition Spr	2,5 t
Verbrauchsstoffe	155,4 t
Besatzung	234,6 t
Proviant	194,2 t
Trinkwasser	139,2 t
Waschwasser	167,0 t
	42 343,3 t[65]

Diese Summe wird übrigens von Raeder gelegentlich der Konferenz mit Hitler am 18. März 1941 unter Punkt 13, Allgemeines, in Verbindung mit der Größe der RICHELIEU und den Einheiten der geplanten *H*-Klasse erwähnt. Unerklärlich bleibt, wieso der ObdM diese aus metrischen Tonnen resultierende Summe als Typverdrängung laut Washington bezeichnet.[66] Die Typverdrängung laut der im Jahre 1922 in Washington festgelegten Standard-Verdrängung (oder standard displacement) beträgt bei BISMARCK dagegen (abgerundet) 41 700 ts

Für die hier in metrischen Tonnen berechnete Konstruktionsverdrängung ergeben sich folgende Werte

	(42 343,3 t)
Speisewasser (Gefechtszellen)	187,5 t
Heizöl	3 226,0 t
Treiböl	96,5 t
Schmieröl	80,0 t
Flugzeug-Betriebsmittel (eine Füllung)	17,0 t
	(45 950,3 t)

Zur Berechnung der voll ausgerüsteten BISMARCK kommen an metrischen Tonnen hinzu

Speisewasser	187,5 t
Heizöl	3 226,0 t
Treiböl	96,5 t
Schmieröl	80,0 t
Flugzeug-Betriebsmittel (Reserve)	17,0 t
Frischwasser-Reserve	389,2 t
	49 946,5 t

Zur Berechnung der maximalen Verdrängung

	(49 946,5 t)
sind zu addieren an Ölsonderzuteilung	1 009,0 t
	50 955,5 t

Diese 50 955,7 t entsprechen 50 200 ts.
Und hier noch das Gewicht in Prozenten der Verdrängung:

	auf CWL	maximal
Schiffsgewicht usw.		
S I – IV, I, N, Ta	26,3	23,7
Panzer	38,2	34,4
Hauptmaschinen MI	6,1	5,5
Hilfsmaschinen MI	3,2	2,8
Waffen A, T, F, Spr + Munition	16,4	14,9
Ausrüstung	2,0	2,6
Brennstoff usw.	7,4	15,3
Speisewasser	0,4	0,8
	100 %	100 %

Hier noch die Berechnung der Gesamtleistung der Dreiwellen-Turbinenanlage mit zwölf Kesseln, wie sie sich später aufgrund eines Probefahrtdeplacements von 43 000 t ergab:

	WPS	Kesselzahl	n	kn	Brennstoffverbrauch
vorwärts	3 x 46 000	12	265	29	325 g/PS
	3 x 38 350	12	250	–	320 g/PS
	3 x 23 300	9	214	–	335 g/PS
	3 x 13 000	6	176	–	370 g/PS
	3 x 8 300	3	151	–	415 g/PS
	3 x 5 000	3	128	–	500 g/PS
rückwärts	3 x 12 000	12	–	–	–

Bei all diesen Untersuchungen über den Panzerschutz sind Überlegungen zum Schutze der Schrauben und/oder der Ruder nicht erkennbar, zumindest nicht im KTB.

Die BISMARCK-Klasse als Politikum ·
Letzter Ausdruck des Willens zum Ausgleich mit England vor dem Z-Plan

In den vorstehenden Kapiteln sind die Kampfwerte der BISMARCK-Klasse im Verhältnis zu den gleichaltrigen Neubauten des Auslandes, zum vorhandenen britischen Großkampfschiffsbestand und zu den Großkampfschiffen der Kaiserlichen Marine dargelegt worden. Diese technische Darstellung bedarf der Ergänzung durch die Analyse der politischen Lage und der strategischen Konzeption, die beide beim Entwurf der BISMARCK-Klasse maßgebend waren.

Es ist davon auszugehen, daß die ersten Planungen für die BISMARCK-Klasse unmittelbar nach der Unterzeichnung des deutsch-englischen Flottenabkommens begannen. Hitlers politischer Wunschtraum war, ein gutes Einvernehmen beider Staaten für alle absehbare Zeit sicherzustellen. Seine auf völliger Verkennung der britischen Mentalität beruhende Annahme, daß es ihm gelingen könnte, für seine auf eine deutsche Hegemonie in Mittel- und Osteuropa zielende Politik die stillschweigende oder gar offene Zustimmung Englands zu erlangen, blieb bis zum Jahreswechsel 1937/38 bestimmend für die von ihm England gegenüber eingenommene Haltung.

Es liegt im Wesen der Sache, daß diese Haltung ihren deutlichsten Ausdruck in seiner Stellungnahme zu Einzelfragen der Marinerüstung fand. Daraus resultierte, daß zum Beispiel der U-Boot-Bau noch nicht einmal die vertraglich erlaubte Quote von zunächst 45, später 100 Prozent der britischen U-Boot-Tonnage erreichte. Eine weitere Folge war, daß die Kriegsmarine, wie die Reichsmarine jetzt offiziell hieß, im Vertrag von 1935 die Begriffsbestimmungen des Washingtoner Flottenvertrages von 1922 übernahm, wodurch nun für Deutschland der Weiterbau der für Englands Seehandel so bedrohlichen Panzerschiffe der DEUTSCHLAND-Klasse verboten war.

Weitere Auswirkungen von Hitlers Bestreben, auf England Rücksicht zu nehmen, zeigten sich bei den Entwürfen für die Schlachtschiffe, die ja damals noch unbestritten als der Kern der Flotten galten. Wie sich dies bei der SCHARNHORST-Klasse auswirkte, für die die endgültigen Pläne während der Vertragsverhandlungen entstanden, ist in einem der vorstehenden Kapitel geschildert worden. Ähnliches galt nun auch für die BISMARCK-Klasse. Ihre Artillerie, wenngleich ungleich stärker als die der SCHARNHORST-Klasse, ging nicht über das hinaus, was in der britischen Flotte Regel und Durchschnitt war, so daß deren zahlenmäßige Überlegenheit auch weiterhin voll zur Geltung kam. Der überaus starke Schutz des Schiffes konnte auch von dem bösartigsten Interpreten nicht als ein Beweis für Angriffsabsichten gedeutet werden. Die hohe Geschwindigkeit und der beträchtliche Fahrbereich schließlich wiesen zwar deutlich auf die Absicht zu ozeanischer Kriegsführung hin, aber der angenommene Gegner – die französische Flotte – war ja auch tatsächlich nur auf großen Umwegen zu erreichen und zu treffen. Daß dabei gleichzeitig die Schiffe auch für einen weiträumigen Handelskrieg gegen England geeignet waren, wird man im deutschen OKM, wo man Hitlers Optimismus betreffs Englands künftiger Haltung ohnehin nicht teilte, kaum als Nachteil betrachtet haben, denn es ist Pflicht des Soldaten, sich auf jede nur denkbare Möglichkeit einzurichten. Die Entscheidung über Krieg und Frieden liegt ja ohnehin nicht bei ihm, sondern beim Politiker.

Darüber hinaus verdient es Beachtung, daß gerade in den auf weiträumige ozeanische Verwendung hindeutenden Eigenschaften, nämlich Fahrstrecke und Geschwindigkeit, die BISMARCK-Klasse sogar noch hinter der älteren SCHARNHORST-Klasse zurückblieb. Letztere war nicht nur um rund einen Knoten schneller, sondern verfügte auch über einen um rund 1 500 sm größeren Fahrbereich. Es war also ein Typ entstanden, der wohl keinen einzelnen der in Fahrt bzw. im Bau befindlichen Gegner zu scheuen brauchte und der auch dem in den Kriegsspielen angenommenen Gegner, also den Einheiten der 35 000 ts standard großen französischen RICHELIEU-Klasse eindeutig überlegen war. Im Vergleich zu den vorhandenen und den im Bau befindlichen britischen Schiffen war jedoch eine Überlegenheit nur in der Standfestigkeit, nicht aber in der Schlagkraft – wenigstens nicht in der listenmäßigen – gegeben.

Nach Raeder vom 3. September 1939: »Zwei SCHARNHORST und zwei TIRPITZ hätten zur Bindung eines Teils der schweren englischen Schiffe in der Heimat zur Verfügung gestanden.« Der so naheliegende und im Rahmen der Vertragsbestimmungen und der technischen Möglichkeiten durchaus gangbare Weg, ein Schiff mit auch

Planung, Bau, Stapellauf, Indienststellung und Erprobung

nominell überlegener Schlagkraft zu schaffen, war ganz bewußt aus politischen Gründen nicht gegangen worden. So ist, als die BISMARCK entworfen wurde, der Vorrang der Defensiveigenschaften, der bei einem Vergleich der BISMARCK mit Englands damaligen Großkampfschiffen am stärksten hervortritt, das genaue Spiegelbild der von Hitler ab 1935 gegenüber England verfolgten Politik.

Zum bereits vorab Gesagten ist zusammenzufassen:
Erst als Hitler Anfang 1939 endgültig einsehen mußte, daß die britische Politik konsequent entschlossen war, seinen Hegemonieplänen in Mittel- und Osteuropa entgegenzutreten, änderte sich seine stets der politischen Lage angepaßte Baupolitik im maritimen Bereich. Die am 1. April 1939 beim Stapellauf der TIRPITZ angedrohte und am 28. April 1939 in einer Reichstagsrede durchgeführte Aufkündigung des Flottenabkommens schuf die Voraussetzungen zum Bau einer Schlachtflotte, die nicht nur stärker als die bis dahin erlaubten 35 Prozent der britischen Schlachtflotte sein würde, sondern bei der auch das Einzelschiff infolge seiner Bauart eine echte Bedrohung für Englands Seehandel war und dadurch geeignet schien, England zu einem Ausgleich im Verhandlungswege zu veranlassen, um einen bewaffneten Konflikt zu vermeiden.

Diese veränderte politische und strategische Konzeption führte logischerweise auch zu einem anderen Schiffstyp, nämlich zu den im Text bereits behandelten dieselmotorbetriebenen Schlachtschiffen der 60 000 t großen *H*-Klasse und den ebenfalls bereits vorgestellten Schlachtkreuzern und Panzerschiffvorhaben des Z-Plans.

So bleibt es eines der Merkmale der BISMARCK-Klasse, daß in ihrem Bauplan letztmals die deutsche Absicht zum Ausdruck kam, zugunsten des angestrebten Bündnisses jede mögliche Bedrohung Englands zu vermeiden.

Hier noch ein Wort zur Namensgebung am 14. Februar 1939:
Die Verteilung der von Raeder Hitler schon lange vorher abgerungenen und schließlich im OKM festgelegten Namen der Schlachtschiffe »F« und »G« ergab sich zwangsläufig. So ist Wilhelmshaven mit seiner Kriegsmarinewerft unzertrennlich mit dem Namen TIRPITZ verbunden, ist es doch erst durch des Großadmirals Schlachtflottenbau zu seiner Größe und Bedeutung gelangt. Hamburgs Geschichte dagegen ist sogar in mehr als einer Beziehung mit dem Namen BISMARCK verknüpft: Erst durch Bismarcks Reichsgründung hat Hamburg nach dem Niedergang der Hanse wieder einen Aufschwung und eine wirtschaftliche Bedeutung als nunmehr des Reiches größter Hafen erfahren.

Das Kapitel in den Tirpitzschen »Erinnerungen« [106], in dem der Großadmiral schildert, wie er im Herbst 1897, bald nach seiner Ernennung zum Staatssekretär des Reichsmarineamtes und kurz bevor er das erste Flottengesetz vorlegte, den Altreichskanzler in Friedrichsruh besucht hat, gibt ein eindrucksvolles Bild von der Begegnung jener zwei Staatsmänner, nach denen die Kriegsmarine des Dritten Reichs nunmehr ihre zwei stärksten Schiffe benennen wollte.

Dieser Besuch geschah, um sich von ihm, wie er sagt, »den Kugelsegen für das Flottengesetz« und damit für den Aufbau einer wirklichen, der wachsenden völkischen und wirtschaftlichen Kraft Deutschlands entsprechenden deutschen Flotte geben zu lassen.

Dem vom preußischen Junker zum Staatsmann gereiften Bismarck war das große Wissen um den inneren Zusammenhang zwischen deutschem Einheitsstaat und einer deutschen Flotte bewußt geworden. Nie konnte die deutsche Seemacht, die, wie er zu Tirpitz jetzt, 1897, sagte, für Deutschland notwendig sei, geschaffen werden, »solange sich acht souveräne Staaten: Preußen, Hannover, Oldenburg, die drei Hansa-Städte, Schleswig-Holstein und Mecklenburg in die deutsche Seehoheit und die maritime Kriegsberechtigung teilten«. Diesen Zustand zu beseitigen und damit den Weg für eine deutsche Flotte zu öffnen, das war der letzte Sinn seiner mit dem Kampf um Schleswig-Holstein im Jahre 1864 eingeleiteten deutschen Politik gewesen:

»Wenn wir die Herzogtümer Schleswig-Holstein nicht dauernd erwerben, können wir nie eine deutsche Seemacht werden.«

Nach diesen seinen Worten hat Bismarck damals gehandelt und so das »Schloß des dänischen Besitzes, das in Schleswig-Holstein den Deutschen den Weg zur Seemacht, zur deutschen Flotte versperrte«, in die deutsche Hand gebracht.

So ist Bismarck nach Ansicht der Fachleute der Wegbereiter des neuen Reiches von 1871, im besonderen auch der Wegbereiter der deutschen Flotte gewesen. Dieser Flotte, von der er in den achtziger Jahren gesagt hat, daß er um der Zukunft Deutschlands willen eine deutsche Seemacht erstrebe, um dazu beizutragen, statt des überlebten europäischen Gleichgewichtes ein »Gleichgewicht auf dem Meere« herbeiführen zu können und damit auch

die stärkste Seemacht zu zwingen, auch auf die Interessen anderer Staaten Rücksicht zu nehmen. Nicht, weil er etwa einen Krieg gegen die stärkste Seemacht, gegen England, je zu führen wünsche, sondern weil er es für notwendig halte, für Deutschland die Möglichkeit eines Seebündnisses mit anderen gegen eine in Rechnung zu stellende Willkür dieser Macht zu schaffen. Vor den Toren Hamburgs, im Sachsenwald schließlich, den ihm sein König und Kaiser 1871 nach der Reichsgründung schenkte, verbrachte Bismarck seinen Lebensabend, fand der Eiserne Kanzler seine letzte Ruhe. Es war angesichts des Hamburger Hafens, auf den der riesige steinerne Bismarck heute herunterblickt, und der aus allen Teilen der Welt ein- und auskommenden Schiffe, daß der alternde Fürst das prophetische Wort aussprach:
»Dies ist eine neue Welt.«

Mit dem Weitblick des Staatsmannes spürte Bismarck sich die ersten Konturen einer neuen Weltordnung abzeichnen. Nicht mehr das Staatlich-Politische, dessen Meister Bismarck so lange war, sondern das Ökonomisch-Kommerzielle wird die Form sein, in der künftig Macht ihren stärksten Ausdruck findet.

Er fühlte wohl auch, daß das von ihm geschaffene Reich in dieser neuen Weltordnung eine geringere Rolle spielen würde als bisher, denn die wirtschaftlichen und damit auch politischen Schwerpunkte der sich abzeichnenden neuen Welt würden zwangsläufig außerhalb Europas liegen. Wenn aber die letzten Entscheidungen über das Schicksal der Menschheit nicht mehr in Europa fielen, dann sank zusammen mit der Bedeutung des alten Erdteils auch die von dessen stärkster Kontinentalmacht.[67]

Planung, Bau, Stapellauf, Indienststellung und Erprobung

Von der Kiellegung bis zur Indienststellung des Schlachtschiffes BISMARCK

Hamburg, der 14. Februar 1939.
Heute ist Großfeiertag auf der international renommierten Großwerft Blohm & Voss;[69/1] er ist es nicht nur für die Schiffbauer an der Elbe und nicht nur für die im »Wiederaufbau« befindliche Kriegsmarine, ganz Hamburg feiert mit überreichem Flaggenschmuck allerorts, auf den Werften, auf allen Schiffen im Hafen, auf allen Gebäuden im und am Hafen, ja in der ganzen großen Hansestadt:
Das erste deutsche Großkampfschiff nach dem Ersten Weltkrieg wird, 1936, vor zweieinhalb Jahren, unter der Bau Nr. 509 als der Neubau »Schlachtschiff F« (Ersatz für das 1905 erbaute Linienschiff HANNOVER) auf einer Großhelling bei B & V Hamburg, von Stapel laufen.

International gesehen, ist das ein maritimes wie gleichermaßen auch ein politisches, historisches Ereignis, ist der Neubau doch das Ergebnis der Verhandlungen des am 18. Juni 1935 paraphierten deutsch-englischen Flottenabkommens. Für die Gäste und für Tausende an Zuschauern wird dieser Neubau das bislang größte deutsche Kriegsschiff sein, auch für die Weltseemacht Großbritannien, wo ebenfalls niemand ahnt oder gar weiß, was nur einigen deutschen Insidern bekannt ist, daß dieser Schlachtschiffneubau, wenn fertiggestellt, als das größte Kriegsschiff der Welt gewertet werden darf.
Der eigens zum Stapellauf angereiste Hitler, in einer Person Führer und Reichskanzler des nach seinem Willen

Der Stapellauf der Bismarck am 24. Februar 1939 in Gegenwart Adolf Hitlers wird zum international spektakulären Medien-Ereignis.

Trotz dick aufgetragener Schmierung mit Grüner Seife als damals übliches Gleitmittel entstehen beim Stapellauf Reibungshitze und Rauch unter den vorderen Ablaufschlitten.

nunmehr Großdeutschen Reiches, hat den Stapellauf bei B & V zum Staatsakt deklarieren lassen. Er wird mit 21 Salutschüssen des Panzerschiffes ADMIRAL SCHEER* und des leichten Kreuzers NÜRNBERG begrüßt, ein Wald von zum deutschen Gruß erhobenener rechter Arme untermalt das Zeremoniell optisch.

In seiner Taufaktfestrede beschwört Hitler Sinn und Zukunft der quantitativen Beschränkungen des Flottenabkommens mit der Seemacht Großbritannien. Er würdigt die Bedeutung Bismarcks und versichert gleichzeitig, daß der Nationalsozialismus in seiner Bewegung und in der deutschen Volksgemeinschaft die Elemente geschaffen habe, die geeignet seien, »die Reichsfeinde jetzt und für alle Zukunft zu vernichten«. Schließlich wünscht er dem Neubau und seiner Besatzung glückhafte Fahrten in Frieden und erwartet andererseits von den Männern, wenn es je notwendig sein sollte, in Stunden schwerster Pflichterfüllung im Geist des Eisernen Kanzlers und seines Namensträgers zu handeln.

Nach Hitler spricht Großadmiral Raeder soldatisch knappe Sätze. Frau Dorothe von Löwenfeldt, Enkelin Otto von Bismarcks, vollzieht die Taufe:

»Auf Befehl des Führers und Reichskanzlers taufe ich Dich auf den Namen BISMARCK.«

Die Flasche Sekt zerbirst am Bug, der 25 000 Tonnen schwere, 251.00 m lange, elektrogeschweißte Rumpf läuft von der Hellingschräge ab und schwimmt im perlgrauen Schmuddelwasser der Elbe auf.

---

* Die Panzerschiffe wurden erst Ende 1939 in »Schwere Kreuzer« umklassifiziert.

Planung, Bau, Stapellauf, Indienststellung und Erprobung

Die Auslaufstrecke des vom Stapel gelassenen 11 691 t schweren Schlachtschiff-Rumpfes wich leicht von den Berechnungen ab, so daß es zur sanften Kollision mit dem am Ausrüstungskai liegenden Hapag-Schnelldampfers VATERLAND kam. Dabei wurde der BISMARCK-Heckflaggstock vertikal nach oben verbogen.

Mit diesem Schiff wird das Deutsche Reich wieder gleichberechtigt in die Reihe der großen Seemächte eintreten. Der Traum vom »Reich und Flotte« von 1848 und 1898 wird Wirklichkeit werden.

Im Ausrüstungshafen der Werft folgt über einen Zeitraum von eineinhalb Jahren die Herstellung des materiellen Kampfwertes nach den definierten militärischen Forderungen des Oberkommandos der Wehrmacht. Vergleiche die Kapitel III.1 und III.2 sowie die »Technischen Daten« im Anhangteil.

*

Sofort nach dem Stapellauf und der Namensgebung werden am Ausrüstungskai der Großwerft Blohm & Voss die Arbeiten für den Weiter- und Fertigbau an diesem werftseitig unter der Bau-Nr. 509 registrierten Neubau aufgenommen, an einem Neubau, dessen erste Entwürfe für ein Schlachtschiff F bis in das Jahr 1932 zurückreichen. Bereits damals, also noch vor dem Dritten Reich in der durch den Versailler Vertrag militärisch eingeschränkten Weimarer Republik, arbeiteten die Konstruktionsbüros der Reichsmarine an Entwürfen für »vollwertige Schlachtschiffe«, um nicht, wie der damit befaßte Stab argumentierte, »den Anschluß an die internationale Entwicklung zu verlieren«. So konnte die 1933er Reichsmarine daher auf bereits ausgereifte Großkampfschiffentwürfe zurückgreifen. Ob Änderungen, die es in der Tat während des Baues gab, zu einer »beträchtlichen Steigerung« des 35 000-ts-Deplacements der BISMARCK-Klasse geführt haben, wie die Autoren in [136] [116] argumentieren, ist im Detail nicht zu belegen, wohl aber, daß die Tonnagesteigerung der BISMARCK bereits bei der Planung und in den Entwürfen in der umstrittenen Größe vorlag, nämlich mit 41 700 ts Standard. Da die Typverdrängung bei Schlachtschiffen bei den Vertragsstaaten im Juni 1938 ohnehin auf 45 000 ts erhöht wurde, bot die Endgröße der BISMARCK im geheimen Sprachgebrauch der Kriegsmarine keinen Anlaß zu offiziellen Erklärungen; allenfalls zu theoretisch-juristischen Indignationen, denn vertretbar war diese (von den Briten stumm geduldete) »vorgegriffene« Tonnagevergrößerung nicht, auch nicht, wenn in Rechnung gestellt wird, daß die 1938er Vergrößerung bereits prophylaktisch zur Diskussion stand, ja aktenkundig war. Begünstigt wurde diese »wright or wrong, my country«-Vergrößerung dadurch, daß das zwangsläufig höchstzulässige Kaliber von 40.6 cm nicht ausgenutzt wurde, da die bei Krupp neu entwickelten 38er-Kanone in ihren ballistischen Werten als »vollkommen ausreichend« definiert wurde. Außerdem war ja auch eine Umrüstung bei der SCHARNHORST-Klasse von 28er- auf ein 38er-Kaliber vorgesehen. Das bedeutete, daß die neuen 38er von der Produktion her kostenseitig und von der Bauzeit her begünstigt wurden.

Es sind Tausende von Händen, die rastlos in Bewegung sind, Hände von Werftingenieuren, von Schiffbaumeistern, von hochqualifizierten Facharbeitern, die in dem nun aufgeschwommenen Schiffsrumpf das, wie der Schiffbauer es nennt, »lebende Werk« einbauen. Dazu zählen vor allem die gesamte Schiffsbetriebstechnik, die viele Tonnen schweren Barbetten, die Pulver- und Munitionskammern usw., aber auch die »Sozialräume« für die künftige Besatzung …

Und überall Kabel, Kabel, Kabel, deren Schutz die gleiche Sorgfalt gilt wie etwa den engbrüstigen Kammern für die Granaten. Aber auch an Oberdeck herrscht unter den Kränen des Ausrüstungskais das, was der Seemann unter Whooling versteht, denn außer der Artillerie in ge-

Der gepanzerte Kommandostand und die Kommandobrücke stehen vor der Fertigstellung. Auch der mächtige Vormars-Gefechtsturm ist im Entstehen, Schornstein und Achtermast sind bereits errichtet.

panzerten Türmen und hinter Schutzschilden müssen z.B. die vorderen und achteren Aufbauten zusammengeschweißt werden: für diese hatte das Hauptamt Kriegsschiffbau eine Schlüsselidee der Angleichung für alle Schweren Schiffe der Kriegsmarine, um jedem Gegner die Identifizierung zu erschweren: Einheiten der BISMARCK-Klasse sollen in ihrer Breitseitsilhouette den Schlachtschiffen der SCHARNHORST-Klasse wie auch der der Schweren Kreuzer der ADMIRAL-HIPPER-Klasse zum Verwechseln ähnlich sein. (Was dann ja auch beim Gefecht mit der HOOD eintrifft.)

Da der Bau – nach Raeders geheimem Bezug auf Hitlers »Bedarfsversicherungen« – nicht unter Zeitdruck steht, ist das Arbeitstempo (noch) normal und keineswegs hektisch, trotz der Vielfalt der gleichzeitigen Montagen. Immerhin sind es fünf- bis sechstausend Schiffbauer, die in zwei Schichten für den Bauauftrag Nr. 509 laut Plan tätig sind.

Zu den Männern von der Werft sind nun auch die ersten Soldaten von der »Baubelehrung BISMARCK« gekommen. Sie stehen unter der Führung des künftigen Leitenden Ingenieurs, Korvettenkapitän (Ing.) Diplom-Ingenieur Walter Lehmann. Dieser befähigte Ingenieuroffizier, der vor seiner Verwendung für die BISMARCK vorübergehend beim OKM »zur Verfügung« kommandiert war, war in den Jahren 1937 bis August 1939 Lehrer an der Marineschule in Kiel.

Die Mehrzahl dieser Soldaten vom Baubelehrungskommando stellt die Maschine, also die »Laufbahn Zwo«. Fast alle vorgesehenen Ingenieuroffiziere, fast alle Obermaschinisten, Maschinenmaate und ein großer Teil der älteren Maschinengefreiten sind in diesem Kommando zusammengefaßt. Sie beobachten den Einbau der Maschinen und Hilfsmaschinen, sie verfolgen jede Rohrleitung, gleichgültig, ob es sich dabei um die Haupt-Zudampf-Leitungen zwischen den Kesseln und Turbinen handelt, um die Kondensatrückleitungen, um die Anschlüsse des Hilfskessels zur Dampfversorgung der Kombüsen, um die Trinkwasserleitungen, um die Waschwasserverbindungen zu den Waschräumen, um die Steigleitungen der Feuerlöschanlagen oder um die Schaumlöschanlagen in der Flugzeughalle …

Jeder Rohrinhalt wird mit bunten Ringen – sie sind in der ganzen Marine einheitlich – gekennzeichnet. Diese Ringe lassen einen Fachmann die vielen Verbindungsmöglichkeiten zwischen den vielen Gruppen von Groß- und Kleinverbrauchern durch ihre Farbmarkierung sofort erkennen.

Außer den Männern von der Maschine zählen auch die Offiziere, Unteroffiziere und Mannschaften der Artilleriemechanikerlaufbahn[69/2] zum Baubelehrungskommando. Auch sie bewachen und umsorgen den Einbau der für ihren Abschnitt lebenswichtigen Organe.

Auch sie dringen in die Tiefe und in die kleinsten Räume des Schiffes ein. Auch sie halten auf dem Papier und im Gedächtnis fest, was für die betriebsmäßige Bedienung der Gesamtanlage von Wichtigkeit ist und was bei einem fertiggestellten Schiff in diesen Einzelheiten nicht mehr dargestellt und auch nicht so intensiv wie notwendig begriffen werden könnte. Wie ein Arzt den menschlichen Körper, so studieren auch sie das Schiffsinnere mit all seinen Einrichtungen, so wie es die Männer vom Schiffsstamm BISMARCK tun müssen, damit sie später, während der Betriebszeit, auftretende Störungen sofort erkennen und sofort beseitigen können.

Doch damit nicht genug. Die Arbeitsplätze des Baubelehrungsstammes befinden sich nicht nur an Bord. Sie sind auch bei der Werft und bei den Zulieferer-Fabriken zu finden, die Einzelteile der Antriebsanlage, der elektrischen Einrichtungen und der verschiedenen Waffen herstellen. An Ort und Stelle lernen die künftigen Besatzungsmitglieder so auch die Maschinenanlage, die Apparate und die Instrumente kennen. Sie erfassen bereits hier deren Verwendungszweck. Sie machen Prüfstanderprobungen mit; kurzum, sie werden mit allen Phasen des Werdens, der Montage und des Arbeitens vertraut gemacht.

Speziallehrgänge sorgen dafür, daß das Baubelehrungspersonal die zur störungsfreien Bedienung einer modernen Anlage notwendigen Grundlagen erhält, soll dieses später doch einmal das Rückgrat der Schiffsbesatzung bilden. Schon mit Beginn der ersten Dampfproben und später auch bei den Pfahlproben, den Probefahrten und letzten Endes im Gefecht wird es sich zeigen, ob die Baubelehrung die Zeit gut ausgenutzt oder sich nur auf das Werftpersonal verlassen hat.

Ein Buch ließe sich allein über die Endfertigung des zur damaligen Zeit größten Schlachtschiffes der Welt erarbeiten, wenn man jede Funktion und Bedeutung der Waffen, der Schiffsbetriebstechnik, der Feuerleitgeräte und dergleichen beschreiben und auch für Nichtspezialisten verständlich machen wollte.

Nur soviel sei hier in Verbindung mit der Endfertigung gesagt:

Fertiggestellt ist der in der CWL 241.60 m lange und 36.00 m breite[69/3] Schiffsrumpf mit seinem Bugwulst, den vier Dockkielen und seinen an jeder Seite aufgebrachten, 55 m langen Schlingerkielen im Inneren in XXII Abteilungen unterteilt, XVIII davon sind wasserdicht.

Horizontal unterteilt gab es auf der BISMARCK:
1. • den doppelten Boden,
2. • das untere Plattformdeck,
3. • das mittlere Plattformdeck,
4. • das obere Plattformdeck,
5. • das Zwischendeck (ungepanzert),
6. • das Batteriedeck, da gepanzert, auch Panzerdeck genannt,
7. • das Panzerdeck,
8. • das Batteriedeck und
9. • das Oberdeck.

Vorgesehen sind die Decks für:

Das direkt unter dem Panzerdeck gelegene obere Plattformdeck enthält die
- 38-cm-Pulverkammern (Kartuschräume)
- und Beladeräume,
- 15-cm-Pulverkammern,
- 10.5-cm-Patronenkammern,
- die Kommandozentrale,
- Gefechtsfunkräume,
- zwei Kabelgänge,
- Rudergeschirräume,
- Rudermotorenräume,
- Handruder-Raum und
- Vorratsraum.

Das unter dem oberen Plattformdeck gelegene mittlere Plattformdeck enthält u.a. die
- 38-cm-Granatkammern (mit den zugehörigen Beladeräumen),
- 15-cm-Granatkammern,
- Artillerie-, Rechen- und Schaltstellen,
- Leckwehrzentrale und
- Vorratsräume.

Das unter dem mittleren Plattformdeck gelegene untere Plattformdeck enthält u.a. die:
- E-Generatorenräume nebst Schalträumen,
- Kühlmaschinenräume,
- Maschinenstores,
- den Mutter-Kompaßraum,
- die drei Wellentunnel und
- Vorratsräume.

Die Stauung liegt entweder zwischen dem unteren Plattformdeck und dem Innenboden, oder sie ist so mit dem Doppelboden gemeinsam genutzt, so daß der Innenboden entfällt. Das ist besonders dort der Fall, wo die Räume schmal sind, nämlich an den Schiffsenden.

In der Stauung sind, wie im Doppelboden, vor allem flüssige Vorräte gelagert. Die Räume heißen
- Bunker, wenn sie zur Aufnahme von Heiz- oder Treiböl dienen,
- Tanks, wenn sie Schmieröl aufnehmen, oder
- Zellen, wenn sie zur Aufnahme von Kesselspeisewasser, Wasch- oder Trinkwasser, Ballastwasser oder als
- Leerräume hergerichtet sind.

Herbert Schneekluth ergänzt dazu noch: Unter dem Begriff »Deck«, der ja eine doppelte Bedeutung hat, ist einmal der Plattform genannte begehbare Boden, eine Stahlkonstruktion, zu verstehen, weiterhin der Raum darüber. Das mittlere Plattformdeck als Raum – liegt zwischen dem mittleren und dem oberen Plattform-Deck als Stahlkonstruktion, das heißt, die Raumbezeichnung ist von der Plattform, auf der der Raum angeordnet ist, abgeleitet. Ausnahmen sind: Der unterste Raum, die Stauung, liegt über dem Innenboden, der den Doppelboden nach oben begrenzt. Das Zwischendeck liegt über dem Panzerdeck.

Zur Raumeinteilung ist generell zu bemerken, daß unter dem Panzerdeck (Schottendeck) die Raumeinteilung enger ist als darüber und daß es unter dem Panzerdeck auf jeder Seite nur einen schmalen Kabelgang als Längsgang gibt, der aber nicht allgemeinen Verkehrszwecken dient. Will man von einer Abteilung unterhalb des Panzerdecks in eine andere, so muß man – mit Ausnahme der letzten drei Abteilungen – bis über das Panzerdeck hinweggehen und die Längsgänge oberhalb dieses Decks benutzen.

Die drei Turbinenräume und die drei Kesselräume erstrecken sich der Höhe nach über den gesamten Bereich von Innenboden bis zum Panzerdeck. Sonst gibt es unter dem Oberdeck der Höhe nach gestapelt folgende Räume:
- das Batteriedeck, es liegt direkt unter dem gepanzerten Oberdeck.

Darunter liegt:
- das Zwischendeck auf dem Panzerdeck.

In diesen beiden Decks befinden sich fast alle Wohnräume, das Lazarett, der Gefechtsverbandsplatz, der Rauchfang zu den Schornsteinen, die Kombüse, die Turmbarbetten, Munitionsaufzüge, Lüfterräume.

Je ein Längsgang verläuft auf jeder Seite der beiden Decks über etwa ²/₃ Schiffslänge.

Vorab, vor Details zur Panzerung, der Waffentechnik, der Schiffsbetriebstechnik, der Funk- und Funkmeßtechniken usw., noch ein taktisches Kalkül:

Entscheidend ist der Gefechtswert eines Kriegsschiffes. Was den Gefechtswert bestimmt, wird von seiner Aufgabenstellung her gegeben. Bei dem Schlachtschiff BISMARCK, vom ObdM, Großadmiral Raeder, nunmehr vorgesehen **für den ozeanischen Zufuhrkrieg**[69/4] **mit den Risiken gleichwertiger Gegner**, besteht der optimale Gefechtswert aus:

- 1. Der Feuerkraft der SA in Doppeltürmen, an deren Panzerschutz zwangsläufig höchste Anforderungen gestellt werden (siehe hier auch die diesbezüglichen Kapitel und vor allem den tabellarischen Anhang in diesem Buch);
- 2. dem Panzerschutz. Höchsten Stellenwert hat hier der an Deck vor dem Gefechtsmast in den Aufbauten überhöht integrierte gepanzerte Gefechtskommandostand in Verbindung mit der unter dem Panzerdeck plazierten Kommandozentrale. Schon von der Bezeichnung her ist der Gefechtskommandostand die taktische Schlüsselzelle, denn:

von hier wird das Schiff im Gefecht geführt.

Der Stand ist mit der Kommandozentrale durch einen stark gepanzerten Schacht verbunden.

Die Panzerung dieses Standes ist mit maximal vorn 350 mm und 150 mm achtern seiner Bedeutung entsprechend dick, wenn auch nicht kaliberstark ausgelegt;

- 3. größtmöglicher Geschwindigkeit und Manövrierfähigkeit.

Darüber hinaus ist zu vermerken, daß der Gefechtswert eines Kriegsschiffes immer so viel wert ist, wie seine verwundbarsten Stellen.

Achillesfersen in diesem Sinne sind vor allem die Schrauben (korrekter Propeller genannt) und die Ruder.

Für sie gibt es **keine** Panzerung. Ihre Bedrohung lauert im Schubfach der Wahrscheinlichkeitsrechnung ...

Was nun den Panzerschutz des Neubaues F angeht, kann man, was den Schiffsrumpf betrifft, hier von einem durch das Vor- und Achterschiff »kastenähnlichen Tresor« sprechen, und zwar begrenzt:

Die beiden vorderen Zwillingstürme mitsamt den 38-cm-Geschützrohren sind installiert. Ihre »Ohren« enthalten die Optiken für je ein 10-Meter-Basisgerät für turmweise mögliche separate Entfernungsmessungen.

- seitlich durch die Seitenpanzerung im oberen und mittleren Rumpfbereich gegen Granattreffer, während im unteren, nicht gepanzerten Rumpfteil altbewährte, indessen modernisierte Techniken aus der DREADNOUGHT-Zeit gegen Torpedodetonationen (Wallgänge, Bunkerzellen, Torpedoschotte) vorgesehen sind,
- unten vor allem gegen Minentreffer durch den Doppelboden,

- oben gegen Granat- und FliBo-Treffer durch Deckspanzerungen.

Innerhalb dieser Abgrenzungen sind im Rumpf alle militärisch wichtigen Anlagen und Räume untergebracht und, ihrer Bedeutung angemessen, durch Panzerungen o.ä. geschützt. So vor allem die gesamte Schiffsbetriebstechnik und die Kraftanlagen, ferner die schon genannten Munitionskammern für Pulver und Granaten, die Rechen- und Schaltstellen der Artillerie, die Räume für die Nachrichtengeräte.[70] Ferner gibt es, wie für den Gefechtskommandostand, einen gepanzerten Schacht zum achteren Kommandostand.

Platz im »Tresor« beanspruchen auch die max. 340 mm/ 220 mm gepanzerten Barbetten der vier Türme der SA und, in Verbindung mit der Schiffsbetriebstechnik, die zum Schornstein – ebenfalls durch das Panzerdeck und Oberdeck – hinausführenden Rauchgasführungen der auf dem Doppelboden aufgestellten vier Kesselgruppen …

Die BISMARCK hat übrigens zwei »Brücken«:
- die Admiralsbrücke in »schwindelnder Höhe« mit »standesgemäßem« Überblick und
- die kurz *BRÜCKE* geheißene Kommandobrücke. Sie ist Standort der Schiffsführung. Sie ist der »nervus rerum« eines Kriegsschiffes.

Die Brücke, die beidseitig von den ausladenden Brückennocken begrenzt wird, ist nach oben offen. So ist denn das Brückenpersonal in einem Gefecht gezwungen, sich in die hinter der Brücke liegende, stark gepanzerte Kommandozentrale zurückzuziehen. Dabei ist indessen einzuschränken, daß gewisse gefechtswichtige Stationen auf der offenen Brücke dennoch besetzt bleiben müssen, etwa
der Zielgeber,
der Zielanweiser usw.
Hierzu siehe auch das Bild von der BISMARCK-Brücke.

Hier sei noch festgestellt, daß im deutschen Großkampfschiffbau stets die technologische Verbesserung der Panzerung vor der Feuerkraft und vor der Geschwindigkeit absolute Prioritäten hatte.

Das drückt auch das Verhältnis zwischen Panzerung, Bewaffnung und Antrieb (einschließlich der Hilfsantriebe) aus. In Prozenten ausgedrückt beträgt es bei der BISMARCK 40 : 17 : 9.

Die entsprechenden Angaben zur HOOD, die »nur« ein Schlachtkreuzer ist, lauten: 30 : 12 : 12.

Außer den Räumen für die Nachrichtentechnik interessiert der Einbau der Schiffsbetriebstechnik. Er sieht unter Panzerschutz drei Turbinenräume in 1 + 0 + 2 Maschinenräumen vor, und zwar je Raum ein Turbinensatz, bestehend aus drei Vorwärts- und zwei Rückwärtsturbinen. Die Turbinenräume befinden sich in den Abteilungen VIII und X, die zwölf Kesselräume in den Abteilungen XI und XIII.

Jeder der drei Turbinenräume hat eine Schraubenwelle und diese je eine Schiffsschraube im Durchmesser von 4.70 m. Hinter den Schrauben sind in die leicht ansteigende Bodenfläche des hier hochgezogenen Heckteils des Rumpfes die Spatenruder montiert, jedes mit einer Arbeitsfläche von 24 m^2. Wegen der mittleren der drei Schraubenwellen mußten zur Kursstabilisierung zwei Parallel-Ruderanlagen installiert werden.[71/72]

Die Turbinenanlage, ursprünglich mit elektrischer Übertragung auf 3mal 46 000 WPS (= 138 000 WPS) ausgelegt und nach Festlegung der Hauptabmessungen mit Getriebeturbinen ausgerüstet, sollte laut Konstruktionsplan eine maximale Geschwindigkeit von 29.0 kn erzielen! Während der späteren Probefahrten wird sich zeigen, daß die konstruktiven Forderungen übertroffen wurden, denn die Turbinenanlage wird mit 150 170 WPS 30.1 kn leisten. Mit dieser Höchstgeschwindkeit (die später, während der Feindfahrt, im KTB nur einmal genannt wird) wird die BISMARCK zu den schnellsten je gebauten Schlachtschiffen zählen.[73]

Hier interessieren auch gleich der Brennstoffvorrat und die Fahrbereiche, die bis heutigentags differieren. Daß die BISMARCK laut Maschinen-KTB sogar 8.253 m^3 bunkern konnte, wird in diesem Buch gesondert behandelt.

Auch bei den Fahrstreckenangaben herrscht gleichermaßen Whooling.

Bei Gröner [39] sind es 8 900 sm bei 17 kn und 9 280 sm bei 16 kn und bei Gröner/Jung/Maass [122] sind es 8 525 sm bei 19 kn und beim Freiherrn von Müllenheim-Rechberg 16 kn.

Zurück zu der einzubauenden Schiffsbetriebstechnik:
Die E-Anlagen, die vor allem der Versorgung der Richt- und Antriebsmittel der Schiffsbewaffnung dienen, umfassen vier Elektrizitätswerke, und zwar
- 2 Diesel-E-Werke in den Abteilungen VII/VIII und
- 2 Turbo-E-Werke in den Abteilungen XIV/XV.

Jedes Werk besteht aus dem Maschinenraum und dem E-Schaltraum. In den E-Maschinenräumen sind aufgestellt: 9 Diesel-E-Maschinen und 6 Turbo-E-Maschinen, die das Schiff mit Kraftstrom und Licht versorgen. Insgesamt liefern die elektrischen Versorgungseinrichtungen 7 910 kW bei 220 V.

Zur Schiffsbetriebstechnik ist auch der Schlingerstandraum mit Schlingerstand und Schalteinrichtung zu zählen. Durch Umtrimmen von Wasserballast und Heizöl lassen sich Schlingerbewegungen des Schiffes gut stabilisieren. Der oben genannte »Sensor«, der diese Korrekturen steuert, ist der Schlingerstand.

Die lebenswichtige Schiffssicherung umfaßt sämtliche Haupt-, Seiten- und Hilfslenzeinrichtungen; ferner die Flut- und Feuerlöscheinrichtungen.

Zur Versorgung gehören auch die Trink- und Waschwasseranlagen, die Kühlanlagen, die Heizungsanlagen und die Einrichtungen für die Kombüse und die Wäschereien usw., usw.

Zusammengefaßt sind die technischen Nervenstränge zu den einzelnen Betriebszellen in der Maschinenzentrale. Hier befinden sich auch die Kontrollstände, so z.B. jener mit Sprachrohr, Tochterkompaß, Ruderanlagenanzeiger usw. Beachtenswert ist auf diesem Kontrollstand der Druckknopf-Schaltkasten, ein Bauteil, das sich um diese Zeit gerade erst einführt ...

Zu den Details in der Maschinenzentrale gehört auch der »Havarie-Umschaltkasten«. Bei Störungen, wie sie durch Havarien oder Waffeneinwirkungen eintreten, können andere Energiekreise zugeschaltet werden. Das Handrad dazu ist durch ein Schloß abgesperrt. Nur besonders befugte Personen dürfen den Radschalter betätigen.

Der andere Schwerpunkt der Ausrüstung nach dem Stapellauf ist die Bewaffnung:

A. Die Seezielartillerie

A 1: Die Schwere Artillerie (SA) hier als Hauptwaffe.

Die acht schweren Kanonen haben nicht, wie bisher in den ersten Auflagen dieser Edition (und anderen Publikationen über die BISMARCK und deren Schwester TIRPITZ [z.B. 147] dargestellt) je ein 38.1 cm Kaliber (= 15 Zoll = 15 Inch), sondern sie wurden, wie bereits gesagt, auf metrischer Basis berechnet: als Kanonen vom Kaliber 38.0 cm.

Die SA der BISMARCK ist in je zwei vorn und achtern überhöht angeordneten Türmen installiert, in den Türmen »Anton« und »Bruno« vorn und »Cäsar« und »Dora« achtern. Ihr Wirkungsbereich wird in Handbüchern [39], [122], [135] angegeben mit $-8° + 35° = 362$ hm (Hektometer = 36.20 km). Übrigens: Eine Vollsalve aus allen acht Rohren führt indessen nicht, wie allgemein angenommen, zu merkbaren Krängungen der überbreiten BISMARCK.

Für diese Arbeit über das Schlachtschiff BISMARCK stellte die Fa. Friedrich Krupp dem »Schiff und Zeit«-Mitarbeiter Günter Muscheid die so wichtigen Datenblätter aus WA 52/144 zur Verfügung.

Dem Gefechtswert entsprechend werden an die Panzerung der SA-Türme hohe Anforderungen gestellt. Hier die Panzerdicken:
• Stirnwände 360 mm (fast kaliberstark),
• Rückwände 320 mm,
• Seitenwände 150 bis 220 mm,
• Turmdecken 150 bis 180 mm,
• Böden 50 bis 150 mm.

Als Werkstoff wurde KC-Stahl (Krupp Cemented) verwandt.

ANLAGE

A 2: Die Mittelartillerie (MA).[74]

Zur Bekämpfung leichter und schneller Fahrzeuge ist die Mittelartillerie (kurz MA) aufgestellt, die sich aufgrund ihrer höheren Feuergeschwindigkeit dafür auch besser eignet. Sie stellt vor allem nachts das Hauptkaliber dar. Die MA besteht aus 12 : 15.0-cm/L_{55}-Kanonen in sechs Doppellafetten in gepanzerten Türmen, von denen drei an der Steuerbord- und drei an der Backbordseite montiert worden sind. Im Unterschied zur Buchstabenbezeichnung werden die Türme der Mittelartillerie durchlaufend als Backbord Eins, Zwo, Drei und Steuerbord Eins, Zwo, Drei gekennzeichnet. Gezählt wird von vorn nach hinten. Wenig bekannt ist, daß die 15-cm-Türme Steuerbord Zwo und Backbord Zwo über E-Meßgeräte für den Fall eines Ausfalls der Gefechts-E-Meßgeräte verfügen.

*

Die Geschütze werden zentral gerichtet und von den Artillerieleitständen aus abgefeuert. An drehbaren Feuerleitständen werden auf der BISMARCK eingerichtet:
1. als Hauptleitstand der Vormars,
2. der vordere Stand und
3. der achtere Stand.

Für Nachtgefechte werden genutzt:
4. der vordere und
5. der achtere Nachtleitstand.

Für jedes Kaliber der BISMARCK-Armierung gibt es eine vordere und eine achtere Rechenstelle, die vordere auch als Hauptrechenstelle, die achtere auch Reserverechenstelle genannt. Hier erfolgt die Berechnung der Schießunterlagen sowie die Feuerleitung für beide Kaliber. Beide Kaliber (SA und MA) können von jedem der drei Leitstände geleitet werden.

Für die Messungen der Entfernungen sind die E-Meßgeräte vorgesehen, die nach dem »Mischbildverfahren« arbeiten. Dem Betrachter zeigen sich dabei im Okular zwei gleiche Bilder des beobachteten Gegenstandes. Die richtige Entfernung zum anzumessenden Gegenstand kann an einer Skala abgelesen werden, wenn beide Abbildungen durch Drehen eines Handrades einander deckend übereinander gebracht werden. Je länger die Meßbalken, um so genauer sind die Meßergebnisse und um so größer die Meßstrecken. Durch Lichtverluste in den Linsensystemen, Toleranzgrenzen, Reibungsverlusten in den mechanischen Übertragungselementen u.a.m. sind weiteren Leistungssteigerungen technische Grenzen gesetzt. Außerdem bestimmen Wetter und Lichtverhältnisse die Grenzen der Leistungsfähigkeit der Geräte.

Hiervon sind laut Unterrichtsbuch der Kriegsmarine Teil I, Schlachtschiff BISMARCK,
Thema I B, vorhanden:
- Ein 10-m-Gerät im Vormars,
- ein 10-m-Gerät im achteren Stand,
- je ein 10-m-Gerät in den Türmen der SA, wobei das Gerät im Turm ANTON später wieder ausgebaut wurde,
- ein 7-m-Gerät im vorderen Stand,
- zwei bis drei Nachtgeräte auf der Admiralsbrücke und
- zwei 6.5-m-Geräte im Turm III und IV.

Hierzu ist zum besseren Verständnis zu sagen:
Die deutsche Industrie ermöglichte den deutschen Kriegsschiffen die modernsten mechanischen und optimalsten optischen Feuerleitmittel. Die höchste optische Leistung wird von dem 10-m-Entfernungsmesser, dem Basisgerät (= BG) des auf dem Artillerieleitstand aufgesetzten Vormars in Höhe von 27.00 m über dem Wasserspiegel erwartet. Die Sicht ist von hier weder durch Schornsteinabgase noch im Gefecht durch Pulvergase behindert, sie kann nach allen Seiten hin optimal genutzt werden. Störende Schiffskörperbewegungen gibt es nicht, denn sie werden durch das teilstabilisierte Gerät zur Seite hin und der Höhe nach ausgeglichen, während die Stampfbewegungen nicht stabilisiert werden.

Kernstück für die Feuerleitung ist der Artillerieleitstand im Vormars. Von hier, einem 360°-Rundsuchgerät, leitet der Erste Artillerieoffizier (I. AO) das Feuer. Hier verteilt er es auch. Die Gefechtsführung für die Seezielbekämpfung auf der BISMARCK kann in einem Gefecht von zwei Kommandostellen übernommen werden. Der zweigeschossige vordere Gefechtskommandostand ist als Hauptkommandostand dafür mit einem 7-m-BG (Gerät 7 U, Basis 7.42 m 15fache Vergrößerung) auf der Brücke und der Nebenstand mit einem 10-m-BG auf dem Achterschiff bestückt. Beide Stände haben durch einen gepanzerten Schacht Zugang zu den entsprechenden Feuerleitzentralen. Hier werden alle Informationen für die Feuerleitung gesammelt und koordiniert. Hilfsmittel sind dabei die Feuerleitrechner. Die Rechengeschwindigkeiten sind, gemessen an dem Blitztempo der späteren (heutigen) Computer, nur relativ schnell. Zudem: Jeder Wert muß per Hand in die Schußwertrechner zur Verarbeitung durch mechanische Getriebe eingegeben werden.

Je nach Lage und Zustand des Schiffes im Gefecht kann von einem Kommandostand zum anderen umgeschaltet werden bzw. die Türme der SA und MA können unabhängig von verschiedenen Ständen geführt und mit Informationen versorgt werden.

Das Feuerleitsystem ist soweit redundant, daß jeder mit einem 10-m-BG ausgestattete SA-Turm bei Ausfall der zentralen Feuerleitung individuell Seeziele bekämpfen kann.

Zur optischen Ausrüstung der Türme der SA zählen auch die normalerweise mit einem Schutz versehenen Periskope, je eines auf dem schrägen Deckenteil an Backbord und an Steuerbord. Durch sie kann der GF (= Geschützführer) das Gefecht beobachten. Jedes Rohr verfügt außerdem über ein Zielfernrohr als Feuerleitmittel, das nur bei kurzen Zielentfernungen genutzt werden soll.

Alle BGs sind teilstabilisiert, ebenso wie der zur Verringerung der Topplastigkeit nur mit 20 mm/60 mm/20 mm mit einer Funkmeßantenne Vormars. Teilstabilisiert sind auch die 7-m-BGs der mittleren Türme der MA.

Abschließend sei zu den E-Meßgeräten wie auch zu den mechanischen Feuerleitgeräten festgestellt, daß auf der

BISMARCK gegenüber gleichen Einrichtungen beim Gegner ein Höchstmaß an Qualität erreicht wurde. Dabei ist besonders hervorzuheben, daß die deutschen Geräte das sogenannte Restlicht besser als jede ausländische Fabrikation verarbeiten. Wenn man aber britischerseits, wie später noch im Detail geschildert, bei dem Gefecht mit dem Schlachtkreuzer HOOD und dem Schlachtschiff PRINCE OF WALES dennoch gleichgute Trefferergebnisse wie die deutsche SA erzielen wird (so summiert von U. Elfrath [147]), dann sind diese der neuartigen, radargelenkten Feuerkontrolle bei den Briten zuzuschreiben, die hier mit einer völlig neuen Dimension überraschen, die den Deutschen lange Zeit ein top secret der Briten bleibt. Was deutsche Feuerleitgeräte angeht, so bietet sich hier – personell verantwortlich – eine Lear-Tragödie an: Die deutschen Wissenschaftler haben dem Funkmeßeinsatz zwar international den Weg gezeigt, die Briten aber haben das breite Spektrum der Einsatzmöglichkeiten sehr bald erkannt und ihr Funkmeß (Radar) vor allem auch für artillerietechnische Zwecke genutzt.

B 1: Die Schwere Flak

Sie besteht aus sechzehn 10.5-cm-Schnellfeuerkanonen in acht Zwillingslafetten. Von diesen sind jeweils vier auf jeder Seite des Aufbaudecks montiert. Dabei handelt es sich bei den vorderen vier um die Konstruktion 1933 in dreiachsig stabilisierten Zwillingslafetten, als Kürzel bezeichnet mit: 10.5 cm Sk C/33 in 10.5 cm Dopp. L.C.33. Demgegenüber waren die achteren vier Geschütze Schnellfeuerkanonen der Konstruktion 1933 neuer Art. Als Kürzel: 10.5 cm Sk C/33 na in 10.5 cm Dopp. L.C./37.

Die 10.5-cm-Kanonen, deren Seiten- und Höhenrichtung vollautomatisch erfolgte (Ladevorgang ausgenommen), unterscheiden sich äußerlich durch die Form der Rohre und im Aussehen der Schutzschilde.

Geleitet wird die Schwere Flak von zwei 3achsig stabilisierten Feuerleitständen mit dem E-Meßgerät 4NB (= 4 m Nacht-Em, Vergrößerung 20- und 40fach). Beidseitig an den Brückenaufbauten installiert sind sie unter einer Schutzhalbkugel montiert und werden als »Kugel-Fla-Stände« im Bordjargon »Wackeltöpfe« genannt.

Für den achteren Bereich sind die beiden Hilfsleitstände zuständig. Einer dieser Stände befindet sich direkt beim Hauptmast, der andere unmittelbar hinter dem Turm »Cäsar«.

Diese Hilfsstände der Flakfeuerleitung sind der Höhe nach stabilisiert. Sie sind nach oben offen ([147], S. 65, s. Bild). Da ihnen die gepanzerten, halbkugelförmigen Kalotten fehlen, hat die Bedienung während eines Gefechts keinen Splitterschutz. Das Gerät, das sie bedienen, ist ein LEP-Kommandogerät 40 (= ein 4 m E [R] Raumbildentfernungsmesser mit einer 20fachen Vergrößerung, die auf das 32fache umgeschaltet werden kann) (nach I [Z 36]). Die Werte und Befehle für die Feuerleitung werden durch ein Fernmeldesystem aus einer der beiden Feuerleitzentralen im Vor- und im Achterschiff bis hin zu den Bedienungsmannschaften der 10.5-cm-Flak übertragen [147]. Auch die stabilisierten Zieleinweisungsgeräte sind dem System der Fla-Feuerleitung zuzuordnen.

Scheinwerfer (sieben an der Zahl) gehören ebenso zu den Feuerleitmitteln wie Leuchtgranaten bei Nachtgefechten auf größere Distanzen.

2: Die Leichte Flak

Sie besteht aus a) 16 : 3.7-cm- und b) nur 12 : 2-cm-Kanonen.

Zu a) Diese Flak ist bei einer Rohrlänge von 83 Kaliberlängen und bei einem Richtbereich von – 10° bis 75° dreiachsig stabilisiert und in der Lage, Flugziele noch in mittlerer Höhe bekämpfen zu können. Da das System nur halbautomatisch ausgelegt war, kann **keine hohe Schußgeschwindigkeit** erzielt werden (Einzeleingabe von Patronen, Schußauslösung automatisch nach dem Ladevorgang, automatischer Kartuschenauswurf). Bei der Marine herrschte die Meinung vor, diesen Mangel durch die präzise Lafettenkonstruktion und eine große Schußhöhe ausgleichen zu können, ganz abgesehen von einer gleichzeitigen Munitionsersparnis. Gar nicht so sehr viel später soll sich zeigen, daß die große Schußhöhe weniger wichtig als eine bei Niedriganflügen schnellere Feuerkraft und eine damit verbundene höhere Treffsicherheit geboten gewesen war.

b) Die von U. Elfrath in [147] kritisierte zu »schwache 2-cm-Flak« (»Leichte Flak« [wozu auch die 3.7 cm gehört]) war nicht mehr zeitgemäß. Sie wurde 1941 durch zusätzliche 2-cm-Heereslafetten und 2-cm-Vierlinge verstärkt: Während der Hafenliegezeit in Kiel wurde Anfang März eine 2-cm-Heereslafette auf dem Turm »Anton« montiert. Im April/Mai kamen zwei weitere 2-cm-Heereslafetten direkt hinter dem achteren Kommandostand (Übungen in der Ostsee) zur Aufstellung. Sie waren (ebenfalls nach [Z 36]) noch an Bord, als das Schiff in den Korsfjord einlief. Ferner wurden auf der Scheinwerferplattform oberhalb der Admiralsbrücke zwei nicht dreiachsig stabilisierte Heeres-Vierlinge beiderseits des Gefechsmastes montiert, und zwar als Ersatz für die hier bislang gefahrenen 2-cm-Einzellafetten.

Zur Artillerie der BISMARCK sei noch an ein Zitat nach Elfrath und Herzog in [147] erinnert. »Zusammen mit den Feuerleiteinrichtungen war die BISMARCK, artilleristisch gesehen, als das bestausgerüstete Kriegsschiff seiner Zeit zu betrachten.«

- Die eingebauten Türme und Lafetten entsprachen dem neuesten Konstruktionsstand;
- dadurch wurden eine hohe Schußfolge,
- Gewichtsersparnisse zugunsten anderer Schiffseinrichtungen und eine
- verbesserte Trefferleistung erreicht.
- Die maximale Schußbelastung des deutschen Geschützmaterials betrug etwa das 2.5fache gegenüber britischen Werkstoffen.

Die im Falle BISMARCK anstehende Kardinalfrage kommt hier erneut ins Gespräch, wie denn bei einem so hohen technischen Mehraufwand bei den Flugabwehrmitteln neun veraltete Torpedoflugzeuge am 26. Mai, 21.03 Uhr ihren Auftrag gegen die BISMARCK erfüllen konnten, ohne daß sie einen Totalverlust zu verzeichnen hatten. Mehr Einzelheiten finden sich in der Akte des Artillerieversuchskommandos (AV.K.S.).

Zweifelsohne ist es verlockend, bei den Plänen für einen ozeanischen Zufuhrkrieg, den Raeder trotz der wenig erfolgreichen retrospektiven Ergebnisse in der Aufklärung (bzw. im Aufklären) von oft nur mangelhaft gesicherten Konvois (starke, weitgreifende Sicherungsstreitkräfte waren knapp) nunmehr mit dem weitreichenden Fahrbereich wie auch der hohen Standfestigkeit der neuen deutschen Großkampfschiffe zu verantworten glaubt, von den Schiffen aus Flugzeuge für eine weiträumige Seeaufklärung einzusetzen. Vorgesehen sind daher auf der BISMARCK gleich sechs Typ Ar 196 (später, bei dem Unternehmen »Rheinübung«, nur noch vier) Flugzeuge, die

Schlachtschiff BISMARCK geht der Endausrüstung entgegen. Die Verkehrsboote stehen bereits in ihren Barringen über dem Flugzeug-Hangar für vier der insgesamt sechs Bordflugzeuge. Im Vordergrund das querstehende teleskopartig ausfahrbare Katapult.

Planung, Bau, Stapellauf, Indienststellung und Erprobung

nacheinander von einem zwischen Schornstein und Großmast quer zur Schiffslängsachse montierten, drehbaren, ausfahrbaren Doppelkatapult gestartet werden sollen. Dieses Katapult kann Flugzeuge, je nach der Windrichtung, nach Steuerbord wie auch Backbord mittels Preßluft »abschießen«. Rückkehrend ist es indessen gezwungen, in unmittelbarer Nähe des »Mutterschiffes« auf See niederzugehen, um hier von einem der beiden Bordkräne der BS (sie dienen dem Fieren wie auch dem Hieven der Verkehrsboote der BS), aufgenommen zu werden.

Für die Unterbringung der Flugzeuge gibt es an Bord hinter dem Großmast einen Hangar, in dem vier Maschinen einen seegangsicheren Platz finden.

Außerdem gibt es je einen Hangar seitlich vom Schornstein für je ein Bereitschaftsflugzeug vom Typ Ar (Arado) 196. Diese Ar 196 ist ein relativ stark bewaffnetes Bord- und Küstenflugzeug mit zwei Schwimmern, und es hat wegen der Unterbringung beiklappbare Tragflächen. Der Typ Ar 196 wird zur Stunde als eines der besten Seeflugzeuge bewertet, allerdings behaftet mit Landeproblemen in dünungbewegter ozeanischer See.

Besondere Erwähnung – das sei hier noch einmal markiert – verdienen hier die Ruderanlagen, allein schon im Hinblick auf das Schicksal der BISMARCK. Wegen der mittleren der drei Schraubenwellen mußten – wie bereits erwähnt – zur Kursstabilisierung zwei Parallel-Ruderanlagen installiert werden. Es gab daher auch zwei Rudermaschinenräume, jeweils mit einem Steuermaschinensatz für die Rückwärtssteuerung ausgerüstet. Aber es gab, wie in den Anmerkungen bereits betont, nur einen Handruderraum (aber nicht zwei, wie anderswo z.B. beim 4. AO in seinem Buch [144] behauptet, aber nicht bewiesen wird). Auf dem der Redaktion zugänglichen Konstruktionsplan von Blohm & Voss war für die BISMARCK ein Trennschott für zwei Handruderräume durch eine punktierte Linie zwar angedeutet, von der Werft aber mit der Marginalie versehen, daß für dieses Trennschott nicht sicher und nicht beweisbar sei, daß es – obschon naheliegend, auch wirklich – eingebaut worden ist. Dieser Hinweis seitens der renommierten Werft ist vielleicht die mögliche Folge von Diskussionsdebatten über ein Für und Wider, aber kein Beweis für den Einbau eines Trennschotts. Sein Nichteinbau wird erhärtet durch die unstrittige Aussage eines Besatzungsmitgliedes, der hier in dem Raum später mehrfach tätig war, durch den auf eigenen Wunsch von der OT (= Organisation Todt) als Reservist zur Marine entlassen, auf die BISMARCK kommandierten Matrosen Paul Hillen: »Kein Trennschott, also nur ein Handruderraum« mit zwei Handruderständen, einander sichtbar nebeneinanderliegend als Backbord- und Steuerbord-Handruderstand. Jeder Stand verfügte über vier Handruderräder für je zwei Mann, also für acht Mann insgesamt je Stand und 16 für beide. Dazuzuzählen war noch ein Unteroffizier als Gruppenführer. Wenig bekannt ist im Zusammenhang mit der Ruderanlage der BISMARCK, daß es im Schiff laut beigefügter Zeichnung mit einem (R) bezeichnete Positionen gab, von denen aus die gekuppelten Doppelruder bedient werden konnten (mechanisch bei intakten Rudermaschinen, also nicht per Hand aus dem Handruderraum).

Dipl.-Ing. Friedrich Barthel, von dem auch die Markierungen in der Zeichnung stammen, in der Zeitschrift der MOV (Marineoffizier-Vereinigung): »Marineforum« (Koehlers Verlags mbH, Herford) dazu: »Möglicherweise wäre hier eine Tandemanordnung von zwei Rudern, wie sie auch auf den Schlachtkreuzern vorhanden waren, besser gewesen, selbst auf Kosten einer geringeren Wirksamkeit der Anlage insgesamt.«

Last not least: die »Matratzen«, tabuisiert und geheimnisumwittert, weil nur eine Handvoll Besatzungsmitglieder erklären kann (konkreter: erklären könnte), aber um keinen Preis, was es mit diesen drei rechteckigen Stahlstabgebilden an den großen Drehhauben[75/1] des Vormars und des vorderen und achteren Kommandostandes auf sich hat. Nicht einmal der Kommandant könnte eine fachliche Erklärung geben. Kurzum: die von der Besatzung bildhaft »Matratzen« genannten Gebilde am Vormars, am vorderen und achteren Kommandostand sind die aus Gründen der Geheimhaltung im Hafen o.ä. abnehmbaren Antennen eines neuartigen, aus Tarnungsgründen DeTe[75/2] genannten Ortungs- und Meßgerätes.

Befestigt sind die Antennen an den Drehhauben der oben genannten drei Stände, und zwar nicht direkt, sondern an einer weiteren zusätzlich aufgesetzten, hauteng geschneiderten Drehhaube, eine gelungene Notlösung, da der Einbau von DeTe-Geräten und deren Antennen auf den Konstruktionszeichnungen und Bauplänen ursprünglich (noch) nicht vorgesehen war.

Betreten dürfen die Funkmeßräume ausschließlich die Funkmeßspezialisten – und allenfalls noch der Kommandant und der IO. Selbst den technisch verwandten E-Messern, sozusagen den »Nachbarn unter der Haube«,

65

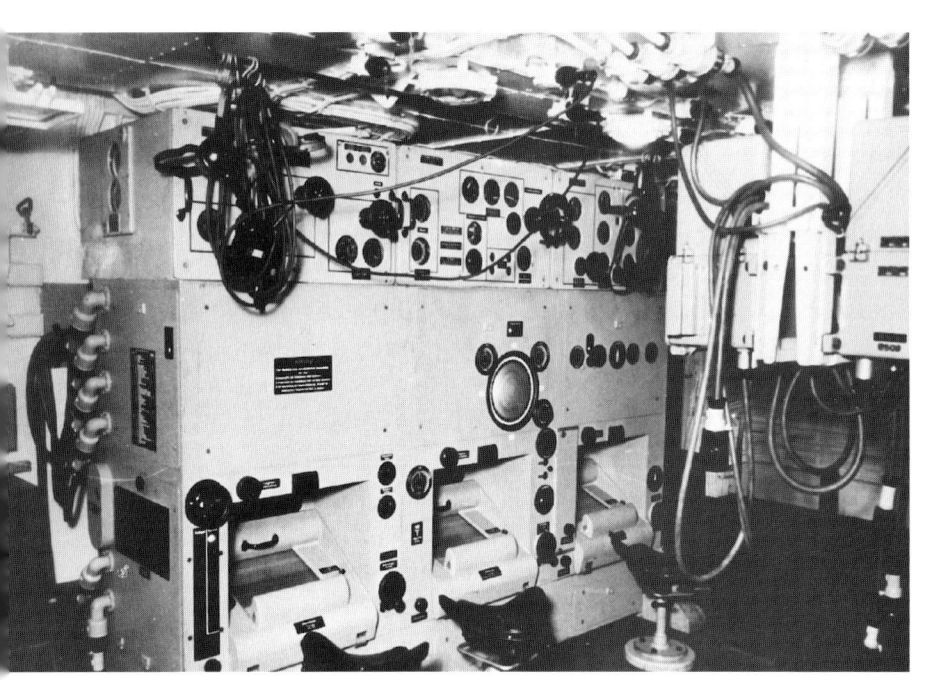

Im streng geheimen Funkmeß-Ortungsraum werden die Meßwerte der auf Dezimeterwelle arbeitenden Funkmeß-Ortungsgeräte (FuMOs) abgelesen und festgehalten. Die deutschen Seetakt-Geräte mit der Tarnbezeichnung DeTe (Dezimeterwellen Telegrafie) sind die deutsche Entwicklung der später international sogenannten Radargeräte.

ist der Zutritt strengstens verboten. Adalbert Brünner, E-Meßoffizier auf dem Schwesterschiff TIRPITZ, erinnert sich: »Wir wußten nichts über die DeTe-Geräte und -Systeme, wohl war bekannt, daß sowas die Briten nicht hätten. Und wir glaubten es im Vertrauen auf die großen Leistungen der deutschen Ingenieure und aus der propagandistisch gekonnten Abwertung der ›Leimis‹ genannten Briten heraus.«

Die Frequenz des »Seetakt« genannten DeTe-Gerätes beträgt 368 MHz (= 80-cm-Welle), die Leistung liegt bei 14 kW, die Tastfrequenz bei 500 Mz. Alle Geräte dieser Art benutzen die Maximum-Peilung und, wie bereits vermerkt, getrennte Antennenhälften für Sendung im oberen Teil und Empfang im unteren Teil. Die BISMARCK-DeTe haben vermöge ihres überhöhten Einbaues sogar eine Reichweite

a) vom Vormars aus bis zu 25 km und
b) von den niedrigeren Kommandoständen vorn und achtern zwischen 15 und 20 km. Die E-Meßgenauigkeit beträgt + 70 m, die Peilgenauigkeit ± 3°. Laut Trenkle [158] dazu noch: »Für 8 kW Leistung kann man die Reichweitendiagramme als gültig für Kreuzer und oder größer ansehen, das heißt also für 17.50 m Aufstellungshöhe etwa 16 km Reichweite bei Frontansicht des gemessenen Schiffes. Bei der Breitseitsicht kommen da unter anderem durch die Bordhöhe als wirkliche Rückstrahlfläche noch bis zu 5 km dazu. Gemessen an der relativ kurzen Zeit seit dem Beginn der maritim gelenkten Forschungsarbeiten an den Funkmeßgeräten sind die Ergebnisse beachtenswert.«

Ob die BISMARCK Geräte an Bord hatte, um gegnerische Ortungs-(»Radar«-)Strahlen festzustellen und einzupeilen, sogenannte Funkhorchgeräte (die später Funkmeßbeobachtungsgeräte [FuMBs] genannt werden), ist nach wie vor strittig. Der Autor beugt sich hier der Beweisnot dahingehend, daß es zur Zeit des Unternehmens »Rheinübung« noch keine FuMBs genannten Warngeräte gab. Wohl aber könnte in »letzter Minute« ein Versuchsgerät installiert worden sein, eines jener Geräte, die indessen nach Paul Trenkle (D 25) in allen offiziellen Schriftstücken der HWA Wa Prüf fehlen. Obschon die Funkmeß-Entwicklung in Deutschland dank der erwiesenen Leistungen und des nimmermüden Forschungsdrangs der damit befaßten Wissenschaftler zügig und befriedigend vorangekommen war, konnten die DeTe-Geräte für die BISMARCK erst in der letzten Phase der Fertigstellung des Schlachtschiffes BISMARCK abgeliefert werden: »Seetakt«-Geräte der Version »Calais«, das heißt, Dezimeterwellengeräte vom Typ FuMG 39 (gP), dem späteren FuMO 23.[76/2]

Ansonsten sei hier noch gleich auf andere Meß- und Horchgeräte auf der BISMARCK hingewiesen: Auf das GHG genannte Gruppenhorchgerät (aus zwei Gruppen – an jeder Seite eine – von Unterwasserhorchmikrophonen zum Einpeilen von Schrauben- und Maschinengeräuschen), das S-Gerät, ferner das MES (= die Minen-Eigen-Schutz Anlage). Es soll auch eine NAG-Anlage vorhanden gewesen sein, die zur Torpedoerkennung und -verfolgung dienen sollte. Für das Kürzel ist dem Verfasser keine Erklärung bekannt.

Selbstverständlich ist auch das Lazarett mit modernsten medizin-technischen Einrichtungen versehen, auch für Notfalloperationen. Natürlich fehlt auch eine Schiffsapotheke nicht. Und für den Ernstfall sind Räume und ein Hauptgefechtsverbandsplatz für die Verwundeten vorgesehen. Es gibt gut durchlüftete Wohnräume. Für die Maate sind die Holzbänke sogar gepolstert, für die Besatzungsmitglieder der Mannschafts-Dienstgrade aller Laufbahnen nicht. Solche Feinheiten sind auf einem Dickschiff so gravierend wie Dienstgrade und Laufbahnabzeichen. Nicht zu vergessen sind unter den »Sozialräumen« die Vorratsräume, so zum Beispiel der Lebensmittelstauraum in Höhe vom Spant 1664 mit Laufschienen und Hebemitteln. Die Kombüse hat echte Dickschiffdimensionen. Hier wirken die Smutjes an vier riesigen Kesseln, um den Bedarf der über 2000 Mann Besatzung zu befriedigen, wenn Kartoffeln zum »Menu« gebraucht werden, oder Gemüse, oder der »Halber Schlag« genannte Eintopf, oder gar seeluftgewürzter Labskaus aus erster Hand.

Was zum Beispiel die Wäsche betrifft, so braucht kein Besatzungsmitglied mehr im knapp rationierten Wasser einer Sechsmann-Waschbalge zu knobeln und zu versuchen, mit sparsam zugeteilter Seife viel Weiß beim weißen Arbeitszeug zu erreichen. Auf der BISMARCK wird die Wäsche in einer bordeigenen Wäscherei gereinigt, zu der eine moderne, breitflächige Heißmangel und auch ein Wäschetrockenraum gehören. Selbstverständlich sind in dieser komprimierten »Schlachtschiffstadt« auch Werkstätten aller bedarfswichtigen Handwerkzünfte vertreten: eine Schusterei zum Beispiel, ein Figaroschapp für den militärischen Haarschnitt, eine Bäckerei für stets frisches Brot … und frische Brötchen als Sonderzulagen. Es gibt auch eine Schneiderei mit allen Schikanen, von schneiderhandwerklichen Besatzungsmitgliedern in Zweitfunktion betrieben. Und außer den hier beispielhaft genannten Räumen und Magazinen gibt es diverse Lasten und Gatts, so etwa die Farblast mit Farben in Mengen, um das ganze Schiff zu pöhnen,[76/2] oder, unter den Gatts das Kabelgatt für Tauwerk und Trossen …

Es ist an alles gedacht und bis ins Kleinste berechnet, grammweise, denn Platz kostet Schiffsraum – und der ist im Sinne des Wortes begrenzt.

Der auf fast ganzer Schiffslänge bis zum Wetterdeck hochgezogene Seitenpanzer erzwang den Verzicht auf Bullaugen im Großteil des Schiffsrumpfes. Auch die Unteroffiziers-Wohnräume (Bild) waren auf Kunstlicht angewiesen.

Diese erste Begegnung der BISMARCK mit ihrem ersten Kommandanten · Die Laufbahnen der Unteroffiziere und Mannschaften im Flottendienst · Gefahren aus der Luft für BdV · Erprobung der Schiffsbetriebstechnik · Elbe abwärts nach Brunsbüttel · Kollision mit Kopfschlepper · Kollision auf der Elbe · Über die Manövrierfähigkeit der BISMARCK · Nachts in der KW-Kanalausweiche Dükerwisch · Für die BISMARCK ist der KW-Kanal total gesperrt

Nach dem demonstrativen Taufakt coram publico und harten, arbeitsreichen Wochen am Ausrüstungskai steht ein marineinterner Festakt auf dem Dienstplan: Die Indienststellung, Höhepunkt eines neuen Kriegsschiffes. Am 24. August 1940 tritt die Besatzung beidseitig auf dem Achterschiff divisionsweise an, die Reihen der Männer an den Decksnähten millimetergenau ausgerichtet. Die weiße Kommandantenpinaß nähert sich, neben der Kriegsflagge den Kommandantenwimpel gesetzt. Kaum sichtbare korrigierende Bewegung geht durch die Reihen, als der IO, Fregattenkapitän Öls, vor die Soldaten tritt und befiehlt: »Besatzung stillgestanden. Front nach Steuerbord.«

Der Hornist bläst. Trommelwirbel.

Unter den schrillen, aber kunstvoll geschnörkelten Tönen des Seite-Pfiffs aus der Bootsmannsmaatenpfeife steigt der Kommandant das Fallreep hoch, ohne Hast. An Deck erwartet ihn der Ehrenzug mit präsentiertem Gewehr, Soldaten wie aus Erz gegossen. Der IO meldet dem Kommandanten:

»Besatzung zur Indienststellung angetreten.«

Gefolgt vom IO und seinem Adjutanten, schreitet Kapitän zur See Ernst Lindemann in Höhe vom Turm »Cäsar« die Ehrenkompanie ab. Da ist wohl keiner unter den im Mittel erst 18 Jahre alten Männern, der den Kommandanten nicht prüfend und abwägend mustert.

- Was ist das für ein Mensch, dieser Seeoffizier, dem der Ruf vorauseilt, ein großer Könner in Sachen Schiffsartillerie zu sein?
- Was hast Du, in dessen Händen nun Dein Schicksal ruht, von ihm als Kommandant, aber auch als Mensch zu erwarten?
- Kannst Du ihm und seinen Fähigkeiten als Führer in See und Taktiker vertrauen, voll und bedingungslos?

Als Kapitän zur See Lindemann zu der auf dem Achterschiff beidseitig angetretenen Besatzung spricht, haben die Offiziere unter und vor den 38er-Rohren vom Turm »Dora« ihren Platz. Des Kommandanten Rede ist militärisch knapp. Er, der ausdrücklich verlangt, von der BISMARCK als von dem BISMARCK zu sprechen und zu schreiben, fordert von jedem Mann vollen Einsatz: »… um das Schiff zu einem schlagkräftigen Kampfinstrument zu machen«, und er dankt auch den Ingenieuren und Arbeitern von Blohm & Voss – eine Abordnung der Hamburger Großwerft, Werftgrandis mit Zampelbüdel darunter, ist als deren Vertretung an Deck versammelt – für ihre Mühen, ihre Sorgfalt und ihren pausenlosen Einsatz, der es möglich machte, dieses Schlachtschiff, ein Wunderwerk an Präzision, noch vor dem eingeplanten Termin fertigzustellen. Lindemann überspielt auch nicht den Ernst der Stunde dieses zweiten Kriegsjahres. Er spricht von einer Schicksalsfrage für die Nation, und er zitiert den Fürsten Otto von Bismarck, der in einer seiner Reden den Reichstag und seine Aufgaben militant beschwor: »Mit Schützenfesten und Liedern macht die Politik sie nicht, sie macht sie durch Blut und Eisen.«

Wenn Lindemann dieses Zitat – und fast alle Fürst-Bismarck-Zitate sind eigentlich nur im Zusammenhang einer Rede zu verstehen – persönlich ausgewählt hat, weiß man schon mehr über diesen Seeoffizier.

»Heiß Flagge und Wimpel!«

ist nach der Ansprache »Alle Mann achteraus« sein erstes Kommando an Bord des Schlachtschiffes BISMARCK. Der Musikzug intoniert die Nationalhymnen, während die rotgründige Reichskriegsflagge am Flaggenstock über dem Heck gesetzt wird. Langsam, Zentimeter um Zentimeter. Eine kräftige frische Brise weht das rote Tuch voll aus. Jeder an Bord kennt die verpflichtende Bedeutung der Flagge für ein Kriegsschiff. Sie ist mehr als eine Nationale. Auf See ist sie in kritischer Lage auch das Zeichen der Gefechtsbereitschaft:

… Solange die Flagge weht …

Gleichzeitig mit der Kriegsflagge steigt der Kommandantenwimpel im Gefechtsmast empor.

Mit diesem Tage wird auch die erste Seite des Kriegstagebuchs (= KTB) aufgeschlagen, in dem die erste Eintragung heißt:

»24. August 1940, 12.30 Uhr: Indienststellung des Schlachtschiffes BISMARCK auf der Werft Blohm & Voss.
gez. Lindemann.«

Die nächsten Aufgaben werden nach einer Kommandantenmusterung vom 23. August 1940 und laut KTB-»Maschine« nach dem Einräumen der Maschinenlasten sein:
- Das schulungsmäßige Dampfaufmachen, das den Funktionsprüfungen der Maschine dient;
- der Vor- und Nachwache Rollendienst;
- der Dienst nach Sommerhafendienstplan;
- die Werfterprobungsfahrten des E.K.K. genannten Erprobungskommandos für Kriegsschiffneubauten hier in der (noch) luftangriffssicheren Ostsee mit Gotenhafen als Stützpunkt.
- Diese Fahrten werden zugleich die ersten Schritte sein, um dem »System Schlachtschiff BISMARCK« Leben zu geben.

Wer an Bord davon wo mitwirkt, zeigt folgende Aufstellung der Laufbahnen der Unteroffiziere und Mannschaften im Flottendienst, wie sie auf dem Schlachtschiff eingesetzt sind.

Für den »Inneren Dienst« und die Ausbildung im »Inneren Dienst« ist der Erste Offizier verantwortlich – besonders mit Hilfe der Divisionsoffiziere und des Schiffsverwaltungsoffiziers (Abschnittsleiter).

Für die Gefechtsausbildung sind die dem Kommandanten direkt unterstellten und verantwortlichen Waffenleiter zuständig. Hier folgt nun die oben erwähnte in Laufbahnen geordnete Auflistung:

1962 Unteroffiziere und Mannschaften des Schlachtschiffs sind kommandiert in:

I. Die Bootsmannslaufbahn für den seemännischen Dienst mit den Untergruppen Artillerie-, Torpedo-, Sperr-, Waffenleitpersonal, Entfernungsmesser, Stückmeister, Wachtmeister, Segelmacher – jeweils mit Sonderausbildung. Sonderdienstzweige beginnend mit den Portepéeunteroffizierdienstgraden:
- der Oberstückmeister (Gehilfe des Artillerieoffiziers),
- der Oberwachtmeister (Gehilfe des Ersten Offiziers),
- der Waffenleitoberfeldwebel und
- der Entfernungsmeßoberfeldwebel (beide Gehilfen der Waffenleiter).

II. Die Maschinenlaufbahn: Bedienen und Warten aller Antriebs- und Hilfsmaschinen,

III. die Steuermannlaufbahn. Die Unterteilung sieht vor Gehilfen des Wachoffiziers oder des Navigationsoffiziers bei der navigatorischen Führung,

IV. die Nachrichtenlaufbahn: Bedienen und Warten der Nachrichtenmittel für die Führung von Schiffen und Verbänden, gegliedert in IV Sig optischer Signaldienst, IV Fk Funkdienst, IV FU Funkmeldedienst [Funkmeß (DeTe) gab es 1941 als Laufbahn noch nicht], IV Fs Fernschreiber,

V. die Zimmermannslaufbahn: Instandsetzung und Wartung allen Holzwerks an Bord, der Beiboote, der Gasschutzgeräte. Einsatz als Taucher nach Sonderausbildung,

VI. die Feuerwerkerlaufbahn: Verwalten, Prüfen und Instandhalten der Geschützmunition, des Munitionskammergeräts, der Artillerieschießscheiben; Führen der Artillerieschießlisten,

VII.-A. die Artilleriemechanikerlaufbahn: Instandhalten der Geschütze, der Artillerie- und Feuerleitanlagen,

VII.-Spr. die Sperrmechanikerlaufbahn: Instandhalten der Sperrwaffenanlagen, Wartung der Minen, der Minenabwehr-, U-Bootabwehr- und Sprengwaffen und -geräte,

VIII. frei,

IX.-Vs. die Verwaltungsschreiberlaufbahn: Hilfeleistung bei der Geschäftsführung in Verwaltungsangelegenheiten. Gebührnisberechnungen,

IX.-Sv. die Sachverwalterlaufbahn: Verwaltung der Verbrauchsgeräte und Verbrauchsstoffe an Bord und an Land. Rechnungslegung,

IX.-Vp. die Verpflegungslaufbahn: Einkauf, Lagern, Bereiten und Ausgabe der für die Verpflegung nötigen Lebensmittel. Rechnungslegung,

X. die Schreiberlaufbahn: Hilfeleistung bei der Geschäftsführung in Kommandoangelegenheiten,

XI. die Sanitätslaufbahn: Hilfeleistung bei der Krankenpflege der Hygiene, Wartung und Bedienung des Spezialgeräts, Führen der Krankenkladden (auf kleinen Kriegsschiffen leitete ein Sanitätsunteroffizier den Sanitätsdienst),

XII. die Musiklaufbahn: Musikdienst in den Marinemusikkorps auf Schiffen und an Land und
- die Bordflugzeuglaufbahnen: Das technische und fliegende Personal (Unteroffiziere) für die Bordflugzeuge kommt aus der Luftwaffe.

Waffenleiter sind
- der Artillerieoffizier (I.A.O.); unterstellt sind der II.A.O. (Mittelartillerie), der III.A.O. (Flak) als Seeoffizier,
- der Sperroffizier (Spr.O.) als Seeoffizier,
- der Navigationsoffizier (N.O.) als Seeoffizier,
- der Bordnachrichtenoffizier (B.N.O.) als Seeoffizier,
- der Leitende Fliegeroffizier (Fl.O., ein zur Luftwaffe versetzter [kommandierter] Seeoffizier – wie alle Beobachter)
- der Schiffsarzt, als Sanitätsoffizier,
- der Leitende Ingenieur (L.I.), als Ing.-Offizier ihm unterstellt alle anderen Ingenieure einschließlich der Elektroingenieure.

Mit der Indienststellung ist das Schlachtschiff noch keineswegs fahrbereit »Indienst«, bis dahin ist noch ein umfangreiches Programm für die wissenschaftlich zu apostrophierenden Werfterprobungsfahrten in der Ostsee abzuwickeln, für die Gotenhafen als Basishafen vorgesehen ist. Luftangriffe sind hier nicht zu befürchten, noch nicht jedenfalls. Nach Lage der Dinge. Hamburgs Großwerft Blohm & Voss dagegen ist im Hinblick auf Luftgefahren bereits ein kritischer Platz, den die BS wegen allen Erkenntnissen nach den Erprobungen in See wird wieder aufsuchen müssen: Die Imponderabilien bleiben daher akut: Blohm & Voss war zwar schon vorher mehrfach das Ziel von Luftangriffen, noch nicht aber die von Stapel gelaufene und nunmehr in Dienst gestellte BISMARCK als unverwechselbares großes Ziel am Ausrüstungskai.

Jedenfalls: die erste Lebensphase des am 24. August 1940 in Dienst gestellten Schlachtschiffes beginnt wie die letzte einmal enden wird: mit Flugzeugangriffen am 25. August 1940, der übrigens ein Sonntag ist.

Um 23.30 Uhr dieses 25. August 1940 heulen in Hamburg wieder die Alarmsirenen in eine Nacht mit rabenschwarzem Himmel und tiefhängenden Wolken. Ins KTB der BISMARCK kommt: »Dunkle Nacht, stark bedeckt, Einsatz eigener Flak als Sperrfeuer gegen Feindflieger über tiefen Wolken. Es wurden verschossen 52 : 3.7-cm- und 400 : 2-cm-Granaten. Kein Erfolg.«

Auf beiden Seiten nicht.

Für die anhängende Werftliegezeit, die von dem nun aufgeschwommenen Neubau vor allem mit dem schulungsmäßigen Betrieb beim wechselseitigen Dampfaufmachen mit den Kraftwerken Steuerbord und/oder Backbord

Kurz vor der Indienststellung: Vorderes sowie achteres Fallreep sowie der Schraubenschutz sind probeweise ausgebracht. Am achteren Zwillingsturm »Dora« wird das Höhenrichtwerk des linken Rohres nochmals überprüft.

und/oder Mitte bis zum Beginn der so eminent wichtigen Werfterprobungsfahrten absolviert werden muß, ist festzustellen, daß die Briten trotz massiver Flakabwehr durch die Schiffs- und Hafenflakbatterien weitere Angriffe gegen den übergroßen Neubau im Blohm & Voss-Revier fliegen.

Während der vorkalkulierten 22 Tage bis zum Beginn der Werfterprobungsfahrten ist die BISMARCK an zehn Tagen und Nächten das bevorzugte Ziel britischer Bomber. Dabei kommt es auf dem Neubau beim Alarmzustand nur an drei Tagen (bzw. Nächten) zum Einsatz der bordeigenen Flugzeugabwehr, davon an zwei Tagen erst bei einem zweiten Anflug in den Nachmittagsstunden. An den übrigen Tagen bleibt es auf der BISMARCK nur bei einer Alarmbereitschaft: Auf ausdrücklichen Befehl vom Kommandanten, Kapitän zur See Lindemann. Für diese Tage findet sich im BS-KTB der lapidare Eintrag: »Ohne besondere Vorkommnisse.« Er ist gültig auch für die Flak des neuen Schlachtschiffes, über deren Qualifikation wesentliche Einzelheiten und kritische Anmerkungen gegenzulesen sind in dem nach Abschluß des Unternehmens »Rheinübung« erarbeiteten Fachbericht des »Artillerieversuchskommandos für Schiffe«, kurz A.V.K.S. genannt [131].

Die Zeit bis zum Beginn der auf den 15. September terminierten Werfterprobungsfahrt wird unter Hochdruck für die weitere Ausrüstung und die Technik der Fahrbereitschaft genutzt*, aber auch für die weitere Ausbildung der Besatzung, insbesondere der Männer in der Schiffsbetriebstechnik. Jedem der in der Maschine eingesetzten Soldaten muß ja neben seiner Station nicht nur die Funktionstechnik, sondern auch deren Sinn geläufig sein, so unter anderem für das oben erwähnte »schulungsmäßige Dampfaufmachen« im jeweiligen Wechsel der Kraftwerke und der jeweils zugeordneten Anzahl der Kessel.

Für die Vor- und Nachwache ist jetzt für das Maschinenpersonal Rollendienst befohlen worden. Und ab 5. September steht inzwischen Dienst nach dem noch ausstehenden Sommerhafendienstplan auf dem Plan. Das ist eine grundsätzliche wichtige Maßnahme für ein neues Schiff, denn damit ist die BISMARCK in den internationalen Zeitplan aufgenommen.

Mit dem 14. September wird es im Hinblick auf die Werfterprobungsfahrten durch BdV ernst für ein Seeklar für 15 sm mit 3 Kraftwerken, für das um 11.00 h alle 2. und 4. Kessel gezündet werden.

15.45 Uhr ergeht der Befehl, auf Auslaufkurs zu drehen. Ab 16.00 Uhr meldet der LI dem Kommandanten die Antriebsanlage »seeklar mit 3 Kraftwerken«. In Betrieb ist nun auch die E-Anlage, das heißt, die Diesel- und Turbo-E-Werke mit je einer E-Maschine.

17.30 Uhr wird »Feuer aus« befohlen.

Hamburg: der 15. September 1940.

Es ist windstill und sonnig. Ein leichter Bodendunst mildert die harten Konturen im Bild der hafenbetrieblichen Umgebung und dem Gegenüber, mit dem »Michel« als Wahrzeichen.

14.15 Uhr wird auf der BISMARCK seeklar befohlen. Die Maschine hat jetzt nach all den sorgsamen, engmaschigen Vorbereitungen Dampf in allen 3 Kraftwerken für 15 kn. In Betrieb sind je Kraftwerk zunächt der 1. und 3. Kessel, dazu kommen die E-Maschinen EM 3.1 und 4.1, EM 1 und WEM 1.1.

Es ist auf die Minute genau 14.20 Uhr, als das von den Festmachertrossen am Pier befreite Schlachtschiff unter Schlepperhilfe die Werftverbindung löst und mittels der Schubkraft der drei, im Durchschnitt 4.70 m großen Propeller bei Blohm & Voss ablegt.

Ein Schlepper ist auf Marinebefehl für alle Fälle zur Unterstützung zur Stelle. »Den braucht dieses Schiff nun wirklich nicht«, knurren die B & V-Schiffbauer, meint man doch, die riesige BISMARCK sei so ungewöhnlich gut manövrierfähig wie zuvor kein anderes, hier erbautes großes Schiff.

Dessenungeachtet kommt es bei der sich anschließenden Elbeabwärtsfahrt und nach dem ab 16.04 Uhr befohlenen verschärften Verschlußzustand (ab 16.50 Uhr: »Schotten dicht«) 16.58 Uhr auf der Elbe zur Kollision mit dem Kopfschlepper ATLANTIK.

Es gab keine Beule, nicht einmal eine Schramme. Im hochoffiziellen BISMARCK-KTB findet dieses an sich ausgesprochen harmlose Ereignis offiziell seinen Niederschlag, berechnet und gewichtig eingetragen vom Navigationsoffizier mit der besteckgerechten Position: »γ 53° 42.7' Nord, λ 9° 29.2' Ost« und dem erleichternden Ver-

---

* z.B. für den 3.9.40: schulungsmäßiges Dampfaufmachen 09.45 h – 15.00 h Mitte, Bb, Stb 1. Kessel, drei Kondensationsanlagen in Betrieb

Die Werftprobefahrten in der Ostsee stehen bevor. Mit dem Wegerechtszylinder für absolute Vorfahrt setzt sich die fertige BISMARCK mit Assistenz eines starken Seeschleppers elbabwärts in Bewegung.

merk in der KTB-Rubrik: »Vorkommnisse« »Keine eigenen Beschädigungen«.

Die Brücke nahm die Kollision gelassen hin. Die Spökenkieker unter der Besatzung ertragen schweigend, an welche Abgründe sie ihr seemännischer für die Zukunft gesponnener Aberglaube treibt.

Für alle, die keinen Wachdienst hatten, wurde die Elbeabwärtsfahrt zu einem Erlebnis. Überall dort, wo im Großraum Hamburg Wege bis ans Ufer führten, winkten zahllose Zuschauer mit Taschentüchern, mit Hüten und Mützen vom saloppen Format »Blohm & Voss zwote Schicht«. Eine Perlschnur aufbrandenen Jubels, der verdrängte unterschwellige Sorgen über den Ausgang dieses Krieges überdeckt.

Zahlreich sind an diesem Sommertag die bunt und leicht bekleideten Hamburger Deerns erschienen, jene, die trotz strenger Geheimhaltung Tage zuvor eine »private Marschanweisung für Ort und Stunde« erhielten und nun winken und jubeln, wie einst bei Kaiser Wilhelms Geburtstag, obwohl es sich hier doch um eine ernste Sache handelt ...: Um den Beginn eines hypothetischen Lebens des zur Zeit größten Kriegsschiffes der Welt zu erleben. Wer die BISMARCK in Fahrt auf der blaugrauen Elbe schwimmen sieht, kann nicht umhin, die architektonische Ausgewogenheit des Schlachtschiffes zu bewundern. Unter den Schiffen der Welt und den Kriegsschiffen insbesondere ist sie »schön« zu nennen, elegant möchte man fast sagen.

Besonderer Erwähnung verdienen hier spezifische Aussagen eines international anerkannten Fachbuchautors: Dipl.-Ing. Erich Gröner (†) hat im Band 1 seiner wissenschaftlich begründeten Werke [39/2] sein Urteil auch über die Manövrierfähigkeit des Schiffstyps BISMARCK geprägt. Es heißt in der später von Dieter Jung und Erich Maass fortgeführten Erweiterung über spezielle Fahreigenschaften der Seeschiffe der BISMARCK-Klasse: »Hervorragend indifferente Schiffe mit ruhigen, flachen Stampf- und geringen Schlingerbewegungen, selbst in sehr schwerer See bei großer Kursbeständigkeit; nicht luvgierig, manövrierten ausgezeichnet, auch bei geringen Ruderlagen (5°), fast sofort andrehend; bei größerem Frühestaufkommen (Stützen) zweckmäßig; bei Hartruder kaum 3° krängend, Fahrtverlust bis etwa 65 %; nicht ganz so hoch wie bei schnellem Wechsel der Hartruderlage; bei geringer Fahrt voraus und Fahrt rückwärts sehr geringe oder keine Steuerfähigkeit ...« Abschließend erfolgt

»eine die Ramming angehende Feststellung: ›in engen Gewässern Verzicht auf Schlepperhilfe kaum ratsam, obwohl wiederholt so geschehen.‹ Beantworten kann man die Frage nach einem richtig oder falschen Manövrieren erst bei genauester Kenntnis der Situation, aber es gibt darüber hinaus noch keine spezifischen Unterlagen«.

Zurück zum Auslaufen des Neubaues Schlachtschiff BISMARCK.

Unterwegs auf der Unterelbe gibt es einige technische Korrekturen und noch vor Brunsbüttel den erwarteten Fliegeralarm, der auch wieder ohne Erfolg für die Angreifer und das gesuchte Ziel verläuft.

19.02 Uhr wird Brunsbüttelreede als erstes Ziel erreicht und geankert. Die bei der nur kurzen Flugstrecke zu und von den britischen Inselflugplätzen hier erwarteten Feindflieger bleiben vorerst aus. Dann aber meldet das KTB für 23.04 Uhr des 15. bis 01.58 Uhr des 16. September laufend Fliegeralarme und Waffeneinsatz.

Der Nachthimmel ist bedeckt, zeitweilig behindern Regenschauer die ohnehin schwache Sicht. Die BISMARCK-Flak schießt mit den 10.5 cm, den 3.7 cm und den 2 cm gegen die Luftziele im zittrigen, fahlen Licht eines Landscheinwerfers, die in 40 hm und 30–35 hm in einer Zielhöhe von über 1 000 m anfliegen. Die BISMARCK-Flak-Soldaten rechnen bei den zahlreichen Sprengpunkten unmittelbar neben einem Einzelziel, dessen Typ nicht auszumachen ist, mit einem Abschuß, den das KTB aber einschränkt: »... Immerhin ist mit Trefferwirkungen zu rechnen, obwohl ein direkter Abschuß nicht konkret beobachtet werden konnte.«

Um 15.05 Uhr an diesem 16. September 1940 lichtet die BISMARCK nach dem 14.15 Uhr-Seeklarbefehl auf Brunsbüttelreede die Anker. Das Schiff hat Dampf auf in allen Kraftwerken für zehn sm. Je Kraftwerk sind die 1. und 3. Kessel in Betrieb, ferner die E-Maschinen EM 3.1, 4.1, EM 1.1 und WEM 1.1.

Nächstes Ziel ist die Ausweiche Dükerwisch im KW-Kanal. 16.50 Uhr ist es, als bei nun klarem und sonnigem Wetter die Fahrt nach Osten in den wegen der Überbreite des Schlachtschiffes für jeden sonstigen Verkehr gesperrten KW-Kanal (bis 1945 Kaiser-Wilhelm-Kanal benannt, heute als Nord-Ostsee-Kanal bezeichneter künstlicher Schiffahrtsweg) angetreten werden kann.

Um 17.00 Uhr befiehlt die Brücke für alle Fälle zur Sicherung des Kanals »Schotten dicht«.

Das Passieren des (damals noch sogenannten) Kaiser-Wilhelm-Kanals von Brunsbüttel nach Kiel-Holtenau erfordert bei der riesigen BISMARCK metergenaue Präzision aller Mannöver. Bug- und Heckschlepper sind dabei unentbehrlich, weil die »Steuermacht« des Schlachtschiffes infolge der geringen Fahrwassertiefe und Schiffsgeschwindigkeit begrenzt ist.

Gegen Abend erschweren Dunst, böige Südwestwinde und von Fall zu Fall dichte Regenschauer die Weiterfahrt des kritisch-breiten Kanalbenutzers. Auch Minen oder Sprengstoffattentate drohen hier permanent, um den so eminent wichtigen Kanalverkehr lahmzulegen. Sie sind trotz starker Bewachung nicht auszuschließen.
Selbstredend besteht für die Sicherheit des Schiffes der inzwischen befohlene totale Verschlußzustand.
Die Dunkelheit kommt schnell, da früh. Aber sie verspricht dem mit kleinster Bugwelle fast lautlos dahingleitenden Schiffsriesen eine fast schon romantische Vollmondnacht.
Es ist 19.44 Uhr, als die BISMARCK behutsam in die Ausweiche Dükerwisch eindreht und hier am Platz der gewichtigen, technisch interessanten Unterführung des Kanalverkehrsweges festmacht.
Inzwischen ist es an der Zeit, daß die Maschine dem Kommandanten einen Störfall meldet. Wie so oft sitzt der Teufel im Detail … Es war 06.30 Uhr, als im K-Gang, dem Kesselgang der Abteilung XI, Dampfgefahr gemeldet wurde. Dicke Luft im Sinne des Wortes. Die Ursache: am Verbindungsflansch der 10 atü starken Dampflöschleitung fehlten zwei Schrauben. In zwei Stunden ist der schnell erkannte Schaden mit Bordmitteln behoben. Ein Lob der umsichtigen Maschinencrew.

Der 17. September 1990 noch in der Ausweiche Dükerwisch, denn um 06.29 Uhr soll sie die BISMARCK wieder verlassen, bei Dauerregen und mittleren südwestlichen Winden.
Bei der weiteren Kanalfahrt bei nach wie vor verschärftem Verschlußzustand beunruhigt 13.06 Uhr wieder einer der vergeblichen Fliegeralarme Schiff und Besatzung. Die Soldaten der Bordflak warten vergebens auf ein »Feuer frei«. Der Kommandant hat indessen keine Meinung, den Liegeplatz der BISMARCK durch Flakfeuer zu markieren.
Weiter durch den Kanal:
Herbstlich buntes Land an beiden Seiten, reetgedeckte Gehöfte, schwarzweiße Kühe auf den Weiden hinter den Deichen, fast greifbar neben der Bordwand dieses überbreiten Schiffes.
Die besten Rudergänger sind auf dem Schlachtschiff aufgeboten. Sie erhalten ihre Ruderkommandos jetzt direkt vom Lotsen. Diese Kanallotsen sind langjährig seebefahren. Die meisten hatten sich noch mit den urgewaltigen Bilderbuchorkanen vor Kap Horn (nicht selten waren es zwei oder sogar drei in der Woche mit zehn, elf bis zwölf Beaufort) herumgeschlagen. Sie sind Seeleute der ersten Garnitur. Auch der Lotse auf der BISMARCK ist personifizierte Erfahrung, stoische

Ruhe und erzene Souveränität in einer Person. Seine Anweisungen sind knapp. Manchmal dirigiert er den 50 000 Tonner mit nur sparsamen Handbewegungen zum Rudergasten hin.

Das Wetter ist jetzt mies. Dauerregen verlangt erhöhte Aufmerksamkeit bei mittleren, südwestlichen Winden. 14.48 Uhr wird an diesem 17. September die imposante Schleuse Holtenau erreicht und passiert – eine Zentimeterarbeit mit dem überbreiten Mammut-Schiff. 17.52 Uhr macht die BISMARCK in Kiel im *Scheer*-Hafen zum Abstimmen am Pier fest. Das Schlachtschiff wird hier für funktechnische Arbeiten und Übungen bis zum 23. September liegenbleiben müssen.

Der Ausbildungs- und Maschinendienst vollzieht sich normal – aber pausenlos. Wer sich auskennt, spürt den zur Eile drängenden Unterton in den Befehlen der Unteroffiziere, die ahnen oder in wenigen Fällen gar wissen, wie bald schon die Besatzung voll gefordert werden wird … beim Einsatz in den weiten atlantischen Gewässern. Einer ist unter ihnen, ein Steuermannsmaat, der die vorgesehenen notwendigen Ausbruchswege zwischen Grönland – Island – den Färöers und Nordengland in den freien Nordatlantik unter den Seekarten heraussuchen und klarlegen mußte, mit der ausdrücklichen Weisung, die Kartengebiete strengst und geheim zu halten, ausgenommen gegenüber der Brückenbesatzung und der Seekartenausgabestelle an Land. Und ausgenommen – das ist kein Reesan Backbord – mit dem Toilettenmann auf dem Bahnhof, dem nichts entgeht, was die Ka-Em vorhat.

Laut KTB vergehen die Tage in Kiel ohne »besondere Vorkommnisse«. Kapitän zur See Ernst Lindemann hat diese bemerkenswert knappen Angaben zu jeder Tagesmeldung unterschrieben, mit seiner auffallend klaren, deutschen Handschrift, die auch als Beweis für seine Konservativität und seine innere Ruhe gewertet werden kann … Als der Erste Weltkrieg ausbrach, war der, am 28. März 1894 in Altenkirchen im Rheinland Geborene, gerade 20 Jahre alt. Also just in einem Alter, in dem auch er durch die Ära und Lebensart Kaiser Wilhelm II. und des Fürsten Bismarck geprägt worden war. Diese Männer im blauen Marinetuch galten (und gelten weiterhin) noch immer als kaisertreu.

Am 24. September 1940 verholt die BISMARCK vom Scheer-Hafen an die Boje A12, an der sie 07.53 Uhr festmacht. Hier bleibt das Schiff bis zum 27. September. Die Rubrik im Kommandanten-KTB: »Besondere Vorkommnisse« schweigt sich (wiederum) aus. Es hat sicherlich interessante und schiffstypische Arbeiten am und im Schiff gegeben. Vorkommnisse, die für die Geschichte des Schlachtschiffes gewiß von Interesse oder von Bedeutung wären, die aber auf Weisung des wortkargen Admirals keine Erwähnung fanden. Komprimierter, wie Lütjens das KTB führen läßt, geht es nun wirklich nicht. Wenn man nach bestimmten Charakterzügen des Flottenchefs sucht, eben diese militärisch knappe Kriegstagebuchführung ist typisch für ihn und seine Aussagen darin: »Nur das Allernotwendigste.«

Am 28. September wird die BISMARCK 07.37 Uhr von der Boje A12 losgeworfen. Mit Unterstützung durch einen Kopfschlepper geht das Schiff durch die Sperre Friedrichsort hindurch und läuft ab Feuerschiff KIEL im Geleit vom SPERRBRECHER 13 gemäß der Wegeführung in der westlichen Ostsee nach Osten. Gotenhafen heißt jetzt das Ziel.

20.30 Uhr wird querab Kap Arkona auf Rügen gepeilt, der SPERRBRECHER 13 wird entlassen und bei mittlerem Seegang und Schauerregen in der westlichen Ostsee der Weitermarsch nach Gotenhafen angetreten.

Allein.

00.00 Uhr am 29. September läßt Lindemann, während der Fahrt nach Osten, die Flakbereitschaft aufheben, denn östlich dieser Position wird der Luftraum feindfrei gemeldet, noch.

Bei steifen Nordwestwinden ist es nachts dunkel und feuersichtig, tagsüber klar und sonnig. Die schwache Dünung ist lang und kaum spürbar. Idealwetter für eine Seefahrt.

Die Stimmung an Bord ist gut, sehr gut sogar. Nur ein ganz kleiner Kreis weiß von dem militärischen Auftrag des neuesten und größten Zuwachses der Kriegsmarine.

Das 36 m breite Schlachtschiff hat die Ostsee erreicht und bietet dort einen viel bewunderten imposanten Anblick. Es wird zum Tagesgespräch aller Schiffahrtskreise.

Die Werfterprobungsfahrten

Gotenhafen als Stützpunkt · Flakbereitschaft in der östlichen Ostsee aufgehoben · Beste Stimmung und Zuversicht an Bord · Ausrüstung für drei Monate · LKWs müssen ohne Befehl organisiert werden · Höchstgeschwindigkeiten der BS · Der »Fall Tarent« und die fehlenden Konsequenzen für die BISMARCK · Besatzungsnachschub ein Problem · Das Kriterium der Vertragsfahrten · Kapitän z.S. (Ing.) Moritz und die unbrauchbaren Fahrttabellen · Erprobungen unter Zeitdruck

16.27 Uhr an diesem 29. September 1940 ankert die BISMARCK vor Gotenhafen[77] auf Reede. Sofort kriecht mit der bereitgestellten Lebensmittelausrüstung für die bevorstehende Unternehmung Streß an Bord, bis in die kleinsten Lasten,[78] die raffiniert gestaut werden, grammweise genau. Diese Verpflegungsausrüstung zum Beispiel, die Proviant-Last geheißen wird, sieht Lebensmittel für drei Monate vor, ein Beweis für einen langfristigen ozeanischen Einsatz im Rahmen der bisher erfolgreichen atlantischen Handelskriegunternehmen. Ausgerüstet werden daher auf der BISMARCK gleichermaßen die anderen Lasten, so etwa die Farblast, denn auch in See werden Schadstellen des Schiffes ausgebessert. Die sind zum Beispiel weiter die Zimmermannslast, die Maschinenlasten mit Reparatur- und Ersatzteilen. Es ist hier nicht der Platz, auf das vielfältige Lastensystem eines deutschen Großkampfschiffes einzugehen. Es fehlt jedenfalls an nichts an Reserven. Für die Maschinen- und die E-Anlagen wird übrigens ein eigener Hafenbetrieb mit Hilfskesseln und Diesel-E-Werk eingerichtet. Es sei aber nicht zu übersehen, daß diese umfangreiche mehr oder weniger im freiluftigen Hafenbezirk einsichtbare rege und kalkulierbare Ausrüstung für die Spionage durch die Polen ein Risiko bedeutet. Allein der Umfang der Verpflegung ist ein Schlüssel für die vorgesehene Dauer des bevorstehenden Unternehmens – und auch der Seegebiete Art. Tropenzeug in den Kleiderlasten wäre und ist z.B. ein aussagestarker Hinweis auf subtropische und tropische Regionen als eines der Operationsgebiete. Nur ganz wenige Marineangehörige kennen Großadmiral Raeders kühne (zu kühne?) Intentionen: Zufuhrkrieg[79] zunächst mit dem ersten der beiden neuen, dem Gegner klar überlegenen Schlachtschiffen, das keine Konvoi-Sicherung mehr zu fürchten braucht. Hier ist eine Erklärung angebracht: Es handelt sich um die Schlachtschiffe der KING-GEORGE-Klasse, also um die bereits im Dienst befindlichen 36 727 ts großen KING GEORGE V. und PRINCE OF WALES sowie die noch im Bau stehenden DUKE OF YORK, ANSON und HOWE, die mit ca. 36 000 ts kleiner als die Schiffe der BISMARCK-Klasse sind; fünf rechtzeitig begonnene Alternativbauten, die von den Briten prophylaktisch als Antwort auf die BISMARCK-Klasse auf Stapel gelegt wurden. Daß diese britischen Konterbauten für die seepolitische Entwicklung so spät kommen, mag ein Beweis für Hitlers anfänglich versöhnlich betonte Diplomatie gegenüber den Briten sein.

Was Raeders Absichten mit dem auch für ihn (d.h. die Marine) viel zu früh gekommen Zweiten Weltkrieg betrifft, möchte man ihm theoretisch zustimmen, aber nur theoretisch, um so mehr, wenn nun der BISMARCK außer der überlegenen mehr als 32 kn schnellen SCHARNHORST und der nicht minder schnellen GNEISENAU die im Fertigbauendstadium befindliche TIRPITZ im Zufuhrkrieg beigegeben werden kann. Nachher im Frühjahr 1941, fallen die GNEISENAU und die SCHARNHORST, die beide in Brest liegen, wegen Schäden bei Luftangriffen für den atlantischen Zufuhrkrieg für eine gemeinsame Großoperation mit der BISMARCK wie von Raeder vorgesehen – vorerst aus. Und die TIRPITZ wird erst in einem halben Jahr k.b. (= kriegsbereit).[78, 79]

Inzwischen wird weiteres Fachpersonal für die Werfterprobungsfahrt eingeschifft: Spezialisten aus der schiffbaubezogenen Industrie, Kapazitäten aus der Kriegsmarine, praxiserfahrene Marine-Bauräte und Marine-Oberbauräte. Es wird eng an Bord, denn sie kommen nicht nur mit Hilfskräften an Bord, sie führen auch sperrige Prüf- und Kontrollgeräte mit sich. Das Schiff wird in seinen Funktionen mit einer uhrmachergleichen Gründlichkeit geprüft, untersucht und mehrfach erprobt. Nicht umsonst hat hierin der deutsche Schiffbau höchstes Renommee.

In der Danziger Bucht, wohin die BISMARCK nunmehr marschiert, wird am 30. September zunächst (in ureigenstem Interesse) die M.E.S.-Anlage für den magnetischen

Nochmals der neue Gigant in fast seitlicher Ansicht. Bei Revierfahrt nach Kiel und Gotenhafen wird jedesmal wieder der Wegerechts-Zylinder gesetzt. Im Vormars das schwarze Rechteck des vorderen Funkmeßortungsgeräts (FuMo, Spitzname »Matratze«) vor dem optischen 10-Meter-Entfernungsmeßgerät.

Eigenschutz erprobt. Das Ergebnis befriedigt und beruhigt zugleich. Der magnetische Eigenschutz, kurz M.E.S. geheißen, funktioniert einwandfrei. Auch die Bedienung. Wichtig sind ferner die Erprobungen des S.V.K. (Sperrversuchskommando) und des N.E.K. (Nachrichtenmittelerprobungskommandos).
Auf dem Arbeitsprogramm stehen danach die für die Schiffsbetriebstechnik so gewichtigen E.K.K.-Erprobungen. Sie beginnen am 1. Oktober nach einem Grundschema bei wechselndem Einsatz der jeweiligen Zahl der Kraftwerke und der Kessel, so zum Beispiel, laut KTB:
1. Oktober 1940.
Danziger Bucht.
09.00 Uhr: Seeklar für 19 sm.
Höchstgeschwindigkeiten bis 27 und 28 kn.
In Betrieb 3 Kraftwerke mit je 3 Kessel.
Erprobungen in See.
22.45 Uhr geankert.
Bestände: Heizöl: 5 253 m³, Speisewasser: 558 m³.
Auffallend ist bei den hier genannten »Höchstgeschwindigkeiten« (die im KTB auch bei den Meilenfahrten fehlen), daß nur Werte von 27 und 28 kn angegeben werden, während in den maritimen Handbüchern die Höchstgeschwin-

digkeiten für diese Zeitphase bei über 30 kn liegen. Laut Professor Dr.-Ing. H. Schneekluth und Professor Dipl.-Ing. D. Scharping hatte das wahrscheinlich diese Gründe:
1. Schneekluth: Das Schiff war noch nicht im vollen Betriebszustand (full load, wie in britischen Handbüchern nachzulesen ist). Ergo ist die hier genannte Höchstfahrt von 28 kn keine konkrete Aussage;
2. Scharping: Das Schiff hatte bei der Meilenfahrt die vorberechnete Geschwindigkeit nicht erreicht;
3. Schneekluth: Die wahre Höchstgeschwindigkeit sollte geheimgehalten werden, ist sie doch eine gewichtige taktische Größe.
Folgt man den Angaben in den Schiffstypen-Handbüchern, so ergeben sich für die Einheiten der BISMARCK-Klasse (also für die BISMARCK und später für die TIRPITZ):
- bei Gröner [122]: Für die BISMARCK als maximale Geschwindigkeit 30.1 kn, und für die TIRPITZ: 30.8 kn/29 kn (der zweite Wert ist die Maschinenhöchstleistung nach Konstruktion).
- In Conway's Fightingships, 1922–1946 [134], [135] und [142] sind es für die BISMARCK 29 kn.
- In Parkes Oscar [142] erzielte die BISMARCK bei 138 000 PSW maximal 29/30.8 kn.

- In »Janes Fighting Ships 1943–1944« gelten für die Schiffe der Tirpitz-Klasse bei 150 000 shp 30 kn (Angaben 1942/1943 sind in britischen Quellen [noch] fehlerhaft) [55].

In der östlichen Ostsee finden außer den E.K.K.- und S.V.K.-Erprobungen vornehmlich bei Fahrstufen zwischen 19 und 25 kn Marschfahrt im Programm statt. Am 14. Oktober 1940 beginnen in der Danziger Bucht die Maschinenerprobungen. Am 15. Oktober, als 2 Kraftwerke mit je drei Kesseln in Betrieb sind, werden tagsüber Meilenfahrten und nachts Fahrtbereichsfahrten angesetzt. Aber wieder fehlen die Knotenwerte.

Laut KTB Bismarck vermerkt Kapitän zur See Lindemann für die neue Zeitphase unter 1. Skl 01507/40 in der Rubrik »Vorkommnisse«:

»Nachdem mir durch den Küstenbefehlshaber Admiral östliche Ostsee mitgeteilt wurde, daß englische Flugzeuge in das frühere polnische Korridorgebiet eingedrungen sind und dort Flugblätter abgeworfen haben, nachdem mir ferner die Ereignisse in Tarent vom 8. November 1940[80] bekanntgeworden sind und die Überlegung Platz griff, die augenblickliche Anwesenheit aller drei Schlachtschiffe im Raum der Danziger Bucht könnte (wie bei Tarent) ebenfalls Anreiz für einen Luftüberfall sein, wurde ab 24. November 1940 wieder Flakbereitschaft angeordnet.

gez. Lindemann«

Die Sorgen Lindemanns sind berechtigt. Sie sind es noch mehr, wenn man die Einsätze und Zielgruppen der britischen Flugzeugträger untersucht und hier insbesondere die der »Swordfish«-Torpedoträger vom Doppeldeckertyp, wie er bereits im Ersten Weltkrieg wegen seiner vorzüglichen Manövriereigenschaften bevorzugt wurde. Bei dem Flugzeugpersonal handelte es sich beim wachsenden Bedarf auch bei den Briten um ausgesuchte, intelligente, »schlagfertige« Könner, die keinen Einsatz scheuen, jeder ein flugtechnischer Akrobat, jeder ein Sportsmann, mehr Draufgänger als Soldat, regelrecht herausgefordert von einem Flugzeugtyp, das mehr ein Kunstflugzeug denn eine Kampfmaschine ist. Seine Langsamkeit darf fast als taktische Überraschung gelten. Besonders auffallend waren zur Zeit die Einsätze der »Swordfish«-Maschinen auf den britischen Carriers im Mittelmeer. Ein Thema für sich ist in diesem Zusammenhang der »Fall von Tarent«, der wegen der raffiniert-kühnen britischen Angriffstaktiken auch die Bismarck angeht, wenn diese, wie vorgesehen, Raeders Plan zufolge einmal im Nord- und Mittelatlantik operiert und somit luftgefährdet durch Torpedoflieger der eines der über den Nordatlantik verteilten britischen Träger ist. Fünf dieser hochtechnisierten Spezialeinheiten haben die Briten bereits im Einsatz, weitere sind im Bau bzw. in der Planung – als »fleet aircraft carriers« und neuerdings als »escort aircraft carriers« zum Schutz des Handelsschiffraums in den Konvois. Das erste Schiff dieser spezifischen Hilfsflugzeugträger ging als die 5 537 BRT große Audacity ex Hannover in die Seekriegsgeschichte ein. Sie wurde von den Briten im Februar 1940 in der Westindischen See als deutsches Handelsschiff erbeutet und zum Träger (besser Hilfsflugzeugträger) umgebaut mit »... aircraft being parked all on the flight deck.«

Erstaunlich ist die kurze Entwicklungszeit vom einfachen Handelsschiff zum »escort aircraft carrier«, als Modell für später Dutzende Flugzeugträger mit relativ hohen Geschwindigkeiten. Es ist indessen unverständlich, aus wel-

Blick auf einen 15-cm-Doppelturm sowie zwei Zwillingsgeschütze der Schweren Flak vom Kaliber 10,5 cm, darüber die Kugelhaube des kardanisch aufgehängten vorderen Flak-E-Meßstandes.

chen Gründen der »Küstenbefehlshaber östliche Ostsee« dem Flottenchef Lütjens keine Details über die nachgerade sensationellen Ereignisse in Tarent direkt mitteilte, oder ob er mit einem ausführlichen Bericht seitens der aus Rom informierten Seekriegsleitung rechnete, der, wie berichtet, am 11./12. November in der Skl-KTB-Rubrik »Besondere Vorkommnisse« unter dem Titel Mittelmeerkriegführung präzisiert wurde.

Der Bericht über die Angriffe in Tarent war doch, obschon er die britische Luftwaffe (dazu noch jene im Mittelmeer) anging, auch für die BISMARCK von allergrößtem Interesse.

Er hätte es sein müssen!!!

Aber es gibt weder beim OKM oder bei der Skl noch bei der deutschen Flotte Hinweise und Analysen auf solche modernen Lufttorpedoträger und deren Abwehr auf See. Es gibt keine kritischen Untersuchungen über die Angriffstaktiken der Trägerflugzeuge verschiedener Typen und die Folgerungen zum Thema. Es gibt im Zusammenhang mit weiträumig operativen Flugzeugträgern und deren Trägermaschinen auch keine laufenden Beobachtungen über die Zahl der britischen Carriers im Nordatlantik als dem für die BISMARCK vorgesehenen Operationsgebiet. Wohl fallen im Skl-KTB im Tarent-Bericht die aufrichtig mutigen Hinweise auf den »Schneid der Besatzungen der britischen Trägertorpedoflugzeuge« auf. In einem sachlich-fachlichen KTB ist diese explosive Erkenntnis bemerkenswert.

Nachstehend folgt im Original der ausführliche, ehrlich offene und faire Skl-Bericht über den Luftangriff auf die italienische Flotte im Hafen von Tarent mit nur zwölf 145 km/h schnellen (besser langsamen) Doppeldeckern vom Typ »Swordfish«:

In der Nacht vom 11. zum 12. November 1940:

Ein schwarzer Tag für die italienische Marine: Beim Angriff der nur 12 englischen Torpedoflugzeuge gegen die im Hafen von Tarent[81] im Schutz der Netzkästen liegenden Schweren Einheiten werden an diesem 11./12. November 1940 die Schlachtschiffe LITTORIO[82] (hoch modern und fast so groß wie die BISMARCK), die DUILIO[82] und die CONTE DI CAVOUR[82] torpediert und schwer beschädigt.[83] Nach Mitteilung des Marine-Attachés ist (die) Beschädigung der CONTE DI CAVOUR besonders schwer, so schwer, daß sie auf den Hafengrund sinkt. Die beiden anderen CAPITAL-SHIPS fallen durch die Dock- und Werftliegezeiten als Kampfkräfte für viele Monate für die italienische Marine aus, also auch die 40 724 ts große LITTO-

RIO. Welch' ein Erfolg der »billigen« Flugzeuge gegenüber den millionenschweren, gut gepanzerten Men of War. »Der englische Erfolg«, so das deutsche Skl-KTB, »muß als größter Seekriegserfolg dieses Krieges angesprochen werden. Er ist geeignet, die seestrategische Lage im gesamten Mittelmeer zu beeinflussen. Die englische Überlegenheit an Schweren Einheiten ist jetzt so groß, daß irgendeine Aktivität der italienischen Flotte nach den bisherigen Erfahrungen nunmehr überhaupt nicht mehr erwartet werden kann.«

Die Skl glaubt jedenfalls schon jetzt nicht mehr an den Willen Italiens, gegen den Suez von Libyen aus über See vorzugehen, zumal der Ausfall von gleich 3 (drei!) Schlachtschiffen sich möglicherweise auf die Sicherung der Seeverbindung nach Libyen sehr ungünstig auswirken wird.

Der schneidige Angriff britischer Torpedoflugzeuge (die Skl im KTB im Wortlaut), bis auf 300 m Entfernung an den Gegner heran zum (Torpedo-)Abwurf innerhalb des Torpedoschutznetzes, legt der italienischen Seekriegsführung eine bittere Schlußrechnung für die bisher so geringe Aktivität ihrer zum Anfang des Krieges als »schärfste Waffe« bezeichneten Flotte vor.

Und die BISMARCK?

Da, wie bereits gesagt, die augenblickliche Anwesenheit der drei deutschen Schlachtschiffe im Raum der Danziger Bucht ohnehin einen Anreiz für einen britischen Luftüberfall anbietet, wird von Kapitän z.S. Lindemann am 24. November 1940 laut BS-KTB wieder Flakbereitschaft angeordnet.

Hier, vor Ort der Erprobung und den taktischen und maschinellen Übungen auf der BISMARCK, die bis zum 30. November 1940 andauern, gibt es am 29. November 1940 ein »Seeklar für höchste Dauerleistung«. In Betrieb sind dabei drei Kraftwerke mit allen Kesseln. Es kommt zu einer Störung der Hauptkupplung, nämlich zu einem Bruch des äußeren Kugellagerringes am unteren Zapfen des Verschiebebügels. Für die nächsten Tage kann der Betrieb dann bis zur Reparatur nur mit zwei Kraftwerken gefahren werden.

*

Beweis guter Zusammenarbeit der Marine und der Fliegerergänzungsgruppe (See) »Enge Sicherung« ist der Einsatz der einmotorigen *He 60*, ferner die Fernsicherung von den Horsten Nest und Pillau mit der *Do 18* und der ersten (neuen) *BV 138*.

Inzwischen spielt sich auf der BISMARCK die bereits eingestiegene Besatzung ein. Zwischendurch gibt es – und das bis auf den Tag des Auslaufens – die üblichen Abgänge und Zugänge: Krankheitsfälle sind, wenn auch wenige, eine der Ursachen. Aber auch die sich bei den Übungen zeigende Qualifikation der Besatzungsmitglieder ist bei den hochgestellten Ansprüchen nicht in allen Fällen wie erhofft befriedigend, so daß hier und dort ein Austausch geboten ist.

Hier sei in diesem Zusammenhang als Beispiel an einem von der Sache her interessanten, weil marinetypischen Besatzungsnachschub erinnert. Er wurde von Swinemünde nach Gotenhafen in Marsch gesetzt: Ein laut Küsten-Klatschwelle mit künftigen BISMARCK-Seeleuten vollgestopfter Personenzugwaggon, wechselnd angehängt an örtlich verschieden bestimmten Güterzügen, benötigte für die Fahrt auf der relativ kurzen Eisenbahnstrecke von Swinemünde nach Gotenhafen volle zwei Tage und Nächte. Diese Feststellung nährte bei den jungen, maritimen Fahrgästen die naheliegende, beruhigende Überlegung, daß wohl ihre maritim-militärische Verwendung gar nicht so eilig sei …

Unter den anreisenden Newcomern ist, wie später in Verbindung mit dem Handruderproblem erwähnt, auch der Rheinländer Paul Hillen, als Freiwilliger zur Marine herausgelesen aus der technisch multiversierten Organisation Todt (= OT), wo er am »Atlantik-Wall« beim Geschützeinbau eingesetzt worden war. Die Marine und Schiffahrt, wohin es auch ihn von »Kindesbeinen« an hinzog, kannte er, in Mettmann bei Düsseldorf zu Hause, nur von Bildern und von Schleppdampfern und Lastkähnen auf dem »Vater Rhein« her.

In einer achtwöchigen Grundausbildung wurde er, nunmehr Matrose der in Swinemünde als Ladenummer für eine der 15-cm-Kanonen noch im Bau befindlicher Zerstörer ausgebildet und urplötzlich, von einem Tag zum anderen, zusammen mit 53 weiteren Marinezugängen nach Gotenhafen abkommandiert. Erst hier erfahren er und seine gleichfalls seeunerfahrenen Kameraden auf der Hafenkommandantur, daß sie laut ihrer Feldpostnummer auf das Schlachtschiff BISMARCK kommandiert seien. Und keiner war da, dem das Herz vor Stolz nicht überschwoll. Aber sie mußten das Schiff erst suchen, denn sie fanden es nicht im Hafen von Gotenhafen, bis ihnen ein Seemann der Hafenkommandantur hinter der hohlen Hand verriet, daß das Schlachtschiff nicht mehr im Ha-

fen, sondern auf Reede läge. Um da an Bord zu kommen, müßten sie mit dem V-Boot übersetzen. Ein V-Boot … was ist das? Was ist damit gemeint? Den Nichtseeleuten wird's als motorisiertes Verkehrsboot erklärt.

Paul Hillen: »Was wir draußen vor dem Hafen vorher erst als Insel angesprochen hatten, das also ist die bereits legendäre BISMARCK. Und sie wuchs zu imponierender Größe, je näher das tuckernde Boot der Hafenkommandantur mit uns herankam. Vom Festungsbau verstand ich ja etwas, vom Atlantikwall her. So sah ich dann auch sofort den handbreitdicken Gürtelpanzer, der sich auf dem Rumpf fast über die ganze Schiffslänge hinzog. Eine innere Stimme rumorte in mir: ›Auf diesem dicken Kasten bist Du aufgehoben wie in Abrahams Schoß.

Den bringt keiner um.‹

So ähnlich dachten wohl auch die anderen Neuen, als sie nacheinander übers schwankende Fallreep an Bord stiegen und an Deck vom engmaschigen Netz soldatischer Borddisziplin eingefangen wurden. Nun denn: es begann mit einem Anschiß. ›Die Herren Matrosen sind hier auf einem großdeutschen Schlachtschiff und nicht auf einem Musikdampfer.‹ Die an Land gekauften, schönen, weil extra langen Mützenbänder schnitt man daher ab, und die Mützendeckel versteifenden Drahtbügel mußten wieder rein, um dem soldatisch exakten Bild auf einem respektheischenden Dickschiff zu genügen. Sofort. Mit Beeilung, denn ohne Beeilung läuft hier nichts mehr.

Wir trösteten uns: Aber dafür soll die BISMARCK, so hat es sich herumgesprochen, unsinkbar sein.«

Nur noch ein Wort dazu: Nachdenklich stimmt dieser Personalnachschub. Last not least möchte man doch voraussetzen, daß mit der Indienststellung eines Schlachtschiffes auch die Besatzung komplett ist und daß es darüber hinaus bereits eine qualifizierte Personalreserve gibt, auf die jederzeit zurückgegriffen werden kann, auf militärisch und fachlich ausgebildete Männer. Statt dessen wird die fachliche Ausbildung am Beispiel Paul Hillen (an Bord in die IV. Division zunächst als »Läufer-Deck-Schüler« eingestuft) an einer an Bord der BISMARCK zwischen den hinteren SA-Türmen »Cäsar« und »Dora« aufgestellten Exerzierkanone nachgeholt, das heißt, an dem für das Exerzieren am Geschütz so funktionswichtigen Bodenstück. Als Gefechtsstationen bekommt Hillen zugewiesen: A.: den Handruderraum und B.: die 15-Zentimeterkanone St. Bd III, als Ladenummer.

In der KTB-Phase vom 1. bis 15. Dezember 1940 tritt die BISMARCK nach Absolvierung der Werfterprobungsfahrten am 5. Dezember, 10.00 Uhr, den Rückmarsch nach Hamburg aus der östlichen und mittleren Ostsee an, wohin sie am 4. Dezember aus der Danziger Bucht zum Schießen ausgelaufen war. Der Kommandant nutzt dabei zunächst die Position für eine 24stündige Kriegswachübung mit eingeschaltetem M.E.S. Der Marsch führt nördlich um Bornholm herum, um möglichst lange über tiefem Wasser zu bleiben, schützt doch das M.E.S. den Schiffsrumpf vor Magnetminenexplosionen nur bis zu einer Tiefe von 34.00 m. Ein Problem: Der Schutz der engen Sicherung durch die Seeluftwaffe muß ausfallen, denn die Horste Pillau und Nest sind über Nacht vereist. Die Insel Rügen kommt erst gegen Abend in »Sicht«. 20.35 Uhr ankert die BISMARCK nördlich von Arkona. 01.58 Uhr kann der Weitermarsch im VES-Geleit SPERRBRECHER 6 angetreten werden. Trotz sehr schlechter Sicht zieht die Kriegswache der Flak auf.

Der Durchgang eines Tiefs bringt einen handigen Schneesturm. Erst um die Mittagsstunden klart es auf. Der Wind läßt nach.

Am 6. Dezember, 14.55 Uhr, wird vor Friedrichsort geankert. Ankerauf geht es erst am 7. Dezember 10.34 Uhr. Die BISMARCK dreht mit Schlepperhilfe. Und bullige Schlepper bugsieren sie dann auch sicher in die Holtenauer Schleuse hinein. Für die KW-Kanalfahrt, die am 8. Dezember 17.04 Uhr in Brunsbüttel mit dem Festmachen am Marinedalben endet, läßt Lindemann im KTB wieder stereotyp vermerken: »Keine besonderen Vorkommnisse.« Weiter; am 9., 08.20 Uhr, mit Schlepperassistenz abgelegt, und mit zwei Kopfschleppern in die Schleuse manövriert. Nach nur 25 Minuten ist das 50 000-Tonnen-Schiff festgemacht.

09.45 Uhr ist die BISMARCK mit dem Wasserpegel der Elbe auf gleicher Höhe und legt ab. Drei Kraftwerke und zwei Kessel sind für die Fahrt nach Hamburg in Betrieb. Laut KTB heißt es: »13.55 mit Schlepperhilfe in Hamburg Blohm & Voss-Werft fest.«

*

Kapitän z.S. (Ing.) Moritz, der bei den E.K.K.-Erprobungen großer Schiffe wie die BLÜCHER, die PRINZ EUGEN, die SCHARNHORST, die TIRPITZ und die BISMARCK zeitweise eingeschifft war und die Erprobungen zum Teil selbst geleitet hat, äußerte sich dem Verfasser gegenüber retrospektiv und in seiner Niederschrift [174] zu den sogenannten »Vertragsfahrten«, also zu Meilenfahrten mit bis zu 40 % und Brennstoffmeßfahrten mit 60 % bis zu 75 % Zuladung, jedoch vorzugsweise mit niedrigen Geschwindigkeiten lediglich in Gefechtsgrundschaltung: »Dabei unterlagen die Dampf- und Brennstoffverbrauchsmessungen besonders einengenden Bestimmungen, die im Frontbetrieb gar nicht eingehalten werden können. Solche Fragen mögen aus handelsüblichen vertraglichen Gründen und zur Überprüfung von konstruktiven Fragen notwendig gewesen sein. Für die Aufstellung einer **frontbrauchbaren Fahrttabelle** konnten sie nicht verwendet werden, ebenso wenig zur Festlegung von Aktionsradien im Kriegsfall. Moritz noch einmal im Wortlaut: »Ich glaube, behaupten zu können, daß die Ergebnisse der »Vertragsfahrten« im Sinne einer Gefechtsbereitschaft für die Front praktisch fast **ohne Wert** waren. Für die Aufstellung einer frontbrauchbaren Fahrttabelle müssen gefordert werden:

- Meilen- und Brennstoffmeßfahrten sind in **voll beladenem Zustand** und unter **voller Gefechtsschaltung,** auch bei den Waffen, durchzuführen,
- dazu müssen die Fahrtstufen bei mittleren und höheren Geschwindigkeiten von 2 zu 2 Knoten gesteigert werden,
- Brennstoffmeßfahrten sind vorzugsweise im mittleren und oberen Verbrauchsbereich von Wert.«

Soweit es die BISMARCK betrifft: Vertragsfahrten unter voller Gefechtsschaltung und in voll beladenem Zustand unterblieben bei dem von der Skl befohlenem Zeitdruck. Der wiederum war die Folge der ohnehin knapp terminierten Planung für das Unternehmen »Rheinübung« mit der Hoffnung auf lange Nächte beim Durchbruch durch den Polarbereich. Das jedoch war jetzt schon fast nur noch ein Wunschbild.

Moritz kommentiert: »In solchen Fragen dürften nicht mehr der Konstrukteur oder der Abnahmebeamte das letzte Wort haben.«

Zusammenfassend ist zu der laut KTB zufriedenstellenden Werfterprobungsfahrt zu postulieren, daß auch das Probefahrtprogramm unter Zeitdruck absolviert werden mußte. Hier gibt es seitens des Technikerstabes nicht nur vage Andeutungen, sondern konkrete Aussagen, wie die eines Marineoberbaurates dem Verfasser gegenüber: »Der Zeitdruck brachte es (wie schon gesagt) mit sich, daß verschiedene Meßgeräte allein bei meiner Gruppe gar nicht erst ausgepackt wurden ...«

Erprobungszeit und Kälteschock
Restarbeiten bei B & V · Sibirische Nachtkälte dringt in den Maschinenraum ein · Schiff nicht mehr fahrbereit · Eis und ein gebombter, auf den Grund gesunkener Frachter sperren den KW-Kanal, zusätzlich terminlich das Märzhochwasser · Ausweichfahrt um Skagen herum mit Ziel Gotenhafen wird vom OKM ohne Benennung der Gründe kategorisch abgelehnt

Ab 10. Dezember 1940 beginnen die Restarbeiten auf der Werft B & V. Für die Besatzung steht weiterhin Ausbildungsdienst auf dem Plan, aber auch Heimatbeurlaubungen werden, soviel wie vertretbar, vergeben. Darauf legt der Kommandant ganz großen Wert. Manchem scheint das sogar verdächtig.

Am 24. Januar 1941 werden an Bord die Restarbeiten beendet. Die Flakwache zieht während dieser Zeit sich mehrender Fliegeralarme fast täglich auf. Sie wird mehrmals zum Sperrfeuer gezwungen.

Das neue Jahr beginnt für die BISMARCK mit Problemen. Das für den 24. Januar 1941 vorgesehene Auslaufen von Hamburg nach Kiel und damit wieder in die Ostsee wird vorerst aufgegeben. Denn die Sperrung des KW-Kanals ist noch immer nicht aufgehoben worden. Wieder behindert ein schwer beladenes, auf den Kanalgrund gesunkenes Frachtschiff die Kanal-Fahrt. Eine klare, verbindliche Auskunft, wann das von Fliegerbomben verursachte Schiffswrack beseitigt sein wird, kann noch nicht, so die Bergeunternehmen, verantwortlich zugesagt werden.

Lindemann ist besorgt. Er will und muß Zeit gewinnen, um den Beginn des Unternehmens »Rheinübung« so einzuplanen, daß er für den Ausbruch durch die Dänemarkstraße in den Nordatlantik wenigstens noch stundenweise den Schutz der immer kürzer werdenden Polarnächte nutzen kann. Er vertraut dabei auf die neuartigen Funkmeßgeräte der BISMARCK, die, E.M.2 genannt, seiner Kampfgruppe in der engen Straße eine rechtzeitige, vor allem geheime Ortung feindlicher Bewacher ermöglichen, ohne selbst »gesehen« oder vielleicht sogar mit einem britischen Funkmeß geortet zu werden. Das aber bezweifeln das OKM wie auch das Kommando BISMARCK. Nur sehr wenige Fachleute in der elektronischen Funkortung sind anderer Meinung: »Wir sollten die Briten nicht unterschätzen. Übersehen wir auch nicht, daß die Engländer für die Forschung im neuartigen elektronischen Funkmeßbereich keine Personalprobleme haben. Auch nicht, daß ihnen Wissenschaftler mit den Briten sympathisierender Nationalitäten zur Verfügung stehen, emigrierte Polen etwa, die in der Elektronik deutschfeindliche Kapazitäten (etwa in den USA) ansprechen und ansetzen können.«

Lindemann gibt nicht nach und nicht auf. Er schlägt der Skl für den erneuten Marsch in die Ostsee alternativ den Weg elbabwärts an den nordfriesischen Inseln vorbei und um Skagen herum vor: »Wenn in den Abendstunden ab Brunsbüttel begonnen, müßte diese Auswegslösung unter Zuhilfenahme des E.M.2 vertretbar sein.« Doch die Skl hat wegen der zunehmenden Überwachung der in Frage kommenden Marschwege durch die Briten Bedenken. Ins KTB der BISMARCK kommt die kategorische, dürftige Antwort aus Berlin: »Fahrt um Skagen abgelehnt.« Ohne eine Begründung gegenüber dem Kommandanten des zur Stunde der Welt größten und stärksten Schlachtschiffes.

- Aber auch der Marsch über Brunsbüttel weiter über Holtenau nach Kiel steht, auch wenn das Wrack beseitigt ist, nach wie vor in Frage. Er sei, so wird jetzt bei der Skl argumentiert, aus navigatorischen Gründen nur bei Tageslicht zu verantworten. Und erst ab 5. Februar erlaube das Hochwasser wieder eine Tagesfahrt auf der Elbe und erst ab 6. ein Einschleusen bei Tageslicht in Brunsbüttel.

- Von der Absicht, die Elbefahrt nach Brunsbüttel dennoch am 24. durchzuführen und das Schiff so lange in den KW-Kanal zu legen, bis des oben erwähnten, beseitigten Wracks wegen eine Passiermöglichkeit vorhanden ist, wird Abstand genommen, denn

a) die Liegeplätze im KW-Kanal, insbesondere bei der augenblicklichen Eislage, seien für eine längere Zeit ungeeignet,

b) die Luftgefährdung sei hier größer als in Hamburg, trotz der Flak an Bord der BISMARCK ist sie von der Zahl der Rohre her kaum abzuwehren. Oder ist die Ausbildung im Urteil des OKM noch unbefriedigend? Keine Begründung, wie ein »zu guter Arzt« seinem Patienten die wahre Wahrheit verschweigt (oder in Latein formuliert),

c) die KW-Kanalplätze bieten keine Versorgungsmöglichkeiten. Außerdem ist bei der vorherrschenden Kälte im Kanal mit Schwierigkeiten in der Brennstoffversorgung durch Absperrungen zu rechnen.

Die Januartage 26., 27. verlaufen auf der Blohmwerft normal:
Flakwache,
Ausbildung,
Gefechtsdienst.

Das für später schicksalhaft zu nennende zeitliche Dilemma bahnt sich in der Nacht vom 27. zum 28. Januar an. Es kommt, von niemandem bemerkt oder beachtet: In der Nacht schleicht sich unerwartete eisige Kälte durch die offenen Kesselraumlüfter an Bord.

Kapitän zur See Lindemann schreibt am 28. nüchtern ins KTB: »Bei Inbetriebnahme (in Klammern satztechnische Änderungen vom Verfasser, weil so der Telegrammtext lesbarer wird) (der) Maschinenanlage am 28. Januar (sind) zahlreiche Manometer und Regelleitungen durch eisigkalten (Außen-)Luftstrom zerstört. Schiff (ist) zur Zeit bei mehr als 5° Frost **nicht fahrbereit**.
(Die) Blohm & Voss-Werft versucht zusammen mit (einem personell und fachlich starken Bord-)Kommando Abhilfe durch Isolierungen der Leitungen und (eine) Änderung der Luftzuführung zu schaffen. (Ein) Erfolg und (ein) Termin der Wiederherstellung der Fahrbereitschaft ist nicht zu übersehen. (Eine) Auslaufbereitschaft am 5. Februar (ist) bei Anhalten des starken Frostes in Frage gestellt.«

Im Maschinen-KTB notiert der LI, Korvettenkapitän (Ing.) Lehmann, die schlimme Lage aus seiner Sicht:
»Am 28. Januar 41 sind beim Dampfaufmachen für den Maschinengefechtsdienst zahlreiche Druckmesser und Impulsleitungen, die im Bereich des (über Lüfter gesteuerten) Raumluftstromes liegen, während des Betriebs eingefroren. Die Außentemperatur betrug in dieser eisigen Nacht −15° C. Die Kessel mußten wegen Betriebsgefährdung abgestellt werden. Die von der Werft getroffenen Abhilfemaßnahmen werden in einem Sonderbericht vorgelegt. Über die Störung ist eine K.B.-Meldung vorgesehen.«

Eine detaillierte Erklärung über die Ursache des im KTB schonend und verharmlosend »Störung« genannten totalen Ausfalls der Schiffsbetriebstechnik wird nicht angegeben. Der »Sonderbericht« des LI stand dem Verfasser nicht zur Verfügung. Immerhin dürfte der Hinweis auf die vom Kommandanten in seinem Abschlußvermerk im KTB erwähnte notwendig gewordene »Änderung der Luftführung der Kesselraumlüfter« das Ausmaß wie auch die Ursache der »Störung« belegen. Der ungewöhnliche, vom Osten her eingedrungene sibirische Kälteeinbruch (später an der »Ostfront« als »General Frost« bezeichnet) hat eine nicht minder schwerwiegende Rolle gespielt. Auf die bösen Sekundärfolgen der »Störung« für das Unternehmen »Rheinübung« wird der Autor gesondert eingehen.

*

Weiterhin stehen Flakwache, Gefechtsdienst und Gefechtsausbildung auf dem Dienstplan, vor allem die A.V.K.S.-Erprobungen (= Artillerie-Versuchskommando-Erprobungen). Am 4. Februar wird mit der Briefbuchnummer G.Kdos 53/41 die unumgängliche Verschiebung des Auslauftermins gemeldet. Ein neuer Termin kann aber erst bestimmt werden, wenn die Freigabe des KW-Kanals feststeht. Und das ist auf Tag und Stunde ungewiß. Erschwerend tritt hinzu, daß die vorausberechenbaren Hochwasserverhältnisse vom 11. bis zum 18. Februar und vom 25. Februar bis zum 7. März ein Auslaufen bzw. Einschleusen von selbst verbieten.

»Während der oben aufgeführte Dienst an Bord festgesetzt wird, arbeitet die Werft an der den Auslauftermin behindernden Beseitigung der Frostausfallschäden!«

Am 15. Februar sind, so nach Lindemann, die Isolierungen der Leitungen und (siehe oben) »die Arbeiten zur Änderung der Luftführung der Kesselraumlüfter« beendet. Die Kürze der Reparaturzeit – also die bereits genannten 18 Tage – darf als technische Leistung der Werft gewertet werden.

Die Mängel sind, so viel steht fest, in konstruktiven Details der Lüfterführung zu suchen, für welche die Werft nicht zuständig war.

Lindemann meldet im KTB: »Das Schiff ist wieder fahrbereit.«

»Ein neue Auslauftermin wird von der Gruppe Nord festgelegt.«

Da am 28. Februar der KW-Kanal noch immer durch das Wrackhindernis des gebombten und auf den Kanalgrund aufgesetzten Frachtschiffes gesperrt, während der von Lindemann anempfohlene alternative Weg um Skagen von der Skl immer noch nicht freigegeben worden ist, wurde, darauf sei spezifisch eingegangen, das in der Zeit vom 19. bis 24. Februar vorgesehene Auslaufen aus Hamburg nach Kiel erneut verschoben. Lindemann spricht auch mit dem Befehlshaber des Marine-Gruppenkommandos Nord, Generaladmiral Carls, und muß danach auch auf eine Verlegung nach Brunsbütel verzichten, um hier die Freigabe des Kanals zu erwarten.

Lindemann ist eifrigst bemüht, die Einsatzbereitschaft seines Schiffes so schnell wie nur möglich sicherzustellen. Doch die Hürden der Dienstwege kann auch der Kommandant weder ignorieren noch umschiffen. Er kommentiert:

»Der Hochwasserverhältnisse wegen ist auf meinen Vorschlag hin der neue Auslauftermin von der Gruppe Nord auf den 6. März befohlen, vorausgesetzt, daß bis dahin die Lage im KW-Kanal geklärt ist.«

Resignation, Verbitterung und schwere Sorgen sprechen aus dem am 28. Februar eingetragenen Lagebericht:

»Das Schiff, das nach planmäßiger Beendigung der Restarbeiten am 24. Januar zur Gefechtsausbildung in der Ostsee auslaufbereit war, wird nun seit fünf Wochen weiterhin in Hamburg festgehalten.

Die hierdurch verlorene und unentbehrliche Ausbildungszeit **ist im Rahmen der Operationsplanung nicht wieder einzuholen**, und **eine wesentliche Verzögerung** des Zeitpunktes der endgültigen Kriegs- und Einsatzbereitschaft ist daher unvermeidlich.«*

Zudem ist die Maschine trotz Beseitigung der Schäden durch den fiktiven »General Frost« (der noch, wie gesagt, im gleichen Jahr die deutsche klimatisch zu spät begonnene Rußlandfront vor Moskau zusammenbrechen lassen wird) nicht frei von Störungen.

---

* Wir wissen heute, daß sich dadurch auch die britischen Vorbereitungen für eine Jagd auf das neue deutsche Großkampfschiff verzögern.

Herstellung der Gefechtsbereitschaft der BISMARCK für das Unternehmen »Rheinübung« · Zusammenarbeit zur Übung mit den Schweren Kreuzern PRINZ EUGEN und LÜTZOW ex DEUTSCHLAND · Ausbildungsstand BS-Besatzung für Kommandant befriedigend · Ausrüstung für das atlantische Zufuhrkriegunternehmen · E.M.2-Erprobungen

Am 6. März endlich kann die BISMARCK in der Blohm & Voss-Werft loswerfen und 08.15 Uhr unter Kriegsmarsch – Verschlußzustand, aufgezogener Flak und Kriegswache – Maschine bei eingeschaltetem M.E.S. elbeabwärts marschieren. Ein V.E.S.-Geleit sichert.
12.24 Uhr in Brunsbüttel auf der NO-Reede geankert. Verstärkter Flakschutz ist geboten. Auf der Südreede ankern Eisbrecher und Sperrbrecher als Schutz gegen Torpedoflugzeuge. Auch zwei *Me 109* zweigt die Luftwaffe zwischenzeitlich als Jagdschutz ab, schließlich liegt zu allem Überfluß auch noch ein Funkspruch des B.S.N (= Befehlshaber der Sicherung der Nordsee) vor: »Mit höchster Luftgefahr für die Deutsche Bucht ab 6. März nachmittags rechnen.«
Aber es bleibt ruhig, am 7. März im KW-Kanal, in der Weiche Nordsee, und im Kanal am 8. März, wo die BISMARCK morgens 08.45 Uhr beim Kilometer 95.45 festkommt, aber nach einer halben Stunde Krängungsmanöver mit Schlepperhilfe und eigener Maschinenkraft zum Weitermarsch nach Holtenau freikommen kann. Laut KTB gelten danach folgende Daten:
10.30 Uhr Holtenauer Schleuse,
11.55 Uhr in Kiel,
im Dock C fest.
Als ursprünglicher Termin war nach dem Erprobungsbericht des Artillerieversuchskommandos für Schiffe als »A.V.K.S.-Zeit Schlachtschiff BISMARCK« vorgesehen: die Zeit vom 3. Februar bis zum 1. März 1941. Sie konnte aber nicht eingehalten werden, da das Schiff wegen der vorstehend genannten Eisbehinderung und der noch immer nicht beseitigten Sperrung des KW-Kanals erst ab 1. März eingesetzt werden konnte. Um die zwangsweise gegebene Liegezeit in Hamburg nach Möglichkeit minutiös auszunutzen, schiffte sich das eifrige A.V.K.S.-Erprobungskommando von sich aus bereits am 29. Januar auf der BISMARCK ein.
Im A.V.K.S.-Bericht heißt es dazu: »Soweit es der Betriebszustand und die Umstände im Hafen zuließen, wurden schon während dieser Zeit Erprobungen und Untersuchungen der Höhenfernsteuerung der SA durchgeführt, ferner Genauigkeitsmessungen, Verzögerungs- und Beschleunigungsmessungen der Hydraulik, der Vorzündwerke, der Flakfernsteuerungen, der Seitenrichtmittel der Flakleitstände, der Steuerungen der EM-Drehhauben usw., usw.«
Ferner konnte das A.V.K.S. dem Schiffskommando bei der Ausbildung wesentlich behilflich sein mit Schaltübungen, Schnellförderübungen usw. Dabei muß darauf hingewiesen werden, daß wichtige Teile der Artillerieanlage noch nicht für die A.V.K.S.-Versuche klargewesen wären, wenn die zwangsweise verlängerte Liegezeit nicht zu Hilfe gekommen wäre, usw.
Die Tage dienten weiterhin der Ausbildung, ferner der Munitions-, der Wasser-, der Brennstoff- und der weiteren Proviantübernahme, weiter den Arbeiten am Unterwasserschiff, wozu auch noch der Bodenanstrich gehörte. Danach folgen weitere A.V.K.S-Versuche, denen sich der Artillerieexperte Lindemann ganz besonders mit seinem breiten Fachwissen und seinen praktischen Erfahrungen widmete (nicht ohne Grund werden die Briten später das Schießen der BS-Artillerie bewundern). Der Aufenthalt im Dock in Kiel dauerte bis zum 14. März morgens. Zwischendurch gab es drei Fliegeralarme (zwei am 12. und einen in der Nacht vom 13. zum 14.).
Von Interesse ist, daß die alarmmäßig besetzte Flak der BISMARCK trotz zahlreicher Bombeneinschläge im Stadt- und Werftgebiet nicht eingriff: aus gutem Grund, sollte doch eigenes Abwehrfeuer das Auffinden des eingedockten Schlachtschiffes nicht noch erleichtern. Übrigens, darauf sei besonders hingewiesen, wurde das bombenempfindliche Dock während der Alarme um sechs Meter abgesenkt.[85/1]
Nach dem Ausdocken am 13. März verholt die BISMARCK in den Scheer-Hafen zur Abstimmung der Artillerie.
Vom 17. März ab verlegt die BISMARCK in die westliche und dann in die mittlere Ostsee. Der Marsch wird durch die Eislage dieses ungemein harten Winters erschwert. Das alte Linienschiff SCHLESIEN wird zum Eisbrecher, auch für den SPERRBRECHER 36 und den Dampfer STRAUSS als weiteren Sperrbrecher.

»Anschießen« der vorderen 38-cm-Doppeltürme mit dem gewaltigen Rauchpilz einer Vollsalve. Der dabei entstehende Luftdruck an Deck ist gewaltig.

Lindemann wählt für den Anmarsch in die Danziger Bucht den Weg nördlich von Bornholm. Unterwegs werden befohlen E.K.K.-Erprobungen, Drehkreisversuche und am 18. März Dampf auf »für eine 3stündige hochgesteigerte Fahrt«,[85/2] ferner A.V.K.S.-Schießen, eigenes Artillerieschießen (darunter das Trefferbild I), Klarschiffausbildung, Funkbeschickung. Erprobungen der (Unterwasser-)Horchgeräte stehen für die Zeit vom 18. März bis zum 31. März in der Danziger Bucht an. Über die Erprobungen der DeTe-Geräte (= E.M.2) wird im KTB nichts erwähnt, obschon sie der Schlüssel für einen unbemerkten oder ausmanövrierten Durchbruch aus der Nordsee in den freien Nordatlantik sind und nachts (oder bei Nebel) einen »Ausguck« ersetzen.

Das Maschinen-KTB vermerkt Probleme, darunter einen Brand im Kesselraum Backbord. 1 als Brandmeldung Nr. 3 (ausgelöst durch ölgetränkte Matten). Ansonsten können auftretende Mängel wiederum vom technischen Personal leicht und auch schnell beseitigt werden.

Einer vorbeugenden Rechtfertigung kommt des Kommandanten KTB-Eintragung vom 31. März gleich. Sie lautet: »Am 19. März erhalte ich über den Kommandanten der TIRPITZ mündliche Kenntnis von neuen Weisungen der Skl. Sie zwingen mich, das A.V.K.S.-Versuchsprogramm weitgehend einzuschränken und die Versuchszeit abzukürzen, weil das Schiff, der veränderten Lage entsprechend, etwa drei bis vier Wochen früher zum Einsatz bereit sein soll als bisher vorgesehen. Als Termin zum Klarsein wird mir Ende April befohlen.

Noch an demselben Abend wird bei einer Sitzung mit dem A.V.K.S. durch mich die neue Zeiteinteilung festgelegt und der Schluß der Versuchszeit auf den 2. April festgelegt.

Die von mir, teilweise nicht ohne Widerstand, verfügten Kürzungen haben zum Ziel, die Tätigkeit des A.V.K.S. aus-

schließlich nur noch auf diejenigen Dinge zu beschränken, die für die Kriegsbereitschaft des Schiffes und die Ausbildung der Besatzung nützlich bzw. unentbehrlich sind, das heißt auf das eigentliche Artillerieschießen (wobei das Flakschießen nicht einmal genannt wird). Die hierdurch gewonnene Zeit benötige ich dringend zur Klarschiffausbildung, ferner zur Ausbildung der Bordflugzeugbesatzungen, das heißt, zu taktischen Übungen zusammen mit einem Kreuzer, eventuell auch mit U-Booten, und zu Übungen mit Tankern für Ölübernahmen in See.
Die A.V.K.S.-Zeit war mir bisher ein guter Gradmesser über den personellen Ausbildungsstand der Artilleriemannschaften und dem materiellen Zustand der Artillerieanlage.
Wenn der personelle Ausbildungsstand auch noch nicht 100 %ig ist, so ist er doch durchaus befriedigend.«
Und die Flak? Aber: befriedigend heißt **nicht gut**.
Immerhin: grobe Versager sind nach dem knapp geführten KTB nicht aufgetreten. »Materiell kam es in der Anlage zu verschiedenen Versagern, deren Ursachen in jedem Fall erkannt wurden und daher abstellbar und nicht hinauszögernd sind. Abstellungen aufgetretener Fehler sind sofort telegraphisch beantragt, und es ist zu erwarten, daß die artilleristischen Anlagen bis zum Einsatz voll in Ordnung sein werden.« (Also war die BS-Artillerie bis zur Niederschrift des A.V.K.S-Berichtes **noch nicht** voll k.b., d.V.)
»Die personelle Ausbildung der Artilleriemannschaften wird sich bei den noch ausstehenden Kaliber- und Abkommschießen erheblich fördern lassen.«[86]
Hemmend und zeitraubend sind wieder die nicht ausreichenden Versorgungsmöglichkeiten der Stützpunkte Gotenhafen und Pillau, insbesondere, was die Zahl und den Zustand der Schlepper anbelangt, in Erscheinung getreten, zumal das Übungsgebiet der Danziger Bucht infolge seines geringen Wetterschutzes besonderen Verschleiß mit sich bringt. Fast an jedem Schießtag wurden Scheiben zerstört. Sie gingen ausnahmslos ohne Bergungsmöglichkeiten verloren.
In der Antriebsanlage traten verschiedene Störungen auf, die den bisherigen guten Eindruck über ihre absolute Zuverlässigkeit etwas trüben …«
Es folgen Probleme mit den Bordkränen und der notwendige Ersatz für die beschädigte Teleskop-Flugzeugschleuder, die, von der TIRPITZ stammte, erneut beschädigt wird und trotz Reparatur im prekären Ernstfall dann einmal doch nicht funktionieren wird.

Der Bericht des 2. Admirals der Flotte

Der Zweite Admiral der Flotte meldet sich am 16. April von Bord aus zum KTB BISMARCK zu Wort. Er habe schon frühzeitig und wiederholt auf den dringenden Ausbau der Häfen von Gotenhafen und Pillau zur Schaffung ausreichender Versorgungsmöglichkeiten aller Art für die Flotte hingewiesen: »… wenn zur Zeit noch gewisse Schwierigkeiten bestehen, so ist dies auf die zum Teil schwierige Arbeitslage zurückzuführen. (Siehe später auch den Einsatz von polnischen Werftarbeitern an Bord der BISMARCK beim Reinigen der Heizölvorwärmetanks.) Nach den laufenden Maßnahmen ist jedoch damit zu rechnen, daß spätestens Ende Mai 1941 das Kriegsmarinearsenal allen zu erwartenden Anforderungen gerecht werden kann.
Die erstmalig gemeldeten Störungen in der Maschinenanlage lassen Folgerungen für die Beurteilung der Anlage noch nicht zu …«
Diese letzte Feststellung bleibt nicht ohne Widerspruch. Handschriftlich ist in Sütterlinschrift (ohne Unterschrift, wahrscheinlich LI) vermerkt: »Die Störungen sind unwesentlich, wie sie auf einem neuen Schiff (besser ›Schiffstyp‹, d.V.) in der ersten Zeit immer in Rechnung zu stellen sind. Sie sind nicht grundsätzlicher Art. Bisher ist der Maschinenbetrieb trotz der in der heutigen Personallage und der in dem angespannten Programm liegenden Schwierigkeiten über Erwarten gut gelaufen.«
Anfang April werden aus Zeitnot bei Einsätzen in der Danziger Bucht die noch ausstehenden A.V.K.S.-Erprobungen beendet. Dabei werden auch das eigene Seeziel- und das Flak-Schießen abgeschlossen. Auf dem Ausbildungsprogramm stehen in der Zeitphase bis zum 15. April:
• Funkbeschickung
• Horcherprobungen
• verschärfte Gefechtsausbildung, weitere
• Übungen für Ölübernahme und -abgaben in See mit dem Tanker BROMBERG
• Scheinwerfer- und Kriegswachübungen
• Ausbildung der Bordflugzeugbesatzungen und
• E.M.2-Erprobungen.
Außerdem werden die noch fehlenden zwei Flugzeuge an Bord genommen, so daß jetzt, wie letzthin eingeplant, vier an Bord sind. Angaben, daß die BS für die Mitnahme von sechs Bordflugzeugen vorgesehen war, sind falsch, denn

mit vier Flugzeugen in den Hallen und zwei auf den Schleudern war ein kontinuierlicher Startbetriebsablauf nur schwerlich möglich, ebensowenig ein Wiederanbordnehmen. Überhaupt sind die Bordflugzeuge ein Thema (ein Kapitel) für sich, obschon keine der vier Maschinen zum Einsatz gekommen ist. Bei den Übungen wurde, übrigens (auch ein Streßergebnis) die Flugzeugschleuder erneut beschädigt, ausgebaut und zur Reparatur von Bord gegeben: Dauer etwa 14 Tage. In Gotenhafen, wohin die BISMARCK über die Osterfeiertage verholte, werden die umfangreichen Munitionsreste der A.V.K.S.-Zeit von Bord und die noch fehlende Hälfte der Gefechtsmunition[87] an Bord genommen. Alle Abschnitte werden ebenso für eine Seeausdauer von drei Monaten ausgerüstet. Eine Maschinenüberholung steht ebenso noch an wie weitere zu erwartende Werftarbeiten.

Lindemann betont im Wortlaut: »Insgesamt wurde die Zeit zur Ausbildung des Schiffes restlos auf die bevorstehende Aufgabe ausgenutzt. Es wurde verstärkte Betonung auf die **innere** Ausrichtung für den bevorstehenden Einsatz gelegt.« Der Besatzung scheint beim Erkennen des Umfangs der Ausrüstung und der Verproviantierung immer mehr die Bedeutung der Größe der vermuteten Aufgabe aufgegangen zu sein, die diese im Detail zwar noch nicht kennt, aber unter Lütjens Regie unschwer ahnt.

Von Wert für die Beurteilung der technischen und personellen Vorbereitungen der BISMARCK dürfte auch eine weitere Stellungnahme des 2. Admirals der Flotte, Konteradmiral Leopold Siemens, zum KTB des Schlachtschiffes BISMARCK für die Zeit vom 16. bis 30. April 1941 sein:

»Zur Seite 1) heißt es:
Die Erfahrungen betr. Ergänzung des Ausrüstungssolls werden z.Zt. ausgewertet. Die Werften werden zur entsprechenden Lagerhaltung angehalten werden. Der Wunsch des Kommandos BISMARCK, auf ein Stichwort die erforderliche Restausrüstung an Bord zu bekommen, wird sich aber nur bei weitgehender Mitarbeit des Kommandos erreichen lassen. Die Kommandos können bei dem zu erwartenden 1. Einsatz nicht von der Arbeit entlastet werden, die erforderlichen Anforderungslisten selbst zusammenzustellen. Hier könnte aber so vorgearbeitet werden, daß die Ausrüstung bei der der Werft vorhandenen Liste auf ein Stichwort hin sofort anläuft.

Die Kommandos, bei denen Erfahrungen früherer Unternehmungen vorliegen, werden im übrigen stark bestrebt sein, den für einen Einsatz erforderlichen Ausrüstungsstand zu erhalten. Es kommt dann zwangsläufig wieder zu Einzelanforderungen, so zum Auffüllen des Bestandes entsprechend dem vorliegenden Verbrauch. Da ist auch nichts mit lapidaren Stichwortbefehlen zu machen ...

Die Herstellung der vollen Gefechtsbereitschaft des Schiffes ist trotz einer durch die Kriegsverhältnisse eingetretenen Verzögerung von sechs Wochen in einer Zeit erreicht worden, die für ein neues Typschiff dennoch als anerkennenswert kurz bezeichnet werden darf ...«

Diese bürokratische Auseinandersetzung mit dem Stichwortbefehl ist, im Nachhinein gesehen, bei der vorangegangenen doch nicht geringen Zahl als relativ geglückten und auch erfolgreichen Zufuhrkriegsunternehmen eine erstaunlich späte Erkenntnis beim 2. Admiral der Flotte. Außerdem fällt auf, daß diese schwerwiegende 6wöchige Verzögerung als Ursache die Kriegsverhältnisse und nicht die wahren Ursachen festschreibt. Unter anderem könnte man kausale Zusammenhänge für das Versagen auch erneut aus dem ungesunden Zeitdruck heraus erklären, unter dem vor allem das Kommando BISMARCK wie auch die Bauwerft weiterhin standen.

Was nun nach dem 16. April auf der BISMARCK anliegt und als »gehobene Gefechtsausbildung mit Klarschiffübungen« apostrophiert wird, ist teilweise verbunden mit Abkommschießen. Erneute Ölübernahmen und Ölabgaben in See werden geübt, E.M.2- und Scheinwerferübungen stehen weiterhin an, ebenso die weitere Ausbildung der Bordflieger.

Das taktische Ausbildungsprogramm umfaßt:
- Treffenfahren,
- Fahren in Gefechtslinie und in Kriegsmarschformation,
- Aufklärungsübungen zusammen mit den Schweren Kreuzern PRINZ EUGEN und LÜTZOW,
- U-Boot-Ortungs- und -Angriffsübungen zusammen mit der 25. U-Flottille.

Von Bedeutung sind auch je zwei Tageskaliberschießen der SA und der MA.

Daneben stehen die laufende Ergänzung und Auffüllung der Bestände für die bereits erwähnte Seeausdauer von drei Monaten.

In Gesprächen mit seinen Stabsoffizieren wertet es Lindemann als ausgesprochen erschwerend, »... daß für den bevorstehenden Einsatz **keine klaren Befehle** an das Kommando ergehen. Oder sie kommen so spät, daß noch an fehlende Ausrüstungen wie etwa für subtropische oder gar tropische Zonen auf normalem Wege plus Tarnung nicht mehr heranzukommen war …«

Auch die Ausrüstung der Prisenkommandos ist aus der Sicht des Kommandos der BISMARCK völlig unzulänglich. Die Abschnitte müssen zum Teil in eigener Regie visieren und Ausrüstungen durch Offiziere und Unteroffiziere direkt heranschaffen. Daß dabei die Verantwortlichen wie bereits erwähnt, alle »eben noch erlaubten Wege« beschreiten, um z.B. LKWs zu beschaffen, um mit diesen die Fehlbestände aus den verschiedensten Orten Deutschlands zu besorgen, ist schon der Betonung wert. Was das »Besorgen« angeht, so zeigen sich alle Beteiligten als Meister. Darin war und ist die Marine nicht zu übertreffen.

Das Stichwortproblem wird zum Tages- und Nachtthema. Lindemann knurrt zu Recht: »Nach den vorliegenden Erfahrungen der Schlachtschiffe müssen die Ausrüstungssolls vervollständigt, die Werften zur Lagerhaltung verpflichtet werden. So aber müssen die einzelnen Abschnitte nach Gutdünken jedes Stück einzeln namentlich anfordern.«

Inzwischen kommt die eiligst reparierte Flugzeug-Steuerbord-Schleuder an Bord und wird eingesetzt. Die BISMARCK wird – eine Folge des Zeitdrucks – sozusagen scheibchenweise einsatzklar.

Der Vormittag des 25. April verdient eine rote Markierung: Ein Kurieroffizier händigt dem Kommandanten die Operationsbefehle Nr. 16 bis Nr. 18 und den Nachrichtenbefehl »Rheinübung« aus als K.Kdos.-Sache des Marine-Gruppenkommandos Nord, Aktenzeichen: 237 bis 240/41 Chefsache vom 22. April 1941.

Der Befehl beinhaltet den beabsichtigten Vormarsch nach Norwegen und den Durchbruch zwischen Island und den Färöer.

Mehr nicht. Für die Unternehmung aber entscheidend ist, daß der vom Marinegruppenkommando Nord vertretene Durchbruchsweg vom Flottenchef später zugunsten der Dänemarkstraße kommentarlos ignoriert wird.

Am gleichen 25. April wird durch Fernschreiben des Flottenkommandos Gkdos. 94/41 Chefsache und der Gruppe Nord Gkdos. 248/41 Chefsache vom 25. April der Termin des Auslaufens auf mindestens **sieben** bis zu **zwölf** Tage verschoben.

Anlaufen der »Rheinübung« soll auf Stichwort erfolgen (Gruppe Nord Gkdos. 249/41 A Op. Chefsache vom 25. April).

Angabe des Grundes für die Terminverschiebung erfolgt zunächst nicht, wird aber bald bekannt als »Minenbeschädigung PRINZ EUGEN auf dem Marsch nach Kiel«. Soweit das KTB vom 25. April abends.

Wie sich zeigen wird, ist die Terminverschiebung zu kurz gefaßt worden.

Der 26. April bringt Erfreulicheres. Der Kommandant kann melden, daß die Ausrüstung des Schiffes »für eine dreimonatige Seeausdauer sichergestellt und durchgeführt ist«.

Und weiter stellt Lindemann fest: »Die Besatzung, vor der der angenäherte Termin des Auslaufens nicht geheimzuhalten ist – es kommen täglich P.K.Männer, Prisenkommandos, B-Dienstgruppen an Bord – weiß noch nichts von der Terminverzögerung.

Alle arbeiten an den letzten Vorbereitungen mit dem Schwung **echter Begeisterung**. Ich fürchte einen erheblichen psychologischen Rückschlag auf die Stimmung der Besatzung bei längerer Verzögerung des Einsatzes.«

Der 28. April:

Kapitän zu See Lindemann meldet dem OKM, der Seekriegsleitung, dem Marinegruppenkommando Nord und dem Flottenkommando:

»Das Schiff ist personell und materiell voll einsatzbereit. Es ist für drei Monate ausgerüstet.«

Im KTB BISMARCK bekräftigt der Kommandant den ihn befriedigenden Stand der Ausbildung mit behutsamen, fast diskreten Randbemerkungen, die, zwischen den Zeilen (bewußt oder unbewußt) formuliert, nachdenklich stimmen.

Hier der Text des Kommandanten im Original:

»Hiermit ist der erste Lebensabschnitt des Schiffes seit der Indienststellung am 24. August (1940) mit Erfolg abgeschlossen. Das Ziel ist in wenigen Monaten erreicht worden unter nur 14tägiger Überschreitung gegenüber den ursprünglichen Absichten (Ostern), bedingt durch die sechswöchige von der BS-Kommandoseite her entschuldbare Sperrung des KW-Kanals und die durch die Eislage erzwungene Wartezeit in Hamburg.«

Die Betriebsschäden durch den später auch amtlich **General Frost** geheißenen Kälteeinbruch, der das Schiff 18 Tage lang betriebsunklar machte und der, das ist nicht minder schwerwiegend, die tiefere Ursache für die Durchfahrtprobleme durch den Kaiser-Wilhelm-Kanal[87] war, findet überhaupt keine Erwähnung. Er darf, nein er muß für das Schiff, das laut Skl-Planung die Dunkelheit der inzwischen schwindenden Polarnacht für den Durchbruch in den freien Nordatlantik nutzen sollte, als eine der schicksalhaften Fügungen im so kurzen Leben dieses Schlachtschiffes gewertet werden. Und sie war nicht der einzige Problemfall bis zum Untergang.

Weiter im KTB des Kommandanten: »Die Besatzung kann auf dieses Ergebnis stolz sein. Es war nur erreichbar, weil der überall bestehende Wunsch, möglichst bald an den Feind zu kommen, es mir bedenkenlos erlaubte, übernormale Ansprüche auch über längere Zeit an die Besatzung zu stellen, und weil das Schiff und seine technischen Einrichtungen trotz harter Beanspruchung und nur sehr spärlicher Hafenliegezeit von größeren Störungen und Schäden **völlig** verschont geblieben ist.« (Frage des Autors an den Kommandanten: War das denn keine größere Störung, als das Schiff, wie oben erwähnt, durch Frostschäden in der Maschine für **volle** 18 Tage betriebsunklar war und weiter am minutiös eingeplanten Auslaufen und Marsch durch den KW-Kanal gehindert wurde und damit im Rahmen der Gesamtplanung kostbare Zeit verlor?)

»Der erreichte Ausbildungsstand entspricht vergleichsweise dem eines großen Schiffes zur Hauptgefechtsbesichtigung in guten Friedensjahren. Wenn der Besatzung auch eigentliche Kriegserfahrung mit geringen Ausnahmen noch völlig fehlen, so habe ich doch das beruhigende Gefühl, mit diesem Schiff allen bevorstehenden Kriegsaufgaben gerecht werden zu können. Dieses Gefühl wird bestärkt dadurch, daß in Verbindung mit dem erreichten Ausbildungsstand der materielle Kampfwert des Schiffes ein so großes Zutrauen bei jedermann erweckt, daß wir uns – zum ersten Male seit langer Zeit – jedem Gegner zumindest gewachsen fühlen können.

Die Verzögerung unseres Einsatzes, deren ungefährer Zeitpunkt der Besatzung selbstredend nicht verborgen bleiben konnte, ist darum für alle Beteiligten eine harte Enttäuschung.[88]

Ich werde die Wartezeit in der bisherigen Weise zur weiteren Vervollkommnung der Ausbildung benutzen, dabei jedoch der Besatzung mehr Ruhe gönnen, und ich beabsichtige, daneben auch wieder etwas mehr Zeit für den Divisionsdienst und die äußere Instandsetzung des Schiffes zu geben, welche Dienstzweige in den letzten Wochen erklärlicherweise sehr stark zurücktreten mußten. Außerdem werde ich in jeder Woche die inzwischen verbrauchten Bestände auf den Dreimonatsbedarf wieder auffüllen.
gez. Lindemann.«

Vorbereitungen zum Unternehmen »Rheinübung«

Raeders Weisungen für den ozeanischen Zufuhrkrieg nun auch mit Großkampfschiffen · Kritik an der Skl-Weisung · Konteradmiral Meyer verteidigt die Skl · Noch immer kein Anhaltspunkt für DeTe (= Funkmeß) beim Gegner · Britische KTBs und das Radar

Zum Verständnis von Raeders Gedanken zur aktuellen Seekriegführung sei seine Weisung vom 23. Mai 1940 im Original zitiert.[89] Sie wurde als eines der wichtigsten Dokumente zum Thema unter der Briefbuch-Nummer I op 860/40 gKdo als Chefsache durch Kurieroffizier zugestellt:
- 1. dem Gruppenbefehlshaber West (Prüfnummer 1),
- 2. dem Flottenchef (Prüfnummer 2) und nachrichtlich
- 3. dem Gruppenbefehlshaber Ost (Prüfnummer 3) und
- 4. dem Befehlshaber der U-Boote (Prüfnummer 4).

Eine Abschrift erhielten der Asto 2 (Prüfnummer 5) und der Chef Skl (Prüfnummer 6).
Der streng geheime Text des Großadmirals Dr. h.c. Raeder lautete:
»Aus verschiedenen Anzeichen habe ich entnommen, daß über die grundsätzlichen Fragen des Einsatzes der Einheiten der Kriegsmarine, insbesondere der Flotte, noch Verschiedenheiten der Auffassung zwischen mir und den oberen Frontführungsstellen bestehen.
Eine kurze Lagebetrachtung der Seekriegsleitung als Grundlage für den operativen Einsatz der größeren Einheiten habe ich mit Skl. I op 845/40 gegeben. Neben dieser Lagebetrachtung gebe ich in folgendem nochmals meine Einstellung zu den grundsätzlichen Fragen des Einsatzes der Kriegsmarine zur Kenntnis. Ich bin bzgl. dieser Einstellung mit dem Führer und Obersten Befehlshaber der Wehrmacht eines Sinnes und erwarte, daß nicht nur die obersten Führungsstellen der Front sie sich zu eigen machen, sondern daß diese Auffassung auch Gedankengut der gesamten Front wird.
Der Kriegsausbruch stellte die Kriegsmarine in die schwierigste Lage, aus einer Aufbauzeit mit allen ihren materiellen und personellen Sorgen heraus einem vielfach überlegenen Gegner zur See entgegenzutreten.
Es war mir von vornherein klar, daß das Anpacken und die Lösung der Marine aus dieser Lage erwachsenden Aufgaben nur dann möglich war, wenn dem Gegner trotz seiner zahlenmäßig fast in jeder Kategorie vielfachen Überlegenheit die Initiative genommen und auf unserer Seite als Aktivum jeder Operation erhalten wurde. Weiterhin war ich mir bewußt, daß gewisse noch vom letzten Kriege fest eingebrannte operative und taktische Begriffe und Regeln in unserer Lage nicht nur an Wert und Gültigkeit verloren hatten, sondern sich sogar als falsch erweisen würden.
Bei dem Festhalten an orthodoxen Einsatzregeln wären der Kriegsmarine in keinem Fall die Erfolge oder Erfolgsmöglichkeiten erstanden, wie es beim Verlassen solcher Grundsätze tatsächlich der Fall war. Ich erinnere an die zahlreichen mit größter Geschicklichkeit und Erfolg durchgeführten Zerstörerunternehmungen an die feindliche Ostküste sowie an den losgelösten Einsatz der Schlachtschiffe in abgesetzten Seeräumen.
Ein Vergleich mit der Geschichte des letzten Krieges zeigt deutlich, wie umwälzend diese Abkehr von den früher für gut und richtig befundenen operativen Methoden war. Vor allem gilt dies für den Einsatz der Schlachtschiffe und Schweren Kreuzer.
Schließlich zeigte auch die Operation der Kriegsmarine bei der Besetzung Norwegens, was selbst mit zahlenmäßig unterlegenen Streitkräften bei der Anwendung neuartiger operativer und taktischer Methoden zu erreichen ist.
In dem großen Ringen um Deutschlands Zukunft vermag die Marine ihre Aufgaben nur zu erfüllen, wenn sie sich in allen ihren Teilen die Ziele sucht und, ungeachtet des zahlenmäßig oft ungünstig erscheinenden Kräfteverhältnisses, in einem unbändigen Angriffsgeist auch unter Inkaufnahme großer Risiken dem Gegner Schaden zuzufügen sucht. Nur durch die Kühnheit der gefaßten Entschlüsse, durch unvorhergesehene und nach hergebrachten Kriegsregeln unwahrscheinliche Operationen können wir den Gegner treffen, seinem Prestige schaden und damit unseren Teil zu dem Gesamtsieg beitragen.
Das große Ziel, welches der Führer dem deutschen Volk gesteckt hat, erfordert überall höchsten Einsatz, um so mehr bei dem einzigen zahlenmäßig dem Gegner stark unterlegenen Wehrmachtsteil, der Kriegsmarine.
Dieser Einsatz muß gewagt werden, dem nach erstarrten Kriegsregeln verfahrenden Gegner muß auch in der Seekriegsführung ein neuer Offensivgeist entgegengestellt werden.

Es erscheint nicht erforderlich, zu Operationen auch in abgesetzten Seeräumen jeweils beide Schlachtschiffe, den schweren Kreuzer und Zerstörer mitzunehmen. Die Schlachtschiffe müssen außerhalb des Küstenvorfeldes als stärkste und widerstandsfähigste Einheiten betrachtet werden, die die wesentlichen Eigenschaften aller Typen für Kampfaufgaben in sich vereinigen und müssen dementsprechend eingesetzt werden.

Schließlich bin ich der Überzeugung, daß auch durch den Ausfall eines dieser Schiffe an der Seelage und für den Kriegsausgang wenig geändert, durch ihren laufenden Einsatz aber viel gewonnen werden kann. Durch ihren Nichteinsatz oder durch zögernde Verwendung wird aber nichts gewonnen, sondern auch die Zukunft der Marine verloren.

Eine Kriegsmarine, welche in kühnem Einsatz gegen den Feind geführt wird und hierbei Verluste erleidet, wird nach dem Siege in vergrößertem Umfang wieder erstehen, hat sich dieser Einsatz aber nicht gefunden, so wird ihre Existenz auch nach dem gewonnenen Kriege bedroht sein.

Ich erwarte, daß diese meine Auffassung über den Einsatz der Kriegsmarine richtunggebend sein wird, daß alle Führungsstellen und Befehlshaber mit höchstem Nachdruck alles daransetzen, die ihnen unterstellten Kampfkräfte zu Erfolgen zu führen, auch unter Hintansetzung überkommener operativer und taktischer Regeln, und daß die Seebefehlshaber es sich nicht nehmen lassen, auch kleinere Unternehmungen von Teilen ihrer Streitkräfte *selbst* zu führen.

Für die sich aus der Kühnheit des Einsatzes und aus mir bekannten Mängeln bezüglich der Zahl leichter Streikräfte, der technischen Einrichtungen und der personellen Ausbildung ergebenenden Risiken trage ich vor dem Führer und Obersten Befehlshaber der Wehrmacht und vor der Geschichte die Verantwortung.

Ich erwarte, daß die oberen Befehlsstellen und die Seebefehlshaber bei allem operativen Vorbedacht sich den obersten Grundsatz des Führers zu eigen machen:
›Ohne großen Einsatz kein großer Erfolg!‹

gez. Raeder.«

Bei Kriegsbeginn hatte Raeder vor der Skl erklärt: »Wir werden mit unserer kleinen Marine nur dann Erfolge gegenüber England haben, wenn wir kühn operieren.« Und kühn waren fast alle bisherigen Unternehmen, die dieser Tendenz entsprachen ... die Minenunternehmen der Zerstörer in der Nordsee ... die S-Boot-Operationen in der Ost- und Nordsee ... das Unternehmen »Weserübung« ... die Handelskriegunternehmen der Hilfskreuzer und der Schweren Kreuzer Admiral Hipper, der Admiral Scheer, der Prinz Eugen, aber auch die am Ende wenig glückliche Kaperfahrt der Graf Spee, die Einsätze des Panzerschiffes Deutschland sowie die anfangs glückhaften Zufuhrkriegunternehmen der Gneisenau und der Scharnhorst und der U-Boote vom Typ VII C.

Nunmehr, am 2. April 1941, als das Schlachtschiff Bismarck für den Einsatz Unternehmen »Rheinübung« ausgerüstet wurde, erging an die Befehlshaber der Gruppe Nord, der Gruppe West, der Flotte und an den BdU die operative Weisung:

»I. Die Kriegführung im vergangenen Winterhalbjahr: Sie hat sich im wesentlichen entsprechend den Weisungen der Skl für die Winterkriegführung 1940/41 abgespielt und in der ersten Schlachtschiffunternehmung im freien Seeraum des Atlantiks ihren Abschluß gefunden. Diese erste Schlachtschiffunternehmung sowie die Unternehmung des Schweren Kreuzers Admiral Hipper haben neben beträchtlichen taktischen Erfolgen gezeigt, welche erheblichen strategischen Auswirkungen durch einen derartigen Einsatz der Überwasserstreitkräfte erreicht werden können. Diese strategischen Wirkungen erstrecken sich nicht auf den zum Operationsgebiet gewählten Seeraum, sondern greifen auch auf andere Kriegsschauplätze (Mittelmeer, Südatlantik) über.

Es muß das Bestreben der Seekriegführung sein, durch möglichst häufige Wiederholung derartiger Operationen ihre Wirkung zu erhalten und zu vertiefen. Hierzu müssen die bisher gewonnenen Erfahrungen ausgenutzt und die Operationen noch weiter ausgebaut werden.

Als entscheidendes Ziel im Kampf gegen England muß im Auge behalten werden, daß es darauf ankommt, die englische Zufuhr vernichtend zu treffen. Dieses läßt sich am besten und wirkungsvollsten nur im Nordatlantik erreichen, wo alle englischen Zufuhrwege zusammenlaufen und wo die nötige Zufuhr – auch bei Ausfall von Zufuhrwegen in weiter abgesetzten Meeren – England auf dem unmittelbaren Wege von Nordamerika her immer noch erreichen kann. Der Einsatz und das Operationsgebiet der Schlachtschiffe und Kreuzer muß diesem Gesichtspunkt Rechnung tragen.

Die Erringung der Seeherrschaft im Nordatlantik als umfassendste Lösung dieser Aufgabe ist bei dem augenblicklich auf unserer Seite möglichen Kräfteeinsatz und bei dem Zwang, mit unseren zahlenmäßig geringeren Kräften hauszuhalten, vorerst nicht erreichbar. Eine örtlich und zeitlich begrenzte Seeherrschaft in diesem Gebiet ist jedoch anzustreben und schrittweise planmäßig und zielbewußt auszubauen.[90]

Bei der ersten Schlachtschiffunternehmung im Atlantik konnte der Gegner unseren beiden Schlachtschiffen auf den beiden Hauptzufuhrwegen in jedem Falle eines seiner Schlachtschiffe entgegenstellen. Es hat sich jedoch gezeigt, daß er mit diesem Schutz seiner Geleitzüge offenbar an die Grenze des für ihn Möglichen herangegangen ist und daß er eine entscheidende Verstärkung der Sicherung nur vornehmen kann, wenn er für ihn wichtige Positionen (Mittelmeer, Heimat) schwächt oder den Geleitzugverkehr einschränkt (Geleit durch amerikanische Kriegsschiffe oder aktives Eingreifen der USA werden neue Entscheidungen notwendig machen).

Es muß also darauf ankommen, dem Gegner einerseits durch ständige Änderung der eigenen Kriegführungsmethoden und andererseits durch großräumigen Wechsel der Operationsgebiete weitere Zersplitterung[91] seiner Kräfte aufzuzwingen, um so gegen die dadurch entstehenden Schwächepunkte vorstoßen zu können.

Sobald beide Schlachtschiffe vom Typ BISMARCK für den Einsatz zur Verfügung stehen, kann es, soweit heute zu übersehen, möglich werden, den Kampf mit der Sicherung feindlicher Geleitzüge bewußt zu suchen und nach ihrer Vernichtung die Geleitzüge selbst zu zerschlagen. Bis zu diesem Zeitpunkt jedoch kann dieser Weg noch nicht gegangen werden, doch wird es als Zwischenstufe auch jetzt schon möglich sein, durch Waffeneinsatz des Schlachtschiffes BISMARCK die feindliche Sicherung zu binden, um gleichzeitig mit den übrigen beteiligten Einheiten auf den Geleitzug direkt zu operieren. Hierbei wird zu Beginn der Operation das Moment der Überraschung eine besonders günstige Rolle spielen, da ein Teil der eingesetzten Einheiten erstmalig in Erscheinung tritt und nach den Erfahrungen aus dem bisherigen Einsatz der Schlachtschiffe der Gegner der Auffassung sein wird, daß ihm zum Schutz der Geleitzüge ein Schlachtschiff ausreicht.

II. Die Kriegführung im Sommerhalbjahr 1941 wird in ihren Grundzügen beherrscht durch die Bindungen des Falles »Barbarossa«.[92]

Die entsprechenden allgemeinen Weisungen sind mit der Skl I op 262/41 Chefsache vom 6. März 1941 erteilt. Schwerpunktlage, Kräftezuteilung in großen Zügen und

Der »Trabant« der BISMARCK beim Unternehmen »Rheinübung«: Schwerer Kreuzer PRINZ EUGEN (18 750 t, 137 500 PS, acht Seezielkanonen 20,3 cm, zwölf Flugabwehrgeschütze 10,5 cm zwölf 3,7 cm und sechzehn 2 cm.

Die beiden vorderen 20,3-cm-Geschütztürme, zwei der 10,5-cm-Zwillingsflaks sowie Kommandobrücke und Vormars des Schweren Kreuzers PRINZ EUGEN.

Aufgabe in den Gruppenbereichen gehen aus dieser Weisung hervor. Im folgenden wird deshalb nur die Weisung für den nächsten Einsatz von Schlachtschiffen und Kreuzern im Atlantik gegeben.

III. Weisung für den Einsatz der Schlachtschiffe BISMARCK und GNEISENAU und des Kreuzers PRINZ EUGEN ab Ende April im Nordatlantik. (SCHARNHORST fiel ja zur Zeit wegen Maschinenreparatur aus.)

1. Zu einem möglichst frühen Zeitpunkt, nach Möglichkeit noch in der Neumondperiode des April, sind unter Führung des Flottenchefs die BISMARCK und die PRINZ EUGEN zu einer Zufuhrkriegunternehmung im Atlantik einzusetzen. Zu einem durch die Beendigung der augenblicklichen Reparaturzeit gegebenen Zeitpunkt soll die GNEISENAU ebenfalls im Atlantik operieren.

2. Nach den Erfahrungen der letzten Schlachtschiffunternehmung erscheint eine Vereinigung der GNEISENAU mit der BISMARCK-Gruppe zweckmäßig, jedoch kann vor dieser Vereinigung ein Diversionsvorstoß der GNEISENAU in das Seegebiet zwischen Kap Verden und Azoren vorgesehen werden.

3. Der Schwere Kreuzer PRINZ EUGEN ist im allgemeinen in taktischem Zusammenhang mit der BISMARCK bzw. mit der GNEISENAU einzusetzen.

In dem Hinweis der Skl, bei Angriffen auf Geleitzüge neben der BISMARCK auch noch andere Schiffe einzusetzen, während die BISMARCK die Sicherung niederkämpft, spiegelt sich als klassisches Beispiel die beim Angriff der ADMIRAL SCHEER auf den Geleitzug HX 84 am 5. November 1940 gewonnene Erfahrung. Selbst der allerdings im Sinne des Wortes mutige Widerstand des der angreifenden ADMIRAL SCHEER hoffnungslos unterlegenen britischen Hilfskreuzers (AMC) JERVIS BAY hatte ausgereicht, dem größeren Teil der durch ihn gesicherten Frachtschiffe das Entkommen zu ermöglichen. Allerdings spielte dabei eine wesentliche Rolle, daß der Angriff während der Abenddämmerung stattfand und die ADMIRAL SCHEER im Laufe der Nacht ablaufen mußte, weil laut B-Dienstmeldung mit der Annäherung eines britischen, von dem AMC durch Funk alarmierten Schlachtschiffes zu rechnen war (siehe [16]).

»Die Nachteile, welche durch die Mitführung des Kreuzers mit geringerem Aktionsradius in Kauf genommen werden müssen, werden aufgehoben durch den Vorteil der größeren Suchbreite des Verbandes, durch die Verfügbarkeit eines vor allem zum Ansatz gegen leichte Streitkräfte und Fühlunghalter geeigneten Schiffes und das Vorhandensein einer starken Torpedoarmierung, welche sich sowohl beim Angriff gegen stark gesicherte Geleitzüge als auch beim Absetzen von überlegenen Feindstreitkräften nützlich erweisen kann. Die Erschwerungen durch den geringen Fahrbereich müssen durch entsprechende Aufstellung der Tanker bzw. zeitweise Entlassung des Kreuzers zur Beölung, notfalls durch Brennstoffabgabe der BISMARCK an den Kreuzer, überbrückt werden. Eine Entlassung oder Entsendung des Kreuzers zu Sonderaufgaben bleibt der operativen Führung bzw. dem Flottenchef freigestellt.

4. Im Gegensatz zu der bisherigen Weisung für das Schlachtschifftreffen GNEISENAU–SCHARNHORST ist es Aufgabe dieser Kampfgruppe, auch gesicherte Geleitzüge anzugreifen, wobei es jedoch nicht ausschließlich Aufgabe des Schlachtschiffes BISMARCK sein soll, unter starkem eigenem Einsatz gleichstarke Gegner niederzukämpfen, sondern vielmehr, sie nach Möglichkeit in einem hinhaltenden Gefecht unter möglichster Schonung der eigenen Kampfkraft so zu binden, daß den anderen Schiffen der Kampfgruppe das Anfassen der Schutzobjekte des Geleitzuges möglich ist.

Hauptaufgabe auch dieser Operation ist die Vernichtung feindlichen Schiffsraumes, die Bekämpfung feindlicher Kriegsschiffe, wie bereits erklärt, nur insoweit, wie es die Hauptaufgabe nötig macht und wie es ohne allzu großes Risiko geschehen kann.

5. Als Operationsgebiet wird der gesamte Nordatlantik nördlich des Äquators mit Ausnahme der Hoheitsgewässer neutraler Staaten (3-sm-Grenze) freigegeben.«

In späteren Ergänzungen zu vorliegender Weisung ist das Operationsgebiet aus politischen Gründen sowie mit Rücksicht auf die Hilfskreuzertätigkeit und auf die für die Versorgung der Süd-U-Boote vorgesehenen Versorgungsgebiete eingeschränkt worden auf:

Im Norden unbegrenzt:

Im Westen a) nördlich 20° N durch die Neutralitätsgrenze, die auf dem 60. Längengrad bis zur Breite Halifax und von dort zur Küste verläuft, b) südlich 20° N bis 10° N durch einen 300 sm breiten Streifen parallel zur amerikanischen Küste, c) südlich 10° N bis zum Äquator durch den 25. westlichen Längengrad.

Im Süden: östlich 25° W durch den Äquator. Das Gebiet südlich 10° N und westlich 25°W bis zur 300-sm-Grenze an der amerikanischen Küste darf nur bei besonderer

Feindlage oder zum Absetzen befahren werden. Bei Eintritt in das Gebiet ist Funkmeldung erforderlich.

6. Die bisherigen Erfahrungen haben gezeigt, daß die vorliegenden Kenntnisse über Geleitzugwege und Fahrpläne zu einem zeitlich und örtlich genau bestimmbaren Erfassen von Geleitzügen, wie zu erwarten, in der Weite des Raumes nicht ausreichen. Erschwerend fallen die Wettergegebenheiten des Atlantiks durch Sichtbeschränkung und Ausfall der Bordflugzeugverwendung zeitweise stark ins Gewicht. Der Wirkungsgrad der Operation muß deshalb durch eine Aufklärung in jeder möglichen Form verbessert werden.

Hierfür kommen in Frage:

a) U-Boote:

Der Verlauf der letzten Schlachtschiffunternehmung hat gezeigt, daß das gleichzeitige Operieren von Überwasserstreitkräften und U-Booten im gleichen Operationsgebiet beiden Teilen Vorteile bringen kann. Hierfür ist eine unmittelbare Nachrichtenverbindungsmöglichkeit zwischen den Überwasserstreitkräften und U-Booten notwendig und in Zukunft vorzusehen. Eine Ergänzung des U-Boot-Kurzsignalheftes und Anbordgabe desselben auf die Schiffe ist sofort einfach vorzunehmen.

Beim Einsatz von U-Booten als Aufklärer für Überwasserkräfte wird es sich im allgemeinen nicht empfehlen, diese gemeinsam mit den Schlachtschiffen in einem Aufklärungsstreifen marschieren zu lassen, da hierdurch die Schiffe zu unbeweglich würden. Es wird daher zweckmäßig sein, die U-Boote in dem beabsichtigten Operationsgebiet in Form einer Standlinienaufklärung anzusetzen und sie mit unmittelbarer Meldung gesichteter Angriffsziele an die Schlachtschiffe und weiterem Fühlunghalten bzw. Angriff zu beauftragen. Andererseits wird der Verbandschef durch Abgabe von Fühlungshaltermeldungen und unmittelbare Ansatzbefehle die U-Boote an von ihm gesichtete Geleitzüge heranführen können.

Für die vorgesehene Operation wird – unter der Voraussetzung, daß die demnächst beabsichtigten, der Vorbereitung der Operation dienenden Besprechungen keine anderen, günstigeren Lösungsmöglichkeiten ergeben – zur weiteren Erprobung dieser Zusammenarbeit deshalb folgendes angeordnet:

1. Das Südoperationsgebiet der U-Boote (Freetown-Bereich) ist während der Operationsdauer mit mindestens zwei Booten besetzt zu halten. Diese Boote bleiben dem BdU unterstellt. Sobald sich jedoch Gelegenheit zum unmittelbaren Zusammenoperieren mit den Flottenstreitkräften ergibt, hat der Flottenchef das Recht, den Booten unmittelbar Einsatzbefehle zu geben.

2. Zwei oder mehr Boote der Nordgruppe werden auf den HX-Geleitweg (Halifax-Konvoiweg) so weit nach Westen herausgesetzt, daß sie ein Operieren des Flottenchefs zwischen 30° und 45° West durch Aufklärung und Angriff unterstützen können. Unterstellung und Befehlserteilung wie unter 1.

3. Durch zusätzliche Ausrüstung der Troß- bzw. Begleitschiffe ist eine Versorgungsmöglichkeit dieser U-Boote sowohl mit Betriebsstoff als auch mit Proviant und Munition durch BdU bzw. Flottenchef vorzusehen.

b) Aufklärungsschiffe:

Außer dem Ansatz von U-Booten besteht die Möglichkeit des Einsatzes von getarnten Schiffen als Aufklärer für den Flottenverband. Dieser Einsatz kann sowohl in taktischem Zusammenhang mit dem Kampfverband als auch in besonderen, abgesetzten Aufklärungsräumen erfolgen. Für erstere Verwendung eignen sich Schiffe, welche, nach Möglichkeit Ölbrenner, über einen genügenden Fahrbereich und eine Dauergeschwindigkeit von mindestens 12 kn verfügen. Für die letztere Teilaufgabe kommen auch Schiffe in Frage, welche mangels dieser Eigenschaft für taktische Zusammenarbeit mit der Flotte im Verbande nicht eingesetzt werden können.

Es wird angestrebt, zwei geeignete Schiffe für den Einsatz im erstgenannten Sinne bereitzustellen. Auch die Verwendung von während der Unternehmung aufgebrachten Prisen für diesen Zweck kommt in Frage.

Außerdem wird die Gruppe West beauftragt, den Einsatz der als Prisen eingebrachten Walfänger[93] in erstgenanntem Sinne und der Schiffe 13 und 24 in zweitgenanntem Sinne zu prüfen und gegebenenfalls vorzusehen.

Die durch die neu angefallene Transportaufgaben außerordentlich gespannte Lage bezüglich des Schiffsraumes wird die Bereitstellung weiterer besonderer Schiffe für diesen Zweck kaum möglich machen, doch wird die Frage ebenso wie der Einsatz von Schiff 23 und TOGO für Aufklärungszwecke im OKM geprüft.

c) Flugzeugmutterschiff:

Die Frage der Bereitstellung derartiger Schiffe (Katapult; zwei bis drei BV-138, Landesegel) wird zur Zeit im OKM geprüft. Die vorhandenen Schleuderschiffe FRIESENLAND und SCHWABENLAND sind ungeeignet.

d) Troßschiffe:
Der Einsatz der Troßschiffe hat sich bei der letzten Unternehmung für die taktische Zusammenarbeit mit dem Flottenverband als außerordentlich nützlich erwiesen. Trotzdem sollten diese Schiffe nur, wenn alle anderen Möglichkeiten versagen, für diese Aufgabe eingesetzt werden, da ihr Verlust nicht nur für diese, sondern auch für spätere Operationen mit größeren Verbänden einschneidende, nachteilige Folgen haben würde und wenn außerdem noch wertvollste Ladung, nämlich Waffen und Munition, mit exponiert wird. Mit dieser Einschränkung bleibt dem Flottenchef der Einsatz jedoch anheim gestellt. Das gleiche gilt für die Begleittanker.

7. An Troßschiffen stehen ERMLAND, an Begleittankern HEIDE, WEISSENBURG, BREMEN, ESSO HAMBURG, ILL, SPICHERN und LOTHRINGEN zur Verfügung.
Es ist dafür Sorge zu tragen, daß durch angeordnete Umbauten bzw. Einbauten die erforderlichen Bereitstellungstermine nicht gestört werden. Gegebenenfalls müssen Schiffe, auf denen derartige Arbeiten angeordnet sind und zeitgerecht beendet werden können, als Reservetanker eingesetzt werden. Ab hier folgen Angaben über nicht verfügbare Schiffe.

8. Die Befehlsführung haben die Gruppenkommandos in ihren Bereichen. Die Führung in See hat der Flottenchef, ihm sind für die Dauer des Zusammenoperierens die ihm zugeteilten U-Boot-Gruppen taktisch unterstellt. (Dem BdU wird die Zuteilung eines U-Boot-Offiziers zum Stabe des Flottenchefs für die Dauer der Unternehmung empfohlen.)

9. Gruppen melden Absichten 14 Tage vor Operationsbeginn.

IV. Wie schon angedeutet, muß es das Bestreben sein, den Gegner durch **weiträumigen Wechsel** der Operationsgebiete vor neue Lagen zu stellen. Bei weiterer Bewährung der bisherigen Operationsführung kann es in Frage kommen, die nächstfolgende Unternehmung bis in den Südatlantik auszudehnen.

Eine derartige Verlegung des Operationsgebietes kann sich auch als Folge der durchgeführten und der nächsten Operationen als zweckmäßig erweisen, wenn die bisher angegriffenen Nordatlantikwege vom Gegner zunehmend stärker gesichert werden. Erst wenn auch die TIRPITZ einsatzbereit ist, werden Angriffe auch gegen stark gesicherte Geleitzüge auf den Hauptzufuhrwegen des Nordatlantik gute Erfolgsaussichten haben.

Nach Fortfall der Bindung durch die panamerikanische Neutralitätszone werden sich vor allem auf der Kreuzung der Seewege von Nord- und Mittelamerika nach Freetown und Zentralafrika (beträchtlicher militärischer Nachschub) mit der La-Plata-Route, aber auch auf der Kap-Freetown-Route sehr aussichtsvolle Ansatzmöglichkeiten bieten.

Voraussetzung für eine derartige weit abgesetzte Operationsführung ist der Einsatz einer möglichst großen Zahl von Versorgungsschiffen. Die Skl wird entsprechende Maßnahmen einleiten.

Der Zeitpunkt für diese Ausdehnung der Operationen nach Süden muß vorerst offenbleiben. Die Mitteilung der Absicht erfolgt zu dem Zweck, Gruppenkommando West und Flotte die Möglichkeit zu geben, schon jetzt gewonnene Erfahrungen im Hinblick auf dieses neue Operationsgebiet auszuwerten.«

Soweit die Weisungen im Wortlaut.

Wenn darin abschließend von Erfahrungen gesprochen wurde, dann ist vor allem die Atlantikunternehmung »Berlin« unter Lütjens gemeint, deren Ergebnis, wie die Weisung beweist, unter anderem auch dazu führte, daß nun endlich eine unmittelbare Nachrichtenverbindung zwischen Handelsstörkreuzern und U-Booten vorgesehen wird. Bis dato führte die U-Boot-Waffe in fast allen Fragen und Komplexen ein gezwungenermaßen beinahe völlig abgeschlossenes Eigenleben innerhalb der Marine und auch einen eigenen Seekrieg!

Nachdenklich stimmt hier, daß in der Weisung **mit keinem Wort**[93] auf die Vorteile der eigenen und die Gefahren der wahrscheinlichen gegnerischen Funkmeßgeräte der feindlichen Luftaufklärung hingewiesen wird.[94] Und dies, obgleich die deutsche Marine während anderer ozeanischer Unternehmen im Handelskrieg gute und zum Teil sehr gute Erfahrungen mit diesen DeTe-Geräten gemacht hat.[95] Hatte man um diese Zeit die Bedeutung dieser Geräte bei den Heimatbefehlsstellen noch nicht in vollem Maße erkannt, im Widerspruch zum Gegner, der in der Entwicklung beim Funkmeß bei Kriegsbeginn sogar noch um Längen zurücklag,[96] dann aber unter Einsatz mehrstelliger Kräfte schnell aufholte und den Stand der deutschen Forschungs- und Nutzungsergebnisse überholte.

In den Weisungen der Skl wird auf die Neumondperiode im April als denkbar günstigster Zeitpunkt für den Durchbruch durch die um diese Zeit noch im Dunkel der polaren Nacht liegende Dänemarkstraße hingewiesen. Sprach das OKM die dunkle, mondlose Nacht wirklich noch immer als den sichersten Tarnmantel für ein solches Vorhaben an? Drängte sich nirgendwo der Gedanke auf, der Gegner könnte mit gleichguten Funkmeßgeräten, wie sie die deutschen Schiffe schon seit längerer Zeit fuhren, die Nacht durchdringen und jedes im Kontrollrevier auftauchende Schiff erfassen und melden? Fast scheint es so, fast möchte man zu dieser Feststellung kommen.

Der Verfasser hat in dieser Richtung bei verschiedenen Kreisen starke, manchmal sehr harte Kritiken gehört. Der spätere Konteradmiral a.D. Hans Meyer dagegen verteidigte die Weisung der Skl. Er sagte: »Der Hinweis auf die Neumondnacht ohne Erwähnung eines möglichen Gegner-DeTe's war damals durchaus berechtigt.«

Weiter Admiral Meyer: »Neue Gegnergeräte und ihre Handhabung würden sicherlich nicht gleich vollkommen sein. Man könnte damit rechnen, Radarfühlung allein leichter abzuschütteln als Radarfühlung plus optische Fühlung.« Die Wahrheit liegt, wie sooft, zwischen den Standpunkten. Das OKM war jedenfalls durchaus sehr besorgt, der Gegner könnte eines Tages ebenfalls mit Funkmeßortungsgeräten (FuMOs) auf seinen Schiffen in See erscheinen. Wohl bestand schon bei der Begegnung mit der NAIAD ein Verdacht, aber es war nur ein Verdacht, kein Beweis. Siehe oben. Als der Schwere Kreuzer ADMIRAL SCHEER am 1. April 1941 nach seiner sechsmonatigen überseeischen Unternehmung in Kiel festmachte, lautete eine der ersten und wichtigsten Fragen, die dem Kommandanten, Kapitän z.S. Theodor Krancke, in Berlin gestellt wurden: »Haben Sie den Einsatz gegnerischer Funkmeßgeräte beobachtet?« Nein, er hatte nicht. Ob die BISMARCK außer dem DeTe genannten Funkmeßortungsgerät (FuMO) auch ein Funkmeßbeobachtungsgerät (FuMB, seinerzeit noch Funkhorchgerät geheißen) an Bord hatte, ist kaum noch strittig, wenn auch wissenschaftlich und in Dokumenten nicht zu belegen. Auf diese Kontroverse wird später noch eingegangen.

*

Das war die Ausgangslage für den Durchbruch in den Atlantik:
Solange kein konkreter Anhaltspunkt für den Einsatz von Funkmeßgeräten auf gegnerischen Überwassereinheiten gegeben war, blieben also für einen unbemerkten Durchbruch Dunkelheit oder Unsichtigkeit bei Nebel, Schneetreiben oder starkem Regen für die deutschen mit DeTe ausgerüsteten Einheiten noch immer der beste Schutz. Sie hatten außerdem auch die besseren Optiken und brauchten zu dieser Zeitphase auch eine gegnerische Luftaufklärung nicht ernstzunehmen ... und das war ein Irrtum!

Wenn also in operativen Weisungen Hinweise auf technische Geräte »unüblich« gewesen sind, weil sie wie jedes andere Gerät an Bord benutzt und taktisch auch voll ausgenutzt werden, wie der Verfasser von verschiedenen Seiten zu hören bekam, so setzt der Hinweis auf die dunkle Neumondnacht eben ein Nichtvorhandensein eines DeTe, sprich RADAR, beim Gegner voraus. Wenn aber die Besorgnis akut war, der Engländer könnte überraschend, quasi über Nacht, mit gleich guten oder noch besseren Geräten an der Front auftauchen und damit die Grundlage dieses Teils der betreffenden Weisung zunichte machen, dann hätte eben doch auf eine solche Möglichkeit auch in der operativen Weisung hingewiesen werden müssen. Hier jedoch bestimmte ein gewisser selbstgefälliger Indeterminismus die Motivation.

Es sei hier auf die KTBs der Royal Navy hingewiesen, insbesondere auf jene, die sich mit den OPERATIONS IN PERSUIT OF THE BISMARCK befassen, in denen immer wieder RADAR-Geräte Erwähnung finden:
Ihr Einsatz und ihr Nutzen für die Einheiten der Flotte. Es wird verwiesen auf eine vom britischen Flottenchef Tovey unterzeichnete Passage, nach der er sich im Frühjahr 1941 sehr intensiv mit dem Funktionieren des RADAR befaßte.

Die grundsätzliche Frage im Seekrieg indessen: ob der Handelskrieg mit Überwasserstreitkräften noch sinnvoll ist oder nicht, findet später eine nachdenklich stimmende Antwort im Nachkriegsbuch von Großadmiral Dönitz [29]: »... Der Einsatz der großen Schiffe gerade in den Monaten der zahlenmäßigen Schwäche der U-Boot-Waffe (also 1940, Anfang 1941, der Verfasser) war eine richtige und erfolgreiche Unterstützung der bisher allein im Atlantik gegen die feindliche Tonnage kämpfenden U-Boote. Die Notwendigkeit für England, nach dem ersten Angriff des ADMIRAL SCHEER auf einen Konvoi in den Spätnachmittagstunden des 5. November 1940, seine Geleitzüge noch stärker zu sichern, bedeutete ohne Zweifel eine erhebliche Beanspruchung und Aufsplitterung der englischen Flotte ... Leider traten in den anschließenden

Monaten dadurch, daß sich die GNEISENAU und SCHARNHORST und später noch PRINZ EUGEN (und ADMIRAL HIPPER, der Verfasser) auf Brest stützten, Wirkungen ein, die dem U-Boot Krieg abträglich waren ...«

*

Die Absicht der Skl, die GNEISENAU mit der Kampfgruppe BISMARCK zu vereinen, wurde (wie bereits gesagt) vier Tage nach der Herausgabe der im Wortlaut wiedergegebene Weisung illusorisch: Am 6. April griffen vier Maschinen der 22. Squadron der Costal-Commands Brest an und damit die hier sonst raffiniert getarnten deutschen Schlachtschiffe.

Die GNEISENAU mußte dabei wegen eines Bombentreffers, eines Blindgängers, im Dock bei einem vorausgegangenen Angriff kurzzeitig ausgedockt werden und im Vorhafen hinter der Außenmole, von Tarnnetzen ungeschützt, ankern. Zum Wiedereindocken mußte das nächste Hochwasser abgewartet werden. Diese Gefahrenzeit wurde von der RAF geschickt durch einen Überraschungsangriff in der Morgendämmerung ausgenutzt. Die Maschine des RAF-Offiziers K. Campell brachte einen Lufttorpedo so geschickt zu Wasser, daß die GNEISENAU getroffen wurde. Der Angreifer wurde kurz danach abgeschossen. England ehrte seinen Erfolg später mit der Verleihung des Victoria-Kreuzes. In dieser hohen Auszeichnung spiegelt sich die Bedeutung der britischen Lufttorpedos auf Seeziele wider. Die GNEISENAU mußte jedenfalls erneut eingedockt werden. Vier Tage später wurde sie bei einem der nun planmäßig geflogenen Angriffe in der Nacht gleich von vier Bomben getroffen. Die Treffer verursachten aber keinen wesentlichen Schaden. Diese Bomben- und Torpedoangriffe blieben aber nicht die einzigen Maßnahmen, die beiden Schlachtschiffe an weiteren Operationen im Atlantik zu hindern. Andere Flugzeuge des Coastal Command legten laufend Minen vor die Gewässer von Brest. Diese Einsätze erfolgten zusammen mit denen des neuen Minenlegers ABDIEL, der auf zwei Unternehmen rund 300 Minen warf. Im April wurden, diese Zahl ist bekannt, 106 weitere Minen durch Flugzeuge geworfen. Außerdem patrouillierten vor dem Kanalausgang britische U-Boote, während die schweren Einheiten der Home Fleet auf das Signal zum Eingreifen warteten.

Bemerkenswert ist hier die vollendet gute Zusammenarbeit zwischen Überwasserstreitkräften und U-Booten und vor allem zwischen der Royal Navy und den fliegenden Verbänden der RAF.

Roskill dazu: »Hier fand wirklich eine kombinierte See-Luft-Operation in vollkommener Harmonie der Aufgabenbereiche statt. Zum Verdruß der deutschen Seekriegsleitung bewirkte sie auch, daß deutscherseits vorerst jetzt keine Hoffnung auf einen neuen Vorstoß der deutschen Überwasserstreitkräfte mehr bestand. Ein solcher Vorstoß würde eine äußerst gefährliche Bedrohung unseres Schiffsverkehrs im Atlantik bedeutet haben.«

Der Torpedotreffer des britischen Fliegeroffiziers Campbell leitete dann auch in sekundärem Sinne die spätere Katastrophe der BISMARCK ein.

In der Folgezeit verschlechterte sich die Lage Englands an allen Fronten noch mehr. Der Krieg droht in das Endstadium zugunsten Deutschlands einzutreten. Trotz der bereits fest eingeplanten Großoperation »Barbarossa« wird Deutschland durch seinen Verbündeten Italien zum Eingreifen auf dem Balkan gezwungen. Am 17. April kapituliert Jugoslawien. In Griechenland räumen die britischen Streitkräfte eine Verteidigungsposition nach der anderen. Schließlich werden sie schmählich aus Hellas herausgeworfen. Und als am 27. April deutsche Truppen Athen besetzen, ist Griechenlands König mitsamt seiner Regierung bereits am 23. April mit einer Sunderland nach Kreta ausgeflogen.

Am gleichen 27. April überschreiten deutsche und italienische Truppen Ägyptens Grenze und besetzen den Halfayapaß. Einen Tag später fällt Sollum. Im Irak greifen am 2. Mai irakische Truppen britische Luftbasen an, und auf Syriens Flugplätzen in Palmyra, Damaskus und Rayak werden deutsche Flugzeuge beobachtet und von der RAF gebombt. Die Verluste an britischer und für britische Rechnung fahrender Tonnage sind schwer. Sie betragen im Monat April 581 251 BRT, von denen 187 054 BRT in griechischen Häfen verlorengingen. In den ersten Maiwochen nehmen diese britischen Verluste weiter zu. Um nicht die britische Bevölkerung zu demoralisieren, trägt sich das britische Kriegskabinett sogar mit dem Gedanken, die weitere Bekanntgabe der Eigenverluste an Tonnage als »nicht im nationalen Interesse stehend« einzustellen. Die deutschen Luftangriffe auf Englands Städte nehmen an Heftigkeit zu. Am 17. April wird die St.-Pauls-Kathedrale in London beschädigt, am 10. Mai, nach inzwischen weiteren schweren Angriffen auf London und Plymouth, das

Unterhaus im Parlamentsgebäude, die Westminster Hall, die Westminster Abbey, die Westminster School und das Britische Museum. Die Verluste an Zivilbevölkerung betragen – nach Attlee – seit Kriegsbeginn 29 856; 40 897 Zivilisten wurden verwundet. Im östlichen Mittelmeer werden die Luftangriffe auf die in der Sudabucht Kretas liegenden alliierten Schiffe immer häufiger und stärker. Sie deuten auf eine deutsche Invasion auf Kreta hin.

Die Lage für England ist entmutigend. Die Siegesaussichten sinken von Tag zu Tag mehr. Und noch immer stehen Hitlers Panzerdivisionen am Kanal bereit. Das Gespenst der Invasion hängt wie ein Damoklesschwert über der britischen Insel.

Einziger Trost bleibt die immer deutlicher werdende Haltung Roosevelts, der gewillt ist, Churchill wie alle mit den Deutschen im Kriegszustand befindlichen Länder mit allen Mitteln und Methoden zu unterstützen.

Hitler sollte dies zu denken geben.

Die Gefahr eines Kriegseintritts der USA in vollem Umfang zu begreifen, bedeutet jedoch, daß auch die politische deutsche Führung über das mehr oder weniger fast unerschöpflich scheinende Rohstoff- und Industriepotential der USA eine klare Kenntnis und Vorstellung hat. Aber weder Hitler noch Göring, noch Himmler, noch Goebbels, noch die Masse der anderen Verantwortlichen waren jemals in den USA. Was sie wissen, beruht in vielem auf Berichten, oft auf abwertend gefärbten Berichten.

Die strategische Grundkonzeption der BISMARCK-Unternehmung im Operationsbefehl Lütjens versichert der 1/Skl: bei Auftreten überlegener starker Feindstreitkräfte: »Ich mache sofort kehrt!«

Die Unternehmung trägt von nun an den Decknamen »Rheinübung«.

I. Aufgabe:

A. Auslaufen durch Belt und Nordsee in den Nordatlantik.

B. Angriff auf die durch den Nordatlantik laufende Zufuhr.

C. Nach Durchführung der Aufgabe zu B. Einlaufen in westfranzösische Häfen zur Ergänzung von Munition und Verbrauchsstoffen. Falls längere Reparaturen oder Planüberholung notwendig, nach Möglichkeit Rückmarsch in die Heimat.

II. Feindlage:			
	Schlachtschiffe	Flugzeugträger	Schwere Kreuzer
Heimat	PRINCE OF WALES		SUFFOLK
	NELSON und RODNEY		BERWICK
Nordroute oder	KING GEORGE V.		
Kanada	RAMILLES		
	ROYAL SOUVERAIGN		
Gibraltar oder	RENOWN	ARK ROYAL	
Westafrika	REPULSE	FURIOUS	
	QUEEN ELIZABETH	ARGUS	
Westafrika	HOOD viell. L-Sch.-d. (Heimat R-Klasse)	VICTORIUS?	
Alexandria	WARSPITE	FORMIDABLE	YORK
	VALIANT	ILLUSTRIOUS	KENT
	BARHAM	EAGLE	SUSSEX
			EXETER
			LONDON
Übersee	U.s.w.		

III. Die eigenen Streitkräfte:
A. Teilnehmende Streitkräfte: BISMARCK, PRINZ EUGEN. Die auf der NS (Nord-Südroute) operierenden U-Boote: vier U-Boote auf HX-Route (Halifax-Route) ab Mai, zwei Spähschiffe (GONZENHEIM, KOTA PENANG). Zwei Troßschiffe, fünf Begleittanker.
B. Sichernde Einheiten: SPERRBRECHER 13 und SPERRBRECHER 31 von Arkona – Großer Belt.
5. Minensuchflotte Minengeleit durch Skagerraksperre, vier Zerstörer als U-Boot-Sicherung.
C. Getrennt operierende Streitkräfte: Luftaufklärung, Jagdschutz, enge Sicherung, Bereitstellung von Luftkampfverbänden, Unterrichtung der in Frage kommenden Luftverbände gemäß Befehl Gruppe Nord und West.
IV. Die Durchführung:
Die Weisungen der Gruppe Nord ordnen an, daß der Verband unter Sperrbrecher- und Minensuchschutz so durch den Großen Belt marschiert, daß er die äußere Kristiansund-Süd-Sperrlücke am 3. Operationstag um 20.30 Uhr passiert; dann mit hoher Fahrt unter U-Boot-Schutz durch Zerstörer in der tiefen Rinne entlang der norwegischen Küste läuft und am 4. Operationstag morgens in den Korsfjord (Bergen) einsteuern kann. Hier wird tagsüber geankert. PRINZ EUGEN füllt seinen Brennstoff aus einem Tanker auf.[97/1] Am gleichen Tage soll der Verband mit Dunkelwerden durch den Hjeltefjord (Nordausfahrt) wieder auslaufen, mit Sicherung durch Zerstörer mit hoher Fahrt Qu. 8787 AF (30 sm vom Sognefjord, d.V.) ansteuern und von dort nach eigenem Ermessen weiterfahren. Die Zerstörer sind zu entlassen.

Bei geeigneter Wetterlage wird der Durchbruch durch die Enge Island-Färöer unmittelbar nach dem Ausmarsch anschließend und weit von der Islandküste abgesetzt empfohlen. Kommt ein sofortiger Durchbruch nicht in Frage, so wartet der Verband abgesetzt im Nordmeer geeignete Wetterlage ab und kann aus dem Tanker WEISSENBURG (auf Position 70° N/1° W, d.V.) Öl ergänzen.

Zum exakten Zusammenspiel der Kampfgruppe gehört auch das Einüben des Manövers »Schleppen und Geschlepptwerden«. Jedes der beiden Schiffe muß dem anderen notfalls beistehen können. Hier nimmt PRINZ EUGEN die mehr als doppelt so große BISMARCK »auf den Haken«.

Der Operationsbefehl des Flottenchefs sagte zum Durchbruch: »Absicht: Unbemerkter Durchbruch durch die Dänemarkstraße in den Nordatlantik. Vor Durchbruch in den Atlantik voraussichtlich Brennstoffergänzung aus dem Tanker WEISSENBURG.«

Für die Operationen im Atlantik gab die Gruppe West folgenden Operationsbefehl: »Der Flottenchef hat im Operationsgebiet freie Hand in der Durchführung der Aufgabe. Prinz Eugen ist im allgemeinen in taktischem Zusammenhang mit BISMARCK einzusetzen. Einsatz des Kreuzers zu Sonderaufgaben nach Weisung Gruppe West oder nach Ermessen des Flottenchefs.

Der Flottenchef steuert Spähdampfer, Troßschiffe und Begleittanker während seines Aufenthaltes im Operationsgebiet selbständig bzw. bewirkt deren Steuerung durch Kurzsignalanforderung an Gruppe West.

Wird Durchbruch in den Atlantik durch den Feind bemerkt, **bleibt die Aufgabe bestehen**.

Abkürzen der Operation oder Abbruch der Unternehmung nach Lage. Bei Durchführung der Aufgabe steht die Vernichtung feindlichen Schiffraumes im Vordergrund. Es kommt darauf an, die Einsatzbereitschaft der Schiffe zu erhalten. Kampf mit gleichwertigem Gegner ist deshalb zu vermeiden (Wiederholung bei der Skl). Lediglich die Bindung eines einzelnen Schlachtschiffes, wenn dieses als Deckung bei einem Geleitzug fährt, kommt in Frage, soweit Bindung ohne vollen Einsatz möglich ist und wenn der Kreuzer dadurch Erfolgsaussichten gegen die Restsicherung oder gegen den Geleitzug erhält.

Falls Kampf unvermeidbar, ist er unter vollem Einsatz durchzuführen.«

Soweit die Operationsweisung der Gruppe West unter ihrem Befehlshaber, Generaladmiral Saalwächter.

*

Es folgt hier noch eine Aufstellung der Hilfsschiffe und deren Positionen für die Unternehmung:

Der Flottenchef führt in seinem Operationsbefehl weiter aus:

Angriffe auf Geleitzüge: Die bei der Unternehmung der Schlachtschiffe im Januar bis März 1941 angetroffenen feindlichen Geleitzüge waren jeweils durch ein Schlachtschiff und in einem Falle zusätzlich durch zwei Kreuzer und zwei Zerstörer gesichert. Mit ähnlich starker Sicherung muß auch in Zukunft gerechnet werden. Die operativen Weisungen der Skl und der Gruppe West erlauben den Einsatz der BISMARCK nur zur Bindung eines zur Sicherung beim Geleitzug stehenden Schlachtschiffes, soweit das ohne vollen Einsatz möglich ist, unter der Voraussetzung, daß für PRINZ EUGEN hierdurch Erfolgsaussichten gegen die Restsicherung oder den Geleitzug eintreten.

Der Ansatz der beiden Schiffe BISMARCK und PRINZ EUGEN gegen einen Geleitzug muß dementsprechend von zwei Seiten erfolgen. Ansatz und Angriffsbefehl erfolgen in jedem Falle durch den Flottenchef.

Ohne in Gefechtsberührung zu kommen, wird sich aber im allgemeinen nur durch Einsatz eines Bordflugzeuges die genaue Stärke der bei einem Geleitzug stehenden Sicherung feststellen lassen. Der Einsatz ist aber von der taktischen und der Wetterlage abhängig und daher auf der HX-Route nur in seltenen Fällen möglich. Es muß also damit gerechnet werden, daß die PRINZ EUGEN beim Ansatz noch auf eine Sicherung durch Kreuzer trifft, auch wenn es gelingt, das schwere Schiffe durch die BISMARCK abzuziehen. Tritt dieser Fall ein, so ist der Angriff des Kreuzers auf den Geleitzug unter gleichzeitiger Meldung abzubrechen. Aber auch dann, wenn nur ein schweres Schiff allein beim Geleitzug steht, wird der Gegner mit diesem, wenn er sich taktisch richtig verhält, in unmittelbarer Nähe des Geleitzuges bleiben und ihn so nach allen Seiten sichern. In diesem Falle kommt der Angriff des Kreuzers nicht in Frage, sondern nur dann, wenn das schwere Schiff sich durch die BISMARCK so weit von seinem Schutzobjekt abziehen läßt, daß für den Kreuzer die

Zwei Spähdamper im Quadrat	AJ 64	(300 sm südlich von Kap Farewell)
Troßschiff ERMLAND	☐ DR 16	(zwischen Azoren und Kleinen Antillen)
Troßschiff SPICHERN	☐ CD 64	(400 sm westlich Fayal)
Begleittanker BELCHEN	☐ AJ 26	(120 sm südlich Kap Farewell)
Begleittanker LOTHRINGEN	☐ AJ 27	(200 sm südlich Kap Farewell)
Begleittanker ESSO HAMBURG	☐ CD 32	(450 sm nordwestlich Fayal)
Begleittanker FRIEDRICH BREME	☐ DF 96	(700 sm südwestlich Fayal)

Möglichkeit besteht, auf wirksame Schußentfernung an den Geleitzug heranzukommen.

Stehen die Schiffe im Aufklärungsstreifen und bekommt PRINZ EUGEN einen Geleitzug in Sicht, so meldet er durch Kurzsignal auf Nahzone und hält an der äußersten Grenze der Sicht Fühlung (rauchlos).

Mit Rücksicht auf die Notwendigkeit eines späteren überraschenden Angriffs kann es nicht Aufgabe des Kreuzers sein, die Stärke der Sicherung festzustellen, das muß der BISMARCK überlassen bleiben. Gelingt der Angriff auf einen Geleitzug, so kommt es darauf an, möglichst viele Dampfer unter Wasser zu bringen. Ein schwach gesicherter Geleitzug wird beim Angriff bestimmt vom Geleitzugführer aufgelöst. In diesem Falle muß zunächst eine möglichst große Zahl von Dampfern bewegungsunfähig geschossen werden. (Das Versenken kann später erfolgen.) Hierzu sind alle Batterien mit genauer Zielanweisung auf möglichst geringe Entfernung – dem Kaliber entsprechend – einzusetzen (SA und MA mit Kz, Bdz[97/2] und schwere Flak mit Kz). Erst, wenn kein fahrbereiter Kämpfer mehr in Sicht des betreffenden Schiffes ist, sind die vorher »lahm geschossenen« Dampfer zu versenken. Hierbei ist zur Munitionsersparnis die schwere Flak mit Kz folgendermaßen einzusetzen:

Auf ca. 500 m an das Schiff herangehen und dann mit den besten Geschützführern Einzelschüsse nur beim Aufschlingern in die Wasserlinie schießen.[97/3] Alle Abteilungen des Dampfers leck schießen, größter Raum ist der Maschinenraum. Mit 3,7-cm-Munition sind in den oberen Teil des Dampfers Löcher zu schießen, damit beim Vollaufen der Räume die Luft oben entweichen kann.

PRINZ EUGEN setzt beim Angriff auf einen Geleitzug auch die Torpedowaffe mit ein. Handelt es sich um einen stark gesicherten Geleitzug, so wird, wenn überhaupt, nur kurze Zeit für den Angriff des Kreuzers zur Verfügung stehen. Diese muß maximal möglichst ausgenutzt werden.

Es kommt also in diesem Falle ganz besonders auf Beschleunigung an. Die Dampfer sind daher in erster Linie mit Torpedos zu versenken.[98/1] Das Vernichtungswerk darf durch Rettungsaktionen nicht verzögert werden. Die Rettung Schiffbrüchiger, insbesondere die eines angegriffenen Geleitzuges, kann zu einer starken Gefährdung der eigenen Schiffe durch feindliche U-Boote oder auch Überwasserstreitkräfte führen.[98/2] In solchen Fällen ist die Sorge für das eigene Schiff in der Rücksichtnahme auf die Rettung Schiffbrüchiger voranzustellen. Gegebenenfalls ist ein kleiner Dampfer zu schonen und mit der Rettung Überlebender zu beauftragen.«

Die in der ursprünglichen operativen Weisung der Skl vorgesehene Teilnahme der GNEISENAU an der Unternehmung muß ausfallen, da sich ihre Schäden auf der Werft in Brest nicht bis zu dem vorgesehenen Termin beheben lassen. Der Beginn der Operation, für den die Skl die Neumondperiode des April vorgesehen hatte (Neumond 26. April), verzögert sich, wie in Verbindung mit Flottenchef Lütjens zum Operationsbefehl schon erwähnt, durch einen am 24. April gemeldeten Kupplungsschaden auf der PRINZ EUGEN[99] und später durch den Ausfall des BB-Bootskranes infolge Kupplungsschaden am Wippwerk auf der BISMARCK bis in die zweite Maihälfte.

Das OKM kommentiert später den neuen Termin: »Diese Verzögerung brachte den Nachteil mit sich, daß nunmehr in den hohen nördlichen Breiten keine Dunkelheit mehr eintrat und ein unbemerktes Durchbrechen und Abschütteln etwaiger Fühlungshalter daher erschwert wurde.«

Der Flottenchef und die Operationsbefehle – Lütjens Konsequenzen:
Ich bin entschlossen, die mir zugefallene Aufgabe ganz ehrenvoll zu lösen, so oder so

Admiral Lütjens macht in diesen Tagen dem Kommandanten des im Februar 1941 in Wilhelmshaven in Dienst gestellten und nunmehr ebenfalls in Gotenhafen liegenden Schlachtschiffes TIRPITZ, Kapitän zur See Topp, einen Besuch.

Als Lütjens an Bord des Schwesterschiffes ging, hatte die TIRPITZ gerade eine relativ kurze, aber durchaus gründliche Gefechtsausbildung hinter sich, die allerdings durch Liegezeiten in Gotenhafen für Werftreparaturen und weiter durch die vom E.K.K. verlangten Maschinen- und Hilfsmaschinenmanöver behindert wurde.

Es ist offenkundig, daß sich der Flottenchef über den Ausbildungsstand der TIRPITZ-Besatzung unterrichten will. Natürlich kommt dabei auch das Gespräch auf die geplante Unternehmung der BISMARCK. Topp schlägt Lütjens von sich aus vor, das Schwesterschiff TIRPITZ der Kampfgruppe beizugeben. Er begründet seinen Vorschlag damit, daß beide Schiffe als die im Augenblick stärksten Einheiten aller Marinen gemeinsam nahezu unüberwindlich seien. »Ich glaube auch«, so sagt Topp weiter, »daß die Gefechtsausbildung der TIRPITZ schon so weit gediehen ist, daß ich mich mit Erfolg auch gegen Fliegerangriffe wehren kann. Die restliche Gefechtsausbildung kann meines Erachtens nachher im freien Atlantik zusammen mit der BISMARCK und am Feind weiter betrieben werden.«

Topp betont, daß er in dieser Hinsicht überhaupt keine Schwierigkeiten sähe und auch, daß er die Gefechtsausbildung bestens und schnellstens zufriedenstellend vorantreiben könne.

Wer die dynamische Persönlichkeit des TIRPITZ-Kommandanten kannte, wird kaum Zweifel hegen, daß es ihm gelungen wäre, seine Besatzung zu Höchstleistungen anzuspannen, kurzum, daß er die sonst übliche Zeit für eine Gefechtsausbildung tatsächlich auf ein vertretbares Minimum reduziert hätte. Ob es ihm aber geglückt wäre, TIRPITZ in derart kurzer Zeit auch für ein Gefecht mit gleichwertigem oder in der Zahl sogar überlegenem Gegnern voll kriegsbereit auszubilden, wird von anderen Fachleuten bezweifelt. Es gibt da eine Grenze auch für Höchstleistungen, also auch für die Forcierung der Ausbildung, die auch die Dynamik eines Kommandanten nicht zu überschreiten vermag, wenn schwere Rückschläge vermieden werden sollen.[101]

Herbert Schneekluth ergänzend dazu: »Parallel mit der personellen Ausbildung lief das Einfahren der technischen Anlagen. Am Ende der Ausbildungszeit waren auch meist Restarbeiten fällig. Darauf hätte man bei einer Zusammenarbeit, das heißt, einem gemeinsamen Auslaufen verzichten müssen, was eine starke Einschränkung der Kriegsbereitschaft bedeutet hätte.«

Nun, bei dem hohen technischen Leistungsstand des fachlich stark engagierten Maschinenpersonals aller Fachrichtungen auf dem Schlachtschiff BISMARCK hätten die jungen Männer mit dem Zahnrad als Laufbahnabzeichen wohl doch unmöglich Scheinendes möglich gemacht. Es sei nur an die erwähnte Dieselmotorenüberholung 1941 im südlichen Südatlantik auf dem Schweren Kreuzer ADMIRAL SCHEER erinnert [16], eine werftreife Leistung in der lang und breit dünenden See. Und das mitten im vom Feind und von dessen zahlreichen Hilfskräften kontrollierten südatlantischen Seeraum.

Obschon er sie nicht aussprach, hat Admiral Lütjens wahrscheinlich ähnliche Gedanken und Bedenken gehegt. Er nahm die Vorschläge von Topp kommentarlos zur Kenntnis. Sein Vorgänger, Admiral Marschall, hätte sie im Vertrauen auf die aufbauende Kraft und in die eigene Leistung der Männer der Besatzung nie zurückgewiesen. Das versicherte er auch dem Autor.

Am 26. April, dem Beginn der Neumondperiode und dem ursprünglich vorgesehenen Termin für das Anlaufen der Unternehmung, weilt Admiral Lütjens in Berlin. Zweck seines vorher terminierten Besuches war eigentlich die Abmeldung zur bevorstehenden Unternehmung beim Chef der Seekriegsleitung, Großadmiral Dr. h.c. Raeder. Die Voraussetzungen für den Beginn des Unternehmens »Rheinübung« sind aber nach dem am 24. April gemeldeten Ausfall der PRINZ EUGEN durch Minennahtreffer vorerst und zum Teil nicht mehr gegeben, abgesehen davon, daß die BISMARCK-Unternehmung im Rahmen eines großen operativen Planes vorgesehen worden war. Nach dem Ausfall von SCHARNHORST und GNEISENAU, die ja wegen längerer Reparaturzeiten zunächst nicht eingesetzt werden können, wird der Gegner nunmehr alle seine Kräfte auf die deutsche Kampfgruppe, geht sie nach der Reparatur von PRINZ EUGEN in See, konzentrieren können.

Das Risiko ist damit erheblich gestiegen. Grund genug für spätere Kritiker, auch hier Nahrung für Differenzen zu suchen, die Lütjens mit Raeder gehabt haben soll.

Jedenfalls ist durch den Ausfall der PRINZ EUGEN eine neue Lage entstanden. Die angehende Neumondperiode kann nun nicht mehr ausgenutzt werden, denn nach wie vor spielt trotz E.M.2 die dunkle Neumondnacht bei der Skl eine dominierende taktische Rolle.

Aus dem KTB der Seekriegsleitung, Teil A, geht hervor, daß Lütjens bei seinem Vortrag beim Chef der Skl die Auffassung vertritt, daß zum Anlaufen der durch den Minentreffer verzögerten Unternehmung die erste Gelegenheit nach der Reparatur der PRINZ EUGEN ausgenutzt werden sollte.

Andere zur Diskussion stehende Möglichkeiten wie: die BISMARCK sofort allein auslaufen und PRINZ EUGEN nachkommen zu lassen, oder aber mit der Unternehmung die nächste Neumondperiode abzuwarten, oder aber die BISMARCK sofort auslaufen und im Nordmeer auf PRINZ EUGEN warten zu lassen, spricht Admiral Lütjens als weniger günstig an, wenn man überhaupt an der risikoreichen Absicht festhalten würde, die BISMARCK und die PRINZ EUGEN einzeln im freien Atlantik wirken zu lassen.

Der Flottenchef erklärt, daß durchaus gewichtige Gründe dafür sprechen würden, zumindest noch das Fertigwerden der SCHARNHORST, wenn nicht gar die Herstellung der vollen Gefechtsbereitschaft des Schwesterschiffes TIRPITZ abzuwarten. In jedem Falle wäre dann der zu erhoffende und zu erwartende Erfolg um so durchschlagender, während jetzt, bei »löffelweisem« Einsatz, die Wirkungsmöglichkeiten nur beschränkt seien. Außerdem würde das Auftreten der BISMARCK im freien Atlantik den Gegner alarmieren und bei der britischen Admiralität Maßnahmen auslösen, welche die Erfolgschancen bei einem späteren, sogar massierten Wirken zusammen mit der SCHARNHORST oder der TIRPITZ oder beiden Schlachtschiffen möglicherweise schwächen könnten. Am Ende dieser Überlegungen über die verschiedenen anderen Möglichkeiten aber explizit Lütjens – seinen eigenen, so vernünftigen Überlegungen zuwider – es sei auch nach seiner Ansicht aber dann doch wohl richtig, die »Schlacht im Atlantik« mit Überwasserstreitkräften so bald wie möglich wieder aufzunehmen. Welch eine Wandlung.

Der ObdM stimmt dem Flottenchef rückhaltlos zu. Danach entwickelt Raeder seine Gedanken bezüglich eines Anlaufens des Hafens von Brest. Er weist darauf hin, daß Brest nur für eine kürzeste Frist aufgesucht werden dürfe; also für die Ergänzung von Munition etwa oder auch, wenn eine schwere Beschädigung am Schiff dazu zwinge. Die normale Atempause für Schiff und Besatzung wie auch die länger andauernde Grundüberholung müsse in der Heimat durchgeführt werden.

Danach referiert Lütjens wieder über die geplante Unternehmung selbst. Er unterstreicht die Bedeutung einer Aufklärung in der Dänemarkstraße, und zwar

a) wegen der Eislage und

b) um vor allem ein Bild über die feindliche Bewachung dieser Enge zu erhalten.

In diese Zusammenhang bittet er auch, daß die Skl auf diese Aufklärung hinwirkt und unter Umständen vermehrte Mittel dafür ansetzt. Lütjens nennt dabei U-Boote, Fischdampfer und auch Fernaufklärer der Luftwaffe mit Zusatztanks. Ein einmaliges Hineinstoßen beziehungsweise Überfliegen der Straße genüge seines Erachtens ganz und gar nicht, vielmehr sei vor Anlaufen und bei Beginn der Unternehmung eine laufende und auf möglichst breiter Basis aufgebaute Aufklärung erforderlich.

Raeder sagt Lütjens die Prüfung dieser Punkte zu. Er gibt dem Chef des Stabes der Seekriegsleitung den entsprechenden Auftrag.

Der Flottenchef trägt nun über die beabsichtigte Durchführung des Unternehmens vor. Danach soll Nyborg in der ersten Nacht passiert werden. Mit Dunkelwerden zur zweiten Nacht wolle er dann bei Kristiansand-Süd nach Westen heraustreten und bei Hellwerden nach der zweiten Nacht in den Korsfjord einlaufen. In den Abendstunden vor der dritten Nacht beabsichtigte er, den Hjeltefjord zu verlassen und sich nach NNW abzusetzen.[102]

Der ObdM, dem diese operativen Überlegungen bereits von der 1/Skl, der Operationsabteilung der Seekriegsleitung, vorgetragen worden sind, stimmt auch diesen Absichten ohne Einwand zu.

Es schließt sich nun eine Aussprache über das operative Vorgehen an.

Der Flottenchef vertritt den Standpunkt, daß nach dem Ausfall des Schlachtkreuzers GNEISENAU sein Verhalten schwer gesicherten Geleitzügen gegenüber kaum anders sein könne als bei der vorausgegangenen Unternehmung mit der SCHARNHORST und der GNEISENAU. Er wolle die BISMARCK nicht zu früh dekuvrieren, am liebsten erst dann, wenn er das Schwesterschiff TIRPITZ bei sich habe. In einem verbissenen Gefecht mit dem Ziel, die gegnerische Sicherung eines Geleitzuges niederzukämpfen, könnte die BISMARCK derartige Beschädigungen davontragen, die sie in der Verfolgung weiterer Aufgaben im Kampf gegen die britische Zufuhr ernsthaft behindern könnten. »Immerhin«, so schränkt Lütjens ein, »muß die jeweilige taktische Lage berücksichtigt werden.«

Nach vorläufiger Erkenntnis aber glaubt er einen Angriff auf eine gegnerische Schlachtschiffsicherung erst gegen Ende der Unternehmung verantworten zu können, doch sei es noch besser, damit überhaupt zu warten, bis zumindest die schnellere SCHARNHORST zum Kampfverband BISMARCK stoßen könne.

Lütjens befaßt sich dann mit den zu erwartenden gegnerischen Kräften. Nach seiner Auffassung sei auf den Nord-Süd-Wegen die artilleristische Sicherung des Gegners vielleicht weniger stark, dafür aber rechnet er mit um so größerer Wahrscheinlichkeit mit dem Vorhandensein von Flugzeugträger-Sicherungen. Und solche würden in jedem Fall das Unbequemere, ja – das Unbequemste – bedeuten, was der deutschen Kampfgruppe begegnen könnte. Ob Lütjens dabei den »Fall Tarent« vom 11./12. November 1940 überdachte, ist sicher aber nicht beweisbar.

Raeder billigt in großer Linie die Gedankengänge seines Flottenchefs. Er beendet seine abschließenden Ausführungen mit dem allgemeinen, für die spätere Beurteilung der Unternehmung aber äußerst bedeutungsvollen Hinweis: »Vorsichtiges Operieren ist angezeigt.

Es ist nicht richtig, für einen beschränkten, vielleicht unsicheren Erfolg einen hohen Einsatz zu wagen. Unser Ziel muß es sein, mit der BISMARCK und später zusammen auch mit der TIRPITZ dauernd laufende Operationen durchzuführen. Ein Suchen des Kampfes ist nicht Selbstzweck, sondern nur Mittel des Zieles, feindliche Tonnage zu binden, zu diversionieren oder zu versenken. Solange dies ohne hohen Einsatz möglich ist, um so besser.«

Dieser auf authentischen Unterlagen der Skl fußende Bericht ist Beweis genug, daß alle Gerüchte und Redereien über Differenzen zwischen Raeder und Lütjens falsch und aus der Luft gegriffen sind. Zweifelsohne wird Lütjens innerlich gewisse Hemmungen gehabt haben, die gegen die nunmehr noch risikoreicher gewordene Unternehmung sprachen, und er hätte seine Argumente, wäre er nicht selbst mit der Durchführung der Unternehmung als Flottenchef betraut worden, vielleicht auch stärker zum Ausdruck gebracht.

Schließlich hat Lütjens lediglich mit der ihm eigenen sachlichen Nüchternheit über andere Möglichkeiten referiert, abschließend aber von sich aus – und unbeeinflußt von Raeder! – seine Ansicht erhärtet. Zwischen seinem Wunsch, taktisch möglichst stark aufzutreten, und der strategischen Notwendigkeit, mit dem Einsatz nicht länger zu warten, hat er sich mit der Skl für letztere ausgesprochen.

Nahrung erfuhren die erwähnten Gerüchte vielleicht nicht zuletzt durch die Feststellungen Raeders in seinen Lebenserinnerungen [83c], in denen er Lütjens Vorschläge über weitere Möglichkeiten wie folgt kommentiert: »Es ehrt Lütjens menschlich sehr, daß er diese seine Auffassung mir gegenüber so offen aussprach. Ich habe versucht, ihm meine anderen Gründe darzulegen, die gegen einen Aufschub sprachen. Wenn Lütjens vielleicht nicht ganz von meiner Ansicht durchdrungen war, so endete diese Besprechung doch in vollem gegenseitigem Verstehen.«

Offenkundig ist diese geraffte Passage in Nachkriegskritiken und -berichten überbewertet worden. Zudem erscheint der Hinweis notwendig, daß Großadmiral Raeder lediglich auf seine Erinnerung angewiesen war, da weder ihm als einem der »Hauptschuldigen« im Sinne von Nürnberg noch seinen Mitarbeitern aus der Zeit der Manuskriptarbeit die damals in England archivierten Originalunterlagen der Skl, der Gruppen usw. zugänglich gewesen sind.

Fast kommt man ob der zu stark herausgestellten Meinungsverschiedenheiten zu einer anderen Auslegung:

Es ehrt vielmehr Großadmiral Raeder, wenn er, wie oben im Auszug wiedergegeben, die volle Verantwortung für die später so tragisch ausgelaufene Unternehmung an sich reißt und auf sich nimmt, wenn er sich in aller Öffentlichkeit vor seinen, mit seinen Männern auf dem grauen Meer im Kampf gefallenen Flottenchef stellt.

Nach der Besprechung mit dem Großadmiral hat der Flottenchef eine Begegnung mit dem Chef des Stabes der Seekriegsleitung, Admiral Schniewind. Lütjens und Schniewind sind zwar Crewkameraden, aber nicht enger miteinander vertraut. Die Verschiedenheit der Charaktere erschwert, daß sich Lütjens seinem Crewkameraden gegenüber eröffnet. Er berichtet lediglich in aller Sachlichkeit über das Gespräch mit dem ObdM, auch darüber, daß er den Vorschlag gemacht habe, abzuwarten, bis die GNEISENAU oder die anderen Großkampfschiffe einsatzbereit sein würden. Die Besprechung habe, so erklärt er abschließend noch kurz, im gegenseitigen Einvernehmen geendet. Einen Kommentar verbindet Lütjens damit nicht.

Später schließt sich noch eine Unterhaltung mit dem Chef der Operationsabteilung der Skl, Vizeadmiral Fricke, mit Konteradmiral Wagner, A I der 1/Skl, und Kapitän zur See Reinicke, A I op der 1/Skl, an. Zusammen mit diesen Offizieren geht Lütjens noch einmal den Operationsplan durch. Hierbei wird auch die Frage aufgeworfen, was er zu tun gedenke, wenn er plötzlich auf schwere gegnerische Seestreitkräfte stoßen würde. Lütjens Antwort kommt prompt.

Sie lautet: »Ich mache sofort kehrt.«[103]

In den Tagen der Vorbereitung des Unternehmens »Rheinübung« und einen Tag vor der Einschiffung des Flottenchefs auf der BISMARCK war es, daß Admiral Lütjens, der dritte Flottenchef in diesem Kriege, seinen Vorgänger, Admiral Marschall[104], in Kiel aufsuchte. Es würde den Rahmen dieses Buches sprengen, hier näher auf die recht problematischen tieferen Ursachen der Ablösungen der beiden Vorgänger von Lütjens, von Admiral Boehm und Admiral Marschall als Flottenchefs einzugehen.

Als Lütjens Marschall vor seiner Einschiffung auf der BISMARCK aufsuchte, legte dieser seine grundsätzlichen Gedanken über den Handelskrieg mit schweren Einheiten dar, wobei sich seine Ansichten absolut mit denen der Seekriegsleitung und des Marinegruppenkommandos West deckten. So hatte ja Marschall auf eine spätere Anfrage von Vizeadmiral Assmann über seine Meinung zur Frage »Schlachtschiffe in den Atlantik zu senden«, absolut positiv geantwortet.

Er schränkte allerdings ein: »Dem Befehlshaber dieser Streitkräfte muß bei veränderten Lagen eine gewisse Freiheit gegenüber dem Operationsbefehl und Skl-Weisungen zugestanden werden.«

Diese Überlegungen trug Marschall Lütjens vor. Er deutete auch seine Toleranz dafür an, daß die operativen Stäbe die menschliche Angewohnheit haben, jede Änderung ihres einmal aufgestellten »Fahrplanes« mit Mißbehagen zu betrachten oder gar strikt abzulehnen. Andererseits aber könne man in nahezu jedem Werk über die Kriegskunst den Grundsatz verankert finden, dem verantwortlichen Befehlshaber an der Front bei der Ausführung der Aufgaben nicht starr die Hände zu binden.

Seinen zusammenfassenden Hinweis, sich bei veränderter Lage nicht allzu sehr an den Operationsbefehl gebunden zu fühlen, beantwortete Lütjens mit der eingangs erwähnten Erklärung.[105] Marschalls Warnung wie auch Lütjens' unzugänglicher Standpunkt hatten ja ihre Vorgeschichte in den Zerwürfnissen der Seekriegsleitung – Gruppe West einerseits und den beiden ersten Flottenchefs des Zweiten Weltkrieges andererseits.

Eines sei hervorgehoben: Der Operationsbefehl ließ Lütjens durchaus Handlungsfreiheit. Aber mit der Einschränkung »Wird Durchbruch bemerkt, bleibt Aufgabe bestehen«, hatte er eben keine völlig freie Hand, um die Fühlung abzuschütteln oder, wie schon bei der GNEISENAU-SCHARNHORST-Unternehmung, vorübergehend kehrt zu machen und einen neuen Versuch zu unternehmen, der dann ja auch glückte, während Marschall bei Raeder in Ungnade fiel.

Wer heute, um die Lage von Admiral Lütjens ganz verstehen zu können, von den Anlässen der Differenzen absieht und nach der eigentlichen Ursache für die in Zahl und Heftigkeit doch überraschenden Friktionen zwischen den Flottenchefs einerseits und den Gruppenkommandos bzw. Skl andererseits forscht, wird wahrscheinlich finden, daß die Änderung der Befehlsorganisation durch die Einrichtung der Marinegruppenkommandos bei Kriegsbeginn die wesentliche Ursache für diese Reibungen war. Über die militärische Zweckmäßigkeit dieser Neueinrichtung, deren Wert oder Unwert noch heute sehr umstritten ist, wäre noch sehr viel mehr zu sagen.

In jedem Falle war dadurch die Stellung des Flottenchefs, die im Zweiten Weltkrieg und im Frieden als die wichtigste und höchste Position der Marine außerhalb des OKM galt, stark entwertet. Es waren wohl nur truppendienstliche Gründe, daß man diese Stellung nicht überhaupt abschaffte. Die operative Führung lag nun nicht mehr beim Flottenstab, nun war sie dem jeweiligen Gruppenkommando übertragen worden.

Die personellen Konsequenzen dieser Neuregelung hätten sein müssen, den Flottenchef zum Befehlshaber der neugeschaffenen Marinegruppe West zu ernennen und als neuen Flottenchef, der praktisch nur noch Befehlshaber einer Kampfgruppe war, einen dienstjüngeren Flaggoffizier einzusetzen. Statt dessen blieb der letzte Flottenchef der Friedenszeit in seiner Stellung, und zum Befehlshaber der Marinegruppe West wurde der bisheri-

ge Chef der Nordseestation, Generaladmiral Alfred Saalwächter, ernannt, der nie Flottenchef gewesen war.
Vielfach ist die deutsche Einrichtung der Marinegruppenkommandos mit ihren weitgehenden Befehlsvollmachten dahingehend kritisiert worden, daß damit die eigentliche Führung von See an Land, an den »grünen Tisch« verlegt worden sei. Demgegenüber ist zu erwägen, daß ein solches Verfahren, das noch im Ersten Weltkrieg unbedingt falsch gewesen wäre, im Zeitalter der modernen Nachrichtentechnik anders bewertet werden muß. Wenn die bisher nur optische Sichtung vom Flaggschiff aus nicht mehr die wichtigste Grundlage der Führungsentschlüsse ist, weil es daneben andere, zahlreichere und bessere gibt, dann muß eben die operative Führung jener Stelle zufallen, welche rechtzeitig (oder vorzeitig) die entscheidenden Nachrichten erhalten kann.[106] Die in Frage kommende Stelle aber war eindeutig die Landdienststelle, zumal bei dieser die Nachrichtenmittel nicht der Gefahr der Zerstörung im Gefecht ausgesetzt sind. Selbstverständlich blieb in allen taktischen Fragen und vor allem im Gefecht die Führung beim Führer in See nach »Op. und Man.«
Wie unterschiedlich die Überlegungen bei verschiedenen Persönlichkeiten der ehemaligen Kriegsmarine zu den Ausführungen im vorstehenden Kapitel sind, zeigen nachstehende Stellungnahmen.
Generaladmiral a.D. Wilhelm Marschall (Crew 06), Admiral Lütjens' Vorgänger: »Diesen Ausführungen konnte ich nicht zustimmen. Raeder hatte bereits 1940 und bei meinem Antritt als Flottenchef auf meine Forderung hin zugesagt, Gruppe und Flottenchef zusammenzulegen. Dies aber geschah erst im Jahre 1943 nach Raeders Rücktritt. Bei unseren zahlenmäßig so geringen Streitkräften hätte die Skl als Operationsstab vollauf genügt! Oder man bildete einen Stab mit zwei Abteilungen,
1. Bord,
2. Land,
wie dies ja auch praktisch 1943 geschehen ist. Der Landdienststelle hätten technisch alle Informationen zugeleitet werden können, was ja auch bei wichtigen stets geschehen ist.
Vizeadmiral a.D. Kurt Caesar Hoffmann (Crew 12) vermerkte dem Verfasser gegenüber: »Die Auffassung, daß die operative Führung der Seestreitkräfte im letzten Kriege von einer Führungsstelle an Land aus erfolgen mußte, bei der alle Informationen über die Gesamtlage gesammelt wurden und die frei von irgendwelchen Bindungen in der Benutzung der Nachrichtenmittel (Funkstille auf See) war, stimme ich in vollem Umfange zu und möchte betonen, daß sich nach meiner Erfahrung die Führung des SCHARNHORST-GNEISENAU-Verbandes während der Atlantikunternehmung im Februar/März 1941 und während dessen Versorgung mit Nachrichten durch die Gruppenkommandos Nord und West bestens bewährt hat. Die Unternehmung wäre ohne Einschaltung einer Führungsstelle an Land überhaupt nicht durchführbar gewesen.«
Etwa eine Woche vor dem Auslaufen der Kampfgruppe macht Lütjens noch einen Besuch bei seinem Crewkameraden Patzig, dem Chef des Personalamtes im OKM. Sie sprechen, was liegt näher, über die bevorstehende Unternehmung.
Patzig stellt Günther Lütjens die Frage, warum es denn notwendig sei, daß sich bei dieser relativ kleinen Unternehmung der Flottenchef und sein Chef des Stabes mit einschiffen müßten, und sagt weiter dazu:
»Wir sollten doch etwas haushalten mit unseren Flottenchefs. Das Risiko eines Gefechts und damit von Personalverlusten ist bei einem solchen Unternehmen ja immer akut.«
Lütjens teilt die Auffassung von Patzig durchaus: »Er glaube aber«, so fügt er hinzu, »keinen anderen Weg zu sehen. Er fühle sich in diesem Falle und dieser Situation vor die Alternative gestellt, im anderen Falle der Feigheit bezichtigt zu werden.«
Nur die Seekriegsleitung könne ihn von dieser Aufgabe entbinden. Für ihn bedeute diese Erkenntnis:
Dieser Entschluß müsse von der Skl ohne sein Zutun ausgesprochen werden. In diesem Zusammenhang bittet er Conrad Patzig, auf keinen Fall in dieser Sache bei der Skl zu intervenieren.
Schließlich sagt Lütjens noch: »Ich bin mir darüber klar, daß ich mich bei dem ungleichen Verhältnis der Kräfte doch früher oder später opfern muß.
Ich habe mit meinem privaten Leben abgeschlossen, und bin entschlossen, die mir zugefallene Aufgabe ehrenvoll so oder so zu lösen.«

*

Inzwischen hatte der ObdM Hitler als Oberstem Befehlshaber der Wehrmacht am 20. April[107] in dem südlich von Wien vor einem Tunnel von Mönnichkirchen abgestellten Befehlszug unter anderem seine weiteren Absichten hinsichtlich der ozeanischen Kriegführung mit Überwassereinheiten gemeldet.[108] Zwar hatte Hitler sich Raeder gegenüber nicht so drastisch ausgedrückt, wie er es gegenüber seinem Marineadjutanten von Puttkamer tat, hatte er doch die von der GNEISENAU und der SCHARNHORST versenkten 122 000 BRT als nicht »eben überwältigend« bezeichnet.[109] Von Puttkamer erklärte er weiter: »Das machen die U-Boote besser und schneller und ohne diesen ungeheuerlichen Aufwand.«

Konteradmiral Karl Jesko von Puttkamer sagt später, nach dem Kriege, dem Verfasser gegenüber dazu: »Es war unmöglich, Hitler die strategischen Auswirkungen solcher Zufuhrkriegsunternehmen klarzumachen, so jene Fakten, daß sich die Britische Admiralität nunmehr gezwungen sah, die Geleitzüge viel stärker zu sichern, wodurch die vorhandenen britischen Kräfte noch mehr zersplittert würden.

Der Beweis dafür, wie ernst man in England jetzt die Operationen der deutschen Überwasserstreitkräfte bewertete, waren doch die Anstrengungen der Briten, ein erneutes Auslaufen der GNEISENAU und der SCHARNHORST aus Brest durch Angriffe aus der Luft zu verhindern.

Als die Sprache auf die Bombentreffer auf der GNEISENAU kam, bedeutete dieses Ereignis für Hitler keine Überraschung. »Ich habe«, sagte er ohne Erregungen, »so etwas kommen sehen.«««

Verständlich, wenn Raeder später in seinen Memoiren schreibt: »Der Entschluß, den endgültigen Befehl zur Durchführung der BISMARCK-Unternehmung zu geben, wurde mir durch Hitlers Einstellung sehr erschwert. Als ich ihn von meinen Plänen unterrichtete, war er zwar nicht ablehnend, doch war ihm anzumerken, daß er damit nicht voll einverstanden war.«

Hitlers Besuch in Gotenhafen · Raeder lässt Hitler allein auf der BISMARCK · Hitlers verhängnisvolle Prophezeihung · Hitler und Raeder auf der TIRPITZ · TIRPITZ-Kommandant bietet Teilnahme an der »Rheinübung« an · OKM lehnt ab · PRINZ EUGEN als Flankenschutz der BISMARCK

Der 5. Mai 1941: Wie so oft in den Tagen und Wochen zuvor ankert das Schlachtschiff BISMARCK auf der Reede von Gotenhafen, nunmehr, seit der Einschiffung des Flottenchefs Admiral Lütjens, als Flottenflaggschiff. Dessen Anwesenheit kündet das um 08.00 Uhr gesetzte Kommandozeichen.

Im Innenhafen liegt das Schwesterschiff, das Schlachtschiff TIRPITZ, am Kai. Die TIRPITZ ist am Seebahnhof vertäut, denn dies ist in Gotenhafen der einzige Liegeplatz für Schiffe dieser Größe und mit großem Tiefgang. Wie die BISMARCK vorher, so erledigt nun auch die TIRPITZ die erforderlichen Erprobungen und Gefechtsübungen.

Während der kurzen Zeit, nämlich während jener drei Monate im Frühjahr 1941, in der die deutsche Kriegsmarine alle vier Schlachtschiffe gleichzeitig in Dienst hat, liegen also je zwei in Gotenhafen und zwei in Brest. Es ist nur verständlich, daß Hitler bei seinem bekannten Interesse an Großkampfschiffen den Wunsch hat, die stärkere dieser zwei Gruppen, die von Gotenhafen, persönlich zu besichtigen. Bei dieser Gelegenheit will er sich natürlich auch mit den verantwortlichen Offizieren über die Zweckmäßigkeit weiterer ozeanischer Unternehmen unterhalten, denn rein intuitiv hegt er von jeher starke Zweifel am Sinn und Erfolg weiterer Einsätze dieser Art. Die unter Admiral Lütjens durchgeführte Unternehmung der Schlachtschiffe SCHARNHORST und GNEISENAU fand ja, wie verdeutlicht, ganz und gar nicht Hitlers ungeteilten Beifall. Die Frage nach seiner inneren Einstellung zur See und zum Seekrieg findet eine objektive Antwort in v. Puttkamers Buch: »Hitler und die unheimliche See«. [82]

Auf der BISMARCK, auf der sich Hitler mit seinem militärischen Stab für diesen 5.Mai kurzfristig angemeldet hatte, ist inzwischen die Besatzung an Oberdeck angetreten. Nachdem der Aviso die Molenköpfe der Haupteinfahrt von Gotenhafen auslaufend passierte, Kurs auf die auf Reede vor Anker liegende BISMARCK nahm und nun am Fallreep des Schlachtschiffes festmacht, wird auf dem Schlachtschiff die Führerstandarte gesetzt. Hitler, sein Stab und der Chef des OKW, Generalfeldmarschall Keitel, begeben sich an Bord. Es fällt auf, daß der Oberbefehlshaber der Kriegsmarine, Großadmiral Raeder, die hochkarätigen Gäste nicht begleitet.

Es ist das erste Mal in der Geschichte der Marine des »Dritten Reiches«, daß Raeder »seine« Marine mit Hitler allein läßt. Er war bisher bei jedem Besuch »seines« Obersten Befehlshabers zugegen, weiß er doch, wie rezeptiv Hitler gegenüber Aussagen und Bedenken jüngerer Offiziere ist. Die Tatsache des Fernbleibens von Raeder wiegt um so mehr, als Hitler beabsichtigt, mit der BISMARCK und der TIRPITZ die nunmehr in Dienst gestellten Krönungen der deutschen Flotte auch zu besichtigen. Da aus dem »Führerkreis« kein Grund für das Fernbleiben des ObdM bekannt gemacht oder angedeutet wurde und auch Lütjens seinen Offizieren keine Erklärung dafür gab, bleibt es nicht aus, daß auf der Marineküstenklatschwelle die unterschiedlichsten Gerüchte ins Kraut schießen. Eines davon wird auch heute noch von ernsthaften Historikern vertreten:

»Raeder wollte alternativen Fragen Hitlers nach dem definitiven Einsatztermin der BISMARCK ausweichen, weil er, so die Argumente, eingesehen hat, daß er Hitlers Einwände zur ozeanischen Seekriegführung nicht zu entkräften vermag und daß dessen beinahe abfällig zu nennende Unterbewertung solcher Unternehmen auch nicht durch noch so logische Erklärungen zu revidieren sind. Hitler anerkennt nur taktische, also nur »sichtbare« Erfolge, von dem im ozeanischen Zufuhrkrieg weitaus größeren strategischen, in Zahlen aber nur vage und nicht konkret auszudrückenden größeren Sekundärerfolgen hält er (wie bereits an anderer Stelle erörtert) nichts.

Indessen findet das Rätselraten um das Fernbleiben des Großadmirals eine plausible Erklärung: Erich Raeder war, wie wir heute wissen und wie es zu dokumentieren ist, durch Krankheit verhindert (ob ernsthaft, ist nicht nachzuprüfen).

Illusorisch wird zwar damit auch eine vorher verbreitete Interpretation, die aber von der Sache her von Interresse ist, nämlich, daß sich auch Hitler sagen mußte: »Wenn der Großadmiral seine Anwesenheit nicht in jedem Falle einrichten konnte, dann wird auch eine ozeanische Unternehmung noch nicht spruchreif sein.«

Sie war aber auf die Minute hin spruchreif.

Sie war, was den »Schutz der Polarnacht« über dem Ausbruchsweg Dänemarkstraße betrifft, ohnehin bereits überfällig.

Überdies wissen wir nicht, ob Raeders Drängen, die BISMARCK noch in diesem Monat an die Atlantikfront zu schicken, absichtlich oder aus einem unkontrollierbar gesteuerten Unterbewußtsein von der maritimen Geschichte beeinflußt worden ist:

1941, vor nunmehr 25 Jahren, am 31. Mai 1916, traf Admiral Reinhard Scheer vor dem Skagerrak[110] mit seiner Hochseeflotte auf die zahlenmäßig überlegene Grand Fleet. Das Ergebnis der erbitterten Seeschlacht war für die deutschen Seestreitkräfte zwar kein absoluter taktischer Sieg, wohl aber ein demonstratives Patt.

Oder sogar noch mehr.

Vor der internationalen Seekriegsgeschichte wog die Erkenntnis noch stärker: Hier, vor dem Skagerrak, hatte sich eine zahlenmäßig weit unterlegene, zudem junge Flotte gegenüber einem nicht nur stärkeren, sondern über drei Jahrhunderte see-erfahrenen Gegner behauptet, was Standfestigkeit und Sinksicherheit der deutschen Schiffe anging ... oder deren verbesserte Waffen (geringeres Kaliber, aber von stärkerer Wirkung) oder, was die überlegenen leistungsfähigen Optiken in den E-Meßgeräten, Ferngläsern usw. betraf. Auch die bienenwabenförmige Schottenunterteilung in den Schiffskörpern ist zu den Schiffssicherheitsfaktoren zu zählen ... der in der Skagerrak zusammengeschossene Schlachtkreuzer SEYDLITZ ist wohl das beste Beispiel für Standfestigkeit und Sinksicherheit: Er überlebte. Auch die systematisch gründliche Ausbildung der deutschen Besatzung ist ein weiterer, sehr wesentlicher Pluspunkt. Die Deutschen hatten jedenfalls vor dem Skagerrak mehr feindliche Schiffe versenkt, als sie eigene Verluste hatten.

Nun, 25 Jahre später, im Mai 1941, sollen deutsche Schlachtschiffe – wieder Krönungen im Großkampfschiffbau (die in Brest liegende GNEISENAU planungsmäßig zunächst mit einbezogen) – gemeinsam mit schnellen Schweren Kreuzern im Nord- und Mittelatlantik ihre strategische Daseinsberechtigung im atlantischen Zufuhrkrieg gegen den gleichen Gegner beweisen und nicht eine Schlacht zwischen Helgoland und der Themse suchen. Raeder schreckt auch nicht davor zurück, sein modernstes und stärkstes Schlachtschiff, die BISMARCK, gezwungenermaßen allein mit dem modernsten Schweren Kreuzer in die nordatlantischen Weiten zu schicken, glaubt er doch, die BISMARCK stark und die PRINZ EUGEN seien schnell genug, um einen üblicherweise durch ein Großkampfschiff gesicherten Konvoi angreifen zu können, um sich danach in den Weiten des Ozeans zu verholen, Feindberuhigung abzuwarten und erneut einen durch den B-Dienst ermittelten Geleitzug anzunehmen.

Dabei vertraut er in strategischen und taktischen Fragen seinem Flottenchef Admiral Günther Lütjens, der sich, wie einleitend vorgestellt, in der Atlantikschlacht als »Handelsstörer« bereits bewährte. Zudem hofft er, die bisher geübte tip-and-run-Taktik durch einen Vernichtungsangriff des Eskort- und Sicherungsschiffes (meist ein Schlachtschiff oder ein schneller Schlachtkreuzer) zugunsten der deutschen Kampfgruppe modifizieren zu können, dahingehend, wie bereits dargestellt, daß sich das zweite Schiff der deutschen Kampfgruppe inzwischen mit den wehrlosen, nun ungeschützten Konvoischiffen befassen kann, wobei auf den Frachtern die hier und dort an Bord montierten 15-cm-Kanonen den Gegnern vollauf gewachsen sind. Allein schon durch die gründliche Ausbildung.

Wie sich doch die Bilder 1916/1941 gleichen. Auch Admiral Reinhard Scheer hatte bei seiner Bestallung zum Flottenchef (15. Juni 1916) keine Zweifel aufkommen lassen, »die Flotte im Rahmen des Möglichen **unbedingt** einzusetzen«.

Auch Raeder war sich dieses Grenzwertes des Möglichen durchaus bewußt. Und Lütjens nicht minder, als die Seekarten für das Unternehmen »Rheinübung« auf dem Operationstisch ausgebreitet wurden. Zweifelsohne sind die oben skizzierten Gedankenvergleiche hypothetisch, denn sie sind nirgendwo schriftlich belegt und nirgendwo seitens Raeder ausgesprochen worden. Dessenungeachtet, so abwegig sind solche gedanklichen Traversen nicht, wenn man Raeders ausgeprägtes Geschichtsbewußtsein und das jener Offiziere überdenkt, die noch in der Kaiserlichen Marine gedient hatten: 1941 ist, wie bereits oben erwähnt, ein großes Jubiläumsjahr für die deutsche Marine.

Generaladmiral Saalwächters Reaktion auf die (spätere) Versenkung der HOOD wird das bestätigen. Ob sich daraus allein Raeders Drängen ableiten läßt, ist unwahrscheinlich, aber: so selten ist es nicht, daß Unwahrscheinliches wahrscheinlicher ist.

Doch wenden wir uns wieder dem aktuellen Geschehen an diesem Tage zu, dem 5. Mai 1941.

Hitler und Keitel schreiten in Begleitung des Flottenchefs und des Kommandanten der BISMARCK die Front der an Oberdeck angetretenen Besatzung des Schlachtschiffes ab. Anschließend werden den Gästen Gefechtsübungen vorgeführt, bei denen aber nicht geschossen wird; die Flaktürme bleiben sogar unbesetzt.

Besonders lange, nahezu eine halbe Stunde, halten sich Hitler und Keitel in der achteren Rechenstelle auf. Wie immer, zeigt sich Hitler von den hochtechnischen Einrichtungen stark beeindruckt, aber auch der Chef des OKW, Generalfeldmarschall Keitel, der, wie sehr viele deutsche Generalstäbler seiner Laufbahn nach Artillerist ist, verhehlt sein Erstaunen über Einrichtung und Arbeitsweise einer solchen Schiffsartillerie-Rechenstelle nicht (wobei höchstens erstaunt, daß Keitel bislang offenkundig dazu keine Gelegenheit oder keine Zeit hatte). Keitel schüttelt nur den Kopf, als Oberleutnant zur See Cardinal auf Befehl des Kommandanten die Funktion des Schußwertrechners erklärt. Hitler stellt keine Fragen. Der Vortrag von Cardinal ist bei aller militärischen Ausdrucksweise überzeugend und erschöpfend. Während sich im Gesicht Hitlers lebhaftes Interesse und in dem Keitels sogar Verblüffung widerspiegeln, verzieht der Flottenchef keine Miene. Später hat Hitler in der Kajüte des Flottenchefs eine längere Aussprache mit Lütjens, zu der Keitel nicht hinzugezogen wird, an der aber später Hitlers Marineadjutant, von Puttkamer, teilnimmt.

Lütjens berichtet Hitler über seine Erfahrungen, die er bei den Einsätzen von SCHARNHORST und GNEISENAU im ozeanischen Zufuhrkrieg gesammelt hat. Er erläutert seine Absichten für eine für die BISMARCK als Flaggschiff »geplante« Unternehmung, wobei aber weder der unmittelbar bevorstehende Auslauftermin noch die bereits klar umrissenen Operationen und Alternativen Erwähnung finden. Ob auf diesen so wichtigen Termin absichtlich oder nur aus Versehen nicht eingegangen wurde, ist heute nicht mehr zu ermitteln, auch nicht, ob zwischen Raeder und Lütjens diesbezügliche Absprachen bestanden, Hitler keinen Anhaltspunkt zu geben, das unmittelbar bevorstehende Unternehmen noch in letzter Minute zu verbieten. Der Grund für ein solches Eingreifen Hitlers könnte, wie bereits vorgetragen, in dessen mehrfach überlieferter Sorge zu finden sein, daß eines dieser ozeanischen Unternehmen mißlingen und zu einem Verlust des Schiffes oder, was für ihn noch gravierender war, zu einem Verlust an Prestige führen könnte.

Admiral Lütjens spricht sich für eine neue Unternehmung im Prinzip zuversichtlich aus, bietet doch der Einsatz der BISMARCK außerdem die Aussicht, stark gesicherten Geleitzügen nicht unbedingt ausweichen zu müssen, wozu drei Monate vorher SCHARNHORST und GNEISENAU in drei Fällen gezwungen worden waren. Das größte Problem des Flottenkommandos sei, den Verband vom Gegner ungesehen aus der Nordsee heraus in den freien Atlantik zu führen.

Nach der Besichtigung des Schiffes lädt Lütjens Hitler und seinen Stab in die Offiziersmesse der TIRPITZ ein. Hinzugebeten werden auch einige hochdekorierte Seeoffiziere, unter diesen ist auch der Ritterkreuzträger Korvettenkapitän Otto Schuhart. Seine Anwesenheit hat wahrscheinlich ganz besondere Gründe, hat er doch als Kommandant von U 29 im Nordatlantik am 17. September 1939 den 22 500 ts großen britischen Fleet Aircraft Carrier COURAGEOUS mit 48 Flugzeugen an Bord mit zwei Treffern torpediert. Der Flugzeugträger versank nach 15 Minuten.

Während der lockeren, fast zwanglosen Unterhaltung stellt Hitler die Frage, ob die numerische Überlegenheit der englischen Flotte nicht doch eine große Gefahr für eine deutsche Kampfgruppe darstelle. Lütjens weist erneut ganz sachlich und ohne Pathos darauf hin, daß die BISMARCK jedem gegnerischen Großkampfschiff überlegen sei. Standfestigkeit und Sinksicherheit seien zudem so groß, daß dieses Schiff praktisch nichts, auch nicht bei stärkstem Artilleriebeschuß, zu befürchten hätte. Eine Versicherung, der Hitler, der sich seit Beginn der Projektplanung dieses Typs mit den Schiffen der BISMARCK-Klasse intensiv befaßt hat, nicht widerspricht. Allerdings, so schränkt er danach ein, seien dem Flottenkommando trotz Überlegenheit der BISMARCK mit dem Erreichen des freien Atlantiks keineswegs alle Sorgen genommen. Lütjens spricht offen darüber, daß er in den Torpedoflugzeugen der gegnerischen Flugzeugträger eine Hauptgefahr sähe, und daß er dieses Problem im ganzen Atlantik als akut betrachtete. Der Angriff der, wie bereits ausführlich berichtet, nur zwölf »Swordfish«-Trägerflugzeuge auf die italienische Flotte im Hafen von Tarent war ja mit seinen katastrophalen Folgen (drei Schlachtschiffe zur Betriebsunfähigkeit beschädigt, eines davon auf den Hafengrund gesunken; siehe Bd. 2, S. 156 bis 157) im Skl-KTB in bemerkenswerter Ausführlichkeit und Offenheit protokolliert worden, während er im BISMARCK-KTB nur Erwähnung fand. Hitlers Marineadjutant kommentierte die Ausführungen von Lütjens anhand des Skl-KTBs.: »Hitler fand seine Ansicht über die akute Luftgefahr bestätigt. Es beeindruckte ihn tief, daß ein so erfahrener Seebefehlshaber wie Lütjens seine Auffassung so offen und ehrlich teilte.« Hitler unterließ es aber auch jetzt wieder, durch einen Gegenbefehl einzugreifen.

Wie dem auch sei.

Daß solche rumpfmäßig weitausladenden Flugzeugträger in kritischen Operationsgebieten, insbesondere im Bereich der Geleitzugwege als hoch aus dem Wasser herausragende Ziele akut gefährdet sind, hat Otto Schuhart mit U 29 demonstriert. Dessenungeachtet stellt Hitler auf der TIRPITZ noch eine hochbrisante Frage:

»Und was passiert, wenn einer der Flugzeugtorpedos die Schrauben oder die Ruder trifft?«[111/1]

Die Antwort ist: Schweigen in der Runde.

Lütjens vergräbt eine Antwort hinter reglos, steinernem Gesicht,[111/2] Hitler, von dem man weiß, daß er an die Vorsehung und an seherische Intuitionen glaubt, unterläßt einen Kommentar, zumal von Lütjens über den in Kürze fest eingeplanten Einsatz der BISMARCK und der PRINZ EUGEN nicht gesprochen wird oder auf Raeders Befehl (oder Wunsch) nicht gesprochen werden darf. Mit Hitler schon gar nicht.

Nach einem langen, fünf Stunden dauernden Aufenthalt verabschiedet sich Hitler. Er wird mit seiner Begleitung vom Aviso HELA abgeholt und an Land gebracht.

Unmittelbar darauf stattet er der TIRPITZ seinen Besuch ab. Kapitän zur See Topp, Kommandant der TIRPITZ, begleitet ihn während des ganzen Rundganges an Oberdeck, wo die Besatzung in Stärke von 2 300 Mann mit Ausnahme der auf Wachstation befindlichen Soldaten in dreizehn Divisionen an beiden Schiffsseiten von vorn bis achtern aufgestellt worden ist. In der Kommandantenkajüte hält Topp anschließend Hitler einen kurzen Vortrag über den Stand der Ausbildung. Er unterbreitet auch ihm seinen schon dem Flottenchef gemachten Vorschlag, die TIRPITZ mit der BISMARCK zu der in Aussicht genommenen atlantischen Unternehmung mit in See zu schicken. Die Argumente, die Topp vorbringt, sind die gleichen, die er auch dem Flottenchef bei dessen Besuch auf der TIRPITZ vorgetragen hat. Hitler nimmt die Vorschläge von Topp zur Kenntnis. Weder er noch jemand aus seiner kleinen Begleitung äußern sich dazu. Unmittelbar danach verläßt Hitler die TIRPITZ.

Laut KTB-BISMARCK heißt es nach Hitlers an sich »ergebnislosem« Besuch für den Tag darauf, den 6. Mai 1941, kommentarlos und nüchtern um 08.00:

»Flagge des Flottenchefs niedergeholt.«

Und für die Zeit vom 6. bis zum 9. Mai: »Weitere Gefechtsausbildung aller Waffen und aller Abschnitte angesetzt.«

Die BISMARCK, die vom 2. bis 5. Mai maschinentechnisch

auf Hafenbetrieb geschaltet hatte, macht am 6. Mai 08.15 Uhr seeklar für (eine wieder nicht konkret in sm/h angegebene) **Höchstfahrt**, wobei alle 3 Kraftwerke mit je 4 Kesseln in Betrieb genommen werden. Der Heizölbestand wird vom LI, Korvettenkapitän (Ing.) Lehmann, mit 8 253 m³ angegeben, mehr als im Gröner [122] mit 7 400 m³, sogar bei einer Beladung durch Zusatzbunker als Maximum.

Laut KTB Kapitän z.S. Lindemann werden in der Danziger Bucht durchgeführt:
- Gefechtsausbildung einschließlich der Schiffsbetriebstechnik,
- Ölübernahme und Ölabgaben in See,
- Angriffsübungen bei Tag und Nacht durch Boote der 25. U-Flottille zur Schulung des Ausgucks und der Horcher.

Ende der Gefechtsausbildung am 9. Mai, an dem von der Gruppe West auch die Operationsbefehle für die Troßschiffe und die Begleittanker eingehen. Die Organisation funktioniert wie ein Uhrwerk.

Abschließend darf noch festgestellt werden, daß ein direkter Zusammenhang zwischen der nur sechs Tage später begonnenen Unternehmung und Hitlers Besuch nachweislich nicht bestanden hat. Dieser Besuch entsprang lediglich dem Interesse Hitlers, die beiden Schlachtschiffe, bei deren Stapellauf er zugegen war, zu besichtigen und sich an Ort und Stelle von der Kampfstärke dieser »Wunderschiffe« zu überzeugen.

Die Vermutung, auch Hitler habe in Erwägung gezogen, diese beiden Einheiten mit dem kurz bevorstehenden Krieg mit Rußland als Feuerschutz für die unter der Küste vorgehenden Landtruppen und für die Niederkämpfung von Hafenplätzen einsetzen zu lassen, erscheint völlig abwegig. Eine Frage derartiger Tragweite hätte er nie mit Keitel, sondern ausschließlich und auch vor seinem Besuch mit Raeder diskutiert. Da die Protokolle aller Gespräche, die Hitler mit Raeder geführt hat, erhalten sind, müßte wenigstens ein Hinweis auf eine diesbezügliche Überlegung Hitlers zu finden sein. Er ist es aber nicht.

Auch die Frage, was der Grund für die Ablehnung des Vorschlages, TIRPITZ dem Verband beizugeben, gewesen sein mag, ist von verschiedenen Seiten untersucht worden. Hier kam zum Ausdruck, der Kommandant müsse ja den besten Überblick über die Einsatzbereitschaft seines Schiffes gehabt haben. Mit seiner Meldung an den Flottenchef wie auch an Hitler habe er ja auch die Verantwortung übernommen.

Der Grund, warum die TIRPITZ zurückblieb, war, wie bereits dargelegt, einzig und allein die Tatsache, daß die Gefechtsausbildung gerade erst begonnen hatte und das Schiff nach Auffassung der Skl als noch lange nicht einsatzfähig anzusprechen war. Keine Stelle bei der Skl hat daran gedacht, die TIRPITZ etwa für einen im Rahmen des Rußlandfeldzuges zu erwartenden Ostseekrieg zurückzuhalten. Gewiß, man hätte das Auslaufen der Kampfgruppe BISMARCK so lange verschieben können, bis der KB-Zustand der TIRPITZ annähernd zufriedenstellend erreicht war. (Das war zweifelsohne ein Fehler; zumindest wäre das ein notwendiges Thema gewesen. Das aber wiederum setzte eine gesunde, uneigennützige Koordination aller drei Wehrmachtsteile voraus, vor allem den Willen dazu, also auch des ObdM.) Dem aber standen die berechtigten Sorgen gegenüber, daß sich die Aussichten für eine ozeanische Kriegführung mit Überwassereinheiten dann noch mehr verschlechtert haben würden.

Der damalige Chef des Stabes der Seekriegsleitung, der spätere Generaladmiral Schniewind, schrieb als die hier kompetenteste Persönlichkeit nach dem Kriege in dem schon erwähnten Brief an Captain Grenfell über den Einsatz der Überwasserstreitkräfte unter anderem weiter: »Anscheinend fanden Sie nicht genügend Erklärungen dafür, daß die Kriegsmarine ihre Überwasserstreitkräfte ›stückweise‹ oder in ›Pfennighäufchen‹ in den Atlantik schickte. Unsere Kriegsmarineführung (OKM) war selbst der Überzeugung, daß diese Art der Kriegführung nicht befriedigend war. Es gab aber jedenfalls nur sehr wenige Schiffe, die für Operationen auf hoher See geeignet waren, und einige von diesen litten sehr oft unter bedauerlichen Störungen, wie sie ähnlich auch die Royal Navy mit der PRINCE OF WALES und KING GEORGE V. kennengelernt hatte. Die deutschen Verantwortlichen sahen es aber als notwendig an, jede Gelegenheit zu ergreifen, um den Krieg gegen die britische Schiffahrt zu verstärken. Aus diesem Grunde mußte der U-Boot-Krieg vervollkommnet und entlastet werden.«

Bis Ende 1941 war die U-Boot-Waffe selbst sehr schwach. Großadmiral Raeder und sein Stab waren der Auffassung, daß die Überwasserstreitkräfte mit aller Kraft zu den Bestrebungen, den Krieg zu gewinnen, beitragen müßten, bevor ein Kriegsereignis, wie Bomben- oder Minentreffer, sie an Häfen oder Werften binden würde.

Das Schicksal anderer Schiffe hatte in dieser Hinsicht ernsthafte Warnungen gegeben ...[112]

»Zusätzlich sah die Seekriegsleitung (also das OKM) im Hinblick auf die zunehmende Wirksamkeit der britischen Luftwaffe voraus, daß der Überwasserkrieg durch die RAF früher oder später zum Erliegen kommen würde ... Der Schwere Kreuzer ADMIRAL SCHEER hatte ja, wie bereits erwähnt, auf dem Rückmarsch aus dem Atlantik durch die Dänemarkstraße nach Norwegen im späten Frühjahr den Verdacht gehabt, daß (sein) Durchbruch westlich von Island von Funkmeß (Radar) beobachtet würde.«[113]

Soweit Schniewind, der allerdings einer Fehlbeurteilung unterlag, wenn er von der Beobachtung hinsichtlich des Vorhandenseins von Funkmeß (= Radar) in Verbindung mit dem Dänemarkstraßen-Durchbruch eines der beiden vorgenannten Schweren Kreuzer sprach.

Natürlich vermuteten die deutschen Marinedienststellen, wie bereits behandelt, seit Beginn des Krieges beim Gegner ebenfalls eine Entwicklung auf dem Gebiet des Funkmeßortungswesens (FuMO)[114], eine, wie bereits angedeutet, naheliegende Sorge, wenn auch Beweise für das reale Vorhandensein von Schiffs- oder Flugzeuggeräten für eine elektronische Rückstrahltechnik (sprich Funkmeßortung oder britisch Radar) nach wie vor fehlten. Später – ausgerechnet während des Unternehmens »Rheinübung« – wurde ein Funkmeßeinsatz beim Gegner schockierende Gewißheit.[118]

In dem vorerwähnten Brief Schniewinds an Grenfell heißt es weiter: »Dies (nämlich die oben erwähnte Feststellung Schniewinds) warnte das OKM, daß diese bislang von deutschen Schiffen der Kriegsmarine wie auch der Handelsschiffahrt (relativ, d.V.) stark frequentierte Durchfahrt in kurzer Zeit und auf wirksame Weise gesperrt werden würde. Sollte sie noch einmal genutzt werden, müßte es bald sein. Das bedingte das nunmehr schnelle, fast überhastet zu nennende Auslaufen der Kampfgruppe BISMARCK. Die BISMARCK-Operation bis zur Einsatzbereitschaft der TIRPITZ zurückzustellen, war (übrigens auch) vom OKM in Betracht gezogen worden. Die (dabei zu erwartende) lange Verzögerung erschien aber ertragbar. Die Gefechtsbesichtigung der TIRPITZ durch Admiral Otto Ciliax fand aber erst im Herbst 1941 statt. Die Kriegsmarine war der Auffassung, daß einem so großen Schiff wenigstens ein Jahr von der Indienststellung bis zur vollen Einsatzfähigkeit zugestanden werden müsse.[119]

In den letzten Maiwochen wurde die BISMARCK-Operation außerdem durch die bevorstehende Kreta-Unternehmung dringend.[120]

Das OKM nahm an, daß die Tätigkeit der BISMARCK im Atlantik einige Wirkung auf die Vorgänge im Mittelmeer haben würde, zum Beispiel im Abziehen der Force H von Gibraltar. (Dies verwirklichte sich später tatsächlich.)

Das deutsche Oberkommando (Stab) schätzte, daß die britischen Streitkräfte – über alle Ozeane verteilt und ununterbrochen durch Kontrollen gegen U-Boote und Hilfskreuzer in Anspruch genommen – in hohem Maße beansprucht waren. Es bestanden nur Zweifel, ob der neue Flugzeugträger und die beiden neuen Schlachtschiffe der KING GEORGE V.-Klasse inzwischen voll k.b. (= kriegsbereit) sind.

In diesem Punkte sah das OKM die Lage für die BISMARCK ungünstiger an, als sie in Wirklichkeit war ...«

Soweit Schniewind in seinem Brief an Grenfell. Gut, aber die Engländer haben doch ihre noch im Werftprobefahrverhältnis stehende PRINCE OF WALES auf die BISMARCK angesetzt, weil sie gar nicht anders konnten, weil sie aus der Lage heraus einfach mußten. Mit Werftpersonal an Bord und einer unbefriedigend funktionierenden Schweren Artillerie (SA), die Sir Tovey in seinem KTB schonungslos kritisierte. Aber hätten die Skl nicht auch die brandneue TIRPITZ dem Unternehmen »Rheinübung« zuteilen können, wenn die Zeit schon drängte? Das Risiko der bereits eingefahrenen TIRPITZ, deren Einsatz ihr Kommandant trotz gewisser Schwächen befürwortet hatte, war doch nicht viel größer als das der PoW. Der Verfasser hat verschiedenen maßgebenden Persönlichkeiten diese Überlegung unterbreitet, die TIRPITZ dem Verband beizugeben. Er hat bei fast allen Zustimmung erfahren. Denn: allein die Anwesenheit einer zweiten Einheit der vom Gegner gefürchteten BISMARCK-Klasse hätte Rückwirkungen auf die Maßnahmen des Gegners gehabt. Die noch nicht voll gefechtsbereite (im Sinne der marine- und militärtechnischen Regularien) TIRPITZ hätte sich bei einem Gefecht zwischen der BISMARCK und der PRINZ EUGEN mit der HOOD und der PRINCE OF WALES heraus- oder zurückhalten können.

Eine verbindlich eindeutige Antwort war auf kluge, aber drohende Distanz nicht zu erhalten, lediglich diese: »Wenn Sie Topp kennen, dann glauben Sie doch nicht im Ernst, daß er sich bei einer Feindberührung hätte heraussetzen lassen.«

Oder diese von Konteradmiral a.D. Hans Meyer: »Dieser Gedanke ist meines Erachtens ein Unding. Man kann doch kein Schiff in einem Verband gegen den Feind schicken und ihm sagen: »Wenn es zum Gefecht kommt, dann laß die anderen kämpfen. Halte dich heraus und sieh zu! ...« Das ist psychologisch unmöglich und dem Grundsatz widersprechend, daß ich, wenn es zum Kampf kommt, kein Mittel brachliegen lassen soll, das dazu beitragen kann, eine günstige Entscheidung zu bringen.«

Das ist die Überlegung des Erfahrenen, dennoch und aber: Das psychologische Moment hätte sich doch genauso auch auf den Gegner ausgewirkt. Die Anwesenheit der TIRPITZ hätte bei gleichen Feindstreitkräften und gleicher Konstellation das Ende auch der PRINCE OF WALES durch die BISMARCK bedeutet. Und ob später die Torpedoflieger der ARK ROYAL den Treffer in die Ruderanlage der BISMARCK hätten anbringen können, wenn TIRPITZ mit einer bereits im KB-Zustand befindlichen Flak in der Nähe gestanden hätte, bleibt zu bezweifeln. Allerdings sind alle diese Überlegungen reine Spekulationen, da wir ja nicht wissen, wie der Gegner gehandelt hätte, wenn der in den Atlantik ausbrechende deutsche Verband aus zwei Schlachtschiffen und einem Kreuzer bestanden hätte. Einen Nutzen für die Zukunft können diese Überlegungen eigentlich nur hinsichtlich der psychologischen Fakten haben.

Zurück zur BISMARCK, die vom 10. bis 12. Mai in der Danziger Bucht auf Gotenhafen-Reede liegt; zur Ergänzung der Vorräte in allen Abschnitten und auch für noch notwendige Überholungsarbeiten.

Am 13. Mai weilt der Flottenchef mit seinem Stab an Bord. Er kommt sehr früh übers Fallreep, genau 07.05 Uhr. Er will in Verbindung mit einer Gefechtsbesichtigung bei einer Klarschiffübung die Zusammenarbeit zwischen Stab und Schiff prüfen. Bevor Lütjens 13.05 Uhr von Bord geht, verlangt er vom BISMARCK-Kommando eine Ölübergabe an die PRINZ EUGEN in Fahrt über den Bug. Er will sicher sein, daß die BISMARCK bei einem solchen Beölungsmanöver sofort in Fahrt gebracht werden kann, wenn es zu einer plötzlichen Feindberührung kommt und die Ölschlauchverbindung sofort geschlippt werden muß.

Am 14. Mai eine neue Hiobsmeldung: Die Wippvorrichtung des BB-Bordkrans der BISMARCK ist unklar. Kupplungsschaden. Das Aus- und Einsetzen von Booten und Flugzeugen ist unmöglich. Lindemann: »Ich entschließe mich, die Übungen mit dem Leichten Kreuzer LEIPZIG abzubrechen.«[121] Um am 15. Mai nach Gotenhafen einlaufen zu können, muß aber wegen des Tiefgangs der gefechtsmäßig beladenen BISMARCK vorher Heizöl abgegeben werden, um das Schiff zu leichtern.

Damit nicht genug. Der Kommandant der BISMARCK muß 20.45 Uhr an das OKM/A, das OKM/Skl, das OKM/K und Chef, dem Marinegruppenkommando Nord, der Flotte und dem 2. Admiral Flotte melden:

»GEHEIM« (dick unterstrichen)

»Kriegsbereitschaft eingeschränkt ... Zeitpunkt Wiederherstellung Kriegsbereitschaft noch nicht zu übersehen; gez. Lindemann.«

Neue Hindernisse: Da sich die Ölabgabe um Stunden verzögert, kann die BISMARCK erst am 15. Mai 16.45 Uhr in Gotenhafen am Überseebahnhof festmachen. Die Folge ist, daß auch der von der Gruppe Nord an die Flotte gegebene Befehl »Marburg« 5724 gem. Op.-Befehl der Flotte und den Op.-Befehlen der Gruppe Nord für den 18. Mai ab Großer Belt aufgehoben wird. An Bord der BISMARCK wird mit einer Verschiebung um drei Tage gerechnet. Ist das zu verantworten? Die Antwort gibt Lütjens. Er befiehlt am 15. Mai: »Die Reparatur ist vor dem Auslaufen durchzuführen, und eine bedingte Verzögerung des Anlaufens der befohlenen Operation ist in Kauf zu nehmen.«

Letzter Liegeplatz der BISMARCK vor dem Kriegsmarsch nach Norwegen und dem Ausbruch durch die Dänemarkstraße nördlich von Island war der Seebahnhof der Polnischen Ozeanlinie im damaligen Gotenhafen.

Das Unternehmen »Rheinübung«

Vor dem Auslaufen · Unterlassungen bei den Erprobungen und Übungen · Das Auslaufen aus Gotenhafen · Musik an Bord und andere Tarnungen

Am 16. Mai meldet das Flottenkommando die Kampfgruppe für den 18. Mai, 00.00 Uhr, klar für »Rheinübung«. Auf dem Gebiet des Schlüsseldienstes ist erstmalig für diese Operation der »Schlachtschiffschlüssel« verausgabt worden, um mit Hilfe dieses besonderen Schlüsselverfahrens einen Nachrichtenaustausch nur unter den wirklich operativ interessierten Stellen zu ermöglichen.

Das Unternehmen läuft zur gleichen Stunde an, da sich in Griechenland Fallschirmjäger sowie deutsche und italienische Seeleute und Truppen auf »den Sprung nach Kreta« vorbereiten. Inwieweit das BISMARCK-Unternehmen mit dem Kreta-Unternehmen in Verbindung gebracht werden kann, ist bereits im Kapitel zuvor behandelt worden.

Voraussehbar ist aber, daß bei Operationen einer deutschen Kampfgruppe im Nordatlantik die Force H, das Gibraltargeschwader, im Atlantik eingesetzt werden wird und damit im Mittelmeer nicht mehr zur Verfügung steht. Gleichwohl ist ein entscheidender Einfluß der BISMARCK-Unternehmung auf die Kreta-Landung zu verneinen, und zwar deshalb, weil eine Diversionswirkung auf die in Alexandria stationierte Mittelmeerflotte[122] natürlich nicht zur Diskussion steht und weil der dort stationierte Verband dreimal stärker als das Gibraltargeschwader ist.

Am 17. Mai, 22.14 Uhr, meldet die Gruppe Nord der Flotte: Die Lichtbildaufklärung des Flie.-Fü.-Nord über Scapa Flow ergibt: 2 Schlachtschiffe, 1 Flugzeugträger, 11 weitere Schiffe, darunter wahrscheinlich 3 Kreuzer. 1 Schlachtschiff ist also möglicherweise in See.

23.05 Uhr folgt eine weitere das geplante Unternehmen »Rheinübung« tangierende Meldung: Lt. Gruppe West sind im Quadrat A.K. (südöstlich von Grönland, südwestlich von Island, genau im vorgesehenen Marschgebiet die BS-Kampfgruppe!) das U.S.A.-Schlachtschiff NEW YORK und drei Zerstörer der DUNLOP-Klasse mit Kurs S.W. »übend« gesichtet worden. Das scheint kein Zufall zu sein.

Am 17. beziehungsweise am 18. Mai laufen die beiden Troßschiffe MS GONZENHEIM und KOTA PENANG aus La Pallice aus. Mit ihren 14 kn Höchstgeschwindigkeit sollen sie mit AK auf ihre Positionen als Spähschiffe marschieren, also so Herbert Schneekluth, die nur in Ausnahmefällen und für kürzeste Zeit gelaufen werden darf. Ferner gehen die Versorgungstanker für das Nordmeer, die MTS WEISSENBURG und die HEIDE, beladen mit je 7 000 t Heizöl und 300 m³ Gasöl und einer Eigenausrüstung für vier Wochen an Bord, in See; für den Atlantik die Begleittanker BELCHEN, LOTHRINGEN, ESSO HAMBURG und FRIEDRICH BREME. Die Gruppe Nord verlangt, daß die WEISSENBURG wie auch die HEIDE die befohlenen Wartestellungen am 22. Mai eingenommen haben. Weiter marschiert das Troßschiff SPICHERN[123] auf seine anbefohlene Wartestellung im Atlantik. Die vorher genannte ERMLAND, ein marineeigenes Troßschiff, läuft nicht mit aus, obwohl dies ursprünglich vorgesehen war. Auf Position in ihrem Tätigkeitsgebiet zwischen 45° bis 46° Nord und 32° bis 35° West stehen als Wetterschiffe die Fischdampfer FREESE, MÜNCHEN, AUGUST WRIEST und LAUENBURG.

Am 17. Mai gibt die Gruppe Nord das Stichwort aus; nach diesem soll die Kampfgruppe am 19. Mai mit Eintritt der Dunkelheit geschlossen den Marsch in den Großen Belt antreten.

Insgesamt befinden sich als Besatzung an Bord 103 Offiziere (einschließlich der Schiffsärzte und Fähnriche) und 1962 Unteroffiziere und Mannschaftsdienstgrade.

Hinzuzuzählen sind die Offiziere des oben aufgeführten Flottenstabes, der Prisenkommandos mit Handelsschiffoffizieren (Kapitäne mit Patent A 6) und handelsschiffserfahrenen Seeleuten, der Bordmeteorologe, die Bordflieger, die Spezialisten vom B-Dienst sowie die Kriegsberichter Wort sowie Bild und Film. Außerdem kommen, da das Schiff noch nicht bis ins Detail hergerichtet ist, noch einige Männer vom Werftpersonal hinzu, darunter der Marinebaurat Schlüter. Die Besatzung ist in zwölf Divisionen unterteilt, und zwar in die

1. bis 4. Division. Sie setzt sich aus rein seemännischem Personal zusammen, dessen Gefechtsstationen im Bereich der Schweren und der Mittelartillerie liegen. Analog dazu sind hier die Divisions- und Zugoffiziere, die

Turmkommandeure der Schweren und der Mittelartillerie zu nennen;

5. und 6. Division: Sie erfaßt gleichermaßen seemännisches Personal, das seine Gefechtsstation an den Fla-Waffen hat. Die Divisionsoffiziere fungieren als Fla-Abschnittsleiter;

7. Division setzt sich aus den fachlich spezialisierten an Bord notwendigen Funktionären zusammen, als da sind die Köche, die Stewards, die Schuster, die Zimmermeister, die Friseure, die Kommandoschreiber, das Sanitätspersonal usw.;

8. Division erfaßt die Artillerie- und Torpedomechaniker, denen der Artillerietechnische Offizier vorsteht;

9. Division ist für das Funk-, Signal- und Steuermannspersonal bestimmt, Divisionsoffizier ist der Bordnachrichtenoffizier (BNO);

10. bis 12. Division vereinigt das gesamte in der Schiffsbetriebstechnik tätige technische Personal. Deren Divisionsoffiziere sind der Turbineningenieur, der Kesselingenieur und der Zweite Leckwehroffizier.

*

Die seemännischen Divisionen 1.–6. sind in eine Steuerbord- und eine Backbordwache unterteilt, das heißt, die ungeraden Zahlen also die 1., 3. und 5. Division stellen die Steuerbordwache, die 2., 4. und 6. Division die Backbordwache. Beide Wachen werden schachbrettartig durch etwa die Hälfte der 7. und 8. Division verstärkt. Beim »Klarschiff zum Gefecht« füllt die jeweilige Freiwache die dann unbesetzten Stationen auf, während im Bereich der Schiffsbetriebstechnik die Wachdivision für das Fahren des Schiffes zuständig ist. Die Vorwache hat die Gefechtsreparaturgruppen zu stellen, die Freiwache ist für die Abwehr von Bränden und Wassereinbrüchen und für sonstige Schäden zuständig.

*

Der 17. Mai in Gotenhafen: Es ist heiter, wenn auch mit +5°C kühl, morgens 08.00 Uhr: Der Wind weht in Stärke 3. Die See ist mit 1 bis 2 kaum bewegt. Die Sicht beträgt mindestens 15 Seemeilen.
Kapitänleutnant (Ing.) Junack in sein privates Tagebuch: »An Bord der BISMARCK ist es kein Gerücht mehr, daß das Schlachtschiff, wie die SCHARNHORST und die GNEI-

Letzte Proviantübernahme vor Beginn der Unternehmung: U.a. wird frisches Brot für mehr als 2000 Mann an Bord genommen und verstaut.

SENAU ebenfalls, im Kreuzerkrieg auf dem Atlantik eingesetzt werden soll. Als sich nun das Flottenkommando einschifft und vormittags Heizöl übernommen wird, weiß jeder an Bord, was anliegt.«

An Bord herrscht eine für das Wochenende ungewöhnliche, fast ameisenhafte Betriebsamkeit. Offenkundig, um das Schiff einsatzbereit zu machen. Dazu gehört auch, daß die Heizöl-Vorwärmbunker (siehe auch Anmerkung[124]) unter den Kesselräumen, von dem sich in der Betriebszeit inzwischen festgesetzten Ölsudbelag an den Bunkerwänden, -seiten und -böden gereinigt werden, wofür auf der Werft arbeitende Polen herangezogen werden, eine harte, schmierige, anstrengende Aufgabe. Nicht nur

das, der Ölsud kann auch nur in Eimern Hand über Hand durch die engen Mannlöcher herausbefördert werden. Daß bei dieser Aktion von den Beteiligten der giftigen Gase wegen Flottenatmer getragen werden müssen, macht den Einsatz nur noch mühseliger. (Dabei soll es, wie später und nach dem Kriege von einem der Überlebenden verbreitet wurde, Todesopfer gegeben haben.)[125]
Der 18. Mai ist ein Sonntag.
Im KTB heißt es nüchtern:
»Liegeplatz Gotenhafen, Becken 4, Wind 0/1, bedeckter Himmel.«
Für die gesamte Besatzung ist inzwischen Urlaubssperre befohlen worden. Ausgenommen sind nur einige Offiziere und die Wachdivision.
Punkt 10.00 Uhr begibt sich Admiral Lütjens auf den Schweren Kreuzer PRINZ EUGEN, wie es laut KTB PRINZ EUGEN heißt: »Zur Besichtigung.« Zurück auf seinem Flaggschiff, befiehlt der Admiral eine Kommandantenbesprechung. Wer außer den beiden Kommandanten vom Flottenstab und wer von den BS-Offizieren daran teilnahm, ist nirgendwo vermerkt, wohl, daß der Flottenchef für die erste Phase des Unternehmens »Rheinübung« seine Absichten vorträgt, wobei er eingangs darauf hinweist, daß die Besatzung nur über »einen Marsch ins Nordmeer« informiert werden dürfe.
Der Admiral erklärt seine Absicht, bei günstiger Wetterlage nicht erst Aufenthalt im Korsfjord bei Bergen zu nehmen, sondern gleich ins Nordmeer zu laufen,[126] um dort Brennstoff aus der auf Position 70° Nord und 1° West liegenden WEISSENBURG zu ergänzen.[127] Der Durchbruch durch die Dänemarkstraße soll unter hoher Geschwindigkeit angesetzt werden. Die Höchstfahrt soll auch bei der durch den erhofften Eisnebel herabgesetzten Sicht beibehalten werden. Das Schiff sei dann unter E.M. 2-Benutzung als navigatorisches Hilfsmittel zu fahren. Für den Fall, daß sich Kreuzer oder Hilfskreuzer in den Weg stellen, sollen diese angegriffen werden; sonst aber sei anzustreben, die Schiffe zu langem Aushalten zu schonen. Bei einem derartigen Gefecht mit leichten Gegnerstreitkräften solle PRINZ EUGEN ihre Torpedowaffe nur auf Befehl der Flotte einsetzen. Es wird vorgesehen, daß die beiden Einheiten zunächst bis Arkona (Rügen) getrennt marschieren, um sich erst dort am 19. Mai, 11.00 Uhr, zur Kampfgruppe zu vereinen. Der Flottenchef spricht sich also auch hier, wie er das schon in seinem erwähnten Operationsbefehl vom 22. April getan

hat, eindeutig erneut für den Marsch durch die Dänemarkstraße aus, während ihm das Marine-Gruppenkommando unter Generaladmiral Rolf Carls die Island-Färöer-Passage »empfohlen« hat.
Folgende, nachgerade überzeugende Gründe sind dabei für das Marinegruppenkommando Nord maßgeblich gewesen:
1. Voraussichtlich enge, in der Ausdehnung stark wechselnde eisfreie Durchfahrtstrecke in der Dänemarkstraße;
2. mit Sicherheit erwartete gegnerische Bewachung dieser Lücke, die ein ungesehenes Passieren ausschließt;
3. leichteres Fühlunghalten nach Passieren im Norden als im Süden, da die südlichen Bewacher zum Fühlungshalten herangezogen werden können, umgekehrt nicht;
4. Zeitgewinn und Brennstoffersparnis, wenn gleich nach dem Verlassen der Norwegenküste zum südlichen Durchbruch angesetzt wird, statt des Ausholens auf dem äußeren Bogen nach Norden, das unter Umständen zum nochmaligen Brennstoffergänzen zwingt, bevor zum Durchbruch angesetzt wird;
5. schnelleres Gewinnen eines Vorsprungs vor Streitkräften aus Scapa Flow bei der Südpassage, wenn diese Kenntnis vom Durchbruch erhalten.

(Außerdem biete die 240 sm breite südliche »Enge« (zwischen Island und den Färöer) für den Fall der Überwachung durch meist nur 2 oder 3 Kreuzer an, diese mit E.M. 2 noch vor einer optischen Sicht zu orten und auszumanövrieren [eine Überlegung des Autors], vorausgesetzt, daß diese Kontrollkreuzer noch kein Radar haben, wenn ja, werden die [Radar-]Reichweiten noch relativ gering sein.)
Die Beweggründe für die kontroverse Wahl des Nordweges, also der Dänemarkstraße, hat Lütjens nirgendwo vorher aufgezeichnet; er hat darüber auch in der Kommandantenbesprechung auf der BISMARCK keine Äußerungen oder Andeutungen gemacht. Höchstwahrscheinlich, so argumentierte später die Skl, hat er jedoch aufgrund der Wetterlage und der Jahreszeit die in der Dänemarkstraße zu erwartende und in der Tat auch angetroffene Unsichtigkeit (Eisnebel) für einen unbemerkten Durchbruch höher bewertet als die von der Gruppe Nord angeführten Gründe. Noch näher liegt die Vermutung, daß Lütjens die Dänemarkstraße vorzog, weil er auf dem Weg durch den Rosengarten[128], die Enge Island–Färöer, beim Unterneh-

men »Berlin« mit der SCHARNHORST und der GNEISENAU schon einmal auf dort stationierte Gegnerstreitkräfte gestoßen war, also annahm, daß der Gegner hier eine permanente und besonders engmaschige Kontrolle auf See und aus der Luft ausüben könnte.

Daß auch die Dänemarkstraße bewacht sein würde, damit mußte Lütjens nach den Erfahrungen beim Unternehmen »Berlin« rechnen. Vermutlich erwartete er hier nur leichtere Streitkräfte. Außerdem aber vergrößerte er so die Distanz zur Höhle des britischen Löwen: zur Home Fleet im Flottenstützpunkt Scapa.

Nach der Kommandantenbesprechung fährt Lütjens um 10.00 Uhr zu der im Hafenbecken vertäuten PRINZ EUGEN, auf der die Besatzung, die Wachen ausgenommen, divisionsweise auf ihren Musterungsplätzen angetreten ist. Der Admiral spricht mit Besatzungsmitgliedern des Schweren Kreuzers, vor allem mit jenen, deren Kriegsauszeichnungen Fronterfahrungen und gemeinsame Operationen und Fahrten im Kriege erkennen lassen. Des Flottenchefs Worte sind entgegen seiner kühlen, sonst fast frostig-distanzierten Art ausgesprochen herzlich. Danach geht Lütjens durch die unteren Decks. Er besichtigt auch noch die Betriebsräume des Schiffes, um die PRINZ EUGEN dann kommentarlos zu verlassen:

Es gibt kein »Alle-Mann-achteraus«, wie viele erwarten. Zur Besatzung hatte Lütjens, einer bei der deutschen Marine üblichen Regel folgend, Angriffsziele erst nach Auslaufen bekanntzugeben, mit keinem Wort den Zweck dieser für Offiziere wie Mannschaften, den Kommandanten ausgenommen, unverhofft kommenden Besichtigung angedeutet.

Eine halbe Stunde später machen erst die PRINZ EUGEN, dann die BISMARCK seeklar. Auf PRINZ EUGEN[129] löst sich 11.12 Uhr die letzte Trosse am Liegeplatz vor der Lotsenstation. Das Auslaufen erfolgt mit Schlepperhilfe. Bei der Ansteuerungstonne läßt der PE-Kommandant ankern zum Dampfaufmachen, da am Pier zu wenig Wasser und die Gefahr der Verschmutzung der Kondensatoren besteht. Die Maßnahme belegt die seemännische Umsichtigkeit des LI. Wenig später folgt die am Seebahnhof festgemachte BISMARCK.

Für die späteren Untersuchungen über die getroffenen Maßnahmen zur Geheimhaltung ist der Hinweis wichtig, daß auf der BISMARCK der bordeigene Bordmusikzug an Oberdeck auf der Schanze angetreten ist und daß im Augenblick dieses Inseegehens das Lied »Muß i denn, muß i denn zum Städtele hinaus« intoniert wird, ein Lied, das bekanntermaßen nur beim Antritt einer großen Reise gespielt wird.[130]

Nach dem Auslaufen ankern beide Schiffe auf der Gotenhafener Reede, auf der die BISMARCK, die wegen des Einlaufens in Gotenhafen ob ihres zu großen Tiefganges die zur Leichterung reduzierte Heizölmenge nunmehr bis an das Soll ergänzt.

Später wird von Überlebenden behauptet werden, daß das Schlachtschiff dabei nicht vollgebunkert worden sei. Dafür soll, so zum Beispiel nach dem Überlebenden H. Budich, ein Zwischenfall bei der Ölübernahme die Ursache gewesen sein. Da ein Ölschlauch riß, lief der Ölübernahmeraum voll und mußte erst vom Heizöl gereinigt werden. Es soll sich dabei um 200 t gehandelt haben, die aber nicht nachgebunkert wurden. Nach H. Budich nahm die BISMARCK insgesamt »nur« 6 400 t an Bord. Diese Angabe deckt sich genau mit der bei Gröner [39], [122] angegebenen Menge für eine »normale Füllung«, während (nach [122]) für den maximalen Vorrat durch Ausnutzung auch der Zusatzbunker 7 400 t angegeben werden.[131]

Im allgemeinen wurde im Maschinen-KTB der Heizölbestand während der Probefahrten mit 2 000 m³ angegeben. Am 6. Mai aber sogar mit 8 253 m³. Selbst unter Abzug der nicht nachgebunkerten 200 t dürfte der Heizölbestand beim Auslaufen am 18. Mai weit mehr als die von Budich genannte Sollmenge betragen haben, das heißt, den oben genannten Wert vom 6. Mai für alle Ölbunker »voll«. Leider endet das von Korvettenkapitän (Ing.) Lehmann als LI verantwortete und gegengezeichnete Maschinen-KTB am 16. Mai, um für den 18. Mai einen genauen Bestand belegen zu können.

Beide Schiffe, auch die PRINZ EUGEN, ergänzen ihren Brennstoff. Sie bleiben auch danach liegen, wodurch an sich der Sinn dieses von Marschmusik gefolgten Abschiedsliedes für Außenstehende wieder aufgehoben wird.

G. Junack vermerkt: »Eine Stunde später spricht der Kommandant. Die Stimmung ist hervorragend.[132] Alle sind stolz, nach der langen Baubelehrungszeit und der monatelangen Ausbildung doch noch zurechtzukommen, um mitzuhelfen im Kampf des Vaterlandes. Das Vertrauen zum Kommandanten und in diesen stolzen, größten deutschen Schlachtschiffneubau ist sehr groß.«
Nachmittags, 16.20 Uhr, gehen die Schiffe ankerauf und beginnen mit MES-Überläufen.

Das »friedliche Manöverbild« vervollständigt das Erscheinen der TIRPITZ, die, wie sich der BISMARCK-Überlebende H. Budich erinnert, nach Danzig weiterläuft. Wendungen und Schwenkungen, Fahrtveränderungen, Abstandhalten und Peilunghalten werden zur Ausbildung der Wachoffiziere, des gesamten Brücken- und Signalpersonals wie auch des befehlsgebenden Stabes auf dem Flaggschiff erneut geübt. Neugier, aber auch Unruhe, packt auch den jüngsten Matrosen an Bord. Was soll das? Was bedeuten diese erneuten Manöver vor der Küste? Das Thema Gefechtsausbildung ist doch durch. Jeder war sich beim »Leinenlos« dessen sicher: »Es geht los?« Was hat der Admiral mit der BISMARCK nun wirklich vor? Ein ostpreußischer Seemann tut es gelassen ab: »Nu, keiner weiß Genaues nicht.«

Nach den Manövern ankern beide Schiffe, für den Beobachter an Land völlig unauffällig, da normal, auf Gotenhafen-Reede. Da kaum anzunehmen ist, daß der Musikzug der BISMARCK das konventionelle, emotionale Abschiedslied ohne Einverständnis des Flottenchefs spielte, drängt sich die Vermutung einer Absicht auf: Der Flottenchef ist an Bord, die eingeschifften Prisenoffiziere, die Sonderstäbe, die Kriegsberichter, einschließlich der Kameramänner ... all diese Umstände hatten doch seit Tagen vermuten lassen, daß »etwas bevorstand«. Und nicht jeder der mehr als 4000 Mann starken Besatzungen beider Schiffe wird über seine Vermutungen an Land geschwiegen haben. Wenn nun dem so demonstrativen Auslaufen nichts weiter folgt, und beide Schiffe abends auf Reede liegen bleiben? Dann mag dies wohl geeignet sein, die Gerüchte vom Auslaufen zu einer Feindunternehmung zu zerstreuen und eventuelle Agenten zu täuschen. So gesehen, könnte das später vom OKM so hart getadelte »Auslaufkonzert« wahrscheinlich Teil eines wohl durchdachten Planes des darob schweigsamen Flottenchefs gewesen sein.

Eine schicksalhafte Fügung will es, daß ein vorher ausgesprochener Abschiedswunsch prophetische Erfüllung finden wird. Kapitän z.S. H.-E. Voss, Chef der Ausbildungsabteilung (OKM/A IV), weilte kurz vor Auslaufen der BISMARCK an Bord. Als er sich beim Auslaufmanöver am Fallreep vom Kommandanten und von seinem ehemaligen Referenten, dem jetzigen I AO der BISMARCK verabschiedete, sagte er: »Es ist mein größter Abschiedswunsch, daß die BISMARCK als ersten Gegner die HOOD vor die Rohre bekommen und versenken möge.«

Zwischenzeitlich, um 24.00 Uhr am 18. Mai, gibt die Marinegruppe Nord bekannt: »Fliegerführer Nord meldet: Belegung Scapa Flow am 15.5., 19.55 Uhr: 1 Schlachtschiff, 1 Kreuzer. Weitere Schiffe nicht erkannt. Auswertung der Luftbilder folgt.« Hiernach könnten im Laufe des Tages in See gegangen sein: 1 Schlachtschiff, 1 Flugzeugträger und wahrscheinlich zwei Kreuzer. (Es gibt keinen Kommentar, weder seitens der Gruppe Nord, noch seitens des Flottenchefs.)

Die Frage drängt sich auf der BISMARCK jetzt in der Phase kurz vor dem Auslaufen zum Unternehmen »Rheinübung« auf:

Wo sind die anderen Einheiten der Home Fleet?
Wo stehen die anderen britischen Großkampfschiffe?
Wo die Schweren und die Leichten Kreuzer?
Und der laut Luftbeobachtung zur Zeit in See stehende Flugzeugträger? Könnte das bei Kenntnis der Standorte der anderen Träger nicht die laut B-Dienstmeldung erst am 15. Mai in Dienst gestellte VICTORIOUS sein? Sie wäre eigentlich noch zu neu, um bereits eingesetzt werden zu können. Oder? Es wäre so ungewöhnlich nicht, daß die Briten ein damit verbundenes Risiko im Notfall nicht scheuen und die VICTORIOUS dennoch einsetzen. Sie soll Torpedo-Flugzeuge an Bord haben. Und Torpedos werden auf der BISMARCK gefährlicher als Bomben angesprochen. Der erfolgreiche Angriff der britischen Torpedoflugzeuge auf die in Tarent liegende italienische Schlachtflotte im November 1940 war und ist eine sehr ernste Warnung. »Dieses Ereignis«, so Karl Jesko von Puttkamer an den Autor, »hatte auf Hitler einen sehr starken Eindruck ausgeübt.« Dazu gehört auch der Angriff auf die GNEISENAU im Hafenbecken von Brest, die im April 1941 in der Morgendämmerung von einem Lufttorpedo im Achterschiff getroffen, aber nicht wesentlich beschädigt wurde.

Kritisches zum Auslaufen
Hatte die BISMARCK ein FuMB an Bord? · Die sogenannten Vertragsfahrten und das EKK · Der Große Belt oder der Weg durch die Nordsee für die Ausbruchsphase · Generaladmiral Carls Begründung

Zusammenfassend sei vor dem Auslaufen zur Unternehmung hier noch einmal auf Kriterien hingewiesen:
Was ist während der Erprobungsfahrten der BISMARCK geschehen, um bei einem Torpedotreffer ins Achterschiff Schäden etwa an der Ruderanlage einzudämmen? Laut Müllenheim-Rechberg[144] habe eine Erprobung, das Schiff bei einem Ruderlagenproblem nur mit den Schrauben zu steuern, vor dem Auslaufen zur Unternehmung stattgefunden.
Hier irrt der überlebende 4. Artillerie Offizier erneut: Ein solches Manöver hat nach dem technisch versierten Ing.-Offizier Junack (der schon von der Sache her interessiert und engagiert war) nie stattgefunden.
Einen anderen Beweis liefert der Matrose Paul Hillen, dessen Gefechtsstation im Handruderraum war. Er wäre bei einem manövermäßig angenommenen Torpedotreffer in die Ruderanlage sonst schnellstens in den Handruderraum befohlen worden.
Aus dem mit sparsamen Worten, aber sorgfältig geführten Maschinen-KTB ist ein solches Manöver auch nicht herauszulesen. Einen weiteren und den wohl überzeugendsten Beweis liefert Kapitän z.S. (Ing.) Moritz vom EKK mit seinen kritischen Untersuchungen zum Thema [D 32] und seinem Verweis auf die TIRPITZ, auf der beweisbar geübt wurde, das Schlachtschiff mit den Schrauben zu steuern. Er schreibt: »Das Schicksal der BISMARCK hat gezeigt, wie wichtig (hier) solche Versuche gewesen **wären**. Da die Möglichkeiten, nur mit den Schiffsschrauben wenigstens einen Generalkurs einzuhalten, sehr bedingt und bei den verschiedenen Schiffstypen durchaus verschieden sind, **müßten** die Ergebnisse unbedingt während der EKK-Zeit erprobt und festgelegt werden, damit der Kommandant mit seinem Stabe im Ernstfall schnell zu einem endgültigen Entschluß kommen kann, z.B. ein aus irgendwelchen Ursachen hoffnungslos klemmendes Ruder – es braucht ja nicht unbedingt ein unglücklicher Torpedotreffer zu sein, dies in einer Gradstellung, die ein behelfsmäßiges Steuern nicht mehr zuläßt – nun wegsprengen zu lassen.
Dieses Wegsprengen kann **nicht** von außen mit Haftladungen geschehen, weil die Sprengkraft so hoch bemessen werden müßte, daß die Schrauben mit Sicherheit davon in Mitleidenschaft gezogen würden. Der für die Sprengladung geeignetste Ort – am zweckmäßigsten wegen der darin liegenden Verdämmung im hohlen Ruderschaft und an den Aufhängungspunkten des Ruders – sowie die Größe der notwendigen, aber nicht überdosierten Sprengladung müssen im Schiffsbauch oder einer anderen geeigneten Position bei der Indienststellung festgelegt werden. Da das Problem m.E. weder besondere Einbauten noch Einrichtungen von irgendwelcher Bedeutung erfordert, kann das Ganze überhaupt keine technische Schwierigkeit darstellen. Der Einwand, man könne sich nicht auf alle Zufälle eines Treffers oder einer Seewirkung einstellen, zieht nicht, weil der Aufwand für die Behebung solcher Schäden ganz minimal ist.«[133]
Ungeklärt sind bei der BISMARCK bis zur Stunde des Auslaufens die Ergebnisse der Vertragsfahrten[134], die, so Moritz, vorzugsweise mit niedrigen Geschwindigkeiten und lediglich in der Gefechtsgrundschaltung durchgeführt werden sollten. Dabei unterlagen die Dampf- und Brennstoffverbrauchsmessungen besonders einengenden Bestimmungen, die im Frontbetrieb nicht eingehalten werden können …
Aus meiner Erinnerung an die Erprobungen großer Schiffe wie BLÜCHER, TIRPITZ, BISMARCK, SCHARNHORST, PRINZ EUGEN glaube ich, behaupten zu können, daß die Vertragsfahrten (also die Meilenfahrten) bei 40 Prozent Zuladung und Brennstoffmeßfahrten bei 75 Prozent Zuladung und den oben genannten niedrigen Geschwindigkeiten in Gefechtsgrundschaltung unter verschiedenartigsten Schaltungen und Zuladungen, keinesfalls aber im Sinne einer Gefechtsbereitschaft eine absolut beherrschende Rolle spielten. Ihre Ergebnisse sind für die Front praktisch **ohne Wert** …
Für die Aufstellung einer frontbrauchbaren Fahrttabelle muß gefordert werden: Meilen und Brennstoffmeßfahrten nur in **voll beladenem Zustand** und unter **voller Gefechtsschaltung** bei den Waffen, dazu Fahrtstufen und höhere Geschwindigkeiten von zwei zu zwei Knoten steigern. Brennstoffmeßfahrten vorzugsweise im mittleren und oberen Bereich …«

Für die BISMARCK gibt es für eine Erfüllung dieser logischen Forderung im Maschinen-KTB keinerlei Hinweise, auch in anderen Unterlagen nicht.

Die Angaben über die Höchstgeschwindigkeit sind in den einzelnen Flottenhandbüchern und in dem sachbezogenen Schrifttum unterschiedlich.

Um noch einmal auf die Frage nach einem FuMB zurückzukommen:

Unklar, ja sogar heftig umstritten, ist, wie bereits behandelt, die Frage, ob die BISMARCK außer dem bereits beschriebenen FuMO »Seetakt« ein FuMB-Gerät (= Funkmeßbeobachtungsgerät) an Bord hatte, und damit eine ungemein wichtige taktische Anlage, um elektronische Funkmeßortungen des Gegners (also Radarimpulse) noch vor einer optischen Sichtung zu erfassen und auszuwerten, auch, um Überraschungsangriffen bei Nacht und Nebel (und bei Flugzeugen aus den Wolken heraus) vorzubeugen bzw. auszumanövrieren.

Ausgerechnet beim Unternehmen »Rheinübung« wurde die Frage nach einer Funkmeßabwehr akut, das heißt nach einem technischen System, um feindliche Funkmeßstrahlen mit einem nunmehr schnellstens zu entwickelnden FuMB-Peilgerät als Warngerät, nachdem entgegen aller Versicherungen und Beobachtungen von der BISMARCK-Gruppe mit absoluter Gewißheit das Vorhandensein von Funkmeßgeräten (RADAR) beim Gegner festgestellt und der Skl durch Kurzsignal gemeldet worden war. Doch bereits vor der bisherigen, verhängnisvollen Ahnungslosigkeit muß (nirgendwo dokumentiert) deutscherseits an einem Funkmeßortungs-Warngerät gearbeitet worden sein, als solche Systeme noch »Funkhorchgeräte« genannt wurden. Bekannt ist in kleinsten Kreisen funkmeßtechnischer Spezialisten, daß der Marine Ende April/Anfang Mai 1941 von der einschlägigen Industrie zehn »Funkhorch-Versuchsgeräte« zur Erprobung zur Verfügung gestellt wurden. Mag sein, daß der spätere Fregattenkapitän in der Bundesmarine, Werner Barre, der sich an eine Anlage erinnert, die kurz vor dem Auslaufen der BISMARCK in Höhe der Drehhaube des Vormars eingebaut wurde, dabei die Montage eines der »Funkhorchgeräte« mitsamt den dazugehörigen Dipol-Spezialantennen beobachtet hat. Wenn ja – und an der Aussage von Werner Barre ist nicht zu zweifeln –, dann kann es sich bei den Arbeiten am bereits auslaufklaren Schiff nur um ein FuMB (= Funkhorchgerät = Warngerät) für das Erfassen feindlicher Funkmeßortungen auf der Dezimeterwelle für 300 bis 3 000 MHz gehandelt haben.

Auch der Bordnachrichtenoffizier (BNO) der PRINZ EUGEN, der spätere Kapitän z.S. Hans Henning von Schultz, ist sich dessen sicher, daß es (auch) auf dem Schweren Kreuzer so etwas wie ein Gerät zum Erfassen, Peilen und Messen feindlicher Funkmeßimpulse (hier Radarstrahlen genannt) gegeben hat.

Gesehen hat der BNO weder das Gerät noch die doch nur »außen« anzubringenden Dipol-Antennen, wohl aber verweist er auf »in letzter Minute« an Bord gestiegene Spezialisten mit silbernen Ärmelstreifen an der blauen Uniform. Diese »Silberlinge«, wie die Dienstgrade der Beamten-Laufbahn in der Kriegsmarine im Offizierrang im Bordjargon geheißen wurden, seien für das Funkmeßwesen, also für das aktive FuMO und nun auch für das passive FuMB zuständig gewesen. Dem Stab für die Funkanlagen der BISMARCK können diese Personen nicht zugeordnet werden, denn das Personal für die Funkeinrichtungen war komplett, zumindest jetzt, kurz vor dem Auslaufen.

Auch das KTB der PRINZ EUGEN unterlegt diese Vermutung durch Hinweise auf die Einpeilung der gegnerischen Funkortung. Genaue technische Angaben gibt es bis zum Beginn des Unternehmens »Rheinübung« weder in den verfügbaren Unterlagen der BISMARCK noch der PRINZ EUGEN. Ausgenommen sind die mit Hochdruck entwickelten FuMBs für die U-Boote, wo im August 1942 die erste FuMB-Ausrüstung gegen das britische A.S.V. mit dem Gerät »Metox« mit dem Biskaya-Kreuz als Dipol-Antenne erfolgte. Und erst im Herbst 1943 wird unter Dönitz (endlich) die Abteilung »Funkmeßdienst« (3./Skl) eingerichtet, die dann aber nach dem Aufbau der Dienststelle »Ortungsdienst« (5./Skl) im Juni 1944 aufgelöst wird. Lange genug hatte das bürokratische Schneckentempo benötigt, um auch in der obersten OKM-Etage ernstgenommen zu werden.

Ein weiteres Problem:

Es liegt erneut die Frage nahe, warum denn Lütjens den Weg durch den von Agenten leicht überschaubaren Belt und nicht den Weg durch den Nord-Ostsee-Kanal in die Unterelbe und von hier durch die Nordsee mit gehörigem Landabstand zu Dänemark nach Norden bevorzugt (wie etwa auch der Schwere Kreuzer ADMIRAL SCHEER [der Verfasser war bei dieser Operation an Bord] bei seinem Ausmarsch und Durchbruch in den Atlantik zum Kreuzerkrieg bis in den westlichen Indischen Ozean. Da nicht beobachtet und nicht gemeldet, glückte der SOPHIE CÄSAR (SCHEER) auch der Marsch durch die Dänemarkstraßen-Enge problemlos; wozu erleichternd noch hinzutrat, daß der Gegner im Oktober/November 1940 auf seinen Bewacherkreuzern noch nicht über Funkmeß [= Radar] verfügte.)

Die Marinegruppe Nord, wegen der Wahl des Großen Belt als Ausmarschweg, begründet das so [D 29]:

»… Es wurde trotzdem nicht der Weg durch die Nordsee gewählt, da dort ebenso sicher mit einem Sichten durch die britische Luftwaffe zu rechnen war. Die durch ein Leichtern (der BISMARCK) für die Nord-Ostsee-Kanalfahrt mit anschließendem Wiederbeladen auf der Elbe hervorgerufene Verzögerung bringt außerdem verstärkte Luftaufklärungs- und Bekämpfungsgefahr. Dieses Sichtungsergebnis gelangt aber sofort an den Gegner, während die Meldungen des Agentendienstes auf 24 Stunden Laufzeit geschätzt werden.

gez. Carls, Generaladmiral.«

Der Marsch Gotenhafen – Norwegen-Agenten melden die deutsche Kampfgruppe aus dem Großen Belt nach London, aber auch vor der Küste von Kristiansand · Die mysteriösen elf Frachtschiffe – ein Zusammenhang mit der deutschen, vom Feind entdeckten Kampfgruppe?

Als das erste Licht, schimmelig und noch ohne Kraft, den neuen Tag, den 19. Mai einleitete, ist vor Gotenhafen der Ankerplatz der beiden Schiffe leer. Der Prinz, die schlanke, schnelle PRINZ EUGEN, hatte am 18. Mai abends 21.18 Uhr,[135] die Anker gelichtet und Fahrt zur Hammeren-Enge genommen, weiter nach Westen zum Punkt GRÜN 05, wie befohlen. Das Wetter ist gut. Einzelne Wolken ziehen am nachtdunklen Himmel dahin, und der Wind weht in Stärke 2 aus ONO. Es ist fast windstill bis auf den Fahrtwind, der in den Aufbauten, in Stagen und Leinen singt.

Gute fünf Stunden später, genau am 19. Mai um 02.00 Uhr folgt das Schlachtschiff BISMARCK. Im KTB der BS gibt es über den Beginn des Unternehmens »Rheinübung« sonderbarerweise **keine** Eintragung. Vor Rügen stoppt die BISMARCK, wie vorgesehen, nochmals kurz die Maschinen. Hier, beim Kap Arkona, treffen die BISMARCK und die PRINZ EUGEN zusammen. Der Verband vereint sich nunmehr mit den dem Flottenkommando von der Gruppe Nord unterstellten Sicherungsstreitkräften: den Zerstörern Z 16, FRIEDRICH ECKHOLDT und Z 23 und setzt unter Vorantritt von Sperrbrechern 11.25 Uhr den Marsch auf den Wegen GRÜN und ROT zum Großen Belt fort. Zwischendurch, 19.34 Uhr, meldet das FT 18.47, daß die Eisaufklärung bis 20° West normal sei. Die weitere … »westliche Aufklärung ist wegen Unsichtigkeit ergebnislos. Wiederholung ist beantragt.« Diese Aufklärungsaktivitäten beruhigen, wenn sie auch nicht befriedigend, das heißt, nicht ausreichend scheinen.

20.00 Uhr am 19. Mai ziehen auf den Schiffen die Kriegswachen auf. 22.34 Uhr stößt auf dem Punkt ROT 05 Z 10, HANS LODY vom Süden auflaufend, mit dem Chef der 6. Z-Flottille, Fregattenkapitän Schulze-Hinrichs an Bord, zu der Gruppe. Der Flottillenchef überbringt die letzten Befehle des Marinegruppenkommandos Nord, die an die im Verband mit 17 kn Marschfahrt laufende BISMARCK nach Passieren von Korsoer im Dämmerlicht der späten Abendstunden abgegeben werden.

Zur gleichen Zeit wird der Marsch durch den Großen Belt angetreten. HANS LODY übernimmt mit Z 23 und FRIEDRICH ECKHOLDT die Sicherung.

So selbstverständlich das Zustoßen von HANS LODY scheint war es indessen nicht. In Erwartung der bevorstehenden BISMARCK-Operation hatte der mit dem Geleitschutz beauftragte Chef der 6. Z-Flottille, um Aufsehen und Neugier zu vermeiden, von sich aus zwei der drei vorgesehenen Zerstörer bereits auf Häfen der westlichen Ostsee verteilt.

Schulze-Hinrichs selbst war mit seinem Führerboot HANS LODY (Kommandant Fregattenkapitän Werner Pfeiffer) nach Kiel marschiert, und zwar aus der selbständigen Überlegung heraus, daß die die Operation zunächst leitende Gruppe Nord möglicherweise noch schriftliche Befehle für die Kampfgruppe haben könnte. Diese Absicht wurde in Kiel weder verstanden noch unterstützt. Der von der Sache und Aufgabe her ahnungslose Hafenkapitän versuchte vielmehr, Schulze-Hinrichs mit seinem Zerstörer »aus Luftschutzgründen« immer wieder des

Auf dem Marsch zum Unternehmen »Rheinübung«. Zunächst läuft PRINZ EUGEN an der Spitze, die BISMARCK folgt in ihrem Kielwasser.

Hafens zu verweisen, ohne daß der Flottillenchef die wahren Gründe für seine hartnäckige Anwesenheit preisgeben und damit Verständnis bei dem besorgten Hafenkapitän erwarten durfte. Auf der anderen Seite wäre es für die Gruppe Nord ein leichtes gewesen, einen entsprechenden und dazu unauffälligen Befehl zu erlassen, HANS LODY ausnahmsweise im Hafen zu belassen. Trotz Vorsprache unterstützte die Gruppe die Absichten des Chefs der 6. Z-Flottille unverständlicherweise nicht. So mußte sich denn HANS LODY unter allen möglichen Ausflüchten bis zum Stichtag, dem 19. Mai 1940, im Hafen von Kiel herumdrücken, um bis zum letzten Augenblick Dampf-, Licht-, Wasser- und Ölversorgung ausnützen zu können. Erst kurz vor dem definitiven Termin des Inseegehens, um die Kampfgruppe noch pünktlich am 19. Mai am Südausgang des Großen Belts zu treffen, erhielt Schulze-Hinrichs ein Paket von der Gruppe Nord ausgehändigt[136] mit, wie ihm gesagt wurde, sehr wichtigen Befehlen für die BISMARCK.

Daß die Kampfgruppe BISMARCK an diesem 19. Mai 1940 auch aus der Luft gefährdet ist, beweist der 08.00 Uhr-Einflug von 40 Feindflugzeugen vor Esbjerg bis zur Südgrenze Gruppe, davon greifen 27 Kiel an und fliegen Minen- und Störflüge im Gebiet westliche Ostsee, Eindringtiefe Langeland – Wismar – Schwerin. Einerseits beweist ein Nichtangriff auf die deutsche Kampfgruppe das bislang geheimgebliebene Auslaufen aus Gotenhafen, andererseits aber auch: die Briten fliegen auch bei Wind 4–7, Sicht 3–5.

Abends erfährt die Flotte durch FT vom »Admiral norwegische Nordküste«: WEISSENBURG 16.00 Uhr Drontheim. Und die Gruppe Nord meldet »HANS LODY 21.23 Uhr; 19.5., 20.00 Uhr mit Kdo. 6. Z.-Flottille Kiel aus. HANS LODY übernimmt mit den bereits in See befindlichen Z 23 und FRIEDRICH ECKHOLDT die Sicherung der Flotte.«

Die »Rheinübung« läuft planmäßig. Das bestätigt am 20. Mai 07.43 Uhr auch der BSO (= Befehlshaber der Si-

BISMARCK setzt sich an die Spitze der Zweier-Kampfgruppe und läuft an PRINZ EUGEN vorbei. Der eigenwillige Tarnanstrich soll die Silhouette teilweise unkenntlich machen und ein kürzeres Schiff vortäuschen.

cherung der Ostsee): »Die Flotte hat somit den Großen Belt passiert und steht voraussichtlich z.Zt. südwestlich von Anholt.«

Auf Befehl des BSO ist inzwischen der gesamte Handelsverkehr durch den Großen Belt und das Kattegatt für die Nacht vom 19. zum 20. Mai und für den folgenden Vormittag aus Gründen der Geheimhaltung angehalten worden, sowie aus gleichen Gründen der Marsch durch den Belt in die Nacht verlegt worden ist.

Der Kommandant des Vorpostenbootes *VP 1011*, Stabsobersteuermann Emil Rohde, hat als Gruppenführer von drei Vorpostenbooten der 10. VP-Flottille Befehl erhalten, mit den drei Booten navigatorisch wichtige Ansteuerungspunkte im Großen Belt zu besetzen. Der Ankerplatz von *VP 1011* liegt eben nördlich von Omö.

01.40 Uhr am 20. Mai wird von der Flotte der Punkt ROT 20 erreicht. Die Geleitfahrzeuge scheren gemäß Op-Befehl aus, Weitermarsch der Kampfgruppe durch den Belt, das Kattegat und das Skagerrak.

Gegen 02.00 Uhr passieren BISMARCK, PRINZ EUGEN und die Zerstörer *VP 1011*.

Der Marsch der BISMARCK-Gruppe durch den Großen Belt verläuft ohne Ereignisse. Der einsetzende Regen mildert die Hochstimmung auf den Einheiten der Kampfgruppe nicht. Im Gegenteil, für einen Durchbruch ist schlechtes Wetter gutes Wetter.

Am Morgen des 20., einem Dienstag, steht der Verband nach Passieren der Position Revenäs ROT 24 (04.48 Uhr) und der Sperre Seelandstev der Position ROT 27 (06.16 Uhr) bereits im Kattegatt. Zwischenzeitlich geht 04.24 Uhr ein FT ein: Heutige Scapa-Aufklärung wegen Bedeckung ergebnislos.

Frage dazu: Auch für Tiefflieger?

Hier wird plötzlich auf HANS LODY für die Zerstörer Fliegeralarm gegeben. In großer Höhe sind, ohne Gläser fast nicht zu erkennen, Flugzeuge gesichtet worden. Sie lassen sich aber bald darauf durch die den meisten Männern bisher unbekannten Kondensstreifen gut beobachten.

Auf der BISMARCK geschieht nichts. Es wird sich also, so vermutet man auf den Zerstörern, um deutsche Maschinen handeln. Was zutraf, denn die selbstherrliche Luftwaffe hatte die Marine über ihre den Aufmarsch der BISMARCK-Gruppe sichernden Flugzeuge nicht informiert. 09.36 Uhr wird die in der Mitte des Kattegatts gelegene Insel Anholt und damit die Position SCHWARZ erreicht. 12.00 Uhr (der Verband steht auf 57° 90.2' N/11° 30' Ost, kurz vor der relativen Enge zwischen Skagen und Göteborg) zieht auf den Schiffen, auf denen inzwischen alle Vorbereitungen zum »Klarschiff« getroffen worden sind, die Fla-Kriegs-Wache auf. 13.00 Uhr erhält der Verband Luftsicherung durch sechs Zerstörerflugzeuge *Me 110* und zwei *He 115*.

Auf diesem Marsch wird im Osten vor der Küste Schwedens der Flugzeug- und Minenkreuzer GOTLAND beobachtet, der sich an diesem nun strahlend und klarsichtigen Sonnentag mit seinen hellgrauen Aufbauten deutlich vom frühlingshaften Grün der Küste abhebt. Die GOTLAND läuft eine Zeit dicht unter der schwedischen Küste parallel zum Verband.

In einem gegen 13.00 Uhr von der BISMARCK gefunkten FT spricht das Flottenkommando die Vermutung aus, über die GOTLAND gemeldet zu werden, denn in einem aufgefangenen offenen Funkspruch wird die deutsche Kampfgruppe erwähnt.[137/138] Der Befehlshaber der Gruppe Nord, Generaladmiral Carls, funkt 14.10 Uhr zurück: »Ich halte die Kompromittierung durch das schwedische Kriegsschiff bei der strikt neutralen Haltung Schwedens auch nicht für größer, als die durch die ohnehin vorhandene planmäßige feindliche Überwachungstätigkeit in den Ostsee-Eingängen.«

Der Verband benutzt die normale Durchfahrtlücke der Skagerraksperre, durch die sonst der Seeverkehr läuft, nicht. Da vermutet wird, daß der Gegner diesen Weg genau kennt und durch U-Boote bewacht, ist dieser gesperrt worden. In der engen Durchfahrt beziehungsweise an deren Ausgang hätten diese nämlich, und das war die große Sorge von Lütjens, recht gute Trefferchancen gehabt. Ab 13.30 Uhr marschiert der Verband von Punkt 21a an in dem Geleit von Booten der 5. Minensuch-Flottille (Korvettenkapitän Loll). Vor der Skagensperre gibt es Minenalarm. Ein neuer Weg wird durch die eigene Minensperre freigeräumt. Dabei werden drei Minen geschnitten. Während elf Frachtschiffe die Öffnung der neuen Sperre unmittelbar davor und auf der Stelle erwarten, ging der BISMARCK-Verband vorübergehend auf Gegenkurs.

Von 16.00 Uhr bis 16.15 Uhr passieren am 20. Mai erst die Kampfgruppe mit deren Sicherung und danach die elf Frachter den neuen Weg im Minenfeld, der, das erscheint der Erwähnung wichtig, ebenso wie der alte Weg noch in Sichtweite von Skagen liegt.

Diese elf Handelsschiffe, die mit der BISMARCK-Gruppe überhaupt nichts zu tun hatten, sollen später im Zusammenhang mit den beiden schweren Einheiten bei der Britischen Admiralität zum Gegenstand sorgenschwerer Überlegungen werden. Es verdient vermerkt zu werden, daß verschiedene Offiziere der Kampfgruppe ihr Befremden über dieses Zusammentreffen mit den Handelsschiffen auch zum Ausdruck brachten. Als der neue Weg durch die Sperren gebahnt war, mußte der Verband die Frachtschiffe sogar in geringem Abstand überholen. Nicht zu Unrecht sahen einige Offiziere darin eine unnötige Gefährdung der doch sonst mit allen Mitteln angestrebten Geheimhaltung des Unternehmens.

Offiziere des Flottenstabs teilen nicht alle die Sorge: »Könnte der Gegner, wenn er Kenntnis von diesem unvorbereiteten Treffen bekommt, nicht auch Zusammenhänge zwischen den deutschen Kriegsschiffen und den elf Frachtern analysieren, etwa als eine bevorstehende Landeoperation auf Island oder Spitzbergen …?« In der Tat, so könnte man die Panne auch bewerten. Wie dem auch sei, da der gesamte Handelsschiffsverkehr, auch der der neutralen Staaten, im Großen und im Kleinen Belt seit dem April 1940 der Kontrolle und der Lenkung deutscher Militärstellen unterliegt, kann hier nur von einem Versehen der Landdienststellen gesprochen werden.

Jedenfalls könnte dieses auch Admiral Lütjens nicht genehme Zusammentreffen sogar mit ein Grund gewesen sein, daß der Flottenchef entgegen seiner ursprünglichen Absicht einen den Durchbruch verzögernden Zwischenaufenthalt im Raum von Bergen einschob. Diese absichtliche Verzögerung konnte das Ergebnis haben, daß der deutsche Kampfverband nicht zu dem vom Gegner errechneten Zeitpunkt eine der Passagen zum Atlantik erreicht.

Ist der Verband dem Gegner schon gemeldet oder nicht? Das ist zur Stunde die quälende Frage. Scheinbar noch immer nicht, denn der Fliegerführer Nord meldete 14.32 Uhr über die Gruppe Nord über Augenerkundung um 12.50 Uhr: »Scapa Flow: 1 Flugzeugträger, 3 Schlachtschiffe, 4 Kreuzer.« Danach also hat sich der britische Flottenstützpunkt wieder »aufgefüllt«.

Auf der BISMARCK und der PRINZ EUGEN sind sich der Flottenchef wie auch die Kommandanten einig, daß die Agententätigkeit zuungunsten Deutschlands in Schweden wie auch in dem beim Passieren der Sperre deutlich sichtbaren Dänemark aktiver ist, als allgemein angegeben wird. Es ist einfach ausgeschlossen, die Verlegung zweier großer Einheiten unbemerkt für dänische oder schwedische Zeugen auf diesem Wege durchzuführen. Und die Kampfgruppe wie vordem ADMIRAL SCHEER nicht durch einen der Belte oder den Sund, sondern durch die Nordsee nach Norwegen bzw. ins Nordmeer marschieren zu lassen, ist nicht mehr diskutabel.[139]

Der Vollständigkeit halber sei noch erwähnt, weshalb die zwei anderen Ostseeausgänge, der Kleine Belt und der Sund, niemals ernsthaft als Auslaufwege erwogen wurden. Die schon beim Großen Belt so schwierige Geheimhaltung wäre beim Sund, dessen Ostufer schwedisch und neutral und somit jedem Agenten zugänglich war, ganz ausgeschlossen gewesen. Auch war er wegen ungenügender Wassertiefe für die BISMARCK nicht passierbar. Der Kleine Belt schließlich kam wegen der Eisenbahnbrücke bei Middelfart für Schiffe in der Größenordnung der BISMARCK nicht in Frage.

Außer der GOTLAND bleibt der Verband jetzt natürlich auch nicht den norwegischen, schwedischen oder Dampfern anderer neutraler Staaten verborgen, ebensowenig den schneeweiß gepöhnten Fischkuttern mit der Flagge mit dem gelben Kreuz auf blauem Grund. Einige davon stehen sehr nahe und drehen neugierig ins Kielwasser der Kampfgruppe ein.

Zu dieser Zeit über England und Scapa geflogene Aufklärung besagt weiterhin, daß von der deutschen Luftwaffe bei der Home Fleet keine Anzeichen für ein Auslaufen festgestellt werden. Also zieht der Gegner, wie auch beim Flottenstab und der Skl niemals angenommen, keine Einheiten zur Verteidigung der bedrohten Insel Kreta ins Mittelmeer ab, also scheint es auch, daß der Ausbruch der deutschen Kampfgruppe bisher offenbar dem Gegner nicht, oder behutsam gesagt, noch nicht bekannt geworden ist.

Als die Kampfgruppe 16.15 Uhr den Punkt 21a passiert, wird der 6. Z.-Flottille bei 300° Grundkurs U-Bootsicherung befohlen: Zickzackbild gemäß T.B.F. Ab 17.17 Uhr liegt beim Verband der Generalkurs 270° an.

18.20 Uhr passiert etwas Ungewöhnliches: Admiral Lütjens, der vor dem Kartentisch steht, befiehlt »für morgen 02.25 Uhr Klarschiff«! Kapitän zur See Netzbandt, Chef des Stabes beim Flottenkommando, der sich gerade über die Seekarte gebeugt hatte, richtet sich ruckartig auf, denn er weiß um das Gespräch, das Lütjens mit Admiral Marschall als seinem Vorgänger geführt hatte. Netzbandt, ein erfahrener Schlachtschiffkommandant, spricht ohne Betonung in der Stimme Lütjens an: »Und diese Ihre Maßnahme ist gegen den Operationsbefehl.« Lütjens nickt kaum merklich und sagt: »Ich weiß, Netzbandt« – und geht. Dabei wollte der Chef des Stabes seinen Einwand nicht als Mahnung verstanden wissen, vielmehr war es für ihn eine Erleichterung bei dem Gedanken: »Also wird der Flottenchef bei gegebenen Konstellationen sich nicht stur an den Operationsbefehl halten.«

Der Marsch wird mit 17 kn fortgesetzt, und mit dem Dunkelwerden wird am 20. Mai von 21.11 Uhr bis 22.00 Uhr bei mäßigem Wind aus ONO und bei von nur einzelnen Wolken belebten Himmel die Sperrlücke Kristiansand-Nord passiert. Bis zur Dunkelheit gilt wieder das Zickzackbild 1 bei Kurs 240°. 23.15 Uhr erneut Kurswechsel auf 285°.

Der 21. Mai bricht an. 00.58 Uhr meldet die Gruppe Nord per FT – man ist sicher, daß der Gegner in den raffiniert komplizierten Marinefunkschlüssel nicht einbrechen kann – das heutige Ergebnis der F.d.L.-betriebenen Bildaufklärung über Scapa Flow vom 20. Mai 12.50 Uhr mit FT vom 21. Mai 00.41 Uhr: »Ein Flugzeugträger, drei Schlachtschiffe (eines davon wahrscheinlich die HOOD, 6 Leichte Kreuzer, 2 U-Boote, 4 Zerstörer, 6 Frachter, 2 Tanker, 33 kleinere Fahrzeuge.«

21. Mai 00.00 Uhr: Noch immer leichte Brise mit Beaufort 2 aus ONO, einzelne Wolken.

01.59 Uhr am 21. Mai schwenkt der Verband auf 327°.

02.45 Uhr wird das von Lütjens am Tage zuvor angeordnete »Klar Schiff« befohlen, denn der Verband wird bei dem Marsch durch das Skagerrak gegen 03.00 ein Seegebiet durchqueren, das U-Booten wegen seiner Tiefenverhältnisse besonders gute Angriffschancen bietet. Auch die beiden Freiwachen sind daher prophylaktisch aufgezogen, solange der Verband U-Boot-Sicherung fährt. Das KTB PRINZ EUGEN weist die Gefahr aus: 02.57 Uhr Meldung von Horchraum, Geräuschpeilung 325°; auf der BISMARCK dagegen keine Reaktion. Als die »Hunde«-Wache ihren Dienst antritt, ist das Wetter bei NNO-Wind

in Stärke 2, bei jetzt bedecktem Himmel noch immer gut. 04.40 Uhr dreht der Verband noch weiter auf Nord, auf 359°.
04.45 Uhr: »Klar Schiff beendet!«
Um 06.45 Uhr: geht mit FT vom 20.5. ein Spruch der B-Leitstelle OKM ein, der aber laut handschriftlichem Nachtrag im KTB PRINZ EUGEN erst abends 17.13 Uhr der Gruppe Nord zur Kenntnis kommt.
Danach hat der B-Dienst gemäß FT 18.08 einen gegnerischen, das Unternehmen »Rheinübung« angehenden Funkspruch entschlüsselt: Eine britische Flugfunkstelle weist einen fliegenden Verband an, nach zwei Schlachtschiffen und drei Zerstörern Ausschau zu halten. Erstmals spricht hier der Gegner PRINZ EUGEN offenkundig als TIRPITZ an, was später wegen der konstruktiv absichtlich herbeigeführten Silhouettenähnlichkeit unter den schweren Einheiten der deutschen Flotte noch des öfteren geschieht.[140]
Ob sich die Meldung über den Verband auf die Fahrt durch den Belt und das Kattegatt bezieht oder auf den Marsch unter der norwegischen Küste, das geht aus dem entschlüsselten FT nicht hervor. Beim Belt käme eine Agentenmeldung, bei der norwegischen Küste eine Beobachtung durch Flugzeuge in Frage.[141]
Wenige Minuten später, laut KTB PRINZ EUGEN 07.06 Uhr, kommen im Westen vier Flugzeuge in Sicht. Ihr Typ kann bei der großen Distanz nicht bestimmt werden. Sie kommen auch nicht näher, vielmehr verschwinden sie wieder. Funkverkehr durch die Flugzeuge wird nicht beobachtet. Es muß mit der Möglichkeit gerechnet werden, daß es sich um britische Flugzeuge gehandelt hat. Ob die Maschinen mit dem entschlüsselten Befehl in Verbindung zu bringen sind, bleibt ungewiß. Seitens des Flottenkommandos erfolgt keine Meldung an die Gruppe Nord: Wohl typisch für Lütjens, keine unnötige Unruhe schaffen zu wollen.
Mit Sicherheit steht für die deutschen Befehlsstellen nunmehr fest, daß das Auslaufen der Kampfgruppe vom gegnerischen Beobachtungs- und Nachrichtendienst, den Nav 1 Intelligence, über Agenten beobachtet und wahrscheinlich über die Nachrichtenstelle beim britischen Marineattaché in Stockholm weitergeleitet wurde.
Hier ist eine Retrospektive auf den 20. Mai geboten. Dabei sind zwei Ereignisse zu differenzieren: Auf der Agentenebene der Fall Kristiansand und im gehobenen Attachémilieu der Fall Denham/Stockholm. Beide für den Abend des 20. Mai.
Nach [145] sei der Verband an diesem Abend von dem norwegischen Widerstandskämpfer Viggo Axelson vor der Küste von Kristiansand beobachtet und sogar photographiert worden. Axelson habe durch sein Doppelglas festgestellt: »20.30 Uhr ein Schlachtschiff, wahrscheinlich deutsch, Westkurs ...« Axelsons Freund, Odd Starheim, habe die Meldung verschlüsselt nach London weitergefunkt, bestimmt für Colonel J.S. Wilson, Chef des britischen Nachrichtendienstes für Skandinavien.
30 Minuten später habe dann auch der norwegische Untergrundkämpfer Eduard K. Barth den deutschen Kriegsschiffverband gesichtet, just als er auf der zehn Seemeilen südwestlich von Kristiansand gelegenen Insel Heröya »Möwenforschung« betrieb. Er sah den deutschen Verband durch eine Lücke im Minenfeld laufen und dann mit etwa nur zehn Knoten Fahrt auf Westkurs drehen. Das Bild habe er kurz vor Sonnenuntergang mit einem Teleobjektiv gemacht. (Das geschah zur gleichen Zeit, als man auf der BISMARCK Ruhe und Muße fand, in der Offiziersmesse für die wachfreien Dienstgrade den Film »Spiel im Sommerwind« zu genießen, übrigens der einzige Film, der während dem Unternehmen »Rheinübung« aus dem reichhaltigen Repertoire vorgeführt wurde ...)
Doch noch ein Wort zu dem norwegischen Kristiansand-Agenten: Der Autor dieses Buches vermißt die hier sehr notwendigen Quellenangaben in den britischen Akten. Und wieso sah der Widerstandskämpfer Axelson nur ein Schlachtschiff und nicht den ganzen Verband? Und was für ein lichtstarkes Teleobjektiv stand ihm zur Verfügung, um das Bild – noch dazu bei untergehender Sonne (!) – auf die Distanz nicht total zu verwackeln? Nach [145] habe das Foto sogar die BISMARCK, die PRINZ EUGEN und zwei Zerstörer erfaßt ... der dritte blieb außerhalb des Bildrahmens der Kamera.
Die genannten Zeiten decken sich mit dem BISMARCK- und dem PRINZ EUGEN-KTB, nach denen von dem mit Generalkurs 270° anlaufenden Verband die Sperrlücke am 20. Mai von 21.11 Uhr bis 22.00 Uhr passiert wurde. Unsicher wird wieder der behauptete Westkurs, denn laut KTB lag der Verband nach dem Passieren der Sperrlücke bis zur Dunkelheit auf 240° Kurs und erst ab 23.15 Uhr auf Kurs 286°, wobei das Zickzackbild 1 gefahren wurde.

Die obigen Widerstandskämpferberichte klingen etwas abenteuerlich, obschon man die Möglichkeiten nicht verleugnen möchte.

Schwerwiegender dagegen waren die am gleichen Abend vorausgegangenen, in Stockholm arrangierten Aktionen, die dem sogenannten »C-Büro«, dem Nachrichtendienst des schwedischen Streitkräfte-Oberkommandos, wie auch dem in Stockholm akkreditierten Militärattaché der nach London emigrierten norwegischen Exilregierung, Oberst Roscher Lund, zuzuordnen sind. Dabei ist es als durchaus natürlich zu betrachten, daß Lund von jeher gutnachbarliche, ja freundschaftliche Beziehungen zu seinen schwedischen Kollegen in Stockholm unterhielt, also zwangsläufig auch mit dem schwedischen Marineattaché Captain Henry Denham. Und da man auch in schwedischen Militärkreisen die deutsche Besetzung Norwegens und Dänemarks nicht als »Schutzmaßnahme« sondern als »Schutzbehauptung« wertete, hatte sich auch das Verhältnis zur norwegischen Exilregierung vertieft.

Es war am Abend des 20. Mai, als die schwedische Nachrichtendienststelle die britische Botschaft über die deutsche Kampfgruppe und die elf Handelsschiffe im Kattegat informierte. Nach Müllenheim-Rechberg [144] [145] habe diese Sichtung der C-Büro-Angehörige Kapitänleutnant Egon Ternberg den Briten weitergemeldet. Er sei sofort in die britische Gesandschaft gefahren, um den Marineattaché Captain Denham zu informieren. Dieser war aber abwesend. Ternberg scheute nicht die Mühe seiner Vermutung nachzugehen, daß Denham wahrscheinlich zum Abendessen gefahren sei. Er suchte alle in Frage kommenden Restaurants auf, die man ihm in der Gesandschaft genannt hatte. Und er fand ihn tatsächlich zwischen Vorspeise und Hauptgang in einem renommierten Speiselokal. Der gegrillte Wildlachs kam gar nicht erst auf den Tisch, weil sofort storniert und weil beide Gäste fast fluchtartig das Lokal verließen. Auf der britischen Gesandschaft ließ Denham in Gegenwart von Ternberg eine Meldung des Inhalts drahten: »Kattegatt 20.5. a) heute vormittag passierten elf deutsche Handelsschiffe Lenker Nord; b) 15.00 Uhr passierten zwei große Kriegsschiffe neben drei Zerstörern, fünf Begleitschiffen und zehn bis zwölf Flugzeugen Marstrand mit Kurs Nordwest 20.58/20.« Eine Quelle dieser Meldung wurde nicht genannt. Konnte auch nicht, da Ternberg sie verschwieg.

Nach [144] [145] bedankte sich Oberst Roscher Lund handschriftlich: »Ihr sehr wertvoller Bericht über feindliche Kriegsschiffe im Kattegatt vor zwei Tagen hat uns befähigt, am 21. Mai in den Fjorden bei Bergen ein Schlachtschiff der Klasse BISMARCK und einen Kreuzer der Klasse PRINZ EUGEN festzustellen. Selbstverständlich würde es keinen Nachteil bedeuten, wenn Sie dieses Ihrer Quelle mitteilen wollen. Für Ihre hilfreichen Bemühungen danke ich Ihnen sehr – lassen Sie uns hoffen, daß Ihr Freund auch weiterhin von so hohem Wert sein wird.

gez. Henry Denham.«

Und wie hatte sich doch der Befehlshaber der Marinegruppe Nord, Generaladmiral Carls, auf die besorgte Meldung über die Sichtung durch die GOTLAND am 20. Mai 13.00 Uhr in seiner Antwort geäußert [145]?: Hier noch einmal seine Antwort: »Ich halte die Kompromittierungsgefahr durch das schwedische Kriegsschiff bei der strikt neutralen Haltung Schwedens auch nicht für größer als die durch die ohnehin vorhanden gewesene planmäßig aufgezogene feindliche Überwachungstätigkeit in den Ostseezugängen.«

Was Denham betrifft, so wird, das sei dem Thema vorausgeschickt, die Britische Admiralität am 28. Mai an Denham drahten [144] [145]: »Ihr Telegramm 2058/20 leitete die ersten einer Reihe Operationen ein, die gestern in der Versenkung der BISMARCK kulminierten. Gut gemacht!«

Der Kampfverband im Grimstadfjord
Die Gegnermaßnahmen · Warum kein Tanker für die BS? Heizölnachschub nur für die PRINZ EUGEN · Das große Pöhnen · Die verderbliche Funkerei

Weiter zum Vormarsch der Kampfgruppe BISMARCK am 21. Mai, deren beabsichtiger Zwischenaufenthalt im Raum Bergen von Generaladmiral Carls gar nicht gutgeheißen wird: »Wegen des Einlaufens in Bergen (Korsfjord) vor allem wegen der nunmehr kurzen Nächte abgeraten und lieber durchzulaufen, sobald unsichtiges Wetter eine feindliche Luftaufklärung beschränkte.« Carls resignierte, als er (in [D 29]) die Feststellung traf: »Der Flottenchef aber seinerseits legte viel Wert auf dieses Zwischeneinlaufen.« (Wer Carls kennt, für den aber ist seine Stellungnahme ein fürwahr behutsamer Kommentar.)

07.09 Uhr am 21. Mai: Korsfjord wird mit Zickzackbild eine Flotte angesteuert.

Als die im Klarschiffzustand und wegen der Kampfgruppe hier zu erwartenden U-Boote mit verschärftem Ausguckposten die Schären erreichen, übernehmen diese die U-Bootsicherung: nackte Felsen, kleine Baumgruppen, Holzhäuser in Falunrot getönt, und Fischkutter bestimmen das Bild. Es verwehrt einem lauerndem U-Boot die Sicht durchs Periskop. Viele der Besatzungsmitglieder der BISMARCK und der PRINZ EUGEN sehen zum ersten Male in ihrem Leben eine fremde Küste.

Den Jagdschutz stellen *Me 109* und *Me 110*. Sie umkreisen den Verband und steigen dann auf zwei- bis dreitausend Meter, um Gegner aus dieser Angriffshöhe annehmen zu können. Man rechnet weniger mit Bombergruppen, wohl aber mit Aufklärermaschinen.

09.00 Uhr: Verband Korsfjord einlaufend. Marstenen an Steuerbord querab passiert.

Während die BISMARCK südlich von Bergen nach Steuerbord dreht, um 12.17 Uhr im Grimstadtfjord am Eingang des Fjörangerfjords etwa 500 m vom Land entfernt zu ankern, läuft die PRINZ EUGEN 09.40 Uhr zusammen mit den Zerstörern und unter Lotsenhilfe (durch den Leutnant [S] Lühring, Seefahrer, Kapitän A 6), durch den Korsfjord nach Norden, wo sie nördlich von Bergen mit den Zerstörern in der Kalvenesbucht zur Ölübernahme vor Anker geht. Lütjens, der seit der GOTLAND-Begegnung schon lange mit feindlicher »Luft« rechnet, schickt die Zerstörer auf Distanz. Eine solche Ansammlung ist ihm zu auffällig.

PRINZ EUGEN füllt aus dem längsseits kommenden Tanker WOLLIN ihren Brennstoff[142] auf, während sich auf jeder Seite ein Dampfer als Schutz gegen Lufttorpedos längsseits hinlegt.[143] Sobald die PRINZ EUGEN vor Anker liegt, wird der Tarnanstrich überpöhnt. Bisher sollten mehrere Meter breite, schwarzweiße, schräg auf die Aufbauten gemalte Streifen, ein dunkler Anstrich des Vorschiffs wie auch des Achterschiffs und eine angedeutete weiße Bug- und Hecksee angreifenden U-Booten das Schätzen der Lage und der Größe beim Unterwasserangriff erschweren. Auf hoher See jedoch könnten diese Streifen aber auch zum Verräter werden. Bald erstrahlt der Prinz in seinen ursprünglichen Farben: mittelgrauer Rumpf, hellgraue Aufbauten, weiße Schornsteinkappe. Auch auf der BISMARCK hält seit dem Einlaufen und dem Ankermanöver das große Pöhnen mit dem obligatorischen Außenbordsgrau der Kriegsmarine an. Die Stimmung an Bord ist gut, denn das Pöhnen ist des Seemanns Lust, obschon er sich bei dieser Schnellaktion nicht seemännisch »aufschießen« kann. Aber es verdrängt die Sorgen und die Probleme ob des Ungewissen in naher Zukunft. Und die hingeworfene Frage eines Seemannes angesichts des von keiner Wolke getrübten, frühlingshaften Sonnenscheins: »Ob sie uns auch in der nächsten Woche scheinen wird ...?«

Während des Einlaufmanövers ging ein FT von der Gruppe Nord ein, ein Befehl, den Wiederauslaufzeitpunkt zu melden

1. an die Mariengruppe Nord,
2. an die Luftflotte 5 und
3. an den Fliegerführer Nord.

13.51 Uhr erst meldete die Flotte der Marinegruppe Nord: »09.00 Uhr Korsfjord ein. Weitermarsch um 23.00 Uhr.« Daraufhin schaltet sich der Admiral Norwegische Westküste ein und informiert die befohlenen Dienststellen 14.17 Uhr: »Ankerlichten Flotte etwa 20.00 Uhr.« (Güth kommentiert: »Die verderbliche Funkerei!«)

Inzwischen, 11.15 Uhr, hatte Lütjens seinen Verbandsbefehl für den 21. bis 22. Mai formuliert: »1. Absicht: Heute abend Marsch nach Norden fortsetzen. 2. BISMARCK wird 20.00 Uhr mit PRINZ EUGEN südlich von Kalvanes stehen. 3. Bereitschaft: durchgehende Kriegswache der Flak ab 22.00 Uhr, dazu M.A. Ab 23.00 Uhr auch die S.A. Morgen je nach Lage: 4.1 Kriegsmarschzustand bis 22.00 Uhr, 4.2 anschließend 22.00 Uhr Dampf auf für 20 sm, danach für 27 sm.

Just nach der Beölung, 17.13 Uhr, wird die Flotte von der Gruppe Nord erneut über die B-Dienstmeldung vom 21. Mai, 06.45 Uhr, informiert über die Suchaktion britischer Flugzeuge nach zwei Schlachtschiffen und drei Zerstörern. Die Meldung wird von der Marinegruppe Nord kommentiert mit: »Dieser Befehl ist wahrscheinlich auf Meldungen des Englischen Agentendienstes im Großen Belt zurückzuführen und zeigt erneut dessen gutes Arbeiten, bei dem in der Regel 24 Stunden nach Passieren des Belts durch Seestreitkräfte die entsprechende Meldung vorliegt.

Um 17.54 Uhr folgt FT von der Gruppe Nord: »Die durch den Fließü. Atlantik in der Dänemarkstraße durchgeführte Eisaufklärung ergibt bis 20° West die normale Eisgrenze, westlich davon kein ausreichendes Ergebnis wegen Blindfluges. Fließü. Atlantik wird daher um baldige erneute Aufklärung gebeten.«

Anerkennend sei hier noch vermerkt, daß die Vorbereitung der Unternehmung für den Bereich Norwegen durch den örtlichen Befehlshaber sehr gut gewesen ist. An navigatorisch schwierigen Punkten lagen Fischkutter als vorübergehende Seezeichen verankert, während an den Stellen im Schärengebiet, die U-Booten Angriffschancen boten, U-Bootjäger und Vorpostenboote die Kontrolle und die Sicherung übernahmen.

Was aber den Flottenchef erwogen haben mag, gegen seine (schon vorher diskutierten) Absichten nun doch Norwegen anzulaufen, ist nie bekannt geworden. (Es würde dem Wesen von Lütjens entsprochen haben, sich dazu überhaupt nicht zu äußern.)

Als Alternative zu einem Aufenthalt in Norwegen blieb nur der Marsch zu dem auf 70° Nord, 1° West im Nordmeer auf Position liegende Tanker WEISSENBURG. Hierbei wäre der Zeitverlust vor dem Durchbruch in den Atlantik größer, die Entdeckung aber geringer gewesen. Die Entscheidung des Flottenchefs aber zeigt, daß er einen raschen Durchbruch für wichtiger einschätzt, zumal er nach der Flugzeugsichtung und den aufgefangenen Funksprüchen annehmen muß, ohnehin bereits entdeckt zu sein.[144]

Die Frage aber, weshalb überhaupt vor dem Durchbruch unbedingt noch einmal Öl ergänzt werden mußte, obwohl ein sofortiger Durchbruch viel zweckmäßiger gewesen wäre, führt wieder zu jenem Umstand, der von allen technischen Hindernissen die schwerste Belastung dieser deutschen ozeanischen Kriegführung gewesen ist: Das war der mit 7 200 sm/20 kn für einen atlantischen Zufuhrkrieg unzulängliche Fahrbereich des Schweren Kreuzers PRINZ EUGEN.[145]

Wäre nicht die PRINZ EUGEN bei der Kampfgruppe gewesen, hätte sich der Flottenchef jeden Zwischenaufenthalt – sei es in Norwegen oder im Nordmeer – ersparen können. Die BISMARCK hatte ja nicht einmal ihren Aufenthalt im Grimstadtfjord zur Ölergänzung eingeplant. Weil sie im Operationsbefehl nicht vorgesehen war, lag auch kein Tanker für sie bereit. Auf die später kritisch diskutierte Frage, warum für die BISMARCK kein Tanker zur Ergänzung des seit Gotenhafen verbrannten Heizöls vorgesehen war, gibt es in den KTBs keine Antwort. An eine Fehlplanung dieser doch mühelos zu berechnenden Betriebsstofflage denken zu wollen, wäre bei der Sorgfalt der Vorbereitungen absurd.

Es bietet sich eine Erklärung an: Wenn auch nicht im KTB BISMARCK belegt, so wurden in Gotenhafen wahrscheinlich auch die Zusatzbunker mit Heizöl gefüllt und möglicherweise auch die Zellen im äußeren Wallgang, die dann jedoch im Kampfgebiet leer gefahren werden müssen. Die BISMARCK hatte offenbar auf dem Marsch Gotenhafen – Norwegen daher zuerst das Wallgang-Heizöl verbraucht und war somit jetzt voll k.b.

Während es im Raum Bergen ruhig bleibt, gibt es gegen 17.30 Uhr im etwa 70 Kilometer entfernten Sognefjord Fliegeralarm, der selbstverständlich auch dem Flottenchef zur Kenntnis gebracht wird. Der Gedanke, daß die Engländer den Verband innerhalb der Fjorde suchen, liegt nach der in den Vormittagsstunden entschlüsselten Meldung auf der Hand. Unbemerkt blieb am 21. Mai jedoch eine »Spitfire«, die 13.15 Uhr den Raum Bergen und damit die beiden Schiffe überflog und, wie wir heute wissen, photographierte.[146] Daß die »Spitfire« nicht entdeckt wurde, ist daraus zu erklären, daß Jagdflugzeuge wegen ihrer relativ geringen Abmessungen in großen Höhen optisch nicht erfaßbar sind. Daraus erklärt sich auch die Tatsache, daß die Engländer für diese Aufklärungsflüge »Spitfire«-Jagdmaschinen durch den Ausbau von Waffen und den Einbau von Zusatztanks zu Aufklärern hergerichtet haben.

Welcher Art die Maßnahmen der deutschen Luftwaffe im einzelnen waren, das Unternehmen »Rheinübung« in seiner ersten Phase zu sichern, geht aus einem Schreiben des damaligen Luftwaffenhauptmanns Kurt Huhnholz hervor.[147] Vorab sei festgestellt, daß alle Maßnahmen der Luftwaffe zur Sicherung der BISMARCK gründliche Absprachen zwischen Marine (OKM/Skl) und dem Oberkommando der Luftwaffe erkennen lassen. Bereits vor Auslaufen der deutschen Kampfgruppe aus Gotenhafen hatte sich der Chef der Luftflotte 5, Generaloberst Stumpff, vom OKL, Berlin, über das Unternehmen »Rheinübung« informiert und – mit der Leitung der Sicherungsmaßnahmen beauftragt – mit dem Oberbefehlshaber des MOK Norwegen, Generaladmiral Boehm, abgesprochen. Hier ist erwähnenswert, daß beide Befehlshaber auch privat ein gutes Verhältnis zueinander hatten. Dieser Umstand ist insofern bemerkenswert, als sich die gegenseitige Vertrauensbasis auch auf die Stäbe dieser beiden Befehlsstellen auswirkte. Nach Stumpff waren die Sicherungsmaßnahmen der Luftwaffe nicht zuletzt auch »im eigenen Interesse« nicht nur sehr umfangreich, sondern auch sehr gründlich, was allein dadurch erleichtert wurde, daß die Luftwaffe nicht in diesem Raum auf vielseitige Erfahrungen zurückgreifen konnte, gehörten doch solche Sicherungsaufgaben seit April 1940 hier doch quasi »zur Routine«.

Hinzu trat ferner der Umstand, daß die Luftflotte 5 nicht wie die Luftflotte 3 mit Einsätzen über England beansprucht und so etwa voll ausgelastet war. Sie konnte sich also ganz dieser jetzt gestellten Aufgabe widmen. Weder Interesse noch Kräfte waren bei ihr geteilt. Diese Feststellung scheint für die spätere Betrachtung über den weiteren Einsatz der Luftwaffe von Bedeutung. Jedenfalls deckten nach Schellmann alle in Dänemark und Norwegen verfügbaren und zum Teil noch verstärkten Luftstreitkräfte das Unternehmen »Rheinübung« ab durch: laufende Jagd- und enge (U-Boot-)Sicherung, Aufklärung von Nordsee und Nordmeer bis zur Grenze der Reichweite, Überwachung von Scapa Flow (soweit möglich, auch durch Bildaufklärung) und Bereithaltung von Kampf- und Stukaverbänden für den Fall, daß britische Streitkräfte im Bereich der Eindringtiefe dieser Verbände gesichtet würden. Alle diese Sicherungsverbände folgten den Bewegungen der Kampfgruppe BISMARCK staffelweise, von Flugplatz zu Flugplatz springend.

Zur fraglichen Zeit war Hauptmann Kurt Hunholz Ic beim Fliegerführer Stavanger, Oberst i.G Holle. Im gleichen Stabe wirkten mit: Hauptmann Blauensteiner als Ia und Korvettenkapitän R. König als MVO (= Marine-Verbindungs-Offizier).

Hier nun der äußerst aufschlußreiche Brief von Hunholz an Brigadegeneral Busch vom Mai 1960 im Auszug: »Mit Eintreffen der BISMARCK in unserem Kampfraum, ostwärtiges Skagerrak, waren starke Verlegungen von Verbänden bereits durchgeführt. Unsere F-Aufklärung, betrieben durch die 1./F120, war verstärkt worden durch eine Staffel der Aufklärungsgruppe 121, die nach Aalborg-West verlegt wurde. Außerdem wurden einsatzmäßig F-Aufklärer (Ju 88) der damals noch bestehenden Kommandostelle F. d. Luft dem Fliegerführer in Stavanger unterstellt. Die im Bereich Norwegen liegenden Seeaufklärer, Flugbootstaffeln und He-115-Staffeln, wurden im Raum Skagerrak-Drontheim und Tromsoe zusammengezogen. Damit standen für die pausenlose Überwachung von Scapa die 1./F 120 und für die allgemeine Seeaufklärung zwei Ju-88-Staffeln und die gesamte Fernaufklärung mit Seeflugzeugen zur Verfügung. Wir konnten uns damals noch eine lückenlose Überwachung[148] der Nordsee, des Nordmeeres und des Ausgangs zum Atlantik als Streifen- und Fächeraufklärung gestatten.

Als Kampfkräfte wurden in Dänemark, Kristiansand und Gardamoen Teile vom KG 30 (Ju-88-Geschwader) und auch ihres Geschwaders (KG 26) mit Staffeln des Stukageschwaders 5 in Bereitschaft gelegt. Der Jagdschutz oblag seinerzeit noch dem Jafü (= Jagdführer) Norwegen (Zusatz: der seinerseits also nicht dem Fliefü = Fliegerführer Stavanger unterstand, daher keine Einzelangaben) …

… Für das Auslaufen des Flottenverbandes war eine beachtliche Luftarmada rechtzeitig zusammengezogen worden, so daß allein schon die Verstärkungen im Kampfraum des Fliefü eine Aktion ankündigten. Ob das klug und richtig war bei der Hilfestellung, welche die norwegische Bevölkerung dem Engländer gab, darüber läßt sich streiten. Ich entsinne mich einer heftigen Diskussion zwischen Korvettenkapitän König und Hauptmann Blauensteiner, in dem letzterer in seiner schnoddrigen Art die Ansicht vertrat, die BISMARCK müsse eigentlich lautlos – auch für uns alle – ihr Auslaufen durchführen. Bei der etwas konservativen Einstellung der Marine war das natürlich purer Unsinn. Unsere Überwachung von Scapa Flow war in jenen Tagen vollständig, und wir hatten lückenloses Bildmaterial über die englischen Marinestreitkräfte im

HOOD, das Spitzenschiff der Royal Navy: Auf seltsame Weise hatte das Schicksal die Karten gemischt. Die beiden damals größten Schlachtschiffe der Welt stoßen wenig später kämpfend aufeinander. Mit 46 200 t Wasserverdrängung und ebenfalls acht Geschützen vom Kaliber 38,1 cm sowie 12 weiteren vom Kaliber 14 cm ist die HOOD größen- und bewaffnungsmäßig der BISMARCK etwa gleichwertig.

Bereich Scapa. Am 21. Mai 1941 hatten wir ausgezeichnete Aufnahmen von der HOOD und – soweit ich mich erinnere auch von der SUFFOLK und der NORFOLK. Oberst Holle sah sich veranlaßt, mich mittags mit einer He 59 samt diesem Bildmaterial und einem Brückenglas zum Flottenchef zu entsenden. (Zusatz: Mit Hilfe der Brückengläser ist es möglich, auf geeigneten Doppelbildern eine raumbildende Vorstellung zu erzeugen.) Ich wurde in Bergen durch ein Boot der BISMARCK vom Flaggleutnant des Schiffes abgeholt und ging an Bord. Mein Flugbuch aus jenen Tagen – amtlich festgestellt – verzeichnet:
»Abflug Sola See 13.43 Uhr, Rückflug nach S. 22.55 Uhr.«
Unter Abzug des Hin- und Rückfluges (zwei Stunden, 14 Minuten) war ich fast fünf Stunden bis zum Auslaufen an Bord des Schiffes.
Nachdem das Bildmaterial zunächst vom Chef des Stabes, Kapitän zur See Netzbandt, von dem 1. Asto, von Kapitän zur See Ascher, und vor allem dem Kommandanten der BISMARCK, Kapitän zur See Lindemann, eingehend studiert worden war, wurde ich dem Flottenchef, Admiral Lütjens, vorgestellt, der sich die wichtigsten Bilder im Brückenglas ansah. Ich glaube, wir hatten sogar festgestellt, daß die HOOD wesentliche Umbauten ihrer Türme und Deckaufbauten vorgenommen hatte.[149]
Das Bildmaterial war am 21. Mai 1941 erflogen und von unserer Stabsbildabteilung, Oberstleutnant Streetz, in kürzester Frist tadellos ausgearbeitet worden.

Der Liegeplatz unserer Kriegsschiffe im Raume Bergen war alles andere als kriegsmäßig. Die BISMARCK lag nicht weit vom Ufer vor Anker. Zahlreiche Norweger bevölkerten das Ufer und die Hänge, herrlichster Sonnenschein – wie er in Bergen selten ist –, am Himmel ein riesiger Schwarm deutscher Jäger, die Sicherung flogen.
Was war da noch geheim?
Als ich nach meiner Rückkehr Oberst Holle im Beisein von Korvettenkapitän König und Hauptmann Blauensteiner Meldung erstattete und, über meine Eindrücke befragt, das vorerwähnte Bild ohne jeden Hintergedanken gab, wurde von Oberst Holle ein starkes Bedenken geäußert, was König sichtlich unangenehm war …
… Ich entsinne mich, daß Oberst Holle meinen Bericht zum Anlaß des Gespräches mit der Luftflotte 5, Chef des Generalstabes Generalmajor Nielsen, nahm. Er ließ sich von mir meine Wahrnehmungen tags darauf vor der Lage wiederholen; das war nicht üblich. Am Abend des 21. Mai 1941, dem Auslaufzeitpunkt der BISMARCK aus Bergen, hatten wir während meines Rückfluges Besuch von englischen Torpedofliegern am Liegeplatz. Sie kamen zu spät. Ich habe mit Erlaubnis von Lindemann, der mir beim Vonbordgehen noch seine letzte Post übergab, unseren Verband etwa 20.00 Uhr mit einer Handkamera (Dienstgerät) im Bild festgehalten …«
Soweit der aufschlußreiche Bericht des Luftwaffenhauptmanns Hunholz.

Von Bergen zur Dänemarkstraße – Gegner schweigt · Lütjens rätselt · Raeder informiert
Hitler über Unternehmensbeginn erst jetzt nach dem Auslaufen · Gegner hat also doch
Funkmessgeräte (FuMOs = [britisch] RADAR) · Hitler will die BS-Gruppe noch zurückrufen ·
Raeder entkräftet Hitlers Befürchtungen

Der 21. Mai:
19.30 Uhr wird »seeklar« ausgepfiffen.
Unter dumpfem Poltern der Ketten werden die Anker aus dem Fjordgrund gerissen und Pall für Pall gehievt ...
Kriegsmarschzustand 2 und Fahrt 20 kn ist befohlen. Der Weg aus der Kalvanesbucht, den die beiden Schiffe in der alten Reihenfolge nehmen, führt durch den Höeltefjord und den Fedjeosen nach See. Noch in Sicht des Landes meldet um 20.04 Uhr die Gruppe Nord: »Halte wahrscheinlich Grundlage für die Sichtmeldung gemäß FT 17.37 Uhr Agentendienst Großer Belt.«
Vermutungen. Nichts als unbefriedigende Vermutungen ...
22.17 Uhr steht die Kampfgruppe im Ausgang des Fedjeosen.
Zur U-Boot-Sicherung des Verbandes wird das Zickzackbild 1 auf Generalkurs 290° im freien Seeraum gefahren. Nach Kompaßkurs ist das WzN. Die 6. Zerstörerflottille fährt die U-Boot-Sicherung: der Führerzerstörer *Z 10*, dann zwei Zerstörer, hinter diesen die BISMARCK, gefolgt von der PRINZ EUGEN. Um 23.00 Uhr, nachdem der Lotse über das Seefallreep ausgestiegen ist, zieht auf beiden schweren Einheiten die Kriegswache auf. Wieder sichern Messerschmitt-Zerstörerflugzeuge den Verband.
Die Gruppe Nord unterrichtet 23.41 Uhr die Flotte: Der F.d.Luft meldet das Ergebnis der Aufklärung: »Nichts gesichtet.«
Laut KTB vom 21. Mai, 23.48 Uhr: Ohne Zickzack auf Vormarsch 0°.
Der SSW-Wind hat mit Stärke 4 etwas zugenommen. Der Himmel ist mit schweren, tiefhängenden Wolken verhangen, die Sicht ist diesig, symbolhaft unklar, wie die Zukunft des Unternehmen »Rheinübung«. Indessen: für das Auslaufen kann das Wetter nicht »besser« sein.
Leider fehlen im KTB BISMARCK Hinweise und Angaben über die Beratung der Schiffsführung durch den Bordmeteorologen. Gleiches gilt für den Leiter des B-Dienstes als selbständige, aber sehr wichtige Institution.
Achteraus, in Richtung Bergen, flammt plötzlich nach Mitternacht der Himmel in unregelmäßig pulsierendem Rhythmus, aber in schneller Folge gelbrot auf:
Flakfeuer.

Es fallen Bomben. Ihre Detonationen sind deutlich vom Flakschießen zu unterscheiden. Gleichzeitig tasten die Strahlenfinger suchender Scheinwerfer an der dunklen Wolkendecke entlang, um die von 01.30 Uhr bis 03.00 Uhr einzeln angreifenden Flugzeuge für die Flak aufzuhellen, denn der Gegner sucht sogar in der Nacht nach der ihn mit Sorgen erfüllenden deutschen Kampfgruppe, von der er nun weiß, daß das eine Schiff die BISMARCK ist. Als die Scheinwerfer von Zeit zu Zeit erlöschen, bleiben die Wolken weiter erleuchtet, und zwar von innen und oben her. Die Briten werfen an Fallschirmen hängende Leuchtbomben, um die Liegeplätze ausgiebig auszuleuchten, den Hjeltefjord vor allem und auch die Schären in der Nähe von Kalvenes Feuer.
Sie kommen um eine Handbreit Zeit zu spät.
Die funkfreudige Gruppe Nord wird diesen Angriff kommentieren: »Es handelte sich hier um einen Anflug auf Bergen; eine Verbindung mit der Flottenoperation ist nicht nachweislich, aber möglich. Die Flotte steht bereits weit ab in See.«[150]
Wie wir heute wissen, gab es bei diesem Angriff sehr wohl eine Verbindung mit den Operationen der Flotte. Die Briten wollten, wie im nächsten Kapitel nachzulesen ist – unter allen Umständen und mit allen verfügbaren Mitteln – erkunden, wo die beiden deutschen Kriegsschiffe stehen, ob noch in den Fjorden als Liegeplatz oder in See. Und wenn in See, mit welchem Kurs ...
Folgen wir der Kampfgruppe BISMARCK, der die Marinegruppe Nord am 22. Mai, 03.26 Uhr, zu den bei der Luftflotte 5 eingekommenen Meldungen vom 21. Mai, 06.25 Uhr und 15.13 Uhr mitteilt: »Luftflotte 5 übermittelt, daß das 06.20 Uhr mit der Suche nach den Schlachtschiffen beauftragte (britische) Flugzeug 10.57 Uhr eingepeilt wurde im Quadrat AE 9576 (westlich der Färöer) und anschließend auf dem Heimflug nach den Shetlands, und zwar nach Sumburgh mit Kurs 105° und 134° stand mit Luftaufklärung ergebnislos.«
Ihren Kommentar dazu gibt die Marinegruppe an die Flotte nicht weiter, obschon er von Wert ist. Er lautete: »An der B-Dienstmeldung, daß ein Flugzeug nach den Schlachtschiffen suchen soll, ist nicht zu zweifeln; es ist

aber nach den Erfahrungen mit dem englischen Täuschungsfunk möglich, daß der Funkname des Flugzeuges von 06.20 Uhr und 10.57 Uhr bei einem anderen Flugzeug in einem anderen Seegebiet auftritt.«

Am 22. Mai, 04.20 Uhr Bordzeit werden die Geleitzerstörer mit dem Befehl »Detachiert nach Plan« entlassen. Die schlanken, schnellen Sicherungseinheiten drehen im kalten Dämmerlicht der Nacht auf Gegenkurs, während die Kampfgruppe mit hoher Bugsee auf ihrem Nordkurs allein weitermarschiert.

Verwunderung bei denen, die Zeugen der formlosen, indessen militärisch nüchternen Entlassung der treuen Beschützer werden:

Ohne ein Wort des Dankes ...

Ohne ein »Aufwiedersehen«.[151] Dazu hätte ein Signalgast genügt! Aber das »Funken« war wichtig ...

Entlassen wurden die Geleitzerstörer aber auch ohne eine Meldung für den steuernden Marinegruppenbefehlshaber Nord, Generaladmiral Carls.

Als die Zerstörer der 6. Z.-Flottille am 22. Mai, 18.47 Uhr, in Drontheim einlaufen, erhält ihr Flo.-Chef von der Gruppe Nord sofort den Befehl, den Entlassungsort und – falls bekannt – die Absichten der Flotte zu melden. Schulze-Hinrichs gerät in arge Verlegenheit, kennt er doch nur die Entlassungsposition, nicht aber die Absichten des Flottenchefs, der ihm, wie bereits oben vermerkt, keine Mitteilung für den Befehlshaber der Gruppe Nord mit auf dessen Rückmarsch anvertraut hatte. Offenbar hatte Carls mit diesem Mangel an Mitteilsamkeit seines wortkargen Admiralskameraden gerechnet, wenn er sich der auffallenden Einschränkung »falls« bediente.

Carls zeigt sich viel toleranter und unbürokratischer, als er diesen Punkt in seinem KTB mit dem Hinweis abtut, der Flottenchef habe zu dieser Zeit »offenkundig keine festen Absichten über den nun endgültig zu wählenden Durchbruchsweg gehabt. Vielmehr habe er, so vermutete man, die definitive Wahl wahrscheinlich von der Wetterlage abhängig gemacht«.

Der Skl-Meinung zu diesem entschuldigenden Argument war, daß es doch als wahrscheinlicher angesprochen werden dürfte, daß der Flottenchef eine neue Meldung deswegen nicht für notwendig hielt, da er an seiner in seinem Operationsbefehl ausgesprochenen Absicht, den Durchbruch durch die Dänemarkstraße zu unternehmen, festhalten würde.

In jedem Falle beweisen aber diese Tagebucheintragungen und die obigen Überlegungen der Skl und der Gruppe Nord, daß man dort eben doch mit einer diesbezüglichen Äußerung des Flottenchefs gerechnet hatte.

Nun tappten beide Befehlsstellen im dunkeln.

Dieser für Lütjens typisch zu nennende Mangel an Informationsbedürfnis über seine taktischen Absichten und Überlegungen, diese aus der selbstsicheren Überzeugen von der Richtigkeit seiner Pläne geborene Souveränität, hatte auch auf der vorausgegangenen Atlantikunternehmung mit der GNEISENAU und der SCHARNHORST zu Unsicherheiten und daher auch zu einer gewissen Mißstimmung auf der SCHARNHORST geführt, mußte man doch dort immer erst rückfragen, um die weiteren Absichten des Flottenchefs in Erfahrung zu bringen. In den meisten Fällen erfuhr sie das Kommando des Verbandsschiffes vom Flaggschiff erst bei der Ausführung, oder noch später, oder erst durch persönliche Winkspruchrückfrage des Kommandanten beim Flaggschiff.

Doch wenden wir uns dem weiteren Kurs der Kampfgruppe zu.

07.40 Uhr am 22. Mai geht ein Morsespruch mit Blinklampe von PRINZ EUGEN an BISMARCK: »Meldung vom Horchraum: Einzelne U-T-(Unterwassertelegraphie)Signale Richtung 110°. Es ist anzunehmen, daß diese auch von den eigenen, nach Drontheim laufenden Zerstörern gehört werden.«

Die Aufmerksamkeit der PE-Männer wirkt wohltuend, auch wenn die Meldung ohne taktischen Wert ist. Warum aber haben die Horcher von der BISMARCK (wieder) nicht eingeschaltet? Diese Frage ist im Hinblick auf die eben doch relativ kurze Ausbildung der Schlachtschiffbesatzung so unwichtig nicht. Auch daß diese Horchmeldung auf der PRINZ EUGEN im KTB BISMARCK überhaupt nicht erwähnt wird, ist interessant. Die Frage nach dem »Warum nicht«? war doch für das BISMARCK-Kommando ebenso wie für das verantwortliche Personal gravierend.

22. Mai, 09.34 Uhr: Die Gruppe Nord funkt der Flotte eine B-Dienstmeldung: »Im Flugfunk keine Besonderheiten · kein Operationsverkehr · keine Auswirkung des Auslaufens der Flotte · oder des Befehls zum Suchen nach den Schlachtschiffen feststellbar · nur verstärkte Luftaufklärung im nordöstlichen Sektor.«

Es folgt für die Flotte 10.53 Uhr auch gleich ein Kommentar: »Die verstärkte Aufklärung in nordöstlicher Richtung geht möglicherweise darauf zurück, daß die Flugtätigkeit in den übrigen Gebieten durch das Wetter stark eingeschränkt worden ist.«

Das später anhand der Unterlagen der PRINZ EUGEN nachvollzogene KTB BISMARCK sagt detaillierter aus: »F.T. Gruppe und B-Dienstmeldung lassen scheinbar erkennen, daß die starke feindliche Flugzeugaufklärung in Richtung Norwegen und die nördliche Nordsee zu weit südlich eingesetzt ist, um die Kampfgruppe BISMARCK und PRINZ EUGEN festzustellen. Der Liegeplatz in der Kalvanesbucht wurde am 21. Mai abends von Bomben- (und Torpedofliegern) angegriffen. Den sonst eingehenden Funksprüchen nach scheint der Verband vom Feinde sogar unbemerkt den Vormarsch angetreten zu haben.«

Das ist, wie hier auch für das Auslaufen belegt, absolut richtig. Und sehr wichtig für Lütjens noch wäre es an der Zeit, dem Vorschlag der Gruppe Nord folgend, mit Höchstfahrt Kurs auf die Südenge Island-Färöer zu nehmen. Soviel aber ist sicher, der Feind weiß um die bevorstehende Operation der BISMARCK. Noch ist es Zeit, die Unternehmung zu verschieben. Diese Überlegung einem seekriegserfahrenen Gegner gegenüber findet sich nirgendwo. Der 22. Mai, 10.59 Uhr-FT: »Von Gruppe Nord an die Kampfgruppe BISMARCK: Luftlandung Besetzung Kreta 20. Mai angelaufen. Bisheriger Verlauf planmäßig. Nachschub über See gehend. Force »H« in See, vielleicht Kreta ansteuernd. Weitere Schlachtschiffe Kreuzer, Zerstörer aus dem Ostmittelmeer im Raum um Kreta.«

Es ist im maritimen Schrifttum vermerkt (bei Wagner: Lagevorträge [114]), daß das Unternehmen »Rheinübung« mit der Operation »Kreta« von den obersten Führungsstellen koordiniert worden sei. Diese an sich logische strategische Version bietet sich ja auch förmlich an, doch gibt es in den Kriegsakten **nirgendwo** einen Hinweis auf ein solches naheliegendes Zusammenspiel. Immerhin kann der deutsche Flottenchef dadurch eine Diversionswirkung zugunsten des Durchbruchs seiner Kampfgruppe und seiner Operationen im Nordatlantik erhoffen. Allein die unter Vizeadmiral Somerville operierende Force H, sonst im atlantiknahen Gibraltar stationiert und wahrscheinlich nun im Einsatz vor Kreta, ist mit ihrem 30.7 kn schnellen Flugzeugträger ARK ROYAL ein Risikofaktor für den von der Kampfgruppe BISMARCK zu führenden Handelskrieg. 11.41 Uhr am 22. Mai FS 028.30 von Gruppe Nord an B.d.U.Op., nachrichtlich Skl und Gruppe West enthält die Mitteilung, daß aufgrund der Wetterlage die Möglichkeit des Durchbruchs der Flotte bereits in der Nacht vom 22. zum 23. Mai südlich Island oder von der Nacht vom 23. zum 24. Mai an durch die Dänemarkstraße bestehe. Unterrichtung der Atlantikboote erbeten.

Zu dieser Zeit steht der Kampfverband zur Stunde des Mittagsbestecks auf 65° 53 N/03° 38 W. Kurs ab 12.03 Uhr 324°, das heißt Nord zu West.[152]

Am gleichen Tage, am 22. Mai 1941, kommt es im Berghof[153] auf dem Obersalzberg bei Berchtesgaden zu einer Begegnung zwischen Raeder und Hitler. Der Großadmiral hält in Gegenwart des Chefs OKW (WFSt) General Jodl, des Außenministers von Ribbentrop und des Kapitäns zur See von Puttkamer Lagevortrag über Fragen des U-Boot-Krieges und der Überwasserkriegführung. Auf der einen Seite kann er die glückliche Heimkehr des HSK THOR unter Kapitän z. S. Otto Kähler melden, auf der anderen muß er über den Verlust vom HSK PINGUIN nach einem Gefecht mit dem Schweren Kreuzer CORNWALL am 8. Mai berichten. Raeder erklärt, die Leistungen der PINGUIN haben nur in den Erfolgen der EMDEN und des HSK WOLF im 1. Weltkrieg eine Parallele. Weiter kann Raeder das Einlaufen der Prise SPEYBANK in Bordeaux am 11. Mai mit Manganerzen, Kautschuk, Jute und Tee an Bord und das des Vorsorgungsschiffes DRESDEN mit Überlebenden des von HSK ATLANTIS versenkten ägyptischen Dampfers ZAM ZAM melden. Unter den Überlebenden befinden sich viele Amerikaner. Erst nach diesen Darlegungen, und das ist auffallend, meldet der Großadmiral Hitler, quasi als Fußnote, das Auslaufen der Kampfgruppe BISMARCK.

Hitler, der vorher mehrfach seine Bedenken gegen einen weiteren Einsatz von Großkampfschiffen im Handelskrieg ausgesprochen hatte, zeigt sich unangenehm überrascht. Er wiederholt die schon früher postulierten Überlegungen und Einschränkungen und führt jetzt zusätzlich aus, daß er von der neuen Unternehmung Verwicklungen mit den USA befürchte, zumal die Amerikaner kurz zuvor ihre Interessensphäre bis fast zu den Azoren ausgedehnt haben. Solche Komplikationen seien ihm am Vorabend des schon beschlossenen Rußlandunternehmens unerwünscht. Ferner weist er erneut auf die Bedrohung durch feindliche Flugzeugträger hin. Am Schlusse seiner Ausführungen fragt er Raeder, ob es nicht möglich sei, das Unternehmen abzustoppen. Der Großadmiral verneint diese Frage nicht direkt.

Raeder versucht, Hitlers Befürchtungen[154] zu entkräften und weist dagegen eingehend auf die bisher erzielten Erfolge und auf die Hoffnungen hin, die er und die Seekriegsleitung an die zukünftigen Operationen der Großkampfschiffe knüpften. Er erläutert, welche umfangreichen Vorbereitungen durch Voraussendung von Tankern und Troßschiffen bereits getroffen worden seien, und bittet schließlich, daß das Unternehmen planmäßig fortgesetzt werden dürfe. Hitler gibt nach. Die Ergebnisse nehmen ihren Verlauf.

*

Hitlers Marineadjutant, Konteradmiral Jesko von Puttkamer, dazu [81]. Es ist kaum möglich, auf die Frage eine Antwort zu geben, warum Hitler bei seinen intuitiven Befürchtungen nicht darauf bestanden hat, daß die Kampfgruppe BISMARCK zurückgerufen wurde, da man nur auf Vermutungen angewiesen ist. Sicher haben Raeders Einwände ihren Eindruck auf Hitler nicht verfehlt. Ein Gefühl der Unsicherheit dem Fachmann und international respektierten Fachautor gegenüber, der seine Befähigung bisher oft genug bewiesen hatte und auf dessen Urteil er noch sehr viel gab, möge ferner eine Rolle gespielt haben. Wie die gegenwärtigen Probleme der Seekriegführung auf die Haltung der USA im Mai 1941 von Großadmiral Raeder angesehen wurden, geht aus dem Protokoll über die Konferenz am 22. Mai 1941 hervor.

Die Gegnermaßnahmen bei der Vorbereitung zum Durchbruch

Nirgendwo im Schrifttum über das Unternehmen »Rheinübung« sind die taktischen und nachrichtentechnischen Präliminarien, wie sie bei der Britischen Admiralität in der zweiten Maiwoche für die Lord Commissioners der Admiralität vom Commander-in-Chief (CinC) Home-Fleet, Admiral Sir Tovey, formuliert wurden, in gleichermaßen gebotener Ausführlichkeit behandelt worden. Dabei sind sie eine handfeste Aussage für die gegen den deutschen Zufuhrkrieg vorgeleisteten britischen Defensiv- und Offensivmaßnahmen:

In dieser zweiten Maiwoche wurden die deutschen Luftaufklärungsflüge zwischen der Insel Jan Mayen und der Insel Grönland nämlich als »unusual amount« sehr genau registriert. Nach britischen Überlegungen schien es das Ziel dieser massierten deutschen Luftaufkärung zu sein, die Eisgrenzen von Jan Mayen im Hinblick auf einen Angriff auf die Insel zu kontrollieren oder um den Durchbruch eines deutschen Schiffes aus dem Nordatlantik in die Nordsee oder aus der Nordsee in den Nordatlantik zu unterstützen … Bei diesen Flugzeugen wurde auch der Leutnant (M) Rolf Güth, in der F-Staffel 3/906 als Beobachter eingesetzt: »Ich flog mit meiner *Do 18* Aufklärung von Tromsoe über dem Seegebiet nordöstlich von Jan Mayen bis an die nach Norden verschobene Packeisgrenze. An- und Rückflug dauerten meist über elf Stunden.« Für die Royal Navy ist das Dänemarkstraßengebiet nicht minder interessant, genau genommen sogar von größerer Bedeutung. Einen Tag, nachdem in Whitehall die Nachricht über die Invasion Kretas durch deutsche Fallschirmjäger eingegangen war, beunruhigte in den ersten Vormittagsstunden des 21. Mai 1941 eine weitere Hiobsbotschaft die Britische Admiralität: In einer Meldung, (deren Herkunft über Jahrzehnte hinweg von den britischen Stellen streng geheimgehalten wurde, d.V.) hieß es, daß am Vortage, also am 20. Mai, zwei deutsche Schlachtschiffe unter starkem Geleitschutz mit Nordkurs das Kattegat passiert hätten. Außerdem seien bei diesem Verband elf Handelsschiffe beobachtet worden.

Admiral Sir John Tovey, der auf seinem Flottenflaggschiff HMS KING GEORGE V in Scapa Flow von London sofort informiert wurde, sah sich zunächst vor folgende zwei Kernfragen gestellt:

1. Wer sind die beiden Schiffe?

Der Admiral, sein Stab wie auch die Admiralität in London vermuteten in dem einen Fall mit Sicherheit die BISMARCK, in dem anderen (unter Umständen) das Schwesterschiff TIRPITZ, das Gerüchten zufolge schon in der Erprobung stehe (lt. [135] ab 22.April 1941), oder, was wahrscheinlicher schien, eines der beiden zu Schweren Kreuzern umgerüsteten Panzerschiffe oder einen Schweren Kreuzer der neuen ADMIRAL-HIPPER-Klasse, zu der ja auch die PRINZ EUGEN zählt.

2. Wenn es Feindschiffe oder in feindlicher Charter fahrende Schiffe sind? Was sind dann des Gegners Absichten? Bereits am 14. Mai hatte auch Admiral Sir Tovey beim »Flagofficer in Charge Island« einen Bericht über die Eis-

situation um Jan Mayen gefordert. Danach wäre eine militärische Landung der Deutschen im Süden bis hin zum Südwesten der Insel durchaus möglich, während alle anderen Küstenpositionen vom Eis blockiert würden. Da waren weiter die nur schwer kontrollierbaren Berichte über Truppenbewegungen in Norwegen in Richtung Kirkenes, die Tovey als mögliche Vorbereitungen für eine drohende Besetzung Islands oder der Shetlands oder der Färöers deutete … Das »kalkulierten« wir See-Fernaufklärer ebenfalls – aber für Island … Da war ferner ein falscher Alarm über eine Luftlandetruppenaktion über Island, der nicht minder beunruhigte. Und da waren die verdächtig permanenten Luftaufklärungen über Scapa Flow und über dem Nordmeer.

»… all das lenkte schließlich meine erhöhte Aufmerksamkeit auf die Dänemarkstraße«, summiert Tovey besorgt seine Überlegungen.

Am 17. Mai weist er zunächst den in der Dänemarkstraße stehenden Schweren Kreuzer SUFFOLK an: »… To keep a special watch on the passage in both directions close to the ice …« Am gleichen Tage kehren die Leichten Kreuzer GALATEA, AURORA zusammen mit dem 10 000-ts-Kreuzer EDINBURGH nach Scapa zurück. Sie waren am 16. Mai in See gegangen »… to investigate an aircraft report of large warship to northward.« Ebenso am 17. Mai wird der aus Scapa ausgelaufene Schwere Kreuzer NORFOLK, in die verruchte Dänemarkstraße dirigiert, um die SUFFOLK bei ihrem Patrouillendienst zu unterstützen. Daß am gleichen 17. Mai das 1922er Schlachtschiff RODNEY, eskortiert von den Zerstörern SOMALI, BEDOUIN und ESKIMO, von Scapa in den Clyde verlegt, am gleichen Tage der Leichte Kreuzer HERMIONE nach seinem Konvoidienst am S.N. 9 B in Scapa einkommt, soll nicht unerwähnt bleiben, beweisen diese Schiffsbewegungen doch Aktivitäten der Home Fleet, obschon deren Hauptsorge zur Zeit doch die Kontrolle der Dänemarkstraßen-Enge zu sein scheint. Darüber hinaus: Auch die maximal 41 205 ts große RODNEY, Schwester der NELSON, wird den Kräften der Home Fleet zugeteilt werden.

Für Tovey sind inzwischen die oben erwähnten, in Wirklichkeit nicht mit der deutschen Kampfgruppe in Zusammenhang stehenden elf Frachter zu einem bedeutungsvollen Rätselfaktor geworden, schwierig wie die Quadratur des Kreises. Was wollen, was sollen diese elf Dampfer, von denen auch Lütjens nicht wußte, ob das Zusammentreffen kein Zufall, sondern von der Skl geplant sein konnte.

Der Chef der Home Fleet wog folgende Möglichkeiten ab:
a) die beiden deutschen Kriegsschiffe, deren identifizierte Silhouette eine Typ- oder gar Namensbestimmung erschwert, geleiten die elf Dampfer nach Norwegen und kehren anschließend nach Deutschland zurück;
b) sie geleiten die Dampfer nach Norwegen und ergänzen aus ihnen ihren eigenen Bedarf, während sie von der norwegischen Küste als V-Schiffe aus operieren;
c) sie geleiten die Dampfer nach Norden zur Landung von Truppen auf den Färöern oder auf Island, um gleichzeitig den notwendigen Schutz bei der Landung zu übernehmen;
d) der Schutz der Konvois kann auch eine mehr zufällige Aufgabe sein, die sie zu erfüllen haben, bevor sie in den Atlantik durchbrechen.

Admiral Tovey sah in d) die im Augenblick unmittelbarste Gefahr: einen bevorstehenden Durchbruch der deutschen Kampfgruppe in den freien Atlantik durch einen der fünf möglichen Ausbruchswege, ohne bei seinen daraus resultierenden Maßnahmen den Fall eines Landungsversuches auf Island und den Färöern nun auszuschließen.

Admiral Toveys Streitkräfte, soweit sie in Scapa Flow lagen, bestanden am 21. Mai morgens aus:
- den Schlachtschiffen KING GEORGE V (Flaggschiff des Befehlshabers der Home Fleet, Admiral Sir Tovey) und PRINCE OF WALES,
- dem Schlachtkreuzer HOOD (Flaggschiff des Schlachtkreuzergeschwaders unter Vizeadmiral Holland),
- den Leichten Kreuzern: GALATEA (Flaggschiff des 2. Kreuzergeschwaders unter Vizeadmiral Curteis), AURORA, KENYA, NEPTUNE,
- den Zerstörern: ELECTRA, ANTHONY, ECHO, ICARUS, ACHATES, ANTELOPE, ACTIVE, PUNJABI, NESTOR, LANCE.
- Außerdem lag in Scapa Flow der nicht zur Home Fleet gehörige und erst am 15. Mai 1941 zunächst in Dienst gestellte Flugzeugträger VICTORIOUS, vorgesehen für den Jagdschutz für den nach Gibraltar bestimmten Truppentransporterkonvoi WS 8 B,[158] der am 22. vom Clyde in See gehen soll und der nunmehr (unter dem Druck der BISMARCK-Imponderabilien) der Home Fleet zugedacht worden ist. Die anderen Einheiten der Home Fleet, soweit für dieses Thema von Interesse, verteilen sich am 21. Mai unter anderem:
- Der 31.5 kn schnelle Schwere Kreuzer SUFFOLK, bislang auf Überwachungsposition in der Dänemarkstraße, ist von Admiral Tovey angewiesen worden, in den Hvalford Islands zu gehen und bis zur Halskrause,

also bis zum »nichts geht mehr« zu beölen, prophylaktisch für die nächsten Tage, in denen Tovey die Deutschen im Raum um Island erwartete und ab dann ölverbrauchende Fahrtstufen in Rechnung stellen muß. Die SUFFOLK solle, das ist ein Befehl, »the same day« in die Dänemarkstraße zurücklaufen, um zusammen mit der NORFOLK die Enge engmaschig zu kontrollieren.
- Der 32.2 kn schnelle Schwere Kreuzer NORFOLK, das Flaggschiff des I. Kreuzergeschwaders unter Konteradmiral Wake-Walker, befindet sich seit dem 19. Mai in der Dänemarkstraße im Fahrbereich seiner Patrouillienposition.
- Die Leichten Kreuzer BIRMINGHAM und MANCHESTER, vorgesehen zur Kontrolle der »Enge« Island – Färöer, marschieren auf ihre Positionen in der Passage zwischen den genannten Inseln, wo sie die Leichten Kreuzer NIGERIA und KENYA ablösen, die nach Scapa verholen;
- der Leichte Kreuzer ARETHUSA mit dem Marinebefehlshaber der Orkneys und Shetlands an Bord befindet sich auf dem Wege zur Inspektion von Island. Er wird von Tovey angewiesen, dem Chef des Ersten Kreuzergeschwaders, der sich (siehe oben) auf der NORFOLK befindet, im Hvalfjord auf Abruf zur Verfügung zu stehen;
- der Leichte Kreuzer HERMIONE ist notwendigerweise nach einer Werftliegezeit und der Beendigung der Reparatur an einem seiner Geschütztürme nach Scapa ausgelaufen, wo er am 22. Mai erwartet wird, gleichzeitig mit den von Süden kommenden Zerstörern INGLEFIELD und INTREPID;
- der Leichte Kreuzer EDINBURGH operiert in der Biscaya.

Ein Vergleich der Kräfteverhältnisse auf beiden Seiten überzeugt Tovey noch nicht von einer ihm genügenden Stärke. Schließlich hat der deutsche Gegner die Initiative, während die Briten sich zunächst dem zweifachen Problem der Suche nach den beiden Schiffen des Gegners wie auch deren Verfolgung gegenübersehen. Derartige Operationen, bei denen Verwicklungen leicht möglich sind, erfordert den Einsatz sehr vieler Schiffe, hier aller im Nordatlantik verfügbaren Einheiten.

Um die Suchaktion nach der erwarteten deutschen Kampfgruppe erfolgversprechend und mit ausreichend genügenden Kräften weitgefächert durchführen zu können, wird Tovey außer dem neuen Flugzeugträger VICTORIOUS[159] auch noch über den Schlachtkreuzer REPULSE verfügen können. Er liegt bereits im Clyde, ursprünglich um ebenfalls den Truppentransportkonvoy WS 8 B zu sichern.

Statt dessen soll der mit 6 : 38.1-cm-Kanonen als SA armierte Schlachtkreuzer im Zuge der erwarteten ozeanischen Jagd auf die beiden deutschen Einheiten von Clyde aus am 23. Mai in See gehen und auf die Kampfgruppe KING GEORGE V treffen. Später tritt zur Tovey-Jagdgruppe auch noch das mit 9 : 40.6-cm-Kanonen als SA bestückte Schlachtschiff Rodney hinzu, wie gesagt, ursprünglich eingeplant, am 22. Mai den 26 840 BRT großen Truppentransporter BRITANNIC[160] zu sichern, der aus dem Clyde auslaufen soll. Die Rodney wiederum, deren Maschinenanlage in den USA generalüberholt werden muß, soll dabei gleich von vier Zerstörern gesichert werden: der SOMALI, der TARTAR, der MASHONA und der ESKIMO. Wie wichtig und richtig diese Umdisponierung ist, wird sich am 27. Mai beweisen.

Die Umdisponierung der Konvois, des Truppentransporters BRITANNIC und der Sicherungsschiffe sind ja zusammen mit den nicht unerheblichen Zeitverlusten die ersten sekundären Erfolge der BISMARCK-Kampfgruppe.

Nach der jetzigen Lage wird Tovey rechnen können mit:
- zwei Schlachtschiffen (KING GEORGE V und PRINCE OF WALES),
- zwei Schlachtkreuzern und einem Flugzeugträger, um das deutsche Schlachtschiff zu stellen, vorausgesetzt, bei der Sichtung handelt es sich um dieses völlig neue Schiff, das wahrscheinlich größer als jedes britische Schiff ist, unstrittig indessen ist zur Zeit die BISMARCK das modernste und größte Großkampfschiff. Bei der Admiralität und beim Flottenchef Home Fleet glaubt man, daß es zwei Meter breiter ist als normal üblich. Tovey: »Das verleiht ihr größere Stabilität und größere Standfestigkeit.«

Ihre SA ist größer als das Kaliber der modernsten britischen Schlachtschiffe oder Schlachtkreuzer. Man glaubt, sie sei zumindest ebenso schnell, wenn nicht gar noch schneller. Russel Grenfell [37] weiter: »Schon im Ersten Weltkrieg hatten die Deutschen bewiesen, daß sie in der Lage waren, besonders gute Schiffe zu bauen, die mehr Treffer vertrugen als ihre britischen Gegner.«

Schließlich war es höchstwahrscheinlich, daß man der BISMARCK ausreichende Zeit zur Durchführung von Schieß- und taktischen Übungen zur Erledigung der Gefechtsausbildung gegeben hatte und daß sie daher voll auf der Höhe ihrer Gefechtsbereitschaft stand (was dem an anderer Stelle zitierten Ausbildungsbericht des Kommandanten der BISMARCK nur bedingt zu konzedieren ist). Tovey gibt

sich, was die Kampfstärke seiner ihm zur Verfügung stehenden Schweren Einheiten betrifft, keinen Illusionen hin. Er sieht das seemännisch nüchtern:
- Die HOOD ist, am 22. August 1918 von Stapel, über 20 Jahre alt. Abgesehen von ihrem nach wie vor zu schwachen Horizontalpanzer, fehlen ihr die inzwischen angefallenen vielen Verbesserungen und Neuerungen im Kriegsschiffbau. Immerhin: ihre SA ist mit 38.1 cm der der BS praktisch gleichwertig, zumindest vom Kaliber her.
- Der 1916 erbaute, 1933 bis 1936 von 34 490 ts deep load auf 38 300 ts umgebaute Schlachtkreuzer REPULSE hat zwei SA-Kanonen weniger als die BISMARCK. Seine Panzerung ist nur schwach.[161] Als SA führt die REPULSE 6 : 38,1-cm-Kanonen an Bord.
- Die 1937 begonnene und am 31. März 1941 fertiggestellte und zur Flotte kommandierte PRINCE OF WALES ist zudem Admiral Toveys Sorgenkind, was sich in seinem KTB in immer wiederkehrenden Beanstandungen ausdrückt. Noch immer befindet sich, wie bereits festgestellt, Zivilpersonal der Baufirmen an Bord. Zwei ihrer Geschütztürme konnten erst am 27. April durch die Lieferfirmen übergeben werden, erst danach wurde mit der Gefechtsausbildung der gesamten Artillerie begonnen. Bis dahin war aber auch die Ausbildung der Besatzung unzureichend, auch die des Maschinenpersonals beim Einfahren der Schiffsbetriebstechnik.
- Der Träger VICTORIOUS befindet sich in ähnlichem Zustand wie die PRINCE OF WALES, fast ärger noch, wenn man, wie noch im Detail beschrieben, die Besatzung der Trägermaschinen bewertet: Volontäre durchweg. Ihre Ausbildung ist erst vor Tagen, am 20. Mai 1941 nämlich, beendet worden, mit dieser auch die Erprobungen der Funk- und Radaranlagen an Bord und in den Flugzeugen. Nach Grenfell [37] sind bereits zwei oder drei Flugzeuge(!!) mit A.S.V.-Geräten (RADAR) ausgestattet. An Bord befinden sich sechs »Fulmar« der Staffel Nr. 800 Z und neun »Swordfish« der Staffel Nr. 825.
Vor der Anbordnahme der Trägerflugzeuge hatte noch **keiner** der Piloten jemals eine Deckslandung durchgeführt.
Die »Fulmars« bildeten keinen eigentlichen Staffelverband. Ihre Flugzeugführer und Beobachter waren nur für die Überführung ins Mittelmeer von den verschiedensten Kommandos »zusammengekratzt« [37] worden. Und den Beobachtern fehlte es an Übung im Trägereinsatz.
- Die RODNEY, die aber erst beim Endkampf gegen BS bei der Home Fleet in Erscheinung treten wird, ist 1925 erbaut, also 16 Jahre alt. Abgesehen von dem 40.6-cm-Kaliber hat sie einen sehr starken Unterwasserschutz. Er ist kaliberstark.
- Genau genommen verfügt Admiral Tovey in der seit dem 11. Dezember 1940 zur Flotte kommandierten, eben erst eingefahrenen KING GEORGE V nur über **ein einziges Schiff, das als in etwa ebenbürtiger Gegner** für die BISMARCK gelten kann.

Tovey hatte sich inzwischen dafür entschieden, daß das operative Ziel der Deutschen nur der Durchbruch in den Atlantik sein könne. Für ihn schien dabei der Durchbruch durch die Dänemarkstraße am wahrscheinlichsten, dennoch dürfe die Bewachung der Seegebiete zwischen Island und den Färöern und den Shetlands nicht vernachlässigt werden, das heißt, alle Durchbruchswege müßten überwacht werden. Für den Fall einer nicht ausreichenden Zahl an Schiffen sollte die Reihenfolge der Dringlichkeit in der Überwachung von Norden nach Süden verlaufen. Tovey stellte zwar in Rechnung, daß die Gesamtstärke der britischen Schiffe durch die Unterstellung der REPULSE und der VICTORIOUS verbessert worden war. Jedoch mußte er deren Schwächen ebenso einkalkulieren wie die unvollkommene Gefechtsbereitschaft der PRINCE OF WALES. Tovey bespricht das nicht nur mit den Offizieren seines Stabes, er zieht auch andere Offiziere von Zeit zu Zeit mit heran. So war unter anderem unverzüglich der Flottennavigationsoffizier erschienen, unter dem Arm Seekarten vom Nordmeer und Nordatlantik. Dort, wo die ungünstigsten, das heißt die am weitesten vorgetriebenen Standorte des Gegners zu liegen schienen, zeichnete er mit Bleistift Kreise ein, je nachdem, welchen der Seeräume er zum Durchbruch benutzen könnte, mit welcher Geschwindigkeit, und auch, wann er aus dem Fjord ausgelaufen war.

Bei der Lagebesprechung am 21. Mai 1941 an Bord des Flaggschiffes KING GEORGE V kam Admiral Tovey nach zwei Stunden zu folgendem Entschluß, um zunächst die drei möglichen Durchbruchswege zu sichern, bei dem auch die elf Dampfer aus dem Großen Belt erneut eine Rolle spielen:

a) SUFFOLK schließt an die (im nordöstlich gelegenen Flaschenhals der Dänemarkstraße) patrouillierende NORFOLK mit dem Chef des 1. Kreuzergeschwaders, Konteradmiral Wake-Walker, heran; aus Brennstoffersparnis soll die

SUFFOLK jedoch erst unmittelbar vor dem frühestmöglichen Eintreffen des Gegners auf Bewachungsposition sein;
b) BIRMINGHAM und MANCHESTER ergänzen im Skaalifjord Öl und gehen dann wieder auf Position in der Island-Färöer-Enge;
c) die ARETHUSA wird angewiesen, zur Verfügung des Chefs des 1. Kreuzergeschwaders, der sich auf der NORFOLK befindet, im Hvalfjord zu bleiben;
d) Luftaufklärung über allen Seegebieten zwischen Grönland und den Orkneys wird angefordert.
Bei der guten Zusammenarbeit Navy-RAF[162] wird sie sofort gewährt. (Hier ist ein Vermerk geboten: Auf den Trägern heißt der Flugsektor: »Naval Aircraft« mit Marinebesatzungen; das Coastal Command gehört zur RAF.) Admiral Tovey sieht bei der Luftaufklärung einen am ehesten möglichen der fünf Ausbruchswege, ohne bei seinen daraus resultierenden Maßnahmen den Fall eines Landungsversuchs auf Island auszuschließen.
Als nächstes entschied der Admiral die Aufteilung der Schweren Schiffe und deren Sicherungseinheiten in zwei Kampfgruppen. Die eine, bestehend aus dem Schlachtkreuzer HOOD und dem Schlachtschiff PRINCE OF WALES,[163] soll unter dem Befehl von Vizeadmiral und Tovey-Stellvertreter L.E. Holland im Gebiet südwestlich von Island, aber nördlich vom 62. Breitengrad operieren. Von hier aber könnte sie sowohl in der Dänemarkstraße als auch in der Island-Färöer-Enge eingreifen. Die 2. Kampfgruppe bestand aus seinem eigenen Flaggschiff, dem neuen aber bereits mit Beeilung eingefahrenen und nur kurze Zeit fronterfahrenen Schlachtschiff KING GEORGE V und dem gerade erst vor zwei Monaten in Dienst gestellten Flugzeugträger VICTORIOUS sowie den Leichten Kreuzern GALATEA [C.S.2], AURORA, KENYA, HERMIONE, ferner den Zerstörern INGLEFIELD [D3], INTREPID, ACTIVE, PUNJABI, NESTOR, WINDSOR und LANCE; später sollen dann die REPULSE mit den Zerstörern LEGION, SAGUENAY und ASSINIBOINE zu ihr stoßen. Mit dieser Kampfgruppe will der CinC Home Fleet die Durchfahrten südlich der Färöer, und zwar südlich des 62. Breitengrades, überwachen, vermöge der imponierenden Anzahl an Sucheinheiten wird es im fraglichen Seeraum wohl eng wie in einem Sardinennetz. Aber vielleicht ist Glück die Antwort.
Während der Zeit, da Admiral Tovey seine Maßnahmen zur Bewachung der Durchbruchswege und zur Aufteilung der Schweren Schiffe in zwei Kampfgruppen traf, ließen die Kommandostellen an Land Aufklärungseinsätze über der norwegischen Südküste fliegen. Ihre Ergebnisse will Sir Tovey noch abwarten, bevor er seine Verbände zur Jagd in die See schickt, vor der er sich sorgt.

*

Die einzige sachliche Lösung des Dilemmas kann nur in der Beschaffung einwandfreier Meldungen über den Standort und die Bewegungen des Gegners liegen. Sowohl Tovey als auch die Admiralität messen der geheimen Nachrichtenbeschaffung vernunftbegabterweise daher größter Bedeutung zu.
Feindnachrichten zu besorgen ist in der Hauptsache eine Angelegenheit der Admiralität wie auch von »Bletchley Park«, dem britischen Decodierungszentrum mit einem von den Personen her armeehaften Mitarbeiterstab.
Am 21. Mai, 11.00 Uhr, starteten zwei »Spitfires« des Coastal Command, die speziell zur Aufklärung mit Großkameras ausgerüstet waren. Fast am Ende ihres in sehr großer Höhe angelegten Aufklärungsfluges sichtete die Maschine mit dem Flying Officer von der Bildaufklärung, Oberleutnant Suckling, als Beobachter um 13.15 Uhr südlich von Bergen zwei Kriegsschiffe, die er als Kreuzer ansprach und die er auf ihren Liegeplätzen, ohne durch deutsche Flak oder deutsche Jäger behindert zu werden, photographieren konnte. Dieser Aufklärungsflug wurde von den deutschen Stellen überhaupt nicht bemerkt. Es handelte sich zudem um zwei Sichtungen und ergo um zwei verschiedene Flugzeugaufnahmen (!!), denn die BISMARCK lag im Grimstadfjord und die PRINZ EUGEN im Korsfjord. Wenig später, um 14.45 Uhr, landete Suckling auf dem Platz Wick in Nordschottland und meldete seine Beobachtungen sofort mündlich. Eindeutig zeigten die schnellstens entwickelten Filme und kopierten Photos wenig später dem Fachmann vom britischen Schiffserkennungsdienst ein Schlachtschiff der BISMARCK-Klasse und einen Schweren Kreuzer der ADMIRAL-HIPPER-Klasse.
Über den anstehenden Zeitpunkt hat sich Russel Grenfell in [37] weit ausholende Gedanken gemacht: »Nun waren die vorher gründlich überlegten Maßnahmevariationen nur noch zeitlich festzulegen. Admiral Tovey hatte für alle Schiffe in Scapa bereits 2stündige Bereitschaft befohlen. Die Bestimmung von Tag und Uhrzeit des Einsatzes aber ist eine Angelegenheit, die weitgehend auch von der

Frage nach dem Brennstoffverbrauch beeinflußt wird. Es scheint (bei viel Optimismus und noch mehr Glück) ohne weiteres möglich, daß der Gegner beim Versuch, zum Atlantik durchzubrechen, in einem der Durchfahrtwege gestellt und damit in der Nähe eines britischen Stützpunktes zum Kampf gezwungen wird.

Das aber ist so sicher nicht.

Ein geglückter Ausbruch der deutschen Schiffe in den freien Atlantik könnte sehr wohl eine lange Verfolgung über Hunderte von Seemeilen in den Weiten der See bedeuten, wenn nicht sogar eine entscheidende Rolle für einen Erfolg spielen. Es ist anzunehmen, daß die BISMARCK (in Gotenhafen) mit vollen Ölbunkern ausgelaufen war. Gehen die britischen Einheiten zu früh in See und müssen Stunden vergeblich auf ihren Überwachungspositionen auf und ab stehen, während die BISMARCK in Norwegen noch vor Anker liegt, könnten sie im entscheidenden Augenblick Brennstoffmangel haben. Wird andererseits mit dem Auslaufen gezögert, könnte der Gegner vor ihnen die den freien Nordatlantik zubringende Enge zwischen Island und Grönland passieren. Damit wird viel Zeit verloren und das Auffinden des Gegners sehr erschwert.«

Außerdem wird zur Klärung der Feindlage die RAF herangezogen. Kein Problem bei dem über Jahrhunderte gewachsenen Seeverstand der Briten, für die der Terminus »maritime Koordination« kein Fremdbegriff ist.

Zunächst glaubte Admiral Tovey mit einem Bombenangriff auf die Position der durch die »Spitfire«-Luftaufklärung ermittelten Ankerplätze bei den deutschen Kriegsschiffen vielleicht einen entscheidenden Erfolg durch Bomben- oder Torpedotreffer zu erzielen und damit möglicherweise sogar eine Ausschaltung der Bedrohung, auch wenn nur vorübergehend. Außerdem erhoffte er, wenn schon keine Treffer erzielt würden, zumindest eine Aufklärung über den weiteren Verbleib der Deutschen. Der in den Nachtstunden vom 21. zum 22. Mai angesetzte und noch im trüben nordischen Frühlicht über den Küsten von Drontheim bis Kristiansand geflogene Angriff wurde von sechs »Witleys« und sechs »Hudsons« vom Coastal Command mit Bomben und Torpedos an Bord durchgeführt. Nebelfelder über See und tiefhängende Wolken über dem Grimstadfjord und dem Raum Bergen[164] erschwerten diese Aktionen, denn: zwei der Maschinen glaubten die in Frage kommenden Fjorde im Raum Drontheim-Bergen gefunden zu haben, nicht aber die gesuchten Einheiten, denn die BISMARCK und die vom Gegner nach wie vor als Einheit der ADMIRAL-HIPPER-Klasse angesprochene PRINZ EUGEN standen ja bereits in See.

Die beiden Flugzeuge warfen ihre Bomben, von der deutschen Flak im Scheinwerferlicht hart bedrängt, auf die unklar erkennbaren Schiffsziele im Raum von Bergen. Sie landeten später wieder, ohne zu wissen, ob sie einen Treffer erzielt hatten.

In dieser Phase spielte auch der neue Träger VICTORIOUS eine Rolle. Durch Flaggensignal hatte der auf der KING GEORGE V. eingeschiffte Flottenchef den Kommandanten der VICTORIOUS, Kapitän zur See Bovell, aufgefordert, sich bei ihm zu melden. Tovey informierte ihn über das Auffinden der BISMARCK in der Nähe von Bergen und stellte die Frage: »Wie ist Ihre Meinung für einen Angriff durch Ihre Flugzeuge?«

Bovells Antwort kommt ohne langes Überlegen. »Nach meiner Ansicht ist es sehr unwahrscheinlich, daß sie dem Gegner in einem so stark befestigten Platz, wie es der Hafen von Bergen ist, etwas anhaben können. Die in Frage kommenden »Swordfish«-Maschinen sind für einen solchen Angriff zudem völlig ungeeignet. Sie sind mit nur 150 km/h viel zu langsam und vom Typ her auch zu unmodern.«

Tovey hat noch eine weitere Frage, nämlich, ob es der Bereitschaftszustand der VICTORIOUS überhaupt erlaube, den Träger dem Flottenverband beizugeben, um die BISMARCK gemeinsam zu verfolgen, »falls es diesem Schiff gelingen sollte, heil aus den Bergen herauszukommen«. Nach Captain Russel Grenfell in [37] ist dazu zu sagen: »Es war allen Anwesenden durchaus klar, daß der Träger nach normalen Maßstäben noch keineswegs einsatzbereit war, Kapitän zur See Bovell reagierte diplomatisch behutsam: Er persönlich sei zwar der Auffassung, sein Schiff solle zusammen mit der Home Fleet auslaufen, unter den vorliegenden Verhältnissen halte er es aber für richtiger, zunächst die Ansicht seiner fliegerischen Fachleute einzuholen, bevor er seine endgültige Meinung melden könne.«

Bovell bat dazu den zuständigen Waffenleiter im Trägerflugzeugbereich, Fregattenkapitän H.C. Ranold, und seinen ältesten Staffelkapitän, Korvettenkapitän Esmonde, an Bord des Flottenflaggschiffes herüber. Beide unterstützten die Auffassung von Captain Bovell. Daraufhin fuhren sie zu ihrem Schiff zurück und überließen es dem Admiral, darüber nachzudenken, ob es vernünftig oder richtig wäre, ein derart ungeübtes Schiff auf ein Unternehmen gegen ein Schiff wie die BISMARCK mitzunehmen. Wahrscheinlich würde es nicht vernünftig sein. Grenfell: »Wie erfahren und fähig als Offizier Kapitän zur See Bovell auch war, tatsächlich hatte er seine Flugzeugbesatzungen erst an diesem Tage an Bord bekommen und just heute vor den Orkneys die ersten Übungen absolviert. Er nahm gerade die Flugzeuge wieder an Bord, als Tovey auf der KING GEORGE V. das für Bovell bestimmte Flaggensignal setzte und auswehen ließ. Schwerlich konnte Bovell die Leistungsfähigkeit in den wenigen Stunden noch verbessert haben. Diese Besatzungen mußten praktisch als unausgebildet für den Flugbetrieb auf einem Träger gelten. Ihr Wert für den Einsatz im Flottenverband konnte daher eigentlich nur nach dem persönlichen Mut und dem Einsatzwillen der einzelnen Flieger selbst veranschlagt werden. Diese Voraussetzung aber konnte Sir John Tovey nur nach dem Eindruck beurteilen, den er von ihrem ältesten Flieger und Staffelkapitän, Korvettenkapitän Esmonde, bekommen hatte. Zugegebenermaßen war das nur eine **sehr zufällige** Beurteilung. Esmonde, dem später, nach seinem Tode, das Victoria-Cross für seinen Einsatz bei den Angriffen gegen die SCHARNHORST und GNEISENAU, bei ihrem Durchbruch durch den Kanal verliehen werden wird, hatte jedoch während seines kurzen Besuchs an Bord des Flottenflaggschiffes auf den Admiral einen sehr günstigen Eindruck gemacht. Tovey entschloß sich daher, eben wegen dieser mehr intuitiven als fachlich und sachlich begründeten **positiven** Reflektion die VICTORIOUS mitzunehmen.«

Eine Frage zehrte und nagte in Tovey: Warum hat der Gegner gerade im Raum von Bergen geankert? Dieses Bergen liegt doch an dem Teil der norwegischen Küste, der sich am nächsten gegenüber den britischen Inseln befindet und somit am leichtesten von der britischen Luftaufklärung eingesehen und angegriffen werden kann. Bergen liegt zudem ganz erheblich südlich von Island mit seinen beiden Ausbruchs- und Durchbruchsmöglichkeiten in den Atlantik. Man konnte sicherlich annehmen, daß der deutsche Flottenchef für einen Durchbruchsversuch einen besseren Platz an der norwegischen Küste hätten finden können, zum Beispiel Drontheim oder Narvik, zwei Häfen, die beide außerhalb der Reichweite der von britischen Flugplätzen startenden Airforce, gleichzeitig aber ganz dicht an den nördlichen Durchbruchwegen lagen.

Inzwischen hatte Admiral Tovey um 21.00 Uhr, also sieben Stunden nach Eingang der oben erwähnten »Spitfire«-Sichtmeldung, die dem C-in-C Home Fleet zwischen 15.30 Uhr und 16.00 Uhr bekannt geworden sein muß, eine Überlegung fixiert:

Danach soll um Mitternacht zunächst Vizeadmiral Holland mit seinem Verband, bestehend aus der HOOD (B.C. 1), PRINCE OF WALES und den Zerstörern ELECTRA, ANTHONY, ECHO, ICARUS, ACHATES und ANTELOPE auf den Befehl des Flottenchefs aus Scapa zur »BISMARCK-Operation« in See gehen. Die Kampfgruppe erhält vom C-in-C die Weisung, im Hvalfjord Brennstoff zu ergänzen und erst dann auf Position für den Überwachungsdienst nördlich des 62. Breitengrades zu dampfen.

Admiral Tovey will aber vor dem Einsatz seiner eigenen Kampfgruppe erst noch die Aufklärungsmeldungen des Coastal Command abwarten, denn das Aufsuchen von Bergen durch die deutschen Schiffe ließ den Schluß für zwei Möglichkeiten offen:

1. die BISMARCK will gar nicht in den Atlantik;
2. wenn aber, dann könnte auch ein Marsch nicht durch die Dänemarkstraße, sondern durch eine der südlichen Passagen vorgesehen sein. Unter diesen Aspekten stehen Toveys vorsorglich bereitgestellten Streitkräfte in der Tat genau richtig.

Weil sich das Wetter immer mehr verschlechterte, blieben die so dringend benötigten Ergebnisse einer Luftaufklärung aus.

Es war Tovey klar, daß bei dieser unzulänglichen Aufklärung die Zeit gegen ihn arbeitete, um auch seiner Kampfgruppe den Auslaufbefehl geben zu können.

Am 22. Mai mittags waren nunmehr vierundzwanzig Stunden nach der Feindsichtung im Raum Bergen durch Sucklings »Spitfire« vergangen. Zehrende Unruhe ob der aufgezwungenen Hilflosigkeit überfiel den britischen Flottenchef:

- Der Gegner kann inzwischen gehandelt haben.
- Er kann (wie schon von Grenfell ausgesprochen) bereits 500 bis 600 Seemeilen nach Nordnordosten, nach Norden oder in nordwestliche Richtung marschiert sein.
- Er könnte jetzt sogar bei nordwestlichem und dann westlichem Generalkurs bei Island stehen,
- vielleicht, um von hier einen der Wege südlich der Insel zu wählen:
- den Durchbruchsweg zwischen Island und den Färöer oder

- die Passage zwischen Island und den Orkneys.
- Er könnte aber nach wie vor auch noch im Raum Bergen vor Anker liegen.

Entschluß: Wenn aber der Gegner schon in See ist, dann zählt jede Minute, die er sich aus der Reichweite der Home Fleet entfernt.

Diese Bedrohung reizte den britischen Admiral natürlich, sofort in See zu gehen, um möglichst viel Raum nach Westen zu gewinnen. »Laufe ich aber aus«, so warnt eine innere Stimme den Seemann und Taktiker, »und die Schiffe der deutschen Kampfgruppe (soweit sie überhaupt eine ist, oder sein soll) schwimmen nach wie vor in einem der Fjorde um Bergen friedlich an den Ketten, dann verbrauche ich mit meinen Einheiten operativ wichtigen Brennstoff – der Feind aber bleibt, was die Heizölreserven betrifft, mit vollen Bunkern 100 %ig einsatzklar.« Tovey blieb also nur die Alternative: Solange wie nur irgendwie vertretbar abzuwarten. »Der rote Draht« der direkten Telefonverbindung mit der Admiralität in Whitehall garantierte ihm, jede Feindnachricht ohne Verzögerung zu erhalten. Die Informationen, welche die BISMARCK und die PRINZ EUGEN betrafen, vor allem die Aussage, beim Fliegerangriff in den frühen Morgenstunden des 21. Mai zwar Treffer auf nur unklare Schiffsziele beobachtet zu haben, schienen Tovey zu indifferent.

Sonst aber kamen keine neuen Nachrichten. Die Luftaufklärung war durch die schlechte Wetterlage praktisch ausgeschaltet. Der Horstkommandant Captain (= Hauptmann R.A.F.) H.L. St. J. Fancourt, wollte zwar die auf den Orkneys[165] im Seefliegerhorst Hatson bei Kirkwall stationierten »Albacores« der Squadron Nr. 828 nach Sumbrugh auf den Shetlands[166] verlegen, um die kürzere Strecke von den Shetlands bis zur Bergenküste auszunutzen; jedoch wurden die Vorbereitungen dazu am 21. Mai nicht fertig. Der Start wurde deshalb auf den 22. Mai verschoben.

Der Admiralität spezieller Plan, die »freien« »Albacores« der 828er-Squadron anstelle der »Fulmar« auf den Träger VICTORIOUS zu transferieren, um sie von hier aus über den norwegischen Südwestküstenraum einzusetzen, hatte sich ja inzwischen durch das Gespräch Tovey/Bovell erledigt. Außerdem hätte eine solche Verlegung noch mehr Zeit gekostet als die Umdisponierung von den Orkneys nach den Shetlands. Andererseits versprachen die »Albacores« als Torpedoträger bei einer Sichtung einen unmittelbaren Erfolg. Zeit war eine unerbittliche Komponente in dieser breit angelegten Jagd nach der gefürchteten BISMARCK und der schnellen PRINZ EUGEN, einer Jagd, deren Ausgang auch des Beistandes der launischen Fortuna bedurfte. Für beide Seiten. Außerdem, was die »Fulmar« betrifft, sei ein Zitat aus dem späteren KTB Toveys vorausgeschickt: »... but when it became known, that the enemy has sailed, it was too late to do so.«

Tovey zeigte sich außerordentlich besorgt. In seinem Bericht vom 22. Mai 1941 notierte er, was ihn zur Stunde bewegte: »The lack of further news about the enemy's movement was disturbing.« Verbittert klagt er, daß die Wetterbedingungen in den Nebelfeldern nach wie vor ungewöhnlich schlecht seien.

Hoffnungen setzte Tovey indessen in das neuartige, zum Teil noch in der Erprobung befindliche A.S.V. (= Flugzeugradar), um mit dessen Hilfe über der See und den »Straßen« im Norden trotz des Nebels »... to maintain some sort of watch«,[167] eine Formulierung, die vermuten läßt, daß der Home-Fleet-Chef die Funktionen des neuartigen Flugzeug-Radargerätes durchaus optimistisch bewertete. Was Tovey bis in die Abendstunden des 22. Mai nicht wußte, war, daß der Kommandeur der Royal Navy Air Station Hatson, Captain Henry L. St. J. Fancourt, angesichts der Schwierigkeiten mit der Verlegung der 848er »Albacores« von den Orkneys auf die Shetlands inzwischen eine Art Privatinitiative ergriffen hatte. Allen Wetterunbilden zum Trotz wollte er am 22. Mai selbst noch bei Tageslicht mit einem der beiden »Maryland«-Bomber[168] versuchen, den Nebelgürtel des Tiefs vor Norwegen zu durchbrechen, um die Fjordgewässer im Raum Bergen nach dem Ankerplatz der BISMARCK aufklären zu lassen. Dabei könnte das erst kürzlich eingebaute A.S.V.-Gerät entscheidend nützlich sein. Ein tollkühnes, ein verwegenes Unternehmen, ein typisch britischer »Raid«.

Fancourt besprach sich mit zwei zufällig anwesenden Marinefliegern mit mehrjährigen Erfahrungen als Seeflieger bei **jeder** Wetterlage. Deren Ansicht: »Eine wirklich gründlich und erstklassig ausgebildete Flugzeugbesatzung müßte mit einer gewissen Aussicht auf Erfolg auch im schietendicken Seenebel Bergen erreichen.« Und nach einer kurzen Pause fügt der eine der beiden Fliegeroffiziere hinzu: »Unter der Voraussetzung einer ausgezeichneten Navigation ist die derzeitige geringe Sichtigkeit nur ein Vorteil.« In der Tat: schlechte Sicht verspricht nach bislang gültigen Regeln einen unbemerkten Anflug und dadurch den wohl besten Schutz vor deutschen Jägern.

Captain Fancourt hatte Partner gefunden:
»Also dann, worauf warten wir noch.«
Als Beobachter setzte Fancourt den Exekutivoffizier der Station, Commander Geoffrey A. Rotherham, ein und mit ihm einen gründlich geschulten »Naval Observer« und auch sonst vielseitig erfahrenen Praktiker, der Mut und Vernunft krachnüchtern in Mikroscheibchen zu dosieren weiß. Er sagte sofort und freiwillig zu. Als Pilot fand sich der Lieutenant Noel E. Goddard, R.N.V.R., Flieger bei der Scheibenschleppsquadron der Royal Navy. Auch freiwillig.

Benötigt wurden nun noch ein Funker und ein Seemann mit Bordwaffenkenntnissen. Unter der recht großen Anzahl an Freiwilligen, die sich meldeten, fand Fancourt den Funker Armstrong vom Scheibenschleppdienst und den Able Seaman Milner heraus. Die Besatzung war damit komplett.

Das Problem war, die Maschine in niedriger Höhe zu halten, wenn man im Nebel rundherum ohnehin keinen Anhaltspunkt für eine optische Gegenkontrolle hat.

Das Coastal Command, dessen Einverständnis für den Flug eingeholt werden mußte, hatte gegen 14.00 Uhr nach grundsätzlicher Zustimmung[169] dringend geraten, bis Norwegens Küste mindestens unter einer Höhe von 70 m zu bleiben, um die deutschen Radargeräte[170] (hier Funkmeß bzw. DeTe bzw. E.M.2) zu unterfliegen.

Die Navigation war nur nach Kopplung möglich. Rotherham wandte nach dem Schnellstart um 16.30 Uhr das altbewährte Marinesystem an, nämlich ab Hatson einen markanten Punkt voraus zu nehmen und einige Seemeilen vorbei an Steuerbord oder an Backbord anzufliegen. Er wählte nach dem Start als Ziel eine 15 sm entfernte Insel und nahm dann Kurs auf das Generalziel: das Küstenrevier von Bergen.[171]

War der Flug anfangs noch von handigem, fast klarem Wetter begünstigt, so änderte sich das schnell in übelste Flugbedingungen, erst tiefhängende Wolken, dann pottendicker Nebel. Die MARYLAND suchte ihren Weg manchmal so tief, daß sie fast das Wasser streifte. Dieses Risiko war einfach nicht zu umgehen, mußte Rotherham doch für die Abdriftmessung für seinen Kurs erkennen können, in welche Richtung die See lief und somit der Wind wehte und in welcher Stärke.

Goddard, der Pilot, legte ab und an eine »Atempause« ein, indem er auf 1 000 m stieg, in strahlenden Sonnenschein hinein, um dann wieder, der 70-m-Radargrenze wegen, in den Nebel knapp über der See hinabzutauchen, eine physisch und psychisch unvorstellbare Leistung.

So verstrichen Minuten auf Minuten, lange Minuten in der wogenden grauen Watte über grauem Meer, Rotherham kontrollierte jetzt seine Stopp-Uhr in immer kürzeren Abständen. Bis er die linke Hand hob: »In zehn Minuten müßten wir die norwegische Küste erreichen.« Eine gefährliche Küste mit Bergen und schluchtähnlichen Fjorden: Das im Nebel, wie die Vier befürchten müssen. Gar nicht so schwer, sich eine Kollision mit einem Felshang vorzustellen. Goddard zog die Maschine hoch. 1 000 m müssen reichen, um auch die höchsten Gipfel zu überfliegen.[172] Der »Countdown« begann ... 25 ... 24 ... 23 ... 22 ... »Hurräh!« Fortuna lächelte. Sie schenkte Licht, Sicht und Sonne: urplötzlich, aus einer Wolkenbank heraus: Voraus vor den Fjorden eine Insel, die angesteuerte Insel ... ihre Insel!! Über Bergen und in den Fjorden beginnt das Suchen, wo immer nur möglich in den Schluchten unterhalb der 70-m-Grenze. Jeder Flugmeter ist eine Bravourleistung. Weder im Grimstadfjord noch im Korsfjord entdeckt Rotherham ein großes Schiff, weit und breit nichts. Nur ein paar Fischereifahrzeuge, klein, wie Spielzeug. Und die üblichen, sonst immer eiligen, von hier oben schleichenden Fjordverkehrsdampfer. Eine 251.00/241.50/248.00m lange und 36 breite BISMARCK wäre nicht zu übersehen. Sie filtern aus den Sichtbildern auch keine durch Tarnnetze verdeckte, verdächtige Gebilde auf dem blaugründigen Wasser. Dafür aber geraten sie jetzt über Bergen in ein irres, massiertes Flakfeuer. Sind sie doch seit Wochen das einzige Ziel, auf das die Flakbedienungen von den Zwozentimeter und der Dreikommasieben ihre Rohre richten und ein Schnellfeuer konzentrieren können. Der Tiefflug, so ein paar Handbreiten über den vielen in Falun-Rot gepöhnten Häusern, muß wohl die überraschten Flaksoldaten total vertörnt haben. Sie treffen nicht, trotz der Kartoffelschmeißmaschinennähe des Eindringlings.

Und in Commander Rotherham nagt kein Zweifel mehr: »The German ships have sailed ...!«

Das ist es, was Admiral Tovey wissen will. Und was er für seinen Zeitplan wissen muß, aber zur Stunde nicht erfahren konnte, denn es gab Störungen bei der sofort veranlaßten Funkspruchabgabe an das Coastal Command, auf dessen Welle die MARYLAND geschaltet hatte. Rotherhams brandeiligen FTs kamen nicht an. Sie wurden vom

Coastal Command nicht bestätigt. So blieb auch der Flottenchef ahnungslos. Auf eigene Verantwortung schaltete der Bordfunker auf die Scapa-Schleppflug-Welle, die auch »seine« Welle ist, die er sonst zu bedienen hat. Der Sonderdringend-Funkspruch platzt mitten ins Luftscheibenschleppen hinein. Er wird aufgenommen, dekodiert und 19.39 Uhr in fliegender Eile an den Chef der Home Fleet weitergereicht. Um 20.00 Uhr kommentiert der Admiral, der grad beim Abendessen saß, als ihm das Papier mit dem Funkspruchtext diskret gereicht wurde: »Diese flugtechnisch geschickte und geglückte Luftaufklärung verdient höchstes Lob, um so mehr, als sie auf die private Initiative von Captain Fancourt zurückzuführen ist.« Auch vermerkt der C-in-C Home Fleet in seinem späteren Bericht ausdrücklich, daß er im Hinblick auf die fachliche Qualifikation der Flugzeugcrew nicht die geringsten Bedenken gehabt habe, am Wahrheitsgehalt der seine Dispositionen beeinflussenden Luftaufklärung und deren Ergebnis auch nur zu zweifeln. Dennoch läßt er seinen Stabschef Brind sicherheitshalber noch ein Telefonat mit Rotherham nach dessen Landung führen.

Die Suchaktion der Briten nach dem Verbleib des deutschen Verbandes ist deshalb so ausführlich behandelt worden, weil das Ergebnis des »Privatfluges« der MARYLAND in Verbindung mit dem Unternehmen »Rheinübung« wie in einem Schachspiel dem entscheidenden Eröffnungszug gleichkommt, von dem aus Tovey im Wettlauf mit der Zeit die weiteren gezielten Schritte veranlassen kann, um die deutschen Schiffe im weit ausgeworfenen Netz seiner Suchaktion zu stellen.

Der Respekt vor dem Schlachtschiff BISMARCK und die raffinierten Taktiken im Zufuhrkrieg der Deutschen hat bei den Briten alle Reserven mobilisiert, auch solche, die nicht zur ohnehin mächtigen Home Fleet zu zählen sind, als da sind etwa die Einheiten der in Gibraltar stationierten Force H mit dem Flugzeugträger ARK ROYAL als Kern. In der sich anschließenden erneuten Lagebesprechung auf dem Schlachtschiff KING GEORGE V. stehen für Tovey nunmehr diese vier Versionen »of the enemy's intentions« an:

1. Der Konvoi (also die, wie die Briten vermuten, von dem Schlachtschiff und dem Schweren Kreuzer gesicherten elf Handelsschiffe) hat wichtige militärische Güter an Bord und ist für die Leads bestimmt. Vor Wochen wurden ja auffallend starke Truppenbewegungen nach Kirkenes beobachtet.

2. Der Konvoi dient dem Transport von »raiding forces«. Diese könnten für eine Eroberung der Insel Island vorgesehen sein. Möglicherweise ist hier auch die Einrichtung eines Luftwaffenstützpunktes vorgesehen, um Operationen gegen Reykjavik und den Hvalfjord zu fliegen.

3. Das Schlachtschiff und der Kreuzer beabsichtigen, auftragsgemäß in den Atlantik auszubrechen, um hier an den Konvoirouten zu operieren. Diese Annahme verteidigt konsequent die Admiralty Intelligence. Entspricht sie den Tatsachen, stellt sich sofort die weitere Frage: Welche der beiden Passagen wird der Feind wählen? Eine solche Überlegung zwingt zur Durchleuchtung der vom Feind bisher bevorzugten Passagen, mit dem Ergebnis, daß die Dänemarkstraßen-Route von den Deutschen bislang am häufigsten benutzt worden ist, von Kriegsschiffen (HSKs, Prisen.) und Handelsschiffen gleichermaßen. Diese Erkenntnis darf aber die Nutzung der Island-Schottland-Passagen keineswegs ausklammern. Tovey: Ganz besonders im Hinblick »… on the stop of Bergen«.

4. Das Schlachtschiff und der Kreuzer haben einen militärischen Konvoi über die von den Inner Leads weit entfernten Seepassage eskortiert und befinden sich nunmehr auf dem Rückmarsch »in the Baltic«.

Die dritte Überlegung wird von Tovey als die größere Bedrohung angesprochen. Die Disposition des Admiralty Intelligence scheint ihm eine klare und vernünftige Möglichkeit, um jetzt einzugreifen, bevor es zu spät ist »… with any attempted landing in Iceland.«

Die drei FTs des Home-Fleet-Flottenchefs an die Nothern Forces der für den 22. Mai 22.00 Uhr seeklar befohlenen Flotte betrafen:

1. Die SUFFOLK segelt[173] nach Beendigung der Beölung im Hvalfjord in die Dänemarkstraße zurück, um sich unter den Befehl des auf der NORFOLK eingeschifften Befehlshabers der First Cruiser Squadron, Rear-Admiral Wake-Walker[174] zu stellen.

2. Die ARETHUSA geht in See, um, wie vorgesehen, die MANCHESTER und die BIRMINGHAM in der Island-Färöer-Passage zu treffen und um die Bewachung dieser »Enge« in gleichgroßen Arealen zwischen 61° Nord/10°30 West und 64° Nord/15° West zu verstärken. Außerdem werden fünf Trawler als »normal patrol« westlich dieser Areals stehen.[175]

3. Der die Battle Cruiser Squadron befehlende Stellvertreter Toveys, Vizeadmiral L.E. Holland, wird nach seinem, ihm von Tovey für 22.00 Uhr befohlenen Auslau-

fen aus Scapa mit seinen Streitkräften (HOOD, PRINCE OF WALES, sechs Zerstörer) nach vorgezogener, randvoller Beölung im Hvalfjord »... to cover the patrols in the Denmark Strait and the Iceland – Faeroer-Passage operating north of 62°!«

Der nächste Punkt betrifft den Home-Fleet-Chef direkt:

4. Die KING GEORGE V., Flaggschiff C-in-C Home Fleet, der Träger VICTORIOUS, die Leichten Kreuzer GALATEA (als Flaggschiff der 2. Cruiser Squadron unter Vizeadmiral Curteis), AURORA, KENYA, HERMIONE und sieben Zerstörer segeln nach 22.00 Uhr aus Scapa mit einem Generalkurs Nordwest »... to cover the passages operating south of 62° Nord.« Der Großzerstörer LANCE (Lt. Commander R.W.F. Northoort) wird wegen eines Kesselschadens gezwungen, nach Scapa zurückzukehren. Der aus dem Clyde kommende Schlachtkreuzer REPULSE und die drei Zerstörer LEGION, SAGUENAY und ASSINIBOINE von den Western Approaches, werden nach Kopplung am 23. Mai 07.00 Uhr querab der Insel Butt of Lewis stehen, sich mit der Kampfgruppe Tovey vereinen und in deren Kielwasser einscheren. Der Admiral hatte zwar überlegt, ob es nicht sinnvoll sei, zwei der Kreuzer in der Shetland-Färöer-Passage zu detachieren, entschied aber schließlich, alle vier Kreuzer in den Operationsbereich seines Flaggschiffes KING GEORGE V. heranzuschließen (»... in company with me«).

Ferner werden befohlen:

5. Luftaufklärung aller Passagen zwischen Grönland, den Orkneys und der norwegischen Küste, ferner eine Luftkontrolle über mögliche Gegnerstreitkräfte bei deren Annäherung vor Island.

Eine zusätzliche »air-patrol-line« wird 260 Meilen westlich der Island-Färöer-Passage durch den Commander Western Approaches veranlaßt: Sunderland-Flugboote haben diese Aufgabe übernommen. Außerdem sind jetzt den Kreuzersperren der Enge Island-Färöer fünf westlich davon positionierte Trawler zugeteilt worden.

Höflich fast drückte sich Tovey statt eines Befehls erneut aus (it is desirable ...), daß die Kreuzer für die Kontrolle, wie auch die Schweren Einheiten »... should be nearly complete with fuel as possible when the BISMARCK was located ...«

Die anstehenden Probleme sind für die Briten nicht leicht zu lösen, um konkrete Maßnahmen für eine rechnerisch unterlegte Suchaktion nach der BISMARCK nach der relativ langen Periode zwischen der Sichtung durch die »Spitfire« und der zeitlich vagen Feststellung des Auslaufens der deutschen Kampfgruppe durch die MARYLAND-Aufklärung einzuleiten. Immerhin beträgt das Intervall zwischen diesen beiden Positionen jetzt genau 29 Stunden. Unklar ist dabei für eine hinreichend akkurate Schätzung, daß dem britischen Flottenchef keine genaue Uhrzeit des Auslaufens der deutschen Schiffe bekannt ist. Das ist eine der ausschlaggebenden Unbekannten im britischen Rechenexempel; die andere ist die Frage, welchen der beiden Auslaufwege durch die Engen die Deutschen wählen. Sollte die BISMARCK-Gruppe den kürzesten Weg nehmen, nämlich die Island-Färöer-Passage, würden die hier eingesetzten Kreuzer, die vorher noch zur Beölung in den Skaalfjord geschickt worden waren, für ein »furthest on« eben noch Zeit haben, um den Durchbruch der deutschen Schiffe abzuschneiden.

Das Rechenexempel mit der Unbekannten »Auslaufzeit BS + PE« ließ auch Tovey mit seiner Schlachtschiff-Kampfgruppe nur wenig zeitlichen Spielraum. Er war nach seinem Seeklarbefehl am 22. Mai für 22.00 Uhr mit der KING GEORGE V. erst später, um 23.07 Uhr, quasi im letzten Augenblick in See gegangen[176], und zwar »wegen der vorher nicht zu berechnenden Brennstoffkapazitäten« für die imponderabile Suche und Jagd nach der Kampfgruppe BISMARCK.[177] Deutlicher kann nicht projiziert werden, welche überlebenswichtige Bedeutung der Heizölvorrat schon vor Beginn der eigentlichen Operationen hatte. So ist es denn Toveys Sorge nicht nur, seine Einheiten in möglichst kurzer Zeit auf Eingreifpositionen dirigieren zu können, sondern auch und vor allem für die Schweren Schiffe ausreichend Brennstoff an Bord zu haben, da auch mit einer Verfolgung des Gegners weitab der heimatlichen Flottenbasen gerechnet werden muß.[178]

Das Problem der Heizölversorgung ist, wie bereits mehrfach angedeutet, bei der britischen Flotte und in gleichem Maße bei der deutschen der bestimmende Faktor für Dauer und Anlage einer weitreichenden Unternehmung. Die hierin an sich wesentlich günstigere Lage der britischen Flotte ist durch die sorgfältigen, logistisch raffinierten Vorbereitungen durch die Skl fast in ihre Gegenteil verkehrt worden: Während des Hauptteils des Unternehmens hat die Brennstoffergänzung bei der Home Fleet jedenfalls eine größere Rolle gespielt als bei der deutschen Kampfgruppe, wenn man von der Ölergänzung der PRINZ EUGEN am 21. Mai 1941 bei Bergen und von den späteren Schwierigkeiten bei der Heimkehr des Schweren Kreuzers absieht. Aber die BISMARCK hat in der vorletzten Phase des Unternehmens statt St. Nazaire Brest ansteuern müssen. Ohne die direkten und indirekten Ölverluste durch den Vorschifftreffer wäre dieser Notkurs kaum nötig gewesen.

Über die unzulängliche deutsche Luftaufklärung (schließlich sind ja auch die Briten mit ihren »Marylands« und »Witleys« und »Hudsons« trotz schlechter Wetterlage geflogen) und das Fehlen einer L.-T.-Waffe (= Lufttorpedowaffe) als integrierender Teil der Seekriegsmittel befaßt sich später das Marinegruppenkommando Nord in einer gKdos-Stellungnahme an die Seekriegsleitung. »Es (das L.-T.-Flugzeug als Seekriegsmittel) nützt im vollen Umfang nur, wenn es (auch die Aufklärung) dauernd zur Verfügung steht und seine Führung in der Hand geschulter Kräfte liegt.« Und bei denen, denen sie nutzt und in deren Händen die Einsatzverantwortung liegt.

Und das ist eben nicht der Fall!

Die Regieführung über See – und an Bord der großen Einheiten – liegt inflexibel bei der Luftwaffe, das heißt in persona bei Hermann Göring (»… alles, was fliegt, untersteht mir.«).

Die Kampfgruppe BISMARCK erreicht die Dänemarkstraße · Funkmeßortungen und schockhafte Überraschung: der Gegner nennt Funkmeß »Radar«

65° 53'N/03.38 Ost ist für den 22. Mai 1941 die Mittagsposition der am 21. Mai, 23.40 Uhr, aus dem Fedjosenfjord in den freien Seeraum eingetretenen Kampfgruppe BISMARCK. Sie ist nun rund 200 sm von der norwegischen Küste entfernt. Im atlantischen Raum liegt diese Position fast in der Mitte zwischen Island und Nordnorwegen. Der Wind weht aus SSO, in welcher Stärke, verschweigt das KTB. Die unter dem bedeckten Himmel graublaue See ist nur wenig bewegt. Sie läuft in breiter, behäbiger Dünung an.

Die Nummer Eins des mit 24 kn marschierenden Verbandes, das Flaggschiff BISMARCK, hat jetzt, 12.03 Uhr, auf 348°-Kurs eingedreht, nach dem Kompaß liegen nunmehr Nord-zu-West an. Dieser Kurs markiert in seiner Verlängerung als Ansteuerungsziel die Dänemarkstraße – oder weiter nördlich aber auch die Position des Versorgungstankers WEISSENBURG[179] auf der Höhe der unwirtlichen Insel Jan Mayen.

Mit dem Nord-zu-Westkurs weicht Lütjens von dem Vorschlag der operativ führenden Marinegruppe Nord ab, deren Befehlshaber, wie berichtet, in dem breiteren Weg zwischen Island und den Färöer nach seinen Überlegungen den »in mehrfacher Hinsicht günstigeren Durchbruchsweg« in den freien Atlantik sieht: nach wie vor, wie das KTB der Gruppe Nord ausweist. Carls ahnt nicht, daß Lütjens seine Empfehlung, die einer Weisung der Gruppe Nord gleichzusetzen ist, konsequent ignoriert.

12.15 Uhr am 22. Mai signalisiert Lütjens dem Kommando der PRINZ EUGEN seinen für den 22. und 23. Mai bestimmten Befehl für die Flotte:

1. Absicht: Ab 12.00 Uhr Vormarsch über die Quadrate AF 1675, 1185 und AE 3313, 2257. Bei Änderung der derzeitig günstigen Wetterlage Marsch zum Tanker WEISSENBURG.

2. Bereitschaftszustand volle Kriegswache. Bei Änderung der Wetterlage folgt Befehl.

3. Kriegsmarschzustand 2, Dampf auf für 24 sm. Ab 23. Mai 04.00 Uhr Kriegsmarschzustand 1, Dampf auf für 27 sm.

4. Morgen, 13.00 Uhr, wird die Uhr eine Stunde zurückgestellt.

Ein auf der BISMARCK 12.37 Uhr wegen einer (angeblichen) Periskop-Sichtung an Steuerbord ausgelöster U-Boot- und Fliegeralarm ist die Ursache, daß der Verband hart nach Backbord abdreht und nunmehr Zickzackkurse fährt.[180]

Nach zwanzig Minuten, 12.59 Uhr, wird der Alarm und damit auch der Zickzackkurs beendet. Der Verband dreht nach Steuerbord auf den bisherigen Kurs zurück. Wie dem auch sei, ob echter Alarm oder zur Übung, Lütjens gibt 13.07 Uhr einen folgerichtigen Befehl: Er läßt die Fliegersichtzeichen auf den Türmen und die Hoheitszeichen auf der Back und der Schanze überpöhnen.

Wenig befriedigend ist das FT der Marinegruppe Nord, in dem der Flotte mitgeteilt wird, daß (seitens der Luftwaffe) für den 22. Mai keine Eisaufklärung für die Dänemarkstraße vorliege. Faule Ausrede, wieder einmal, denn das Wetter ist, vor Ort gesehen, für eine Luftaufklärung gar nicht so schlecht, nämlich (lt. KTB vor Ort) um 16.00 Uhr: SSO-Wind, bedeckt, diesig und um 18.00 Uhr, bei nunmehr 311°-Kurs: Wind SW in Stärke 3, Himmel bedeckt, diesig, Regen. Für eine Luftaufklärung ist dieses Wetter wahrlich kein Hinderungsgrund.

Zwischenzeitlich, 15.06 Uhr, meldete der Horchraum auf der BISMARCK »Schraubengeräusche an Steuerbord«, während auf der PRINZ EUGEN offenbar (zumindest ist darüber nichts im KTB vermerkt) keine diesbezüglichen Beobachtungen vorlagen.

Erstmals während des Unternehmens »Rheinübung« wird auch ein deutsches U-Boot im KTB genannt: *U 204*, das am 24. Mai, 12.00 Uhr, von Brunsbüttel »in das Operationsgebiet auslaufen wird« und an diesem 22. Mai, 14.03 Uhr, die Gruppe Nord um die Zuteilung des Weges bittet.[181]

20.15 Uhr am 22. Mai meldet der Fliegerführer Nord gleiche von der Marinegruppe Nord der Flotte gefunkte Nachrichten: »Belegung Scapa Flow laut Augenerkundung vom 22. Mai 1941 dieselbe wie am 20. Mai durch Luftbilderkundung erfaßt. Luftbilderkundung heute wegen Wetterlage nicht möglich.« Kurz darauf folgen Details über Scapa: »4 Schlachtschiffe, hierbei eventuell 1 Flugzeugträger, anscheinend 6 Leichte Kreuzer, mehrere Zerstörer.« Der Flotte wird noch der Zusatz übermittelt: »Somit keine Veränderung gegenüber dem 21. Mai und Marsch durch Norwegenenge unbemerkt.«

Auffallend ist, daß die Fliegerführer Nord-Meldung vom 21. Mai um 00.58 Uhr für den 20. Mai, 12.50 Uhr andere Angaben enthält: 1 Flugzeugträger, 3 Schlachtschiffe (davon eines vermutlich die HOOD), 6 Leichte Kreuzer, 2 U-Boote, 4 Zerstörer, 6 Frachter, 2 Tanker, 33 kleine Fahrzeuge. Lütjens darf diese noch immer fast gleiche Belegung von Scapa als Beweis werten, daß die Royal Navy die Durchbruchsabsichten der Deutschen noch nicht erkannt hat.

Viel verdächtiger scheinen Peilzeichen von Fischerbooten und jene zwischen Aalborg Ost mit dem Hauptpeiler Great Yarmouth. He-115- und Ar-196-Flugzeuge entdecken Fischerboote mit FT-Ausrüstung. Allerdings ist nicht sicher, ob sich der Peilverkehr zwischen diesen Fischerbooten (10 + 2 + 3 + 1 dänische Fischkutter in den Quadraten 9110, 9140, 6363, 6338, 9115) und der englischen Bodenstelle abgespielt hat.

21.34 Uhr kann die Gruppe die Flotte zum ebenso heiklen wie wichtigen Thema Luftaufklärung informieren, daß der Fliegerführer Nord je eine Do 18 zur Aufklärung nach Westen und Nordwesten von Drontheim um 16.00 Uhr des 22. Mai gestartet habe und daß eine Lichtbilderkundung Scapa für den 23. Mai beabsichtigt sei.

In dieser kritischen Phase nur zwei Do 18 seitens der nach Göring »besten Luftwaffe der Welt«?, möchte man fragen.

Wichtig für Lütjens und den bevorstehenden Durchbruch ist nach Ansicht der Gruppe Nord die Meldung von *U 111* über einen feindlichen Geleitzug im Quadrat AK 1245 mit Kurs Nord und geringer Fahrt. Die Quadratposition liegt genau in der Mitte der Linie Südkap Grönland – Südwest Island, das heißt auf Kollisionskurs mit der deutschen Kampfgruppe, von der auch in der Heimat niemand weiß, wo sie zur Zeit steht.

Außerdem informiert die Gruppe Nord um 23.03 Uhr des 22. Mai den Fliegerführer Nord und die Luftflotte 5 über die Möglichkeit eines Durchbruchs der Flotte in der Nacht vom 22. zum 23. Mai südlich von Island oder in der Nacht vom 23. zum 24.Mai durch die Dänemarkstraße. Um 23.04 Uhr (die Briten sind seit den Abendstunden des 22. Mai ab 22.00 Uhr inzwischen mit allen verfügbaren Kräften zur Dänemarkstraße und zur Island-Färöer-Enge unterwegs) erhält die Flotte vom Gruppenkommando Nord den nachstehenden Lagebericht:

1. Bisher kein operativer Einsatz feindlicher Seestreitkräfte.
2. In den letzten Tagen starke U-Boot-Erfolge südlich Grönland.
3. Kretalandung weiter planmäßig.
4. Nach heutiger Versenkung der Britenkreuzer vor Kreta und weiteren Beschädigungen verspricht baldiges Auftreten Flotte auf Atlantikwegen erneut schwere Beeinträchtigung britischer Seemachtstellung«.

(Danach muß es, so Güth, gemäß Wagners Lagevorträge [114], also doch eine strategische »Querverbindung« Unternehmen »Rheinübung« – »Kreta«-Operation gegeben haben … Der Verfasser dazu: Das ist die Divergenz. Aber dessenungeachtet finden sich in den Skl-Akten keine Hinweise auf eine rechtzeitig koordinierte Planung: Zufuhrkrieg + Diversionen + Kretaoperation.)

Dazu gibt Generaladmiral Carls dem Flottenchef laut KTB Marinegruppe Nord noch nachstehende Überlegung zur Kenntnis:

»Letzteren Hinweis gebe ich der Flotte, da ich mir bei baldigem Auftreten im Atlantik die angedeutete Wirkung

Das Unternehmen »Rheinübung«

verspreche und ferner jedes Verzögern die Gefahr für die **ohne Schutz durch die Dunkelheit** im Norden stehenden Schiffe größer wird«.[182]
Auch will ich dem Flottenchef für den Fall, daß er noch die Wahl zwischen der Dänemarkstraße und der südlichen Passage hat, auf den letzten mir richtiger scheinenden Weg, der Raum und Zeitersparnis bedeutet, hinweisen.«
Hier interessiert noch das 22.36 Uhr von der Gruppe Nord gefunkte und 23.09 Uhr von der BISMARCK ... zurück von der PRINZ EUGEN aufgenommene Ergebnis der Eisaufklärung bis 20° West, das »als normal« bezeichnet wird. Eine Wiederholung sei beantragt.
Daß am 18. Mai im Hafen von Plymouth ein Schlachtschiff und vier Kreuzer beobachtet wurden, wird von der Gruppe Nord mit der (erst am 22. Mai, 23.03 Uhr getroffenen) Feststellung bewertet: »... Bestätigt erneute Annahme, daß Durchbruch vom Feind bisher noch unbemerkt.« Später wird diese kühne Überlegung im KTB der Marinegruppe Nord von der Skl handschriftlich mit der Marginale versehen: »Das besagt nichts.«

22. Mai, 23.22 Uhr: Die Kampfgruppe geht auf Kurs 288°, das heißt auf Westkurs zum Durchbruch durch die Dänemarkstraße.
Der Marsch der beiden Schiffe war in der letzten Phase des 22. Mai nicht ohne Probleme. Regnete es seit 18.00 Uhr, so nahm ab 21.00 Uhr die Sichtweite durch Dunst und Nebelschwaden auf 3 000 bis 4 000 m ab. Der Verband marschierte dennoch mit 24 kn weiter. Ein Trost war wenigstens, daß es auf der erreichten Nordbreite jetzt im Mai bereits tageslichthell ist, was das Fühlung- und Abstandhalten zwischen den beiden, in dieser nebelhaften Feuchtluft silbern glänzenden Schiffe sehr wesentlich erleichtert. Zudem sind die Gefechtsrudergänger aufgezogen, um ihr Schiff auf Kurs zu halten und um den anderen nicht zu verlieren. Beide Schiffsführungen sind sich bald einig, unter diesen Umständen den Abstand auf 600 m zu verringern.
Das KTB der PRINZ EUGEN gibt über die sachlichen Fakten hinaus einen fast schon bildhaften Überblick: »Immer, wenn der BISMARCK nicht mehr zu sehen ist, bleibt der

Zwischenstop vor Anker im norwegischen Grimstadfjord. Letztes Foto von der Tarnbemalung mit der vorgetäuschten geringeren Schiffslänge. Aufgrund der beim Kriegsmarsch gemachten Erfahrungen verschwindet die Tarnbemalung durch sofortiges »Umpöhnen« wieder.

einzige Anhalt, ihm[183] zu folgen im leuchtend weiß perlenden Kielwasser des 36 Meter breiten Schlachtschiffes ...«
Von Zeit zu Zeit wird zur Erleichterung der Rudergänger mit Vartalampen und auch mit kleinen Scheinwerfern achteraus geleuchtet. Das Wetter scheint wie zum Durchbruch geschaffen. Die Vorhersage des Bordmeteorologen der PRINZ EUGEN bestätigt sogar die Möglichkeit, daß es bis zur Südspitze Grönlands durchhalten wird. (Die Ansicht des Meteorologen der BISMARCK ist hier nicht bekannt.)
Überlebende der BISMARCK werden sich später an eine regelrechte Gespensterfahrt erinnern. Es war ja nicht nur der alle klaren Formen der in der achterlichen See stark schlingernden Schiffe verschleiernde Dunst, sondern geisterhaft spukte auch der bei der fast 30 kn schnellen Fahrt in den Aufbauten röhrende Fahrtwind. Dazu rumorte die hohe Bugsee, die sich an Steuerbord und Backbord schäumend und sich querab vom Schiff auflösend verlief. Hin und wieder zerrte der achterliche Wind die Dunstdecke auf. Regenwolken, dunkel, fast schwarz, begrenzten nun die Sicht wie aufquellender Pulverrauch einer Schlacht – bis zur nächsten leichentuchfarbenen Nebelbank. Und möglicherweise bis zu einer plötzlichen unerwünscht klaren Sicht, vor der der BISMARCK-Meteorologe Dr. Heinz Externbrink warnte: »Man sollte daher mit hoher Fahrt mit den Wolkenbänken Schritt halten und sich von ihnen nicht überrollen lassen.« Es heißt bei Müllenheim-Rechberg [145], daß der Bordmeteorologe Lütjens vergeblich und sogar mehrmals vorgeschlagen habe, mit A.K. und »Alle mehr« mit den tiefhängenden, schnell dahinziehenden Regenwolken Schritt zu halten, um einer plötzlichen Sichtlücke vorzubeugen.
Die Sorge, daß die beiden Schiffe bei dem A.K.-Marsch durch Dunst und Nebel einander hätten verlieren können, bestand akut natürlich nicht. Man hatte ja gut funktionierende Horchgeräte an Bord und außerdem auch das DeTe als EM 2 zur Verfügung. Doch wurden die Funkmeßgeräte nicht einmal angefordert, obwohl sie auf der BISMARCK wie auch auf der PRINZ EUGEN klar zum Einsatz waren. Über das »Warum« schweigen sich alle KTBs aus, mag sein, daß die Befehlsträger auf der Flotte beim Benutzen des DeTe eine Einpeilung befürchteten.
00.00 Uhr am 23. Mai: Nach wie vor schlechtestes, das bestgeeignete Wetter für das Unternehmen »Rheinübung«: bedeckter Himmel, Nebel oder Regen bei SSW-Wind in Stärke 3.

04.04 Uhr ermuntert die Besatzung ein neuer Befehl: Dampf auf für 27 kn, Kurs 250°.
Es kann jedem an Bod nur recht sein, den bevorstehenden Durchbruch mit seinen nervenzehrenden Unwägbarkeiten schnell hinter sich zu bringen. Immer wieder sind diese Imponderabilien Gesprächsstoff. Auf der Brücke, in den Messen und auch unter Deck, alle mit dem Ergebnis:
- Bislang haben alle deutschen Einheiten, welche diese nördliche Enge als Durchbruchsweg wählten, keine Probleme gehabt:
1. die ADMIRAL GRAF SPEE und die DEUTSCHLAND nicht,
2. die Schweren Kreuzer ADMIRAL SCHEER und ADMIRAL HIPPER nicht und, gleich nach Kriegsbeginn,
3. die Schlachtschiffe SCHARNHORST und GNEISENAU nicht,
4. ebenso nicht die verschiedenen Hilfskreuzer und viele nach Kriegsausbruch heimkehrende deutsche Handelsschiffe.

Die Briten haben die Sicherung der Nordatlantikgeleitzüge offenbar wichtiger eingeschätzt, als eine permanente Kontrolle über diese Enge, wo laut britischen War Diaries schließlich, als die Kampfgruppe BISMARCK diese Nordpassage wählte, auch radarbestückte AMCs und U-Boote neben weiteren Minensperren im Gespräch waren. Mit dem am 23. Mai, 04.04 Uhr, befohlenen Kurswechsel auf 250° dringt der Verband mit Kurs West zu Süd in das Vorfeld der Dänemarkstraße ein, nach wie vor durch Nebelbänke vor einer optischen Sichtung geschützt.
Und sonst regnet und nebelt es, auch um 8.00 Uhr, als der Wind auf NNO in Stärke 2 umläuft und der Verband um 12.00 Uhr auf der gegißten[184] Mittagsposition 67° 28'N/19° 28' West steht, etwa 75 sm nördlich der isländischen Küste und südlich von Grönland.
12.50 Uhr wird die Eisgrenze erreicht. Ausweichmanöver werden bis 12.58 Uhr notwendig. 13.00 Uhr werden die Schiffsuhren auf der PRINZ EUGEN um eine Stunde auf MEZ zurückgestellt.[185]
Der Gruppenbefehlshaber Nord, Generaladmiral Carls, weiterhin in Unkenntnis über Stand, Kurs und Absicht des Flottenchefs, erinnert mit Beginn des 23. Mai, unter der Uhrzeitgruppe 11.32 Uhr im KTB der Marinegruppe Nord, durch FT, daß Lütjens sowohl durch den Operationsbefehl wie durch mündliche Erläuterungen davon unterrichtet worden ist, daß die Gruppe Nord nach wie vor der Südpassage den Vorzug gibt. Jetzt, in dieser entscheidenden Lage für den Durchbruch, sei auf diesen von

Carls detailliert begründeten Vorschlag noch einmal eingegangen:

1. »Die Gründe für diese Beurteilung der Dänemarkstraße sind gleichfalls bekannt:
a) Voraussichtlich enge, in der Ausdehnung stark wechselnde eisfreie Durchfahrtstrecke in der Dänemarkstraße.
b) Mit Sicherheit erwartete gegnerische Bewachung dieser Lücke, die ein ungesehenes Passieren so gut wie ausschließt.
c) Leichteres Fühlunghalten des Gegners nach Passieren im Norden statt im Süden, da die südlichen Bewacher zum Fühlunghalten herangezogen werden können, umgekehrt nicht.
d) Zeitgewinn und Brennstoffersparnis, wenngleich nach dem Verlassen der Norwegenküste zum südlichen Durchbruch angesetzt wird, statt des Ausholens auf den äußeren Bogen, das unter Umständen zum nochmaligen Ölergänzen aus der WEISSENBURG zwingt, bevor zum Durchbruch angesetzt wird.
e) Schnelleres Gewinnen eines Vorsprungs vor Streitkräften aus Scapa bei der Südpassage, wenn diese Kenntnis von dem Durchbruch erhalten.

2. In der Südpassage würde ich nur dann einen Nachteil sehen:
a) wenn Scapa-Kräfte ausgelaufen wären und diese Passage umstellend besetzt hielten,
b) wenn besonders sichtiges Wetter es wahrscheinlich machen würde, daß die feindliche Luftaufklärung Fühlung gewänne und Luftkräfte[186] zum Angriff ansetzen würden.«

Auch am 23. Mai, laut KTB 14.22 Uhr, läßt nach Feststellung des »Fliegerführers Nord« die Wetterlage eine Eisaufklärung in der Dänemarkstraße nicht zu. Sie sei wegen dieser Wetterlage abgebrochen worden. Eine Meldung darüber sei unterwegs. Beim Anhalten der jetzigen Wetterlage sei eine Durchführung auch in den nächsten Tagen nicht möglich.[187]

Um beim Thema Luftaufklärung zu bleiben:
Die Aufklärung der Dänemarkstraße durch deutsche Flugzeuge blieb bei der geringen Zahl der für diese Aufgabe verfügbaren Maschinen und bei den ungünstigen Flug- und Sichtverhältnissen ausgesprochen lückenhaft. Die letzte Meldung stammte vom 19. Mai, wo eine FW 200 die Treibeisgrenze nördlich von Island in etwa 70 bis 80 sm Abstand festgestellt hatte. Der Flug mußte 50 sm nordwestlich Kap Nord in aufliegendem Nebel abgebrochen werden. Dort wurde noch Treibeis überflogen. Über Bewachungsfahrzeuge in der Dänemarkstraße lagen keine neuen Meldungen vor, doch mußte nach den Erfahrungen der früheren Unternehmungen mit einer Bewachung durch Hilfskreuzer und Kreuzer gerechnet werden. Wie bei der deutschen Luftwaffe, wurden auch Aufklärungsflüge der RAF behindert. Nach britischen Unterlagen konnten nur wenige Einsätze geflogen werden und wenn, dann ohne Ergebnisse.

Wenden wir uns wieder dem Marsch der deutschen Kampfgruppe zu.

13.40 Uhr am 23. Mai wird Dampf für 27 kn aufgemacht.

14.03 Uhr: Das FT 13.14 bestätigt die der Flotte durch Funk übermittelte Wettervorhersage die für den Durchbruch günstige, das heißt schlechte Witterung. Sie besagt: »Wetter für den 24. Mai: a) für den Weg nördlich Island: Wind SO bis O in Stärken 6 bis 8, meist bedeckt, Regen, mäßige bis schlechte Sicht; b) für den Weg südlich von Island: Wind Süd in Stärken 5 bis 7, rechtsdrehend; wolkig bis bedeckt, später Rückseitenwetter mit mäßiger Sicht; Tief 980 ostwärts Island vermutet; Warmlufttransport nach Dänemarkstraße und Raum südlich Island.«

Laut KTB BISMARCK[188] heißt der Kommentar zu dieser Wetterprognose: »Die zum Durchbruch günstige Witterung wird somit bestätigt.«

14.20 Uhr: Kurs 270° = genau West.

14.22 Uhr: Von Gruppe Nord: »Fliefü (Fliegerführer) Atlantik« teilt mit, daß Eisaufklärung wegen Wetterlage erneut abgebrochen werden mußte. Bei Anhalten jetziger Wetterlage sei Durchführung auch in den nächsten Tagen nicht möglich.

15.00 Uhr: Sicht 40 bis 50 hm. Die völlige Unsichtigkeit ist abgebrochen. Es folgen wechselnd gute Sicht mit Schneeschauern.

So stellte der Marinemaler Walter Zeeden später den Durchbruch von BISMARCK und PRINZ EUGEN in den freien Atlantik dar. Noch umgeben restliche Eisschollen die Schiffe. Rechts im Hintergrund erkennt man die Rauchwolke des fühlunghaltenden Schweren Kreuzers SUFOLK.

Der Marsch durch die Dänemarkstraße

Verband trifft auf Gegnerüberwachung:

die Schweren Kreuzer SUFFOLK und NORFOLK · Gefahren im Scholleneis und Packeis und mit Alarm bei der Home Fleet · Höchste Kollisionsgefahr für die BISMARCK beim Nummernwechsel ·

Lütjens zeigt sich gelassen · Generaladmiral Saalwächters Pläne für Zufuhrkrieg im Südatlantik · Feindliche Fühlunghalter sind nicht abzuschütteln

Mit der Position 67° 28' Nord und 19° 28' West hatte Lütjens am 23. Mai um 12.00 Uhr mit seinem Verband die Eisgrenze erreicht. Der Marsch führt durch Scholleneisfelder und Packeis und verdient eine über die bisher genannten Fakten detaillierte Beschreibung: Hin und wieder kommen Eisberge in Sicht. Auf beiden Einheiten wird die Schiffsführung von in der Eisfahrt routinierten Handelsschiffskapitänen, welche die Unternehmung als Prisenoffiziere im Sonderführerstatus mitmachen, unterstützt.

Kurz vor der Einfahrt in die Dänemarkstraße – zwischen Island und Grönland – kommt wunschgemäß Nebel auf. Zur sicheren Verbandsfahrt der Kampfgruppe hat die BISMARCK einen ihrer Scheinwerfer als Richt- oder Steuerlicht für die nachfolgende PRINZ EUGEN angestellt.

Auf der PRINZ EUGEN ist unter den eingeschifften vier Prisenoffizieren auch ein Fischdampferkapitän aus Bremerhaven. Besonders er kann während dieser Nordmeerfahrt mit seinen in vielen Berufsjahren erworbenen Erfahrungen dienen.

Meist stehen diese Männer, das gummigepolsterte Doppelglas vor den Augen, unbewegt in der Brückennock oder im Gefechtsbeobachtungsstand.

Treibeis, seltsam geformte, oft stellenweise dunkelgrün gefärbte Schollen melden sich schon, wenn die in der Eisfahrt ungeübte Besatzung auf der bewegten See noch gar nichts unterscheiden kann. Die Schiffe haben so die Möglichkeit, besonders große und dicke Schollen rechtzeitig auszumanövrieren. Müssen Eisflächen durchbrochen werden, ist Vorsicht geboten, denn die am Schiff achteraus treibenden Eisbrocken könnten in die Schrauben geraten. Nur geschickte Rudermanöver verhindern Beschädigungen.

Die Fahrt wird zu einem zähen und stillen Kampf.

Sie wird (nur für einen ganz kleinen Kreis an Bord der deutschen Schiffe und der am Unternehmen »Rheinübung« beteiligten Marinedienststellen zugänglich) von einer Fülle an Meldungen der deutschen Funkaufklärung, kurz FA oder xB-Dienst genannt, überlagert.[189]

Stunden später: Während sich bis auf das Treibeis an Backbord noch freies Wasser erstreckt, zieht sich an Steuerbord die sich vor Grönlands Küste aufstauende Grenze aus Packeis hin. Hier und dort sind offene Stellen zu sehen. Sie spiegeln sich in den Wolken wider: Eisblink. Diese Erscheinung gestattet es, die Eisverhältnisse bereits auf größeren Entfernungen zu studieren.[190]

Interessant ist der Marsch zweifelsohne. Für die Besatzung aber ist die Eisfahrt aufregend genug. Die Brücke bekommt immer wieder Meldungen über die verschiedensten Sichtungen. Hier glaubt einer, einen U-Boot-Turm entdeckt zu haben. Dabei handelt es sich in Wirklichkeit nur um ineinandergeschobene, aufeinandergetürmte Schollen. Dort verwirrt Treibeis den Ausguck ... Und als sich die ersten Bergspitzen Grönlands über die Kimm schieben, wird die Gefahr einer Verwechslung mit Masten und Gefechtstürmen erwarteter feindlicher Einheiten noch größer. Auf BISMARCK gibt es sogar einmal Alarm, als voraus in Sicht kommende Eisberge mit Fahrzeugen verwechselt werden. Diese Fehlmeldungen sind gefährlich, können sie doch bei einer Vielzahl zur Leichtfertigkeit und Nachlässigkeit der Ausguckposten führen.

Nach rechts voraus und an Steuerbord ist die Sicht gut. Wenn sie auch durch Schneeschauer unterbrochen wird, so sinkt sie doch nicht unter 200 hm. Nach Süden und Südosten zu, also an Backbord in Richtung Island, herrscht Nebel. Dadurch ist eine etwa drei Seemeilen breite Straße mit klarer Sicht zwischen dem Eis und der unregelmäßigen Nebelbank entstanden.

Da der Flottenchef wie auch die Kommandanten der BS und der PE in der Dänemarkstraße mit britischen Bewachern rechnen, sind seit den Mittagsstunden in regelmäßigen Abständen die E.M.2-Geräte zur Rundumsuche eingeschaltet worden.

Im KTB spiegelt sich die Eisfahrt nüchterner, aber mit Uhrzeiten wider:

17.30 Uhr: Wegen akuter Minengefahr[191] wurden auf Befehl des Flottenkommandos auch die MES eingeschaltet.

18.11 Uhr gibt es erst auf der BISMARCK und dann auf der PRINZ EUGEN Alarm:[192] »Fahrzeuge an Steuerbord«.

18.20 Uhr: Kurs 240° = Südwest zu West.

18.22 Uhr: »Alarm beendet. Fahrzeuge als Eisberge ausgemacht.« (Mit E.M.2 oder optisch, im KTB nicht vermerkt.)

18.48 Uhr: Auf 200° Schiff steht an der Festeisgrenze und weicht im Verband mit scharfen Zickzackkursen den größten Eisschollen aus.

19.00 Uhr: Klare Sicht. An Steuerbord heller Horizont, an Backbord in weiter Entfernung Dunst, der die Kimm verschleiert ...

Die Stimmung auf der Brücke der BISMARCK entspricht nicht dem jetzt relativ guten Wetter. Es fällt kein Wort, aber wohl jeder meint zu wissen, was der andere denkt: Warum zum Teufel, können die robusten Fernaufklärer der Luftwaffe nicht fliegen? Selbst wenn die Sicht hin und wieder durch Nebelbänke oder Dunst behindert wird, sollte es nicht möglich sein, hier operierende Schiffe aus der Luft aufzuspüren?

Wer es gesagt hat, ist nicht mehr zu belegen. Die Frage unter BISMARCK-Offizieren, warum man denn in einer solch prekären und kritischen Situation bei der vor Ort verbesserten Wetterlage nicht eines der vier eigenen Flugzeuge der BISMARCK oder eines der beiden Flugzeuge der PRINZ EUGEN startete, um Klarheiten über die Feindlage nicht nur in der Dänemarkstraße, sondern rundherum zu erzwingen, ist durchaus berechtigt. Selbst auf die Gefahr hin, das Flugzeug später an Bord nicht mehr wieder aufnehmen zu können, wäre doch eine solche Auf-

klärung für die Gesamtoperation enorm wichtig gewesen. Notfalls hätte das Flugzeug in einem der Fjorde Islands landen müssen, wenn es seine Aufgabe erfüllt hat. Eine solche Notlösung steht natürlich in keinem Lehrbuch und keiner Dienstvorschrift, ebenso wenig wie bei den Briten die private, für die deutsche Kampfgruppe so folgenschwere Aufklärung mit der gepumpten Maryland.
19.22 Uhr am 23. Mai 1941: Die Ereignisse überstürzen sich: Horchgeräte und Funkmeß haben an Backbord in 286° Schiffsrichtung um 19.22 Uhr ein Ziel aufgefaßt. Während die ersten Entfernungsmeldungen eingehen, stürmen die Männer bei diesem erneuten Alarm in Sekundenschnelle auf ihre Gefechtsstationen der seit dem Eindringen in die Dänemarkstraße voll einsatzbereiten Schiffe. Seit Stunden schon liegen die Granaten bereit. Das jetzt auch optisch sichtbare Ziel ist ein grauer, nach unten zu rechtwinklig begrenzter Schatten. Die Peilung wandert schnell achteraus, und die Entfernung nimmt bis zu 124 hm ab. Dann wächst sie wieder.
Zuerst wurde der Schatten als ein gegnerischer Hilfskreuzer (AMC) angesprochen. Das Ziel zeigte eine ganze Zeit nur ein schmales Bild, ein Zeichen, daß man da drüben bei direkten Anmarschkurs wohl auch eine Sichtung hat. Oder eine Funkmeßpeilung!? Doch nun wird der Schatten breiter und zur Silhouette. Bevor sie der Nebel aufsaugt, glaubt man jetzt hinter den vorderen, auffallend niedrigen Aufbauten drei Schornsteine zu erkennen.
Ab hier werden die Quellen dubios. Im KTB BISMARCK heißt es für 19.22 Uhr: »... Schatten in Richtung 340°. Entfernung 130 hm. Verschwindet sofort wieder im Dunst.[193a] Verband wird von ihm mit FT gemeldet. Feuer eröffnet, etwa (?!) fünf Salven ...« Weiter ist im KTB nachzulesen: »An Verband PRINZ EUGEN JD (Jot Dora)[193b] gegeben. Durch E.M.2-Ortung wird (lt. KTB) ersichtlich, daß es sich um einen mit 27–28 sm schnellen Kurs 195° laufenden Schweren Kreuzer handelt, auf dem beim ersten Sichten massierte, aber relativ niedrige Aufbauten, drei Schornsteine, vorn und achtern ein dünner Mast, ein Flugzeugkran in Höhe der beiden achteren Schornsteine neben der sich vorn und achtern deutlich abzeichnenden Turmartillerie (4 x 2 : 20.3 cm als SA) beobachtet werden.
Laut KTB PRINZ EUGEN gilt für 19.22 Uhr fast genau die gleiche Aussage: »Alarm von BISMARCK: in 340° Seitenrichtung ein Schatten. Entfernung 130 hm. Anscheinend ein Hilfskreuzer. Verband wird durch ihn über FT gemeldet. BISMARCK **eröffnet Feuer** (fünf Salven) und gibt zeitgleich an Verband JD. PRINZ EUGEN hat noch kein Ziel.«
Die letzten Zweifel, daß es sich um einen Schweren Kreuzer der 10 900 ts großen KENT-Klasse handelt, beseitigt der auf PRINZ EUGEN durch den B-Dienst unmittelbar dechiffrierte Gegner-Funkspruch, den dieser beim Abdrehen, aber noch in Sicht der deutschen Einheiten nach 19.22 Uhr abgegeben hatte ... Von einer Beschießung dieses Ziels (also der PRINZ EUGEN laut BS KTB 20.44 Uhr) ist nach den britischen KTB-Unterlagen in Verbindung mit dieser (ersten) Gegnersichtung nicht die Rede. Auch nicht im privaten Tagebuch des später überlebenden Turbineningenieurs, Kapitänleutnant (Ing.) G. Junack, dem die minutiös geführte Kladde für den Betrieb der Maschinenanlage zur Verfügung steht: »Um 19.22 Uhr Alarm auf BISMARCK. Auf 130 hm wird ein Fahrzeug mit drei Schornsteinen erkannt, das aber bald wieder im Dunst verschwindet. Die Funkortung auf PRINZ EUGEN erkennt einen Schweren Kreuzer, der auf Kurs 195° 27 Meilen läuft. Der englische Kreuzer (es ist die der 1924/25 gebauten und 1928 in Dienst gestellten KENT-Klasse zuzuordnende SUFFOLK, ein 31.5 Knotenschiff [135], läßt den Verband vorbeilaufen, hängt sich Backbord achteraus an und hält Fühlung, trotz Nebel, wahrscheinlich mit Radar ... Entgegen der später nach dem Verlust der BISMARCK von der Skl rekonstruierten KTB-Unterlagen der BISMARCK und der erhalten gebliebenen KTBs der PRINZ EUGEN, hat die BISMARCK ab 19.22 Uhr **keine fünf Salven** auf den im Dunst schwimmenden Gegner **geschossen**. Gleiches sagt auch Müllenheim-Rechberg [144], 4. Artillerieoffizier an Bord, aus: »19.22 Uhr: unsere Artillerie war feuerbereit. Sie bedurfte nur noch der genauen Zielansprache. Aber die kam nicht. Er (der Gegner, die SUFFOLK, d. V.) war wohl nur ein Schatten am Rande einer Nebelbank gewesen, vielleicht ein Schiff in spitzer Lage, vielleicht ein sehr gut getarnter Hilfskreuzer. So wurde das **Feuer nicht** eröffnet.«
Laut KTB der Home Fleet sichtete auf der SUFFOLK auf 66° 59 N/24° 51 W der Able Seaman Alfred Robert 19.22 Uhr: »... the BISMARCK, followed by the PRINZ EUGEN, 7 miles on the starboard quarter, steaming the same course as herself. The SUFFOLK made an enemy report, increased to full speed and altered to 150° to take cover in the mist ...« Auch hier wird für die Zeit ab 19.22 Uhr **kein Beschuß** des Britenkreuzers **durch die BISMARCK** vermerkt.

159

Darüber hinaus ist die gefechtstechnisch sekundäre, aber genaue Namensnennung des Ausguckpostens im KTB eine für die RN und den britischen Crewgeist selbstverständliche Eintragung. Sie lautete im Urtext: »The rating, who sighted the BISMARCK as starboard after lookout in the A.D.F. His alertness and quick report saved valuable moments in this close range contact, which might otherwise ended in SUFFOLK being put immediatly out of action.«

Der oben genannte »enemy report« des britischen Insichtkommers lautete, auf der PRINZ EUGEN decodiert und übersetzt:

»OU-Meldung von K 3 G: 66.43 N/22.22 W; 1 feindliches Schlachtschiff, 1 feindlicher Kreuzer in 315° 6 sm, Kurs 220°.«

Dabei wurde deutscherseits das Rufzeichen K 3 G zunächst irrtümlich als das des Schweren Kreuzers NORFOLK gedeutet. Außerdem: laut B-Dienst der PRINZ EUGEN wurde das FT von der Landdienststelle im Flottenstützpunkt Scapa nicht aufgenommen, wohl aber durch die gleichfalls in der östlichen Dänemarkstraße im südwestlichen Teil stehende NORFOLK. Dieser Patrolkreuzer wurde dadurch über die Anwesenheit und die Position der beiden deutschen Schiffe informiert. Er kann nunmehr auch seinerseits in die gezielte Beschattung als Fühlunghalter eingreifen. Die NORFOLK marschiert sofort mit 32 Knoten nach NW und wird 20.28 Uhr auf den deutschen Verband treffen. Das britische K 3 G-FT wurde ferner vom deutschen B-Dienst an Land erfaßt und selbstverständlich auch an Bord der BISMARCK wie auch der PRINZ EUGEN.

Der II.AO der PRINZ EUGEN, Korvettenkapitän Paul Schmalenbach, schrieb noch ein Wort über dessen prompte Entschlüsselung: »Das Eindringen in die britischen Schlüsselmethoden ist nicht nur gelungen, es ist uns auch mit nie erwarteter Geschwindigkeit, Zuverlässigkeit und Lückenlosigkeit seit Kriegsbeginn geglückt. Jetzt, da es erstmals möglich geworden ist, hinter das Geheimnis der britischen Funksysteme zu kommen, gelingt es später auch, weitere und bereits vorliegende Sprüche ganz oder teilweise zu enträtseln.«

Auf der PRINZ EUGEN unterrichtet der Kommandant die Dekodierungsergebnisse Schmalenbachs über die Rundrufanlagen seine Besatzung: »An alle Stellen: der Schatten an Backbord war ein britischer Schwerer Kreuzer, der uns jetzt folgt. Er hat uns erkannt und durch FT gemeldet.«

Auf der BISMARCK dagegen gibt es keine solche Erklärung. Lütjens schweigt, folglich schweigt auch Lindemann.

An Bord des Flaggschiffes schweigen aber nicht alle. Hinter der hohlen Hand gar nicht so weniger Besatzungsmitglieder stellen sich Fragen, erwächst Verwunderung, in der auch Sorge mitschwingt.

Warum nur haben wir dieses Ziel nicht beschossen? Warum haben wir diesen Spähkreuzer nicht ausgeschaltet? Wir haben doch Funkmeß. Wir konnten das Ziel doch auch im Nebel »sehen«. Nur Schießen nach Funkmeß, wie bei den Briten bereits im festen Programm, wurde bei der deutschen Marine noch lange nicht auf allen Schiffstypen geübt. Über Funkmeßschießen auf »Dickschiffen« ist für diese Zeit nichts bekannt, wohl aber, wie bereits behandelt und von Lütjens gesprächsweise vor dem Auslaufen der BISMARCK aufgegriffene Fragen über funkmeßgelenkte Torpedos auf Zerstörern, d.V. Auf Zerstörern und mit deren Waffen kannte sich Lütjens ja detailliert aus. Fragen, welche die Männer der BISMARCK wie auch der PRINZ EUGEN gleichermaßen erstaunen und bewegen, bleiben dem Kommando auf einem Schiff natürlich nicht verborgen.

Der PRINZ-EUGEN-Kommandant, Kapitän zur See Helmuth Brinkmann, fühlt mit seinen Männern. Er informiert sie sofort, sind sie hier an Bord doch eine Schicksalsgemeinschaft: »Ich erinnere daran, daß wir nicht englische Kreuzer vernichten sollen, wobei wir zudem noch Gefahr laufen könnten, durch Treffer von unserer eigentlichen Aufgabe abgehalten zu werden. Unser Ziel ist und bleibt Handelskrieg im Atlantik. Ende«.

Ein Winkspruch von der BISMARCK fordert die PRINZ EUGEN auf, daß die E.M.2-Geräte des Schweren Kreuzers den achteren Halbkreis überwachen, die BISMARCK soll dagegen den vorderen Sektor kontrollieren.

20.10 Uhr am 23. Mai: Kurs 220° (fast SW). Es heißt, daß die BISMARCK E.M.2-Kontakt mit einem weiteren Ziel habe. PRINZ EUGEN wird darüber erneut durch einen Winkspruch verständigt. Das ist der sicherste Weg, eine Mitteilung von Schiff zu Schiff lautlos und schnell zu überbringen. Der Winkspruch lautet: »Feind in Sicht an Backbord.« Nach dem PRINZ-EUGEN-KTB heißt es 20.20 Uhr: »Der Schwere Kreuzer hält achteraus Fühlung. Die BISMARCK sendet Kurzsignal.

Kurs 230° um 20.37 Uhr.«

20.44 Uhr (KTB Prinz Eugen): Kommt der britische fühlunghaltende Schwere Kreuzer BB-achteraus in 206° Seitenrichtung in Sicht und eröffnet das Feuer auf die Prinz Eugen.

Zurück zur Bismarck.

20.15 Uhr meldete Lütjens durch (das oben erwähnte) Kurzsignal der Marinegruppe Nord »(Mein Standort ist) AD 29 Schwerer Kreuzer«. So erhält denn die erste, von der führenden Marinegruppe Nord lang ersehnte Meldung nach dem Auslaufen aus dem Grimstadfjord genau die Nachricht, die Generaladmiral Carls befürchtet hat. Sie lautet:

»Die Kampfgruppe Bismarck ist im Bereich der Dänemarkstraße entdeckt worden.«

Resigniert Carls, wenn er jetzt von sich aus nicht eingreift? Wenn er nicht befiehlt, was der prophetisch belastete Hitler Raeder gegenüber für diesen Fall empfohlen hatte:

Eine Kehrtwendung!

Zurück nach Norwegen?

Oder ins Eis ostwärts von Grönland ...?

Für Günther Lütjens ist ein Rückzug mitten aus der Dänemarkstraße indiskutabel; das heißt, er ist nicht mehr diskutabel.

Das weiß wohl auch Carls, wenn er diese Frage überhaupt überdacht hat. Zumindest greift er nicht ein.

Wohl wird das 20.15-Uhr-Kurzsignal nachrichtlich zur Kenntnis gebracht an: die Luftflotte 5, den FlieFü Nord, die Skl und den Admiral Norwegen. Es folgt der Zusatz: »Erbitten Scapa-Aufklärung, wenn irgend möglich, zwecks Erfassung englischer Gegenmaßnahmen (gemeint ist das Auslaufen Schwerer Streitkräfte).«

Bei Müllenheim-Rechberg [144] findet sich, im Gegensatz zum KTB BS eine zeitlich genauere Darstellung darüber, daß es auf der Bismarck 20.31 Uhr erneut Alarm gab: »... Unsere vordere Funkmeßortung hatte ein Ziel ausgemacht.« Aus dem Dunst schälte sich links (also an BB, d.V.) neben dem Flaggschiff der Schatten eines Schiffes heraus. Der Fremde, der auf Gegenkurs liegt, hat zwei hohe Pfahlmasten, drei schräge Schornsteine und achtern keine so auffälligen Aufbauten, wie sie etwa die inzwischen als Fühlunghalter achteraus gefallene Suffolk mit ihrer Flugzeughalle und ihren Kränen hat.

Über die Lautsprecher läßt Lindemann der Besatzung mitteilen: »Feind in Sicht an Backbord. Schiff nimmt Gefecht auf ...« Aus unseren gefechtsbereiten, nun auf die Sichtung, (die, wie wir heute wissen, die von der Suffolk aus ihrer südwestlichen Position herbeigerufene Norfolk war [d.V.]) gerichteten 38er-Rohre blitzt es auf. Die Bismarck schießt sofort – es ist genau 20.31 Uhr – ohne den Kurs zu ändern und ohne nachzudrehen fünf Salven mit der SA, um den Gegner – eine Blechschachtel im Vergleich zu einem Schlachtschiff – zu vernichten. Eine Trefferwirkung durch Granaten oder fünf Salven kann weder von der Bismarck noch von der Prinz Eugen beobachtet werden. Es sind nur die dicht beim Gegnerschiff tulpenblütenförmig hoch aus der See aufbrechenden Wassersäulen zu sehen. Die Aufschläge der letzten Salve verschluckt der Nebel, in den der Gegner nun mit höchster Geschwindigkeit (lt.[144]) »unter starker Raucherzeugung« abdreht und verschwindet, ein Beweis dafür, in welcher knappen Zeitphase sich die Ereignisse bei den im Augenblick der Sichtung nur 64 hm voneinander abstehenden Einheiten abspielten. Auch dieser Gegner funkte sofort. 20.32 Uhr D.S.Z. meldete er, wie später wieder vom B-Dienst der Prinz Eugen[196] sozusagen im Handumdrehen entschlüsselt: »Ein Schlachtschiff, ein Kreuzer in Sicht.« Der Gegner hatte, wie oben vermerkt, sofort abgedreht. Nach Südosten.

Laut War diary der in der Nähe stehenden Suffolk wurde britischerseits die neue Feindbewegung belegt mit:

»23. Mai 1941, 20.31 Uhr: Bismarck opened fire, possibly not at Suffolk. 20.33 altered course to shadow from fire on the port quarter. Enemy was to close to the ice to be able to break back to starboard undetected.«

20.37 Uhr kommt ins BS-KTB: »Die Kampfgruppe geht auf Kurs 230° (SW): »Eine Minute später, 20.38 Uhr, dreht der Verband von Südwest auf Süd zu West, Kurs 190° liegt an.«

20.44 Uhr kommt in 206° Seitenrichtung Backbord achteraus der fühlunghaltende Schwere Kreuzer in Sicht und eröffnet (ab hier auch laut KTB wird es konfus) laut KTB Bismarck und Prinz Eugen Feuer auf die Prinz Eugen. Die Gegner-KTBs, also das der Suffolk und/oder der Norfolk, sagen über eine solche Feuereröffnung nichts aus.

Die zur Uhrzeitgruppe 20.44 Uhr gehörigen weiteren Eintragungen sind im KTB Bismarck und im KTB Prinz Eugen gleichlautend: »... Höchstfahrt. Flotte an Prinz Eugen:

Vor ›BC‹ setzen (also Nummernwechsel von BC = BS als bisheriges Führungsschiff)

Während des Aufdampfens kommt es zu einem Ruderversager bei der ›Bc‹-Stbd.-Ruderanlage.«
Zwei Fragen drängen sich auf:
1. Was verursachte den erneuten Ruderversager?
2. Besteht eine ursächliche Verbindung zu dem (späteren) LT(Lufttorpedo-)Treffer in der Endphase der Unternehmung?
Das KTB-BISMARCK gibt keine Erklärung zum Punkt 1. (Im KTB fehlt übrigens auch die Eintragung über den Ruderversager während der Werfterprobungszeit in der Ostsee, über den dem Verfasser u.a. vom überlebenden Paul Hillen berichtet wurde.)
Ein weiterer Ruderversagerfall steht der BISMARCK noch in der Nacht vom 24. zum 25. Mai bevor: beim LT-Treffer durch eines der VICTORIOUS-Flugzeuge, bei dem die Treffer-Erschütterungen des Schiffskörpers wahrscheinlich die Ursache für einen Ruderausfall gewesen sind. Ohne eine technisch-wissenschaftliche Untersuchung vorzulegen, darf hier doch zumindest von einer gewissen »Anfälligkeit der Funktionen der Ruderanlage« beim Schießen der SA oder bei Treffereinwirkungen am Schiffsrumpf gesprochen werden. (Man könnte auch dieses Fehlverhalten der Ruderanlage auf eine zeitlich ungenügende Erprobungszeit zurückführen, denn Raeder drängte und Lindemann nicht minder.)
A propos der Nummernwechsel.[197] Auf dieses Manöver sei hier noch einmal im Detail eingegangen: Der BISMARCK-Kommandant, Kapitän z.S. Lindemann, verständigte die PRINZ-EUGEN-Schiffsführung von seinem Vorhaben durch das zweistellige Flaggensignal »Nanni Willi«. PRINZ EUGEN setzte die blauweißkarierte Flagge N – wie üblich erst halb vor. Das heißt: »Verstanden«. Das Manöver beginnt, als das Signal »Nanni Willi« auf der BISMARCK durchgeheißt wird.
Notwendig war der Nummernwechsel geworden, weil auf der BISMARCK – nochmals wahrscheinlich durch die Erschütterungen der ab 20.01 Uhr geschossenen fünf SA-Salven – ausgerechnet das vordere E.M.2 ausgefallen war. Das bislang vordere Schiff der in Kiellinie fahrenden Kampfgruppe, das Schlachtschiff BISMARCK, geht für dieses Manöver mit der Fahrt etwas herunter, das achtere Schiff, die PRINZ EUGEN, vermehrte sie bis zur Höchstfahrt, setzte sich seitlich an der Steuerbordseite der BISMARCK heraus und will dann durch ein neues Rudermanöver wieder in die Linie einscheren. Noch bei Beginn des Aufdampfens kommt es auf der BS zu dem oben bereits geschilderten Ruderversager, der die BISMARCK nach Steuerbord vor den Kurs der PRINZ EUGEN zwingt. Wer bei diesem Manöver auf der Brücke steht, dem stockt der Atem. Jeder meint, sich irgendwo festkrallen zu müssen: beide Schiffe, beide noch mit hoher Fahrt, geraten bei dem Steuerbordlagen-Rudermanöver auf Kollisionskurs. Die PRINZ EUGEN rast nun mit mehr oder weniger 50 km/h auf die BISMARCK zu. Lindemann, lauthals vom Befehlsübermittler gewahrschaut, ist inzwischen auf die Brücke gestürzt, während die PRINZ EUGEN laut KTB BS »... eine weitere Annäherung durch eine 408-Hartlage verhindert«. 408-Hartlagen bei großer Fahrt sind sonst nur in äußersten Notsituationen vertretbar.
Als die beiden Schiffe einander passieren, stehen auf der Admiralsbrücke der BISMARCK der Flottenchef, Admiral Lütjens, der Chef des Stabes, Kapitän zur See Netzbandt, der Nachrichten Asto, Korvettenkapitän Nitzschke, und der Luftwaffenverbindungsoffizier, Major Grohé. Lütjens winkt mit der rechten Hand, er scheint guter Dinge, so möchte man argumentieren, wenn man seinen Winkspruch an die PRINZ EUGEN mitliest: »A an K. (= Admiral an Kommandant). Sie haben doch ein wunderbares Schiff.«
Ein psychologischer Trick? Will Lütjens damit die eben noch verhinderte Kollision souverän überspielen?
20.46 Uhr heißt es in beiden KTBs gleichlautend: »B-Dienst PRINZ EUGEN meldet eine weitere BB-achteraus fühlunghaltende Einheit« (die an Bord der PRINZ EUGEN von Schmalenbach gegen die Meinung der Schiffsführung als das neue Schlachtschiff KING GEORGE V. angesprochen wird, in Wahrheit aber, nur die »noch neuere«, nicht einmal voll eingefahrene PRINCE OF WALES sein könnte). Im KTB der BISMARCK heißt es, »daß die KING GEORGE V. während der ganzen Nacht ihre Stellung zum Verband beibehält«.
In Klammern steht im später nachvollzogenen BS-KTB: Nach britischen Angaben handelte es sich um die Schweren Kreuzer NORFOLK und SUFFOLK, eine zweifelhafte Argumentation, wenn es sich um eine weitere Einheit handelte – oder aber die schnelle NORFOLK hatte inzwischen überholt und war parallel zum Fühlunghalterkurs achtern auf Gegenkurs gegangen.
Die Unruhe an Bord der beiden deutschen Schiffe sich vorzustellen, fällt nicht schwer. Vielleicht erklärt die Begegnung mit den britischen Schweren Kreuzern und nun auch noch der, wie man meint, gleichstarken neuen KING

Der Marsch durch die Dänemarkstrasse

GEORGE V. die verschiedenen, nervös bedingten Ungereimtheiten in den KTBs. (Später, nach der Unternehmung, das heißt, nach der Rückkehr der PRINZ EUGEN, versieht die noch immer nicht klar informierte Skl diese Passage mit den Marginalien 1.: »Nach einem Bericht der britischen Admiralität standen in der Dänemarkstraße nur die Kreuzer SUFFOLK und NORFOLK gez. 6.4/6« (Abzeichnung nicht genau lesbar, d. V.). Und 2.: »Ich halte es für möglich, wenn nicht sogar für wahrscheinlich, daß es sich hier nicht um die KING GEORGE V., sondern um einen zweiten Schweren Kreuzer gehandelt hat.«
gez. 1 Skl Ib war auch nicht genau lesbar. d.V.)
Richtig, was die Skl vermutet.

Unklar bleiben nach wie vor der unter 20.44 Uhr im BS- und PE-KTB vermerkte Beschuß der PRINZ EUGEN durch einen der fühlunghaltenden Schweren Kreuzer (BB achteraus in 206° Seitenrichtung) und die zeitliche Reihenfolge beim Nummernwechsel und beim Ruderversager.

Es folgen jetzt Winksprüche mit dienstlichen Belangen. PRINZ EUGEN, deren Silhouette jener der BISMARCK bis auf die aus großer Entfernung nur schwer zu unterscheidenden Details fast zwillinghaft gleicht, wird von der BISMARCK über den Grund des Ad-hoc-Nummernwechsels unterrichtet.

Der Schwere Kreuzer PRINZ EUGEN hat nun, wie befohlen, die Funkmeßkontrolle des vorderen Halbkreises übernommen. Bei dieser Gelegenheit fragt der PRINZ-EUGEN-Kommandant Brinkmann den BISMARCK-Kommandanten Lindemann, was er von dem Funkspruch der Gruppe Nord mit den Nachrichten zur Feindlage halte. Lindemann kennt kein solches FT. Auch der FTO der BISMARCK weiß von nichts.

Für den Flottenchef ist das ein Grund mehr, alle bisher eingegangenen FTs untereinander vergleichen zu lassen. Das Ergebnis: die BISMARCK hat in der Tat einige FTs nicht erhalten.[198]

Über einen Winkspruch »K an C« werden die strittigen Funksprüche von Kapitän z.S. Brinkmann dem Chef des Flottenstabes, Kapitän z.S. Netzbandt, mitgeteilt und dort verglichen.

Sonderbarerweise werden später im KTB BISMARCK für diese Zeitphase mehr FTs aufgeführt als im KTB PRINZ EUGEN, nämlich die FTs

- 23. Mai, 21.07 Uhr: »Von Gruppe Nord: Feindnachrichten.«
- 21.22 Uhr: »Von Gruppe Nord: B-Meldung. Die unbekannte Einheit 1 U Y meldet an Scapa 20.32 Uhr D.S.Z. (Deutsche Sommerzeit, d.V.) 1 Schlachtschiff, 1 Kreuzer in 330°, 6 sm ab ... Kurs 240° ...«
- 21.54 Uhr: »Von Gruppe Nord: FlieFü Nord meldet: Scapa Aufklärung wegen Wetterlage ausgefallen ...«

Es gibt keine Erklärung dafür, wieso die obigen FTs im später nachvollzogenen KTB der BISMARCK stehen, nicht aber bei der PRINZ EUGEN, wo man sie aufgenommen haben müßte, zumal es Stimmen gibt, die der PE-/Funkmannschaft größere Erfahrungen attestieren. So aber dürfte die PE diese FTs gar nicht erhalten bzw. nicht aufgenommen haben. Von besonderer Bedeutung ist dabei das oben zitierte FT mit der B-Meldung der Gruppe Nord von 21.22 Uhr, in der 20.32 Uhr D.S.Z. der deutsche Verband mit Kursangabe 240° (SWzN) nach Scapa gemeldet wurde.[199]

21.54 Uhr: Von Gruppe Nord: FlieFü Nord meldet: Scapa-Aufklärung wegen Wetterlage ausgefallen.

23.53 Uhr am 23. Mai: Von Gruppe Nord Feindnachrichten: In Ziffer 1 wird erneut (?, d.V.) festgestellt, daß operativer Einsatz feindlicher Seestreitkräfte bisher nicht erkennbar geworden ist. Verband nimmt deshalb an, daß der Durchbruch durch die Dänemarkstraße gelungen ist. (Laut KTB Skl vom 23. Mai 23.53 Uhr soll diese falsche Wiedergabe dem KTB PRINZ EUGEN entnommen worden sein.)

Von Interesse ist hier auch die KTB-Eintragung der Marinegruppe Nord für die Zeit der ersten Feindberührungen in der Dänemarkstraße in den Abendstunden des 23. Mai mit der Uhrzeit-Gruppe 21.22 Uhr: »Die erste Fühlunghaltermeldung des Gegners erfolgte 17 Minuten nach der eigenen Sichtmeldung. Der Standort der Flotte liegt außerhalb der Reichweite der eigenen Luftwaffe, irgendwelche Unterstützung der Schiffe von der Heimat aus ist daher zunächst nicht möglich; erst, wenn die Schiffe in die Nähe der eigenen, südlicher gelegenen U-Boot-Standorte kommen, wird sich die Lage ändern«.

Nicht unerwähnt darf für diesen 23. Mai 1941 bleiben, was der Befehlshaber der Marinegruppe West, Generaladmiral Saalwächter, für 20.30 Uhr in sein KTB vermerkte:

»Kurzsignal vom Flottenchef: Mein Standort Großquadrat AD 29 1 Schwerer Kreuzer.«

Saalwächter, der in Paris darauf wartet, die weitere operative Führung über die Kampfgruppe BISMARCK zu

163

übernehmen, kommentiert dieses Flottenchef-FT von 20.30 Uhr:
»Auf Grund des Kurzsignals ist anzunehmen, daß die Kampfgruppe vom Gegner erkannt ist. Damit ist die Durchbruchsabsicht bekannt geworden. Weitere Meldungen des Flottenchefs bleiben abzuwarten. Auf Grund der allgemeinen Lagebeurteilung würde ich es für zweckmäßig halten, wenn der Flottenchef den Durchbruch fortsetzt, da ich für die Kampfgruppe trotz der Fühlunghaltermeldungen keine besonderen Gefahren sehe. Ein Herankommen Schwerer Scapastreitkräfte, die nach letzter L.B.-Erkundung im Hafen festgestellt wurden, ist vorläufig kaum zu erwarten.«
Immerhin nimmt die Marinegruppe West um 22.02 Uhr eine B-Meldung des M.N.O. West auf: »Cleethorps wiederholt 21.03 Uhr von unbekannter englischer Einheit: 1 Schlachtschiff, 1 Kreuzer, in 330°, 6 sm, Kurs 240°. Eigener Standort ist ... (nicht gedeutet.)«
Saalwächter: »Es handelt sich zweifelsfrei um die Feindsichtmeldung des vom Flottenchef (20.30 Uhr) gemeldeten Schweren Kreuzers. Nach Mitteilung OKM B-Leitstelle hat die unbekannte Einheit später gemeldet, daß der Feind Kurs nach Steuerbord änderte.«
Blenden wir hier noch einmal auf die Gegnermaßnahmen zurück, auf jene vom 22. Mai, an dem sich Churchill mit einem im Nachkriegsschrifttum allgemein unbekannten, kodierten Funkspruch an den USA-Präsidenten F.D. Roosevelt des Inhalts gewandt hatte: »Gestern, am 21. Mai, sind BISMARCK, PRINZ EUGEN und acht Handelsschiffe in Bergen festgestellt worden. Tiefhängende Wolken verhinderten einen Luftangriff. Heute abend, wie wir entdeckten, sind sie ausgelaufen. Wir haben Grund zur Annahme, daß ein gewaltiger Vorstoß in den Atlantik bevorsteht. Falls wir sie vor dem Ausbruch nicht mehr fassen sollten, sollte Ihre Marine in der Lage sein, uns ihren Standort anzugeben. KING GEORGE V., PRINCE OF WALES, HOOD, REPULSE und der Flugzeugträger nebst Hilfsschiffen werden sie verfolgen. Geben Sie uns die Information, und wir werden die Arbeit zu Ende führen.«
Churchills Bitte an Roosevelt ist eine Aufforderung zum Neutralitätsbruch. Winston kennt keine Bedenken. Wenn es um das Wohl und Wehe des britischen Imperiums geht, dann zählt nur noch die britische Maxime: »Right or wrong – my country.«
Am gleichen 22. Mai ist einer B-Meldung der OKM-B-Leitstelle 22.06 Uhr zu entnehmen, daß sich der US-amerikanische Küstenwachkreuzer MEDOC am 21. Mai 18.00 Uhr im Planquadrat A J 2740 befunden habe – und zwar nur 60 sm von den Treffpositonen der V-(Versorgung-) Schiffe BELCHEN und LOTHRINGEN entfernt. Ein FT der Westgruppe »An alle« warnt vor der MEDOC »... Kurs 154°, möglicherweise auf Marsch nach einer Wachposition, die um 56° Nord, 46° West vermutet wird.« Also südlich von Südgrönland.
Die Lage ist auch am 23. tagsüber für beide Seiten undurchsichtig. Allerdings haben sich die Briten mit dem allen Unbilden zum Trotz gestarteten MARYLAND-Flugzeug einen Vorsprung erzwungen. Unter Einbeziehung aller Imponderabilien, vor allem hinsichtlich der Brennstoffkapazitäten, haben sie bis zum 23. Mai alle in Frage kommenden Ausbruchs- und Durchbruchswege in den freien Atlantik aus Nordsee und Nordmeer abgeriegelt.
Am gleichen 23. Mai teilt die Gruppe Nord der Marinegruppe West in Paris um 09.30 Uhr mit:
»›Rheinübung‹ planmäßig.«
Hier die wahrscheinliche Dislokation der schweren feindlichen Schiffe im für die Gruppe West zuständigen Atlantikbereich:
Heimat: PRINCE OF WALES, RODNEY, HOOD, VICTORIOUS;
NORDROUTE: RAMILLIES, ROYAL, SOVEREIGN, REVENGE;
Nordsüdroute: REPULSE, ARGUS;
Gibraltar-Bereich: KING GEORGE V., RENOWN, ARK ROYAL, FURIOUS;
USA: MALAYA (beschädigt), RESOLUTION, ILLUSTRIOUS.
Kurz vorher, am 22. Mai, morgens, ergab die Bildauswertung Scapa (= Heimat), »... daß außer der KING GEORGE V., RODNEY und einem Träger auch die HOOD anwesend waren«.
Im Hinblick auf die Pläne der deutschen Zufuhrkriegsoperationen mit Schlachtschiffen und Schweren Kreuzern wird unvorstellbar fast, trotz der Imponderabilien beim Unternehmen »Rheinübung« im KTB der Gruppe West von Generaladmiral Saalwächter die Überlegung fixiert: »Da die Sicherung der feindlichen Schiffahrt im Nordatlantik durch Schwere Schiffe in immer größerem Umfang erfolgt, verspreche ich mir vom Ansatz einer zweiten Kampfgruppe – zunächst käme dafür die SCHARNHORST in Frage – neben unmittelbaren Erfolgen erhebliche **Diversionswirkungen**. Entsprechender Antrag geht an die Skl. In die gleiche Richtung Mittel- und Südatlantik zielt auch ein Skl-FT vom 22. Mai, 09.30 Uhr, auf der Al/W ›An Alle‹«.

Danach sei eine britische Kampfgruppe, bestehend aus dem Schlachtschiff NELSON und dem Flugzeugträger EAGLE aus Durban ausgelaufen und hätte Kurs nach Norden genommen. Es ist die Meinung der Skl und der Gruppe West, daß der Feind den bisher nicht durch Schwere Schiffe gesicherten Weg Kapstadt–Freetown neuerdings in Erwartung weiterer deutscher Zufuhrkriegsoperationen in die Absicherung durch Schwere Streitkräfte einbezogen hat.

Es folgt der Zusatz: Diese Annahme ist im Hinblick auf etwaigen Ansatz, Flotte auf Kapstadt–Freetown-Route von Bedeutung. Was die Gruppe West und ebenso wenig die Skl nicht wissen, ist, daß die Britische Admiralität inzwischen das Schlachtschiff NELSON und den Träger EAGLE ebenfalls zur Verstärkung der zur Jagd auf die BISMARCK angesetzten Kräfte angefordert hat.

Im Gespräch ist am 22. Mai auch eine B-Meldung der OKM-B-Stelle: Der Schlachtkreuzer REPULSE wolle Gibraltar um 14.30 Uhr verlassen, um die Punkte CG 5875, CG 5751 und CG 5517 anzusteuern. Er soll wohl einen Geleitzug Richtung Heimat sichern. Daß es sich bei der von Tovey beanspruchten REPULSE um den Schlachtkreuzer RENOWN handelte, stellt sich erst später heraus. Admiral Lütjens hat inzwischen die am 23. abends angefallenen schwebenden Fragen wegen der nicht eingekommenen Funksprüche durch eine kategorische Stellungnahme an die PRINZ EUGEN beseitigt:

»Bisherige Entschlüsse auch nach Kenntnis der nicht erhaltenen FTs absolut richtig. Ausspreche Anerkennung für Leistungen der Funkmannschaft auf PRINZ EUGEN wie auch für B-Dienst.«

Dieses Lob hatte sich ganz besonders der B-Dienst verdient, auch dann, wenn er fälschlicherweise aus dem beobachteten gegnerischen Funkverkehr herausgehört zu haben glaubte, daß auch die KING GEORGE V. zu den Fühlunghaltern gehörte.[200] Diese Verwechslung kann aber, das sei vorausgeschickt, nach dem Gefecht mit der HOOD und der PRINCE OF WALES von entscheidendem Einfluß auf die Maßnahmen des Flottenchefs gewesen sein.

Mit dem weiteren Vormarsch im »Flaschenhals« Dänemarkstraße werden Kursänderungen notwendig. Minuten danach werden diese von den Fühlunghaltern dem britischen Flottenchef in Klartext gemeldet, denn die beiden schnellen Spähkreuzer SUFFOLK und NORFOLK halten die ganze Nacht über Kontakt mit dem deutschen Verband. Alle Versuche des Flottenchefs, die im Nebel und Dunst unsichtbaren Begleiter durch Fahrtvermehrung abzuschütteln, bleiben ohne Erfolg. Jede Kursänderung, und jede Änderung der Fahrt wird erfaßt und sofort dem britischen Flottenchef durch FT gemeldet. Nebel, Regen, Schneeböen lassen später die magere Sicht immer wieder auf wenige Seemeilen zusammenschrumpfen. Aber auch diese Wetterverschlechterung bringt dem deutschen Verband keinen Nutzen. Die beschattenden Kreuzer melden den Kurs der deutschen Einheiten konsequent weiter. Gegen Mitternacht aber scheint die Fühlung dann doch abgerissen zu sein. Nach einer erneuten Kursänderung bleibt der mit Interesse erwartete Fühlunghalter-Funkspruch aus. Auf deutscher Seite beginnt das Rätselraten nach den Gründen:

1. Können die Gegnerkreuzer SUFFOLK und NORFOLK (mit ihren indienststellungsmäßigen 32.3 kn) die vermehrte Geschwindigkeit nicht mehr mithalten? Sie sind ja über zehn Jahre alt. Die letzte Werftüberholung ist nicht bekannt. PRINZ EUGEN hat normalerweise mit 32,5 kn einen geringen Fahrtüberschuß; bei der BISMARCK besteht bei einer Fahrtverminderung dann wohl unter Umständen, wenn man die großzügigen aber sehr strittigen Steigerungswerte anlegt, kein Unterschied.

2. Ist das Gegnerfunkmeßgerät ausgefallen? Denn nur über ein solches konnte die so akkurate Kontaktaufnahme zustande kommen?!

3. Oder (und mit dieser Vermutung kommt man der Wahrheit am nächsten) ist die Reichweite dieses (Radar-) Gerätes zu gering?

Das Funkmeßbeobachtungsgerät (FuMB)[201] auf der BISMARCK, soweit überhaupt vorhanden (vielleicht in der ersten Entwicklungsphase als Funkhorchgerät der bereits erwähnten, aber noch nicht offiziellen Versuchsserie [und das ist ja, wie bereits angedeutet, ein sehr strittiger, keineswegs erwiesener Punkt]), zeigt jedenfalls keine einkommenden Impulse mehr. Der Flottenchef kommt hinsichtlich der Einpeilung der deutschen Funkmeßimpulse zu dem Trugschluß, daß der Gegner nicht nur über ein tadellos funktionierendes Funkmeßgerät, sondern wohl auch über ein Funkmeßbeobachtungsgerät (FuMB) verfügen muß. Trifft dies zu, dann wird er die deutschen Funkmeßortungsimpulse auszunutzen verstehen. Lütjens befielt jetzt die Funkmeßgeräte auf der BISMARCK wie auch der PRINZ EUGEN nur noch sparsam zu benutzen.[202]

Bei Übergabe der Wache um Mitternacht (Bordzeit) ist von den Fühlunghaltern noch nichts wieder zu spüren. 01.15 Uhr meldet das FuMO auf der PRINZ EUGEN Ziele aus verschiedenen Richtungen, eines kommt so nahe, daß es als CATALINA-Flugboot erkannt werden kann.[203] Tatsächlich haben, wie wir heute wissen und wie auch noch behandelt wird, die beiden Kreuzer ab etwa 00.10 Uhr die Fühlung verloren. Die Skl/Chef MND (= Marinenachrichtendienst) kommentiert später in der MVD 601 des Flottenchefs Überlegungen: »Nach den Feststellungen des Skl/Chef MND spricht das Fühlunghalten bei unsichtigem Wetter und auf große Entfernungen nicht so eindeutig für das Vorhandensein von DT-Geräten (also Radargeräten bzw. FuMBs) auf englischer Seite, wie vom Flottenchef angenommen wird. Es kommen auch gut arbeitende Horchgeräte in Frage, für die hier in der Kaltwasserzone der Dänemarkstraße die besten Voraussetzungen vorhanden sind. Es ist aber nach wie vor die Kardinalfrage, ob nicht der Gegner die Fühlung an der Kampfgruppe durch Auffangen der deutschen DT-Impulse oder eines Funkmeßbeobachtungsgeräte (FuMB) wiedergewonnen hat.

Laut KTB PRINZ EUGEN begann der 24. Mai, an dem ein mäßiger NW-Wind in Stärke 3 wehte und Schneeschauer die Sicht erschwerten, mit dem Eintrag: »Gegen Mitternacht schert der an Backbord achteraus fühlunghaltende Schwere Kreuzer nach Steuerbord aus (mit Sicherheit nach E.M.-2-Peilung, d.V.) und hängt sich Steuerbord achteraus an, wo er mit einer Fühlunghaltermeldung 03.21 Uhr erst wieder in Erscheinung tritt (obschon er bereits ab 02.52 Uhr Radarkontakt hatte und meldete, d.V.). Um 00.05 Uhr läßt Lütjens das am 23. Mai um 23.50 Uhr begonnene Nebeln einstellen und befiehlt um 00.08 Uhr 30 kn für den Verband. Er will sich mit Höchstfahrt, die hier erstmals im KTB mit 30 kn beziffert wird, von den Fühlunghaltern absetzen.

Als 00.13 Uhr wieder Schneetreiben einsetzt und die Sicht behindert, geht der Verband 00.21 Uhr mit der Fahrt auf 27 kn herunter. Der Kurs ist jetzt, 01.42 Uhr, 220°, also fast genau SW.

02.23 Uhr geht ein FT von der Marinegruppe Nord ein: Weiterer Fühlunghalter K 3 G gibt mit Uhrzeit 22.52 Uhr an 1 U Y: Mein 21.29 Uhr Bruno: Feind ändert Kurs nach Steuerbord.

Weiterhin von K 3 G an 1 U Y um 22.09 Uhr Operationsfunkspruch und um 22.30 Uhr kurzes, dringendes FT operativen Inhalts an Scapa. Außerdem von Scapa: Mein 23.06 Uhr Bruno: Feind hat Kurs 20° nach Backbord geändert.

02.28 Uhr schrillen auf beiden Schiffen die Alarmglocken. Der fühlunghaltende Schwere Feindkreuzer kommt von achtern auf. Da auf der BISMARCK auch das achtere E.M.2 ausgefallen ist, übernimmt PRINZ EUGEN, nach wie vor seit dem Nummernwechsel die taktische Nummer Eins, die Funkmeßbeobachtungsortung nun auch für den achteren Sektor.

B-Dienstmeldungen lassen ab 03.00 Uhr erkennen, daß die Fühlunghalter auch weiterhin Kurs, Kursänderungen und Fahrt in kürzester Zeit erfassen.

Fehlerlos!

03.58 Uhr: Alarm beendet.

Bismarck-Trauma für Norfolk und Suffolk ·
Sturm in der Polarstraßenenge · Abenteuer Dänemarkstraße ·
Captain Ellis erprobt auf der Suffolk das Radar 284 · Eisfreies Fahrwasser nur 3 sm breit ·
Suffolk und Norfolk haben Befehl: Kampf vermeiden, aber Bismarck finden und melden ·
Bismarck-Kampfgruppe kommt in Sicht und feuert SA-Salven ·
Treffer im Kielwasser · Granatsplitter an Deck · Flucht in den Nebel ·
Plötzlich täuschen Luftspiegelungen · Die Jagd auf die Bismarck beginnt

Blenden wir auf die bisherigen Maßnahmen der britischen Navy zurück.

W.F. Wake-Walker, als Konteradmiral Befehlshaber der First Cruiser Squadron, lief am 17. Mai, als die Bismarck noch gar nicht ernsthaft zur Diskussion stand, mit seinem Flaggschiff, dem Schweren Kreuzer Norfolk, aus Scapa aus. Zunächst in den Hvalfjord, von dort weiter zur routinemäßigen Überwachung in den nördlichen Bereich der Dänemarkstraße, um hier zusammen mit dem bereits in See stehenden Schweren Kreuzer Suffolk die minenbegrenzte Nordzufahrt der Dänemarkstraße zu überwachen: ein harter Job, denn noch immer ist es kalt und naß und trostlos einsam. Wie gut, daß die unter dem Befehl von Captain Ellis stehende Suffolk während der letzten Werftliegezeit winterfest hergerichtet wurde. Wo es nur möglich war, hatte man das Schiff dichtgeschottet und auf der Brücke sogar eine Zentralheizung eingebaut.

Inzwischen, am 21. Mai, ist ein Sturm der Unruhe und Sorge über die Schiffe der Home Fleet hinweggeweht: nach verbürgten Meldungen seien die Bismarck und ein Schwerer Kreuzer nach Norwegen ausgelaufen. Man habe sie im Belt wie auch südlich von Kristiansand beobachtet.

Das ging gegebenenfalls auch Admiral Wake-Walker auf der Norfolk an, der auch seine Suffolk prophylaktisch brennstofftechnisch voll aktionsfähig haben will. Er schickt sie sofort zum Hvalfjord, um hier eilends das in den zehn Tagen des Patrouillendienstes verfahrene Heizöl nachzubunkern.

Die Bismarck entwickelt sich für die Einheiten der Home Fleet erneut zu einem schlafraubenden Trauma.
Wo ist sie?
Was will sie?
Eine der Zielgruppen könnte ja auch die Dänemarkstraße sein!

Captain R. M. Ellis beölt also den vor 15 Jahren in Dienst gestellten Schweren Kreuzer Suffolk bis unter die Verschlußdeckel und läuft mit »Dreimal AK und alle mehr« in die Dänemarkstraße zurück. Laut FT »Admiral Seeland« geschieht das um 22.12 Uhr.

Noch in der Nacht.
Und wieder mal ohne Schlaf.

Wake-Walker, der mit der Norfolk gerade im Isafjord liegt, um hier an Land eine neue Radarstation zu besichtigen, dirigiert die Suffolk zur Befehlsausgabe an seinen derzeitigen Liegeplatz. Zunächst soll sie dann die Eisverhältnisse am äußersten Rande der südlichen Minensperre überprüfen. Danach soll sie im Sechsstundenrhythmus die hier 25 sm breite Fahrenge auf Nordost- bzw. im Kontrollrhythmus rücklaufend auf Südwestkurs überwachen. Im Frieden wäre das ein abenteuerliches, erlebnisstarkes Unternehmen. Hier, in Richtung Island die felszerklüftete Nordwestküste mit den weißen Streifen noch nicht abgeschmolzener Schneefelder, dort, hinter dem barrierehaften Packeis im diamantklaren Licht des polaren Nordens die eisbedeckten Gipfel Grönlands. Dazu immer wieder bizarre Luftspiegelungen, welche die Geister der Urwelt zu rufen scheinen. Gottlob ist es wenigstens schon spätes Frühjahr, im Winter, in dem auch die Tage dunkel wie ein Bärenmors sind, kann hier auch ein gestandener Seemann das Fürchten lernen.

Und wenn dann noch Sturm aufkommt, Schneesturm etwa, dann spielt ein Schiff in der turbulenten, im Streulicht des Schneetreibens auf- und niedertorkelnden See total verrückt. An Bord haust dann ansteckende Angst vor Unabwendbarem. Joseph Conrad drückte das so aus: »Stürme sind nicht nur Feinde, die Widerstand gegen deren Gewalt und Tücken in den Böen fordern, sie sind einem gestandenen Seemann aber auch wie ein Freund, mit dem man Tag und Nacht zu vertrautem Umgang einfach gezwungen wird. Bei Nordostwind laufen dann, wenn er in Beaufort elf oder zwölf oder in Böen darüber die See in die Straße drückt, aufgesteilte Wellenberge in bergiger Dünung, ein Bild entfesselter Leidenschaft des urzeitlichen Meeres«.

Heute, am Sonnabend, dem 23. Mai, fällt das Wetter mit milder Geste völlig aus der Rolle. Schatten heimatloser Wolken setzen über eine besänftigte See hinweg. Sonne folgt mit Flecken eilenden Nichts. Nach Südosten zu, von der Eiskante aus. Klarsichtig ist der übrige Teil der Straße, fast bis zur isländischen Küste von einem wallenden, unregelmäßig breiten Nebelschleier überdeckt.

Die sich im Nordwesten etwa parallel zur Packeisgrenze hinziehende eisfreie Fahrstraße mit klarer Sicht dadurch, daß sie nach Osten zu, also zur isländischen Westküste hin, von dichtem Eisnebel überdeckt ist, ist derzeit nur knapp drei Seemeilen breit.

Ansonsten bietet sich Captain Ellis und seiner Funkmannschaft bei dieser Fahrt die Möglichkeit, das neue Radargerät vom Typ M 284 zu erproben.

Für den 23.V. 14.25 Uhr, steht im KTB der SUFFOLK: »Reached main edge of the ice pack, 66.50 N/25.34 W. Searched thence trough position 67.06 N/24.27 W to 67.12 N/24.26 W, the last 6 miles being through broken ice.

The main ice edge ran from 66.50 N/25.34 W through 67.05 N/24.46 W to 67.13 N/24.51 W and thence out of sight approximately 070° apparently clear of Q.Z.X. 66. Note: On 13th May, the ice had drifted over most at Q.Z.X. 366, breaking loose many mines of which over 70 were counted floating eastwards of the area in the next few days, but had since receded.

23.V., 18.30: Turned through south to 19.00 position 67.02 N/24.38 W and set course 240°, 18 kn, clear at the broken ice.

Adjusted arc of sweep of Type 284 as requisite to cover bearings on which visibility was below 8 miles. Type 279 kept listening watch but was not used for transmitting.«

Auf Nordostkurs bis zum Wendepunkt bei der Minensperre muß sich die SUFFOLK also dicht an der Eisgrenze halten, rücklaufend auf schräg zur Fahrstrecke verlaufendem Südwestkurs bildet dann bis zum Wendepunkt die »Waschküchenwand« die seitliche Fahrtbegrenzung.[204] Voraus ist dabei die Sicht gut, auch für das Radar. Aber über das Achterschiff hinweg gibt es Probleme, denn hier ist das neue Radar-Rundsichtgerät auf einem, wenn auch nur schmalen Sektor »blind«, weil die Drehung keine vollen 360° überdecken kann.

Wenn aber, dann kann und muß der Feind aus Nordosten kommen, zwischen Packeis und Minensperren. Und für die SUFFOLK im ungünstigsten Fall, das heißt, im »blinden« Sektor ihres Radars. Und da auch der Ausblick von der Brücke nach achtern von den Schiffsaufbauten erschwert ist, hat Captain Ellis vorgesorgt. Er hat auf der Schanze seine »besten Augen«, die zuverlässigsten Seeleute als Ausguckposten plaziert. So gesehen, muß sich die SUFFOLK gefährlich hart an der Nebelgrenze entlangtasten, um im Notfall schnell in die Unsichtigkeit hineinzudrehen, um hier optischen Schutz zu suchen, aber auch, um ein Gefecht mit einem überlegenen Gegner zu meiden. Bleibt nur zu hoffen, daß der Feind, sicherlich bemüht, voraus zu fahren, ihn mit seinem Radar nicht auch im Nebel sucht.

Grenfell kommentiert: »Ein Gefecht mit der BISMARCK anzunehmen, war nicht die Angelegenheit der SUFFOLK. Im Gegenteil, es war von größter Wichtigkeit, einen Kampf zu vermeiden. Die SUFFOLK hatte die Aufgabe, die BISMARCK zu finden, Fühlung zu halten und laufend ihren Standort zu melden, damit die schweren Einheiten herankommen und ihrerseits das Gefecht aufnehmen könnten. Um das Fühlunghalten aber durchführen zu können, war es wesentlich, daß der Kreuzer jeden Ausfall vermied. Geschwindigkeit, Manövrierfähigkeit zu erhalten, waren wichtiger als der Versuch, dem Gegner Treffer beizubringen. Und sollte es zu einem Gefecht kommen, war die Wahrscheinlichkeit sehr groß, daß die BISMARCK die SUFFOLK versenken und daraufhin unbeschädigt und ohne Fühlunghalter im Atlantik verschwinden würde ...«

Nach Wake-Walkers Befehl soll also SUFFOLK die engste Stelle der Passage zwischen der Westküste Islands und der vor der Insel Grönland weit vorgeschobenen Eisgrenze im Osten abwechselnd in beiden Richtungen kontrollieren, während NORFOLK 15 Seemeilen südlich davon in einer Eisnebelbank Position bezieht. Beide Schiffe, das sei noch einmal betont, haben Radar. Und beide haben dieses elektronische Hilfsmittel erst seit kurzem:

Die SUFFOLK ist mit einem beidseitig drehbaren Radar vom 50-cm-Typ M 286 ausgerüstet. Über den Tag des Einbaues gibt es keine genaue Information. Dieses muß im späten Frühjahr – Ende April 1941 bis Anfang Mai – erfolgt sein.

Das M 284 gehörte zu einer der ersten Serien vom Typ 282–285 des »gunnary radar«. Mit dem 282er wurden erst im Februar 1940 »shore tests« durchgeführt, »... but ships were not fitted until 1941.« Bei dem Typ 284 M muß es sich 1941 um ein Versuchsmuster gehandelt haben, denn als Serientyp wird es erst 1942 genannt.

Außerdem verfügte die SUFFOLK noch über das Gerät 279 (entwickelt aus der Type 79, das »... plus Accurate Ranging Panel RBL 10 [range 7 nm]« 1940 produziert wurde. »It was credited with a range of 65–95 nm, on an airplane at 16 000 ft, 27–40 nm at 3 000 ft 16–24 nm at 10 000 ft and 5–7.5 nm at 100 ft. Range accuracy was 50 yds, on the detailed scale between 2 000 and 14 000 yds« [167].

Das Radargerät der Type 286 M, das Anfang Mai 1941 (4. Mai) in Rosyth gelegentlich einer Eindockung der SUFFOLK installiert wurde, wird bei Tovey in der KTB-Periode 1.–15. Mai 1941 als »advantage« bezeichnet. Diese Type 286 ist ein »small ship radar«, das aus dem Flugzeugradar ASV Mk I 1940 auf den Grundlagen erfolgreicher Versuche mit einem »Walrus« entwickelt worden war. [167]: »It was not particularly satisfactory. An Admiralty summary of May 1941 noted that the chief merits of this set are that it is available in quantity, can be fitted inside a week, and occupies little space.«

Der auf der NORFOLK eingebaute verbesserte Typ 286 M ist von dem ASV Mk II adaptiert worden und hatte »higher power (7 kW, 1–2 micro second pulses, PRF 450–500 or 2 000) and had similar range performance. Accuracy was 2–10 per cent and resolution 200–250 yds.« Ein gravierender Nachteil: das Gerät war nicht drehbar, also nur Voraus-Ortung (»Aerial outfit ATQ was a nonrotating fixed rectangular frame supporting a forward-facing yagi for transmission with two arrays angled outwards for reception«).

Im Bericht Wake-Walkers ist später nachzulesen: »NORFOLK war gerade ausgerüstet mit dem Radar 286 M. Mit ihm gab es während des Operationseinsatzes trouble … though it had to be carefully nursed as all spare valves had been used.«

Gegen 19.20 Uhr am 23. Mai läuft die SUFFOLK – ausgerechnet – auf dem ungünstigen, an der Nebelwand entlangführenden Südwestkurs. Das radartechnisch »blinde Heck« zeigt in die Richtung, aus der die BISMARCK erwartet werden kann.

19.22 Uhr: ein Alarmruf und die Meldung: »Schiff in Sicht in 140°«, entdeckt und gemeldet von einem der achtern verstärkten Ausguckposten, einem Seemann namens Newell. Sein Name kommt ins War diary. Sekunden später wird die Meldung ergänzt: »Nicht eines sondern zwei Schiffe in 140°.« Die Brückengläser schaffen Klarheit: das eine ist ein mächtiges Schlachtschiff, das andere ein großer, das heißt wohl ein Schwerer Kreuzer. Was Captain R. M. Ellis in der kritischen Zeitphase dieser zwei bis drei Minuten dauernden Drehmanöver erwartet, trifft nicht ein: Der gefährlich nahe Gegner, der ja auch die SUFFOLK gesehen haben muß, reagiert nicht. Er eröffnet das Feuer nicht. Und während Ellis einen Funkspruch absetzt, gerät sein Schiff im Nebel zwischen zwei Minenfelder, ist aber optisch für seine Gegner verschwunden.

Hierzu ist dem britischen KTB zu entnehmen:

- 19.22 Uhr: SUFFOLK sighted BISMARCK followed by a cruiser, bearing 020°, (Green 40°) 7 miles, course 240°, position 66.55 N/24.51 W. Made first sighting report on 210 kc/s, 8 290 kc/s, 500 kc/s and 138 kc/s.
- 19.23 Uhr: Full speed ahead, altered course to 150° to take cover in the mist and to make for gap between Q.Z.X. 2 (?) (Bezeichnungen der Minensperren; bei der ersten Angabe ist die Zahl nicht lesbar.) and Q.Z.X. 363 if unable to round Q.Z.X. 363 while kept out of sight.
- 19.30 Uhr: course 210° … and adjusted speed as requisite, to round the N.W. end of Q.Z.X. 363, while keeping the mist, which proved possibility.

Ellis, der nach Radarkontakten manövriert, läßt die Feindgruppe, bei der man nach wie vor den Kurs beibehält, vorbeifahren.

Das Radar hilft Ellis:

Nach weiteren Drehmanövern glückt es der SUFFOLK, sich von dem hart an der Eisgrenze mit großer Fahrt entlangstürmenden Gegner auf 15 sm Entfernung zu distanzieren, um so auf Fühlungshalterkurs zu folgen. 15 sm sind 27 780 Meter: Weit genug, um vor einem Artilleriebeschuß durch den deutschen Verband bei 29 632 m bis 31 484 m Reichweite der BISMARCK-SA einigermaßen sicher zu sein. Rechnerisch hört sich das gut an. In praxi aber mußte die SUFFOLK die mit 13 sm geringere Reichweite des eigenen Radars ins Kalkül einbeziehen.

Um die gleiche Zeit wird das Kommando der in der Nebelbank auf und ab stehenden NORFOLK beim Abendessen gestört, als der Obersignalmeister in die O-Messe stürzt: »SUFFOLK hat sie, Sir.«

Captain Phillips handelt blitzschnell. Auf der Brücke befiehlt er A.K. und Kurs auf die von der SUFFOLK bei ihrem Funkspruch soeben gemeldete Position.

20.30 Uhr, mehr als eine Stunde nach der 19.22er Sichtung, reißt der Nebel auf. Voraus kommen an Backbordseite die BISMARCK und hinter ihr der Schwere Kreuzer in Sicht. Der Abstand beträgt höchstens 6 sm. Beide Gegner kommen sich schnell näher, fast auf Gegenkurs. Phillips dreht sofort hart nach Steuerbord, um wieder in den Nebel einzutauchen. Bei diesem Manöver läßt er zum Eigenschutz nebeln.

Die BISMARCK feuert 20.31 Uhr mit der SA, während die NORFOLK weiter versucht im dichten Waschküchendunst zu entkommen.

Das Feuer der BISMARCK liegt sofort sehr genau: Drei der fünf 38-cm-Salven des Schlachtschiffes liegen deckend, eine weitere fährt, gefährlich gut berechnet, unmittelbar hinter dem Heck ins Kielwasser. Die NORFOLK hat Glück, sehr großes Glück. Sie wird nicht getroffen; wohl sind, ehe sie sich in den Nebel retten konnte, einige gefährlich gezackte Granatsplitter metallen scheppernd an Deck gefallen. Die fünfte Salve kann in dem sich verdichtenden Nebel nicht mehr beobachtet werden.[205]

Das Office des Befehlshabers der First Cruiser Division kommentiert: »On sighting NORFOLK turned away and made smoke, under fire from the leading ship. Salves fall very close and splinters came on board ...«

Die NORFOLK gibt 20.32 Uhr sofort eine Feindmeldung ab. Und da das 19.22-Uhr-FT der SUFFOLK bei der Admiralität und dem Flottenchef nicht ankam, ist die Meldung der NORFOLK für die Briten die erste Nachricht über die Begegnung mit dem deutschen Kampfverband. Fast zur gleichen Zeit hatte die SUFFOLK Radarkontakt mit dem BISMARCK-Verband gehabt und berichtet im KTB: »Re-sighted enemy, bearing 265°, 10 miles, and at once hauled round north and cast open the range and again the mist.«

Die 32.5 kn schnelle NORFOLK, die beim Gegenkursmanöver im Nebel ohne drehbares Radargerät den Gegner verloren hatte, versuchte inzwischen auch ihrerseits, nach geschätzter Lage dem Feind auf Koppelkurs zu folgen. Die für die NORFOLK günstigere Fühlunghalterposition scheint die Backbordseite des BISMARCK-Verbandes, der ja durch grobkantige Packeisbarrieren an Manövern nach Steuerbord behindert ist.

Schwierig ist es für die NORFOLK, über die drei Seemeilen breite nebelfreie Fahrrinne hinweg einen genügend großen Abstand für die Fühlung zu halten. Dabei kann die Schiffsführung das fest eingebaute, starre Radar nur in der unmittelbaren Vorausfahrt nutzen, nicht aber in seitliche Richtungen, vor allem nicht für die Gegnerkontrolle an der Steuerbordseite. Auch muß der NORFOLK-Kommandant jede Sekunde mit einem Rudermanöver der Deutschen rechnen, etwa mit einer plötzlichen Drehung nach Backbord, wenn ein Eisberg die Vorausfahrt behindert.

Und immer wieder wird auf der NORFOLK die sorgenschwere Frage laut: Hat der Gegner ein Artillerieradar[206/1] oder nutzt er seine Funkmeßgeräte nur zum Orten und Messen.[206/2] Immerhin: Die BISMARCK hatte das Feuer auf die NORFOLK sofort eingestellt, als der Gegner nach dem Drehen optischen Schutz im dichten Nebel fand. Mit einem Artillerieradar hätte sie das Schießen fortsetzen und mit Sicherheit erfolgreich beenden können. Ist das bereits die Antwort dafür, daß die Deutschen noch gar kein Artillerieradar haben?![207]

Trotz der Schwierigkeiten gelingt es dem NORFOLK-Kommando in der Eisnebelwand, der BISMARCK an deren Backbordseite zu folgen. Das ist navigatorische Leistung britischer See-Erfahrung!

Mit dem heraufziehenden späten und langen Dämmerlicht vor der nur noch kurzen polaren Nacht dieser Breiten bezieht sich der tagsüber kristallklare arktische Himmel. Bizarre blauschwarze Wolken bündeln sich und verdunkeln das ohnehin schon knappe Tageslicht. Mit dem Regen kommt Wind auf, ein böses Omen in dieser Reihenfolge (»Erst der Regen, dann der Wind, dann Seemann, stehe auf geschwind«). Dann fallen heftige Schneeböen ein:

Dänemarkstraßen-Wetter:

Wenn es dem Gegner jetzt einfällt, auf Gegenkurs zu gehen, wird es für das NORFOLK-Radar keine Vorwarnung geben. Das Risiko, einander zu rammen, ist rundum jede Minute akut. Mit gleichen Problemen hat aber auch die SUFFOLK auf ihrem Fühlunghalterkurs zu kämpfen, indessen mit dem Vorteil, über ihr Rundsuchgerät die deutschen Schiffe zu tasten – solange sie im Radarwirkungsbereich bis zur 13-sm-Grenze schwimmen.

Plötzlich sind Luftspiegelungen da. Gefährlich, diese Phänomene. Grenfell beschreibt sie so: »Gegen 22.00 Uhr sah man die BISMARCK beim Heranziehen einer Regenwolke in diese hineindrehen und bald darauf verschwinden. Eine oder zwei Minuten später werden alle, die auf der Brücke Dienst tun, dadurch elektrisiert, daß sie den Gegner auf sich zulaufen sehen, plötzlich und für nur einen kurzen Augenblick, ehe er wieder im Regen verschwindet. Das Brückenpersonal ist fest davon überzeugt, den Gegnerkurs richtig beobachtet zu haben. SUFFOLK legte auch sofort Hartruder und drehte auf Gegenkurs, um den notwendigen Mindestabstand zu halten. Als dann aber mehrere Minuten vergehen und die BISMARCK nicht, wie erwartet, aus der Regenwandwolke wieder auftaucht, wird langsam klar, daß sie überhaupt nicht gedreht hatte.«

Zehn Minuten vor Mitternacht (die SUFFOLK hatte inzwischen die Fühlung mit der BISMARCK verloren) tauchte das Schlachtschiff in einen Schneesturm ein. Bald darauf erreichte auch die SUFFOLK das Schneegebiet, aus dem sie während der nächsten drei Stunden bei nur einer Seemeile Sicht nicht wieder frei kam. Die SUFFOLK (die wahrscheinlich das 13-sm-Limit überschritten hatte) verlor dabei die Radarfühlung über zwei Stunden. Erst um 02.47 Uhr am 24. Mai bekam sie erneut R.D/F-Kontakt, der von jetzt ab bis zum entscheidenden Gefecht der beiden Kampfgruppen nicht mehr verlorenging. 03.21 Uhr wurde die BISMARCK von der SUFFOLK in 12-sm-Abstand sogar optisch gesichtet. 04.45 ging ein FT vom Zerstörer ICARUS ein, der seine und der ACHATES Position mitteilte. Beide Schiffe standen in einiger Entfernung hinter der SUFFOLK. Wake-Walker war jetzt dessen sicher, die Battlecruiser Fleet in der Nähe zu wissen.

In der vorstehenden Darstellung spielten die Funkmeß- bzw. die Radargeräte bei beiden Parteien zwar eine entscheidende Rolle (zum Beispiel beim Ausfall des vorderen E.M.2, der zum Nummernwechsel zwang), jedoch finden sich im KTB der BISMARCK (bzw. der PRINZ EUGEN) lediglich nur nüchtern knappe Fakten über den Einsatz des E.M.2.

Im KTB der SUFFOLK dagegen sind Angaben über den Radareinsatz ausführlich gehalten und mithin ein Beweis für den hohen Stellenwert dieser neuartigen elektronischen Rückstrahltechnik bei der Royal Navy. So gab der »Radaroffizier« den nachstehenden KTB-Bericht nach dem 20.23-Uhr-Radarkontakt am 23. Mai:

»Obtained Typ 284 – ranges and bearings as requisite. Those used for making deductions of enemy's position. NOTE: The bearings shown on the tactical plot herewith have been corrected to mid-bearings, though at the time those taken at 1944 and 1953 were actually right out-off bearings and were plotted without correction to mid-bearings; the consequent error being 5° and 3° respectively. The 19.34 and the 20.23 bearings were observed (accurate) mid-bearings, and reported and plotted as such.

*

The plot gave enemy's initial speed as 20 knots (period 19.22 to 19.34); and his speed 19.53 as 28 knots (period 19.34 to 19.53).

20.00: Having rounded Q.Z.X. 363, manoevred as requisite to work unseen onto enemy's port quarter.

20.17: Altered course 310° to steer out of the mist; to sight the enemy.

Made reports at 19.22, 19.48, 19.47, 20.24 and 20.26 during the above phase, all except the 19.22 (first sighting) report being based on information from Typ 284.«

Über die unterschiedliche Wartung der Funkmeßtechnik auf deutschen im Vergleich zu britischen Schiffen sind auch die oben beschriebenen Ergebnisse in Verbindung mit der NORFOLK zu beachten, hier vor allem die Überlegungen des Chefs der First Cruiser Squadron. Gleichermaßen ließe sich auch der C-in-C Home Fleet, Admiral Tovey, zum Thema zitieren.

Das wesentlich stärkere Engagement für die elektronische Rückstrahltechnik beweist auch, daß z.B. der Kommandant der SUFFOLK, Captain Ellis, trotz seiner Beanspruchung beim Konvoischutz oder als Bewacher in der Dänemarkstraße noch Zeit zum Besuch von Lehrgängen über Radarnutzung fand. Zweifelsohne hatte die Intensivierung dieser Kenntnisse um das Radar, um noch einmal auf das Thema Rückstrahltechnik zu kommen, durch die Unterteilung in a) Funkmeßortung und b) Artillerieradar (»fire control [AA] Radar«) beschleunigende, vertiefende Impulse bekommen, während man bei der deutschen Kriegsmarine diese (bis Mitte 1940 noch eingleisige) »Waffe« (also das FuMO und erst später das FuMB) lediglich dem Fachpersonal überließ und den Einstieg in ein Artillerie-Funkmeßgerät verzögerte.[208] Das mag im Gegensatz zu den Briten seine Ursache weniger im Fachpersonalmangel und fehlenden Wissenschaftlern gehabt haben, als in der Selbstsicherheit, in den wissenschaftlich arbeitenden hochmodernen Rechenstellen ein Optimum an technischer Leistung zur Verfügung zu haben.

Das Island-Gefecht und seine Folgen · Der Feind lief rechtweisend auf · Die Meldungen aus dem Horchraum der BISMARCK · SUFFOLK und NORFOLK in Sicht

Inzwischen war, außer dem Start von Aufklärungsmaschinen, vor Island noch folgendes geschehen: Als Admiral Tovey den ersten Funkspruch über die Sichtung der deutschen Kampfgruppe durch die NORFOLK erhielt, befand sich die Kampfgruppe des C-in-C Home Fleet mit der KING GEORGE V. als Flaggschiff in südöstlicher Richtung von Island gute 500 sm ab, während Vizeadmiral Holland mit der Kampfgruppe HOOD und PRINCE OF WALES nur 300 sm entfernt war. Er war unter Fahrterhöhung auf 27 kn sofort auf Kollisionskurs gegangen. Nach Kopplung war die BISMARCK um Mitternacht nur noch 120 sm entfernt. Hollands Absicht, den deutschen Verband bei der Sichtung sofort anzugreifen, zerschlug sich, da auf der SUFFOLK ab etwa 00.10 Uhr die Fühlung verlorenging.[210] 00.17 Minuten nach Mitternacht drehte Holland auf Nordkurs, und eine halbe Stunde später unterrichtete der Admiral die PRINCE OF WALES, daß er, falls der Gegner bis 02.10 Uhr nicht in Sicht käme, parallel zu dessen Kurs weiterlaufen würde, bis die SUFFOLK die Fühlung wieder hergestellt habe.

01.47 Uhr machte Vizeadmiral Holland das Kommando von PRINCE OF WALES mit seinen taktischen Überlegungen bekannt. Er schlug vor, das Feuer der beiden Schweren Schiffe auf BISMARCK zu konzentrieren, während Konteradmiral Wake-Walkers Kreuzer sich mit dem deutschen Kreuzer, also der PRINZ EUGEN, befassen sollten. Aber Wake-Walker konnte von dieser Überlegung wegen der noch immer befohlenen Funkstille an Bord der beiden Kampfgruppen nicht unterrichtet werden. Außerdem war er völlig ahnungslos, daß sich der Verband Vizeadmiral Hollands so schnell bis auf 120 sm (s.o.) genähert hatte. 02.05 Uhr folgte Vizeadmiral Holland seinem oben erwähnten Entschluß. Er ging auf Gegenkurs, das heißt auf Parallelkurs zum bisherigen Kurs der deutschen Kampfgruppe, während den Zerstörern befohlen wurde, in nördlicher Richtung weiterzumarschieren. Auf diesem Südwestkurs wollte Holland das Tageslicht erwarten. Gleichzeitig wurde PRINCE OF WALES aufgefordert, den Horizont mit ihrem Artillerieradar abzusuchen. Da der britische Großkampfschiffverband 02.00 Uhr auf etwa 29° W stand und bei seinem neuen Kurs von etwa 200° sich nur geringfügig weiter nach Westen verschob, war und blieb er im Bereich der Zeitzone des 30. westlichen Längengrades. Da jedoch an Bord der britischen Schiffe die doppelte britische Sommerzeit galt, war nach Bordzeit in diesem Seegebiet erst 04.00 Uhr Mitternacht. Die in dieser Breite, etwa 65° N, und zu dieser Jahreszeit ohnehin nur sehr kurze Nacht stand also um 02.00 Uhr noch bevor. Captain Leach, Kommandant der PRINCE OF WALES, brachte in Vorschlag, statt des Artillerieradars das normale und auf größere Entfernung arbeitende Radar zu benutzen, da ersteres nicht den ganzen Horizontkreis bestreichen könne. Außerdem suche das normale Radar besser. Welch eine Parallele zur BISMARCK: Der britische Befehlshaber ging nicht auf diesen Vorschlag ein, er befahl vielmehr, die Benutzung des Radargerätes bis zur Begegnung mit dem Feind und bis zum Beginn des Gefechts zurückzustellen. 02.47 Uhr bekam die SUFFOLK wieder Fühlung mit dem Gegner. Damit wurde klar, daß der deutsche Verband inzwischen keine Änderung seines Generalkurses vorgenommen hatte. Von nun an gingen wieder laufend Meldungen von den Kreuzern ein, während PRINCE OF WALES den Standort von Wake-Walkers Kreuzern aus den Funksprüchen ermittelte. Diese Ergebnisse wurden sofort der HOOD übermittelt, die dadurch in die Lage versetzt werden sollte, sich eine genaue Übersicht von Standort, Kurs und Fahrt sowohl des Gegners wie auch der eigenen Kampfgruppe zu verschaffen. Dieser Maßnahme kam insofern größere Bedeutung zu, weil der Erfolg der Annäherungstaktik in großem Maße von der Genauigkeit der Kopplung des Flaggschiffes abhängen würde.

03.40 Uhr erhöhte Holland die Fahrt der HOOD auf 28 kn und befahl eine leichte Änderung in Richtung des von den deutschen Schiffen gefahrenen Kurses. Er hoffte auf baldigen Radarkontakt. Die Wetterverhältnisse begannen sich zu bessern, und 04.30 Uhr herrschte bereits eine Sichtweite von rund 12 sm. Damit waren jetzt endlich die meteorologischen Voraussetzungen gegeben, die Bordflugzeuge der PRINCE OF WALES zu Aufklärungsflügen einzusetzen. Es ergab sich aber, daß der Flugzeugtreibstoff durch Seewasser verunreinigt war. Der Einsatz der Bordflugzeuge mußte unterbleiben. Dieser erzwungene Verzicht auf dieses so wichtige Aufklärungsmittel wog um so schwerer, als Holland sich durch seinen Befehl, das normale Radar nicht zu benutzen, schon eines anderen Aufklärungsmittels beraubt hatte.

Betrachten wir nun die letzten Phasen der Annäherung der britischen Schiffe. Nach Roskill scheint es, daß Vizeadmiral Holland beabsichtigte, bis auf verhältnismäßig nahe Entfernung direkt auf den Feind zuzulaufen, bis auf einen Abstand, bei dem HOOD am wenigsten verletzlich und artilleristisch überlegen sein würde. Erst dann wollte der Vizeadmiral das Feuer eröffnen.

Zu dieser an sich ungewöhnlichen Überlegung bleibt zu erklären, daß Hollands Flaggschiff HOOD nach den Erfahrungen der Skagerrakschlacht zwar einen verstärkten Gürtelpanzer erhielt, aber noch immer nicht über einen starken Horizontalpanzer verfügte, weil im 1. Weltkrieg, als die HOOD entworfen wurde, noch keine ernstzunehmende Bedrohung durch Fliegerbomben bestand.[211] Für ein Seegefecht ergab sich hieraus die Konsequenz, daß der Schlachtkreuzer auf weite Entfernung verletzlicher war als auf kurze, weil hier der Einfallswinkel der Granaten steiler wird, was wiederum die Durchschlagskraft der Granaten im Horizontalbereich verstärkt. In diesem Zusammenhang scheint, kritisch betrachtet, die Zusammensetzung der Kampfgruppe Holland nicht sehr glücklich gewesen zu sein, was ja auch die Überlegungen des Befehlshabers aussagen, denn PRINCE OF WALES' Stärke lag, im Gegensatz zur HOOD, im Ferngefecht.

Hollands Plan, die BISMARCK zu überholen und ihr dann entgegenzulaufen, um den kritischen Fernbeschußbereich bei Eigenfahrt plus Gegnerfahrt so schnell wie möglich zu durchfahren, ließ sich nicht realisieren. Holland hatte durch seinen 17 Minuten nach Mitternacht vorgenommenen und bis 02.10 Uhr beibehaltenen Nordkurs den Abstand zur BISMARCK-Gruppe derart vergrößert, daß ihre Überholung illusorisch geworden war. Das britische Geschwader verfügte über keinen ausreichenden Geschwindigkeitsüberschuß, um die verlorene Peilung so aufzuholen, um sich der deutschen Kampfgruppe von vorn oder schräg von vorn schnell zu nähern.

Betrachtet man die allgemeine Lage im Nordatlantik, dann mag es auf den ersten Blick erstaunlich scheinen, daß der Engländer zur Stunde, also seit der Sichtung der auf dem Durchbruch befindlichen deutschen Kampfgruppe, noch keinen der in See stehenden Konvois[212/1] zurückgerufen hatte. Im Seeraum südlich von Island standen zwischen Grönland und England der Konvoi SC 31 mit Kurs nach England, etwas südlicher der von England kommende Konvoi OB 324, südlich von Island auf gleicher Breite wie SC 31, aber etwa 140 sm ostwärts, der Konvoi HX 126 auf dem Wege nach England. Nördlich von Irland schwammen die ausgehenden Geleitzüge OB 325 und OB 326, westlich von Irland der ausgehende Truppenkonvoi WS 8 B, den ursprünglich die REPULSE und die VICTORIOUS schützen sollten und den nun EXETER und CAIRO und acht Zerstörer eskortierten und zu dem die inzwischen aus Gibraltar ausgelaufene Force H als Schutz gegen eventuelle Schlachtschiffangriffe befohlen worden war. Noch weiter westlich, im freien Atlantik, fuhr die BRITANNIC, die von der noch nicht zur Jagd auf die BISMARCK herangezogenen RODNEY zusammen mit vier Zerstörern gesichert wurde. Dieser erstaunlich dichte Geleitzugverkehr läßt erkennen, welche Bedeutung die prekäre Versorgungslage in England inzwischen gewonnen hatte. Wollte die Britische Admiralität durch einen Rückruf des einen oder mehrerer Geleitzüge um keinen Preis einen vielleicht unnötigen Zeitverlust an Tonnage in Kauf nehmen? Wollte man in White Hall lieber das Risiko eines Angriffes laufen?

Hierzu ist zu sagen: Die Geschwindigkeit der Geleitzüge ist im Verhältnis zu der der Kampfgruppe so gering, daß ein Rückruf wenig Sinn gehabt hätte. Weiterhin war in den genannten Seegebieten ein Angriff der BISMARCK-Gruppe auf Geleitzüge nicht zu erwarten, so lange diese durch die in See befindlichen britischen Seestreitkräfte gebunden werden konnte. Nach der in der Admiralität vorliegenden klaren Übersicht über die Gesamtlage bestand am Morgen des 24. Mai also keine Veranlassung, die Kurse der Geleitzüge umzudirigieren. Zunächst mußte das Ergebnis des erwarteten beziehungsweise erhofften Gefechts der HOOD-Gruppe mit der BISMARCK-Gruppe abgewartet werden.

Die Versenkung der Hood

Es ist 05.07 Uhr (04.07 Uhr Bordzeit der deutschen Schiffe), als der Horchraum auf der PRINZ EUGEN in 286° Schiffspeilung Geräusche von zwei schnellaufenden Turbinenschiffen wahrnimmt. Kriegswache, AO und Funkmeßgerät suchen in der angegebenen Richtung. Am Horizont ist nichts auszumachen. Und wieder meldet sich die Horchstelle: man habe in Richtung Schiffspeilung 195° Torpedogeräusche gehört. Brinkmann glaubt nicht an Torpedos und läßt im KTB vermerken: »Es muß sich um eine Fehlortung gehandelt haben. Sie ist vielleicht in den an Backbord stehenden Einheiten zu suchen.« Lindemann schließt sich im BS-KTB dieser Erklärung an. Dennoch hatten beide Schiffe 05.21 Uhr sofort hart Backbord gedreht, um nun wieder auf 220° zu gehen. 05.37 Uhr meldet der B-Dienst eine neue Einheit. Es könnte sich um einen Leichten Kreuzer handeln. Sechs Minuten später, 05.43 Uhr, hat der B-Dienst an Backbord eine weitere Einheit erfaßt: die HOOD (das aber stellt man erst später fest[212/2]). Auch die Gruppe Nord schaltete sich 05.39 Uhr ein: »K 3 G meldet an Scapa 04.56 Uhr OSZ: Position des Feindes 196°, 15 sm, vom Standort 58°, 9 sm ab von (unklar); Feindkurs 220°. Fahrt 28 kn.« Der deutschen Verbandführung wird erneut die saubere Arbeit der britischen Fühlunghalter klar. Kurs und Geschwindigkeit stimmen.

- Lütjens verzögert Feuereröffnung.
- Warum, das bleibt ein ungeklärtes Problem.
- Das Islandgefecht:
- Die HOOD bricht in der Mitte auseinander.
- Admiral Beatty: HOOD starb einen »glorious dead«.
- Modell: Eröffnungsschlacht vor dem Skagerrak. Nur drei Mann überlebten.
- Die HOOD-Versenkung aus der Sicht der PRINZ EUGEN.
- Die HOOD war Englands Stolz.

05.47 Uhr: Alarm auf der BISMARCK und der PRINZ EUGEN. Aus dem Vormast der PRINZ EUGEN sind am Horizont an Backbord Rauchwolkengruppen gemeldet worden. Einzelheiten sind durch DeTe nicht zu erkennen. Die Schiffe stehen noch unter der Kimm. Die Rauchwolken werden schnell größer. Die BISMARCK wird von der PRINZ EUGEN durch Winkspruch unterrichtet: »Je eine Rauchwolke in Sicht in rw 96° und 157°, eine Rauchwolke in rw 15°, 176 hm.« Da die deutschen Schiffe zu dieser Zeit einen Kurs von etwa 220° steuern, muß der Standort der vom Horchraum in etwa 280° Schiffspeilung gemeldeten Schiffe etwa 150° rechtweisend sein. Dem entspricht also die optische Sichtung in rw 157°. Da sich nach den britischen Berichten die SUFFOLK Steuerbord achteraus und die NORFOLK Backbord achteraus der deutschen Schiffe halten, also in etwa 140° bzw. 220° Schiffspeilung, entspricht deren Standort bei einem Kurs von etwa 230° einer rechtweisenden Peilung von etwa 10° bzw. 90°. Bei der optischen Sichtung in rw 15° handelt es sich also um die SUFFOLK und bei der in rw 96° um die NORFOLK. Soviel steht fest. Auf PRINZ EUGEN gelingt es schließlich, die Rauchwolken im Südosten mit den E-Meßgeräten anzumessen. Nun schieben sich auch Mastspitzen über die Kimm. Die Entfernung nimmt schnell ab. Die Ortung ergibt eine verhältnismäßig starke Heranlage bei hoher Fahrt des Gegners. Auf der BISMARCK wie der PRINZ EUGEN wird »Klarschiff zum Gefecht« befohlen. Die Stellen melden klar: Die SA, die MA, die Flak, die Rechenstelle und die Leitstände, die Maschine ... Dazu gehört auch, daß die Maschinenwachen auf beiden Schiffen in der Antriebsanlage die Gefechtsschaltung herstellen, so daß keine Verbindung zwischen den drei Kraftwerken für die drei Propeller besteht. (Von den sechs an diesem Gefecht beteiligten Schiffen waren die zwei deutschen Einheiten Dreischraubenschiffe, die vier britischen Vierschraubenschiffe.) Ein Treffer in eine Kraftwerkanlage kann sich also nicht auf alle drei, sondern eben nur auf die eine, die betroffene, auswirken. Die bisher unbesetzten Gefechtsstationen der Waffen werden mit Strom versorgt. Die letzten Dampf- und Dieselgeneratoren werden angestellt.

So bietet sich das Bild der schräg von achtern aufkommenden britischen Schiffe: Es handelt sich bei massiver Rauchentwicklung um einwandfrei zwei Schiffe vom Kreuzer- oder sogar vom Schlachtschifftyp. Sie laufen von querab Backbord mit hoher Fahrt auf. Ihre Bugseen zeichnen ein die See hochaufbrechendes leuchtend helles V. Da die aus den Schornsteinen herausquellenden schwarz-grauen Rauchwolken vom Wind nach Backbord (also nach Süden) abgetrieben werden, sind für den Schiffserkennungsdienst im Augenblick noch keine klaren Details festzustellen. Sie heben sich kaum vom Hintergrund ab.

Auf PRINZ EUGEN spricht der Kommandant die sich zum Verband vereinigenden Gegner für einen Schweren und Leichten Kreuzer an. Der I AO ist für einen Kreuzer und einen Zerstörer, der NO äußert sich nicht, der II AO indessen sagt mit fester Stimme:

»Das sind zwei Schlachtschiffe.« Fast ein wenig ärgerlich wird seine Feststellung mit einer wegwischenden Handbewegung abgetan. Jeder deutsche Seeoffizier weiß, daß England zur Zeit über nur zwei Schlachtschiffe mit zwei Schornsteinen verfügt, nämlich die ersten zwei der neuen KING-GEORGE-V.-Klasse. Von diesen zwei Einheiten soll nach deutschen Informationen das eine, die PRINCE OF WALES, noch gar nicht k.b. (= kriegsbereit) sein, während das andere, die KING GEORGE V., nach den Meldungen der deutschen Luftaufklärung am 22. Mai noch in Scapa lag.[212/3] Wenn es sich überhaupt um Großkampfschiffe handelt, dann bei den beiden Türmen auf dem Vorschiff also nur um Schlachtkreuzer, also um die HOOD und die REPULSE, denn die RENOWN, das dritte Schiff, ist in Gibraltar stationiert. Selbst wenn die RENOWN schon nach der Sichtung des deutschen Verbandes in Bergen sofort ausgelaufen wäre, könnte sie noch nicht vor Island stehen. Auf BISMARCK ist der I AO, Korvettenkapitän Schneider, der Meinung, daß das vordere, etwas niedrigere Schiff ein Schwerer Kreuzer ist, während es vom II AO, Korvettenkapitän Albrecht, als die HOOD angesprochen wird. Dies ist bestätigt durch das Besatzungsmitglied Adi Eich, der als Mechanikerobergefreiter in der Artillerierechenstelle Dienst tat und das Gespräch zwischen dem I AO und II AO durch das Artillerieleittelefon mit angehört hat. Da von Englands Schweren Kreuzern 13 drei und nur zwei zwei Schornsteine haben, nämlich die EXETER und die YORK, wobei die letztere auffallend schräge Schornsteine besitzt, bleibt praktisch nur die EXETER übrig. Wie die HOOD, so hat auch die EXETER vorne zwei Doppeltürme. BISMARCKS I AO Schneider ist also, ohne es auszusprechen, im Augenblick noch davon überzeugt, die tatsächlich in See stehende EXETER[212/4] als vorderstes Schiff vor sich zu haben.[212/5]

Der II AO PRINZ EUGEN Schmalenbach dagegen verharrt auf seinem Standpunkt, wenn er sagt: »Ich lasse mich nicht davon abbringen, das ist die HOOD.«

Die HOOD ist jedem deutschen Seeoffizier ein Begriff. Sie ist mit ihren nach ihrem Umbau 1940 48 300 ts für die maritime Fachwelt das zur Zeit größte Kampfschiff der Welt. Die HOOD ist vom Typ her ein Schlachtkreuzer. Sie ist über 31 kn schnell. Sie hat als SA acht 38.1 cm-Kanonen in vier Doppeltürmen an Bord, bei den Briten ist sie als »the mighty HOOD«, benannt nach Rear Admiral, Sir Horace Hood. 1916 wehte HOODS Flagge auf dem 1907 erbauten Schlachtkreuzer INVINCIBLE, der an der Skagerrak-Schlacht teilnahm und am 31. Mai 1916, vor 25 Jahren, nach einem Treffer einer Salve von S.M.S. DERFFLINGER auseinanderbrach und versank. Nur sechs Besatzungsmitglieder überlebten.

Earl David Beatty, als Admiral of the Fleet Befehlshaber der battle cruiser squadron sagte über seinen »fellow admiral Horace Hood«: »No one could have died a more glorious death.«

Auf der BISMARCK wird in dem feindlichen Schiff, dem über das BÜ-Gerät im Gefechtskommandostand mitgehörten Gespräch zufolge, die KING GEORGE V. vermutet, während der I AO auf PRINZ EUGEN noch immer überzeugt ist, zwei etwa gleichstarke Kreuzer, wenn nicht gar nur einen Kreuzer und einen Zerstörer, vor den daher mit Sprenggranaten mit Bodenzünder geladenen Rohren zu haben.

05.52 Uhr funkt die BISMARCK ein Kurzsignal: auf zwei schwere Gegnereinheiten gestoßen.[212/6]

Die sich anbahnende Gefechtsbegegnung hat viele Ähnlichkeiten mit dem Eröffnungsgefecht bei der sich vor 25 Jahren, am 31. Mai 1916, anbahnenden Skagerrak-Schlacht, wenn auch geringeren Umfangs. Das britische Geschwader, das dicht aufgeschlossen in Kiellinie aufdampft, will die deutschen Schiffe beim »crossing the T« angreifen. Diesmal ist der Grund nicht übermäßiges Selbstvertrauen, sondern der taktische Zwang, so schnell wie möglich bis zu einer Entfernung aufzuschließen, aus der die gegnerischen Granaten den vergleichsweise dünnen Horizontalpanzer der HOOD nicht mehr durchschlagen würden.[212/7]

Außerdem wird Admiral Holland mit seinen Schiffen dann nur schmale, weil vorliche Ziele bieten, während sich der Gegner breitseits in voller Länge darstellt.

Es wird 05.53 Uhr: Die Entfernung zwischen den beiden Kampfgruppen beträgt im Mittel 250 hm. Fast gleichzeitig feuern die beiden Gegnerschiffe, und erst in diesem Augenblick wird auf der PRINZ EUGEN erkannt, daß es sich bei dem zuerst schießenden vermeintlichen Kreuzer um ein Großkampfschiff handelt.

Auf der BISMARCK waren inzwischen alle artilleristischen Werte eingestellt worden. Während der IV AO, Kapitänleutnant Freiherr von Müllenheim-Rechberg, als Artillerieleiter im achteren Stand die Sonderaufgabe übertragen bekam, die an Steuerbord und Backbord weit achteraus in Sicht gekommenen britischen Kreuzer SUFFOLK und NORFOLK auf etwaige Torpedoschießabsichten hin zu überwachen, hatte der I AO, Korvettenkapitän Schneider, bei dem Kommandanten angefragt: »Frage Feuererlaubnis.« Immer wieder war diese verweigert worden.

Als Hauptgrund für dieses Zögern wird angenommen, daß Lütjens noch im Zweifel war, ob er das Gefecht überhaupt annehmen sollte. Diese scheinbar befremdliche Haltung kann eigentlich nur aus dem Festhalten an dem Operationsbefehl erklärt werden. Fast alle höheren Seeoffiziere halten indes eine solche Begründung für abwegig. So Vizeadmiral a.D. Hoffmann (Kurt Cäsar): »Möglicherweise wollte er mit Rücksicht auf Streuung und Durchschlagskraft nicht über 250 hm Feuer eröffnen lassen; oder aber, weil die sehr schmalen Ziele des anlaufenden Gegners zum Einschießen ungünstig waren und das Abdrehen zum laufenden Gefecht abgewartet werden sollte. Lindemann war Artillerist. Er wußte, daß das Einschießen auf ein schmales Ziel schwierig ist und zu großem Munitionsverbrauch führt. Wenn Lütjens das Gefecht nicht annehmen wollte, hätte er unter Höchstfahrt abdrehen können. Das aber hat er nicht getan. Also war er bereit, den vom Gegner herangetragenen Angriff anzunehmen.« Bestätigt wird dieser Standpunkt durch Admiral a.D. Theodor Krancke: »Lütjens war bestimmt nicht im Zweifel, ob er das Gefecht annehmen sollte. Sonst hätte er sofort Kurs geändert. Die von Hoffmann angegebenen Gründe für das Einschießen werden bestimmend gewesen sein, mit dem Feueröffnen zu warten. Lindemann wie der Chef des Stabes, Netzbandt, waren ausgekochte Artilleristen!« Interessant ist auch die Überlegung von Generaladmiral a.D. Marschall: »Ich vermute, daß Lindemann, der ein vorzüglicher Artilleriespezialist war, aus irgendeinem Grunde gewartet hat, vielleicht, weil der Feind noch in der Drehung war und damit das Einschießen sehr erschwert worden wäre. Es muß aber einen triftigen Grund gegeben haben, denn in der deutschen Marine legte man größten Wert darauf, vor dem Feind die ersten Treffer erzielt zu haben.«

Professor Dr.-Ing. Herbert Schneekluth (im Kriege Seeoffizier der Kriegsmarine) über Lütjens Zögern (1992): »Lütjens wollte wahrscheinlich Munition sparen und pflegte eine sehr abwartende Haltung einzunehmen. Am 9. April 1940, beim Seegefecht vor den Lofoten, daran sei erinnert, hatte er bzw. sein Freund Netzbandt erst genau eine Stunde nach Insichtkommen des Gegners (des aus SW auflaufenden britischen Schlachtkreuzers RENOWN) die Besatzung der GNEISENAU und der SCHARNHORST auf Gefechtsstationen aufziehen lassen.

Im KTB der GNEISENAU ist an dieser Stelle eine Marginalie Raeders nachzulesen, die da lautet: »Da wurde es aber allmählich auch Zeit.«

Tatsache ist, um nach dem obigen Beispiel »vor den Lofoten am 9.4.1990« auf die aktuelle Lage zurückzukommen, daß der Gegner 05.23 Uhr[212/8] das Feuer eröffnete und die BISMARCK von Anbeginn der Gefechtseröffnung das Ziel der als KING GEORGE V. angesprochenen PRINCE OF WALES war. Dort hatte der Kommandant, Captain Leach, den 05.49 Uhr vorausgegangenen Befehl des Geschwaderchefs, Vizeadmiral Holland, ignoriert, das vordere deutsche Schiff, das heißt die nach dem Nummernwechsel als derzeitige Nummer Eins positionierte PRINZ EUGEN, zum Ziel zu nehmen. Da der von den Deutschen am Vorabend durchgeführte Nummernwechsel den Fühlunghaltern unbemerkt geblieben war, sprach man auf dem britischen Flaggschiff HOOD (Captain Kerr), also der britischen Nummer Eins, der Regel zufolge noch immer die deutsche Nummer Eins als die BISMARCK an. In Wirklichkeit war es der Schwere Kreuzer PRINZ EUGEN, auf den die HOOD von Anbeginn des Gefechts feuerte und auf den die PRINCE OF WALES nach dem 05.49 Uhr durch Holland gegebenen Befehl hätte ebenfalls schießen müssen.

Trotz des klaren Befehls von Vizeadmiral Holland, der unbestreitbar Konzentration auf die BISMARCK, also auf die taktische Nummer Eins, die er als BISMARCK ansprach, beabsichtigte, richtete Captain Leach vor der Feuereröffnung die Geschütze auf die taktische Nummer Zwo, das heißt auf die wirkliche BISMARCK. Es ist die Überlegung wert, ob eine derart eklatante Mißachtung eines Befehls, auch wenn sie wie hier zweifelsohne taktisch berechtigt war, in einer anderen Marine ohne Folgen geblieben wäre.[212/9]

Eine halbe Stunde später steht, das sei vorausgeschickt, der deutsche Flottenchef vor ähnlicher Entscheidung ...

Inzwischen – und zwar genau 05.59 Uhr – hatte der britische Admiral seinen Irrtum bemerkt[212/10] und nunmehr Feuervereinigung auf das rechte Schiff, also auf die taktische Nummer Zwo, befohlen. So kam es, daß die

PRINCE OF WALES, die ihre Rohre ja schon vorher und gegen den Befehl nicht auf die taktische Nummer Eins, sondern auf die taktische Nummer Zwo, also die BISMARCK, gerichtet hatte, auf diesen neuen Befehl bereits eingerichtet war, während die HOOD den Zielwechsel erst noch vornehmen mußte.

Das hatte zur Folge, daß später auch die genauesten Untersuchungen von britischer Seite nicht feststellen konnten, auf welches Schiff oder Schlachtkreuzer die HOOD schließlich überhaupt gefeuert hat. Nach deutschen Unterlagen, insbesondere nach den Berichten der Teilnehmer, wurde die PRINZ EUGEN von der HOOD beschossen. Wenn dies zutrifft, dann hat entweder der AO der HOOD in letzter Minute keine Zeit mehr zum Zielwechsel gefunden, oder der Geschwaderchef hatte seinen ersten Befehl revidiert und tatsächlich Feuerverteilung von Schiff zu Schiff befohlen. Doch darüber gibt es keine Aussagen, um diesen Punkt zu klären. Über den Zeitpunkt der Feuereröffnung auf deutscher Seite bestehen jedenfalls, trotz der auch in seriösen Werken widersprechenden Aussagen keine Zweifel. Sie erfolgte durch die BISMARCK 05.55 Uhr, also laut britischen KTB's zweieinhalb Minuten später.

Das also ist die Situation um diese Zeit:

PRINZ EUGEN eröffnete unmittelbar danach. Im gleichen Augenblick machte der britische Verband eine Kursänderung nach Backbord,[213] um nach der bisher vorlichen Lage nun auch die achteren Türme zum Tragen zu bringen, und geht auf annähernd parallelen Kurs zum laufenden Gefecht über.[214]

Beide Schiffe vereinigen ihr Feuer auf Befehl von Lütjens auf das gegnerische Spitzenschiff,[215] also auf die HOOD. Die Salve der PRINZ EUGEN kommt fast gleichzeitig mit der ersten Salve der BISMARCK beim Gegner an.[216] Die Detonationen der Aufschläge sind nicht auseinanderzuhalten und daher nicht beobachtungsfähig. In schneller Folge feuern die Türme zunächst gruppenweise, also je Salve vier Schuß für das Einschießen.

Für die PRINZ EUGEN ist die Lage so, daß auf der Brücke noch immer Zweifel über den Typ des gegnerischen Spitzenschiffes bestehen, ein Umstand, der es dem Kommandanten erschwert, die für diesen Typ günstige Gefechtsentfernung anzustreben. Jedenfalls sieht Kapitän zur See Brinkmann, daß der rechte Gegner, der ihm in der Linie gegenübersteht, auf seinen »Prinzen« schießt. Und das Gegnerfeuer ist nicht schlecht, es liegt beängstigend gut. Die ersten Granaten fahren Backbord voraus in die See. Sie werfen zum grauen Himmel aufbrechende Fontänen aus dem Wasser. Ihre grauweißen Kaskaden stehen nur 100 bis 150 Meter von dem Schweren Kreuzer ab. Die PRINZ EUGEN dreht in diese Fontänen hinein,[217] also in Richtung auf den Gegner zu.[218a/218b]

Ein Aufschlag krepiert nur 50 Meter vor dem Bug. Seine Wassermassen brechen über der Back zusammen. Die nächsten Granaten liegen im Kielwasser. PRINZ EUGENS Artillerie hat inzwischen, knapp eine Minute nach der Feuereröffnung, bei der vierten Salve einen Treffer auf der HOOD erzielt. Am Fuße des achteren Mastes, in Höhe der Flugzeughalle und in Höhe des Munitionsaufzuges, bricht Backbord achtern ein Brand aus[219]. Das Feuer breitet sich sehr schnell aus, zwei Minuten später aber wird es wieder kleiner.

Nach der fünften Salve[220] der PRINZ EUGEN und der zweiten oder dritten der BISMARCK befiehlt Admiral Lütjens dem im Wirbel der aus der See herausspringenden Wasserfontänen fahrenden Schweren Kreuzer: »Zielwechsel links«, also Feuerwechsel auf das auf BISMARCK als KING GEORGE V. angesprochene zweite Ziel, offenkundig, um diesen Gegner nicht unbeschossen zu lassen. Hier erscheint eine Rückblende notwendig. Unbestritten ist, daß die PRINCE OF WALES mit der Feuereröffnung 05.35 Uhr mit ihren einsatzklaren fünf vorderen 33.6-cm-Kanonen[221] sofort auf die BISMARCK feuerte und daß die BISMARCK und die PRINZ EUGEN, durch ihren Kurs begünstigt, auch volle Breitseiten schießen zu können, erst zweieinhalb Minuten später erwiderten. Wenn auch die Aussagen von Mannschaftsdienstgraden für die Rekonstruktion der Überlegungen und Maßnahmen des Flottenchefs und der Schiffsführungen keine große Bedeutung haben können, so darf kein ernsthafter Historiker an ihren Beobachtungen vorübergehen, um sich ein Bild vom wirklichen Ablauf des Gefechtes zu machen. Nach diesen sich im wesentlichen deckenden Aussagen soll die BISMARCK (als taktische Nummer Zwo) noch vor der eigenen Feuereröffnung mindestens einen, nämlich jenen schwerwiegenden Treffer ins Vorschiff von der PRINCE OF WALES erhalten haben.

Der später von einem deutschen U-Boot gerettete damalige Matrosengefreite Herzog, der seine Gefechtsstation Backbord achtern an der sechsten 3,7 cm-Flak hatte, versicherte nach dem Kriege dem Verfasser: »Als es Alarm gab, stürzte ich mit meinen anderen Kameraden von der Leichten Flak an Oberdeck. Im Laufen hörte ich über die

Bordlautsprecheranlage ›Wahrschau, SA schießt!‹. Ich wollte gerade das Schott zum Oberdeck aufmachen, da kam mir der Bootsmaat Seidler entgegen. Er war am Kopf verwundet und blutüberströmt. Er hielt mir das Verbandspäckchen hin und sagte: ›Komm, verbinde mich!‹. Ich war damals noch jung, und das Blut, das ich nun sah, erregte mich sehr. Ich versuchte, ihn zu verbinden. Und in diesem Augenblick kam mein Flakunteroffizier, Bootsmaat Roch, vorbeigelaufen und rief mir zu: ›Komm, Komm! Auf die Station.‹ Ich habe dann Bootsmaat Seidler liegengelassen und bin vom Aufbaudeck auf das Flugzeugdeck geklettert. Von hier haben wir etwa an Backbord der PRINZ EUGEN, weiter ab in großer Entfernung, zwei Gegnerschiffe und noch mehr achteraus ein weiteres Kriegsschiff (es war die NORFOLK) gesehen. Dann bin ich zu meiner Gefechtsstation weitergelaufen. Ich habe dann dort über die Artillerieleitanlage gehört, wie unser I AO sagte: ›Frage Feuererlaubnis?‹ Und dann kam plötzlich »Achtung! SA schießt!«.«

Soweit Herzog.

Gesetzt den Fall, daß es zutrifft, daß die BISMARCK noch vor der eigenen Feuereröffnung im Vorschiff getroffen wurde, … kann der erwähnte, sich auf dem Achterschiff aufhaltende Bootsmaat Seidler dabei schwerlich verwundet worden sein;[223] viel wahrscheinlicher ist, daß er von einem Splitter eines gegnerischen Nahtreffers verwundet wurde.

Noch klarer beleuchten die Aussagen eines Mitgliedes der Bedienungsmannschaft der Rechenstelle, des Mechanikergefreiten A. Eich, die erste Phase des Gefechts: »… Unsere Werte waren eingestellt … Und dann hörte ich die Stimme des I AO aus dem vorderen Artillerieleitstand: »Frage Feuererlaubnis?« Es kam aber keine. Einen Augenblick später oder beinahe unmittelbar auf diese Frage hieß es »Gegner hat Feuer eröffnet«, »Gegnersalven liegen gut«. Wenig später war wieder der I AO zu hören »Frage Feuererlaubnis?« Noch keine Feuererlaubnis. Auf einmal rumste es gewaltig. Eine andere Erschütterung wie sonst bei Abschüssen der SA durchlief das Schiff … Dann kam die Feuererlaubnis … Die Erschütterung rührte, wie wir später erfuhren, von einem Einschlag im Vorschiff her. Hier hatte eine Granate getroffen und war, ohne zu detonieren, auf der anderen Seite wieder aus dem Schiffskörper herausgefahren. Zu dem Treffer kam es wahrscheinlich bei der dritten oder vierten Gegnersalve. Welche Salve es genau war, weiß ich nicht, da es immer nur hieß »Gegnersalven liegen gut«. Ich weiß aber noch sehr genau, daß wir uns in der Rechenstelle betroffen angesehen haben, weil noch immer keine Feuererlaubnis kam. Jedenfalls ging die BISMARCK durch diesen Vorschifftreffer dann später, vorn deutlich fühlbar, etwas tiefer, da die getroffenen Abteilungen absoffen.[224]

Und da war noch ein Treffer. Er ging nach achtern zu ins Backbord-E-Werk hinein, das sofort ausfiel. Durch diesen Treffer bekamen wir nach und nach etwas Schlagseite nach Backbord.

Wir schossen eine Salve. Diese lag zu kurz. Dann schossen wir vier Hektogabelgruppen. Die obere lag weit, bei der mittleren sagte der I AO: »Deckt.« Und dann befahl er: »Zwei Vollsalven – gut schnell.« Dann sagte er: »Gegner brennt.«

Und in dem Moment hieß es wieder: »Vollsalven, gut schnell.« Dann hörten wir: »Achtung! Aufschlag!« Und dann sagte er wieder: »Vollsalve.« Wir hörten danach unten, wie der I AO ausrief: »Nanu … ist das denn ein Blindgänger gewesen …? Der hat sich reingefressen …«.[225] In dem Moment hörten wir, wie er schrie: »Er sinkt«. Ich höre heute noch das langgezogene iiii. Und dann schossen wir noch eine Vollsalve. Und dann war er weg. Wir machten sofort »Zielwechsel links« auf das zweite Schiff.[226]

Der damalige IV AO, Müllenheim-Rechberg, sagte nach dem Kriege zu diesem Punkt: »Daß die BISMARCK vor dem eigenen Feuereröffnen getroffen wurde, ist von mir im achteren Stand zwar nicht direkt wahrgenommen, von anderen Überlebenden aber so übereinstimmend behauptet worden, daß daran nicht zu zweifeln sein dürfte. Die Schiffsführung BISMARCK hat die Feuererlaubnis in der Tat erst verhältnismäßig spät und erst nach – möglicherweise mehrfacher – Anfrage des I AO gegeben. Der Grund hierfür könnte gewesen sein, daß der Kommandant erst abwarten wollte, bis der in schmaler Silhouette anlaufende britische Verband auf Hauptgefechtskurs (laufendes Gefecht) abgedreht und sich darin eingesteuert hatte.«

Soweit die Aussagen von zwei Überlebenden, denen zu entnehmen ist, daß die BISMARCK in der ersten Phase des Gefechts vom Gegner, also von der PRINCE OF WALES, getroffen worden sein soll.

Auf der anderen Seite aber stehen Aussagen anderer Überlebender, die diesen Behauptungen, die BISMARCK habe vor der eigenen Feuereröffnung Treffer erhalten, widersprechen. Unter diesen ist auch die des damaligen Turbineningenieurs, des Kapitänleutnants (Ing.) Dipl.-Ing. Junack: »Mir ist nie etwas von einer so merkwürdigen Tatsache bekannt geworden. Vor dem eigenen Feueröffnen habe ich jedenfalls keine Treffer auf der BISMARCK bemerkt.« Es ist nicht von der Hand zu weisen, daß der patriotisch denkende und fühlende Gerhard Junack sich selbst beeinflußt: »Es kann nicht gewesen sein, was nicht sein durfte.« Spranger [191] würde Junacks Fehlinterpretation so ausdeuten.

In der Tat scheint alles dafür zu sprechen, daß die BISMARCK vor der eigenen Feuererlaubnis Treffer erhielt, wenn man die Zeitdifferenz der späten deutschen Feuereröffnung von (laut britischen KTBs) etwas mehr als zwei Minuten und die Fluggeschwindigkeit der gegnerischen Granaten zugrunde legt. Zur Klärung kann heute (1993) noch beitragen, was im Kapitel »Berichte Überlebender der HOOD und Beobachter auf der PRINCE OF WALES« nachzulesen ist.

Der Klärung des Gefechtsablaufs dient auch der nachstehend angefügte Auszug aus dem KTB des Schweren Kreuzers PRINZ EUGEN.

Wie bei allen Katastrophen oder ähnlichen Ereignissen weichen Augenzeugenberichte voneinander ab. Es ist daher sinnvoll, hier den Bericht der PRINZ EUGEN über das HOOD-Gefecht nach dem PE-KTB zu zitieren: »24.5.1941 05.50 Uhr treffen HOOD und KING GEORGE V. zusammen und laufen mit spitzer Lage und Höchstfahrt auf den Verband zu. Entfernung über 300 hm.

- 05.53 Uhr eröffnen HOOD und KING GEORGE V. aus einer Entfernung von 290 hm das Feuer auf den Verband.
- (Erst, d.V.) 05.55 Uhr wird das Feuer von PRINZ EUGEN und BISMARCK erwidert. Beide Schiffe beschießen zunächst die HOOD. Nach W. von Flotte: »Zielwechsel auf den Gegner am weitesten links« wurde erst nach der 6. Salve Zielwechsel von KING GEORGE V. durchgeführt. Beide Schiffe liegen nach der ersten Salve am Ziel (HOOD) auf dem 05.57 Uhr beim Aufschlag der 2. Salve der PRINZ EUGEN in Höhe vor dem achteren Mast ein sich schnell ausbreitendes Feuer beobachtet wurde, anscheinend Flugzeughalle oder Benzin.
- 05.59 Uhr: PRINZ EUGEN Zielwechsel auf KING GEORGE V.
- Artillerie liegt gut am Ziel. Zwei Treffer werden mit Sicherheit beobachtet. Ein kleiner Brand.
Wetter: 06.00 Uhr Wind Ost 3, bedeckt …
06.01 Uhr: Eine außerordentlich starke Detonation auf HOOD. Hohe Säule von Eisenteilen wird sichtbar. Eine schwere, schwarze Rauchwolke hüllt das schnell über das Heck sinkende, sich dabei um 180° drehende Schiff ein.* Beide Schiffe konzentrieren ihr Feuer nun auf KING GEORGE V. Dieser sieht sich zwischen uns und der sinkenden HOOD, nebelt sich ein und bricht den Kampf ab (Anmerkung: später hat die Skl den Namen KING GEORGE V. verbessert in PRINCE OF WALES. Während des Kampfes waren zu allen Seiten des Schiffes einschlagende schwere Granaten zu beobachten, die das Schiff selbst nicht trafen.
- 06.03/06.06/06.07 Uhr: weicht das Schiff Torpedolaufbahnen aus, deren Geräusche vom Horchraum laufend gemeldet worden sind, und es gelingt, sie alle (06.14 Uhr) auszumanövrieren.

Die Herkunft der Torpedos kann nicht einwandfrei festgestellt werden, zumal auch Flugzeuge in der Nähe waren. Bei der Lage und Entfernung konnten es nur Schüsse von der HOOD sein, deren Torpedos die größte Laufstrecke haben. Die Geräuschortung des Horchraumes war sicher. Die 2. und 3. Blasenbahn wurde vom Kommandanten außerhalb des Kommandostandes nach dem Durchgang beobachtet.

- 06.10 Uhr: Fliegeralarm Backbord achteraus.
- 06.20 Uhr: Feuer eingestellt.
- 06.21 Uhr: KING GEORGE V. (d.h. PRINCE OF WALES) eröffnet noch einmal kurz das Feuer. Die Aufschläge bleiben außerhalb des Bereichs der Schiffe.

Bemerkung: Während des ganzen Gefechts hielt sich der feindliche Schwere Kreuzer Stb. achtern auf und trat nicht in Erscheinung. Ebenfalls nicht der gemeldete Leichte Kreuzer an Bb.

- 06.25 Uhr: Verband geht auf 220° und setzt Vormarsch fort.
- 06.28 Uhr: Meldung des PRINZ-EUGEN-Kommandanten an Flottenchef: Keine Ausfälle.
- 07.05 Uhr: Funksignal Flotte: »Habe versenkt ein Schlachtschiff Quadrat 73 AD.« (Der FT wurde aber in der Heimat nicht empfangen [d.V.].)

---

* (Nach einem späteren Bericht laut Professor Dr.-Ing. Schneekluth heißt es zum Schicksal der Hood: »Die HOOD ist in der Mitte durchgebrochen, der Mittelteil sank, während beide Enden hoch aus dem Wasser herausragten. Eine Drehung um 180° ist hier schwer vorstellbar.«)

In den britischen War diaries heißt es zusammenfassend zum Gefecht: During the approach HOOD made »G.I.C.« followed by – »C.D.B.1« – just before opening fire 0552 1/2. Range approx. 25 000 yards, PRINCE OF WALES opened fire at 05.53. Bismarck replied with extreme accouracy on HOOD 2rd or 3rd salvos straddled and fire broke out in HOOD in the vicinity of the port after 4« gun-mounting. Lighter ship engaged PRINCE OF WALES. PRINCE OF WALES opening salvo was observed over, 6th was seen straddle. At this time PRINCE OF WALES hat five (5) 14« (= 35.5-cm)-guns in action. »Y«-turrel would not bear. Fire in HOOD spread PRINCE OF WALES's ninth salvo. HOOD had a further 2 blue flying when, at 0600, just after BISMARCK's 5th salvo, 2 huge explosion ocourred appearently between HOOD's after funnel and main mast and she sank in three or four minutes. HOOD had fired fire or six salvos but fall of shot was not seen. Possibly this coincided with firing of PRINCE OF WALES's gun. PRINCE OF WALES's starboard 5.25« (////)-battery was now in action. Course had to be altered to starboard to avoid remains of HOOD, meanwhile BISMARCK shifted main and secondary armement fire quickly and accurately onto PRINCE OF WALES. A heavy hit was feet almost immediately, and at 0602 compass platform was hit and majority of personnel killed. Navigating Officer was wounded. Commanding Officer was unhurt.

Die 5. Salve der BISMARCK traf und verursachte die Explosion auf der HOOD · Beobachter der PRINCE OF WALES – Ein Flammenberg über der »mighty HOOD«

Bradfords Buch »The mighty HOOD« [8] ist zu entnehmen, was auf der deutschen Seite nicht genau auseinander gehalten werden konnte. Die Granaten der eröffnenden Salve der BISMARCK[228] fielen voraus von der HOOD in die See, die der zweiten Salve der BISMARCK lagen zwischen der HOOD und der PRINCE OF WALES, und die dritte schien bei der HOOD deckend zu liegen.[229] Nach dieser Salve wurde auf dem Bootsdeck der HOOD Feuer beobachtet. Es ist höchstwahrscheinlich, daß eine Granate aus dieser Salve die HOOD traf. BISMARCKs vierte Salve fiel achteraus, und die fünfte schien sie wieder zu spreizen, also wieder zu überdecken, und zu treffen. Es war jedenfalls die fünfte Salve, die die BISMARCK auf 16 500 Yard Entfernung schoß, welche die HOOD in die Luft fliegen ließ.

Captain Phillips von der NORFOLK, der früher Artillerieoffizier auf der HOOD gewesen war und das Schiff daher genau kannte, glaubt, daß das Feuer nach BISMARCKs dritter Salve die Folge eines Treffers auf die Torpedorohrsätze auf dem Oberdeck gewesen sei. Als dann die Torpedorohre in die Luft gewirbelt wurden, habe er eine heftige Explosion und ein nicht großes, glühendes Feuer beobachtet. Einer der drei Überlebenden der HOOD, der Obergefreite R. E. Tilburn, war der einzige HOOD-Überlebende, der sich auf einer Station befand, die ihm während des Gefechts eine Beobachtung nach achtern erlaubte, während sich der überlebende Signalgefreite A. E. Briggs als persönlicher BÜ des dem Vizeadmiral Holland zugeteilten Flaggleutnants auf dem Kompaßdeck und der überlebende Fähnrich W. J. Dundas zur Verfügung des WOs auf der geschlossenen oberen Brücke befanden. Von der Brücke war keine Sicht nach achtern möglich. Nach Tilburn, welcher der Bedienungsmannschaft einer der 10.2-cm-Flak auf der Backbordseite angehörte, traf eine Granate der dritten Salve der BISMARCK in Nähe der an Backbord mittschiffs montierten U. P. Equipments.[230] Bei diesen U. P.-Equipments handelte es sich um erste Anlagen zur Verwendung einer Art Flugzeugabwehrraketen.[231] Zu fünf an der Zahl waren sie auf dem Oberdeck plaziert. Seitlich davon lagerten zehn Tonnen Bereitschaftsmunition. Sie waren in dünnen Stahlkästen verpackt, eine Maßnahme, die nur durch Zeitnot und Dringlichkeit zu erklären ist, stand doch diese Art Unterbringung im absoluten Widerspruch zu den Befehlen der Britischen Admiralität. Jedenfalls brach nach Tilburns Beobachtung sofort ein »ungestümes Feuer« aus, und ein Teil der 10.2-cm-Bereitschaftsmunition, die in der Nähe lagerte, begann zu explodieren.

Bradford argumentiert nun hier, daß ein Treffer von einer 38.0-cm-Granate nicht nur die 10.2-cm-Kartuschen, sondern auch die U. P.-Munition zur Explosion gebracht haben wird.

Es muß ferner gesagt werden, daß das Feuer auf dem Bootsdeck ein Corditefeuer war. Es war, wie Augenzeugen berichten, keine plötzliche Explosion. Die 10.2-cm-Bereitschaftsmunition und die U. P.-Munition hätten, wären sie von Splittern einer 10.2-cm-Granate getroffen worden, in diesem Falle ein Feuer hervorgerufen, das, um Bradfords Vokabel zu gebrauchen, »pulsiert« haben würde. Die Beobachtung von der PRINCE OF WALES bekräftigt, daß das Feuer, das nach der dritten Salve der BISMARCK ausbrach, rötlich oder orangefarben war. Captain Leach beschreibt es als eine ungeheure, aufgeblasene Lampe, und der zweite Artillerieoffizier der PRINCE OF WALES sagt in Bredfords Buch, daß der Rauch eine schwarz-gelbe Farbe gehabt habe.

Nach Aussage von Fähnrich Dundas, der während dieser Zeit an der Steuerbordseite der Brücke stand, wurde ein Corditefeuer auf dem Bootsdeck der Steuerbordseite nach der dritten Salve der BISMARCK an die Brücke gemeldet. Dieses wird auch durch den Signalgefreiten Briggs bestätigt, der hörte, wie der Artillerieseniorofffizier Vizeadmiral Holland meldete: »Treffer auf dem Bootsdeck und Feuer in den Kästen Bereitschaftsmunition.« Des Admirals Antwort (und zugleich seine letzten überlieferten Worte) war: »Leave it until the ammunition is gone.« Wenn also eine 38.0-cm-Granate der BISMARCK, deren 15-cm-SKs der 15-cm-Doppeltürme auf der Backbordseite ja auf die PRINCE OF WALES schossen, nach britischer Auffassung dieses Feuer nicht ausgelöst haben konnte, weil bei diesem Kaliber auch die U. P.-Munition mit hochgegangen wäre, dann kann dieser Treffer also nur von der PRINZ EUGEN mit ihrem 20.0-cm-Kaliber stammen.

Soviel ist klar, daß der Treffer auf Hoods Bootsdeck nicht das explosionsartige Ende des Schiffes herbeigeführt hat. Es war (oder waren) vielmehr der oder die Treffer der fünften SA-Salve der Bismarck, die den Schlachtkreuzer zerstört haben.

Jedenfalls wurde die Hood – auch daran besteht kein Zweifel, kurz nach Bismarcks Befehl an die Prinz Eugen, das Ziel zu wechseln – um 06.01 Uhr von einer Vollsalve der Bismarck überschüttet, und zwar in dem Augenblick, als auf der Hood gerade die fünfte Salve die Rohre verlassen hatte – oder verließ. Die Wassersäulen zweier Aufschläge [37] stiegen ganz dicht an der Hood empor. Fast gleichzeitig war zu sehen, wie auf dem britischen Schlachtschiff ein ungeheurer Flammenausbruch zwischen den Masten emporloderte, bis über 300 Meter hoch stieg, und in dessen Mitte ein großer weißglühender Ball in den Himmel schoß. Dieser vulkanähnliche Ausbruch dauerte nur eine oder zwei Sekunden, nach denen der Ort, an dem die Hood eben noch gestanden hatte, von einer ungeheuren Rauchwolke bedeckt war. Durch diese hindurch waren der Bug und das Heck zu erkennen, die jäh nach oben geschleudert wurden, als der mittlere Teil des Schiffes auseinanderbrach [37].

Als sich wenige Minuten darauf der Rauch verzog, war der Stolz der Royal Navy restlos verschwunden, als hätte das Schiff nie existiert:

»The mighty Hood«

die »mächtige Hood«

von Millionen Briten in Ehrfurcht und Liebe so genannt, »unbesiegbar«, schon fast zu Lebzeiten Legende geworden, starb in ihrem 21. Lebensjahr auf der Position 63° 20' Nord und 31° 50' West.

Wenn je ein Schiff mitten im Kampf sein Ende fand, so die Hood. Jeder Mann stand auf seiner Gefechtsstation. Mit 28 Knoten stürmte der Gigant durch die See. Er starb genau in dem Augenblick, als er und die Prince of Wales immer schneller nach Backbord drehten und die achteren Türme zum Tragen kamen. Einer von den achteren Türmen der Hood hatte gerade gefeuert, als die Katastrophe über die »Indestructible«, über die »Unsinkable« der britischen Flotte hereinbrach. Das erste Seegefecht ihres Lebens hatte ganze acht Minuten gedauert. Es begann mit einem Irrtum und gutem, aber nicht brillanten Schießen, das bei Peter Padfield in »Waffen auf See« [177] eine Erklärung findet (wie ebenso die Eröffnungsphase).[232] 95 Offiziere und 1323 Mannschaften nahm der Riese mit hinab ins nasse Grab. Was noch für einige Minuten sichtbar blieb, war schmutziger, graubrauner Qualm des auf der Wasseroberfläche brennenden Öls.

*

Wie auf der Prinz Eugen der Fortgang des Gefechts nach dem Zielwechsel vom II AO Schmalenbach beobachtet wurde, sei nachstehend rückblendend dargestellt: »Nach dem ›Zielwechsel links‹ können Gegnerfahrt und Lage stehenbleiben. Auch die Entfernung ist fast gleich. Wieder donnert eine Vollsalve hinaus, von deren Aufschlägen ein Teil kurz, der andere weit fraglich fällt. Da genau wie beim ersten Ziel der Wind den Rauch nach Süden treibt, klebt er an den Gegnerschiffen und erschwert oder, besser noch, verhindert eine genaue Beobachtung von Einschlägen hinter dem Ziel. Eine Gabelgruppe in 4 hm Abstand von Salve zu Salve klärt die Lage. Das neue Ziel ist einwandfrei mit der Standsalve wie auch mit der ersten Salve erfaßt. Das Einschießen ist beendet. Das Wirkungsschießen beginnt 05.59 Uhr, bei dem auf dem Gegner zwei Treffer und ein kleiner Brand beobachtet werden. Die Entfernung ist durch die sich etwas nähernden Kurse auf 160 hm abgesunken. Die Beobachtung ist erschwert, weil die Mittelartillerie (MA genannt) der Bismarck gleichzeitig gegen diesen Gegner feuerte.[233] Nun fällt auch noch die schwere Flak der Prinz Eugen ein, während sich der Gegner, also die Prince of Wales, auf einmal diesseits eines sinkenden Schiffes entlangzieht.

Hoch ragt das Vorschiff in einem Winkel von 30° aus dem Wasser, ein Anblick, den niemand vergessen kann. Nur kurz schweifen die Gedanken des I AO zu diesem auch von ihm vorher beschossenen Gegner ab …« Soweit der II AO. Von der Brücke der Prinz Eugen bot sich für den Kommandanten und seinen Stab ein noch dramatischeres Bild: Es war kurz nach dem schon oben geschilderten Zielwechsel und nach dem Einschlagen einer gegnerischen Salve im Kielwasser des Schweren Kreuzers, als Kapitän zur See Brinkmann einen neuen Abschuß auf der Hood erwartete … Er beobachtet, wie auf dem Gegnerschiff eine Vollsalve der Bismarck einschlägt. In Höhe der achteren Türme bricht ein Flammenberg aus dem gegnerischen Spitzenschiff heraus. Ein feuriger Kegel bildet sich in 200 … 300 Meter Höhe. Aus diesem quillt explosionsartig schwarzer Rauch heraus, und durch diesen grauschwarzen Pilz schießen weiße Sterne, wohl weißglühende Geschosse, die durch die Kraft der explodierenden Treibmunition emporgeschleudert werden. Ein großer Gegenstand, vermutlich ein ganzer 38,1-cm-Turm, wird durch die Luft gewirbelt und fällt links vom Schiff ins Wasser, wo eine zweite, weiße Rauchsäule aufsteigt.

Entsetzen packt alle, Freund und Feind. Was sie erleben, wirkt wie eine Szene aus einem Kolossalgemälde über den Weltuntergang.

Als sich die Detonationswolke verzogen hat, ist von der HOOD nichts mehr zu sehen. Eine 38.0-cm-Panzersprenggranate der BISMARCK hatte den zu dünnen Deckspanzer durchschlagen und war in einer der achteren Munitionskammern des englischen Schlachtkreuzers explodiert: Dasselbe Schicksal, das in der Skagerrakschlacht die britischen Schlachtkreuzer INDEFATIGABLE, QUEEN MARY und INVINCIBLE ereilt hatte – Entzündung der eigenen Munition im Schiffsinnern durch einen panzerdurchschlagenden Treffer – traf auch dieses Schiff, die MIGHTY HOOD. Ihre langfristig (!) vorgesehenen Umbauten (um das Schiff einerseits um 4 000 ts zu leichtern und andererseits die so gewonnenen Gewichte für den zusätzlichen vertikalen und horizontalen Binnenschutz zu nutzen)[234] mußten, im Februar 1939 begonnen, mit Kriegsbeginn unterbrochen werden.

Wie sah die andere Seite das Ende der HOOD? Wie erlebten die Überlebenden den Untergang? Und welche Ursachen führten zu einem derart schnellen Ende des Riesen, den die Briten als den »Stolz der Royal Navy« bezeichneten? Mit Einzelheiten zu diesen Fragen hat sich der Autor der britischen Edition »The mighty HOOD«, Ernle Bradford [8], befaßt. Sie werden nachstehend zitiert, ergänzt durch weitere Aussagen der drei Überlebenden, die in »The Sunday Express«, London, am 21. Mai 1961, also 20 Jahre später, veröffentlicht wurden:

Die Granate der fünften BISMARCK-Salve traf in fast derselben Position wie der vorangegangene Treffer nach der dritten Salve des deutschen Schlachtschiffes: das Bootsdeck, dem Großmast nur ein wenig näher. Es ist auch möglich, daß die HOOD bei dieser fünften Salve von mehr als nur einer Granate getroffen wurde. Es wird als durchaus denkbar angesprochen, daß der Einschlag einer zweiten 38.0-cm-Granate, welche die HOOD empfindlich traf, von den Beobachtern auf der NORFOLK und der PRINCE OF WALES gar nicht gesehen werden konnte. Dieser (oder diese) Treffer verursachte(n) eine ausgedehnte Explosion, aber, seltsam genug, nur wenig Lärm. Alle Informanten sind sich darüber einig, daß eine erschreckende, unirdische Stille jener Salve zu folgen schien, welche die HOOD auseinanderriß.

Wenn nun eine Granate das Deck in der Nähe des Großmastes durchstanzt hat, dann lag die nächste Munitionskammer für die 10.2 cm nur 65 Fuß (= 19.812 m) achteraus vom Großmast. Man kann sich vorstellen, daß eine Explosion im Innern dieser Munitionskammer den Verlust des Schiffes verursacht haben könnte. Wahrscheinlicher aber ist, daß, wenn schon eine 10.2-cm-Munitionskammer in die Luft flog, auch eine Munitionskammer für 38.1-cm-Granaten von dieser Explosion erfaßt wurde. Diese Kammer aber enthielt 112 Tonnen Cordite, genug also, um den Schiffsboden der HOOD auseinanderzureißen. Eine solche Explosion würde auch den so plötzlichen und erschreckend schnellen Untergang erklären. Die drei Überlebenden erinnern sich genau an die seltsame, befremdende Stille, welche die HOOD nach dem (oder den) Treffer(n) der fünften Salve der BISMARCK umfloß. Der Signalgefreite Briggs hört außerdem heute noch, wie der Wachoffizier, ein paar Sekunden, bevor er sich im Wasser wiederfand, sagte: »Kompaß ist ausgefallen« (»compass is gone«). Der hier in Frage kommende Kompaß war ein auf der Kompaßplattform montierter Tochterkompaß. Die Tatsache, daß er plötzlich ausfiel, läßt einen Treffer vermuten, der möglicherweise sogar den Mutterkompaß der Kreiselkompaßanlage zerstört hatte. Diese Anlage befand sich im Innern des Schiffes, und zwar tief unter der Wasserlinie.

Der Obergefreite Tilburn, der auf dem Bootsdeck stand, erinnert sich an eine furchtbare Erschütterung nach dem Treffer der fünften Salve, an eine Menge grauen Rauchs und an eine apokalyptische Flammenwand. Der Erschütterung folgte ein Geräusch, als hätten die Kanonen der HOOD gerade gefeuert.[235] Dann war plötzlich eine tödliche Stille. Briggs heute über seine Rettung: »Es kann nur ein eiskalter Hauch des Zufalls gewesen sein, der mich rettete, denn jeder andere, der sich mit mir auf der Kompaßplattform befand, wurde im Augenblick getötet.«

Und auf der Brücke, auf Fähnrich Dundas Gefechtsstation? Irgendeiner war an Deck geschleudert worden. Die Erschütterung hatte ihm einfach den Boden unter den Füßen weggerissen. Nur dem Fähnrich, der sich durch ein Bullauge der Brücke zwängte, als sich das Schiff überleg-

H.M.S. Hood am 24. Mai 1941 im Feuerhagel der schweren Kaliber von Bismarck und Prinz Eugen, deren Mündungsfeuer und Höchstfahrtrauchwolken in 140 Hektometer (14 km) Entfernung sichtbar sind. (Gemälde von Walter Zeeden)

te und sank, gelang die Flucht aus dem Schiff. Wie die beiden anderen überlebenden Kameraden, so erlebte auch er mit wachen Sinnen die der Explosion folgende Stille. Er sagte dem Autor des Buches »The mighty Hood«: »Es gibt keine mit dem Verstand zu erfassende Erklärung für meine Rettung. Es war einfach Glück. Seit diesem Tage glaube ich fester denn je an Gott.«

Jedenfalls, das ergaben die Untersuchungen, befand sich die Hood, als sie den tödlichen Treffer erhielt, noch in Höchstfahrt. Wenige Sekunden später fanden sich die Überlebenden im Wasser wieder. Sie kamen wieder an die Oberfläche und retteten sich an treibende Gegenstände, die in der Umgebung der Untergangsstelle aufschwammen. Kapitänleutnant Terry von der Prince of Wales glaubt an der Steuerbordseite der Hood die Spanten des Schiffes gesehen zu haben, als es sich auf die Backbordseite wälzte, auseinanderbrach und zu versinken begann.

Der achtere Teil des Schiffes zeigte ein »völlig in sich verdrehtes Gefüge aus bloßgelegten und verbogenen Spanten«.

Der Obergefreite Paton von der Prince of Wales sagt, daß er kurz vor dem Ende der Hood gezackte Teile am Heck des sinkenden Schlachtkreuzers gesehen habe, dann, daß ihr (der Hood) Vortopp nach rückwärts fiel und ihr Heck sich nach vorne schob. Danach sei das Schiff plötzlich weggewesen.

Andere Beobachter auf den drei britischen Schiffen sahen unmittelbar nach der Explosion riesige Schiffsteile in der Luft: Teile vom Großmast, den Hauptkran, eine 38.1-cm-Kanone und einen Geschützturm der SA.

Tilburn, der in die See hinabgezogen wurde, als die Hood in die Tiefe fuhr, und der für volle zwei Minuten alle Phasen eines Ertrinkenden an sich erlebte, wurde, als er wieder an die Oberfläche kam, durch auf dem Wasser schwimmendes Heizöl, durch den dicken Dufflecoat und die schweren Seestiefel beim Schwimmen behindert. Er hatte sich gerade zehn Meter durch das Wasser gearbeitet, als sich einer von Hoods an einer schwimmenden Holzrah befestigten Antennendrähten um seine Füße wickelte. Fast im gleichen Augenblick, da ihm drohte, ohnmächtig zu werden, gelang es ihm, das in Höhe der Hüfte sitzende Bordmesser zu finden und herauszuziehen. Mit zwei kräftigen Schnitten durchtrennte er die Drähte und befreite seine bewegungslos gewordenen Füße von dem Gewirr. Halb erstickt arbeitete er sich nun aus dem immer größer werdenden Ölfleck heraus. Vier Stunden später nahm ihn der britische Zerstörer ELECTRA auf. Hier an Bord berichtete er noch Einzelheiten, die für die Erforschung der Ursache des schnellen Untergangs der HOOD wesentlich sind, nämlich: daß er, als er wieder an die Wasseroberfläche gekommen war, lange Rohre aus der Luft in die See stürzen sah. Fachleute sind der Auffassung, daß es sich hier um Rohre aus den Bilgen gehandelt haben muß. Die Tatsache, daß diese Rohre überhaupt losgerissen und aus dem unteren Schiff nach draußen geschleudert wurden, bestätigt Umfang und Wucht der Zerstörung des Schiffskörpers.

Es ist wahrscheinlich, so schließt Bradford das Kapitel »post mortem« in seinem Buch, daß BISMARCKs fünfte Salve zu einer Explosion in den hinteren Munitionskammern der HOOD geführt hatte. Nur die Explosion auch der 38.1-cm-Kartuschen konnten eine solche ausgedehnte und so plötzliche Wirkung haben. Die Granate der BISMARCK hatte eine Mündungsgeschwindigkeit von 2 721 bis 3 150 Fuß, also von 829 bis 959 m in der Sekunde. Experten halten es für durchaus möglich, daß die HOOD aber auch von einer 20.3-cm-Granate getroffen worden sein kann, die mit 3 050 Fuß in der Sekunde, das sind 929 Metersekunden, den 12 Zoll starken Gürtelpanzer durchschlagen und dann in die Munitionskammern eindringen konnte. Wenn aber – und das ist eine andere, weitere Überlegung – diese Granate nur eine Mündungsgeschwindigkeit von 2 721 Fuß in der Sekunde hatte, dann konnte sie nur an einem bestimmten Punkt in das Schiff einbrechen: nämlich zwischen dem 12-Zoll-Panzer und der flachen Sektion des Hauptschutzdecks. Es gibt aber noch eine dritte Version: Danach könnte die Granate mit einem Verzögerungszünder von 55 Fuß, also 16 Meter, vor dem Schiff ins Wasser gefahren und unterhalb des Gürtelpanzers in den unter Wasser liegenden panzertechnisch ungeschützten Schiffskörper der HOOD eingedrungen sein.

Und die drei Überlebenden, um noch einmal auf sie zurückzukommen, auf jene Männer, die bei der Premiere des britischen Films über die BISMARCK[236] als Ehrengäste in die Logen gebeten wurden, die man immer wieder, wenn das Ende der HOOD aktuell wurde, vor die Fernsehkameras zitierte und als Helden feierte, sagen: »Helden? Kaum. Alles, was wir nach der Explosion taten, war, daß wir unser eigenes Leben retteten.«

Über die Treffer der BISMARCK auf der HOOD und deren Auswirkungen dürfte damit das Optimale an einer Rekonstruktion der Katastrophe für das Schiff erzielt worden sein, unklar dagegen ist die in Verbindung mit dem 06.01 Uhr erfolgten vernichtenden Treffer auf der HOOD in verschiedenen Publikationen erwähnte Kursänderung um 20° nach Backbord, die in den dort beigegebenen Kartenskizzen mit 05.55 Uhr eingezeichnet ist und mit dieser Uhrzeit auch in den textlichen Darstellungen Erwähnung findet. Daß 05.55 Uhr beim Gegner tatsächlich bereits eine Kursänderung vorgenommen wurde, beweisen auch die Unterlagen der Beobachter auf der PRINZ EUGEN. Also müßte um 06.00 Uhr herum eine neuerliche Kursänderung von dem britischen Admiral befohlen worden sein, möglicherweise sogar, um sich dem den britischen Berichten zufolge gut liegenden deutschen Feuer zu entziehen. Beweisführend für die im Augenblick der Explosion auf der HOOD begonnene Kursänderung des britischen Verbandes ist die Tatsache, daß die PRINCE OF WALES ein Ausweichmanöver fahren mußte, um nicht mit dem Wrack der HOOD zu kollidieren. Da beide Schiffe nicht in Kiellinie, sondern in Steuerbordstaffel fuhren, wäre eine solche Gefahr ohne Kursänderung nie entstanden.[237]

Mit gewaltiger Detonation fliegt am 24. Mai 1941 um 06.15 Uhr H.M.S. Hood in die Luft. Nur drei von 1 419 Mann Besatzung überleben. Im Vordergrund das mehrfach getroffene Schlachtschiff Prince of Wales. (Gemälde von Walter Zeeden)

Die Lage danach

Alle 15 Sekunden »Feurige Zungen« über der BISMARCK ·
PRINZ EUGEN contra PRINCE OF WALES ·
Britische Salven liegen zu kurz · PRINCE OF WALES läuft ab · Lütjens verzichtet auf Verfolgung und Versenkung – er wußte nicht, daß der Gegner die PRINCE OF WALES war

Kapitän zur See Brinkmann, Kommandant der PRINZ EUGEN wird, es ist genau 06.03 Uhr, von der Betrachtung des dramatischen Bildes beim Ende der HOOD abgelenkt, denn in diesem Augenblick melden die Männer der Horchgruppe »Torpedogeräusche an Backbord«.[239] PRINZ EUGEN dreht mit Hartruder nach Steuerbord, und ein Winkspruch unterrichtet den Hintermann, der seinerseits auch nach Steuerbord abfällt. So steht die BISMARCK vorübergehend Steuerbord achtern von der PRINZ EUGEN. Es ist für alle Beobachter auf dem Schweren Kreuzer ein erregendes Bild, zu sehen, wie das Schlachtschiff mit hoher Fahrt dahinbraust. Seine Türme zeigen hart Backbord achteraus. Etwa alle 15 Sekunden speien lange, feurige Zungen aus den Mündungen der 38-cm-Rohre und etwa alle neun Sekunden aus den Rohren der 15-cm-Mittelartillerie. Dann drehen beide Schiffe wieder auf den Gegner zu. Bei diesem Manöver schiebt sich das Flaggschiff noch näher an den Gegner heran und verdeckt diesen für kurze Zeit für die Sicht auf dem Schweren Kreuzer. Aufschläge der PRINCE OF WALES veranlassen es, wieder zurückzudrehen, so daß der Gegner für den »kleinen Bruder« wieder freikommt. Vier- oder fünftausend Meter achteraus schlagen mehrfach Geschosse ein. Es sind Aufschläge der 20,3-cm-Granaten der NORFOLK, die sich vergeblich bemüht, wirksam in das Gefecht einzugreifen. Offensichtlich hat sie keinen Fahrtüberschuß, um die Gefechtsentfernung zu den deutschen Schiffen zu verringern. Der vierte Gegner, die SUFFOLK, steht (laut britischem War Diary) weit im Norden und ist nicht zu sehen. Dazwischen gibt es Fliegeralarm. Ein Catalina-Flugboot (US-Typ) umkreist den Verband. Die Besatzung wird Zeuge eines für die eigenen Seestreitkräfte so entsetzlichen Geschehens. PRINZ EUGENS II AO notiert den weiteren Gefechtsverlauf nach der Explosion der HOOD wie folgt: »Noch nimmt die Entfernung ab. 140 Hundert«, meldet der E-Meß-BÜ. Zwei eigene Treffer werden beobachtet. Ab dann ist eine Trennung der Aufschläge nicht immer möglich, da nach dem Ende der HOOD die BISMARCK nun auch mit der Schweren Artillerie auf den zweiten Gegner feuert. Bei der 28. Salve dreht die PRINZ EUGEN so stark ab, daß der Vormars durch Schornsteingase stark behindert wird. Die Leitung geht auf den achteren Stand, auf den Oberleutnant zur See d. R. Albrecht über.[240] Unter der erdrückenden Wucht der nun pausenlos auf den Gegner hinfallenden Schläge zieht sich das britische Schlachtschiff zurück.

PRINCE OF WALES, die in stumpfer Steuerbordstaffel zu ihrem Flaggschiff gefahren war, hat nach dem Untergang der HOOD hart um das Wrack und Trümmerfeld herum auf südlichen Kurs gedreht, brennend und schwarz qualmend. Verzweifelt sucht sich das Schlachtschiff mit den Rohren seines achteren Vierlingsturmes zu wehren. Paarweise heben und senken sie sich.[241]

Als auf der BISMARCK bei allen Stellen die Vernichtung der HOOD bekannt wird, gehen die Wogen der Erregung und der Freude hoch. Man hört Jubel- und Hurrarufe, und es kostet die Vorgesetzten auf den einzelnen Gefechtsstationen Mühe, die Soldaten wieder zur Ordnung zu rufen und daran zu erinnern, ihre Pflicht auf ihren Gefechtsstationen wie bisher zu erfüllen.

Einmal muß das Feuer der PRINZ EUGEN unterbrochen werden, da BISMARCK durch eine eigene starke Drehung in die Schußrichtung einläuft. Danach donnern die Türme weiter, bis bei einer Entfernung von 220 hm der Befehl zum Feuereinstellen kommt. Die letzten der bis 06.21 Uhr von der ablaufenden PRINCE OF WALES gefeuerten Salven[242] lagen erheblich zu kurz. BISMARCK und PRINZ EUGEN machen keinen Versuch, dem mehrfach getroffenen und in Wirklichkeit nicht mehr voll gefechtsfähigen Gegner zu folgen. Berichten Überlebender[243] zufolge soll es im Kommandostand der BISMARCK dieserhalb zu einer Auseinandersetzung zwischen dem Flottenchef, Admiral Lütjens, und dem Kommandanten, Kapitän zur See Lindemann, gekommen sein. Während danach Lindemann für eine Verfolgung und Vernichtung des sich offenkundig absetzenden Gegners eintrat, lehnte es der

Flottenchef ab, das Gefecht fortzusetzen. Eine Begründung, übrigens typisch für den schweigsamen Lütjens, gab der Flottenchef nicht, auch nicht, als Lindemann, so berichten Überlebende, erneut seinen Befehlshaber bedrängte, doch den zweifellos sicher scheinenden weiteren Sieg nicht zu verschenken.

Eine rückschauende Betrachtung, die von allem Persönlichen absieht und nach dem wirklichen, das heißt dem sachlichen Grund dieser Differenzen forscht, wird zu dem Ergebnis kommen, daß der Konflikt fast zwangsläufig aus der verschiedenen Dienststellung der Beteiligten erwuchs. Ein Schlachtschiffkommandant, der den Flottenchef an Bord hat, hat im Gefecht ausschließlich taktische Aufgaben, da die Operationsführung der Admiral und sein Stab hat. Daß es rein taktisch und operativ und strategisch richtig gewesen wäre, nun auch noch die PRINCE OF WALES zu versenken, unterliegt keinem Zweifel, und auch ohne genaue Nachrichten über die Einzelheiten der Auseinandersetzung darf als selbstverständlich vorausgesetzt werden, daß auch Admiral Lütjens eine Verfolgung und Versenkung der PRINCE OF WALES als die vom ausschließlich taktischen Standpunkt aus richtige Maßnahme angesehen hat. Seine Stellung als Flottenchef verpflichtete ihn aber, den strategischen Überlegungen der Skl, d.h. Raeders, einen höheren Rang einzuräumen. Welche Überlegungen ihn nun dahin führten, das taktisch Naheliegende zu unterlassen, wird noch erörtert werden, wobei freilich die Frage offenbleibt, ob in diesem besonderen Fall das taktisch Richtige nicht auch das strategisch Richtige gewesen wäre.

Wir sind hier nur auf Vermutungen angewiesen. Kalkulierte der Flottenchef bei einem Verfolgungsgefecht auf die inzwischen ausgelaufenen anderen Einheiten der Home Fleet zu stoßen?

So nahe diese Frage liegt, insbesondere bei dem zunächst auf Scapa zu zielenden Ablaufkurs der PRINCE OF WALES, so muß sie doch zurückgewiesen werden, da die Home Fleet nach deutscher Luftaufklärung am 22. noch in Scapa lag und für die Überlegungen des Flottenchefs eigentlich erst nach den FTs der Fühlunghalter in der Dänemarkstraße ausgelaufen sein könnte. In Wirklichkeit stand das am 22., am späten Abend, in See gegangene, später noch durch die REPULSE verstärkte Gros der Home Fleet[244] 06.00 Uhr am 24. Mai bereits südlich von Island, etwa in der Mitte zwischen Scapa und dem Gefechtsort. Die Entfernung zur Untergangsstelle der HOOD betrug ca. 540 sm, die in etwa 20 Stunden Höchstfahrt entsprechen. Diese entgegen den Vermutungen von Lütjens an sich viel nähere Position der Home Fleet war den Deutschen nicht bekannt, sie hätte sich aber bei einer Gefechtsverfolgung auch nie dahingehend auswirken können, daß es zu einem Zusammentreffen mit Toveys Verband noch vor einer Vernichtung der PRINCE OF WALES gekommen wäre. Daran ist wohl kein Zweifel, daß sich ein Verfolgungsgefecht bis zur Vernichtung der, wie wir heute wissen, schwer angeschlagenen PRINCE OF WALES höchstens zwei bis drei Stunden hingezogen haben würde. Stellen wir drei Stunden als Maximum in Rechnung, dann wäre die BISMARCK-Gruppe ca. 70 bis 80 sm nach Scapa gezogen worden, während Toveys Flotte selbst bei AK-Marsch sich nur ca. 90 sm genähert hätte. Es wären also noch immer fast 300 sm Distanz oder mindestens zehn Stunden AK-Fahrt zwischen den beiden Kampfgruppen geblieben.

Wie ein späteres FT des Flottenchefs erkennen läßt, hat dieser nicht gewußt, die praktisch werftneue, aber noch nicht zufriedenstellend erprobte PRINCE OF WALES vor sich zu haben, sondern die nur etwas ältere KING GEORGE V., ein Schwesterschiff der PRINCE OF WALES, derzeitiges Flaggschiff der Home Fleet. Ob Lütjens das Gefecht fortgesetzt haben würde, hätte er auch nur geahnt, daß das Ziel die noch immer im Probefahrtverhältnis stehende PRINCE OF WALES war, ein Neubau, dessen Artillerie erst drei Wochen zuvor von der Herstellungsfirma abgenommen worden war und auf dem sich neben einer völlig uneingefahrenen Besatzung sogar noch Werftpersonal befand, möchte man auch dann mit einem Nein antworten, sah doch der Flottenchef nunmehr den Weg in den Atlantik frei, in der Fortführung des Gefechts aber einen Widerspruch zu den ihm gegebenen Befehlen und Weisungen. Da das Risiko weiterer Treffer nicht auszuschalten war, blieb bei einer Gefechtsfortsetzung auch die Gefahr akut, unter Umständen die Operation abbrechen zu müssen. Ferner hätte er seine Munition so weit verschossen, daß für die mit ziemlicher Sicherheit zu erwartenden weiteren Gefechte keine Reserven blieben. Diese Erkenntnis dürfte auch ein nicht unwichtiger Faktor der Lagebeurteilung von Lütjens gewesen sein. Der Abbruch des Gefechts, der befohlen wurde, als Lütjens noch kein klares Bild über die Auswirkungen der Treffer an Bord der BISMARCK hatte, wird also im wesentlichen in der konsequenten Befolgung der Weisungen der Skl und des Operationsplanes zu suchen sein, nämlich Handelskrieg zu führen und allen nicht in unmittelbarem Zusammenhang mit dem Zufuhrkrieg stehenden Gefechten auszuweichen. Wir dürfen sogar annehmen, wenn man an das Gespräch zwischen Lütjens und Marschall in Kiel denkt, daß Lütjens gegen seine innere Überzeugung und gegen seine innere Lagebeurteilung gehandelt haben könnte, als er, ein so kluger Taktiker, dem ablaufenden Gegnerschlachtschiff nicht folgte, nur, um sich nicht (wie seinerzeit Wilhelm Marschall vor Norwegen) ebenfalls in Widerspruch zu den (seine Handlungsfreiheit am Ort einengenden) Befehlen der Skl auszusetzen.

Sieben Treffer auf der PRINCE OF WALES · Brückentreffer tötet Brückenpersonal · Vorderer Leitstand ausgefallen · Granate schaltet Flugzeugstart aus · Treffer in Höhe der Wasserlinie · 500 t Wasser im Schiff · Blindgänger im Geschoßbeladungsraum · Laufend Artillerie-Versager auf PRINCE OF WALES · 8/10 der PRINCE OF WALES-SA ausgefallen · Schmalenbachs Nachkriegserkenntnisse

Die noch in der Erprobung stehende PRINCE OF WALES hatte, noch mit Werftleuten an Bord, erst von der PRINZ EUGEN und dann in rascher Folge auch von der BISMARCK Treffer erhalten. Da das Schiff in einem Wald von Fontänen stand, konnten die Treffer deutscherseits nicht genau zugeordnet werden. Auf der anderen Seite erschwerten diese Wasserfontänen der PRINCE OF WALES die Feuerleitung.

Soviel steht anhand der britischen Unterlagen heute fest: Von der BISMARCK erhielt die PRINCE OF WALES vier 38.0-cm-Treffer, von der PRINZ EUGEN drei vom Kaliber 20.3 cm:

1. Eine der 38.0-cm-Granaten durchschlug die Brückenaufbauten und Anlagen. Sie tötete fast das gesamte Brückenpersonal, mit Ausnahme des Kommandanten und des Obersignalmeisters, und zerstörte einen großen Teil der Feuerleitanlage. Im Koppelraum unter der Brücke floß das Blut aus dem von oben herabführenden Sprachrohr auf den Kartentisch.

2. Eine andere 38.0-cm-Granate traf die Aufbauten am und unterhalb des vorderen Artillerieleitstandes der Mittelartillerie und brachte ihn zum Ausfall; daraufhin übernahm der achtere Leitstand die Feuerleitung.

3. Am Flugzeugkran, wo gerade eines der Bordflugzeuge zum Einsatz für Zielbeobachtungen katapultiert werden sollte, detonierte ein weiterer Treffer. Der Offizier an der Flugzeugschleuder hatte die Flagge schon hochgehoben, um sie anschließend als Zeichen für den Flugzeugstart zu senken, als die Granate einschlug. Der Detonationsdruck schleuderte ihn zur Seite und zu Boden. Nachdem er wieder zu sich gekommen war, stellte er Beschädigungen an beiden Tragflächen durch Splitter fest.

Das erst im Mai 1939 vom Stapel gelaufene 35 000-Tonnen-Schlachtschiff PRINCE OF WALES greift mit seinen 10 Geschützen vom Kaliber 35,6 cm ebenfalls in das Gefecht ein, läuft jedoch nach Volltreffern, auch in die Kommandobrücke, stark qualmend und werfttreif geschossen, ab.

Er ließ die Besatzung sofort aussteigen und katapultierte das wegen seiner vollen Benzintanks gefährlich gewordene Wrack in die See.

4. Als die PRINCE OF WALES in ihrem Stützpunkt eingelaufen war, entdeckte man eine vierte schwere Granate; sie war tief unterhalb der Wasserlinie in das Schiff eingedrungen, hatte mehrere Splitterschotten durchschlagen und war schließlich, ohne zu detonieren, in der Nähe eines Dieseldynamoraumes liegengeblieben.

5. und 6. Zwei 20.3-cm-Granaten hatten das Schiff achtern in Höhe der Wasserlinie getroffen; die Bordwand war durchlöchert worden, und durch Vollaufen einer Anzahl von Räumen kamen etwa 500 t Wasser ins Schiff.[245]

7. Eine Granate, die dritte vom Kaliber 20.3-cm, drang in ein 13.2-cm-Geschoßbeladungsmagazin ein, fuhr in diesem kleinen Raum einige Male wild lärmend hin und her und blieb, ohne zu detonieren, und ohne auch nur einen Mann gestreift zu haben, in einer Ecke liegen. Nach dieser britischen Schilderung der Trefferwirkungen auf der PRINCE OF WALES ergibt sich die Erkenntnis, daß gerade jene zwei Treffer, die den Wassereinbruch verursachten, nicht von der BISMARCK, sondern von der PRINZ EUGEN erzielt worden waren. Damit dürfte auch die in der MDV 601 aufgeworfene Frage beantwortet sein, daß es richtig war, einen Schweren Kreuzer der ADMIRAL-HIPPER-Klasse an der Unternehmung teilnehmen zu lassen, auf der mit einem Zusammenstoß mit britischen Großkampfschiffen gerechnet werden mußte.

Abgesehen von den Treffereinwirkungen ereigneten sich auf dem modernsten britischen Schlachtschiff während des Gefechts laufend Versager. Zusammenfassend waren das: Einmal fiel das eine, dann wieder das andere Rohr für eine oder zwei Salven aus. So kam es vor, daß bei einer Salve immer nur drei statt fünf Geschütze der vorderen Vierlings- und Zwillingstürme schossen, nachdem ein Rohr des vorderen Vierlingsturmes gleich nach der ersten Salve gänzlich ausgefallen war. Daß, wie in verschiedenen Publikationen behauptet,[246/1] auf der PRINCE OF WALES ein schwerer Turm nach der ersten Salve und ein anderer nach der HOOD-Versenkung geklemmt haben

Die feuernde BISMARCK, hinter ihr die turmhohe Wassersäule einer einschlagenden 38-cm-Granate und die gewaltige Sprengwolke der detonierenden HOOD, fotografiert vom 1. Artillerieoffizier der PRINZ EUGEN.

soll, trifft nach britischen Quellen nicht zu. Seit dem Abdrehen aber klemmte der Geschoß-Ringwagen des achteren Vierlingsturmes. Bis zur Beseitigung der Störungen hatten die vier Kanonen dieses Turms nur noch zwei Chargierungen Granaten. Eine schlimme Situation mitten im Gefecht.

Nicht unerwähnt soll bleiben, daß Korvettenkapitän Schmalenbach am 15. Februar 1946, als er an Bord der nach den USA übergeführten, in Philadelphia liegenden PRINZ EUGEN weilte, von einem Lt.Cdr., dessen Name bis jetzt nicht zu ermitteln war, erfuhr: Der 38.0-cm-Treffer auf der Brücke der PRINCE OF WALES habe zur Folge gehabt, daß beide vorderen Türme, also der Vierling und der Zwilling, durch die Erschütterung aus ihren Rollenrahmen sprangen und somit blockiert worden waren. Ein Seitenrichten dieser Türme wäre ab nun nicht mehr möglich gewesen. Damit waren also 6/10 der SA von PRINCE OF WALES ausgefallen. Später klemmte dem achteren Vierlingsturm die Munitionsversorgung für zwei Rohre, so daß nur noch zwei Rohre schießen konnten, womit bei dem Gegner 8/10 ihrer PRINCE OF WALES-SA ausgefallen waren. Der betreffende amerikanische Offizier hat Korvettenkapitän Schmalenbach über das Gefecht aus seiner Sicht ausgefragt und dabei zugegeben, die PRINCE OF WALES nach dem Gefecht besucht zu haben, als sie zur Reparatur in einer amerikanischen Werft lag.246/2 Der Amerikaner fragte Schmalenbach noch, ob die deutschen Schiffsführungen alle diese Einzelheiten gewußt oder geahnt hätten und, als dieser verneinte: was diese im zutreffenden Falle getan hätten. Schmalenbach: »Ich konnte ihm nur sagen: Hinterher und wie die MIGHTY HOOD auch noch versenken.«

Wenn auch an Bord der beiden deutschen Schiffe ganz klar zu erkennen gewesen ist, daß es Treffer erhalten hat und auch, daß sie mit den Trefferfolgen zu kämpfen hatte, so konnte niemand ahnen, daß dieser Gegner so schwer zusammengeschossen war. Der Flottenchef wäre vielleicht doch zu dem Entschluß gekommen zu versuchen, auch diesen Gegner zu vernichten.

Zu diesen Widersprüchen sei abschließend noch zu sagen: Wenn man die ausländischen Publikationen werten will, sollte man nicht übersehen, daß auch Captain Grenfell wahrscheinlich die Einsichtnahme nicht in alle, die Unternehmung gegen die BISMARCK und PRINZ EUGEN betreffenden Geheimunterlagen bei der Admiralty gestattet wurde.

In diesem Zusammenhang ist der »Fall U 110« bemerkenswert: Das Boot wurde am 9. Mai 1941 von einem Prisenkommando des britischen Zerstörers BULLDOG geentert, nachdem vorher der zum Boot zurückschwimmende Kommandant, Kapitänleutnant Fritz-Julius Lemp, wehrlos im Wasser schwimmend, erschossen, die überlebende Besatzung gefangengenommen und auf dem Zerstörer unter Deck gebracht worden war. Das Enterkommando erbeutete alle vor dem Aussteigen – welch ein Leichtsinn – nicht vernichteten Geheimsachen, darunter die Schlüsselmaschine »M«, den für die nächsten Wochen gültigen Tagesschlüssel und die nicht minder geheimen Quadratkarten. Zwar gelang es nicht, das Boot abzuschleppen, wohl aber lieferte man die wertvollen Geheimsachen ab. Für die nächsten Wochen konnten nach dem Einbringen der erbeuteten Unterlagen und der Auswertung der gefundenen Geheimsachen in BP (= Bletchley Park) alle die U-Boote betreffenden Funksprüche des BdU problemlos mitgelesen werden, nach Auslaufen des Tagesschlüssels war die Dekodierung leichter denn je (vorerst, denn später wurde in den Schlüssel M eine weitere Walze eingebaut). Weitere Einzelheiten siehe im Heyne Taschenbuch: J. Brennecke: Die Wende im U-Boot-Krieg 1939–1943 [17, 17b]).

Die Erbeutung der U-110-Geheimsachen blieb auch auf das Unternehmen »Rheinübung« nicht ohne Folgen. Dem Gegner wurden prompt die Positionen sämtlicher deutscher Versorgungs-Schiffe für die BISMARCK und die PRINZ EUGEN bekannt; der größte Teil dieser Einheiten wurde gestellt, konnte aber noch rechtzeitig durch Selbstversenkung vor einer Erbeutung ausgeschaltet werden. Für die Versorgung der BISMARCK und der PRINZ EUGEN selbst kamen die erbeuteten Geheimsachen offenbar zu spät an die Admiralität. Eine Ad-hoc-Nutzung ist jedenfalls nicht bekannt. (PRINZ EUGEN konnte auf ihrem Ausweichkurs nach ihrer Entlassung durch die BISMARCK noch versorgt werden.)

Wichtig ist für die obige Erkenntnis über Einschränkungen beim Archiv- bzw. Quellenmaterial: Die Enterung von U 110 und damit die Erbeutung der Geheimsachen wurde von allen britischen Besatzungsmitgliedern der Zerstörer-Eskorte, die Zeugen des »Falles U 110« wurden, über 50 Jahre geheimgehalten, gleich welcher Dienstgrad.

Zum Gefecht am 24. Mai 1941 in der Dänemarkstraße: Es ist Peter Padfield beizupflichten, wenn er argumentiert [177]: »Was die erschütternde britische Niederlage betrifft, so muß man in Rechnung stellen, daß die Hood und die Prince of Wales nicht die Spitzenschiffe britischer Artillerieleistung darstellten. Das erste war ein zwanzig Jahre altes Schiff mit unzureichender Deckpanzerung (und veralteter, das heißt E-Meß- und Artillerie-Leitgeräten damaliger Zeit). Das andere Schiff stellte genau das entgegengesetzte Ende der Entwicklung dar, ein zu neues Schiff, auf dem sich, wie bekannt, noch Baupersonal befand, dessen Mannschaft noch nicht voll ausgebildet war und dessen 35.6-cm-Geschütze eines neu entwickelten Typs anfangs Mängel aufwiesen, die erst später beseitigt wurden.

Einer nicht zu belegenden Quelle nach soll der Kommandant der Hood die Schiffsführung der Prince of Wales beim Angriff auf die Bismarck-Gruppe angewiesen haben, ihr Artillerieradar nicht zu benutzen, da bei dessen Einsatz in unmittelbarer Nähe der Hood deren Radarstrahlungen hätten beeinträchtigt werden und Mißweisungen auslösen könnten. Unwahrscheinlich ist in diesem Frühstadium des Radareinsatzes mit noch dürftigen praktischen Erfahrungen der Hood-Befehl an die Prince of Wales indessen nicht.

Ein anderer ungeklärter Punkt ist die Frage: Welchem der beiden britischen Großkampfschiffe hat das »main battery surface gunnery radar« genutzt, für das ab 1940 die ersten Typen der 282er- bis 285er-Serien zur Verfügung standen.[247]

Nach Padfield wurden die Eröffnungssalven mit Meßwerten aus konventionellen E-Meßgeräten geschossen, denn er schreibt: »Da beide Schiffe mit hoher Fahrt angriffen, wurden die E-Meßgeräte der A-Türme durch Gischt geblendet, so daß die Prince of Wales ihre Eröffnungssalven aufgrund der Meßwerte kleiner 4.6-m-E-Meßgeräte im Topp abgeben mußte.« Diese zeigten, wie bereits belegt, bei der tatsächlichen Eröffnungsweite von etwa 23 000 m 1 000 m zu viel an, so daß erst die sechste Salve bei der Bismarck deckend lag.

Ein weiteres Problem sind die Blindgänger beim Eröffnungs- und Wirkungsschießen, und zwar beim 38.0-cm-Kaliber der Bismarck wie auch bei dem 20.3-cm-Kaliber der Prinz Eugen. Günter Muscheid glaubt für die relativ große Zahl von Blindgängern eine Erklärung zu haben: Er vermutet, daß die Aufschlagzünder für einen schnelleren Salventakt eingestellt wurden. Und was wäre aus der Prince of Wales geworden, wenn der Blindgänger im Geschoßumladeraum des britischen Schlachtschiffes detoniert wäre? Oder jener SA-Granattreffer, der die Bordwand tief unterhalb der Wasserlinie durchlöcherte und Splitterschotte durchschlug und aufbrach – und nicht explodierte …

Die Bedeutung der Hood · Einst größter Schlachtkreuzer der Welt · Gegnermaßnahmen nach Ende des Gefechts

Den ersten Funkspruch über das Ende der Hood sandte die Norfolk 06.15 Uhr in erschütternder Kürze: »Hood in die Luft geflogen. Position …«
06.24 Uhr funkte Prince of Wales an Norfolk: Hood ist gesunken. Meine Brücke ist zerstört. Turm Y vorübergehend außer Aktion. Andere Schäden scheinen nur oberflächlich. Werde bestätigen.[248]«
06.28 Uhr Norfolk an Prince of Wales: »Ich beabsichtige, Fühlung mit den Gegnern zu halten.«
06.37 Uhr Norfolk an die Zerstörer: »Hood ist gesunken (folgt Position). Kümmern Sie sich darum, nach Überlebenden zu suchen.«
Mit der Hood hatte die britische Flotte ihren erst kurz von Artillerieerprobungen aus Kanada zurückgekehrten Artillerieinspekteur Vizeadmiral Holland verloren, mit diesem das gesamte wissenschaftliche Personal des Inspekteurs und praktisch die gesamte Besatzung. Und die Zerstörer? Die von Admiral Holland vor dem Gefecht auf Nordkurs belassenen sechs Einheiten dieses Typs gingen, wie befohlen, auf Gegenkurs. Sie fanden viele Wrackstücke und nur noch die drei schon erwähnten Überlebenden.[249]

*

Der Kampf zwischen der Hood und der Bismarck mit dem raschen Sieg des deutschen Schlachtschiffes ist einer der Höhepunkte in der Schlachtschiffepoche. Er verdient darum auch aus deutscher Sicht der näheren Betrachtung.
Das Artillerieduell Bismarck – Hood ist einmal bemerkenswert durch die Tatsache, daß hier die beiden damals größten Kriegsschiffe miteinander kämpften, einmal zum anderen durch die angesichts des schnellen Sieges der Bismarck doppelt beachtenswerte Tatsache, daß beide Schiffe in Tonnage, Hauptbewaffnung und Geschwindigkeit fast völlig gleichwertig waren (zumindest gleichwertig schienen).
Während alle rein technischen Daten unstritig sind, gibt es bei der Rangordnung der Großkampfschiff-Superlative festgeschriebene Unrichtigkeiten oder für den Normalverbraucher unbekannte Fakten, vor allem, was das »damals größte Großkampfschiff der Welt«, die ebenso berühmte wie legendäre Hood betrifft.

Die Rangordnung der »man-of-war-Superlative« hatte sich verändert, einmal durch großzügige Auslegungen der die Tonnagegrößen betreffenden vertraglichen internationalen Absprachen und zum anderen gewissermaßen durch »Vorgriffe« auf Lockerung der Tonnagegrenzen, die erst im Gespräch oder terminiert aber zeitlich noch nicht in Kraft getreten waren. (Ausgelöst durch Japan!) Mit dem Schlachtschiff Bismarck wurden die vertragsgebundenen 35 000 ts standard mit 41 700 ts um fast 7 000 ts überschritten, so daß die 41 200 ts große Hood ihre Standardspitzenposition unter den Großkampfschiffen verlor, zumindest bei jenen, denen die wahren Größenwerte der Bismarck gegenüber den »offiziellen« 35 000 ts bekannt war, nämlich die 41 700 ts standard als das Ergebnis der strengst geheimen Forderung des ObdM Erich Raeder. Mit diesem Chefsachenwert hatte sich die Bismarck an die Spitze der Rangordnung gesetzt, aber auch nur für diejenigen Kreise, denen die nach Ausbruch des Krieges 1939/1940 vorgenommen Deplacementsvergrößerungen der Hood nicht bekannt waren, kurzum die Masse. Die in den genannten Jahren bei einem »Refit« an und in der Hood vorgenommenen Veränderungen erbrachten ebenfalls eine Deplacementsvergrößerung von 41 200 ts auf 42 462 ts standard, wodurch sie ihre viele Jahre verteidigte Spitzenposition wieder hielt. Damit war die international verbreitete Formulierung vom Kampf der Bismarck gegen das »größte Großkampfschiff« der Welt eine wieder glaubwürdigkorrekte Aussage.[250]
Aber inzwischen war ja Krieg, und selbst harmlose Schweißarbeiten an – und auf Kriegsschiffen wurden als »Geheim« eingestuft. Kein Wunder, daß die Deplacementsvergrößerung der Hood nun erst recht geheim war und blieb. Zur Hood gehört noch die Erwähnung, daß das Schiff beim Abschluß der Flottenverträge von Washington (1922) und London (1930) schon fertig war, und somit vor der breiten Öffentlichkeit und im Sprachgebrauch den Ruhm verteidigte, seit 21 Jahren das größte Kriegsschiff der Welt zu sein. Übrigens: Jene oben genannten Verträge, die bis 1936 in Kraft blieben, sahen nämlich für die ohnehin quantitativ stark eingeschränkten Schlachtschiffneubauten eine Höchsttonnage von 35 000 ts vor. Damit wurde für die Briten auch der Fertigbau der drei bei Vertragsabschluß noch unvollendeten

HOOD-Schwestern unmöglich. Sie wurden ehrlich und konsequent abgewrackt. Ihre Namen RODNEY, ANSON und HOWE tauchten später bei einem der zwei während der Geltungsdauer jener zwei Flottenverträge erbauten Schlachtschiffe und bei zwei der fünf Schlachtschiffneubauten der KING-GEORGE-Klasse wieder auf.

Aber auch der Triumph der BISMARCK, dem in Wahrheit zur Zeit größten und stärksten Schlachtschiff der Welt, wird in Fachkreisen von Gerüchten über die TIRPITZ überschattet. Die am 25. Februar 1941 in Dienst gestellte TIRPITZ wird mit 42 900 ts standard und 51 600 ts die Nummer Eins der »man-of-war-Rangordnung«. Als »Ensom Dronning« wird sie in Norwegen in die Geschichte eingehen. Allerdings wird die TIRPITZ diesen maritimen Superlativ nach elf Monaten, im Januar 1942, an das japanische Riesenschlachtschiff YAMATO[251] verlieren. Nach dessen Vernichtung vor Okinawa am 7. April 1945 durch Bomben und Torpedos tritt das Erbe des anspruchsvollen Titels die am 22. Februar 1943 in Dienst gestellte US-amerikanische Iowa mit ihren 48 110 ts standard (57 540 ts deep load) an.

Noch im Herbst dieses Jahres ging dieser Titel erstmals an einen Flugzeugträger, an die 51 000 ts standard große MIDWAY, über. Seit jener Zeit sind bis heute Flugzeugträger mit über 90 000 t die größten Kriegsschiffe der Welt geblieben.

Um auf das Gefecht südlich von Island zurückzukommen: Der BISMARCK trat in der HOOD ein Gegner gegenüber, der ihr zwar kaum in der Tonnage, wohl aber in der Geschwindigkeit (wenigstens listenmäßig) geringfügig, um rund einen Knoten überlegen war. Absolut gleich (freilich wieder nur listenmäßig) war bei beiden Schiffen die Schwere Artillerie. Beide Schiffe hatten acht 38,1- (bzw. 38.0-)cm-Geschütze in vier Doppeltürmen, und sogar deren klassische Aufstellung, je zwei vorn und achtern, war auf beiden die gleiche.

*

Da mit der HOOD auch der Befehlshaber der Schlachtkreuzerkampfgruppe, Vizeadmiral Holland, untergegangen war, übernahm das Kommando über PRINCE OF WALES nunmehr der Chef des 1. Kreuzergeschwaders, Konteradmiral Wake-Walker auf der NORFOLK. Seine zwei Kreuzer hielten weiter Fühlung an der deutschen Kampfgruppe zusammen mit der PRINCE OF WALES, die meldete, daß die Hauptfeuerleitanlage unbeschädigt und neun der zehn schweren Rohre wieder einsatzklar seien.

*

Wie sich die Nachricht über das Island-Gefecht in Whitehall auswirkte, schildert der Engländer Alistair Maclean, wie gesagt auf Grund seiner Recherchen:[252]

»Die HOOD ist explodiert – mit diesen unglaublichen Worten wurden die Marinestabschefs an jenem bitteren Frühlingsmorgen aus dem Schlaf gerissen. Die HOOD war verloren. All ihre peinlich genau ausgearbeiteten Pläne waren mit einem zerschmetternden Schlag hinweggewischt, und die BISMARCK war frei im Atlantik.

Nur zu deutlich stand das Bewußtsein dafür, welch unfaßbares Unheil das deutsche Schlachtschiff und die PRINZ EUGEN anrichten konnten, wenn sie nun über die Geleitzüge im Atlantik herfielen, auf den müden, erschöpften Gesichtern der Navy-Stabschefs und ihrer Adjutanten, als sie durch die Gänge und Vorräume in den ›Operation Room‹, das Herz der Admiralität, zusammenströmten.

In wenigen Minuten – denn alle höheren Offiziere schliefen im Admiralitätsgebäude – waren Admiral Sir Dudley Pound, Vizeadmiral Phillips und all ihre spezialisierten Berater um den großen, grünbespannten Tisch versammelt. Ihre Blicke waren auf die großen Wandkarten konzentriert, auf denen bunte Fähnchen Namen, Anzahl, Position, Kurs und Geschwindigkeit jedes alliierten Geleitzuges und Kriegsschiffes auf dem Atlantik anzeigten. Sie suchten sich in größtmöglicher Eile der neuen Situation anzupassen, Pläne zur Abwehr der Gefahren zu entwerfen, die so katastrophal aufgetaucht waren, die Zerstörung des Kräftegleichgewichts im Nordatlantik wettzumachen. Die Dringlichkeit, der Ernst der Lage hätten nicht größer sein können – und, so wurde bald klar, die Hilflosigkeit der Admiralität vollständiger. Die Unsicherheit war grenzenlos – niemand wußte, wohin sich die BISMARCK wenden würde. Die Möglichkeiten waren zahllos, die Fragen Legion, die Antworten unbekannt. In bezug auf die augenblickliche Lage konnte direkt nichts unternommen werden. Darüber waren sich alle im ›Operation Room‹ einig. Man würde die Entscheidung dem Mann überlassen müssen, der sich am kritischen Ort befand, dem Oberkommandierenden Sir John Tovey. Aber die Planung auf lange Sicht war ein anderer Fall, und hierfür faßten die Stabschefs die entscheidenden Beschlüsse, die man rückblickend als das Todesurteil der BISMARCK bezeichnen kann.

Der Arm der Admiralität war lang, und die Schiffe unter ihrem Kommando, wenn sie auch überall im Atlantik weit verstreut waren, zahlreich und gewichtig.

Und jetzt, so entschieden Admiral Pound und seine Mitarbeiter, war die Zeit gekommen, sie einzusetzen – **alle** einzusetzen.

Jetzt war nicht mehr sorgfältige Kalkulation der Kräfteverhältnisse zwischen britischen und deutschen Schlachtschiffen, der Einsatz nur gerade genügender Einheiten zur Abschirmung der BISMARCK am Platz, während die übrige Flotte sich mit Einzelaufgaben abgab. Jetzt ging es um Leben oder Tod, und die an jenem Morgen in der Admiralität Versammelten wußten nur zu gut, daß halbe Maßnahmen einem Selbstmord gleichkämen.

Nun war die Zeit gekommen, da die Home Fleet massiert ihre ganze Macht einzusetzen hatte, und nun, nach dem Verlust der HOOD, zog die Admiralität alle Register.«

Soweit der zwar stark novellistische, aber der Situation in London doch hinreichend historisch gerecht werdende Bericht Macleans. Allerdings: Das Todesurteil war am Ende ein Treffer unter einer Vielzahl an Möglichkeiten, den Gegner entscheidend zu verwunden, gleichsam in letzter, in allerletzter Minute.

Als bei der Britischen Admiralität der Verlust der HOOD bekannt wird, verstärkt sich der Wille, die BISMARCK nun erst recht und mit allen verfügbaren Mitteln zu jagen und zu stellen. Der Plan, die Force H[253] als Geleitschutz des Truppentransports WS 8 B zu verwenden, wird sofort fallengelassen. Admiral Sir John Somerville, 02.00 Uhr mit dem Schlachtkreuzer RENOWN, dem Flugzeugträger ARK ROYAL und dem Leichten Kreuzer SHEFFIELD aus Gibraltar ausgelaufen und jetzt westlich der spanischen Küste zwischen Cap Trafalgar und St. Vincent stehend, soll direkt auf die BISMARCK operieren.[254] 08.00 Uhr verläßt auf Admiralitätsbefehl die 550 sm südöstlich der BISMARCK stehende RODNEY mit drei von vier Zerstörern, nämlich MASHONA, TARTAR und ESKIMO, den von ihr gesicherten Truppentransporter BRITANNIC. Ebenso laufen das alte Schlachtschiff RAMILLIES und der Schwere Kreuzer LONDON von ihren Konvois mit Kurs auf den vermutlichen Treffpunkt mit BISMARCK ab. Weiter dreht der bei den Azoren auf deutsche Blockadebrecher und Versorgungsschiffe operierende Leichte Kreuzer EDING-BURGH, der gerade ein deutsches Handelsschiff versenkte und dessen Besatzung an Bord hat, nach Nordwesten auf die BISMARCK ab. Das Schlachtschiff REVENGE erhält Befehl, aus Halifax in See zu gehen. Das in Freetown liegende Schlachtschiff NELSON erhält die Weisung, sich klar zu halten.

Sechs Stunden nach dem Untergang der HOOD wurden außer der Home Fleet zwei weitere Schlachtschiffe, ein Schlachtkreuzer, ein Flugzeugträger, drei Kreuzer und neun Zerstörer unmittelbar zur Jagd auf die deutsche Kampfgruppe angesetzt. Bemerkenswert ist, daß diese sich über einen Seeraum von über einer Million Quadratseemeilen erstreckende Konzentration von Einheiten aus drei oder vier verschiedenen Befehlsbereichen ausschließlich von der Britischen Admiralität gesteuert wird. Diese hatte die besten Nachrichten, den besten Überblick und auch die notwendige Befehlsgewalt.

*

Interessant und, abgesehen von einigen technischen Fehlern (wohl bei Umrechnung von Zoll in Zentimetern entstanden), auch wenig bekannt sind die damaligen britischen Erklärungen und auch das offizielle britische Kommuniqué. Maclean hat sich damit in seinem schon oben erwähnten Bericht über die »Todesfahrt der BISMARCK« ausführlich befaßt: »Die Vernichtung der HOOD, der unbesiegbaren, unversenkbaren HOOD, war für Englands Bevölkerung kein geringerer Schlag als für die Stabschefs. Es war unglaublich, unmöglich, daß dies geschehen war – und das Unmögliche mußte mit Worten und Druckerschwärze so schnell wie möglich wegerklärt werden. Da man damals noch keine Einzelheiten der Schlacht wußte, wurden der selbstmörderische Annäherungswinkel der HOOD, der katastrophale Irrtum, der sie auf die PRINZ EUGEN statt auf die BISMARCK feuern ließ, und die Tatsache, daß ihre Artillerie so schlecht funktionierte, daß sie keinen einzigen Treffer erzielte, nicht erwähnt. Vielleicht war es ganz gut, daß man diese Dinge zu jenem Zeitpunkt nicht wußte.

Die Erklärungen, die man damals anführte, waren:

Die HOOD sei natürlich kein Schlachtschiff, sondern nur ein leicht gepanzerter Schlachtkreuzer gewesen, und auch so sei der Treffer des 37.5-cm-Geschosses (natürlich 38.0 cm) in ihr Magazin einer Zufallschance von eins zu einer Million zu verdanken ...

Gewiß, die HOOD war als Schlachtkreuzer klassifiziert, aber auch als solcher relativ stark gepanzert,[255] die bereits erwähnten Schwachstellen in der Horizontalpanzerung ausgenommen. Und was den sogenannten Zufallstreffer angeht, so hatten hohe Marineingenieure seit zig Jahren darauf hingewiesen, daß die Munitionskammern in der HOOD vor Geschossen, die aus einem bestimmten Winkel kämen, völlig ungeschützt seien – eine Gefahr, die leicht durch zusätzliche Panzerung hätte ausgemerzt werden können.

*

… Captain Leach, Kommandant der PRINCE OF WALES, wußte, weit weg im Norden in der Dänemarkstraße stehend, nichts von den weittragenden Entschlüssen und den daraus befohlenen Maßnahmen, die im Entstehen begriffen waren. Und selbst wenn er davon Kenntnis gehabt hätte, wäre ihm dies ein geringer Trost gewesen, als sich Rauch und Staub der entsetzlichen Explosion verzogen hatten und die HOOD für immer verschwunden war. Die PRINCE OF WALES kämpfte nun um ihr Leben, und ihr Kommandant war sich dessen bewußt. Sowohl die BISMARCK als auch die PRINZ EUGEN hatten ihre Geschütze auf sie gerichtet, als die HOOD in die Luft geflogen war, und schon begann sich die tödliche Genauigkeit ihres schweren, konzentrierten Feuers auszuwirken. Captain Leach überlegte kühl und wog seine Chance ab und zögerte nicht. Er befahl eine scharfe Kehrtwendung, brach das Gefecht ab und zog sich unter einem dicken Rauchvorhang zurück.

»Das Schiff, das davonlief« – so nannte man innerhalb der britischen Bevölkerung nunmehr die PRINCE OF WALES, das »feige Schlachtschiff, das umkehrte und ausriß«: Es ist ein offenes Geheimnis, daß das Schiff, seine Offiziere und Mannschaft während der kurzen Lebenszeit der PRINCE OF WALES von der übrigen Marine mit Verachtung gestraft wurden und daß dieser Bann kaum sieben Monate später, am 10. Dezember 1941, nach einem japanischen Luftangriff vor der Küste von Malaya, erst mit dem Untergang des Schiffes samt seinem tapferen Kapitän Leach ein Ende fand. Der Bann war mehr als ungerecht – er war grotesk, bitter und unfair. Auch hierfür muß die Admiralität einen großen Teil der Schuld auf sich nehmen. Doch müssen wir gerechterweise festhalten, daß sie diese Wirkung nicht absichtlich hatte erzielen wollen. Der Schaden wurde durch ihr offizielles Kommuniqué angerichtet, das nicht besser und nicht schlechter, eher typisch war als alle Kommuniqués in Kriegszeiten, indem es den erlittenen Schaden des Feindes tendenziös übertrieb und die eigenen Verluste als minimal hinstellte oder gar negierte.

Zwei Behauptungen im Kommuniqué waren für das schwere Mißverständnis verantwortlich: »Auf der BISMARCK wurde in einer Phase Feuer gesichtet« und »Die PRINCE OF WALES erlitt leichte Beschädigungen.«

Warum in aller Welt, so fragen die Leute, hatte dann das Schiff, das nur leicht beschädigt war, nicht den Kampf mit dem brennenden Gegner aufgenommen und ihn vernichtet? Wie ließ sich für sein Weglaufen überhaupt eine Ausrede finden? Ausreden? – Gründe dafür mehr als genug. Der Brand auf der BISMARCK bot der Phantasie offizieller Stellen Gelegenheit, sich auszutoben. Dieses Feuer auf BISMARCK war nur ein harmloser Schornsteinbrand gewesen.

Die PRINCE OF WALES war durchaus nicht »leicht beschädigt« – sie war schwer angeschlagen. Den Nahkampf mit ihrem starken Gegner anzunehmen, sich weiter der mörderischen Treffsicherheit seiner Breitseiten auszusetzen, wäre nicht nur Wahnwitz, sondern rascher und sicherer Selbstmord gewesen.

»… Die BISMARCK machte keinen Versuch, den Feind zu verfolgen und zu stellen. Sie hatte mit der Versenkung der HOOD und der schweren Beschädigung und schmählichen Flucht der PRINCE OF WALES schon mehr erreicht, als Wunschträume ihr verheißen konnten. Ein großartiger Sieg, eine gewaltige Reklame für das Prestige der deutschen Flotte und eine schlagkräftige neue Propagandawaffe für Goebbels – weshalb sollte die BISMARCK all das aufs Spiel setzen, indem sie sich weiter der Gefahr eines glücksbedingten Treffers der Briten aussetzte? Außerdem bestand ihr Hauptziel im Durchbruch zum Atlantik, nicht darin, mit der »Home Fleet« ins Gefecht zu kommen – das war das Letzte, das Admiral Lütjens wollte –, sondern alliierte Geleitzüge zu zerstören …

Die Treffer auf der BISMARCK und der Entschluß des Flottenchefs · Die Aktionen in der Heimat

Das Gefecht bei Island ist beendet. Ein Catalina-Flugboot, das erneut versucht, sich der deutschen Kampfgruppe zu nähern, wird durch Flakfeuer abgewiesen. Auf beiden Seiten gehen bei den Schiffsführungen die Meldungen der Artillerieoffiziere über Munitionsverbrauch und Ausfälle ein. Weder auf dem Schlachtschiff noch auf dem Schweren Kreuzer hat es Personalverluste gegeben. Auf der BISMARCK wurden lediglich fünf Soldaten beim Schießen der SA leicht verletzt. Der Munitionsverbrauch auf deutsche Seite betrug:
BISMARCK 93 Schuß SA;
PRINZ EUGEN 179 Schuß SA.
PRINZ EUGEN war vom Schlachtenglück begünstigt. Sie erhielt keinen Treffer, obwohl auf allen Seiten in unmittelbarer Nähe Einschläge Schwerer Artillerie beobachtet wurden. Jeder einzelne von ihnen wäre dem Kreuzer mit seiner schwachen Panzerung wahrscheinlich verhängisvoll geworden. Entgegen den geltenden taktischen Grundsätzen hatten weder der Flottenchef noch der Kommandant des Schiffes, das seiner Panzerstärke nach in die Kategorie der Leichten Streitkräfte eingereiht werden muß, bei Gefechtsbeginn nach Feuerlee heraussetzen zu lassen, sondern in der Linie gehalten, ein Wagnis, das in diesem Falle durch den Erfolg gerechtfertigt würde. Die Abweichung von den oben erwähnten taktischen Grundsätzen ist bei Gefechtsbeginn wahrscheinlich dadurch verursacht worden, daß die spitz anlaufenden englischen Schiffe zunächst als Schwere Kreuzer angesprochen wurden. Sie ist dann auch später beibehalten worden, als der Gegner als Schlachtschiffverband erkannt wurde. Dieser wurde hierdurch zur Feuerverteilung gezwungen.[256]
Eine verbürgte Antwort auf die Frage, warum Lütjens das Gefecht erst zweieinhalb Minuten nach dem Gegner und erst nach dem ersten Treffer (oder den ersten Treffern) durch die vermeintliche KING GEORGE V. eröffnete, gibt es nicht. Der Flottenchef hat sich dem Kommando von PRINZ EUGEN gegenüber beweisbar nicht dazu geäußert. Nicht beweisbar ist auch der Streit auf der Brücke der BISMARCK erst nach Beginn des Schießens beim Gegner. Lindemann habe nach Lütjens Zögern, den Feuerbefehl zu geben, ausgerufen: »Wann endlich Feuerbefehl? Ich lasse mir doch mein Schiff nicht unter dem Hintern (er drückte sich statt Hintern drastischer aus) wegschießen?«

Es gibt keine Überlebenden von der Brücke der BISMARCK, die vielleicht Zeugen von Gesprächen oder Diskussionen hätten sein können. Wer Lütjens kennt, wird ihm rhetorische Rechtfertigungen ohnehin nicht unterstellen, allenfalls einen knappen KTB-Eintrag.
Um bei Unklarheiten zu bleiben, so sind auch die im Bereich des 60. Breitengrades schlechten Funkverbindungen hier noch einmal der Erwähnung wert, da sie eine schnelle Information durch die Heimatdienststellen (Skl und die Marinegruppenkommandos) erschweren und verzögerten.[257]
Doch zurück zur glückhaften PRINZ EUGEN: Das Marinegruppenkommando Nord, das an diesem 24. Mai noch bis 12.00 Uhr[258] die höhere Führungsstelle des Unternehmens war, bemerkte zum Belassen der PRINZ EUGEN an einem Gefecht mit weit überlegenen Großkampfschiffen später: »Man darf nicht schematisch denken und muß Gefahren in Kauf nehmen. Gefahren bedeuten – wie auch hier – längst nicht immer Verluste oder Vernichtung.« Ausfälle hat es auf der PRINZ EUGEN nicht gegeben. Allerdings gab es bei der Schweren Artillerie einige Störungen. Der Turm B fiel durch einen Versager für eine Salve ganz und für weitere 13 Salven mit dem rechten Rohr aus; der Turm A fiel für vier Salven aus. Die Türme C und D für je eine Salve. In der Aufregung des Gefechtes kamen einige Bedienungsfehler vor, die sich aber durch die Besonnenheit der Stückmeister und Unteroffiziere wieder eingerenkt haben.
Schlachtschiff BISMARCK erhielt drei Treffer, darunter zwei schwere:
• Treffer 1: Eine Granate ging an der Backbordseite in das Vorschiff und durchschlug den Rumpf, ohne zu detonieren. Das Einschußloch an Backbord und das Ausschußloch an Steuerbord lagen oberhalb des Panzerdecks XX–XXI außenbords oberhalb der Wasserlinie aber unterhalb der Bugwelle. Durch das bei der hohen Fahrt eindringende Wasser liefen die eben genannten Abteilungen voll. Der Bugspillraum und der Leckpumpen-E-Teil sind nun ausgefallen, und die Schieber der Heizölförderleitung zum Vorschriff sind nicht mehr zu bedienen. Dadurch sind 1 000 t Heizöl abgeschnitten. Durch die in das Vorschiff eingedrungenen Wassermassen (vom überlebenden Leckwehrgruppenführer 1,

Unbeschädigt kam die BISMARCK beim siegreichen Gefecht gegen HOOD und PRINCE OF WALES nicht davon. Das tiefer eingetauchte Vorschiff läßt erkennen, daß sie nach zwei schweren und einem leichten Treffer 4 000 t Wasser im Schiff hat. Außerdem zieht das Schiff eine Ölspur hinter sich her.

Obermaschinist Schmidt, auf 4 000 t beziffert), hat die BISMARCK einen Trimm nach vorn von zwei Grad bekommen. Sofort nach dem Gefecht versuchte die vorderste Leckwehrgruppe vergeblich von der Back aus in das Vorschiff einzudringen, um die ausgefallenen Leckpumpen wieder in Betrieb zu nehmen. Weiter wurde (allerdings ebenfalls vergeblich) versucht, die Heizölvorräte in die Verbrauchbunker in den Kesselräumen umzupumpen. Außer der vordersten Leckwehrgruppe wurden eingesetzt die Zimmermeistergruppe, die E-Gefechtsgruppe und die Pumpenmeistergruppe.[259] Außerdem, und das war schlimm genug, hinterließ die BISMARCK infolge der Beschädigungen der im Vorschiff eingebauten Ölzellen eine Ölspur.

- Treffer 2: Abteilung XIII–XIV. Die Granate durchschlug den Rumpf an der Backbordseite unterhalb des Gürtelpanzers und krepierte auf dem Torpedoschott,[260] so daß in das dahinterliegende Dampf-E-Werk 4 Wasser einbrach, das auch in den Backbord 2. Kesselraum[261] und in den Kesselhilfsmaschinenraum Backbord eindrang. Im Backbord vorderen Kesselraum waren Risse im vorderen Querschott entstanden. Das E-Werk 4 konnte noch rechtzeitig abgestellt, mußte dann aber verlassen werden. Bei dem Treffer zwo wurden sofort die Leckwehr- und die Maschinengefechtsgruppe zum Abdichten des vorderen Schotts des Backbord vorderen Kesselraumes eingesetzt. Da durch den zwei bis drei Grad betragenden Trimm nach vorn und die neun Grad betragende Krängung nach Backbord der Steuerbordpropeller mit seinen Flügelenden aus dem Wasser herausschlug, wurden zusätzliche Maßnahmen notwendig. Obermaschinist Schmidt erhielt als Leckwehrgruppenführer 1 den Befehl, Zellen und Bunker der Abteilungen II und III Stb. zu fluten, um den Trimm zu verringern.

- Treffer 3: Eine Granate traf zwischen Schornstein und Flugzeughalle die nebeneinanderstehenden Pinassen, und da dieses schräg einfallende Geschoß ein Blindgänger war, entstand in den Bootskörpern vorn je ein handtellergroßes Loch; dabei wurde noch vor den Bootsschotten ein Stück vom Kiel und vom Steven herausgerissen. Beide Boote blieben aber schwimmfähig. Und die Granate verschwand im Ozean.

Dieser Treffer kann, wenn überhaupt, als »glücklich« bezeichnet werden, denn in seiner Nähe standen Flakbedienungen ungeschützt an Deck. So aber wurde niemand verletzt. Lediglich vor den durch die Luft fliegenden Trümmern des Bootes mußten sich die Männer der achteren Flak in Sicherheit bringen. Es gab hier fünf Leichtverwundete. Außerdem muß auch die Schleuderanlage für die Bordflugzeuge beschädigt worden sein. Augenzeugen von der Flak vermuten, daß dieser Treffer von einem der beiden Schweren Kreuzer stammte, von denen beim Gefecht nur einer zu sehen war. Dieser Kreuzer habe sich dem Schlachtschiff angeschlossen. Er habe auch, das ist beobachtet worden, einige Salven geschossen. Im Augenblick des Treffers habe er gar nicht weitab gestanden. Er sei dann dem abdrehenden Schlachtschiff gefolgt. Wie Grenfell angibt, war es die SUFFOLK, die sechs Salven schoß. Sie lagen zu kurz. Daß alle Treffer auf der BISMARCK von der PRINCE OF WALES stammen, dürfte darin sicher sein.

Hier sind noch einmal die Funkprobleme zusammengefaßt:

Die Gefechtsmeldung, die der Flottenchef 06.32 Uhr, zwei Minuten nach Gefechtsende, an die Gruppe Nord funken ließ (im KTB Nord 15.00, infolge der atmosphärischen Störungen aufgenommen nach Wiederholungen erst 13.20 Uhr, ein also neun [!] Stunden später), wurde den Besatzungen im wesentlichen Teil zur Kenntnis gebracht. Sie lautete: »Schlachtkreuzer, wahrscheinlich HOOD versenkt. Weiteres Schlachtschiff KING GEORGE oder RENOWN, beschädigt abgedreht. Zwei Schwere Kreuzer halten Fühlung.«

Eine halbe Stunde später funkte die BISMARCK erneut ein FT ähnlichen Inhalts: »07.05 Uhr: Habe Schlachtschiff versenkt im Quadrat AD 73.«

Dieses FT mit gleicher Erfolgsangabe erklärt sich aus der Tatsache, daß die Heimat das 06.32 FT des Flottenchefs (vorerst) nicht bestätigte und somit über das Gefecht vor der Dänemarkstraße und dessen Ausgang (noch) nicht informiert war. Dieses FT kam jedenfalls nicht an. Später stellte sich weiter heraus, daß auch das Flotten-FT mit der Uhrzeitgruppe 05.52 Uhr: »Bin im Gefecht mit zwei Schweren Einheiten« nicht empfangen worden war.[262] Die Beunruhigung über den erneut gestörten Funkverkehr wird nicht geringer, da andererseits ja in der Heimat in der Zwischenzeit eine Reihe neuer englischer Fühlunghaltersignale von der NORFOLK und der SUFFOLK wie auch von Islandflugzeugen vom B-Dienst aufgenommen werden. Die Gruppe Nord vermutete den Grund für diesen FT-Ausfall in einem Gefechtsschaden der FT-Anlage auf der BISMARCK, der eine Antennenausstrahlung behinderte. Die Gruppe West suchte die Ursache in den schlechten Sende- und Empfangsverhältnissen im Seegebiet südlich und westlich Grönlands durch die Beeinflussung durch den magnetischen Nordpol. Auffallend dagegen ist, wie oben vermerkt, der ausgesprochen gute Empfang, der im gleichen Gebiet zur selben Zeit der von den englischen Fühlunghaltern abgegebenen FTs.[263]

Beim Übergang der Befehlsführung von der Gruppe Nord auf die Gruppe West um 12.00 Uhr sind beide Gruppen-Kommandos noch ohne Kenntnis vom Gefechtsverlauf am frühen Morgen, dessen Beginn vom Flottenchef zwar durch FT gemeldet, aber nicht empfangen worden war. Während dieser Zeit (die HOOD ist längs versenkt, d.V.) rätseln die Heimatdienststellen über die Lage. So heißt es bei der Gruppe Nord um 08.00 am 24. Mai über: »Eine Auswirkung der Meldungen über die eigenen Streitkräfte ist im Funkbild bisher weder im Heimatgebiet noch im Verkehr mit Gibralter beobachtet worden. Die Heimatstreitkräfte haben die Aufklärungsmeldungen (so wird vermutet [d.V.]) sicher unmittelbar aufgenommen. Ihr Ansatz kann ohne FT erfolgt sein. Da eine Auswirkung auch im Verkehr mit Gibralter (Force H) und dem Mittelmeer bisher nicht erfaßt ist, kann vielleicht angenommen werden, daß (ein Wunschbild der Gruppe West, d.V.) ein Abziehen von Streitkräften aus dem Mittelmeer noch nicht erfolgt ist …«

10.07 Uhr am 24. Mai meldet die OKM-B-Leitstelle, ein englisches Flugzeug von Island habe laut B-Meldung 09.25 Uhr »um 06.50 Uhr ein Schlachtschiff und einen Schlachtkreuzer gesichtet. Standort nicht gelöst«.

10.12 Uhr sagt die OKM-B-Leitstelle aus: »Die Entwicklung der Lage kann nicht überraschen. Mit einer Überwachung der Passage der Dänemarkstraße auch durch Schwere Kreuzer war zu rechnen. Ob Gelegenheit bestanden hat, diese Bewachung zu bekämpfen, als sie in geringer Entfernung von den eigenen Schiffen stand, ist nicht zu übersehen. Vermutlich nicht, da der Flottenchef diese Situation ausgenutzt und gemeldet haben würde (er hat sie, wie angemerkt, zur Verwunderung des Flottenstabes und der BS-Offiziere und Mannschaften eben nicht, d.V.).«

Unbekannt ist den Heimatdienststellen auch die Brennstofflage bei der PRINZ EUGEN … Es ist nicht anzunehmen, daß die Schiffe noch einmal aus einem Tanker im Norden Öl ergänzt haben, ohne diese Beölung durch FT zu melden. Dagegen scheint es den beiden Marinegruppen möglich, daß die PRINZ EUGEN auf dem Anmarsch auf dem Wege zur Dänemarkstraße, nachdem sie in Bergen noch beölt worden war, nochmals aus der BISMARCK Brennstoff übernahm. Für sehr wahrscheinlich wird dies aber nicht gehalten. Daher muß damit gerechnet werden, daß für den Flottenchef zur Zeit die Hauptsorge darin besteht, der PRINZ EUGEN ohne Kompromittierung der Tankerposition die erneut notwendige Ölergänzung zukommen zu lassen.

Ein weiteres Problem bewegt die Heimatdienststellen.263 »… Haben, wie es möglich ist, nicht mehrere, sondern nur ein oder zwei Kreuzer an den Schiffen Fühlung, dann ist anzunehmen, daß ein Wegdrücken dieser Fühlunghalter durch die BISMARCK Aussicht auf Erfolg haben und PRINZ EUGEN sich zur Ölergänzung absetzen kann. Sei es zur Ergänzung aus einem Tanker, sei es aus der BISMARCK, wenn diese später wieder an die PRINZ EUGEN heranschließt.«

Diese von der Gruppe Nord durch FT diskutierten Probleme sind zweifelsohne auch die des Flottenchefs gewesen, auch wenn sie im KTB der BS oder der PE nicht niedergeschrieben worden sind. Gravierend ist die Überzeugung der Heimat, daß die BISMARCK die Fühlunghalter »wegdrücken« kann, weil der Gegner keine Funkmeßgeräte hat. Im Schneetreiben und in Nebelbänken dürfte es kein Problem sein, die lästigen Fühlunghalter abzuschütteln.

Die Marinegruppe Nord nimmt weiter an, »… daß der Flottenchef auch versuchen wird, die feindlichen Fühlunghalter über die eigene U-Linie (U-Boot-Aufstellung ›West-Boote‹, d.V.) zu ziehen, die ihm eventuell als A.L. (Aufklärungslinie, d.V.) entgegenzuschicken ist. Da diese im Gebiet der Gruppe West steht und enges Zusammenarbeiten mit dem B.d.U. ihr leichter möglich ist, wird auf den Vorschlag der Gruppe West eingegangen, ihr am 24. Mai ab 12.00 Uhr die Führung zu übergeben, obgleich die Schiffe erst am Nachmittag die vorgesehene geographische Gruppengrenze passieren dürften«.

Von der Flotte war der führenden Marinegruppe seit Eingang der Sichtmeldung am 23. Mai, 20.34 Uhr (nämlich die bereits erwähnte Kurzmeldung mit der Uhrzeitgruppe 20.15 Uhr) eingegangen, bei der Marinegruppe Nord 20.39 Uhr: »Mein Standort AD 29 ein Schwerer Kreuzer«) nicht mehr gemeldet worden, so daß bei der Gruppe keine Kenntnis über die Absichten und die Lagebeurteilung des Flottenchefs vorhanden war. (Laut B-Dienst hatte der Fühlunghalter im AD 26 Quadrat AD 26 20.32 Uhr also die den Deutschen unbekannte Einheit mit dem Funknamen 1UY, nach Scapa gemeldet: »1 Schlachtschiff, 1 Kreuzer in 330 Grad, 6 sm ab … Kurs 240 Grad.«)

Dazu kommentierte Generaladmiral Carls am 23. Mai 21.22 Uhr im KTB der Gruppe Nord: »Die erste Fühlunghaltermeldung erfolgte 17 Minuten nach der eigenen Sichtmeldung. Der Standort der Flotte liegt außerhalb der Reichweite der eigenen Luftwaffe; irgendwelche Unterstützung von der Heimat ist daher zunächst nicht möglich (welche kameradschaftliche Anteilnahme, wieviel Sorge spricht ob dieser technischen Hilflosigkeit, jetzt bei dem von Lütjens gewählten und nach Carls Vorschlag ›falschen‹ Durchbruchsweg).«

Carls endet seinen KTB-Eintrag mit der seemännischen Hoffnung: »Erst, wenn die Schiffe der in die Nähe der eigenen U-Boote (also der ›West Gruppe‹, d.V.) kommen, ändert sich die Lage.«

Ansonsten wird deutlich, daß Lütjens mit Funksprüchen sehr sparsam umgeht, um Einpeilungen auszuschließen: Ein vernünftiger und im Gegensatz zur U-Bootführung auf Erfahrungen bereits aus dem I. Weltkrieg begründeter Entschluß.

Und außerdem:

Was hätten ihm die Heimatdienststellen in seiner Entschluß- und Befehlseinsamkeit schon helfen können?!

Was an Feindbewegungen durch Luftaufklärung oder den B-Dienst bekannt wurde, erhielt die Flotte ohnehin. Was die weiteren Positionen der Kampfgruppe BISMARCK und die Feindlage betrifft, so sind die B-Dienstmeldungen, soweit sie aus dem gegnerischen Funkverkehr herausgefischt werden können, ganz hilfreich, so zum Beispiel der von der Gruppe Nord am 24. Mai 06.34 Uhr gemeldete 1 UY-Funkspruch von 05.41 Uhr DSZ an Scapa: »1 Schlachtschiff in 280 Grad. 16 sm ab. Kurs 220 Grad. Standort« … (nicht gelöst, [der B-Dienst]). Das britische Schiff mit dem Funknamen K3G meldete um 05.33 Uhr an Scapa: »Kurswechsel des Feindes nach BB um 30 Grad und 05.38 Uhr nach Steuerbord um 30 Grad.« Es folgen die oben bereits genannten weiteren B-Dienst-Leitstellenmeldungen der unbekannten Einheiten OVY (»05.37 Uhr 1 großes Schiff [Schlachtschiff oder Kreuzer] in 234 Grad, 17 sm ab«) als dritter und OTT (»An Scapa: 05.43 Uhr 1 feindliches Schlachtschiff, 1 feindlicher Kreuzer in 337 Grad, 17 sm ab. Eigener Standort … in 13 Grad 21 sm ab«) als vierter Fühlung-

halter-Funkname. Die Gruppe Nord kommentiert diese Erkenntnis 07.35 Uhr im KTB: »... Die Möglichkeit der Benutzung mehrerer Funknamen durch eine Einheit bleibt offen. Es ist anzunehmen, daß drei, bestimmt jedoch zwei Gegner Fühlung halten.«
Alle B-Meldungen werden sofort von der Gruppe Nord »an die Flotte« weitergegeben.
Die oben behandelten Überlegungen der Gruppe Nord finden an diesem 24. Mai ihren Niederschlag in dem 10.36 Uhr FT an die Flotte, nachrichtlich an die Gruppe West und die Skl: »1. Fühlunghaltung Gegner ausnutzen zur Standort-, Lage- und Absichtsmeldung (ein Rat, den der fronterfahrene Admiral Lütjens wahrscheinlich mit resigniertem Kopfschütteln zur Kenntnis genommen hat).
2. Annehme Absichten:
a) Fühlunghalter wegdrücken für Ölergänzung PRINZ EUGEN,
b) Gegner ziehen auf eigene U-Boote.
3. B.d.U. ist unterrichtet über Standort durch feindliche Fühlunghaltermeldung.
4. Ab 12.00 Uhr Führung Gruppe West.
5. 3 Zerstörer bleiben vorläufig in Drontheim. WEISSENBURG bleibt auf Position.«
Die Befehlsstellen in der Heimat sind über das Ausbleiben jeglicher Informationen sehr beunruhigt, jedoch läßt sich mitkoppeln und den vom B-Dienst decodierten Fühlunghaltersignalen entnehmen, daß der Kampfverband BISMARCK in der Dänemarkstraße stehen müsse. Man kann nur vermuten und warten.
Schließlich ist ja auch der erste Funkspruch mit der Uhrzeitgruppe 05.52 Uhr über den Gefechtsbeginn mit Schweren englischen Einheiten nicht angekommen.
Erst das mit der Uhrzeitgruppe 06.32 Uhr sofort von der Flotte aufgegebene und erst nach mehrfachen Wiederholungen endlich um 13.35 Uhr von der Marinegruppe Nord empfangene FT über das inzwischen vor Stunden stattgefundene »Island-Gefecht« erlöste die Heimatdienststellen nicht aus der quälenden Ungewißheit.
Im maritimen Schrifttum ist nachzulesen, »... daß das Bekanntwerden der Vernichtung der HOOD, des größten Schlachtkreuzers und zweitgrößten Großkampfschiffes der Welt, weder bei der Skl, noch bei den das Unternehmen führenden Marinegruppenkommandos und auch nicht bei den am Tirpitzufer mit dem Unternehmen ›Rheinübung‹ befaßten Stäben überschäumende Freude ausgelöst habe«. Es ist nicht zu belegen, woher diese Sprachregelung kommt, wohl aber ist dagegen zu beweisen, daß die Gruppe Nord wie auch die Gruppe West »Versenkung der HOOD als großen Sieg feiern«.
So äußert sich Generaladmiral Saalwächter in Paris:
»Die Meldung kommt völlig überraschend und offenbart, daß die Kampfgruppe zu einer Zeit, wo keinerlei Nachrichten von ihr eingegangen sind, im schwersten Kampf mit überlegenen feindlichen Streitkräften gestanden hat. Der Erfolg ist von großer Bedeutung und ein Beweis für die vorzüglichen artilleristischen Eigenschaften des Schlachtschiffes BISMARCK. Da Einzelheiten fehlen, ist ein genaues Bild über den Ablauf der Ereignisse noch nicht möglich. Jedoch ist jetzt schon festzustellen, daß sich seit der vor 25 Jahren zu datierenden Skagerrak-Schlacht erstmalig wieder ein deutsches Schlachtschiff mit einem überlegenen Gegner gemessen hat und auch als Sieger aus diesem Kampf hervorgegangen ist. Die Uhrzeitgruppe zeigt (Eingang FT 06.42 Uhr vom Flottenchef bei der Gruppe West 13.45 Uhr), daß, wie bereits belegt, für lange Zeit keine FT-Verbindung mit dem Flottenchef bestanden hat. Sie gibt auch einen Hinweis auf die ebenfalls bereits erwähnten Schwierigkeiten des Funkverkehr mit Seestreitkräften im polaren Grönlandgebiet.«
Generaladmiral Carls von der Gruppe Nord in Kiel konstatiert: »Daß ein Schiff wie die HOOD in fünf Minuten versenkt wurde, ist ein großartiger Erfolg unserer Artillerie, der auch dann nicht weniger großartig wird, wenn es sich um ein Schiff der RENOWN-Klasse handeln würde, nur daß sich bei der HOOD gezeigt hat, daß auch ein stark gepanzertes und gut geschütztes Schiff durch wenige glückliche Treffer mit unseren 38-cm-Granaten vernichtet werden kann.«
Das euphorische Erstaunen der Marinegruppe Nord verwundert etwas, sind doch die Schwächen dieses Schlachtkreuzertyps aus der Skagerrak-Schlacht hinreichend bekannt, zumindest sollten sie es sein – Ausnahmen ausgenommen. Saalwächter nennt sie in seinem KTB vom 24. Mai 16.19 Uhr: »Das kurze Gefecht mit der HOOD läßt auf einen Treffer in einer Munitionskammer schließen und erinnert an die Versenkungen der QUEEN MARY, INDEFATIGABLE und INVICIBLE in der Skagerrak-Schlacht. Aber auch in dem Gefecht mit der KING GEORGE V. haben sich die eigenen Waffen und Schießleistungen als überlegen erwiesen.
Die Einschränkung der Marschfahrt deute ich auf die bereits gemeldete Geschwindigkeit von 28 sm, hervorgeru-

fen durch den Treffer im Vorschiff.« Wichtig ist hier noch der sorgenschwere KTB-Hinweis von Saalwächter: »Die Tiefertauchung kann von Bedeutung für das Eindocken sein!«

Dessenungeachtet: Der Sieg wird von noch anderen Sorgen überschattet; der Gegner wird nach dem Verlust seiner geliebten, gefeierten, verehrten »mighty Hood« nun auch die letzten Reserven an Kampfkraft mobilisieren, um die BISMARCK zu jagen.

So befaßt sich die Marinegruppe West sofort mit der Verfügbarkeit an Großkampfschiffen bei der britischen Flotte: »Bei der KING GEORGE V. könne es sich nämlich«, so Saalwächter, »um die PRINCE OF WALES handeln, die mit der HOOD, der RODNEY und auch der VICTORIOUS von Scapa in See gegangen seien, … während im östlichen Atlantik drei schnelle Gruppen angenommen werden können: die Force H mit der RENOWN als Flaggschiff, die REPULSE und die KING GEORGE V., im Kanadabereich das 3. Schlachtgeschwader mit 3 Schiffen der R-Klasse, im Freetownbereich die Gruppe NELSON …«

Der Chef des Stabes der Seekriegsleitung, Generaladmiral Schniewind (am Tirpitzufer in Berlin), hat inzwischen den Befehlshaber des Marinegruppenkommandos West in Paris, Generaladmiral Saalwächter, angerufen und mit ihm eventuelle Maßnahmen und Weisungen für einen eventuellen Rückruf durchgesprochen.[264] Denn soviel ist klar, durch dieses Gefecht, und nicht nur dadurch, genau genommen seit dem Zusammentreffen mit der SUFFOLK und der NORFOLK, ist die eigentliche Aufgabe der Kampfgruppe, **überraschend Handelskrieg** im Atlantik zu führen, zunächst problematisch, wenn nicht gar illusorisch geworden. Saalwächter lehnt einen Eingriff in die Operationen des Flottenchefs strikt ab. Er entschließt sich aber später zu einem Funkspruch, in dem er Lütjens einen Ratschlag erteilt.

In Kiel hat der Befehlshaber der Marinegruppe Nord, Generaladmiral Carls, vorsorglich bereits ein Rückruf-FT fertig. Er will dieses aber vorher noch mit der Skl absprechen. Diese weist Carls darauf hin, daß BISMARCK-FT sei ja laut Uhrzeitgruppe über sechs Stunden alt. Der mit SW-Kurs weitermarschierende Verband müsse also bereits tief im freien Atlantik stehen. Das bedeute, daß die Schiffe nicht mehr dem Befehlsbereich der Gruppe Nord, sondern nunmehr dem der Gruppe West unterstehen. Diesem Argument kann sich Carls nicht verschließen. Das FT geht nicht hinaus.

Auch Großadmiral Raeder hat bei einem Gespräch mit Admiral Schniewind[264b] den Rückruf der Kampfgruppe erwogen. Aber auch er kommt zu einem ablehnenden Schluß. Er sagt zu Schniewind: »Ich würde es tun, wenn ich nur Genaueres wüßte, wie es auf BISMARCK aussieht. Da uns aber keine Einzelheiten bekannt sind, können wir nicht eingreifen. Lütjens wird am besten beurteilen können, was zu tun sein wird.«

Alle Stellen aber, der Oberbefehlshaber, die Seekriegsleitung und auch die Marinegruppenkommandos, sind der festen Überzeugung, daß sich der Flottenchef mit seinen Einheiten zunächst einmal im weiten atlantischen Seeraum in abgelegene, ruhigere Seegebiete zurückziehen wird.

Die von der Flotte mit der Uhrzeitgruppe 08.01 Uhr gefunkte und erst 13.40 Uhr bekanntgewordene Absicht, St. Nazaire anlaufen zu wollen, kommt daher für alle Stellen an Land genauso überraschend, wie für die Offiziere des Flottenstabes und des Schlachtschiffes BISMARCK selbst. Allerdings geht aus diesem FT nicht hervor, ob sich Lütjens sofort für diesen Kurs entschloß, beziehungsweise aus einer Notlage heraus entschließen mußte.

Hitler als Oberster Befehlshaber der Wehrmacht, von Raeder ja erst am 22. Mai über die angelaufene Unternehmung »Rheinübung« unterrichtet, war inzwischen vom Großadmiral angerufen und über den Inhalt des am 24. Mai 13.35 Uhr von der Gruppe Nord aufgenommenen 06.32-Uhr-FTs des Flottenchefs informiert worden. Er nahm das Telefonat (so Admiral von Puttkamer) über die Versenkung der HOOD, über die Beschädigungen eines zweiten Großkampfschiffes und über die beiden an der deutschen Kampfgruppe verbliebenen britischen Fühlungshalter auf dem Obersalzberg in der großen Halle seines »Berghofes« entgegen. Das Gespräch, das er hinter dem überdimensionalen Globus vor dem riesigen Fenster mit Ausblick auf den Untersberg mit dem Großadmiral führte, war kurz. Es war lediglich eine sachliche Meldung, die der Oberbefehlshaber der Kriegsmarine durchsprach, die Hitler, ohne eine Regung zu zeigen, quittierte. Er dankte knapp. Er stellte keine Fragen. Er kommentierte dieses Ereignis auch nicht am Telefon. Als er es danach seiner Umgebung bekanntgab, tat er dies ohne ein Zeichen der Freude oder des Triumphes. Diese sonderbare, nüchterne Resonanz überraschte die Anwesenden um so mehr, als allen Hitlers starkes Interesse für maritime Fragen bekannt war. Erst bei den nachfolgenden Betrachtungen sprach er respektvoll davon, er sei überzeugt, daß der Sieg über die HOOD, der zur Zeit größte Schlachtkreuzer der Welt[265], in erster Linie als ein Ergebnis der besseren deutschen Feuerleitanlagen wie auch der gründlichen Ausbildung daran zu werten sei, also jener Anlagen, die er während seines kurzen Besuchs auf der BISMARCK besichtigt hatte und deren Technik einen starken Eindruck auf ihn gemacht hatten. Natürlich wurde bei den späteren Telefonaten von Hitler mit Raeder auch die Frage aufgeworfen, was die BISMARCK nunmehr tun würde und weiter die Frage, ob die BISMARCK auch Treffer erhalten habe. Fragen, die, wie berichtet, erst durch das 08.41 Uhr gefunkte Zweite Flotten – FT beim OKM beantwortet wurden (ein in Berlin 13.40 Uhr). Über diese zweite FT-Meldung am 27. Mai über die durch Treffer erhaltenen Eigenschäden wurde Hitler sofort, d. h., am gleichen Tage in Kenntnis gesetzt. Außerdem wollte er am gleichen Tage wissen, was Lütjens nunmehr veranlassen würde. Da Oberst von Below, Hitlers Luftwaffenadjutant, gegenüber dem Verfasser von ausgiebigen, also zeitlich langen Betrachtungen über die möglichen Wege der BISMARCK und Unklarheiten über Eigentreffer sprach, ist ziemlich sicher, daß die von Lütjens an die Gruppe Nord gefunkten Schadenmeldungen und der Hinweis, St. Nazaire und nicht einen Hafen im Bereich der Gruppe Nord anlaufen zu wollen, nicht sofort zum Obersalzberg durchgegeben wurden, zumal Hitler sozusagen privat auf dem Obersalzberg weilte, also erst später das Führerhauptquartier für die Dauer seines Aufenthaltes nicht auch nach dort verlegt hatte.

Man geht wohl nicht fehl in der Annahme, daß Raeder den Funkspruch über Eigenschäden und die daraus resultierenden Absichten erst einmal intern bei der Skl klären wollte. Zudem hätte eine solche Meldung den Erfolgstriumph der Kampfgruppe BISMARCK geschmälert. Und Erfolge brauchte Raeder, um »seinen« Zufuhrkrieg im Nordatlantik vor Hitler zu rechtfertigen.

Warum sich Hitler angesichts des überzeugenden Erfolges beim Island-Gefecht in einer doch naheliegenden Euphorie so auffallend sparsam zeigte, dafür gibt es keine konkreten Anhaltspunkte, allenfalls Spekulationen, so zum Beispiel diese:

Vielleicht war es die Unsicherheit, über die zu erwartende Reaktion der aufgeschreckten, zahlenmäßig maritim starken Briten, die Hitlers Freude dämpfte, vielleicht aber waren es auch wieder seine gespenstischen Ahnungen. Jedenfalls hat er, wie Luftwaffenoberst von Below betont, weder Raeder noch der Seekriegsleitung irgendwie geartete Vorschläge gemacht, noch hat er sich an diesem Tage bei der Luftwaffe eingeschaltet.

Von Below ergänzte dazu gegenüber dem Verfasser: »Er (Hitler) hat sich eigentlich stets Wünschen und Überlegungen der Marine ohne Widerspruch gefügt, ganz im Gegensatz zur Luftwaffe. Das war an sich kein Wunder. Die Marine redete nicht viel. Sie trieb fast einen Geheimniskult mit all ihren großen Plänen. Sie leistete dafür aber auch mehr als sie versprach.«

Auf Befehl des Flottenchefs wird die PRINZ EUGEN am 24. Mai 10.10 Uhr wieder wegen des Ausfalls der E.M.2 auf dem Flottenflaggschiff durch Winkspruch zum erneuten Nummernwechsel aufgefordert. Während das Schlachtschiff an Backbord aufkommt, wird Brinkmann von Lindemann in einem »K.-an-K«-Winkspruch um Feststellung gebeten, ob die BISMARCK eine Ölspur hinterlasse. Die PRINZ EUGEN setzt sich sofort ins Kielwasser des Schlachtschiffes. Die Antwort kommt schnell: »11.00 Uhr BISMARCK hinterläßt eine deutlich sichtbare Ölspur.«

Die Breite der Ölspur bietet aber keinen Anhalt für die Menge des, wie allgemein vermutet wird, aus den Vorschiffbunkern auslaufenden Brennstoffes. Es kann aber nicht wenig sein, denn das Heizöl ist sogar auch deutlich zu riechen. Ein erneuter Nummernwechsel bringt die PRINZ EUGEN wieder an die Spitze der Kampfgruppe. Der zweite Nummernwechsel bezweckte nur die Überprüfung der Ölspur. Beim weiteren Vormarsch mußte die PRINZ EUGEN aber auch deshalb an der Spitze bleiben, weil das vordere Funkmeßgerät der BISMARCK seit dem Abend des 23. Mai erneut und noch immer ausgefallen war. Über das achtere E.M.2 der BISMARCK gibt es keinen Vermerk. Wahrscheinlich ist, daß dieses so wichtige elektronische Hilfsmittel, noch nicht wieder voll in Betrieb war.

Den Vorschlag der Schiffsführung, nach Krängen und Fahrtherabsetzung die Durchschußlöcher im Vorschiff beidseits dichtzuschweißen (und das war mit Bordmitteln durchaus möglich, d.V.), lehnt der Flottenchef kommentarlos mit einem Kopfschütteln ab. So also muß in Kauf genommen werden, daß die Vorschiffabteilungen langsam voll laufen, bevor Lecksegel weiteren Zufluß ins Vorschiff provisorisch eindämmen.

Versuche des Maschinenpersonals, das Heizöl der Vorschiffbunker über Oberdeck zu pumpen, schlagen fehl.

Zur gleichen Stunde haben sich in der Offiziersmesse die wachfreien Offiziere um den I AO, Korvettenkapitän Schneider, versammelt. Sie feiern den Erfolg, »seinen« Erfolg. Niemand beurteilt dabei die beiden eigenen Treffer ausnehmend tragisch. Jeder der Offiziere ist davon überzeugt, daß die Unternehmung planmäßig fortgesetzt werden kann und wird, wenn an einem ruhigen Platz in der Weite des Atlantiks die Trefferschäden mit Bordmitteln beseitigt worden sind. Für die Meinung der meisten Offiziere bedeuten die Fühlunghalter keine unüberwindliche Behinderung, im Gegensatz zum Flottenchef, der die Wirkungsweise der gegnerischen Funkmeßgeräte nun wohl wiederum überschätzt und daher keine Hoffnung hegt, die Fühlunghalter überhaupt noch abschütteln zu können.

In dieser Stunde entscheidet sich das spätere Schicksal der Kampfgruppe und damit das der BISMARCK.

Das um 08.01 Uhr an die Marinegruppe Nord gefunkte und hier erst 13.40 Uhr empfangene und vorgelegte Flotten-FT ist von militärischer Kürze, aber aussagestark:
»1. Ausfälle E-Maschinenraum 4;
2. Kesselraum BB 2 macht Wasser, läßt sich aber halten. Wasser im Vorschiff;
3. Höchstfahrt 28 Knoten;
4. Dänemarkstraße zur Zeit 50 sm breit, Treibminen; Feind E.M.-2-Geräte;
5. Absicht: Einlaufen St. Nazaire. PRINZ EUGEN Kreuzerkrieg. Keine Personalausfälle.«

Von Bedeutung für diese Zeitphase ist um 12.00 Uhr die Übernahme der operativen Führung der Flotte, also der BISMARCK und der PRINZ EUGEN durch die von Generaladmiral Saalwächter geführte Gruppe West.

Wieder stehen FT-Probleme bei der Gruppe West zur Diskussion. Der Gruppenbefehlshaber argumentiert: »Es ist wahrscheinlich, daß zum Beispiel außer der so wichtigen verschlüsselten Meldung ›Bin im Gefecht‹ auch andere nicht minder wichtige FTs untergeschnitten sind. Der Grund ist nicht ersichtlich.«

Bis zur Klärung wird bei der Marinegruppe West eine Beschädigung auch der FT-Anlagen im Vormarsch im Gefecht angenommen, während der B-Dienst englische Funksprüche aus dem gleichen Seegebiet laufend erfaßte und beweisbar entschlüsselte.

Und da die Heimat (das heißt: die 1/Skl und die Gruppe Nord) über das Island-Gefecht und dessen Ergebnisse eben wegen der FT-Probleme um diese Zeit noch keine Informationen hatten, teilte Generaladmiral Carls Admiral Lütjens 08.30 Uhr mit, daß er, das heißt die Gruppenführung Nord, von Lütjens erwarte, die britischen Fühlunghalter wegzudrücken, um PRINZ EUGEN die dringend anstehende Beölung zu ermöglichen und außerdem den/die Gegner auf die Standlinie der eigenen U-Boote zu ziehen. Der BdU sei durch die Fühlunghaltermeldungen über die Lage und den zu erwartenden Ansatz und Einsatz unterrichtet.

Nachdenklich stimmt, daß Lütjens seinen Saint-Nazaire-Entschluß[269] bereits eine Stunde nach dem Gefecht gefaßt hat, also zu einem Zeitpunkt, da noch gar kein Überblick über die Auswirkungen der durch FT gemeldeten Treffer und die mögliche Beseitigung von Gefechtsschäden vorgelegen haben kann, dies nach einem erfolgreichen Gefecht mit überlegenen Streitkräften. Der Hinweis auf RADAR genannte gegnerische Funkmeßgeräte könnte der Schlüssel für die eine Beunruhigung des Flottenchefs gewesen sein, die durch die Versager an den eigenen FuMBs noch verstärkt sein dürfte. Jedenfalls kommt die Absicht des Flottenchefs, nach St. Nazaire einzulaufen, auch für die Offiziere der BISMARCK völlig überraschend.[267, 268]

Durch das erst 13.40 Uhr (DSZ) von der Heimat quittierte 08.01-Uhr-FT, hat die Seekriegsleitung nunmehr Gewißheit erhalten, daß die BISMARCK Gefechtsschäden erlitten hat, die offenbar derart sind, daß der Flottenchef sein Flaggschiff zum Anlaufen eines Reparaturhafens aus der Atlantikunternehmung herausziehen und diese durch die PRINZ EUGEN allein weiterführen lassen will.

Beide Marinegruppenkommandos treffen als Reaktion auf das 08.01/13.40-Uhr-FT die für die Einholung der BISMARCK erforderlichen Maßnahmen. Für den Fall, daß sich der Flottenchef entgegen der bis jetzt gemeldeten Absicht doch noch entschließt, nach der norwegischen Küste zurückzugehen, entsendet die Gruppe Nord sofort die 6. Z-Flottille nach Bergen. Sie erbittet beim BdU U-Boote auf Wartestellung im Raum Färöer-Shetlands-Norwegen und bei der Luftflotte 5 das Bereithalten von Luftkampf- und Aufklärungsstreitkräften. Ferner wird Aufklärung von Scapa Flow, Firth of Forth, Clyde und Loch Ewe gefordert.

Die Gruppe West leitet ihrerseits die erforderlichen Schutz- und Sicherungsmaßnahmen für den Raum vor St. Nazaire ein und rechnet mit dem Einlaufen dort ab 27. Mai morgens.

Der Fliegerführer Nord meldet 19.37 Uhr: Die Überlegungen der Heimat, daß in Scapa nicht, wie vorab gemeldet, 3 Schlachtschiffe und 3 Kreuzer, sondern nur 2 Kreuzer und Artillerieschulschiffe im Hauptstützpunkt der Home Fleet liegen. Das heißt:

Alle verfügbaren britischen Einheiten der Home Fleet sind zur Jagd auf die BISMARCK angesetzt worden.

Welche Überlegungen Lütjens zur Wahl von St. Nazaire veranlaßt haben, wird durch den Verlust des KTB dem BISMARCK nicht mehr bekannt. Lütjens hat auch dem Kommandanten von PRINZ EUGEN keine Mitteilung über diese Entscheidung zukommen lassen.

Zum Erreichen eines eigenen Stützpunktes standen vier Wege zur Verfügung:

1. der vom Flottenchef gewählte nach Saint Nazaire;
2. der kürzeste zur norwegischen Küste bei Bergen;
3. der nach Drontheim südlich an Island vorbei und
4. der nach Drontheim durch die Dänemarkstraße.

Die Entfernungen waren zum Zeitpunkt, da der Entschluß zum Anlaufen eines Hafens gefaßt wurde, also am 24. Mai, 08.00 Uhr:

1. nach St. Nazaire direkt 1 700 sm, bei einem Ausholen in den Atlantik mindestens 2 000 sm;
2. nach Bergen 1 150 sm;
3. nach Drontheim südlich Island vorbei 1 300 sm und
4. nach Drontheim durch die Dänemarkstraße 1 400 sm.

Das OKM befaßte sich später im Rahmen einer ausführlichen Untersuchung mit den vier möglichen Wegen. In dieser Analyse heißt es:

»1. Der Weg nach St. Nazaire hatte den Nachteil, daß er bei weitem der längste von allen in Frage kommenden war, ein Nachteil, der aber wohl zu diesem Zeitpunkt noch nicht wesentlich ins Gewicht fiel, da sich die später verhängnisvoll werdende Brennstoffknappheit infolge der Ölverluste durch die Gefechtsschäden noch nicht so stark abgezeichnet hatte. Als Vorteil stand dem gegenüber, daß er ein Ausholen in die Weite des Atlantiks und damit das Abschütteln der Fühlung und Absetzen vom Feind ermögliche und mit St. Nazaire ein Hafen an der Atlantikküste als Ausgangspunkt weiterer Atlantikoperationen vom Feind ermöglichte und daß mit Saint Nazaire ein Hafen als Ausgangspunkt weiterer Atlantikoperationen nunmehr auch mit Schlachtschiffen gewonnen würde.[270]

2. Der Weg nach Bergen war der kürzeste. Er hätte am schnellsten in den Bereich des eigenen Flieger- und Küstenschutzes geführt. Er führte aber zwischen den Färöern und Shetlands hindurch und damit dicht unter den feindlichen Luft- und Seestützpunkten vorbei. Zudem mußte er, wenn die Home Fleet, wie nach den letzterhaltenen Aufklärungsergebnissen von Scapa Flow möglich erschien, noch dort oder in der Nähe stand, direkt auf diese zuführen. Die Wahl dieses Weges kam also nicht in Frage.

3. Der Weg nach Drontheim südlich Island – um 150 sm länger als der Weg nach Bergen – hatte ähnliche Nachteile wie dieser.

4. Der Weg durch die Dänemarkstraße war nur unwesentlich länger als der Marsch südlich von Island vorbei. Er bot aber den großen Vorteil, daß er wieder in das Gebiet stärkerer Unsichtigkeit an der Eisgrenze führte. Wenn damit auch nach den Erfahrungen auf dem Hinmarsch ein Fühlunghalten von Schiff zu Schiff nicht ausgeschlossen wurde, so wurde doch die Gefährdung aus der Luft wesentlich eingeschränkt. Das Nordmeer bot Raum zum Ausholen und Absetzen; die eigene Fliegerdeckung konnte das Schiff schon auf halbem Wege zwischen Island und Norwegen erfassen. Schließlich ging er am besten dem Gros der britischen Flotte aus dem Wege, wenn diese auf die Nachricht von dem HOOD-Gefecht hin in Richtung auf das Gefechtsfeld vorstieß.«

Bei der Aufzählung der möglichen Wege zu einem Stützpunkt, das sei über die obige Stellungnahme des OKM hinaus vermerkt, muß auch Brest erwähnt werden, das noch näher als St. Nazaire lag, und das zum Schluß tatsächlich das angestrebte Ziel der BISMARCK wurde. Es mußte aber bei der Lage um Mittag des 24. aus drei Gründen als ungünstig gelten:

1. war dort die Luftbedrohung am stärksten,
2. genügten dort die Docks nicht für die Ausmaße der BISMARCK,
3. lagen dort bereits die SCHARNHORST und die GNEISENAU. Und eine Konzentration von **drei der vier deutschen Schlachtschiffe** an einem derart luftgefährdeten Ort war sehr bedenklich.

Das OKM schließt seine hypothetische Beurteilung mit der Feststellung: »Der Weg durch die Dänemarkstraße wäre daher der beste gewesen.«

Diese Überlegung deckt sich auch mit der vieler höherer Seeoffiziere, mit denen der Verfasser sprach, unter diesen die im Kreuzerkrieg mit Schlachtschiffen und Schweren Kreuzern erfahrenen Kommandanten, und vor allem, wie schon erwähnt, der beiden Vorgänger des Flottenchefs. Was Admiral Lütjens zur Wahl des Weges in einen französischen Biskaya-Hafen veranlaßte, läßt sich nur vermuten. Überzeugender ist dabei, wie bereits gesagt, die Bevorzugung von St. Nazaire vor Brest.

Weiter geht aus den Funksprüchen der Flotte und dem KTB Prinz Eugen hervor, daß die Führung auf beiden Schiffen sehr stark unter dem Eindruck der unerwarteten Feststellung gut arbeitender Funkmeßgeräte auf den englischen Schiffen gestanden hat. In Verbindung mit der sehr lückenhaften Kenntnis über die Standorte der Schweren britischen Schiffe hat diese Erkenntnis der Flottenführung den Rückmarsch durch die Dänemarkstraße wohl schwieriger erscheinen lassen, als es nach den späteren Erfahrungen, die der 25. Mai mit dem Abschütteln der Fühlung brachte, in Wirklichkeit gewesen wäre. Die Unsicherheit über den Standort der schweren gegnerischen Einheiten wurde nicht zuletzt dadurch verstärkt, daß die soeben versenkte Hood im Operationsbefehl noch als in Westafrika befindlich (!) gemeldet worden war.

Ausschlaggebend aber für den Flottenchef – das ist bei der Persönlichkeit Admiral Lütjens' und seiner Pflichtauffassung als sicher anzunehmen – ist zu diesem Zeitpunkt weniger die Frage, welchen Hafen das Schiff am sichersten erreichen kann, sondern vielmehr seine Aufgabe.

Und diese wird, rückschauend betrachtet, Lütjens mit der seinem Wesen entsprechenden Beharrlichkeit allem anderen vorangestellt haben. Diese Aufgabe hieß:

Einsatz der Kampfgruppe gegen die feindliche Zufuhr im Atlantik.

Für Admiral Lütjens gab es sicherlich gar keine andere Wahl: Das Schiff ging selbstverständlich nach St. Nazaire, um es von hier aus baldmöglichst und dann zusammen mit der Scharnhorst und der Prinz Eugen für den Zufuhrkrieg im Nord- und Mittelatlantik einzusetzen. Lütjens sah also im Anlaufen dieses Hafens keinen Abbruch, sondern nur eine »Unterbrechung der Unternehmung«. Nur, wenn dieser Hafen nicht mehr erreichbar gewesen wäre, oder wenn das Schiff solche Beschädigungen gehabt hätte, die nicht in Saint Nazaire hätten repariert werden können, nur dann hätte Admiral Lütjens wahrscheinlich an eine Umkehr gedacht.

Warum aber ging der Flottenchef nicht auf die Vorschläge seiner Techniker ein, die Vorschiffschäden in See zu beseitigen, um die dort abgeschnittenen 1 000 Tonnen Heizöl wieder für den Fahrbetrieb zugänglich zu machen?

Wohl doch nur, weil er in der dabei notwendigen Fahrtverminderung, wenn nicht sogar Stoppzeit einen für seinen nun definitiv gefaßten Plan unnötigen Zeitverlust sah. Die Bismarck verfügte selbst bei Beseitigung der Vorschiffschäden (und Wegwerfen beider Anker, um das Schiff vorn zu leichtern) und damit wiederhergestellter Möglichkeit zur Höchstfahrt zudem dennoch nicht über soviel Fahrtüberschuß, um die 31.5 kn und mehr schnellen gegnerischen Fühlunghalter abzuschütteln, für die, wovon Lütjens nunmehr überzeugt war, auch schlechte Sicht und dunkle Nacht kein Hinderungsgrund mehr waren, mit ihren Radargeräten elektronischen Kontakt zu halten. Der an anderen Stellen geäußerten Ansicht, daß auf Grund dieser Überlegungen des Flottenchefs nunmehr 2 kn mehr oder weniger keine Rolle gespielt haben würden, darf entgegengehalten werden, daß die Bismarck mit ihrer 30,8 kn (?, d.V.) betragenen Höchstgeschwindigkeit, Repulse (30,25 kn) und Renown (28,3 kn) ausgenommen, allen gegnerischen Großkampfschiffen an Geschwindigkeit und allen zusammen an Fahrbereich überlegen war. Darauf aber die weiteren Operationen aufzubauen, schien Lütjens wohl ein vermeidbares Risiko, abgesehen davon, daß die notwendig gewesene temporäre Fahrtverminderung die Annäherung der gegnerischen Großkampfschiffe begünstigt haben würde.

Vielleicht mochte Admiral Lütjens auch hoffen, daß seine Verfolger schließlich wegen Brennstoffmangels die Jagd aufgeben müßten. Eine solche Annahme war nur berechtigt, wenn man voraussetzte, daß beide Kreuzer zum Zeitpunkt der ersten Sichtung wahrscheinlich schon längere Zeit, eventuell mehrere Tage, in See waren, denn an sich war, wie auch Admiral Lütjens wußte, der Aktionsradius der britischen Schweren Kreuzer größer als der seines Flaggschiffes: Er betrugt bei der Bismarck 8 525 sm/19 kn [39/z] Seemeilen, bei den Kreuzern jedoch 10 000 Seemeilen. Da die Kreuzer kurz vor dem Auslaufen auf Wartestellung nochmals in Island Öl ergänzt hatten, die Bismarck aber seit Gotenhafen nicht mehr, verschob sich dieses Verhältnis noch mehr zuungunsten der Bismarck, die aus unerfindlichen Gründen ja nicht wie die Prinz Eugen den auf dem Marsch Gotenhafen – Grimstadfjord/Norwegen verbrauchten Brennstoff nachgebunkert hatte. Schließlich waren durch den am 24. erhaltenen Treffer noch 1 000 t Öl von insgesamt 7 900 t ausgefallen, wodurch die bisher ohne Ölergänzung durchfahrbare Strecke um weitere 1 000 Seemeilen vermindert wurde. Schließlich ist noch zu berücksichtigen, daß keines der beteiligten Schiffe mit ökonomischer Fahrt lief, die bei den britischen Kreuzern 14 kn und bei der BISMARCK 19 kn betrug. Die Schiffe machten statt dessen gut ein Drittel weniger Meilen als ihre Höchstfahrt, so daß die genannten Fahrtstrecken noch kürzer als angegeben anzunehmen sind. Nur Toveys Schwere Schiffe mit ihrem viel geringeren Aktionsradius gerieten in der letzten Phase der Unternehmung in ernste Brennstoffschwierigkeiten. Alle diese Umstände haben fraglos zusammengewirkt, um Admiral Lütjens alsbald zu zwingen, aus Brennstoffmangel Brest statt St. Nazaire zum Ziel zu nehmen.

In der Abteilung XIV ist inzwischen das E-Werk vollgelaufen und endgültig ausgefallen. Alle Gefechtsstromverbraucher können aber noch ausreichend versorgt werden. Nur ist die ursprünglich vorhandene hundertprozentige Reserve an elektrischer Leistung um die Hälfte herabgesetzt worden.

Der achtern liegende Kesselraum Backbord 2 macht Wasser, der Raum kann aber zunächst gehalten werden. Im Laufe des Tages steigt das Wasser trotz aller Schottabstützungen. Die beiden Kessel müssen abgeschaltet werden. Der Raum wird im Laufe der Nacht zum Sonntag wieder gelenzt, geht aber dann doch endgültig verloren. Damit sind also zwei von zwölf Kesseln ausgefallen.

Die taktische Auswirkung: Die Maschinen schaffen nun nur noch Umdrehungen für 28 statt 30 kn Fahrt. Damit ist die auf 30,8 kn versicherte (aber strittige) Höchstgeschwindigkeit der BISMARCK aus zwei Gründen vermindert:
1. aus schiffbaulichen durch den Vorschifftreffer und
2. nun auch auf Grund herabgesetzter Maschinenleistung.

Über die Ein- und Ausschußlöcher im Vorschiff sind inzwischen Lecksegel ausgeholt worden. Diese provisorische Abdichtung verhindert zwar ein unmittelbares Eindringen des Wassers, nicht aber ein Durchsickern von Öl aus den deutlich angeschlagenen Heizölbunkern. Im Kielwasser bleibt daher noch immer die breite verräterische, vielfarbig schillernde Ölspur.

In dieser Operationsphase ist eine Zwischenbilanz geboten. Ohne sich in »Hätte«, ohne »Wenn« und »Aber« konditionaler Hypothesen zu versteifen, bleibt die Tatsache vordergründig, daß der bisherige Verlauf des Unternehmens »Rheinübung« schon von dem Zeitverlust nach der Werfterprobungsfahrt überschattet wurde. Schließlich stand die operative Planung ohnehin unter dem Zeitdruck, für den Ausbruch in den freien Nordatlantik die Zeitphase der dunklen Polarnächte nutzen zu wollen. War diese Frist sowieso schon knapp, so schrumpfte sie jetzt auf ein Plus-minus-Null zusammen, als die BISMARCK durch die Vereisungsschäden beim Kälteeinbruch in die Maschinenanlage vom 28. Januar bis zum 18. Februar 1941 für volle drei Wochen völlig betriebsunklar war. Selbst nach der Reparatur blieb sie »blockiert«, weil ja der Nord-Ostsee-Kanal für zwei Wochen nicht befahrbar war. Zu diesen drei plus zwei Wochen Zeitverlust trat schließlich durch den Minentrefferausfall der PRINZ EUGEN eine weitere Verzögerung im Streß der Operationsplanung von Anfang bis Mitte Mai 1941 ein. Genau in diese Zeit – Ende April 1941 bis Anfang Mai 1941 – fiel aber, wie heute bekannt, die Ausrüstung auch der britischen Kontrollkreuzer SUFFOLK und NORFOLK mit Funkmeßortungsgeräten, die Cajus Bekker als »Augen durch Nacht und Nebel« beschreibt. Der optische Vorhang der inzwischen ohnehin immer kürzer werdenden Polarnacht war geradezu »bühnenreif« aufgezogen worden: Zwar war die Reichweite der britischen Funkmeßgeräte (= Radar) noch relativ gering, aber ausreichend genug, um die engsten Zonen der Dänemarkstraßenpassage permanent und gründlich zu überwachen. Also auch im Dunkel der Nacht, im Eisnebel, im normalen Nebel oder auch bei Sichtbehinderungen in Schnee- oder Hagelstürmen. Außerdem nutzten die Funkmeßgeräte dem Fühlunghalten in ausreichendem Sicherheitsabstand vor der gegnerischen, also der deutschen Artillerie.

Es trifft ausgerechnet die Kampfgruppe BISMARCK, mit dieser beim Gegner neuen Waffe konfrontiert zu werden! Bisherige Durchbruchserfolge werden, was liegt näher, einmal als überzeugende Beweise für die britische Rückständigkeit auf dem Gebiet des elektronischen Funkmeßwesens gewertet, zum anderen glaubte die Skl, in der mangelhaften Bewachung auch einen Mangel an einsatzfähigen, vor allem schnellen britischen Kontrollschiffen zu sehen: Was verfügbar war, würde pausenlos für den Schutz der Nordatlantikkonvois benötigt.

Die deutschen Dienststellen nehmen die Feststellung von Funkmeßgeräten beim Gegner, wie die Flotte sie am 24. Mai mit der Uhrzeitgruppe 08.01 Uhr dem Marinegruppenkommando Nord funkt, zusammen mit den Gefechtsschädenmeldungen und der Absicht, nach St. Nazaire gehen zu wollen, in ihrer Bedeutung unterschiedlich auf.

Die Gruppe West, Generaladmiral Saalwächter, argumentiert am klarsten: »Die eigenen Schäden auf der BISMARCK sind gering. Sie schränken die Gefechtsbereitschaft des Schiffes nicht wesentlich ein. Wenn der Flottenchef trotzdem die Absicht meldet, nach St. Nazaire gehen zu wollen, so ist vermutlich für ihn in erster Linie ausschlaggebend, daß er nicht glaubt, die jetzt mit Funkmeßgeräten ausgerüsteten feindlichen Fühlunghalter auf die Dauer abschütteln zu können. Der Rückmarsch in das Nordmeer führt in die Helligkeit und würde den Feind vermutlich Scapa-Streitkräfte oder Teile davon zwischen den Stützpunkt Drontheim und die deutsche Gruppe schieben lassen. Ich halte es daher für richtig, daß dieser Versuch des Rückmarsches nicht gemacht wird. Es werden nunmehr sofort die erforderlichen Schutz- und Sicherungsmaßnahmen für St. Nazaire eingeleitet, da mit dem Einlaufen des Schiffes am 27. Mai morgens gerechnet werden muß. Die Entlassung der PRINZ EUGEN zum Kreuzerkrieg ist richtig und beweist, daß der Kreuzer voll intakt ist …«

Abschließend folgt die wohl nüchternste Einschätzung der Bedeutung der britischen Funkmeßgeräte auch durch Generaladmiral Saalwächter im Wortlaut:

»Die Meldung, daß der Gegner mit E.M.-2-Geräten die Funkmeßtechnik beherrscht, ist von höchster Wichtigkeit. Sie kann für den weiteren Verlauf der Ereignisse und für die Seekriegsführung überhaupt von entscheidender Wirkung sein …«

Noch ein Wort über die Situation nach der Versenkung der HOOD.

- Die eine der nachträglichen »Beurteilungs«-Gruppen war dafür, die Weisung des Operationsbefehls, »kein Engagement mit feindlichen Seestreitkräften zu suchen«, zu ignorieren und (so zum Beispiel Generaladmiral Marschall) das Gefecht mit der KING GEORGE V. also, wie wir heute wissen, mit der PRINCE OF WALES konsequent fortzuführen, das heißt, den bereits schwer angeschlagenen Gegner zu versenken, um erst danach den Rückmarsch durch eine der beiden Polar-Engen anzutreten. Dabei bestand zwar die Gefahr schwerer Eigenschäden oder gar ein Verlust durch herangeführte Einheiten der Home Fleet. Das hätte man als Kriegsschicksal in Kauf nehmen müssen, aber doch nur unter dem Erfolg zweier versenkter Schlachtschiffe wenn überhaupt …
- Die andere, kleinere Gruppe sah den Weg nach St. Nazaire vor, wozu es zunächst des Absetzens von den radarbestückten Fühlunghaltern bedurfte …

Im KTB des Marinegruppenkommandos West, Paris vom 24. Mai, 18.55 Uhr, kommentierte schon der Gruppenbefehlshaber Generaladmiral Saalwächter: »Ich halte es für richtig, die Maßnahmen des Gegners, die zweifellos eine Blockierung der Biskaya zum Ziel haben, zunächst abklingen zu lassen, bevor der Durchbruch nach Saint Nazaire vollzogen wird.« Hier sei noch einmal die taktisch kluge Überlegung Saalwächters hervorzuheben: »Ein weiteres Absetzen des Flottenchefs nach Westen für 8 bis 10 Tage wird die Verhältnisse einfacher gestalten. Entscheidend ist allerdings die Loslösung vom Gegner, deren Gelingen wegen uns nunmehr bekannten gegnerischen Radar genannten Funkmeßgerätes fraglich ist.«

Die 1/Skl K.A. Fricke dazu später handschriftlich: »Richtig!!!«

*

Die letzte beim Gefecht gegen HOOD und PRINCE OF WALES abgefeuerte Doppelsalve der BISMARCK, von der PRINZ EUGEN aus aufgenommen. (Das Foto wirkt wie das Gemälde eines Nachtgefechtes, was auf Blendeneinstellung zwecks Vermeidens einer Überbelichtung zurückzuführen ist.)

Der Marsch nach Süden bis zum Ruderausfall
Lütjens folgenschwerer Irrtum · Die britische Maxime: »never lose touch«

Das Wetter am weiteren Vormittag dieses ereignisreichen 24. Mai entspricht der Stimmung an Bord. Die Sonne scheint. Es ist klar und sichtig. Von Süden her läuft eine alte Dünung auf. Sonst ist die See bei Wind aus Ost in Stärke 7 nur mäßig bewegt. Es herrscht Seegang 3. Bedenken, daß das Unternehmen einen schlimmen Ausgang finden könnte, hat niemand an Bord. Jedenfalls spricht sie kein Besatzungsmitglied aus. Die Fühlunghalter – es sind immer noch die NORFOLK und die SUFFOLK, die schon in der Dänemarkstraße an den BISMARCK-Verband heranschlossen, denen sich aber nun nach dem Island-Gefecht auch die beschädigte, durch ein US-amerikanisches Flugboot vom Typ CATALINA herangeführte PRINCE OF WALES wieder angeschlossen hat – haben es bei dieser Wetterlage leicht. Sie halten sich in sicherem Abstand weit achteraus. Die auf der BISMARCK gemessene Entfernung beträgt 300 hm und ein wenig mehr. Britische Flugzeuge werden durch einige Schüsse der Flak vertrieben. In mehr oder weniger regelmäßigen Abständen funken die britischen Kreuzer die Positionen der deutschen Schiffe. Sie handeln wie stets nach dem britischen Erfahrungsrezept
»never lost time« und
»never lose touch«
the two most important principles of action in naval warfare [26].
Gegen 11.00 Uhr bilden sich voraus wieder Nebelbänke, mal schmaler, mal breiter. BISMARCK hatte sich ja um 11.00 Uhr wieder hinter die PRINZ EUGEN gesetzt, marschiert in schnell wechselnder Sichtigkeit. Diese schwankt zwischen zwei bis zwanzig Seemeilen. Mit der Uhrzeitgruppe 14.48 Uhr meldet der Flottenchef durch FT: »Standort etwa 60° 20′ N, 36° 20′ W. KING GEORGE V. mit Kreuzer hält Fühlung. Absicht: falls kein Gefecht, versuche Gegner nachts abzuschütteln«.
Die Marschgeschwindigkeit des Verbandes beträgt mit Rücksicht auf die noch immer andauernden Dichtungsarbeiten am und im Vorschiff der BISMARCK 24 kn.
14.20 Uhr wurde inzwischen an die PRINZ EUGEN nachfolgender Winkspruch abgegeben, der die vom Flottenchef gefällte Entscheidung bekanntmacht: »Beabsichtige Fühlunghalter abzuhängen wie folgt: Während Regenböen läuft die BISMARCK mit Westkurs ab, PRINZ EUGEN hält Kurs und Fahrt durch, solange bis sie abgedrängt wird oder drei Stunden nach Ablaufen der BISMARCK. Anschließend entlassen zum Beölen aus der BELCHEN oder der LOTHRINGEN; dann selbständig Kreuzerkrieg; durchführen auf Stichwort: HOOD.«
Damit hat sich die Zukunft des Schweren Kreuzers geklärt. Gleichzeitig wurde die 1. Skl mit FT der Uhrzeitgruppe 14.20 Uhr von diesem Vorhaben verständigt. Die weiteren Absichten des Flottenchefs sind einem FT mit der Uhrzeitgruppe 14.42 Uhr zu entnehmen. Es enthält die Weisungen an den BdU, Vizeadmiral Dönitz: »Westboote sammeln Quadrat AJ 68. Beabsichtige, an BISMARCK fühlunghaltende Schwere Streitkräfte aus Norden kommend bei Tagesanbruch durch Quadrat AJ 68 zu ziehen.«
Danach will also Admiral Lütjens, zumindest noch zu diesem Zeitpunkt, weit in den Atlantik bis halbwegs Grönland-Neufundland ausholen, um die ihn verfolgenden britischen Seestreitkräfte über eine 1 400 sm von der englischen Küste entfernte U-Boot-Standlinie hinwegzuziehen. Das Wetter kommt den Absichten des Flottenchefs entgegen. Vorübergehend verschwinden die gegnerischen Einheiten in Regenböen, so daß das optische Fühlunghalten behindert wird. Der Flottenchef verspricht sich offenbar, daß auch die funkmeßtechnische Irreführung des Gegners gelingt. Die Fahrt der deutschen Kampfgruppe bleibt in Erwartung des Trennungsmanövers auf 24 kn reduziert. 15.30 Uhr funkt die Gruppe West die 13.30 Uhr B-Meldung an das Flottenkommando:
»I. Englische Einheit machte 12.23 Uhr taktisches Signal auf etwa 62° N, 32° W.
II. Flugzeug meldet 08.25 Uhr: Habe gesichtet zwölf Dampfer, vier Zerstörer, 30°, 8 kn. Sichtweite 10 sm. Standort 56° 35′ N, 14° 45′ W, ungenau – Gruppe West.«
16.15 Uhr erfahren die Skl und die beiden Marinegruppenkommandos mit den FTs der Uhrzeitgruppe 15.08 Uhr durch das Flottenkommando weitere Einzelheiten zum Island-Gefecht: »HOOD heute 06.00 Uhr durch Artilleriegefecht innerhalb 5 Minuten vernichtet ·

KING GEORGE V. drehte nach Treffern ab · Bin in Marschfahrt beschränkt · Tiefertauchen vorn infolge Vorschiffstreffer.«

Die Absicht des Kommandanten der PRINZ EUGEN, die BISMARCK nach den weiteren Absichten zu fragen, wird durch einen Fliegeralarm und nach dessen Beendigung durch das vom Flaggschiff ausgegebene Stichwort »HOOD« 15.40 Uhr durchkreuzt. Eine Regenbö ist heraufgezogen und hat die Sichtweite derart vermindert, daß der Flottenchef die Lage zur Ausführung des Absetzmanövers als günstig anspricht. Durch Winkspruch geht an die PRINZ EUGEN der Befehl: »Stichwort HOOD ... Ausführung.«

Die BISMARCK dreht nach Steuerbord hart nach Westen ab. Gleichzeitig vermehrt sie die Fahrt auf 28 kn, während die PRINZ EUGEN den zuletzt gesteuerten Südkurs und die 24-kn-Fahrt beibehält. Die Regenbö erweist sich jedoch nicht stark genug. Die BISMARCK kommt nur zeitweise außer Sicht. Dem KTB der PRINZ EUGEN ist über den – ersten – Stichwortbefehl »HOOD« eine Mißstimmung (um nicht Verärgerung zu sagen) beim Kommandanten, Kapitän z.S. Brinkmann, zu entnehmen: »... Soweit ich aus dem Winkspruch der BS entnehmen konnte, sollte mit dem Kurs- und Fahrverhalten der PRINZ EUGEN bis zum Abgedrängtwerden bzw. bis drei Stunden nach dem Stichwort erreicht werden, daß der fühlunghaltende Feind PRINZ EUGEN alleine weiter folgt. Dem Schweren Kreuzer kann es später mit Höchstfahrt (32 kn) leichter gelingen, ihn abzuschütteln. Welche Absichten die Flotte mit der BISMARCK hat, sind mir nicht mitgeteilt worden«, ein Satz, den die Skl später bei der KTB-Auswertung dick unterstreicht und daneben mit der Marginalie versieht: »Das hätte m. E. geschehen müssen«! gez. Ib (Korvettenkapitän Heinz Assmann).

Weiter klagt Brinkmann in seinem PE-KTB: »Eine Möglichkeit der Rückfrage bestand nicht mehr, da nach Eingang des Winkspruches sofort Fliegeralarm war, nach dessen Beendigung kurze Zeit darauf, 15.40 Uhr, der zweite Winkspruch einging: An PRINZ EUGEN: HOOD«. Bereits eine Viertelstunde später, 15.59 Uhr, schließt die BISMARCK, von Steuerbord achtern kommend, mit hoher Fahrt wieder bei dem Schweren Kreuzer auf. Das Schlachtschiff war an Steuerbord auf einen fühlunghaltenden Kreuzer gestoßen.

Der erste Versuch, die PRINZ EUGEN unbemerkt zu entlassen, ist gescheitert. Der Schwere Kreuzer wird durch einen Blinkspruch mit dem Scheinwerfer verständigt. Es wird 17.00 Uhr, ehe die BISMARCK wieder im Kielwasser des Prinzen schwimmt und die Fahrt wieder auf 24 kn vermindert.

Inzwischen hat die Gruppe West zwei Funksprüche mit der Uhrzeitgruppe 15.11 Uhr ausgesandt. Sie lauten, 15.47 Uhr eingegangen, wie folgt:

»1. Lauftaufklärung Scapa gestartet.

2. Englische Einheit gab folgendes an Scapa um 13.29 Uhr: Ein feindliches Schlachtschiff, ein feindlicher Kreuzer peilen 223°, 8 sm Kurs 180°.

Mein Standort 61°, 17' N. Längengrade konnten nicht entziffert werden. 24' W. –

Unterschrift

Gruppe West.«

Eine neue Gegnerlage alarmiert die BISMARCK-Führung: 17.20 Uhr FT von der Gruppe West an Flotte 5:

»1. RENOWN, ARK ROYAL und I. SHEFFIELD[277] Gibraltar Nacht zum 24. Mai mit unbekanntem Kurs ausgelaufen.

2. Chef 3. Schlachtschiffgeschwader beabsichtigte Entsendung der ROYAL SOVEREIGN 10. Mai nach NORFOLK. Wahrscheinlich ins Dock.«

Für die Kampfgruppe BISMARCK ist dieser Funkspruch von besonderer Bedeutung, da er das Auslaufen der RENOWN, des Trägers ARK ROYAL und eines Kreuzers der SHEFFIELD-Klasse meldet. Es bedarf keiner Diskussion, wohin der »unbekannte« Kurs dieser Einheiten führt. Auch diese Schiffe sind vom Gegner in Marsch gesetzt worden, um die deutsche Kampfgruppe zu stellen. Im Kartenhaus der BISMARCK werden die möglichen Standorte dieses schnellen Verbandes eingezeichnet, um festzustellen, wann mit einer Gefährdung durch Flugzeuge von der ARK ROYAL zu rechnen ist. Das Ergebnis: im ungünstigsten Fall am Abend des übernächsten Tages.

18.14 Uhr gibt die Flotte durch Winkspruch an die PRINZ EUGEN erneut den Befehl: »Ausführung HOOD.« Die BISMARCK trennt sich jetzt endgültig von ihrem Begleiter. Eine Mitteilung über die weiteren Absichten macht der wortkarge Flottenchef auch dieses Mal nicht. Die Auflösung des Verbandes gelingt, ohne daß der Feind sie bemerkt. Damit ist das von Großadmiral Dr. h. c. Raeder kühn geplante Unternehmen »Rheinübung« beendet.

Die BISMARCK dreht auf Gegenkurs und treibt die an Steuerbord achteraus stehende SUFFOLK mit einigen Salven in die Dunstschwaden nach Osten, das erfolgt zu einer Zeit, als die BISMARCK für die der SUFFOLK folgenden PRINCE OF WALES (auf der BISMARCK nach wie vor noch als KING GEORGE V. angesprochen) sowie für die NORFOLK noch außerhalb der Sichtweite stand.[278] Diese Situation mag wohl der Grund gewesen sein, daß der C.S. 1 von der PRINCE OF WALES an einen grundsätzlichen, seine Vorhaben einengenden Befehl erinnert wurde: »Presume polity is to shadow! Request permission to fire one or two salvos on turning away if enemy is sighted.« Laut War Diary der POW heißt es weiter: »The gist of the reply to this signal was that C.S. 1's intentions were, to shadow from astern, not to engage with the enemy closely until C-in-C Home Fleet came up and to try and draw the enemy to the eastwards.« (Die REPULSE und die KING GEORGE V. wurden ja aus NO bald nach Mitternacht erwartet, außerdem waren aus dieser Richtung weiter nördlich der von der Home Fleet detachierte Fleet Aircraft Carrier VICTORIOUS und vier Begleit-Kreuzer im Anmarsch.)

In diese Zeitphase fielen nun die Loslösungsmanöver der PRINZ EUGEN von der BISMARCK. Wie auf der PRINZ EUGEN diese Trennung der beiden Schiffe beobachtet wird, beschreibt der II AO Fregattenkapitän Schmalenbach: »18.14 Uhr folgt über den Winkspruch der BISMARCK an die PRINZ EUGEN ›Ausführung HOOD‹ zum zweiten Male der Befehl zur Ausführung der Trennung der beiden Schiffe. Wieder legt sich die BISMARCK hart nach Backbord über, während die See ruhiger geworden ist. Regenböen hängen wie schwere Samtvorhänge, von dunklen tiefliegenden Wolken herunter. Es ist eine düstere Stimmung, in der der ›Große Bruder‹ vorübergehend verschwindet. Dann ist er wieder sichtbar, nur für Minuten, während er mit dem Mündungsfeuer seiner Artillerie See, Wolken und Regenböen blitzartig in ein dunkles Rot taucht. Der nachfolgende dunkelbraune Mündungsqualm verdüstert das Bild nur noch stärker. Allem Anschein nach dreht das Schiff noch etwas nördlicher.

Im Feuer der achteren Turmgruppe werden auf der PRINZ EUGEN noch einmal die Umrisse der BISMARCK deutlich, der lange Rumpf, der Turmmast mit dem Schornstein, der jetzt wie ein massiger, wuchtiger Aufbau wirkt, der achte Mast, wo im Topp die Kommando-Flagge des Flottenchefs wehen muß. Doch diese ist bei der schnell wachsenden Entfernung nicht mehr auszumachen. Darunter weht an der Gaffel die Kriegsflagge, gerade eben noch zu erkennen.«

Damit schließt sich der Vorhang der Regenböen zum letzten Mal. Der ›Große Bruder‹ ist verschwunden für die vielen Augen, die ihm vom Prinzen aus nachsehen: mit viel Sorge, aber auch mit den allerbesten Wünschen. Befehlsgemäß – ein Winkspruch hatte es noch angeordnet – verringert nunmehr die PRINZ EUGEN die Fahrt.

»Wir sollen uns mit gleichbleibendem Kurs und etwas geringerer Fahrt sacken lassen, um so der BISMARCK, die ja durch den beschriebenen Schäden in ihrer Höchstgeschwindigkeit herabgesetzt ist, das Entkommen aus der englischen Fühlungnahme zu erleichtern.«

Im Anhang des PRINCE-OF-WALES-Berichts ist nachzulesen: »... The enemy was resighted at 13.23 Uhr. Shadowing continued. At 15.18 Uhr a CATALINA-Flying Boat approached and identified herself. SUFFOLK at this time was just visible on the horizon bearing 255 degs. Ships were zick-zagging independently.«

Im war diary der PRINCE OF WALES heißt es weiter: »Visibility was now improving and enemy was resighted at 18.40, hull down bearing 230 degs. PRINCE OF WALES course at this time was 180 degs. Enemy opened fire on SUFFOLK who was shadowing him from astern. SUFFOLK replied and PRINCE OF WALES opened fire at 18.46, range about 30 000 yards. NORFOLK joining in almost immediately. Course was altered 30 degs towards 18.50. PRINCE OF WALES fired 12 salvos and enemy was twice crossed by an 800 yard bracket. No other results were observed. PRINCE OF WALES was not fired at. Cease fire was ordered by C.S.1 at 1900 after enemy had turned away and a course of 180 degs. was resumed about 19.20. NORFOLK resume guide and PRINCE OF WALES was ordered to independently but to remain in support. At 19.23 temporary breakdown of two guns in the A-turret was reported to C.S.1 ... At 19.26 signal was received from C.S.1: »Do not open fire except in reponse, as I do not want to force the enemy away to the westward. Shortly afterwards a signal ›Look out for U-Boots‹ was received from C-in-C HF (Home Fleet) and all ships were ordered to zig-zag independently ... At 20.31 a signal was received from C-in-C HF, T.O.0. 14.55 indicating that: ›torpedo‹-bombers from VICTORIOUS would attack at about 22.00. Shadowing continued ... At 01.21 the enemy was resighted on a bearing of 200 degs. Two salvos were fired at 01.31 at a range of 20 000 yards by R.D./F. Three flashes from the enemy were oberserved ... It is now realised that the enemy sighted at this time may, perhaps, have been a cruiser.«

Inzwischen ist die BISMARCK mit vorerst westlichem Kurs weiter abgelaufen. Im nachvollzogenen BS-KTB steht in-

dessen unter 18.39 Uhr: Nach KTB Prinz Eugen wird die Bismarck mit Kurs 240° (Südwest zu West) von feindlichen Fühlungshaltern geortet und gemeldet. Und um 18.40 Uhr wird die Bismarck von der Bb. achteraus stehenden feindlichen Einheit mit Kurs 180° liegend gemeldet. 19.50 Uhr am 24. Mai nimmt die Bismarck-Funkmannschaft das 18.35-Uhr-FT der Gruppe West auf:
»1. Herzlichen Glückwunsch.
2. Vorbereitungen Saint Nazaire und Brest werden getroffen. Mit Absicht Prinz Eugen einverstanden.
Falls Absetzen gelingt, erscheint längeres Abwarten in abgelegenem Seeraum für Bismarck zweckmäßig. Annehme Höchstfahrt Bismarck 28 sm. Meldung erforderlich, wenn Tiefgang normal. Gruppe West.«
Und wieder weist der Oberbefehlshaber des Marinegruppenkommandos West, Generaladmiral Saalwächter, auf das »Abwarten in abgelegenem Seeraum« in die Weiten des Nordatlantiks, vergeblich wie sich zeigen wird, so vergeblich wie der Oberbefehlshaber des Marinegruppenkommandos Nord, Generaladmiral Carls, auf die Enge Island–Färöers als Durchbruchsweg in den freien Atlantik verwies, statt die sonst (auch von Lütjens) bevorzugte Dänemarkstraße zu wählen.
19.58 Uhr findet laut BS-KTB die Begegnung der Bismarck mit der vermeintlichen King George V. (alias Prince of Wales und den Schweren Kreuzern Norfolk und Suffolk ihren Niederschlag in dem FT der Uhrzeitgruppe 19.14 Uhr an die Skl in militärischer Kürze Erwähnung: »Kurzes Gefecht mit King George V ohne Ergebnis. Prinz Eugen zum Ölen entlassen. Gegner hält Fühlung.«
Inzwischen hatte der BdU, Vizeadmiral Dönitz, nach Kenntnisnahme des Ausgangs des Islandgefechtes bereits von sich aus überlegt, ob er mit den für das Unternehmen »Rheinübung« abgestellten U-Booten bereits etwas für die Kampfgruppe Bismarck tun könne. Diese Überlegung führt zu dem Schluß, daß zunächst die Absichten des Flottenchefs abgewartet werden müssen. Sicherheitshalber ruft Dönitz aber noch den für die weitere operative Unterstützung zuständigen Generaladmiral Saalwächter an, dem der BdU alle im nordatlantischen Raum verfügbaren U-Boote unter voller Zurückstellung des Handelskrieges der »Grauen Wölfe« zur Verfügung gestellt hat.
Saalwächter bestätigt die Auffassung von Dönitz. »Ich werde meine Wünsche präzisieren, sobald sich der Flottenchef geäußert hat«, ist seine abschließende Antwort. Im Rahmen des eingeplanten U-Booteinsatzes meldete die Gruppe West mit der Uhrzeitgruppe 15.52 Uhr um 16.44 Uhr an die Flotte: »Für 24. Mai 08.00 Uhr gekoppelte Standorte der U-Boote: U 111 (Kplt. Kleinschmidt) in AJ 2390; U 94 (Kplt. Kuppisch) in AJ 6590; U 93 (Kplt. Korth) in AK 1570; U 43 (Kplt. Lüth) in AK 4480; U 557 (Kplt. Paulschen) in AK 4530; U 66 (Kplt. Markworth) in AK 4620; U 46 (Kplt. Endrass) in AK 4780; U 73 (Kplt. Rosenbaum) in AK 9920. Fortsetzung 16.04 Uhr Flotte 96: Ferner (stehen auf dem) Rückmarsch: U 109 (KK. Fischer Hans-Georg) in AJ 6690; U 556 (Kplt. Wohlfahrt) in AK 9290; U 74 (Kptlt. Kentrat) in AK 8550. Im befohlenen Vorpostenstreifen daher nur 6 Boote.«
6 Boote sind zu wenig, um in den ozeanischen Weiten der Quadrate einen Erfolg zu garantieren. Raeders bislang zögernde U-Bootbaupolitik läßt keinen Massenansatz zu. Im weiteren Verlauf der Operation »Rheinübung« beantragt der Flottenchef beim BdU am 24. Mai mit dem 14.42-Uhr-FT die Zusammenziehung der U-Boote der Westgruppe im Quadrat AJ 68, das unmittelbar unter der Südspitze von Grönland liegt. Lütjens beabsichtigt, die noch an ihm hängenden feindlichen Fühlunghalter am 25. Mai früh über diese U-Bootpositionen zu ziehen.
Das Ergebnis: U 43, U 46, U 57, U 66 und U 94 werden am 24. Mai durch BdU-Befehl von 16.13 Uhr in einem Vorpostenstreifen zusammengezogen, der durch das Quadrat AJ 68 von NW nach SO führt.
Der Marinegruppenkommando-Befehlshaber West schrieb am 24. Mai 15.40 Uhr zu dem 14.42-Uhr-FT des Flottenchefs in sein KTB: »Dieser FT entspricht meinen Überlegungen: Wenn der Feind E.M.2-Geräte hat, sehe ich bei mehreren Fühlunghaltern kein anderes Mittel, ihn abzuschütteln, als sie auf die U-Boote zu ziehen.«
Laut KTB heißt es zum U-Boot-Ansatz weiter:
»U 93 und U 73, die weiter abstehen, werden nordöstlich dieser Vorpostenstreifen aufgestellt. Vorbereitend für den Fall des Rückmarsches der Flotte werden auf Wunsch der Gruppe West die in der Biscaya auf An- und Rückmarsch befindlichen Boote U 48 (Kplt. Schulze [Herbert]), U 97 (Kplt. Heilmann [Udo]) und U 98 (Kplt. Schulte [Werner]) in Angriffsräumen BE 6420 bis 6620 aufgestellt. U 138 (OL Gramitzky), das zunächst eine im Osten daran anschließende Position erhält, kann aber wegen Schmierölknappheit den Befehl nicht ausführen. Zur gleichen Gruppe wird U 556 (ohne Torpedos auf

Rückmarsch) befohlen. Das Boot kann aber wenigstens als »Auge« nützlich sein. U 73, das auf Ausmarsch etwa in der Mitte zwischen der West- und der Biskaya-Gruppe stehen muß, wird zur Standortmeldung aufgefordert, seine Zuteilung zur einen oder anderen Gruppe wird danach entschieden werden.«

Zur Biskaya-Gruppe wurden außerdem U 108 (KK Scholtz [Klaus]) und U 552 (KK Topp [Erich]) durch den Flottillenchef von sich aus vorzeitig auslaufbereit gemacht, um am 25. abends aus Lorient bzw. St. Nazaire in See gehen zu können.

16.55 Uhr wird das Flottenkommando von der Gruppe West unterrichtet, daß die U-Boote am nächsten Morgen in dem vom Flottenchef gewünschten Quadrat AJ 68, also auf etwa 54° 10' N und 42° 10' W, stehen werden.

Hatte es Admiral Saalwächter bei seinem Telefongespräch mit dem Chef des Stabes der Seekriegsleitung strikt abgelehnt, in die Operation der Flotte einzugreifen, so gibt er jetzt den bereits Vorgenannten, doch einer Weisung gleichkommenden Rat. Er deckt sich mit der Auffassung der Skl, die von einem längeren Absetzen der BISMARCK in den Atlantik ein Abklingen der von den Engländern jetzt mit allen Kräften angesetzten Jagd erhofft. Augenblicklich muß, so argumentiert die Heimat, damit gerechnet werden, daß alle Scapa-Schiffe, darunter der Träger VICTORIOUS, zur Operation gegen BISMARCK ausgelaufen sind, wahrscheinlich auch die Kampfgruppe H, die sich tatsächlich seit der Nacht vom 23. zum 24. Mai außerhalb Gibraltars im Ostatlantik befindet, und möglicherweise auch als Teil der im Geleitschutz auf der Halifax-England-Route stehenden Schlachtschiffe. Die noch am Nachmittag eingehende Meldung der Luftaufklärung von Scapa, wonach die Augenerkundung dort drei Schlachtschiffe und drei Kreuzer festgestellt habe, schätzt die Skl von vornherein als unglaubwürdig ein, was ja auch durch die spätere Bildauswertung bestätigt wird.

Mit der Uhrzeitgruppe 19.25 Uhr funkt die Gruppe West an die BISMARCK die vom BdU befohlene Neuaufstellung seiner verfügbaren U-Boote:

»1. Fünf U-Boote 06.00 Uhr Vorpostenstreifen AJ 6815, AJ (im Original nicht lesbar) Tiefe 10 sm. Ein Boot AJ 6550, ein Boot AJ (im Original nicht lesbar). Angriff frei nur gegen feindliche Kriegsschiffe.

2. Luftaufklärung Scapa heute zeigt drei Schlachtschiffe. Zusatz Gruppe West: halte Verwechslung mit Schlachtschiffattrappen möglich.«

Mit der Uhrzeitgruppe 22.11 Uhr wird 23.05 Uhr von der Gruppe West der Flotte gefunkt: »Im Anschluß an das FT 19.25 Uhr Abs. 2 folgt die bereits erwähnte Korrektur der Scapa-Beobachtung durch den FliFü Nord«, ein Funkspruch, bei dem der Schlußsatz eine neue Erkenntnis bringt: »In Scapa nicht drei Schlachtschiffe und drei Kreuzer,[279] wie ursprünglich gemeldet, sondern nur zwei, wahrscheinlich Leichte Kreuzer und Artillerieschulschiffe. Nach Auffassung Gruppe West ist der Gegner die PRINCE OF WALES.«

Bei der Skl wie auch bei der Gruppe West glaubt man nun, mit Sicherheit annehmen zu dürfen, daß sich der Flottenchef in ein abseitiges Gebiet im Atlantik verholen wird. Eigentlich hätte es, so meint man, des 18.35 Uhr gefunkten Ratschlages der Gruppe West gar nicht bedurft. Er sollte auch mehr eine psychologische Untermauerung der Notwendigkeiten sein. Um so überraschender und besorgniserregender wird daher, nachdem der Flottenchef, mit der Uhrzeitgruppe, 19.14 Uhr das kurze, ergebnislose Gefecht mit der vermeintlichen KING GEORGE V. und die Entlassung der PRINZ EUGEN zur Ölergänzung gemeldet hat, das von der BISMARCK mit der Uhrzeitgruppe 20.56 Uhr abgesetzte und 21.32 Uhr aufgenommene FT beurteilt: »Abschütteln Fühlung wegen feindlicher DeTe-Geräte unmöglich. Auch wegen Brennstoff ansteuere Saint Nazaire direkt.«[280]

Diese FT-Meldung bestätigt auch, was die Skl und die beteiligten Marinegruppen seit dem Auslaufen fürchteten. Sie bestätigt den vollen Ernst der Lage zum ersten Male deutlich. Der Gegner verfügt also über tadellos arbeitende Funkmeßgeräte, die es der BISMARCK offenbar unmöglich machen, Fühlungshalter abzuschütteln. Weiter aber scheint der Brennstoffverlust durch die Gefechtsschäden so groß zu sein, daß die BISMARCK ein weiträumiges Ausholen zum Abschütteln der Fühlungshalter und zur Umgehung der Gefahrenzone der Küstenluftwaffe nicht mehr fahren kann. Sie muß daher auf kürzestem Wege die französische Atlantikküste ansteuern. Eine kurz vorher bei der Gruppe West aufgestellte Berechnung des Ölverbrauchs [17] ergab am 24. Mai, 00.00 Uhr, einen Bestand von noch ca. 5 100 Kubikmetern.[281]

Aus dieser Kontrollrechnung wurde in der Heimat der Schluß gezogen, daß bis zum Einlaufen selbst bei noch weiteren Kampfhandlungen und dadurch bedingtem längeren Aufenthalt in See an sich keine Sorgen zu bestehen brauchten, wenn nicht starke Ölverluste durch Treffer eingetreten seien. Diese Befürchtung hat sich nunmehr bestätigt. Der Flottenchef ist, das wird den Befehlsstellen in der Heimat über den 20.56-Uhr-Funkspruch klar, durch den Brennstoffmangel in der Wahl des Weges der Freiheit seiner Entschlüsse beraubt.

Ungeklärt wird immer bleiben, warum Admiral Lütjens die Brennstofflage am Abend des 24. soviel ernster beurteilte als am Nachmittag. Vielleicht ist ihm erst am späten Nachmittag endgültig klargeworden, daß das abgesperrte Heizöl im Vorschiff für die Nutzung abgeschrieben werden mußte. Mit der neuen Lage, die Dönitz am 24. Mai abends bekannt wird (PRINZ EUGEN soll sich nach SW absetzen und die BISMARCK wird voraussichtlich Saint Nazaire anlaufen), entfällt auch die Möglichkeit, die nachfolgenden feindlichen schweren Schiffe über die im Quadrat AJ 68 stehenden U-Boote zu ziehen. Die Änderung der Absichten führt zwangsläufig zur Abänderung der Befehle des BdU an seine Westboote, die nun, fünf an der Zahl, in einem Vorpostenstreifen von AJ 6815 bis AJ 6895 aufgestellt werden, ein Boot wird in AJ 6950 befohlen.

Lütjens »Absicht, Saint Nazaire direkt« verändert die Lage besonders in bezug auf die befohlene Aufstellung der U-Boote. Saalwächter: »Flottenchef hat anscheinend nicht die Absicht, feindliche Streitkräfte durch U-Bootvorpostenstreifen in das Quadrat A Jot zu ziehen. Der BdU wird fernmündlich unterrichtet und gebeten, verfügbare und verfügbar zu machende Boote zur Sicherung des Einlaufweges Biskaya aufzustellen.«

Saalwächter bespricht sich mit seinem Stab, dem Flottenchef ein Nacht- oder Dämmerungsgefecht für den kommenden Morgen vorzuschlagen, um die Fühlunghalter abzuschütteln. Der Plan wird fallengelassen. Saalwächter entscheidet: »Der Flottenchef wird aufgrund der örtlichen Lage am besten selbst entscheiden, ganz abgesehen von der Fragwürdigkeit dieser Gefechtsarten mit all ihren unwägbaren Zufällen.« Auf der BISMARCK ist man inzwischen damit beschäftigt, einen zweiten Schornstein zu bauen. Dieser soll zur Irreführung des Gegners aufgestellt werden. Da die Engländer ja BISMARCK nach wie vor in Gesellschaft der PRINZ EUGEN vermuten, würde ein einzelfahrendes Großkampfschiff vor allem von der weniger im Erkennungsdienst geschulten Luftaufklärung möglicherweise als amerikanisches Schlachtschiff[282] angesprochen werden. Außerdem werden englische Signale vorbereitet. Im Falle einer Sichtung sollen sie zur Täuschung gefunkt werden.

Dieser zweite Schornstein, der dann aber nicht aufgestellt wird, entsteht aus einem Holzgestell und aus Blech. Das Gestell fertigen die Männer von der Zimmermannslaufbahn. Die Blecharbeiten besorgen die Mechanikergasten. Einer davon, ein Obergefreiter, schweißt in seinem Eifer ohne Schutzbrille. Fast erblindet, muß er später von seinen Kameraden hinweggeführt werden.

Wie schon vorher gesagt, ist die Stimmung an Bord nach wie vor ausgezeichnet. Das beweist auch der an Begeisterung grenzende Eifer der Männer. Auch die Offiziere sind zu Scherzen aufgelegt. »Vati« Lehmann, wie sie vom Maschinenpersonal ihren Leitenden Ingenieur nennen, meint, als er die Arbeiten am zweiten Schornstein besichtigt: »Da setzen wir ein paar Pfeifenraucher rein, damit das Ding dann auch richtig qualmt.« Ein Vorschlag des Marinebaurats Schlüter, die Anker mitsamt den Ketten ausrauschen zu lassen, um dadurch das Vorschiff zu leichtern und höher aus dem Wasser zu kommen, soll keine Billigung gefunden haben.[283]

Hauptsorgen des Leitenden Ingenieurs sind an diesem und auch am folgenden Tage, einem Sonntag, aber nicht das Vorschiff und die Brennstofflage, sondern die Salzgefahr. Durch den Wassereinbruch in den Kesselraum Backbord 2 wird nicht nur das Wasser des Speisewasserkreislaufs des Kraftwerkes Backbord versalzen, die Gefahr greift auch auf das Wasser der beiden anderen Kraftwerke über. Wenn Seewasser in den Speisewasserkreislauf eindringt und dann in die Obertrommeln der Kessel gelangt, besteht Gefahr, daß der Dampf unverdampftes Wasser mitreißt. Diese mitgerissenen Wassertropfen werden dann in kurzer Zeit die Turbinenschaufeln zerstören. In allen Kraftwerken wird daher das Wasser gewechselt. Nur noch mit äußerster Kraft können die vier Frischwassererzeuger und der behelfsmäßig herangezogene Hilfskessel ausreichend Speisewasser erzeugen. Erst am Sonntagabend kann die Gefahr als endgültig beseitigt angesehen werden.

15.45 Uhr am 24. Mai alarmiert die Gruppe West per FS den BSW, den Admiral Frankreich, den Fliegerführer Atlantik und nachrichtlich den BdU op., daß am 27. Mai mit dem Einlaufen der BISMARCK in St. Nazaire zwecks Reparatur zu rechnen sei, bei direktem Marsch (statt über AJ 68 bei Einsparung von 400 sm) aber auch schon am 26. Mai abends. Der BSW trifft ab sofort die erforderlichen Maßnahmen für die Sicherung der Einlaufwege. Eine dringliche Einsatzforderung ergeht am 24. Mai,

23.00 Uhr, von der Gruppe West an den FliFü Atlantik: »Für den 25. nachmittags wird weitreichende Seeaufklärung (unterstrichen lt. KTB Gruppe West, d.V.) im Seegebiet nordspanische Küste, Linie Brest Südspitze Irland, möglichst unter Einsatz von FWs 200 erbeten, etwa 18.00 Uhr im Westen. Mit Auftreten feindlicher Streitkräfte wird gerechnet.«

Saalwächter dazu: »Es erscheint richtig, das Küstenvorfeld verhältnismäßig spät aufzuklären, da BISMARCK noch weit absteht und es darauf ankommt, die Spanne zwischen der Zeit der Aufklärung und der Zeit des Eintreffens des Schlachtschiffes in dieses Gebiet möglichst kurz zu halten. Ein Fernschreiben u.a. an den BSW, den Admiral Frankreich, die Luftflotte BdU op. informiert um 23.00 Uhr: Einlaufen der BISMARCK bereits 26. abends möglich. Vorbereitungen entsprechend. Terminvorverlegung ist erforderlich, da die BISMARCK bei direktem Marsch nach Nazaire statt über AJ 68 etwa 400 sm spart und entsprechend früher zu erwarten ist. Leider kann wegen Mangel an Kräften nur eine auch nur einigermaßen deckende Welle geflogen werden. Der Mangel an für weitreichende Aufklärung geeigneten Flugzeugen tritt wieder stark in Erscheinung.«

Saalwächter sorgt sich (KTB, Gruppe West): »Da seit etwa 3 Stunden keine neuen Nachrichten vom Flottenchef eingegangen sind, ist die Lage als unverändert anzusehen. Mit dem weiteren Marsch nach Süden kommt die BISMARCK ab etwa 03.00 Uhr noch für einige Stunden in die Dunkelheit, so daß ihr vielleicht noch das Absetzen vom Gegner gelingen wird.«

Nicht uninteressant ist auch, daß bei der Gruppe West von der BISMARCK zwischen 23.02 Uhr und 23.45 Uhr vier auch an die Skl gerichtete M-Offizier-FTs eingehen, … die alle nicht zu lösen sind.

Ein FT an die Flotte und die PRINZ EUGEN meldet 00.47 Uhr am 25. Mai, die Britische Admiralität habe den Verlust der HOOD mit Vizeadmiral Holland an Bord bekanntgegeben.

Die Maßnahmen des Gegners · Admiral Toveys drei Möglichkeiten

Blenden wir zurück: Admiral Tovey hatte auf Grund der Fühlunghaltersignale am Abend des 23. Mai mit seiner zweiten Kampfgruppe Kurs auf den voraussichtlichen Treffpunkt der HOOD-Gruppe mit dem feindlichen Verband abgesetzt, um sowohl bei einem Rückzug des deutschen Verbandes durch die Dänemarkstraße als auch bei einem Ausweichen in den Atlantik eine günstige Ausgangsposition zu haben. Wenn er auch nicht eine Versenkung der BISMARCK durch die HOOD-Gruppe für möglich hielt, so doch vielleicht eine wesentliche Herabsetzung der Geschwindigkeit des deutschen Schlachtschiffes. Nun war aber alles anders gekommen.

Admiral Tovey hat nur eine geringe Aussicht, die deutsche Kampfgruppe zu erreichen, solange sie mit unverminderter Geschwindigkeit in die südwestliche Richtung marschiert.

Freilich ist fraglich, ob nach der raschen Niederlage der von Vizeadmiral Holland geführten Kampfgruppe vom britischen Standpunkt aus überhaupt ein sofortiger Einsatz der von Admiral Tovey geführten Home Fleet gegen den BISMARCK-Verband wünschenswert war. Nachdem am Vormittag des 23. Mai 1941 der Schlachtkreuzer REPULSE, vom Clyde kommend, zu dem aus Scapa ausgelaufenen Verband Toveys gestoßen war, bestand dieser aus den großen Schiffen KING GEORGE V. und REPULSE, dem eben erst in Dienst gestellten Flugzeugträger VICTORIOUS und vier Leichten Kreuzern. Mit 16 schweren Geschützen ist diese Kampfgruppe listenmäßig etwas schwächer als Admiral Hollands Verband, der über 18 schwere Geschütze verfügt hatte. Er ist der BISMARCK-Gruppe mit ihren nur acht schweren Geschützen in jedem Fall weit überlegen, zahlenmäßig zumindest. Doch wie wenig solche rechnerischen Vergleiche bedeuten, hatte gerade erst das Island-Gefecht bewiesen. Bauart, Baumängel (wie sie inzwischen durch Flugzeugbomben für die Deckspanzerungen deutlich werden) und Ausbildungsstand hatten sich hier als weitaus wichtigere Faktoren erwiesen als die herkömmlichen Vergleichsmaßstäbe, wie Geschoßgewicht einer Breitseite und ähnliches. Wenn man Toveys zweite Kampfgruppe unter diesem Gesichtspunkt betrachtet, so ist zunächst festzustellen, daß das Flaggschiff KING GEORGE V. zwar ein Schwesterschiff der eben von der BISMARCK so rasch zum Ablaufen gezwungenen PRINCE OF WALES war, sich aber im Gegensatz zu dieser in voll kriegsbereitem Zustand befand, wenn auch mit nur kurzfristigen praktischen Erfahrungen. Unter Hinweis darauf, daß sämtliche anderen britischen Großkampfschiffe entweder unzureichend geschützt oder zu langsam waren, kommen britische Kommentatoren (zum Beispiel Grenfell [37]) zu dem Schluß, daß eigentlich von der ganzen britischen Flotte nur die KING GEORGE V. ein ebenbürtiger Gegner der BISMARCK war. Auch artilleristisch bestand listenmäßig eine Art Gleichgewicht insofern, als das britische Schiff die höhere Rohrzahl (zehn statt acht), aber das geringere Kaliber (35.6 cm statt 38.0 cm) hatte. Vor- und Nachteile also, die sich bis zu einem gewissen Grade gegenseitig aufhoben. Das zweite Großkampfschiff, die REPULSE, hätte keinesfalls allein gegen die BISMARCK eingesetzt werden können. Es war mit 31.5 kn zwar schnell, aber mit nur sechs 38.1 cm-Geschützen zusammen mit dem Schwesterschiff RENOWN das artilleristisch schwächste britische Großkampfschiff. Während jedoch dieses Schwesterschiff kurz vor Kriegsausbruch gründlich umgebaut worden war und dabei unter anderem einen besseren Panzerschutz erhalten hatte, mußte ein gleichartiger Umbau bei der REPULSE wegen des Kriegsausbruchs unterbleiben. Die Folge war, daß die REPULSE zur Stunde das am schlechtesten geschützte britische Großkampfschiff war. Wäre es also Admiral Tovey gelungen, die BISMARCK am 24. oder 25. Mai zu stellen, so hätte er bei einem Gefecht außer seinem Flaggschiff nur die REPULSE und wahrscheinlich auch die seit dem Islandgefecht der Kampfgruppe Wake-Walkers zugeteilte PRINCE OF WALES zur Verfügung gehabt. Es blieb ihm somit erspart, die geringe Standfestigkeit gerade dieser zwei Schlachtschiffe in persönlichem Augenschein vor Ort erleben zu müssen. Wegen Brennstoffmangels werden sie am 25. Mai aus der Jagd auf die BISMARCK detachiert und in ihre Stützpunkt entlassen.[283/2]

Für den Flugzeugträger VICTORIOUS, das dritte große Schiff in Toveys »BISMARCK-Jagd-Verband«, gilt ähnliches wie bei PRINCE OF WALES. Beide Schiffe waren die neuesten ihres gerade erst in Dienst gestellten Typs, aber eben deshalb noch nicht hinreichend erprobt und ausgebildet. Außerdem war damals beim Bau noch völlig ungeklärt, ob Bomben oder Torpedos aus vom Deck eines Flugzeugträgers gestarteten Flugzeugen Großkampfschiffe in See ernsthaft beschädigen oder gar versenken können. Gewisse Erfolge waren bis dahin, wie etwa in Tarent, nur gegen Schiffe im Hafen erzielt worden.

Welche weiteren Absichten könnte Lütjens nun haben? Drei Möglichkeiten zeichnen sich für den Tovey ab:

1. Entweder läuft der deutsche Verband zu einem Tanker an der Westküste Grönlands oder in den Raum der Azoren;

2. Die BISMARCK ist, obwohl darüber bei den Briten noch keine Meldungen vorliegen, aus dem Gefecht mit der HOOD nicht ohne Beschädigungen hervorgegangen und muß nun zur Beseitigung der Schäden einen Hafen aufsuchen, und wenn, dann doch nur einen Hafen an der französischen Kanalküste oder Kehrtwendung nach Durchbruch durch die Dänemarkstraße einen Liegeplatz in Norwegen? Oder:

3. Die deutschen Schiffe wollen in die Heimat zurückkehren. Ihnen bietet sich dann eine Möglichkeit großen politischen Effekts an. Die deutsche Propaganda könnte den heimkehrenden Sieger für ihre Zwecke gut gebrauchen.

Tovey weiß zu warten. Da diese drei Möglichkeiten alle gleich viel Wahrscheinlichkeit anbieten, entschließt sich Tovey zu einem mittleren Kurs auf die Südspitze Grönlands zu. Damit erfaßt er vor allem auch den im Augenblick gefährlichsten Weg des Feindes: einen Ausbruch nach Westen. Als Tovey am 24. Mai von der 12.40 Uhr erfolgten und von den Fühlungshaltern beobachteten Kursänderung der BISMARCK-Gruppe nach Süden erfährt, fühlt er sich erleichtert. Wenn auch diese Kursänderung die Möglichkeit eines späteren Kurswechsels in Richtung Grönland noch immer nicht ganz ausschaltet, so wird doch dadurch eine Rückkehr der Deutschen nach Norwegen von Stunde zu Stunde immer unwahrscheinlicher. Auf der anderen Seite ist die Annäherungsgeschwindigkeit der Home Fleet zur Gegnerkampfgruppe durch diesen Kurswechsel jetzt noch größer geworden. Tovey rechnet damit, gesetzt den Fall, daß die Deutschen diesen Kurs beibehalten, am kommenden Morgen gegen 09.00 Uhr in Gefechtsberührung zu kommen.

Sorgen machte dem britischen Admiral lediglich die von den Fühlungshaltern gemeldete, verhältnismäßig geringe Geschwindigkeit der BISMARCK, und zwar deshalb, weil anzunehmen ist, daß der Gegner seine Fahrt um sieben bis acht Knoten erst nach Einbruch der Dunkelheit erhöhen wird, um so einen Vorsprung vor den Verfolgern zu erringen beziehungsweise um diese sogar ganz abzuschütteln. Tovey entschließt sich zu einer Gewaltlösung: Er will durch einen Angriff der Flugzeuge des Flugzeugträgers VICTORIOUS versuchen, wenigstens die Geschwindigkeit der BISMARCK durch Treffereinwirkungen mit Lufttorpedos zu mindern.

Um 15.00 Uhr bekommen die VICTORIOUS und das zweite Kreuzergeschwader unter Führung von Konteradmiral Curteis durch Funkspruch den Befehl, den deutschen Verband direkt anzusteuern. Die Trägerflugzeuge sollen nur auf die BISMARCK, also nicht auch auf den sie begleitenden Kreuzer operieren. Sie sollen starten, das hat Tovey mit dem VICTORIOUS-Kommandanten abgestimmt, wenn sie innerhalb der 100-sm-Grenze, der äußersten Reichweite stehen, während die KING GEORGE V. und die REPULSE um 40° nach Backbord auf 200° drehen und damit nun 20° an der BISMARCK heranliegen. Ohne langsam achteraus zu fallen, scheren der Träger VICTORIOUS und die diesen sichernden vier, über 32 kn schnellen Leichten Kreuzer GALATEA, AURORA, KENYA und HERMIONE aus dem Verband aus. Die VICTORIOUS und die Kreuzer behalten dagegen den alten Kurs bei. Tovey rechnet damit, daß der Träger – allerdings auf Kosten der vorlichen Stellung zum Gegner – gegen 21.00 Uhr den 100-sm-Abstand erreicht haben wird. Ferner muß der Trägerkommandant, Captain Borell, bei diesem Manöver in Kauf nehmen, am kommenden Morgen für die weitere Jagd auf die BISMARCK und andere Aufgaben auszufallen, da die VICTORIOUS mit ihrer Kreuzersicherung nun zu weit im Norden zurückbleibt.

Konteradmiral Wake-Walker auf NORFOLK erwägt in späten Nachmittagsstunden, die BISMARCK durch eine Finte dem C-in-C Tovey in die Arme zu treiben: NORFOLK und PRINCE OF WALES sollen von Backbord achteraus in der Hoffnung angreifen, daß der Gegner das Gefecht annehmen und den beiden britischen Einheiten auf ihrem taktisch eingeplanten Rückzugkurs nach Osten folgen würde. Dabei ist es, wie bereits aus der Sicht der PRINCE OF WALES beschrieben, Lütjens selbst, welcher die Initiative ergreift.

Die BISMARCK taucht vor der 240 hm abstehenden SUFFOLK plötzlich in eine Nebelwand ein. Auf dem Schweren Kreuzer beobachtet man nun eine schnelle Abnahme der Entfernung auf dem Radarschirm, also eine Kursänderung. In Erwartung eines bevorstehenden Angriffs auf AK gehend, dreht die SUFFOLK nach Backbord ab. Noch während der Drehung wird die BISMARCK wieder sichtbar und eröffnet sofort das Feuer auf 183 hm. SUFFOLKs Kommandant läßt schwarz qualmen und rettet sich, das Feuer erwidernd, in eine Wand künstlichen Nebels. Natürlich galt das BISMARCK-Manöver, das die Absichten von Wake-Walker durchkreuzte und bei dem sich die BISMARCK durch ihren Kurs nach Westen nun noch weiter von der HOME FLEET entfernte, keineswegs einem Angriff auf die SUFFOLK, der unbemerkten Loslösung der BISMARCK von der PRINZ EUGEN.[284] Wake-Walker beschließt, seine Einheiten in Zukunft enger zusammenzuhalten. Er stellt sie achteraus vom Gegner auf und läßt sie, die SUFFOLK an der Spitze, die PRINCE OF WALES in der Mitte und die NORFOLK am Schluß, in grober Kiellinie folgen.

Die Funksprüche der NORFOLK, des Flaggschiffes von Konteradmiral Wake-Walker, lassen Tovey erkennen, daß die Schiffe auch weiter Fühlung halten.

19.34 Uhr funkt die NORFOLK an den C-in-C: »Gegner drehte 18.32 Uhr ab, als er auf weite Entfernung ins Gefecht geriet. Gefecht wurde abgebrochen, um ihn nicht noch weiter von Ihnen abzuziehen. Halte Fühlung in 18 sm Abstand. Gegner peilt 232°.«

Kurz danach unterrichtet die Britische Admiralität alle an der Jagd auf die BISMARCK beteiligten Einheiten, daß amerikanische Patrouillenflugzeuge das Seegebiet 500 sm südöstlich von Cape Farewell absuchen würden. Der Funkspruch lautet in der Übersetzung des entschlüsselten Textes:

»20.12 Uhr von Admiralität:

USA-Aufklärungsstaffel Nr. 52 »Catalinas« von Argentia, Neufundland, haben Auftrag, das Seegebiet 500 sm südöstlich von Cape Farewell abzusuchen.«

Von strikter Neutralität der USA ist nun gar nicht mehr die Rede, denn obwohl die USA neutral sind, unterstützen sie widerrechtlich die britischen Aktionen.

Ein weiterer Funkspruch der Britischen Admiralität befaßt sich mit der prophylaktischen Vollbeölung von drei Leichten Kreuzern, deren hohe Geschwindigkeit taktische Suchaktionen wie auch ein permanentes Fühlunghalten sichern. Das 20.10-Uhr-FT der Admiralität lautet:

»Falls nicht der Oberbefehlshaber Home Fleet diesen Befehl widerruft, sollen die Leichten Kreuzer ARETUSA (5 220 ts) BIRMINGHAM (9 100 ts) und MANCHESTER (9 400 ts) die Überwachungen aufgeben und zur Ölergänzung in den Hvalfjord einlaufen.

Diese schlanken Zweischornsteinkreuzer laufen maximal über 32 kn; außerdem sind sie mit ein bis drei Seeflugzeugen bestückt, die den jeweiligen Überwachungsbereich ganz wesentlich vergrößern.[286]

20.30 Uhr von Admiralität: »Tanker CAIRNDALE, mit Einrichtungen zur Beölung in See[287] und mit Vorrichtungen auch zur Kohlenübergabe ausgerüstet, von Gibraltar aus in See, um im Seeraum (folgt Position, d.V.) zu patrouillieren. Unterseeboot SEVERIN wird die CAIRNDALE begleiten, welche ihre Wartestellung etwa am 31. Mai erreicht. Ein Tanker wird nach St. Johns auf Neufundland geschickt. Große Kriegsschiffe können notfalls Öl von einem Tanker in der Conception Bay ergänzen. Weitere Tanker mit Heizöl befinden sich in den Halifax-Geleitzügen HX 127 und HX 128. Es wird untersucht, ob auch US-amerikanische Ölversorgungs-Einrichtungen verfügbar gemacht werden können. Tanker SAN ADOLFO hat Befehl, im Seeraum (folgt genaue Position, d.V.) zu patrouillieren, wo er am 28. Mai 1941 eintreffen soll.«

21.06 Uhr von NORFOLK an Admiralität: »Geschwindigkeit des Gegners scheint jetzt 22 kn zu sein. Gegnerischer Kreuzer wahrscheinlich westlich des Schlachtschiffs PRINCE OF WALES dicht hinter mir SUFFOLK Steuerbord querab.«

21.31 Uhr Admiralität an Kampfgruppe H: »Kurs einrichten, daß BISMARCK von Süden her gestellt wird. Gegner muß Brennstoffschwierigkeiten haben und wird einen Tanker ansteuern. Sein künftiger Weg wird sie zu diesem Tanker führen.«

21.38 Uhr Admiralität an Kampfgruppe H: »Falls Ihre Kampfgruppe zu längeren Operationen eingesetzt wird, sollen die Zerstörer nach Gibraltar entlassen werden, bevor sie Ölergänzung benötigen.«

21.44 Uhr NORFOLK an SUFFOLK: »Meine Anerkennung für ausgezeichnetes Fühlunghalten! Auch in kommender Nacht werden wir uns auf Sie verlassen.«

21.56 Uhr. Vom Oberbefehlshaber Home Fleet: »Hoffe, von Osten her 09.00 Uhr des 25. ins Gefecht zu kommen.«

22.05 Uhr. Von SUFFOLK an NORFOLK: »Habe BISMARCK noch in Sicht und glaube auch, den Kreuzer westlich von der BISMARCK zu erkennen.«

Der Angriff der VICTORIOUS-Flugzeuge und die Folgen · Der Befehl, den auch Churchill unterstützt, lautet: »Chase and sink the BISMARCK«

Es ist immer noch hell, als die BISMARCK unverhofft auf ein US-amerikanisches Küstenwachboot stößt. Es handelt sich um die MEDOC von der U.S. Coast Guard (die bisherige Deutung, denn ein Coast Guard ship dieses Namens gab es nicht, d.V.). Der ursprüngliche Plan, den Gegner und neutralen Beobachter durch einen mit Bordmitteln aufgestellten (Attrappen-)Schornstein irrezuführen, wird vom Flottenchef nunmehr abgeschrieben. Durch diese offenbar »unverhoffte« Begegnung wird den Briten bekannt, daß die BISMARCK jetzt allein operiert. Hier noch einige wesentliche Funksprüche während dieser Zeitphase am 24. Mai 1941:

- 19.58 Uhr meldete Lütjens mit dem FT der Uhrzeitgruppe 19.14 Uhr: »Kurzes Gefecht mit KING GEORGE V. ohne Ergebnis. PRINZ EUGEN zum Beölen entlassen.«
- 20.42 Uhr mit der Uhrzeitgruppe 19.25 Uhr von der Gruppe West an die Flotte:
  »1. Fünf U-Boote Vorpostenstreifen AJ 6815, AJ 6895, Tiefe 10 sm. Ein Boot AJ 6550, ein Boot AJ 6950. Angriff frei nur gegen feindliche Kriegsschiffe.
  2. Bilderkennung Scapa heute drei Schlachtschiffe. Zusatz der Gruppe: Scheinanlage möglich.«
- 20.55 Uhr folgt für die Flotte eine Korrektur durch die M.(arine) N.(achrichten) Abteilung Nord mit der Uhrzeitgruppe 19.47 Uhr zum Spruchschlüssel und ein Hinweis der B.-Leitstelle »Spruchschlüssel im FT 19.47 Uhr muß heißen DCE.«
- 21.32 Uhr funkt der Flottenchef mit dem FT Uhrzeitgruppe 20.56 Uhr an die Gruppe West: »Abschütteln Fühlung wegen feindlicher DeTe-Geräte erschwert. Wegen Brennstoff ansteuern St. Nazaire direkt.«

Dieses FT ist nicht nur für die unmittelbar angesprochene Gruppe West von allerhöchster taktischer wie auch strategischer Bedeutung; es ist auch aus kritischer Sicht eine für den weiteren überseeischen Zufuhrkrieg mit Überwasserstreitkräften dramatische, kategorische Wende. Doch noch schwimmt die Skl auf der Woge der bisherigen Erfolge ihres Flottenchefs bei der Operation »Berlin« mit der SCHARNHORST und der GNEISENAU 20.–30.1.1941 und jetzt bei der Operation »Rheinübung.«[290]

22.17 Uhr. Von SUFFOLK »Schlachtschiff ändert Kurs und schießt mit der Flak«.
23.15 Uhr. SUFFOLK an NORFOLK: »Flugzeug nähert sich aus Richtung 124 Grad.«
Und was geschah inzwischen mit den Trägerflugzeugen? Für den beabsichtigten Torpedoflugzeugangriff wirkte sich die Kursänderung der BISMARCK nach Westen nachteilig aus. Man hatte britischerseits gehofft, gegen 21.00 Uhr nur noch 100 sm entfernt zu sein, statt dessen steht der Träger um 22.00 Uhr noch 120 sm ab, und zwar auf der Position 58.19 N/33.17 W., während die BISMARCK auf 57.09 N/36.44 W mit 24 kn durch die See stampft. In Erwartung einer weiteren Verschlechterung der Wetterlage läßt Captain Bovell, der VICTORIOUS-Kommandant, die Torpedoflugzeuge der 825. Squadron vom Typ SWORDFISH starten. Die FULMAR der 800. Z-Squadron heben wenig später ab. Sie fliegen aber nur als Fühlunghalter und zur Beobachtung mit.

»The orders«, so Bovell, »were to attack with torpedos and also to maintain touch. I decided that nothing less than the whole of 825. squadron could be expected to produce any result in a torpedo attack.«

Wie die als Beschattungsflugzeuge eingesetzten sechs »Fulmar« vom Commanding Officer des H.M.S. VICTORIOUS später bewertet werden, ist im War Diary des Trägers nachzulesen: »I realised that ›Fulmar‹ aircraft are far from ideal for shadowing but, due to the small number of T.S.R. aircraft available and in view of the efficient surface shadowing by H.M. ships NORFOLK and SUFFOLK (which obviated the necessity of having to search for the enemy before striking him) I decided to use »Fulmars« for maintaining touch.
This they failed to do.«
Von Bedeutung ist auch die Wetterlage, wie sie am 24. Mai mit der Uhrzeitgruppe 22.16 Uhr von der Gruppe West der Flotte gefunkt und von der BISMARCK um 23.24 Uhr aufgenommen wurde: »Kurzwetter: 58 Grad Nord, 18 Grad West 1014 mb, steigend, plus 6 Grad, NW 3 – 4, 1/10 – 5/10 ci ohne Niederschlag. Sicht über 10 sm.«
• Mit der Uhrzeitgruppe 22.11 Uhr funkt die Marinegruppe West eine Lütjens und Lindemann beunruhigende Korrektur: »Fliegerführer Nord meldet: Scapa nicht, wie durch Augenerkundung vorausgemeldet, drei (3) Schlachtschiffe und drei (3) Kreuzer, sondern nur zwei

Nach Wiedersichtung der zeitweilig den Verfolgern verlorengegangenen BISMARCK starten bei starkem Sturm vom Flugzeugträger ARK ROYAL Torpedoflugzeuge vom Typ »Swordfish«. Eins davon erzielt jenen für das deutsche Schlachtschiff schicksalhaften Torpedotreffer in die Ruderanlage, die zur Manövrierunfähigkeit führt. (Gemälde Walter Zeeden)

(2) vermutlich Leichte Kreuzer und Artillerieschulschiffe. Nach Ansicht der Gruppe West ist Gegner die PRINCE OF WALES.«

Wenn die Nachmeldung stimmt, drängt sich die Erkenntnis auf, daß nunmehr alle verfügbaren britischen Schlachtschiffe und Kreuzer für das breitgefächerte britische Unternehmen »Chase and sink the BISMARCK« im Einsatz stehen.

Gegen 23.00 Uhr wird auf der BISMARCK beobachtet, wie durch eine 1500 Fuß hohe, lückenhafte Stratowolkendecke hindurchstoßende Flugzeuge das amerikanische Küstenwachboot mit Angriffskurs anfliegen, den Irrtum in allerletzter Minute erkennen und korrigieren.

Auf der BISMARCK ist inzwischen Flak-Alarm gegeben worden. Alle Flakwaffen haben klar gemeldet. So kommt es, daß die erste Welle des Gegner, als sie wenige Minuten nach dem irrtümlichen Anflug des Küstenwachbootes Kurs auf die BISMARCK nimmt, mit rasendem Flakfeuer empfangen wird.

Das KTB der VICTORIOUS lautet für diese Zeitphase sinngemäß: »Der Wind kam mit 25 kn aus 350°, und das ›Swordfish‹-Geschwader flog (die 120 Seemeilen entfernte Feindposition) in 255 (TS) mit 85 kn in »broken stratus« an ... Die Maschinen behielten den Kurs solange bei, bis das Versuchs-Radar vom Typ R 3039 T 3040 Backbord voraus deutlich die Anwesenheit eines Überwasserschiffes in einer Entfernung von 16 Meilen zeigte. Drei Minuten später konnte dieses Überwasserschiff durch eine Wolkenlücke optisch als das Schlachtschiff BISMARCK identifiziert werden. Sein Kurs wurde auf 160° notiert, seine Geschwindigkeit zwischen 28 und 30 kn geschätzt. Die 825. Squadron änderte sofort ihren Kurs in südliche Richtung in der Hoffnung, aus dieser Lage einen wirksamen Angriff fliegen zu können. Zwischenzeitlich verdichteten sich aber die Wolken. Die optische Sicht ging verloren. Ebenso aber auch die A.S.V.-Radar-Peilungen im Zentimeterbereich (die ja noch im Versuchsstadium arbeiteten und zunächst ohne Erklärung für das Versagen blieben).

Zu dieser Zeit stand das »Torpedoträger-Geschwader« (wie die noch aus dem Ersten Weltkrieg stammenden, modernisierten Doppeldeckertypen »swordfish« heißen) westlich vom Feind. Konsequenterweise wurde der Kurs in nordöstliche Richtung korrigiert, um die Position wiederzugewinnen, in der der Feind erstmalig gesichtet worden war. Dabei wurde ein Suchkreis nach Backbord geflogen. Als die Flugzeuge dabei in annähernd westlicher Richtung flogen, zeigte das Radar-Gerät R 3039 T 3040 Überwasserschiffe an Backbord und an Steuerbord an. Da, wie wir auf der VICTORIOUS wußten, unsere eigenen Seestreitkräfte den Feind von achteraus beschatteten, war es wahrscheinlich, daß zumindest die Einheiten an Steuerbord unsere eigenen waren.«

Noch während man sich dieser Streitmacht näherte, wurden für den Fall, es könnte sich herausstellen, daß es sich in Wahrheit um den Feind handele, Vorbereitungen für einen Angriffsflug getroffen. Was die strittige Frage »Feind oder nicht?« anging, so handelte es sich bei den oben genannten Sichtungen um das Schlachtschiff PRINCE OF WALES und die Schweren Kreuzer SUFFOLK und NORFOLK. Als wir uns diesen, also unseren eigenen Streitkräften, näherten, hofften wir, sie rechtzeitig in Kenntnis zu setzen, das unsererseits ein Torpedoangriff bevorstünde. Das wurde auch von der NORFOLK erwartet, die das Geschwader mit dem V/S passierte.

»Feind in Sicht 14 sm auf Steuerbordbug.«

Das »Swordfish«-Geschwader drehte daraufhin von der NORFOLK weg, um den Feind in der von der NORFOLK gewiesenen Position anzugreifen. Nunmehr zeigte das Radar-Gerät R 3039 T 3040 ein Schiff in der Vorausrichtung im »unteren Bereich« an, also direkt voraus. Konsequenterweise durchbrach die Swordfish des 825. Geschwaders die Wolkendecke, um den Angriff auszuführen. Anfliegend wurde das Ziel (wie bereits dargestellt) noch rechtzeitig als amerikanischer Coast Guard Cutter (oder aus Tarnungsgründen [?] auch Stationary Cabletyp) erkannt.

Nach dem britischen KTB hatte die weiter abstehende BISMARCK die Flugzeuge erst in dem Augenblick gesichtet, als sie die Wolkendecke durchbrachen. Die BISMARCK hätte die Flugzeuge eigentlich über Funkmeß schon vorher peilen müssen. Wahrscheinlich hatten das ihre E.M.2-Geräte[293] auch, denn der Feind bestätigte ausdrücklich, daß das deutsche Schlachtschiff zur Abwehr eines Flugzeugangriffes voll vorbereitet gewesen sei und das Feuer sofort aus sechs Seemeilen Entfernung aus Rohren aller Kaliber eröffnete.

23.44 Uhr geht bei der BISMARCK von der Gruppe West mit der Uhrzeitgruppe 22.49 Uhr die neue U-Bootlage BISMARCK ein: »Je ein Boot nach BE 6420, BE 6620. Angriff frei nur gegen Kriegsschiffe. Ein weiteres U-Boot in BF 4420.«

Das ist, gemessen an der Aufgabe, eine zahlenmäßig knappe Aktion zum Schutz des manövrierbehinderten Schlachtschiffes.

Für 23.00 Uhr des 24. Mai heißt es im später nachvollzogenen BISMARCK-KTB nach Aussagen der fünf von deutschen Streitkräften geretteten Überlebenden (drei von U 74 und zwei vom WBS SACHSENWALD) über den Angriff »... von drei Flugzeugstaffeln mit 27 Flugzeugen mit Torpedos (wobei auf der BISMARCK vorerst nicht klar war, ob es sich um Trägerflugzeuge oder um an Land gestartete Maschinen handelte)«. Weiter laut BISMARCK-KTB: »Die 27 Flugzeuge waren Doppeldecker und versuchten, ihren Angriff an der Bb.-Seite (Sonnenseite) anzusetzen. Dieser Versuch soll mißlungen sein. Daraufhin erfolgte eine erneute Attacke der Flugzeuge, bei dem die BISMARCK von allen Seiten angegriffen wurde ...«

Überliefert ist für die Zeit der Anfangslage im KTB der Gruppe West das mit der Uhrzeitgruppe 23.38 Uhr von der Flotte gefunkte und am 25. Mai, 01.25 Uhr von der Gruppe West empfangene Kurzsignal:

»Flugzeugangriff Quadrat A.K. 19, Flottenchef.«

Von Interesse ist auch das FT der immer noch ahnungslosen Marinegruppe West, das mit der Uhrzeitgruppe 22.49 Uhr um 23.44 Uhr von der Flotte aufgenommen wurde:

»1. Annahme, daß Ansteuerung AJ 68 nicht mehr beabsichtigt, sondern direkt St. Nazaire.

2. Für Aufstellung von 5 U-Booten in der BE-Osthälfte bis BF-Vorschlag hergeben.

3. Mit frühestem Eintreffen 26. abends wird gerechnet.«

Einer der wichtigsten Seeleute in dieser Phase ist jetzt der Gefechtsrudergänger, Matrosen-Hauptgefreiter Hansen.[294/1] Der nicht im Kommandostand stehende Hauptgefreite Hansen befindet sich beim Flugzeugangriff im Steuerhaus vorn auf der Brücke, in der Friedenssteuerstelle. Von hier aus hat er einen, wenn auch geringen Überblick nach vorn und nach beiden Seiten, und von hier aus kann er auch Laufbahnen von Flugzeugtorpedos sehen, die von den angreifenden britischen Maschinen trotz des mörderischen Flakfeuers in Richtung BISMARCK in die See geworfen worden sind und noch werden. Es heißt an Bord, daß Hansen zuletzt mit den rasch aufeinanderfolgenden Befehlen des Gefechts-WOs nicht mehr klar kam und daß er schließlich das Schiff nach eigenen Beobachtungen gesteuert haben soll.[294/2] Dies wurde bestätigt durch die Aussagen des Maschinengefreiten Blum, der als BÜ (= Befehlsübermittler) in der Kommandozentrale Dienst tat und genau beobachtet habe, daß die BISMARCK entgegen den gegebenen Ruderlagenbefehlen statt nach Steuerbord nach Backbord drehte, der Gefechtsrudergänger konnte in der Tat den schnell wechselnden Ruderlagenkommandos gar nicht mehr so schnell folgen, dazu änderte sich die Lage für die nun von zwei Seiten angegriffene BISMARCK viel zu schnell. Auf jeden Fall verlangte eine solche Situation einen ganzen Kerl am Ruder, einen gestandenen Seemann, der nicht »durchdreht«. Eine hochoffizielle Bestätigung findet dies wenig später, als der Hauptgefreite Hansen aus der Hand des sonst so emotional sparsamen Flottenchefs das EK I für »die geistesgegenwärtigen Rudermanöver« erhielt, mit denen er die auf BISMARCK zulaufenden Blasenbahnen der Flugzeugtorpedos ausmanövrierte. Diese Auszeichnung würdigt wiederum die Persönlichkeit des Flottenchefs Admiral Lütjens, der das selbständige verantwortliche Handeln des Matrosen-Hauptgefreiten Hansen dadurch im Nachhinein billigte und belohnte.

Weiter laut BISMARCK-KTB über den Flugzeugangriff in der Nacht vom 24. zum 25. Mai:

»Sämtliche Kaliber, einschließlich der SA, hatten sich an der Abwehr beteiligt, die für den Gegner durch das Fahren von Zickzackkursen und Torpedoausweichmanövern noch zusätzlich erschwert wurde.«

Die abgeworfene Torpedozahl ist unbestimmt, nach Aussage des Matrosen-Gefreiten Maus sollen es 18 gewesen sein. (In den britischen Unterlagen finden sich keine Angaben dazu.) Tatsache ist jedoch, daß nur ein Torpedo getroffen hat, und zwar (nach Maus) als Oberflächenläufer auf dem Gürtelpanzer in Höhe der Abteilung VIII bis X (Bereich vorderer Mast) an Steuerbordseite. Nachteilige Beschädigungen des Schiffes sind laut KTB-Text nicht eingetreten.

Erst später wird deutlich, daß dieser Treffer den Anfang vom Ende einleitete: Die Behinderung der Höchstgeschwindigkeit, und er kostete einem nur schwer ersetzbaren Besatzungsmitglied, dem Oberbootsmann, das Leben: Oberbootsmann Kirchberg, der an Oberdeck am Stb. 10.5-cm-Geschütz stand und hier aus eigener Initiative Munition für die Flak mitmannte, wurde durch die vom Detonationsdruck ausgelöste Wassersäule, die in sich zusammenfallend am Schiffsrumpf entlang und an Oberdeck von Steuerbord nach Backbord achtern ablief, gepackt und gegen die Flugzeughalle geschwemmt. Er war sofort tot. Nach anderer Beobachtung wurde er vom Explosionsdruck des Torpedos gegen das Flugzeugkatapult geschleudert.

Kirchberg ist das erste Opfer des Unternehmens »Rheinübung«. Sein Tod bedrückt die Besatzung sehr, denn er war trotz harter Konsequenzen im Dienst und trotz strengster Beachtung militärischer Formen bei allen an Bord beliebt. Er zeigte sich immer heiter, er hatte immer ein Scherzwort auf den Lippen. Und er, der »Smarting«, die »Seele« des größten deutschen Kriegsschiffes, ja des zur Stunde größten »Man of War« der Welt, scheute sich nicht, jetzt im Alarmfall, wo er gerade stand, mit anzupacken. Seine Leiche wurde später, sauber in Segeltuch eingenäht, in einer der Pinassen aufgebahrt, um sie nach der Heimkehr an Land feierlich beizusetzen. Am Hauptmast wurde ein Trauerflor gehißt.

In der Abteilung VIII–X in Höhe der Torpedotrefferdetonation hat es übrigens noch weitere Personalausfälle gegeben: Der Artillerieobermechaniker Juhe, wichtigster Fachmann für den AO, und vier weitere Besatzungsmitglieder haben sich mehr oder weniger schwere Knochenbrüche zugezogen. Sie fallen für den minutiös eingeteilten Dienst an Bord vorerst aus.

Laut KTB: »Insgesamt wurden durch die Flakabwehr der BISMARCK fünf (5) Flugzeuge abgeschossen, davon je eines durch die S.A. und M.A. und drei durch die leichte Flak vom Kaliber 2 cm und 3.7 cm.

Wie weiter den Aussagen der später von deutschen Schiffen geretteten Überlebenden zu entnehmen ist, soll dieser Flugzeugangriff mit sehr großem Schneid durchgeführt worden sein. Zum Teil seien die Flugzeuge bei ihrem Torpedoabwurf bis dicht an die BISMARCK herangeflogen und hätten erst dann abgedreht. Die Vermutung, daß es sich um Trägerflugzeuge handelte, wurde der Besatzung über die Lautsprecheranlage bekanntgegeben.

»Infolge der bei diesem Angriff erhöhten Fahrtstufe, (die BISMARCK lief laut KTB 27 sm/h = Knoten, das Fahren mit Zickzackkursen und der Torpedoausweichmanöver hielt die mittels Lecksegeln abgedichtete Außenbordwand des (von einer Granate beidseits durchschossenen) Vorschiffes nicht stand. Die Lecksegel rissen und hatten einen erneuten Wassereinbruch mit nachfolgender Tiefertauchung des Vorschiffes zur Folge. Außerdem sollen sich infolge der durch das eigene starke Abwehrschießen eingetretenen Erschütterungen die Risse in der abdichtenden Schottwand zwischen dem E-Werk 4 und dem Kesselraum 2 vergrößert haben, so daß der sowieso schon durch Wassereinbruch belastete Kesselraum Bb.-2 nun nicht mehr zu halten war und aufgegeben werden mußte.« Soweit das BS-KTB in der nachvollzogenen Niederschrift. Zu ergänzen sind hier noch einige Fakten, die erst später (z.T. erst nach dem Kriege) zu klären waren:

1. Der Hinweis auf den an der Bb.-Seite von Flugzeugen eröffneten mißlungenen Angriff ist falsch. Der Angriff der aus einer der Stratuswolkenbänke aus 1500 Fuß Höhe hervorstoßenden Flugzeuge wurde laut britischem KTB an Steuerbord und nicht Backbord voraus mit der SwordfishA/C No. »5A« mit Lt.-Commander E. Esmonde als Pilot, mit Lieut. C.C. Ennover als Observer und P.O. Air S.E. Parker als Air Gunner eröffnet, während die anderen Angreifer der ersten Rotte den Vorschiffbereich der BISMARCK an Backbord zum Ziel hatten, um laut Plan des Commanders der 825. Squadron das zu erwartende Abwehrfeuer bei der Angriffseröffnung zu diversionieren. Beim Anflug der zwei weiteren Rotten (von denen jede jetzt nur noch mit zwei Maschinen anfliegen können, da die Swordfish»5M« nicht starten konnte und die Swordfish»5H« sich in der Wolkendecke »verfranzt« hatte) verteilten sich die restlichen Flugzeuge auf beide Seiten des, seit der Sichtung der Angreifer aus allen Rohren sofort und massiert feuernden Schlachtschiffes, dessen Fahrtgeschwindigkeit (nach dem BISMARCK-KTB wie auch nach britischen Angaben) auf 27 kn gesteigert wurde.

Die »Swordfish«-Piloten flogen mit Todesverachtung und raffiniert unter der Führung von Lt.-Commander (A) Eugen Esmonde R.N.: »His enthusiasm is unbounded and his ability is great and he has imbued the whole squadron with his own spirit«, so heißt es in den »Officer awards« on H.M.S. VICTORIOUS«. Sie flogen nachgerade unbekümmert an und durch das außergewöhnlich schwere (»exceptionally heavy« – so Lt.-Commander Esmonde) A.A.-Feuer des Schlachtschiffes hindurch. Verschiedene Flugzeuge erhielten Treffer von Granatsplittern, die indessen wirkungslos blieben, da sie die Leinenbespannung von Rumpf und Tragflächen durchflogen. Sie trafen auch keine tragenden Teile.

Wer seinen Torpedo nicht erfolgversprechend losmachen konnte, kurvte steil auf Gegenkurs und flog erneut an. Besonders die letzte Welle schwebte nur wenige Meter über die See hinweg. Durch diesen Tiefflug schalteten die Angreifer die Wirkung des dadurch unterflogenen Abwehrfeuers der BISMARCK praktisch aus.

Mit heftigem Flakfeuer wehrt sich die BISMARCK gegen hartnäckig angreifende Torpedoflugzeuge der Typen »Swordfish« und »Fulmar«, die von den Flugzeugträgern ARK ROYAL und VICTORIOUS gestartet waren.

2. Über den Torpedotreffer, bei dem es, wie im BISMARCK-KTB dokumentiert, »keine nachteiligen Beschädigungen gab«, ist die zusätzliche Aussage des im Schiffsinnern im E-Werk I eingesetzten Schiffselektrikers Ober-Maschinenmaat Hein Steeg von Interesse. Er habe, so versichert er, bei der Torpedotrefferexplosion nur eine fast sanft zu nennende Erschütterung des Schiffes verspürt, als dieses an der Steuerbordseite etwas angehoben wurde.
Immerhin muß die Detonation wohl dennoch so stark gewesen sein, daß die Ruderanlage ausfiel, denn auf Steegs Station klinkte die Sicherung für die Rudermaschinenanlage aus. Es heißt, Steeg habe automatisch schnell reagiert und den Schalter wieder eingerastet. Schnell reagierte auch der Handruderraum, in den die Turmbesatzung von Stb. III befohlen worden war. Die Männer kuppelten beide Ruder aus, brauchten die Handruder aber nicht mehr zu bedienen, da inzwischen Ober-Maschinenmaat Steeg den Schaden behoben hatte.

Wichtig ist die Feststellung: Die Ruderanlage wurde wieder gestört. Ist hier die Achillesferse zu suchen, die bereits in der Ostsee bei den Probefahrten »bockte« und dann in der Dänemarkstraße bei einem AK-Manöver (dem Nummernwechsel), kurzzeitig eine Störung mit ganz bedrohlichen Aussichten hatte?
3. Während der weiteren Vorausfahrt, dem »get away«, soll, so laut britischem »War Diary«, die BISMARCK die Geschwindigkeit reduziert haben »... nachdem es so schien, daß sie einen Torpedotreffer erhalten hatte«, der ja auch unstritig beobachtet wurde: »Eine Säule aus silbern blinkendem Meerwasser brach explosionsartig an Steuerbord mitschiffs aus der atlantischen See, für Sekunden höher als die hohen Aufbauten.« Laut War Diary folgten dem Treffer aus dem Schornstein des Schlachtschiffes »quickly large quantities of heavy black and white smoke.« Hierzu gibt es auch eine Eintragung aus einer der zur Suche und Beobachtung eingesetzten, 23.00 Uhr

gestarteten und jetzt vor Ort fliegenden »Fulmar« mit der Nummer »N 4099«, deren Beobachter, der Sub. Ltn. (A) P. R. Spademan, R.N., protokollierte:

»23.03 Uhr: Abflug von der VICTORIOUS Kurs 242° für 120 Meilen;

23.54 Uhr: Kurs 153° für 18 Meilen;

23.59 Uhr: Kurs 062° für 15 Meilen;

00.06 Uhr/25. Mai: Kurs 333° für quadratische Suche;

00.15 Uhr: Geschützfeuerblitze am Backbordbug;

00.16 Uhr: Sichten die BISMARCK, die 225° steuert, 16 Meilen;

00.28 Uhr: erhalten Standort der BISMARCK (obtained fix of BS), Position 185 ZNFU 27. –«

Die Flugzeuge der 825. Squadron fliegen in knapper Höhe einen Torpedoangriff. Das Flakfeuer der BISMARCK ist »very fierce.« Eine sich breit ausdehnende, dicke schwarze Rauchfahne quillt nach einem Treffer Steuerbord mittschiffs aus dem Schornstein heraus. Gleichzeitig ist die Steuerung des Schiffes sehr unregelmäßig »and her steering was very erratic«.

00.36 Uhr: BISMARCK feuert auch auf uns. Eine Anzahl Granaten fällt in bedrohlicher Menge in die See.

00.40 Uhr: Der schwarze Qualm aus dem Schlachtschiffschornstein hebt und lichtet sich, bleibt aber dann als weißer Rauch noch für einige Zeit wie ein riesiges Leichentuch am Himmel, hinwegbewegt in einem 30-Knoten-Wind. Dann versagt der W/T-Empfänger, und wir benötigen zehn Minuten, um den Fehler zu finden und zu beseitigen.

Und im War Diary der VICTORIOUS heißt es:

00.55 Uhr: Fahrgeschwindigkeit beim Feind jetzt 15 kn, Kurs »erratic«, nunmehr aber in südlicher Richtung.

01.05 Uhr: Auf die mehrfach wiederholten FTs an »Q 50« gibt es keine Antwort, versuchen, von »WJ« empfangen zu werden.

01.10 Uhr: Mit abnehmendem Tageslicht verschlechtert sich die Sicht, setzen mit 098-Grad-Kurs ab zur VICTORIOUS. Hören »Swordfish«-Abstimmungen für ASV-Peilungen.

01.25 Uhr: Erbitten D/F-Peilung, um die Navigation zu checken.

01.38 Uhr: Sehen Lichter (Scheinwerfer) der VICTORIOUS in Nordwest.

01.57 Uhr: Ankunft über H.M.S. VICTORIOUS.

02.35 Uhr: Gelandet (landed on). Obwohl die Besatzungen der Swordfishs wie auch der Fulmars Landungen auf einem Trägerdeck kaum geübt haben, glückt vier Flugzeugen sogar erstmals eine Nachtlandung im Scheinwerferlicht.

»VICTORIOUS-Flugzeuge an VICTORIOUS: Haben Gegner mit Torpedos angegriffen. Ein Treffer beobachtet.«

Wenige Minuten später, 00.10 Uhr, gibt Konteradmiral Wake-Walker auf NORFOLK der PRINCE OF WALES durch ein Signal den Feuerbefehl: »Ein feindliches Schlachtschiff in 211 Grad in Sicht. Eröffnet Feuer.«

00.20 Uhr macht die PRINCE OF WALES an die NORFOLK zurück: »Ich bin nicht sicher, daß es die BISMARCK war.« In der Tat war es so, daß für die Fühlunghalter plötzlich die gelb gestrichenen Aufbauten des amerikanischen Küstenwachschiffes in Sicht kamen. Wie wir heute wissen, ist es nur einem Zufall zu danken, daß dieses nicht beschossen wurde. Auf dem Schlachtschiff BISMARCK klemmte in diesem Augenblick ausgerechnet der Gegensignalstander in der Blechtüte.

Der an anderer Stelle für die Zeit nach dem Flugzeugangriff noch beschriebene Feuerwechsel zwischen der BISMARCK und der PRINCE OF WALES, der vom Engländer nach zwei Salven abgebrochen worden sein soll, könnte zeitlich auch vor dem Angriff der Trägerflugzeuge liegen, wie die diesbezüglichen, schon erwähnten Funksprüche des Gegners erkennen lassen. Auch Roskill erwähnt ein kurzes, ergebnisloses Feuergefecht zwischen der BISMARCK und ihren Verfolgern, allerdings kurz nach 01.00 Uhr und somit nach den Luftangriffen.

Nicht unerwähnt darf bleiben, daß die Augenzeugenberichte der fünf von deutscher Seite später geretteten Überlebenden von 27 angreifenden Doppeldeckerflugzeugen sprachen und daß dabei fünf Feindmaschinen abgeschossen worden sein sollen, davon je eines durch die S.A., eines durch die M.A. und drei durch die Flak.

Wie durch die Lautsprecheranlage der Besatzung bekanntgemacht wurde, soll von den 27 Torpedoflugzeugen nur ein einziges auf den Träger zurückgekehrt sein. Die Quelle dieser letzten Behauptung ist nicht bekannt. Dem KTB der Skl ist dazu zu entnehmen: »Wahrscheinlich Bord-B-Dienst.« Der Wehrmachtbericht in der Heimat meldete dagegen »nur« neun Feindmaschinen abgeschossen. Die Quelle ist hier dubios. In Wahrheit ist nach dem KTB der VICTORIOUS bei der Operation I mit der Intention: »To sink BISMARCK with torpedoes« kein Torpedoflugzeug verlorengegangen. Allerdings kehrten zwei Fulmars nicht auf den Träger zurück. Torpedoangriffe wurden übrigens nur bei der obengenannten Operation-Order I geflogen, die beiden Air Operations II vom 25. Mai hatten zur Intention: »To locate and shadow the BISMARCK.« Sie kosteten Verluste.

Der Commanding Officer der VICTORIOUS lobt seine Flieger auch ohne den ersehnten Erfolg: »In my opinion the skill and gallantry of all the aircraft crews is deserving of the highest praise.« Dabei bleibt noch anzumerken, daß drei der Piloten bei ihrer Heimkehr zum Träger nach ihrem Angriff ebenso ihre erste riskante Decklandung in der Nacht versuchten und »with complete success« schafften. Es heißt, daß die VICTORIOUS-Flugzeuge Funkmeßbeobachtungsgeräte vom Typ ASV an Bord hatten. Das würde die nahen und lebensbedrohlichen niedrigen Anflüge auf die BISMARCK erklären.

Captain Roskill in »The War at Sea« Vol. I [87] zum Thema: »VICTORIOUS hatte für ihren anfänglich vorgesehenen Marsch nach Gibraltar eine Ladung »Hurricanes« für Malta an Bord und nur das Geschwader 825, bestehend aus neun »Swordfishs«, und das Geschwader 802, bestehend aus sechs »Fulmars« waren einsatzklar. Nach Roskill wie auch nach dem VICTORIOUS-KTB gingen zwei »Fulmars« bei diesem ersten Angriff verloren, was sich mit den deutschen Augenzeugenberichten deckt.

Es ist unter den überlebenden Besatzungsmitgliedern auch die Rede von einem Angriff mit Bordwaffenbeschuß und dem Abwurf kleinerer Bomben. Hier könnte es sich um die Begleitflugzeuge, die »Fulmars«, gehandelt haben, die wahrscheinlich ebenfalls in den Kampf eingriffen, ohne natürlich auch nur die geringste Aussicht auf einen nur annähernd entscheidenden Erfolg gehabt zu haben. Wenn sie aber eingriffen, dann kennzeichnete es die Verbissenheit der Briten, die verhaßte BISMARCK zu vernichten.

Übrigens, am Schiffskörper der BISMARCK war dort, wo der Lufttorpedo auftraf, keinerlei Beschädigung zu sehen, nur die Farbe war verfärbt.

Infolge der bei diesem Angriff auf 27 kn erhöhten Fahrtstufen, des Fahrens von Zickzackkursen und der Ausweichmanöver bei den Flugzeugtorpedoangriffen haben sich die Abdichtungen durch die Lecksegel am Vorschiff gelockert. Ein neuer Wassereinbruch ist die Folge. Das Vorschiff taucht wieder tiefer ein. Außerdem haben die durch das eigene starke Abwehrfeuer hervorgerufenen Erschütterungen die Risse in der abgedichteten Schottwand zwischen E-Werk 4 und Kesselraum Backbord 2 derart vergrößert, daß der sowieso schon unter Wasser stehende Kesselraum Backbord 2 nunmehr nicht mehr gehalten werden kann. Er muß aufgegeben werden.

Die BISMARCK vermindert nach dem Gefecht mit den Trägerflugzeugen die Fahrt auf 16 kn, um am Vorschiff an den Abdichtungen arbeiten zu können, da, wie schon erwähnt, die Ein- und Ausschußlöcher zwar oberhalb der Wasserlinie, aber bei höherer Fahrt im Bereich der Bugwelle liegen.

Der Gegner hat die Fühlung verloren · Toveys Lagebeurteilung · Lütjens Ansprache

Einige Stunden nach dem ergebnislosen Angriff der britischen Trägerflugzeuge, und zwar nach der 03.06 Uhr erfolgten letzten Radarortung durch die SUFFOLK, muß die BISMARCK, wie die Prüfung aller Unterlagen ergibt, unter Fahrtvermehrung Kurs nach Steuerbord genommen und vorübergehend sogar so auf Gegenkurs gegangen sein, so daß sie die fühlunghaltende Gegnerkampfgruppe umlief. Lütjens wird also erneut den Versuch gemacht haben, die sonst meist achterlich an Backbord und Steuerbord stehenden und nach voraus ortenden Fühlunghalter abzuschütteln. Die Gelegenheit schien jetzt besonders günstig, da der Gegner wegen der hier in diesem Gebiet akut gewordenen U-Boot-Gefahren jetzt in Kiellinie, und zwar nur an Backbord achteraus folgte, so daß der achterliche Raum an Steuerbord einen Ausbruchsversuch geradezu anbot. Auch in anderer Hinsicht war der Zeitpunkt gut gewählt. Auf der geographischen Länge von 34° W, auf der die BISMARCK jetzt stand, war nach der in dieser Darstellung verwandten doppelten britischen Sommerzeit erst 04.16 Uhr wirklich Mitternacht. Die kurze Nacht begann also hier etwa 02.00 Uhr und endete etwa 06.00 Uhr. Noch war auf beiden Seiten das Radargerät nicht weit genug entwickelt, als daß dieser zusätzliche Schutz der Dunkelheit völlig gleichgültig gewesen wäre. Inzwischen hatte die Gruppe West der Flotte mit der Uhrzeitgruppe 02.41 Uhr gemeldet: »West U-Boote haben Anweisung, nach Osten zu gehen.« Es handelt sich um U-Boote, die sich im Quadrat A J sammeln sollten. 6 U-Boote werden Vorpostenstreifen von A J 6115 nach AK 7215 einnehmen.

02.52 Uhr folgte ein weiteres FT: »Beabsichtige 25. Mai, abends, Luftaufklärung mit FW 200.[295] Gebiet nordspanische Küste – Brest – Südspitze Irland und so weit wie möglich westlich. – Sechs U-Boote werden Standlinie bilden zwischen ung. 56° 10' N, 44° 00' W und 53° 30' N, 38° 10' W. – Gruppe West.«

Der veränderten Lage entsprechend, die eine Rückkehr der deutschen Schiffe nach Norden unwahrscheinlich macht, hat die Gruppe West auch die beiden Spähschiffe GONZENHEIM und KOTA PENANG nach CD 23 bzw. CD 26 verlegt. Bei den Befehlsstellen der Heimat kommt man inzwischen, die späteren Funksprüche des Flottenchefs mit einbezogen, zu folgenden Überlegungen: In den englischen Fühlunghaltermeldungen, die offenbar nicht auf Sicht, sondern auf Ortung beruhen, ist seit der Trennung der BISMARCK und der PRINZ EUGEN Verwirrung eingetreten. Noch um 22.24 Uhr wird nach einer B-Meldung die Fühlung an einem Schlachtschiff und einem Kreuzer gemeldet, seitdem nur noch an einem Schlachtschiff, so daß bei der Gruppe West der Eindruck entsteht, daß die Loslösung der PRINZ EUGEN erst um diese Zeit erfolgt sei. 02.13 Uhr wird in 56° 49' N, 34° 08' W mit Feindpeilung 11 sm ab in 195° nur noch Fühlung an einem Schlachtschiff gemeldet. Von diesem Zeitpunkt an werden keine Fühlunghaltermeldungen mehr aufgenommen. Der Feind hat offenbar den Kontakt verloren.

Dieser Eindruck herrscht – im Gegensatz zu Lütjens – auch bei der Skl und der Gruppe West vor, die diese Wahrnehmungen mit nachfolgendem FT an die Flotte übermittelt: »08.46 Uhr. Letzte Fühlunghaltermeldung 02.13 Uhr von »K 3 G«. Anschließend dreistellige taktische Signale, aber keine offenen Standortangaben. Hier Eindruck, daß Fühlung verloren. Operationsfunksprüche für Bermudas und Halifax wiederholt, aber nicht für Gibraltar oder »Kampfgruppe H«, die im Ostatlantik vermutet.«

Die britischen Quellen lassen nicht erkennen, ob die SUFFOLK 02.13 Uhr des 25. letztmals die Position der BISMARCK gefunkt hat. In jedem Falle blieb auch nach diesem Funkspruch die Fühlung noch fast eine Stunde lang erhalten. Sie ging erst 03.06 Uhr verloren, als die SUFFOLK, wegen der U-Boot-Gefahr Zickzackkurs steuernd, sich vorübergehend von der BISMARCK entfernen mußte und bei der Kursänderung sie nicht wiederfand. Dieses so wichtige Ereignis wurde zuerst nur den deutschen Landdienststellen klar. Aus Gründen, über die noch Näheres gesagt wird, merkte Admiral Lütjens nicht, daß ihm sein Loslösungsmanöver tatsächlich gelungen war. Aber auch die Admiralität in London und Admiral Tovey erfuhren erst später, nämlich nach 04.00 Uhr, daß die Fühlung abgerissen war. Erst dann nämlich erstattete die SUFFOLK die entsprechende Funkmeldung. Grenfell begründet diese unglaublich anmutende Verzögerung damit, der physisch völlig erschöpfte SUFFOLK-Kommandant sei sich erst nach einer Stunde über das Abreißen der Fühlung klargeworden. Allerdings klingt diese Rechtfertigung wenig überzeugend, denn ein Abreißen der Fühlung bei einem eigens dazu befohlenen Fühlunghalter ist ein Ereignis, das auch einen noch so erschöpften Kommandanten zur Veranlassung notwendiger Maßnahmen hochreißen müßte.[296] Die Gruppe West ist überrascht, als ein FT der Flotte mit Uhrzeitgruppe 07.27 Uhr und nachstehendem Wortlaut eintrifft: »07.00 Uhr. Qu. Ak. 55 ein Schlachtschiff, zwei Schwere Kreuzer halten weiter Fühlung. Gezeichnet Flottenchef.«

Die heimatlichen Befehlsstellen schließen daraus, daß der Gegner offenbar nur vorübergehend die Fühlung verlor, sie aber bei Hellwerden wieder aufgenommen haben muß, und daß, da gestern als Fühlunghalter zunächst nur ein Schlachtschiff und ein Schwerer Kreuzer gemeldet worden sind, der zweite, der Schwere Kreuzer, später zu der Fühlung haltenden Feindgruppe gestoßen ist. Für den Standort von 07.00 Uhr läßt sich eine Durchschnittsgeschwindigkeit von 20 kn erkoppeln; es muß angenommen werden, daß diese verhältnismäßig niedrige Geschwindigkeit durch Ausweichbewegungen mit dem Ziele, den Gegner abzuschütteln, verursacht ist.

09.42 Uhr geht bei der Gruppe West ein vorher schon mehrmals gefunktes FT der Flotte ein: »Uhrzeitgruppen 04.01, 04.17, 04.28, 04.43 (nach 09.00 Uhr gefunkt): Vorhandensein DeTe-Gerät beim Gegner, Reichweite mindestens 350 hm, beeinträchtigt Operationen im Atlantik im stärksten Maße.

Schiffe wurden in der Dänemarkstraße im dichten Nebel geortet und nicht mehr losgelassen.

Loslösung mißlang trotz günstiger Wetterbedingungen. Ölübernahme allgemein nicht mehr möglich, wenn nicht durch erhöhte Geschwindigkeit Absetzen durchführbar. – Laufendes Gefecht zwischen 20° und 180 hm. Gegner HOOD, Feuervereinigung auf BISMARCK; HOOD nach fünf Minuten durch Explosion vernichtet, danach Zielwechsel auf KING GEORGE V., die nach sicher beobachtetem

Treffer unter Schwarzqualmen abdrehte und mehrere Stunden aus Sicht war. Eigener Munitionsverbrauch: 93 Schuß. King George V. nahm Gefecht danach nur noch auf größte Entfernung an. Bismarck zwei Treffer von King George V., davon einer durch Unterschießen den Seitenpanzer Abt. XIII und XIV. Treffer Abt. XX bis XXI minderte Geschwindigkeit und verursachte ein Grad Tiefertauchen vorn und Ausfall Ölzellen. Lösung von Prinz Eugen durch Ansatz des Schlachtschiffes im Nebel gegen Kreuzer und Schlachtschiff ermöglicht. Eigenes E.M.2-Gerät störanfällig, besonders beim Schießen.«

Worauf die 07.27 Uhr von der Bismarck gemeldete Annahme beruht, der Gegner halte auch weiterhin Fühlung, geht aus dem Funkspruch nicht hervor. Es steht aber fest, daß der Flottenchef glaubte, nach wie vor mit Radar geortet zu werden, während doch tatsächlich die Fühlung längst verlorengegangen war. Dieser Irrtum entstand, da ununterbrochen im Funkmeßbeobachtungsgerät der Bismarck die Radarimpulse der Fühlunghalter empfangen wurden. Bei der Auswertung dieser Beobachtungen wurde an Bord der Bismarck jedoch übersehen, daß das Auffangen gegnerischer Radarimpulse noch keineswegs bedeutet, auch tatsächlich von diesem Gegner geortet zu werden. Zur Ortung ist ja erforderlich, daß die reflektierten Funkmeßimpulse auch zu der sie aussendenden Station zurückkehren. Das wären in diesem Fall 70 Kilometer Gesamtweg gewesen und damit weit mehr, als die damaligen Geräte zu leisten vermochten. Lütjens ist wegen der verhängnisvollen Folgen dieser Fehlbeurteilung in Nachkriegsveröffentlichungen hart getadelt worden. Objektive Betrachtung gelangt zu einem modifizierten Urteil. Zunächst ist es nicht die Aufgabe eines Flottenchefs, die Meßergebnisse eines technischen Gerätes richtig auszudeuten. Wenn hier, woran kaum Zweifel bestehen, verhängnisvolle Fehldeutungen vorgekommen sind, dann fällt das nicht ihm, sondern seinem Stabe zur Last. Doch selbst hierbei bleibt zu berücksichtigen, daß in jenem Frühstadium des Funkmeßwesens bzw. der Funkmeßbeobachtung nur wenige Spezialisten wußten, daß bei großen Entfernungen das Auffangen von Radarimpulsen nicht unbedingt bedeutet, auch tatsächlich geortet zu sein, während bei mittleren und kurzen Entfernungen beides zusammenfällt, dieses selbst unter der Berücksichtigung, daß das Funkmeßwesen in Deutschland schlechthin und hier bei der Marine seinen praktischen Anfang nahm. Außerdem lagen mit dem Einsatz eines FuMB auf einer Überwassereinheit noch keine Erfahrungen vor. Wie so oft, so sind auch hier die nachträglichen Kritiker der Versuchung erlegen, ein heute fast schon zur Allgemeinbildung gehörendes Wissen schon für 1941 als selbstverständlich vorauszusetzen.

Daß der Flottenchef Lütjens sich noch immer geortet glaubte, das beweist auch der lange Funkspruch. Der Admiral sah ja in diesem FT keine Kompromittierung seines Schiffsortes mehr beim Gegner.

Der Gegner hatte aber nach der letzten Radarmessung durch die Suffolk die Fühlung tatsächlich verloren,[297] nachdem er sie $3\frac{1}{2}$ Stunden lang mit sehr viel Geschick aufrechterhalten hatte. Admiral Sir John Tovey sah sich nach Bekanntwerden des Abreißens der Fühlung erneut vor die schwerwiegende Frage nach den nunmehrigen Absichten der Bismarck gestellt, nämlich

1. sie kann einen Treffpunkt mit einem Tanker ansteuern, höchstwahrscheinlich in der Davisstraße oder im Süden in der Nähe der Azoren oder der Kanarischen Inseln;

2. sie kann einen Stützpunkt an der Atlantischen Küste oder im Mittelmeer aufsuchen und

3. sie kann zur Durchführung der Reparaturen nach Deutschland gehen.

Soviel steht inzwischen bei Tovey fest: der einzige Torpedotreffer der ›Victorious‹-Flugzeuge hat die erhoffte Wirkung nicht erzielt. Die Geschwindigkeit der Bismarck ist nicht vermindert worden. Der britische Flottenchef ist gezwungen, die Suche nach Bismarck in mindestens vier Richtungen durchzuführen, nämlich

a) nach Nordwesten in Richtung Grönland;

b) nach Süden und Südwesten in Richtung auf die Azoren und Kanaren;

c) nach Südosten und Ostsüdosten für den Fall eines Durchbruchs nach Frankreich, Spanien oder sogar Gibraltar oder Dakar und schließlich

d) nach Nordost bis Nordnordost bei in Rechnung gestellter Rückkehr nach Deutschland.

Zunächst entschließt sich Tovey für die vom britischen Standpunkt gefahrvollste Möglichkeit, nämlich für die Überlegungen a) und b).

Inzwischen hatte V.Adm. Wake-Walker bereits mit der Aufklärung in die Generalrichtung West begonnen, nachdem er vorher Prince of Wales zum Verband des Chefs der Home Fleet entlassen hatte. Der im Norden stehenden Victorious mit ihren vier Begleitkreuzern gibt Tovey den Befehl, einen Sektor von Westen bis Nordosten aufzuklären. Tovey selbst hält mit der KING GEORGE V. und der REPULSE seinen Kurs nach Südwesten bei. Er muß aber die REPULSE bald schon wegen Brennstoffmangels entlassen. Die RODNEY im Südosten des letzten BISMARCK-Standortes hält es dagegen für sehr wahrscheinlich, daß die BISMARCK nach Frankreich läuft. Da sie für diesen Fall gar nicht günstiger stehen kann, tritt sie mit ihren drei Zerstörern auf der Stelle. Die RAMILLIES dampft weiter nach Nordwesten, um der BISMARCK den Weg in den Mittelatlantik abzuschneiden. Die EDINBURGH steuert weiter auf den letzten Standort der BISMARCK zu und steht damit auf dem Weg nach Spanien. Auf dem Marsch in das gleiche Seegebiet befindet sich die DORSETSHIRE mit dem Konvoi SL 74, den sie 09.30 Uhr verläßt. Vizeadmiral Somerville ist mit seinem Verband aus Gibraltar ausgelaufen und noch 1300 sm entfernt. Er marschiert weiter nach Nordwesten.

Da gibt plötzlich um 10.30 Uhr die Admiralität die Funkpeilung eines Schiffes durch, das 08.52 Uhr gepeilt werden konnte und wahrscheinlich die BISMARCK ist. Merkwürdigerweise meldet die Admiralität nicht gleich den Standort des Feindes, sondern nur die Peilstrahlen. So will es das Verhängnis, daß die Funkpeilung auf KING GEORGE V. falsch eingetragen und falsch ausgewertet wird. Kapitän zur See Bidlingmeier in seinem BISMARCK-Artikel in der Wehrwissenschaftlichen Rundschau: »Wie in einer echten Tragödie sieht es für uns hier, kurz vor der Katastrophe, noch einmal so aus, als solle sich alles zum Guten wenden.«

10.47 Uhr funkt Admiral Tovey den vermeintlichen Standort der BISMARCK an seine Streitkräfte. Dieser Punkt liegt aber so weit im Norden, daß daraus unbedingt auf einen Durchbruch der BISMARCK in die Heimat geschlossen werden muß. So drehen gegen Mittag alle Streitkräfte Admiral Toveys auf nördliche oder nordöstliche Kurse.

Nur drei Schiffe machen nicht mit: 1. Die RODNEY steht so günstig auf dem Weg der BISMARCK nach Frankreich, während sie nach Norden doch keinen Anschluß mehr finden könnte, daß sie weiter auf der Stelle tritt. 2. Die NORFOLK, d.h. V.Adm. Wake-Walker kann sich nur zu einem Kompromiß entschließen und dampft nach Osten, denn Wake-Walkers Stab hat aus den übermittelten Peilungen eine südlichere Position errechnet. 3. Die EDINBURGH, die südlich der RODNEY schwimmt, verhält sich ebenso.

Die Gibraltarstreitkräfte stehen noch zu weit im Süden, um für die Nordostjagd von Bedeutung zu sein. Sie operieren daher weiter in der vagen Hoffnung, daß die BISMARCK doch nach Frankreich läuft.

In London vermag man sich inzwischen über die Lage auch nicht ganz klar zu werden. Man bemerkt dort den Fehler auf KING GEORGE V. auch nicht und läßt daher zunächst alles laufen, wie es läuft. 14.30 Uhr hört Admiral Tovey einen Befehl der Admiralität an die RODNEY mit, nun ebenfalls nach Nordosten zu operieren, wodurch er naturgemäß in seiner Auffassung noch bestärkt wird. Ferner ergehen von der Admiralität noch folgende, hier interessierende Funksprüche: »14.14 Uhr von Admiralität: Geleitzüge HX 128 und SC 32 für zwölf Stunden auf Gegenkurs gehen und dann wieder auf vorgeschriebener Route weitermarschieren.«

»14.24 Uhr von Admiralität: Die RAMILLIES hat sich mit der BRITANNIC zu vereinen und sie nach Halifax zu geleiten. Die ESKIMO, von der wir annehmen, daß sie bei der BRITANNIC steht, soll Standort, Kurs und Fahrt melden.« Eine Stunde später jedoch gibt die Admiralität einen dort anhand der Funkmeldung errechneten Standort der BISMARCK bekannt. Dieser liegt eindeutig auf dem Wege in die Biskaya. Admiral Tovey läßt daraufhin die erste Peilauswertung noch einmal nachprüfen und muß dabei den schweren Fehler vom Vormittag erkennen. Trotzdem kann er sich nicht zum sofortigen Kurswechsel nach Steuerbord entschließen. Erst um 18.10 Uhr wird auf Südostkurs gedreht. Der neuen Jagd in Richtung St. Nazaire fühlen sich nun aber die PRINCE OF WALES, die VICTORIOUS mit ihren vier Kreuzern und die SUFFOLK auf Grund ihrer Brennstofflage nicht mehr gewachsen. Das zweite Kreuzergeschwader, die SUFFOLK und auch die PRINCE OF WALES, müssen, wie schon vorher die REPULSE, zum Beölen zurücklaufen. Die NORFOLK dagegen, die vorher den Befehlen des Admirals Tovey nicht nachgekommen war, steht nun wieder günstiger.

Der Admiral, der gezwungen war, auch seine Zerstörer zur Beölung zu entlassen, muß feststellen, daß er nunmehr einige hundert Meilen hinter der BISMARCK zurücksteht. Die einzige Hoffnung, die BISMARCK noch abzufangen, sind jetzt die Flugzeuge der ARK ROYAL im Verband des Admirals Somerville. Zur Luftaufklärung ist es inzwischen aber schon zu dunkel geworden. Außerdem hat der britische Befehlshaber der U-Boote, Admiral Sir Max Horton, sechs U-Booten befohlen, eine Standlinie 120 sm vor Brest zu beziehen. Später läßt er diese in Richtung St. Nazaire verlegen.

Die PRINCE OF WALES hat inzwichen außer der Brennstoffsituation an Bord noch wertvolle Einzelheiten zum HOOD-Gefecht gefunkt: »15.40 Uhr von PRINCE OF WALES: Beabsichtige, um 20.00 Uhr in Hvalfjord einzulaufen. Bei Ankunft wird restlicher Brennstoff schätzungsweise noch 6 % betragen.«

»15.45 Uhr von PRINCE OF WALES: Bismarck eröffnete das Feuer kurz nach HOOD auf 23 000 Yards Entfernung. Feuer lag sofort deckend. Mittelartillerie der BISMARCK eröffnete Feuer auf 20 000 Yards Entfernung.«[298]

Die ganze Nacht über läßt sich der Premierminister, Winston Churchill über den Stand der Jagd nach der BISMARCK unterrichten. Er ist besorgt, daß Tovey der Zerstörerschutz fehlt. Er kann aber beruhigt werden, da dieser inzwischen veranlaßt worden war. 02.00 Uhr am 26. Mai wurde der mit seinen fünf Zerstörern der 4. Z-Flottille bei dem Geleitzug WS 8 B stehende Flottillenchef Captain Vian auf HMS COSSACK[299] angewiesen, mit den Zerstörern COSSACK, SIKH und ZULU zur KING GEORGE V. zu laufen und den Zerstörer MAORI und den polnischen Zerstörer PIORUN ex britisch NERISSA[300] zur RODNEY zu schicken. Interessant sind auch noch zwei die Dänemarkstraße und die in Freetown, Westafrika, liegende NELSON betreffende FT's vom 26. Mai: »00.11 Uhr von Admiralität: Bis zu etwaigem Widerruf durch den Flottenchef soll ein Kreuzer zur Überwachung der Dänemarkstraße und die zwei anderen zur Überwachung der Island-Färöer-Passage auslaufen.[301]

»00.36 Uhr von Admiralität an Admiral Südafrika: NELSON soll sobald wie möglich mit Höchstfahrt nach Gibraltar auslaufen.«[302]

»04.46 Uhr von Admiral Südafrika: NELSON schätzt, Gibraltar Sonnabend, 31. Mai, 16.00 Uhr, zu erreichen.«

Während dieser Zeit wurden viele Funksprüche gewechselt, die sich mit der Beölung der Schlachtschiffe, Kreuzer und Zerstörer befaßten, auf die aber hier nicht eingegangen werden soll.

10.15 Uhr geht von der Admiralität ein Befehl an SUFFOLK: »Vormarsch zum Suchgebiet zur Jagd (folgt Position) auf feindliche Versorger antreten. Danach Neufundland zur Ölergänzung anlaufen, sobald von der REPULSE bei der Suche abgelöst.«

An diesem Montag, dem 26. Mai, sollen ferner die Flugzeuge der ARK ROYAL drei Aufklärungsstreifen quer zum vermuteten Kurs der BISMARCK legen. Eine Aufklärung vor Brest, um ein etwaiges Auslaufen der SCHARNHORST und der GNEISENAU zu erkennen, muß wegen des schlechten Wetters abgesagt werden. Am Montagmorgen, 03.00 Uhr, sind inzwischen zwei Catalina-Flugboote des Coastal Command von Nordirland gestartet. Eines davon sichtet 10.30 Uhr, gerade am Rande seiner Reichweite, durch ein Wolkenloch das gesuchte Wild.

*

Doch wenden wir uns wieder der BISMARCK zu. Nach Empfang des von der Gruppe West gefunkten FTs mit der Uhrzeitgruppe 08.48 Uhr wird am 25. Mai kein Funkspruch mehr ausgesandt. Es ist anzunehmen, daß an Bord des Schlachtschiffes die E.M.2-Beobachtungen mit denen der FuMB-Geräte inzwischen verglichen worden sind. Danach werden die FuMB-Geräte zwar weiter Ortungen gemeldet haben, die Funkmeßgeräte indessen keine. Das Abschütteln der Fühlunghalter spricht sich auf der BISMARCK schnell bei allen Stellen und bis zu jedem Mann herum. Was ein Wunder, wenn die Atmosphäre an Bord nunmehr wieder überall mit viel Zuversicht aufgeladen ist. Die Männer sind stolz auf den Sieg über den zur Zeit größten Schlachtkreuzer der Welt.[303] Die so erfolgreiche Abwehr der britischen Torpedoflieger hat weiter gezeigt, daß die starke BISMARCK auf dem Atlantik gleichsam Wegerecht für sich beanspruchen darf. Nachträglich angestellte Untersuchungen zeigen, daß dort, wo der Torpedo den Gürtelpanzer traf, bis auf einen dunklen Fleck auf der Farbe nichts zu sehen ist, während im Innern des Schiffes, in Höhe des Treffers, auch nicht die Spur einer Beschädigung zu finden ist.[304] Ja, und nun ist es auch endlich gelungen, die verdammten Fühlunghalter abzuschütteln …

Die Stimmung entspricht ganz und gar dem Tag, den der Kalender anzeigt: einem Sonntag, der dieser 25. Mai ist. Außerdem hat der Flottenchef Geburtstag. Ein Grund mehr, fröhlich und unbeschwert zu sein. In den späten Vormittagsstunden spricht der Admiral zur Besatzung. In seiner militärisch knappen Art dankt er für die Glückwünsche. Gleichzeitig spricht er der Besatzung seine Anerkennung für die bisher gezeigte hervorragende Haltung aus: Die BISMARCK habe mit der Versenkung der HOOD einen großartigen Sieg errungen und der deutschen Kriegsmarine ein weiteres Ruhmesblatt hinzugefügt.

Dann aber warnt Lütjens seine Offiziere und Männer. Er weist darauf hin, daß dem Schiff und seiner Besatzung noch das Schwerste bevorstehe, da die ganze britische Flotte aufgeboten worden sei, um den Sieger über die Hood zu jagen.

Abschließend sagt er:[305] »Wir haben auch weiterhin mit Verfolgungen zu rechnen. Es geht um Siegen oder Sterben. Bevor wir aber sterben, werden wir noch viele Gegner vernichten und mitnehmen.«

Lütjens ist Realist. Er ist kein Freund von Kompromissen. Er macht sich nichts vor, und er vertritt die Auffassung, auch seinen Offizieren und Mannschaften keine Illusionen vorgaukeln zu dürfen. Eigentlich will er mit seiner Feststellung für den Fall der Fälle nur darauf hinweisen, daß die Bismarck noch lange nicht den schützenden Hafen erreicht hat. Er will die Männer in ihrer augenblicklich zuversichtlichen Stimmung wachrütteln, auch weiterhin es an Pflichteifer nicht mangeln zu lassen, kurzum, nicht leichtsinnig und oberflächlich in der Wahrnehmung der dienstlichen Aufgaben zu werden.

Die für das KTB anhand frischer Erinnerungen Überlebender rekonstruierte Ansprache hat nachstehenden Wortlaut: »Soldaten vom Schlachtschiff Bismarck! Ihr habt Euch großen Ruhm erworben! Die Versenkung des Schlachtkreuzers Hood hat nicht nur militärischen, sondern auch moralischen Wert, denn Hood war der Stolz Englands. Der Feind wird nunmehr versuchen, seine Streitkräfte zusammenzuziehen und auf uns anzusetzen. Ich habe daher Prinz Eugen gestern mittag entlassen, damit er eigenen Handelskrieg im Atlantik führt. Ihm ist es gelungen, dem Feind zu entweichen. Wir dagegen haben Befehl erhalten, in Anbetracht der erhaltenen Treffer einen französischen Hafen anzulaufen. Auf dem Wege dorthin wird sich der Feind sammeln und uns zum Kampf stellen. Das Deutsche Volk ist bei Euch, und wir werden schießen, bis die Rohre glühen, und bis das letzte Geschoß das Rohr verlassen hat. Für uns Soldaten heißt es jetzt: Siegen oder Sterben!«

Lt. KTB: »Nach dieser Ansprache des Flottenchefs, welcher die Besatzung über die Lage des Schiffes und die Aussichten der Führung orientierte, soll die bis dahin ausgezeichnete Stimmung der Besatzung eine gewisse Einbuße erlitten haben.«

In der Zwischenzeit meldet die Gruppe West 12.42 Uhr wichtige Fakten: »... Tanker werden als wertvolle Schiffe an geeignete Plätze in Konvois gestellt.«

12.45 Uhr (Uhrzeitgruppe 11.48): Gruppe West an Flottenchef: »Vermute, nachdem die Kampfkraft Bismarck in Erscheinung getreten, Anstreben Entscheidungsgefecht nur, wenn ihr ein Heranführen an die Rodney oder King George V. gelingt.«

Auch die Skl schaltet sich mit der Uhrzeitgruppe 13.25 Uhr ein. Sie läßt durch die Gruppe West mitteilen, daß ein Anlaufen eines nordspanischen Hafens in Erwägung gezogen werden kann, falls es die Lageentwicklung erfordert. Was die U-Boote betrifft, sollen ab 13.13 Uhr 7 Boote einen Vorpostenstreifen von BE 61 bis BF 71 Tiefe 20 sm bilden ... Es folgen Positionen von V-Schiffen und die Mitteilung, daß das WBS Sachsenwald in BD 67 auf dem Rückmarsch stehe, jenes Schiff, dessen Name noch vordergründig erwähnt werden wird.

Aber dieses mutige Bekenntnis zur Lage findet einen anderen Niederschlag, als von Lütjens erhofft oder beabsichtigt. Der damalige Kapitänleutnant (Ing.) Junack, zu der oben zitierten Ansprache: »Ich hatte am Sonntag 12–4 Wache und bin 11.30 Uhr in die Messe zum Essen gegangen. Da wird bekannt, daß der Flottenchef über die Schiffswachdienstanlage zur Besatzung spricht. Am Maschinenleitstand erfahre ich dann, was der Flottenchef nach seinem Dank für die Geburtstagsglückwünsche gesagt hat: Es stände das Schwerste noch bevor. Fast die ganze englische Flotte sei aufgeboten, um Bismarck zu jagen. Es gehe um Siegen oder Sterben. – Nach dieser Ansprache breitet sich unter der Besatzung eine deutlich größer werdende Niedergeschlagenheit aus. Es ist erkennbar und spürbar: Diese Niedergeschlagenheit, die niemand etwa mit einer Kopflosigkeit, sondern einer Beklemmung, einer Besorgnis, einer Verzagtheit, ja einer Unsicherheit ob der eigenen Stärke gleichsetzen darf, drückt gleichsam von oben nach unten. Offiziere des Flottenstabes tragen jetzt auf einmal Schwimmwesten unter dem Jackett. Ältere Offiziere sprechen im Kreise jüngerer Kameraden offen aus, daß sie bei dem Aufgebot der Briten an keinen Ausweg mehr glauben. Obwohl der Schiffsbefehl, sofort die Schwimmweste im Beutel bei sich zu tragen, nicht aber anzulegen, unmißverständlich ist, legen sie einige Oberfeldwebel an und versehen so ihren Dienst auf ihren Gefechtsstationen usw. Gegen die um sich greifende Niedergeschlagenheit machen vor allem die Divisionsoffiziere Front. Sie sprechen zu ihren Männern. Sie rütteln sie auf. Und es gelingt ihnen auch, die Stimmung ihrer Leute wieder etwas aufzurichten.

»Die hohe Kampfmoral aber, welche die Besatzung noch am Sonnabend in so hohem Maße und so unbeschwert bewiesen hat, scheint unwiederbringlich verloren zu sein. Ob der Flottenchef sich nur in der Wahl seiner Worte vertat oder seine eigene, innerste Auffassung der Besatzung aufprägen wollte, muß für immer offen bleiben. Ich brauche nicht ausdrücklich festzustellen, daß alle weitergehenden Gerüchte und Berichte über Gehorsamsverweigerungen, Zusammenrottungen, Verzweiflungsakte und mit Pistolen herumfuchtelnde Offiziere völlig aus der Luft gegriffen sind.

Die Stimmung an Bord ist gedrückt. Nicht mehr. Aber auch nicht weniger. Welche Auswirkungen diese Niedergeschlagenheit für die späteren Maßnahmen und den Endkampf gehabt hat, wer will das ermessen?«

Soweit der Turbineningenieur, Kapitänleutnant (Ing.) Junack.

Freiherr v. Müllenheim-Rechberg berichtet: »Ich war während der Ansprache des Flottenchefs als IV AO Wachleiter im vorderen Artillerieleitstand und habe einen Teil meines Standpersonals zum Anhören der Rede entlassen. Ich weiß es noch wie heute, daß als erster mein Zielgeberunteroffizier zurückkehrte, er förmlich die Hände über dem Kopf zusammenschlug, mit der Bemerkung, daß es nun wohl aus sei – und daß eine Chance, nach Frankreich durchzukommen, praktisch kaum existiere. Eine ähnliche Reaktion zeigten auch die anderen zurückkehrenden Männer meines Standes. Ich bekam so viel aus ihnen heraus, daß der Flottenchef gesagt habe, daß er beabsichtige, jetzt nach Frankreich zu gehen, daß es aber an einem seidenen Faden hinge, dieses Vorhaben zu einem Erfolg zu führen. Der Engländer versammele fast seine ganze Hochseeflotte, die er aus allen Teilen des Atlantiks und aus der Heimat zusammengerufen habe. Angesichts dieser Zusammenballung von Macht könne die Devise für die BISMARCK nur Sieg oder Untergang sein.«

Auch in der 1942 erarbeiteten MDV 601 wird diese Rede Erwähnung finden. Da man hier zur Stunde nur auf die Aussagen jener fünf von deutschen Schiffen geretteten Mannschaftsdienstgrade angewiesen ist, drücken sich die Bearbeiter aus der Kriegswissenschaftlichen Abteilung des Oberkommandos der Kriegsmarine (Skl Kr.) nicht ganz so deutlich aus. Man spricht aber davon, daß die Schlußworte des Flottenchefs »Siegen oder Sterben« einen »tiefen Eindruck« hinterlassen hätten.

Viele Mannschaften haben die Warnungen des Flottenchefs zunächst nicht tragisch genommen. »Wir waren alle jung, alle waren siegesgläubig«, sagt einer der Überlebenden heute. »Uns ist bei dieser Rede des Admirals zunächst nicht die Spur eines Gedankens gekommen, diesem starken Schiff könnte etwas passieren ...« So oder so ähnlich drücken sich die meisten der Überlebenden aus, so oder so ähnlich waren wohl auch die Empfindungen ihrer nicht geretteten Kameraden, mit denen sie sich über die Ansprache des Flottenchefs hinterher unterhielten. Einige zeigten sich erstaunt und verwundert, aber auch nur, weil ihnen auf diesem stärksten Schlachtschiff der Welt solche Bedenken überflüssig schienen. Wie sagt Junack? »Die Niedergeschlagenheit breitete sich von oben nach unten aus ...«

Der überlebende Matrosengefreite Herzog von der 3.7-cm-Flak: »Erst als ich Zeuge einer Unterhaltung zwischen dem Kriegsberichter Hanf und unserem Oberstückmeister wurde, wurde mir klar, daß uns wirklich noch Schwerstes bevorstehen müsse und daß unsere nähere Zukunft gar nicht so rosig aussah, wie es uns jungen Soldaten schien ...«

Theo Klaes, Ladenummer der dritten Schweren Flak an Steuerbord: »Die älteren Kameraden auf meiner Gefechtsstation waren bestürzt und sagten: »Na, dann haben wir ja noch Schweres zu erwarten. Wenn der Flottenchef sogar auch uns gegenüber solche Andeutungen macht, wie schlimm muß es dann in Wirklichkeit um uns stehen ...«

Wilhelm Schmidt, einer der überlebenden Portepeeunteroffizier-Dienstgrade: »Es ist verständlich, daß nach dieser Ansprache eine drückende Belastung auf einem Teil der Besatzung lag. Wir Unteroffiziere, die wir auf unsere noch verbliebene Kampfkraft und auch auf eine Entlastung durch Focke-Wulf-Fernbomber vor Erreichen der französischen Küste vertrauten, haben unseren ganzen Einfluß auf die Mannschaften ausgeübt. Es sei hier nur erwähnt, daß ein Teil der Mannschaften ja erst vor ca. sechs Wochen von den Ausbildungsabteilungen zu uns an Bord kommandiert war. Fronterfahrungen hatte keiner.«

Soviel über und um die strittige Rede des Flottenchefs an diesem 25. Mai, einem Tag nach dem Sieg über den »Stolz der Flotte Englands«.

Anschließend sprach der Kommandant.[306]

Er soll unter anderem ausgeführt haben, daß die BISMARCK bald schon in den deutschen U-Boot-Quadraten stehen und auch in den Bereich der deutschen Luftwaffe gelangen würde. Offenbar hatte auch Lindemann das Niederdrückende der Ansprache des Flottenchefs empfunden. Er versuchte nun, dieser Stimmung entgegenzuwirken.

Es darf zusammenfassend noch darauf hingewiesen werden, daß Lütjens' Rede gerade deshalb so stark beeindruckte, weil er als überaus schweigsam galt. Die letzte Erklärung dafür, weshalb er solche Worte schon zu einem Zeitpunkt wählte, als tatsächlich noch die besten Aussichten für Schiff und Besatzung bestanden, kann nicht gefunden werden. Lediglich ihre Wirkung ist belegt. Sie grenzt schon fast an eine Minderung des Einsatzwillens der Männer, eines Soldaten höchstes Gut.

Im Laufe des Tages gehen auf BISMARCK für den Flottenchef bestimmte Funksprüche ein: »11.25 Uhr: Herzlichste Glückwünsche zu Ihrem Geburtstag. Mögen Sie im kommenden Jahr genauso erfolgreich sein. – Der Oberbefehlshaber der Kriegsmarine.«

Und der Oberste Befehlshaber der Wehrmacht: »16.25 Uhr: Beste Wünsche zu Ihrem Geburtstag. – Adolf Hitler.«

Beste, nicht herzliche Wünsche für einen Offizier, der dem Reich einen Erfolg schenkte, der auch einer moralischen Niederlage für die mächtigste Flotte der Welt gleichkam und somit, nach Napoleon, dreimal so schwer wog wie der materielle Verlust der HOOD. Kein so naheliegendes Wort wie etwa der Wunsch für weitere Erfolge durch Hitler ist in dem Telegramm zu lesen.

*

Die kritische Lage des Schiffes veranlaßt die Skl in der Zwischenzeit, durch die Gruppe West dem Flottenchef mitteilen zu lassen, daß, falls die Lageentwicklung es erfordere, das Anlaufen eines nordspanischen Hafens in Erwägung gezogen werden könne, und den Reichsmarschall zu dem Befehl an den Fliegerführer Atlantik und an Luftflotte 3: »Flugzeuge haben einlaufenden Schlachtschiffverband in beabsichtigten Hafen weitgehendst zu sichern, Entgegenfliegen soll, soweit möglich, geschehen. Sicherung gegen Zerstörer und U-Boote. – Reichsmarschall.«

Der Marinegruppe West ist der Befehl nicht klar. Sie fragt bei der Luftflotte 3 an, um eine gleiche Auslegung sicherzustellen. Soll es heißen »im Hafen« oder »beim Einlaufen in den Hafen?«.

Und das »weitgehendst« ist auch nicht schön, wenn man klare Befehle erwartet. Die Besprechung der Gruppe West mit der Luftflotte 3 führt zu folgender Vereinbarung: 1. »Aufklärung und Kampfeinsatz wird FlieFü. Atlantik übertragen. Vorteile: Einsatz in einer Hand, einheitliche Funkschaltung, schnelle Nachrichtenübermittlung.«
2. »An Flugzeug-Kampfkräften stehen die des FlieFü. Atlantik zur Verfügung (Gr. 606). Darüber hinaus auf Anforderung des FlieFü. Atlantik weitere Kampfgruppen. Umfang unbeschränkt im Rahmen Gesamtkräfte Luftflotte 3.«

Ein Überblick über diese und über sonstige Vorbereitungen wird dem Flottenkommando von der Gruppe West 19.32 Uhr übermittelt: »Für Lufteinsatz beim Einlaufen BISMARCK starke Verbände zur Verfügung. Kampfverbände bis 14° West, Aufklärung bis 15° West, schwache weitreichende bis etwa 25° West. Vorpostenstreifen gem. FT 1313 mit fünf Booten auf Position 25. Mai, vormittags, zwei weitere BE 67 und 63 erst 27. Mai, morgens. Für Einholen drei Zerstörer. Außenwege Brest und St. Nazaire unter verschärfter Kontrolle. Notfalls auch Anlaufen La Pallice möglich. Frühzeitige Meldung Überschreitens 10° West durch Tag und Uhrzeit dringend. Möglichst Quadrat hinzufügen.«

In einem FT an die Flotte wird auch die PRINZ EUGEN genannt: »Nach Brennstoffergänzung Auftreten EUGEN zunächst auf und südlich HX-Route westlich 35° West. Anderenfalls Meldung Großquadrat. Spähdampfer nach Erreichen Treffpunkt etwa 27. abends in CD zur Verfügung EUGEN. SPICHERN und ESSO werden nach Brennstoffergänzung EUGEN auf Treffpunkt gemäß Op.-Befehl verlegt. Breme etwa 2. Juni auf Treffpunkt DF 96. U-Boote gemäß Op.-Befehl Ziffer 5 auf der HX-Route nicht zur Verfügung.«

Auftreten PRINZ EUGEN im zugewiesenen Operationsgebiet verspricht bezüglich BISMARCK die beste Diversionswirkung. Auf die Zusammenarbeit mit U-Booten in diesem Seegebiet wird verzichtet, weil der Kreuzer in erster Linie nur gegen Einzelfahrer operieren kann und auch, um den Kommandanten dieses erstmalig eingesetzten Schiffes mit keinem zu großen Apparat zu belasten.

Nachdem die englischen Fühlunghaltersignale, wie erwähnt, schon in der Nacht, der danach noch anhaltende taktische Funkverkehr am Vormittag aufgehört hatten und die BISMARCK am 25. Mai seit 10.00 Uhr auch keine Signale mehr gegeben hat, nimmt man bei den Befehlsstellen der Heimat an, daß sich das Flottenkommando von diesem Zeitpunkt über das Abreißen der Fühlung im klaren ist. Die BISMARCK setzt den Sonntag über den Marsch ohne Störungen fort. Die Marschgeschwindigkeit liegt bei 20 kn. Das Wetter verschlechtert sich. Seegang kommt auf. Die Voraussage des Bordmeteorologen lautet auf »Zunahme von Wind und See«.

Am Abend des 25. Mai besteht bei der Skl die hoffnungsfrohe Gewißheit, daß es dem Flottenchef im Verlauf des Vormittags offenbar doch gelungen ist, die Fühlunghalter abzuschütteln. Diese Erkenntnis eröffnet neue, günstige Aussichten. Die Skl hofft noch immer, daß die Lage an Bord der BISMARCK[307] dem Flottenchef es gestatten wird, sich in den freien Atlantik nach Westen oder Südwesten abzusetzen. Nur dort erscheint die Aussicht gegeben, der feindlichen Luftaufklärung zu entgehen. Daß der Gegner alles versuchen und aufbieten wird, um die Fühlung wieder herzustellen, wird mit Sicherheit angenommen. In der Skl wird erwogen, dem Flottenchef ein Absetzen in den Atlantik erneut nahezulegen. Der Ic rät: FT an Flotte »Annahme nach Abreißen Fühlung Abdrehen zur Brennstoffergänzung und zum Vermeiden Feuerkonzentration in der Biskaya.« Der Gedanke wird jedoch verworfen, da es nicht zweckmäßig erscheint, Lütjens in dieser Lage in einer bestimmten Richtung hin zu beeinflussen. (Handschriftlich der Ic später ins KTB Gruppe West: »Da wir aber nicht wissen, was Admiral Lütjens gedacht hat, blieb alles auf Vermutungen und subjektive Auffassung beschränkt.«) Das Ergebnis der Überlegungen der Befehlsstellen in der Heimat lautet: Der Flottenchef, der über alle erkannten Gegnerbewegungen und Maßnahmen laufend unterrichtet wird, übersieht an Bord die Lage selbst am besten und wird sich über die Vor- und Nachteile einer Ausweichbewegung nach W oder SW selbst völlig im klaren sein.[308]

23.44 Uhr funkt die Gruppe West: »Annehme weiterhin Ansteuerung französische Westküste unmittelbar, auch wenn keine Feindberührung.«

Dieses FT steht allerdings mit den wirklichen Absichten der Skl in realem Widerspruch, da es in kaum verschleierter Form ein Anlaufen Frankreichs sogar empfiehlt. Der Sinn des Funkspruchs ist offenbar. Er soll dem Flottenchef die Zustimmung der Skl zum Anlaufen Frankreichs übermitteln, nachdem in den vorhergehenden Funksprüchen ein Absetzen in den Atlantik empfohlen worden war.[309] Somit standen Lütjens jetzt beide Möglichkeiten offen, ohne daß er mit einer Mißbilligung durch die Skl rechnen mußte. Wohl der wichtigste Grund für diese zusätzliche Information war, zu verhindern, daß die BISMARCK durch erneutes Funken nochmals ihren Standort verriet, falls Lütjens sich angesichts der letzten Empfehlung der Skl verpflichtet glaubte, melden zu müssen, daß er weiterhin Kurs auf Frankreich habe.

Im KTB der Gruppe West findet sich für den 25. Mai in Verbindung mit der Feststellung »... daß der Feind zum vollen Einsatz herangegangen ist«, der Satz: »Die Reichweite der englischen DeTe-Geräte ist überraschend groß und übertrifft anscheinend die der eigenen.«

Der Gegner findet die BISMARCK wieder · Der verhängnisvolle Flugzeug-Torpedotreffer in die Ruderanlage der BISMARCK · BISMARCK nicht mehr manövrierfähig · Versuche, mit den Schrauben zu steuern · Gegnertäuschung durch an Bord erbauten zweiten Schornstein · Signalspruchfälschungen sollen die Royal Navy außerdem täuschen

Die Nacht vom 25. zum 26. Mai 1941 verläuft ohne Ereignisse. Die BISMARCK behält ihren Kurs auf die Biskaya bei. In den Morgenstunden nehmen der aus Nordwest wehende Wind und der Seegang weiter zu. Der Himmel ist fast völlig mit niedrig segelnden, grauschwarzen Wolken bedeckt. Das Schlachtschiff arbeitet schwer in der hohen und von achtern auflaufenden See. Aber es läuft mit dem Sturm, mit dem hochgehenden Seegang. Und es ist, als wolle der Himmel die Heimkehr des Schiffes begünstigen, denn Wind und See schieben. Diese Wetterlage in der Biskaya schließt, wie die Gruppe West mit der Uhrzeitgruppe 10.25 Uhr funkt, allerdings den vorgesehenen Einsatz der Sicherungsstreitkräfte im vorgeschobenen Vorfeld aus. Die BISMARCK wird unterrichtet, daß vorläufig nur eine »enge Luftsicherung möglich« sei; die Luftaufklärung dagegen sei planmäßig gestartet.

Der Funkspruch der Gruppe lautete: »10.25 Uhr: 1. Luftaufklärung planmäßig gestartet. 2. Wetterlage Biskaya macht weitreichendes Geleit unmöglich, daher ist zur Zeit nur eine »enge« Luftsicherung möglich.«

Ferner kommt man bei der Gruppe West zu der Überlegung: »Eine anhaltende Schlechtwetterlage in der Biskaya wird ein Passieren der Barre von St. Nazaire und ein Längsseitsliegen von Torpedoschutznetzfahrzeugen dort wie auf der Reede unmöglich machen. In diesem Falle wird ein Einlaufen in Brest erforderlich sein.«[310]

Während man sich bei den Befehlsstellen in der Heimat den Kopf zerbricht, welcher französische Hafen der BISMARCK den größten Schutz gegen feindliche Torpedoflugzeuge und Bomber bieten könne, tritt draußen auf der vom Sturm aufgewühlten atlantischen See, für die Heimat unerwartet, von Flottenchef Lütjens aber stündlich, ja mit jeder Minute befürchtet, die entscheidende Wende ein.

Es ist genau 10.30 Uhr, als vom Ausguck an der Flak in einem Wolkenloch ein britisches Flugboot gesichtet wird. Die BISMARCK eröffnet zwar sofort Feuer aus allen Rohren, dem Gegner glückt es aber, in die Wolkendecke zu entkommen. Bald danach hören und dechiffrieren die Spezialisten vom B-Dienst auf der BISMARCK die Aufklärungsmeldung.[311] Freiherr von Müllenheim-Rechberg: »Ich weiß nicht, warum zu diesem Zeitpunkt der zur Irreführung[312] vorbereitete zweite Schornstein noch nicht gesetzt war und warum er auch im Anschluß daran nicht gesetzt wurde.[313] Auch von den vorbereiteten englischen Signalsprüchen wurde weder bei dieser noch einer späteren Gelegenheit Gebrauch gemacht. Es wurde im Gegenteil durch das Schießen dem Flugzeug bestätigt, daß man der Feind sei. Es muß dahingestellt bleiben, ob das Flugzeug auf einer dieser Listen hereingefallen wäre. So aber lag der Verzicht auf diese Hilfsmittel schon bei uns, und ich kann mir nur denken, daß eine gewisse Stimmung, daß all diese Mittelchen wohl doch nicht sehr aussichtsreich seien, diese Unterlassung hervorgerufen hat.«

Kurze Zeit später wird von der BISMARCK ein Radflugzeug, eine typische Trägermaschine, beobachtet. Admiral Lütjens meldet diese Sichtung sofort in dem FT mit der Uhrzeitgruppe 11.55 Uhr des Inhalts:

»Feindflugzeug X 1A hält Fühlung im Quadrat BE 27, mein Standort ungefähr 48° Nord, 20° West.« (Nach dem letzten Standort vom 25. Mai, 07.00 Uhr, hatte die BISMARCK somit nur eine durchschnittliche Vormarschgeschwindigkeit von 20,5 sm pro Stunde.)

In der Heimat hat der B-Dienst die kurz zuvor gefunkte Aufklärungsmeldung des Flugzeuges ebenfalls sofort entziffert.

Um 11.56 Uhr, unterrichtet die Gruppe West die BISMARCK: »Englisches Flugzeug X 1A meldet an die 15. Aufklärungsgruppe: 10.30 Uhr ein Schlachtschiff 150° 20 kn, mein Standort ist 49° 20' Nord, 21° 50' West. BE 1672 nach deutscher Quadratangabe – Gruppe West.«

Das Flugboot kam vom Fliegerhorst Lough Erne in Nordirland, das Radflugzeug vom Flugzeugträger ARK ROYAL. Der Gegner hat die genau einunddreißig und eine halbe Stunde abgerissene Fühlung zum Schlachtschiff BISMARCK wieder hergestellt, nachdem diese nach einunddreißig und einer halben Stunde, welch eine Parallele, erfolgreicher Fühlunghaltung verlorengegangen war.

Erstaunen bei den Befehlsstellen in der Heimat löst die überraschend große, ungefähr auf 600 sm berechnete Reichweite des Flugbootes aus. Für BISMARCK ist beunruhigend, daß das Radflugzeug, dessen Trägerzugehörigkeit der Besatzung durch Waffentelefone mitgeteilt wurde, nach geraumer Zeit durch ein zweites Flugzeug abgelöst wird. Diese feindlichen Fühlunghalter bleiben den ganzen Nachmittag in Sicht, aber immer außerhalb der Reichweite aller Rohre.

Mit dem erneuten Fühlunghalten erübrigen sich die Arbeiten an der Luftsicherung. Noch am frühen Morgen hatten Seeleute der BISMARCK versucht, die Turmdecken der SA und der MA als Erkennungszeichen gelb zu pöhnen. Doch: infolge der hin und wieder überkommenden Brecher wird die noch frische Farbe wieder abgewaschen, lediglich auf den höher gelegenen Turmdecken der SA bleibt sie haften. Alle anderen Versuche werden aufgegeben. Seit dem Auftauchen des Flugzeuges, das von achtern anflog und sofort unter Feuer genommen wurde, sind auch die Arbeiten am zweiten Schornstein erst unterbrochen und dann wegen der ab nunmehr ständigen Abwehrbereitschaft ganz abgebrochen worden.

In den Nachmittagsstunden des 26. Mai kann die Gruppe West, 16.24 Uhr, die Flotte unterrichten, daß nach neuer B-Meldung das Gegnerflugzeug ZKGM um 15.53 Uhr nach Plymouth meldete: »Habe Fühlung am Schlachtschiff verloren.« Doch die Hoffnung, der Gegner könnte wirklich wieder abgeschüttelt worden sein, wird kurze Zeit später bei den guten Sichtverhältnissen zunichte gemacht. 17.25 Uhr funkt die Gruppe West an BISMARCK die B-Meldung: »Englisches Flugzeug meldete 16.05 Uhr Feindkurs 140°, Fahrt 20 sm.« Danach hat ein Flugzeug wieder Fühlung an der BISMARCK. Die eigene Flugzeugaufklärung meldet über die Gruppe West über den britischen Home-Fleet Stützpunkt Scapa Flow 16.53 Uhr: »16.00 Uhr 1 Schlachtschiff, 4 Zerstörer BE 2121 Kurs 170° von Flugzeug gesichtet. Nach Meldung des Beobachters RODNEY.« Außerdem stellte die Gruppe West fest: »Nachfrage beim Fliegerführer Atlantik ergab, daß Aufklärung bis 16° West nicht lückenlos war.« Die Flotte wird hierüber unterrichtet, mit dem Zusatz, verfügbare Kräfte seien erst für den 27. Mai für Biscayaüberwachung eingeplant. Gruppe West: »Der Mangel an ausreichenden Kräften für die Luftaufklärung tritt somit kraß in Erscheinung.« Es ist der Skl und auch der Marinegruppe West klar, daß die fühlunghaltenden Radflugzeuge von einem Träger stammen. Auf Grund der durch den B-Dienst ermittelten Feindlage kann es sich hier nur um Flugzeuge der zur Force H gehörenden ARK ROYAL handeln. Damit ist die bis zur Stunde bei der Skl bestehende Hoffnung auf eine Lösung im Sinne:

a) Absetzen nach Südwesten,
b) Brennstoffergänzung aus einem der Begleittanker,
c) Durchbruch durch die Dänemarkstraße oder südlich Island nach Norwegen beziehungsweise in die Heimat zurück zunichte geworden.

Die Erklärung für die offenkundige Nichtausnutzung der noch möglichen Höchstgeschwindigkeit in dieser Situation sehen die Heimatbefehlsstellen in dem 19.03 Uhr gefunkten Kurzsignal des Flottenchefs: »Brennstofflage dringend – wann kann ich mit Ergänzung rechnen?«

Und wie beurteilt der Gegner die Lage? Was plant, was unternimmt er inzwischen?

Nachdem der britischen Admiralität der Standort der BISMARCK wieder bekanntgeworden ist und aus dem Kurs geschlossen werden kann, daß das deutsche Schlachtschiff auf dem direkten Wege zu einem der französischen Atlantikhäfen steht, muß sie alle Anstrengungen machen, die BISMARCK zu stellen, bevor sie in den Schutzbereich der deutschen Luftwaffe einläuft. Admiral Tovey stellt fest, daß er mit der KING GEORGE V. und der inzwischen eingetroffenen, langsameren RODNEY in achterlicher Position, nämlich 130 sm hinter der BISMARCK, steht. Die fünf von dem Konvoi abgezogenen Zerstörer können ebenfalls noch nicht vor Abend eingreifen.

Die ganze Verantwortung trägt daher jetzt Vizeadmiral Somerville auf der RENOWN: Er steht genau in vorlicher Position zum gejagten deutschen Schlachtschiff. Aber die dramatischen Erfahrungen, die man mit der HOOD gemacht hat, lassen es nicht ratsam erscheinen, der BISMARCK mit einem Schlachtkreuzer allein gegenüberzutreten. Auf der anderen Seite droht die Fühlung, die bisher nur aus der Luft aufrechterhalten werden kann, bei dem sich immer mehr verschlechternden Wetter und vor allem mit Anbruch der Dunkelheit erneut abzureißen. Aus dieser Lage heraus entschließt sich der Befehlshaber der Force H, trotz des Sturmes seine Torpedoflugzeuge auf der ARK ROYAL ohne Rücksicht auf Verluste einzusetzen. Vorher, genau 13.15 Uhr am 26. Mai, hatte Somerville der SHEFFIELD befohlen, auf die Position des Gegnerschiffes zu laufen, um die Fühlung auch von See her aufzunehmen. Der Befehl lautete: »13.15 Uhr Kampfgruppe H an SHEFFIELD: An feindliches Schlachtschiff heranschließen und Fühlung halten, um Meldungen der Luftaufklärung zu ergänzen.« Dieses Signal wird aber nicht per Funk, sondern[315] über den Signalscheinwerfer optisch, und zwar direkt an SHEFFIELD übermittelt, während Sir James Somerville im Kartenhaus gerade mit der Lagebesprechung beschäftigt und der Auffassung ist, auch die ARK ROYAL würde über einen Verteiler direkt informiert.

13.45 Uhr meldet die Force H an Admiral Tovey und nur nachrichtlich an die ARK ROYAL: »Standort, Kurs und Fahrt des Gegners (werden gemeldet). Eigener Standort und Kurs (wird gemeldet): SHEFFIELD entlassen zum Fühlunghalten.« Auf ARK ROYAL wird dieser so wichtige taktische Funkspruch unerklärlicherweise aber nicht sofort entschlüsselt. Die Schlüsselgruppe braucht zudem über eine Stunde dazu, weil gerade zu dieser Zeit eine Menge Funksprüche, darunter jene der eigenen Aufklärungsflugzeuge, eingehen und bearbeitet werden müssen. Außerdem sei, so Grenfell, der 13.45-Uhr-FT für die ARK ROYAL auch nur nachrichtlich bestimmt gewesen. Er wurde also nicht als vordringlich angesprochen. Diese Entschuldigung klingt nicht überzeugend. Das Versagen des FTO hätte weit schlimmere Folgen für die Engländer haben können. Ganz ohne Schuld ist freilich auch der Kommandant der ARK ROYAL nicht. Da die SHEFFIELD vor ihrer Detachierung mit der RENOWN und der ARK ROYAL einen gemeinsamen Verband bildete, hätte ihm das Ablaufen des Kreuzers auffallen müssen.[316] So kommt es, daß die Piloten der fünfzehn zwischen 14.50 und 15.00 Uhr auf der ARK ROYAL wartenden Torpedoflugzeuge mit der Weisung starten, daß zur Stunde kein britisches Schiff zwischen dem Träger und dem Feind stünde. Dem Commander-in-Chief Tovey meldet Somerville den Start mit FT um 15.20 Uhr: »Kampfverband startete um 15.00 Uhr.« Interessant ist, daß sich der Befehlshaber der Force H nicht sicher ist, ob es sich bei der Sichtung um die BISMARCK oder die PRINZ EUGEN handele. Das geht eindeutig aus einem Funkspruch der Force H hervor: »Sofort nach Angriff Flugzeuge per Funk fragen, ob Gegner Kreuzer oder Schlachtschiff war.« Inzwischen machen die Flugzeuge der ARK ROYAL ein Kriegsschiff aus, greifen an und lösen ihre Torpedos. Nur drei Maschinen erkennen im letzten Augenblick ihr ehemaliges Zielschiff, die SHEFFIELD. Der irrtümlich angeflogene eigene Leichte Kreuzer[317] hat insofern Glück, als ein Teil der Lufttorpedos infolge Versagens der Magnetzündung schon beim Aufklatschen auf dem Wasser detoniert. Die restlichen Torpedos kann die nur 20 sm von der BISMARCK entfernt stehende SHEFFIELD ausmanövrieren. Hier interessiert, daß die Briten die gleichen Versager mit ihren Magnettorpedos hatten wie die deutschen U-Boote im Norwegen-Feldzug »Weserübung«.

Als Admiral Somerville, von zehrender Ungeduld getrieben, 17.22 Uhr bei der ARK ROYAL anfragt, ob die inzwischen zurückgekehrten beziehungsweise zurückkehrenden Flieger schon über einen Angriff ausgesagt hätten, macht die ARK ROYAL an Somerville auf RENOWN 17.46 Uhr zurück: »Ja! Elf Torpedos gegen SHEFFIELD eingesetzt. Keine Treffer. Befürchte, daß ARK ROYAL Weisung zum Fühlunghalten nicht erhalten hat. Flugzeuge starteten, ohne dies zu wissen. Ihr Funkspruch von 13.45 Uhr wurde erst entziffert und mir vorgelegt, als der Kampfverband schon gestartet war.«

Wenn in verschiedenen Publikationen in Verbindung mit dem Angriff auf die SHEFFIELD davon gesprochen wird, dieser Irrtum habe den Nutzen gehabt, daß man für den nächsten Angriff wieder zur altbewährten Aufschlagzündung überging, dann sei dem entgegengehalten, daß die Flieger diese Feststellung auch bei einem Angriff auf die BISMARCK gemacht haben würden.[318]

Außerdem aber verfügten die Engländer, das sei diesem Mißgriff hinzugefügt, damals schon über eine Art Kenngerät, über das sogenannte IFF (Identification friend/foe), während bei der deutschen Marine in dieser Hinsicht restlos Fehlanzeige herrschte. Da aber um diese Zeit auch für die Briten das Radar noch Neuland war, waren den Fliegern hier eben noch Fehler unterlaufen. Sie waren durchaus entschuldbar.

Eines noch macht der irrtümliche Angriff auf die SHEFFIELD klar: Von welch entscheidendem Wert hätte der an Bord der BISMARCK vorbereitete Zweite Schornstein werden können, wenn man ihn aufgestellt hätte. Bei der nach diesem Angriff auf die von der BISMARCK völlig anders aussehenden SHEFFIELD eingetretenen Unsicherheit würde wohl kein britischer Flugzeugführer einen Angriff auf ein Zweischornsteinschiff gewagt haben, da ja die britischen Zweischornsteinschiffen RENOWN, KING GEORGE V. und SHEFFIELD in der Nähe standen. Vielleicht wäre dann auch der entscheidende Treffer unterblieben. Nein, nicht vielleicht, mit Sicherheit.

18.00 Uhr bekommt Admiral Tovey die Meldung, daß der Angriff erfolglos war[319] und daß 18.30 Uhr[320] ein zweiter Angriff folgen würde. Die Gründe für den Mißerfolg werden dem Chef der Home Fleet aber nicht genannt.

18.21 Uhr funkt der C-in-C Home Fleet an die Force H: »KING GEORGE V. mußte ab 17.05 Uhr ihre Fahrt auf 22 kn mindern, um Brennstoff zu sparen. Wenn Gegnerfahrt nicht vermindert, beabsichtige ich, um Mitternacht zur Ölergänzung umzukehren. RODNEY kann die Verfolgung noch fortsetzen, aber ohne Zerstörergeleit. Empfehle Ihnen, beim Flugzeugträger zu bleiben.«

Die Brennstofflage ist also auch auf den britischen Einheiten prekär geworden. Verständlich, wenn Admiral Tovey mit Besorgnis auf das Ergebnis des nächsten, des zweiten Torpedoangriffes wartet. 18.23 Uhr verständigt die ARK ROYAL die SHEFFIELD: »Kampfverband, der 18.50 Uhr startet, hat Weisung, vor dem Angriff Sie anzufliegen. Weisen Sie ihn ein.«

Eine Stunde später, also noch während der Angriff läuft, fragt Somerville 19.35 Uhr bei der ARK ROYAL an, ob man dort glaube, noch eine dritte Attacke fliegen zu können. Die ARK ROYAL antwortet der Force H 19.40 Uhr: »Beabsichtige Anriff mit sechs Flugzeugen. Alles hängt vom Zeitpunkt der Rückkehr ab.«[321] Fast zur gleichen Zeit, nur eine Viertelstunde später, greifen die Torpedoflugzeuge der zweiten Welle an, nachdem sie zuerst die (diesmal richtig angesprochene) SHEFFIELD anflogen, von dieser weitergeleitet wurden, ins Leere stießen und ein zweites Mal vom Leichten Kreuzer eingewiesen werden mußten. Die im Dunst stehende und von der BISMARCK mit drei Salven beschossene und abgedrängte SHEFFIELD beobachtet, wie die Flugzeuge über eine halbe Stunde lang, nämlich von 20.55 Uhr bis 21.25 Uhr, die BISMARCK in Rotten angreifen und wie das deutsche Schlachtschiff dann in den Wind dreht. Der Kommandant der SHEFFIELD, Captain Larcon, der nach dem kurzen Achtunddreißigerbeschuß durch die BISMARCK sein Schiff auf Gegenkurs gedreht hat, meldet seine letzten Beobachtungen noch durch FT: Danach steuere die BISMARCK jetzt 340°, also Kurs Nordnordwest. Auf den Gedanken, der Gegner könnte durch einen Rudertreffer manövrierunfähig geworden sein, kommt niemand auf der SHEFFIELD-Brücke, und Sir John Tovey, der britische Flottenchef, macht seinem Erstaunen mit der ironischen Bemerkung Luft, die SHEFFIELD sei wohl zum verkehrten Klub übergetreten. Er ist fest davon überzeugt, daß die SHEFFIELD den Fehler gemacht hat, den Gegenkurs um 180° verkehrt zu schätzen. Die FT-Meldung des Führers der Torpedoflugzeuge, Lieutnant-Commander T.P. Coode, macht die Stimmung nicht besser. Sie lautet sachlich knapp: »Wahrscheinlich kein Treffer.«

Warum aber läuft die BISMARCK nach Norden, wenn keiner der Torpedos traf? Ein von einem der fühlunghaltenden Flugzeuge kurze Zeit später eingehender Funkspruch bestätigt den unwahrscheinlichen Nordkurs. Neun Minuten danach wird die BISMARCK noch immer auf diesem Kurs beobachtet und nach weiteren neun Minuten meldet das fühlunghaltende Flugzeug das gleiche. Fünf Minuten später funkt auch die SHEFFIELD erneut, der Gegner liege noch immer auf nördlichem Kurs. Mit diesem taktisch unmöglichen Kurs vermögen Admiral Tovey und sein Stab nichts anzufangen. Wohl aber wird die Vermutung laut, die BISMARCK könne durch einen Ruderschaden zu diesem unerklärlichen, beinahe selbstmörderischen Kurs gezwungen worden sein, führt er doch den Verfolgern nun direkt entgegen, statt von diesen weg. Wenn wir den anderen und späteren britischen Funksprüchen folgen, zeigt sich, daß die Briten die Folgen der erzielten Treffer zunächst noch immer nicht kennen. Danach sind sie vielmehr der Auffassung, nur ein Torpedo habe mittschiffs getroffen, wenn auch der britische Flottenchef nach Empfang des zweiten SHEFFIELD-FTs auf Grund seiner Vermutung seinen Verband[322] sofort auf Südkurs gedreht hatte, der BISMARCK direkt entgegen. Das war 21.42 Uhr.

Diese anderen, hier vorliegenden Funksprüche lauteten:

»20.54 Uhr. Flottenchef an Kampfgruppe H: Ersuche, durch Flugzeuge COSSACK in Sichtweite des Gegners zu führen.«

»22.25 Uhr. Kampfgruppe H an Flottenchef: Angriff der Torpedoflugzeuge, eines erzielte einen Treffer mittschiffs.«

»22.30 Uhr. Von NORFOLK: Mein Standort, Kurs und Fahrt (folgen die Zahlen). Restlicher Brennstoffvorrat 30%. Kann mit RODNEY oder mit Kampfgruppe H operieren.«

»22.46 Uhr. Von Chef 4. Z-Flottille an Bord COSSACK: Zerstörer haben Fühlung mit Gegner.«

»23.07 Uhr. Von Kampfgruppe H an ARK ROYAL: Werden Sie noch einen weiteren Kampfverband starten lassen?«[323]

»23.12 Uhr. ARK ROYAL an Kampfgruppe H: Nein! Könnte zwölf Torpedobomber für Dämmerungsangriff bereitstellen. Schlage Suche in der Dämmerung vor. Bei letztem Angriff wurde wahrscheinlich ein zweiter Treffer Steuerbord achtern[324] erzielt.«

Also erst im FT 23.12 Uhr wird von einem »wahrscheinlichen« zweiten Treffer gesprochen. Und noch immer trägt sich Admiral Somerville mit dem Gedanken, die Torpedoflugzeuge noch einmal starten zu lassen, bis er 23.45 Uhr dem C-in-C der Home Fleet funken muß:

»Kampfgruppe H an Flottenchef: In dieser Nacht kein 3. Angriff mit Torpedoflugzeugen möglich. Morgen mit zwölf Flugzeugen Angriff in Dämmerung. Drehe kurze Strecke nach Westen ab, um Ihnen Platz zu machen.«
Erst nach Mitternacht, also in den ersten Minuten des 27. Mai, wird den britischen Befehlsstellen klar, daß die BISMARCK offenkundig infolge Treffereinwirkung nur noch eine geringe Geschwindigkeit zu laufen vermag:
»00.01 Uhr von Admiralität: Weitere Auswertung der Luftaufnahmen von Brest vom 25. Mai zeigt, daß die SCHARNHORST inzwischen um eine Schiffslänge längs dem Pier nach Osten verlegt hat.«
»00.02 Uhr von SIKH: Gegnerfahrt zwölf Meilen.«[325]
»00.09 Uhr vom Flottenchef: Gegner scheint schwer beschädigt. Beabsichtige, bei Tagesanbruch von Westen her ins Gefecht zu kommen.«
»00.37 Uhr von Admiralität: Admiralität vermutet, daß die BISMARCK versuchen wird, Brest zu erreichen.«
»00.46 Uhr von Kampfgruppe H an Flottenchef: Nach Torpedotreffer fuhr BISMARCK zwei volle Kreise und verminderte die Fahrt.«
Admiral Tovey hatte inzwischen 23.36 Uhr seinen Kurs auf Nordnordost geändert und gemeldet. Es war seine Absicht, sich westlich der BISMARCK aufzustellen, um den Gegner später gegen den hellen Morgenhimmel zu haben. Erst nach dieser Kursänderung erfuhr Tovey von Somerville die um 23.12 Uhr von der ARK ROYAL an die Kampfgruppe H gemeldeten Einzelheiten. Diese waren ihm Bestätigung seiner Vermutungen. Sie bewiesen ferner, wie richtig sein letzter Kurswechsel war, den er dann über sein 00.09-Uhr-FT begründete. Inzwischen war nämlich eine besorgte Anfrage aus London eingegangen. Da der neue NNO-Kurs auch mit dem Kurs Heimat identisch und in Whitehall des Flottenchefs Absicht bekannt war, die Verfolgung wegen der kritischen Brennstoffanlage nach Mitternacht abzubrechen, sollte es bis dahin nicht geglückt sein, des Gegners Geschwindigkeit zu mindern, nahm man in London an, Tovey habe die Jagd auf die BISMARCK tatsächlich schon aufgegeben. Nun, dieses FT klärte die Lage in London: Das 00.46-Uhr-FT, von Somerville 00.59 Uhr an den C-in-C gefunkt, ein Ergebnis der Aussage des letzten, inzwischen auf ARK ROYAL gelandeten Fühlunghalterflugzeuges, klärte sie auch bei Admiral Tovey endgültig. Der BISMARCK-Geschwindigkeit ist also, wie erhofft – zumindest –, vermindert worden. Kurz darauf befiehlt Tovey seinem Verband Südwestkurs. Somerville wird angewiesen, seine Kampfgruppe nicht unter 20 sm südlich vom Gegner zu halten. Auf dessen Vorschlag, sein Flaggschiff an die beiden Schlachtschiffe der Home Fleet heranzuführen, geht Tovey aus Sorge einer möglichen Verwechslung der RENOWN mit der BISMARCK nicht ein. Die KING GEORGE V. und die RODNEY sind ihm stark genug, mit dem Gegner fertig zu werden.

Inzwischen folgt die im Norden stehende NORFOLK den Schlachtschiffen jetzt mit Höchstfahrt, und im Osten, 600 sm von Kap Finisterre, hat der Schwere Kreuzer DORSETSHIRE bereits um 11.00 Uhr des 26. Mai seinen Geleitzug SL 74 verlassen. Mit Kollisionskurs Ost läuft er auf die Gegnerposition zu.

Ein Funkspruch, der bisher nirgendwo aufgezeichnet wurde, ist ein FT Churchills an den Flottenchef. Er lautete sinngemäß: »Vergessen Sie ja nicht, die Zerstörer einzusetzen.«

Tovey, der Admiral und Flottenchef, soll nach Kenntnisnahme dieser »Anregung« seine Mütze gepackt und in die Ecke gefeuert haben.[326]

*

Bei dieser an dramatischen Höhepunkten und an wechselhaften Zufällen reichen Unternehmung will es das Unglück für die BISMARCK, daß fast zur gleichen Stunde, da die Torpedoflugzeuge der ARK ROYAL der BISMARCK den so verhängnisvollen Treffer in die Backbordruderanlage beibringen, dem deutschen U-Boot U 556 ein Großkampfschiff und ein Flugzeugträger, also Einheiten der Force H, vor leergeschossene Torpedorohre laufen. Kapitänleutnant Wohlfahrt, Kommandant von U 556, in seinem KTB: »Standort: 640 sm westlich Landsend, Wetter: Nordwest, Windstärke 6 bis 7, Seegang 5, Himmel klar, teilweise bedeckt, mittlere bis gute Sicht …«
»… 15.31 Uhr vor Flugzeug getaucht, unter Wasser werden einige Detonationen, wie von Artilleriefeuer, gehört …«[327]
»… 19.48 Uhr Alarm: Aus dem Dunst kommt von achtern mit hoher Fahrt ein Schlachtschiff der KING-GEORGE-Klasse[328] und ein Flugzeugträger, wahrscheinlich die ARK ROYAL, in Sicht. Bug rechts, Lage 10. Wenn ich doch jetzt Torpedos hätte! Ich brauchte nicht einmal mehr anzulaufen, sondern ich stehe genau richtig für einen Angriff. Aber …! Ohne Zerstörer. Ohne Zickzackkurs!

Ich könnte mich dazwischenlegen und beide gleichzeitig erledigen. Der Träger hat Flugbetrieb von Torpedoflugzeugen.

Vielleicht hätte ich der BISMARCK helfen können …«

»… 20.39 Uhr. Aufgetaucht. FT abgegeben: Feind in Sicht, ein Schlachtschiff, ein Flugzeugträger, Kurs 115°, hohe Fahrt, Quadrat BE 533.[329] – Weitere Signale über den Verlust der Fühlung und die Horchpeilung bis 22.06 h. Ich versuche, mit dem letzten mir zur Verfügung stehenden Brennstoff hinterherzustoßen. Tauche zum Horchen, melde Horchpeilung und sende Peilzeichen …« Soweit Kapitänleutnant Herbert Wohlfahrt, den seine U-Bootkameraden »Parzival« nennen …

Vor dem verhängnisvollen Treffer in die Ruderanlage hätte U 556 die BISMARCK allerdings nicht mehr bewahren können, denn um die fragliche Stunde war das Schicksal für die BISMARCK, die zweite Welle der Torpedoflugzeuge, bereits unterwegs: wie bereits geschildert!

Als die Heimat das 21.05-FT der BISMARCK empfängt, in dem der Torpedotreffer achtern und die Manövrierunfähigkeit und die Position mit ungefähr 47° 40' N, 14° 50' W angegeben werden, geht vom BdU Dönitz, der gegen 21.30 Uhr von diesem FT Kenntnis erhält, ein Funkspruch höchster Dringlichkeit an alle noch mit Torpedos versorgten und in diesem Gebiet stehenden U-Boote heraus, nach dem angegebenen Quadrat zu laufen. Doch die U-Boote haben jetzt mit dem auffrischenden Sturm und der breit und hoch laufenden Dünung zu kämpfen. Das verzögert ihren Anmarsch.

Seit dem Auftauchen der von einem Flugzeugträger gestarteten Fühlunghalter rechnen Admiral Lütjens und die Schiffsführung mit einem erneuten Angriff von Torpedoflugzeugen. 18.24 Uhr meldet der Flottenchef die Position der SHEFFIELD im Quadrat BE 5311, Kurs 115° und 24 kn Geschwindigkeit.[330] Gegen 20.45 Uhr[331] kommen die erwarteten Torpedoflugzeuge in Sicht. Auf der BISMARCK gibt es Fliegeralarm. Die Kriegsfreiwachen des im »Klarschiffzustand« stehenden Schlachtschiffes eilen auf ihre Gefechtsstationen. Der Klarschiffverschlußzustand wird hergestellt. Die Zentrale unterrichtet die Stellen durch kurze Meldungen über den Anflug.

Die nach strittigen englischen Angaben mit Radar anfliegenden Trägermaschinen, die aus den knapp hundert Meter hohen Wolken in Rotten und auch einzeln hervorstoßen, greifen dieses Mal aus verschiedenen Richtungen und im Tiefflug, allerdings nicht gleichzeitig an. Die dichte, sich von 100 bis auf 2 000 bis 3 000 Meter hinaufziehende Wolkendecke hat dem Gegner einen geschlossenen Anflug und Angriff erschwert. Während der ersten Angriffe der Swordfishs erhält auch die SA zusammen mit der MA und allen Fla-Waffen Feuererlaubnis.[333] Diese gilt aber nicht den Flugzeugen, sondern dem schwimmenden Fühlunghalter, dem Kreuzer SHEFFIELD. Die erste Salve fährt fast eine Seemeile weit vor dem britischen Kreuzer in See. Die vier 38er-Granaten der zweiten Salve aber krepieren an beiden Seiten des Kreuzers in bedrohlicher Nähe. Noch bevor die SHEFFIELD unter Schwarzqualmen auf AK gehen und abdrehen kann, detoniert eine weitere Gruppe von vier 38er-Granaten. Splitter verwunden zwölf Soldaten der Flak, drei davon tödlich; andere zerstören das Radargerät. Als die SHEFFIELD mit AK abläuft, stellt die SA der BISMARCK das Feuer sofort wieder ein, zumal die Rohre der Achtunddreißiger die Flak behindern. Während dieser Zeit soll sogar eines der später als vernichtet beobachteten Gegnerflugzeuge vom Turm Anton abgeschossen worden sein.

Die BISMARCK wird von zwei Torpedos, die nicht mehr ausmanövriert werden können, getroffen. Der eine detoniert mittschiffs, etwa in Höhe der Abteilung VIII, der andere trifft in Höhe der Abteilung II. Während der Mittschiffstreffer keinen Schaden anrichtet, sind die Auswirkungen des Treffers im Achterschiff verhängnisvoll:

Die BISMARCK ist manövrierunfähig geworden: Der auf das Achterschiff gezielte Torpedo traf das Schlachtschiff in Höhe der Ruderanlage, jener Achillesferse, die schon Tirpitz beunruhigte und schließlich resignieren ließ. Der Treffer dieses aus einem Flugzeug geworfenen relativ kleinen Lufttorpedos wird das Schicksal des Riesen besiegeln.[334] Er ist der Anfang vom Ende. Der Urheber: ein tuchbespannter Doppeldecker von einem der Typen wie sie bereits im Ersten Weltkrieg aktuell waren und nun, modernisiert, gegen das modernste Schlachtschiff eingesetzt werden.

*

Nach britischen Berichten,[335] sind zwischen 21.00 Uhr und 22.30 Uhr alle 15 »Swordfishs« zurückgekehrt. Fünf Flugzeuge waren durch das Flakfeuer beschädigt worden, eines hatte 127 Löcher, Pilot und Bordschütze waren verwundet. Nur ein Flugzeug ging bei der Landung zu Bruch. Die Flugzeugbesatzungen wurden getrennt verhört, dabei wurde auch (zunächst) der Mittschiffstreffer bekannt, den Somerville 22.25 Uhr meldete.

Die fühlunghaltenden Flugzeuge der ARK ROYAL, die COSSACK heranführen sollten, wurden kurz vor 22.30 Uhr zum Träger zurückgerufen. Sie hatten zwar die Zerstörer gefunden, aber die Übersicht verloren.

*

Wie Überlebende den Angriff und den verhängnisvollen Treffer in Höhe der Ruderanlage[336] beobachteten und erlebten, soll nun nachstehend anhand der verschiedenen Augenzeugenberichte geschildert werden:

An seiner auf dem Aufbaudeck Steuerbord achtern montierten 3.7-cm-Flak steht der Matrosengefreite Herzog. Der Flak ist kein genaues Ziel genannt worden. Die Waffen erhielten Befehl, Sperrfeuer zu schießen. Jede Waffe schießt also in den ihr zugewiesenen Sektor. Deutlich sind aus dem Feuerorkan die Abschüsse der 15-cm-Mittelartillerie herauszuhören. Herzog meint, vier, oder sind es fünf Flugzeuge, zerplatzen regelrecht in der Luft, getroffen von den Granaten der verschiedenen Kaliber.[337]

Plötzlich erkennt der hinter der rasend feuernden Dreikommasieben als Ladenummer arbeitende Matrosengefreite, wie zwei Flugzeuge vierkant auf BISMARCK zurasen. Beide Maschinen fliegen so tief, daß sie mit ihren Radgestellen fast die Kämme der Dünung streifen. Und weil sie tief fliegen und jetzt schon so nahe stehen, können sie auch nicht mehr mit der Dreikommasieben erfaßt und beschossen werden. Obwohl sich diese Situation in Bruchteilen von Sekunden entwickelt, notiert das Hirn der Männer auch an dieser Kanone jede einzelne Phase dieses tollkühnen Anfluges. Und auch, daß die Briten, die in diesen Flugzeugen sitzen, andere Kerle sind, als die deutsche Presse und Rundfunk aus propagandistisch und psychologisch zweckbedingten, wenn auch taktisch unklugen Gründen bislang zu schildern pflegten.

Während die eine »Swordfish« BISMARCK mittschiffs ansteuert, schwenkt die andere etwas nach achtern zu ab. Und dann sehen sie alle die Torpedos, wie sie sich vom Rumpf der angreifenden Maschinen lösen, wie sie in die aufspritzende See klatschen und wie dort, wo sie eintauchen, eine silbern schimmernde Bahn der BISMARCK entgegenzieht. Herzog spürt plötzlich einen Ruck. Er wird gegen seine Kameraden geschleudert. Eine Wasserwand brandet hoch. In diesem Augenblick will es scheinen, als seien Herzog und seinen Kameraden der Boden unter den Füßen weggezogen worden. Die BISMARCK erbebt unter einem gigantischen Schlag. Das Schiff legt hart über, und durch den jetzt in sich zusammenfallenden Wasservorhang der Detonationsfontäne glaubt Herzog in achterlicher Richtung zu sehen, daß das zweite Flugzeug direkt in das Heck der BISMARCK hineinzufliegen droht. Herzog spürt, wie sich das Schlachtschiff, das bei dem Angriff auf AK hochgefahren worden ist, unter der Hartruderlage überlegt. Dabei entdeckt er Öl auf dem Wasser. Es breitet sich rasend schnell aus. Ist etwa wieder ein Ölbunker getroffen …? Oder sind nur die behelfsmäßigen Abdichtungen im Vorschiff und in Höhe des E-Werkes 4 beim Schießen und den Ausweichmanövern wieder leckgesprungen …?

Dann ist kein Flugzeug mehr zu sehen. So spukhaft die Angreifer kamen, so verschwanden sie auch. Die Waffen auf der BISMARCK schweigen.

Warum aber dreht das Schiff noch?

Warum fährt es noch immer im Kreise herum …?

*

Der Mechanikergefreite Alfred Eich in der achteren Rechenstelle hat bei dem Treffer in die Ruderanlage das Gefühl, die BISMARCK drohe zu kentern … Eich blickt auf den Fahrtmesser. Der Zeiger stand bis zu diesem Augenblick noch auf 28 Knoten. Aber nun, nach diesem Ruck durch das 251.00 m lange Schiff, sinkt die Anzeige am Fahrtmeßgerät, einem der wichtigsten Meßinstrumente eines Schiffes, schnell und stark ab.

Am Kursanzeiger ist abzulesen, daß die BISMARCK, deren Ruder sich nach dem Luftangriff und der Trefferdetonation in Höhe der Abteilung II (also im Bereich des Achterschiffes und in Höhe der Ruderanlage) nicht mehr bewegen lassen, im Kreise fährt. Auch die Handruder sind bei dem überkrängenden Schiff blockiert.

Wie Eich, so fürchtet auch der später überlebende Maschinengefreite Hein Staats, der sich bei diesem Angriff als Hilfsmunitionsmann in der Munitionskammer vom Turm »Bruno« aufhält, die BISMARCK könnte kentern. Staats sitzt gerade an der Steuerbordseite des sich quer durch das Schiff bis zur Backbordseite erstreckenden Munitionsraumes für die 38.0-cm-Granaten. Da die Schwere Artillerie nicht mehr schießt, haben auch die Hilfsmunitionsmänner eine erholsame Atempause. Und

genau in diesem Augenblick wogt eine zweite Erschütterung durch Rumpf und Aufbauten.
Staats fühlt, wie ihn explosive Kräfte nach unten zerren, wie sich das Gewicht seines Körpers auf die Rückwand der Munitionskammer verlagert. Die BISMARCK legt hart über. Immer mehr …, immer stärker …
Unwillkürlich hält der Maschinengefreite den Atem an. Geht das Schiff weg?
Solche und ähnliche absurde Gedanken überschlagen sich. Fährt die BISMARCK in die Tiefe, 4 000 Meter soll es hier sein.
Kentert das Schlachtschiff?
Die Augen der Kameraden um Hein Staats sind wie die eigenen weit aufgerissen. Aber keiner schreit …! Keiner um Staats herum dreht durch. Nur einer sagt, was sie alle denken, was sie fürchten:
»Sie kentert.«
Aber: langsam richtet sich die BISMARCK wieder auf, träge wie ein Riesenwal in blauer See. Sie bleibt, wie bei einer Hartruderlage mit einer 15-Grad-Krängung (scheinbar) liegen und kommt wieder, mühsam fast, in Fahrt.

*

Hermann Budich, Befehlsübermittler im E-Gefechtsstand, erlebte den Angriff auf seiner Gefechtsstation. Nach dem erneuten, dem zweiten Lufttorpedo-Treffer, meldet der ihm gut bekannte Maschinengefreite Böhnel seinem direkten Vorgesetzten, dem E-Maschinisten Schmid: »Maschinenraum macht Wasser. Ich verlasse den Raum und gehe zur Steuerbordmaschine.«
Nach etwa 15 Minuten meldet Böhnel, völlig ruhig und so sachlich, wie beim Manöver in der (noch) friedfertigen Ostsee: »Steuerbordrudermaschine ausgekuppelt. Ich stehe bis zur Brust im Wasser … Verlasse als Letzter den Raum.«
Kurze Zeit später erlischt das Licht des Fernsprechers. Hein Budich: »Ich trage bei Handlampenlicht zur Lage in das Maschinentagebuch ein: Der Versuch, die Hauptsicherungen zu wechseln, schlägt unter großer Flammenbogenbildung immer wieder fehl. Kurz danach gibt es einen Wassereinbruch durch den Zuglüfter. Jedenfalls kann die Leckwehr die Ruderanlage nicht wieder flott machen. Die BISMARCK fährt jetzt, wie oben gesagt, weiter im Kreise. Wir steuern mühsam mit den Schrauben und kommen mit nur noch neun Knoten je Seemeile voran. Wir hier unten spüren das alles sehr deutlich, fast körperlich genau. Nach der Stimmung befragt sagt Budich: »Auf unsere Verfassung wirkte sich die Manövrierunfähigkeit nicht einmal besonders hinderlich aus. Wir waren zwar völlig übermüdet, sonst aber noch voller Hoffnung und voller Vertrauen auf unseren Kommandanten, dem wir aufgrund seines umsichtigen Verhaltens sehr ergeben waren. Daran glaubten wir fest: er und sein LI werden für die technische Behinderung in der Ruderanlage schon einen Weg finden, den das eifrige und technisch mitdenkende Maschinenpersonal vorschlagen und realisieren wird.«
Im Zwischendeck, über der Steuerbordmaschinenanlage, befand sich im Augenblick des Fliegeralarms der Maschinenmaat Klotzsche mit seinen Männern auf der Leckwehrstation. Die wenigen Meldungen über den Angriff von etwa 35 Flugzeugen, welche die Besatzung bislang innerbetrieblich informierten, kamen aus der Zentrale. Sie sprachen von einem unmittelbaren, zielgenauen Anflug von wenigen Doppeldecker-Flugzeugen.
Jede Maschine vom im Seekrieg der Briten relativ langsamen, dafür aber wendigen Typ »Swordfish« flog innerhalb von engen Pulks an. Jede taktisch auffallend geschickt. Sie kamen im Tiefflug aus allen vier Himmelsrichtungen, fast unmittelbar über der aufgewühlten grünblauen atlantischen See. Diese fliegerisch raffinierte Anflugtechnik verunsicherte und verwirrte die Männer der BISMARCK-Flak. Plötzlich:
nacheinander – oder nebeneinander beim Schiff zwei irre Detonationen: Eine im Achterschiffbereich, die andere außenbords mittschiffs. Die Erschütterungen im Rumpf der BISMARCK reißen den meisten der Männer die Beine weg, während die beiden aufgeworfenen Seewasserfontänen rauschend in sich zusammensinken.
»Schiff manövrierunfähig. Alle Taucher nach achtern.« Das klingt sehr ernst und kann sehr bedrohlich sein.
Aus seinem Maschinenleitstand berichtet Blum weiter: »Als die Meldung über den Treffer in Höhe der Ruderanlage und den unmittelbar folgenden Ruderausfall durchkommt, hebt der LI, (Korvettenkapitän [Ing.] Dipl.-Ing. Lehmann) in müder Geste die Schultern und resigniert laut: »Da haben wir während unserer Erprobungszeit in der Ostsee das Gefechtsbild »Treffer Ruderanlage« mehrfach theoretisch gefahren und deren Folgen geübt. Nun ist aus dem Manöverspiel ein Ernstfall geworden.«
Blum erinnert sich plastisch genau, hat er doch in der Ostsee während der Erprobungszeit selbst in der Ruder-

anlage gefahren und seine Kenntnisse vertieft. Dreimal stand damals das Gefechtsbild: »Treffer Ruderanlage« auf dem Manöverprogramm, bei dem allerdings ein praktischer Ausfall mit allen Möglichkeiten und Konsequenzen aus Zeitgründen nicht durchexerziert werden konnte, denn die Manöverzeit war eingeschränkt worden. Auf keinen Fall wurde je ein Übungsfall in praxis versucht, das Riesenschiff mit den Schrauben zu steuern.

Außerdem hieß es jetzt, daß zwei oder drei Abteilungen abgesoffen wären.

Wer drin war, der blieb drin.

Blum muß jetzt daran denken, daß sie den Offizier damals fragten: »Was passiert aber im Ernstfall? Wenn ein Treffer in die Ruder oder in die Ruderanlage reinkommt, dann sind wir doch gar nicht mehr am Leben.«

»Ach so, richtig«, hatte der Oberleutnant gesagt, »ihr müßt beim Manöver tot spielen. Haut euch also um und legt euch schlafen. Setzt die Mützen verkehrtherum auf den Kopf, damit man weiß, daß ihr als Tote geltet.« Der Oberleutnant hatte noch ein makabres Scherzwort auf den Lippen, dann fuhr er mit seiner rechten Hand durch die Luft und sagte: »Die Chance, einen solchen Treffer zu bekommen, steht aber Eins zu Hunderttausend. Sie ist, genaugenommen, gleich Null.«

Kapitänleutnant (Ing.) Junack berichtete über die Trefferwirkungen: »Der spezifische Torpedotreffer in die Ruderanlage erschütterte das Schiff so stark, daß noch auf meiner Gefechtsstation im Turbinenraum Mitte die schweren Flurplatten hochgeworfen wurden und kurz nach dem Treffer aus dem beschädigten Backbordwellentunnel Wasser in den Turbinenraum einbrach.« Der Turbinenraum kann aber schnell abgedichtet und gelenzt werden. Der Treffer hatte aber die beiden Ruder in Lage »Backbord 15« verklemmt und ein so große Loch in den Schiffsboden gerissen, daß alle Räume der Ruderanlage vollaufen und das Wasser im Rhythmus der Stampfbewegungen beim Seegang in Stärke fünf auf- und abpumpt. Dadurch werden alle Abwehrmaßnahmen der Schiffssicherungsmannschaft außerordentlich erschwert und schließlich total vereitelt.« Besonders aufschlußreich ist der Bericht des Leiters der Leckwehrgruppe 1, des oben erwähnten Obermaschinisten Schmidt: »Als Alarm gegeben worden war und die Flak zu schießen begann, hatte ich, um bei etwaigen Lufttorpedotreffern Personalausfälle durch Knochenbrüche weitgehend zu verhüten, veranlaßt, daß die Männer sich auf Hängematten setzten.

Plötzlich gibt es nach dem Mittschiffstreffer einen harten, metallischen Schlag. Gleichzeitig wird das Achterschiff angehoben. Einige Male wogt es auf und nieder, ehe es zur Ruhe kommt.

Die Leckwehrzentrale erhält die Meldung: Torpedotreffer vermutlich im Achterschiff. Das Ruder verklemmt »Backbord 15«. Das Schiff dreht sich im Kreise.

Befehl von mir an sämtliche Leckwehrposten: Zustand der Räume, Bunker und Zellen an Leckwehrgruppenführerstand 1 melden. Dieses wird von mir verlangt, um das Ausmaß der Trefferwirkung und die genaue Trefferstelle festzustellen. Inzwischen verläßt das Personal der Ruderanlage seine Station. Die Männer begeben sich durch den Niedergang in das Zwischendeck und melden:

Sämtliche Räume der Ruderanlage laufen voll Wasser.

Das Panzerluk über dem Niedergang zum Handruderraum kann wieder geschlossen werden. Fast gleichzeitig bricht das achtere Tiefgangspeilrohr. Dadurch strömt Wasser ins Zwischendeck. Trefferwirkung und Trefferstelle werden an die Leckwehrzentrale weitergemeldet.

Um das Wasser aus dem Rudermaschinenraum zu lenzen, wird die Leckpumpe 1 angestellt. Nach kurzzeitigem Laufen setzt die Pumpe aber aus, da der E-Teil ausfällt. Ich lasse auf den Ersatzstromkreis umschalten. Die Pumpe ist, obwohl der Ersatzstromkreis in Ordnung ist, nicht wieder in Betrieb zu nehmen. Der Selbstanlasser im Niedergang zur Ruderanlage ist durch Wassereinbruch zerstört. Man hofft, die beiden Handruder von der Rudermaschine zu trennen. Am Leckwehrgruppenstand 1 gehen weitere Meldungen ein: Oberer und unterer Wallgang Abteilung III Backbord machen Wasser. Es wird vermutet, daß auch im Handruderraum Wasser durch undichte Kabeldurchführungen und durch die bei der achteren Detonation entstandenen undichten Risse im hinteren Querschott eindringt …

Neue Schadensmeldung: Auch der mittlere Wellentunnel macht Wasser.

Kurz nach Eingang dieser Meldungen treffen die Oberleutnante (Ing.) Giese und Richter sowie die Zimmermeistergruppe ein.

1. Sie stützen das Querschott zum Niedergang der Ruderanlage ab und dichten das Tiefgangpeilrohr.

2. Sie wollen dann über den Notausgang vom Batteriedeck aus über das Panzerluk in den Niedergang zur Ruderanlage eindringen.

Sie öffnen vorsichtig das Panzerluk. Der Zimmermeister und der Meistermaat versuchen mutig, aber vergeblich, mit Tauchrettern in den Ruderraum einzusteigen. Hier wollen sie die Rudermotorenkupplungen ausrücken. Aber: bei dem starken Seegang schlingert das Schiff so heftig, daß ein Einsteigen unmöglich ist, da das in den Niedergang eingedrungene Seewasser im Rhythmus der wildwogenden See fällt, steigt und wütend arbeitet. Es wird schließlich erwogen, das klemmende oder beide Ruder abzusprengen.

*

Die Befehlsstellen in der Heimat erfahren die kritische Lage über kurze Funksprüche des Flottenchefs: Mit der Uhrzeitgruppe 20.15 Uhr (wahrscheinlich 21.15 Uhr, d. KTB-Bearbeiter) meldet er 21.25 Uhr der Marinegruppe West mit dem KR KR F.T.:

»Schiff nicht mehr steuerfähig.«

21.14 Uhr geht in Paris von Lütjens das KR KR F.T. Uhrzeitgruppe 21.05 ein: »Quadrat BE 6192 habe Torpedotreffer achtern.«

Die BISMARCK ist durch Rudertreffer manövrierunfähig geworden.

13 Minuten später, 21.27 Uhr, folgt dann der Uhrzeitgruppen F.T. 21.15 Uhr: »Torpedotreffer mitschiffs.«

Fast zur gleichen Zeit, 21.32 Uhr, alarmiert der KR KR F.T., Uhrzeitgruppe 21.17 Uhr der Gruppe West die Flotte:

»U-Boote melden 20.00 Uhr 1 Schlachtschiff, 1 Flugzeugträger mit Flugbetrieb BE 5332, Kurs 115 Grad, hohe Fahrt.«

Im F.T. 23.25 Uhr, den die Gruppe 23.45 Uhr empfängt, meldet Lütjens: »Bin umgeben von RENOWN und Leichten Seestreitkräften.«

Ein weiterer F.T. der Gruppe, jener mit der Uhrzeitgruppe 22.05 Uhr, geht auf der BISMARCK 22.22 Uhr ein:

»U-Boote haben Befehl, in BE 6192 zu sammeln.«

Dieser F.T. wird der Besatzung bekanntgegeben, nicht aber, daß die meisten Boote verschossen, das heißt, ohne Torpedos sind. Die U-Bootwaffe hätte diesen Zustand melden können oder müssen, vorausgesetzt, die BdU-Dienststellen wußten darum. Das ist mit Sicherheit nicht zu bejahen. Der psychologische Effekt schien der U-Bootwaffe dessen ungeachtet nicht minder wichtig, wenn U-Boote in Sichtweite der britischen Flotteneinheiten auftauchen … Drei oder vier Boote … Für die Navy wären sie schon ein Schock.

Außerdem wird im F.T. die durch die Heimat angesetzte Unterstützung durch Kampfflugzeuge, ferner durch einen Hochseeschlepper sowie Tanker erwähnt, was, laut KTB, bei der Besatzung Zuversicht, Beruhigung und Freude auslöst.

Details zum oben zitierten Gruppen-F.T. erfährt nur die Brücke. Der am 26. Mai 23.45 Uhr eingegangene SSD F.T. Uhrzeitgruppe 23.03 Uhr der Gruppe West an die Flotte sagt zur Lage aus: »Lückenlose Aufklärung am 27. Mai zwischen 46 und 4830 Nord und Sektor Brest Nordwest. Frühestmöglicher Start 04.30 Uhr. Kampfverband folgt 06.30 Uhr.«

Warum Start erst 06.30 Uhr? Hier zählt doch jede Minute. Die Flugzeuge mußten doch auf Abruf rechtzeitig klar zum Einsatz bereit sein, das heißt, vollbetankt, voll munitioniert und für alle Fälle mit Rettungsmitteln an Bord, mit modernen und mit raumsparenden Preßluftflaschen ausgestatteten Schwimmwesten, gelbfarben, weil in See besser sichtbar.

*

Wie bereits dargestellt, wurden sofort alle nur möglichen Versuche unternommen, die Manövrierfähigkeit der BISMARCK zumindest behelfsmäßig wieder herzustellen. (Nach dem Ende des Schlachtschiffes leben aber keine unmittelbar Beteiligten mehr. Aber die Aussagen in der Nähe befindlicher geretteter Besatzungsmitglieder vermitteln ein ungefähres Bild von den Anstrengungen an Bord.)

Von der fünften Dreikommasieben an Steuerbord kann der Matrosengefreite Herzog das Achterdeck beobachten. Er sieht hier den Leitenden Ingenieur, einen Maschinisten und einen Maschinenmaaten. Sie haben zum Teil Taucheranzüge an, ferner stehen bei der Gruppe noch zwei Fähnriche, ebenfalls in Taucheranzügen.

Kapitän zur See Lindemann ist dann ebenfalls auf dem Achterschiff. Er hält sich aber nur kurze Zeit bei der Gruppe auf. Die Unterhaltung ist, soweit dies aus den Gesten hervorgeht, sehr erregt. Nur der LI bleibt ruhig. Er steht bewegungslos unter den debattierenden Männern. Schließlich hebt er die Hand, um sich Ruhe zu verschaffen. Er spricht erst mit den Fähnrichen und dann mit den technischen Unteroffizieren. Danach tritt er aus dem Kreis dieser Männer heraus und geht nach vorn. Nach einiger Zeit kehrt er zurück.

Er winkt ab, was so viel heißt wie: »Nichts zu machen.« Alle befragten Überlebenden bestätigen später, daß sich Besatzungsmitglieder (Fähnriche) als Freiwillige meldeten, um sich mit dem verklemmten Ruder zusammen in die Luft zu sprengen, nachdem alle sonst gangbaren Wege abgeschrieben werden mußten.[338]

Es ist Tatsache, daß auch kein Versuch unternommen wurde (besser: werden konnte), das verklemmte Steuerbordruder von außen mit Unterwasserschweißgeräten abzubrennen. Dieser Gedanke wurde wegen des wildwütigen Seegangs und der unter dem Heck herrschenden Sogwirkung von vornherein als aussichtslos abgeschrieben.[339] Später, als während der Nacht britische Zerstörer ihre Angriffe fuhren, machte das Schießen der laufend überfluteten Türme ein Betreten der Schanze gänzlich unmöglich.

Kapitänleutnant (Ing.) Junack über die Lage: »Nach stundenlangen Bemühungen gelingt es zwar, die Handruder einzukuppeln. Aber die Ruder selbst können nicht bewegt werden. Versuche, Taucher von außen zur Trefferstelle vordringen zu lassen, erscheinen bei dem Seegang ebenfalls unmöglich. Der Vorschlag, die Ruderschäfte nach unten herauszusprengen, wird abgelehnt, da die Schrauben unmittelbar davorliegen. Ebenso werden Versuche mit provisorischen Hilfsrudereinrichtungen als aussichtslos abgelehnt. Warum, weiß keiner der Überlebenden zu sagen.«

Die Frage drängt sich auf: Konnte die Werft auf Weisung der Marine nicht prophylaktisch vor dem Auslaufen eine Hilfsrudereinrichtung im Achterschiff einbauen, die Marine war doch erfahren in Preventereinrichtungen (so wie auf Segelschiffen eine sehr nützlich Preventerschot). [239/2]

Trotz schärfster AK-Manöver gelingt es auch nicht, das Schiff mit den (drei) Schrauben vor der See auf Kurs Südost zu halten. Es muß daher notgedrungen mit kleiner Fahrt der taktisch ungünstigste Kurs gegen die See nach Nordwesten gelaufen werden, dem Feind entgegen. Man fragt immer wieder: Wurde wirklich in dieser Nacht alles getan, wurde jede Möglichkeit erschöpft, um das Schlachtschiff BISMARCK trotz allem zu retten. Wenn für ein Fahren mit Schraubensteuerung auf Südostkurs der LI neben dem Kommandanten auf der Brücke gestanden hätte. Aber mit unmittelbarer Telefonverbindung zu den Turbinenmaschinisten[340] ging es mit konventionellen AK-Manövern über den Maschinentelegraphen allein – so Junack – bestimmt nicht.

»Und wenn man im Achterschiff ohne Rücksicht auf die Schrauben doch gesprengt hätte? Mit Schrauben und klemmenden Rudern ging es ja auch nicht. Wenn man ein U-Boot zum Kursstabilisieren in Schlepp genommen oder den Heckanker, an Schwimmkörpern aufgehängt, nachgeschleppt hätte? Drei Schrauben für 28 Knoten standen doch noch zur Verfügung.

Nichts sollte übriggeblieben sein, als gegen Sturmsee und Sturmwind mit kleiner Vorausfahrt auf den Feind zuzulaufen? Wer will ermessen, was bei völlig ungebrochenem Kampfgeist möglich gewesen wäre.«[341]

Soweit Junack, einer der beiden überlebenden Offiziere. Ja, wer will ermessen, was noch zur Rettung des Schiffes hätte getan werden können, stand doch, um nur einen der Gedanken aufzugreifen, U 552 in unmittelbarer Nähe. Warum wurde nicht wenigstens der Versuch gemacht, ein U-Boot in Schlepp zu nehmen? Techniker unter den Fachleuten bestätigen, daß dadurch eine Kursstabilisierung möglich gewesen wäre.[342] Bei der Skl rechnete man sogar damit, daß der Flottenchef eines der in der Nähe stehenden U-Boote zur BISMARCK befehlen würde. Aber die Skl kennt keine Einzelheiten über die Auswirkungen des Torpedotreffers. Lütjens Funkspruch, typisch für ihn, ist von lakonischer Kürze.

Die Anmerkungen beweisen die Heftigkeit der ausgelösten Widersprüche.

Abschließend hier noch eine zusammenfassende Stellungnahme von Vizeadmiral a.D. Hoffmann: »Die Bemerkung Junacks über einen ›nicht ungebrochenen Kampfgeist‹[343] sollte nicht mißverstanden werden. Es ist festzustellen:

1. Wie aus Junacks eigenen Worten hervorgeht, haben eingehende Überlegungen auf der Schanze in Gegenwart des hierzu von der Kommandobrücke heruntergestiegenen Kommandanten stattgefunden über die Möglichkeiten, die Steuerfähigkeit des Schiffes wieder herzustellen bzw. wenigstens die Ruder aus ihrer Klemmlage zu befreien. In Anbetracht der Umstände

schwerer Seegang,

Unzugänglichkeit,

Gefahr der Schraubenbeschädigung durch Absprengen war das Ergebnis negativ, was aber eine rein vernunftmäßige Folgerung sein kann und nicht als eine Folge vom Nachlassen der Moral bzw. des Kampfgeistes ausgelegt werden muß. Und: Die Ruderschäfte waren doch hohl und von innen angreifbar. Nur die Frage drängt sich auf: war in dieser Lage ein Zugang in den Schaft zu erzwingen?

2. Die bis zum bitteren Ende trotz eingetretener schwerer Schäden und Verluste durchgeführte Abwehr und Erhaltung der Fahrbereitschaft des Schiffes beweist eindeutig, daß der Kampfgeist auch in der hoffnungslosen Lage des Schiffes bis zum letzten Augenblick ungebrochen gewesen ist. Unter solchen Umständen von einem »gebrochenen Kampfgeist« zu sprechen bedeutet meines Erachtens eine Entstellung des wahren Geistes dieser tapferen Männer. Sie alle, Soldaten bester Schule, haben ihre Pflicht erfüllt und damit Kampfgeist bewiesen.

3. Zu der angeschnittenen Frage des In-Schlepp-Nehmens eines U-Bootes:

a) Es war ja kein U-Boot beim Schiff. U-Wohlfahrt war noch weit entfernt, sein Besteck war unsicher;

b) Generaladmiral Marschall: Wie stellt man sich bei dem herrschenden Sturm die Herstellung der Schleppverbindung mit einem U-Boot vor? Übernahme der Leinen, arbeiten mit schweren Leinen auf dem U-Boot-Deck, Befestigen, Manövrieren bei dem starken Seegang. Das ist doch alles reine Utopie!

c) Selbst wenn eine Verbindung gelungen wäre (was vielleicht bei ruhiger See möglich, bei der herrschenden Wetterlage meines Erachtens unmöglich), was wäre in der Lage des Schiffes damit erreicht worden? – Doch allenfalls nur, daß man es mit geringster Fahrt einigermaßen auf Kurs halten konnte. Also unter friedensmäßigen Bedingungen eine mögliche Aushilfe. In der Lage der BISMARCK, die ab Mitternacht unter laufenden Zerstörerangriffen stand, also keine irgendwie ins Gewicht fallende Besserung.«

Marschall zur Sprengladung an den Rudern: »Sie hätte riesig sein müssen, um beide Ruder abzusprengen. Es sei denn, wie bereits gesagt, es wäre möglich gewesen, eine kleinere Ladung im Ruderschaft einzubringen und zu zünden.«

*

War der Kampfgeist wirklich nach Junack völlig ungebrochen? Das ist die Frage. Der Kampfgeist war, wie die Haltung aller noch beweisen wird, nicht gebrochen, wohl aber bei vielen der unbeugsame Wille und die uneschütterliche Zuversicht zum Sieg, zu einem Dennoch-Sieg, wohl am stärksten bei dem real denkenden Lütjens selbst.[344] Es prägt sich aber rein psychologisch auch bei dem tapfersten Soldaten ein Unterschied in seinen Handlungen aus, ob er noch an einen Erfolg seines Kampfes glaubt oder nicht, ganz gleich, ob ihm das Wissen deutlich wird – oder ob es »nur« im Unterbewußtsein wirkt. Kapazitäten unter den Psychologen sagen und beweisen auch, daß das Unbewußte oft stärker ist als das Bewußte.[345] Seit der realistischen Geburtstagsrede des Flottenchefs gab es jedenfalls kein Ereignis, das trotz einwandfreier und auch erwiesener hoher Kampfmoral der Männer die unbewußten inneren Belastungen wieder entspannte.

Daß Admiral Lütjens die Lage de facto als aussichtslos betrachtete, geht auch aus seinem KR KR F.T. mit der Uhrzeitgruppe 21.40 Uhr an das OKM hervor, der 23.45 Uhr einging und lautet: »Schiff manövrierunfähig. Wir kämpfen bis zur letzten Granate. Es lebe der Führer.«[346]

Warum aber auch hier diese spartanische, erschreckend militärische Kürze bei diesem F.T.?

Generaladmiral Marschall im Gespräch mit dem Verfasser. »Das ist Lütjens' Art. Nach seiner und auch nach meiner Meinung waren Einzelheiten nicht mehr notwendig.« Wäre es nicht richtig gewesen, der Heimat in Stichworten Einzelheiten über Trefferlage und Wirkungen zu funken, da dem Gegner die Position der BISMARCK ohnehin bekannt war?

Wozu, ließe sich einwenden, die Heimatstellen hätten doch nicht helfen können, BISMARCKs Manövrierfähigkeit wieder herzustellen ... oder doch? Doch darüber später.

Admiral Krancke, vormals Kommandant der ADMIRAL SCHEER: »Wenn sich Freiwillige melden, um, mit Tauchgeräten ausgerüstet, unter eigener Opferung das Ruder abzusprengen, zeugt das von höchster Kampfmoral. Das Schiff stand aber allein, jeden Augenblick mußte es mit Angriffen des Feindes rechnen, die dann auch tatsächlich nach einhalb Stunden einsetzten. Meines Erachtens hat die Besatzung alles nur Mögliche versucht. Die Bemühungen fruchteten aber nicht. Und selbst, wenn ein U-Boot beim Schiff gewesen wäre, hätte das auch nichts genützt, denn solch ein kleines Schiff wird von der See ganz anders hin und her geschleudert als das dicke. Keine Leine hätte das ausgehalten, abgesehen davon, daß es wohl kaum möglich gewesen wäre, eine Schlepptrosse vernünftig am U-Boot festzumachen.«

Konteradmiral Meyer: »Man tut der Besatzung nur Unrecht, wenn man meint, daß das (die Erschöpfung aller Möglichkeiten) nicht geschehen sei. Aber was an Möglichkeiten genannt wurde, waren in dieser Lage tatsächlich keine.«
Generaladmiral Marschall: »Ein Schleppversuch hätte nichts genützt, denn auch dann wäre ein Kurshalten mit Mühe und Not nur gegen die See möglich gewesen.«

*

Aus der Perspektive der Skl gesehen heißt es – allerdings unter der Berücksichtigung der Kenntnis des weiteren Ablaufs der Katastrophe: »Die Lage der BISMARCK ist hoffnungslos. Die gegenwärtigen Feind- und Wetterlagen verurteilen jeden Versuch, dem Schiff Entsatz und Rettung zu bringen, zum Mißerfolg. Und die in Frage kommenden Schlachtkreuzer GNEISENAU und SCHARNHORST in Brest sind durch die erlittenen Luftbomben- und Lufttorpedoschäden nicht fahrbereit. Zerstörer können bei dem schweren Wetter nichts ausrichten. Das Troßschiff ERMLAND braucht 20 Stunden, die Schlepper benötigen 40 Stunden, um auf den Kampfplatz zu kommen, abgesehen von der Aussichtslosigkeit, an das rings vom Feinde umstellte Schiff heranzukommen. Von den in der Nähe befindlichen U-Booten: U 73, U 97, U 48, U 556, U 98, U 74, U 552, U 108 haben U 556 und U 98 alle Torpedos verschossen, U 74 ist wegen Beschädigungen nur beschränkt manövrierfähig. Die Frage ist virulent: Warum ist nicht eine U-Boot-Gruppe (acht bis zehn Boote pp) rechtzeitig auf die zu erwartende Route britischer Kampfschiffe auf Position gelegt worden? Voll munitioniert. Warum ist diesen Booten nicht befohlen worden, nur größere britische Kriegsschiffe anzugreifen? Eine solche Maßnahme mußte in Zusammenarbeit zwischen der zuständigen Marinegruppe und dem BdU rechtzeitig eingeplant werden, wobei ein Angriffsverbot gegenüber Frachtschiffen aller Typen notwendig war.
Trotz der geringen Erfolgsaussichten werden alle Maßnahmen eingeleitet, die dem Schlachtschiff Entsatz bringen könnten: Die Entsendung des Troßschiffes und der Seeschlepper, das Auslaufen der Zerstörer, sobald es die See zuläßt, das Heranziehen aller Biskaya-U-Boote, ob mit oder ohne Torpedos, durch den BdU auf den Kampfplatz, wenn nötig nur noch für Rettungsaufgaben, und schließlich mit Hellwerden Start der für eine so weitreichende Operation allerdings nur in beschränkter Anzahl vorhandenen Flugzeuge.«

*

Vorstehend war die Rede davon, die BISMARCK sei bereits in der Nacht vom Feinde umstellt gewesen. Diese Annahme wird auch durch den vom OKM später herausgegebenen Abschlußbericht über die Unternehmung der Kampfgruppe BISMARCK bekräftigt. In diesem Bericht heißt es unter anderem: »... Gegen Mitternacht ist das steuerlose Schiff von feindlichen Streitkräften umstellt, die nach späteren feindlichen Meldungen aus den vier Schlachtschiffen KING GEORGE V., RODNEY, RENOWN und RAMILLIES, einem bis zwei Flugzeugträgern, den Kreuzern NORFOLK, DORSETSHIRE und SHEFFIELD und einer Zerstörerflottille der TRIBAL-Klasse bestehen, während weitere britische Seestreitkräfte im Anmarsch sind. Damit ist die Lage wohl endgültig hoffnungslos geworden.[347]
... Die Wetterlage hat sich verschlechtert. Es herrscht Windstärke acht bis neun und schwere See ... Immer noch scheut sich Tovey nach den mit der HOOD und offenbar auch mit der PRINCE OF WALES gemachten bitteren Erfahrungen, seine Schlachtschiffe einzusetzen. Er schickt in der Nacht wiederholt Zerstörer vor, um die Kampfkraft des gefürchteten Schiffes durch weitere Treffer einzuschränken ...
U 556 (Kapitänleutnant Wohlfahrt) erhält in BF 5332 gegen 20.00 Uhr Befehl, Fühlung an einem Schlachtschiff der KING-GEORGE-Klasse und dem Flugzeugträger ARK ROYAL zu halten (vermutlich VICTORIOUS gewesen),[348] die auf geradem Kurs, ungesichert, in geringer Entfernung das Boot passieren. Ein tragischer Zufall will es, daß gerade dieses Boot, von seiner Unternehmung zurückkehrend, über keine Torpedos mehr verfügt. U 556 verliert die Fühlung nach kurzer Zeit in einer Regenbö. Nach den Aufklärungs- und Funkbeobachtungsmeldungen muß am Abend mit folgenden britischen Streitkräften auf dem Gefechtsfeld um die BISMARCK gerechnet werden: Schlachtschiffe: KING GEORGE V. RODNEY, RENOWN, PRINCE OF WALES (?), RAMILLIES (auf Anmarsch); Flugzeugträger: ARK ROYAL vielleicht auch VICTORIOUS; der Schwere Kreuzer SHEFFIELD, wahrscheinlich ein weiterer Zerstörer: vier Zerstörerflottillen der TRIBAL-Klasse.[349]

Soweit der damalige Bericht des OKM. In Wirklichkeit braucht zur Stunde nur mit dem Schlachtschiff RENOWN gerechnet zu werden, dieweilen die ohnehin geringere als von der Skl befürchtete Zahl der Schlachtschiffe der Home Fleet noch weit ab auf dem Anmarsch im Norden steht.

*

Kurt Assmann [2], bekannt für seine wissenschaftliche Akribie, schreibt in seinem Buch »Deutsche Schicksalsjahre«, Kapitel »Schlachtschiff BISMARCK«, hier über die Folgen des Treffers in die Ruderanlage:

»Zum Unglück für das deutsche Schlachtschiff war inzwischen der Wind bis zur Sturmstärke aufgefrischt, und schwere Seen rollten über den Atlantik. Andernfalls wäre es vielleicht möglich gewesen, das Schiff mit den Maschinen zu steuern und es einigermaßen auf Kurs zu halten. Unter den vorliegenden Umständen wurde es ein Spielball von Wind und Wellen und lief infolge der Schäden an den Rudern im Kreise …

… Was weiter erfolgte, bis das stolze Schiff der Übermacht seiner Verfolger erlag und in den Fluten des Meeres versank, kann in Kürze dargestellt werden …« Soweit Admiral Assmann.

So hat Marinemaler Walter Zeeden den chancenlosen Endkampf am 27. Mai der von zwei Schlachtschiffen und zwei Schweren Kreuzern umstellten und weitgehend wehrlos geschossenen BISMARCK 1941 dargestellt.

Der Endkampf
Der 26./27. Mai:
Die Nachtgefechte mit den Zerstörern · Voller, aber erfolgloser Einsatz der Briten

Am 26. Mai um 22.38 Uhr, also bereits anderthalb Stunden nach dem verhängnisvollen Torpedotreffer in die Ruderanlage,[350] wird die BISMARCK von dem polnischen Zerstörer PIORUN[351], dem linken der Flügelzerstörer, eben an Steuerbord voraus entdeckt. Wenig später hat auch die britische ZULU das Schlachtschiff gesichtet. Der Zerstörerkommandant meldet es sofort. Fast gleichzeitig macht die BISMARCK die PIORUN aus. Sie eröffnet das Feuer mit der SA und der MA, während sich der kleine Zerstörer mit seinen 12-cm-Kanonen ohne irgendeine Hoffnung auf Erfolg zu wehren versucht. Nach Grenfell ist die PIORUN eine volle Stunde zum Teil mit »deckend« liegenden Salven beschossen worden, bevor sie ihr Feuer auf den gepanzerten Riesen einstellte und dank ihrer hohen Geschwindigkeit aus der Reichweite der feindlichen Artillerie herauslief.[352]

23.15 Uhr änderte die BISMARCK ihren nach dem Luftangriff gefahrenen Generalkurs Südost in Nordwest. Da es um diese Stunde schon fast dunkel war[353], bemerkten die äußeren Zerstörer die Kursänderung nicht sofort. Sie liefen eine kurze Zeit in die falsche Richtung.

23.24 Uhr gibt der britische Flottillenchef Vian den Befehl zur Aufstellung für einen gleichzeitigen Torpedoangriff. Er beabsichtigt, die BISMARCK mit drei Zerstörern von der einen und mit zwei Zerstörern von der anderen Seite von vorn kommend mit Torpedos anzugreifen. Aber das Wetter ist für einen solchen aufeinander abgestimmten Angriff zu schlecht, während es für unabhängige Torpedoangriffe geradezu geeignet erscheint.

Die Nacht ist mondlos und dunkel und bei völlig bedecktem Himmel pechschwarz. Die Zerstörer werden bei ihren Versuchen, sich dem Schlachtschiff auf Torpedoschußentfernung zu nähern, von der BISMARCK sofort unter Feuer genommen.

Sir Philip Vian schrieb später in seinem aufschlußreichen Buch: »Des Gegners Artilleriefeuer war, wie wir bald entdeckten, durch Radar, das heißt, durch Funkmeß gelenkt. Es war für ihn daher unwichtig, ob die Zerstörer sichtbar waren oder nicht. Er hatte sie über Radar im Griff. Dabei waren die Wetterbedingungen derart, daß sie im Frieden zur Annullierung einer Übung geführt haben würden, um Seeschäden und Verletzungen bei der Besatzung zu vermeiden. Wie dem auch sei, als die Schiffe ihre weit auseinandergezogenen Fühlungshalterpositionen eingenommen hatten, wurde mir klar, daß ihre wesentliche Funktion[354] in diesem Falle nicht einmal notwendig war. Was auch BISMARCKs Geschwindigkeit sein mochte, hier war sie, die relativ geringere Höchstgeschwindigkeit mit weniger als 20 Knoten, in jedem Fall geringer. Das Problem unserer[355] Schlachtschiffe war damit gelöst. Die BISMARCK war durch den »Swordfish«-Torpedotreffer gezwungen, ihren Kurs Südost in Nordwest zu ändern, um den Bug in die See zu legen, ein für die Ruderreparatur an Bord notwendiges Manöver.[356] Anstatt vom C-in-C wegzusteuern, lief sie ihm nunmehr direkt entgegen und bot ihm noch in der Nacht Gelegenheit zu einem Gefecht. Im Hinblick auf das schlechte Wetter und die Schwierigkeiten, Freund von Feind unstrittig zu unterscheiden, verschob Admiral Tovey diese Aktion auf die hellen Morgenstunden. Dieser Kurs war sehr hart für uns Zerstörerfahrer. Wenn wir sie nicht versenken konnten, und nach allen uns zugänglichen Berichten war sie es durch Unterwassertreffer eben nicht, blieben uns acht Stunden Fühlunghalterfahrt, ehe das letzte Gefecht beginnen konnte.

Wir waren alle sehr erschöpft, und des Gegners gut geleitetes Feuer machte sein Beschatten zu einer höchst schwierigen Aufgabe. Außerdem: wir konnten ihn verlieren. Und wir hätten am Morgen dem C-in-C nichts weiter als leeres Wasser zu zeigen gehabt.[357] Die BISMARCK war ja schon einmal während der langen Jagd verloren gegangen. So etwas konnte sich wieder ereignen.

Einer Überlegung auf COSSACKs Brücke zufolge schien es, daß ein koordinierter Angriff nicht gefahren werden konnte. Infolge der Abstände der einzelnen Zerstörer mußten sich diese auch verschieden zurückziehen, wenn sie das Feuer auf sich zogen und die Tatsache, daß einige gegen den Wind und gegen die hohe See ankämpfen mußten, während andere mit diesen Elementen liefen, würde solches vereiteln. Die Zerstörer erhielten also den Befehl, unabhängig und selbständig anzugreifen, wenn sich immer auch nur eine günstige, einigermaßen Erfolg versprechende Gelegenheit bot ...« Soweit der damalige britische Zerstörer-Flottillenchef: ein seekriegserfahrener Mann.

Auch Grenfell hebt in seinem Buch [37] hervor, die BISMARCK habe offensichtlich unter Radarbenutzung geschossen und war damit von guten oder schlechten Sichtmöglichkeiten unabhängig. »Es war das erste Mal in der Geschichte, daß durch Radar geleitetes Geschützfeuer gegen Schiffe bei Nacht angewandt wurde. Die dabei von den Zerstörern gemachten Erfahrungen waren unheimlich und beinahe ehrfurchterregend.«

Hier irrt Grenfell, denn weder die BISMARCK noch irgend ein anderes deutsches Kriegsschiff verfügte über ein modernes Artillerie-Funkmeßgerät. Als in den Jahren 1934/35 in Deutschland das erste DeTe-Gerät (technisches Gerät = FuMO) für Funkversuchszwecke aufgestellt worden war, hatte der derzeitige Chef des Marinewaffenamtes, Admiral Witzell, sofort den Plan, dieses Gerät auch zu einem Waffenleitgerät weiterzuentwickeln. Zunächst wurde für die deutschen Zwecke jedoch richtigerweise die Entwicklung eines taktischen Gerätes bevorzugt gefördert und abgeschlossen. Der Grund der Beschleunigung war, der Front möglichst bald einsatzfähige und brauchbare Funkmeßgeräte mit einer für taktische Zwecke ausreichende Genauigkeit liefern zu können. Da die Genauigkeit für Artilleriegeräte wesentlich höher liegen als für taktische Zwecke, hat dann diese spezifische Entwicklung sehr viel länger gedauert und ist erst kurz vor Ende des Krieges zu einem gewissen Abschluß gekommen, ohne daß solche Geräte jedoch schon einsatzfähig waren.

Jedenfalls verfügte die deutsche Kriegsmarine bei der BISMARCK-Unternehmung noch nicht über auf der Funkmeßbasis arbeitende Feuerleitgeräte für die Artillerie.[358] Trotzdem war auf den Schiffen organisatorisch Vorsorge getroffen, die mit den taktischen Geräten ermittelten Werte

Entfernung,

Richtung,

letztere etwa auf ein halbes bis ein Grad genau, für Zwecke der Artillerieleitung mit heranzuziehen.

Es ist daher wahrscheinlich, daß diese Werte zum Einsatz der 15-cm-Geschütze mit Leuchtgranaten gegenüber den derzeit wetterbedingt optisch nicht sichtbaren Zerstörer benutzt worden sind, da sie für diesen Zweck in ihrer Genauigkeit ausgereicht haben. Als die Zerstörer dann im Licht der geschossenen Leuchtgranaten durch die Feuerleit- und optischen E-Meßgeräte aufgefaßt werden konnten, griffen auch die Kampfbatterien[359] ein. Trotzdem: Im Laufe der Nacht verschießen alle Zerstörer mit Ausnahme der polnischen PIORUN ihre Torpedos. Ein Treffer auf der BISMARCK wird aber nicht erzielt, wenn auch der Gegner in seinen Funksprüchen von solchen spricht, was möglicherweise zur Irreführung der deutschen Artillerieleitung führen sollte.

Wie schon anhand der Gegner-FTs belegt, gewannen die Engländer erst sehr spät die Überzeugung, die BISMARCK könnte durch Lufttorpedos der Trägerluftflotte schwer beschädigt worden sein.

(Zum Zerstörer PIORUN bleibt zu erklären, daß er zwar im Verband der Royal Navy fuhr, aber nicht zur britischen, sondern zur polnischen Marine gehörte. Er wurde während des Krieges in England gebaut und der polnischen Exilregierung übergeben. Er fuhr unter polnischer Flagge und mit polnischer Besatzung. Es scheint, als hätten polnische Führungsstellen dem Schiff jenes Staates, um dessentwillen England den Krieg an Deutschland erklärte, am Abend dieses 26. Mai 1941 die Chance geben wollen, Deutschlands und gleichzeitig der Welt derzeit stärkstes Kriegsschiff zu torpedieren. Eine bemerkenswerte Geste der Briten, trug doch der polnische Marinechef einen deutschen Namen.)

Die weiteren Funksprüche lauteten:

»01.22 Uhr. Von ZULU: Habe Torpedoangriff ausgeführt.«

»01.38 Uhr. Von MAORI: Habe Angriff durchgeführt. Gegner legte Rauchleier.«

»01.45 Uhr. Von MAORI: Ein Treffer festgestellt. Ausgedehnter Brand im Vorschiff.«

»01.46 Uhr. Von COSSACK: COSSACK führte Angriff durch. Melde einen Treffer.«[360]

»02.34 Uhr. Von SIKH: Gegner scheint zum Stoppen gebracht zu sein.«

»03.05 Uhr. Von Kampfgruppe H an ARK ROYAL: Wann wird Kampfverband starten?

Mit etwas Glück könnten wir sie erledigen, bevor der Chef der Home Fleet herankommt!«

»03.20 Uhr. ARK ROYAL an Kampfgruppe H: Flugzeuge jetzt einsatzklar. Meine trotzdem, daß Angriff erst gestartet werden soll, wenn Freund und Feind zu unterscheiden, also kurz nach 06.00 Uhr.«

»03.55 Uhr. Von Cossack: Gegner legte von 02.40 Uhr bis 03.40 Uhr 8 sm in Richtung 310° zurück und ist noch zu schwerem und genauem Artilleriefeuer fähig.«

»06.33 Uhr. Von Kampfgruppe H: Luftangriff verschoben. Schlechte Sicht.«

»06.37 Uhr. Ark Royal an Kampgruppe H: Bei diesem Wetter würden unsere Torpedoflugzeuge die eigenen Schiffe gefährden. Bitte, Flugzeugeinsatz abzusetzen.«

»07.07 Uhr. Kampfgruppe H an Ark Royal: Ja.«

Folgen wir hier noch einmal den Ausführungen des Chefs der 4. Zerstörerflottile über diese Zeitspanne: »Die meisten Schiffe machten zwei Angriffe, in jedem Falle nach Mitternacht. Es schient, daß Cossack und Maori einen Treffer erzielten: Dort war, wie wir von der Cossack-Brücke beobachteten, mit Sicherheit eine Explosion, als Maoris Torpedo ankam. In einem später veröffentlichten deutschen Bericht heißt es, daß keine Treffer erzielt wurden. Wenn dieses der Wahrheit entspricht – es ist ein schmerzlicher Gedanke – dann kann dies nur der schlechten Schätzung der gegnerischen Geschwindigkeit zugeschrieben werden. Bismarcks Fahrt schien zwischen gar keiner und zwölf Knoten zu variieren, je nach ihrer Lage bei der Ruderreparatur. Während dieser die ganze Nacht hindurch gefahrenen Angriffe erzielte der Feind nur Splittertreffer bei Nahtreffern seiner 15-cm-Kanonen, allerdings schoß er Cossacks Funkantenne weg, was sehr unbequem war.

Eine Beobachtung, die uns anfangs fast aus der Fassung brachte, als wir unter dem Feuer solcher schweren Kanonen lagen, war, daß auf unseren Radarschirmen die auf uns zurasenden Granaten beobachtet werden konnten. Bis eine Granate in die See fuhr und unter heftiger Erschütterung detonierte, war das ein höchst unerfreulicher Augenblick. Um 05.00 Uhr entließ ich Piorun nach Plymouth …«

*

Die Angriffe der Zerstörer werden übrigens von der Bismarck in den verschiedenen Funksprüchen während der Nacht nicht erwähnt: Diese haben folgende Wortlaute:

»23.25 Uhr. Bin umgeben von Renown und leichten Streitkräften.«

»23.40 Uhr. Schiff manövrierunfähig. Wir kämpfen bis zur letzten Granate. Es lebe der Führer.«

»23.58 Uhr. An den Führer des Deutschen Reiches Adolf Hitler: Wir kämpfen bis zum Letzten im Glauben an Sie, mein Führer, und im felsenfesten Vertrauen auf Deutschlands Sieg.«[361]

»23.59 Uhr. Schiff ist waffenmäßig und maschinell voll intakt, läßt sich jedoch mit Maschinen nicht steuern.«

»02.21 Uhr. Flottenchef: Beantrage Verleihung Ritterkreuz an Korvettenkapitän Schneider für Versenkung Hood.«

»05.00 Uhr. Halb bedeckt. Untergrenze 500 m, Nordwest 7.«

»06.25 Uhr. Lage unverändert. Windstärke 8 bis 9.«

»07.10 Uhr. U-Boot schicken zum Wahrnehmen Kriegstagebuch.«

Das ist das letzte Lebenszeichen, das von der Bismarck in der Heimat aufgenommen wird.

Hitlers Antworten lauten:

»01.53 Uhr an Admiral Lütjens: Ich danke Ihnen im Namen des ganzen deutschen Volkes. – Adolf Hitler.«

»An Besatzung Schlachtschiff Bismarck: Ganz Deutschland ist bei Euch. Was noch geschehen kann, wird getan. Eure Pflichterfüllung wird unser Volk im Kampf um sein Dasein stärken. – Adolf Hitler«

Das Ritterkreuz, das der Flottenchef für den Artillerieoffizier seines Flagggschiffes beantragte, wird funktelegraphisch verliehen.

»03.51 Uhr. An Korvettenkapitän Schneider:

»Der Führer hat Ihnen das Ritterkreuz für die Versenkung des Schlachtschiffes Hood verliehen!

Herzlichste Glückwünsche.

Oberbefehlshaber der Kriegsmarine.«

*

Bei der Betrachtung über diese Lage der Bismarck soll noch, um einer Kritik heute vielfach vertretener Auffassungen entgegenzutreten, die Frage erörtert werden, weshalb Lütjens, um das Leben der Besatzung zu retten, nicht schon in der Nacht die Selbstversenkung der Bismarck befohlen hatte. Den damit vielleicht erhobenen Vorwurf persönlicher Feigheit hätte er auf die gleiche Weise widerlegen können wie Kapitän zur See Langsdorff in dem recht ähnlichen Fall der Admiral Graf Spee: durch Freitod.

Derartige Überlegungen müssen zurückgewiesen werden, denn: 1. hätte ein solches Verhalten jeder Marinetradition widersprochen, 2. bestand begründete Aussicht, daß die Bismarck im Endkampf ihre Gegner noch erheblich schädigen konnte, 3. ist letztlich, wie jede Erfahrung lehrt, auch in einer sogar aussichtslosen Lage eine unerwartete Wendung nie ganz ausgeschlossen.

*

Und die Erinnerungen der Überlebenden? Kapitänleutnant Freiherr von Müllenheim-Rechberg, der IV. AO auf der BISMARCK, über die Lage: »Da waren wir nun, zirka 400 sm westlich von Brest im Atlantik, das modernste und stärkste deutsche Schlachtschiff, ein technisches Werk, wie es seinesgleichen zu jener Zeit in der Welt kaum gegeben haben dürfte. Ein kleiner Schiffsteil nur, das Ruder, war dafür verantwortlich, daß wir uns in dieser kritischen Lage befanden. Mir schien es merkwürdig, daß bei dem Prinzip, für alle wichtigen Schiffseinrichtungen Ersatzmöglichkeiten an Bord zu haben, ausgerechnet für das Ruder keine solche Möglichkeit vorhanden war. Es hatte sich als wahre Achillesferse erwiesen. Alles andere war noch intakt:
der Schiffskörper,
die Waffen,
die Antriebsanlage.
Wäre es nicht wegen des Ruders gewesen, wir hätten, so unglaublich es klingt, dank der hohen Geschwindigkeit, noch öfter in der Nacht vom Gegner unbemerkt entkommen und Kurs auf Frankreich nehmen können. Ich dachte tatsächlich, warum es kein etwa im Kiel eingebautes und im tiefen Seeraum bei solchen Gelegenheiten ausfahrbares Ruder gäbe, das unsere Manövrierfähigkeit wieder in ausreichendem Maße hergestellt hätte. Doch, was nützte uns schon noch eine solche nachträgliche Betrachtung? …
… Eine schauerliche Nacht, das Ärgste war von allen, schlimmer sogar als die Schlacht, die später kam: Wir konnten nichts tun als warten, darauf warten, daß die englischen Schiffe zum letzten Schlage ausholten, daß das Ende heranka̋me …«[362]

*

Hans Riedel, auf die BISMARCK als Matrosengefreiter kommandiert und der II. Division zugehörig, hatte seine Gefechtsstation auf der Geschützplattform im Turm CÄSAR: Er sagte: »Nach dem Rudertreffer war die Stimmung gedrückt. Wir hofften aber alle, daß der Schaden behoben werden könne. Als schließlich bekanntgemacht wurde, die Ruderlage könne nicht wieder gebrauchsfähig gemacht werden, war es uns allen klar, daß es nun bald zum Endkampf kommen müsse, auch, daß es für die BISMARCK nun keine Möglichkeit mehr gab, sich den herannahenden, überlegenen britischen Streitkräften durch Absetzmanöver zu entziehen. Alle meine Kameraden, ich natürlich auch, klammerten sich an die uns von Hitler versprochene Hilfe durch Flugzeuge. Wir warteten von Minute zu Minute auf ihr Eintreffen« …[363]

*

Seit dem Luftangriff ist der Gefreite Herzog[364] nicht mehr unter Deck gekommen. Er und seine Kameraden von der Flak dürfen ihre Gefechtsstationen nicht mehr verlassen. Nur hin und wieder können sie bis auf einen Mann an der Waffe zurücktreten. Als die immer wieder, aber vergeblich angreifenden Britenzerstörer nach Mitternacht Leuchtgranaten schießen, ist es hell genug, um an Oberdeck Zeitung zu lesen. Später läßt der Flottenchef das von Adolf Hitler eingegangene Telegramm bekanntgeben.
»ER, Adolf Hitler, wird uns nicht im Stich lassen.«
Das ist die stille Hoffnung der meisten Männer. Auch die des Gefreiten Herzog.
Und es heißt auch an Bord …,
• daß bereits deutsche Fernkampfbomber gestartet seien …
• daß sämtliche in See stehenden U-Boote auf die BISMARCK zumarschieren …
• daß drei Hochseeschlepper ausgelaufen wären, um das havarierte Schlachtschiff auf den Haken zu nehmen und einzubringen.
Nicht von allen werden diese Nachrichten optimistisch gewertet. Es sind insbesondere ältere Besatzungsmitglieder, die Zweifel laut werden lassen, die Obergefreiten, die Männer vom Prisenkommando … und auch die berufserfahrenen Unteroffiziere …
Mit dem Rücken an die Wand der Kommandantenkajüte gelehnt, erwarten Herzog und seine Kameraden den Morgen, der, davon sind alle überzeugt, so oder so eine Entscheidung bringen wird. Außer der Bedienungsmannschaft der fünften Dreikommasieben haben sich auch Kameraden von der sechsten Kanone und noch ein paar andere hinzugesellt. Bootsmaat Neumann ist unter diesen und auch der Oberstückmeister Wienand, der Leiter der achteren leichten Flak.

Wienand hat sich eigentlich stets von einer kameradschaftlichen Seite gezeigt. Er hat nie »gebrüllt«. Er war immer freundlich und er sagte alles ruhig und mit viel Geduld. In dieser Stunde aber zeigt er sich besonders kameradschaftlich. Zu deutlich ist es, daß er nicht mehr daran glaubt, noch nach Hause zu kommen. Er erzählt von Hamburg, seiner Vaterstadt. Wie schön es jetzt dort sei, gerade um diese Jahreszeit, jetzt, Ende Mai. Dann berichtet er über seinen letzten Urlaub, und auf einmal spricht er von seiner Frau und seiner Wohnung, von seinen Eltern und seinen und seiner Frau Zukunftswünschen. Was er sagt, klingt alles sehr sachlich. Zu sachlich, zu nüchtern, gleichsam als wolle er damit seine wahren Empfindungen verdecken. Er blättert plötzlich in seiner Brieftasche und zieht mit Daumen und Zeigefinger der rechten Hand behutsam einige Fotos heraus. Bilder von seiner Frau. Er zeigt sie den Männern, die neben ihm sitzen. Einer von diesen ist der Matrosengefreite Herzog.

»Gefällt Euch, was?« Und als die Männer stumm nicken, sagt er fast ein wenig abrupt: »Grüßt sie herzlich von mir, Kameraden. Wenn mir etwas passieren sollte …«

»Aber Herr Oberstückmeister, es sieht doch alles nur so düster aus. Jeden Augenblick können die deutschen Fernbomber eintreffen und uns heraushauen«, wendet einer ein.

»Schon, schon«, wehrt Wienand ab. Er betrachtet im Flackerschein der Leuchtgranaten noch einmal nachdenklich die Bilder von seiner Frau, ehe er sie in die Brieftasche zurücksteckt, dann sagt er: »Ich glaube nicht mehr daran. Es wäre zu schön, um wahr zu sein. Aber wie gesagt, ihr kennt nun meine Frau. Wer's heil übersteht, was auf uns zukommt, der sage ihr, daß ich in diesen letzten Stunden mit meinen Gedanken bei ihr gewesen bin.«

Als einer der Männer neben dem Oberstückmeister das Wort ergreifen will, um seine Einwände anzumelden, um Wienands pessimistische Äußerungen zu zerstreuen oder zu verdrängen, hebt der Oberstückmeister energisch seine Hand: »Kein Wort mehr, Männer.«

So hocken sie nebeneinander. Wienand hat ausgesprochen, was sie alle ahnungsschwer empfinden, was sie alle zurückzudrängen versuchen, was sich aber nicht vollends zurückdrängen läßt: die Angst, es könnte doch schiefgehen.

Hin und wieder steht einer auf. Er klopft sich mit den Händen warm. In Wirklichkeit ist es die Unruhe, die nagt und bohrt.

Immer wieder kommt über die Bordlautsprechanlage von der Brücke durch:

»Auf eigene Flugzeuge achten!«

»Auf eigene U-Boote achten!«

Zwischendurch tönt Marschmusik aus dem Lautsprecher. Zur gleichen Zeit klettert der ebenfalls später gerettete Matrosengefreite Alfred Eich während einer Gefechtspause auf die Brücke. Eich hat Freiwache. Er will ein wenig Luft schnappen, und außerdem zehrt in ihm die Neugier. An der Brückenreling sieht er den Kommandanten, Kapitän zur See Lindemann, und den I. AO, Korvettenkapitän Schneider stehen. Sie sprechen nicht miteinander. Schließlich läßt Lindemann Schneider allein. Wortlos.

Auf einmal erscheint der Kommandant wieder an Deck. Obwohl die BISMARCK in der schweren See heftig arbeitet, geht Lindemann sicheren Schrittes auf Schneider zu. Er streckt seine Hand aus und schüttelt Schneiders Rechte kräftig. Die Geste ist klar: Der Kommandant gratuliert seinem I. AO zum Ritterkreuz.

Wie sagt Eich über diese Begegnung: »Er hat herzlich gelacht dabei. Nichts an ihm verriet seine schweren Sorgen. Er war wie immer die Ruhe und Gelassenheit in Person. Er zeigte sich wie immer mit dem beinahe gleichbleibenden liebenswürdigen Lächeln.

Wir haben ihn niemals erregt gesehen. Allerdings auch niemals ohne eine brennende Zigarette. Der Kommandant war Kettenraucher …

Sieh mal an, dachte ich so bei mir, da kriechen die britischen Zerstörer um uns herum, und der Alte qualmt munter eine Zigarette nach der anderen … Und dabei ist das Rauchen während der Nacht an Oberdeck verboten. Nun ja, er konnte. Das einzige, was uns noch schmeckte, waren ja nur noch die Zigaretten. Seit Tagen lebten wir ja nur noch von Kaffee und von diesen Glimmstengeln. Wem schmeckte das Essen bei dieser quälenden Ungewißheit?«

Bericht des Kommandanten U 556

In der gleichen Zeit, da sich die BISMARCK der nächtlichen Zerstörerangriffe erwehren muß, steht U 556 in des Schlachtschiffes Nähe. Wie schon geschildert, hatte dessen Kommandant, Kapitänleutnant Wohlfahrt, nach dem Befehl des BdU auf die Standlinie zu gehen, die Großkampfschiffe RENOWN und ARK ROYAL vor seine Rohre bekommen, vor leere Rohre, denn das Boot hatte sich inzwischen verschossen. Wohlfahrt später über diese für U 556 fatale Situation:

»Ich habe sofort Alarm gemacht und mich wegen der Gefahr einer Einpeilung querab gesetzt.
Ein FT von mir sollte alle in der Nähe stehenden Kameradenboote über die Lage unterrichten, um diesen ein Anschleichen zu erleichtern. Nach dem Funkspruch bin ich in Überwassermarsch mit dreimal AK den britischen Zerstörern hinterhergebraust, lag doch deren Kurs fast genau in der gleichen Richtung mit genau der uns bekannten Bewegung der BISMARCK. Zwischendurch habe ich getaucht und eine Horchpeilung unternommen.
Gegen 09.00 Uhr abends war nichts mehr zu hören.«
In sein KTB vermerkt Wohlfahrt: »26. Mai 1941; Standort 420 sm, westlich Brest: 13.00 Uhr: Alarm.
Im vorlichen Dunst wird ein Zerstörer sichtbar. Gerade als ich beim Alarmtauchen auf 30 m Tiefe bin, rauscht der Zerstörer dicht neben uns vorbei, quasi in Steinwurfnähe. Deutlich sind die wild mahlenden Schrauben des Zerstörers zu hören. Glück gehabt, denn sie werden schnell leiser.
Da war der viel gerühmte Daumen dazwischen.
00.00 Uhr, 27. Mai 1941; Wind (besser schon Sturm) aus Nordwest,
Windstärke 5.
Seegang 5.
Mäßige Sicht.
Sehr dunkle Nacht.
Aufgetaucht, als das ablaufende schnelle Gegnerschiff kaum noch zu hören ist.
Was aber kann ich für die BISMARCK tun?
Ich beobachte deren LG-Schießen und deren Abwehrfeuer.
Es ist für die U-Bootmänner auf U 556 ein schockierendes Gefühl in der Nähe zu stehen, aber nicht helfen zu können, da, wie gesagt: keine der weitreichenden Torpedos mehr an Bord zu haben. Ich kann jetzt nur noch aufklärend wirken, zwischendurch habe ich getaucht.
Ich halte an der Grenze der Sichtweite Fühlung und sende laufend Peilzeichen, um weitere Boote heranzuholen.
03.52 Uhr. Ich ziehe mich an der Ostseite entlang nach Süden, um in Richtung des Treibeises zu stehen. Bald ist die Grenze dessen erreicht, was ich mit Rücksicht auf die Brennstofflage noch tun kann, denn soviel ist mir klar: Ich komme sonst nicht mehr nach Hause.«
Erklärend fügt Wohlfahrt hier hinzu. »Damit den Kameradenbooten die Einpeilung erleichtert wird, habe ich mich um die BISMARCK herumgesetzt und zwar so, daß meine Peilung nachher erst 160°, dann 180°, später 200° betrug. Jeweils bekamen dadurch die Kameradenboote und vor allem die Befehlsstellen an Land einen Schnittpunkt der verschiedenen Peilungen.
Mir schien das von außerordentlicher Wichtigkeit, fand ich doch die BISMARCK 60 sm weiter westlich, als sie nach meinen Unterlagen eigentlich hätte stehen können. Allerdings war ich mir nicht sicher, ob mein Standort[365] stimmte. Obwohl ich eine Standlinie hatte, die auch wirklich mir zwar die Breite, nicht aber die Länge gab. Ich hatte ja seit 10 Tagen keinen Schiffsort mehr gehabt. Allein schon aus diesem Grunde wollte ich, daß mich die Heimatdienststelle, die Kameradenboote, wie auch die anderen zur Rettung der BISMARCK angesetzten Kräfte einpeilten.«
Kurze Zeit später kommt in das U 556-KTB die Eintragung:
»04.00 Uhr. Die See wird immer höher. Die BISMARCK kämpft in ihrem aussichtslosen Zustand noch immer. Für die Luftwaffe wird Wetter gemeldet und um 06.30 Uhr eine Fühlunghaltermeldung abgegeben.
U 74 gesichtet, optisch an U 74 Aufgabe des Fühlunghaltens abgegeben. Ich kann mich mit E-Maschinen bei kleiner Fahrt noch am besten auf der Stelle halten. Über Wasser brauche ich Brennstoff und muß, wie schon gesagt, an den Rückmarsch denken …«
U 74, Kommandant Kapitänleutnant Eitel-Friedrich Kentrat, ist neben U 98 ein Boot, das nach der operativen Weisung von Generaladmiral Saalwächter für die BISMARCK in einen Vorpostenstreifen befohlen worden ist. Während sich U 98 wie auch U 556 auf dem Rückmarsch

befanden und (wie bereits vermerkt) nunmehr ebenfalls keine Torpedos mehr an Bord hatten, ist U 74 durch Wasserbombendetonationen ziemlich schwer angeschlagen worden.

In richtiger Erkenntnis der Lage hatte Kentrat aber von sich aus gemeldet, in jedem Falle bis zum nächsten Morgen eine Position bei der Biskaya-U-Boot-Gruppe erreichen zu können. Sein Boot wurde daher ebenfalls als Aufklärer in den Streifen mit einbezogen. U 74 traf dann, wie auch Wohlfahrts KTB zu entnehmen, morgens 06.00 Uhr auf U 556. Hier ist der Bericht aus der Feder des U 74-Kommandanten Kentrat:[366] »U 74 befand sich westlaufend in einem Seegebiet des Atlantiks, in dem Luftgefahr gemeldet worden war. Wahrscheinlich stammte sie von einer Geleitzugschlacht, die vorher hier getobt hatte, jetzt aber, für mich unerreichbar, im Norden weiterging. Da sichtete U 74 einen auf Nordkurs liegenden Tanker. Das Schiff machte langsame Fahrt. Das Wetter hatte uns einen jener glasklaren Atlantiktage mit unwahrscheinlich guter Sicht beschert …

Mit äußerster Kraft gingen wir auf das Ziel los, um schnell auf Torpedoschußweite heranzukommen. Da meldet der Steuerbordausguck eine Mastspitze im Norden. Kurze Zeit später entpuppt sich diese Sichtung als eine Fregatte, die mit Höchstfahrt auf uns zuhält und das Feuer eröffnet. Während ich mich ganz dem Tanker widme, übernimmt mein Crew-Kamerad Axel Loewe, der als Konfirmand[367] bei mir eingestiegen ist, die Feuerbeobachtung. Noch immer kann ich nicht schießen. Die Entfernung zum Ziel ist zu groß. Wenn es wenigstens später noch zum Unterwasserschuß reicht, hoffen wir. Die Einschläge des Fregattenbeschusses liegen bei mir sofort der Seite nach deckend. Und jetzt gibt Axel Loewe in ziemlich schneller ›Salvenfolge‹ durch:

Achthundert!
– Sechshundert!
– Vierhundert!
– Zwohundert!

Und dann sagt er: »Jetzt gucke selbst!«
Kentrat: Und jetzt liegen die giftgelben Wolken der Einschläge schon ziemlich dicht an meiner Steuerbordseite. Alarm!

Runter in den Keller! Kurz durchgependelt, dann auf Sehrohrtiefe. Die Fregatte hat ihren Kurs jetzt auf den Tanker genommen. Sehrohr ein, und wieder äußerste Kraft auf das Ziel zu.

Noch gebe ich's nicht auf.
Dann wieder: Schleichfahrt und Sehrohr aus.
Da stoßen Möwen auf unser ausgefahrenes Periskop nieder. Und ich sehe glasklar die Fregatte, die den Tanker umkreist. Meinem neben mir stehenden Obersteuermann rufe ich zu: »Die Möwen verraten uns!«

Sehrohr ein. Und wieder mit AK-Kurs auf den Tanker zu. Dann wieder Schleichfahrt und wieder das Sehrohr aus. »Schnell auf Tiefe gehen.« Alle Mann voraus! Beide AK! Das ist mein nächster Befehl, denn ich hatte die Fregatte wieder gesehen, aber diesmal von vorn mit mächtigem Schnauzbart, wie ein Stier auf uns losstürmend, und die Entfernung war dabei nicht mehr allzu groß. Auf etwa 20 Meter Tiefe faßt uns ihre Lage Wasserbomben. Kein Wunder bei dieser Peilung!

Dann die nächste Ladung auf 120 Meter. Zum Teufel: Gut gezielt, wenn nicht ausgezeichnet zu nennen. Dazwischen weniger gut. Die üblichen Ausfälle: Licht aus, Brand in der E-Maschine, Glasschäden, Wassereinbruch im vorderen WC, Schott läßt sich nicht öffnen. Das war schon unangenehmer. Schott mit Gewalt öffnen.

Was war da los? Unser Schlauchboot unter Oberdeck war in einem besonders druckdichten Behälter verstaut, und dieser Behälter hatte eine Entwässerung (für alle Fälle!), die im vorderen WC mündete, und dort natürlich »geöffnet« gefahren wurde. Durch die Erschütterungen der Explosionen naher Wabos war die Druckfestigkeit am Ventil verletzt worden.

Oben war Wasser eingedrungen und flutete nun mit etwa zwölf Atü ins vordere WC. Das Ventil wurde geschlossen. Dieser Schaden war behoben. Wenigstens für den Moment, denn das Nachspiel erlebten wir nach dem Auftauchen!

Inzwischen waren wir auf über 200 Meter Tiefe gegangen, und es wurde für das Boot, was die Wasserbomben betraf, ungefährlicher. Unsere Gegner wußten damals noch nichts über die auf den neuen deutschen U-Booten verschiedener Typen möglichen großen Tauchtiefen über 200 Meter. Die britischen Wasserbomben, eingestellt auf Tiefen bis höchstens 200 Meter, detonierten daher über uns, weit genug, um uns nicht zu schaden.

Wenn auch inzwischen zusätzlich zwei weitere Zertörer am ›Tatort‹ angekommen waren, die ich schnell an ihren Schraubengeräuschen ausmachen konnte, und wir nun die Ladungen von drei Gegnern bekamen, regten wir uns darüber nur soweit auf, wie unbedingt nötig. Aber nicht mehr. Inzwischen hatten wir alle Hände voll zu tun, die Schäden einigermaßen zu beheben, aber eines stellten wir sehr schnell fest:

›Unsere Feindfahrt war beendet.‹

Nach weiteren stundenlangen ›Bemühungen‹ hielt uns der Gegner wohl für erledigt. Er verließ den Schauplatz. Es war in den frühen Morgenstunden, als wir den Himmel wiedersahen. Kurzer Funkspruch an BdU von UDB (mein Funkzeichen war zufällig die Umkehrung von ›BdU‹): ›Rückmarsch angetreten wegen Brennstoffmangel.‹ Damit wußte Dönitz über unseren Zustand Bescheid. Es war noch nicht lange heller Morgen, und ich war gerade nach unten gegangen, da schreckte mich der Ruf meines alten, erfahrenen Obersteuermannes Demitrowitz: »Kommandant auf die Brücke!« Da mußte es »brennen«! Ich raste hoch und – brach in ein schallendes Gelächter aus, als ich in die bleichen Gesichter meiner Brückenwache sah und das, was diesen Ruf veranlaßt hatte.

Unser Schlauchboot hatte sich selbständig gemacht und den Lukendeckel seines Behälters gesprengt. Es war mit seiner 200 Meter langen Leine auf und über das Boot geflogen, dazu die Sternsignalpistolen mit Munition, die im Schlauchboot waren. Und nun hingen diese 200 Meter Leine mit dem Schlauchboot quer über das ganze Boot. Was war passiert? Die Chemikalien hatten durch das vorher eingedrungene Seewasser das Schlauchboot aufgeblasen und zusätzlich den Lukendeckel gesprengt, so war das Malheur geschehen. Und als diese »Detonation« eingetreten war und alles in der Luft herumflog, war der erste Gedanke meines lieben Demitrowitz und seiner Brückenwache, »wir sind torpediert«. Na, wir beruhigten uns schnell. Dieser Schaden war schnell behoben. Und weiter ging der Rückmarsch.

Da erreichte uns der BdU-Funkspruch: ›Alle Boote Quadrat X ansteuern!‹ Kurze Zeit später ein neues FT aus der Operationszentrale:

›Auf die BISMARCK operieren!‹

Es folgte die der Skl bekannte Position.[368]

Ich schloß mich, ohne direkt angesprochen zu sein, selbstverständlich diesem Befehl sofort an.

Als nach einiger Zeit ›U-Wohlfahrt‹ einen wesentlich anderen Standort meldete, änderte ich sofort meinen Kurs auf den Standort Wohlfahrt. Solche Korrekturen waren unser tägliches Brot: Unsere Standortmeldungen mußten stimmen, sonst wäre unsere Rudeltaktik nicht durchführbar gewesen.

Inzwischen briste es immer mehr auf, und der aufkommende Sturm zwang mich nachts zur ›Kreuzfahrt‹. Beim Gegenanfahren schnitt mein Boot immer wieder unter. Dazu kamen schwere Regenboen, welche die Sicht zeitweise auf wenige Meter beschränkten. Wieder riß diese Sicht für einige Sekunden auf, und ich sah in einigen tausend Metern Entfernung eine Schlachtschiffsilhouette in spitzer Lage, im Moment war sie von der nächsten Regenboe wieder verschluckt.

Meine vollen Rohre kamen nicht zum Einsatz …

Als es dämmerte, stand ›U-Wohlfahrt‹ vielleicht nur drei- bis vierhundert Meter neben mir. Wir näherten uns bis auf Rufweite.[369]

›Wohlfahrt U 556 an Kentrat U 74:

Die BISMARCK steht ungefähr in der Richtung nach meinen nächtlichen Leuchtgranatenbeobachtungen. Direkt nichts gesehen. Übernehmen Sie weiter die Fühlung, ich habe keinen Brennstoff mehr!‹

Ein kurzer Gruß, und wir drehen ab.

Ich suche die BISMARCK weiter.«

Mit sparsamster E-Maschinen-Fahrt tritt nunmehr die U 556 gleichsam auf der Stelle, während inzwischen Kentrat die Aufgabe des Fühlungshaltens übernommen hat. Wohlfahrt und seine Männer rechnen bei der gegnerischen Übermacht mit einer Versenkung der BISMARCK. Und der noch so junge U-Boot-Kommandant fühlt sich plötzlich von dem bohrenden und quälenden Gedanken angesprungen: Und wenn es wirklich so kommt … wenn sie wirklich sinkt? … Wen retten wir zuerst? … Etwa den Flottenstab? … Muß ich dann Befehle von Überlebenden höherer Dienstgrade ausführen? …

Diese Überlegungen lassen Wohlfahrt fröstelnd und fast noch mehr die Tatsache der so engen Bande, die ausgerechnet U 556 und der BISMARCK verbindet.

Wieder einmal hatte hier bei der BISMARCK der Zufall seine Hände im Spiel. Welch ein dramatisches Spiel! Wie in den klassischen Dramen eines Sophokles oder eines Euripides, hat die Handlung bereits die Peripherie erreicht und eilt nun, da das Schicksal mit Macht hereingebrochen ist, so scheint es, einem unvermeitlichen furchtbaren Ende entgegen:

In der Nähe des Schlachtschiffes sind Freunde, wahre Freunde, die jetzt zum tatenlosen Abwarten verurteilt sind: »Parzival«-Wohlfahrt und seine Männer. Die Freundschaft zwischen dem »Großen« und dem »Kleinen« ist schon älter. Sie entstand in Hamburg …: Als das damals neue

U 556 im Sommer 1940 aus der Werft von Blohm & Voss kam, mußte es zur offiziellen Indienststellung an dieselbe Pier[370] verholen, an der auch die gleichfalls neue BISMARCK lag. Der mächtig ausladende Bug des Riesen ragte hoch und weit über das kleine U-Boot hinaus.[371] Und da sprach irgendeiner aus, was alle dachten: eine Indienststellung ohne Kapelle sei eigentlich keine richtige Indienststellung. Und alle wußten, daß er mit seinem Blick die BISMARCK meinte. Doch wie kommt ein kleines U-Boot in den Genuß einer ausgewachsenen Schlachtschiffkapelle? Schließlich kann ein Kapitänleutnant, auch wenn er ein »stolzer« U-Boot-Kommandant ist, nicht einfach beim »Kollegen« eines Schlachtschiffes anklopfen und diesem kameradschaftlich eröffnen, ihm und seinen Männern mal eben für eine Feier und einen Galaabend den Bordmusikzug zu pumpen. Dann aber hatte einer den Gedanken mit dem »Dreh« einer »Patenschaft«.

Wohlfahrt dazu: »Damals lebte man ja bei uns in einem Patenschaftstaumel. Jeder bepatete jeden. Mein Boot hatte gerade die des Kreises ›Bergisch Land‹ angenommen. Warum sollte die BISMARCK die unsrige ausschlagen? Zunächst mußte eine Urkunde her! Wir malten uns eine. Sie zeigte oben den Ritter Parzival, der mit seinem Schwerte der BISMARCK die Flugzeuge abwehrte, unter meinen Daumen, in Stellvertretung des berühmten Daumens, den der liebe Gott so oft für uns riskierte, und der die feindlichen Torpedos von der BISMARCK abwehrte. Und dann, ich weiß nicht warum, ein Bild, das die BISMARCK im Schlepp von U 556 zeigte. Dazwischen stand der Text, in welchem wir gelobten, unser Patenkind BISMARCK unter Berufung auf Neptun, dem Herrscher über alle Meere, Seen, Teiche, Tümpel und Moräste, allezeit zu schützen. Wie gesagt, ein Siegel mit Daumenabdruck gab dem Ganzen urkundlichen Gehalt. Mit diesem Schriftstück bewaffnet, kletterten wir auf die mächtige BISMARCK hinauf. Der Kommandant, Kapitän zur See Lindemann, verstand Spaß. Er nahm unsere Patenschaft an. Er gab uns auch die Kapelle, und wir wurden große Freunde.«

Die an allen vier Ecken angesengte und dadurch als Altpergament zurechtgemachte Patenurkunde wurde auf dem Schlachtschiff BISMARCK eingerahmt. Sie bekam in der Offiziermesse einen bevorzugten Platz an der Wand. Als die BISMARCK später in der Ostsee ihre Schießübungen erledigte, tauchte auch U 556 auf. Wohlfahrt sah eine willkommene Gelegenheit, seine eigenen Schießübungen auf der eigens für die BISMARCK herausgeschleppten Scheibe zu erledigen, Wohlfahrt verdiente sich ein beachtliches Lob, brauchte er doch nur zwei Anläufe zu fahren.

Wohlfahrt dazu: »Aber höflich, wie ich nun einmal bin, habe ich doch erst mal angefragt, ob ich auch dürfte. Ich habe es in der Form gemacht, daß ich sagte: ›Will er Dir was tun oder laß mich mal. Unterschrift: Kleiner.‹

Mit der direkten Anfrage, also dem ›Dir‹, meinte ich die Scheibe.

Und dann kam von der BISMARCK die Antwort: ›Das wird nicht nötig sein, Kleiner. Sie hat bald ausgelitten. Unterschrift: Großer.‹

Ich habe dann gleich zurückgemacht: ›Dann bitte ich gehorsamst um Anfangsschuß. Mit dieser Anfrage bin ich gleichzeitig angelaufen, habe geschossen und mußte dann zu meinem Schrecken feststellen, daß mein Artillerieoffizier erstens sehr gut schießen konnte, denn da waren gleich zehn Treffer in der Scheibe drin, und daß zweitens die Scheibe nun völlig zerfetzt war.‹ Wir hatten ja bereits Gefechtsmunition geladen. Wir sollten nach Norwegen gehen, saßen aber wegen des Eises noch in der Ostsee. Als dann die Ostsee auftaute, hatten wir diese Munition noch an Bord. Das hatte ich nicht beachtet. Besorgt warteten wir auf die Reaktion des ›großen Bruders‹, der ja nun sein Schießen abbrechen mußte.

Es kam anders, als wir befürchteten. BISMARCKs Kommandant ließ an uns herübergeben: ›Ich gönne Ihnen das herzlich gerne und wünsche Ihnen, daß Sie im Atlantik genausoviel und schnell Erfolg haben und das Ritterkreuz dazu.‹

Und dann habe ich erleichtert zurückgemacht: ›Hoffe, daß wir gemeinsam das Ritterkreuz im gemeinsamen Kampf im Atlantik erhalten.‹ Als ich dann auf meiner letzten Unternehmung den Funkspruch bekam, die BISMARCK habe die HOOD versenkt, vermutete ich erst, das sei ein Druck- oder ein Funkfehler. Ich habe es einfach nicht geglaubt und erst die Wiederholung abgewartet …«

Und nun sind BISMARCK und U 556 tatsächlich im Atlantik zusammengetroffen. Zwar hat noch nicht der Kommandant des Schlachtschiffes, Kapitän zur See Lindemann, sondern zunächst der I AO, Korvettenkapitän Schneider, das Ritterkreuz erhalten, aber in welch einer nunmehr für die BISMARCK offenkundig aussichtslos, hoffnungsloser Situation.

Als die BISMARCK mit dem 07.10-Uhr-Funkspruch verlangt, ein U-Boot zur Rettung des Kriegstagebuches zu entsenden und Wohlfahrt später über den BdU dazu aufgefordert wird, aufzutauchen und sofort zur BISMARCK zu gehen, bittet Wohlfahrt in einem Gegenfunkspruch, diese Aufgabe doch Kentrat zu übertragen, da er keinen Brennstoff mehr habe. Daß die BISMARCK zur Stunde, da U 556 vom BdU diesen Befehl erhält, bereits versenkt ist, weiß Wohlfahrt noch nicht. Wohl aber haben sie an Bord des U-Bootes in den ersten Stunden nach dem Hellwerden, als sie noch unter Wasser standen, eine lange Reihe von dumpfen Detonationen gehört.

Das letzte Gefecht · Augenzeugenberichte Überlebender

Die Engländer haben, das geht aus Augenzeugenberichten der wenigen Überlebenden seemännischen Personals der BISMARCK hervor, die Angriffe mit den Zerstörern außerordentlich kühn gefahren. Es heißt in diesen Berichten außerdem, daß auch ein Schlachtschiff in Sicht kam und unter Feuer genommen wurde. Der Gegner, der im Augenblick der Sichtung sehr nahe bei der BISMARCK gestanden haben soll, habe das Feuer erwidert, sei dann aber sofort abgedreht. Er habe, das sei deutlich zu beobachten gewesen, das Gefecht nicht angenommen.[372]

Um diese Zeit kursierten unter der Besatzung die ausgefallensten Gerüchte. Sie spiegeln die Stimmung unter der Mannschaft wider, bei der sich wohl jeder Mann auch an den rettenden Strohhalm klammerte, also an Gerüchte, die er unter normalen Umständen mit einem milden Lächeln als Unsinn abgewiesen haben würde ...

Man munkelt hinter der hohlen Hand, der Flottenchef habe insgeheim mit der Britischen Admiralität verhandelt ... Da heißt es weiter, die BISMARCK solle auf Verlangen der Engländer übergeben werden, die gesamte Besatzung aber würde in einen neutralen Hafen übergeführt werden ... Jetzt, in dieser verzweifelten Situation, sind es nicht wenige unter der Mannschaft, die sich an diese letzte, wenn auch völlig absurde Hoffnung klammern, dem erwarteten Endgefecht mit an der Zahl überlegenen britischen Seestreitkräften so doch noch ausweichen zu können.

Von den insgesamt in der Nacht auf die BISMARCK gefeuerten Zerstörertorpedos, das sei hier noch einmal festgestellt, traf kein einziger, während auf der anderen Seite keiner der Zerstörer von der BISMARCK versenkt wurde. Allerdings will man auf der BISMARCK Treffer auf dem einen oder anderen Zerstörer beobachtet haben. Übereinstimmend sagen Überlebende aber aus, daß diesbezügliche Meldungen über den Gefechtsfernsprecher kamen, so zum Beispiel: »... ein Zerstörer brennt ..., ein Zerstörer sinkt ...«.[373]

»Den Meldungen nach müßten wir in dieser Nacht mindestens ein paar Kreuzer und Zerstörer versenkt haben«, erklärt heute einer der Überlebenden ...[374]

Gegen Morgen wird versucht, die Bordflugzeuge zu starten. Der Flottenchef will unter allen Umständen das Kriegstagebuch (KTB) und die von dem PK-Filmberichter Dreyer gedrehten Filme in Sicherheit bringen lassen. Mit AK-Manövern wird versucht, die BISMARCK quer in den Wind, also quer zur See, zu legen,[375] beim Klarmachen für den Flugzeugstart wird festgestellt, daß die Katapultanlagen unklar sind. Einer der Überlebenden dazu: »Auf einmal war eine eigenartige Ruhe im Schiff. Ich hörte dann aber plötzlich, wie die Motoren der Flugzeuge zu laufen anfingen. Ich, wie auch meine Kameraden, dachten in diesem Augenblick daran, daß die uns versprochenen Bomberflugzeuge in Sicht seien, und daß unsere eigenen Bordflugzeuge zu deren Unterstützung gestartet wurden. Da ich Freiwache hatte, bin ich kurz an Deck gewesen. Da versuchten sie gerade, unser Bordflugzeug zu katapultieren. Aber es kam nicht vom Fleck ...

Die Ursache war ein Defekt in den Druckluftleitungen, der vermutlich eine Folge jenes »harmlosen« Treffers war, der beim Gefecht mit der HOOD das Kommandantenboot zerstörte.

»Gegen Morgen«, so erklärt der damalige Kapitänleutnant (Ing.) Junack, »hören allmählich auch die AK-Maschinenkommandos auf. Es wird ruhiger im Schiff. Da ruft der Leitende Ingenieur (LJ) zum Maschinenleitstand, um ihn für kurze Zeit abzulösen. Ich habe meinen Platz kaum eingenommen, da kommt von der Brücke: »Alle Maschinen stopp.«[376]

Da längere Zeit kein weiteres Kommando folgt, bin ich besorgt, daß sich die Turbinen nach den vorausgegangenen Überbeanspruchungen durch Wärmespannungen verziehen könnten. Ich bitte daher den Kommandanten an den Fernsprecher, melde ihm meine Bedenken und

erbitte einen Befehl für kleine Fahrt. Daraufhin erhalte ich zur Antwort: »Ach, machen Sie, was Sie wollen!« Daß Kapitän zur See Lindemann in den ersten Morgenstunden einen sehr abgekämpften, mehr noch, einen ungewöhnlich hoffnungslosen Eindruck machte, das bestätigt auch der damalige IV. AO, der um diese Zeit für ein paar Minuten im Kommandostand war.[377]
Müllenheim-Rechberg erklärt: »Morgens ging ich noch einmal auf die Brücke, die mir ziemlich verlassen vorkam. Es schien aber nur so, die Männer ruhten in den Winkeln aus. Im vorderen Kommandostand stand der Kommandant. Sein Steward brachte ihm gerade den Morgenkaffee. Mir fiel auf, daß die Schwimmweste des Kommandanten aufgeblasen war. Der Kommandant sah mich kommen, richtete aber auf meinen Gruß kein Wort an mich. Dies berührte und verwunderte mich um so mehr, als ich früher für einige Monate sein Adjutant gewesen war und die Lage doch außergewöhnlich genug für einige Bemerkungen war. Ich verließ den Raum und kam auf dem Aufbaudeck wieder ins Freie. Auf meinem Weg nach achtern begegnete ich (zum letzten Mal) dem Flottenchef, der in Begleitung von Fregattenkapitän Ascher nach vorn ging. Ich grüßte. Der Flottenchef sah mich kurz an, sagte aber auch kein Wort. Wenige Sekunden nach dieser Begegnung gellten die Alarmglocken durch das Schiff. Es war gegen 08.00 Uhr.«
Mit dem Hellwerden haben die Zerstörer ihre Angriffe auf die BISMARCK eingestellt. Sie besinnen sich wieder auf ihre eigentliche Aufgabe als Fühlunghalter, nachdem bei dem Durcheinander der Nachtangriffe die Fühlung sogar mehrfach abgerissen war. Sie stellen sich rund um die BISMARCK herum. Es gelang ihnen bei dem schweren Wetter aber nicht, den Standort der BISMARCK zu bestimmen und an den Chef der Home Fleet durchzugeben. Erst 08.15 Uhr bekommt die NORFOLK die BISMARCK in Sicht. Sie führt nunmehr die RODNEY und die KING GEORGE V. (in Wahrheit die PRINCE OF WALES) heran, während die Admiralität vorher, 07.16 Uhr, den Chef der Home Fleet über weitere dort getroffene Maßnahmen unterrichtete: »Bomberkommando schickt ca. 10.00 Uhr Kampfverband nach (folgt Ortsangabe), um der Möglichkeit zu begegnen, daß noch ein zweites Gegnerschiff die französische Küste zu erreichen sucht.«
08.47/08.48 Uhr eröffnen die mit Südostkurs auflaufenden RODNEY und KING GEORGE V. aus einer Entfernung von etwa 220 hm das Feuer. Die BISMARCK antwortet 08.49 Uhr und liegt gut am Ziel.

Das Ziel ist das im Nordwesten rechts vom Feindverband stehende, in achterlicher See heranstampfende Schlachtschiff, dem die Zielansprache des IAO Schneider gilt. Daß es die 33730 ts große RODNEY ist, wird an Bord der BISMARCK anhand der B-Dienstmeldungen nur vermutet. Korvettenkapitän Schneider meldet der Schiffsführung: »Schwere und Mittelartillerie fertig. Frage Feuererlaubnis!« Und wieder, wie beim Gefecht mit der HOOD, vergehen fast genau zwei Minuten – also zweimal 60 nervenzehrende Sekunden (!) –, ehe die BISMARCK das vom Gegnerschiff auf jetzt 200 hm 08.47 Uhr eröffnete Feuer um 08.49 Uhr erwidern darf. Niemand unter den Überlebenden der BISMARCK wird später die Gründe für Lütjens erneute Verzögerung nennen können, auch der überlebende IV. AO nicht. Unstrittig ist, daß der I. AO mit einer »Teilsalve vorn« eröffnete, da sich die Türme der achteren SA der spitzen Lage des Schiffes wegen noch außerhalb des Bestreichungswinkels befinden. Die ersten der vier Einschläge sind in knapp einer Minute zu beobachten: 60 bis 70 m hohe Wasserfontänen, die 600 bis 900 m vor der RODNEY aus der See brechen, von Schneider mit »kurz« kommentiert. Die Granaten der zweiten Teilsalve kommen »deckend« an, zwei davon detonieren »kurz« nur 20 m neben der RODNEY in Höhe der Brückenaufbauten, die beiden anderen 38er fahren etwa 300 m zu weit in die See. (Wie später dem RODNEY-Bericht zu entnehmen ist, haben Sprengstücke der »Kurzgänger« die Brückenaufbauten an drei Stellen durchschlagen, andere haben die Außenhaut oberhalb des Seitenpanzers getroffen und beschädigt.)
Die dritte Teilsalve detoniert »weit«. Anders als Admiral Holland auf der HOOD, führt die RODNEY flexibler und nicht so starr wie die PRINCE OF WALES. Die RODNEY nahm nach jeder deutschen Salve Kurskorrekturen in Richtung der Aufschlagsentfernung vor, das klassische Rezept. Dessenungeachtet: das Eröffnungsschießen der BISMARCK, die während des ganzen Gefechts, mit kleiner Fahrt gegen die See kreuzend, nach Nordwesten kurvt, liegt erstaunlich gut, wird dann aber beim weiteren Schießen durch die Kursinstabilität, die keine schnellen artilleristischen Kurskorrekturmanöver zulassen, erschwert. Die von den Briten so gefürchtete Treffergenauigkeit ist vermindert.
Unter der Feuereinwirkung der beiden britischen Schlachtschiffe wird das Schießen der BISMARCK sehr bald unregelmäßig. Eine Granate trifft den Gefechtsmast. Durch

diesen Einschlag im Vormars fällt der vordere Artillerieleitstand aus. Die Feuerleitung geht auf den achteren Leitstand und die achtere Rechenstelle über. Als die Entfernung auf 140 Hundert abgesunken ist, drehen die beiden schweren englischen Einheiten auf Südkurs und bringen damit alle Geschütze zur Wirkung. Schon 20 Minuten später gehen sie aber auf Gegenkurs, um aus dem eigenen Pulverdampf freizukommen.

09.02 Uhr werden auf der BISMARCK die beiden vorderen schweren Türme durch einen RODNEY-Treffer beschädigt. Teile vom Turm B werden sogar abgesprengt. Hatten die BISMARCK-Türme A und B bislang regelmäßig geschossen, so wird das Feuer zwischen 09.02 bis 09.08 Uhr ungenau. Es setzt sogar zeitweilig aus. Nur 09.27 Uhr wird noch eine Vollsalve der vorderen Türme beobachtet. 09.40 Uhr greift von Südosten ein weiterer Gegner in den Kampf ein: der Schwere Kreuzer DORSETSHIRE. 09.45 Uhr beteiligt sich auch NORFOLK am Schießen.

Bald nach dem Ausfall des Vormars zerstört ein schwerer Treffer auch den vorderen Artilleriestand. Die BISMARCK schießt jetzt nicht mehr auf die RODNEY, sondern auf die KING GEORGE V. Der für den achteren Artilleriestand verantwortliche IV AO – also Müllenheim-Rechberg – lenkt das Feuer der beiden noch einsatzklaren achteren Türme. Nach der vierten Salve, also kurz nach Eintritt in das Wirkungsschießen, schlägt ein Treffer in die Drehhaube des achteren Standes. Alle optischen Entfernungsmeßgeräte werden zerstört. Nachdem auch die Leitung vom achteren Stand ausgefallen ist, schießen die achteren Türme, wie bei Gefechtsübungen vielfach geübt, noch eine kurze Zeit einzeln.

Ein Volltreffer setzt den Turm »Dora« außer Gefecht. Von der SA schießt nur noch der Turm »Cäsar«.

10.00 Uhr schweigen auf der BISMARCK alle Rohre.

Die RODNEY und die NORFOLK haben während des Gefechts insgesamt 14 Torpedos abgeschossen, die aber alle nicht trafen. Die Gefechtsentfernung ist zum Schluß bis auf 60 Hundert abgesunken.

Assmann stellt in seinem BISMARCK-Kapitel fest: »Nach dem Bericht des englischen C-in-C war das Feuer auf der BISMARCK »accurate at the start, though it soon began to fall off«. Schon in der ersten Phase des Gefechts wurden (wie schon dargestellt) auf BISMARCK die Artillerieleitung und die beiden vorderen Geschütztürme außer Gefecht gesetzt. Da das steuerlose Schiff nicht mehr Kurs halten konnte, war es von Anfang an nicht imstande, seine artilleristische Schlagkraft voll zu entfalten. Über die Kampfleistung, die es in seinen letzten Stunden noch aufzubringen vermochte, liegen deutsche Berichte nicht vor. Das deutsche Konsulat in Boston (USA) hat am 26. Juni gemeldet, daß RODNEY mit schweren Treffern zur Reparatur in das dortige Trockendock eingelaufen sei.[378] Dem steht der amtliche Bericht des britischen C-in-C entgegen, nach dem die BISMARCK in ihrem letzten Kampf beim Gegner keinen einzigen Treffer mehr erzielt hat.[379] Das ist nicht korrekt. Die RODNEY erhielt vier 15-cm-Treffer und außerdem einen schweren Splitterschaden bei einem Nahtreffer der SA.«

Assmanns weiterer Bericht weicht in einigen Punkten von dem hier ermittelten, schon oben geschilderten Gefechtsverlauf ab, auf der anderen Seite enthält er noch zusätzliche Einzelheiten: »Nach Aussagen deutscher Überlebender waren die beiden vorderen schweren Geschütztürme schon 09.02 Uhr, wie bereits gesagt, außer Gefecht, 09.12 Uhr fielen der vordere, 09.18 Uhr der achtere Kommandostand aus. Wenig später wurde durch einen Volltreffer der achterste Geschützturm – »Dora« zerstört. Als letzter blieb Turm »Cäsar« intakt. 09.30 Uhr folgten Treffer in Maschinen- und Heizräume.[380] Eine in den achteren Gefechtsverbandplatz einschlagende Granate tötete alle dort gesammelten Verwundeten und das ärztliche Personal. Das Oberdeck war angefüllt mit Toten und Verwundeten, die größtenteils von den überkommenden Seen über Bord gewaschen wurden. Aus großen Löchern an Deck quollen dicke Qualmwolken.[381] Die Verhältnisse in den unteren Decks waren noch schlimmer, die Luft war von Rauch und Explosionsgasen erfüllt; Durchzug konnte nicht geschaffen werden, da Luken und Türen verbogen und verklemmt waren. 10.00 Uhr schwieg die Schwere, 10.10 Uhr die Mittlere Artillerie.[382] Trotz allem war 10.15 Uhr, als der C-in-C das Feuer einstellte, das mächtige Schiff noch nicht zum Sinken gebracht.«

In den britischen Funksprüchen wird während der Gefechtszeit übrigens auch noch einmal die RENOWN erwähnt: »09.40 Uhr von NORFOLK: Verdächtig aussehendes Fahrzeug nähert sich von Süden.« »09.42 Uhr von NORFOLK: Von Süden nähert sich RENOWN.«

*

Hier noch ein Gegnerbericht nach [145]: Auf der RODNEY hatte ja der Seniorleutnant und Flakoffizier Donald

C. Campbell von seiner hochgelegenen Gefechtsstation am ungepanzerten Fla-Zielgeber den Gefechtsverlauf beobachtet. Wenn auch einige Daten (Entfernungen und Zeiten) mit den Angaben anderer Quellen nicht übereinstimmen beziehungsweise sogar falsch sind, bestätigt er doch den Ausfall der beiden vorderen SA-Türme der BISMARCK. Er sah in der Anfangsphase (ohne Zeitangabe) »... als fünf Geschosse der RODNEY nur drei Wassersäulen erbrachten und der Turm »Bruno« nach dem Einschlag zweier Granaten hinter Rauch und Flammen verschwunden war (das muß also 09.02 Uhr gewesen sein, d.V.) ...« Nachdem Campbell später im Verlauf des Gefechts nach Ausfall seines Zielgebers örtliche Feuerleitung befohlen hatte, »... hatte er wahrgenommen, wie die RODNEY nach scheußlich nahen Aufschlägen der BISMARCK hindurchfuhr, durch vorliche, durch achterliche Längsseit-Lagen, aber wiederum kein Treffer darunter, hatte er auf 60 hm erlebt, wie BISMARCKs Turm »Anton« lodernd explodierte, also nun beide vorderen Türme nicht mehr existierten ...« Er sah, halb gelähmt vom Inferno des Vernichtungsfeuers, wie »... die schweren Geschosse RODNEYs den Zitadellpanzer wieder und wieder durchbohrten, er sah eine Granate der Mittelartillerie auf der Schiffsbrücke der BISMARCK wie ein Ei zerschellen, er hatte beobachtet, wie eine andere Granate (der SA) die Decke des Hauptartillerieleitstandes im Vormars gleich der Kappe einer großen Mülltonne durch die Luft segeln ließ ... Eine weißgelbe Flamme hatte dort wie ein sengender Blitz ihren eigenen Rauch verzehrt. Sie hatte Lebende und Tote eingeäschert. Bei alledem hatte die Flagge der BISMARCK noch geweht. Und Campbell hatte aufgeschrien: »Mein Gott, warum hören wir nicht auf.« Und dann war kurz danach wie eine Erwiderung der Befehl gekommen, das Feuer einzustellen ... BISMARCK zurücklassend, ihr Heck unter Rauch tief im Wasser, vorn und achtern brennend (nur mittschiffs, d.V.), aber immer noch ein schönes Schiff.

*

Blenden wir nach diesen zunächst zusammenfassenden Darstellungen bis zur Feuereinstellung auf die Zeit vor der Gefechtseröffnung zurück und folgen wir den Berichten Überlebender bis zu dem Augenblick, da der Gegner das Artilleriefeuer einstellt und auf der BISMARCK der Befehl zur Selbstversenkung gegeben wird.[383]

Am 27. Mai 1941 08.00 Uhr, auf Schlachtschiff BISMARCK: »Steuerbordkriegswache zum Essensempfang, Backbordkriegswache bleibt auf Station.« Kaum haben die Soldaten der Steuerbordkriegswache ihre Station verlassen, da gibt es Alarm ... Einer der Überlebenden: In der Kommandozentrale, in der auch der später überlebende Gefreite Hein Staat jetzt seine Gefechtsstation hat, wird bald erkannt, daß der Gegner starke Kräfte für den Endkampf zusammengezogen hat. Einige der Männer werden sichtlich unruhig. Einer der Oberfeldwebel, ein Oberbootsmann, der seine Station am E-Mittler[384] hat, bindet seinen Schlips ab, hängt ihn über einen vorspringenden Teil des Gerätes und öffnet den oberen Kragenknopf. Der Oberbootsmann ist derselbe, der beim ersten Torpedotreffer, der am Sonnabend die BISMARCK erschütterte, aber überhaupt keine Folgen für das Schlachtschiff hatte, aufsprang, seine Schwimmweste aufblies und den Raum verlassen wollte. Nach einigen Minuten hakt er seinen Schlips vom Gerät wieder ab.

Der Erste Offizier, Fregattenkapitän Öls, hat den Oberbootsmann schon lange beobachtet. Nun aber wird er ärgerlich: »Hören Sie mal, wenn Sie mir die Leute nervös machen, dann werde ich Mittel und Wege finden, Sie zur Ruhe zu bringen.«

Diese berechtigte Zurechtweisung scheint der Oberbootsmann nicht zu verstehen. Er ist völlig durch den Wind, läßt aber jetzt die Hände von seinem Binder. Er wirkt, äußerlich gesehen, auch etwas ruhiger. Nur seine Augen verraten mehr. Und auch, daß dieser Mann im Augenblick kaum mehr als fähig angesprochen werden kann, die ihm obliegenden Aufgaben mit der erforderlichen Konzentration zu erfüllen. Die anderen Männer in der Kommandozentrale bleiben völlig ruhig und gelassen, wenigstens nach außen hin.

Die schweren Erschütterungen, das ist deutlich zu spüren, rühren von Treffern her. Die eigenen Abschüsse der SA werden immer weniger ...

*

Die Gefechtsstation des Matrosengefreiten Hans Riedel ist die Geschützplattform im Turm »Cäsar«. Hier ist Riedel Ansetzer am rechten Rohr. Er hat den Verschluß zu öffnen, zu laden und wieder zu schließen. 40 Mann ist die unter dem Befehl eines jungen Oberleutnants stehende Besatzung vom Turm »Cäsar« stark.

Als die BISMARCK 08.47 Uhr sofort das gegnerische Feuer beantwortet, fällt alle Unruhe und Anspannung von den Männern im Turm »Cäsar« ab. Keiner der Männer zeigt sich nervös, als bereits nach einem der ersten Treffer der Artillerieleitstand ausfällt. Der BÜ im Turm meldet sachlich, knapp und ruhig, daß sich die Leitung der Artillerie in den Ersatzleitstand begeben werde.
Kurze Zeit später fällt im Turm »Cäsar« die hydraulische Anlage aus. Aber da alles auf diesem Wunderschiff doppelt und dreifach abgesichert ist, bedeutet dieser Ausfall keine wesentliche Behinderung beim Schießen. Es wird auf elektrisch umgeschaltet.
Der Matrosengefreite Riedel öffnet den Verschluß, er lädt, und er schließt ihn. Beide Rohre feuern. Wieder öffnet Riedel den Verschluß, wieder lädt er, wieder schließt er ihn ... Mit halbem Ohr hört er, wie die Türme »Anton«, »Bruno« und »Dora« nacheinander nach der Parole gefragt werden: »Frage Parole ... Frage Parole ... Frage Parole ...«[385]
Es kommt keine Antwort, erst von Anton und Bruno nicht mehr, und nun auch vom Turm »Dora« nicht mehr. Und dann gibt der BÜ den nächsten Befehl weiter ... das Schiff sei zu verlassen, da die BISMARCK gesprengt werden solle. Aber noch immer schießt Turm »Cäsar«. Zusammen mit einem Turm der 15-cm-Geschütze sind die Rohre von Turm »Cäsar« die letzten Kanonen, die noch schießen. Ob sie Erfolg haben, können sie im Turm »Cäsar« nicht beobachten, schießen sie doch nach Ausfall der Feuerleitanlage praktisch »über den Daumen«, also über die Mundabfeuerung. Als nun das linke Rohr ausfällt, läßt der Oberleutnant mit dem rechten, noch intakten Rohr nicht mehr weiterfeuern. Er stellt das Schießen ein.
Stabsoberstückmeister Krämer stößt den Matrosengefreiten Riedel an: »Komm, öffnen Sie das Ein- und Aussteigeluk und sehen Sie mal nach, wie es draußen aussieht.«
Riedel schiebt die Verriegelung zurück ... Damals wie heute ist der Inhalt seiner Antwort die gleiche: »Was ich sah, war ein Bild des Grauens. Ich sah Tote und Verwundete. Sie lagen nebeneinander und übereinander. Hinter dem schwer gepanzerten Turm hatten sie sich eine Deckung, einen Schutz vor den gegnerischen Granaten erhofft.«
Krämer nickt nur. Leise sagt er: »Genauso habe ich mir das vorgestellt. Komm, mach das Luk wieder dicht.«
Riedel verriegelt das Einsteigluk wieder. Im Turm herrscht eine unheimliche Ruhe. In sie hinein hören die Männer die Stimme ihres Turmkommandanten. Der Oberleutnant erteilt den Befehl, daß alle Männer aus den verschiedenen Plattformen auf die Geschützplattform kommen sollen. Unter den 40 Mann ist nicht einer, der auch nur leicht verletzt ist.
Der Turmkommandant hebt die Hand. Dann spricht er, während draußen die eigenen Waffen schweigen und noch immer Granaten der Gegner krepieren, aber die BISMARCK noch immer unter neuen Treffern erbebt: »Kameraden, wir haben das Leben geliebt, nun wollen wir als tapfere Seeleute sterben. Turm verlassen.«

*

Gerhard Schäpe, ein Mann vom Maschinenpersonal, der im Wachdienst als Angehöriger der X. Division in der Backbordrudermaschine fuhr, erklärt: »Als der Endkampf begann, glaubte man, die Hölle sei angebrochen. Ich konnte Treffer von Abschüssen nicht mehr unterscheiden. Ich weiß noch genau, wie der Befehl durchkam: ›Maßnahme V vorbereiten!‹
›Maßnahme V vorbereiten‹ hieß, daß die BISMARCK zur Selbstversenkung klargemacht werden sollte. Die vorher angebrachten Sprengladungen wurden vorbereitet. Sie hatten neun Minuten Verzögerung.
Bevor aber dieses geschah, erinnere ich mich an ein anderes, mir unvergeßliches Bild: Als ich vom Kesselraum zur E-Werkstatt gerufen wurde, traf ich während der Gefechtspause auf meinem Wege über das Panzerdeck Kameraden, Matrosen und Heizer, die dort herumsaßen und die alle ihre Schwimmwesten nicht nur umgebunden, sondern auch aufgeblasen hatten. Ich fragte sie verwundert: ›Was ist denn los, daß ihr die Schwimmwesten umgebunden habt?‹
Es sei Befehl, sagten sie, auch, daß jeder seine Taschen leeren solle.
Am Gefechtstelefon sah ich einen Kameraden, mit dem ich eng befreundet war, waren wir doch in der Rekrutenkompanie, dann in der Marineschule und auf allen anderen, folgenden Kommandos zusammen. Auch die Baubelehrung auf der BISMARCK, Mai 1940, haben wir gemeinsam durchlaufen, so wie wir bis zum Finale zusammenblieben. Als nach der Gefechtspause die ersten Schüsse fielen, versagten diesem Kameraden die Nerven. Er drehte durch. Er hatte Schaum vor dem Mund. Er schlug um sich, rollte mit den Augen und schrie: ›Deutsche Stukas! Deutsche Stukas sind da!‹«

*

Der Maschinenmaat Gerhard Klotzsche hat seine Wachstation in der Steuerbordturbinenanlage. Als es zum Endkampf kommt, hat Klotzsche noch immer Leckabwehr- und Feuerlöschwache, da sich die Maschinenwache einfach nicht ablösen lassen will. Wassereinbrüche stellt Klotzsche für seinen Bereich während der Bombardierung der BISMARCK mit schweren und schwersten Geschossen nicht fest, jedenfalls braucht er mit seinen Männern nicht einzugreifen. Unangenehm ist nur die immer stärker werdende Rauchentwicklung aus der Munitionskammer der Mittelartillerie.

Die Männer, die dem Maschinenmaaten unterstellt sind, verhalten sich vollkommen ruhig. Sie führen noch jeden Befehl aus, der an sie gerichtet wird. Maat Klotzsche hält seine Station mit seiner Gruppe so lange besetzt, bis ihn der Befehl erreicht: »Schiff wird gesprengt. Rette sich, wer kann.«

Es wird nicht mehr geschossen, als Klotzsche sich anschickt den Raum zu verlassen und nach oben zu steigen. Einige von seinen Männern und auch andere Kameraden von anderen Gruppen winken aber ab. »Es hat doch keinen Zweck«, sagen sie. Sie haben den Glauben und die Hoffnung auf eine mögliche Rettung verloren.

Es gelingt Klotzsche nicht, wenigstens seine Männer unter diesen Zweiflern aufzumuntern und zu bewegen, ihm zu folgen. Im Dienst haben sie sich als tadellose Soldaten bewährt, jetzt aber, da durch den Befehl »Rette sich, wer kann« das strenge Vorgesetztenverhältnis aufgehoben scheint, wie gesagt: scheint, jetzt hilft auch der Anruf an die Vernunft nicht mehr. Maschinenmaat Klotzsche will und kann auch nicht länger warten …

*

Der Maschinenobermaat Steeg war gerade von Betriebswache abgelöst und hatte seine Gefechtsstation, die achtere E-Gefechtsgruppe, erreicht, als das Gefecht anlief. Mitten im Rummsen der Einschläge und in den Erschütterungen der eigenen Abschüsse kommt vom E-Gefechtsstand der Befehl: »Wechselstrom-E-Werk meldet sich nicht mehr, nachforschen!«

Obermaat Steeg macht sich auf den Weg. Hier ist sein Bericht:[386] »Ich öffne das Schott und verriegele es wieder nach Vorschrift hinter mir. Qualm schlägt mir entgegen. Von der Besatzung des Raumes ist nichts zu sehen. Ich setze meine Gasmaske auf. Der Dieselgenerator ist klar, aber der Wechselstromumformer brennt. Ich fülle Treibstoff auf und melde dem E-Leitstand. Auf dem Wege zur Gefechtsstation treffe ich auf ein paar Kameraden. ›Befehl: Schiff verlassen, Schiff wird gesprengt‹, sagen sie. ›Befehl kommt vom Ersten Offizier.‹

Ich will noch rasch an meinen Spind im Zwischendeck, um meine persönlichen Utensilien zu mir zu stecken. Auf dem großen Platz an der Poststelle ist ein Verbandsplatz eingerichtet. Ein Volltreffer ist kurz vorher hier 'reingegangen. Es herrscht unbeschreibliches, furchtbares, grauenhaftes Chaos …

Ich mache auf dem Absatz kehrt, renne zur Gefechtsstation, niemand ist mehr dort. Es ist wahnsinnig heiß. Da sehe ich eine große Flasche Birkenwasser stehen. Ich gieße mir den Inhalt der ganzen Flasche über den Kopf. Das erfrischt. Ich ziehe mein Lederzeug aus und werfe es weg. In der Jacke stecken die Zeichnungen der elektrischen Anlage der BISMARCK. Die brauche ich ja wohl nun nicht mehr.«

*

Daß das Schiff gesprengt werden wird, erfährt der Matrosengefreite Eich auf seiner Gefechtsstation in der Rechenstelle. Durch das noch immer funktionierende Telefon wird auch weiter bekannt, daß das Schiff verlassen werden soll. Der Ruhigste in der ganzen Rechenstelle war und ist auch jetzt noch der Stabsoberfeldwebel Adams. Er drängt nicht, er hetzt die Männer nicht, er läßt den jüngeren Kameraden den Vortritt. Er mahnt sie zur Besonnenheit: »Ruhe, Jungs, nur Ruhe. Nur nicht durch den Wind schießen.«

Die Männer, welche die Rechenstelle zuerst verlassen haben, müssen feststellen, daß sie an dem normalen Ausgang nicht mehr vorbeikommen können. Sie machen kehrt, und sie erklären Adams, weshalb sie zurückkommen. Adams nimmt es zur Kenntnis und sagt: »Na gut, dann bleiben wir eben hier.«

Der Stabsoberfeldwebel setzt sich hin, zerrt eine Schachtel Zigaretten aus der linken Hosentasche und zündet sich eine Zigarette an, denn das Rauchen in der Rechenstelle ist nun nicht mehr verboten.

*

Nach dem Bericht des zur leichten Flak gehörenden ehemaligen Matrosengefreiten Herzog geschah folgendes:

Nach Beginn des Gefechts habe die Leichte Flak den Befehl bekommen, unter Deck in den Raum V B zu gehen, in einen Raum also, der im achteren Batteriedeck in Höhe des achteren Turms lag, und der sonst auch gleichzeitig der Wohnraum für die Männer von der Flak war. Doch bevor Herzog wegtrat, sah er noch, es war schon während des Schießens, wie auf dem Vorschiff ein Brand durch Trefferwirkung ausgebrochen sein mußte. Inzwischen sei auch Oberstückmeister Wienand erschienen, der einen Teil der Männer für den Transport von Verwundeten herangezogen habe. Als BISMARCKs vordere Türme getroffen und außer Gefecht gesetzt wurden, sei eine besonders schwere Erschütterung zu spüren gewesen, ebenso, als zehn Minuten später der vordere Kommandostand durch Trefferwirkung ausfiel.
Nach Herzog sei im Anschluß daran über den noch funktionierenden Bordlautsprecher durchgegeben worden, daß der Flottenchef bei diesem Treffer gefallen sei.[387] Kurz danach kam durch, auch der Kommandant, Kapitän zur See Lindemann, sei gefallen.

*

Der Munitionsbunker für das 15-cm-Geschütz Steuerbord III liegt hinter dem Turbinenraum-Mitte auf dem mittleren Plattformdeck.[388] Er ist atemberaubend eng. Er ist kaum zehn Quadratmeter groß und so niedrig, daß man mit der ausgestreckten Hand an die Raumdecke greifen kann. Immer, wenn Verschlußzustand befohlen wird, wird das Schott auch zu dieser Munitionskammer von außen dicht verschlossen, zunächst mit Vorreiber und dann mit einem Schlüssel. Das Schlüsselloch wird verschraubt. Alle noch hier lagernden Granaten[389] werden während des Gefechtes nach oben transportiert. Ihre Verwendung ist befehlsmäßig unterschiedlich. Und immer wieder läutet das Telefon: die Leckabwehr erinnert und mahnt: »Wände abfühlen. Wenn sie warm werden, sofort melden.«
Hier ist jetzt die Gefechtsstation vom Matrosen Paul Hillen von der IV. seemännischen Division. Hier ist er, sonst Ladenummer an der auf der Geschützplattform befindlichen Fünfzehnzentimeter, im Austausch mit einem Kameraden aus der Munitionskammer vom Turmkommandanten zur »Aushilfe« befohlen, nachdem er sich beim Nachtschießen auf die Zerstörer (bei dem die Steuerbord III 60 Granaten verschoß[390]), beim Laden verletzte. Der Austausch von gleich zwei Mann war notwendig. Zur »Aushilfe« wurde außerdem übrigens noch ein zweiter Seemann der Munitionskammer benötigt, weil die beiden Kameraden durchgehetzt waren, hier unten im mörderischen Lärm der Treffer und Abschüsse, die nicht mehr zu unterscheiden waren. Paul Hillen erinnert sich: »Die absolute Lärmspitze erzielten die 10,5-cm-Kanonen.«
Übrigens: freiwillig hat sich, obwohl vom Turmkommandanten aufgefordert, keiner für den Munitionsbunker gemeldet. Der Turmkommandant: »Dann muß ich einen bestimmen.« Schließlich traf es in diesem einen Fall Paul Hillen, einfach weil er als Letzter zum Turm gekommen war.

*

Das Gefecht draußen scheint abzuflauen. Es sind nach fast zwei Stunden weder Treffer noch Abschüsse zu spüren. Aber die Turbinen nebenan von der Munitionskammer, sie laufen noch. Wenn die Munition aufgebraucht ist, haben sich die Munitionsmänner der Leckabwehr zur Verfügung zu stellen. Das ist ein klarer Befehl. Hartwig versucht immer wieder, die Leckabwehrgruppe zu dieser Meldung zu erreichen. Endlich: durch das Telefon hört Hillen, der den Hörer für den Dienstältesten in der zwei mal drei Meter kleinen Munitionskammer abgenommen hat: »Schiff verlassen. Schiff wird versenkt.«
»Ihr spinnt wohl.«
Das kann doch nur ein übler Scherz sein.
Schiff verlassen? ... Aber doch nicht dieses.

*

Herzog erklärt später weiter: »Durch den Lautsprecher kam Verschiedenes durch, was nachher widerrufen wurde, so auch später die Nachricht, daß der Kommandant gefallen sei.« Kameraden von Herzog wollen Kapitän zur See Lindemann später, als der Gegner das Feuer eingestellt hatte, noch an Oberdeck gesehen haben.
Herzog habe sich dann in eine Ecke des Raumes gesetzt und einen Schluck aus einer kleinen Flasche mit Rosenlikör als Inhalt genommen, die er, trotz des Verbotes, alkoholische Getränke zu horten, in seinem Spind reserviert hatte. Durch die Aufregungen der letzten Tage und die Überanstrengungen bedingt, sei er von dem Wenigen beinahe benebelt gewesen. Es sei ihm aber leichter ge-

worden. Er habe sich ausgestreckt, wisse aber noch genau, daß immer wieder Kameraden über ihn hinweggestiegen sind. Die einen liefen nach vorn, andere nach achtern. Es herrschte totale, nicht zu beschreibende Whooling. Wie durch Watte hindurch habe er auch die Schreie der Verwundeten gehört. Und plötzlich habe es eine fürchterliche Erschütterung gegeben. In der Luft war das Singen von Eisen und das schrille Klirren von Metall und Blech. Das Licht sei in dem Raum ausgegangen. Und dann sei durchgesagt worden, daß das Schiff zu verlassen sei …

*

Der Matrosengefreite Herbert Manthei, wie Herzog später ebenfalls von U 74 gerettet, hat dann, in Paris, für diese Phase zu Protokoll gegeben: »Während der Zeit, als die BISMARCK nach dem Treffer in Höhe der Ruderanlage gestoppt lag, wurde ausgepfiffen: ›Alle wachfreien Offiziere in das Kartenhaus.‹ Unmittelbar danach wurden die einzelnen Befehlsstellen angerufen.[391] Aber vom Feind war noch nichts zu sehen. Es hieß, daß man Rauchwolken gesichtet habe.

Bevor unsere eigenen Kanonen feuerten, fielen und krepierten des Gegners Granaten um unser Schiff. Erst danach, zwei Minuten später, eröffnete die BISMARCK das Feuer. Erst nach gut einer Stunde wurden die ersten Treffer auf unserem Schiff gezählt.[392] Ich selbst bediente das umgehängte Telefon. Die Verbindung brach ab. Von diesem Zeitpunkt an wurden von der Flak-Leitstelle keine Befehle mehr für meine Kanone gegeben. Als sich die Treffer mehrten, durften die Flak-Bedienungen in Deckung treten. Wir hatten das Gefühl, von allen Seiten beschossen zu werden.

Zuerst war ich mit einer Gruppe von 20 Kameraden beim achteren Artillerieleitstand. Nach einigen weiteren Treffern flohen wir hinter die Türme »Cäsar« und »Dora«. Vorher zogen wir fünf bis sechs Flöße auf das Deck herunter und nahmen diese mit. Durch einen Treffer wurden alle Flöße bis auf eines oder zwei zerstört. Wir hatten mehrere Verwundete.

Bis zu diesem Zeitpunkt feuerte der Turm »Dora« noch immer.[393] Das war die Zeit, da mein Kamerad Herzog zu mir kam.«

*

Der Matrosengefreite Klaes von der Schweren Flak ist ein weiterer der wenigen Männer des seemännischen Personals, die gerettet wurden …

Als das Gefecht anläuft, bekommt die Schwere Flak den Befehl, bis auf einen Mann von den Waffen zurück und unter das in Höhe der Flugzeugschleuder liegende Schutzdeck zu treten, wo auch die Munition für die Schwere Flak bereitgelegt und gestapelt wird. Klaes ist der »eine Mann«, der zunächst als Posten an der Waffe verbleibt, um auf gegnerische Flugzeuge zu achten. Als aber mit Angriffen von Feindflugzeugen bei dem konzentrierten Feuer der britischen Schlachtschiffe nicht zu rechnen ist, dürfen auch diese Posten in Deckung treten, in eine Deckung allerdings, die bei den Schweren Granaten keine ist.

So kommt es, daß Klaes als letzter Mann ins Schott dieses fragwürdigen Schutzdecks tritt, als eine Granate die Decke durchbricht und mitten in dem mit den Männern von der Schweren Flak besetzten Raum detoniert. Klaes wird durch den Luftdruck aus dem Schott heraus und an Deck geschleudert. Er ist der einzige, der diesen Volltreffer im Unterstand der Schweren Flak überlebt.

Was nun folgt, erinnert Klaes auch heute noch an einen zu schnell vorgeführten Film, an eine flimmernde und blitzende Leinwand, weil er nicht mehr weiß, wohin er lief und wo überhaupt er noch Schutz und Deckung suchte …

*

Paul Rudeck: »Ich saß unten und konnte mir nur vorstellen, wie es oben aussah. Kurz nach zehn Uhr kam der Befehl: ›Truppenausweise vernichten. Alle Mann an Deck. Schiff wird versenkt. …‹ Der Rechenstellenoffizier hatte zunächst gesagt: ›Schotten dicht. Wir bleiben hier.‹ Doch dann sind wir zum Glück alle raus – im Gegensatz zu vielen anderen, die unter Deck, vor allem im (völlig intakten, d.V.) Maschinenraum blieben.« Über Deck sah Rudeck, für das er nur ein Wort kennt: INFERNO.

Das Schiff war völlig zerschossen. Überall lagen tote Kameraden. Bootsmann Hendrich reichte Rudeck eine Zigarette: »Das ist unsere letzte, Paul.« Dann warf er die volle Schachtel über Bord. Auch dieser junge Mann, der kurz vor dem Auslaufen vom Heiratsurlaub zurück an Bord gekommen war, überlebte nicht. Auch er blieb in der atlantischen See.

Dann seien, so berichtet Rudeck, auf Befehl des Kommandanten die Bodenventile geöffnet worden. »Das spürt man, wenn das Wasser ins Schiff eindringt. Wir hatten starke Schlagseite nach Backbord, waren noch ein paar Minuten auf der Schanze und sind dann über die Steuerbordseite runtergerutscht.«

*

Kapitänleutnant (Ing.) Junack beobachtet auf seiner Gefechtsstation, daß im Turbinenraum Mitte schon bald nach Beginn des Gefechts Wasser durch die Lüfterschächte eindringt, ein sicheres Zeichen für ihn, wie nahe die Wasserfontänen der krepierenden Gegnergranaten am Schiff liegen. Er berichtet: »Nach einiger Zeit saugen die Lüfter rotgelben Qualm in den Raum, so daß ich die Gasmasken aufsetzen lasse.
Allmählich wird der Gefechtslärm, Abschüsse sind von den Einschlägen einfach nicht zu unterscheiden, immer unregelmäßiger, bis es dann nur noch vereinzelt kracht. Die Maschinentelegrafen werden von der Brücke kaum noch und nachher überhaupt nicht mehr bedient.
Da wird mir über den Maschinenleitstand durchgegeben: ›Schiff klarmachen zum Versenken.‹
Das ist der letzte Befehl, den ich auf BISMARCK erhalten habe.
Unmittelbar danach fallen alle BÜ-Anlagen aus.
Die Verbindung mit der Führung, gleich wo sie nun steht und wer sie jetzt noch ausübt, ist abgerissen.«
Müllenheim-Rechberg: »Von der vorderen Artillerierechenstelle erhielt ich die Meldung, daß der Vormars ausgefallen sei, daß jedenfalls keine Verbindung mehr mit ihm bestehe. Es sei daher notwendig, daß ich die Leitung vom achteren Stand aus übernähme. Die vordere Rechenstelle fügte noch hinzu, daß mir nur die beiden achteren Türme »Cäsar« und »Dora« zur Verfügung stünden, da die Türme »Anton« und »Bruno« ausgefallen seien. Nach dem Einschießen sah ich gerade klar und deutlich die Aufschläge der ersten Wirkungssalve aufsteigen, einer kurz, drei weit, als eine Erschütterung meinen Kopf gegen den Zielgeber schleuderte. Ein Treffer hatte die Drehhaube über meinem Stand mit der artileristischen und der Navigationsoptik weggerissen, nur zwei Meter über meinem Kopf. Ich gab die Nachricht, daß mein Stand als Beobachtungs- und Leitstand ausgefallen sei, an die achtere Rechenstelle.

Es blieb jetzt nichts mehr übrig, als die achteren Türme unter ihren Turmkommandeuren einzeln schießen zu lassen. Kurze Zeit danach setzten die Türme auch das Schießen fort, aber es war ein unregelmäßiges Schießen, das nicht sehr lange dauerte und bei dem zunächst Turm »Dora« und bald danach Turm »Cäsar« das Feuer einstellten. Wenige Minuten später hörte ich im Leitertelefon die Stimme des I AO, der sagte, daß der vordere Artillerieleitstand wegen Gas und Rauch verlassen werden müßte. Es war die letzte Nachricht, die ich von vorn aus dem Schiff erhielt. Ich ersah daraus, daß der vordere Stand länger, als ich gedacht hatte, in Betrieb gewesen war und daß der Erste Artillerieoffizier (I AO) offenbar die Mittelartillerie geleitet hatte.«

*

Wie diese Berichte, so spiegeln auch die Aussagen anderer Überlebender wider, daß die Männer der Besatzung bis zum bitteren Ende diszipliniert auf ihren Gefechtsstationen ihre Pflicht getan haben … in den Türmen, in den Rechenstellen, in den Maschinenräumen, auf der Brücke, im Vormars oder in den Munitionskammern, in den Lazaretten, auf den Hauptgefechtsverbandsplätzen und auf den Verwundetensammelstellen im Zwischendeck.
Worte sind zu farblos, um allein den Einsatz des Sanitätspersonals und der für den Transport von Verwundeten eingesetzten Männer, meist Angehörige des zivilen Personals an Bord,[394] zu schildern. Unter dem Trommelfeuer der 40,6-cm- und 30,5-cm-Granaten, denen der das Batteriedeck und Zwischendeck abschirmende Zitadellpanzer bei Direkttreffern nicht widerstand, helfen diese Männer ihren verwundeten Kameraden …, die Ärzte und Sanitäter, die mit Morphiumspritzen die Schmerzen zu lindern versuchen, die anderen, die immer neue Schwerverletzte heranschleppen, bis sie schließlich selbst das Opfer eines Treffers werden.
Wo Kameraden verwundet werden, springen Kameraden ein, wo Vorgesetzte fallen, übernehmen niedrigere Dienstgrade das Kommando.
Die Spritzen für die Morphiuminjektionen sterilisieren zu lassen, haben die Ärzte schon lange aufgegeben …

*

Einer der Männer, der den Endkampf auf einer Gefechtsstation im Zwischendeck überlebte, ist der Obermaschinist Schmidt aus Friedrichshafen. Hier ist sein nüchterner, sachlicher Bericht: »Bei dem letzten Kampf fallen in meinen Gruppenbereich etwa fünf schwere Treffer durch den Oberdeckpanzer in das Batterie- und Zwischendeck mit starken Detonationen ein. Bei jedem Schuß im Achterschiff sind große Erschütterungen zu spüren. Zwei schwere Treffer krepieren in Abteilung I und II. Bei dem Treffer in Abteilung II Zwischendeck dringen Feuerschein und Nitrosegase durch die geschlossene Panzertür des Panzerquerschottes nach Abteilung III Zwischendeck in die Nähe meines Leckwehrgruppen-Führerstandes. In Abteilung II waren Proviantsäcke gestapelt. Der dritte Treffer fällt in das Batteriedeck Abteilung III Steuerbord. Herumfliegende Granatsplitter setzen Beleuchtung und Zwischendecklüfter außer Betrieb. Die vierten und fünften Treffer detonieren in Abteilung IV. Die Niedergänge werden weggerissen. Auch hier fällt die Beleuchtung aus. Nur ein Teil der Notbeleuchtung brennt noch. Verbrennungsgase in allen Räumen.

Inzwischen ist ein Läufer der Leckwehrzentrale bei mir erschienen. Mehrere Leute des Leckwehrbereiches müssen an Oberdeck eingesetzt werden. Auftrag: Bekämpfung eines Brandes auf dem hinteren Aufbaudeck. Alle diese Männer sind dabei gefallen. Ein Teil meines Personals innerhalb meines Bereiches war schon vorher durch Granatsplitter gefallen oder verletzt.

Im weiteren Verlauf des Gefechtes stürzt ein Oberfeuerwerker mit der Meldung auf mich zu: »Turm ›Dora‹ sofort fluten! Brand im Turm ›Dora‹!« Ich stelle die Leckpumpe 2 um, um die Munitionskammern im Bereich Turm »Dora« zu fluten.[395]

Während des Gefechtes verspüren und beobachten wir laufend schwere Artillerieeinschläge auf dem Schiff. Brände brechen in den Aufbaudecks, in den Batterie- und Panzerdecks der verschiedenen Abteilungen aus. Nach einem mir von dem Maschinenmaaten Generotzki gegebenen Bericht sind durch Artillerievolltreffer in Abteilung X Batteriedeck der I. Offizier, Fregattenkapitän Öls, und ein Teil der Besatzung, etwa 100 Mann, gefallen.

Mit schwächer werdendem, eigenem Artilleriefeuer schießen nur noch die 38er mit Einzelfeuer direkt auf den Gegner. Sämtliche 15er Türme und die Flak sind ausgefallen. Die Flakbereitschaftsmunition explodiert. Das eigene Artilleriefeuer ist nun eingestellt. Von der Schiffsführung wird an alle Stellen gegeben: »Schiff versenken.««

Besonders ausführlich sind die Berichte jener fünf Überlebenden, die von deutschen Schiffen gerettet wurden.

Das Gefecht aus britischer Sicht

Das also ist die Lage, wie sie sich an Bord der BISMARCK bis zu dem Augenblick ergab, als der Befehl gegeben wurde, die Sprengladungen anzuschlagen und das Schiff zu verlassen. Der Befehl wurde gegeben, das läßt sich aus den Aussagen der Überlebenden rekonstruieren, als die BISMARCK noch unter dem Feuer der britischen Schiffe lag, also noch immer die 40.6-cm-Granaten der RODNEY, die 35.6-cm-Granaten der KING GEORGE V. und Geschosse der Mittelartillerie dieser beiden Großkampfschiffe zusammen mit den 20.3-cm-Granaten der herangeschlossenen 32.2 kn schnellen schweren Kreuzer NORFOLK und DORSETSHIRE auf die BISMARCK einhämmerten – und als zumindest Turm »Cäsar« der BISMARCK noch schoß.

Nachdem die beiden vorderen Türme, der vordere Artillerieleitstand und später auch der achtere ausfielen, wurde das Gefecht für den Gegner zum fast risikolosen Scheibenschießen. Nach 10.00 Uhr, als auf der BISMARCK alle Waffen schwiegen, beschossen die britischen Einheiten praktisch nur noch ein Wrack, aus dessen Mitte mächtige schwarze Rauchwolken hervorquollen.

Auf britischer Seite wird behauptet, daß einer der von der RODNEY auf 27 hm nach 10.00 Uhr neben den Breitseiten zu je neun 40,6-cm-Granaten[396] abgefeuerten beiden Torpedos[397] die BISMARCK mittschiffs getroffen haben soll. Auch die NORFOLK nimmt für sich in Anspruch, mit ihren letzten vier Torpedos aus 36 hm Entfernung einen Treffer erzielt zu haben. Von der deutschen Seite liegen keine Bestätigungen darüber vor. Die Überlebenden versichern ebenso, daß keine einzige der Granaten den Gürtelpanzer[398] und das untere Panzerdeck durchschlug. Auch die Torpedos, wenn solche wirklich getroffen haben, richteten keinen Schaden am eigentlichen Schiffsrumpf an.

Übrigens haben, wie am Abend vorher vorgesehen, auch die Flugzeuge der ARK ROYAL in den Endkampf einzugreifen versucht. 09.26 Uhr waren zwölf »Swordfishs« von dem Träger gestartet. Als die Maschinen gerade außer Sicht gekommen waren, wurden auf der ARK ROYAL erst eine und dann eine zweite deutsche Focke-Wulf beobachtet.

Als die britischen Torpedoflugzeuge in die Nähe des Gefechtsschauplatzes kamen, stellten die Flieger fest, daß vier Schiffe gleichzeitig von zwei Seiten aus nur kurzer Entfernung auf die BISMARCK schossen. Die Maschinen flogen zunächst die KING GEORGE V. an, um für ihren Angriff eine Feuerpause zu erbitten. Sie wurden dabei mit Flakfeuer empfangen, und die abwehrenden Bewegungen, welche die Flieger hinter ihren Glaskanzeln mit ihren Händen machten, um zu erreichen, daß das Flakfeuer eingestellt wurde, legte der für die Flak verantwortliche Offizier ganz anders aus:

»Ich dachte, es seien Deutsche, die mit der Faust drohten.«

So also unterblieb ein weiterer Angriff der Trägerflugzeuge.

Bevor nun aber auf verschiedene Einzelerinnerungen auf der BISMARCK bis zum Untergang des deutschen Schlachtschiffes eingegangen werden soll, seien zunächst kurz die weiteren Maßnahmen des Gegners nach dessen 10.15 Uhr erfolgter Feuereinstellung in Funksprüchen dargestellt:

»10.25 Uhr Kampfgruppe H an Flottenchef: Haben Sie den Gegner erledigt?«

»10.28 Uhr Flottenchef an Kampfgruppe H: Mußte Gefecht wegen Brennstoffmangels abbrechen.«

»10.42 Uhr Flottenchef an Kampfgruppe H: Sie schwimmen noch.«[399]

10.44 Uhr macht der C-in-C das Signal: »Schiffe mit Torpedos sollen diese gegen BISMARCK einsetzen.«

10.45 Uhr meldet der C-in-C der Force H: »Kann sie nicht durch Kanonen mit Granaten versenken.«

Admiral Tovey, den der immer knapper werdende Brennstoff seiner Schiffe und die akute Sorge vor U-Boot- und Flugzeugangriffen zum baldigen Rückmarsch treiben, befiehlt der DORSETSHIRE, die BISMARCK durch Torpedos zu versenken. Es folgen nun eine Reihe weiterer, schnell hintereinander gegebener Funksignale, darunter diese: »11.07 Uhr von der DORSETSHIRE: Torpedierte die BISMARCK von beiden Seiten. Sie feuerte nicht mehr, aber ihre Flagge wehte noch.«

11.19 Uhr funkt der C-in-C an Home Fleet, Force H, Admiralty: »Ich möchte meine höchste Anerkennung für den überaus tapferen Kampf der BISMARCK in aussichtsloser Lage aussprechen.«

Assmann schildert in seinem Buch »Das Ende der BISMARCK« wie folgt: »Nach drei Torpedotreffern bäumte sich das Schiff mit dem Bug noch einmal hoch auf, und um 11.01 Uhr versank es, mit ihm, wie drei Tage vorher auf der HOOD, der Admiral, der Kommandant und fast die ganze Besatzung. 75 Überlebende wurden von der DORSETSHIRE, 24 von dem Zerstörer MAORI und fünf später von deutschen Fahrzeugen aufgenommen.«

Über die Versenkungszeit herrschen also Unstimmigkeiten. Während Assmann als Zeit der Versenkung 11.01 Uhr nennt,[400] wird sie in Roskill mit 10.36 Uhr[401] vermerkt, während Grenfell und Fritz Otto Busch 10.40 Uhr angeben.

Nach Grenfell sei der britische Flottenchef der festen Überzeugung gewesen, daß die BISMARCK früher oder später sinken, niemals mehr aber in irgendeinen Hafen zurückkehren würde, als er 10.15 Uhr RODNEY den Befehl erteilte, Kiellinie zu bilden und den Rückmarsch anzutreten.

Diese letzten Minuten der BISMARCK werden deshalb auch aus der Sicht der Gegner hier ausführlich behandelt, weil nach dem Kriege von britischer Seite behauptet wird, die BISMARCK sei als Folge der Torpedotreffer der DORSETSHIRE gesunken, während deutsche Stellen erklären, die Maßnahmen für die Selbstversenkung seien ausschließlich die Ursache gewesen. Hierzu wird noch später ein Fachmann gehört.

Dramatische Rettung von BISMARCK-Überlebenden bei bewegter See durch den britischen Schweren Kreuzer DORSETSHIRE.
Etwa 400 Mann treiben im Wasser, aber nach Anbordnahme von 85 der im Wasser Schwimmenden bricht DORSETSHIRE wegen einer angeblichen U-Boot-Sichtung die Rettungsaktion ab. Ein britischer Zerstörer nimmt noch weitere 25 Mann auf, ein deutsches U-Boot drei Mann und das deutsche Wetterbeobachtungsschiff SACHSEN am nächsten Tag abermals zwei Mann. Bittere Bilanz: 1977 Tote, 115 Überlebende.

Erlebter Untergang

Blenden wir zurück und verfolgen wir die Situation auf der BISMARCK, wie sie sich anhand der Augenzeugenberichte[402] rekonstruieren läßt.

»Jetzt wollen wir noch einmal ablösen und dann sehen, was weiter zu tun ist:«

Der LI, Korvettenkapitän (Ing.) Lehmann, sagt es zu seinen Männern im Maschinenleitstand. Einer davon ist der Maschinengefreite Blum. Er ist dem LI als BÜ zugeteilt. Die BÜ-Anlagen funktionieren nicht mehr. Aber das Telefon ist noch in Ordnung. Kurz vorher war ein Anruf gekommen. Blum wird es nie vergessen, wie der breitschultrige Korvettenkapitän langsam sagte und dabei Wort für Wort betonte: »Jawohl, ich habe verstanden«, und wie er dann mit seiner großen rechten Hand den Hörer langsam niederlegte. Er tat es so behutsam, als sei er aus hauchdünnem Glas. Er war vollkommen ruhig. Wie immer. Und auch freundlich, wie sonst.

Dieser Anruf wird der entscheidende Befehl an den LI gewesen sein, daß gesprengt würde und daß das Schiff zu verlassen sei. Geäußert hat er sich über den Inhalt des Anrufes nicht …

»Los, geht. Ihr könnt wegtreten«, befiehlt der Korvettenkapitän auf einmal. Und die Männer denken, wieso denn einfach wegtreten, warum denn nicht wegtreten auf Nachtwache? Und wo bleibt die Ablösung? Bevor die nicht da ist, können wir doch gar nicht gehen … Diese Gedanken schwimmen aber nur an der Oberfläche. Sie dringen nicht weiter ein. Die Männer leben wie in einem Trancezustand …, wie ein Motor, der immer seine gleichen Touren läuft, tagaus, tagein und seit Tagen ohne Unterbrechung, nun auch in der Nacht.

Also klettert auch Blum nach oben, dorthin, wo er seine Station für die Nachtwache hat. Der LI hat das wohl bloß vergessen zu sagen. Blums Nachtwachstation liegt – oberhalb vom Panzerdeck Backbord – im Zwischendeck in Höhe Achterkante Schornstein etwa. Wenn weiter nichts anlag, hielten er und seine Kameraden sich sonst in einer Werkstatt in der Abteilung XII auf.

»Ach, was soll das«, denkt Blum, »jetzt ist Chance für eine Mütze Schlaf …, hau dich mal etwas hin …, wenn was los ist, wird das Telefon schon läuten …« Er streckt sich aus, und im Unterbewußtsein hört er die Abschüsse und die Treffer wie aus weiter Ferne rumoren. Was soll schon passieren? Die BISMARCK ist ein so starkes Schiff. Wo nähme sonst sein Chef, der LI, denn diese Ruhe und Zuversicht her. Blum muß daran denken, wie er vor gut einem halben Jahr auf dieses modernste und stärkste Schlachtschiff der Welt kam. Durch einen puren Zufall: Weil einer in der Durchgangskompanie in Kiel-Wik krank geworden war, mußte er einspringen. Und der erste Offizier, den er auf diesem Riesenschiff traf, war der WO, der forsche, aber hilfsbereite Leutnant z.S. Schmidt. Zufällig kam in diesem Augenblick der damalige Verantwortliche für die Turbinenanlage, Kapitänleutnant (Ing.) Jareis, vorbei. Der entdeckte den Neuen mit dem Abzeichen der Maschinenlaufbahn. Er sprach Blum an: »Na, mein lieber Herr Kollege, wo willst du denn hin?«

Blum berichtete.

»Dann kommen Sie gleich mal mit«, forderte der Ing.-Offizier.

»Bloß nicht auf ein Dickschiff mit seinem sturen Kasernenbetrieb«, hatten sie an Land in der Durchgangskompanie immer geunkt. Und nun war alles anders, zumindest der Empfang … Ja, und als der jetzt gerade zwanzig Jahre alte Blum während des Weihnachtsurlaubs seinem Vater zu verstehen gab, auf was für ein Schiff er kommandiert worden sei, sagte der nur: »Prima. Da hast du einen soliden Kasten unter den Füßen. Das beruhigt mich.« Blums Vater war selbst ein alter Mariner. Er war unter anderem bei der Kaiserlichen auf dem Schulschiff SMS STEIN gefahren.

Wie Blum, sind viele andere Besatzungsmitglieder zum erstenmal in ihrem Leben auf einem Schiff. Und für 80 von Hundert ist diese Unternehmung die erste Feindfahrt überhaupt … Blum wälzt sich von einer Seite auf die andere. Er ist völlig überdreht. Ein fürchterlicher Krach läßt ihn auffahren. Nebenan, in der Abteilung XIII, ist eine Granate krepiert. Blum springt von der Werkbank herunter, er will nach drüben, nachsehen, ob er helfen kann. Er will gerade das Schott öffnen, da fliegt die Tür schon vor ihm auf. Durch den Dunst sieht er, wie sie versuchen, einen Schwerverwundeten herauszuschleppen. Und hinter diesem taucht, nebelhaft verzerrt, ein anderer Kumpel auf. Er hat keine Arme mehr.

»Lohnt sich das denn überhaupt noch?« bohrt eine Stimme in Blum. »Hier jedenfalls kannst du doch nicht helfen ..., nur ein Arzt könnte es noch ...«

»Geh nach oben ... Sieh mal nach, was da oben überhaupt anliegt«, martert die Stimme weiter. Als Blum über einen freien Niedergang in das Batteriedeck gelangt, meint er erst, nicht richtig zu sehen. Die Männer in diesem Raum, es mögen an die 250 sein, drängen sich nach hinten, sie umlagern das Schott, durch das sie sich, einer nach dem anderen, hindurchwinden. Einen der ihm am nächsten Stehenden packt er am Arm. »Was ist denn los?« Er muß brüllen, um sich verständlich zu machen. »Raus, nichts wie raus. Ist Befehl. Schiff wird gesprengt«, sagt der Angesprochene und schüttelt Blums Hand ab. Er zeigt noch zum Niedergang und bewegt beide nach oben ausgestreckten Hände hin und her. Also sind diese hier direkt nach oben führenden Ausgänge und Panzerluken verklemmt. Der Maschinengefreite beobachtet einen Augenblick nur den Menschenknäuel vor dem nach achtern führenden Schott, dann dreht er sich um. Er macht kehrt und hastet durch das andere, nach vorn führende Schott. Doch weit kommt er nicht. Voraus wüten Brände. Hier in diesem Raum, in dem er jetzt steht, sind, wie er durch den Dunst und Qualm erkennen kann, an die 60 bis 70 Kameraden. Immer, wenn oben nach den Einschlägen einer Treffersalve Ruhe eintritt, stürzen ein paar von diesen Männern den Niedergang hoch und winden sich durch das Panzerluk hindurch an Oberdeck. In fast minutiös zu berechnendem Abstand schlagen an Oberdeck Granaten ein.

Der nächste Schub ist an der Reihe. »Hier kommst du nicht mehr raus«, sagt sich Blum, denn er steht am Ende der Schlange derer, die hier auf die Chance der günstigen Gelegenheit warten.

Also zurück.

In einem der nach achtern zu liegenden Räume entdeckt der Maschinengefreite inmitten von Soldaten aller Dienstgrade auch den Ersten Offizier. Woher dieser kam, hat er nicht beobachtet ..., vom Vorschiff vielleicht und wenn, dann vielleicht durch den Mittelgang an Steuerbord, um den Brand zu umgehen.

Fregattenkapitän Öls, der I.O., steht jetzt ganz in der Nähe von Blum, verschafft sich mit lauter, von den Pulvergasen und dem Qualm vor Heiserkeit sich überschlagender Stimme Gehör. Er treibt die Männer zur Beeilung an. »Los ... los, alle Mann aus dem Schiff. Das Schiff ist gesprengt. Nach vorn kann keiner mehr durch. Vorn brennt alles.«

In diesem Augenblick sieht Blum in Augenhöhe, höchstens zwei bis drei Meter entfernt, einen grellroten und dann zerplatzenden Feuerball. Der Maschinengefreite fühlt sich gleichzeitig mit einem irrsinnigen Krach und wahnsinnigem Druck auf das Trommelfell waagerecht hochgehoben. Mit dem Gesicht nach unten fällt er an Deck. Halb benommen windet er sich auf die Seite. Er tastet sich ab: die Arme, die Beine, den Kopf und den Leib, gegen den er einen Schlag bekommen hat. Aber soviel kann er durch den Qualm der Detonationsgase erkennen: er blutet nicht. Und wie sonderbar, das Licht brennt noch. Er rappelt sich hoch, er taumelt und wankt hin und her. Aber er steht. Und durch den Rauchschleier erkennt er schemenhaft, daß mit ihm noch vier oder fünf Kameraden wieder auf den Beinen stehen. Die anderen in diesem Raum scheinen tot oder zumindest verwundet zu sein. Viele sind entsetzlich zugerichtet, verstümmelt. Auch der I.O. lebt nicht mehr. Er stand genau dort, wo die Granate detonierte.

Der Niedergang ist zertrümmert. Dieser Fluchtweg nach draußen ist zum Teufel. Auf die Reihenfolge braucht jetzt keiner mehr zu achten. Blum folgt seinen Kameraden. Sie wechseln auf die andere Seite rüber und gelangen nach achtern in den Funkraum »Cäsar«, in dem das Licht ausgefallen ist. Sie tasten sich im Dunkeln voran. Und als sie in den Gang treten, stehen sie plötzlich bis zu den Knien im Wasser. Was ist los mit dem Schiff? Ist dieser Teil etwa schon unter Wasser? Und wo ist hier ein Niedergang? Sie suchen und tasten und finden keinen. Einer von ihnen bleibt mit seiner Schwimmweste hängen. Als er sie lösen will, hat er auf einmal eine Klinke in der Hand.

»Oh, hier ist was!« hören ihn die anderen rufen. Tatsächlich, die Klinke gehört zu einer Blechtür vor einem der Niedergänge. Sie reißen das Schott auf. Und sie sehen Licht, Tageslicht, das zwischen Panzerluk und Lukensüll auf sie herunterfällt.

Das aufgeschraubte Panzerluk ist zwar offen, aber nur halb. Und durch Treffereinwirkung hat es sich so verklemmt, daß es sich nicht weiter öffnen läßt. Die fünf zwängen sich dennoch durch den kaum zwei Hand breiten Spalt hindurch. Was sich Blums Augen bietet, ist nur noch ein Wrack: Der Schornstein ist zur Hälfte zertrümmert. Was von ihm noch steht, ist durchsiebt. Was er von den Aufbauten in Erinnerung hat, ist verschwunden. Der

Vormars ist nicht mehr da. Die Geschütztürme sind noch zu sehen. Ein paar Rohre stehen steil in die Luft. Es sieht grauenhaft aus. Und dabei scheint die Sonne.
Noch immer schießt der Gegner.
BISMARCK-Geschütze dagegen schweigen.
»Und wie sie da drüben auf dem britischen Kreuzer erkennen, wie wir hier und die anderen Kameraden aus dem Schiff heraus an Oberdeck kommen, da haben sie da drüben das Feuer eingestellt«, vermerkt der Maschinengefreite. Als er nach hinten klettern will, läuft ihm einer, irgendeiner von den vielen Männern an Bord, in die Quere. Er hat ein Verbandspäckchen in der einen Hand, die andere blutet, ist verstümmelt. Blum verbindet den Kameraden, und dann versucht er nach hinten zu kommen. Der Weg führt nur über Tote hinweg.
Doch woher kommt der unterirdisch klingende Lärm, dieses gräßliche Schreien, dieses unaufhörliche Rufen? Als Blum sich an dem einen der Fünfzehnertürme vorbeischieben will, weiß er, woher diese schrillen Rufe kommen: Aus dem Turm. Die im hinteren Teil des Turmes befindliche Einsteigluke ist verklemmt. Blum bückt sich. Er rüttelt am Luk. Es bewegt sich nicht. Wenn sie es da drin zu mehreren und mit Gewalt nicht schaffen, dann gelingt es ihm auch nicht, den Kameraden zu helfen.
Ja, helfen?! Wer denkt in diesen Minuten überhaupt noch daran, anderen zu helfen? Der weitere Weg nach achtern wird zu einer blutigen Kletterpartie des Grauens. Als Blum endlich beim Turm »Dora« eine Gruppe von überlebenden Kameraden erreicht, hört er eine bekannte Stimme. Es ist die von Kapitänleutnant (Ing.) Junack, seinem Divisionsoffizier, der die Initiative ergriffen hat, der zur Ruhe und Besonnenheit mahnt und nun Direktiven gibt: »Versammelt euch hinten auf der Schanz an Steuerbordseite. Wir bringen noch ein Sieg Heil auf unser Vaterland aus. Dann springen wir. Haltet euch in meiner Nähe. Das weiß ich genau: Ich nehme noch mal eine schmucke Hamburger Deern in den Arm. Auf der Reeperbahn sehen wir uns wieder.«
»Mein Gott«, denkt Blum, »woher nimmt der bloß die Kraft her, angesichts der gräßlich verstümmelten, toten Kameraden, der stöhnenden, schreienden Verwundeten noch an Hamburger Deerns zu denken?« Wer auf diesem Schiff hat etwa keine Erinnerung an sie, ist doch auch das Schlachtschiff BISMARCK ein Hamburger Kind!
Blum empfindet, wie der bloße Gedanke an Hamburg und an eine Hamburgerin für Sekunden das Grauen um sich herum vergessen läßt, wie dieser Anruf den Willen und die Kraft stärkt, diese Katastrophe zu überleben …, um sie wirklich wiederzusehen …
Und dann springen sie … über Bord …

*

Blenden wir zurück:
Es mochte kurz nach neun Uhr gewesen sein, als der I.O. in seiner unter dem Vormars unter Panzerdeck liegenden Kommandozentrale vom Gefechtskommandostand den Befehl erhielt, die Sprengladungen seien klarzumachen. Die beiden BÜs, die zwischen dem Kartentisch und der Seitenwand zur nebenan befindlichen Leckwehrzentrale stehen, geben den Befehl an die für diese Maßnahme vorgesehenen Stellen weiter. Dann warten sie ab, was weiter geschieht. Einschläge und Abschüsse der eigenen Granaten verschiedener Kaliber sind deutlich zu unterscheiden. Der I.O. steht an seinem Kartentisch. Nur wenig später stellen sie fest, daß die beiden vorderen Türme nicht mehr feuern. Und dann meldet sich der vordere Kommandostand nicht mehr. Die Leitung wird von dem achteren Stand übernommen.
Eine halbe Stunde nach dem ersten Befehl erfährt Fregattenkapitän Öls über das Telefon und über einen seiner BÜs, daß die BISMARCK gesprengt werden müsse …, daß die Besatzung das Schiff verlassen solle …[403]
Soweit die Kommandozentrale noch mit den einzelnen Stellen telefonisch in Verbindung steht, werden diese unterrichtet. Ein Teil der Männer der Zentrale steigt durch das in der Seitenwand zur Leckwehrzentrale befindliche Schott in den bis zum Vormars hinaufführenden Schacht ein. Im engen Schacht sind dafür Steigeisen installiert. Und viele Kabel. Andere verlassen den Raum durch das auf Backbordseite liegende Schott, so auch der Erste Offizier, der als letzter geht.
Der Maschinengefreite Staat, dem der Verfasser diese Einzelheiten verdankt, erinnert sich: »Irgendeine Eingebung ist es gewesen, die mich wieder davon abbrachte, in den Schacht einzusteigen …« Staat macht kehrt und klettert durch das Schott in den davor liegenden Raum mit den Hängemattspinden. Hier steht Wasser. Hängematten sind aus den Spinden gefallen. Sie schwimmen im Rhythmus der Bewegungen des Schiffes hin und her. Daß Wasser in diesem Raum steht, ist nicht weiter schlimm. Es muß durch die Lüfter eingedrungen sein. Ärger schon scheint die Schlagseite des Schiffes, wie der Wasserstand erkennen läßt.

Als Staat durch das Panzerluk ins Zwischendeck klettert, erschrickt er. Der Raum ist mit gelbgrünen Pulvergasen angefüllt. Durch den Dunst sieht er Verwundete. Sie liegen an Deck. Ein Arzt und Sanitäter verteilen Morphiumspritzen. Ihre Bewegungen wirken mechanisch.
Weiter, immer weiter. Nach oben, nur raus aus dem Schiff. In der an den Schornstein angrenzenden Abteilung im Batteriedeck, einem Mannschaftswohnraum, findet Staat den Ersten Offizier und jene Kameraden wieder, die wie er die Kommandozentrale durch das Schott verlassen haben. Es sind annähernd 300 Mann in dieser Abteilung in der, wie unten, ebenfalls Wasser planscht. Und diese 300 Mann drängen und schieben sich, um durch das nach achtern zu führende Schott zu klettern … Die giftigen Pulvergase sind derart stark, daß sie das Atmen erschweren. Die Lungen sind verpestet, von dem beißenden Zeug. Wer eine Gasmaske bei sich hat, setzt sie auf. Wer keine hat, droht zu ersticken, wird von Hustenanfällen geschüttelt.
Das mittschiffs nach oben führende Luk ist verklemmt. Immer wieder versuchen einige Männer, es zu öffnen. Unmöglich. Also bleibt nur der Weg nach achtern, denn vorn brennt das Schiff. Da ist kein Weiterkommen und kein Rauskommen. Staat schließt sich an. Er schwimmt nun mit in dem Haufen, der nicht weniger werden will. Auf einmal sieht Staat etwas Grünes vor seinen Augen vorbeizucken, einen blaugrünen Strahl, so in der Farbe des Phosphors. Bruchteile einer Zehntelsekunde später flammt es Achterkante Schornsteinmantel grellrot auf. Staat wird mit großer Wucht gegen die Außenbordwand geschleudert. Als er sich aus der Whooling herausgewühlt hat, glaubt er zu erkennen, daß dort, wo die Granate den Zitadellpanzer durchschlug, ein dicker Strahl Wasser in den Raum eindringt. Hat die BISMARCK schon so viel Schlagseite, daß das Schiff mittschiffs bereits bis in Höhe des Batteriedecks im Wasser liegt? Oder geht draußen die See so hoch gegen die Backbordseite an?
Es sind nicht viele, die diese Granatdetonation ohne Schäden überstanden oder überlebten. Als Staat sich über Verwundete, Leblose, Zerfetzte, Tote bis an das Schott vorangearbeitet hat, steigt er mit zwei weiteren Kameraden in den Nebenraum. Hinter sich riegeln sie das Schott wieder wasserdicht ab. Der Raum, in dem sie nun stehen, ist überfüllt, wie der andere es war. Es hilft nichts. Sie müssen die Nerven behalten. Sie dürfen jetzt nicht durchdrehen. Nur schrittweise kommen sie voran. Drau-
ßen dröhnen die Einschläge. Und die Luft ist erfüllt mit Schreien und Rufen der Verwundeten.
Meter für Meter schieben sie sich weiter nach achtern, immer gegenwärtig, daß wieder eine Granate den Zitadellpanzer durchschlägt. Im Unterbewußtsein registrieren sie, daß die Einschläge jetzt weniger werden. Und auch, daß sie in einem bestimmten Rhythmus mit längeren Pausen abwechselnd einfallen. Die Männer drängen sich den Gang neben der achteren Kantine entlang. Und hier, im Vorraum der Proviantausgabestelle, ist noch ein begehbarer Niedergang.
Staat stellt verwundert fest, daß die dicken Glasfenster noch unbeschädigt sind, als er nun gleich mit dem nächsten Schub von fünf Mann nach oben und nach draußen muß. Durch das Glas haben sie bereits die Lage beobachtet, nämlich die bis in die Höhe des Aufbaudecks hinauflangende See. Wenn die grüngrauen, gischtüberzogenen Wassermassen wieder ablaufen, reißen sie Leute vom Deck mit sich, jene Kameraden, die vor Staat und seiner Gruppe nach draußen sprangen. Eine neue See brandet heran. Wer jetzt im Wasser schwimmt, wird mit Wucht gegen das Schiff, gegen die Aufbauten geschleudert. Nicht alle überstehen diesen Aufprall.
»Also paßt auf … wenn der Brecher abläuft … dann raus … um Turm »Cäsar« herum … auf Steuerbordseite … Jetzt!«
Die Männer stürzen hoch, als sich die See anschickt, abzulaufen. Staat hat ein Lichtkabel gepackt. Doch ehe ein neuer Brecher anrollt, ist er oben auf dem Aufbaudeck, dort, wo die Frischkartoffeln aufbewahrt wurden. Staat schließt die Augen. Was er sieht, jagt ihm eisige Schauer durch den Leib. In seinem Gehirn rotieren rote Nebel. Hier oben, wo sich Verwundete hingerettet haben mögen, schlugen Granaten ein … Sie zerfetzten, wer hier lag. Der Maschinengefreite klettert nach achtern.
Bis zur Barbette vom Turm »Dora« Tote, nichts als Tote. Diese Kameraden haben offenbar versucht, unter dem hinteren Turmteil Schutz zu finden. Es ist grausam. Es ist nicht mit Worten zu beschreiben.
Auf dem Wege nach Steuerbord achtern muß Staat an einem Unteroffizier von der Flak vorbei. Dem Maaten fehlt ein Bein. Er liegt an Deck und ist bei vollem Bewußtsein. Er fleht Staat an: »Wirf mich ins Wasser, Kumpel … Wirf mich doch rein …«
Staat sieht weg. Er darf dem Kameraden ja nicht diese verzweifelte Bitte erfüllen. Nie wird er dieses Bild verges-

sen, nie die bittend und flehend erhobene Hand mit den verkrampften Fingern, mit dem großen Siegelring.

Und helfen kann er nicht. Keiner an Bord wird diesem Kameraden mehr helfen können. Nur seine Schmerzen könnten sie mit einer Morphiumspritze lindern. Aber wo sind die Ärzte, wo die Sanitäter, die nicht wissen, wo sie zuerst anpacken sollen? Vorausgesetzt, daß sie überhaupt noch leben.

Staat läßt sich erschöpft neben der Reling fallen. Er zögert noch, in die See zu springen. Dabei sieht er nach links. Zieht sich doch da ein Kumpel die Hose aus. Welch ein Unsinn, denkt Staat. Alte »Absaufspezialisten« haben es ihm verraten: Bloß nichts auszuziehen bei kalten Wasser. Soviel anbehalten wie nur möglich. Er will es dem Kumpel zurufen, der jetzt eben die Hose über den Schuh ziehen will. Irgendwo ist ein Krachen, eine Granatdetonation. Auf einmal ist von den Beinen und dem Unterkörper nichts mehr da. Der Oberkörper kippt nach hinten, überschlägt sich und fällt ins Wasser …

Staat durchwühlt hastig und nervös seine Taschen. Er sucht nach seinen Zigaretten. Donnerwetter, durchfährt es ihn auf einmal, die Steuerbordseite kommt ja immer höher aus dem Wasser heraus. Er sieht nach Backbord. Das Backbordoberdeck wird schon von der See überspült. Du mußt, das Schiff wird gleich kentern … mahnt eine Stimme …

»Ich habe nicht an Sterben gedacht, nur daran, wie wird das alles ausgehen. Ich bin gesprungen und kam gut frei. Im Wasser lag ich auf dem Rücken, den Blick zum Schiff gewandt. Mit Beinen und Armen arbeitete ich mich weg, um nicht in den Sog zu kommen. Ich konnte genau beobachten, wie sie oben noch standen, wie die anderen dann sprangen. Einige schlugen dabei auf die Panzerung auf, andere auf die Schlingerleisten.

Als das Schiff kenterte, kletterten ein paar Mann auf dem nun aus dem Wasser sichtbar werdenden Teil des Rumpfes mit. Sie machten keine Anstalten, sich zu retten.

Sie blieben auf dem Kiel und fuhren, die Hand zum letzten Gruß erhoben, mit der BISMARCK in die Tiefe hinab, als das Schiff plötzlich über den Achtersteven versank.«

*

Hans Riedel, der Ansetzer im Turm »Cäsar«, steigt mit seinem Kameraden, dem Matrosen Heller, als letzter durch das Luk nach draußen. Da der Gegner jetzt nicht mehr schießt, teilen die beiden nicht das Schicksal ihrer Kameraden, die vor ihnen ausstiegen und in das noch deckend liegende Gegnerfeuer hineingelaufen sind. Der Zufall will es, daß Riedel seinen besten Freund unter den Überlebenden an Oberdeck trifft, Adi Eich, aus der achteren Rechenstelle: »Wie bist du von da unten noch rausgekommen?« Eich nickt und sagt: »Das erzähle ich dir später einmal. Hast du nicht 'ne Zigarette?« Riedel hat ein Päckchen bei sich. Schweigend rauchen sie beide. Sie machen nur ein paar Züge, dann ziehen sie sich bis auf das Unterzeug aus, binden die Schwimmwesten um und springen zusammen ins Wasser.

Aber nicht alle, die sich auf das Oberdeck durcharbeiteten, haben Hoffnung, im Wasser schwimmend aufgefischt zu werden. Sie haben sich an Deck umgesehen und dann kehrtgemacht. »Tschüß, Kameraden«, sagt einer von ihnen und klettert wieder in die BISMARCK hinein. Auch Pistolenschüsse knallen an Deck. Unter denen, die nach den Tagen der Überbeanspruchung von der Last der Aussichtslosigkeit erdrückt werden, ist auch ein Fliegeroffizier.

*

Der Matrosengefreite Eich war einer von denen, die versucht hatten, aus der achteren Rechenstelle auf dem normalen Weg über die Niedergänge heraus und an Oberdeck zu kommen. Nein, da war wirklich kein Durchkommen mehr, dann könnte man sich genauso wie der Stabsoberfeldwebel Adams hier unten hinsetzen, noch eine Zigarette rauchen und das sichere Ende abwarten …

Als Adi Eich über die Niedergänge vom unteren über das mittlere und obere Plattformdeck durch das offene Panzerluk in das Zwischendeck eingestiegen war, drängte es ihn, vor dem Aussteigen noch einmal in sein Wohndeck und an seinen Spind zu gehen. Einen Augenblick zögerte er, als er von unten in die schmale Abteilung V mit dem Postschapp und den Sanitätsspinden an der Bordwand kam, nach voraus in seinen nebenan liegenden Wohnraum zu klettern. Von hier hatte man durch die wegen der Verwundetentransporte offenstehenden Verbindungsschotten einen guten Durchblick nach achtern. Was Eich sah, ließ ihn frösteln. Lagen schon im Nebenraum Verwundete, so sah er hinten am »Adolf-Hitler-Platz«[404] einen schwer verwundeten Kameraden dicht neben dem anderen. Hier lagen, wie andere Überlebende zu berichten wissen, Hunderte, denen die Ärzte und Sanitäter keine andere Hilfe als schmerzlindernde Injektionen bieten konnten.

Angesichts dieser vielen Verwundeten wurde Eich die ganze Schwere der Lage klar. Nur keine Sekunde verlieren, um aus dem Schiff herauszukommen. Er ließ von der Absicht ab, aus seinem Spind Sachen, die ihm lieb und heilig waren, herauszuholen. Nur raus, nur schnell hier raus. Er wollte gerade ein paar sich an ihm vorbeischiebenden und nach achtern zu laufenden Kameraden folgen, als es hinten beim »Adolf-Hitler-Platz« grellrot aufblitzte. Eich sprang sofort zurück und durch das Schott in die Abteilung VII, seinen Wohnraum, hinein. Er preßte sich hinter dem Schott an die Seitenwand. In diesem Augenblick knallte es wieder. Als er durch das Schott nach achtern blickte, bot sich ihm ein Bild der Vernichtung. Durch den Detonationsqualm hindurch sah er hinten das wabernde Rot aufflackernder Brände, immer wieder verdeckt von schemenhaften Gestalten, von taumelnden, von stürzenden Menschen.

Und dann die Schreie, diese fürchterlichen Schreie ... In die achtere Verwundetensammelstelle war ein Volltreffer hineingefahren. Wer dabei nicht getötet wurde, drohte, wie seine Kameraden zu ersticken, zu verbrennen.

Eich sah keine Möglichkeit mehr, von hier nach draußen zu kommen, zumal durch seinen Wohnraum noch immer andere Kameraden nach achtern zu strebten, weil im vorderen Teil des Schiffes alle Panzerluken über dem Batteriedeck verklemmt seien. Dieses riefen ihm diese Männer jedenfalls zu, Kameraden, die angesichts der Brände im achteren Zwischendeck nun völlig ratlos und hilflos wurden. Als Eich in den Raum beim Postschapp zurücksprang und durch das Panzerluk wieder nach unten, wieder in das Schiff hineinkletterte, folgte ihm nur einer dieser Kameraden ...

Die andere Möglichkeit, an die sich Eich noch klammerte, war der aus der Schaltstelle neben der achteren Rechenstelle in den achteren Stand hinaufführende Kabelschacht. Andere Kameraden hatten ihn schon vor Eich benutzt. Das in der Wand eingebaute Luk steht offen, als der Matrosengefreite die Schaltstelle betritt. Eich entert die kalten, feuchtklebrigen Steigeisen, die in dem durch die vielen Kabel verengten Schacht nach oben führen. Als er nach dem letzten Eisen mit der linken Hand über den Rand des Schachts hinauslangt und auf dem Deck der achteren Rechenstelle nach einem Halt sucht, fühlt er ein Bein. »He, Kumpel«, ruft er nach oben, »mach dich man nicht so breit.«

Als der da oben sich aber nicht rührt, schiebt sich Eich weiter nach oben. Er zwängt sich in den achteren Stand hinein. Das Bein, was er vorher gepackt hatte, gehört dem Bootsmann Puttnis. Er lebt nicht mehr, er und einige andere, die in diesem Stand ihre Gefechtsstation hatten. Aber der verantwortliche Leiter, Kapitänleutnant Müllenheim-Rechberg, ist unverletzt. Er hat die Jacke abgeworfen und die Manschetten und Ärmel seines weißen Uniformhemdes aufgekrempelt. Er wartet, bis die Männer den Stand geräumt haben. Er verläßt seine Station als letzter auf einen Weg, den Eich als möglich bezeichnet.

*

Müllenheim-Rechberg in seinem späteren Bericht an Junack: »In meinem Stand waren allmählich mehr und mehr Männer erschienen, die sich von irgendwoher dorthin gerettet hatten und denen der Stand eine Art Rettungsinsel erschien. Sie kamen zum größten Teil durch den von der achteren Artillerierechenstelle nach oben führenden Notausgang. Einige von ihnen waren verwundet, ja so schwer verwundet, daß sie sich kaum bewegen konnten. Ich gab den Befehl zum Verlassen des Standes erst, als nach dem eigenen Feuereinstellen auch der Gegner das Feuer beendet hatte.

Das sich an Oberdeck bietende Bild ist schwer zu beschreiben. Von der gesamten Flakarmierung um den achteren Stand herum war auch nicht mehr eine Spur zu sehen. Die Scheinwerfer und ihre Stände waren hinweggefegt, der Schornstein durchlöchert, aber noch aufrecht stehend. Ich blickte nach oben und sah den Vormars und den oberen Flakleitstand herausragen. Auf ihm waren noch Menschen sichtbar.

Ein Schreiten im üblichen Sinne war kaum möglich. Es war ein wahres Klettern und Springen, bedingt durch Löcher im Deck und durch herumliegende Schiffsteile aller Art. Auf der Steuerbordseite des Aufbaudecks sah ich die Leiche eines Stabsoffiziers. Vom Aufbaudeck ließ ich mich aufs Oberdeck herab. Von dort sah ich auf den Turm »Dora«; ein Rohr war völlig zerfetzt und ließ entweder einen Rohrkrepierer oder einen Treffer auf das Rohr vermuten. In 2 000 bis 3 000 Meter Entfernung lag einer unserer Gegner mit auf uns gerichteten Rohren. Eine Gruppe von Überlebenden hatte sich auf der Steuerbordseite voraus vom Turm »Dora« versammelt und wartete auf den geeigneten Zeitpunkt, um das Schiff zu verlassen. Über die See achteraus war schon eine lange Reihe von Köpfen Schwimmender zu sehen, die schon vorher, da ja der Befehl bereits gegeben war, das Schiff verlassen hatten.«

*

»Als ich dann aus dem achteren Stand herauskam«, so berichtet Eich später, »habe ich in der Höhe der MA nach einem Platz an der Steuerbordseite suchen müssen, wo ich hinausspringen konnte. Ich sah kaum eine Handbreit freies Deck. So dicht beieinander lagen hier die Toten. Vorsichtig bin ich dann heruntergestiegen. Als ich versuchte, nach achtern durchzukommen, sah ich ein grausiges Bild an einem der Luftschächte, durch die den Maschinenräumen Frischluft zugeführt wurde. An dem Gitter, das den Zufuhrschacht nach außen hin abschirmt, sah ich das Stück von einem Collani[405] hängen. Wieso kommt denn hier jetzt ein Collani an das Gitter? Ist denn die Frischluftzufuhr für die Maschinenräume noch immer in Betrieb? Das Schiff sollte doch gesprengt werden …? Als ich näher hinsah, entdeckte ich das Entsetzliche. Der Collani bedeckte die Reste eines Kameraden …

Auf dem weiteren Weg nach achtern sprangen mich noch mehr solcher fürchterlichen Bilder an. Wie gut war es, daß wir so erschöpft und so abgespannt waren, daß wir dieses Grauen, durch das wir wateten, gar nicht mit wachem Bewußtsein in uns aufnahmen. Als ich mich bis hinter Turm Dora vorgearbeitet hatte, entdeckte ich das ausgezackte Loch im Deck. Hier also war jene Granate hineingefahren, die das Batteriedeck durchschlug und im Raum der achteren Verwundetensammelstelle detonierte. Tief unten wütete Feuer.

Als ich mich vorbeigetastet hatte und dann noch einmal umdrehte, sah ich, wie zwei der hier hin- und herlaufenden Kameraden in ihrer Aufregung dieses Loch übersahen. Ich konnte sie nicht mehr warnen. Sie stürzten in das Feuer hinein, zwei Kumpel, die schon an Oberdeck waren und die sich, nachdem der Gegner endlich das Feuer eingestellt hatte, schon gerettet glaubten.«

*

Und hier ist der weitere Bericht, den der Maschinenmaat Gerhard Klotzsche gab: »Als ich an Oberdeck kam, es waren nur noch wenige Ausgänge offen, sah ich zum erstenmal das Ausmaß der Verwüstung. Tote Kameraden lagen drei- und vierfach übereinander. Sie waren sicherlich an Deck gegangen, als wir noch unter Beschuß lagen. Vor Turm D (= Dora), der einen Rohrkrepierer hatte, saß ein Teil der Turmbesatzung mit schweren Brandverletzungen. Sie hatten knallrote Köpfe, hervorgequollene Augen und kurz verbrannte Haare. Es war ein Bild des Grauens. Aber es können nur Minuten gewesen sein, die ich an Oberdeck war. Das Heck hing schon tief im Wasser, und das Schiff hatte eine starke Krängung nach Backbord. Schnell hatte ich mich meiner Lederbekleidung entledigt und die Schwimmweste aufgeblasen. Ich erreichte noch zur Zeit die Steuerbordseite, um an der Bordwand bis zum Schlingerkiel hinunterzurutschen. Von dort sprang ich ins Wasser. Es zog mich sofort in die Tiefe. Arme und Beine konnte ich nicht mehr an mir halten. Ich hatte mich schon aufgegeben, als ich wie ein Stehaufmännchen wieder nach oben schoß. Von der BISMARCK war nichts mehr zu sehen. Zum Glück war unser Schiff nicht wie ein Stein abgesackt, sondern kieloben mit dem Heck zuerst in die Tiefe abgerutscht.«

*

Gerhard Schäpe von der X. Division sagt aus: »Das Licht funktionierte fast bis auf die letzte Minute. Mein Divisionsoffizier stand am Luk. Sachlich und ruhig wie beim Gefechtsdienst gab er Verhaltensmaßnahmen. Er wartete, bis der letzte Mann aus der Abteilung an Oberdeck war. Der Engländer schoß noch aus allen Rohren. Das Oberdeck bot einen traurigen Anblick. Das Schiff neigte sich nach Backbord. An der Steuerbordseite lagen die Toten und Verwundeten, denen man nicht mehr helfen konnte. Ein 38er-Rohr war von einem Rohrkrepierer so zerschlissen, daß es einer Bananenschale glich.

Der Mast, der unsere Flagge trug, war gebrochen und hing nach achtern. Als sich das Schiff immer mehr neigte, hieß es: »In den Bach!«

*

Und hier der Bericht des Maschinengefreiten H. Budich: »Als Leichtverletzter erlebe ich, wie der Hauptgefechtsverbandsplatz durch Volltreffer ausgelöscht wird. Inzwischen ist der Befehl zum Aussteigen gegeben worden. Der Maschinengefreite Georg Schmidt und der Maschinengefreite Schneider von der XII. Division helfen mir nach oben. Ein Händedruck, ein Gruß an die Eltern und ein Tritt in den Mors … Das ist unser Abschied. Ich soll die beiden Kameraden nie wiedersehen …

Wie aber sieht es an Oberdeck aus: Der Turm der MA Steuerbord Drei liegt bis Unterkante Turm voller toter Kameraden. Ich halte mich an den Wanten des Niedergangs fest und rutsche vom Oberdeck auf das Batteriedeck. Hier nimmt mich Kamerad Janzen in Empfang. Er reichte mir ein Stück Schokolade, und langsam komme ich wieder zu mir. Und als der Bootsmann Bube schreit: »Turm ›Dora‹ fliegt in die Luft«, springen wir ins Wasser. Mein Kamerad hilft mir dabei. Hurras klingen auf. Das Deutschlandlied erstirbt im Tosen der See …«

*

Da das Schott der Munitionskammer für den Steuerbord-III.-Fünfzehnzentimeter-Doppelturm verschlossen ist, bleibt Paul Hillen und seinen Kameraden nur der Weg über den Munitionsaufzug. Er gelangt glücklich in das Zwischendeck. Er sucht hier und im Batteriedeck vergeblich nach einem Ausgang, und da in den vorderen Abteilungen Brände wüten, schlägt er sich nach achtern zu durch. Auf der Backbordseite, in Höhe der Kantine, drängen sich die schon im Wasser stehenden Kameraden dicht an dicht. Paul Hillen macht kehrt. Wenn nicht an Backbord, dann wird sich vielleicht noch an Steuerbord eine Möglichkeit bieten, nach draußen zu kommen. Er öffnet das Schott für die Abteilung X Mitte. Hier sieht er die Kameraden von den Prisenkommandos, meist ältere Männer, Reservisten, die im Frieden als Seeleute Dienst bei der Handelsschiffahrt taten. Die meisten sitzen auf den Backskisten. In diesem Augenblick durchschlägt eine Granate die Decke und den Boden dieses Raumes. Sie krepiert in der darunterliegenden Abteilung im Zwischendeck. Die Splitter durchsieben den Boden. Von den Kameraden vom Prisenkommando fallen viele aus. Wer von ihnen verwundet ist, bleibt dennoch sitzen. Sie winken resigniert ab, als Hillen ihnen zuruft, ihm zu folgen.

Hillen versucht sein Glück an der Steuerbordseite. Dort, wo sich die Waschräume und Toiletten für das Maschinenpersonal befinden, in Höhe des achteren Aufbaudecks, dort versucht er eines der Oberlichter aufzudrehen. Vergeblich. Schließlich sieht er im Gang im Schein seiner Taschenlampe einen unter dem Turm »Cäsar« in das achtere Aufbaudeck mündenden Munitionsschacht für die Zwozentimeter. Aber er reicht nicht heran, um das hochliegende Schott zu öffnen. Er rennt nach Backbord, dorthin, wo sich noch immer die Kameraden in Höhe der Kantine stauen. Ein paar Mann folgen seinem Ruf. Paul Hillen hilft erst den Kameraden nach oben und nach draußen, dann bückt sich einer für ihn. Er steigt dem Kumpel auf den Rücken und die Schulter.

Und der letzte?

Paul Hillen tritt an die Steuerbordreling heran. Er hört Stimmen, laute Rufe. Und dann sieht er auf dem Vorschiff 20 oder 30 Mann. Dazwischen ist einer, Hillen irrt sich nicht, mit einer weißen Mütze. Eine weiße Mütze trägt an Bord deutscher Kriegsschiffe nur der Kommandant. Einer aus dieser Gruppe winkt und ruft ihm zu: er solle sich auf der Back einfinden, wo sich die letzten Überlebenden sammeln. Aber der Weg nach vorn ist mit Trümmern verbaut. Brände lodern wild. Paul Hillen kämpft sich daraufhin bis zum Achterschiff durch. Er ist hier einer der letzten, der sich von der achtern schon tief im Wasser liegenden, jetzt stark nach Backbord gekrängten BISMARCK in die See gleiten läßt.

*

Während in den Turbinen- und Kesselräumen die Kondensatoreneintritte und Boden-Seeventile gesprengt werden, stellt Obermaschinist Schmidt die Leckpumpen, soweit klar, zum Fluten der Räume innerhalb seines Bereiches um.

Schmidt sagt weiter: »Von den auftreffenden Torpedos des Schweren Kreuzers DORSETSHIRE merkte ich in meinem Bereich nichts, da der MES-Umformer[406] beim Turm ›Cäsar‹ im Zwischendeck bis zum Kentern des Schiffes ohne Störung lief. In dieser Zeit bekomme ich einen weiteren Befehl durch Läufer: ›Alle Mann an Oberdeck.‹

Im Zwischen- und Batteriedeck in meiner Nähe sind alle Niedergänge und Panzerluks weggerissen oder verklemmt. Der Aufstieg gelingt zum Teil nur durch Munitionsaufzüge.

An Oberdeck: Das Schiff liegt mit Backbordschlagseite treibend in der schweren See, Feuer und beißende Rauchsäulen steigen aus den Aufbauten auf. Kein Treffer der Schweren Artillerie hat den Gürtelpanzer und die 38er-Türme durchschlagen. Vom Turm ›Dora‹ ist das rechte Rohr durch Rohrkrepierer auf halber Länge weggerissen.

Die Turmpanzer sind durch schwere Treffer etwa vier bis fünf Zentimeter tief eingefressen, mehr aber auch nicht. Das noch junge Bordpersonal hat sich auch während des letzten Kampfes in jeder Hinsicht gut gehalten, getragen in erster Linie von seiner Pflicht als Soldat. Panikszenen sind mir nicht bekannt. Wir Überlebenden sammeln uns auf der Schanze. Die Nationalhymne wird gesungen. Unser letzter Gruß gilt den toten Kameraden und denen, denen wir nicht helfen können.

Außer ein paar Flugzeugen, die über uns kreisen, ist von dem Gegner weit und breit nichts mehr zu sehen. Wir haben alle unsere Schwimmwesten angelegt. Mit Backbordschlagseite sinkt die BISMARCK immer tiefer, und ich gehe über das Heck in das Wasser.«

*

Von besonderem Interesse sind die Aussagen von Kapitänleutnant (Ing.) Junack, der seine Station im Turbinenraum Mitte hatte und hier als letzten Befehl: »Schiff klarmachen zum Versenken« über den Maschinenleitstand vor Ausfall der BÜ-Anlagen durchbekam: »Die Sprengladungen werden inzwischen am Kühlwassereintritt angebracht. Als es oben immer ruhiger wird, schicke ich meinen besten Unteroffizier zum Maschinenleitstand mit der Frage nach weiteren Befehlen. Der Mann kommt aber nicht wieder.

Ich sehe mich daher gezwungen, auf eigene Verantwortung zu handeln.

Noch ein letzter Rundgang durch den Raum, alle Schott-Türen zu den Wellentunneln werden geöffnet, dann schicke ich die Raumbesatzung ins Zwischendeck und gebe dem Turbinenobermaschinisten den Befehl, die Sprengladung abzuziehen. Als Letzter verlasse ich den völlig klaren, hellerleuchteten Turbinenraum, während nach dem letzten Maschinenkommando die Maschinen immer noch »Kleine Fahrt voraus« laufen. Im Zwischendeck ist ebenfalls alles hell erleuchtet, richtige Sonntagsstimmung.

Erst im Batteriedeck sehen wir die Auswirkungen des Kampfes: Einschußlöcher und Brände.

Jetzt hören wir auch die Detonationen unserer Sprengpatronen im Turbinenraum. Nach voraus ist kein Durchkommen. Achteraus stoßen wir auf einen großen, ziemlich kopflosen Menschenhaufen, der offenbar auch nicht weiterkommt. Ich arbeite mich hindurch und mahne zur Ruhe, worauf die Männer sofort gehorchen, als sie den Offizier erkennen. Ich stelle fest, daß das Panzerluk in halboffener Stellung klemmt und die Leute sich nur mühsam mit ihren Gasmasken und aufgeblasenen Schwimmwesten hindurchzwängen können. Erst als ich die Schwimmwesten abnehmen lasse und die übrige Gefechtsausrüstung weggeworfen wird, kommen sie fließend durch nach oben. Als Letzter steige ich an Oberdeck.

Zwischen den achteren Türmen sammeln sich fünf jüngere Offiziere und mehrere hundert Mann, die sich zum Überbordspringen klarmachen.

Der Feind schießt kaum noch. In der Mitte des Schiffes steht eine Rauchwand, so daß man nicht erkennen kann, was vorn los ist. Nur der Gefechtsmast ragt aus dem scharzen Qualm hervor.

Die Rohre der achteren Türme stehen kreuz und quer in der Gegend, ein Rohr ist anscheinend infolge eines Rohrkrepierers trichterförmig aufgerissen. Die Flagge weht immer noch vom achteren Mast.

Nur vereinzelt habe ich hier gefallene Kameraden gesehen und wenig Verwundete. Inzwischen sinkt das Schiff immer tiefer. Die See, es herrscht Seegang fünf bei strahlendem Sonnenschein, spült schon über das Achterdeck, und man spürt deutlich, daß das Schiff kentern will. Da lasse ich die Leute herumschließen.

Nach dreifachem »Sieg Heil« gebe ich den Befehl zum Aussteigen. Wir sind kaum von Bord, da kentert das Schiff. Die Letzten rutschen noch über die Bordwand und steigen über den Schlingerkiel. Im Schiffskörper sind keine Torpedotreffer zu sehen. Nach kurzer Zeit geht die BISMARCK über den Achtersteven auf Tiefe.«

27. Mai 1941, 09.36 Uhr Bordzeit.

Über die Endphase der BISMARCK bleibt zu sagen:

… Ihr Mast war weg, ihre Kommandotürme waren zerschlagen, der Schornstein war verschwunden. Ihre sämtlichen Boote waren zerstört. Die zertrümmerten und gebrochenen Geschütztürme hingen wirr nach allen Seiten, und die Geschützrohre schauten gen Himmel oder hinunter auf die See. Die geknickten, verkrümmten Stahlträger und Panzerplatten, die einst ihren Oberbau gebildet hatten, glühten erst rot, dann unheimlich weiß, während die Flammen von innen höher und höher schlugen.

Doch die BISMARCK starb nicht.

Sie war zweifellos das zäheste und der Unzerstörbarkeit am nächsten kommende Schiff, das je gebaut wurde. Sie hatte Treffer über Treffer von der PRINCE OF WALES bekommen, sie war von Hunderten schwerer, panzerbrechender Geschosse der KING GEORGE V., der RODNEY, der NORFOLK und der DORSETSHIRE getroffen worden. Sie war von Flugzeugen der ARK ROYAL und VICTORIOUS torpediert worden und war jetzt, während ihrer letzten Schlacht, wiederum torpediert worden von der RODNEY und der NORFOLK. Doch unglaublicherweise lebte sie immer noch. Kein Schiff der Seekriegsgeschichte hatte je auch nur die Hälfte dessen durchgemacht, was die BISMARCK ertrug. Und sie hatte auch dieses überlebt. Es war umheimlich.

Und sie sollte ihr Ende nicht durch Granaten der Schweren Geschütze der beiden Schlachtschiffe finden, die sie zu einem Krüppel geschlagen hatten … Jedenfalls wendeten RODNEY und KING GEORGE V., die ihre Aufgabe erfüllt hatten,[407] und nahmen Kurs Heimathafen.

Die BISMARCK ergab sich nicht.

Hoch flatterte ihre Flagge auch dann noch, als die DORSETSHIRE sich dem leblosen Wrack näherte und aus nächster Nähe drei Torpedos auf sie schoß. Fast sogleich legte sie sich ganz seitlich über, ihre Flagge tauchte ins Wasser, dann drehte sie sich kieloben und verschwand in den Wogen, lautlos bis auf das Zischen und Blasenwerfen, mit dem der kalte Atlantik sich über dem glühenden Stahl schloß. Die Jagd war vorbei. Die HOOD ist gerächt.«

Lassen wir einen weiteren Briten zu Wort kommen, der sich ebenfalls mit dem Schicksalsweg der BISMARCK befaßt hat, den schon erwähnten Alistair MacLean. Er schreibt über das Ende des deutschen Schlachtschiffes: »Beim Rückblick auf die Ereignisse neigen unsere Sympathien dazu, der BISMARCK zu gehören, die als wehrlose Beute immer hilfloser auf dem Wasser lag und unbarmherzig zu Tode gehetzt wurde. Doch damals kam wohl kein Gedanke an Gnade auf. Es gelten nur Rache und Vernichtung …«

Die Rettung BISMARCK-Überlebender:
Schwerer Kreuzer DORSETSHIRE · Zerstörer MAORI · U 74 · Wetterbeobachtungsschiff 7

Über den weiteren Verlauf des Geschehens und die Rettung der ausgestiegenen Männer sei aus der Feder von Junack berichtet: »Schon vorher hatten wir einen englischen Kreuzer um uns herumfahren sehen. Dieser Kreuzer – es ist die DORSETSHIRE – läuft jetzt über die Untergangsstelle und stoppt dann, uns aufzunehmen. Als 85 von den etwa 400 im Wasser Schwimmenden gerettet sind, nimmt der Kreuzer plötzlich Fahrt auf und läuft ab, angeblich, weil ein U-Boot gesichtet wurde. Es war aber, wie wir heute wissen, kein deutsches U-Boot in der Nähe.

Danach hat ein Zerstörer noch 25 Mann herausgeholt. Ein deutsches U-Boot rettete am Abend drei Mann, das deutsche Wetterbeobachtungsschiff (WBS) SACHSENWALD am nächsten Tag noch zwei Schiffbrüchige.

Offenbar sind die Personalverluste deshalb so hoch, weil größere Gruppen der Besatzung, vielleicht sogar auf Befehl, zu früh ausgestiegen sind und der Engländer naturgemäß erst nach dem Untergang mit der Rettung begann. Blutig sind sicher nur verhältnismäßig wenige gefallen.«

*

Lassen wir hier an Hand der Aussagen Geretteter noch einige Beispiele über das Schicksal derer folgen, die den Endkampf der BISMARCK überlebten.

Da sind weiter die Erklärungen des Kapitänleutnants Müllenheim-Rechberg: »In der See fanden wir uns, in dichten Ballen gedrängt, wieder. In ungefähr 150 Meter Abstand von der BISMARCK wandte ich mich um und beobachtete, wie das Schiff sich langsam nach Backbord drehte. Dabei kam die Steuerbordseite ganz heraus, und ich suchte sie intensiv nach Beschädigungen ab. Es war mir aber nicht möglich, auch nur eine Schramme zu erkennen. In achterlastigem Zustand versank die BISMARCK langsam. Der Bug richtete sich steif auf und das Schiff verschwand.«

*

Obermaschinist Schmidt berichtet über seine Rettung: »Die Wassertemperatur beträgt neun Grad. Die Schwimmwesten tragen gut. Alle, die im Wasser treiben, es sind etwa 400 bis 500 Mann, bleiben möglichst zusammen. Ich bin ungefähr 100 Meter von der BISMARCK entfernt, als das Schiff nach Backbord kentert. Für kurze Zeit treibt es kieloben. Dann versinkt es nach achtern.[408] Es mögen ein bis anderthalb Stunden vergangen sein, als ich am Horizont hoch und nieder torkelnde Mastspitzen erkennen konnte. Wenig später sehe ich, als mich eine Welle nach oben treibt, daß sich uns ein Kreuzer nähert. Das Schiff läßt sich, quer zur schweren See liegend, auf die Untergangsstelle der BISMARCK zutreiben. Überall an der Reling hängen bereits Rettungsleinen herunter. Mittschiffs entdeckte ich an der Leeseite, also an Steuerbord, eine dicke Manilatrosse mit einem Auge am Ende. Auf diese halte ich zu. Vor mir sind schon einige Kameraden hochgehievt worden, als es mir endlich gelingt, das Auge zu packen und über den Arm zu streifen.

Der Kreuzer, es handelt sich um den Schweren Kreuzer DORSETSHIRE, nimmt kurze Zeit danach Fahrt auf. Es sind bis jetzt nur 85 Überlebende aufgenommen worden. Viele bleiben zurück. Meiner Meinung nach hätten mindestens 500 Überlebende gerettet werden können, wenn diese letzten britischen Schiffe, die DORSETSHIRE also und der Zerstörer, nicht abgelaufen wären. Es heißt, daß ein U-Boot-Alarm der Grund für den Abbruch der Rettungsaktion gewesen ist.«

Hein Staat über seine Rettung: »Über die Zeit im Wasser ist mir nichts in Erinnerung geblieben. Ich weiß nicht mehr, wer neben mir schwamm und ob überhaupt ein Kamerad in meiner Nähe trieb. Eines aber sehe ich noch so deutlich wie damals vor mir: den britischen Kreuzer. Ganz plötzlich tauchte er vor meinen Augen auf. Er war auf einmal da und dabei so nahe, daß ich mich mit dem Fuß vom Bug abstoßen mußte. Dadurch geriet ich auf die Backbordseite, die Luvseite des Schiffes, während der überwiegende Teil meiner Kameraden in Lee aufgepickt wurde.

Die Engländer taten alles für unsere Rettung. Sie hatten Tampen bis in Höhe der Wasserlinie heruntergelassen. Aber ich kam einfach nicht heran. Die hochgehende See riß mich bei ihrem Zurücklaufen immer wieder mit sich zurück. Schließlich haben die britischen Seeleute an Deck des Kreuzers meinen verzweifelten Kampf bemerkt. Sie warfen mir einen Tampen zu, so genau und so gut, daß ich ihn gleich beim erstenmal packen konnte. Nun aber merkte ich erst, wie erschöpft ich war, denn als die Engländer den Tampen anzogen, rutschte mir das Tau durch die klammen Finger hindurch. Ich hatte einfach keine Kraft mehr, es fest anzupacken. Die ganze Zeit, die ich im Wasser lag, diese zwei Stunden, habe ich darauf geachtet, daß das Blut in Bewegung blieb, daß in keinem Körperteil eine Erstarrung eintrat. Die ganze Zeit über waren mir die Worte der Belehrung, die wir als Seeleute erhalten hatten, laut dröhnend in den Ohren gegenwärtig. ›Wenn der Körper im eisigem Wasser zu kalt zu werden droht, merkt man dies zuerst am Geschlechtsteil.‹[409]

Immer, wenn ich darin ein Stechen beobachtete, habe ich sofort wild mit Händen und Beinen gewühlt, um das Blut wieder in Bewegung zu bringen. Nun aber waren meine Hände so klamm und derart erstarrt, daß ich das rettende Tau nicht mehr festhalten konnte. In meiner Verzweiflung biß ich in den Tampen hinein. Und dann sah ich auf einmal die nasse, graue Bordwand an mir vorbeiziehen. Sie zogen mich höher und höher. Ich dachte bei mir: ›Nimmt das denn überhaupt kein Ende?‹

Und so haben sie mich dann oben auf das Deck gezerrt. Sie nahmen mir die Schwimmweste ab und transportierten mich in die Nähe des Maschinenraumes. Hier war es warm, hier gab man uns Decken, hier mußten wir uns ausziehen. Soweit wir dazu nicht in der Lage waren (wir flatterten ja am ganzen Leibe und wurden von einem Schüttelfrost nach dem anderen gepackt), halfen uns die Engländer dabei. Ich sehe noch immer einen britischen Seemann vor mir stehen. Plötzlich riß er sich sein eigenes Hemd vom Leib. ›Zieh das an‹, rief er mir zu, verschwand und kam dann mit einer Flasche an. Die Buddel enthielt Rum, und der erste Schluck schon wirkte belebend.

Wir sind auf dem Kreuzer DORSETSHIRE sehr gut behandelt worden. Der englische Smarting war oft in Hamburg, wie er uns erzählte. Und seine Erinnerungen an die Stadt und natürlich auch an die Reeperbahn sind, der kameradschaftlichen Behandlung nach zu urteilen, sicherlich die besten gewesen. Der Kommandant hatte das Pech, im Ersten Weltkrieg in deutsche Gefangenschaft geraten zu sein. Ein Glück aber für uns, daß er während dieser Zeit gut behandelt worden ist. ›Solange ihr bei mir hier an Bord seid, werdet ihr es genausogut haben‹ versicherte er immer wieder, wenn er durch das Schiff ging und sich um unser Befinden kümmerte.

Kameraden von uns, die völlig mit Öl verschmutzt aus der See herausgekommen waren, wurden sofort in weißbezogene Kojen gesteckt. Auf die weiße Wäsche wurde keine Rücksicht genommen. ›Rein mit den Leuten, sie müssen warm werden‹, verlangte der Kommandant. Wir erhielten dasselbe Essen wie die Engländer: fünf Mahlzeiten am Tage. Und wir bekamen auch 20 Zigaretten.

Als wir dann in Newcastle ausstiegen, haben die Engländer Seite gepfiffen.
Die Fallreepwache präsentierte.
Soweit ich die englischen Seeleute kennenlernen durfte, lasse ich auf sie nichts kommen. Gewiß, sie waren damals unsere Gegner. Nach dem Kampf haben sie sich aber so anständig und so hilfsbereit wie gute Kameraden gezeigt. ›Heute ihr, morgen wir‹, sagten sie.« Es dauerte dann auch nicht lange, da erwischte es dieses Schiff und seine Besatzung. Zusammen mit dem Schweren Kreuzer CORNWALL wurde es unter seinem neuen Kommandanten, Captain A. W. S. Agar, am 4. April 1942 südöstlich von Ceylon durch Bomben japanischer Trägerflugzeuge versenkt.[410]

*

Der Maschinengefreite Blum hatte erst beim zweiten Schiff Glück. Als die BISMARCK kenterte und über den Achtersteven in die Tiefe fuhr, schwamm Blum 200 Meter davon entfernt in der See. Er hatte sich dann bis an die DORSETSHIRE herangearbeitet, und es gelang ihm auch, eine der über Bord geworfenen Rettungsleinen zu packen. Gerade, als er sich das Tampenende um das Handgelenk törnen wollte, wurde er von einer schweren See zurückgerissen. Eine andere Welle trieb ihn wieder auf das Schiff zu, unglücklicherweise genau in Höhe des Stevens. Hier geriet Blum in eine fürchterliche Situation. Da der Kreuzer stillag und vor dem starken Wind treibend in der Dünung rollte und schlingerte und dabei auf und ab dümpelte, entstanden vorn am Bug gefährliche Strudel. Einer davon riß Blum mit in die Tiefe hinab. Der Maschinengefreite behielt aber einen klaren Kopf. Er erinnert sich auch heute noch wie damals genau daran, wie er mit seinen Händen jenen Teil des Schiffskörpers packte und abtastete, der am unteren Vorschiff den Übergang vom Steven zum Kiel bildet. Hier drückte er sich mit letzter Kraft ab und aus dem Strudel heraus. Als er wieder an die Oberfläche kam, trieb ihn die See von dem Kreuzer weg.
Schließlich entdeckte Blum, als er mit einer Welle auftrieb, ein anderes Schiff, einen Zerstörer. Es gelang ihm schließlich, sich an den Zerstörer heranzuarbeiten und es glückte ihm auch, bei der hochgehenden See die Reling mit den Händen zu packen. Aber jedesmal, wenn die Engländer zugreifen wollten, um ihn an Deck zu ziehen, zerrte ihn eine See wieder zurück. Bei dem fünften Versuch wurde Blum von einem besonders hohen Brecher auf das Oberdeck des Zerstörers geschleudert, von den englischen Seeleuten schnell gepackt und unter Deck geschleppt. Ihn wie auch seine Kameraden haben diese Engländer genausogut behandelt wie die britischen Seeleute von der DORSETSHIRE die dort Geretteten.

*

Hier noch einige Berichte zur Rettung Überlebender, ein jeder ein Seemannsschicksal für sich. Einmütig gipfeln die Aussagen aller Überlebenden in uneingeschränkter Hochachtung vor der Hilfsbereitschaft der britischen Seeleute. Diese an sich selbstverständliche seemännische Fairneß nach dem Kampf wog bei den meisten jungen Deutschen um so schwerer, als diese sich auf Grund der deutschen Presse- und Rundfunkberichte ein völlig falsches Bild vom britischen Seemann gemacht hatten. Dieses Zerrbild mag vielleicht mit Ursache dafür gewesen sein, daß ein Teil der Besatzung der BISMARCK den Befehl, das Schiff zu verlassen, gar nicht erst befolgte.

*

Daß inzwischen im weiten Umkreis stehende U-Boote zur Sicherung der manövrierbehinderten BISMARCK vom BdU angesetzt worden waren, war der BISMARCK-Besatzung nicht unbekannt geblieben. Zumindest rechneten die Männer damit. Daß aber auch die Royal Navy über den Einsatz und Ansatz deutscher U-Boote als Verfolger der BISMARCK informiert war, ist mit Sicherheit anzunehmen, denn am 9. Mai hatten die Briten das von Wasserbombendetonationen zum Auftauchen gezwungene U 110 eben noch vor dem Absaufen geentert. Die Seeleute des britischen Prisenkommandos erbeuteten im Boot die bei der Vorbereitung der Selbstversenkung im Nervenstreß der Notsituation nicht versenkten Geheimsachen, darunter die Schlüsselmaschine »M« und den dazugehörigen, so wichtigen Tagesschlüssel für die nächsten Wochen. Diese Geheimsachen, vom britischen Historiker F. Russel als »Geschenk aus dem Meer« apostrophiert, wurden auf dem schnellsten Wege angelandet, zur Britischen Admiralität gebracht und in Tag- und Nachtarbeit von Codespezialisten ausgewertet. Dem enormen Personalstab und den sachkundigen Mitarbeitern der britischen Decodierungszentrale in Bletchley Park fiel es nicht schwer, die erbeutete geheime deutsche Schlüsselmaschine »M« zu bedienen, zu entschlüsseln und als eines der Ergebnisse wissenschaftlicher Mühen vor allem den U-Boot-Tagesschlüssel zu nutzen, der ein problemloses, direktes Mitlesen der codierten deutschen Funksprüche ermöglichte.

Es darf mit Sicherheit angenommen werden, daß die vom BdU der Marinegruppe West der BISMARCK zur Kenntnis gefunkten U-Bootweisungen von der Britischen Admiralität anhand des Tagesschlüssels mitgelesen worden sind. Es ist daher auch durchaus möglich, daß die am 25. Mai 1941 den Briten verlorengegangene Fühlung zur BISMARCK, die ab 18.00 Uhr dieses Tages bis zum 26. Mai 1941, 10.30 Uhr, für 311/2 Stunden abgerissen war, wieder hergestellt werden konnte. Zu einer Zeitphase also, als Dönitz seine (wenigen) U-Boote auf den neuen St.-Nazaire-Kurs der BISMARCK durch Funksprüche einwies. Daß dabei um 10.30 Uhr ein Flugboot vom Typ ›Catalina‹ die BISMARCK entdeckte und meldete, könnte ja auch die Folge einer britischen Einweisung anhand der decodierten BdU-FTs gewesen sein. Zugegeben, daß diese Version eine abenteuerliche Spekulation ist, die aber so unwahrscheinlich nicht ist, denn: die Briten erbeuteten nämlich auf U 110 auch die gesamten Schlüsselunterlagen für das Codesystem HYDRA einschließlich der ganz geheimen Quadrattafel, die ihnen seit eh und je Kopfzerbrechen und Sorgen bereitete, die über 25 Jahre ein »top secret« für die Britische Admiralität blieb und, was speziell den »Fall Lemp« angeht, auch heute (1997) noch ist. Hier haben alle Briten, die Zeugen der Erbeutung von U 110 gewesen sind, über 25 Jahre geschwiegen (und sie schweigen, was Lemps tragisches Schicksal angeht, auch heute noch): der Kommandant des Zerstörers, seine Offiziere, Unteroffiziere und Mannschaften. Man kann es auch fridericianisch »Freiheit im Gehorsam« nennen, zu schweigen, wenn es um das Ansehen des Vaterlandes geht. Wie dem auch sei: zu beweisen ist hier nichts, nur zu spekulieren.

Was das Ablaufen der DORSETSHIRE angeht, so gehen auch hier die Meinungen auseinander, weil schließlich das Manöver des Schweren Kreuzers die Rettung Überlebender der BISMARCK erkennen und nachvollziehen ließ. Über den plötzlichen Abbruch der Rettung gibt es auch kritische und unerfreuliche Stellungnahmen, zum Teil aus dem Ausland, die dem Verfasser aber zu emotionell oder zu subjektiv erscheinen und daher nicht gewichtig sind, höchstens der Hinweis, daß der britische Kommandant in der Situation der Bedrohung durch ein U-Boot dann wohl auch eine Rettung britischer Seeleute unterlassen hätte. Nicht uninteressant ist die Aussage des überlebenden Matrosen Paul Hillen, der hörte, als man ihn über die Reeling an Deck zog, daß der britische Smarting zur Brücke raufwinkte und dabei rief: »This was the last.«

Wenn man das Bild von der Rettung der Überlebenden genauer betrachtet, stellt sich die Frage, warum hat man denn auf der DORSETSHIRE keine Rettungsmittel den Überlebenden zugeworfen, Flöße vor allem, also Rettungsmittel, die prophylaktisch sogar auf der BISMARCK klargelegen haben. Aber auch das hebt sich irgendwie schließlich auf, denn, wenn U-Boote drohten, konnte es für die DORSETSHIRE kurzfristig naheliegen, diese Rettungsmittel selbst notwendig zu haben.

*

Zu dem oben behandelten Komplex ist uns der im War Diary der DORSETSHIRE unter der Signatur ADM/199/1188, No E.O. 1433/1904 von Captain B. S. C. Martin abgezeichnete Bericht die absolut verbindlichste Version: »After BISMARCK had sunk I closed the scene and some hundreds of men (800, d.V.) were seen in the water. I was signalled by V/S to one of ARK ROYAL's aircraft that happened to be in the vicinity to carry out a close anti-submarine patrol round me whilst I picket up survivors. At this time the H.M.S. MAORI was near, and I orderd her to get to windward off and help pick up the men.

I then steamed to where the men in the water and stopped. Every available officer and men in DORSETSHIRE was employed throwing lifelines with bowlines trailing grasshawers with rafts and buoys attached, over the side and hauling the survivors inbord. The operation was not easy, the ship was rolling heavily and a very steep sea was running. The survivors were in many cases unable to help themselves, a large number of them dying when close alongside the ship. When about 80 survivors had been rescued, and I was on the port wing of the bridge directing operations in that vicinity, I received a report from Lieutenant Commander-Durant on the compass platform that a suspicious smoky discharge was seen on the starbord or leeward beam about two miles away. I immediately went to the compass platform and saw this myself. It appeared to me that it could caused by a submarine. In view of this and other indications (die verallgemeinernd umschriebenen decodierten deutschen Funksprüche der Marinegruppe West und der U-Boote, d.V.) that enemy aircraft and submarines were most likely operating on the scene of action, I was reluctantly compelled to leave some hundreds of the enemy personal to their fate. I then ordered full speed ahead on the main engines and informed MAORI of the sighting of the suspicious object and she then followed my motions ...«

Wenn nun im DORSETSHIRE-KTB nicht von einem Periskop, sondern von einem nicht klar zu definierenden »smoky discharge« die Rede ist, wird die von den Briten befürchtete Anwesenheit deutscher U-Boote immer fragwürdiger. Wenn Captain Martin zu vorsichtig war, kann man daraus und auch aus einem Irrtum keinen Vorwurf ableiten. Vom Prinzip her hat Martin, was sein Schiff und seine Männer betraf – aus seiner Sicht – richtig gehandelt, suspekt aber ist und bleibt die Frage:

War der britische See-Offizier überzeugt, ein deutsches U-Boot würde ein Feindschiff bei einer auch auf zwei Kilometer Entfernung unstrittigen Rettungsaktion angreifen, einen Menschenpulk in gelben Schwimmwesten vor dem Schiff, Leinen und Netze zur Rettung über der Reeling in die See gehängt, das rettende Schiff selbst ohne Fahrt, gestoppt in der hochlaufenden Dünung dümpelnd. Deutlicher konnte sich eine Rettungsaktion doch nicht demonstrieren. Hierbei einen Angriff eines deutschen U-Bootes zu erwarten, verletzt eines – wenn nicht DAS höchste ungeschriebene Gesetz der Seefahrt. Auch im Kriege. Und wenn man weiß, daß dem Briten Martin deutsche Seeoffiziere nicht unbekannt waren, schmerzt und verbittert diese Überzeugung.

*

Der britische Flottenchef erhielt (nach [144/45]) von dem Zerstörer per FT Kenntnis von der Lage: »10.56 Uhr nehme Überlebende auf. Zu stürmisch, um Beiboote zu verwenden. Hunderte von Männern im Wasser.« »11.56 Uhr: während der Aufnahme Überlebender wurde ein verdächtiges Objekt gesichtet. Es hätte ein getauchtes U-Boot sein können, daher schloß ich mich mit der MAORI ihnen (also dem Flottenverband unter Tovey) wieder an.«

Der »Fall U 110 [Lemp]« hat neben den vorab geschilderten Ereignissen auch noch eine andere Seite: Wäre U 110 nicht angegriffen und erbeutet worden, wären die Geheimsachen an Bord des U-Bootes (die Schlüsselmittel insbesondere) nicht in die Hände des Feindes gefallen. Der BISMARCK schadete diese Preisgabe nicht mehr, wohl aber den Versorgungsschiffen.

*

Captain Grenfell, das sei zur Vervollständigung des Bildes herangezogen, schreibt in seinem Buch über das Ende der BISMARCK und die Bergung Überlebender:

»Als Sir John ablief, befahl er den noch zurückbleibenden Schiffen, mit Torpedos, sofern solche noch vorhanden waren, an die BISMARCK heranzugehen und sie zu versenken. Tatsächlich war die DORSETSHIRE das einzige Schiff in unmittelbarer Nähe, das seine Torpedos noch nicht verschossen hatte. Captain Martin hatte aber diesen Befehl des Flottenchefs nicht abgewartet, sondern die Torpedowaffe bereits eingesetzt. Um 10.20 Uhr schoß er aus etwa 31 hm zwei Torpedos auf die Steuerbordseite der BISMARCK, von denen einer unmittelbar unter der Brücke detonierte. Dann ging er auf die andere Seite und schoß (alle Zeiten laut britischen KTB's) um 10.36 Uhr aus etwa 22 hm Entfernung einen weiteren Torpedo auf die Backbordseite, der ebenfalls traf. Der zerschmetterte Riese, dessen Kriegsflagge immer noch wehte, wälzte sich langsam nach Backbord über, bis er kieloben lag und dann in den Wellen verschwand. Es war 10.40 Uhr. Als sich die BISMARCK noch herumwälzte, erhielt Captain Martin den Befehl des Admirals, zu tun, was er inzwischen schon erledigt hatte. Sofort gab er einen Funkspruch auf mit der Meldung, die BISMARCK sei gesunken.

Die große Jagd war vorbei. Die mächtige BISMARCK war nach einem sehr tapferen Kampf mit überlegenem Gegner vernichtet worden. Was von ihr übriggeblieben war, waren einige hundert Überlebende, deren Köpfe man an der Oberfläche der unruhigen See erkennen konnte. Die DORSETSHIRE wies die in der Nähe stehende MAORI an, bei der Übernahme der Überlebenden zu helfen. Wegen der zu hohen See konnten keine Rettungsboote zu Wasser gelassen werden, so wurden statt dessen Leinen hinuntergeworfen und Seefallreeps ausgebracht. Viele Schwimmer waren so sehr erschöpft, daß sie nicht mehr selbst hochklettern konnten, dennoch gelang es der DORSETSHIRE, achtzig Mann an Deck zu holen, während die MAORI dreißig Mann übernahm. Als dann ein Ausguckposten ein U-Boot-Sehrohr meldete, hielt es Captain Martin für hohe Zeit, abzulaufen.«

*

Abgesehen davon, daß der Kreuzer 85 und nicht 80 und der Zerstörer 25 und nicht 30 Mann rettete, hat kein Ausguckposten das Sehrohr eines U-Bootes gesichtet, weil zur Stunde kein deutsches U-Boot in der Nähe dieser beiden Schiffe stand. Mag sein, daß ein Seemann aus der Sorge und Angst vor den gefürchteten deutschen grauen Wölfen irgendeinen Trümmerteil ernsthaft als ein Periskop angesprochen hat. Darüber hinaus ist aber bekannt, daß es einer von den deutschen überlebenden Dienstgraden war, der den britischen Kreuzerkommandanten auf Grund seiner Kenntnis von den letzten Funksprüchen vor deutschen U-Booten warnte.

Geschah dies aus Nervosität? Aus Angst? Oder aus Sorge um die Kameraden und mit dem Wunsch verbunden, der britische Kommandant möge die Rettung beschleunigen und er möge alles tun, um deutschen U-Booten seine Absichten deutlich zu machen? Oder tat er es aber aus der Absicht heraus, die restliche Rettung der Überlebenden den deutschen U-Booten zu überlassen?

Befassen wir uns nicht weiter mit dieser Frage, stellen aber gerechterweise noch abschließend fest, daß es unbillig wäre, dem Kommandanten der DORSETSHIRE einen Vorwurf für den Abbruch der Rettungsmaßnahmen und für sein Ablaufen zu machen. Selbst wenn er nicht befürchtete, von dem gemeldeten deutschen U-Boot während der Übernahme der Überlebenden und auch danach torpediert zu werden, so wird er zu dem Schluß gekommen sein, daß sich das U-Boot nach seinem Ablaufen um die restlichen Überlebenden kümmern werde. Allerdings wurde auf DORSETSHIRE die Rettungsaktion derart plötzlich abgebrochen, daß nicht einmal mehr die bereits an den Rettungstauen hängenden Überlebenden übernommen werden konnten.

*

Drei Mann, die Matrosengefreiten Manthey, Höntzsch und Herzog von der Dreikommasieben-Flak, wurden in einem Schlauchboot treibend, ziemlich weit vom Untergangsplatz der BISMARCK entfernt, von U 74 entdeckt und gerettet.

Dies geschah in den Abendstunden des 27. Mai, genau 19.30 Uhr, im Quadrat BF 5330. Über das Schicksal dieser Drei liegt ein ausführlicher Bericht des Matrosengefreiten Manthey vor, den dieser später in Paris vor der Gruppe West gab und gegenzeichnete und der am 6. Juni von Großadmiral Raeder Hitler vorgelegt wurde …

Von der DORSETSHIRE gerettet wurde auch der Überlebende IV. AO: »Es gab, was die Behandlung betrifft (wenn auch der übliche Platzmangel auf einem Zertörer wenig erbaulich war) kaum Gründe für Beanstandungen. Weiteres zur Rettung Überlebender:

Zu dieser Zeit (da Manthey mit etwa 20 anderen Kameraden von der Flak Schutz hinter den achteren Türmen suchte) schoß noch der Turm »Dora«. In diesem Augenblick kam der Kamerad Herzog zu mir. Wir sahen ein Schlauchboot zwischen den Türmen C und D. Mit Hilfe anderer Kameraden zogen wir es hinter den Turm D. Dort verließen uns verschiedene Kameraden. Durch einen Nahtreffer wurde das Schlauchboot und wir drei von den aufbrandenden Wassermassen über Bord gespült. Niemand befand sich in diesem Augenblick im Boot. Wir drei schwammen dann auf das Schlauchboot zu. Ungefähr 15 Minuten, nachdem wir bei dem Nahtreffer über Bord gespült wurden, erreichten wir es. Ganz in unserer Nähe schwamm ein anderes Floß mit einem Verwundeten und fünf oder sechs anderen Kameraden darin. Mit dem Schlauchboot trieben wir achteraus. Unser Schiff sahen wir nur, wenn wir von einer Welle hochgehoben wurden. Es schien uns, daß die BISMARCK ein wenig nach Backbord überlegte. Kurze Zeit später konnte ich die BISMARCK nicht mehr sehen, nur noch eine Rauchwolke. Ich hörte keine Explosion. Gar nicht weit von uns sah ich zwei Kreuzer, die auf die Stelle zuliefen, wo die BISMARCK stand. Die Kreuzer schossen noch. Wir hatten nichts zu essen und nichts zu trinken in dem Schlauchboot.

Das Floß, das anfangs in unserer Nähe trieb, war inzwischen »außer Sicht« gekommen. Ich weiß nicht, welche Uhrzeit es war, als wir über Bord gewaschen wurden. Als die Sonne direkt über uns stand und wir alle Hoffnung, noch gerettet zu werden, aufgegeben hatten, sichteten wir eine Focke-Wulf FW 200 ›Condor‹. Wir winkten, aber wir konnten kein Anzeichen beobachteten, daß man uns gesehen hatte.

Wir fühlten uns sehr müde und elend.

Mein Kamerad Herzog war am Fuß verwundet. In den Abendstunden, genau um 19.00 Uhr, tauchte dicht neben uns plötzlich ein U-Boot auf. Wir wurden an Bord geholt, in Kojen verstaut und mit Essen und Getränken versorgt. Das U-Boot, es handelt sich um U 74, suchte zwei Tage nach Überlebenden. Nur Leichen und Wrackteile kamen in Sicht.

Ich weiß nichts über die (gegnerischen) Funkmeßgeräte, nach denen wir später in Paris bei der Marinegruppe West gefragt wurden. Ich habe darüber auch nichts an Bord gehört. Ich weiß nichts von einer Beschädigung der Funkstation, noch sah ich, daß die Antennen weggeschossen wurden.«

Diese letzten Fragen wurden gestellt, weil die Gruppe West das Ausbleiben weiterer Funkmeldungen nach dem letzten FT (siehe dieses) für unerklärlich hielt.

*

Wie die Rettung von U 74 aus geschah, berichtet der Kommandant des Bootes, Kapitänleutnant Eitel-Friedrich Kentrat, wie folgt selbst (siehe auch die vorangegangene Darstellung aus seiner Feder, die hier fortgesetzt wird): »Das Wetter ist unverändert. Die See wird immer höher. Plötzlich kommen aus einer Regenbö ein Kreuzer und zwei Zerstörer Backbord querab in Sicht. »Alarm!« An Schießen unter Wasser ist nicht zu denken, da das Boot nicht auf Sehrohrtiefe zu halten ist. Aber auch der Gegner veranlaßt nichts. Entweder hat er mich gar nicht entdeckt, oder auch er kann seine Waffen nicht zum Einsatz bringen. Das bleiben ungelöste Fragen! Und während wir noch unter Wasser sind, hören wir dumpfe Detonationen, mittlere und schwere. Wir hofften, es seien vielleicht Bombenabwürfe unserer Ju 88, die am Abend vorher angekündigt waren zur Unterstützung der BISMARCK. An den Todeskampf unseres Schiffes dachten wir nicht. Und doch muß er es gewesen sein, wie wir später beim Zeitvergleich feststellten.

Daß »U Wohlfahrt« am Tage vorher nach seinem FT einen KING GEORGE V.-Schlachtkreuzer und die ARK ROYAL auf etwa 400 Meter Entfernung, unter Wasser stehend, in klarer Schußposition passieren lassen mußten, weil es keine Torpedos mehr hatte, und zu dieser Zeit noch annehmbares Schußwetter war, erfahren wir auch erst später. U 74 dagegen hatte noch alle Aale an Bord. Wie launisch ist die Kriegsgöttin!

Dann erreichte mich der Funkbefehl: »U-Kentrat KTB BISMARCK abholen!« Aber wir suchten vergebens nach dem Schlachtschiff mit dem Dokument an Bord. Und dann kam der FT: Nach Überlebenden suchen! Mit dem Untergang der BISMARCK ist zu rechnen. Wir suchten verzweifelt weiter, den ganzen Vormittag, den ganzen Nachmittag. Nichts!

Weder Freund noch Feind …

Langsam flaute der Sturm ab, wenn auch noch eine hohe Dünung stand.

Abends sichteten wir einen kleinen Punkt im Wasser, der sich beim Näherkommen als Schlauchboot mit drei Mann darin entpuppte. Als wir uns auf etwa 50 m genähert haben, springen zwei Mann aus dem Schlauchboot in die See. Ich denke entsetzt: »Jetzt saufen die mir noch vor meinen Augen ab.« Im Nu sind die beiden durch die noch immer hohe See auseinandergetrieben. Ich lasse meine Nummer Eins an einem Tampen vom Turm herab, denn die See wäscht wüst über das Deck hinweg. Den ersten der beiden steuere ich an. In der Bugsee sehe ich nur ab und zu eine Hand herausragen. Das Glück ist uns hold. Meine Nummer Eins bekommt tatsächlich eine Hand zu fassen und zieht daran den ersten Mann an Bord. Der zweite Überlebende ist schon weit achteraus getrieben. Zeit darf ich gar keine verlieren. Ich manövriere über den Achtersteven an ihn, dem wir Rettungsringe zugeworfen hatten, heran. Auch diesmal klappt es. Das Schlauchboot kommt zuletzt dran.

Nun haben wir alle drei.

Gott sei Dank!

Der Mann im Schlauchboot hat eine Beinverletzung durch Beschuß und kann nicht gehen. Und während er am Tampen durch das Turmluk gefiert wird, kommt die Meldung von meinem Crewkameraden und Kommandantenschüler Axel Loewe: »Flugzeug Backbord querab!« Freund oder Feind? Das ist nicht auszumachen. Veranlassen kann ich gar nichts, da das Boot durch das versperrte Turmluk tauchunklar ist. Und schießen kann ich auch nicht, denn von unten kommt ja keiner durch! Aber das Flugzeug sieht uns nicht! Diesmal hilft das Wetter uns, denn wir versinken in den Wellentälern und sind sicher kaum auszumachen.

Unsere Geretteten werden sofort gut verpackt in Kojen gepackt, sie sind völlig fertig. Stundenlang in der tobenden See in einem kleinen Schlauchboot: herausgeworfen, wieder hereingeklettert, wieder herausgeworfen. Dann sahen sie uns, und die Freude ließ sie beim Näherkommen ohne Überlegung ins Wasser springen, um uns schneller näherzukommen! Das hätte ihre Rettung leicht zur Katastrophe werden lassen können!

Die ganze Nacht über suchten wir vergebens weiter, aber erst der nächste Morgen brachte uns die ganze Tragödie des BISMARCK-Unterganges näher. Die See war inzwischen fast ruhig geworden. Da sichteten wir etwas. Als wir näherkamen, überblickten wir ein Trümmerfeld. Wir fanden gekenterte und zerschlagene Rettungsboote und Flöße! Und dazwischen schwammen die Toten in ihren Schwimmwesten. Stundenlang suchten wir, denn wir hofften immer noch auf Überlebende. Die, die wir sahen, hingen alle mit ihrem Gesicht tief im Wasser. Ich habe keinen unserer toten Kameraden an Bord genommen. Ihnen hätte es nichts mehr geholfen, und meiner Besatzung wollte ich dies ersparen. Als die Nacht herniedersank, hatten wir keine Hoffnung mehr. Und unser erneuter Rückmarsch begann … Aber es war uns noch einiges aufgespart …

Zuerst wurden wir tauchunklar! Durch die Erschütterungen während unseres Wabo-Segens war das Hauptlenzrohrventil zum Batterieraum (das Hauptlenzrohr wurde für sofortiges Lenzen geflutet gefahren) undicht geworden und hatte unbemerkt langsam, aber sicher unseren Batterieraum geflutet. Der erste Mann, der sich den Schaden und die Ursache besehen wollte, fiel um. Er hatte eine leichte Gasvergiftung und mußte von Leuten mit Tauchrettern herausgeholt werden. Die Meldung brachte Klarheit: »Batterieraum voll Seewasser.« Damit waren alle Batterien vorübergehend unklar. Das bedeutete FT an den BdU: »U 74 tauchunklar!« Die Antwort des BdU lautete: »Schicke Minensuchflottille!«

Wir standen nicht mehr sehr weit von der französischen Küste ab. Inzwischen wurden die Batterien gereinigt, nachdem alles gelenzt war, und dann mußte Frischwasser nachgefüllt werden. Das dauerte natürlich erhebliche Zeit. Allmählich näherten wir uns dem Treffpunkt mit Schiffen der Minensuchflottille.[412] Von diesen war aber nichts zu sehen, dafür aber entdeckten wir einen schillernden Ölfleck. Meine Reaktion war sofort: »Hier ist ein feindliches U-Boot getaucht.« »Verschärfter Ausguck nach Blasenbahnen!« Ich unterrichtete sofort die Brückenwache.

Einige Minuten später, ich hatte inzwischen meine Gefechtswache mit den besten Ausgucks auf den Turm gestellt, kommt schon die Meldung meiner Nummer Eins von achtern: »Blasenbahnen Steuerbord achteraus!« Reaktion: »Hart Backbord! Beide Maschinen dreimal äußerste Kraft voraus!« Und im Umdrehen sehe ich vier Blasenbahnen genau auf uns zulaufen und dahinter einen Oberflächenläufer. Fünf Aale hatte unser »Freund« also abgeschossen!

Na, sparsam waren die ja nicht! Uns alten Hasen war diese Angriffsmethode der Engländer aus achterlicher Position nach vorheriger 45-Grad-Peilung ja bekannt. Die Aale eins bis vier passierten uns in einem beängstigend geringen Abstand an Steuerbord, aber der fünfte, der Oberflächenläufer, fuhr so schön hinterher und wollte uns nun von Backbordseite fassen, da das Boot sich natürlich überdrehte. »Hart Steuerbord!« und auch diese Gefahr war ausmanövriert. Und schon detonierten die Aale nicht allzu weit entfernt unter unserem Boot, da wir ja mit dreimal AK mitgelaufen waren. Ich hatte übrigens bisher noch keine Zeit gehabt, meine Besatzung im Boot zu unterrichten, was überhaupt hier oben los war. Als es dann fünfmal knallte, erfuhren sie endlich den Grund unserer Manöver. Diesmal hatte der liebe Gott mal sogar seinen dicksten Daumen dazwischengehalten, und wir hatten mal wieder einen Grund, nach dem Einlaufen Geburtstag zu feiern. Und unten hatte einer der drei Geretteten sich vernehmen lassen: »Ich dachte, wir sind nun bald im Hafen, und nun werden wir doch noch torpediert.«

Mein Hinweis an die Brückenwache, daß der Gegner sicher bald auftauchen würde, da man bei fünf Torpedos ein U-Boot kaum auf Sehrohrtiefe halten kann und deshalb immer unterschneidet, wenn man nicht herauskommen will, bewahrheitete sich sehr schnell. Weit hinter uns tauchte der Angreifer auf, denn er wollte sich sicher davon überzeugen, daß er uns »geknackt« hatte nach diesen Detonationen. Wir taten uns beide nichts mehr, wir liefen in entgegengesetzter Richtung ab. Uns reichte das bisher Erlebte und wohl die fünf Fehlschüsse auch.

Weit im Süden sah ich in diesem Augenblick Mastspitzen der versprochenen Minensucher … Und während ein Funkspruch der Minensucher beim BdU einging: »Von U 74 nichts zu sehen, nur fünf schwere Detonationen gehört!«, marschierte ich weiter zum normalen U-Ansteuerungspunkt vor Lorient, den ich wegen meiner invaliden Maschinen als nächsten Punkt angesteuert hatte. Beim BdU war inzwischen nach Eingang des Minensuch-FTs das Verbot ergangen, mich oder meine Bootsnummer zu nennen, wie es üblich war, wenn ein Boot überfällig oder verloren war.

Die Freude war um so größer, als mein ungeduldiger Funkspruch eintraf: »Stehe auf Ansteuerungspunkt. Wo bleibt das Geleit?« Kurze Zeit später kam unser treues Geleitschiff und brachte uns sicher in den Hafen Lorient hinein. Dort erwarteten uns schon Offiziere von Paris und übernahmen sofort meine drei BISMARCK-Überlebenden.« Soweit der Bericht des Kommandanten von U 74.

Rettung durch Kapitän Leutnant z.S. (S) Schütte, Kommandant Wetterbeobachtungsschiff 7

Aus eigener Initiative des Kommandanten rettet das im Nordatlantik stehende deutsche Wetterbeobachtungsschiff WBS 7, der ehemalige Fischdampfer SACHSENWALD, zwei weitere Überlebende, damit also ein Schiff, das zur BISMARCK nicht ohne Beziehungen ist. Der Kommandant, der im Frieden als Kapitän und Inspektor bei der »Deutschen Hochseefischerei AG«, Wesermünde, beschäftigte jetzige Leutnant zur See (S),[413] Ernst-Heinrich-Wilhelm Schütte, schreibt am 30. Mai 1941, noch in See im Raum der Untergangsstelle der BISMARCK stehend, nachstehenden Bericht. Es ist der Bericht eines Seemannes:

»Am 27. Mai 1941, auf dem Rückmarsch von einer 50tägigen Seereise aus einem Tätigkeitsfeld als Aufklärer im Nordatlantik, erhielt ich um 02.00 Uhr durch Funkspruch den Befehl, sofort mit höchster Fahrt nach Quadrat BE 6277 anzusteuern. Es wurde dementsprechend sofort der Kurs geändert. Der Ausguck wurde verstärkt. Der Wind war NNW 6–7 auffrischend, böig mit starken Regenschauern. Grober Seegang. Wir mußten direkt gegen die See andampfen. Schiffsort um 02.00 Uhr. Um 06.00 Uhr kam ein neuer Funkspruch, ab 06.00 Uhr auf der Stelle zu halten. Ab dieser Zeit dampften wir mit langsamer Fahrt gegen die See an. Schiffsort um 06.00 Uhr 46° 35' N und 15° 00' W. Um 11.15 Uhr sichteten wir ein deutsches Flugzeug, um 11.45 Uhr ein zweites. Um 14.10 Uhr kam ein Funkspruch, mit höchster Fahrt nach Quadrat 6150 zu gehen. Der Befehl wurde sofort ausgeführt. Wind und Wetter hatten noch zugenommen. Um 20.10 Uhr kam an Steuerbord plötzlich ein Flugzeug aus den Wolken und schoß aus einer Entfernung von 1100 Meter zweimal mit einem MG auf uns, ohne zu treffen. Das Flugzeug drehte dann gleich nach Backbord ab und flog in ONO-Richtung weiter. Beim Abdrehen konnte ich deutlich erkennen, daß es eine englische »Bristol-Blenheim«-Maschine war. Schiffsort: 47° 40' N und 14° 30' W. Inzwischen war es dunkel geworden, die Sichtweite bei Nacht betrug ungefähr 1000 Meter.

Am 28.5. um 07.00 Uhr war der Schiffsort 48° 00' N und 15° 10' W. Um 09.00 Uhr sichteten wir ein Flugzeug mit 4 Motoren. Nationalität konnte nicht festgestellt werden. Wir dampften in großen Schlägen 90 und 270 Grad rechtweisend in Nordrichtung. Um 13.00 Uhr sichteten wir dünne Ölstreifen. Wir fuhren diesen Streifen nach. Nach 10 Minuten sichteten wir die Blechhülse einer deutschen Gasmaske, nach weiteren drei bis vier Seemeilen fanden wir zahlreiche Leichen mit Schwimmwesten, Wrackteile und leere Schwimmwesten. Gleichzeitig sichteten wir zwei U-Boote. Wir fuhren durch das Trümmerfeld hin und her, aber von Überlebenden war nichts zu sehen. Um 15.10 Uhr Schiffsort nach astronomischer Beobachtung 47° 48' N und 15° 55' W. Um 15.20 Uhr Verkehr mit U-Boot U 48 durch Winkern, machten Besteckvergleich. Wir dampften gleich darauf 5 Seemeilen südlich, und von hier wieder in großen Schlägen 90 und 270 Grad rechtweisend. Wir sahen noch immer vereinzelt Leichen, Schwimmwesten und Wrackteile. Bei Dunkelwerden um 22.35 Uhr sichteten wir ganz in unserer Nähe in zwei bis drei Seemeilen Abstand eben an Backbord drei rote Leuchtsterne, wir drehten sofort auf die Stelle zu, ich konnte jetzt durch ein Nachtglas erkennen, daß es ein Floß mit zwei Mann war. Nachdem wir in Rufweite kamen, war die erste Frage, seid ihr Deutsche. Auf die Antwort ja riefen beide, soweit es ihre Kräfte erlaubten, hurra. Um 22.45 Uhr hatten wir das Floß längsseits. Die beiden Männer waren stark erschöpft. Sie wurden auf zwei ausgebrachten Jakobsleitern von meiner Mannschaft an Bord gehoben. (Zwei von meinen Männern hatten sich bis zur Wasserlinie auf die Jakobsleiter gestellt.) An Bord wurden die Überlebenden mit trockener, warmer Kleidung versehen, das Salzwasser aus dem Gesicht gewaschen und in eine Koje gelegt.

Auf den Erkennungsmarken waren die Namen Otto Maus – 0 2695/40 S – (Mtr. Gefr.) und Walter Lorenzen – 0 3075/40 T. Nach den Aussagen der beiden Geretteten sollte noch ein Gummifloß in der Nähe sein. Wegen Proviantmangel war bereits der Rückmarsch vorbereitet, ich blieb aber die Nacht noch auf dieser Stelle und wollte auch diese Männer retten. Bei Tage setzte ich die Sucharbeit fort. Wir machten wieder große Schläge nach Ost und West, wobei wir beim Drehen jedesmal 5 Seemeilen südlich dampften. Wir sichteten noch immer vereinzelte Schwimmwesten und Wrackstücke. Um 18.00 Uhr sahen wir ein leeres Gummifloß. Es wurde an Bord genommen. Suchten weiter. Am folgenden Tage wurde dieses Floß von dem inzwischen etwas erholten Mtr. Gefr. Otto Maus als ein BISMARCK-Floß wiedererkannt.

Am 30.5. um 00.45 Uhr, begegnete uns im Suchgebiet der spanische Kreuzer CANARIAS[414], mit Morsezeichen wurde der Schiffsname gewechselt. Gleich darauf wurde der Rückmarsch angetreten.

Am 31., 09.40 Uhr, sichteten wir einen Dampfer, nach ES-Austausch erkannten wir, daß es ein deutsches Vorpostenboot war. Nach Verständigung durch Winkspruch setzten wir unser Steuerbord-Rettungsboot aus, ruderten nach dem betreffenden Boot und holten unseren Proviant an Bord. Es waren im ganzen 3 Vorpostenboote. Um 11.00 Uhr wurde im Geleit der Rückmarsch fortgesetzt. Am 1.6. um 06.40 Uhr erreichten wir ohne besondere Ereignisse die Gironde. Um 08.00 Uhr wurden wir vom Führer des Geleitzuges bei Royan entlassen. Wir dampften nach Le Verdon. Inzwischen wurden die beiden geretteten BISMARCK-Männer von einem Motorboot von Bord geholt und nach Royan gebracht. Nahmen einen Lotsen an Bord, dampften nach Anweisung die Gironde aufwärts. Um 13.00 Uhr wurde im Hafen von Bordeaux festgemacht.

gez. W. Schütte
Leutnant z. S. (S) und Kommandant[415]

Sondermaßnahmen der Marinestation Ostsee · Hitlers Reaktion · Wer brachte die BISMARCK zum Sinken?

Als den deutschen Marine-Befehlsstellen über die britischen Funkmeldungen und über Reuter Press das Schicksal der BISMARCK bekannt wird,[416] überlegen sie, von dem so plötzlichen Ende des Schlachtschiffes überrascht, was getan werden kann, um die noch im Wasser schwimmenden Leute zu retten.

Vize-Admiral Schniewind, Chef des Stabes der Seekriegsleitung, rief von sich aus den deutschen Marineattaché in Spanien, Kapitän zur See Meyer-Döhner, an. Er bat ihn, mit der spanischen Marine in La Coruña in Verbindung zu treten, um diese zu bewegen, sich in neutraler Eigenschaft an der Rettungsaktion Überlebender zu beteiligen. Was dann auch geschah.

Inzwischen aber funkte die Skl mit der Uhrzeitgruppe 13.22 Uhr an die BISMARCK: »Reuter meldet BISMARCK gesunken. Sofort Lage melden.«

Es kam keine Antwort.

Es gab kein Schlachtschiff BISMARCK mehr.

Auch die deutsche Luftwaffe konnte die Katastrophe nicht verhindern. Sie hatte nur bei ihren Operationen auf den abziehenden Gegner einen Erfolg.[417] In der Nacht vom 28. zum 29. Mai, also fast 40 Stunden später, fischte dann der deutsche in die Dienste der Kriegsmarine als WBS 7 übernommene Wetterdampfer SACHSENWALD noch zwei weitere Überlebende aus der See. Die von der spanischen Marine aufgenommene Rettungsaktion des Kreuzers CANARIAS hatte leider keinen Erfolg.

Bevor wir uns mit dem Einsatz der Luftwaffe beim Endkampf der BISMARCK näher befassen und damit auf Fragen eingehen, die schon damals Anlaß unterschiedlicher Kritiken waren, seien vorher noch zwei Komplexe behandelt, nämlich:

a) Welcher Art war die Resonanz Hitlers nach Kenntnis der drohenden Gefahren und des verhängnisvollen Rudertreffers, und

b) ist die BISMARCK am Ende durch die gegnerischen Torpedos oder durch Eigenmaßnahmen gesunken? Gerade über die zweite Frage sind in ausländischen Fachzeitschriften nach dem Kriege heftige Diskussionen geführt worden.[418] Zur ersten dieser zwei Fragen wäre anhand der vorliegenden Berichte Beteiligter zu sagen:

Von Augenzeugen wissen wir, daß Hitler, der gerade im Berghof auf dem Obersalzberg weilte, das weitere Schicksal der BISMARCK mit ahnungsschweren Sorgen verfolgte. Nach Oberst von Below, Hitlers Luftwaffenadjutanten, habe er sofort, als ihm in den ersten Stunden des 25. Mai[420] aus Berlin der Angriff der VICTORIOUS-Trägerflugzeuge[421] gemeldet wurde, den Oberbefehlshaber der Luftwaffe, Reichsmarschall Göring, angerufen. Er habe diesen bedrängt, die VICTORIOUS mit Fernkampfmaschinen angreifen zu lassen, mußte aber von Göring erfahren, daß die Luftwaffe wenig oder nichts zur Unterstützung der BISMARCK unternehmen könne, da das Schlachtschiff wie auch der gegnerische Flugzeugträger weit außerhalb der Reichweite der Luftwaffe ständen. Da aber nunmehr bekanntgeworden war, daß die BISMARCK wegen der Brennstofflage unmittelbar nach Brest laufen wollte,[422] erhielt Göring Befehl, alle nur irgendwie möglichen Maßnahmen zur Sicherung der BISMARCK zu ergreifen.

Am 25. Mai und vor allem am 26. Mai hatte Hitler den ganzen Tag über wiederholt Telefonate mit Göring geführt, während er in seinem Arbeitszimmer den Kurs und die vermeintliche Position der BISMARCK auf Grund der Meldungen aus Berlin verfolgte.

Es war in den späten Abendstunden des 26. Mai, als Hitler mit seinen privatpersönlichen Gästen im Berg in der großen Halle am Kamin saß. Er hatte sich gerade, wie auch an anderen Tagen, die neuesten Kriegswochenschauen vorführen lassen, als erneut ein Gespräch aus Berlin einging.[423] Vom OKM wurde ihm über den verhängnisvollen Torpedo-Treffer in die Ruderanlage berichtet. In einem später folgenden Telefonat wurde ihm die von Admiral Lütjens gemeldete Manövrierunfähigkeit des Schlachtschiffes gemeldet. Alle diese Meldungen nahm Hitler völlig ruhig entgegen, lediglich seiner resignierenden Frage: »Warum ist unsere Luftwaffe nicht in der Lage, die britische Flotte gleichermaßen zu treffen?«, war Erbitterung zu entnehmen. Hitler zog sich dann, begleitet von Oberst von Below, in sein Wohnzimmer zurück. Die Gäste verließen die große Halle durch Nebenausgänge. Während immer neue Hiobsbotschaften eingingen, ereiferte sich Hitler, er habe schon lange einen grundsätzlichen Wandel in den strategischen und taktischen Auffassungen der Marine und der Luftwaffe kommen sehen, womit eines seiner Lieblingsthemen auf den Tisch kam, über das er gerade in letzter Zeit nächtelang zu debattieren pflegte. Sonderbarerweise aber hatte er Raeder gegenüber keine Konsequenzen daraus gezogen, obwohl er bei seinem Besuch auf BISMARCK erfuhr, daß der Flottenchef – und nach von Below wurde die gleiche Sorge noch unbedenklicher und freimütiger von Kapitän zur See Lindemann vorgetragen –, wenn etwas, dann nur

die gegnerischen Flugzeugträger und deren Maschinen fürchtete. In seinem Wohnzimmer diktierte er von Below den dann 01.53 Uhr herausgegangenen Funkspruch, in dem er versicherte, es »würde getan werden, was getan werden könne«. Die ihm vorgetragene telefonische Anfrage Raeders, ob dem I AO der BISMARCK, Korvettenkapitän Schneider, das Ritterkreuz verliehen werden dürfe, beantwortete Hitler nur mit einem Kopfnicken. Hatte sich Hitler schon seit der Nachricht über den Angriff der Trägerflugzeuge wortkarg und ernster als sonst gezeigt, erschien er von Below nun aber ausgesprochen niedergeschlagen. Schließlich drohte der Verlust – und Hitler war überzeugt davon, daß es dazu kommen müßte – die erste schwere Niederlage der Deutschen Wehrmacht überhaupt zu werden. Das Ende der BISMARCK wurde somit zu einer Prestigefrage.

Es war gegen drei Uhr morgens, als Hitler von der Luftwaffe – wer der Anrufer war, ist von Below nicht mehr genau in Erinnerung – angerufen wurde. Im Wortlaut wurde Hitler folgendes mitgeteilt: »Wir starten jetzt, aber die BISMARCK befindet sich zur Stunde an der äußersten Reichweite unserer Flugzeuge …«

Diese wenig hoffnungsfrohe Meldung endete schließlich in Hitlers Reaktion: »Wir können ja doch nichts mehr machen.« Da auch von der Luftwaffe keine weiteren Meldungen zu erwarten waren, entließ Hitler von Below und ging zu Bett.

Über seine Reaktion am nächsten Tag, als er Kenntnis von dem Ende der BISMARCK erhielt, sind keine Augenzeugen zu ermitteln, wohl aber ist bekannt, daß Hitler das OKM anrief und die Seekriegsleitung während der morgendlichen Lagebesprechung für ihr eigenmächtiges Handeln tadelte, die Spanier um Hilfe zur Rettung Überlebender gebeten zu haben, sah er doch auch hierin eine Verletzung des deutschen Prestiges. Über die dann am 6. Juni in Sachen BISMARCK auf dem Obersalzberg erfolgte Konferenz zwischen Hitler und Raeder dagegen liegen Unterlagen vor. – Doch darüber in der Schlußbetrachtung.

Zu der zweiten Frage: »Ist das Schlachtschiff als Folge der Torpedotreffer oder der Selbstversenkungsmaßnahmen gesunken?« ist zu sagen:

Nach dem Bericht des Torpedooffiziers der DORSETSHIRE hätten die beiden ersten Torpedos, die aus naher Entfernung die Steuerbordseite der BISMARCK trafen, keine sichtbare Wirkung erzielt. Der weitere Treffer, der von dem Schweren Kreuzer dann auf der Backbordseite erzielt wurde, habe dann das Ende herbeigeführt. Demgegenüber stehen Augenzeugenaussagen, am Schiffskörper keinerlei Torpedotrefferwirkungen gesehen zu haben, als die BISMARCK kenterte.

An sich, so sagt der Fachmann und verantwortliche Schiffbauer der BISMARCK-Klasse, waren die Torpedoschotte stark genug, um Beanspruchungen von sogar mehreren Torpedotreffern gewachsen zu sein. Es ist aber möglich, daß bei dem dritten Torpedo das durch die Selbstversenkungsmaßnahmen in die unteren Räume inzwischen weiter eingedrungene Wasser die Stabilität des Schiffskörpers und der Torpedoschutzeinrichtungen so vermindert hat, daß die BISMARCK kenterte.

Die Frage, ob das waidwunde Schlachtschiff ohne die Selbstversenkungsmaßnahmen und nur durch die Torpedotreffer gesunken wäre, ist also mit einem klaren Ja nicht zu beantworten. Viel wahrscheinlicher, wenn auch nicht ganz beweisbar, ist aber die andere These, die Torpedotreffer seien gänzlich ohne Wirkung geblieben und das Ende der BISMARCK sei ausschließlich auf die eingeleiteten Maßnahmen zur Selbstversenkung zurückzuführen: Ohne die in deutschen Ohren bei aller Tragik tröstlich klingende Legende von der überragenden Sinksicherheit der BISMARCK nähren zu wollen, muß man bei kritischer Beurteilung der Aussagen der Überlebenden doch für die zweite These plädieren: daß die BISMARCK schließlich durch die Selbstversenkungsmaßnahmen unterging, erst recht, wenn man Vergleiche mit anderen deutschen Großkampfschiffen zieht, deren Schiffskörper sogar mehr als drei Torpedotreffern widerstanden.

Bleibt nur noch zu berichten, was der Verfasser vom damaligen Leutnant (MA) Wilhelm Lüert, Hilfsreferent im Kommandierungsreferat des 2. A. d. O.,[424] erfuhr, daß der damalige Chef des Stabes, Kapitän zur See Siegfried Sorge, sofort eine Sondermaßnahme zur Benachrichtigung der Familienangehörigen – die seit Bekanntwerden des Unterganges des Schlachtschiffes Telegramme schickten oder anriefen – befahl: »Mit einem Briefbogen des Chefs des Stabes des 2. Admirals der Ostseestation erhalten alle Angehörigen eine Mitteilung, daß im Augenblick noch keine Angaben über das Schicksal der Besatzungsangehörigen gemacht werden können ...«

Lüert sagt u. a.: »Bei der Ausführung des Benachrichtigungsschreibens mußte beachtet werden

a) jeder Brief mußte einzeln und tippfehlerfrei geschrieben sein,
b) bei der Nennung der Besatzungsmitglieder mußte der neue Dienstgrad eingesetzt werden, soweit sich inzwischen eine Beförderung nach Zeitablauf bei Unteroffizieren und Mannschaftsdienstgraden ergeben hatte,
c) es mußte eine einwandfreie Absendekontrolle eingerichtet werden, um Doppelbenachrichtigungen zu vermeiden.«

Zu den Vorarbeiten gehörte auch die Erfassung des 150 Mann starken Prisenkommandos und des erweiterten Stabes des Flottenchefs.

30 Schreibkräfte bewältigen innerhalb von drei Tagen diese Benachrichtigungsaktion. Nach zehn Tagen erhält der 2. A.d.O. (welch eine Geste in einem Krieg um Sein oder Nichtsein und welch ein Beweis dafür, daß auf See dennoch Fairneß und Ritterlichkeit auf beiden Seiten beachtet wurden) von der britischen Admiralität die Namen der Geretteten Besatzungsmitglieder der BISMARCK genannt, fünf Namen von gefallenen oder ertrunkenen Seeleuten meldete die spanische Kriegsmarine, die, wie berichtet, am Kampfplatz zur Rettung Überlebender erschienen war. Erst jetzt können die Angehörigen der gefallenen Besatzungsmitglieder der BISMARCK auf einem Kopfbogen mit einem Eisernen Kreuz verständigt werden. Eine BISMARCK-Registratur muß eingerichtet werden, um den zunehmenden Schriftwechsel mit den Angehörigen zu bewältigen. Unter diesem ist auch der Brief von einem Vater, der schreibt, sein Sohn könne doch unmöglich an Bord der BISMARCK gewesen sein, er sei doch erst vor acht Tagen eingezogen worden. Die Nachprüfung ergibt: Es handelte sich um einen Heizer von der Handelsmarine. Er war sofort nach seiner Einberufung einem Prisenkommando der BISMARCK zugeteilt worden ...

Dieses wenig bekannte britische Bild vom Untergang der BISMARCK läßt nicht erkennen, daß sich das nach Ausfall aller Geschütze wehrlos gewordene deutsche Schlachtschiff durch Selbstsprengung der Gefahr einer Erbeutung durch die Royal Navy entzog. Die Seiten- und Deckenpanzer des Schiffes waren nach übereinstimmender Aussage Überlebender auch von mindestens acht Torpedotreffern und schweren Artillerietreffern nicht durchschlagen worden. Die BISMARCK war tatsächlich schwimmfähig geblieben.

Die Luftwaffe beim Endkampf der BISMARCK

Ist seitens der Luftwaffe alles getan worden, um die BISMARCK zu entlasten? Hätten die deutschen Kampfgeschwader das Schicksal des selbst schon manövrierunfähigen Schlachtschiffes nicht doch noch wenden können? Immer wieder, wenn in Verbindung mit der BISMARCK die Luftwaffe Erwähnung findet, fallen deren zweifelsohne überzeugungsstarken Argumente an: »Die Engländer flogen während der ganzen Zeit doch auch ... Sie starteten sogar vom Deck ihrer in der dünenen See schwer arbeitenden Flugzeugträger ... Sie griffen trotz des schlechten Wetters an ...«

»Persönlich bin ich im Zweifel, ob wirklich die Wetterlage der Hauptgrund war, daß der Einsatz von Flugzeugen zurückgehalten wurde. Wollte man sie für andere Zwecke verwenden oder aufsparen? Waren die vorhandenen Typen etwa nicht geeignet? Bei der sattsam bekannten Methodika Görings und seinem Antagonismus gegen die Kriegsmarine ist eine solche Untersuchung unbedingt nötig ...!«

Das ist nur eine der vielen Stellungnahmen und Anregungen, die sich heute im Gespräch mit maßgeblichen Persönlichkeiten der ehemaligen Kriegsmarine ergaben. Sie beweisen nur zu deutlich, daß bis heute teilweise Zweifel betehen, ob bei der Unterstützung der BISMARCK durch die Luftwaffe wirklich das Optimale geleistet wurde. Es kann nicht Aufgabe dieses Buches sein, die Einsatzmöglichkeiten der Luftwaffe in allen Details zu untersuchen und darzustellen, weil dann auch die Spannungen zwischen Kriegsmarine und Luftwaffe, sprich zwischen Großadmiral Raeder und Reichsmarschall Göring, gründlich untersucht und belegt werden müßten, und weil weiter die Lösungen einer gründlichen Erörterung bedürften, die statt einer marineeigenen Luftwaffe von dem Hitler damals noch sehr nahestehenden Reichsmarschall und ObdL nachgerade erzwungen wurden, Lösungen, die sich mit der Entwicklung des Krieges für die Marine mit jeder Verhandlung in eine nächstfolgende, noch ungünstigere verwandelten. Außerdem bedürfen noch viele Einzelfragen der Klärung.[425]

Bei der Bewertung der Zusammenarbeit auf »höchster Ebene«, also zwischen OKM/Skl und dem Gen.Stb. Lw, sollte man aber weiter neben den persönlichen Diskrepanzen zwischen Raeder und Göring berücksichtigen, daß die Luftwaffenführung zur Stunde des Unternehmens »Rheinübung« beschäftigt war mit

a) Organisationsfragen auf dem Balkan, nachdem am 11. Mai 1941 auch der Südzipfel und die griechischen Inseln besetzt worden waren, sowie mit der Vorbereitung des »Sprunges nach Kreta«;
b) Angriffe gegen Ziele auf der britischen Insel;
c) der Vorbereitung für das Unternehmen »Barbarossa«[426] und
d) Einsätzen in Italien und Afrika.

Soviel aber steht einwandfrei fest:

1. Die Zusammenarbeit zwischen Marine und Luftwaffe bei Planung und Durchführung des ersten Teils der Unternehmung, also bis zum Auslaufen des Flottenverbandes aus dem Fjord bei Bergen, war gut, zumindest was die Zusammenarbeit zwischen dem Marinebefehlshaber Norwegen, Generaladmiral Boehm, und dem Chef der Luftflotte 5, Generaloberst Stumpff, betraf.[427]

Die Luftwaffe in Norwegen hatte sich sogar auf Programmwidrigkeiten eingestellt und darauf vorbereitet, etwa nach dem HOOD-Gefecht einen auch hier erwarteten Rückmarsch der BISMARCK-Kampfgruppe nach Norwegen zu sichern. Allerdings bliebe dazu noch einschränkend zu sagen: Wenn auch die Zusammenarbeit zwischen Luftwaffe und Marine hier gut war, so erfüllte sie dennoch nicht die von der Marine in eine Seeluftwaffe gesetzten Hoffnungen. Raeder sagte später:[428] »Gegenüber diesen weitgehenden Operationsvorbereitungen (der Entsendung der Troßschiffe, Spähschiffe und der vier U-Boote für die operative Zusammenarbeit im Atlantik) im Atlantik selbst blieben die Unterstützungsmöglichkeiten beim Ausmarsch durchs Nordmeer und Islandgebiet in Anbetracht der zahlenmäßig geringen Stärke und des materiell nicht genügenden Ausrüstungsstandes unserer Seeluftstreitkräfte und infolge der sehr geringen Zahl weitreichender, kampfkräftiger Fernaufklärer der Luftwaffe nur beschränkt. Besonders die Möglichkeiten einer planmäßigen und umfassenden Luftaufklärung in den weiter abgesetzten Seegebieten, wie der Dänemarkstraße und dem Seegebiet zwischen Island und Grönland, waren gering. Dagegen konnten eine lückenlose Aufklärung über der mittleren Nordsee sowie eine Luftsicherung und ein Jagdschutz im Küstenvorfeld eine volle Sicherung im ersten Teil des Vormarsches gewährleisten.«

Im Falle BISMARCK aber, das sei Kritikern vorweggenommen, hätte auch eine Fernaufklärung nicht viel genutzt, da sich der Gegner im Bereich der Nebel-, Schnee- und Regenzone der Dänemarkstraße verborgen hielt, war er doch – obschon seine Schiffe gerade erst Radar erhalten hatten – auf eine ausschließliche optische Kontrolle nun nicht mehr so sehr wie ehedem angewiesen.

2. Vorbereitende Absprachen und Maßnahmen für den zweiten Teil der Unternehmung, also für mögliche Gefechtsberührung im Bereich der Dänemarkstraße oder im freien Atlantik und die daraus möglicherweise resultierenden Folgen für eines der beiden oder gar beide Schiffe, waren zwischen Marine und Luftwaffe nur bedingt getroffen worden. Laut KTB Marinegruppenkommando West wurde erst nach den Funksprüchen des Flottenchefs, St. Nazaire bzw. Brest als Reparaturhafen anlaufen zu müssen, folgendes veranlaßt: »25. Mai 1941, 11.00 Uhr, Besprechung bei Luftflotte 3[429] über Bereitstellung von Flg.-Kampfkräften zur Einbringung Flotte. Ergebnis: 1. Aufklärung und Kampfeinsatz wird dem Flg.F. Atlantik übertragen. Vorteile: Einsatz in einer Hand, einheitliche Funkschaltung, schnelle Nachrichtenübermittlung. 2. An Flg.-Kampfkräften stehen die des Flg.F. Atlantik zur Verfügung (Gr. 606). Darüber hinaus auf Anforderung des Flg.F. Atlantik weitere Kampfgruppen, Umfang unbeschränkt im Rahmen Gesamtkräfte Luftflotte 3. – Die sofortige Bereitstellung aller verfügbaren Kräfte zur Einbringung des Schlachtschiffes ist hervorzuheben und entspricht einer besonderen Anordnung des Reichsmarschalls.« Die Luftflotte 3, Paris, hat daraufhin die sich ergebenden Sicherungsmaßnahmen dem »FlieFü Atlantik«, der sonst auf Zusammenarbeit mit dem BdU angewiesen war, übertragen. Der »FlieFü Atlantik« war der spätere Brigadegeneral der Bundeswehr und damalige Oberstleutnant Martin Harlinghausen. Als »FlieFü Atlantik« hatte er bei der Durchführung seiner Aufgaben volle Selbständigkeit, aber die Verpflichtung zur Erfüllung aller Anforderungen mit den zur Verfügung stehenden Kräften.

3. Als am 26. Mai die Flotte mit dem FT 21.05 Uhr meldete, die BISMARCK sei nach Angriffen feindlicher Trägerflugzeuge nicht mehr manövrierfähig, sie haben (zweites FT gleicher Uhrzeitgruppe) auf ungefährer Position 47° 40' N, 19° 50' W Torpedotreffer achtern erhalten, veranlaßte die Marinegruppe West: »26. Mai 1941, 21.42, ... Beim Fliegerführer Atlantik (bzw. Luftflotte 3) wird stärkster Ansatz von Aufklärungs- und Kampfverbänden mit Hellwerden über die BISMARCK angefordert ... Ein Einsatz von Luftstreitkräften noch heute abend ist wegen fortschreitender Dunkelheit nicht mehr möglich.«

4. Jedenfalls war die Luftflotte 3, nachdem die BISMARCK-Unternehmung mit dem HOOD-Gefecht und den anhängenden Schäden in die kritische Phase, die gleichzeitig mit dem Wechsel der operativen Führung von der Gruppe Nord auf die Gruppe West zusammenfiel, eintrat, erst am 27. Mai einigermaßen erfolgversprechend, aber zu spät marschiert.

Während also für den ersten Teil der Unternehmung zwischen Marine und Luftwaffe eine gründliche, wenn auch für die Marine nicht voll befriedigende Abstimmung beweisbar ist, liegen für den zweiten Teil des Unternehmens, also für die in den Befehlsbereich der Marinegruppe West fallenden Operationen, keine Unterlagen über Abstimmungen und Vorausplanungen mit der Luftwaffe vor, auch nicht für den »Fall der Fälle«.

Wohl wurde der »FlieFü Atlantik« nach Auslaufen der BISMARCK-Kampfgruppe aus Bergen demnach am 22. Mai – von der Luftflotte 3, Paris, dahingehend unterrichtet,[430] daß sich möglicherweise Aufgaben für ihn ergeben könnten, daß aber noch keine genauen Pläne vorlägen, da dem Flottenchef weitgehende Operationsfreiheit gewährt worden wäre.

Nach Oberst a. D. Schellmann, seinerzeit Kommandeur des beim Endkampf der BISMARCK ebenfalls eingesetzten I./KG. 28, und auch nach anderen Kreisen hätten Überlegungen und Maßnahmen dieser Art eigentlich schon getroffen werden müssen, nachdem bekannt wurde, daß dem Gegner über die deutscherseits entschlüsselte Agentenmeldung (21. Mai) das Auslaufen der Kampfgruppe aus Gotenhafen nicht verborgen geblieben war. Die spätere nächtliche Aufklärung und der damit verbundene Luftangriff auf Bergen (22. Mai) war ja Beweis genug, daß der Gegner diese deutsche Kampfgruppe besonders hartnäckig beobachtete, eben weil er (auch) mit einem unmittelbar bevorstehenden Ausbruch durch die Nordpassagen in den freien Atlantik rechnete. Spätestens jedoch bei Insichtkommen der feindlichen Bewacher vor der Dänemarkstraße und der anhängenden FT-Meldung, so argumentieren diese Kreise, hätten prophylaktische Maßnahmen eingeleitet werden müssen.

Im Wortlaut zitiert, heißt es bei Schellmann: »Es scheint so, als ob im Stabe der Marinegruppe West die sehr früh beginnenden Ausstrahlungen der Operation »Rheinübung« sowohl in bezug auf ein entsprechendes ›Vorhalten‹ (und den Zeitbedarf dafür) nicht genügend klar erkannt worden sind, auch nicht hinsichtlich der Abstimmung mit dem BdU und mit den Möglichkeiten und Notwendigkeiten der Luftwaffe. Vom 21. Mai abends an mußte man sich darüber klar sein, daß der Gegner, wenn er die richtigen Schlüsse zog – und es sprach nichts dagegen – alles aufbieten würde, die beabsichtigte Unternehmung zu stören oder gar zu unterbinden. So jedenfalls ging wertvolle Zeit verloren.

Aber hier mag wohl der alte Grundsatz eine Rolle gespielt haben, nicht über das erste Zusammentreffen mit dem Feind hinaus zu disponieren, eine Regel, die im Operativen auch ihre Grenzen hat.« Soweit Oberst a. D. Schellmann. Abgesehen davon, wären Vorstellungen beim ObdL, starke Aufklärungsverbände und Kampfgeschwader in Westfrankreich für »den Fall der Fälle« auf eine unbestimmte Zeit hin bereitzustellen, vielleicht einem Canossagang gleichgekommen, wenn man Görings Einstellung zu Raeder, zur Marine und insbesondere zu den schweren Überwassereinheiten kennt. Daß Raeder diesen Schritt dennoch gegangen wäre, hätte er ihn für erforderlich erachtet, steht bei einer so integren Persönlichkeit völlig außer Frage.

Aber auch nach Bekanntwerden der bei dem HOOD-Gefecht auf der BISMARCK eingetretenen Schäden rechnete ja das OKM noch immer damit, der Flottenchef würde zunächst in die Weite des Atlantiks ausweichen, sollte es ihm gelingen, die Fühlungshalter abzuschütteln.

Auf der anderen Seite war dem OKM ohnehin seit Kriegsbeginn eine permanente Überwachung der Ausbruchwege in den freien Atlantik, insbesondere der Dänemarkstraße, bekannt. Schließlich war ja wenige Monate vorher auch der Kampfverband SCHARNHORST/GNEISENAU bei seinem Ausbruchsmarsch durch die Enge zwischen Island und Färöer auf den Gegner gestoßen, ohne daß es zum Gefecht kam. Und weiter glückte es dieser Kampfgruppe dann auch, ohne nochmalige Feindsichtungen durch die Dänemarkstraße den freien Atlantik zu gewinnen. Eine hermetische Abriegelung dieser sogenannten Engen war also nach dem Stand der bisherigen Erfahrungen gar nicht möglich, es sei denn, der Gegner würde ebenfalls über Funkmeßgeräte verfügen, die die hier oben meist vorherrschenden Unsichtigkeiten (Nebel, Polarnacht während der langen Wintermonate usw.) aufheben würden. Anzeichen für ein Vorhandensein von Funkmeßgeräten auf britischen Kriegsschiffen lagen indessen bis dato noch nicht vor, auch nicht aus der jüngsten Zeit (Rückmarsch ADMIRAL SCHEER und ADMIRAL HIPPER im März 1941). Daß indessen mit der Möglichkeit der Installierung von Funkmeßgeräten bei Gegnern gerechnet wurde, beweist der erstmalige Einbau eines Funkmeßbeobachtungsgerätes auf den deutschen Schiffen (BISMARCK).[431]

Die Agentenmeldung aus dem Kattegat und die gegnerische Anstrengung über Norwegen waren indessen ernst zu nehmende Alarmzeichen. Gemessen an der britischen Mentalität, also rein psychologisch gesehen, lagen die Dinge in diesem Falle doch anders, mußte doch mit dem Inmarschsetzen der vom Gegner gefürchteten BISMARCK mit ziemlicher Sicherheit mit einem Optimum an Anstrengungen, gerade dieses Schiff zu jagen und zu vernichten, gerechnet werden.

Jedenfalls hatten der Admiral Frankreich und der Marinebefehlshaber Kanalküste den Befehl zur Vorbereitung des Einlaufens der BISMARCK in Brest, St. Nazaire oder La Pallice schon erhalten,[432] als der Flottenchef am 24. Mai früh seine diesbezügliche Absicht gemeldet hatte. Ebenso wurde die Luftflotte 3 vorsorglich gebeten, eine Verstärkung der Flak des Einlaufhafens vorzusehen. Als dem »FlieFü Atlantik« am 25. Mai[433] die Sicherung der nach Brest laufenden BISMARCK übertragen wurde, verfügte dieser nur über schwache Luftstreitkräfte. Hierbei sei gleich erwähnt, daß der »FlieFü Atlantik« nach Erinnerung Beteiligter schon am 24. Mai nach 16.00 Uhr und nach anderen Unterlagen (KTB Marinegruppe West) erst am 25. Mai von seinem eigentlichen Auftrag, den BdU zu unterstützen, entbunden und zur Sicherung der BISMARCK befohlen wurde. Auch dies ist eine jener strittigen Punkte, die einer endgültigen Klärung harren. Man darf wohl annehmen, daß am 24. Mai bei Bekanntwerden der Einlaufabsichten des Flottenchefs zunächst eine telefonische, rein informatorische Unterrichtung der Luftflotte 3 oder des »FlieFü Atlantik« durch die Marinegruppe West erfolgte, der sich dann die im KTB niedergelegte grundsätzliche Absprache am 25. Mai, 11.00 Uhr, die ja nun in keiner Weise strittig ist, anschloß. Dafür spricht auch der FT 02.52 Uhr der Gruppe West vom 25. Mai, des Inhalts, daß Luftaufklärung mit FW 200 im Gebiet nordspanische Küste-Brest-Südspitze Irland und soweit wie möglich westlich beabsichtigt sei. Eine weitere Bestätigung ist auch die schon erwähnte Anlage 1 des Großadmirals, als dieser nach Kenntnis der Lage nach dem HOOD-Gefecht

297

zum Vortrag zu Hitler eilte. Darin heißt es für den 24.: »... Die Vorbereitungsmaßnahmen für die Aufnahme der BISMARCK im Küstenvorfeld der Atlantikküste durch Luftaufklärung, Luftsicherung und Ansatz leichter Streitkräfte werden eingeleitet, für den 25. Mai weit nach Westen vorgeschobene Luftaufklärung befohlen ...«
Nach Harlinghausen waren jedenfalls nur zehn Maschinen vom Typ FW 200 »Condor« des I./KG. 40[434] einsatzklar. Ihre normale Eindringtiefe reichte bis etwa 15° West, mit Zusatztanks bis etwa 25° West. Außerdem standen zur Verfügung: die Fernaufklärerstaffel 3/123 (F) und die Küstenfliegergruppen 406 und 606 (alles Ju 88).
Gemäß zugänglicher Dokumente der Luftwaffe[435] sollen diese Kräfte auf Befehl der Luftflotte 3 erst im Laufe des 26. Mai durch die Kampfgruppe I./KG. 28 und durch die KG. 100 verstärkt worden sein. Erstere verlegte nach Nantes, die andere nach Vannes. Hier ist zum Beispiel eine weitere wesentliche Unklarheit, denn nach Schellmann, damals Kommandeur der I./KG. 28, lagen diese Kampfgruppen bereits vorher dort.
Später, erst am 27. Mai, und praktisch erst nach dem Untergang der BISMARCK, standen weitere Verstärkungen zur Verfügung, nämlich die nach Lannion geflogenen I./KG. 77, die II./KG. 54 und die II./KG. 1 »Hindenburg«. Daran ist kein Zweifel, daß diese drei weiteren Gruppen gemäß der im KTB Marinegruppe West um 21.42 Uhr des 26. Mai vermerkten Eintragung erst am späten Abend des 26.5.1941 angefordert wurden.

*

Wie aber war es um den Einsatzwert der Luftwaffe über See bestellt, eine Frage, die einer kritischen Betrachtung wert erscheint. Wie uneinheitlich er war, erhellt eine aus der Erinnerung niedergeschriebene Darstellung des damaligen »FlieFü Atlantik« selbst: »Bis auf die Condor-Gruppe I./KG. 40 und die Aufklärungsstaffel 3/123 (Ju 88) hatten die übrigen Verbände seit Monaten in ununterbrochenem, hartem Nachteinsatz gegen England gestanden, so daß sie weder Übung in der Navigation über weiten Seeräumen noch im Kampfeinsatz gegen Seeziele hatten, ausgenommen die beiden Küstenfliegergruppen mit ihren Ju 88 und für die II./KG. 40 mit Do 217, die englische Geleitzüge im Kanal und in der südlichen Nordsee im Tiefangriff bekämpft hatten. Diese Angriffsmethoden aber eigneten sich nicht gegen Kriegsschiffe mit starker Flakabwehr. Torpedoflugzeuge gab es in der deutschen Luftwaffe nicht ...«
Noch nicht ...
Der damalige Kommandeur der in Nantes liegenden I./KG. 28 ergänzt diese Feststellungen: »Die Gruppe hatte tatsächlich seit Kriegsbeginn vor allem Luftminenkrieg gegen England geführt und war ab 9. September 1940 auch verhältnismäßig häufig in Nachtkampfeinsätze gegen England einbezogen worden. Sie war in jeder Hinsicht auf diese Kampfführung, also auf Flächenziele,[436] die aus großen und mittleren Höhen angegriffen wurden, eingestellt. Angriffe auf bewegliche Punktziele, wie sie Schiffe darstellen, waren bisher (siehe oben) weder geübt noch angewandt worden.
Für ihre Sonderaufgabe bei Nacht waren alle Flugzeuge mit sogenanntem Nachtanstrich – Unterseite schwarz – versehen, so daß sie am Tage für jede Abwehr eine ausgezeichnete Zielscheibe abgaben. Verbandsflug, der für einen Angriff auf Kriegsschiffe, mindestens aber für das Zusammenhalten der Kampfkraft bis zum Anriff wünschenswert gewesen wäre, war von den einzelnen Besatzungen im Verband nur gelegentlich und höchstens in der Rotte geübt worden; daß er sich wegen der Wetterlage und im Interesse schonenden, auf möglichste Eindringtiefe abgestellten Marschfluges dann ausschloß, ändert nichts an diesen Verhältnissen, über die man sich klar sein mußte und auch so klar war ...
Die KG. 100 war ganz auf den Beleuchtereinsatz bei Angriffen auf Flächenziele bei Nacht spezialisiert. Die weiterhin dem »FlieFü Atlantik« im Laufe des 27. Mai zugeführten Kampfgruppen waren mit der gestellten Aufgabe auch nicht von ferne irgendwie betraut und mußten deshalb versuchen, sie nach dem geringen »beten« Können zu lösen ...«
Da die BISMARCK am 24. Mai abends und am 25. noch weit außerhalb der Eindringtiefe der Kampfverbände schwamm, blieb dem »FlieFü Atlantik« vorerst lediglich die Aufgabe, die in Frage kommenden Seegebiete aufzuklären, was sich ja auch in dem schon erwähnten FT der Marinegruppe West an den Flottenchef mit der Uhrzeitgruppe 02.52 vom 25. Mai ausdrückt. Die BISMARCK selbst stand an diesem Tage noch außerhalb bzw. in den Abendstunden höchsten an der äußersten Grenze der Eindringtiefe dieser wenigen »Fernaufklärer«.[437] Das ist wohl der Grund gewesen, diese Aufklärung in die Abendstunden des 25. zu verlegen, weil man so hoffte, nicht nur

die BISMARCK, sondern vielleicht auch einen Teil der Gegner zu erfassen.

Über die Lage während dieser Zeit heißt es von seiten der Luftwaffe heute[438]: »... Mit Annäherung der ›B‹ zog von Westen her ein schweres Sturmtief heran, welches auch Westfrankreich mit tiefhängenden Wolken erfaßte. Aufklärung und Kampfeinsatz waren bei dieser Wetterlage unmöglich und hätten ... zum Verlust der Verbände geführt ...«

Es sei hier aber kritisch vermerkt, daß es für den britischen Flugzeugträger ARK ROYAL dennoch möglich war, Flugzeuge starten und landen zu lassen ... von einem windanfälligen Schiffskörper wohlbemerkt. Nach hier vorliegenden Unterlagen erreichte der Sturm, dessen Windstärken auf See acht bis neun erreichten und in Böen vielleicht etwas darüber lagen, erst am 26. abends seinen Höhepunkt über See.

Es ist mit Sicherheit anzunehmen, daß eine solche frühzeitige, großräumige und vor allem mit zahlreichen Maschinen geflogene Luftaufklärung, die ja dann auch während eines zwölfstündigen Fluges erst am 26. gegen 15.45 Uhr an der Grenze der Reichweite in 50° 30' N 19° 15' W zur Sichtung der RODNEY und ihrer Zerstörer mit Kurs 170° führte, schon vorher Ergebnisse eingebracht hätte.[439] Raeders vordem zitierte, fast schon resigniert zu nennende Feststellung vor Hitler über den Mangel genügender Fernaufklärer und Fernkampfbomber erhält hier in dieser Phase besonderes Gewicht. Außerdem genügten die dem »FlieFü Atlantik« zur Verfügung stehenden Fernaufklärer ohnehin auch bei weitem nicht den turnusmäßigen Anforderungen durch den BdU, dessen U-Boote sich mangels ausreichender Unterstützung aus der Luft im Fahren von Suchkursen erschöpften. Nicht selten, auch diese Bemerkung gehört zur Klärung der Lage in diesem Komplex, mußten ja U-Boote wegen Treibstoffmangels mit allen Torpedos den Rückmarsch antreten, weil sie trotz wochenlanger Suchkurse keine Sichtung hatten. Wie leicht hätte ihnen eine großräumige und vor allem permanente Fernaufklärung aus der Luft zu Erfolgen verhelfen können.

Entgegen anderen Darstellungen und Überlegungen befand sich nämlich die Force H bereits am 25. mittags im Segment der Eindringtiefe unter 20° West bis 18° West. Eine Beschädigung des Decks der ARK ROYAL hätte mit Sicherheit den Start der Torpedobomber zumindest verzögert. Die ARK ROYAL anzugreifen, hatten dann auch die Kampfflugzeuge den 26. Mai über Gelegenheit, nachdem sie vorher offenkundig bewußt außerhalb der Eindringtiefe der deutschen Luftwaffen-Kampfverbände fuhr. Und mit einer FW 200 einen Flugzeugträger anzugreifen, wird von Luftwaffenexperten als »schlechte Sache« bezeichnet. Aber taten die Engländer in ihrer Lage nicht auch Dinge, die ungewöhnlich waren, wenn man an die Aufklärungsflüge nach Norwegen denkt? Oder an die Verstärkung der Home Fleet durch die noch in der Werfterprobung stehende PRINCE OF WALES?

Hierzu sagte die Luftwaffe: »Es ist auf Grund der bisherigen Nachprüfungen richtig, daß die BISMARCK am 26. Mai etwa ab 16.00 Uhr in einem 500-Seemeilen-Kreis ab Brest und damit in den äußersten Wirkungskreis der Kampfverbände eintrat. Das Schlachtschiff BISMARCK war aber mit FT der Gruppe West[440] als Grenze nur der 14. Längengrad angegeben; das wird seine Gründe gehabt haben. Wenn wir am 26. Mai nachmittags nicht mit möglichst starken Kräften in dem kritischen Gebiet standen, wird das ebenfalls einen bestimmten Grund gehabt haben.[441] Force H bzw. ARK ROYAL konnten wir nicht angreifen, weil sie ja von uns leider nicht erfaßt worden war.[442] Wir wissen ferner, daß Göring als ObdL von Hitler als Oberstem Befehlshaber vom 25. Mai früh ab mehrmals aufgefordert wurde, alles nur irgend Mögliche zur Sicherung und Entlastung der BISMARCK zu tun, also auch weitere Verstärkung an Fernaufklärern und Kampfstaffeln nach Westfrankreich zu verlegen. Das Ergebnis dieses Befehls erscheint angesichts der erwähnten drei Gruppen, die dann am 27. nach Lannion beordert wurden, bemerkenswert mager.«

Schellmann dazu: »Daß Göring von Hitler gedrängt wurde, alles nur Mögliche für die BISMARCK zu tun, bestätigte mir auch Harlinghausen. Es war aber zu diesem Zeitpunkt schon zu spät. Bei Verlegungen von Kampfverbänden muß an Zeitbedarf und auch an Bodenorganisation gedacht werden.

Zumindest aber hätte sich wohl eine Verlegung der KG. 30 und KG. 26 sowie auch der 1/121 (F) und 1/120 (F) von Norwegen nach Westfrankreich rechtzeitig durchführen lassen, wenn diese am 24. Mai abends oder am 25. morgens den Befehl dazu erhalten hätten.[443] Das allein bedingt allerdings, daß die Luftwaffe in Westfrankreich quasi nicht erst über die Willensäußerungen, die ihr über die Zwischeninstanz Marinegruppe West zugingen, dazu angetrieben werden mußte!«

299

Die Marinegruppe West hat, wie schon vermerkt, eben nicht mit Nachdruck einen Großeinsatz der Luftwaffe für den »Fall der Fälle« und auch sonst nicht vorher über die hier zuständige Skl verlangt. Außerdem war – das zur Klärung – die Marinegruppe West gar nicht über die Kräfteverteilung der Luft im Detail unterrichtet. »Allenfalls«, so sagt Konteradmiral a.D. Meyer (Hans) als damaliger Chef des Stabes der Gruppe West, »hätte der Anstoß bei der Gruppe durch die Luftflotte 3 erfolgen können.« Was nicht auschloß, daß die Gruppe die Luftflotte 3 wie auch die Skl hätte »anstoßen und bedrängen können«.

Als am späten Abend des 26. dann die Manövrierunfähigkeit der BISMARCK bekannt wurde, kam es in den frühen Morgenstunden des 27. zu der bereits erwähnten Meldung an Hitler, daß die ersten Kampfflugzeuge, wenn auch mit wenig Hoffnung auf Erfolg, starten würden. Seitens der Marinegruppe West wurde – aber auch erst nach Bekanntwerden des Rudertreffers – laut bereits zitiertem KTB-Auszug sofort der »FlieFü Atlantik« um Umstellung seiner Aufklärung für den nächsten Morgen gebeten und die Luftflotte 3, Paris, über die Lage unterrichtet und aufgefordert, mit starken Kräften, die sowieso für das Einlaufen bereitstanden, möglichst bald einzugreifen.[444] Ferner wurde von der Marinegruppe West das Auslaufen des Troßschiffes ERMLAND zum Schleppen befohlen; aber dieses war nicht sofort klar.[445] Noch bei Dunkelheit starteten dann am 27. Mai ab 03.07 Uhr zwei FW 200, acht Ju 88 und zehn He 115 des »FlieFü Atlantik« zur bewaffneten Aufklärung. Und mit der ersten Dämmerung erhoben sich ab 05.48 Uhr von den Flugplätzen Nantes und Vannes 17 He 111 der I./KG. 28 und zwölf HE 111 der KG. 100. 09.45 Uhr sichtete ein Aufklärer der 1. Gruppe, eine FW 200,[446] in 48° 20' N 17° 05' W[447] das Gros der Force H mit RENOWN und ARK ROYAL und außerdem die schon Tage vorher von Somerville detachierte SHEFFIELD in Begleitung von Zerstörern auf Generalkurs 40°, wobei SHEFFIELD irrtümlich als REPULSE angesprochen wurde. 10.43 Uhr wurde der Verband durch FT gemeldet, Peilzeichen für U-Boote wurden sofort und laufend gegeben. Um die gleiche Zeit beobachteten fünf Ju 88 der Küstenfliegergruppe 606 in etwa 47° 25'N 15° 45' W BISMARCK im Gefecht mit zwei schweren und zwei leichten Einheiten, also mit KING GEORGE V. und RODNEY, NORFOLK und DORSETSHIRE. Nach Luftwaffenunterlagen »mißlang ein Sturzangriff auf einen der Kreuzer wegen starker Behinderung durch englische Jäger«.

Der von der Luftwaffe genannte Schiffsort ist mit Sicherheit falsch. Diese Sichtung erfolgte ja höchstens eine Stunde vor Untergang der BISMARCK. Bei der geringen Fahrt über Grund nach NW konnte die von Roskill nach dem nautischen Besteck von vier Schiffen ermittelte Untergangsposition von 48° 10' N 16° 12' W kaum noch erreicht werden.

Nach Auskunft der Britischen Admiralität wurden um die fragliche Zeit in der letzten Phase der Aktion, also gegen 10.00 Uhr des 27. Mai, NORFOLK und COSSACK von Flugzeugen angegriffen, aber weder getroffen noch durch Nahtreffer beschädigt. Die Wetterbedingungen hätten den Einsatz von Jägern (Fighter Aircraft) nicht erlaubt. In beiden Fällen schienen die Angreifer Focke-Wulf- und Heinkel-Maschinen gewesen zu sein. Ju 88 wurden bei diesen Meldungen nicht erwähnt.

Bekannt ist, daß sich während der Endphase erneut die ARK ROYAL »Swordfishs« in der Luft befanden, da diese zu einem neuen Torpedoangriff gestartet waren.[448] Der Angriff unterblieb aber aus Gründen, die schon in vorstehenden Kapiteln behandelt wurden. Die deutsche Luftwaffe sagt zur Situation: »Fühlung im Gebiet des Endkampfes der BISMARCK hätten nur die FW 200 halten können, da den am Rande ihrer Eindringtiefe stehenden Kampfverbänden keine oder nur geringe Zeit am Ort verblieb. Für die Ju 88 hieß es: suchen, angreifen, zurück.« Von den 05.48 Uhr gestarteten Gruppen ist zu berichten, daß beide Verbände durch das schlechte Wetter derart behindert wurden, daß die KG. 100 am Gegner vorbeistieß und ohne Feindberührung heimkehrte. Die I./KG. 28 dagegen erschien über dem Kampfplatz erst gegen 11.00 Uhr, also nach dem Ende von BISMARCK. Sie sichtete ein Schlachtschiff, einen Flugzeugträger und ein kleineres Schiff, zweifelsfrei also die Force H. Der Angriff auf den Träger, bei dem zwei Bomben SC 500 und acht SC 250 geworfen wurden, hatte keinen Erfolg. Am gleichen Tage meldete die Frühaufklärung zirka 09.45 Uhr etwa 630 km südwestlich von Baltimore (Südspitze Irlands) zwei Schlachtschiffe und einen Flugzeugträger mit NO-Kurs. Zwei Flugboote sicherten den Verband. Ein anderer Aufklärer sah um diese Zeit südwestlich Baltimore zwei schwere und zwei leichte Kreuzer, von denen gegen zehn Uhr ein Kreuzer mit vier Bomben SC 250 ergebnislos angegriffen wurde.[449]

An sich sind damit die Maßnahmen, die vielleicht noch zu einer Wende des Schicksals der BISMARCK hätten führen können, erschöpfend behandelt. Wenn man die von der Marine – an Land wie an Bord – in die Luftwaffe gesetzten Hoffnungen auf eine Wende betrachtet, fällt im Hinblick auf die schon eingangs erwähnten Vorwürfe ein gewisser Widerspruch in den bei der Marine bestehenden Auffassungen auf.

»Einerseits klingen bei der Marine im Hinblick auf die Luftwaffe oft genug – ob nun berechtigt oder nicht, soll hier nicht untersucht werden – heftige, manchmal abfällige Kritik und mangelndes Vertrauen in deren Leistungsfähigkeit zwischen Worten und Zeilen durch, andererseits wurden nun aber in einer von der Luftwaffe nicht zu verantwortenden Situation nachgerade ›Wunderdinge‹ erwartet.«[450]

Was seitens der Luftwaffe dann nach dem Ende der BISMARCK geschah, sei des vollständigen Bildes wegen ebenfalls noch dargestellt: Ab 15.37 Uhr des 27. Mai starteten die erst jetzt einsatzbereiten verstärkten Kampfverbände der Luftwaffe zu einem Großeinsatz mit 12 Ju 88 der I./KG. 77, fünf JU 88 der II./KG. 1 und 16 Ju 88 der II./KG. 54. Ihr Ziel waren die ablaufenden englischen Einheiten, von denen 16.10 Uhr ein Aufklärer der 3./123 (F) die Force in 48° 10′ N 17° 10′ W entdeckte und meldete. Die 34 Ju 88 hatten bei dem unsichtigen Wetter keine Sichtung. Sie kehrten ohne einen Erfolg zurück. Abends entdeckten acht Aufklärer der Küstenfliegergruppe 406 die Home Fleet auf ihrem Rückmarsch. 20.40 Uhr: vier große Einheiten und acht Zerstörer in 50° 10′ N 13° 30′ W, mit Kurs 30°, 21.40 Uhr: einen Zerstörer in 51° 25′ N 12° 15′ W mit Kurs auf 50°, 22.30 Uhr: ein Schlachtschiff, zwei Kreuzer in 50° 50′ N 12° 35′ W, Kurs unklar.

Sehr früh am 28. Mai starteten deutscherseits 63 Kampfflugzeuge zum Einsatz gegen die britische Flotte. 14 Maschinen griffen zwischen 08.25 Uhr und 10.40 Uhr 150 km südwestlich bis 150 km nordwestlich von Galway an der irischen Küste zwei Kreuzer und zwei Zerstörer an. Sie warfen 70 Bomben SC 250[451] und 12 SD 50 aus 1 600 bis 2 500 m Flughöhe. 08.25 Uhr wurde ein Zerstörer schwer getroffen und sinkend zurückgelassen. 09.27 Uhr bekam ein Leichter Kreuzer einen Mitschiffstreffer. Sieben Maschinen griffen 260 km westsüdwestlich von Galway zwischen 09.10 Uhr und 10.25 Uhr einen Kreuzerverband an, wurden aber von feindlicher Jagdabwehr am gezielten Bombenwurf (sie hatten eine SC 1000 und sechs SD 500 an Bord) gehindert. Nach deutschen Beobachtungen krepierten zwei Bomben dicht neben einem Kreuzer. Das Schiff stoppte und soll seine Fahrt später mit verminderter Geschwindigkeit fortgesetzt haben.

Von elf anderen Kampfflugzeugen, die gegen einen Schiffsverband angesetzt waren, griffen von 13.40 Uhr bis 13.45 Uhr zwei einen Kreuzer 30 km südwestlich Westport an der irischen Küste mit vier SD 500 ohne Erfolg an. 13.15 Uhr griff 70 km von Westport ein Flugzeug einen Zerstörer mit zwei SD 500 erfolglos an. Fünf Ju 88 griffen zwischen 15.36 Uhr und 16.05 Uhr 75 km nordwestlich Erris Head einen Zerstörer und 40 km westlich davon zwei Kreuzer und einen Zerstörer im Sturzangriff mit zwei SD 500 und zwei SC 500 an. Der Angriff hatte kein Ergebnis.

Ein Kampfflugzeug flog 22.55 Uhr 30 km westlich Erris Head ein Schlachtschiff an. Beide Bomben verfehlten ihr Ziel. Die deutsche Maschine wurde danach von britischen Jägern – allerdings erfolglos – verfolgt.

Der 30. Mai erbrachte 10.31 Uhr zirka 600 km westsüdwestlich von Brest die Sichtung eines englischen Kreuzers auf Westkurs.

*

Über die schon vorher dargestellten kritischen Untersuchungen hinaus sei zu anderen Feststellungen, bei denen das Fehlen einer Fernbomberwaffe und bzw. oder eines Flugzeugträgers bemängelt wird, noch gesagt:

Es gab keine Fernbomber, weil sie nach der damaligen strategischen Konzeption gar nicht gebraucht wurden. Wenn sie aber nach der »Wiederherstellung der Wehrhoheit« im Dritten Reich gefordert worden wären, hätten sie schwerlich in der kurzen Zeit neben all den anderen Projekten entwickelt und geschaffen werden können. Auch die Engländer vermochten das sogenannte »black pit«, das »Schwarze Loch« in der Schlacht um den Atlantik, erst 1943 und auch erst mit amerikanischer Hilfe zu schließen, denselben Seeraum, den auch die deutschen Bomber bei der Sicherung der BISMARCK nicht erreichen konnten.

Es gab auch keinen deutschen Flugzeugträger. Der Träger GRAF ZEPPELIN, auf den Deutschen Werken in Kiel am 8. Dezember 1938 vom Stapel gelaufen, unterlag 1940 zugunsten der U-Boote dem Baustopp für große Überwassereinheiten; der Träger »B«, dessen Rumpf bis ausschließlich Panzerdeck fertiggestellt worden war, wurde 1940 abgebrochen.[452]

Darüber heute zu richten, ob solche Träger dieser Unternehmung zu einem anderen, glücklicheren Verlauf verholfen hätten, erscheint ebenso müßig wie sinnlos, weil für den einen wie für den anderen obigen Gedanken die praktischen Voraussetzungen fehlten.

Wohl aber hätte eine größere Zahl FW 200[453] und damit ein größerer Stamm geschulten Personals nutzen können. Sie hätten die Force H rechtzeitig sichten und rechtzeitig Kampfflugzeuge heranführen können, vorausgesetzt, a) daß die Marinegruppe West rechtzeitig »vorgehalten« hätte, b) daß Peilzeichen mit BISMARCK vereinbart und in der Notstunde auch gesendet worden wären (was auch den heranschließenden U-Booten zum Nutzen gewesen wäre), womit freilich nach den bisherigen Erfahrungen, die man mit der Luftwaffe bei Angriffen auf Seeziele gemacht hatte, immer noch fraglich bleibt, ob selbst eine mehrfach verstärkte Luftwaffe das Schicksal noch hätte wenden können.[454] Auch ohne eine Verstärkung der FW 200 hat jedenfalls eine Chance bestanden, wirksam in das Rad der Geschichte einzugreifen. Schließlich war in der Marinegruppe West und damit auch der Luftflotte 3 und dem »FlieFü Atlantik« bekannt, wann BISMARCK frühestens in den äußeren Bereich der Reichweite der Kampfflugzeuge einlaufen konnte.

Wer weiß, wie anders die Operation geendet hätte, wenn in den Nachmittags- und Abendstunden des für BISMARCKs Schicksal so tragischen 26. Mai bewaffnete Aufklärung über dem Seebereich geflogen worden wäre, in dem das Schlachtschiff von den Flugzeugen der in der Nähe stehenden ARK ROYAL angegriffen wurde. Was natürlich bedingte, daß rechtzeitig genügend geeignete Maschinen zur Verfügung standen. Vielleicht hätten sie sogar, wenn die Gruppe West sie rechtzeitig gefordert hätte (zumal Göring hier unter dem Druck Hitlers stand), den Start der »Swordfishs« auf der in fast unmittelbarer Nähe stehenden ARK ROYAL verhindern oder verzögern können. Und warum hat die Gruppe West nicht von Anbeginn mit Nachdruck auf eine prophylaktische bewaffnete Aufklärung bei der Luftwaffe gedrungen? Doch nur, weil man dort anfangs immer noch der Hoffnung war, BISMARCK würde sich nach Abschütteln der Fühlunghalter in die Weite des Atlantiks verholen? Was indessen nun nicht bedeutet, das eine zu tun und das andere zu lassen. So gesehen, scheint alles sehr einfach, nach Moltke aber gerade deshalb um so schwieriger.

Der Schwere Kreuzer PRINZ EUGEN hatte das Unternehmen »Rheinübung« heil überstanden. Im Februar 1942 durchbrach er zusammen mit den Schlachtschiffen SCHARNHORST und GNEISENAU den englischen Kanal. Im Kampfraum Norwegen überstand er manches schwere Wetter« und dramatische Situationen, symbolisiert durch das obere Bild.

Ab August 1944 griff PRINZ EUGEN im Rigaischen Meerbusen, in den Kampfräumen Memel und Ösel-Halbinsel Sworbe sowie einschließlich in der Danziger Bucht mit großem Erfolg in die Abwehrkämpfe zur Stabilisierung der deutschen Brückenknöpfe ein, deren möglichst lange Verteidigung Voraussetzung für das Gelingen der großen Rettungsaktion von Flüchtlingen und Verwundeten auf dem Seeweg war.

Das Ende des Unternehmens »Rheinübung«
Schwerer Kreuzer Prinz Eugen nach Entlassung bis Einlaufen Brest

Mit der Versenkung der Bismarck aber ist das Unternehmen »Rheinübung« nicht beendet. Noch stehen Prinz Eugen und die Versorgungsschiffe in See.

Nach der Entlassung der Prinz Eugen durch das Flottenkommando am 24. Mai, 18.14 Uhr,[455] galt die größte Sorge ihres Kommandanten Kapitän z.S. Brinkmann der baldigen und sicheren Ergänzung der Brennstoffvorräte. In der Kalvenesbucht bei Bergen waren am 21. Mai die Bunker aus dem Tanker Wollin nachgefüllt worden. Ihr Inhalt betrug: 3 000 Kubikmeter.[456] Verbraucht waren bis zum 24. Mai, 17.00 Uhr, 1 650 Kubikmeter. Bei der Trennung standen also noch 1 350 Kubikmeter zur Verfügung. Der Detachierungsbefehl besagt: »... Anschließend entlassen zum Ölen bei Belchen oder Lothringen. Danach selbständig Kreuzerkrieg führen.«

Er enthält also die Weisung, die Ölergänzung nach Durchführung der Lösung von der Bismarck bei einem der in westlicher Richtung in rund 300 sm Abstand, südlich von Grönland, deponierten Tanker vorzunehmen. Dem Befehl ist im übrigen keinerlei Andeutung[458] über die weiteren Absichten des Flottenchefs zu entnehmen, so daß der Kreuzerkommandant im unklaren bleibt, ob etwa die Bismarck ebenfalls noch bei dieser Tankergruppe oder bei der Azorengruppe Öl auffüllen will, was beides bei dem vom Flottenkommando vorgesehenen Kurs durch AJ 68, nämlich durch die Quadrate der am 24. Mai 14.42 Uhr befohlenen U-Boot-Aufstellung, möglich erscheint.

Die Nachteile, die sich für die Prinz Eugen bei einer geplanten Ansteuerung der Grönland-Tankergruppe andeuteten, schienen schwerwiegend:
1. Beschattung durch USA-Flugzeuge und Küstenkreuzer;
2. die Schwierigkeit, Fühlunghaltern auszuweichen oder sie abzuschütteln;
3. helle Nächte.

Der Kommandant entschließt sich daher, trotz der erheblich weiteren Entfernung[459] und obwohl er seinen Ölvorrat damit auf 300 Kubikmeter herunterfahren muß, die Azorengruppe mit den Tankern Spichern und Esso Hamburg in der Weite des Atlantik anzusteuern. Noch besteht allerdings die Ungewißheit, ob diese Tanker, von denen bisher keine Meldung vorliegt, ihren Standort überhaupt erreicht haben. Prinz Eugen funkt deshalb am 24. Mai um 21.11 Uhr an das Marinegruppenkommando: »Versorgungslage dringend. Sofort Treffpunkt mit Versorgungsschiff Esso Hamburg vereinbaren und hergeben.« Dieses hatte schon das Marinegruppenkommando vorsorglich die beiden Tanker zur Standortmeldung aufgefordert, so daß sie am 25. Mai, 02.11 Uhr, dem Kreuzer bestätigen konnte, daß Spichern am 25. Mai, 14.00 Uhr, und die Esso Hamburg am 26. Mai, 12.00 Uhr, auf dem Treffpunkt zur Brennstoffergänzung für die Prinz Eugen stehen würden.[460] Daraus folgte der Entschluß, nach Süden zu gehen. Kurz vor Mitternacht wird an der Grenze der Sichtweite ein Flugzeug beobachtet, das als amerikanische Maschine erkannt wird.

Der folgende Tag, der 25. Mai, verläuft bei bedecktem Himmel, aus Nordwesten in Stärke sechs wehenden Winden und bei teils nebligem und diesigem Wetter, ohne besondere Ereignisse. Das Mittagsbesteck lautete 51° 15' N, 35° 22' W. 20.00 Uhr wird die Borduhr um eine Stunde auf Zonenzeit 0°,[461] um 21.00 Uhr um eine weitere Stunde auf Zonenzeit 15° W zurückgestellt. Dieses Umstellen der Schiffsuhren war unumgänglich notwendig geworden, um den Unterschied zwischen Bordzeit und Ortszeit wenigstens etwas zu verringern. Da um Mittag die Bordzeit noch MEZ gewesen war, bestand zwischen dieser und der Zonenzeit des Schiffsortes ein Unterschied von drei Stunden, nach genauer Ortszeit sogar von drei Stunden und 21 Minuten. Auch nach der zweimaligen Umstellung der Uhren blieb zwischen Bordzeit und Ortszeit noch eine Differenz von mehr als einer Stunde.

Am 26. Mai wird der Tanker Spichern nach schon vorher angefordertem Peilzeichen um 06.00 Uhr getroffen.[462] Die Ölübernahme wird im Schlepp der Spichern auf SW-Kurs sofort begonnen, denn Prinz Eugen hat nur noch 250 Kubikmeter in den Bunkern, nicht viel mehr, um noch fünf Stunden Fahrt machen zu können. Die Prinz Eugen sichtete die Spichern schon um die Mitternachtsstunden. Die Spichern aber lief wegen Nichtunterrichtung über die inzwischen geänderten Kennziffern, um den ihr folgenden Schatten abzuschütteln, dann wieder Kurs auf den Treffpunkt. Hier schälte sich in der Morgendämmerung achteraus die PRINZ EUGEN aus dem Dunst heraus. Bis 21.55 Uhr des 26. Mai sind 2 660 Kubikmeter übernommen worden. 13.00 Uhr wird auf Zonenzeit 30° W gegangen, das heißt, die Borduhren werden noch eine Stunde zurückgestellt.[463]

Die Gruppe West hatte in der Nacht vom 25./26. Mai inzwischen den beiden Spähschiffen GONZENHEIM und KOTA PENANG den Befehl zukommen lassen, sich in CE 26 zu vereinigen, um, falls die PRINZ EUGEN die Schiffe zu verwenden beabsichtigt, die Befehlserteilung zu erleichtern.

An den Schweren Kreuzer ergeht folgendes FT: »Nach Brennstoffergänzung Auftreten der PRINZ EUGEN zunächst möglichst auf und südlich HX-Route westlich 35° W. Andernfalls Meldung Großquadrat. Spähdampfer nach Erreichen Treffpunkt etwa CD 27 oder in CD 26 zur Verfügung PRINZ EUGEN. SPICHERN und ESSO HAMBURG werden nach Brennstoffergänzung der PRINZ EUGEN auf Treffpunkt gemäß Operationsbefehl verlegt. BREME etwa 2. Juni auf dem Treffpunkt DF 96. U-Boote gemäß Operationsbefehl Ziff. 5 auf HX-Route nicht zur Verfügung.«

Die Gruppe geht von der Erwägung aus, daß das Auftreten des Schweren Kreuzers im zugewiesenen Operationsgebiet die beste Diversionswirkung (die ja auch als Troßschiffe einzureihen sind) für die britischen Streitkräfte bezüglich der BISMARCK hervorrufen kann.

Auf die Zusammenarbeit mit U-Booten in diesem Gebiet wird verzichtet, weil der Kreuzer in erster Linie nur gegen Einzelfahrer operieren kann, außerdem auch, um den Kommandanten dieses erstmalig voll eingesetzten Schiffes nicht zu sehr zu belasten.

Kapitän zur See Brinkmann beabsichtigte, die Zeit bis zum Eintreffen der beiden Spähschiffe auf dem befohlenen Treffpunkt, also am 27. Mai, nachmittags, nach beendeter Ölübernahme aus der SPICHERN zu einem Vorstoß in den südlichen Teil der HX-Route auszunutzen. Er bricht aber dieses Vorhaben ab, als er am 27. Mai vom Tanker SPICHERN den Funkspruch erhält, »U-Boot in CD 37, Troßschiff GONZENHEIM in Sicht.«

Fast gleichzeitig geht von der Gruppe West das FT ein: »Italienische U-Boot-Meldung: Fünf Schlachtschiffe BE 5568 220° hohe Fahrt[464].«

Bei der naheliegenden Möglichkeit, daß die letzte Meldung, die aus dem Kampfgebiet der BISMARCK kommt, nun der Beginn der Jagd auch auf die PRINZ EUGEN sein kann, entschließt sich Brinkmann zum Absetzen nach Süden, da im Norden und Westen neben englischen Streitkräften auch die Beschattung durch US-Amerikaner zur See und aus der Luft zu befürchten steht. Zudem macht der Zustand der Maschinenanlage den Aufenthalt in ruhigen Seegebieten erforderlich, da Überholungen notwendig sind. Diese sollen im Großquadrat DF vorgenommen werden.

Inzwischen hat sich das Schicksal der BISMARCK erfüllt. Während die Gruppe West auf Grund des englischen Admiralitätsberichts später über die Versenkung der BISMARCK und deren Funkmeldungen der Ansicht ist, daß alle schweren Einheiten im Nordatlantik an der Jagd auf die BISMARCK beteiligt waren und darum vorübergehend kein Schutz der Geleitzüge durch schwere Streitkräfte vorhanden sei, vertritt die Skl die Auffassung, daß gegen die BISMARCK nur Verfügungskampfgruppen des Gegners beziehungsweise in der Nähe stehende schwere Streitkräfte eingesetzt worden sind, daß also eine Schwächung der Geleitzüge nicht anzunehmen sei. Es geht daher an die PRINZ EUGEN am 28. Mai die Operationsweisung, nur gegen Einzelfahrer zu operieren und Kurzsignale sparsamst zu gebrauchen.

Bei klarem Wetter, SSO 4, übernimmt der Schwere Kreuzer am 28. Mai aus dem Tanker ESSO HAMBURG 680 Kubikmeter Öl und 10 Tonnen Wasser. Er muß aber 13.19 Uhr die Übernahme abbrechen, da Rauchwolken an der Kimm gesichtet werden. Er läuft bis außer Sichtweite ab. PRINZ EUGEN erhält um 19.15 Uhr von der Gruppe die Anweisung: »Sobald Operieren im Norden vom Feinde erkannt, Operationsgebiet verlegen nach DS, DT, EH, EJ. Tanker selbst verschieben oder Wünsche äußern, sich nicht an Spähschiffe gebunden fühlen, gegebenenfalls nach französischer Westküste entlassen.«

Die Verteilung der Begleittanker sieht nach den jetzigen Befehlen der Gruppe West so aus: (siehe Tabelle auf der folgenden Seite)

ESSO HAMBURG steht auf dem Marsch zur EGERLAND nach Punkt Rot zur Versorgung der U-Boote. Die beiden Spähschiffe GONZENHEIM und KOTA PENANG sind nach CD 25 befohlen worden. Die Weisung der Gruppe, den Operationsraum nach Süden zu verlegen, deckt sich mit den Überlegungen des Kommandanten. Am 29. Mai, 14.00 Uhr, trifft die PRINZ EUGEN in CD 26 mit der KOTA PENANG zusammen und übermittelt ihr die Befehle für

BELCHEN	auf	AJ 21/24	=	südwestlich der Südspitze von Grönland,
SPICHERN	auf	BD 78	=	460 sm nordwestlich der Azoren,
FRIEDRICH BREME	auf	CD 64	=	420 sm westlich der Azoren,
LOTHRINGEN	auf	DF 96	=	720 sm südwestlich der Azoren.

die beiden Spähschiffe. Sie werden 450 sm nach Süden vorausgeschickt, wo sie, vom 1. Juni beginnend, mit 60 sm Abstand hintereinander die Nordseite des Quadrates DF 465 in dreitägigen Etappen von West nach Ost ablaufen sollen. Alle weiteren Überlegungen über die Fortführung der Operationen werden hinfällig, nachdem die kritische Untersuchung der Maschinenanlage der PRINZ EUGEN ergeben hat, daß das Schiff nur noch 28 bis 29 kn Höchstfahrt laufen kann, denn die Steuerbordschraube hat in der Dänemarkstraße Eisschaden erlitten, in der Mittelanlage hat die Hauptkühlwasserpumpe Lagerschaden und in der Backbordanlage zeigt die Niederdruckturbine Schwingungen. Unter diesen erschwerenden Umständen entschließt sich der Kommandant zur Aufgabe der Operation und zum Anlaufen eines Reparaturhafens. Der Weg in die Heimat verspricht ihm nach den mit den Fühlungshaltern im Raum Island gemachten Erfahrungen keinen Erfolg, ganz zu schweigen von der obendrein herabgesetzten Geschwindigkeit. Brinkmann wählt daher Brest, sieht aber auch auf diesem Wege für sein Durchkommen nur dann einen Erfolg, wenn dem Feinde keinerlei Anzeichen über Absicht und Weg gegeben werden.

Oberstes Gebot lautet deshalb unbedingte FT-Stille, auch keine Meldung an die Gruppe über Abbruch der Operation und Antritt des Rückmarsches. Die Gruppe soll erst nach Überschreiten des 15. Längengrades, wenn mit Sicherheit ein Vorsprung vor dem von Gibraltar auf die Funkpeilung etwa angesetzten Feind besteht, unterrichtet werden.

21.47 Uhr gibt die Gruppe die Feindlage an die PRINZ EUGEN. »Nach Funkbetrieb steht der Träger HMS VICTORIOUS in See, wahrscheinlich im westlichen Nordatlantik zur Suche nach der PRINZ EUGEN. Mit weiterem Ansatz der ROYAL SOVEREIGN, der REVENGE, der NORFOLK, einzelner Zerstörer, Flugzeugen ist von der Neufundlandstation zu rechnen.«

Der Marsch nach Osten wird mit höchstmöglicher Fahrt angetreten und am folgenden Tage bei bedecktem Himmel und diesiger Luft fortgesetzt, ohne daß etwas in Sicht kommt. Die von der Gruppe West inzwischen übermittelten Nachrichten über die Verteilung der feindlichen Streitkräfte führen nicht zur Änderung des Marsches. Um die Bordzeit der damals in den besetzten französischen Häfen gültigen Deutschen Sommerzeit anzupassen, mußten während des Heimmarsches nach Osten die Schiffsuhren viermal um je eine Stunde vorgestellt werden.

Am 31. Mai, um 07.00 Uhr, ändert der Kommandant den bisher auf Kap Finisterre weisenden Kurs des 20 kn laufenden Schiffes auf die Mitte der Biscaya, und 08.10 Uhr, rund 600 sm vor Erreichen der französischen Küste, wird die Gruppe von der Rückkehr wie nachstehend unterrichtet: »Kann nur noch 28 kn laufen. Beabsichtige Rückmarsch nach französischem Hafen in Biskaya. Mein Standort ist BE 88.«

Der Gruppe West kam natürlich diese Meldung sehr überraschend, da sie den Schweren Kreuzer noch in Fortführung der Operation im Mittelatlantik vermutete, trifft sofort die erforderlichen Anordnungen zum Einholen und zur Sicherung. Als Kursanweisung wird ihm der Weg nach St. Nazaire und dann der Weitermarsch auf dem Küstenwege übermittelt. Neben Brest wird Ausweichmöglichkeit auf La-Pallice-Reede, St. Nazaire und Le Verdon vorgesehen. Zwei Zerstörer der 5. Z-Flottille werden zum Einholen nach BF 5889 entgegengeschickt. Der Liegeplatz, Artillerieschutz, Flak- und Luftschutz, Feuerschutz, Leichterraum, Schlepper, Lotsen, ärztliche Versorgung, Verpflegungs- und Bekleidungswesen, Geldversorgung, Ruheunterkünfte und Feldpost werden in den vier vorgesehenen Häfen vorbereitet. Die Wetterlage und die Prognosen sind mit Niederschlägen und schlechter Sicht bei mäßigen südlichen Winden ausgesprochen günstig, namentlich im Hinblick auf die Einschränkungen der feindlichen Luftaufklärung.

Die beiden Spähschiffe GONZENHEIM und KOTA PENANG, für die nach dem Abmarsch der PRINZ EUGEN keine Aufgabe mehr vorlag, werden 10.35 Uhr zurückgerufen. Sie sollen den Rückmarsch auf 43° N in 24stündigem Abstand antreten, GONZENHEIM zuerst. Abends wird der Tanker LOTHRINGEN nach CD 34 befohlen. Er soll zunächst festgehalten werden, um genügenden Abstand zu den beiden Spähschiffen beim Rückmarsch zu schaffen. Mit dem Hellwerden übernehmen am 1. Juni drei Heinkel-Maschinen die Luft- und die beiden Zerstörer die U-Boot-Sicherung. Nach Entlassung der Zerstörer um 15.25 Uhr setzt sich der SPERRBRECHER 13 vor und geleitet den Kreuzer bis Brest. Hier läuft er 19.30 Uhr ein und geht ins Dock.

PRINZ EUGEN hat bei der Unternehmung 7 000 sm mit einer Durchschnittsgeschwindigkeit von über 24 kn zurückgelegt. Auch diese Fahrt der PRINZ EUGEN beweist weit mehr die Probleme der Brennstoffergänzung und sie zeigt, wie wenig dieser Schiffstyp infolge seines geringen Aktionsradius zu ozeanischer Handelskriegführung geeignet ist.[466]

Das Schicksal der Versorgungstanker und die Spähschiffe · Der Fall »Tankerkapitän Paradeis« · Er vernichtete vor der Erbeutung die Geheimpapiere nicht · Die schwerwiegenden Folgen der Dechiffrierung waren Verluste an Wetterdampfern, Prisen und Blockadebrechern …

PRINZ EUGEN, vom Glück begünstigt, vermag noch durch die Maschen der ausgeworfenen Netze der gegnerischen Suchaktionen zu schlüpfen, über den an dem Unternehmen »Rheinübung« beteiligten Versorgungsschiffen und Spähschiffen aber steht der gleiche Untergangsstern wie über der BISMARCK. Nach deren Abschluß werden diese Schiffe von der Heimat nach der Operation zunächst entweder heimgerufen oder zu anderweitiger Verwendung angesetzt. Während die im Nordmeer aufgestellten Tanker WEISSENBURG und HEIDE bereits schon zurückbeordert wurden, als ihre Anwesenheit nicht mehr notwendig schien, laufen die SPICHERN erst nach Erledigung ihrer weiteren Aufgaben am 7. Juni und das Spähschiff KOTA PENANG am 10. Juni unversehrt in St. Nazaire ein. Alle anderen am Unternehmen »Rheinübung« beteiligten Tanker, Troßschiffe und Spähschiffe aber werden in der Zeit nach der Versenkung der BISMARCK vom Gegner gestellt.

Der Tanker BELCHEN wird am 3. Juni, vormittags, im AJ 2162, also 100 sm südwestlich von Grönland, bei der Versorgung von U 93 von einem englischen Kreuzer und einem Zerstörer überrascht und versenkt.

Dem Tanker FRIEDRICH BREME, der am 2. Juni von der Azorenstellung heimgerufen worden war, wird am 4. Juni befohlen, den bereits angetretenen Rückmarsch zu unterbrechen und im Quadrat BD 87, also 300 sm nordwestlich der Azoren, von U 93 49 Überlebende des Tankers BELCHEN an Bord zu nehmen. Das Zusammentreffen kommt aber nicht zustande, weil das U-Boot aus Brennstoffmangel nicht den Umweg bis zur BREME schaffen kann. Der Tanker wird zunächst noch in See zurückgehalten, um Abstand von den übrigen einlaufenden Schiffen zu gewinnen. Das Schiff erhält dann am 8. Juni den Befehl, auf 44° 30' N[467] die französische Küste anzusteuern. Am 12. Juni funkt FRIEDRICH BREME durch Kurzsignal, daß sie am folgenden Tage beabsichtige, den 20.° W zu überschreiten. Abends, 18.45 Uhr, meldet sich die BREME erneut. In dem FT heißt es, daß sie in BE 7435, also 90 sm nördlich der Stelle ist, an der acht Tage zuvor – wie noch zu berichten sein wird – auch das Spähschiff GONZENHEIM dem Gegner in die Arme lief, ohne daß dies freilich dem Kapitän der BREME bekannt wurde. 20.32 Uhr, also zwei Stunden nach der ersten Alarmmeldung, funkt die BREME als Kurzsignal: »Standort BE 74, muß Schiff versenken.«

Die Skl vermerkt zum Ende unter anderem: »Schiff und Signalgebung arbeiten sehr gut.«

Nach englischen Unterlagen wurde die FRIEDRICH BREME nicht von einem Schlachtschiff, sondern von dem Leichten Kreuzer SHEFFIELD auf 44° 48' N 24° 00W gestellt.

Der Tanker LOTHRINGEN, der Ex-Holländer PAPENDRECHT, wird nach dem Abmarsch von PRINZ EUGEN von der Gruppe West ebenfalls auf die Liste der heimzurufenden Schiffe gesetzt. Er wird aber, als nach dem Verlust der GEDANIA die Versorgungslage der U-Boote im Südabschnitt kritisch geworden ist und die LOTHRINGEN noch 36 Torpedos an Bord hat, auf Befehl der Skl in den Südraum entsandt. Am 22. Juni geht von U 103, das aus LOTHRINGEN ergänzen soll, die Meldung ein, daß es bis 19. Juni vergeblich auf dem Treffpunkt gewartet habe. In Wirklichkeit ist der Tanker bereits am 15. Juni von Flugzeugen des Trägers EAGLE und dem Leichten Kreuzer MS DUNEDIN gestellt und von einem Prisenkommando auf 19° 49' N 25° 31' W gekapert worden. Die LOTHRINGEN wurde auf den Bermudas eingebracht. Ladung und Geheimbefehle fielen dabei unversehrt in Feindeshand. Der Tanker ESSO HAMBURG wird, nachdem die PRINZ EUGEN am 28. Mai aus ihm Öl ergänzt hat, zur U-Boot-Versorgung nach Süden entlassen. Er wird am 4. Juni auf seinem Treffpunkt, dem Versorgungspunkt Rot, auf 07° 35'N 31° 25' W von dem Schweren Kreuzer HMS LONDON und dem Zerstörer HMS BRILLANT gestellt. Weisungsgemäß versenkt der deutsche Kapitän sein Schiff selbst. Das deutsche U-Boot U 38 unterrichtet die Heimat durch Funkspruch über das Schicksal auch dieses Versorgungsschiffes.

Das Spähschiff GONZENHEIM hat am 31. Mai den Befehl zum Rückmarsch nach Westfrankreich erhalten. Am 4. Juni, 15.56 Uhr, meldet es den Angriff durch einen Hilfskreuzer, dem die GONZENHEIM dank ihrer hohen Geschwindigkeit entkommen kann. Ein Trägerflugzeug hält aber Fühlung an ihr. Es führt 20.36 Uhr den Schlachtkreuzer RENOWN und den Leichten Kreuzer NEPTUNE heran, bei deren Angriff sich das deutsche Schiff in BE 7780 noch selbst versenken kann. Außer diesen, für das Unternehmen »Rheinübung« in See geschickten Schiffen gehen während dieser Zeit weiter verloren:

Der Tanker EGERLAND, der eigens zur U-Boot-Versorgung nach den Begleitschiffen für »Rheinübung« ausgelaufen war, wird am 5. Juni genau wie die ESSO HAMBURG auf Punkt Rot durch die gleichen Gegnerschiffe gestellt. Von seiner Besatzung wurde das Schiff noch vor dem Zugriff des Feindes selbst versenkt. Die Befehlsstellen in der Heimat erfahren auch über diesen Verlust von U 38 durch Funkspruch.

Der Tanker GEDANIA ist ebenfalls zur U-Boot-Versorgung, aber erst am 29. Mai, mit Brennstoff und mit Torpedos an Bord aus St. Nazaire ausgelaufen. Er wird am 31. Mai noch durch die deutsche Luftaufklärung gesichtet. Dann aber reißt die Fühlung ab, da das Schiff nicht mehr funkt, auch nicht, als es am 4. Juni durch das britische Hilfskriegsschiff MARSDALE gesichtet und von dessen Prisenkommando geentert wird. Die GEDANIA wird am 12. Juni nach Greenock in Schottland eingebracht, mit ihr die von ihrem Schiffsführer, Kapitän Paradeis, nicht vernichteten Geheimpapiere, darunter Unterlagen, die alle für die Flottentanker wichtigen Angaben über Feindlage, Operationsgebiete der eigenen U-Boote im Nordatlantik (südlich 42° Nord, ostwärts 30° West, nördlich 05° Nord), den Standort eines Wetterdampfers (48° bis 49° Nord, 33° bis 35° West), den Prisenweg zwischen 36° und 39° West bis 42° Nord, die Einlaufwege in die Biskaya und die minenfreie Ansteuerung der Biscayahäfen enthalten.

Außerdem sind, nur für die GEDANIA bestimmt, an Bord:
1. Sonderanlagen zum Operationsbefehl mit Versorgungsaufgaben für Überwasserstreitkräfte und mit diesen zusammen operierende U-Boote,
2. Treffpunktunterlagen in Quadrat ER mit der EGERLAND zur Ablösung dieses Schiffes,
3. die Unterlagen für den Marschweg dorthin auf 35° bis 40° West,
4. die Unterlagen für die Treffpunkte Grün, Rot, Schwarz, Weiß auf 05° bis 10° Nord und 21° bis 35° West.

Der Gegner erhielt dadurch Einblick in:
1. die Aufstellung der Wetterdampfer,
2. den Weg der deutschen Blockadebrecher und Prisen,
3. das Versorgungsgebiet Mittelatlantik mit dem Treffpunkt, auf dem am 4. Juni EGERRLAND und ESSO HAMBURG zusammengeführt werden sollten und dann hier auch prompt in Verlust geraten.

Doch davon, daß der Engländer über den GEDANIA-Kapitän Einblick in diese Geheimunterlagen erhielt, weiß die Skl noch nichts.

Damit nicht genug.

Weiter gehen während dieser Periode verloren: Die Wetterdampfer FREESE, MÜNCHEN, AUGUST WRIESST und LAUENBURG. Außer den genannten U-Booten und HSK-Versorgern wird das noch auf dem Heimweg befindliche, aus dem Indischen Ozean kommende Hilfskreuzer-Versorgungsschiff ALSTERTOR[468] am 23. Juni auf 41° 12' N 13° 10' West nach einem erfolglosen Luftangriff von Einheiten der 8. britischen Zerstörerflottille gestellt. Wie befohlen, versenkt der Kapitän sein Schiff selbst. Zwei Tage vorher, am 21. Juni, wurde auf 2° 05' N 27° 42' W der vorübergehend als V-Schiff für ATLANTIS bestimmte Blockadebrecher BABITONGA von dem Schweren Kreuzer LONDON angehalten und daraufhin von seiner Besatzung selbst versenkt.

Das sind zusammen dreizehn Schiffe.

Von den Personalverlusten ganz zu schweigen und den Wetterdampfern abgesehen, sind diese Verluste an wertvollem Schiffs- und vor allem Tankschiffsraum mit ihren hochwertigen Ladungen nach der BISMARCK ein weiterer schwerer Schlag für die deutsche Kriegsmarine. Von der britischen Admiralität werden lediglich am 7. Juni die Versenkung von drei für die BISMARCK-Gruppe vorgesehenen V-Schiffen, am 9. Juni von zwei weiteren und schließlich am 15. Juni von noch einem, also insgesamt sechs, bekanntgegeben.

Die Skl glaubte damals nicht an ein systematisches Abharken des Atlantiks, wie die Engländer es als Grund ihres Erfolges darstellten. Sie sah in Übereinstimmung mit der Gruppe West die Ursachen der Verluste vielmehr in:

1. Aufklärungstätigkeit des Gegners im Rahmen planmäßiger Geleit- und Streitkräftebewegungen,
2. in der USA-Aufklärung im Rahmen amerikanischer Überwachungstätigkeit,
3. in der Abgabe von deutschen Kurzsignalen in Zusammenhang mit vorzüglichem Ausbau und Vervollkommnung des englischen Peilnetzes mit amerikanischer Unterstützung,
4. in der ungünstigen Jahreszeit mit ihren kurzen, hellen Nächten,
5. im Einblick des Gegners durch Auswertung bisheriger Erfahrungen,
6. in der Gewinnung wertvoller Erkenntnisse durch sehr guten Nachrichten- und Agentendienst.

Die laufend fortgesetzten Untersuchungen über die Ursachen der Verluste sowie die aus verschiedenen Quellen später hierüber eingehenden Nachrichten finden ihren Niederschlag in den beiden Denkschriften der Skl vom 24. Juli 1941 und 13. Juli 1942, die im Anhang aufgeführt sind.

In der Denkschrift der 1. Skl/Ik[469] wird festgestellt, daß ein Teil der Verluste nur auf einen Einbruch des Gegners in operative Unterlagen zurückgeführt werden kann, nachdem der Seekriegsleitung inzwischen einige Einzelheiten über die Aufbringung der GEDANIA bekanntgeworden sind.

Wir wissen heute, daß Kapitän H. Paradeis schon im Hafen Schwierigkeiten machte. Er verstand es meisterhaft, die Einsatzbereitschaft seines dem Troßschiffverband[470] unterstellten Schiffes hinauszuzögern. Hätte man beim Verband nicht von Anfang an ein ungutes Gefühl gehabt und die Ausrüstung der GEDANIA besonders beachtet, wäre das Schiff ohne Schleppgeschirr in See gegangen.[471]

Als später das britische Hilfskriegsschiff für den Geleitdienst, die MALVERNIAN, in deutsche Hände fiel,[472] fand man, nach Kapitän Kölschbach,[473] bei einem englischen Offizier Bilder von der GEDANIA nach ihrer Aufbringung durch die Engländer. »... und ausgerechnet dieser englische Offizier war es gewesen, der die GEDANIA als Prisenoffizier von See nach Liverpool eingebracht hatte. Die eine Aufnahme zeigt, wie die deutsche Besatzung in Liverpool mit Sack und Pack von Bord geht, das andere Bild ist eine Gruppenaufnahme. Es zeigt den Kapitän der GEDANIA Arm in Arm mit der englischen Prisenbesatzung.

Die Vernehmung des englischen Prisenoffiziers ergab die genaue Sachlage. Die Korvette[474] hatte auf einer Streifenfahrt den Tanker gesichtet und sich darüber gewundert, daß er stoppte und die Mannschaft ohne Aufforderung das Schiff verließ. Man wußte noch gar nicht, daß es sich um ein deutsches Schiff handelte. Erst durch das Stoppen wurde man aufmerksam und steuerte das Schiff an. Als man feststellte, daß es sich um den deutschen Tanker GEDANIA handelte und daß keine Sprengladungen angeschlagen waren, wurde die Besatzung sofort wieder an Bord geschickt, das Schiff mit einer kleinen Prisenmannschaft versehen und nach Liverpool verbracht. Die GEDANIA fiel völlig unversehrt mit aller Ladung in die Hände der Engländer. Es war nicht einmal der Versuch gemacht worden, die Sprengladungen anzuschlagen, geschweige denn, die Geheimsachen und die Einsatzbefehle für das Unternehmen BISMARCK zu vernichten. Durch diese Einsatzbefehle wußten die Engländer sofort Bescheid über Anzahl und Standorte der deutschen Versorgungsschiffe und der Spähschiffe. Ohne sich sonderlich zu beeilen, brachten sie aus der Beuteliste ein Schiff nach dem anderen zur Strecke. Allerdings fiel außer der GEDANIA kein Schiff mehr unversehrt in ihre Hand, weil ihre Kapitäne sie befehlsgemäß selbst versenkten ...«

Soweit Kapitän Kölschbach, der abschließend noch seiner Empörung Luft macht, daß durch diesen Verrat viele Seeleute den Seemannstod gefunden haben, und damit endet: »Und so mag sich jeder sein eigenes Urteil darüber bilden.«[475]

In der im Anhang im Urtext wiedergegebenen Untersuchung[475] der 1/Skl über die Zusammenhänge der Verlustserie von zwölf Schiffen werden mit der Preisgabe der operativen Unterlagen durch die GEDANIA direkt in Zusammenhang gebracht:

Der Wetterdampfer LAUENBURG, die Tanker EGERLAND, ESSO HAMBURG und FRIEDRICH BREME, während bei dem Spähschiff GONZENHEIM nur dadurch eine Verbindung zum »Fall GEDANIA« als möglich angesprochen wird, daß die GEDANIA nach Aussagen britischer Gefangener schon am 3. Juni gekapert worden sein soll. Sie ist es aber erst am 4. Juni, also am gleichen Tage, da die GONZENHEIM und die ESSO HAMBURG verlorengingen.

Wenn uns zur Stunde auch kein Einblick in die britischen KTBs möglich ist, so ist mit Sicherheit anzunehmen, daß der Engländer seine in See stehenden Einheiten sofort nach Einsicht in die Geheimunterlagen durch Funksprüche über die Treffpunkte und Wege informierte.

Der Flottenchef Günter Lütjens besichtigt vor dem Auslaufen zum Unternehmen »Rheinübung« die Besatzung des seiner Kampfgruppe beigegebenen Schweren Kreuzers PRINZ EUGEN. Dritter von rechts der Kommandant Kapitän zur See Helmuth Brinkmann, hinter ihm der 1. Offizier, Fregattenkapitän Otto Stoos.

Das Porträt des Flottenchefs Günther Lütjens

Das Unternehmen »Rheinübung« und der Schicksalsweg der BISMARCK wäre nicht vollständig untersucht, wenn nicht auf die Persönlichkeit des Flottenchefs, Admiral Günther Lütjens, eingegangen würde.

Der Versuch einer Deutung und Untersuchung der Person Admiral Lütjens ist ein außerordentlich schwieriges Unterfangen. Ein solcher Versuch ist aber notwendig, denn Stimmen, die sagen, mit einem anderen Flottenchef hätte das Unternehmen keinen so tragischen Ausgang genommen, waren nicht zu überhören.

Für den Versuch einer Deutung der Persönlichkeit Lütjens standen außer den Unterlagen über seinen Lebenslauf zur Verfügung: persönliche schriftliche und mündliche Berichte, Beurteilungen ehemaliger Vorgesetzter, Erinnerungen seiner Kameraden der Crew 07, Aussagen von Verwandten und Fotos des Admirals.

Die persönlichen schriftlichen Auslassungen, soweit solche noch vorhanden, sind dienstlicher Art. Private standen nicht zur Verfügung. Außerdem wurde auf Anordnung der Britischen Admiralität im Jahre 1947 aus einer Reihe von Offizierpersonalakten der Inhalt ganz oder teilweise entnommen. Unter diesen befand sich auch Admiral Lütjens Personalakte.

Geboren wurde Günther Lütjens am 25. Mai 1889 in Wiesbaden. Seine Jugend verbrachte er in Freiburg, wo seine Eltern ein Haus erworben hatten. Der Vater war viele Jahre als Kaufmann in Niederländisch-Indien tätig gewesen. Er hatte erst im Alter von 40 Jahren geheiratet. Günther Lütjens trat 1907 in die Kaiserliche Marine ein. Auf dem Schulschiff SMS FREYA verbrachte er seine Seekadettenzeit. Hier erlebte er die weite Welt auf der Ausbildungsreise.

1908/09: Besuch der Marineschule in Kiel. Crewkamerad Georg Freytag über diese Zeit: »Lütjens war einer der Besten. Theorie und Praxis machten ihm keine Mühe. Er beendete die Marineschulzeit als 20. von etwa 160.«

1909/10: ein Jahr auf SMS ELSASS als Portepeefähnrich;

1910/13: Schiffsjungenausbilder auf SMS KÖNIG WILHELM, dann zwei Auslandsreisen mit SMS HANSA, hier Seekadettenausbilder für je einen Teil der Crew 1911 und 1912;

1913/14: WO von der 4. T-Flottille. Bei Beginn des Ersten Weltkrieges Kommandant von Torpedobooten, später führte er, zugleich Kommandant von A 40, mit besonderem Erfolg von Flanderns Küste aus die 2. Halbflottille von kleinen Torpedobooten. Die besondere seemännische Geschicklichkeit des Oberleutnants z.S. Lütjens wurde anläßlich der Bergung eines notgewasserten Flugzeuges im Seekriegswerk »Der Krieg zur See 1914 bis 1918« besonders vermerkt.

1918/19 wird Lütjens Leiter des Seetransports Warnemünde.

1918/21: KWA III.

1921 wurde Lütjens in die Marineleitung berufen. Während dieser Zeit gehörte er der Flottenabteilung im Marinekommandoamt der Marineleitung an: A II, Operationsabteilung.

1923 kehrte er zu seiner alten Waffe zurück und wurde Chef der 3. Torpedoboothalbflottille. Sein Führerboot war V 6.

1925 wird Lütjens 1. Adjutant bei der Marinestation der Nordsee und Personalreferent.

1929: Chef der T-Flottille Swinemünde.

1931: Lütjens, der sich des besonderen Vertrauens des Chefs der Marineleitung Adm. Raeder erfreute, erhält die Leitung der Personalabteilung der Marineleitung für Offiziere.

1934/35: Kommandant des Leichten Kreuzers KARLSRUHE.

1936: Chef des Personalamtes des Oberkommandos der Kriegsmarine.

1937/Oktober 1939: Führer der Torpedoboote. Diese Dienststellung schloß die Führung der Zerstörer und der Schnellboote ein.

Oktober 1939/April 1940: Befehlshaber der Aufklärungsstreitkräfte und, zwischenzeitlich, im März, April und im Juni und Juli 1940, vertrat er den erkrankten Flottenchef, Admiral Wilhelm Marschall. Als Vertreter von Marschall führte er beim Unternehmen »Weserübung« die deutsche Flotte. Flaggschiff: GNEISENAU. Im Juli 1940 wurde Günther Lütjens[476] das Kommando übertragen. Sein Stabschef wurde der bisherige Kommandant des Flottenflaggschiffes GNEISENAU, Kapitän zur See Netzbrandt.

Mit Netzbandt verband ihn eine jahrelange Zusammenarbeit im Marinepersonalamt. Später traf er ihn als Kommandant der GNEISENAU wieder. Mit der GNEISENAU unter Netzbandt und der SCHARNHORST unter Hoffmann hatte Lütjens vor Norwegen ein kurzes Gefecht mit dem englischen Schlachtkreuzer RENOWN. Daß die deutschen Lande- und Nachschuboperationen beim Unternehmen »Weserübung« vom Gegner nicht nachhaltiger und (außer Narvik) kaum gestört werden konnten, ist auch Lütjens unbestrittenes Verdienst.

Am 14. Juni 1940 verlieh Hitler Lütjens das Ritterkreuz des Eisernen Kreuzes. Am 1. September wurde er zum Admiral befördert. Nach einem Durchbruchsversuch im Dezember 1940 gelang ihm im Januar 1941 das, was Raeder als Ziel seiner Kriegführung im Atlantik anstrebte: den

Einsatz mehrerer schwerer Schiffe im Zufuhrkrieg im Nordatlantik. Abgesehen vom strategischen und Prestige-Erfolg gegen die Royal Navy war die Versenkung von Handelsschiffen bemerkenswert. Ende März 1941 verließ Lütjens sein Flaggschiff GNEISENAU, um weitere Operationen vorzubereiten.
Soweit der kurz gefaßte Lebenslauf bis zur Vorbereitung und Durchführung der Unternehmung »Rheinübung«.

*

Seine Einstellung verdeutlicht eine Erklärung vor einem kleineren, befreundeten Kreis, daß ein Offizier in seiner Stellung und mit solcherart Verantwortung belastet, eigentlich gar nicht verheiratet sein dürfte. Er hatte sich dann auch tatsächlich von den Bindungen eines ungewöhnlich glücklichen Familienlebens in der Erkenntnis dieser von ihm als höher bewerteten Pflichten innerlich freigemacht. Das ging so weit, daß er sich äußerte: »Es lohnt sich, in Erfüllung solcher Pflicht für das Vaterland zu fallen.« Hat er sich damit nicht vielleicht sogar mit der Erkenntnis abfinden wollen, die Raeder bei Kriegsbeginn aussprach, die Flotte könne mir »mit Anstand sterben«?

*

Bei den Erinnerungen ehemaliger Vorgesetzter und Crew-Kameraden könnte die Einschränkung geltend gemacht werden, Beurteilungen seien in Wahrung des ethischen Grundprinzips gefällt worden, Gefallenen nur Gutes nachzusagen. Der Verfasser hatte nicht den Eindruck, daß die Befragten bewußt und betont nur Günstiges über Lütjens sagten oder sagen wollten.
Hier einige Beispiele, die sich mit seiner Jugendzeit befassen. Bergassessor a.D. Frorath, Bergwerksdirektor i.R., ein Crewkamerad von Lütjens, erklärt: »Ich war mit Lütjens sehr gut befreundet, wir gehörten als »Subs« einem frohen kleinen Kameradenkreise an, der sich aus lauter Übermut »die Axt« nannte und neben vielen Ausflügen in die Kieler Umgebung bis Lütjenburg beschäftigte. Hier war der sehr belesene und kluge Lütjens einer der Führenden. Sehr bezauberte uns »Das Meer« von Kellermann, so daß aus letzterem Spitznamen gewählt wurden. Lütjens war der dortige Steuermann »Pee Ontges Lau«, und unter Pee Ontges hat er bis 1919 unter seinen Freunden gelebt. Lütjens kannte die erste Seite vom »Meer«, die ja auch etwas Bezauberndes hat, auswendig. Mit frohem Sinn trug er sie oft vor. Man hat mir gesagt, daß Lütjens im späteren Lebensalter etwas »Düsteres« gehabt habe. Ich kann das nicht beurteilen, da er mit uns bis zum Kapitänleutnant fröhlich mit den Fröhlichen war, ein immer aufrichtiger Freund und nobler Kamerad, »klar und hell«.

Im Ersten Weltkrieg waren wir zunächst beide, wie die Crew, WOs in der T.D. bis 1916, dann Zerstörerkommandanten, Lütjens wurde H-Chef in der kleinen Torpedobootflottille Flandern, deren tapfere und bedeutende Leistungen beim Minenräumen vor der Küste und bei Beschießungen von Dünkirchen im Seekriegswerk, Nordsee Band 5 und 6, gut nachzulesen sind. Hier war Lütjens als tapfer und schneidig, dabei geschickt und überlegend, bekannt.«
Georg Freytag, aus der Marine kommender Oberst a.D. der Luftwaffe, berichtete über diese Jugendzeit u.a.: »... für Tanzen und das weibliche Geschlecht hatte er keine Neigung. Er machte sich vielmehr über dieses Gebiet und ihre Anhänger lustig. Sonst hatte er Sinn für Humor und Komik – damals grassierten die Gedichte von Morgenstern und Palmström. Im allgemeinen war er spröde und ziemlich trocken, dabei lebhaft und ziemlich schnell im Denken, Sprechen und Handeln, mit Initiative und Eifer, manchmal sprunghaft anmutend.«
Crewkamerad H. v. Pflugk-Harttung: »1910 bis 1911 war ich mit ihm zusammen als ›Säbelfähnrich‹ auf SMS ELSASS. Er war ernster als der Fähnrich es im allgemeinen ist; still und zurückhaltend, er beteiligte sich nicht an den oft übermütigen Streichen, an der gerade die Fähnrichsmesse der ELSASS recht reich war. Er wurde daher oft von uns gehänselt. Kurz vor seinem letzten Auslaufen traf ich ihn zufällig im OKM. Er wirkte noch ernster, als ich ihn in Erinnerung behalten hatte.«
Vizeadmiral K. Cäsar Hoffmann war Lütjens Ausbildungsoffizier auf dem Schulschiff SMS HANSA. »Doch, er konnte lachen ... Er war zwar sehr hart und kompromißlos in der Ausbildung, aber ... Ich hatte irgendeine Kleinigkeit ausgefressen, und er schickte mich über die Toppen. Ich biß die Zähne zusammen und enterte mit Tempo auf und nieder und wieder auf. Als ich erschöpft vor ihm stand und ›Befehl ausgeführt‹ meldete, lachte ich, quasi: So leicht kriegst du den Cäsar Hoffmann nicht klein. Lütjens Blick zeigte erst Erstaunen, dann lachte er auch und ließ mich wegtreten.«
Wie sagte sein Crewkamerad Freytag richtig: »Es war schwer, an ihn, wie man sagt, ›heranzukommen‹. Ich glaube, Lütjens nicht unrecht zu tun, wenn ich ihn bei seinem großen Diensteifer und Tatendrang für etwas ehrgeizig und auch etwas egozentrisch gewesen halte. Über seinen persönlichen Mut und seine charakterliche Lauterkeit besteht kein Zweifel.«
Einige der Beurteilungen über die spätere Zeit:
»Er war sehr klug, besonders logisch in seinem Denken; als Charakter ausgesprochen aufrecht und offen, jeder eitlen Äußerung abhold. Wenn jemandem das ›Angeben‹

nicht gelegen hat, war es Lütjens. Andererseits wirkte er manchmal etwas nüchtern und war vielleicht in der Menschenbehandlung gelegentlich etwas kompromißlos; eine ›weichere Hand‹ lag ihm anscheinend weniger. Sein taktisches Können und seine Schulung auf diesem Gebiet waren sehr groß. Ich verehrte ihn als Menschen und Offizier« (Großadmiral a.D. Dönitz [Crew 10]).

»Lütjens war einer unserer fähigsten Seeoffiziere nach dem Ersten Weltkrieg, überlegt und klug, nüchtern in der Beurteilung der Lage und Menschen. Unbestechlich in seinen Ansichten, bescheiden und eine erst bei näherem Kennenlernen gewinnende Persönlichkeit. Frei von jeder Eitelkeit und ohne übertriebenen Ehrgeiz. Durch seinen trockenen Humor besonders beliebt bei seinen Kameraden« (Admiral a.D. Patzig).

Die meist gestellten Fotos zeigen Lütjens, wie er auf seine Umgebung wirkte: Unnahbar, kühl. Für manche sogar düster.

Das Bild, das Vorgesetzte, Untergebene und Crewkameraden zeichnen, ist einheitlich: Wie seine Klugheit und sein Können werden seine überragenden Tugenden, seine Kameradschaftlichkeit, seine fein empfindende Ritterlichkeit und seine Fairneß und seine Disziplin gewürdigt. Unter den mündlichen Aussagen ist jene erwähnenswert, daß sich Lütjens zusammen mit anderen Seeoffizieren beim ObdM Admiral Raeder energisch gegen die »Kristallnacht« aussprach: Beweis für seine ethische Einstellung und für seine Zivilcourage.

Daß er einen trocken Humor hatte, wissen wir, und er hatte ihn auch ... Als die GNEISENAU vor Norwegen torpediert und aus dem ungepanzerten Teil des Vorschiffes ein scheunentorgroßes Loch quer durch das Schiff herausgebrochen worden war, sagte er zum Chef des Stabes des Flottenkommandos unmittelbar vor dem Treffer, in höchst »drögem« Ton: »Mensch, wenn wir die alle drei kriegen, dreht der Zossen sich um«, und später, auf dem Einlaufkurs: »Nun kannst du auf Urlaub fahren. Die Operation ist vorbei.«

Raeder erklärte in »Mein Leben«, daß Lütjens »doch noch die Notwendigkeit und Durchführbarkeit des Unternehmens ›Rheinübung‹ eingesehen hätte.« Das paßt nicht ganz zu dem Gesamtbild. Wenn Lütjens Nüchternheit nachgesagt würde, dann ergibt sich zum Thema der Notwendigkeit und Durchführbarkeit der zweiten Atlantikunternehmung nur diese Blickrichtung:

Er war von ihr eben doch nicht überzeugt!

Dazu Kapitän z.S. Bidlingmaier, seinerzeit in der Wehrwissenschaftlichen Rundschau 5/1959: »Aus begreiflichen Gründen konnte der Admiral aber Bedenken gegen eine gewagte Unternehmung, die er selbst zu führen hatte, nicht allzu nachdrücklich vertreten.«

Diesem Argument ist zuzustimmen.

Und warum ist Lütjens nicht, wie er noch vorher Raeder in Berlin erklärte, umgekehrt, als er die erste Feindberührung hatte? Und warum nicht nach dem Gefecht mit der HOOD?

Vielleicht liegt in der drastischen Bemerkung eines maßgeblichen Seeoffiziers der Schlüssel zur Antwort: »Er war ein überragender Kopf und Frontoffizier, aber er war stur.« Nach der Unterredung mit Raeder hielt er eisern an der befohlenen Aufgabe fest, die er, und das beweisen auch die Gespräche mit Patzig und Marschall, trotz scheinbarer Übereinstimmung eben doch nicht in vollster Überzeugung angetreten hatte.

Vizeadmiral a.D. Eberhard Weichold äußert sich zu dem Versuch eines psychologischen Porträts Lütjens unter anderem wie folgt: »... Es ist meine feste Überzeugung aus Kenntnis seines Charakters, daß der Admiral in diesen schweren Entschlüssen nur nach eigenem Gewissen gehandelt hat.

Seine Überlegungen sind uns nicht bekannt. Nach Kenntnis seiner Person können wir annehmen, daß sie wohlerwogen gewesen sind. Damit sollte ein Schlußstrich gezogen werden. Es führt ins Unwägbare und Ungewisse, letzte Klarheiten über militärische Entscheidungen von Männern, denen der Tod die Verteidigung versagt hat, in deren psychologischem Porträt zu suchen.

Dabei sind die Maßnahmen des Admirals aus der damals vorliegenden Lage gar nicht so unverständlich, wobei offen bleibt, daß auch andere Entschlüsse möglich gewesen sein mögen. Es ist eben das Schicksal von Frontsoldaten, vor allem Führern in See, daß ihre Augenblicksentscheidungen auf der Brücke weitgehend im Dunkel der Feindlage getroffen werden müssen und es sich erst hinterher herausstellt, ob sie mit dieser und den noch unbekannteren Maßnahmen des Gegners übereingestimmt haben.«

Aus dem letzten FT aber Bewunderung für Hitler ableiten zu wollen, erscheint falsch. Für Lütjens, in der Kaiserlichen Marine erzogen und aufgewachsen, galt unabdingbare Treue zum Staat, den Hitler verkörperte.

*

26 Jahre später wird der Name Lütjens »zum Vorbild unbeirrbaren Verantwortungsbewußtseins und hingebungsvoller Pflichttreue auch für die kommenden Generationen der Marine«. Am 11. August 1967 wurde der erste der drei deutschen Flugkörper-Zerstörer auf den Namen LÜTJENS getauft. Seine Schwesterschiffe erhielten die Namen ROMMEL und MÖLDERS.

Großadmiral Dr. h.c. Erich Reeder, geboren 1876 in Wandsbek/Holstein, 1894 Eintritt in die Kaiserliche Marine, 1912–1917 1. Admiralstabsoffizier und Chef des Stabes beim Befehlshaber der Aufklärungsstreitkräfte, Admiral Hipper 1918 Kommandant des Kleinen Kreuzers CÖLN (II). 1922–1928 Inspekteur des Bildungswesens und Chef der Marinestation der Ostsee, 1928–1935 Chef der Marineleitung, 1935–1943 Oberbefehlshaber der Marine. (1936 zum Generaladmiral, 1939 zum Großadmiral befördert.) Nach Rücktritt von der Position des ObdM 1943–1945 Admiralinspekteur der Kriegsmarine. Im Nürnberger Prozeß zu lebenslänglicher Haft verurteilt. 1955 wegen schlechten Gesundheitszustands aus der Haft entlassen und 1960 in Lippstadt verstorben.

Raeder, Hitler und das Schlachtschiff BISMARCK

Am 6. Juni 1941 hielt der Oberbefehlshaber der Kriegsmarine und Chef der Seekriegsleitung, Großadmiral Dr. h.c. Erich Raeder, Vortrag vor dem Führer und Obersten Befehlshaber der Wehrmacht Adolf Hitler auf dem »Berghof« bei Berchtesgaden über die »Bismarckoperation«, wie das Unternehmen »Rheinübung« im Protokoll vom 6.6.1941 bezeichnet wurde.[483]

Für Raeder war das Schlachtschiff BISMARCK – mit dem Schwesterschiff TIRPITZ– Vollendung deutschen Kriegsschiffbaus und deutscher Waffenentwicklung für die Durchsetzung deutscher »Seegeltung« als See- und Weltmacht, seit Admiral v. Tirpitz 1908 dem »DREADNOUGHT-Sprung« Großbritanniens folgte [196].

Die Seeschlacht vor dem Skagerrak am 31. Mai 1916 hatte dem großen, materiell überlegenen Gegner zur See, der Royal Navy, die Überlegenheit deutschen Kriegsschiffbaus und deutscher Waffentechnik – auch der Taktik – bewiesen: Die Admiralität hatte schiffbauliche Konsequenzen daraus gezogen: – noch nicht für den 1916 auf Stapel gelegten Schlachtkreuzer, der den Namen HOOD erhielt. Korvettenkapitän Raeder, seit 1912 1. Admiralstabsoffizier (1. Asto) des Befehlshabers der Aufklärungsschiffe – und damit der Großen Kreuzer – entwickelte mit dem Artillerie-Asto, dem Navigations-Asto und dem Nachrichten-Asto jene Taktik, die Konteradmiral Hipper zu seinem mitentscheidenden Erfolg führte.

Ab Januar 1916 war Kapitän zur See v. Trotha Chef des Stabes der Hochseestreitkräfte. Er war seit 1912 Kommandant des damals modernsten Großkampfschiffs KAISER gewesen, das als Führerschiff einer »detachierten Division« 1914 eine mehrmonatige Überseereise gemacht hatte. Die KAISER war nach TIRPITZ' Direktiven so konstruiert, daß außer dem Turbinenantrieb eine Großdieselmaschine für Marschfahrt auf langen Reisen eingebaut werden konnte mit einem Aktionsradius, der einen atlantischen Einsatz ermöglichte: Raus aus der »Enge des nassen Dreiecks«.

Diese Erfahrungen und Zielsetzungen blieben in der nach dem Ersten Weltkrieg dezimierten Reichsmarine lebendig, vor allem technisch-wissenschaftlich bei den Kriegsschiffkonstrukteuren aus der ehemaligen Kaiserlichen Marine und bei den Werften. Strategische, operative und taktische Möglichkeiten für künftige Entwicklungen wurden im Spiegel der Erfahrungen des (Ersten) Weltkrieges untersucht, so von Kapitän zur See Raeder der »Kreuzerkrieg in den ausländischen Gewässern« – nicht, wie zu vermuten wäre, der Einsatz der Kreuzer in den heimischen Gewässern. Um das Deutsche Reich in das »Konzept der Seemächte von Washington 1922« zu bringen, gelang – nach Versailler Vertragsbestimmungen – Planung und Bau eines Großkampfschiffes mit nur 10 000 ts Wasserverdrängung, 28-cm-Kanonen und 17 000 Seemeilen Fahrstrecke bei Motorenantrieb: eine »die Weltöffentlichkeit überraschende Konstruktion«, mit deren Erscheinen England einzulenken begann auf die – berechtigten – Forderungen nach militärischer Gleichberechtigung Deutschlands.

Dieses Ziel verfolgte ab 1. Oktober 1928 Admiral Raeder als Chef der Marineleitung. [Z 38]: »Es ist einerlei, wer mir die großen Schiffe bewilligt«, war sein Motto, denn Großkampfschiffe waren Symbol und Mittel von militärischer, politischer und wirtschaftlicher See- und Weltmacht, seit an der Jahrhundertwende Imperialismus und Navalismus das internationale Denken bestimmten.

Raeders Zielsetzung kam der des »neuen Reichskanzlers« Hitler entgegen, zwar als »Kontinentale Raumpolitik«, aber bei Notwendigkeit zur »Lösung der englischen Frage«.

Mit der Verständigung zwischen Raeder und Hitler und dem Arrangement zwischen Deutschland und England im Flottenvertrag vom 18. Juni 1935 war der Weg frei zum Bau von »richtigen« Schlachtschiffen:

die Panzerschiffe SCHARNHORST und GNEISENAU waren – zwar nach Schlachtkreuzerentwürfen der Kaiserlichen Marine konstruiert – noch Übergangstypen, nicht ausgewogen zwischen Größe, Verdrängung, Panzerung und schwerer Artillerie.

Mit dem Flottenvertrag wurde der Bau frei für
– die Schlachtschiffe F und G (35 000 tons) = BISMARCK und TIRPITZ
– die Schweren Kreuzer der Klasse ADMIRAL HIPPER (10 000 tons).

Raeder ließ bei seinem geistigen Vorbehalt gegen Hitlers Bündnispläne mit England und gegen den Flottenvertrag die Schlachtschiffe der BISMARCK-Klasse so konstruieren, daß sie auch der gleichzeitigen britischen KING-GEORGE-V.-Klasse in ihrer Kampfkraft entsprachen:

Die Admiralität plante fünf Schiffe dieser Klasse. Es ist nicht bekannt, wie viele Schiffe der BISMARCK-Klasse das

OKM projektiert hatte: alle deutschen Schiffstypen überstiegen aber geheim um 15 % die vereinbarten Deplacements.

Nach Hitlers politischer Wende zu »Gewaltlösungen« der »Raumfragen« – auch gegen England – führte Raeder im April 1938 ein Kriegsspiel des Marinekommandoamts (A) im OKM durch:

– projiziert auf den Rüstungsstand 1942 mit vier Schlachtschiffen, drei Panzerschiffen, fünf Schweren Kreuzern und zwei Flugzeugträgern – unter ihm als »Chef der Seekriegsleitung« – mit dem Schluß, daß diese Flotte »... imstande sein wird, die britische Zufuhr im Atlantik, gestützt auf Versorgungsschiffe und unterstützt durch U-Boote, empfindlich zu treffen«.

An der Jahreswende 1938/39 befahl Hitler – nach Raeders »Z-Plan« – den »Aufbau der Kriegsmarine« bis 1945. Dem dafür notwendigen Bruch mit England stellte er sich am 28. April 1939 mit Hitlers Kündigung des Flottenabkommens nicht entgegen. Zum 1. Juni 1939 befahl er die »Kampfanweisungen für die Kriegsmarine« und schrieb nach der Kriegserklärung Großbritanniens am 3. September 1939, die Überwasserstreitkräfte seien noch so gering an Zahl, »daß sie nur zeigen können, mit Anstand zu sterben«.

Dies geschah vor allem bei dem Unternehmen »Weserübung« (zum großen Teil aus Unerfahrenheit der taktischen Führer und der operativen Befehlshaber).

Aber es war erstaunlich und bewundernswert, wie Großadmiral Raeder mit seiner kleinen Flotte in praxi seinen Gegenspieler, Admiral of the Fleet Sir Dudley Pound, First Sea-Lord Admiralty, und seine große Royal Navy bis Mai 1941 mit »Handelsstörkreuzern« aller Typen und mit U-Booten in Atem hielt: Aber Raeder mahnte:

»... Die Kriegsmarine führt seit Kriegsbeginn den Seekrieg bei stärkster Unterlegenheit. Diese konnte ausgeglichen werden durch die Kühnheit der Operationen und die Entschlossenheit ihrer Durchführung. Dabei war sich die Seekriegsleitung des großen Risikos und der ungeheuren Verantwortung, die sie zu tragen hatte, stets bewußt, denn die Mittel der Seekriegführung waren stets unzureichend: geringe Zahl der Streitkräfte, Fehlen vorgeschobener Stützpunkte, mangelnde Zahl und ungenügende Reichweite der Seeluftstreitkräfte, Fehlen von Flugzeugträgern, Fehlen geeigneter Sicherungsstreitkräfte für die Operationen der großen Schiffe auf dem Atlantik.«

Dies trug der Ob.d.M. dem »Führer« und dem Chef OKW am 6. Juni 1941 vor beim Bericht über die BISMARCK-Operation und den Untergang des Schlachtschiffs zehn Tage zuvor am 27. Mai 1941.

Mit diesen Sätzen glaubte er mögliche Vorwürfe Hitlers zu kontern, ja, sie enthalten eine Folge von Versäumnissen und von stillen Vorwürfen angesichts Hitlers Entschluß für »Fall Barbarossa«, der »den Krieg in ein falsches Geleise brachte«.

Bemerkenswert ist die Betonung der »ungeheuren Verantwortung, die die Skl (d.h. er selbst) zu tragen hatte«: Das Unternehmen »Rheinübung« hatte Raeder ohne Konsultation des Obersten Befehlshabers der Wehrmacht befohlen, »in eigener Verantwortung«, weil er wußte, daß die Operationen der großen Schiffe auf dem Atlantik Hitler unverständlich und im Vergleich mit den Versenkungserfolgen der U-Boote unsinnig erschienen: Er würde die Schiffe noch zu gegebener Zeit für seine Kriegsziele gebrauchen!

Raeder hatte seinen »Vortrag beim Führer« in zwei Teilen schriftlich vorbereitet:

1. zum »Vortrag unter vier Augen« mit einer Karte zur Operationsplanung und -durchführung und dem Versuch, Lagebeurteilungen und Entschlüsse des Flottenchefs nachzuvollziehen,

2. zum Vortrag vor Führer, Chef OKW und Wehrmachts- und Marineadjutant mit »Betrachtungen zur Weiterführung des Atlantikhandelskrieges mit Überwasserstreitkräften« in »Grundsätzen, Erkenntnissen, Folgerungen, Lehren aus den Ereignissen« der BISMARCK-Operation.

Raeder hatte die Vorträge mit seinem Kriegstagebuchführer (und Verfasser von »Denkschriften«) Korvettenkapitän Heinz Assmann (1. Skl Ib) verfaßt, zweifellos mit Rat des Chefs der Operationsabteilung (1. Skl Ia), Kapitän z.S. Wagner, des Referenten Luftwaffe (1. Skl I L), Oberstleutnant d. GenSt.d.L. Gaul sowie des Chefs der Abteilung Nachrichtenwesen (3. Skl), denn die aufschlußreichsten Quellen zur Nachbearbeitung der Operation »Rheinübung« waren die – entschlüsselten – Funksprüche des Feindes und die eigenen Funksprüche: Skl, L.W., Mar. Grp.Kdos., B.d.U. Die 1. Admiralstabsoffiziere der Kommandos werden mit ihren Kriegstagebüchern in die Skl. befohlen worden sein.

Die wichtigste Quelle waren die Funksprüche des Flottenchefs, Admiral Lütjens. Es stimmt nachdenklich, wenn Raeder zu seinen Vorträgen und in seinem – späteren – Gesprächsprotokoll den verhängnisvollen, ja verderblichen Fehler der »Funkerei« – insbesondere von Lütjens – mit keinem Wort erwähnt.

Aber vom Gegner trägt er vor – im Hinblick auf dessen Operationsbefehl zur Entdeckung und zur Überraschung des deutschen Verbandes: »Die Gegenmaßnahmen waren bereits am 21. Mai so angelaufen und vorbereitet, **daß eine Funkspruchabgabe nicht erforderlich war.**« [Hervorhebung vom V.]

Anhand der schriftlichen Ausarbeitungen berichtet der Ob.d.M. und Chef Skl am 6. Juni 1941 dem Führer und Obersten Befehlshaber der Wehrmacht den Verlauf der BISMARCK-Operation vom 21. bis 27. Mai 1941.

Den Bericht trug Raeder »unter vier Augen« vor und notierte anschließende Fragen Hitlers und seine Antworten. Die Vortragsfolge hatte Raeder in drei »Hauptziffern« zusammengefaßt, aus denen hier folgendes zitiert wird:

1. »... Es konnte nicht Aufgabe des Schlachtschiffs BISMARCK sein, unter starkem Einsatz gleichstarke Gegner niederzukämpfen, sondern es war zu versuchen, sie in einem hinhaltenden Gefecht unter möglichster Schonung der eigenen Kampfkraft zu binden ... Was den Termin [der Operation; d.V.] betrifft, so war ein längerer Verzicht auf den Einsatz der Überwasserstreitkräfte in der ›Schlacht im Atlantik‹ militärisch durchaus unerwünscht ...«

– Dabei wies Raeder auf die »Diversionswirkung« mit dem Mittelmeerraum hin. –

2. »... Mit dem Auftreten von Feindstreitkräften sowohl in der Dänemarkstraße als auch in der Islandpassage war nach den bisherigen Erfahrungen zu rechnen. Eine feindliche Luftaufklärung in der Dänemarkstraße bei entsprechender Wetterlage wurde als sicher angenommen. Die Helligkeit der Nächte erschwerte den unbemerkten Durchbruch. Auf der anderen Seite konnte erwartet werden, daß die Luftaufklärung über der nördlichen Nordsee einen ausreichenden Überblick über die Feindlage ermögliche und daß in der Dänemarkstraße an der Eisgrenze eine unsichtige Wetterlage den Durchbruch begünstigte. Da bisher das Vorhandensein von DeTe-Ortungsgeräten auf britischen Schiffen noch nicht beobachtet, ja sogar auf Grund verschiedener Beobachtungen verneint werden konnte, war die Möglichkeit eines unbemerkten Durchbruchs zweifellos gegeben. Ein bestimmtes Maß an Risiko ist bei jedem Durchbruch in den Atlantik als unvermeidbar vorhanden. Es muß getragen werden, wenn die deutsche Seekriegsführung nicht überhaupt auf einen erfolgreichen Einsatz von Überseestreitkräften gegen die britische Zufuhr Verzicht leisten will ...

Da nach Auslaufen der Kampfgruppe durch keinerlei Anzeichen (Funkverkehr und eigene Luftaufklärung) eine Veränderung der Lage vom 21. Mai zu beobachten war, rechnet Gruppe Nord damit, daß Kampfgruppe BISMARCK unter Ausnutzung der günstigen Wetterlage (Nebel) den Durchbruch in den Atlantik sobald wie möglich vornimmt, trifft jedoch vorsorglich vorbereitende Maßnahmen für Brennstoffergänzung aus dem im Nordmeer stehenden Tanker ...

... Der Flottenchef entschließt sich tatsächlich auf Grund der besonders günstigen, unsichtigen Wetterlage und der günstig erscheinenden Feindlage dazu, eine Beölung im Nordmeer nicht mehr vorzunehmen, sondern unter Verzicht auf weiteres Abwarten im Nordraum den Durchbruch durch die Dänemarkstraße sofort vorzunehmen. In dieser Absicht wird der Flottenchef durch die Gruppe Nord bestärkt, die in einem Funkspruch die günstige Feindlage übermittelt und unter Erwähnung der großen Luftwaffenerfolge gegen britische Streitkräfte im Kampf um Kreta darauf hinweist, daß ein baldiges Auftreten der Flotte auf den Atlantikwegen erneut schwere Beeinträchtigung britischer Seemachtstellung verspricht.

Unter der Voraussetzung, daß die Augenerkundung in Scapa am Nachmittag der tatsächlichen Belegung entspricht, ist anzunehmen, daß die britischen Kampfstreitkräfte (u.a. PRINCE OF WALES, HOOD und VICTORIOUS) am 22. Mai, abends, Scapa verlassen haben, um mit hoher Fahrt eine Wartestellung im Seeraum südwestlich Island einzunehmen ...«

Raeder versuchte dann, das Gefecht BISMARCK – PRINZ EUGEN gegen HOOD – PRINCE OF WALES am 24. Mai zu rekapitulieren.

»... Ob der Flottenchef nach dem Gefecht die Möglichkeit einer Rückkehr in Richtung Norden oder Osten in Erwägung zog und welche Überlegungen den Flottenchef von vornherein bestimmt haben, das Einlaufen nach St. Nazaire vorzusehen, ist nicht bekannt. Es ist anzunehmen, daß der Flottenchef die Möglichkeit zu einem Absetzen vom Gegner im Süden als wesentlich günstiger als im Norden ansah, und daß die besondere Sorge vor feindlichen Zerstörern und Flugzeugen, insbesondere auch vor Trägerflugzeugen der VICTORIOUS, ihn dazu führten, die Gefährdung im Süden geringer zu bewerten als im Nordraum ...

... Aus dem Funkbild geht hervor, daß es der BISMARCK jedoch gegen 11.00 Uhr vormittags, vermutlich unter Ausnutzung geringer Sichtverhältnisse, gelingt, sich vom Gegner

319

abzusetzen. Der feindliche Funkverkehr ist nach wie vor sehr rege ... Am 25. Mai mittags besteht der Eindruck, daß der Gegner seine überlegenen schweren Streitkräfte im Seegebiet zwischen 43° Nord und 52° Nord außerhalb der Reichweite deutscher Kampfflugzeuge, das heißt etwa westlich 15° Westlänge, konzentrisch gegen die BISMARCK zum Ansatz bringt. Es gelingt dem Gegner nicht, im Laufe des 25. Mai die Fühlung an die BISMARCK wiederzugewinnen. Über den Ernst der Lage, in der sich die BISMARCK befindet, kann zu dieser Zeit trotzdem kein Zweifel bestehen ...

... Es ist anzunehmen, daß der Flottenchef nach Absetzen vom Gegner am 25. Mai die Möglichkeit eines Ausweichens in die Weite des Atlantik ins Auge gefaßt hat. Bei einem Ausweichen in den Atlantik zwecks Brennstoffergänzung aus einem der nördlich der Azoren stehenden Tanker wäre es dem Flottenchef möglicherweise gelungen, eine schnelle Wiederaufnahme der Fühlung durch den Gegner zu verhindern. Schon ein vorübergehendes Absetzen aber hätte den Gegner gezwungen, seine Geleitzüge abzustoppen oder mit seinen schnellen Streitkräften die Sicherung der Geleitzugwege schnellstmöglich wieder aufzunehmen. Es muß angenommen werden, daß der Flottenchef wegen der Brennstofflage zu einem solchen Ausholen in den Atlantik nicht mehr in der Lage war und sich daher gezwungen sah, den direkten Marsch nach St. Nazaire, auch unter Inkaufnahme des damit verbundenen großen Risikos fortzusetzen (auch Einfluß der starken Ölspur ist möglich). In diesem Entschluß wird der Flottenchef in der Nacht zum 26. Mai durch einen Funkspruch der Gruppe West noch bestärkt, der die Annahme der Gruppe übermittelt, daß die BISMARCK ihren direkten Marsch in einem westfranzösischen Hafen auch fortsetzt, wenn keine Fühlung mehr mit dem Gegner besteht ...

... Nach den Aufklärungs- und Funkbeobachtungsmeldungen muß am Abend mit folgenden britischen Streitkräften auf dem Gefechtsfeld [des 27. Mai; d.V.] gerechnet werden:

Schlachtschiffe: KING GEORGE V.
RODNEY
RENOWN
möglicherweise auch PRINCE OF WALES
ferner auf Anmarsch Schlachtschiff
RAMILLIES
Flugzeugträger: ARK ROYAL
Schwere Kreuzer: NORFOLK
und ein weiterer LONDON-Kreuzer (DORSETSHIRE)
Leichte Kreuzer: SHEFFIELD, wahrscheinlich ein weiterer
Zerstörer: 4. Zerst.-Flottille mit mehreren modernen Zerstörern der TRIBAL-Klasse (COSSACK, MAORI, ZULU, SIKH).

Weitere Zerstörer im Anmarsch.

Die Lage der manövrierunfähigen BISMARCK ist angesichts dieser starken Überlegenheit des Gegners hoffnungslos. Diese Feststellung ist um so tragischer, als nach einer Meldung des Flottenchefs das Schiff trotz seiner schweren Treffer waffenmäßig und maschinell voll einsatzbereit geblieben ist und lediglich durch seine fehlende Steuermöglichkeit bei der zur Zeit herrschenden sehr ungünstigen Wetterlage nicht in der Lage ist, einen Kurs in Richtung auf die Küste einzuhalten ...

... Die Beurteilung der Lage am 26. Mai abends ergibt den Eindruck, daß der Gegner zu einem starken Einsatz zur Niederkämpfung der BISMARCK offenbar nicht entschlossen ist. Es muß damit gerechnet werden, daß er zunächst eine zusätzliche Verminderung der Kampfkraft der BISMARCK durch weitere Lufttorpedoangriffe und Ansatz Leichter Streitkräfte zum Torpedoeinsatz während der Nacht anstrebt, um dann erst durch Heranziehung der Schweren Streitkräfte der BISMARCK den Endkampf aufzuzwingen ...«

Nach Raeders – späterem – Protokoll stellte Hitler während des Vortrags keine Zwischenfragen; er wird auch schweigend das schriftliche Exposé mit der Karte entgegengenommen haben.

Dann aber notierte Raeder:

»Führer fragt: Warum Flottenchef nicht nach dem Gefecht mit der HOOD den Rückmarsch angetreten habe.

Ob.d.M.: Durchbruch durch nördliche Engen sei mit viel größeren Gefahren verbunden als Absetzen in die Weite des Atlantiks, das der Flottenchef – auch bei Endziel St. Nazaire – bei Abschütteln der Fühlungshalter zweifellos erstrebte, solange sein Brennstoffvorrat es zuließ. Tanker standen dort zur Verfügung. Rückdurchbruch nach Norden war mit großer Gefahr des Angriffs zahlreicher Leichter Streitkräfte und Luftstreitkräfte verbunden. Daß Flottenchef ursprünglich keineswegs auf direktem Wege nach St. Nazaire marschieren wollte, geht aus seiner Absicht hervor, den Gegner über die von Gruppe West und B.d.U. aufgestellte U-Boot-Linie am 25.V. zu ziehen. Diese Absicht mußte aufgegeben werden, als sich herausstellte, daß der Ölverlust zu groß war, um ein solches Ausholen zu gestatten (siehe Karte). Auch der Anregung der Gruppe West (FT 1843 zum 24. V.), nach Abschütteln des Gegners im abgelegenen Seeraum längere Zeit zu warten, konnte nicht die Folge gegeben werden (S. 14/16) (des Exposés; d.V.).

Führer fragt ferner: Warum hat BISMARCK nicht nach Versenkung der HOOD im Vertrauen auf seine Gefechtsstärke die PRINCE OF WALES erneut angegriffen, um sie – auch unter vollem Einsatz – niederzukämpfen. Selbst bei Verlust der BISMARCK nach solchem Kampf wäre das Ergebnis dann zwei englische Verluste gegen einen deutschen gewesen.

Ob.d.M.: BISMARCK hat die PRINCE OF WALES am 24.05. 19.44 Uhr erneut angegriffen, um das Absetzen der PRINZ EUGEN zu ermöglichen. PRINCE OF WALES entzog sich aber nach dem Untergang der HOOD sorgfältig weiterer wirksamer Beschießung (BISMARCK nur 28 sm), [d.h. 28 sm/h Geschwindigkeit! d.V.] wie offenbar auch später die anderen schweren Schiffe des Gegners. Abgesehen davon aber hatte der Flottenchef sein Hauptziel »Schädigung des feindlichen Handelns« im Auge behalten, solange die BISMARCK und die PRINZ EUGEN dazu noch in der Lage waren. Hätte er ein Gefecht gegen die PRINCE OF WALES durchgeschlagen, so hätte er selbst bei günstigem Erfolg mit schweren Beschädigungen rechnen müssen, die ihm die Weiterführung des Handelskriegs unmöglich machten. Zu kämpfen hatte er nur, soweit der Gegner ihm die Aufnahme des Handelskrieges verwehrte.

Ohne den verhängnisvollen Rudertreffer hätte er aller Wahrscheinlichkeit nach den Bereich wirksamer Unterstützung durch deutsche Luftstreitkräfte erreicht und seine Reparaturen in St. Nazaire ausführen können. Nachträglich gesehen war natürlich ein Niederkämpfen der PRINCE OF WALES ein größerer Erfolg als der heldenmütige Untergang ohne Versenkung eines zweiten Gegners.«

Am Schluß vermerkte Raeder in seinem Protokoll: »Führer genehmigt die Veröffentlichung eines amtlichen Berichts über die BISMARCK-Operation.«

Raeders Vortrag und Hitlers Fragen bedürfen im Rückblick auf die ausführlichen Darstellungen in diesem Buch über das Schlachtschiff BISMARCK keiner besonderen Erläuterungen:

Raeder – in acht Jahren Zusammenarbeit und Auseinandersetzung mit Hitler erfahren – trug diesen Vortrag – Ergebnis vorzüglicher Admiralstabsarbeit – inhaltlich präzise und psychologisch geschickt vor, denn er wußte: Hier geht es nicht nur um den Verlust des modernsten Schlachtschiffs der Welt, sondern um die unabdingbare und unerbittliche Kriegsentscheidung gegen England und seine See-Suprematie, eine Entscheidung, die letztendlich (am 3. September 1939 schrieb er von »Endlösung«) durch die Dezimierung, ja mögliche Vernichtung des Trägers dieser Seemacht, der Royal Navy, erzwungen werden mußte: brutal, mit allen Mitteln der Luftwaffe und der Kriegsmarine in kühnen Operationen.

Sein Vortrag »unter vier Augen« enthält diese Aspekt nur unterschwellig: er ist der Fortsetzung in einem zweiten Vortrag im Beisein des Chefs des Oberkommandos der Wehrmacht, des Wehrmachtadjutanten und des Marineadjutanten des Führers vorbehalten.

Der »Vier-Augen-Vortrag« sowie Fragen und Antworten enthalten einige bemerkens- und nachdenkenswerte Schwerpunkte:

– Ausführlichkeit der »Durchbruchsprobleme« schwerer Schiffe; deren Erkennung durch den Feind;
– Erfassung der »Gegnerlage«, der feindlichen Kräfte und der Absichten der Führung;
– Nachvollzug der Lagebeurteilungen und der Entschlüsse des eigenen Flottenchefs, zweifellos auf der Basis der Besprechungen, die Raeder mit Lütjens vor der Operation »Rheinübung« in der Seekriegsleitung führte.

Unter deren Eindrücken und Ergebnissen hatte Admiral Lütjens seinen Vorgänger Admiral Marschall in Kiel besucht mit der Entgegnung Lütjens' auf Marschalls Rat, sich nicht zu eng an die Weisungen der Skl (d.h. Raeders) gebunden zu fühlen: »Ich führe aus, was die Skl will.«

Lütjens Entschluß spiegelt sich in den Antworten Raeders am 6. Juni auf Hitlers Fragen

• Warum nicht Rückmarsch nach Versenkung der HOOD?
• Warum nicht »Voller Einsatz« (Raeders Weisung am 23. Mai 1940!) zum Niederkämpfen der PRINCE OF WALES?

Das Ziel der Unternehmung »Rheinübung« sei – »ursprünglich auf dem Umweg Handelskrieg« auf jeden Fall der westfranzösische Kriegshafen St. Nazaire gewesen, dessen Schleusen die deutschen Schlachtschiffe BISMARCK und TIRPITZ passieren konnten.

Diese Zielsetzung verdeutlicht Raeder dann anschließend im zweiten Vortrag:

»… Leichter als durch die Islandengen wird immer der Ausmarsch aus den westfranzösischen Stützpunkten bleiben. Diese Tatsache wiegt die Luftgefährung in diesen Stützpunkten nahezu auf, vor allem, wenn durch entsprechende Maßnahmen die Luftbedrohung verringert wird …«

Nun hatte Raeder für die »eigentliche« Seekriegführung eine seiner schwersten Einheiten von insgesamt vier Schlachtschiffen und fünf Schweren Kreuzern verloren, unersetzlich im Kräftespiel mit dem großen Gegner.
- Verloren ist der »eingefahrene« Flottenchef mit seinem Stabe – erfahren in der Operation »Berlin« vom Januar bis März 1941;
- verloren hatte er einen hervorragenden Schlachtschiffkommandanten mit 2 000 Mann Besatzung: sieben Prozent des fahrenden Personals der Flotte vom Schnellboot bis zum Schlachtschiff … Aber darüber fällt kein Wort …

»… Nachträglich gesehen«, so antwortete der Ob.d.M. und Chef Skl. seinem Führer, »wäre natürlich ein Niederkämpfen der PRINCE OF WALES ein größerer Erfolg gewesen als der heldenhafte Untergang ohne Versenkung eines zweiten Gegners.«

War »heldenhafter Untergang« ein »Erfolg« im Seekriege, in dem jeder einsatzwillige und einsatzfähige Mann auf schwimm- und kampffähigem Schiff »den Feind tötet, ohne selbst getötet zu werden«?

Dies hatte Lord Fisher im Jahre 1916 wenige Wochen vor der »Battle of Jutland« an Tirpitz geschrieben.

Konnte Raeder – ein Vierteljahrhundert später – den Untergang des Schlachtschiffs BISMARCK Hitler gegenüber zum Erfolg stilisieren?

Lütjens Gegner, der Commander-in-Chief Home Fleet, Admiral Tovey, drückte das anders aus (siehe das Nachwort dieses Buches).

Nach seinem Vortrag »unter vier Augen« setzte der Ob.d.M. und Chef Skl seine Betrachtungen fort, die er in Gegenwart des Chefs OKW, Generalfeldmarschall Keitel, Hitlers OKW-Adjutanten Oberst Schmundt und des Marine-Adjutanten Kapitän z.S. v. Puttkamer vortrug nach einer schriftlichen Ausarbeitung unter dem Titel: »Betrachtungen zur Weiterführung des Atlantikhandelskrieges mit Überwasserstreitkräften« (Anlage 1). Angesichts der bevorstehenden Unternehmung »Fall Barbarossa« trug Raeder einmal »Richtlinien und Fortführung« des für ihn entscheidenden Krieges gegen England – brutal und mit allen Mitteln – vor. (Durch »Fall Barbarossa« kam für ihn »der Krieg in ein falsches Geleise« [Z 39].)

Die »Weiterführung des Atlantikhandelskrieges mit Überwasserstreitkräften« – nach »Barbarossa« ab Spätsommer 1941 – stellte er unter folgende Vortragsabschnitte:
- Mutmaßliche **Folgerungen des Gegners** für dessen eigene Maßnahmen;
- Betrachtung zum Ablauf der Ereignisse im bisherigen Überwasserseekrieg bis zum Ende der BISMARCK-Operation;
- Lehren aus den Ereignissen und Folgerungen für die zukünftige Seekriegführung und
- »Operationen in den nächsten Monaten« nach Bereitstellung der Schlachtschiffe und Schweren Kreuzer.

Im Zusammenhang mit den ausführlichen Darstellungen in diesem Buch erregen die folgenden Ausführungen Raeders besondere Aufmerksamkeit und Nachdenklichkeit:

»… Es könnte scheinen, als ob die Entwicklung der Ereignisse einen Fehler aufdeckte, da eine stärkere Kampfgruppe sich dem Gegner gegenüber besser hätte wehren können. Dieses ist jedoch ein Trugschluß …

Nicht Schlagen von Schlachten, sondern Englands Seeverbindungen dauernd zu stören ist das Hauptziel … Auch der Einsatz von Schlachtschiffen ist Kreuzerkrieg …«

Abgesehen von Raeders gewundenem Schreib- und Sprachstil, der seine Unsicherheit verrät und andere Gedanken verdeckt (vgl. seine »Gedanken des Ob.d.M. zum Kriegsausbruch 3. September 1939«): Der Einsatz von Schweren Schiffen und ihre strategische Konzentration verrät andere Zielsetzungen als – nur – Versenkung von Tonnage. Dies bestätigt Raeder im gleichen Vortrag in der Verbindung des atlantischen und des Mittelmeerkriegsschauplatzes: Es handelt sich um die »Diversionierung« der Schweren Einheiten der Royal Navy mit der Folge, die verteilten Gegnerkräfte »in vollem Risiko« zu dezimieren. Dies bestätigt Raeder mit dem Satz:

»… Das bisherige Ziel der risikoreichen Seekriegführung mit allen – unterlegenen – Mitteln war:

Erfolge so schnell wie möglich erzielen, um die Engländer noch in diesem Sommer niederzukämpfen.«

Dies aber sei nur »im planvollen Einsatz aller Wehrmachtteile möglich, vor allem Marine und Luftwaffe«.

An dieser Stelle vermerkt Raeder in seinem Vortragstext die – einzige – Bemerkung Hitlers:

»Führer gibt dies zu und sagt zu, die Luftwaffe erneut anzuweisen:«

Hieß das, Göring zu befehlen, die im Balkan- und Mittelmeerkrieg gebundenen und für »Fall Barbarossa« im Aufmarsch befindlichen Luftstreitkräfte rücksichtslos auf die britischen Werften und die dortigen Neubauten (Schwere Schiffe) einzusetzen? Dies aber konnte der »Führer« dem »Ob.d.M.« gar nicht zusagen. Raeder trug weiter vor über Lehren aus dem Ablauf der Ereignisse der BISMARCK-Operation:

Die Fortführung des Atlantikhandelskrieges mit Überwasserstreitkräften erfordere
»… möglichst keine Unterbrechung und möglichst homogene Kampfgruppen …, wie dem Flottenchef vor der Unternehmung noch ausdrücklich bestätigt wurde«.
Raeder überliefert nicht, wie Hitler, Keitel, Schmundt und von Puttkamer auf diesen Satz reagierten, offenbarte er doch – versteckt –, daß er – Raeder – eine »nicht homogene Kampfgruppe« (dazu in falscher Jahreszeit) zum Einsatz befohlen hatte (ohne die Zustimmung seines »Obersten Befehlshabers«) und daß sein Flottenchef ihn bei der Besprechung vor der Operation (in der Skl zu Berlin) darauf angesprochen hatte, was »ausdrücklich« von ihm, dem Chef der Seekriegsleitung, »bestätigt« wurde.
Dies klingt wie Raeders Entschuldigung vor der Geschichte, ja wie das Abwälzen der Verantwortung für den Operationsbefehl »Rheinübung« und dessen Durchführung auf seinen Flottenchef, der in klarer Erkenntnis der Unvernunft seinen Vorgänger Admiral Marschall konsultierte, wahrscheinlich in der Gewißheit dessen, was ihm – Ende Mai – im Atlantik bevorstehen würde …
Darüber aber reflektiert Raeder nicht vor dem »Führer«, im Gegenteil: er zieht seine Schlüsse aus dem »Ablauf der Ereignisse«:

- »Ein Einsatz ist auch mit einer einzelnen TIRPITZ durchaus erfolgversprechend« …
- »Stellt man sich das Vorhandensein eines eigenen Flugzeugträgers bei einer Kampfgruppe BISMARCK vor, so hätte das Gesamtbild ein vollkommen anderes werden können« …
- Das »fehlende Überraschungsmoment« sei bedingt gewesen, »weil der Gegner das DeTe-Gerät einsetzte«, dadurch »könnte der Feind auf das Funken verzichten«.

Ob alle diese »Schlüsse« in die Faktoren einer Lagebeurteilung vor der Operation »Rheinübung« auch schon eingeflossen waren?
Und was die der deutschen Flotte fehlenden Flugzeugträger betraf: auf diesem Kampftyp hatte Hitler schon eindringlich hingewiesen, vor allem auf die Wirkungsmöglichkeit als Flugzeugtorpedoträger des Gegners.
Schließlich hätte Raeders Hinweis darauf, daß »der Feind auf das Funken verzichten konnte« – um sich nicht zu verraten –, eine Erklärung darüber nach sich ziehen müssen, warum auf deutscher Seite so viel gefunkt wurde, vor allem vom Flottenchef selbst.
Hitler ging auf Raeders Vortrag gar nicht ein. Dieser notierte (und diktierte später seinem KTB-Schreiber):

»… Führer macht Ausführungen über seine Auffassung betreffend Entwicklung. Lage in England und Einfluß »Barbarossa« auf diese Lage in England sei zur Zeit schlecht. Zusammenbruch könne schnell erfolgen. Spätestens Mitte Juli werde er den Erfolg »Barbarossa« und seine voraussichtliche Einwirkung auf die Gesamtlage übersehen können. Bis dahin sei es unzweckmäßig, ein größeres Risiko mit der Überwasserkriegführung zu laufen, wenn nicht sicherer großer Erfolg in Aussicht stehe.
Mit dem Hinaufziehen der LÜTZOW nach Drontheim und der Stationierung der TIRPITZ in Kiel ist der Führer einverstanden. Über weitere Entscheidungen bittet er unterrichtet zu werden.«

Die »Auffassungen des Führers« sind eindeutig: Nach den Kriegsprogrammen im Rahmen seines Hasard seit 1938: »Aufmarsch Grün, Fall Weiß, Weserübung, Fall Gelb, Marita folgt nur Fall Barbarossa«, und dann wäre England am Zusammenbrechen. Er schließt mit der – für Raeder folgenschweren – »Bitte«, daß er über weitere Entscheidungen seines Ob.d.M. unterrichtet werden möchte. Dies bedeutet, daß er wohl die Vorarbeiten und den Rat zur Lösung der »Englischen Frage« benötigt und akzeptiert, daß er aber die Strategie der Maßnahmen, auch der Operationen mit Schlachtschiffen und Schweren Kreuzern, selbst entscheiden und befehlen will, wie er es im Rahmen seiner Zielsetzungen für notwendig und richtig erachtet.
Damit nimmt er seinem braven, aber auch eigenwilligen Gefolgsmann Großadmiral Dr. h.c. Erich Raeder die strategische Freiheit für den Atlantikhandelskrieg mit Schweren Überwassereinheiten, nachdem Raeder selbst die strategische Freiheit für den Tonnagekrieg mit Unterseebooten schon mit Kriegsbeginn dem Befehlshaber der U-Boote übertragen hatte.
Raeder zog aus der Schlußbemerkung Hitlers zu seinem Vortrag über die BISMARCK-Operation nicht die für ihn notwendige Konsequenz. Im Gegenteil: er verharrte in Trotz und ersetzte seine bisherigen Auffassungen über den Seekrieg gegen England mit Schweren Überwasserstreitkräften durch einen »Risiko-Bindungs-Befehl« mit – falscher – Berufung auf »den Führer«. Das sollte am 6. Januar 1943 – genau ein Jahr und sieben Monate nach seinem BISMARCK-Vortrag – zum Sturz des Ob.d.M. und Chef Skl führen.
Richtiger gesagt: Zu seinem Rücktritt aus Gewissensgründen.

PRINZ EUGEN war einziger Schwerer Kreuzer der deutschen Kriegsmarine, der den Krieg überstand. Im Jahr 1946 wurde das zur U.S.-Kriegsbeute erklärte Schiff mit gemischter deutsch-amerikanischer Besatzung und unter der Sternenbanner-Flagge in die Vereinigten Staaten überführt und dort zahlreichen Erprobungen unterzogen.

Nach Beendigung alle Erprobungen wurde PRINZ EUGEN ins Bikini-Atoll der Südsee vollbracht und dort bei einem Nuklearbomben-Test zum kentern gebracht. Viele Jahrzehnte danach wurde ein geborgener Propeller des Kreuzers von einem Hapag-Lloyd-Containerschiff nach Deutschland zurückgebracht. Er fand im Marine-Ehrenmal Laboe Aufstellung zur Erinnerung an die legendär gewordene PRINZ EUGEN.

ANHANG

Anhang 1
zum Kapitel »Raeder, Hitler und das Schlachtschiff BISMARCK«

Vortrag Großadmiral Dr. h.c. Erich Raeder, Ob.d.M. und Chef Skl, vor Adolf Hitler, Führer und Oberbefehlshaber der Wehrmacht, am 6. Juni 1941 auf dem »Berghof/Obersalzberg«.

In Gegenwart des Chefs des O.K.W., Generalfeldmarschall Keitel und der Wehrmacht, und Marine-Adjutanten Oberst Schmundt und Kapitän z.S. von Puttkamer. – Niederschrift nach Raeders Diktat von K.Kpt. Heinz Assmann, 1 Skl Ib.

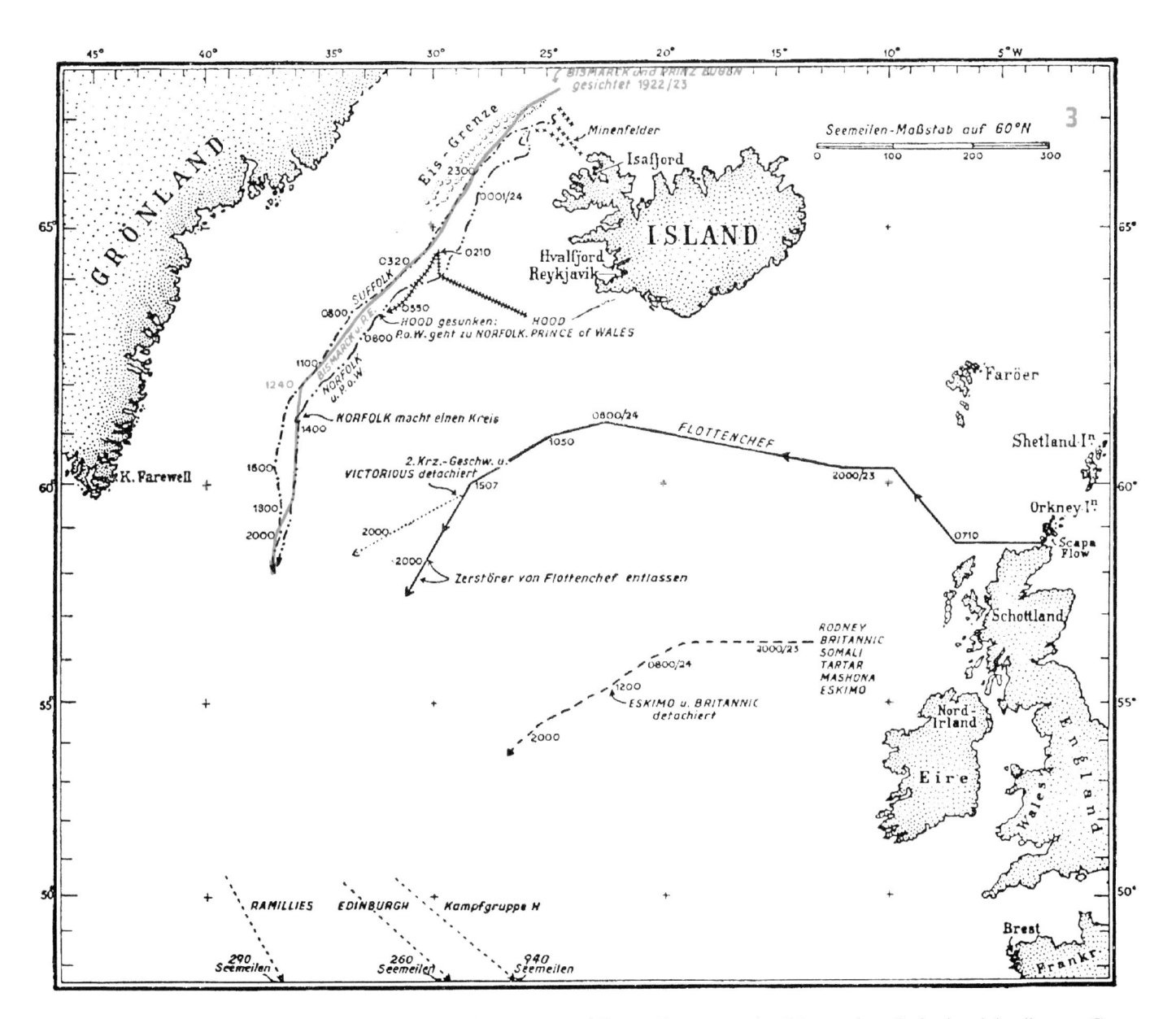

Die Entwicklung der Lage nach dem Ausbruch von BISMARCK und PRINZ EUGEN aus der Dänemarkstraße in den Atlantik, zum Gefecht mit HOOD und PRINCE OF WALES und bis zum Anmarsch der britischen Verstärkungsverbände.

Geheime Kommandosache

Chefsache! Anlage 2
Nur durch Offizier! zu B.Nr. 1. Skl. (Ib) 885/41 op Chefs.

I. Betrachtungen zur Weiterführung des Atlantikhandelskrieges mit Überwasserstreitkräften:
Vernichtung des Schlachtschiffes BISMARCK gibt Veranlassung, die bisherigen Einsatzgrundsätze der Überwasserstreitkräfte im Zufuhrkrieg zu überprüfen und die Richtlinien für die Fortführung dieses Teiles der Seekriegführung festzulegen.

II. Mutmaßliche Folgerungen des Gegners für seine eigenen Maßnahmen:
Der Ablauf der Ereignisse hat dem Gegner gezeigt, daß trotz des Verlustes der HOOD seine Maßnahmen sich als richtig erwiesen und zur Niederkämpfung eines der von ihm am meisten gefürchteten Gegner geführt haben.

1. Er wird daher an diesem Schema zur Verhinderung des Ausbruches von Überwasserhandelsstörern festhalten. Es besteht im wesentlichen aus folgenden Elementen:
   a) Meldedienst aus Schweden, Dänemark, Norwegen.
   b) Möglichst ständige Einsichtnahme in die Ausmarschwege der mittleren und nördlichen Nordsee.
   c) Auf Grund von Meldungen gemäß a) oder b) Aufstellung einer so bemessenen Aufklärung in der Dänemarkstraße und zwischen Island und Färöer, daß diese in der Lage ist, an der zu erwartenden Feindgruppe unter allen Umständen Fühlung zu halten.
   d) Aufstellung einer starken Kampfgruppe südlich Island als Folge der Aufklärung gemäß a) oder b) zum Ansetzen auf von dem Fühlungshalter gemäß c) gemeldeten Gegner.

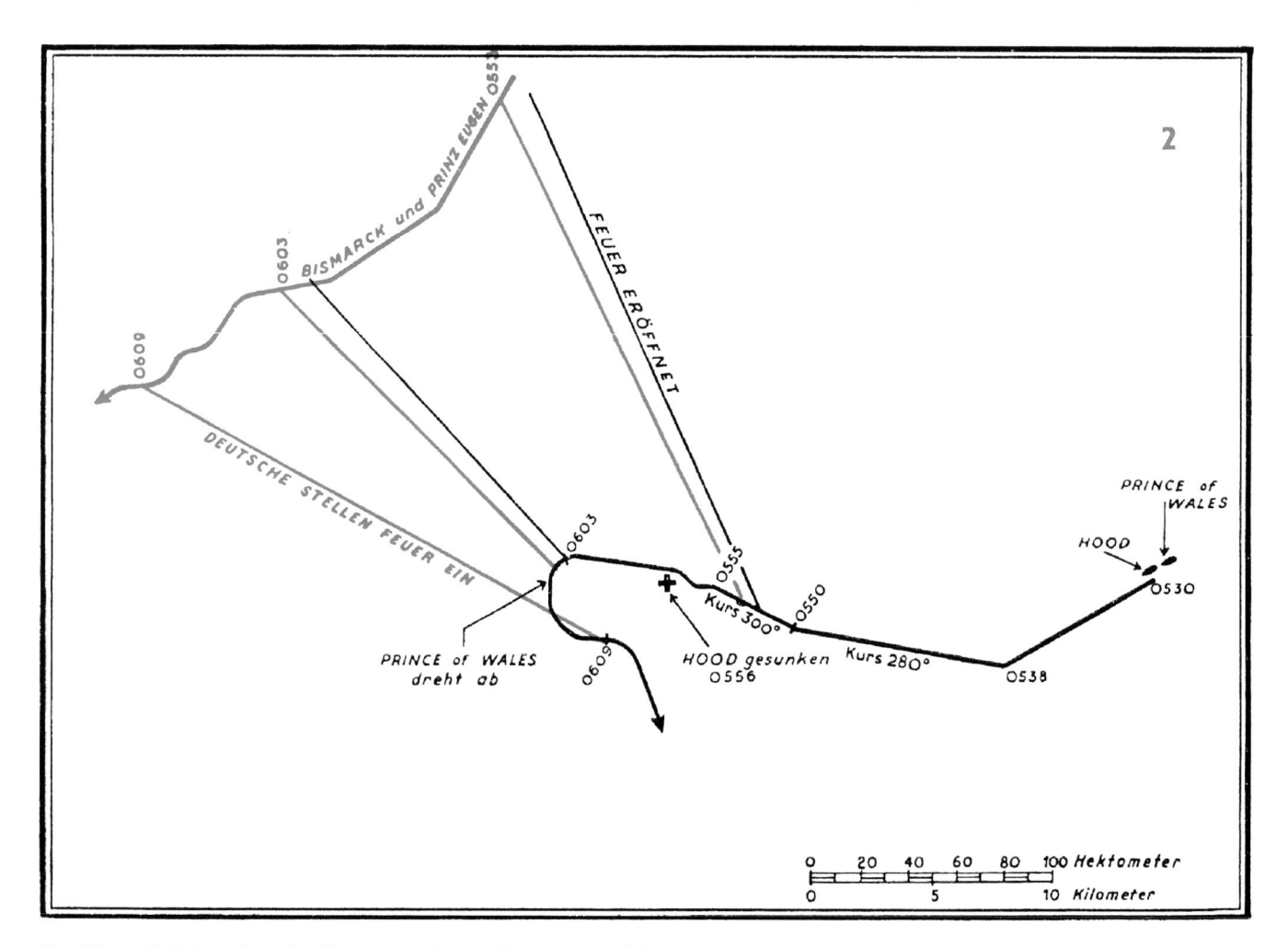

Detaillierte Gefechtsskizze des Feuerwechsels von BISMARCK und PRINZ EUGEN mit Versenkung der HOOD und erzwungenem Rückzug der PRINCE OF WALES.

e) Ansatz der Flugzeugträger mit ihrer weitreichenden Lufttorpedowaffe zwecks Zerschlagung der für die Verfolgung wesentlichen Geschwindigkeit des gemeldeten Gegners.

2. Unabhängig von seinem Bestreben, den Ausbruch von Handelsstörern, gegebenenfalls auch die Rückkehr, auf diese Weise zu verhindern, hat die im Falle BISMARCK erkennbar gewordene Methode auch ein Schlaglicht auf das vom Gegner zu erwartende Verhalten beim Auftreten von Handelsstörern im freien Seeraum geworfen. Auch hier wird eine solche Kampfgruppe vermutlich den Flugzeugträger benutzen, um im Gebiet von QQQQ-Meldungen oder RRRR-Meldungen den Gegner aufzuspüren und mit Hilfe der Trägerflugzeugwaffe seine Geschwindigkeit oder seinen Fahrbereich zu dezimieren. Dann wird die Trägeraufklärung die Gegnerkampfkräfte heranführen und auf diese Weise versuchen, den Handelsstörer zum Kampf zu stellen. Die Richtigkeit dieser Annahme wird durch die Zusammensetzung der jeweils beim Auftreten von Handelsstörern in den Atlantik entsandten Kampfgruppe bewiesen.

III. Betrachtungen zum Ablauf der Ereignisse:

1. Die Marine führt seit Kriegsbeginn den Seekrieg gegen England bei stärkster Unterlegenheit. Diese konnte ausgeglichen werden nur durch die Kühnheit der Ope-

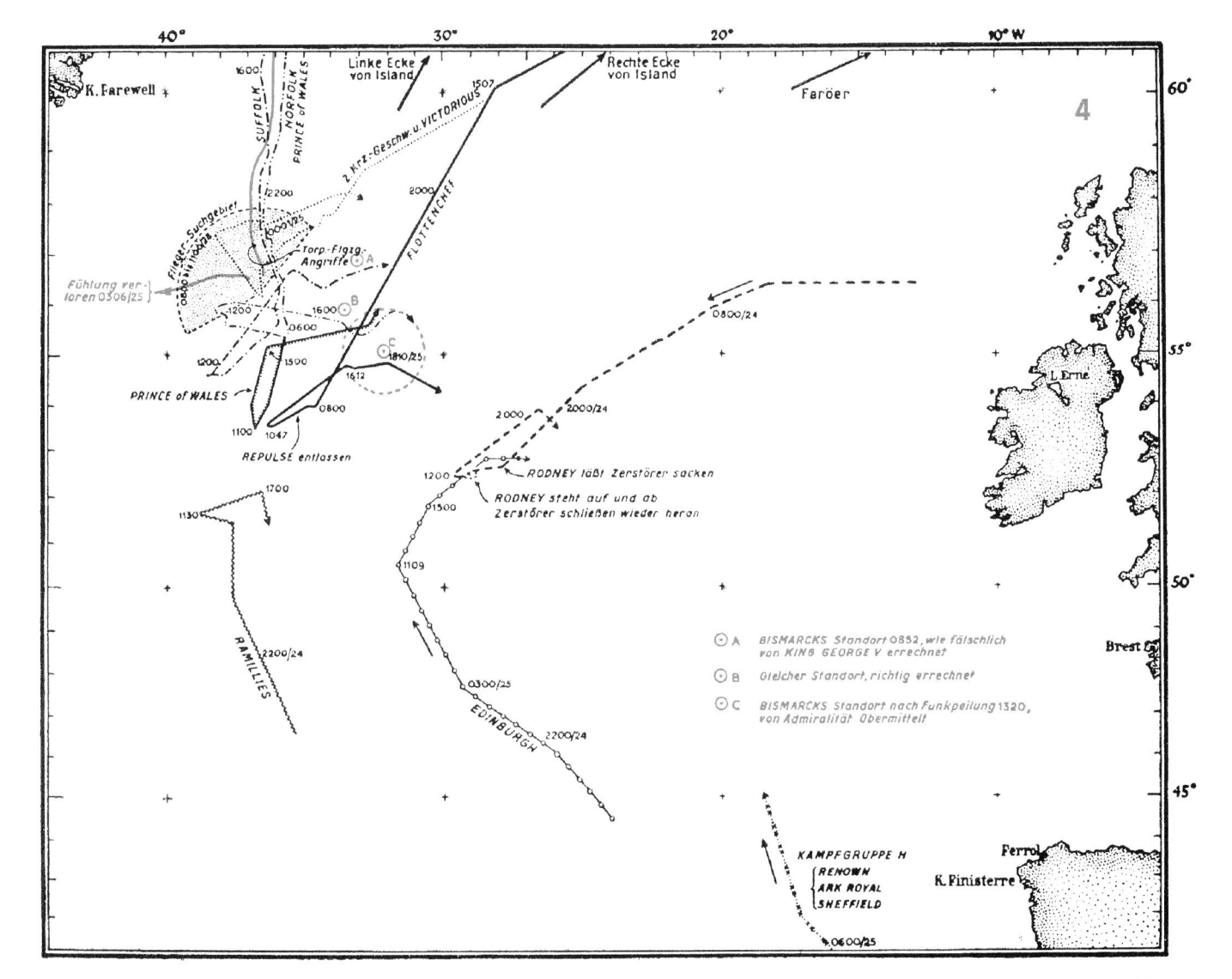

Die intensive Suche nach der BISMARCK, der zeitweilige Verlust der Fühlung durch falsche Standort-Koppelung des Schlachtschiffes KING GEORGE V., die Funkeinpeilung und der Anmarsch der Kampfgruppe H.

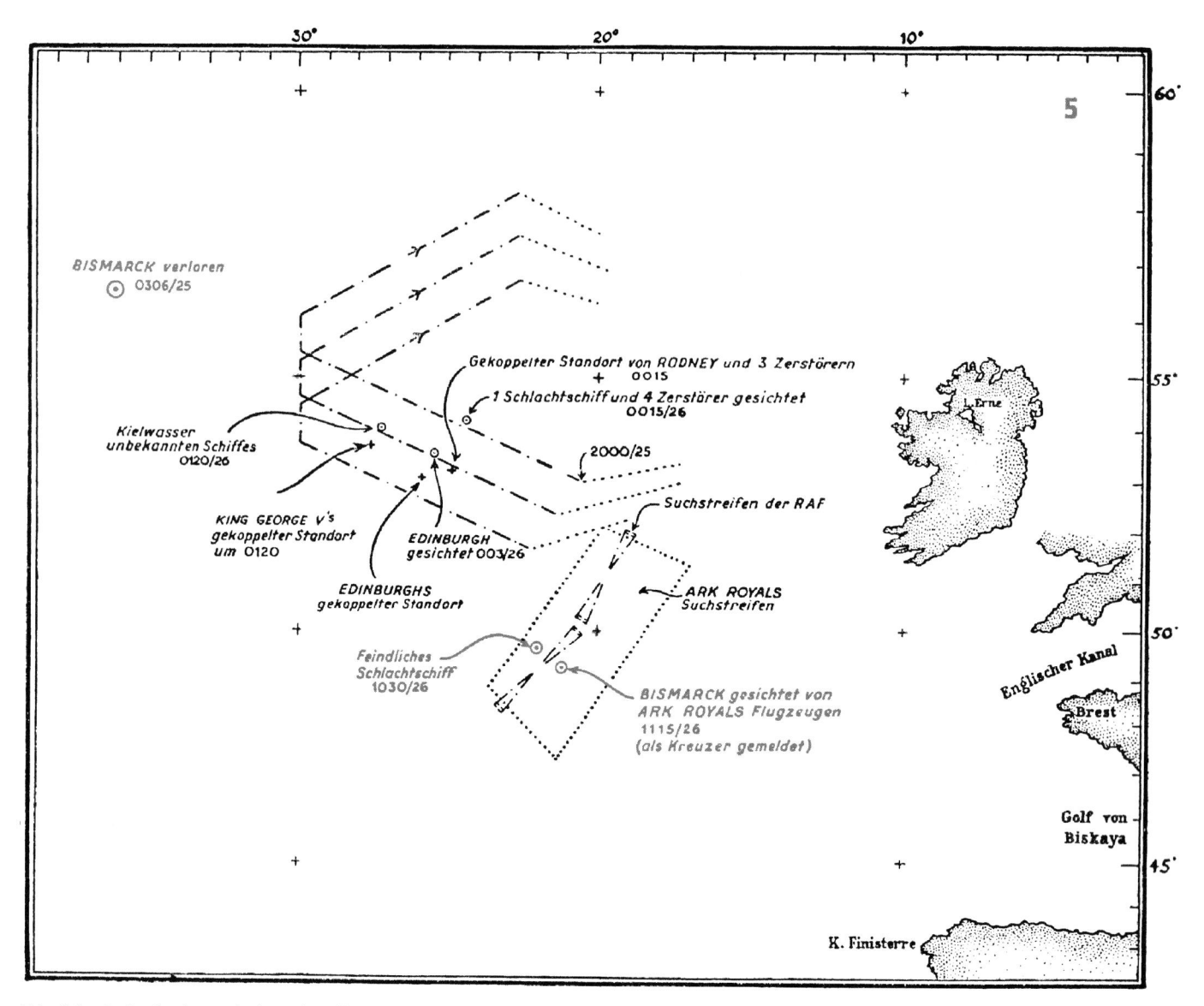

Die fieberhafte Suche nach der zeitweilig aus der Beschattung verlorenen BISMARCK bis zur Wiedersichtung durch Trägermaschinen der ARK ROYAL.

rationen und die Entschlossenheit ihrer Durchführung. Dabei war sich die Seekriegsleitung des großen Risikos und der ungeheuren Verantwortung, die sie zu tragen hatte, stets bewußt, denn die Mittel der Seekriegführung waren stets völlig unzureichend: geringe Zahl der Streitkräfte, Fehlen vorgeschobener Stützpunkte, mangelnde Zahl und ungenügende Reichweite der Seeluftstreitkräfte, Fehlen von Flugzeugträgern, Fehlen geeigneter Sicherungsstreitkräfte für die Operationen der großen Schiffe auf dem Atlantik. Verständnisvolle, zuverlässige und weitreichende Luftaufklärung ist aber Vorbedingung für solche Operationen in der Unterlegenheit. Die Lage wird in zunehmendem Maße schlechter. Denn außer den fertigen neuen drei englischen Flugzeugträgern und zwei schnellen Schlachtschiffen werden demnächst weitere Schiffe beider Typen fertiggestellt. Es war von der Seekriegsleitung von Anfang an gefordert und ihr auch zugesagt, daß die Neubauten auf den englischen Werften durch Luftangriffe zerschlagen werden sollten. Das ist bei der Anlage des Luftkrieges bisher in keinem Falle geschehen. ObdM bittet wiederholt, daß wenigstens für die Zukunft diese Forderung erfüllt wird. Vor der Verwirklichung der Pläne des Führers, soweit sie den Hauptkampf gegen England betreffen, steht die englische Seemacht (Irland, Azoren, Nachschub nach Afrika usw.). Diese muß in planvollem Einsatz aller Wehrmachtteile,

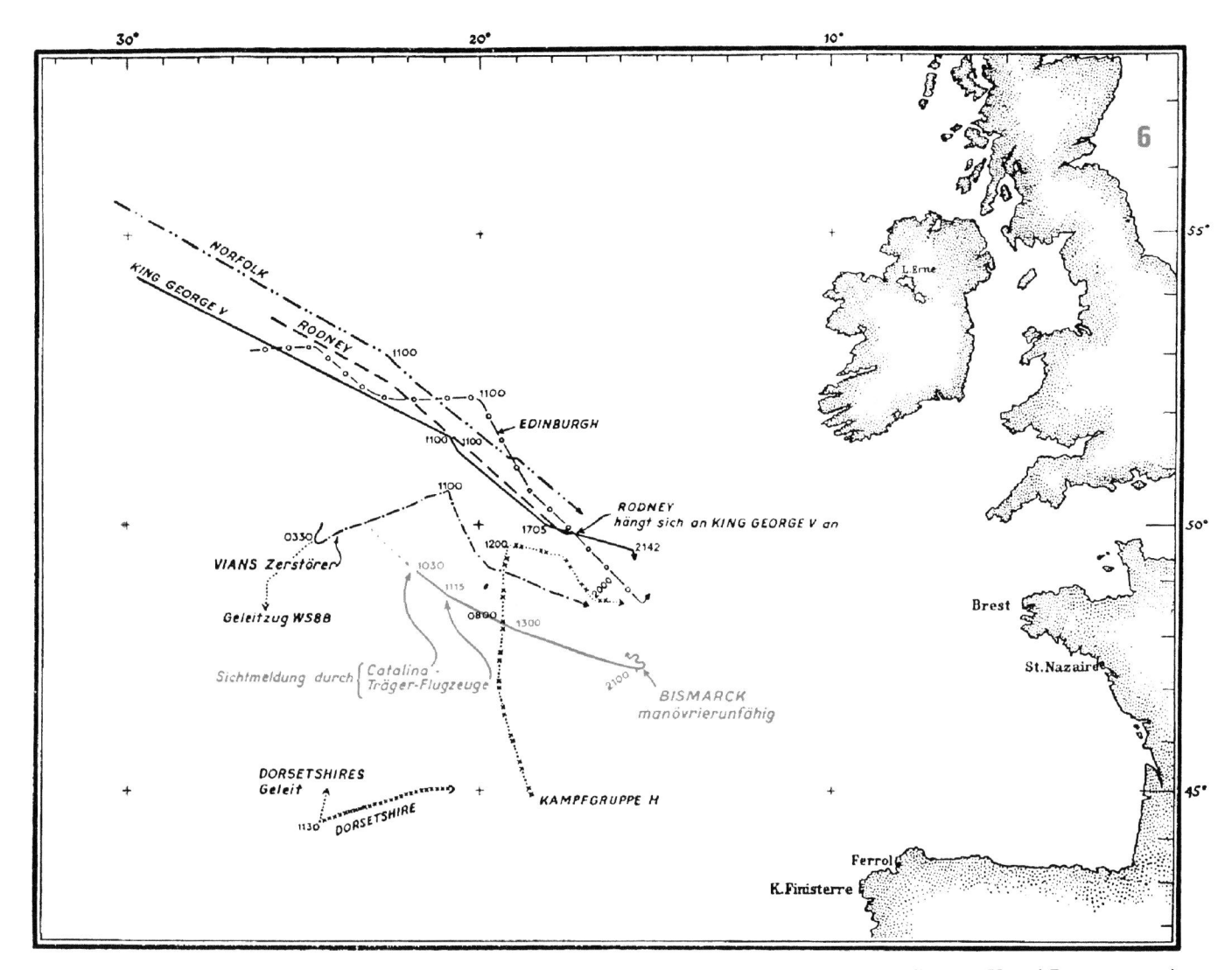

BISMARCK ist wieder aufgespürt worden. Die Umstellung durch die Schlachtschiffe RODNEY, KING GEORGE V und RENOWN sowie mehrere Kreuzer und Zerstörer zeichnet sich ab, als der Torpedotreffer eines »Swordfish«-Flugzeugs in die Ruderanlage die BISMARCK manövrierunfähig macht.

vor allem Marine und Luftwaffe, zerschlagen werden, und zwar stets dort getroffen werden, wo es mit geringstem Einsatz möglich (bei der Knappheit der Mittel).

Das ist bezüglich der neuen Schiffe der Angriff der Neubauten auf den Werften durch die Luftwaffe.

Führer gibt dies zu und sagt zu, die Luftwaffe erneut anzuweisen.

Die Seekriegsleitung war sich darüber klar, daß bei der Art ihrer Kriegführung jederzeit kleine Ursachen große Wirkungen ausüben könnten und daß bei aller Umsicht der Führung von Land und in See das Kriegsglück sich auch einmal wenden könnte.

Der Grundgedanke der Kriegführung mit Überwasserstreitkräften war Überraschung und ständiger Wechsel der Operationsgebiete. Sie war somit, auch wenn sie von Schlachtschiffen ausgeübt wurde, eine echte Kreuzerkriegführung, bei der das Kämpfen mit gleichwertigen Gegnern stets nur Mittel zum Zweck sein durfte.

Die Unternehmung BISMARCK-PRINZ EUGEN entbehrte von Anbeginn an offenbar des Überraschungsmomentes. Aus der Funkbeobachtung ging hervor, daß Feindflugzeuge bereits am 21. den Auftrag erhielten, nach gesichteten »2 Schlachtschiffen mit 3 Zerstörern« Ausschau zu halten, und nur dem Umstand, daß im gegnerischen Funkbild daraufhin keinerlei sonstige Anzeichen erkennbaren wurden, muß es zugesprochen werden, daß auf Gegenmaßnahmen des Gegners zunächst nicht geschlossen wurde. Diese sind jedoch, wie wir jetzt aus feindlichen Veröffentlichungen wissen, bereits am 21. Mai angelaufen und waren offenbar als fertiger Operationsbefehl so vorbereitet, daß eine Funkspruchabgabe nicht erforderlich war. Der Ausfall der Bilderkundung von Scapa an dem entscheidenen Tage vor dem Durchbruchsansatz durch die Dänemarkstraße ermöglichte es dem Gegner, seine Gegenmaßnahmen weiterhin unbemerkt aufzuziehen.

Das Zusammentreffen mit dem Gegner in der Dänemarkstraße ist somit auf das fehlende Überraschungsmoment zurückzuführen, dieses wiederum auf den Austausch des eigenen Verbandes aus den Ostsee-Eingängen und durch die norwegischen Schären bei Bergen, wo feindliche Agenten die Gelegenheit zur Meldungsabgabe haben. (Ob feindliche Angabe, daß es sich um eine Flugzeugsichtung bei Bergen handele, als Täuschung zur Deckung der Agenten zu werten ist, ist eindeutig nicht zu beantworten.) Auf das Funken – auch von Feindsichtmeldungen – konnte der Engländer in diesem Falle verzichten, um den von uns beabsichtigten Ablauf der Operation nicht zu stören, im Gegenteil die eigenen Absichten planmäßig weiterzuführen.

Der Flottenchef mußte auf Grund der Unkenntnis über feindliche Gegenmaßnahmen und der für ihn günstigen Wetterlage zum Durchbruch durch die Dänemarkstraße verzugslos ansetzen. Jedes Warten hätte erneute Brennstoffübernahmen, damit weiteren Zeitverlust, womöglich Abzug der günstigen (unsichtigen) Wetterlage gebracht. Die Feststellung des Gegners in der Dänemarkstraße war überraschend, jedoch zunächst noch nicht alarmierend, da auch SCHEER und HIPPER dort Schwere Kreuzer angetroffen hatten. Der Flottenchef beabsichtigte unbemerkten Durchbruch durch die Dänemarkstraße. Die Schaffung eines DeTe-Gerätes für Seestreitkräfte beim Gegner wurde erwartet. Ihr Erstauftreten in dieser Situation kam jedoch überraschend und wurde verhängnisvoll, da es bei der herrschenden Wetterlage dem Flottenchef nicht möglich war, sich durch Einsatz seiner Kampfmittel seiner Fühlungshalter zu entledigen und diese mittels ihrer DeTe-Geräte die Fühlung ungestört halten konnten. Das Gegner-DeTe begünstigt ihm die Ausnutzung und den Schutz durch Nebelzeiten. Bisher war der Nebel unserem Durchbruch allein günstig. Der Einfluß des sehr wahrscheinlichen Vorhandenseins von DeTe-Geräten beim Gegner auf die weitere Überwasserkriegführung im Atlantik bedarf eingehender Prüfung. Keinesfalls darf aber hierdurch eine solche Kriegführung unmöglich werden.

Ein Gerät zur Feststellung der Tatsache, daß das eigene Schiff durch einen Gegner mit DeTe-Gerät geortet wird, ist fertiggestellt und kommt jetzt zum Einbau.

3. Das Gefecht mit der überlegenen Kampfgruppe hat gezeigt, daß auch aus der schwierigsten Situation mit Können und Glück viel herausgeholt werden kann und daß die Schlachtschiffe sich mit denen des Gegners sowohl an Widerstandskraft als auch an Können der Besatzungen messen könne. Mit Sicherheit hätte der Flottenchef das Gefecht vermieden, wenn dieses möglich erschienen wäre. Daß die geringfügigen Beschädigungen der BISMARCK im Verein mit den nicht abzuschüttelnden Fühlungshaltern der erste Schritt zu ihrer endgültigen Vernichtung waren, zeigt, daß der Grundsatz »Kampf nur Mittel zum Zweck« auch für die Schlachtschiffe volle Gültigkeit hat. Der Ausgang des Gefechtes zeigt andererseits, daß gegen einen nur mit einem alten Schlachtschiff gesicherten Geleitzug der Einsatz auch einer einzelnen TIRPITZ durchaus erfolgversprechend ist und nicht gescheut zu werden braucht.

4. Die Erfolge der britischen Trägerflugzeuge und die geschickte Führung der Träger im Verlauf der Verfolgung und Vernichtung der BISMARCK haben den Wert von Flugzeugträgern für eine weiträumige Kriegführung erwiesen. Stellt man sich das Vorhandensein eines eigenen Flugzeugträgers bei der Kampfgruppe BISMARCK vor, so hätte das Gesamtbild ein vollkommen anderes werden können.

IV. Lehren aus den Ereignissen:

1. Wenn die Engen beiderseits Island als Ausfallpforten in den Atlantik weiter ihren Wert behalten sollen, muß in noch höherem Maße als bisher versucht werden, daß überraschend durchgebrochen wird. Diese Überraschungswahrscheinlichkeit wird um so geringer sein, je länger der Anmarsch zu diesen Ausfalltoren ist. Es erscheint deshalb richtig, die für die Atlantikkriegführung vorgesehenen Schiffe, soweit sie überhaupt aus dem Heimatbereich operieren, nicht aus der Deutschen Bucht oder der Ostsee in einem Durchgang auslaufen zu lassen, sondern sie möglichst mehrere Wochen vorher nach Drontheim zu legen, um von dort schnellstens unter Ausnutzung geeigneter Wetterlagen zum Durchbruch anlaufen zu können.

Leichter als durch die Islandengen wird immer der Ausmarsch aus den westfranzösischen Stützpunkten bleiben. Diese Tatsache wiegt die Luftgefährdung in diesen Stützpunkten nahezu auf, vor allem, wenn durch entsprechende Maßnahmen der verschiedensten Art die Luftbedrohung verringert wird. Eine große Verbesserung der Lage wird eintreten, wenn Ferrol und Dakar zur Verfügung stehen.

Das Vorhandensein von DeTe-Geräten, welche in Kürze auf Hilfsfahrzeugen und Hilfskreuzern anzunehmen ist, kann die Passierbarkeit der Dänemarkstraße mehr und mehr einschränken, vor allem für langsame Schiffe (Panzerschiffe, H.S.K.s). Die jeweilige Entscheidung für oder gegen die Benutzung dieses Ausfalltores muß von Aufklärung (Luft, U-Boot, Fischdampfer) abhängig gemacht werden. Demgegenüber gewinnt die Passage südlich Island bei entsprechender Wetterlage wieder an Bedeutung.

Aber auch aus diesem Grunde ist den westfranzösischen Stützpunkten der Vorzug zu geben.

Ein Marsch durch den Kanal entfällt für die Schlachtschiffe völlig. Aber auch für die Schweren Kreuzer (Typ HIPPER und Typ SCHEER) ist er mit so großem Risiko verbunden (gegenwärtig zu geringe Stärke der eigenen Luftstreitkräfte im Westen zum Niederhalten feindlicher Luftstreitkräfte und Bekämpfen leichter Seestreitkräfte; geringe Stärke unserer Sicherungsstreitkräfte und Minensucher; Zwangskurse ohne Ausweichmöglichkeiten, und das alles in der Nähe der feindlichen Luftstützpunkte), daß er auch für diese nur als äußerste Notlösung in Frage kommt.

Gruppe West ist vorsorglich zu einer genauen Prüfung und operativen Durcharbeitung der Kanalfahrt für Schiffe der LÜTZOW- bzw. HIPPER-Klasse aufgefordert worden.

2. Bisheriger Grundsatz der Seekriegsleitung war, möglichst in ununterbrochen aufeinanderfolgenden Operationen den Zufuhrkrieg mit Überwasserstreitkräften laufend zu führen und Erfolge so schnell wie möglich zu erringen, um die Engländer noch in diesem Sommer niederzukämpfen. Dieses führte neben der Operation von SCHARNHORST und GNEISENAU zu den Einzelunternehmungen des Kreuzers HIPPER und zur Einzelentsendung der BISMARCK, der nur PRINZ EUGEN beigegeben werden konnte. Es könnte scheinen, als ob die Entwicklung der Ereignisse hiermit einen Fehler aufdeckte, da eine stärkere Kampfgruppe sich dem Gegner gegenüber besser hätte wehren können. Dieses ist jedoch ein Trugschluß. Gewiß können mehrere Einheiten in einem Gefecht mehr ausrichten als eine Einheit; es war jedoch nicht Ziel der Gesamtoperation, zu einem Gefecht zu kommen, sondern vielmehr unbemerkt an die Seeverbindungen des Gegners heranzukommen. Diese Seeverbindung dauernd zu stören, ist aber das Hauptziel unserer Seekriegführung, nicht das Schlagen von Schlachten, welche selbst bei anfänglich günstigem Verlauf wegen Fehlens eigener Stützpunkte sich leicht zu unseren Ungunsten wenden können. Es darf also nicht grundsätzlich gefolgert werden, daß der Einsatz von einzelnen Schlachtschiffen oder Kreuzern im Zufuhrkrieg falsch ist. Gerade die Beweglichkeit solcher Einzeleinheiten oder kleiner Kampfgruppen ist ein Element des Kreuzerkrieges und somit anzustreben.

Trotzdem ist es neben einer laufenden Unterhaltung dieser Kriegführung das Ziel der Seekriegsleitung, mit homogen zusammengesetzten Kampfgruppen aufzutreten, so zum Beispiel SCHARNHORST, GNEISENAU und BISMARCK/TIRPITZ, wie dem Flottenchef vor der Unternehmung noch ausdrücklich bestätigt wurde. Es wird auch weiterhin anzustreben sein, durch Steuerung der Überholungszeiten und Operationen solche Kampfgruppen zusammenzubringen und andererseits möglichst selten eine völlige Unterbrechung der Handelskriegsführung mit Überwasserstreitkräften eintreten zu lassen.

3. Die Erschwerung für die Brennstoffübernahme, welche sich aus der Verwendung mehrerer Flugzeugträger und dem Vorhandensein des DeTe-Gerätes beim Gegner ergibt, trifft zweifellos zu; vor allem, wenn nur langsame Tanker zur Verfügung stehen. Aber auch hier hat sich nur der Einsatz etwas vergrößert, aber nichts Grundsätzliches geändert. Im Zusammenhang mit der Frage der Brennstoffergänzung bedarf die Aufstellung der Tanker einer Überprüfung. Folgende Grundsätze müssen in Zukunft noch mehr als bisher beachtet werden, wenn die Verluste weiter gering bleiben sollen. Die Erhaltung unseres Tankschiffraumes ist aber von entscheidender Tragweite für die Fortführung des Zufuhrkrieges mit Überwasserstreitkräften überhaupt:

a) Die Tanker und Troßschiffe dürfen nicht ständig auf den Versorgungspunkten stehen, sondern müssen sich nach Möglichkeit wieder in ganz entlegene Gebiete absetzen.

331

Diese Maßnahme ist erforderlich, da die Versorgungspunkte notgedrungen zu nahe an den Operationsgebieten liegen, so daß sie einerseits der ungewollten Aufklärung durch feindliche Einzelfahrer, andererseits aber auch der feindlichen oder USA-neutralen militärischen Aufklärung ausgesetzt sind. (Für die Nordtankergruppe kommt zum Absetzen die Davisstraße oder die Treibeisgrenze des Grönlandeises, für die Südtankergruppe das Gebiet der Sargassosee oder in 600 bis 1 200 sm südwestlichem Abstand von den Azoren in Frage.)

b) Die Durchführung der Operationen erfordert das jeweilige Inseesein eines schnellen Troßschiffes, welches vermöge seiner hohen Marschgeschwindigkeit in der Lage ist, im Falle von Brennstoffnot schnell größere Räume überbrücken zu können. Dieses Schiff wird zweckmäßig für solche Notlagen bzw. gegen Ende der Operationen eingesetzt und im übrigen nur in dem der Lage des jeweiligen Operationsgebietes entsprechenden Absetzraum bereitgehalten.

4. Bei dem Bestreben, die Operationen der Überwasserseestreitkräfte beim Durchbruch und auf dem Atlantik zu erleichtern, spielt die Frage der Jahreszeit mit den verschiedenen Graden der Dunkelheit eine Rolle. Längere Nächte (September bis März) erleichtern den Ausbruch (zum Beispiel aus westfranzösischen Häfen), gestatten leichter ein Abschütteln von Fühlungshaltern; Flugzeuge können nur während kürzerer Zeiten Fühlung halten und angreifen. Bewegungen und Verbergen auch der Tanker werden erleichtert. Demgegenüber steht im Nordmeer die große Häufigkeit von Nebel im Juli, die den Durchbruch durch die nördlichen Engen trotz der dann hellen Nächte erleichtert.

V. Operationen in den nächsten Monaten

1. LÜTZOW ist im Juli klar zum Ausbrechen, SCHEER im August. Es ist die Absicht, LÜTZOW demnächst nach Drontheim zu legen, wo sie eine abstoßende Wirkung auf etwaige englische Unternehmungen während »Barbarossa« ausüben kann.
Daneben sollen durch Aufklärung durch U-Boote, Luft und Fischdampfer die Verhältnisse in den nördlichen Engen beobachtet werden, um die Frage der Möglichkeit des Durchbruches im Sommer zu klären. Entscheidung soll danach erfolgen. SCHEER würde im Juli/August voraussichtlich auch nach Norden gezogen werden.

2. TIRPITZ soll bei Beginn »Barbarossa« zunächst in Kiel liegen, wo bester Flakschutz und während der kurzen Sommernächte auch Luftgefahr nicht groß. Sie kann dann jederzeit nach Drontheim gezogen werden.

3. HIPPER wird erst im September klar.

4. EUGEN ist Mitte Juli auslaufbereit; allein wird sie voraussichtlich nicht operieren. SCHARNHORST ist 10. Juni klar zum Beginn ihrer Ausbildung 14 Tage im Hafen; danach 14 Tage in See nötig. Entscheidung über letzteres erfolgt, sobald Verhältnisse im Altantik geklärter. GNEISENAU kommt erst im Herbst, da eine Welle zu ersetzen ist. Über gemeinsame Operationen von Westküste und Norwegenküste aus müssen Entschlüsse je nach Entwicklung der Lage gefaßt werden.

*

Um die nachstehende Aufzählung nicht überbewertet zu wissen, wird sie als Anmerkung gebracht, auf der anderen Seite aber verdienen diese Fragen doch eine Behandlung, tauchen sie doch immer wieder in Gesprächen über den tragischen Endkampf der BISMARCK auf.

1. Das Unterlassen der Aufstellung der schon fertigen Schornsteinattrappe.

2. Warum ist es mit Bordmitteln nicht möglich gewesen, das im Vorschiff abgeschnittene Heizöl (1 000 t) dem Verbrauch wieder zuzuführen? Die technischen Einrichtungen auf einem deutschen Handelsstörer, hier einem der modernsten Schlachtschiffe der Welt, erlaubten sogar Reparaturen auf See, die normalerweise nur in einem Hafen hätten durchgeführt werden können.

3. Warum hat die vom Gegner doch erfaßte BISMARCK keine Peilzeichen gesandt? Sie hätten U-Booten und Flugzeugen das Finden der BISMARCK bei ihrer nicht genauen Position erleichtern können. Schließlich war auf der BISMARCK doch ein Luftwaffenmajor als VO beim Flottenstab eingeschifft! Mag sein, daß der Flottenchef nach seinen Erfahrungen mit U-Booten bei der SCHARNHORST/GNEISENAU-Unternehmung (Schlachtschiff MALAYA) und seinem Wissen um die wirklichen Leistungen der Luftwaffe beim Kampf gegen Seeziele wenig oder gar keine Hoffnung in die eine wie die andere Waffe setzte. Wir wissen es nicht.

4. Es verwundert, daß die Schäden an der Katapultanlage für die Arado-196-Flugzeuge erst am Morgen des 27. Mai entdeckt wurden, während sie doch schon am 24. Mai morgens entstanden waren. So hätte jedenfalls wenigstens eine der Arados mit dem KTB gestartet werden können. Hier scheint sicher, daß durch den Tod des Oberbootsmannes beim Angriff der VICTORIOUS-Flugzeuge kein gleich qualifizierter Ersatz vorhanden war, denn ein guter Oberbootsmann, der sein Schiff bis in den kleinsten Winkel kennt, ist nicht so schnell zu ersetzen.

5. Warum die BISMARCK den für sie so ungünstigen Kurs, also dem Feinde entgegen, gewählt hatte, wurde bereits erklärt. Ob sich das manövrierunfähige Schlachtschiff auf dem alten Kurs, in der See hin und her gierend, wenn auch nicht in Marschfahrt, so doch wenigstens auf ungefährem Generalkurs hätte halten können, auf diese Frage versagen auch die technischen Experten eine vollgültige Antwort. Und ob sich die BISMARCK dann in dieser unzweifelhaft hilflosen Lage der gegnerischen Zerstörerangriffe hätte erwehren können, bleibt ebenso fraglich, wenn man auch sagen darf, daß sie stark genug war, sie nicht fürchten zu müssen und daß der Respekt beim Gegner vor gerade diesem Schiff auch seine Maßnahmen bestimmte. Wäre die BISMARCK – wenn auch mühselig – aber nur zwanzig Seemeilen in Richtung Brest vorangekommen (Wind und See schoben außerdem) und dem Feind nicht 60 Seemeilen entgegengelaufen, hätte der Gegner 80 Seemeilen bis zu dieser neuen Position marschieren müssen. Wäre er im Hinblick auf die prekäre eigene Brennstofflage bis zu dieser neuen Position gefolgt, zu einer Position, auf der er auch mit stärkstem Einsatz der deutschen Luftwaffe rechnen mußte? Hierauf gibt es keine verbindliche Antwort, nur die Vermutung, daß das Schiffskommando der BISMARCK auch in dieser Hinsicht wohl alles überlegt haben dürfte.

6. Dazu wären auch zu zählen das Außenbordbringen von Trossen oder der Ankerkette. Erfahrene Cap Horniers hatten stets Trossen auf dem Achterschiff ihres Seglers bereit, um bei achterlicher See den Kurs zu stabilisieren. Zweifelsohne bestand bei einem Schraubenschiff wie BISMARCK die Gefahr, daß – vor allem bei achterlicher See – über Bord gegebene Trossen in die Schrauben kommen konnten, wenn die See innerhalb der Orbitalbewegung im Intervall schneller schwang als das Schiff Fahrt machte. Einer solchen Gefahr hätte man vielleicht durch eine achtern an Steuerbordseite über die Bordwand hinausragende Spier vermindern oder gar völlig ausschalten können. Bei den schweren Ketten war eine solche Gefahr sogar wesentlich geringer, siehe auch Musch, W.: Notlagen auf See, Absatz Ruderschäden. Hansa 105 (1968) 15, S. 1325/26; ferner Pilkington, A. R.: Salvage Operations at Sea. Lloyd's Calender 1968.

7. Es ist auch von Fachleuten (von Physikern und anderen Wissenschaftlern mit Praxiserfahrung) die Überlegung aufgestellt worden, daß man die Steuerbordseite des Schiffes hätte »aufrauhen« können, um so den Strömungswiderstand am Steuerbordschiffskörper zu vergrößern und dadurch die Backbordruderlagenwirkung zu kompensieren. Unter »Aufrauhen« sei hier das Überbordgehen von sperrigen Teilen verstanden, die bis in Höhe etwas unter der Wasserlinie gefiert, diese Wirkung hätten auslösen können. Sperriges Material gab es genügend an Bord, Schweißbrenner auch, ebenso Drähte und Ketten – und für eine solche Aktion verfügbares Personal, das auch trotz des schweren Wetters auf dem Achterschiff nicht akut gefährdet gewesen war und, an Seegang gewöhnt, auch anzupacken verstand.

8. Warum sind von der Skl unmittelbar nach Kenntnis der Lage auf BISMARCK nicht alle verfügbaren Experten um Rat und Hilfe angesprochen worden? Warum nicht Prof. Dr.-Ing. Hermann Föttinger vom Institut für Technische Strömungsforschung, warum nicht Marineoberbaudirektor Prof. Burckhardt, warum nicht die Experten von Blohm & Voss, warum nicht alle anderen Fachleute der hier einschlägigen Gebiete? Es gibt keinen Hinweis (weder schriftlich noch mündlich), daß Berlin den fachlichen Rat dieser Kapazitäten und Wissenschaftler gesucht hat, auch nicht darüber, daß BISMARCK aufgefordert wurde, Details zu funken, was, da in Sichtweite des Gegners, keine taktischen Nachteile gebracht haben würde. Die Entgegnung, auf BISMARCK seien ja hervorragende Techniker gewesen, die gewißlich jeden nur möglichen Weg und Vorschlag durchdacht und geprüft haben werden, ist naheliegend, aber im Hinblick auf derart spezifische technisch-wissenschaftlichen Probleme und Fragen, die in den Bereich von Fachwissenschaftlern fallen – leider –, nicht überzeugend. – Freilich sollte man solche Unterlassungen nur aus der Sicht von damals werten und sehen. Vielen Seeoffizieren waren die technischen Bereiche seit ehedem – also seit jener Zeit, da auch die Technik mehr ein

Handwerk denn eine echte Wissenschaft war – fremd, mehr noch, sie war den Mitgliedern des damals gesellschaftlich besonders hoch akkreditierten Berufsstandes eines Seeoffiziers* einfach wesensfremd. Obwohl gerade die Marine gewisse, zum Teil gravierende Vorurteile gegenüber dem Techniker (*Sie sind auf zeitbedingte, kulturkritische Klischees und die [mehr komplexen] negativen Wertaussagen, die der traditionellen humanistischen Ethik folgten [und zum Teil noch immer folgen] und in den kulturellen Dimensionen ihren Bezugspunkt haben, zurückzuführen:* »Die Technik [und auch die Naturwissenschaften] zerstört[en] die Würde des Menschen« oder: »Die Technik kann zur Selbstverwirklichung des Menschen keinen Beitrag leisten« oder: »Die Technik ist das Gespenst der Entfremdung und Versachlichung«) abgebaut hat, so heißt das nicht, daß mit wachsendem, echtem Verständnis für die Techniker und deren Belange (*auf Kleinbooten und auf U-Booten ganz besonders*) sich etwa auch schon das Verständnis für die Technik selbst vertiefte. Wohl darf man sagen, daß die vor dem Zweiten Weltkrieg heranwachsende Generation von Marineoffizieren technisch bereits mehr oder weniger stärker interessiert war als die älteren Offiziere. Aber gerade ältere Seeoffiziere waren in den Spitzenstellen der operativen und personellen Führung der Marine tätig. Daß die Technik noch nicht so stark in das Bewußtsein des Seeoffiziers eingedrungen war, war eben ein Symptom jener Zeit. Ein Symptom jener Zeit war es aber auch, daß sich die zur echten Wissenschaft herausbildende Technik immer mehr spezialisierte, so daß eine einzelne technisch gebildete Persönlichkeit überhaupt nicht mehr alle technischen Fachbereiche und deren Möglichkeiten überschauen konnte (vergleichsweise ein Flotten-Ing.). Dennoch meinte so mancher simplifizierend: Ein Techniker muß auf dem Gebiet der Technik **alles** (*vergleichsweise seien hier die Naturwissenschaften erwähnt: hier ist ein Physiker in spezifischen Fragen der Meteorologie, ein Hydrologe in der Mineralogie oder ein Chemiker in der Astronomie einfach überfragt*) wissen. Und das war schon damals ein Irrtum. – Erfreulicherweise hat die Marine (*wieder einmal vor anderen Kreisen*) nach dem Zweiten Weltkrieg aus solchen Erkenntnissen Lehren gezogen. Sie hat in die Ausbildung des Seeoffiziers auch das Vermitteln von technisch-wissenschaftlichen Grundlagen einbezogen. Vielleicht würde manche Operation oder manche kritische Lage auf einem Schiff heute anders, glücklicher verlaufen als ehedem, da der auch technisch ausgebildete Seeoffizier noch fehlte.

---

* Hierzu ist eine Anmerkung unbedingt notwendig: Es dauerte geraume Zeit, bis das Vordringen des Dampfantriebes und später der Motorschiffahrt zum Umdenken geführt hat. Fraglos gab es in der Kaiserlichen Marine – ungeachtet ihres Einsatzes immer komplizierterer High-Tech-Schiffe der damaligen Zeit – tatsächlich einen elitären Seeoffiziers-Dünkel. Er führte zu der Groteske, daß Marine-Ingenieure ihre Ärmelstreifen und Uniformknöpfe »nur« in Silber halten durften – das Gold stand nur den Seeoffizieren zu. Mehr noch: Die Ingenieure der Kaiserlichen Marine mußten durch einen Samtkragen an ihren Uniform-Jaketts von »richtigen« Offizieren abgegrenzt werden. Dieser unzeitgemäße Unfug änderte sich schon in der Reichsmarine der Weimarer Republik: Seeoffiziere und Ingenieur-Offiziere waren keine Gegensätze mehr sondern aufeinander angewiesene, vollwertige Offizierskameraden. Auch im Ausbildungsgang wird der künftige Marineoffizier von vorn herein ausreichend mit der Schiffsbetriebstechnik vertraut gemacht. Eine Spezialisierung setzt überhaupt erst mit den sog. B-Lehrgängen ein.

Anhang 2
zum Kapitel »Das Unternehmen Rheinübung«

Geheime Kommandosache! Anlage 1
zur Führerkonferenz vom 22. Mai 1941

*Das gegenwärtige Problem der Seekriegführung im Atlantik im Hinblick auf die Haltung der USA**
(Mai 1941)

1. Lage

Der Zufuhrstrom der Geleitzüge und Einzeldampfer durch den Nordatlantik hält an und bildet nach wie vor die entscheidende Lebensader Großbritanniens. Angesichts der auf allen Gebieten, insbesondere in der Schiffsraumfrage, bestehenden dringenden Notlage, ist neben äußerster Ausnutzung des Transportraums und unter Aufgabe bestimmter Zufuhrwege in weit abgesetzten Gebieten *eine starke Verlagerung der Zufuhr auf den Nordatlantik*, d.h. insbesondere auf den am wirkungsvollsten zu sichernden kürzesten Weg Nordamerika–England erkennbar. Hier liegt der Schwerpunkt der Schlacht im Atlantik, und hier zeichnet sich daher auch der Vernichtungskampf gegen die englische Zufuhr als entscheidendes Ziel der deutschen Seekriegführung ab. Der feindliche Geleitzug- und Zufuhrverkehr nimmt, durch Hilfskreuzer, Kreuzer und Schlachtschiffe gesichert, von Kanada und Westindien kommend, unter weiter Ausholung nach Norden seinen Weg über den nördlichen Nordatlantik bzw. er läuft, vom Südatlantik und von Gibraltar ausgehend, auf dem breiten Band der Nordsüdroute zwischen 19° und 29° West nach Norden. Im Bereich des englischen Küstenvorfeldes (etwa auf 25° West) erfolgt durch starke Sicherungsstreitkräfte und Flugzeuge die Aufnahme des Verkehrs zum Geleit durch das U-Boot-gefährdete Gebiet. Eine zunehmende Verstärkung der Sicherung und Abwehr im Einholgebiet ist festzustellen. Die Kapazität der englischen Sicherung ist jedoch beschränkt. Entscheidende Stärkung auf einer Stelle bedingt Schwächung auf anderem Gebiet. Durch ständige Bedrohung an verschiedenen Druckpunkten muß die englische Sicherung zur Zersplitterung ihrer Kräfte veranlaßt werden. Hier greifen die wechselseitigen Auswirkungen von U-Boot-Krieg, außerheimischem Kreuzerkrieg und Atlantikhandelskrieg der Schlachtschiffe und Kreuzer sowie Luftkrieg ineinander. Im Zuge der feindlichen Sicherungs- und Abwehrmaßnahmen entwickelte sich die Steuerung des deutschen U-Boot-Krieges als Hauptträger der Kampfführung gegen die britische Zufuhr. In den beiden Hauptoperationsgebieten der U-Boote stehen *z.Z. im Norden*, im Seegebiet südöstlich Grönland/südlich Island, 11 Boote, *im Süden*, vor der westafrikanischen Küste, 7 Boote. Rücksichtnahme auf die starke gegnerische Abwehr im Gebiet westlich Englands zwingt dazu, in den Sommermonaten mit ihren hellen und kurzen Nächten das Operationsgebiet der Boote im Norden weit nach Westen *bis außerhalb des erklärten Blockadegebietes* zu verlegen.

Von den Überwasserstreitkräften befindet sich z.Z. zur Fortsetzung des Handelskrieges im Nordatlantik eine Schlachtschiffgruppe im Ausmarsch zur Operation.

2. Die amerikanischen Unterstützungsmaßnahmen

Während bisher für die auf Operationen befindlichen U-Boote und Seestreitkräfte eine klare, eindeutige militärische Lage vorlag, erhöhen sich durch die Maßnahmen der Vereinigten Staaten die Schwierigkeiten der Seekriegführung im Nordatlantik in zunehmendem Maße. Im Zuge der Englandhilfe wurde die amerikanische Neutralitätspatrouille, die sich bisher auf den Überwachungsdienst innerhalb der amerikanischen Neutralitätszone beschränkte, verstärkt, nach Osten erheblich erweitert und bis etwa 38° West, d.h. bis zur Mitte des Atlantik, ausgedehnt. Die gleichzeitig erfolgte Weisung an die im Überwachungsdienst eingesetzten Einheiten, alle angetroffenen Kriegsschiffe durch Funkspruch zu melden, zeigt den wahren Charakter der amerikanischen Neutralitätspatrouille. Der Umbau schneller Handelsschiffe in provisorische Flugzeugträger zum Einsatz im Aufklärungs- und

---

* Kursiv im Text ist Unterstrichenes im Original.

Meldedienst auf den Geleitzugwegen ist im Gang. Die mehrfach geäußerte Absicht, mit Hilfe von Flugbasen auf Neufundland, Grönland und Island durch Einsatz von Bombern und Fernaufklärern ein großzügiges Sicherungssystem zum Schutz der Geleitzüge aufzubauen, scheint in Vorbereitung. USA-Einheiten werden in letzter Zeit wiederholt in der Nähe der atlantischen Inseln (Azoren) gemeldet. Die Präventivbesetzung der Azoren, Kap Verden und von Dakar wird in den verschiedenen USA-Erörterungen gefordert. Die Frage der Einrichtung von Geleitzügen unter Sicherung amerikanischer Kriegsschiffe ist in der Planung und steht im Vordergrund lebhafter Diskussionen. Bis zu ihrer endgültigen Lösung laufen die amerikanischen Lieferungen an Waffen, Flugzeugen und sonstigem Kriegsmaterial vorerst nur auf *englischen* Handelsschiffen unmittelbar nach England oder – auf *amerikanischen* Schiffen nach West-, Zentral- und Ostafrika bzw. auf Umwegen nach England.

Entsprechend der politischen Zielsetzung für die deutsche Haltung gegenüber den Vereinigten Staaten wurde für die Seekriegführung befohlen:

Keine Kampfhandlungen gegen USA-Streitkräfte und Handelsschiffe.

Kein Handelskrieg nach Prisenordnung gegen USA-Schiffe.

Kein Waffeneinsatz, selbst nicht bei ausgesprochen unneutralem Verhalten von amerikanischen Einheiten.

Waffeneinsatz *nur bei Abgabe des ersten Schusses durch USA-Schiffe.*

Auf Grund dieser Weisungen und als Folge **des ständigen deutschen Bestrebens, sich nicht provozieren zu lassen, wurden Zwischenfälle mit den USA bisher vermieden.**

Die Enttäuschung der USA-Regierung über dieses vorsichtige deutsche Verhalten ist unverkennbar, da damit eine der wesentlichsten Voraussetzungen für die Vorbereitung des amerikanischen Volkes auf den Kriegseintritt entfiel. Das Bestreben der USA geht daher weiter dahin, die Grenzen zwischen Neutralität und Kriegführung immer mehr zu verwischen und durch immer neue völkerrechtswidrige Maßnahmen die Linie des »short of war« weiter auszudehnen.

Am 17. Mai meldete ein U-Boot erstmalig das Auftreten eines amerikanischen Schlachtschiffes mit Zerstörersicherung auf etwa 35° Westlänge, also bereits mitten im augenblicklichen Aufstellungsgebiet unserer U-Boote. Die sofortige Ergänzung der bis dahin erteilten Befehle durch zusätzliche Weisungen legte den U-Booten und gleichzeitig den Überwasserstreitkräften solche Bindungen im Waffeneinsatz vor, daß Zwischenfälle mit amerikanischen Kriegsschiffen nach menschlichem Ermessen ausgeschlossen sein werden.

3. Die Folgen des amerikanischen Vorgehens für die eigene Seekriegführung

a) auf dem U-Boot-Krieg: Die erteilten Weisungen stellen die U-Boote zwar nicht vor unlösbare Aufgaben, müssen jedoch auf die Dauer als höchst unbefriedigende Lösung angesehen werden. Die augenblickliche Lage bringt Unsicherheit für den U-Boot-Kommandanten, laufend größer werdende Erschwerungen des U-Boot-Einsatzes und damit Absinken der Erfolge mit sich. Wenn auch durch eigenes Verhalten Zwischenfälle weitestgehend ausgeschaltet sind, so muß im weiteren Verlauf der Operationen und bei Verschärfung der Lage durch ungeschicktes Verhalten amerikanischer Einheiten oder beim Abgeblendetfahren amerikanischer Streitkräfte durch unser U-Boot-Gebiet mit Eintreten von Situationen gerechnet werden, die die Gefahr ernsterer Zwischenfälle in sich tragen;

b) auf den Handelskrieg der Überwasserstreitkräfte: Die Operationen unserer Schlachtschiffe, Kreuzer und Hilfskreuzer werden durch das Auftreten amerikanischer Kriegsschiffe und die augenblicklich den politischen Richtlinien entsprechenden Weisungen *auf das schwerste betroffen.* In den nach den bisherigen Erfahrungen ergiebigsten Gebieten östlich Neufundland, aber auch auf der gesamten Geleitzugroute über den Nordatlantik, muß mit der Möglichkeit ständigen Zusammentreffens mit amerikanischen Kriegsschiffen gerechnet werden. Dabei ist das Verhalten der Amerikaner von ausschlaggebender Bedeutung für die eigene Operationstätigkeit.

Aufklärung und Fühlunghalten: Zusammentreffen mit USA-Streitkräften bedeutet, daß Standorte und Bewegungen unserer Schiffe durch *Aufklärungssignale der USA* gemeldet werden. Stellt schon diese Meldung deutscher Seestreitkräfte eine unneutrale, die deutschen Operationen behindernde und sogar gefährdende Maßnahme dar, so würde das möglicherweise einsetzende Fühlunghalten amerikanischer Seestreitkräfte und Flugzeuge die deutschen Streitkräfte in eine Lage bringen, in der ihnen ein weiteres Operieren unmöglich gemacht würde und in der sie die Gefahr laufen, der sicheren Vernichtung durch herbeigerufene überlegene britische Streitkräfte ausgesetzt zu sein. Eine besondere Gefährdung tritt dabei für die *langsameren Hilfskreuzer* und für die Atlantikkriegführung lebensnotwendigen Troßschiffe und Tanker ein (ganz besonders auch während der Brennstoffergänzung selbst). Eine Abhilfe dieses untragbaren Zustandes erscheint nur möglich, wenn den eigenen Streitkräften die rechtzeitige Abwehr des amerikanischen Fühlunghalters durch Waffengebrauch zur Erhaltung der eigenen Kampfkraft freigegeben wird.

»Abgeblendet«-Fahren: Abgesehen von der Behinderung und Gefährdung eigener Streitkräfte am Tage, bedeutet dieser Zustand nachts praktisch den Fortfall jeder Angriffsmöglichkeit auf *abgeblendete*, durch Ortungsmittel festgestellte Ziele, da in jedem Fall das angenommene Objekt ein Amerikaner sein kann. Umgekehrt ist festzustellen, daß jedes abgeblendete Schiff angesichts der dem eigenen Schiff drohenden Gefährdung *als Feind* angesprochen werden muß, daß der Charakter *als Neutraler* einem abgeblendeten Schiff nicht anzusehen ist. Die *neutrale Handelsschiffahrt* ist daher auch seit Anfang des Krieges auf diesen Punkt immer wieder hingewiesen und gewarnt worden, abgeblendet zu fahren, um eine Verwechslung mit feindlichen Kriegsschiffen zu vermeiden. Dies gilt aber in verstärktem Maße auch für *neutrale Kriegsschiffe*. Vom Standpunkt der militärischen Kriegführung ist daher zu *fordern*, daß die deutschen Streitkräfte im Interesse der eigenen Sicherheit auf jedes abgeblendete Fahrzeug sofort das Feuer eröffnen dürfen.

Einrichtung von Geleitzügen: Sollte die weitere Entwicklung der amerikanischen Englandhilfe zur Einrichtung von amerikanischen Geleitzügen mit Sicherung von amerikanischen Kriegsschiffen führen, so besteht beim Zusammentreffen eigener Seestreitkräfte mit derartigen Konvois gegenwärtig folgende Lage:

a) Verhalten gegen die amerikanische Geleitsicherung: Kein Waffengebrauch, es sei denn, daß Gegner mit Waffengebrauch beginnt. *Nachts Angriff, wenn abgeblendet* und wenn Lage es erfordert.

b) Verhalten gegen amerikanische Handelsschiffe im amerikanischen Geleitzug: Keinerlei Vorgehen gegen amerikanische Handelsschiffe auf Grund klarer bisheriger Richtlinien der politischen Führung, jede Handelskriegmaßnahme gegen USA-Schiffe ist zu unterlassen.

Nachts Angriff, wenn Schiffe abgeblendet fahren.

(Unabhängig von den auf Grund politischer Bindungen gegebenen deutschen Befehlen wäre nach dem geltenden internationalen Völkerrecht ein Vorgehen gegen die amerikanischen Handelsschiffe im Geleit möglich in Form einer Aufforderung an die geleitenden Kriegsschiffe zur Abgabe einer Erklärung, daß sich auf den geleiteten Schiffen keine Bannware, insbesondere kein Kriegsmaterial befindet. Zwangsläufig muß sich bei *Ablehnung dieser Erklärung* durch die USA-Geleitsicherung der erste Zwischenfall mit den Amerikanern ergeben.)

c) Verhalten gegen englische Handelsschiffe im amerikanischen Geleit:

Eine Anerkennung neutralen Geleits zum Schutz feindlicher Handelsschiffe kann nicht erfolgen. *Feindliche Handelsschiffe im Geleit amerikanischer Kriegsschiffe dürfen jederzeit warnungslos angegriffen werden.* (Amerikanische Kriegsschiffe werden jedoch dem nicht tatenlos zusehen! Daher Möglichkeit von Verwicklungen gegeben.)

4. Notwendigkeit der Änderung des betreffenden Zustandes:

Der Überblick über die gegenwärtig bestehende Lage zeigt, **vor welche Schwierigkeiten sich die deutsche Seekriegführung durch die völkerrechtswidrigen, feindseligen Handlungen der USA; insbesondere im Nordatlantik, gestellt sieht. Es ist festzustellen, daß die USA, durch die Politik der Englandhilfe »short of war« in großzügigster Weise** die britische Kriegführung unterstützten, und zwar nicht nur durch umfassende Kriegsmateriallieferungen, **sondern auch durch aktive Maßnahmen der USA-Neutralitätspatrouille und des allgemeinen Überwachungsdienstes.** Weitere einschneidende Maßnahmen werden bei der amerikanischen Regierung erwogen und stehen bei einer Verschärfung der Lage zu erwarten (u.a. Einrichtung Geleitzugsystem).

Mit Rücksicht auf gewichtige militärische und innerpolitische Gründe hält der Präsident der USA im Augenblick einen Kriegseintritt noch nicht für zweckmäßig; er wird daher auch für die nächste Zeit seine Hilfsmaßnahmen weiterhin »short of war« halten. Es ist aber nunmehr nach Auffassung der Skl der Zeitpunkt gekommen, wo es erforderlich ist, dem Präsidenten und dem Volk der USA in geeigneter Form und unter Vermeidung jeglicher Provokation die Grenzen aufzuzeigen, an denen die Maßnahmen der Englandhilfe ihr Ende finden müssen. Andernfalls besteht die

Gefahr, daß die USA, wenn Deutschland in dem Bestreben, einen bewaffneten Konflikt zu vermeiden, sich alles gefallen läßt, Maßnahmen ergreifen, die entweder zu einer schwerwiegenden Beeinträchtigung der deutschen Seekriegführung gegen die britische Zufuhr oder zu einer Auslösung eines bewaffneten Konflikts führen werden. Verschiedene Erfahrungen der letzten Zeit berechtigten zu der Annahme, daß Roosevelt eine deutsche Erklärung über die bedrohliche Auswirkung weiterer USA-Maßnahmen nicht übersehen, sondern respektieren wird.

Nach Ansicht der Skl bestehen daher nur zwei Möglichkeiten für die weiteren Führungsmaßnahmen:
Entweder

4.1 *Festhalten an der bisherigen Linie,* keinerlei Maßnahmen gegen amerikanische Kriegsschiffe und Handelsschiffe zu treffen, auch bei unneutralem Verhalten dieser Schiffe.

Dies bedeutet praktisch, daß die USA die aktive Unterstützung der britischen Kriegführung gegen Deutschland in immer weitgehenderem Maße betreiben, ohne irgendwelche Gegen- und Schutzmaßnahmen durch Deutschland. Es bedeutet ferner den Verzicht auf eine deutsche Handelskriegführung im Nordatlantik und damit den entscheidenden Verzicht auf Feindschädigung im Rahmen der Schlacht im Atlantik, ohne daß damit die Möglichkeit zu Zwischenfällen mit den Amerikanern ausgeschaltet wird,
oder

4.2 klare Festlegung der für ein deutsches Vorgehen maßgeblichen Grenzen unter Beibehaltung der bisherigen Politik, alles zu vermeiden, was zu Zwischenfällen führen könnte, d.h. *unter strenger Zugrundelegung der Möglichkeiten des geltenden Völkerrechts.* Ferner eindeutige Befehlserteilung an Seestreitkräfte und U-Boote, die den militärischen Bedingungen und Notwendigkeiten der eigenen Kampfführung gerecht wird. *Dies bedeutet Klarlegung der beiderseitigen Fronten, Klarheit für die eigene Kriegführung und weitgehende Ausschaltung* von Konfliktmöglichkeiten.

Die Skl kommt zu dem Ergebnis, daß die Fortsetzung der Kampfführung im Nordatlantik im Hinblick auf die hier laufende entscheidende Lebensader der britischen Zufuhr gefördert werden muß. Sie sieht in folgenden Maßnahmen eine Möglichkeit, ohne Provozierung der USA den Forderungen der eigenen Seekriegführung gerecht zu werden und der bedrohlichen Feindunterstützung durch die USA Einhalt zu gebieten und beantragt daher:

a) Freigabe des Handelskrieges nach Prisenordnung gegen USA-Handelsschiffe.

b) Freigabe des Waffeneinsatzes gegen amerikanische Fühlungshalter, die durch ihr Verhalten eine Gefährdung der eigenen Einheiten herbeiführen.

c) Freigabe des sofortigen, warnungslosen Waffeneinsatzes gegen alle abgeblendeten Fahrzeuge ohne Unterschied.

d) Für den Fall der Einrichtung amerikanischer Geleitzüge unter amerikanischer Sicherung bzw. der Eingliederung amerikanischer Handelsschiffe in englische Geleitzüge: Freigabe Kampfführung nach Völkerrecht gegen amerikanische Handelsschiffe im Geleit von englischen oder USA-Kriegsschiffen.

e) Freigabe des Waffeneinsatzes gegen geleitende neutrale See- oder Luftstreitkräfte, sofern sie versuchen, völkerrechtlich zulässige Maßnahmen deutscher Streitkräfte zu behindern.

Mit der Genehmigung dieser Anträge würde die Skl die sich aus der augenblicklichen Lage ergebenden Forderungen der deutschen Seekriegführung als erfüllt ansehen. Die für den Rahmen eines Presseinterviews vorgeschlagenen Erklärungen durch den ObdM betrachtet die Skl als politische und militärische Vorbereitung für die Freigabe der beantragten Maßnahmen und als Warnung an die USA-Regierung (siehe Anlage 2 – vom Ausw. Amt abgeändert und gebilligte Fassung).

5. Sollten die beabsichtigten Maßnahmen nicht zum erwarteten Erfolg führen oder für die weitere erfolgreiche Handelskriegführung nicht genügen und in der Entwicklung der Verhältnisse im Atlantik eine weitere Verschärfung der Lage eintreten, so sieht die Skl zur Schaffung militärisch tragbarer Voraussetzungen für die Kampfführung im Nordatlantik folgende spätere Möglichkeiten:

a) Erweiterung des bisherigen Blockadegebietes durch Begradigung der Westgrenze auf 38° Westlänge.

b) Erklärung des gesamten Nordatlantiks zum Operationsgebiet deutscher Seestreitkräfte unter Begrenzung im Westen durch die kanadische Küste, im Süden durch die panamerikanische Sicherheitszone und den 45. Breitengrad.

Entscheidung des Führers

Führer betrachtet die Haltung des Präsidenten der USA noch immer als schwankend, wünscht unter keinen Umständen jetzt durch Zwischenfälle den Eintritt der USA in den Krieg herbeizuführen, zumal Japan voraussichtlich nur eingreifen wird, wenn USA der Angreifer ist.

Führer ist aber einverstanden, daß gemäß Vorschlag ObdM das Interview *als Warnung* spätestens am 24.5. veröffentlicht wird, um die USA von den geplanten Schritten abzuhalten und um aus der erwarteten Rede des Präsidenten voraussichtlich am 27.5. zu ersehen, in welcher Weise die USA auf diese Warnung reagieren.

Die Freigabe der von der Skl beantragten Maßnahmen (a–e) bleibt von dieser Reaktion und den weiteren Schritten der USA abhängig.

Mit den entsprechend der weiteren Entwicklung vorgeschlagenen Maßnahmen gemäß 5a und b würde der Führer einverstanden sein. Er würde außerdem aber noch ein Sperrgebiet vor der westafrikanischen Küste befürworten, damit die amerikanischen Schiffe dort gefaßt werden können.

*

Entwurf einer Unterredung mit Großadmiral Raeder (vom Auswärtigen Amt gebilligte Fassung)

Frage: Sie haben, Herr Großadmiral, gewiß die außerordentlich lebhafte Diskussion in den Vereinigten Staaten verfolgt, die sich mit der Frage beschäftigt, wie man mit amerikanischer Hilfe einerseits das für England bestimmte Kriegsmaterial sicher nach der Insel und den verschiedenen Kriegsschauplätzen bringen, andererseits die furchtbaren Verluste Englands an Kriegs- und Handelstonnage herabdrücken könnte. Wie beurteilt die deutsche Kriegsmarine die daraus sich ergebenden eventuellen Folgen?

Antwort: Sie beurteilt sie sehr ernst, zumal sich nicht nur die Presse, sondern auch verantwortliche Mitglieder der nordamerikanischen Regierung dazu in einer Weise ausgesprochen haben, **daß kein Zweifel über den völkerrechtswidrigen, aggressiven Charakter der bereits getroffenen, vor allem aber der weiter vorgeschlagenen Maßnahmen bestehen kann.** Kein Fachmann der modernen Kriegsführung, der auf seinen Ruf Wert legt, hält einen Angriff über die Weite des Ozeans hinweg für möglich und durchführbar. **Wer trotzdem Deutschland Angriffsabsichten unterstellt, tut es wider besseres Wissen und in der Absicht, seine eigenen aggressiven Pläne und seinen Willen zur Einmischung damit zu rechtfertigen.** Die Sorge der Kriegstreiber ist nicht ein deutscher Angriff, sondern daß es nicht gelingen will, die gewünschten Zwischenfälle zu schaffen. Um sie trotzdem hervorzurufen, wird alles getan, um die Grenze zwischen Neutralität, Aggression und Krieg zu verwischen und durch immer neue völkerrechtswidrige Maßnahmen die Linie des »short of war« weiter auszudehnen.

Frage: Denken Sie dabei in erster Linie an die Vorschläge, die sogenannte Patrouillentätigkeit der amerikanischen Kriegsmarine bzw. Luftwaffe zugunsten der Sicherung der britischen Kriegstransporte in Richtung Atlantik auszudehnen oder in irgendeiner Form das System der Geleitzüge in der Absicht einzurichten, einen Konflikt zu provozieren?

Antwort: Beide Maßnahmen sind von so maßgebender Seite und in so kategorischer Weise gefordert worden, daß man sich darauf einrichten muß und von vornherein die Verantwortung feststellen, aber auch eine nochmalige ernste Warnung aussprechen muß. Was die Geleitzüge betrifft, so kann ich nur die Absicht des Präsidenten Roosevelt bestätigen: »Geleitzug bedeutet Schießen« (»convoy means shooting«). **Da der Charakter der Ladungen der geleiteten Schiffe nach den amerikanischen Eingeständnissen als Banngut von vornherein feststünde, wäre der Übergang zu dieser Art von Geleitsystem nicht ein neutrales Geleit im Sinne internationaler, auch von USA abgeschlossener Verträge, sondern eine offene Kriegshandlung und ein nackter, unprovozierter Angriff.** Die deutschen Seestreitkräfte wären daher berechtigt, gegen diese Bannguträger nach den Regeln des Seekriegsrechts vorzugehen und würden eine Behinderung bei der Ausübung dieses Rechts auch gegen USA-Kriegsschiffe notfalls mit der Waffe zurückweisen müssen.

Was die sogenannte Patrouillentätigkeit betrifft, so steht auch ihr aggressiver Charakter bereits jetzt fest. **Nachdem von einer deutschen Gefahr für Amerika keine Rede sein kann und nachdem dieses System schon jetzt praktisch auf eine Unterstützung des britischen Gegners hinausläuft, kann vor seiner Erweiterung nur dringend gewarnt werden.** Dieses System dient schon bisher nicht defensiven Sicherheitszwecken Amerikas, sondern dem Nachrichtendienst zugunsten der Engländer. Ihm sind bereits deutsche Handelsschiffe, z.B. COLUMBUS, zum Opfer gefallen. Man kann es keinem Kommandanten eines deutschen Kriegsschiffes zumuten, mit gebundenen Händen zuzulassen, daß sein Standort von einem amerikanischen Kriegsschiff dem Gegner gemeldet wird, erst recht nicht, wenn dieses ihm so lange folgt, bis stärkere britische Streitkräfte herbeigerufen sind, um ihn nicht nur an der Durchführung seines Auftrages zu hindern, sondern auch sein Schiff und seine Besatzung zu vernichten. Er sieht sich in diesem Falle ebenso wie in dem des Geleitzuges einer aktiven kriegerischen Handlung gegenüber und ist nach den Regeln des anerkannten Kriegsrechts berechtigt, das betreffende Schiff zur Einstellung der feindseligen Handlung aufzufordern, nötigenfalls mit Waffengewalt dazu zu zwingen.

Ich möchte bei dieser Gelegenheit noch einen weiteren Punkt berühren. Die *neutrale Handelsschiffahrt* ist bereits vor längerer Zeit davor gewarnt worden, abgeblendet zu fahren, da sie sich dadurch einer Verwechslung mit feindlichen Kriegsschiffen und damit einem unmittelbaren Angriff aussetzt. Dies gilt in noch verstärktem Maße auch für *neutrale Kriegsschiffe*. Bei dem Stand der modernen Kriegstechnik ist es im Interesse der eigenen Sicherheit notwendig, auf jedes abgeblendete Schiff sofort das Feuer zu eröffnen. Wer trotzdem abgeblendet fährt, hat etwas zu verbergen, hegt böse Absichten und muß also mit dem warnungslosen Angriff rechnen.

Wer in Kenntnis dieser völkerrechtlichen und tatsächlichen Sachlage sich in Gefahr begibt, der sucht Händel. Da der Krieg nicht nach Amerika kommt, muß die amerikanische Kriegspartei Tausende von Seemeilen hinter dem Krieg herlaufen und die Gefahr fern von den Küsten des amerikanischen Kontinents aufsuchen, um sich für bedroht erklären und die gewünschten Zwischenfälle herbeiführen zu können. Die deutsche Kriegsmarine wird sich dadurch an der Durchführung ihrer Aufgaben nicht hindern lassen. Die Verantwortung für einen so eintretenden Konflikt aber liegt ausschließlich auf den Schultern jener, die nicht nur über die deutschen Warnungen, sondern auch über den Willen der Mehrheit des amerikanischen Volkes hinweg bewußt dorthin gehen, wo geschossen wird.

Anhang 3
zum Kapitel »Der Marsch nach Süden bis zum Ruderausfall«

0720 From PRINCE OF WALES*: A and B turrets in action. Y turret two guns in action. About 400 tons of water in ship mainly above armoured bulkhead. Compartment above steering compartment flooded but steering gear in action. Estimated best speed 27 knots.

0731 NORFOLK to PRINCE OF WALES: Open out to 10 miles. I may have to fall back on you if the Cruiser tries to drive me off.

0839 From ADMIRALTY to MANCHESTER, BIRMINGHAM, ARETHUSA: Proceed with all dispatch.

0903 From ADMIRALTY to RODNEY: Proceed with BRITANNIC and screen at best speed, course 290°.

0906 From ELEKTRA: Intend landing the three survivors from HOOD at Reykjavik.

0943 From ADMIRAL ICELAND to MALCOLM: Sunderland (flying boat) reports survivors in position (given).

1007 From PRINCE OF WALES: Main armament control undamaged. 9 main armament guns in action. Secondary armament guns in action. Considerable damage bridge. Both forward High Angle Directors out of action. About 600 tons of water in ship, mainly aft, from two or more hits about water line. Estimate maximum speed 26 knots.

1036 From ADMIRALTY to RODNEY: If BRITANNIC cannot keep up, leave her behind with 1 destroyer.

1110 From ADMIRALTY to REVENGE (HALIFAX): REVENGE is to raise steam with all dispatch and proceed to sea.

1126 From ADMIRALTY to NORFOLK: Continue shadowing BISMARCK even if you run out of fuel in order that C-in-C max catch up in time.

1144 From ADMIRALTY to RAMILLIES: Proceed so as to make contact with enemy from westwards, subsequently placing enemy between RAMILLIES and C-in-C

1206 From ADMIRALTY to GALATEA: Unless otherwise ordered by C-in-C GALATEA and HERMIONE to proceed to Faeroes and fuel.

1210 From NORFOLK: Visibility decreasing.

1235 From ADMIRAL ICELAND: Plot of Sunderland flying boat on return appears to indicate NORFOLK's position accurate. BISMARCK leaving considerable wake of oil fuel.

1238 From ADMIRALTY: Situation at 1100. BISMARCK and PRINZ EUGEN in position (given) course 215°, speed 24 knots. BISMARCK has received some damage.

(2) C.S.I. in NORFOLK with PRINCE OF WALES and SUFFOLK are in touch with enemy. PRINCE OF WALES has 2 guns out of action. HOOD blown up by unlucky hit. C-in-C in KING GEORGE V with REPULSE, VICTORIOUS, KENYA, AURORA may be about 230 miles to eastward of enemy's position.

(3) RODNEY in postition (given) with 3 or 4 destroyers has been ordered to steer best closing course.

(4) RAMILLIES in Position (given) has been ordered to place herself to westward of enemy.

(5) MANCHESTER is taking BIRMINGHAM and ARETHUSA under his orders and establishing patrol line north of Langanaes, North East of Iceland.

(6) C. S. 2. in GALATEA with HERMIONE is being ordered to fuel at Faeroers.

(7) Force H left Gibraltar at 0200/24 and is proceeding westwards.

(8) REVENGE is about to leave Halifax with orders to close enemy.

(9) EDINBURGH in approximate position (given) is being ordered to close and take over Stand-by Shadower.

(10) Enemy battle cruisers were in Brest yesterday 23/May.

1250 From ADMIRALTY to EDINBURGH: Close enemy last reported position (given) so as to take over Stand-by Shadower if necessary. Fuel should be conserved reasonably while closing and speed of 25 knots is suggested, but after contact NO consideration of fuel must allow you to lose contact.

1314 From NORFOLK: Have lost touch with enemy in low visibility.

1314 From C-in-C to REPULSE: If this course and speed is continued, report when you must leave to return to Hvalfjord at 20 knots.

1340 REPULSE to C-in-C: At 0500 tomorrow Sunday. This will get me back to Hvalfjord with 8,5 % usable fuel remaining.

---

* Da sich für diese Funksprüche wohl doch nur Fachkreise interessieren, werden sie im englischen Originaltext zitiert.

1349 NORFOLK: One battleship one cruiser in sight (position given).

*

1350 From 1st Sea Lord to Chief of Naval Staff, Canada: Reference Admiralty's appreciation of general situation, I shall be grateful if you would hold long distance aircraft available for reconnaissance from Newfoundland.
1355 GALATEA to C-in-C: I hope they won't get nervous when we don't turn up.
1417 C-in-C to GALATEA: Admiralty is being informed that your are in company.
1440 From C-in-C to GALATEA: Take VICTORIOUS and cruisers to provide a screen for her under your orders and steer for nearest position within 100 miles of BISMARCK and from there launch torpedo bomber attacks. VICTORIOUS is not to come under gunfire from enemy ships. As cruisers run short of fuel they are to be detached to Reykjavik. VICTORIOUS is to maintain contact as long as torpedo bomber or reconnaissance aircraft are available. KING GEORGE V is altering course more to the Southward.

*

Hier seien gleich die weiteren FT's bis in die ersten Abendstunden aufgezeichnet:

1445 From ADMIRALTY to NORFOLK: Report as follows regarding BISMARCK:
(1) Percentage of fighting efficiency remaining.
(2) Ammunition expended.
(3) Reasons for frequent alteration of course.
1532 NORFOLK to Flying Boat: Can you report bearing and distance of SUFFOLK on starboard quarter of enemy. Please tell her bearing and distance of enemy.

1535 From Flying Boat to NORFOLK: SUFFOLK bears 262 degrees 26 miles, course 140 degrees. She knows enemy position.
1540 NORFOLK to FLYING BOAT: Are enemy ships together.
1541 FLYING BOAT to NORFOLK: Ships 2 miles apart.
1619 NORFOLK to ADMIRALTY: Reply to your 1445/24.
(1) Uncertain but high.
(2) Engagement 20 minutes also some rounds at cruisers. About 150 expended.
(3) Unaccountable except as effort to shake us off. Consider PRINCE OF WALES should not reengage until other heavy ships are in contact, unless interception fails. Doubtful if she has speed to force action.
1715 NORFOLK to PRINCE OF WALES: As in this visibility we are likely to meet the enemy inside gun range, I am putting you ahead.
1738 REPULSE to C-in-C: If you continue on present course and speed until noon tomorrow I find I can remain with you providing that I then proceed to Conception Bay, Newfoundland at economical speed, arriving with 5 % usable fuel.
1747 C-in-C to REPULSE: I am afraid your lack of fuel would not enable you to make contact. Intend detaching you to Reykjavik with destroyers at 2100. Destroyers should have fuel for speed of 20 knots.
1756 ADMIRALTY to LONDON: Part company with ARUNDEL CASTLE and destroyers. Order them to proceed in execution of previous orders. LONDON proceeds at economical speed towards position (given). Your movements should be adjusted to close enemy and you should prepare to take over shadowing duties.
1916 ADMIRALTY to NORFOLK, SUFFOLK: Shadowing by NORFOLK and SUFFOLK has been admirable. Keep it up and good luck.
1916 NORFOLK to PRINCE OF WALES: Do not open fire except in response as I do not want to force enemy away to the westward.

Anhang 4
zum Kapitel »Der Untergang«

Als der Befehl zum Verlassen des Schiffes durchkam, hat sich der Matrosengefreite Georg Herzog zusammen mit anderen Kameraden bis zum Oberdeck durchgeschlagen. In Höhe des Flugzeugdecks konnten sie ein Klappschott gewaltsam öffnen.

Herzog berichtet: »Als wir da 'raus und auf das Aufbaudeck kamen, hatte die BISMARCK bereits eine Schlagseite von ca. 20 Grad nach Backbord. Hier oben war alles zertrümmert und verbrannt. Achtern schoß noch der zweite Turm. Ob der ganze Turm »Cäsar« oder nur mit einem Rohr, weiß ich nicht mehr zu sagen. Alle anderen Kanonen waren schon ausgefallen. Vom Gegner sah ich, als ich an Steuerbordseite hochkam, zwei Schwere Kreuzer an dieser Seite*, fast in Mittschiffshöhe. Achtern waren Zerstörer zu sehen.

Und dann sind wir nach vorne, wo die Rettungsinseln in Blechbehältern gelagert waren. Um ein paar noch heile Flöße rissen sich viele Kameraden. Als hinter mir ein Treffer detonierte, wurde ich am Fuß verwundet. Wir sind auseinandergeflogen und haben uns hinter die Türme versteckt. Ich bin danach bis auf den Turm »Berta« geklettert. Von hier wollte ich noch auf die Aufbauten steigen, sah dann aber ein vorher aus den Behältern herausgenommenes Schlauchboot zwischen »Anton« und »Berta« liegen. Einige Kameraden waren gerade dabei, das Gummifloß in die See zu werfen. Sie sprangen hinterher, während ich bei dem starken Andrang die Reling nicht erreichen konnte. Da war aber noch ein zweites Schlauchboot, das Kameraden gerade zu Wasser bringen wollten. Ich habe mich, da ich noch zu weit abstand, mit der einen Hand an diesem Boot festgekrallt und mich damit ins Wasser mitreißen lassen. Wir sind dann sogleich nach achtern abgetrieben.

Aber das Floß war für uns – wir waren acht oder neun Mann – viel zu klein. Als ich neben mir ein anderes, kleineres und nur mit zwei Mann besetztes Floß sah, bin ich auf dieses zugeschwommen. Die beiden Kameraden waren die Matrosengefreiten Manthey und Hönsch. Achteraus sahen wir einen Zerstörer, der Überlebende auffischte. Wir sahen auch, wie hinter seinem Schornstein auf einmal weiße Dampfwolken aufstiegen, und wir hörten dann die Sirene. Der Zerstörer nahm Fahrt auf und verschwand. Da ich verwundet war, haben mich Manthey und Hönsch innen im Floß sitzen lassen. Ich war noch immer benommen von dem Rausch, jedenfalls bin ich eingeschlafen. Als mich Manthey gegen 12.00 Uhr wachrüttelte, war ein Flugzeug mit deutschen Abzeichen in der Nähe in der Luft. Es hat uns aber nicht gesehen. Wieder schlief ich ein, und wieder wurde ich von Manthey wachgerüttelt. Er schrie: »Ein U-Boot, ein U-Boot!«

Wir dachten erst, er phantasiert. Bis Hönsch sagte: »Schorsch, da ist wirklich ein U-Boot ganz in der Nähe.« Hönsch ließ das Boot los und wollte dem Boot entgegenschwimmen. Aber er merkte bald, daß seine Kräfte dazu nicht mehr ausreichten. Er machte kehrt, um zum Floß zurückzuschwimmen. Dabei trieb er aber ab.

Auf dem U-Boot haben sie die Situation rechtzeitig erkannt. Sie haben sich zuerst um den auf seiner Schwimmweste treibenden Hönsch gekümmert. Er wäre um ein Haar noch in die Schraube des hin und her manövrierenden U-Bootes geraten. Der Kommandant, Kapitänleutnant Kentrat, hat ihn persönlich herausgeholt.

Dann übernahm das Boot auch uns und brachte uns nach Lorient. Mit einem Pkw wurden wir nach Paris zur Gruppe West gefahren, wo wir am anderen Morgen im Lagezimmer Generaladmiral Saalwächter und verschiedenen anderen Offizieren das berichteten, was wir wußten und erlebt hatten. Dabei ergaben sich Widersprüche in den Uhrzeiten. Hönsch behauptete, bereits um 08.00 Uhr von Bord gegangen zu sein, Manthey sagte, es sei sieben Uhr gewesen, und ich gab 08.30 Uhr an. Wir hatten uns ja nicht abgesprochen.

Admiral Ciliax hat sich dann geäußert, daß die verschiedenen Uhrzeitangabe zwar Anlaß zum Zweifel geben könnten, dennoch aber kein Grund seien, jedem der Überlebenden das im Auftrage des Marineoberbefehshabers verliehene EK II nicht zu überreichen. Erst hat Manthey und dann Hönsch das EK II wieder hingelegt, weil offenkundig Zweifel an unseren Aussagen gehegt wurden. Wir bekamen schließlich von Generaladmiral Saalwächter den dienstlichen Befehl, die Auszeichnungen anzulegen.

---

* Herzog meint die Schlachtschiffe und mit den Zerstörern die Kreuzer.

Zusammen mit den beiden anderen Überlebenden, die der Wetterdampfer übernahm, den Matrosengefreiten Maus und den Maschinengefreiten Lorenzen, wurden wir nach Berlin geflogen, wo wir Hitler vorgestellt werden sollten. Ein Marine-Oberleutnant betreute uns, die wir im Hotel »Kaiserhof« untergebracht worden waren. Am nächsten Morgen hörten wir von diesem Offizier, daß sich Hitler in Berchtesgaden mit Mussolini getroffen habe und daß die vorgesehene Vorstellung ausfallen würde. Während ich in der Nähe meines Heimatortes in Straubing zur Behandlung meiner Verwundung ins Lazarett kam, fuhren die anderen Kameraden in Urlaub. Wie in Lorient und Paris, so wurde ich später erneut vernommen. Mein Chefarzt, Oberstabsarzt Dr. Angerer, sagte mir, es läge ein Schreiben von der Marine-Gruppe West vor, und er ermahnte mich, unbedingt die Wahrheit zu sagen.

Später, in Kiel, wurde auch ich, wie schon vorher Manthey und Hönsch, in das Gebäude der Ostseestation zur Vernehmung befohlen. Ein Kapitän zur See eröffnete auch mir den bestehenden Verdacht, daß wir das Schiff schon vor dem eigentlichen Befehl: »Alle Mann aus dem Schiff« verlassen hätten. Er sprach davon, daß gegen uns ein Verfahren wegen Feigheit vor dem Feind eröffnet werden würde. Jeder von uns hat diesem Offizier erklärt, daß wir uns verantworten würden. Es habe auch für uns geheißen, die Besatzung könne von Bord gehen, weil das Schiff gesprengt würde, was ja auch die anderen Überlebenden in englischer Gefangenschaft bestätigen konnten. Unter den Überlebenden, mit denen ich bis zum Schluß zusammen war, konnte ich Mielke als Zeugen nennen. Er war mit mir und vielen anderen Kameraden zusammen von Bord gegangen, dann aber von den Engländern gerettet worden.«

Soweit Herzog im Wortlaut. Ein Verfahren ist niemals eröffnet worden. Daß die drei Überlebenden vernommen wurden, ist an sich nicht verwunderlich, da Überlebende grundsätzlich immer vernommen werden. Daß der Verdacht eines zu frühen Vonbordgehens bei den verschiedenen Uhrzeiten aufkam, ist naheliegend; und wenn dabei auch einmal in Verbindung mit dem Verdacht eines Übereifrigen von Feigheit vor dem Feind gesprochen wurde, dann auch nur im Zuge der Ermittlungsarbeit, die Klarheit in die Geschehen der letzten Phase auf BISMARCK bringen sollte. Obschon sich die Unklarheiten und Unstimmigkeiten dieser Aussagen während des Krieges restlos klären ließen, ist weder vom Befehlshaber der Gruppe West noch vom Kommandieren Admiral der Marinestation Ostsee einmal erwogen worden, ein Verfahren einzuleiten, im Gegenteil, die Überlebenden wurden sogar vorzeitig zu Unteroffizieren befördert.

*

Matr. Paul Hillen   27. Mai 1941
4. Division   6.00 Uhr bis etwa 10.40 Uhr

Zu Fünf saßen wir in der Munitionskammer des 15-cm-Geschützturms Stb. III, die sich im mittleren Plattformdeck hinter dem Turbinenraum/Mitte befand. Das Schott der Munitionskammer wurde durch einen Mann der Leckabwehr von außen verschlossen.

Als Fluchtweg (außer jenem durch das Schott) stand uns der Weg durch den Hilfsaufzug zur Verfügung, das heißt, dazu mußte eine in der Munitionskammer bereitgehaltene Leiter senkrecht/unter einem Luk ins obere Plattformdeck befestigt werden. Vom oberen Plattformdeck ging es weiter senkrecht hoch bis unter das Panzerdeck. Hier befand sich ein Mannloch, das zu entriegeln und zu öffnen war. Der Weg endete an der Umladestelle.

Bei dem Ausfall beider Aufzüge in der Munitionskammer sollte auf diesem Wege die Munition zur Umladestelle transportiert werden können. Wie überall an Bord, so war auch hier eine doppelte Sicherung eingeplant worden.

Für uns, die wir über den Verlauf des Gefechts völlig im Unklaren waren, war es unmöglich, Abschüsse und Treffer auseinanderzuhalten. Vor uns lag übrigens der Turbinenraum Mitte. Das Geräusch der laufenden Turbinen wirkte fast etwas beruhigend auf uns ein. Plötzlich bekamen wir Rauch in die Kammer geblasen, so daß wir den Lüfter dicht machen mußten. Die Kühlung fiel aus. Hatten wir am Anfang des Gefechts noch laufend Munition nach oben befördert, so hörte unser Turm plötzlich mit Schießen auf. Nach Anfrage bei unserem Turm, wie die Sache oben aussehen würde, erhielten wir zur Antwort, daß die E-Meßanlage ausgefallen sei und der Turm mit eigener Meßanlage schieße, aber nichts in Sicht sei. Von nun an schoß Turm Stb. III sehr unregelmäßig. Bei einer besonders schweren Erschütterung des Schiffes fiel sogar die Granate um, die ich vor dem Aufzug bereitgestellt hatte. Der Obergefreite Hartwich, der Dienstälteste im Raum, sagte: »Da haben die beiden 38er-Türme achtern gleichzeitig geschossen.« Zu dieser Zeit hatte das Schiff bereits etwas Schlagseite nach Backbord.

Einige Minuten nach dieser schweren Erschütterung erhielten wir von der Leckabwehr den Auftrag, die Wände abzufühlen und ein Heißwerden sofort zu melden.

Die restliche Munition wurde nach oben gefördert.

Der Obergefreite Hartwich meldete an Turm- und Leckabwehr: »Munition ist alle, was sollen wir machen?« Die Leckabwehr ließ uns weiter die Wände abfühlen. Weiterhin sagte die Leckabwehr noch: »Wenn wir euch brauchen, bekommt ihr Bescheid.« Wie sich jedoch später erweisen sollte, brauchte man uns nicht mehr. Wir fühlten jedenfalls die Wände regelmäßig bis zum Verlassen der Munitionskammer ab, konnten jedoch bis dahin kein Heißwerden der Wände feststellen. Wir stellten lediglich eines fest, daß das Schiff auch nach achtern abgesackt war. Die Temperatur in der Munitionskammer war inzwischen soweit angestiegen, daß wir uns so weit als möglich, der Kleidung entledigten. Von Zeit zu Zeit öffneten wir die Klappe der Luftzufuhr, um sie schnell wieder zu schließen. Beißender Rauch quoll in immer stärkerer Menge und Dichte heraus. Nach einem abermaligen Abfühlen der Wände stellte der Obergefreite Hartwich eine Wasserpfütze an der achteren Wand der Munitionskammer fest. Nach einer Meldung an die Leckabwehr wurde uns gesagt: »Bedeutungslos! Achtern mußten wegen einer Explosionsgefahr einige Räume geflutet werden. Bei euch kann es nur Sickerwasser sein.« Immerhin wurde uns wenigstens der achterliche Trimm klar, den das Fluten einiger achtern liegenden Räume verursacht hatte.

Der Gefechtslärm hatte inzwischen merklich nachgelassen. Es wurde auf der BISMARCK kaum noch geschossen. Der Gefreite Mattmer freute sich. Er sagte mit viel Zuversicht in der Stimme: »Ich glaube, wir schaffen es, die Tommies sind weg, bestimmt sind sie weg.« –

Plötzlich klingelte das Telefon. Da ich am nächsten stand, meldete ich mich. Der Anrufer sagte mir: »Schiff verlassen – Schiff wird versenkt.« Ich lachte und erwiderte: »Du spinnst wohl!« und gab den Hörer an den Obergefreiten Hartwich weiter. Dieser glaubte die Meldung auch nicht. Kurze Zeit später wurden wir mittels Sprachrohr von der Umladestelle angerufen: »Kommt heraus, Schiff wird versenkt!« Allein dieser Befehl beweist, daß das Schiff nicht in Gefahr war durch bzw. nach dem Feindbeschuß zu sinken. Es bedurfte erst des Versenkungsbefehls bzw. der dann auch eingeleiteten Selbstversenkungsmaßnahmen, um ein Sinken der am Oberdeck schwer beschädigten BISMARCK zu garantieren.

In aller Eile zog ich meine Kleidung an, nahm Schwimmweste, Gasmaske und Taschenlampe. Meine Kameraden hämmerten gegen das Schott und brüllten: »Aufmachen.« Es rührte sich jedoch nichts. Daraufhin machten wir den Notausgang klar. Als wir im oberen Plattformdeck ankamen, sahen wir, daß unsere Kameraden von der Umladestelle dabei waren, das Panzerluk von oben zu öffnen. Auf dem Panzerdeck angekommen, sah ich die ersten Verwundeten und Toten. – Die Notbeleuchtung brannte. – Auch hier war alles voller Rauch. Meine Kameraden hatten sich davongemacht. Ich habe keine mehr wiedergesehen. Ich ging dann in das Batteriedeck und kam bis Abt. X. Ich wollte durch den Mittelgang (unter der Flugzeugschleuder) ins Freie. Leider ließ sich das Luk nicht öffnen. Von Abt. X Stb. ging ich dann durch den Quergang an den Funkräumen vorbei auf die Backbordseite. Auch hier konnte man nicht weiter nach vorne, weil alles in Flammen stand.

Das Schott war so heiß, daß die Farbe brannte. Ich ging dann nach achtern bis zur Kantine. Dort stand ein Luk etwa einen halben Meter offen. Wasser strömte im Rhythmus des Seegangs herein. Dort standen aber mindestens 15 Kameraden, die vor mir angekommen waren. Da ich jeden Augenblick ein Kentern des Schiffes befürchtete, lief ich zurück nach Abt. X Stb.

Hier traf ich auf schätzungsweise 50 bis 70 Besatzungsmitglieder, die untätig herumsaßen und herumstanden. Viele waren vom Prisenkommando. Sie saßen stumm auf ihren für einen Prisenfall stets bereitstehenden Seesäcken. Ich fragte einen von ihnen, ob sie denn gar nicht herauswollten. Ein älterer Seemann, wohl einer von den »Christlichen«, gab mir zur Antwort: »Hat ja doch keinen Zweck mehr.« Ich aber wollte raus, und so versuchte ich das Schott nach Abt. X außen zu öffnen. Leider gelang es mir nicht einmal das Schott zu öffnen. In diesem Augenblick durchschlug eine Granate das Oberdeck und das Batteriedeck und detonierte auf dem Panzerdeck. Durch den Luftdruck wurde ich quer durch den Raum geschleudert und fand mich inmitten toter und verletzter Kameraden wieder. Es kam zu einem unbeschreiblichen Durcheinander. Wer laufen konnte, rannte davon. Die Verwundeten schrien um Hilfe. – Die Notbeleuchtung brannte noch. – War die Luft im Raum schon vor dem Treffer kaum atembar (wegen des Rauchs tränten die Augen), wurde sie nach der Granatexplosion noch schlechter. Ich verspürte Brechreiz und ich meinte selbst schwer verletzt zu sein, da ich überall Blut an mir hatte. Ich tastete die schmerzenden Stellen an meinem Körper ab, um festzustellen, wo es mich erwischt hatte, konnte aber keine Verwundung feststellen. Ich stand auf und lief nach achtern.

Plötzlich sah ich durch ein Schott Tageslicht fallen. Obwohl hier nicht »Zuhause« sah ich klarer. Das hier war der Heizerwaschraum in Abt. VIII. Das Licht fiel durch die Oberlichter des Waschraums, die etwa 10 bis 15 cm offenstanden. Ich versuchte sofort die klappbaren Oberlichter ganz zu öffnen – vergebens. Wie ich später feststellen konnte, lagen Ottern darauf, die ein völliges Öffnen der Oberlichter verhinderten. Ich verließ den Waschraum, stolperte über das Süll und wäre beinahe in den Schacht des Munitionsaufzuges einer 3,7-cm-Kanone gefallen. Es war ein Rohr von etwa 50 cm Durchmesser, das in der Decke seinen Fortgang hatte und auf dem Flakdeck endete. Ich sah nach oben und sah Tageslicht und Feuer. Da ich ohne fremde Hilfe nicht in den Schacht klettern konnte, lief ich zurück, um Hilfe zu holen. Ich stieß bald auf eine Gruppe von Kameraden, die auch einen Ausgang suchten. Ich rief ihnen zu: »Kommt, ich habe einen Ausgang entdeckt«, machte kehrt und lief voraus. Vor dem Waschraum blieb ich stehen, um ihnen zu zeigen, wo es lang geht, aber alle stürzten in den Waschraum hinein und versuchten nun ihrerseits die Oberlichter zu öffnen. Ich rief ihnen zu: »Hier geht's lang!« und zeigte auf die Öffnung des Schachts. Jetzt begriffen sie. Ich war der erste Untermann. Von meinen Schultern aus konnte man bequem in den Schacht einsteigen. Der zweite und dritte, der durch das Rohr hochkletterte, wollte dann das Oberlicht des Waschraumes von oben klarmachen. Dann war ich an der Reihe. Der letzte Meter des Schachtes war sehr heiß. Er endete auf dem Flakdeck in unmittelbarer Nähe des Turms »Cäsar«. Dort brannte es ebenfalls. Munition der 3,7-cm-Flak brannte und detonierte, ohne Schaden anzurichten. Die Granaten flogen einfach von den Kartuschen. Die 3,7-cm-Flak, die hier stand, war verschwunden.

Ich sprang hinunter aufs Oberdeck.

In die achterern Aufbauten und in unmittelbarer Nähe unseres Fluchtweges schlugen die letzten zwei der von mir bis zum Kentern beobachteten Granaten ein.

Da dieser Beschuß nur einige Minuten vor dem Kentern des Schiffes geschah, dürfte für mich feststehen, daß die Granaten uns galten, zumal andere Gruppen, deren Fluchtweg von den Engländern eingesehen werden konnte, ebenfalls mit Artilleriefeuer belegt wurden.

Außer Toten und zwei Schwerverletzten war an Deck niemand zu sehen. Ich rannte zum Turm »Dora«, um darunter in Deckung zu gehen. Erst jetzt sah ich, daß es im Turm »Dora« brannte. Aus dem Luk unter dem Turm bewegten sich im Rhythmus der Bewegungen des Schiffes die Beine eines toten Kameraden. Es roch nach verbranntem Fleisch. – Ich sah dann, daß der Turm »Dora« im rechten Rohr einen Rohrkrepierer hatte. Die Granate hatte bei ihrer Detonation auch das linke Rohr abgerissen. In der Höhe des Turmes »Dora« sah ich einen Verwundeten stehen. Die Haut des linken Armes war etwa von der Mitte des Oberarmes ab und hing lediglich noch an den Fingern fest. Ich ging hin zu ihm, zog die Haut wieder hoch und machte oben einen festen Verband. Wie er mir sagte, sei das im Turm »Dora« passiert. Der Kamerad ging dann achtern ins Wasser. Ich suchte nach etwas Schwimmbarem, denn als ich unter Turm »Dora« in Deckung war, wurde ich von den laufend überkommenden Brechern durchnäßt. Das Wasser schien mir zu kalt, um lange schwimmen zu können. Von den Flößen, die auf dem Achterschiff bereitlagen, war keines mehr vorhanden. Auch habe ich kein einziges davon im Wasser treiben gesehen. Vereinzelt kamen immer noch Besatzungsmitglieder aus dem Schiff heraus und sprangen sofort über Bord. Ich stand an Steuerbordseite am 1. Oberlicht des Heizwaschraumes. Dort lagen zwei Schwerverletzte, die sich zwar noch bewegten, aber ohne Bewußtsein waren. Helfen konnte denen niemand mehr. Von der Backbordseite um den Turm »Cäsar« herum, kam ein Bootsmannsmaat. Er hatte eine Pistole in der Hand. Er befahl mir sofort die Gasmaske fortzuwerfen. Ich tat es. Er stellte sich dann in Positur, pfiff auf der Bootsmannspfeife »Achtung« und gab den Befehl: »Alle Mann auf der Back antreten.« (Dabei war außer mir niemand zu sehen.) Er rannte los, ich hinterher, bis an den Geschützturm Stb. III. Hier lagen soviel tote Kameraden, daß man, wollte man vorbei, über sie hinweglaufen mußte. Ich zögerte. – Der Bootsmannsmaat verschwand in der Rauchwolke mittschiffs. Ich blickte am Turm vorbei nach vorn und sah dort eine Gruppe auf der Back stehen. Ich machte kehrt und ging nach achtern zurück. Ich sah mir noch einmal mein Schiff an. – Die Kriegsflagge wehte noch. Auch der Trauerflor, der gehißt worden war, nachdem Oberbootsmann Kirchberg bei dem Angriff der Trägerflugzeuge am 24. Mai als der erste Tote an Bord dieses Schiffes zu beklagen war, wehte noch im Winde. Am Turm »Cäsar«, auf dem Lüfter etliche Meter über Deck, hing ein toter Kamerad. An Deck stand ein nackter Fuß. Rings um das Schiff, sowohl Backbord wie an Steuerbord sah man Hunderte Kameraden in ihren gelben Schwimmwesten im Wasser treiben. An der Backbordseite, in der Höhe des Turmes »Dora«, verströmte eine Nebeltonne eine dünne Rauchfahne. Ein kaum merklicher Ruck im Schiff kündigte das bevorstehende Kentern an. Ich ging achteraus Steuerbord ins Wasser und schwamm nach Steuerbord querab. Nach einiger Zeit drehte ich mich um. Ich war etwa 150 bis 200 Meter vom Schiff entfernt. Obwohl ich achtern ausgestiegen war, befand ich mich nun mittschiffs.

Die Steuerbord-Bordwand kam immer höher aus dem Wasser. Auf der Back stand jene Gruppe, die dort angetreten war. Die Schlingerleisten wurden sichtbar. Vereinzelt kamen immer noch Kameraden aus dem Schiff und rutschten über die Bordwand ins Wasser. Gerettet wurde davon meines Wissens nur unser Kamerad Theo Klaes, der während des Kenterns vom äußersten Ende der Flugzeugschleuder an Steuerbordseite ins Wasser sprang. Inzwischen hatte sich das Schiff ganz auf die Seite gelegt. Die Steuerbord-Bordwand lag beinahe waagerecht in der See. Aus zwei Öffnungen in der Bordwand stiegen unter lautem Getöse zwei Fontänen in die Luft, beide im Vorschiff. Eine Fontäne weiß, die andere schwarz (wahrscheinlich Öl).

Die Gruppe, die auf der Back gestanden hatte, stand nun auf der Steuerbordwand. Das Schiff drehte weiter. Die Schrauben wurden sichtbar. Die Männer der besagten Gruppe von der Back kletterten nun auf den Boden des Schiffes. Einer der dort stehenden Kameraden nahm mit der rechten Hand seine Mütze ab (eine weiße) und erwies damit den deutschen Gruß. Über das Wasser hinweg hörten wir ein »Hipp-Hipp-Hurra«. Der Bug hob sich jetzt etwas an. Ein Teil der Gruppe sprang ins Wasser. Einige blieben auf dem Boden stehen. Das Schiff tauchte unter wie ein U-Boot.

Als ich ins Wasser ging, hatte ich Unterwäsche, Arbeitshose, Pullover sowie meine Seestiefel an. Als ich mit den Schwimmbewegungen aufhörte, um etwas auszuruhen, ging ich sofort unter. Mir wurde erst jetzt bewußt, daß ich meine Schwimmweste nicht aufgeblasen hatte. Ich wollte das Versäumte nachholen, bekam jedoch keine Luft in die Schwimmweste. Wie ich später feststellte, war der Schlauch beschädigt. Um besser schwimmen zu können, zog ich meine Stiefel aus und versuchte Anschluß an meine Kameraden zu bekommen. Ich überholte dann auch einige verwundete Kameraden, die im Wasser trieben. Plötzlich sah ich in allernächster Nähe eine nagelneue, weiße englische Kriegsflagge. Ich hielt darauf zu und bekam bald das ganze Schiff zu sehen. Ich schwamm heran und hielt mich am Bug fest. Es war der Schwere Kreuzer DORSETSHIRE. Ich entschied mich für die Leeseite, also die Steuerbordseite in diesem Fall, bekam auch trotz des hohen Seegangs sofort einen Tampen zu fassen und kletterte daran hoch, leider zu langsam. Nach einem Brecher bekam ein Kamerad meine Hose zu fassen und hielt sich daran fest. Ich versuchte zwar mich am Tampen festzuhalten, es war aber unmöglich. Ich rutschte mit dem Kameraden am Tampen herunter und geriet unter die Füße der Kameraden. Mit intakter Schwimmweste wäre ich dabei ertrunken. Ich kam unter Wasser an die Bordwand und stieß mich kräftig ab. Hinter dem Knäuel der sich gegenseitig behindernden Kameraden kam ich hoch. Jeder wollte an die Tampen und drückte den Vordermann einfach unter Wasser.

Wut und Enttäuschung über den mißglückten Versuch, an Bord des Schiffes zu gelangen, trieben mir die Tränen in die Augen. Ich sah keine Möglichkeit mehr an einen Tampen heranzukommen. Ich befand mich etwa in der Höhe des vorderen Turms. Dort stand ein Engländer und winkte mir mit einer Flasche zu. Wie es kam – ist mir heute noch ein Rätsel. Ich befand mich auf dem Kamm einer Welle und wurde gegen das Schiff geschleudert, bekam auch gleich einen Tampen zu fassen und war nach ein paar Klimmzügen in Sicherheit. Der Engländer (der mit der Flasche) half mir über die Reling. Nach einem kräftigen Schluck aus der Pulle, mußte ich die Hände hochnehmen. Leibesvisitation. Die Taschen wurden geleert. Außer meiner Taschenlampe wurde mir nichts abgenommen. Von der Brücke wurde fotografiert. An Deck lag eine ganze Reihe Geretteter, die von dem Engländer, der mir über die Reling geholfen hatte, bewacht wurden. Von sonstigen Rettungsaktionen der Engländer habe ich nichts gesehen. Während der fünf Minuten, die ich auf dem Oberdeck des Schweren Kreuzers stand, wurde weder ein einziger der im Wasser Schwimmenden gerettet, noch hat es jemand geschafft, aus eigener Kraft hochzukommen. Ich schätze, daß ich etwa 20 Minuten im Wasser war.

Von zwei Engländern wurde ich dann unter Deck in einen Waschraum geführt. Bei dem Ablegen der Kleider war man mir behilflich. Dann stellte man mich unter eine warme Dusche. Danach führte man mich, nur mit einer Decke bekleidet zum Arzt. Unter anderem bekam ich dort eine Spritze. 0,05 Morphium stand auf dem Zettel, den man mir ans Handgelenk band. Danach brachte man mich in die Messe. Einige Kameraden hatten den Schock schon überwunden und sangen den Engländern trotzig was vor. Ich bekam eine Tasse Tee und eine Schnitte Weißbrot. Danach hatte ich nur noch den einen Wunsch: schlafen. – Ich wickelte mich in meine Decke ein, legte mich auf den Boden und schlief sofort ein. Ich erwachte erst am nächsten Morgen in einem ganz anderen Raum. Wie ich dahin gekommen war, wußte ich nicht. Ich hatte fürchterliche Ohrenschmerzen und konnte fast nichts mehr hören. Der Arzt, dem ich vorgestellt wurde, stellte eine Perforation beider Trommelfelle sowie eine doppelseitige Mittelohrentzündung fest. Ich bekam eine schmerzstillende Spritze, mehr konnte er nicht tun. – Ein englischer Matrose schenkte mir einen Kesselanzug. Von einem anderen bekam ich ein Unterhemd. Von meinen Sachen bekam ich nur die Hose wieder. Da ich bereits etwas zum Anziehen hatte, gab ich sie an einen Kameraden weiter, der noch mit einer Decke seine Blöße bedeckte.

In der Nacht vom 27. Mai auf den 28. Mai 1941 ist unser Kamerad Lüttich seinen Verletzungen erlegen. Alle von uns, die bekleidet waren, nahmen an dem Seemannsbegräbnis teil. Lüttich war unter einer schwarz-weiß-roten Flagge aufgebahrt. Der englische Geistliche sprach ein Gebet. Die angetretenen englischen Soldaten schossen Salut, und die sterblichen Reste unseres Kameraden Lüttich wurden der See übergeben.

Auf dem Rückweg ins Quartier sah ich eine »Walrus« – eines der britischen Flugboote – an Bord, die durch Granatsplitter beschädigt worden war.

Der Schwere Kreuzer DORSETSHIRE brachte uns nach Newcastle-on-Tyne, an der Nordostküste Englands gelegen. Hier begann unser Weg in verschiedene Gefangenenlager. England, Kanada und nach dem Kriege nochmals England, waren unsere Stationen. –

– Paul Hillen –

Anhang 5
zum Kapitel »Der Endkampf«

Über die Frage, ob die BISMARCK durch den Gegner oder infolge der Selbstversenkungsmaßnahmen unterging, kam es, wie schon kurz erwähnt, in den vom U.S. Naval Institute herausgegebenen »Proceedings«, die Juli 1958 einen Artikel des deutschen Kapitäns zur See Bidlingmaier veröffentlichten, zu nachstehender Diskussion. In den »Proceedings« vom Juni 1959 heißt es:

End of the BISMARCK
(See pages 77–88, July, 1958 Proceedings)

J.P. Thornton, Victoria, B.C., Canada. – We are fortunate in having in Victoria a man who was a petty officer gunlayer in the RODNEY and saw the entire fight through a high-powered telescope. As the action developed, the BISMARCK became a helpless hulk and the RODNEY closed the range to 3,000 yards. The DORSETSHIRE then torpedoed the BISMARCK, first on one side, then the other. On the second hit, the German ship shuddered, rolled over, broke in two, and sank. This gunlayer's account can be matched by dozens of other eyewitnesses and it is evident that whether or not the BISMARCK's sea cocks had been opened, she had been sunk by torpedo attack.

The idea that the BISMARCK was scuttled to prevent her being captured and towed to a British port is ludicrous. Since the ship was within some 400 miles of the French coast and close to German air and submarine power, it simply could not have entered the Admiralty's mind to tow this ship at about three knots.

It seems to me that the German naval mind is in real danger of acquiring a psychosis on the subject of scuttling, with the sinking of their fleet at Scapa, and later that of the GRAF SPEE at the Plate, three destroyers at Rombacks Fjord, and finally the claim that the BISMARCK was so destroyed.

Commander Bidlingmaier's Reply

Commander T. Gerhard F. Bidlingmaier, German Federal Navy. – The petty officer gunlayer's observations agree with what Captains Grenfell and Roskill have written in their books about the final action, except for the statement that the BISMARCK broke in two. Theses authors relied chiefly on British sources and the observations described are correct, but not necessarily their conclusions. For my article, I read not only these British books, but I also carefully examined all available German war diaries and dispatches and accounts of BISMARCK survivors. I conversed with some of these, particularly with one of the two officers rescued. They all agreed that they received and executed the order to scuttle and abandon the BISMARCK. This order was given by Lieutenant-Commander von Müllenheim-Rechberg, who later was saved, the senior surviving officer above the armored deck, after all the ship's guns had been put out of action by British gunfire. To scuttle this battleship, not only were the sea cocks opened, but demolition charges also were used.

One of the two surviving German officers had his battle station in the middle turbine room, and he told me that after he had prepared a demolition charge to explode at the cooling water main admission, he led his personnel to the upper deck. As they passed the main battery deck they heard the demolition charge explode. When they reached the main deck, they saw only the DORSETSHIRE. Together with some 400 men and ratings, this officer waited about thirty minutes on the quarter-deck as the ship was settling and then gave the order to abandon ship. This was about forty-five minutes after the original order to scuttle and abandon ship had been given.

If I may be permitted to trust British official history books on World War II, our German ships proved gallant fighters wherever engaged, although most of them were defeated at last owing to odds impossible to overcome.

Anhang 6
zum Kapitel »Raeder, Hitler und das Schlachtschiff BISMARCK«

Seekriegsleitung
Skl/Chef MND   Berlin, den 24.7.1941

Operative Geheimhaltung

Nach Abschluß der Unternehmung »Rheinübung« ist um die Frage der Geheimhaltung Unruhe entstanden. Eine Klärung der Gesamtfrage ist erforderlich. Dabei wird die Beurteilung der Kriegsstandfestigkeit unserer Schlüsselmittel (gegen Entzifferung, Verlust, Verrat) besonders wichtig sein. Dies hat seinen Grund darin, daß jede Belastung der Führung in ihrem Vertrauen auf die unbedingte Schlüsselsicherheit des Nachrichtenübermittlungsdienstes gleichzeitig eine Belastung der Aktionsfähigkeit der Seestreitkräfte darstellt. Jedoch bedarf die Wirkungsmöglichkeit von Verrat, Spionage, Agentenfunkdienst, Verlust operativer Befehle und ähnlicher Unterlagen, Verschwiegenheit und andere Fragen sorgfältigster Prüfung. Es ist nach den Weltkriegserfahrungen begreiflich, daß die Sorge mangelnder Geheimhaltung sich auch wesentlich in einer Unruhe um die Standfestigkeit der Geheimhaltungsmaßnahmen des Nachrichtenübermittlungsdienstes bemerkbar macht.

I. Die Vorbereitung der Unternehmung

Diese fand notwendigerweise ihren Niederschlag in Weisungen der Skl und entsprechenden Operationsbefehlen. Ihre endgültige Fertigung in endgültiger Form ist nicht ohne fernmündliche Rücksprachen zwischen dem Bereich der Seekriegsleitung und den Führungsstellen in Paris und Kiel erfolgt. Die Vorbereitungen für die Operation, z.B. der Versorgungsorganisationen, hatten zwangsweise einen erheblichen Mitarbeiterkreis erfordert, der sowohl im Oberkommando als auch im Bereich der besetzten Gebiete mit Sicherheit manche Besprechung und anschließende Maßnahme erforderlich machte. Es besteht der Eindruck, daß nicht an allen Stellen und nicht bei jeder Gelegenheit mit der größtmöglichen Sorgfalt die erforderliche Geheimhaltung der bevorstehenden Operation gewahrt worden ist. Z.B. hat das Schlachtschiff BISMARCK bei seinem Auslaufen aus dem Heimatstützpunkt abgelegt unter Abspielen des Liedes »Muß i denn«. Ferner ist durch die Frau eines eingeschifften Offiziers am ersten oder zweiten Tag nach Auslaufen des Verbandes in Berlin unter Zivilisten verbreitet worden, daß BISMARCK nunmehr ausgelaufen sei. Diese Kenntnis war gewonnen worden aus dem Ausbleiben bis dahin täglich gewohnter, persönlicher Ferngespräche zwischen den Ehegatten und wahrscheinlich auf diesem Wege vorher schon erfolgten entsprechenden Andeutungen.
Auf dem Gebiet des Schlüsseldienstes war erstmalig zugunsten dieser Operation der sog. Schlachtschiffsschlüssel verausgabt worden, um mit Hilfe dieses besonderen Schlüsselverfahrens einen Nachrichtenaustausch nur unter den wirklich operativ interessierten Stellen zu ermöglichen.
Durch die Gruppe Nord war im Funkdienst in wochenlanger Vorbereitung planmäßig das äußere Funkbild mit Schwankungen so gesteuert worden, daß der erhöhte Nachrichtenbedarf der Unternehmung äußerlich unauffällig einsetzen konnte ...

II. Die Durchführung der Unternehmung

Sie zeigt als bemerkenswerteste Feststellung bezüglich der operativen Geheimhaltung, daß es einer englischen Bodenfunkstelle möglich war, unmittelbar nach dem Passieren des Verbandes von Skagen die in diesem Gebiet aufklärenden englischen Flugzeuge auf den mit Nordkurs festgestellten Verband aufmerksam zu machen. Diese Tatsache ist zurückzuführen auf die englische Agentenorganisation, die entweder aus dem Großen Belt auf dem Umwege über Stockholm (wahrscheinlich Verbindung bis Stockholm fernmündlich) oder unmittelbar durch die Agentensendestelle in Westnorwegen (neuerdings durch die OKW-Funkabwehr festgestellt) die Sichtmeldung des Verbandes nach England gefunkt hat.
Die Gestaltung des eigenen Funkverkehrs ist in den ersten Tagen der Operation bis zur Feindberührung des Verbandes ohne besondere Merkmale und Beanstandungen verlaufen. Es ist von vielen früheren Unternehmun-

gen erwiesen, daß aus den äußeren Geschehen des Funkverkehrs für den Gegner keine brauchbaren operativen oder taktischen Schlüsse zu ziehen möglich sind. Der Verband hat bis zur Feindberührung Funkstille gehalten. Der Nachrichtenübermittlungsdienst hat sich während der Unternehmung bis zum Untergang der Bismarck ordnungsgemäß abgewickelt. Irgendeine Mutmaßung über beeinträchtigte Schlüsselsicherheit ist im Zusammenhang mit dem Marsch der Kriegsschiffe nicht geäußert worden.

Bei dem Verlust des Schlachtschiffes ist der Verdacht einer Bloßstellung der Schlüsselunterlagen und des Schlüsselgerätes abwegig.

III. Die Standfestigkeit des Schlüssels M gegen Entzifferung

Nach erneuten, sehr umfangreichen Prüfungen wird von allen Sachbearbeitern übereinstimmend ein Mitlesen des Gegners durch Entzifferung als unmöglich bezeichnet.

IV. Allgemeine Betrachtungen

1. Aus der französischen Kriegsbeute ist bekannt, daß der Nachrichtenbeschaffungsdienst der Westmächte weitgehend über die Verhältnisse in deutschen Häfen unterrichtet war.
2. Funkabwehr des OKW hat in steigendem Maße den Überblick gewonnen, daß insbesondere in Norwegen und den anschließenden Westgebieten eine zähe und geschickt arbeitende Funksende-Agentenorganisation besteht. Die z.Zt. gefährlichsten Standorte unmittelbar mit London arbeitender Funksendeagenten sind die Girondemündung, Brest, Cherbourg, Flekkefjord, Umgebung Drontheim.
3. Der Fernsprechdienst der Seekriegsleitung mit den Befehlsstellen Gruppe West und dem B.d.U. verläuft zwar auf dem Sondernetz der Kriegsmarine, jedoch sind diese Leitungen im besetzten Gebiet über zahlreiche Verstärkerämter, die nicht nur von deutschem Personal besetzt sein können, geführt. Die Anzapfung dieser Leitungen durch englische Agenten ist sehr wahrscheinlich; mit Hilfe auch neuzeitlicher Technik des Fernsprechwesens ist hierin keine Abhilfe möglich. Getarnte Ausdrucksweise bietet keinen nennenswerten Schutz der Geheimhaltung.
4. Ein Mitlesen des Nachrichtendienstes durch Tätigkeit von Verrätern unserer Schlüsselunterlagen ist wenig wahrscheinlich, da hiergegen planmäßig eine erschwerte Ausgangslage geschaffen worden ist ... (folgen Verhaltensmaßregeln).

Bisherige Festlegung allgemeingültiger Treffpunkte und Versorgungsplätze für die Atlantikkriegführung und deren Mitteilung, Mitgabe an alle beteiligten Fahrzeuge bedarf der Verbesserung.

Die Ortsbezeichnung für die Leitung der englischen Geleitzüge erfolgen im Nordatlantik durch schriftliches Festlegen eines Systems von Festpunkten eigens für jeden Geleitzug, so daß bei Bloßstellung dieser Unterlagen für den Gegner die daraus erwachsenden Gefahren sich ausschließlich nur auf den einen Geleitzug beziehen.

Es ist erforderlich, zu ähnlich wirksamen Maßnahmen innerhalb der eigenen Führung und Befehlserteilung überzugehen. Entsprechende Befehle für den außerheimischen Seekriegsschauplatz werden zeitgerecht durch Skl ergehen.

Aus vorstehender Untersuchung und ihren Folgerungen ergibt sich, daß die Unruhe bezüglich der operativen Geheimhaltung keine handgreiflich eindeutige Klärung erfahren konnte und die erforderlichen Schutzmaßnahmen nur zusammen unter sorgfältiger Mitarbeit aller dazu Berufenen zur erwünschten Wirkung beitragen werden.

gez. Fricke

Anm.: Vorstehende Denkschrift ist vor dem Bekanntwerden der englischen Gefangenenaussagen verfaßt worden, die die Aufklärung über die Aufbringung des Tankers Gedania durch das britische Hilfskriegsschiff Marsdale brachten. Die bei der Kaperung erfolgte Erbeutung von Geheimmaterial gibt die Erklärung für den Verlust mehrerer unserer Hilfsschiffe in der Folgezeit.

Geheime Kommandosache Nr. 105

Der Oberbefehlshaber der Kriegsmarine Berlin, den 23. Mai 1940.
und Chef der Seekriegsleitung.
B.Nr. I op 060/40 gKdos. Chefs.

Chefsache!
Nur durch Offizier!

An

  Gruppenbefehlshaber **W e s t** Prüf.-Nr. 1
  Flottenchef   " " 2
nachr. Gruppenbefehlshaber **O s t**   " " 3
  Befehlshaber der U-Boote   " " 4
     Abschrift an Akte 2 - - 5
     Abschrift an Chef Skl - - 6

  Aus verschiedenen Anzeichen habe ich entnommen, daß über die grundsätzlichen Fragen des Einsatzes der Einheiten der Kriegsmarine, insbesondere der Flotte noch Verschiedenheiten der Auffassung zwischen mir und den oberen Frontführungsstellen bestehen.

  Eine kurze Lagebetrachtung der Seekriegsleitung als Grundlage für den operativen Einsatz der größeren Einheiten habe ich mit Skl. I op 845 / 40 gegeben. Neben dieser Lagebetrachtung gebe ich im folgenden nochmals meine Einstellung zu den grundsätzlichen Fragen des Einsatzes der Kriegsmarine zur Kenntnis. Ich bin bzgl. dieser Einstellung mit dem Führer und Obersten Befehlshaber der Wehrmacht eines Sinnes und erwarte, daß nicht nur die obersten Führungsstellen der Front sie sich zu eigen machen, sondern daß diese Auffassung auch Gedankengut der gesamten Front wird.

  Der Kriegsausbruch stellte die Kriegsmarine in

- 2 -

- 2 -

die schwierigste Lage, aus einer Aufbauzeit mit allen ihren materiellen und personellen Sorgen heraus einem vielfach überlegenen Gegner zur See entgegen zu treten.

Es war mir von vornherein klar, daß das Anpacken und die Lösung der der Marine aus dieser Lage erwachsenden Aufgaben nur dann möglich war, wenn dem Gegner trotz seiner zahlenmäßig fast in jeder Kategorie vielfachen Überlegenheit die Initiative genommen und auf unserer Seite als Aktivum jeder Operation erhalten wurde. Weiterhin war ich mir bewußt, daß gewisse noch vom letzten Kriege fast eingebrannte operative und taktische Begriffe und Regeln in unserer Lage nicht nur an Wert und Gültigkeit verloren hatten, sondern sich sogar als falsch erweisen würden.

Bei dem Festhalten an orthodoxen Einsatzregeln wären der Kriegsmarine in keinem Fall die Erfolge oder Erfolgsmöglichkeiten erstanden, wie es beim Verlassen solcher Grundsätze tatsächlich der Fall war. Ich erinnere an die zahlreichen mit größter Geschicklichkeit und Erfolg durchgeführten Zerstörerunternehmungen an die feindliche Ostküste, sowie an den losgelösten Einsatz der Schlachtschiffe in abgesetzten Seeräumen.

Ein Vergleich mit der Geschichte des letzten Krieges zeigt deutlich, wie umwälzend diese Abkehr von den früher für gut und richtig befundenen operativen Methoden war. Vor allem gilt dies für den Einsatz der Schlachtschiffe und schweren Kreuzer.

Schließlich zeigte auch die Operation der Kriegsmarine bei der Besetzung Norwegens, was selbst mit zahlenmäßig unterlegenen Streitkräften bei der Anwendung neuartiger opera-

- 3 -

– 3 –

tiver und taktischer Methoden zu erreichen ist.

In dem großen Ringen um Deutschlands Zukunft vermag die Marine ihre Aufgaben nur zu erfüllen, wenn sie sich in allen ihren Teilen die Ziele sucht und, ungeachtet des zahlenmäßig oft ungünstig erscheinenden Kräfteverhältnisses, in einem unbändigen Angriffsgeist auch unter Inkaufnahme großer Risiken dem Gegner Schaden zuzufügen sucht. Nur durch die Kühnheit der gefaßten Entschlüsse, durch unvorhergesehene und nach hergebrachten Kriegsregeln unwahrscheinliche Operationen können wir den Gegner treffen, seinem Prestige schaden und damit unseren Teil zu dem Gesamtsieg beitragen.

Das große Ziel, welches der Führer dem deutschen Volk gesteckt hat, erfordert überall höchsten Einsatz, umsomehr bei dem einzigen zahlenmäßig dem Gegner stark unterlegenen Wehrmachtsteil, der Kriegsmarine.

Dieser Einsatz muß gewagt werden, dem nach erstarrten Kriegsregeln verfahrenden Gegner muß auch in der Seekriegsführung ein neuer Offensivgeist entgegengestellt werden.

Es erscheint nicht erforderlich, zu Operationen auch in abgesetzten Seeräumen jeweils beide Schlachtschiffe, den schweren Kreuzer und Zerstörer mitzunehmen. Die Schlachtschiffe müssen außerhalb des Küstenvorfeldes als stärkste und widerstandsfähigste Einheiten betrachtet werden, die die wesentlichen Eigenschaften aller Typen für Kampfaufgaben in sich vereinigen und müssen dementsprechend eingesetzt werden.

Schließlich bin ich der Überzeugung, daß auch durch den Ausfall eines dieser Schiffe an der Seelage und für den Kriegsausgang wenig geändert, durch ihren laufenden Einsatz aber viel gewonnen werden kann. Durch ihren Nichteinsatz oder

– 4 –

- 4 -

durch sügernde Verwendung wird aber nicht nur nichts gewonnen, sondern auch die Zukunft der Marine verloren.

Eine Kriegsmarine, welche in kühnem Einsatz gegen den Feind geführt wird und hierbei Verluste erleidet, wird nach dem Siege in vergrößertem Umfange wieder erstehen, hat sich dieser Einsatz aber nicht gefunden, so wird ihre Existenz auch nach dem gewonnenen Kriege bedroht sein.

Ich erwarte, daß diese meine Auffassung über den Einsatz der Kriegsmarine richtunggebend sein wird, daß alle Führungsstellen und Befehlshaber mit höchstem Nachdruck alles daransetzen, die ihnen unterstellten Kampfkräfte zu Erfolgen zu führen, auch unter Hintansetzung überkommener operativer ~~operativer~~ und taktischer Regeln, und daß die Seebefehlshaber es sich nicht nehmen lassen, auch kleinere Unternehmungen von Teilen ihrer Streitkräfte <u>selbst</u> zu führen.

Für die sich aus der Kühnheit des Einsatzes und aus mir bekannten Mängeln bezüglich der Zahl leichter Streitkräfte, der technischen Einrichtungen und der personellen Ausbildung ergebenden Risiken trage ich vor dem Führer und Obersten Befehlshaber der Wehrmacht und vor der Geschichte die Verantwortung.

Ich erwarte, daß die oberen Befehlsstellen und die Seebefehlshaber bei allen operativen Vorbedacht sich den obersten Grundsatz des Führers zu eigen machen:
" Ohne großen Einsatz kein großer Erfolg ! "

Im Entwurf gez. Raeder.

Anhang 7
Eigene und gegnerische Schiffe in technischen Daten

1.	Name:		BISMARCK als Schlachtschiff »F« der Ersatzbau des Linienschiffes HANNOVER[1], Amtsentwurf 1933–1936.
2.	Bauwerft:		Blohm & Voss, Hamburg (als Bau-Nr. 509), Bauauftrag am 16. November 1935.
3.	Bauzeit:		1936–1940.
4.	Stapellauf:		14.2.1939. Kiellegung: 1.7.1936
5.	Indienststellung:		24.8.1940.
6.	Baukosten:		196 800 000 Reichsmark.
7.	Größe:	41 700 ts[2]	standard displacement (Washington-tons).
		42 343,5 t[3]	Typverdrängung.
		45 950,5 t	Konstruktionsverdrängung.
		49 946,7 t	maximale Verdrängung.
		50 955,7 t[4]	maximale Verdrängung einschließlich der Ölsonderzuteilung von 1 009 t (50 957,7 t entsprechen 50 200 ts).
8.	Maße:	Länge:[5]	251,00 m über alles, aber ohne Bugsprit pp.
			241,50 m in der Konstruktionswasserlinie (CWL).
		Breite:	(größte) 36,00 m.
		Tiefgang:	8,70 m, bei größtem Deplacement 10,20 m vorn, 8,71 m hinten.

Die BS war ein zu 90 % geschweißter Quer- und Längsspant-Stahlbau mit XVIII wasserdichten Abteilungen (die Ausdehnung des Doppelbodens zum Schutz gegen Minentreffer usw. betrug mit 190 m 83%), mit Bugwulst, 4 Dockkielen. Hinter Turm A und Turm D und hinter dem Rudermaschinenraum befanden sich starke Panzerschotte. Im Bereich der Zitadelle – parallel zur Außenhaut – verlief an jeder Seite ein Torpedoschutz aus hochelastischem Panzermaterial (siehe Panzerung).

9.	PS:	150 170 w (auf 3 Schrauben).
10.	Geschwindigkeit:	30,1 kn[6] (Höchstgeschwindigkeit: die Konstruktionsgeschwindigkeit lag bei 29 kn).
11.	Fahrstrecke:	8 900 Seemeilen bei 17 kn.
		9 280 Seemeilen bei 16 kn.
12.	Brennstoff:	8 780 ts Öl.

---

1 Die HANNOVER, für die BISMARCK Ersatz sein sollte, war seit 1935 (nach 28 Dienstjahren) außer Dienst, aber noch vorhanden. Sie lag als HULK in Kiel und war zum Umbau als Fernlenkschiff für Flugzeuge vorgesehen, was als infolge des Krieges unterblieb. Sie wurde erst 1944–1946 in Bremerhaven abgewrackt, hat also ihren Ersatz, die BISMARCK, überlebt.
2 ts = (engl. tons) 1,016.
3 t = metrische Tonne.
4 Lt. Siegfried Breyer in: BISMARCK und TIRPITZ. Die Seekiste 2 (1957), S. 155–163, betrug die max. Verdrängung 51 714 t, lt. Gröner wie oben. Bei der CWL-Verdrängung herrscht absolute Übereinstimmung, ebenso bei der Typverdrängung nach Washington-tons.
5 Diese Zahlen gelten erst für die Zeit nach dem Umbau des Bugs, der bei BISMARCK zwischen Stapellauf und Indienststellung, bei Schwesterschiff TIRPITZ aber schon auf der Helling erfolgte. Vor dem Umbau gelten für beide Schiffe: L.ü.a. = 248,0 Meter
L.i.d. CWL = 240,2 Meter.
6 kn = Knoten = eine Seemeile in der Stunde.

Anhang 7 eigene und gegnerische Schiffe in technischen Daten

13.	Artillerie:	8 SK[7] – 38,1, cm[8] L/47[9] C/34 e in 4 Doppeltürmen C/34 mit 362 hm Schußweite als SA[10] (840–960 Schuß)[11].
		12 SK – 15 cm L/55[12] L/28 in 6 Doppeltürmen C/34 mit 230 hm als MA[13] (1 800).
		16 Flak – 10,5 cm L/65[14] C/33 in Doppellafetten C/33[15].
		16 Flak – 3,7 cm L/83 C/30 in Doppellafetten (32 000).
		12 Flak – 2 cm C/30 in Einzellafetten[16] (keine Angaben).
		Ferner 1 Doppelkatapult plus 2 Vierlinge, nach Handakte Raeder auf Vormars.
		4 Bordflugzeuge vom Typ Arado 196, im Hangar[17]:
		1 Haupthangar
		2 Bereitschaftshangar zu beiden Seiten des Schornsteins
		Flugzeughalle 2 an Backbord
		Flugzeughalle 3 an Steuerbord
		Grundfläche: 12 x 5 m = 60 qm
		für 4 x AR 196 mit abgenommenen Tragflächen
		Katapult 14,60 m lang.
		Obwohl ursprünglich geplant, hatte die BS keine Torpedorohre, wohl aber das Schwesterschiff TIRPITZ ab 1942 8 Decks-Tr.
14.	Zielgeräte	Drei E-Meßgeräte, 1–7,5-m-Basisgerät auf dem Gefechtskommandostand.
14.	*(optische)*:	2 10-m-Geräte.
15.	Zielgeräte	Zwei FuMO's (Funkmeßortungsgeräte), deren »Matratzen« in der Größe
15.	*(elektronische)*:	von je 2 x 6 m auf der Vorderseite der 10-m-Geräte montiert waren.
		1 FuMB (Funkmeßbeobachtungsgerät)[18].
16.	Panzerung:	Siehe auch Zeichnung auf Faltblatt am Schluß des Buches. Bei dem Panzer handelte es sich um Krupp-Panzer. Davon waren aus Wotan-hart-Material: Oberdeck, Panzerdeck, Vor- und Achterschiff; aus Wotan-weich-Material: Torpedoschott;

---

7 SK = Seezielkanone.
8 Gröner gibt mit 38 cm eine metrische Größe an (38,1 ist aufgerundet von 38,099 cm = 15 Zoll).
9 Bei Breyer L/50, ebenso früher bei Gröner.
10 SA = Schwere Artillerie.
11 Gesamtzahl aller für das jeweilige Kaliber vorhandenen Geschosse.
12 Bei Breyer L/50, ebenso früher bei Gröner.
13 MA = Mittelartillerie.
14 Bei Breyer L/50, ebenso früher bei Gröner.
15 BS hatte anfangs noch die 10,5-cm-Flak in der älteren Doppellafette C/31, sie wurden Frühjahr 1941 gegen die moderneren Doppellafetten C 33 ausgewechselt.
16 Vor dem Auslaufen erhielt BS noch 16 2-cm-Flak in Vierlingslafetten, hatte also zusammen 28 2-cm-Flak.
17 Ihr Start erfolgte auf einem quer über Deck verlaufenden, doppelseitig schießenden Katapult; von den Flugzeugschuppen führten Verschiebegleise dorthin.
18 Das Vorhandensein dieses völlig neuen Gerätes auf der BS ist umstritten (siehe auch diesbezügliche Ausführungen im Text).

aus KC-Material (Krupp Cemented[19]): Kommandoturm, CWL (Konstruktionswasserlinie), Zitadelle (mit Teakholz), Türme der 38,1er, Turmschilde der 15er, Schilde der 10,5er Mars.

Übersicht über die Panzerstärken[19a] (in mm):

Panzerschotte			
	vor Turm A		145 –220
	hinter Turm D		110 –220
	hinter Rudermaschinenraum		45 –150
Torpedoschott			30 –45 »Ww«
Gürtelpanzer[19b]			320
Zitadellenpanzer[19c]			120 –145
Vorschiff[19d]			35 –60 »Wh«
Achterschiff			35 –80 »Wh«
Panzerdeck[19e]			0100 –120
Oberdeck[19f]			50
38er-Türme	Stirnwände[19g]		360
	Rückwände		320
	Seitenwände		150 –220
	Turmdecken		130 –180
	Böden		50 –150
	Barbetten		340 über Oberdeck
			220 unter Oberdeck

---

19 KC 10 mm = Harvey 130 mm = Schmiedeeisen 300 mm = Compound (Verbund), Sandwich 200 mm.
KC 100 mm = WH ~ 60 mm – Wh ~ 80 mm

Zerreißfestigkeit:	Wh	85 bis 95 kg/mm 2, Dehnung 20 %
	Ww	65 bis 75 kg/mm 2, Dehnung 25 %
	St 52 KM	52 bis 64 kg/mm 2, Dehnung 24/22 %
	St 42 KM	42 bis 50 kg/mm 2, Dehnung 25 %
	St 34 KM	34 bis 42 kg/mm 2, Dehnung 30 %.

19a Nach Breyer (Seekiste), siehe auch Faltblatt mit Angaben von Gröner.

19b In etwa 170 m Länge und je (etwa) drei Meter über und zwei Meter unter der CWL; hinter ihm lagen alle lebenswichtigen Anlagen wie: Munitionsräume, Maschinen, Kessel.

19c Breyer: »Aus Gründen des erhöhten Seitenschutzes wurde auf diesen Schiffen wieder ein Zitadellpanzer eingeführt. Seine Ausdehnung entsprach in der Länge der des Gürtelpanzers und bot immer noch Schutz gegen mittlere Granattreffer.«

19d Große Teile des Vor- und Achterschiffes bestanden nicht aus dem bis dahin gebräuchlichen Schiffbaustahl, sondern aus geschweißten Partien obiger Speziallegierungen.

19e Die Ausdehnung des Panzerdecks entsprach wiederum der des Gürtelpanzers, setzte sich aber – in geringerer Stärke – hinter den Panzerschotten nach vorn und achtern je ein Deck tiefergelegen fort. Im Bereich der vorderen und achteren schweren Türme war dieses Deck nochmals verstärkt. Im Bereich vor dem vorderen Panzerschott war das Panzerdeck nur splittersicher, wies aber achtern über den besonders gefährdeten Anlagen (Ruder, Schrauben) die größte Dicke in der Ebene auf.

19f Das Oberdeck war mit 50 mm immer noch splittersicher und hatte die Aufgabe, auftreffende Geschosse »abzubremsen«, so daß diese über dem eigentlichen Panzerdeck zur Detonation kamen. Damit wurde erreicht, daß die lebenswichtigen Anlagen vor Trefferwirkungen verschont blieben. Diese Methode hat sich später, beim Endkampf, hervorragend bewährt (siehe Bericht über den Endkampf). Man denke auch an die Bombentreffer, die das Schwesterschiff TIRPITZ erhielt. Allerdings war die gesamte Panzerung den späteren 6-Tonnen-Bomben (Blockbrecherbomben) der Briten nur bedingt gewachsen.

19g Die vier Türme der SA und der Gefechtskommandostand wiesen den stärksten Panzerschutz auf.

15er-Türme	Stirnwände	100
	Rück- u. Längswände	40
	Turmdecken	20–35
	Böden	20
	Barbetten	50
Gefechtskommandostand vorn[19h]		
	Decke	200
	Seitenwände	350
	Boden	60
	Schacht	220
Gefechtskommandostand achtern		
	Decke	50
	Seitenwände	150
	Boden	30
	Schacht	50
Artillerieleitstand[19i]		
	Decke	20
	Seitenwände	60
	Boden	20

17. Maschinen: 3 Satz Brown, Boveri & Cie.-Getriebe-Turbinen[20], viergehäusig
(3 Schrauben mit 4,85 m ø) in 2 + 1 Maschinenräumen; Primär-Umdrehungen in Voll-Last: 2 825 min^{-1} für Hoch- und Mitteldruck-Tu[21]; 2 390 min^{-1} für Niederdruck-Tu, 4 130 min^{-1} für Marschturbine, die Druckstufen um das Getriebe gruppiert.
12 Wagner-Höchstdruckkessel (4 560 qm + 1 440 qm Überhitzer/58 at/450° C Dampfüberhitzung in 1 + 1 Heizräumen. Die 12 Kessel waren bestückt mit 24 Saacke-Brennern (jeweils zwei Brenner je Kessel) mit einer max. Leistung von je 2 200 kg/h. Der Brennstoffbedarf je Kessel lag bei 4 400 kg/h. Kessel- und Ölfeuerungsanlage wurden automatisch mit ölhydraulischen Askania-Reglern betrieben.
Dampfverbrauch 20,5 kg je PS/h; Gewicht der gesamten Antriebsanlage 20,5 kg/PS.
4 E-Werke mit je 2 Dieselgeneratoren je 500 kW, dazu insgesamt 5 Turbogeneratoren zu je 690 kW, ferner 1 zu 460 kW (mit angehängtem 400 kVA-Wechselstromgenerator); ferner 1 Wechselstrom-Dieselgenerator 550 kVA; also E-Anlage insgesamt 7 910 kW 220 Volt in den Maschinenräumen.
2 Ruder (parallel angebrachte Balance-Ruder von je rund 24 qm Fläche).
Die Turbinenanlage war ursprünglich mit elektrischer Übertragung auf 3 x 46 000 PSw ausgelegt. Als sie auf mechanische Getriebe umkonstruiert wurde, wurden Gewichte frei, wodurch unter anderem auch die Turbinenfundamente verstärkt und die Turbinen im Betrieb wesentlich höher forciert werden konnten als derzeit üblich war.

19h Von diesem Stand führte ein stark gepanzerter Schacht in die Zentrale unter dem Panzerdeck.
19i Der auf dem Turmmast befindliche Artillerieleitstand war nur leicht geschützt, denn er befand sich 27 m über der CWL, in einer Höhe, die bei der sonstigen Anhäufung von Gewichten schwere Stabilitätsprobleme aufwarf.
20 Die Turbinen stammten aus Mannheim.
21 min^{-1} = Umdrehung in der Minute.

18.	Besatzung:	103 Offiziere (einschließlich Ärzte, Fähnriche pp), 1 962 Unteroffiziere und Mannschaften. Atlantikunternehmung: insgesamt: 2 092 (einschließlich Flottenstab und Prisenkommandos).
19.	Sonstiges:	MES-Schleife direkt an CWL-Panzerunterkante. Die BS und TIRPITZ waren (lt. Gröner: Die deutschen Kriegsschiffe 1815–1945): »... hervorragend indifferente Schiffe mit geringen flachen Stampf- und Schlingerbewegungen selbst in sehr schwerer See bei großer Kursbeständigkeit; nicht luvgierig. Manövrierten ausgezeichnet, auch bei ruhigen Ruderlagen (5%) fast sofort andrehend. Bei größeren Ruderlagen früheres Aufkommen (Stützen!) zweckmäßig. Bei Hartruder kaum 3° krängend. Fahrtverlust bis ~ 65%. Nicht ganz so hoch bei schnellem Wechsel der Hartruderanlage. Drehten über Achtersteven sehr gut und ebenfalls bei kleinen Fahrtstufen, so daß sogar in engen Fahrwasser keine Schlepperhilfe nötig.«

Die wichtigsten Daten des Schweren Kreuzers PRINZ EUGEN

Vom Stapellauf: 22.8.1938[22]. 16 230 / 18 400 ts.
8-20,3, 12-10,5-Flak, 12-3,7-Flak[23].
12 TR 53,3, 3 Flugzeuge.

Die wichtigsten Daten der Gegner im Verlauf der Operation in direkter Gefechtsführung

Schlachtkreuzer HOOD
Vom Stapel: 1918, 42 100 / 46 200 ts, 31 kn.
8-38,1, 12-14, 8-10,2-Flak, 4-4,7-Flak, 24-4-Flak[24].
6 TR 53,5[25].

Flaggschiff der Battle Cruiser Squadron unter Viceadmiral Holland.
Kommandant: Capt. Kerr.

Schlachtschiff PRINCE OF WALES
Vom Stapel: 3.5.1939[26], 35 000 / 45 000 ts, 30 kn.
10-35,6, 16-13,2-Flak, 2 bis 14-4-Flak (Bf), 64-4-Flak (Pp).
4 Flugzeuge.
Kommandant: Capt. Leach.

---

22 Lief in Anwesenheit des letzten österreichisch-ungarischen Flottenchefs, Admiral von Horthy, der als ungarischer Reichsverweser damals gerade zum Staatsbesuch bei Hitler war, von Stapel. Ein Schwesterschiff des österreichischen Flottenflagschiffes VIRIBUS UNITIS (und damit eines der insgesamt vier österreichisch-ungarischen Großkampfschiffe) hieß ebenfalls PRINZ EUGEN. Für ein deutsches Kriegsschiff war diese Namensgebung natürlich erst nach Österreichs Anschluß (März 1938) möglich.
23 Da die Zahl der Zwozentimeterflak fast bei allen nachfolgenden Schiffen wechselte, ist sie nicht angegeben. PE hatte 1941 überhaupt noch keine 2-cm-Flak. Als sie diese später bekam, wurden dafür vier der 12-10,5-cm-Geschütze abmontiert.
24 Lt. Weyher 1940: nur 16 statt 24 4-cm-Flak.
25 Die TR waren nicht in schwenkbaren Rohrsätzen, sondern fest im Rumpf eingebaut (zwei unter, vier über Wasser).
26 Also genau eine Woche nach BISMARCK.

Anhang 7 eigene und gegnerische Schiffe in technischen Daten

Schlachtschiff KING GEORGE V.
Vom Stapel: 21.2.1939, sonst wie PoW.
Flaggschiff des Kommander in Chief Home Fleet (C.-in-C.).
Adm. Tovey, Kommandant: Capt. Patterson.

Schlachtschiff RODNEY[27]
Vom Stapel: 17.12.1925, 33 900 ts, 25,5 RU.
9-40,6, 12-15,2, 6-12-Flak, 4-4,7-Flak, 16-4-Flak.
2 TR, 2 Flugzeuge.
Kommandant: Capt. Dalrymple-Hamilton.

Schlachtkreuzer RENOWN
Vom Stapel: 4.3.1916, 32 000 ts, 31,5 kn.
6-28,1, 20-11,4-Flak, 4-4,7-Flak.
8 TR, 4 Flugzeuge.
Flaggschiff der Force H unter Viceadmiral Sommerville.
Kommandant: Capt. Mc.Grigor.

Flugzeugträger VICTORIOUS
Vom Stapel: 14.9.1939, 23 000 ts, 30,7 kn.
16-11,4-Flak, 32-4-Flak.
40–45 Flugzeuge.
Kommandant: Capt. Bovell.

Flugzeugträger ARK ROYAL
Vom Stapel: 13.4.1937, 22 600 ts, 30,7 kn, 60 Flugzeuge.
Sonst wie VICTORIOUS.
Kommandant: L.E.H. Maund.

Schwerer Kreuzer SUFFOLK
Vom Stapel: 16.2.1926, 10 000 ts, 31,5 kn.
8-20,3, 6-10,2-Flak, 4-4,7-Flak.
3 Flugzeuge.
Kommandant: Capt. Ellis.

Schwerer Kreuzer NORFOLK
Vom Stapel: 12.12.1928, 9 925 ts, 32,2 kn.
8-20,3, 8-10,2-Flak, 4-4,7-Flak, 7-4-Flak.
8 TR, 1 Flugzeug.
Kommandant: Capt. Phillips.

---

27 Die RODNEY und ihr Schwesterschiff NELSON waren die ersten nach den Bestimmungen des Washingtoner Flottenvertrages neu erbauten Schlachtschiffe (zwei britische, zwei französische, zwei deutsche), die erst nach dem Ersten Weltkrieg begonnen, aber noch vor dem Zweiten Weltkrieg vollendet wurden. – RODNEY und NELSON waren mit 9 40,6-cm-Geschützen noch 1941 die stärksten Schlachtschiffe der Welt (die fünf anderen fertigen mit ebenfalls 40,6 cm hatten nur acht Rohre, andere mit ebenfalls 9 40,6 cm sowie die Japaner mit sogar 9 46 cm wurden erst ab Herbst 1941 fertig). Die RODNEY gehörte zu den sechs Schlachtschiffen (zwei britische, zwei französische), welche die gesamte SA auf dem Vorschiff hatten.

Schwerer Kreuzer DORSETSHIRE
Vom Stapel: 29.1.1929, 9 975 ts, 32,2 kn.
Sonst wie NORFOLK.
Kommandant: Capt. Martin.

Leichter Kreuzer SHEFFIELD
Vom Stapel: 23.7.1936, 9 100 ts, 33 kn.
12-15,2, 8-10,2-Flak, 4-4,7-Flak, 8-4-Flak.
6 TR, 3 Flugzeuge.
Kommandant: C. A. A. Larcom.

Zerstörer COSSACK, MAORI, ZULU, SIKH (TRIBAL-Klasse)
Vom Stapel: 1937, 1 870 / 2 400 ts, 36,5 kn.
8-12-Flak, 4-4-Flak, 4 TR.
Kommandanten: Vian, Armstrong, Graham, Stokes.

Ferner der Zerstörer PIORUN[28] ex/brit. NERISSA 1 760 / 2 320 ts, 36 kn.
6-12, 4-4-Flak, 6-2-Flak.
10 TR.

Die wichtigsten Daten der Gegnerschiffe, die an der Jagd auf BISMARCK beteiligt waren, aber nicht direkt eingegriffen haben

Schlachtschiff NELSON (alarmiert)
Vom Stapel: 3.9.1925, 33 950, ganz wie RODNEY,
aber nur ein Flugzeug.

Schlachtkreuzer REPULSE
Vom Stapel: 8.1.1916, 32 000 ts, 31,5 kn.
6-38,1, 12-10,2, 8-10,2-Flak, 4-4,7-Flak, 16-4-Flak.
8 TR, 4 Flugzeuge.
Kommandant: Capt. W. G. Tennant.

Schlachtschiff RAMILLIES
Vom Stapel: 12.9.1916, 29 150 ts, 22 kn.
8-38,1, 12-15,2, 8-10,2-Flak, 4-4,7-Flak, 16-4-Flak, 2-2-Flak.
1 Flugzeug.

---

28 Zählte 1941 zur polnischen Marine und war zusammen mit den 1939 aus Polen noch vor dem Kriegsende entkommenen Kriegsschiffen im Rahmen der RN eingesetzt worden. Die ehemals britische PIORUN wurde erst nach dem Kriegsausbruch der polnischen Exilmarine zugesprochen.

Leichter Kreuzer Galatea
(Die Galatea, Aurora, Kenya und Hermione bildeten die »Second Cruiser Squadron«
unter Rear-Admiral A. T. B. Curters).
Vom Stapel: 9.8.1934, 5 220 ts, 32,3 kn.
6-15,2, 8-10,2-Flak, 2-4,7-Flak.
6 TR, 1 Flugzeug.

Leichter Kreuzer Edinburgh
Vom Stapel: 31.3.1938, 10 000 ts, 32 kn.
12-15,2, 12-10,2-Flak, 4-4,7-Flak, 8-4-Flak, 2-2-Flak.
6 TR.

Leichter Kreuzer Kenya
Vom Stapel: 18.8.1939, 8 000 ts.
12-15,2, 8-10,2-Flak, 8-4-Flak.
6 TR, 3 Flugzeuge.

Leichter Kreuzer Aurora
Vom Stapel: 20.8.1936, 5 270 ts.
6-15,2, 8-10,2, 2-4,7-Flak.
6 TR.

Leichter Kreuzer Hermione
Vom Stapel: 15.5.1938, 5 430 ts.
10-13,2-Flak, 8-4-Flak.
6 TR, 1 Flugzeug.

Die Zerstörer

Inglefield
1936, 1 530 ts, 36,5 kn, 5-12, 8 TR.

Icarus und Intrepid
1936–37, 1 350 ts, 36 kn, 4-12, 10 TR.

Elektra und Echo
1934, 1 375 ts, 35,5 kn, 4-12, 8 TR.

Anthony, Achates, Antelope und Active
1929–30, 1 350 ts, 35 kn, 4-12; 2-4-Flak, 8 TR.

Mashona, Punjabi, Somali, Tartar
1938, sonst wie Sikh pp (Tribal-Klasse).

Nestor
1940–41, 1 760 / 2 320 ts, 36 kn, 6-12, 4-4 (Pp); 6-2-Flak, 10 TR.

24.5.1941 Schlachtkreuzer HOOD, 27.5.1941 Schlachtschiff BISMARCK gesunken

»Rheinübung« vom 18.5.-1.6.1941

Britische Kriegsschiffe:

Schlachtschiffe:
KING GEORGE V.
RODNEY
REPULSE
HOOD
PRINCE OF WALES
RENOWN
RAMILLIES
REVENGE

Kreuzer:
NORFOLK
SUFFOLK
GALATEA
AURORA
KENYA
NEPTUNE
ARETHUSA
EDINBURGH
MANCHESTER
BIRMINGHAM
HERMIONE
SHEFFIELD
DORSETSHIRE

Flugzeugträger:
VICTORIOUS
ARK ROYAL

Zerstörer:
INGLEFIELD
ACTIVE
ANTELOPE
ACHATES
ANTHONY
ELECTRA
ECHO
SOMALI
TARTAR
MASHONA
ESKIMO
PUNJABI
INTREPID
ICARUS
NESTOR
JUPITER
LANCE
LEGION
SAGUENAY

Zerstörer:
ASSINIBOINE
COLUMBIA
COSSACK
SIKH
ZULU
MAORI
PIORUN
WINDSOR
FAULKNOR
FORESIGHT
FORESTER
FOXHOUD
FURY
HESPERUS

Unterseeboote:
MINERVE
P 31
SEALION
SEAWOLF
STURGEON
PANDORA
TIGRIS
H 44

Deutsche Kriegsschiffe:
Schlachtschiff BISMARCK
Kreuzer PRINZ EUGEN

Geleit an der norwegischen Küste:

Zerstörer: HANS LODY
FRIEDRICH ECKHOLT
Z 23

Troßschiffe: ERMLAND
WEISSENBURG
BREHME
HEIDE
LOTHRINGEN
ESSO III
GEDANIA

Auf die BISMARCK gefeuerte Torpedos[1]

Schiff	Zeit des Angriffs Uhrzeit Tag (Mai)	Zahl der abgefeuerten Torpedos (über Bord geworfen)	Treffer	mögliche Treffer
VICTORIOUS	2400/5	8 (1)	1	–
ARK ROYAL	1550/26 auf HMS SHEFFIELD		–	–
	2100/26	13 (2)	2	1
	1016/27	0 (15)	–	–
COSSACK	0140/27	3	1	–
	0335/27	1	–	–
MAORI	0137/27	2	1	–
	0656/27	2	–	–
ZULU	0121/27	4	–	–
SIKH	0128/27	4	–	1
RODNEY	während der Endphase am 27. Mai	12	1	–
NORFOLK	ebenso	8	–	1
DORSETSHIRE	1025/27	3	2	1
Summe		60 (18)	8	4

Summe der gefeuerten Torpedos: 72, verbraucht insgesamt: 90

Munitionsverbrauch beim Endkampf gegen die BISMARCK, 27.5.1941[1]

Schiff	41 cm	35,6 cm	20,3 cm	15,2 cm	13,3 cm
KING GEORGE V.	–	339	–	–	660
RODNEY	380	–	–	716	–
NORFOLK	–	–	527	–	–
DORSETSHIRE	–	–	254	–	–
Summe	380	339	781	716	660

[1] Nach Scofield, B.B.: Loss of the BISMARCK. Ian Allan Ltd., London 1972

Anhang 8

Wissensträger und Informanten
(und deren Tätigkeit während der Zeit der BS-Unternehmung, bei Kriegsende und danach)[1]

Arend, Gerard-Hermann,	Dr. phil., wissenschaftlicher Mitarbeiter der AG.
Backenköhler, Otto (10),	Admiral a.D.; X. 39–VII. 40: Chef des Stabes beim Flottenkommando (unter Marschall und Lütjens); während BS-Unternehmung Chef des Amtes Torpedowesen (TWa) von XIII. 40–III. 43; bei Kriegsende (von 43–45) Chef des Marinewaffenhauptamtes / Chef der Kriegsmarinerüstung.
Below, von,	Oberst a.D. (Luftwaffe); Luftwaffenadjutant bei Hitler.
Burkhardt, Hermann,	Professor Dr. h. c. Marineoberbaudirektor; IX. 37–VIII. 40: Direktor des Schiffbauressorts der KMW Wilhelmshaven; während BS-Unternehmung: Chef des Betriebs- und Planungsamtes der KM-Werft Wilhelmshaven von VIII. 40–XI. 41, am 15.1.42 mit dem Rang eines Vizeadmirals in den Ruhestand versetzt.
Dönitz, Karl (10),	Großadmiral; X. 39–I. 43: Befehlshaber der U-Boote (BdU); ab I. 43 Oberbefehlshaber der Kriegsmarine, seit IV. 44 auch Wehrmachtbefehlshaber Nord, V. 45: Regierungschef.
Engel, Siegfried (11),	Konteradmiral a.D., Übersetzer; V. 38–III. 43: Chef des Stabes beim 2. AdN (2. Admiral der Nordseestation), bei Kriegsende: 2. Admiral der Nordseestation.
Förste, Erich (10),	Admiral a.D., Chefredakteur der Marine-Rundschau: V. 38–XI. 39: Kmdt. Schlachtkreuzer GNEISENAU, bei BS-Unternehmung: Chef der Zentralabteilung bzw. Chef des Stabes der KM-Werft Wilhelmshaven (XI. 39–IX. 41), bei Kriegsende: OB des MOK Nord (von III. 43 bis Ende).
Freytag, Georg (07),	Oberst a.D. (Luftwaffe); Crewkamerad von Lütjens.
Frohberg, Günter (IX/39),	Oberleutnant z.S. a.D., Dr. jur. (Rechtsanwalt); II. 41–III. 43: auf PRINZ EUGEN; bei Kriegsende: U-Bootkommandant (U 1275).
Frorath, Friedrich Karl (07),	Kapitänleutnant a.D., Dipl.-Ing.; Crewkamerad von Lütjens.
Fuchs, Werner (09),	Admiral a.D.; X. 39–X. 44: Chef des Hauptamtes Kriegsschiffbau (K.-Amt); bei Kriegsende: Führerreserve.
Gießler, Helmuth (I/17),	Kapitän z.S. a.D., Schiffahrtsreferent der Deutschen Gesellschaft für Ortung und Navigation, Düsseldorf, I. 39–IV. 43: NO, dann IO Schlachtkreuzer SCHARNHORST, danach OKM/NWa, Chef der Entwicklungsabteilung; bei Kriegsende: Kmdt. Leichter Kreuzer NÜRNBERG.
Hadeler, Wilhelm (D 34),	Oberregierungsbaurat a.D., Dipl.-Ing.; XI. 39–I. 42: Abt. Vorstand, Kriegsmarinewerft Kiel, später dort Betriebsdirektor, dann u.a. KMW Wilhelmshaven, Schiffbaudirektor Gotenhafen, Referent OKM/K I, später Mar. Rüst./P; bei Kriegsende: Lehrer für Schiffbau, Marineschule Mürwik.

---

[1] Ziffern in ( ): Crewjahr, D in ( ): Diensteintritt, zum Nachkriegsberuf Angaben soweit vorhanden bzw. erwünscht.

Hoffmann, Kurt Caesar (12),	Vizeadmiral a.D.: X. 39–III. 42: Kmdt. Schlachtkreuzer SCHARNHORST; bei Kriegsende: Chef des Artilleriewaffenamtes.
Huhnholz, Kurt,	Hauptmann a.D. (Luftwaffe).
Jacobson, Hans-Adolf,	Dr. phil., Historiker und Direktor des Forschungsinstituts für auswärtige Politik.
Kähler, Otto (IV/14),	Konteradmiral a.D., Kapitän A 6 und Schiffahrts- und Havarieexperte; III. 40–VI. 41: Kmdt. Hilfskreuzer THOR; VII. 42–X. 42: Abt. Chef im RVM; X. 42–I. 44: Chef der Schiffahrtsabt. im OKM (Skl Qu A VI); I. 44–IX. 44: Seekmdt. Bretagne; IX. 44: Kriegsgefangenschaft bis II. 47.
Kentrat, Eitel-Friedrich (28),	Korvettenkapitän a.D., Baukaufmann; IX. 40–II. 42: Kmdt. von U 74; bei Kriegsende: Marinestützpunktleiter Kobe (Japan) und Gehilfe des Marineattachés Tokio.
Krancke, Theodor (12),	Admiral a.D., bis 1966 Vizepräsident des DMB (Deutscher Marine-Bund e.V.); X. 39–VI. 41: Kdt. Schwerer Kreuzer (Ex-Panzerschiff) ADMIRAL SCHEER; bei Kriegsende: OB MOK Norwegen.
Krüger, Werner (D 1934),	Oberfunkmeister a.D. und Stabshauptbootsmann bei der Bundesmarine (Marineflieger).
Laufenberg, Ernst (D 39),	Kapitänleutnant a.D. (Troßschiffkommando); Kapitän A6 (angestellt im Hafen Bremerhaven).
Lüert, Wilhelm (?),	Kapitänleutnant a.D., im Kriege bei und nach BISMARCK-Unternehmung bei 2. AdO.
Marschall, Wilhelm (06),	Generaladmiral a.D.; II. 38–X. 39: Befehlshaber der Panzerschiffe, dann X. 39–VII. 40: Flottenchef und zugleich Seebefehlshaber West; VIII. 42–IX. 42: Kommandierender Admiral Frankreich, IX. 42–IV. 43: Marinegruppe West; bei Kriegsende: OB MOK West.
Meinke, Hans-Joachim (D 40),	Marineoberstabsrichter i.R., Dr. jur. (Oberamtsrichter), Amtsgerichtsrat, III. 41–VIII. 41: am Gericht Küstenbefehlshaber östl. Ostsee, dann am Gericht BdU; bei Kriegsende: Gericht Admiral Skagerrak.
Meydeck, Hugo (?),	Fregattenkapitän a.D.
Meyer, Hans (I/17),	Konteradmiral a.D., VIII. 39–VI. 41: Chef des Stabes beim Marine-Gruppenkommando West, Paris, später (1942) Kmdt. Leichter Kreuzer KÖLN; XII. 42–II. 43: Kmdt. Schlachtschiff TIRPITZ; bei Kriegsende: OKM/Skl, Chef der Operationsabteilung.
Michaux, Theodor (D 1940),	bei Kriegsende: Kdt. eines MFP; Dr. phil. (Historiker und wissenschaftlicher Mitarbeiter der AG und bei einem Wirtschaftsverlag).
Mikules, T.,	Commander der U.S. Navy, U.S. Naval Institute, Annapolis (Maryland), USA.
Mönkemeier, Walter (D 38),	Geschwaderrichter a.D.
Moritz, Karl Ludwig (18 Ing.),	Kapitän z.S. (Ing.) a.D. und Dipl.-Ing.; III. 39–V. 40: Erprobungsleiter EKK für den Schweren Kreuzer BLÜCHER; V. 40–XI. 40: LI auf dem Schweren Kreuzer ADMIRAL HIPPER; XI. 40–VIII. 41: Erprobungsleiter EKK Schlachtschiff TIRPITZ; bei Kriegsende: Kmdt. KM.-Arsenal Drontheim.
Patzig, Conrad (07),	Admiral a.D.; Crewkamerad von Lütjens; X. 37–X. 42: Chef des Marinepersonalamtes; bei Kriegsende: z.V.

Pflugh-Harttung, Horst, von (07),	Kapitän z.S. a.D.; Crewkamerad von Lütjens, VIII. 39–X. 42: Referent OKW/Ausl. IV; bei Kriegsende: amerikanische Gefangenschaft (Einsatz Frankreich als Kommandeur des Mar.-Regiments von Pflugh-Harttung).
Rhein, Wilhelm (07),	Konteradmiral a.D.; Crewkamerad von Lütjens; XII. 39–VII. 40 und X. 40–VIII. 42: Chef des Stabes, OKM/Marinewaffenhauptamt; bei Kriegsende: Chef der Amtsgruppe FEP, OKM/Mar.-Rüstung.
Reinicke, Hansjürgen (22),	Kapitän z.S. a.D., VIII. 38–XII. 41: Referent OKM/1. Skl; bei Kriegsende: Kmdt. Schwerer Kreuzer PRINZ EUGEN.
Richter, J.,	Professor Dr. rer. nat., Kiel.
Rogge, Bernhard (VII/15),	Vizeadmiral a.D., bis 1963 Bundeswehr als Konteradmiral Wehrbereichs-Befehlshaber I. Kiel: XII. 39–XI. 41: Kmdt. Hilfskreuzer ATLANTIS; bei Kriegsende: Befehlshaber der Kampfgruppe Rogge (Ostsee).
Rohwer, Jürgen (VI/42),	Leutnant z.S. a.D., Dr. phil; Direktor der Bibliothek für Zeitgeschichte.
Röhr, Albert,	Einkaufsleiter und Fachschriftsteller.
Rohde, Emil (?),	Stabsobersteuermann a.D.
Rotfahl, Paul,	Oberfähnrich a.D., Pastor.
Ruge, Friedrich (IV/14),	Vizeadmiral a.D., Professor; X. 39–II. 41: FdM West; bei Kriegsende: XI. 44–Ende: Chef des Konstruktionsamtes OKM/Mar.-Rüst.; nach dem Kriege (erster) Inspekteur der Bundesmarine.
Schadewaldt, Hans,	Flottenarzt d.R., Professor Dr. med. und Dir. Inst. f. Geschichte der Med. an der Universität Düsseldorf.
Schellmann, Holm (25),	Oberst a.D. (Luftwaffe), Schriftleiter (Truppenpraxis).
Schmalenbach, Paul (28),	Fregattenkapitän a.D., während BISMARCK-Unternehmung 2. AO auf PRINZ EUGEN.
Schniewind, Otto (07),	Generaladmiral a.D.; Crewkamerad von Lütjens; X. 38–VI. 41: Chef des Stabes der Skl; VI. 41–VII. 44: Flottenchef (zugleich, ab II. 43, Oberbefehlshaber des Marine-Gruppenkommandos West, Paris); bei Kriegsende: Führerreserve.
Schultz, Hans-Henning von (33),	Kapitän z.S.; VII. 40–I. 43: BNO Schwerer Kreuzer PRINZ EUGEN; bei Kriegsende: MVO beim Generalnachrichtenführer der Luftwaffe / Chef des Nachrichtenverbindungswesens der Luftwaffe.
Schulze-Hinrichs, Alfred (I/18),	Kapitän z.S. a.D. und Schriftleiter (Truppenpraxis); XI. 40–XI. 41: Chef der 6. Z.-Flottille; bei Kriegsende: Seekommandant Narvik.
Schütte, Ernst Heinrich Wilhelm (D 07),	Oberleutnant z.S. d.R. a.D., Kapitän A 6 und Inspektor i.R. bei der Nordsee Deutsche Hochseefischerei AG; während der BS-Unternehmung: Kmdt. WBS 7 (SACHSENWALD); I. 1944 durch UK-Stellung aus dem aktiven Dienst der KM entlassen.
Sergel,	Oberst, Marineattaché bei der Schwedischen Botschaft in Bonn (1960).
Sounders,	Captain bei der Royal Naval, Historial Section.
Süchting, Wilhelm,	Dr.-Ing. Chef der Konstruktionsabteilung von Blohm & Voss
Taylor, Roger C.,	Editorial Director, US Naval Institute Staff, US Naval Institute, Annapolis (Maryland), USA.
Topp, Karl (IV/14),	Vizeadmiral a.D., I. 41–II. 41: Baubelehrung und II. 41–II. 43: Kmdt. Schlachtschiff TIRPITZ; bei Kriegsende: Vorsitzender der Schiffbaukommission des Reichsministers für Rüstung und Produktion.
Uhlig, Franz, jr.,	wissenschaftlicher Mitarbeiter beim United Naval Institute, USA.

Vesper, Karl (07),	Kapitän z.S. a.D.; Crewkamerad von Lütjens; XI. 39–IV. 44: Sachbearbeiter (ab 44 bis Ende Referent) beim Sonderstab Handelskrieg und wirtschaftliche Kampfmaßnahmen.
Voelkel, Georg (D 31),	Oberfunkmeister (E-Meß = Radar) auf PRINZ EUGEN während der BISMARCK-Unternehmung. Fregattenkapitän a.D.
Voß, Hans-Erich (VII/15),	Vizeadmiral a.D.; XI. 39–I. 42: Abt. Chef OKM/Skl, Qu A I. (ab I. 42–IX. 42 daselbst Amtsgruppenchef), IX. 42–II. 43: Kmdt. Schwerer Kreuzer PRINZ EUGEN; bei Kriegsende ständiger Vertreter des ObdM im Führerhauptquartier, ab IV. 45: russische Gefangenschaft (entlassen 1955).
Wagner, Gerhard (VII/16),	Konteradmiral a.D. (KM und Bundesmarine); IV. 39–VI. 41: Gruppenleiter I a im OKM/1. Skl; bei Kriegsende: Admiral beim Regierungschef des Deutschen Reiches (nur beschränkte Auskunft).
Weichold, Eberhard (11),	Vizeadmiral a.D., XI. 39–VI. 40: Chef des Stabes beim Sonderstab Handelskrieg und wirtschaftliche Kampfmaßnahmen; bei Kriegsende: Chef des Marinelehrstabes.
Witzell, Carl (02),	Generaladmiral a.D.; XI. 39–VIII. 42: Chef des Marinewaffenhauptamtes; bei Kriegsende: z.V. gestellt.
Wohlfahrt, Herbert (3),	Kapitänleutnant a.D.; bei BISMARCK-Unternehmung: Kmdt. U 556; bei Kriegsende in Gefangenschaft.

Anhang 9
Die Überlebenden vom Schlachtschiff BISMARCK und deren Gefechtsstation

Paul Hillen, Mettmann, einer der Überlebenden des am 27. Mai 1941 gesunkenen (selbstversenkten) Schlachtschiffes BISMARCK, hat anhand britischer Unterlagen eine Liste der Überlebenden und deren Einsatzpositionen zusammengestellt (nach britischen Dokumenten: List of Survivors of BISMARCK, Appendix II/266, p. 54 and 55). Er schreibt dazu: »Diese Listenangaben waren teilweise schwer lesbar. Die Angaben in der rechten Spalte dürften nicht immer den Tatsachen entsprechen. Diese Angaben wurden bekanntlich bei den Verhören gemacht. Jochen Brennecke, Autor der neuen, 5. Auflage ›Schlachtschiff BISMARCK aus deutscher und britischer Sicht‹, bittet um Korrektur, wo solche möglich und notwendig sind.«

	Name	Dienstgrad	†	Alter	2 cm	3,7 cm	10,5	15 cm	38 cm	Maschine	Verwendung	
1	von Müllenheim-Rechberg, Burkh.	Kapitänleutnant		30								4 A. O. Achterer Leitstand
2	Junack, Gerhard	Kapitänleutnant	†	31						x		Turbinenraum
3	Balzer, Lothar	Nautischer Assistent		30								Brücke
4	Stiegler, Hans-Georg	Fähnrich Ingenieur		21						x		Elektrische Werkstatt
5	Behnke, Helmut	Matrose		20								Kartenpult
6	Beier, Wilhelm	Matrosen-Obergefreiter	†	23				x				Steuerbord 3
7	Bieder, Walter	Matrose		19				x			–	Backbord 3
8	Blödorn, Erwin	Matrosen-Gefreiter	†	21						x		Keine Angaben
9	Blum, Herbert	Matrose	†	19						x		Leckabwehr
10	Bornhuse, Hans	Matrose		19				x			–	Munitionsmanner
11	Budich, Hermann	Maschinen-Gefreiter		21						x		Keine Angaben
12	Burmester, Erich	Maschinen-Gefreiter	†	20						x		Keine Angaben
13	Chyla, Franz	Matrosen-Gefreiter		20				x			–	Munitionsmanner
14	Dernbauer, Franz	Matrose	†	20				x				Munitionsmanner Backbord 3
15	Dörfler Johannes	Maschinen-Gefreiter	†	20						x	–	Reparatur elektrischer Leitungen
16	Draheim, Willi	Matrose		19							–	Keine Angaben
17	Eich, Adolf	Matrosen-Gefreiter	†	20								Achtere Rechenstelle
18	Fahrenbach, Willy	Matrosen-Gefreiter	†	20								Keine Angaben
19	Geierhofer, Anton	Matrosen-Gefreiter		21								Keine Angaben
20	Generotzky, Wilhelm	Maschinen-Maat		24						x		Turbinenraum
21	Gräf, Wilhelm	Maschinen-Maat	†	26						x		Turbinenraum
22	Gran, Paul	Verwaltungsgefreiter	†	21							CA	Küche
23	Haberditz, Alois	Matrosen-Gefreiter		21								Bäcker
24	Hager, Werner	Matrosen-Gefreiter	†	21							CA	
25	Halke, Franz	Matrosen-Gefreiter		19								Achtere Rechenstelle
26	Heinicke, Heinz	Maschinen-Gefreiter		22						x		Ölpumpen
27	Hellwig, Johann	Matrosen-Gefreiter		19				x				Keine Angaben Bb 3
28	Helms, Friedrich	Bootsmanns-Maat	†	26					x		–	Turm Dora
29	Hepner, Ernst	Feuerwerksmaat									–	Munitionskammer Turm Dora
30	Herzog, Georg	Matrosen-Gefreiter				x					–	Geschütz 3,7 Stb
31	Höntzsch, Otto	Matrosen-Gefreiter				x						Geschütz 3,7 Stb
32	Heuer, Bernhard	Matrose		18								Keine Angaben
33	Hillen, Paul	Matrose		20				x				Munitionskammer Stb 3
34	Höeft, Fritz	Maschinen-Gefreiter		20						x		Keine Angaben
35	Jahn, Herbert	Maschinen-Gefreiter		21						x		Feuerwehr
36	Janzen, Günter	Maschinen-Gefreiter		18						x	AUb	Maschinen Ersatzteile
37	Jucknat, Heinz	Matrosen-Obergefreiter		21		x					–	Munitionsnachschub
38	Junghans, Friedrich	Matrosen-Obergefreiter	†	22					x			Turm Dora
39	Juricek, Hans	Maschinen-Gefreiter	†	22						x		Maschinenraum
40	Kadow, Ernst	Mechaniker-Obergefreiter		26							–	Flugzeuge Bordpersonal
41	Kaselitz, Wilhelm	Matrose	†	29				x				Munitionskammer 15 cm
42	Keller, Willi	Matrose		18							–	Munitionskammer 38 cm
43	Keune, Helmut	Schreiber-Obergefreiter		23						x		
44	Klaes, Theodor	Matrose	†	21				x				10,5-cm-Geschütz
45	Kniep, Otto	Maschinen-Gefreiter	†	20						x		Kühlgeräte
46	König, Heinrich	Obermaschinen-Maat	†	23						x		Abteilung VII
47	Klotzsche, Gerhard	Maschinenmaat		21						x		Wellentunnel

Anhang 9 Die Überlebenden vom Schlachtschiff Bismarck und deren Gefechtsstation

#	Name	Dienstgrad	†	Alter	2 cm	3,7 cm	10,5	15 cm	38 cm	Maschine	Verwendung	
48	Kühn, Willi	Maschinen-Gefreiter		21						x	–	Elektro Werkstatt
49	Kuhn, Karl	Matrosen-Obergefreiter		18		x					–	Munitionskammer 10,5
50	Kuhnt, Heinrich	Maschinenmaat		21						x		Turbinenraum
51	Kunkel, Adolf	Matrose		18							–	
52	Kunze, Walter	Matrose		20							–	Munitionskammer 10,5
53	Langer, Herbert	Schreiber-Hauptgefreiter		25								Kantine
54	Langerwisch, Kurt	Matrosen-Hauptgefreiter		21		x					–	Geschütz
55	Lerch, Rudolf	Maschinenmaat	†	24						x		Eismaschinen
56	Liebs, Kurt	Matrose	†	18				x				Steuerbord 2, 15 cm
57	Lorenzen, Walter	Maschinen-Gefreiter	†							x		
58	Lust, Werner	Matrose	†	18						x	GB	Maschinenraum Pumpen
59	Mahlberg, Josef	Musikmaat	†	24								Munitionskammer Flak
60	Martin, Rudolf	Maschinen-Gefreiter		20						x		Turbinenraum
61	Mathes, Fritz	Bootsmanns-Maat		26								3 Meter AA Entfernungsmesser
62	May, Fritz	Maschinen-Gefreiter		20		x					–	Munitionskammer
63	Maus, Otto	Matrosen-Gefreiter	†	26				x				Backbord 3, 15 cm
64	Manthey, Herbert	Matrosen-Gefreiter	†	20								
65	Meurer, Heinz	Matrose	†	19						x		Leckabwehr
66	Mielke, Wilhelm	Matrosen-Gefreiter		19							–	Keine Angaben
67	Mihsler, Walter	Matrose		20							–	Keine Angaben
68	Mittendorf, Heinrich	Matrosen-Gefreiter		18						x		Munitionskammer 15 cm
69	Müller, Peter	Obermaschinen-Maat		26						x		Lichtreparatur
70	Ottlik, Wilhelm	Maschinen-Maat	†	27						x		Ventilation
71	Peters, Otto	Maschinen-Obergefreiter		22						x		Feuerabwehr Batteriedeck
72	Prinke, Herbert	Matrose		18			x					Munitionskammer
73	Raatz, Gerhard	Maschinen-Obergefreiter	†	21						x	–	Pumpen
74	Rademann, Ernst	Maschinen-Gefreiter		20						x	–	Sanitäter
75	Reubold, Erich	Matrose	†	18				x				Backbord 3
75	Riedl, Johann	Matrosen-Gefreiter	†	20					x			Ladenummer Turm Cäsar
77	Risse, Ernst	Matrosen-Obergefreiter	†	21								Schreiber
78	Robakowski, Bruno	Matrosen-Gefreiter		20	x						–	Munitionsmanner
79	Rohland, Wilhelm	Maschinen-Gefreiter	†	19						x		Maschinenraum Werkstatt
80	Römer, Rudolf	Maschinen-Gefreiter		20						x		Keine Angaben
81	Rudeck, Paul	Bootsmanns-Maat		24								
82	Rülke, Günter	Maschinen-Gefreiter		18						x		Schaltraum Abteilung IX
83	Rzonca, Bruno	Maschinen-Obergefreiter		23						x		USA Luft-Kompressor
84	Sander, Walter	Maschinen-Gefreiter		20						x	–	Feuerlöschtruppe
85	Schäpe, Gerhard	Matrose		21								Keine Angaben
86	Schäfer, Ernst	Maschinen-Obergefreiter	†	20						x		Gasbekämpfungstruppe
87	Scheidereiter, Alfred	Maschinen-Gefreiter	†	20						x		Keine Angaben
88	Schnittke, Max	Matrosen-Gefreiter	†	19				x				Geschützplattform
89	Schmidt, Karl	Matrose		20								Keine Angaben
90	Schmidt, Wilhelm	Obermaschinist	†	31						x		Leckabwehr
91	Schmitt, Eduard	Maschinen-Gefreiter	†	21						x		Boiler-Raum
92	Scholz, Wilhelm	Maschinen-Gefreiter		20						x	–	Kcine Angaben
93	Schreimaier, Karl	Maschinen-Gefreiter	†	21						x	–	Turbo-Generator-Abteilung XIV
94	Schudt, Karl-August	Maschinen-Gefreiter		20						x		Maschinenraum
95	Seelig, Heinz	Matrose		21							–	Entfernungsmesser
96	Seiffert, Herbert	Maschinen-Gefreiter		20						x		Turbinenraum
97	Siebert, Rudi	Maschinen-Gefreiter		19						x	–	Anti-Gas-Truppe
98	Sobottka, Hans	Maschinen-Gefreiter		20						x		Werkstatt
99	Springborn, Hans	Maschinen-Gefreiter		21						x		Diesel
100	Staat, Heinz	Maschinen-Gefreiter	†	21						x		Kantine Abteilung VIII
101	Statz, Josef	Matrose		20								Leckabwehr Zentrale
102	Steeg, Heinz	Maschinenmaat	†	25						x		Diesel, Generatoren
103	Teetz, Richard	Maschinen-Gefreiter	†	20						x		Keine Angaben
104	Treinis, Willi	Matrosen-Gefreiter		19				x				Munitionskammer 15 cm
105	Trenkmann, Kurt Heinz	Matrosen-Gefreiter		20	x							Munitionsmanner
106	Wacholz, Hans	Maschinen-Gefreiter		20						x		Elektriker Licht
107	Walter, Helmut	Maschinenmaat	†	24							–	Wellentunnel
108	Walter, Herbert	Maschinen-Gefreiter	†	21						x	–	Keine Angaben
109	Weintz, Walter	Matrosen-Gefreiter		19								
110	Weymann, Hermann	Maschinenmaat		23						x		Turbinenkontrollzentrale
111	Wiesemann, Rudolf	Maschinen-Gefreiter		20						x		Telefon Reparatur
112	Wollbrecht, Erich	Matrosen-Hauptgefreiter		25				x			–	Munitionskammer
113	Wurst, Heinz	Matrosen-Gefreiter		29							–	Admiralstab Steward
114	Zickelbein, Bruno	Matrose	†	19								Boiler-Raum
115	Zimmermann, Johannes	Maschinen-Gefreiter		20						x		Vorschiff Leckabwehr

Anhang 10
Quellenverzeichnis

Literatur*

[1] Assmann, K.: Deutsche Seestrategie in zwei Weltkriegen. Heidelberg 1957

[2] Assmann, K.: Deutsche Schicksalsjahre. Historische Bilder aus dem Zweiten Weltkrieg und seiner Vorgeschichte. Eberhard Brockhaus, Vlg. Wiesbaden 1950

[3] Auphan, Admiral: Histoire de mes trabisons. Paris 1946

[4] Bachmann, G.: Der Admiralstab der kaiserlichen Marine

[5] Behrens, C. B. A.: History of the Second World War. London 1955

[6] Bekker, Cajus (d.i. Hans-Dieter Beerenbrock): Radar. Augen durch Nacht und Nebel. Oldenburg 1958

[7] Bidlingmaier, G.: Einsatz der schweren Kriegsmarineeinheiten im ozeanischen Zufuhrkrieg. Strategische Konzeption und Führungsweise der Seekriegsleitung September 1939 bis 1942. Neckargemünd 1963

[8] Bradford, Ernie: The mighty HOOD. London 1959, 2. Auflage

[9] Brassey's Naval Annual 1949: Fuebrer Conferences on Naval Affaires

[10] Bredemeier: Schlachtschiff SCHARNHORST. Jugenheim

[11] Brennecke: Jäger – Gejagte. Jugenheim 1956, 4. Neuauflage, Herford 1966

[12] Brennecke: Schlachtschiff TIRPITZ, die einsame Königin des Nordens. Jugenheim 1953

[13] Brennecke: Gespensterkreuzer HK 33. Jugenheim 1953

[14] Brennecke: Das große Abenteuer. Deutsche Hilfskreuzer 1939–1945. Jugenheim 1958

[14a] Brennecke, J.: Die deutschen Hilfskreuzer. Herford 1958

[15] Brennecke: Schwarze Schiffe – Weite See – Die geheimnisvollen Fahrten der deutschen Blockadebrecher. Oldenburg 1958

[16] Brennecke / Krancke: RRR – Das glückhafte Schiff. Kreuzerfahrt der ADMIRAL SCHEER. Jugenheim 1955

[17a] Brennecke, J: Die Wende im U-Bootkrieg 1939–1943. Herford 1984

[17b] Item mit Kapitel: Flottillenadmiral Otto Kretschmer: Über den Irrsinn der Funkerei. Heyne Vlg. München 1991

[18] Brennecke, J.: Eismeer · Atlantik · Ostsee. Die Einsätze des Schweren Kreuzers ADMIRAL HIPPER. Herford 1963

[19] Britische Admiralität: Ships of the Royal Navy. Statement of losses during the Second World War, 3 September 1939, to 2 September 1945. London 1947

[20] Buchheit, Gert: Hitler, der Feldherr. Rastatt 1958

[21] Busch, Fritz Otto: Das Geheimnis der BISMARCK. Ein Tatsachenbericht. Hannover 1950

[22] Cartier, Raymond: Les secrets de la guerre dévoilés par Nuremberg. Paris 1947

[23] Churchill, Sir Winston: Der Zweite Weltkrieg, Memoiren, Bd. 1–6, London 1950–54

[24] Craig, H.: A bibliography of encyclopedias and dictionaries dealing with military, naval and maritime affairs 1577–1961. (2. Auflage) Houston 1962

[25] Craven, W.F. und Cate, F. L.: The Army Air Force in World War II. Chicago 1950 bis 1958 (7 Bände)

[26] Creswell, John: Sea warface 1939–1945. A short history. London 1950

[27] Deutsch: Die Hintertür zum Kriege, 1956 Documents on British Foreign policy. 1919–1939 London

[28] Dönitz, Karl: Die U-Boot-Waffe. Berlin 1939

[29] Dönitz, Karl: 10 Jahre und 20 Tage. Bonn 1958

[30] Dönitz, Karl: Ich lege Rechnung. Quick He. 19 bis 23, Mai–Juni, München 1958.

---

* Das bibliographische Verzeichnis ist um alle jene Titel reduziert worden, die sich mit Entwicklung und Bau von Schlachtschiffen nach dem Ersten Weltkrieg (also nicht mit Planung und Bau der BISMARCK) befassen.

[31] Dönitz, Karl: Die Schlacht im Atlantik in der deutschen Strategie des Zweiten Weltkrieges. Marine-Rundschau 2, 1964, S. 63 bis 76

[32] Feuchter, Georg W.: Geschichte des Luftkrieges. Bonn 1954

[33] Gadow, Reinhold: Lageberichte zum See- und Handelskrieg. In: A. J. Berndt/von Wedel: Deutschland im Kampf (vgl. OKW-Berichte)

[34] Giamberardino, Oscar di, Vizeadmiral: Seekriegskunst. Berlin 1901

[35] Giese, Fritz E.: Die deutsche Marine 1920 bis 1945. Aufbau und Untergang. Frankfurt 1956

[36] Goerlitz, Walter: Der Zweite Weltkrieg. Bd. 2, Stuttgart 1951/1952

[37] Grenfell, Russel: The BISMARCK Episode. London. Deutsch von Wolfgang Kähler: Jagd auf die BISMARCK

[38] Gröner, Erich: Die Schiffe der deutschen Kriegsmarine und Luftwaffe 1939–45 und ihr Verbleib. München 1954

[39a] Gröner, Erich: Die deutschen Kriegsschiffe 1815–1945, Bd. 1. München 1966

[39b] Gröner, Erich (??): Die deutschen Kriegsschiffe 1815–1945; fortgeführt und herausgegeben von Dieter Jung und Martin Maass. Bd. 1. Panzerschiffe, Linienschiffe, Schlachtschiffe, Flugzeugträger, Kreuzer, Kanonenboote. Bernard & Graefe Vlg. München 1962

[40] Groos, O.: Seekriegslehren im Lichte des Weltkrieges. Berlin 1929

[41] Hase, Georg von: Die Kriegsmarine im Kampf um den Atlantik. Erlebnisse von Mitkämpfern. Leipzig 1942

[42] Hassel, U. v.: TIRPITZ. Sein Leben und Wirken unter Berücksichtigung seiner Beziehungen zu Stosch. Stuttgart 1920

[43] Heiber, Helmut: Hitlers Lagebesprechungen. Die Protokollfragmente seiner militärischen Konferenzen 1942 bis 1945. Stuttgart 1962

[44] Heinsius, Paul: Das Aktenmaterial der deutschen Kriegsmarine. Die Welt als Geschichte XIII/1953, S. 198 bis 202

[45] Heitler, Walter: Der Mensch und die naturwissenschaftliche Erkenntnis. Verlag Vieweg, Braunschweig 1966

[46] Hitler, Adolf: Mein Kampf. München 1926

[47] Hofer, Heinz: Der Nationalsozialismus – Dok. 1933–1945

[48] Hofer, Walter: Die Entfesselung des Zweiten Weltkrieges. Internationale Beziehungen 1939. Stuttgart 1954

[49] Hossbach, Friedrich: Zwischen Wehrmacht und Hitler. Wolfenbüttel 1944

[50] Hough, R.: Dreadnought, A History of modern Battleship. Michael Joseph Ltd., London 1965

[50a] Hubatsch, Walter (einziger Kapitän z.S. der Reserve): Der Admiralstab. Vlg. für Wehrwesen Bernard & Graefe, F./M. 1958

[50b] Item: Die Ära TIRPITZ. 1955

[51] IMT: Der Prozeß gegen die Hauptkriegsverbrecher vor dem Internationalen Militärgerichtshof. Bd. 34, 35, 39, 41. Nürnberg 1949

[52] Jacobsen, H.-A.: Kriegstagebuch des Oberkommandos der Wehrmacht (Herausgegeben von Percy Schramm). Bd. 1: 1940/41, 1962

[53] Jacobsen, Hans-Adolf: 1939–1945. Der Zweite Weltkrieg in Chronik und Dokumenten. Darmstadt (6. Auflage) 1961

[54] Jakobsen, M. A.: Das Kriegstagebuch des Oberkommandos der Wehrmacht (Wehrmachtführungsstab). Hrsg. Schramm, P. E., Band I: 1940/41 (1965)

[55] Janes Fighting Ships: Verschiedene Jahrgänge

[56] Kauffmann, D. L.: German naval strategy in World War II. United States Naval Institute Proceedings, He. 1954, S. 12 ff.

[57] Kemp, P. K.; Victory at sea 1939 bis 1945. London 1957

[58] Klähn, F. J.: Käp'n Kölschbach, der Blockadebrecher mit der glücklichen Hand. Jugenheim 1958

[59] Kruse, Ernst-Wilhelm: Neuzeitliche Seekriegführung. Berlin 1938

[60] Lepotier, Contre-Amiral: Les drames modernes de la défense, revue de défense nationale. Februar 1953

[61] Liddel-Hart: Les généraux allemands parlent. Paris 1948

[62] Lohmann, W. und Hildebrand, H.: Die deutsche Kriegsmarine 1939–1945. Gliederung, Einsatz, Stellenbesetzung. III. Bd., Podzun Verlag. Bad Nauheim 1956–59

[63] Lüdde-Neurath, W.: Regierung Dönitz. Göttingen 1951

[64] Lützow, Friedrich, Konteradmiral: Seekrieg und Seemacht II. Berlin 1941

[65] Mahan, A. T.: Der Einfluß der Seemacht auf die Geschichte. 2 Bde. I.: 1660 bis 1783; II.: 1783 bis 1812. Berlin 1898–99

[66] Mahan, A. T.: S O., Hrgb. von G.-A. Wolter, Herford 1967

[67] Maltzahn, C. Frhr. v.: Geschichte unserer taktischen Entwicklung im Auftrag des Admiralstabs der Marine unter Benutzung dienstlicher Quellen bearbeitet. Nur für den Dienstgebrauch. Bd. 1 Berlin 1910, Bd. 2 Berlin 1911

[68] Mantey, E. v.: Deutsche Marine-Geschichte. Charlottenburg und Hamburg 1926

[69] Marine-Archiv: Der Krieg zur See 1914–1918 (Admiralstabswerk), 21 Bände. Berlin 1922–1942

[70] Marschall, Wilhelm: Der Krieg zur See 1939–1945. Wie das Gesetz es befahl. Das Volksbuch zum Zweiten Weltkrieg. Wels und Starnberg 1954

[71] Marschall, Wilhelm: Der Seekrieg 1939–1945. Ehrenbuch der Wehrmacht. Tübingen 1954

[72] Martienssen, Anthony: Hitler and his Admirals. London 1948

[73] Martienssen, Anthony: Hitler and his Admirals. New York 1949

[74] Meurer, A.: Seekriegsgeschichte in Umrissen. 5. Aufl. Leipzig 1943

[75] Mordal, Jacques: La marine francaise à l'épreuve. Paris 1956

[76] Nauticus: Verschiedene Jahrgänge der Zeit vor dem Ersten und nach dem Zweiten Weltkrieg

[77] OKM – Kriegswissenschaftliche Abteilung: Die BISMARCK-Unternehmung. In: Operation und Taktik, Auswertung wichtiger Ereignisse des Seekrieges. Berlin 1942

[78] OKW(-Berichte): Die Berichte des Oberkommandos der Wehrmacht. 2. Band: 1.1.1941 bis 31.12.1941. Frankfurt 1942

[79] Picker, Henry: Hitlers Tischgespräche im Führerquartier 1941/42. Bonn 1951, Stuttgart 1963 (Ritter – P. E. Schramm – A. Hillgruber – M. Vogt), frz. Ausgabe (2 Bände), Paris 1952/1954; engl. Ausgabe, London 1953

[80] Ploetz: Geschichte des Zweiten Weltkrieges. Bielefeld 1951

[80a] Ploetz: Auszug aus der Geschichte. Würzburg 1968

[81, 82] Puttkamer, Karl, v.: Die unheimliche See – Hitler und die Kriegsmarine. Reihe: Dokumente zur Zeitgeschichte, herausgegeben von Fritz Rieger, Wien – München 1952

[83] Raeder, Erich, Dr. h.c.: Mein Leben I/II. Tübingen 1956/57

[83a] Rohwer, J. und G. Hümmelchen: Chronik des Seekrieges 1939–1945. Herausgegeben vom AK für Wehrforschung und der Bibliothek für Zeitgeschichte. Stalling Vlg., Oldenburg und Hamburg 1968

[83b] Rohwer, J.: Axis submarine successes 1939–1945.

[83c] Raeder, E.: Der Kreuzerkrieg in ausländischen Gewässern. Herausgegeben vom Marine Archiv unter der leitenden Bearbeitung von E. v. Mantey. Verlag E.S. Mittler & Sohn, Berlin 1923

[84] Roch, Le Capitaine de Frégate: Défaite de redressement de la France, information nationale pour les marins. März 1942

[85] Romat, Etienne: Combats sur mer. Paris 1947

[86] Rosinski, Herbert: Strategy and propaganda in German naval though. Brassey's Naval Annual. 1945

[87] Roskill, S.W., Captain: The War at Sea, Vol I The Defensive. London 1954

[88] Roskill, S.W.: Die Royal Navy. Oldenburg 1961

[89] Royal Institute of International Affaires: Chronology of the World War. London 1948

[90] Ruge, Friedrich: Der Seekrieg 1939–1945. Stuttgart 1954

[91] Ruge, Friedrich: Der Seekrieg 1939–1945. Stuttgart 1962

[92] Saunders, H. St. G. und Richards, D.: Royal Air Force 1939–1945. 3 Bd., London 1953–1954

[93] Schadewaldt, H.: Die patho-physiologischen und psychologischen Beobachtungen des Schiffsarztes Jean-Baptiste-Henry Savigny beim Schiffbruch der MÉDUSE 1816. Abschnitt: Überleben auf See. Hrsg. unter der Schirmherrschaft des Rektors der Christian-Albrechts-Universität Kiel vom Schiffahrtsmedizinischen Institut der Marine anläßlich des I. Marinemedizinisch-Wissenschaftlichen Symposiums, 1965, in Kiel. S.7–24

[94] Schäfer, Th. v.: Generalstab und Admiralstab. Das Zusammenwirken von Heer und Flotte im Weltkrieg. Berlin 1931

[95] Schenk, Reinhold: Seekrieg und Völkerrecht. Köln 1958

[96] Schenk, Reinhold: Seekrieg und Völkerrecht. Die Maßnahmen der deutschen Seekriegsführung im Zweiten Weltkrieg in ihrer völkerrechtlichen Bedeutung. Köln – Berlin 1958

[97] Schramm, Percy Ernst: Die Niederlage 1945. Kriegstagebuch des Oberkommandos der Wehrmacht. München 1962

[98] Schüssler, Wilhelm: Weltmachtstreben und Flottenbau. Witten (Ruhr) 1956

[99] Sprotte, II.: Die Reichsmarine in ihrer organisatorischen Entwicklung seit der Revolution. Berlin 1922 (UB Göttingen)

[100] Stadelmann, R.: Die Epoche der deutsch-englischen Flottenrivalität (Deutschland und Westeuropa), Schloß Laupheim 1948, S. 85–175

[101] Tansill, Charles Callan: Back Door to War. The Roosevelt Foreign Policy 1933–1941. Chicago 1952

[102] Thauer, Rudolf: Physiologie und Pathophysiologie der Auskühlung im Wasser. Abschnitt: Überleben auf See. S. 25–43, 41 ff.

[103] Thursfield, H. G.: Brassey's naval annual 1948: Führer converences on naval affairs 1939 bis 1945. London 1948; vgl. auch A. Vulliez: Analys des conférences navales du Fuehrer (1949)

[103a] Throta, v.: Tirpitz. Sein Leben und Wirken. 1920

[103b] Item: Großadmiral von Tirpitz. Flottenbau und Reichsgedanke. 1932

[104] Tidow, R.: Die Überwindung der Gefahren bei akzidenteller Unterkühlung auf See. Abschnitt: Überleben auf See. S. 54 ff.

[105] Tippelskirch, General v.: Geschichte des Zweiten Weltkrieges, Bonn 1956

[106] Tirpitz, A. v.: Erinnerungen. Leipzig 1919

[107] Tirpitz, A. v.: Politische Dokumente, Bd. I: Der Aufbau der deutschen Weltmacht, Stuttgart, 1923, Bd. II.: Deutsche Ohnmachtspolitik im Weltkrieg. Hamburg/Berlin 1926

[108] Tirpitz, W. v.: Wie hat sich der Staatsbetrieb beim Aufbau der Flotte bewährt? Eine wirtschaftshistorische Studie aufgrund amtlichen Materials. Leipzig 1923

[109] US-Office: Führer conferences on matters dealing with the German navy 1939 bis 1944. US-Office of Naval Intelligence (8 Bände), Washington 1946/1947. Gekürzte br. Ausgabe in H. G. Thursfield Brassey's naval annual 1948

[110] Vian, Admiral Sir Philip: Action this Day. London 1960

[111] Weyer, B.: Taschenbuch der Kriegsflotten (verschiedene Jahrgänge der Zeit vor dem I. bis nach dem II. Weltkrieg)

[112] Wilmot, Chester: The Struggle for Europe. London 1952. Deutsch: Der Kampf um Europa, 1953

[113] Woodward, David: The secret raiders. The story of the German armed merchant raiders of the Second World War. London, New York 1955

[114] Wagner: Lagervorträge

[115] Auswärtiges Amt 1939 Nr. 2. Dokumente zur Vorgeschichte des Krieges. Carl Heymann Verlag, Berlin 1939, Verlagsarchiv 11910

[116] Breyer, Siegfried: Schlachtschiffe und Schlachtkreuzer 1905 bis 1970. Die geschichtliche Entwicklung des Großkampfschiffes. J. F. Lehmans Vlg., München 1970

[117] Güth, R.: Die Marine des Deutschen Reiches. 1919 bis 1939. Frankfurt/M. 1972

[118] Schiff und Zeit, Hsg. DGSM

[119] Brennecke, J. und Dr. Theodor Michaux: Der deutsche Schlachtschiffbau zwischen den Kriegen. SCHIFF UND ZEIT, Band 2.

[120] Brennecke, J. und G. Schefbeck: Hitlers glücklichster Tag. 1935: Das deutsch-englische Flottenabkommen. SCHIFF UND ZEIT, Band 24.

[121] Witthöft, Hans-Jürgen: Lexikon zur deutschen Marinegeschichte. Bde. 1 und 2, Koehlers Verlagsgesellschaft mbH, Herford 1978

[122] Gröner, E., fortgeführt von D. Jung und M. Maass: Die deutschen Kriegsschiffe 1918–1945. Bernard & Graefe. Bd. 1, München 1982

[123] Grimm, Hans: Volk ohne Raum. 2 Bde., 1928/30. Das Buch wurde mit seiner Forderung nach mehr Lebensraum (kolonialer Art) für das deutsche Volk ein Hauptbuch des deutschen Nationalismus.

[124] Wiggerhaus, N.: Der Deutsch-Englische Flottenvertrag vom 18. Juni 1935. England und die geheime deutsche Aufrüstung 1933–1935/5. Inaugural-Dissertation, Rheinische Friedrich-Wilhelm-Universität, Bonn 1972

[125] Campbell, A.: Sir Anthony Eden. London 1938

[126] Bardens: Anthony Eden. New York 1955

[127] Churchill, R. S.: Rise and fall of Sir Anthony Eden 1959
[128] Eden, R. A.: Foreign affairs 1939
[129] Item: Memoirs. 3 Bde. 1960–1965
[130] Potter, Elmar B. et al: Seemacht. Eine Seekriegsgeschichte von der Antike bis zur Gegenwart. Bernard & Graefe Verlag für Wehrwesen. München 1974
[131] Artillerieversuchskommando für Schiffe. B.Nr. 700 geh. Schlußbericht AVKS-B.Nr.700/41 geh. · AVKS-Eprobungen auf Schlachtschiff BISMARCK · Prüf-Nr. 45, Kiel d. 31. Mai 1941. (Der Originalbericht befindet sich im Nationalarchiv im Weißen Haus, Washington.) DC, Bestand Record Group 36, Records of Chief of Naval Operation. Von diesem Geheimbericht gab es nur 20 Exemplare (104 Seiten) für die Dienststellen: Oberkommando der Kriegsmarine · Inspektion der Marineartillerie · Flottenkommando · Befehlshaber der Kreuzer · Kommando Schlachtschiff TIRPITZ · Erprobungskommando für Kriegsschiffneubauten · Schiffsartillerieschule Artillerieversuchskommando Land · Marineflugabwehr- und Küstenartillerieschule · Kriegsmarinewerft Kiel · Kriegsmarinewerft Wilhelmshaven
[132] Janes Fighting Ships, verschiedene Ausgaben
[133] Conways: All the World Fighting Ships 1860 bis 1905, London 1975
[134] Item: 1906 bis 1921, London 1985
[135] Item: 1922 bis 1946
[136] Hildebrand, H. H., Albert Röhr und H. O. Steinmetz: Die deutschen Kriegsschiffe. Biographien – ein Spiegel der Marinegeschichte von 1815 bis zur Gegenwart. 7 Bde. Koehlers Verlagsgesellschaft mbH, Herford 1977/81.
[137] Detmers und J. Brennecke: Hilfskreuzer KORMORAN. Koehlers Verlagsgesellschaft mbH, Herford 1959/2
[138] Weyher-Ehrlich: Vagabunden auf See. Katzmann-Verlag, Tübingen 1953
[139] Eyssen, Robert: Kriegstagebuch KOMET. Koehlers Verlagsgesellschaft mbH, Herford 1960
[140] Rogge, B. und W. Frank: Kaperfahrt des Schweren Hilfskreuzer ATLANTIS. Vlg. Stalling, Oldenburg
[141] Brennecke, Jochen: Hilfskreuzer THOR, Hecht im Atlantik. Koehlers Verlagsgesellschaft mbH, Herford 1967
[142] Parkes, O.: Britisch Battelships. WARRIOR, 1860 to VANGUARD, 1950. A History of Design, Construction and Armament. Seeley Dervice & Co., London 1924, 1956
[143] Köhler's Flotten-Kalender 1940. Wilhelm Köhler Verlag, Minden 1940
[144] Müllheim-Rechberg, Burckhard, Freiherr von: Schlachtschiff BISMARCK. Ein Überlebender in seiner Zeit. 1. Auflage. Ullstein, Berlin
[145] Item: 2. erweiterte, verbesserte Auflage, Berlin 1987
[146] Giese, F. E.: Die deutsche Marine 1920–1945. Aufbau und Untergang. Frankfurt/M. 1956
[147] Elfrath, U. und Bodo Herzog: Schlachtschiff BISMARCK. Ein Bericht in Bildern und Dokumenten. Podzun Verlag, Friedberg/Dorheim 1975
[148] Opitz, Karlludwig: Schlachtschiff BISMARCK in der Dokumentation III. Reich/II. Weltkrieg. John Jahr Verlag, Bd. 3
[149] Forester, C. S.: Die letzte Fahrt der BISMARCK. Eduard Kaiser Verlag, Originalausgabe, 1954
[150] Cartier, Raymond: Der Zweite Weltkrieg. Bd. 1, R. Piper Verlag & Co., S. 275
[151] Kennedy, L.: Jagd auf die BISMARCK. Molden Vlg.
[152] Readers Digest, Das Beste, Januar 1976, S. 153
[153] Warner, Oliver: Große Seeschlachten. Ariel Vlg., S. 276
[154] Giese, Fritz E.: Kleine Geschichte der deutschen Flotte. R. Löwit Verlag, S. 190
[155] Stalhorst, E.: 5000 Köpfe. Wer war was im Dritten Reich. Blick + Bild Vlg., S. 393
[156] Kludas, A.: Die großen Passagierschiffe der Welt. Eine Dokumentation. Bd. II, 1913–1923. Stalling Verlag, Oldenburg/Hamburg 1973
[157a] Trenkle, Fritz: Die deutschen Funkmeßverfahren. Motorbuchverlag AG, Stuttgart
[157b] Item: Die deutschen Funkstörverfahren bis 1945. AEG-Telefunken Aktiengesellschaft. Anlagentechnik, Geschäftsbereich Hochfrequenztechnik. Frankfurt 1982 (hier weitere Lit. zum Thema)
[158] Item: Die deutschen Funkpeil- und Horchverfahren bis 1945. AEG-Telefunken Aktiengesellschaft, Frankfurt 1982 (hier weiterführende Lit.)
[159] Item: Die deutschen Funklenkverfahren bis 1945. AEG-Telefunken Aktiengesellschaft, Frankfurt 1982

[160] Gööck, Roland: Die großen Erfindungen. Nachrichtentechnik Elektronik. Sigloch Edition. Künzelsau 1988
[161] Trenkle, Fritz: Deutsche Ortungs- und Navigationsanlagen. Land und See 1939–1945. Sonderbücherei der Ortung und Navigation der Deutschen Gesellschaft für Ortung und Navigation. Düsseldorf 1966
[162] Witthöft, Hans Jürgen: Lexikon zur deutschen Marinegeschichte. 2 Bde., Koehlers Verlagsgesellschaft mbH, Herford 1978
[163] Sammlung Grundke, Generalreferent Ortungstechnik für die Kriegsmarine. Akte: Die Organisation des Funkmeßdienstes in der Kriegsmarine und seine Entwicklung bis zum heutigen Ortungsdienst. Abschnitt Radarentwicklung im Ausland und in Deutschland.
[164] Brandt, Leo: Deutsche Funkmeßtechnik 1944. Vortrag vom 8. Februar 1944. Mitherausgegeben vom Ministerium für Wirtschaft und Verkehr des Landes Nordrhein-Westfalen, Verkehrs- und Wirtschafts-Verlag GmbH, Dortmund 1956
[165] Churchills Memoiren
[166] Wylie, F. J.: The Use of Radar at Sea. Deutsche Übersetzung mit einem Vorwort von Sir Watson-Watt und Leo Brandt. Deutsche Radar-Verlagsgesellschaft mbH, o.J.
[167] Friedman, Norman: Naval Radar. Conway Maritime Press. Greenwich 1981
[168] Bonatz, Heinz: Seekrieg im Äther. Die Leistungen der Marine-Funkaufklärung 1939–1945. Verlag E. S. Mittler & Sohn GmbH, Herford, o.J.
[168] Royal Institute of International Affairs (Hrsg.): Chronology of the Second World War. Oxfort Press, London & New York 1947
[170] Wegener, Edward: Die Seestrategie des Ersten Weltkrieges. Berlin 1929
[171] Hough, R.: DREADNOUGHT. A history of the modern battleship. Michael Joseph Ltd., London 1965
[172] Brockhaus Enzyklopädie, 1960
[173] Moritz, Karl Ludwig: Die Erfahrungen grundsätzlicher Art in Krieg und Frieden im Bereich der Schiffstechnik. Ungedrucktes MS, dem Verfasser zur Verfügung gestellt
[174] Topp, Erich: Fackeln über dem Atlantik. Lebensbericht eines U-Boot-Kommandanten. Mittler & Sohn GmbH, Herford und Bonn 1990
[175] Wildhagen, Karl: English-German, German-English Dictionary in two volumes. Vol I. Tauchnitz Edition, Hamburg 1947
[176] Brennecke, Jochen: Tanker. Vom Petroleumkipper zum Supertanker. Die Entwicklung des Tankschiffbaues und der Tankschiffahrt unter besonderer Berücksichtigung der Bedeutung des Erdöls und der multinationalen Erdölgesellschaften sowie des deutschen Anteils. Koehlers Verlag mbH, Herford/W. 1982/2
[177] Maclean: Die Todesfahrt der BISMARCK.
[178] Phillips, L.: Im Schatten der TIRPITZ. Der Handstreich auf St. Nazaire. Großadmiral Sir Louis Mountbatton: Ich erwarte, daß niemand zurückkehrt. E. Gerdes Vlg., Preetz 1960
[179] Piwowónski, Jan: Flota Spod Biato-Czerwonej, Warszawa 1989
[180] Wellings, J. H.: Observation of the British Home Fleet from the diary, reports and letters. Hrg. John B. Hattendorf. Naval War College Press, Newport, Rhode Island 1983
[181] Russel, F.: Der geheime Krieg. Time Life Books. B.V. 1982
[182] Breyer, Siegfried / Gerhard Koop: Vor 50 Jahren: Schlachtschiff BISMARCK zu Bd. 6: Die Deutsche Kriegsmarine 1935–1945. Podzun-Pallas-Vlg. Friedberg/H. 1990
[183] Unger, W.: In 4750 Metern Tiefe: Der letzte Akt der BISMARCK. Das unbemannte Mini-U-Boot ARGO, das auch die TITANIC fand, hat im Juni das am 27. Mai 1941 gesunkene Schlachtschiff BISMARCK entdeckt. In: hobby 9 (1989)
[184] Brassey Naval Annual 1948
[185] Sympher, L.: Nordostseekanal. 1886
[186] Spanner, O.: Der Weltverkehr und seine Mittel. 1901
[187] Pemsel, Helmut: Seeherrschaft. Eine maritime Weltgeschichte von den Anfängen der Seefahrt bis zur Gegenwart. 2 Bde., Bd. 2, S. 490 bis 496. Bernard & Graefe Verlag, Koblenz 1985
[188] Morgenstern, Christian: Gesammelte Werke. Hrg. von Morgenstern, 1965
[189] Spranger, E.: Lebensformen (1947 und Psychologie des Jugendalters (1924)
[190] Eichler: Vom Bug zum Heck.

[191] Andò Elio, Bagnasco, Ermissio: Nave E Marinac Italiani – nella seconda guerra mondiale. Albertelei 1977

[192] Brockhaus Enzyklopädie. Band 17, S. 476. Verlag F. A. Brockhaus Wiesbaden 1979. Es wird verwiesen auf R. Scheer: Die deutsche Hochseeflotte im Weltkrieg (1919) · Marinearchiv als Herausgeber: Der Krieg zur See · H. Forst: Grand Fleet und Hochseeflotte (aus dem Englischen 1938) · A. Marder: From the Dreadnought to Scapa Flow, London 1969.

[193] Vian, Sir Philip: siehe Encyclopeadia Britannica. Vol. X.

[194] Güth, Rolf: Entwicklungen und Führungsprobleme der deutschen Marine 1848 bis 1918 (Von Revolution zu Revolution). Mittler, Herford 1978.

Zeitschriften, Zeitungen, Einzelbeiträge*

[Z. 1] Atlantische Welt, 7 (1967) H. 9 u.a.

[Z. 2] Baum, W.: Marine, Nationalsozialismus und Widerstand. Vierteljahreshefte für Zeitgeschichte 1 (1967)

[Z. 3] Bensel, R.: Die deutsche Flottenpolitik von 1933 bis 1939 (Beiheft 3 der Marine-Rundschau, Berlin und Frankfurt 1958)

[Z. 4] Boese, P.: Steuern eines Schiffes im schweren achterlichen Seegang. Schiff und Hafen 22 (1970) 1

[Z. 5] Eda, H. and C. L. Crane: Steering Characteristics of Ships in Calm Water and Waves. RINA Trans. 101 (1959)

[Z. 6] Fischer, Karl: Entwurf und Bau von Kriegsschiffen (Stellungnahme zum Aufsatz von Admiral a.D. W. Fuchs). Wehrtechnische Monatshefte, He. 10, 1956 (vgl. He. 9, 1956, 10, 1956)

[Z. 7] Fuchs, Werner: Der deutsche Kriegsschiffbau von 1939 bis 1945. Wehrtechnische Monatshefte, He. 2, 1959, S. 60 bis 70

[Z. 8] Lawrenz, C.: Denkmal, Mahnmal, Trümmerhaufen. FAZ, 19. Dezember 1987

[Z. 9] Gladisch, W.: Geschichtliche und militärpolitische Betrachtungen zum deutsch-englischen Flottenabkommen von 1935. In: Wissen und Wehr 10 (1935)

[Z. 10] Galley, H.: Schlachtschiff BISMARCK. In: Das Logbuch 24 (1988) 3

[Z. 11] Jaenecke, Heinrich. In: Die Deutschstunde. Stern (47) 39

[Z. 12] FAZ 128 (1988) vom 4. Juni, Leserbrief Mutiger Protest. Professor Dr. Hans-Joachim Maurer, Seet Airport, Sultanat Oman

[Z. 13] Völkischer Beobachter, 15. Februar 1939

[Z. 14] Barthel, Friedrich: Bedrohung und Abwehr – Schlagkraft und Standkraft, eine ständige Herausforderung im Kriegsschiffbau. In: MARINEFORUM 11(1980) 61 (1980) 11, S. 401

[Z. 15] Brandt, Leo: In: Marine-Rundschau 1968

[Z. 16] Gießler, Helmuth: Hochfrequenz gegen U-Boot. Marine-Rundschau, He. 3, 1955, S. 66 bis 70

[Z. 17] Grim, O.: Das Schiff in von achtern auflaufender See. STG 45 (1951)

[Z. 18] Heinsius, Paul: Der Verbleib des Aktenmaterials der deutschen Kriegsmarine. Das ehemalige Marinearchiv, Marinegerichtsakten und Personalakten, Krankenakten sowie Druckschriften und Bibliotheken. Der Archivar, H. 2, 1955, S. 75 bis 86

[Z. 19] Hollweg, K.: Der Admiralstabsdienst (vgl. Dienstvorschriften)

[Z. 20] Jamison, J.: German Naval Strategy of World War. (US Naval Institute Proceedings LXV, 1939)

[Z. 21] Jörns, Jochen (Pseudonym von Jochen Brennecke): Opfergang der deutschen Kriegsmarine. Das Grüne Blatt, Dortmund 1952

[Z. 22] Lundeberg, Philip K.: German naval literature of World War II. A bibliographical survey. United States Naval Institute Proceedings, 82 (1956), H. 1; S. 95 bis 105

---

* Soweit nicht bereits im Text erwähnt

[Z. 23] Maltzahn, C. Frhr. v.: Das Fehlen einer obersten deutschen Seekriegsleitung im Weltkriege (Marine-Rundschau, 1921) – Ders./Seekriegslehre (1926)

[Z. 24] Marschall, W.: Unternehmen Juno. Leinen Los / Atlantische Welt. Bremen 7 (1967) H. 6 und 7

[Z. 25] Marschall, Wilhelm: Marine, Nationalsozialismus und Widerstand. MOH-Nachrichten, H. 6, 1963, S. 105 bis 108 (vgl. W. Baum)

[Z. 26] Musch, W.: Notlagen auf See. Hansa 105 (1968) 15

[Z. 27] Pilkington, A. R.: Salvage Operations at See. Lloyd's Calender 1968

[Z. 28] Proceedings des US Naval Institutes, USA, Maryland, Annapolis (Juli 1958 und Juni 1959)

[Z. 29] Revue Maritime, Paris, Artikel von Albert Vulliez, Januar 1949

[Z. 30] Ruge, Friedrich: German naval strategy across two wars. United States Naval Institute Proceedings, 81 (1955) H. 2

[Z. 31] Saunders, M. G.: Hitler's admirals. Journal of the Royal United Service Institute. 104 (1959), H. 615, S. 320 bis 330

[Z. 32] Schadewaldt, H.: Schiffbrüchige im kalten Wasser. Sonderdruck, Deutsches Ärzteblatt – Ärztliche Mitteilungen, 63 (1966), H. 6, S. 1072–1075

[Z. 33] Seekiste, Die: H. 2, Kiel 1957 u.a.

[Z. 34] Spiegel, Der: 21 (1967) H. 37 und 30 ff. u.a.

[Z. 35] Tuchel, Klaus: Herausforderung der Technik. Gesellschaftliche Voraussetzungen und Wirkungen der technische Entwicklung. VDI-Nachrichten, Nr. 37, 1967, H. 11

[Z. 36] Wehrmachtsberichte

[Z. 37] Wehrwissenschaftliche Rundschau 1959, Heft 5 und 8 u.a.

[Z. 38] Weltwoche, Zürich 1959, Oktober/November

[Z. 39] Weniger, K.: Die Entwicklung des Operationsplans für die deutsche Schlachtflotte. Unter Benutzung der Akten des Marinearchives (Marine-Rundschau 35, 1930, S. 1 ff., 51 ff.)

[Z. 40] Güth, R.: Vor 50 Jahren: Admiral Dr. h.c. E. Reader wird Ob.d.M. Seine geheime Maxime »… nicht unsere Absichten klar entfalten«

[Z. 41] Brennecke, Jochen in 143: Die deutsche Kriegsmarine im Jahre 1938/39.

[Z. 42] Müllenheim-Rechberg, Baron Burkhard von: Battleship BISMARCK: A survivors Story. In: The Sunday Express May 17 1981

[Z. 43] Gröner, E.: In Unimare 10–12 (1951)

[Z. 44] Gally, Hans: Schlachtschiff BISMARCK. In: Das Logbuch 24 (1988)

[Z. 45] Wehrwissenschaftliche Rundschau 5 (1959), S. 270

[Z. 46] Güth, R.: Die Ära Raeder. In: SCHIFF UND ZEIT, Heft 27 bis 36. Hsg. D.G.S.M. Köhler, Herford 1987–1993

[Z. 47] Güth, R.: Großadmiral Raeder und der »Fall Barbarossa«. In: SCHIFF UND ZEIT, Heft 17/1983 Hsg. D.G.S.M. Köhler, Herford

Zeitungen: zahlreiche, deutsche und ausländische
Ferner: Berichte des NDR und 1. Fernsehens zum Thema Lütjens
Marine-Rundschau, verschiedene
Leinen los, verschiedene

Dokumente, Dissertationen, Briefe, Aussagen usw.

[D. 1] Behörde für Wirtschaft und Verkehr der Freien Hansestadt Hamburg

[D. 2] Bock, Siegfried: Liste der Leistungen der HD-Anlagen auf deutschen Kriegsschiffen

[D. 3] Deutsche Babcock & Wilox-Dampfkesselwerke AG, Oberhausen. Druckschriften

[D. 4] Gespräche mit Überlebenden und Gefechtsteilnehmern

[D. 5] Kommando der Marine-Station der Ostsee: Vertraulicher Bericht über die Unternehmung der Kampfgruppe BISMARCK Mai 1941 vom 7. August 1941

[D. 6] KTB-Auszüge der KTBs der Skl und der Marinegruppe West

[D. 7] KTB des Kreuzers PRINZ EUGEN

[D. 8] KTBs verschiedener und im Text genannter U-Boote

[D. 9] Landeskriminalamt Nordrhein-Westfalen. Dezernat 15 (an BISMARCK-Überlebenden: Adolf Eich, Düsseldorf-Benrath, Weststraße 17). Vom

22.3.1966 (Az.: Dez. 15/125 (1) – kab – in Sachen Ermittlungsverfahren der Stadt Ludwigsburg, Az. 416 AR 2758/65 gegen ehemalige Besatzungsmitglieder des Schlachtschiffes BISMARCK

[D. 10] Lebenslauf Admiral Günther Lütjens, veröffentlicht vom Bundesminister der Verteidigung, Informations- und Pressezentrum. Bonn 1967

[D. 11] Marine-Dienst-Vorschrift Nr. 601 (Geheime Kdo-Sache), Operation und Taktik, Auswertung wichtiger Ereignisse des Seekrieges; Heft Nr. 3; Die Atlantikunternehmung der Kampfgruppe BISMARCK – PRINZ EUGEN Mai 1941; Berlin 1942; OKM, Kriegswissenschaftliche Abteilung

[D. 12] Protokolle der Besprechung des Ob.d.M. mit Hitler (in deutscher Originalfassung und in englischer Übersetzung)

[D. 13] Protokoll der Vernehmungen von Geretteten

[D. 14] Wegener, E.: Winterarbeit 1938 als Korvettenkapitän und I.A.O. während der Baubelehrung auf dem Schweren Kreuzer ADMIRAL HIPPER

[D. 15] frei

[D. 16] frei

[D. 17] frei

[D. 18] C-in-C Home Fleet, Admiral Tovey Botschaft der Bundesrepublik Deutschland, Madrid, am 29. März 1979 an Botschafter a.D. Freiherr von Müllenheim-Rechberg auf dessen Anfrage – Schreiben vom 5.12.1978, gez. Steinkopff, Oberst a.D.

[D. 19] frei

[D. 20] Reichswehrministerium Handakte A I a 57-1 vom 14.11.34 (A I 4558/34 GKdos), dazu Gladisch [Z.9]

[D. 21] Akte 1. Skl (A I 6) IIIa. 9-1 Verfügung des Ob.d.M. an FlottenKdo. vom 5.2.1936

[D. 22] Admiralty, Bd. 1, S. 38

[D. 23] Krupp, Friedr. Krupp GmbH, Historisches Archiv in einem Schreiben vom 9. Nov. 1983 nebst Anlage: Datenblatt für 38 cm S.K. C/34 (aus WA 53/44)

[D. 24] Muscheid, Günter, Köln-Weiden

[D. 25] Schreiben Fritz Trenkle an G. Muscheid vom 23. Februar 1983 und vom 6.6.1982

[D. 26] Dienstanweisung und Funkmeßbeobachtungsanlagen FuMB 4 (Samos) oder FuMB 10 (Borkum)

[D. 27] Terzibaschitsch, St., am 11. Januar 1988 an G. Muscheid

[D. 28] Breyer, Siegfried, an G. Muscheid am 14.1.1988

[D. 29] Generaladmiral Carls, Marinegruppe Nord: Bemerkungen zur Unternehmung BISMARCK und Folgerungen

[D. 30] Akte MGFA – DZ III 307/1, KTB BS vom 24. August 1940–27. Mai 1941 (PG 47 890/91/93/97/97/97)

[D. 31] Schriftwechsel des DMB (Horn) nach Anfrage von zwei US-Navaloffizieren beim Deutschen Konsulat in St. Louis, USA, mit Professor Dr.-Ing. Herbert Schneekluth, Aachen, vom 29. September 1971 und 16. Februar 1972

[D. 32] Moritz-Akte

[D. 33] Junack, G.: Die Atlantikunternehmung der Kampfgruppe BISMARCK – PRINZ EUGEN. Mai 1941, Hamburg Mai 1950 f.

[D. 34] Artillerieversuchskommando, Prüf.-Nr. 45; BNr. 700 geh. vom 31. Mai 1941

[D. 35] Puttkamer, Jesko von: Aufzeichnungen über Gespräche mit dem Verfasser, Düsseldorf

[D. 36] OKM-Entwurf Chefsache, Nur durch Offizier: Atlantik-Unternehmung für die Kampfgruppe BISMARCK / PRINZ EUGEN (Ca/55-3)

Anmerkungen/Fußnoten

1 Bei einem persönlichen Gespräch nach dem Kriege zwischen Generaladmiral Marschall und dem Verfasser.

2 Wilhelm Marschall: *30.IX.1886 in Augsburg (Crew 06) ... u.a. II.1938 bis X.1939 Befehlshaber der Panzerschiffe (BdP); X.1939 bis VII.1940 Flottenchef und zugleich Seebefehlshaber West; VIII.40–VIII.42 Inspekteur des Bildungswesens der Marine; VIII.1942 bis XI.1942 Kommandierender Admiral Frankreich; IX.1942 bis IV.1943 OB. Marine-Gruppenkommando West; VI.1944 bis XI.1944 Sonderbeauftragter des Führers für die Donau; von IV.1945 bis Ende: OB MOK West. • Generaladmiral ab 1.II.1943.

3 Beim Unternehmen »Rheinübung« wurde der Befehlsbereich der neu geschaffenen Marine-Gruppenkommandos erweitert, und zwar der atlantische Bereich vor Norwegen bis zur Dänemarkstraße und bis zur »Enge« Island/Färöer als Marinegruppe Nord (Generaladmiral Carls) und der atlantische Bereich ab Ausgang Dänemarkstraße in Richtung Süden und westlich davon als Marinegruppe West (Generaladmiral Saalwächter).

Bekannt war der deutschen Kriegsmarine (OKM, Skl, Flottenchef) die Verstärkung der Home Fleet mit fast ebenbürtig zu wertenden fünf Schlachtschiffneubauten: der KING-GEORGE-Klasse,
1. der 36727 ts standard / 42076 ts max. großen KING GEORGE V, auf Stapel 1. Januar 1937, von Stapel 21. Februar 1939, in Dienst 11. Dezember 1940;
2. der PRINZ OF WALES, auf Stapel 1. Januar 1937, von Stapel 3. Mai 1939, in Dienst 31. März 1941, 3. der DUKE OF YORK ex/ANSON auf Stapel 5. Mai 1937, von Stapel 28. Februar 1940, in Dienst 4. November 1941, 4. der ANSON ex/JELLICOE auf Stapel 20.7.1937, von Stapel 24. Februar 1940, in Dienst 22. Juni 1942, 5. der MOWE ex BEATY auf Stapel 1. Juni 1937, von Stapel 9. April 1940, in Dienst 29. August 1942.

Raeder dazu in seinen Erinnerungen [83], er habe die Schlachtschiffplanungen F BISMARCK und G TIRPITZ nach dem KING-GEORGE-V-Typ ausgerichtet, was von der Größe her nur bedingt stimmt.

4 Lindemann, Ernst (Crew 13), *28.III.1894 in Altenkirchen/Rhld. als Kapitän z.S. 1.IV.1938–IX.1939: OKM/A IV, Abteilungs-Chef; IX.1939–VII.1940 Kommandeur der Schiffsartillerieschule; ab VII.1940 –VII.1941 Kommandant Schlachtschiff BISMARCK, 27.V.1941 gefallen auf Schlachtschiff BISMARCK • Ritterkreuz des Eisernen Kreuzes verliehen am 27.V.1941.

5 Lehmann, Walter, *23.VIII.1903 in Spremberg i.L. (Crew 22), Dipl.-Ing. 1937 bis VIII.1939 Lehrer an der Marineschule in Kiel; VIII.1939 bis VIII.1940 OKM, zur Verfügung und Baubelehrung auf das Schlachtschiff BISMARCK; VIII.1940 bis V.1941 Leitender Ingenieur (W) auf Schlachtschiff BISMARCK; gefallen am 27. Mai 1941 • Korvettenkapitän (Ing.) 1.X.1937, nach dem Tode zum Fregattenkapitän (Ing.) befördert.

6 Brinkmann, Helmuth, *12.III.1895 in Lübeck (Crew 13), Vizeadmiral X.1938 bis VII.1940 OKM, Chef Marinewehrabteilung (MWehr I); VIII.1940 bis VIII.1942 Kommandant Schwerer Kreuzer PRINZ EUGEN: IX.1942 bis XI.1943 Marinegruppenkommando Süd, Chef des Stabes; XI.1943 bis XO.1944 Kommandierender Admiral Schwarzes Meer; 20.X.1944 bis XII.1944 MVO zum Geb.AOK; I.45 bis IV.1945 2. Admiral der Ostsee; IV.1945 bis Ende 2. Admiral der Ostsee/Nordsee • Ritterkreuz 17. Mai 1944.

7 Der Name für die Unternehmung entsprang einer Einigung der Marinegruppenkommandos Nord (Wilhelmshaven) und West (Paris). Ausschlaggebend war die Überlegung: Es mußte ein unverfängliches Stichwort sein, das die Gedanken des Gegners in keinem Falle in die Richtung einer Seeoperation lenkt. Nach Konteradmiral a.D. Hans Meyer während der BISMARCK-Operation Vertreter des Chefs der Stabes beim Marinegruppenkommando West, wurde der Name »Rheinübung« in Erinnerung an die 1938 als »Rügenübung« bezeichneten Manöver in der Ostsee und an die 1940 wider Erwarten so glücklich verlaufene Besetzung von Norwegen und Dänemark, die als Unternehmen »Weserübung« in die Geschichte einging, als Pendant gewählt. Es mutet wie eine schicksalhafte Vorbestimmung an, daß ausgerechnet diese Unternehmung mit dem Rhein, bisher der Deutschen Schicksalsstrom, verbunden wurde.

Welch eine Parallele: Das Ende des Riesen in der aufgewühlten atlantischen See und der Nibelungen Untergang am Rhein (Gemeint ist der Untergang des Burgunderreiches, der den Kern der Nibelungensage darstellt.). Hier Geschichte, dort Sage, in beiden Fällen aber am Ende ein zäher, tapferer, aber verzweifelt aussichtsloser Kampf gegen eine Übermacht bis zum Untergang. Und wenn man will, so läßt sich diese Parallele auf den Zweiten Weltkrieg in seinem Gesamtablauf für Deutschland ziehen.

8   Die Zahlen geben das Jahr der Kiellegung an, die Zahlen in Klammern das den Stapellauf der CAPITAL-SHIPS.

9   Allerdings gab es noch einen speziellen battleship-Typ, nämlich die in der Anmerkung 15 erwähnte DEUTSCHLAND-Klasse. Diese in Deutschland ab 1931 als Panzerschiffe erbauten und klassifizierten Einheiten wurden im anglophilen Ausland als »pocket battleships« bezeichnet. Diese »Taschenschlachtschiffe« waren den Briten ob ihrer hervorragenden Eignung für einen weitgreifenden Zufuhrkrieg ganz und gar nicht genehm. Es war weniger das mit zweimal drei 28 cm Kanonen relativ starke Kaliber, das die Briten störte, sondern mehr der enorme Fahrbereich, den die bei der MAN neu entwickelten Dieselmotoren als Hauptantriebsmaschinen möglich machten (4 Satz zu 2 MAN 9 zyl 2fach wirkende Zweitakt-Diesel für Vulcan-Getriebe in 2 + 2 + 2 Räumen). Die Briten haben dann ja bei der Formulierung des deutsch-englischen Flottenvertrags weitere Neubauten dieses Typs ausmanövriert, raffiniert geschickt, unauffällig fast.

10 SMS LÜTZOW, *1912 (29. November 1913), i.D. 8. August 1915; 26 318 t/30 700 t; 8 : 30.5 cm als SA, 14 : 15.0 cm als MA, 4 : 8.8 cm, Torp. 4 : 60 cm (1 Heck Bb. ↓ 2 Seiten ↓, 1 Bug ↓).

11 Die LÜTZOW wurde zwar erst Stunden nach der Skagerrakschlacht auf Veranlassung des Kommandanten durch Torpedos eigener Torpedoboote versenkt, aber der kausale Zusammenhang mit der Schlacht ist trotzdem gegeben. Schließlich sank ja auch die BISMARCK zuletzt durch eigene Hand. Allerdings halten auch Fachleute noch heute die Selbstversenkung der LÜTZOW für unnötig, weil der Kommandant (Hipper, der B.d.A., war schon von Bord!) die Lage nur falsch beurteilte. – Das ist die Auffassung einer Gruppe. Ihr steht eine andere gegenüber: die des Kapitän z.S. Schulze-Hinrichs: »Mit der Versenkung der LÜTZOW haben sich die Schiffbauer befaßt und rein technisch ebenfalls festgestellt, daß sie nicht nötig war. Sie haben aber nicht berücksichtigt, daß ganz erhebliche Schwierigkeiten bestanden hätten, dieses Schiff mit seinem enorm gesteigerten Tiefgang und seiner schlechten Steuerfähigkeit aus dem noch feindkontrollierten Gefechtsfeld herauszumanövrieren.« »Von einer falschen Lagebeurteilung des Kommandanten sollte man daher«, so der see-erfahrene Schulze-Hinrichs im Wortlaut, »nicht sprechen«. Das Fazit nach Rolf Güth: »Die marinegeschichtliche Forschung ist sich nicht einig darin, ob der Schlachtkreuzer LÜTZOW am 1. Juni 1916 hätte schwimmfähig gehalten und eingeschleppt werden können.«

12 Im Januar 1941 versenkten U-Boote nach deutschen Unterlagen 17 Schiffe mit 98 702 BRT gegenüber 58 Schiffen mit 178 884 BRT im Januar 1942. Weitere Angaben siehe [11] und [17].

13 Weyher-Ehrlich: ORION [138].

14 Eyssen, Robert: KOMET [139].

15 Rogge/Frank: ATLANTIS [140].

16 Brennecke, Jochen: PINGUIN [13].

17 Brennecke, Jochen: THOR (I) [141].

18 Brennecke/Detmers: KORMORAN [137].

19 Brennecke, Jochen: ADMIRAL SCHEER [16].

20 Was den beim Durchbruch im polaren Revier bislang beschworenen »Schutz der Polarnacht« angeht, so ist das ein Beweis, daß die 1/Skl als die operative Abteilung in der Seekriegsleitung davon überzeugt war, daß der Gegner (noch) keine Funkmeßgeräte (RADAR) an Bord seiner Kriegsschiffe hat beziehungsweise noch nicht – aber vgl. Anmerkung 24 und 25.

21 Hier kam es für die ADMIRAL HIPPER am 24. Dezember 700 sm südlich von Cap Finisterre zu einer Begegnung mit dem südwärts laufenden Truppenkonvoi. Der Konvoi wurde von dem Schweren Kreuzer BERWICK, den Leichten Kreuzern BONAVENTURE und DUNEDIN und dem mit Flugzeugen (Hurricanes, Flumars und modified Swordfish) nach Takoradi und Gibraltar bestimmten Träger FURIOUS gesichert. Am Morgen des 25. gibt es ein kurzes Gefecht mit der BERWICK, die zwei Treffer erhält. Beschädigt wird auch der 13 994 BRT große Truppentransporter EMPIRE TROOPER. Die ADMIRAL HIPPER bricht wegen

der sehr starken Sicherung das Gefecht ab und nimmt Kurs auf Brest. Ablaufend wird noch ein 6 078 BRT großer Einzelfahrer versenkt, ehe ADMIRAL HIPPER am 27. Dezember in Brest einlaufen kann.

22 Wir wissen heute, daß dem Gegner am 28. Januar 1941 das Auslaufen der beiden Schlachtschiffe gemeldet worden war, laut KTB C-in-C-Home-Fleet: »1825 Received Admirality message 1781. – Following received from Naval Attaché Stockholm: »Two heavy ships, believed SCHARNHORST and GNEISENAU, passed Nyborg pilot station northbound at 1100/23rd January. Graded A 2.«; ... Am 25. März 23.20 Uhr heißt es im Tovey-KTB weiter: »Slipped and proceeded in Nelson, ships in company: RODNEY, REPULSE, EDINBURGH (C.S.18), MAURITIUS, GALATEA (C.S.2), ARETHUSA, AURORA, NAIAD (C.S.15), PHOEBE, BEDOUIN (Acting Captain D.6) P.S. PIORUN, PUNJABI, MATABELE, TARTAR, ESCAPADE, ECHO, Electra, BRILLIANT, BEAGLE and KEPPEL.«
Im deutschen Klartext sind das drei (!) Großkampfschiffe, sieben (!) Leichte Kreuzer, vier Großzerstörer, fünf Zerstörer und ein polnischer Zerstörer, die, nachdem alle in Scapa liegenden Einheiten Dampf aufgemacht haben, den Hafen um Mitternacht vom 25. zum 26. Januar verlassen. Welch eine Übermacht, welch ein Aufwand, nicht nur, um die beiden deutschen Schlachtschiffe zu stellen, auch um Konvois zu sichern. (Außerdem werden noch die RAF und das Coastal Command eingesetzt.)

23 Folgende Details dürften interessieren. Kapitän z.S. H. Gießler: »Es hat sich um eine Aufklärungslinie feindlicher leichter Seestreitkräfte gehandelt, von der um 06.18 Uhr ein Fahrzeug durch das Funkmeßgerät der SCHARNHORST auf 144 hm mit starker Entfernungsabnahme aufgefaßt worden war. Die Beobachtung wurde sofort durch UK an den Flottenchef auf der GNEISENAU gemeldet, deren Funkmeßgerät vorübergehend ausgefallen war. 06.21 Uhr wendeten die Schiffe auf Befehl des Flottenchefs von Kurs 250° auf 330°. Während der Drehung kam in Richtung von 300° ein Schatten in Sicht. Er wurde als Zerstörer oder Kreuzer der D-Klasse angesprochen und auf 490 hm gemessen. Alarm! Das Funkmeßgerät maß neben dem ersten vier weitere kleine Ziele in gleicher Richtung zwischen 110 bis 140 hm. 06.26 Uhr wurde vom Flottenchef Wendung auf 56° und 06.28 Uhr auf 90° befohlen. Damit marschierte der Verband mit Höchstfahrt etwa auf Gegenkurs. Während dieser Zeit maß das Funkmeßgerät Steuerbord und Backbord achteraus je ein Fahrzeug, ersteres verschwand, während letzteres längere Zeit weitergemessen und zum Teil auch weiter beobachtet wurde: Also Fühlunghalter. Später, nach dem Kriege, wurde durch Roskill bekannt, daß es sich um den Kreuzer NAIAD gehandelt hatte. Dieser Fühlunghalter ist von uns dann weiter bis 07.38 Uhr mit Funkmeß erfaßt worden. Dann aber riß die Fühlung ab, nachdem unsere Schiffe vorher eine Hagelbö durchlaufen hatten (Angaben nach KTB SCHARNHORST).«

24 Zum Gerücht über Differenzen zwischen Skl und Flottenchef wegen dieser Kehrtwendung äußerte sich der spätere Vizeadmiral Hoffmann als damaliger Kommandant der SCHARNHORST. Er sagte: »Es ist mir nicht bekannt, daß es wegen der Kehrtwendung am 28. Januar morgens zu Differenzen zwischen Skl und Flottenchef gekommen ist. Wohl aber ist mir erinnerlich, daß auf die Kurzmeldung des Flottenchefs über das Kehrtmachen auf Grund der Sicherung ein Funkspruch der Gruppe Nord eingegangen war, in dem zum Ausdruck gebracht war: »Annehme, daß neben der Sichtung von Zerstörern noch andere Gründe Anlaß zum Kehrtmachen gegeben haben.« – Der in dieser Wortfassung liegende versteckte Vorwurf hat beim Flottenchef, Stab und Kommandanten damals berechtigten Ärger hervorgerufen. Man kann wohl annehmen, daß Admiral Lütjens nach Rückkehr von der Unternehmung diesem Ärger gebührend Ausdruck gegeben hat. (In den Skl- bzw. Gruppe Nord-KTBs wurde diesbezüglich keine Eintragung gefunden, was aber nicht besagt, daß Lütjens keinen Einspruch erhob. Der Verf.) – Wie wichtig das Kehrtmachen gewesen war, ergibt sich aus der späteren Berichterstattung (Nachzulesen auch bei Roskill, Vol. I, pg. 373).
Verbindlich für die britische Sicht ist das KTB des C-in-C Home Fleet [D 18] Admiral Tovey in seiner 14-Tage-Zusammenfassung für die 2. Januarhälfte »At 06.40 on 28th January, some or two and a half hours before daylight, the course of the Fleet was 090 degrees, when the NAIAD, seven miles thirty degrees on the port bow, sighted what were thought to be two large vessels bearing 120 degrees and steer-

ing a converging course ... The Rear Admiral Fifteenth Cruiser Squadron in the Naiad (Light Cruiser) at once increased speed and closed the position, but was unable to secure any definite recognition of what hat been seen. He formed the impression shortly afterwards that the course of these supposed enemy vessels was North Easterly, and that they then separated. Touch was loss soon after this.
The Repulse with four destroyers was detached to support the Naiad, and the cruisers in company were ordered to proceed on a course of 070 degrees at their best speed. The Aurora was later detached to search the passage between the East-Coast of Iceland an the Northern end of the Iceland – Faeroers minefield.
R.D./F – echoes were obtained in the Naiad at about 0800 but they were not held and no tangible evidence of the presence of enemy vessels in the area was forth coming ...«

Abschließend ist dann noch von einem tröstlichen »incorrect report« der Naiad die Rede, die in der »patchy visibly«, das heißt im »fleckigen Morgenlicht«, den in der Nachbarschaft stehenden H.M. Trawler Northern Reward gesehen haben mag. Auch die Air Force habe, so meldet der C-in-C in Royth, bei der (klaren) Tagessicht östlich von Island keine verdächtigen Schiffe beobachtet.

Es ist in diesem Zusammenhang erneut festzustellen, daß die deutsche Kriegsmarine der Auffassung war, auf dem Gebiet der Funkmeßtechnik einen absoluten Vorsprung zu haben, daher auch H. Gießlers euphorisch zu nennender Bericht über die diesbezüglichen Geräte auf den deutschen »Schlachtkreuzern«. Wie sehr die KM irrte, wird vom Verfasser später behandelt.

Aufschlußreich sind auch Roskills Bemerkungen hinsichtlich der »sets auf der Naiad, aber auch die Tovey-Überlegungen im Tages-KTB vom 31. Januar 1941 [21], in dem der britische Flottenchef meldet: »Schneeböen und die »patchy condition« für die R.D./F. sind für Fehlbeurteilungen und Täuschungen verantwortlich.

25 also die Deutschen.
26 Es handelte sich um das Schlachtschiff Ramillies.
27 Konteradmiral a.D. Meyer, Hans (Kommandant Schlachtschiff Tirpitz vom 2.1943 bis 5.1944): »Eine entsprechende Organisation für direkten Funkverkehr hätte sich, so sagte Kapitän z.S. Schulze-Hinrichs, nur gelohnt, wenn solche gemeinsamen Operationen häufiger auf dem Programm gestanden hätten. Ich kann mir kaum vorstellen, daß im Falle Malaya und auch später im Falle Bismarck durch unmittelbaren Funkverkehr etwas gewonnen wäre, weil er ja vorher nie geübt worden war.« Das ist es ohne Frage. Interessant dagegen sind die Überlegungen von Meyer: »... Die damaligen U-Boote ließen sich im taktischen Zusammenhang mit Überwasserstreitkräften und unmittelbar geführt von dort nun einmal nicht auf einen gesichteten Gegner ansetzen wie eine angehängte Zerstörerflottille. Bei modernen U-Booten mag das anders sein. Lütjens war durchaus dieser Auffassung, wie ich aus meiner langen Unterhaltung mit Ascher, dem A1 Flotte, nach der Scharnhorst-Gneisenau-Unternehmung weiß.«
28 Die Abfangposition der Home Fleet für deutsche Kriegsschiffe wie auch für Handelsschiffe, die in den Atlantik ausbrechen sollten oder aus dem Atlantik heimkehren wollten, war bis zur Norwegenaktion die »Enge« Shetlands-Bergen. Nach der Norwegenbesetzung, so also auch bei der Bismarck, war es der Raum mit Schwerpunkt südlich Island.
29 Von den Schiffen aus dem im mittleren Atlantik aufgelösten Konvoi versenkte die Gneisenau sieben Frachter mit 26 693 BRT und kaperte drei Tanker mit 20 139 BRT, von denen jedoch nur einer als Prise am 24. März 1941 die Gironde erreichte. Die Scharnhorst versenkte zur gleichen Zeit sechs Schiffe mit 35 080 BRT (Rohwer [83z]). Bei der Bergung von Überlebenden ihres letzten Opfers wird die Gneisenau durch das zur Sicherung des Konvois H.X.144 eingesetzte britische Schlachtschiff Rodney überrascht, kann sich aber vermöge ihrer sehr viel höheren Geschwindigkeit der artilleristischen Überlegenheit der britischen Geleitzugsicherung entziehen. Im KTB des britischen Flottenchefs ist für den 26. März 1941 eine Gneisenau-Prisoner-Information mit der Uhrzeit 03.08 vermerkt (wahrscheinlich von einem Mitglied des Prisenkommandos eines der beiden in einem deutschen Hafen nicht eingekommenen Prisentanker). Typisch ist, daß sich der britische Flottenchef persönlich um solche Gefangenenaussagen kümmert und sie in seinem sonst

knapp gehaltenen KTB vermerken läßt. Interessant ist aber auch, wie vorsichtig in der Beurteilung Tovey ist, denn er fügt im FT hinzu »… reliability cannot be assessed.«

30 Britischerseits vermutete man bei der Admiralität – das vorab – mit ihren Funksprüchen vom 16.März 04.35: »It is possible these attacks were carried out by German battlecruisers SCHARNHORST and GNEISENAU. Mit dem FT 05.22 wird auch das am 11.12.1940 in Dienst gestellte Schlachtschiff KING GEORGE V alarmiert. Nach Roskill soll dieses Schlachtschiff noch nicht alle Erprobungen beendet haben, wogegen lt. KTB des Flottenchefs Admiral Sir Tovey die vielschichtigen Einsätze vor diesem 16. März sprechen:
… die demonstrative Fahrt nach den USA (Chesapeake Bai), um den neuen britischen Botschafter in den USA, Lord Halifax, mit dem neuesten Schlachtschiff anzulanden.
… als Konvoi-Schutz für verschiedene Geleitzüge,
… für den Halifax-Konvoi HX 115,
… zum Teil in Zusammenarbeit mit der RODNEY Konvoi C.S. 2 oder
… der Einsatz als Außensicherungskraft bei der Operation CLAYMORE in Norwegen …
Im März 1941 benutzte Tovey auf NELSON C.-in-C Home Fleet. Als die NELSON dann die Sicherung des nach Freetown bestimmten Truppentransporter-Konvois als »ocean escort« übernahm, zunächst als Schutz gegen die ADMIRAL SCHEER, die von den Briten aufgrund der Funkaktivitäten im Brester Raum erwartet wurde, setzte Tovey seine Flagge auf dem Schlachtschiff QUEEN ELIZABETH. Erst später wurde KING GEORGE V Flaggschiff des Befehlshabers der Home Fleet. Er hat dann von diesem neuen Schlachtschiff aus auch die Jagd auf die BISMARCK geleitet.

31 Laut KTB des Chefs der Home Fleet wurden am 21. März noch in der Nacht (02.27) die drei im Text erwähnten Bomber-Squadrons gestartet, um die von der Force »H« lokalisierten Feindeinheiten anzugreifen, wobei sie cross-over-patrols zwischen 46°30 N / 20° 30 W flogen, während zur gleichen Zeit weitreichende WITLEYS das Gebiet von 51° 30 N / 20° 30 W absuchten und eine CATALINA von 55° N bis 10° West patrouillierte. 03.50 wird eine weitere cross-over-patrol zwischen 48° 10 und 46° 25 N auf der Breite von 13° W von 07.30 Uhr bis 11.30 Uhr des 21. März angesetzt. Von Rosyth werden ab 08.00 kontrolliert 64° 00 N 05° 00 W; 64° 12 N / 04° 16 W; 66° 05 N / 07° 05 W; 66° 15 N / 07° 08 W.
Ab 08.28 werden zusätzlich Tagespatrouillen geflogen: Fair, Trost, Stab, Bert, Stand and S.A.3.
Am 21. März 1941 13.25 meldet die Admiralität: »We have not further information of enemy battlecruisers. Act at your discretion.« Weitere Luftaufklärungen folgen … Endlich, 19.34, meldet Tovey: »Recieved message 20.21 from aircraft X to area one – two battleships, one destroyer. My position 47° 17 N / 07° 13 W« (siehe Text). Der Funkspruch wird um 20.14 des 21. März wiederholt und ergänzt mit »… course 90°, speed 20 knots. They probably entered Brest that night.«

32 Die SCHARNHORST und die GNEISENAU werden, wie bereits gesagt, in britischen Darstellungen stets – und so auch hier – Schlachtkreuzer (battlecruisers) genannt. Die Panzerschiffe der DEUTSCHLAND-Klasse wurden ab 1940 nach deren Umbau in Schwere Kreuzer umbenannt, wurden aber im britischen Sprachgebrauch auch weiterhin respektvoll pocket battleships (= Taschenpanzerschiffe) geheißen.

33 Vizeadmiral Sir James Fowness Somerville war als Führer der »Force H« auf dem 32 730 ts großen, 30.25 kn schnellen Schlachtkreuzer RENOWN als Befehlshaber eingeschifft.

34 Die Reaktion des in See befindlichen britischen Flottenchefs der Home Fleet drückt sich nach britischen Dokumenten für diese Zeitphase im Funkspruch von 09.36 Uhr vom 15. März aus: »Two ships in company – Information is vague but there is a chance that the two battlecruisers and/or SCHEER may be returning to Germany. I have come out (am 14. März abends auf der Nelson als Flaggschiff südwestlich von Island auf der Suche nach einer von der Admiralität gemeldeten »surface unit« zwischen 54° bis 58° Nord) in the hope of intercepting them. If we are lucky and can make contact the object of all ships must be to try and bring NELSON into action. NIGERIA and destroyers are not to get themselves put out of action to no purpose. Destroyers under fire from capital ships should present an and – on target. If there is no further information destroyer will be sent to refuel at Reykjavik. There is also a chance of running into two A.M.C.s (Armed Merchant Cruisers)

breaking out, both of which carry all – round torpedo armament.

12.00, 15. March: Position course and spead: 60° 50' N, 10°, 6' W; 320°, 16 knots.

Was die beiden oben erwähnten deutschen battlecruisers betrifft, konnten nur die am 7. und 8. März gegen den Konvoi S.L.67 in Aktion getretenen Schlachtschiffe GNEISENAU und SCHARNHORST gemeint sein. Die hier ebenfalls genannte ADMIRAL SCHEER läßt darauf schließen, daß der Gegner nach den Operationen des Ex-Panzerschiffs und jetzigem Schweren Kreuzer im westlichen Indischen Ozean völlig verunsichert scheint.

35 Gemeint ist wahrscheinlich: von Bomben und Torpedoflugzeugen der ARK ROYAL.

36 Fußnote Roskill: »Keines der beiden neu hinzugekommenen Schiffe war zu diesem Zeitpunkt auf der Höhe der Einsatzbereitschaft. Die HOOD hatte soeben eine immer wieder verschobene Überholung beendet und unternahm deshalb noch Erprobungen. Die QUEEN ELIZABETH war am 21. Februar 1941 nur deshalb nach Scapa gekommen, um dort mit den nach einer langen Überholung und Neuarmierung fälligen Erprobungen zu beginnen. Aber die Lage wurde so ernst angesehen, daß man es für gerechtfertigt ansah, auch solche Schiffe einzusetzen, die im Falle eines Gefechtes kaum in der Lage gewesen wären, ihre volle Kampfkraft zu entfalten.«

37 Zum FT am gleichen 28. März, um 22.09, funkt die Admiralität an den sich jetzt in Scapa aufhaltenden Chef der Home Fleet die message: »Preliminary interpretation of photographie reconissance of Brest today shows SCHARNHORST and GNEISENAU at Brest. One in most westerly dry dock and one at T.B.Station, Rade Abri.«

Diese an Wechselfällen, Irrtümern und Imponderabilien reichen Anstrengungen der Briten bei der Jagd nach den in der Fertigung befindlichen beiden deutschen Schlachtschiffen wird im Detail u.a. in der Edition: J. Brennecke, Dokumente zum Thema »Schlachtschiff BISMARCK« erscheinen.

Die über den Nordatlantik und den Engenbereich der Dänemarkstraße sowie den Passagenmöglichkeiten zwischen Island und Färöer ausgedehnte Suchaktion macht die geballte angelsächsische Zähigkeit deutlich, ein als ultima ratio erkanntes Ziel mit allen Mitteln mit selbstverleugnerischer Härte auch dann zu bekämpfen, wenn dabei eigene Leute gefährdet werden oder umkommen.

38 FIJI und NIGERIA waren zwei hochmoderne, erst nach dem Kriege fertig- und in Dienst gestellte Leichte Kreuzer.

39/1 Auch während der ersten Wochen des April waren dann die britischen Großkampfschiffe der Home Fleet permanent in Anspruch genommen: einmal als Convoi-Escorter die NELSON und die RODNEY und zweitens vor allem unter dem Druck der beiden deutschen Schlachtschiffe in Brest durch die Biscaya-Überwachung der drei Kampfgruppen der KING GEORGE V, der HOOD und der QUEEN ELIZABETH. Dazu war noch die Force-H zu zählen. Schließlich stellt die britische Admiralität infolge der Brest-Blockade mit Besorgnis am 8. April mit der Uhrzeitgruppe 21.30 fest: »However, placed all German surface warships, except – the battlecruisers in Brest, in Baltic and North Sea ports, and with these dispositions our trade routes south and west of Iceland, our North Sea coasts and the Northern Islands are denied heavy ship support against raids possible in considerable force.«

»The destroyer screen for the passage of capital ships to and from Biscaya control at the expense of possible anti-U-Boot-operations.«

Zur Brest-Blockade fordert Tovey am 1. April: »After due consideration of recent patrols carried out by HOOD and two cruisers in vicinity of 43° N / 18° W. I am of the opinion that if our patrols are to block exit from Brest with a good chance of success there are two main requirements:

• the first is the addition of an aircraft carrier to our force (also zur Home Fleet),

• the second is the provision of a fully defended base in south-west Laterland. As regards later, I feel increased protection that such a base would give to our shipping is so great that nothing should be allowed to stand in the way of our acquiring one.«

Später, um die Mitte April herum, wird die Lage in der Biscaya durch den Admiralitätsbefehl 2359/17/4 erleichtert: die Biscaya-Kontrolle in der augenblicklichen Situation bis auf ein CAPITAL-SHIP zu reduzieren.

39/2 Güth: »Das nahmen wir See-Fernaufklärer (DO 18, Staffel 3/906) auch an. Mit – zunächst – drei Maschinen wurden wir am 3. März 1941 nach Tromsoe zur Fernaufklärung in Richtung Jan Mayen/Island verlegt. (Mitte März waren es 6 Flugzeuge.) In Drontheim war die Staffel 3/406 mit ebenfalls 6 DO 18, später auch verlegt nach Tromsoe im Zusammenhang mit »Rheinübung« – was aber niemand wußte!

40 Dem Verfasser ist versichert worden: Die geheime, untergründige polnische Abwehr während der deutschen Besatzungszeit habe jedes deutsche Schiff (Kriegsschiffe vor allem) in Danzig/Gotenhafen unter permanenter Kontrolle gehabt. Wenn später auch das Auslaufen der BISMARCK solche polnische Behauptung stützt, so scheint die polnische Abwehr im zumindest obigen Falle völlig versagt zu haben.

41 Roskill: The War at Sea, Vol. I [87].

42 Nämlich 1940 durch die 32 kn schnellen Leichten Kreuzer BONAVENTURE, DIDO, PHOEBE, denen folgen 1941 die Leichten Kreuzer CLEOPATRA, CHARYBDIS, EURYALUS, HERMIONE und 1942 dann die ARGONAUT, die SCYLLA und die SIRIUS, alle mit 5.25-inch- bzw. 4.5-inch-Kanonen als SA, weiter die bereits erwähnten 31.5 kn schnellen Leichten Kreuzer der FIJI-Klasse, nämlich die FIJI, die KENYA und die NIGERIA, denen weitere folgen.

43 RAMILLIES war ein Schlachtschiff, AUSTRALIA ein Schwerer Kreuzer, NAIAD und PHOEBE waren zwei Leichte Kreuzer. RODNEY war ein Schlachtschiff und ein Schwesterschiff des damaligen Flaggschiffes der Home Fleet, der NELSON. NORFOLK war ein Schwerer Kreuzer. EDINBURGH war ein Leichter Kreuzer, ROYAL SOVEREIGN ein Schlachtschiff und ein Schwesterschiff der oben genannten RAMILLIES. MAURITIUS und ARETHUSA waren Leichte Kreuzer.

44 Anmerkung Roskill: The War at Sea. Vol. I., pg. 378.

45 Kapitän zur See a.D. Helmuth Gießler, als Fregattenkapitän NO von Januar 1939 bis März 1942 und als Kapitän zur See IO von März 1942 bis April 1943 auf Schlachtschiff SCHARNHORST, über die Störanfälligkeit der Maschinenanlagen: »Bei uns auf SCHARNHORST waren die Rohre der Überhitzer an den Kesseln den Dauerbeanspruchungen nicht gewachsen. Sie wissen ja, daß die Hochdruck-Heißdampfanlagen sehr schnell entwickelt worden sind, da Motoren dieser Leistung noch nicht vorhanden waren. Der Übergang zu den wesentlich höheren Drücken brachte viele Störungen mit sich. Diese waren in der Hauptsache metallurgischer Art, das heißt, daß das Material einfach diesen Beanspruchungen nicht gewachsen war. Bei uns zeigten sich bald nach der Indienststellung schon einige Fehler, die im Laufe der Zeit rapide zunahmen. Während der Atlantikunternehmung häuften sich diese so, daß unser Maschinenpersonal eine unglaubliche Routine in der Reparatur – also einem Dichtflanschen der zerstörten Rohre – bekam. Schließlich konnten wir kaum noch Höchstfahrt laufen. In Brest sollten nun alle Überhitzer neu berohrt werden. Diese Arbeit war im Juli/August 1941 beendet. Bei der Probefahrt nach La Pallice erhielten wir dort fünf Bombentreffer, die eine erhebliche Wirkung hatten, so daß ein großer Teil der Kabel erneuert werden mußte. – Diese zweite Liegezeit war dann vor dem Kanaldurchbruch (Feburar '42) fertig. Damit dürfte die lange Dauer erklärt sein.«

46 Theophil Aube (*1826, † 1890) war davon überzeugt, »die Tage der Linienschiffe seien vorüber«. Er, der 1870 als Linienschiffkapitän Kommandant eines solchen »man of war« war, hatte danach als Marineminister für den Handelskrieg einen Handelskreuzer entwickelt. Als erste Einheit dieses Typs hat er 1888 die später 6 676 ts große DUPUY DE LOME auf Stapel legen lassen. Der neue Typ unterschied sich völlig von den bisherigen Kreuzern der französischen Marine. Ihm folgten ganze Serien der bei den Briten als »armoured cruisers« klassifizierten Handelskreuzer, darunter die spektakuläre JEANNE D'ARC (11 052 ts) und die beiden Schwesterschiffe EDGAR QUINET (13 847 ts) und WALDECK-ROUSSEAU (13 995 ts). Sie waren mit sechs Schornsteinen ausgestattet, und zwar drei im vorderen und drei im achteren Schiff.

47 Raeder im Wortlaut dazu: »Erst sehr spät und nach schweren Erschütterungen in der Organisation der französischen Marine, die zu Beginn des Ersten Weltkrieges noch nicht völlig überwunden waren, hat man auch in Frankreich den teuer bezahlten Lehren der Geschichte beim Aufbau der Flotte wieder Rechnung zu tragen begonnen.«

48 Die Kohle wurde übrigens in Seitenbunkern der Großkampfschiffe gefahren und in das Panzerschutzsystem integriert. Wohl auch aus diesem Grunde verzögerte sich die Ablösung der alten, aber bewährten Expansionsmaschine.

49 Raeder geht zwar in seinem Werk »Kreuzerkrieg« [83] nicht auf solche Zukunftsfragen ein, aber mit Sicherheit hat er bereits in dieser Zeit (1922!) die sich in Verbindung mit den geplanten dieselmotorbetriebenen Schiffsentwürfen (noch ist kein Panzerschiff der DEUTSCHLAND-Klasse im Bau oder von Stapel) anbietende seestrategische und seetaktische Wandlung klar erkannt. Er hat dies aus den Erfahrungen des Ersten Weltkrieges in seinen operativen Planungen infiltriert. Die deutsche Marineleitung hat diese Überlegungen daher stärker und intensiver betrieben als andere Seenationen, die vermöge ihrer weltweit greifenden Stützpunkte nicht vor gleichen Problemen standen.
»Not macht erfinderisch.« Das galt für fast alle Bereiche der unter den Versailler Vertragsbedingungen stehenden, »geknebelten« Reichsmarine.

50 Ein eklatantes Beispiel wird einmal der Schwere Kreuzer ADMIRAL SCHEER als Ex-Panzerschiff der DEUTSCHLAND-Klasse, der 1940/41 bei seiner sechsmonatigen Operation in zwei Ozeanen (Atlantik und westlicher Indik) nach dreimonatiger Seezeit (im verkehrsabseitigen Seegebiet im Südatlantik im »Quadrat ANDALUSIEN«) zu einer »Werftliegezeit« pausierend eine »Grundüberholung« durchführte. Diese betraf vor allem die Schiffsbetriebstechnik, wobei zum Beispiel bei den Dieseln die großen, schweren Kolben mit Bordmitteln gezogen und gereinigt wurden. Aber auch der Schiffsrumpf wurde bearbeitet, das heißt, vom fahrthemmenden Bewuchs befreit und dann gepöhnt, einfach indem das Schiff für die Dauer der Arbeit künstlich gekrängt wurde. Der Verfasser kann als Besatzungsmitglied und Kriegsberichter während der Zweiozeanunternehmung (Atlantik/Indik) die enorme Leistung einer »werftgerechten« Überholung bestätigen, bei der manches gekonnt und raffiniert improvisiert wurde, denn eine Handakte gab es dafür nicht.

51 Von diesen sechs Schlachtschiffen der H-Klasse erging für das Typschiff H am 14. April 1939 der Bauauftrag an Blohm & Voss, die Kiellegung erfolgte am 15. Juli 1939. Am 30. September wurde dieser Bau wegen Bevorzugung des U-Boot-Neubauprogramms stillgelegt und ab 25. November 1941 abgebrochen. Begonnen wurde auch das H-Schlachtschiff J bei der Deschimag in Bremen: Auftrag 19. April 1939, Kiellegung 1. September 1939, Stillegung 30. September 1939, ab 25. November 1941 Abbruch. • In Auftrag ging bei den Deutschen Werken Kiel der Neubau K: Auftrag 25. Mai 1939, im Sommer 1939 annulliert • Auch der bei B & V im Juli 1939 georderte Neubau M wurde am 10. Oktober 1939 annulliert • Der im Sommer 1939 an die Deschimag vergebene Auftrag für den Neubau N wurde ebenfalls nicht begonnen, sondern am 10. Oktober 1939 annulliert. Die Bauzeit nach Plan sah 4.5 bis 5 Jahre vor. Der Erwähnung verdient noch, daß für das Schlachtschiff J der Name GROSSDEUTSCHLAND und für H der Name FRIEDRICH DER GROSSE vorgesehen worden sei. Gröner + Dr. Jung, Maass im 1982 erschienenen Bd. 1 der maßgeblichen Buchdokumentationsreihe: »Die deutschen Kriegsschiffe 1815–1945 (Panzerschiffe, Linienschiffe, Schlachtschiffe, Flugzeugträger, Kreuzer, Kanonenboote): »Namensgebung ist nur Spekulation – vermutlich britischen Ursprungs – sie ist auch psychologisch unwahrscheinlich – siehe dazu auch ›Ersatz Deutschland durch Lützow‹ (weil nach Hitlers suspekten Vorstellungen kein Schiff mit dem Namen Deutschland unter- oder verloren gehen dürfe).«

52/1 Der Verfasser führte Gespräche mit dem ehemaligen Chef des K-Amtes, Admiral a.D. Werner Fuchs, nach denen Einheiten in dieser Größenordnung durchaus realen Planungen entsprachen. Auch sei vorgesehen gewesen, in einem besonders abgelegenen Teil der Antarktis einen Versorgungsstützpunkt und eine Notwerft einzurichten, auf der sogar auch Rohre der SA ausgewechselt werden sollten bzw. konnten.

52/2 K-Verbände = Kleinkampfverbände.

53 Als Faustregel galt, daß die Dicke des Gürtelpanzers dem Kaliber der Schweren Artillerie (SA) entsprechen sollte.

54 So wiegen zum Beispiel die vier 40.6-cm-Doppeltürme eines Schlachtschiffes gegenüber den vier 20.3 cm-Doppeltürmen eines Schweren Kreuzers nicht das Doppelte, sondern das Achtfache.

55 entfällt.

56 Einen solchen Weg beschritten die Engländer, als sie bei der NELSON-Klasse das 40.6-cm-Kaliber auch in ihre Marine einführten und hierbei in der Aufstellung von den amerikanischen und japanischen Vorbildern (COLORADO-Klasse und NAGATO-Klasse) abwichen.

57 Hier muß darauf hingewiesen werden, daß es für das Gesamtgewicht von zwei Vierlingstürmen gleichgültig ist, ob sie in einer Gruppe zusammenstehen oder je einer vorn und achtern montiert wird. Die erwähnte zusätzliche Gewichtersparnis bei der Zusammenfassung in einer Gruppe entsteht nicht durch die Türme direkt, sondern indirekt dadurch, daß bei der Gruppenaufstellung der durch Panzer seitlich zu schützende Raum unter den Türmen kleiner ist, als bei getrennter Aufstellung. Am Panzer also tritt dann die erwähnte Gewichtersparnis ein.

58 WPS = Maschinenleistung in Wellen-PS, v = Geschwindigkeit in kn, D = Probefahrtverdrängung. Allerdings ist einschränkend hinzuzufügen, daß diese »Admiralitätsformel« schon deshalb keine exakten Werte zu liefern vermag, weil sie ja nur mit drei Werten arbeitet. Es bleibt also völlig unberücksichtigt, ob das betreffende Schiff eine für hohe Geschwindigkeiten günstige Form hat. So wird also auch der Umstand, daß die BISMARCK relativ breiter war als die meisten vergleichbaren anderen Schiffe, von dieser Formel nicht berücksichtigt, obwohl er bei der Frage, wieviel PS je Welle erforderlich waren, um 30 kn zu erreichen, gewiß eine große Rolle gespielt hat.

59 Entsprechend bei der SCHARNHORST vor der geplanten Umarmierung 280 mm, die aber nie erfolgte.

60 Ww = »Wotan weich« und Wh = »Wotan hart«. Das bei den Torpedoschotten verwendete Ww-Material wies im Gegensatz zum Wh-Material also eine gewisse Dehnbarkeit auf. Dieser »weiche« Panzer war eine deutsche Neuentwicklung zwischen den beiden Weltkriegen, während der Wh-Panzer sich nicht im gleichen Maße von dem zum gleichen Zweck schon in der Kaiserlichen Marine verwandten Panzermaterial unterschied.

61/1 Gemeint ist der dritte Kreuzer mit Namen EMDEN, der in den Jahren 1921 bis 1925 in Wilhelmshaven als das erste größere deutsche Kriegsschiff nach dem Ersten Weltkrieg erbaut worden war.

61/2 Besser als im Zitat: »41 bis 48 kp/mm^2« oder moderner »410 bis 480 N/mm^2« (1 kp = 10 N).

62 So genannt nach ihrer Legierung mit Nickel und Chrom.

63 Zum Beispiel die US-amerikanische MISSOURI 32,90 m.

64 Photokopien von Dipl.-Ing. Dr. Süchting.

65 Auch diese Ziffer wird auf der Führer-Konferenz irrtümlicherweise in ts angegeben, während sie sich in Wirklichkeit aus metrischen Tonnen zusammensetzt. Es handelt sich hier, um Einwänden vorzubeugen, nicht um einen Übersetzungsfehler im »Brassey Naval Annual 1948«, sondern um Ziffern aus den deutschen Originaldokumenten (Kopie Prüf.Nr. 3, 1. Skl).

66 Als Folge wird von Roskill in »The war at sea« die BISMARCK-Größe ebenfalls mit 42 345 ts standard und die maximale Verdrängung sogar mit 52 700 ts angegeben.

67 Die Namensgebung BISMARCK scheint noch eine zweite Grundlage gehabt zu haben. Bismarck schuf mit Rußlands Wohlwollen das Deutsche Reich und schloß mit »Rußland den Rückversicherungsvertrag«. Ende 1938 streckte Stalin erste »Fühler« nach Westen aus. Mußte ihm nicht – nach Raeders Auffassung – eine »Bismarck«-Politik entgegenkommen? Aber Hitler wollte kein »Bismarck«-Reich. Er tat nur so »als ob« und täuschte alle.

68 entfällt.

69/1 Das Vertrauen, das die Kriegsmarine in Blohm & Voss als Bauwerft setzte, war gerechtfertigt. Wenn auch bei diesem Schiffbauunternehmen der Bau von Handelsschiffen immer im Vordergrund stand, so hatte man vor dem Ersten Weltkrieg den Auftrag zum Bau schneller Großkampfschiffe, und zwar von Schlachtkreuzern (ohne hier auf Erfahrungen zurückgreifen zu können), angenommen, und zur vollsten Zufriedenheit der Kaiserlichen Marine durchgeführt. Fünf von den sieben fertiggestellten Schlachtkreuzern liefen hier in Hamburg bei Blohm & Voss von Stapel. Und von den fünf Schlachtkreuzern, die Konteradmiral Hipper in der Skagerrakschlacht führte und deren Standfestigkeit und Sinksicherheit die Fachleute der ganzen Welt überraschte, waren vier bei Blohm & Voss erbaut. Nur Hippers Flaggschiff, die LÜTZOW, war in Danzig auf Kiel gelegt und fertiggestellt worden.

Es hat damals an bösen Zungen nicht gefehlt, die behaupteten, eben deshalb sei sie ja auch untergegangen. Während jene vier bei B & V erbauten Schlachtkreuzer, die an der Skagerrakschlacht teilnahmen, ihr tragischdramatisches Ende in Scapa Flow durch Selbstversenkung fanden, blieb der fünfte B & V-Schlachtkreuzer, die 1911 von Stapel gelaufene GOEBEN, noch lange im

Dienst. Sie wurde 1914 der befreundeten Türkei übergeben, dort als Flottenflaggschiff geführt und in YAVUZ SULTAN SELIM umbenannt. Nach dem Kriege hieß sie, mehrfach umgerüstet, erst YAVUS SELIM dann nur noch YAVUZ, wurde 1948 stationär, ab 1973 Traditionsschiff der türkischen Marine bis zum Abbruch 1976.

Von den sieben, nicht mehr vollendeten Schlachtkreuzern haben noch drei weitere bei B & V auf Stapel gelegen, und einer davon, die MACKENSEN, lief 1917 noch von Stapel.

Unter den Passagierschiffen, deren Wiege bei Blohm & Voss stand, sei das 1914 von Stapel gelassene Turbinenschiff BISMARCK hervorgehoben, das nach seiner kriegsbedingt verzögerten Fertigstellung im Jahre 1922 als das größte Schiff der Welt als britische Kriegsbeute nach Liverpool überführt und von der Cunard Lines MAJESTIC umbenannt wird. Zu den größten Handelsschiffen ist auch der bei B & V erbaute Turbinen-Schnelldampfer EUROPA das Schwesterschiff der legendären BREMEN, zu zählen, die später, nach dem Zweiten Weltkrieg, als Frankreichs größtes Schiff die Meere durchpflügte, als Superlativ allerdings erst an vierter Stelle, denn die drei ex-Hapagdampfer der bei Blohm & Voss erbauten IMPERATOR-Klasse, zu der ja auch die BISMARCK zählte, übertrafen den Neubau des Neu-Franzosen.

69/2 Torpedomechaniker, da anfangs eine Torpedowaffe vorgesehen war

69/3 Die außergewöhnliche Breite bietet der SA wie auch der MA eine außergewöhnliche Plattform beim Schießen wie auch im Seegang.

69/4 Ursprünglich war an einen Einsatz im Zufuhrkrieg nicht gedacht, die Marine hatte das Schlachtschiff »F« anfangs als »Rückgrad der Heimatflotte« vorgesehen.

70 Eine kritische Anmerkung des E.K.K.-Fachmannes Kapitän z.S. Dipl.-Ing. Moritz soll bei dieser Auflistung besonders panzerschutzwürdiger Räume – und das sollte hier nicht verschwiegen werden – »wertvollster Raum **unter** dem Panzerdeck glatt verschenkt worden sein«, einfach weil es die Vorstellung der Flotte war, die Schiffe aus einer Zentrale an Land dirigieren zu müssen, was eine Ausweitung und Überbewertung der Nachrichteneinrichtungen (sozusagen auf Verdacht) zur Folge hatte, die alles bisher Vorhandene weit hinter sich ließ. So wurden auf beiden Schlachtschiffen (das heißt auch auf der TIRPITZ **unter dem Panzerdeck**, also im wertvollsten Teil, den ein solches Schiff besitzt, **drei** überaus große Räume als Nachrichten- und Führungszentralen vorgesehen. Später, noch während des Baues – ergab es sich, daß drei Räume der Perfektion zuviel waren. Sie waren weit über das Ziel hinausgeschossen. Wahrscheinlich hätte dann (nach den neuesten Erkenntnissen) nur einer dieser großen Räume für die dann einzubauenden Nachrichtengeräte genügt. So aber wurden sie (großzügig) über zwei Räume verteilt und der dritte (nun völlig überflüssige) wurde als **Funkübungsraum** hergerichtet, und das unter dem lebenswichtigen Panzerdeck eines Schlachtschiffes.

71/72 Zum Thema Ruderanlage der BISMARCK hat sich Professor Dr. Ing. Herbert Schneekluth in einer Stellungnahme an das German Consulate St. Louis/Missouri (Konsul I. Klasse, Hamm) geäußert, an das sich zwei US-Navy-Offiziere mit Fragen nach der Manövrierfähigkeit und des Schraubensystems gewandt hatten:

»… Die Manövrierfähigkeit des Schlachtschiffes BISMARCK muß als durchschnittlich und für zu erwartende Gefechtssituationen zufriedenstellend bezeichnet werden.

Die BISMARCK besaß drei Schrauben und zwei Ruder. Die Ruder waren Spaterruder, die nicht direkt im Schraubenstrahl arbeiteten. Die wünschenswerte Anordnung hinter den beiden Außenschrauben hätte hier zu konstruktiven Schwierigkeiten geführt. Die äußeren Propellerwellen divergierten nach hinten.

Durch diese Divergenz wurde die Wirksamkeit des Steuerns allein mit den Schrauben etwas reduziert. Die Anordnung hatte aber den Vorteil, daß es leichter möglich war, mit nur einer Außenschraube und intakten Rudern zu fahren und dabei Kurs zu halten. Diese Störsituation wurde beim Entwurf als die wahrscheinlichere gegenüber der ausgefallener Ruder angesehen.

Besondere Manövrierhilfen, wie Voith-Schneider-Propeller usw. wurden zwar für die Schlachtschiffe diskutiert, sie wurden aber bei keinem der Schlachtschiffe, sondern nur beim Flugzeugträger GRAF ZEPPELIN eingebaut. Es handelte sich dabei um zwei ausfahrbare Voith-Schneider-Propeller à 450 PS mit Anordnung am Bug hintereinander.«

Nach der Aussage von Paul Hillen (Gefechtsstation Handruderraum) gab es nur **einen** Handruderraum, nach Müllenheim-Rechberg [144], dem 4. AO, gab es zwei. Das ist falsch ausgedrückt. Wohl gab es in dem Raum den Steuerbord-Handruderstand, plaziert **neben** dem Backbord-Handruderstand. Jeder »Stand« verfügte über vier Handruderräder für je **zwei** Mann, das heißt für acht Mann. Insgesamt mußten für den Betrieb der Handruder also 16 Mann plus einem Unteroffizier als Gruppenführer eingesetzt werden.

73 Die turboelektrische Anlage, die ursprünglich vorgesehen war, nachdem sich ein Dieselmotorantrieb – ein Wunschbild der ersten Stunde – nicht realisieren ließ, da die Entwicklung von Groß-Dieselmotoren mehr Zeit als vorausberechnet erforderte, sollte über drei Abteilungen für die einzelnen Kraftwerke verfügen und zwar: seitlich die Kessel und die Generatoren in der Mitte zwischen den Längsschotten. Die drei Schrauben sollten durch je einen EM angetrieben werden. Diese Technik erlaubte eine wesentlich einfachere Konstruktion der Turbinen, kürzere Schraubenwellen und – was sehr wichtig war – ein schnelleres Umschalten auf andere Fahrtstufen und Drehrichtungen. Die Nachteile durch die stark anfällige Stromübertragung durch die Kabel von den Generatoren zu den Schraubenantriebsmotoren wurden dabei keineswegs übersehen. Besonders gestützt glaubten sich die Befürworter dieser neuen Schiffsbetriebstechnik durch Erfolge des mit einer solchen Anlage ausgerüsteten französischen Passagierliners NORMANDIE (79 230 BRT, electric motors, 30 kn auf vier Schrauben), der 1936 sogar das begehrte Blaue Band zugesprochen wurde, nachdem das Schiff 1936 umgebaut und auf 82 789 BRT vergrößert worden war. Um Erfahrungen über die Vor- und Nachteile auch bei deutschen Schiffen zu gewinnen, wurden mit dieser Schiffsbetriebstechnik ausgerüstet die Fahrgastschiffe ROBERT LEY (27 288 BRT), SCHARNHORST (18 184 BRT) und POTSDAM (17 518 BRT). Diese Schiffe befanden sich aber noch auf den Hellingen, als das Antriebsproblem für die Schiffe der BISMARCK-Klasse erst akut war.

74 Die starke MA-Bewaffnung ist im Vergleich zu britischen Schlachtschiffen auffallend. Elfrath in [147]: »Da dieses deutsche Kriegsschiff anfänglich jedoch nicht für Atlantikunternehmen gebaut worden war und dafür aus der seestrategisch-geographischen Lage der Deutschen Kriegsmarine keine (schnellen) Leichten Kreuzer beigegeben werden konnten, mußte für die BISMARCK dieses relativ starke 15-cm-Kaliber vorgesehen werden, das dem der britischen AME's oder dem die Bewaffnung auch britischer Handelsschiffe gewachsen war. Damit hat die BISMARCK eine wirksame Schnellfeuerwaffe beim Kampf mit Konvoischiffen, während sich die SA der BISMARCK mit der Schlachtschiffsicherung des Geleitzuges befassen kann.

75/1 Ergänzend bleibt zum KTB BISMARCK zu sagen, daß das BS-KTB an Bord nur bis zum Einsatz in Norwegen eingesehen werden konnte (die Kopien) und für den Rest der Unternehmung »Rheinübung«, das heißt der Selbstversenkung der BISMARCK, als sie vor Frankreichs Atlantikküste verlorenging. Das BS-KTB ab Norwegen bis zum Ende am 27. Mai 1941 wurde später anhand der Funksprüche und der Aussagen Überlebender vom BNO der PRINZ EUGEN Kapitän z.S. Paul Schmalenbach so gut es ging nachträglich geschrieben.

75/2 Im KTB der BISMARCK werden DeTe-Geräte (= Dezimeter Telefonie-Geräte) als Funkmeßortungsgeräte (FuMOs) nochmals verschlüsselt und als E.M.2 bezeichnet, was sich als Entfernungs-Meßgerät ausdeuten läßt.

76/1 Die auf der BISMARCK installierten drei großen Funkmeßgeräte dienten der Funkmeß**ortung** von Schiffszielen auf See im Dunst, im Nebel, in den Wolken, und besonders in der Nacht. Sie arbeiten nach dem Rückstrahlprinzip, das heißt, wenn vom DeTe-Gerät in See die durch die Luft ausgesandten Funkwellen als elektromagnetische Strahlen auf ein »Hindernis« (ein Schiff, einen Küstenstrich, einen Leuchtturm oder ein Flugzeug) auftreffen, werden sie (wie der Schall beim Echolot) im gleichen Winkel reflektiert und als »Rückstrahl« von der Antenne des DeTe-Gerätes erfaßt und ausgewertet; das heißt, sie werden gleichzeitig auch gemessen; vorerst auf Entfernungen bis zu 15 000 m, später wesentlich mehr.

*

Der Begriff DeTe-Gerät (auch E.M.2 genannt) ist ein Terminus für »Dezimeter Telefonie«, womit die Marine die Funkentfernungsortung und -messung tarnte. Dieses Verfahren – später international als RADAR bezeichnet – ist so neu nicht. Die Theorie der Funkmeßtechnik basiert auf dem 1886 von H. Hertz gewonnenen Erkenntnissen, daß Funkwellen von metallenen und solchen Gegenständen reflektiert werden, deren Dieelektrizitätskonstante von derjenigen des Umgebungsraumes abweicht. Hier nun erhielt, wie gesagt, der in Düsseldorf lebende Techniker C. Hülsmeyer 1904 das deutsche Patent 165645, das als grundlegendes Radarschutzrecht anzusehen ist. Voraus gingen Versuche an Schiffen auf dem Rhein. Tirpitz zeigte sich am Ende der Vorführung desinteressiert. Er winkte ab mit den Worten: »Meine Ingenieure haben bessere Ideen.«

Während des Ersten Weltkrieges (1916) kam die Funkmeßortung durch den Ingenieur Scherl erneut »auf den Tisch«. Sie wurde erneut verworfen, »weil der Krieg«, so die Militärs, »schon fast gewonnen sei«. Erst 1934 wurde die elektromagnetische Rückstrahlortung mit der immer stürmischer werdenden Entwicklung im Kurzwellenbereich wieder interessant. Der Marineoberbaudirektor Dr.-Ing. Kühnelt gründete mit Marine-Unterstützung die GEMA (die Gesellschaft für elektroakustische und mechanische Apparate m.b.H.).

Versuche auf der Kurzwelle, wie auch der Zentimeterwelle, verlaufen wenig befriedigend, aber auf der Dezimeter- wie auf der Meterwelle zeigen sich 1936/37 wegweisende Erfolge, die bald schon in eine Serienproduktion vom 80-cm-Wellen-Geräten mit der Bezeichnung SEETAKT und von 2.40-m-Wellen-Geräten mit dem Namen FREYA einmünden. SEETAKT wird für alle großen Überwassereinheiten (für Schlachtschiffe, Kreuzer aller Typen und auch Zerstörer), FREYA als Flugmeldegerät gebaut und genutzt.

Die Arbeiten an Funkmeßgeräten für die naheliegende Zentimeterwelle wurden seinerzeit wegen scheinbar (vorerst) in Deutschland nicht lösbarer technischer Schwierigkeiten bei der Herstellung von Spezialröhren eingestellt: Ein schwerwiegender Fehler, wie sich ab 1943 zeigen wird, als die Alliierten Magnetronröhren für Zentimeterwellen einbauten und über Panorama-Sichtbildgeräten nutzten – und das mit großem Erfolg.

76/2 Nach Eichler [172]: »Vom Bug zum Heck« ist »pöhnen« Jargon. Zugegeben, daß es kein Hochdeutsch ist, aber kein Seemann »malt« sein Schiff. Allerdings: der Verfasser des Einwandes ist Dipl.-Ing. für Landprojekte oder andere kontinentale Aufgaben.

77 Gotenhafen vormals, das heißt vor dem Polenfeldzug Gdingen geheißen und nach 1945 wieder zurückbenannt. G. war bis 1920 ein Fischerdorf und wurde dann als einziger günstiger Hafenplatz des polnischen Korridors (dessenthalben der Zweite Weltkrieg begann) zum Kriegs- und Handelshafen ausgebaut.

78 Last: bei Schiffen, ein im Innern gelegener größerer Raum zum Aufbewahren von Verbrauchsstoffen, z.B. Proviant-Last. Räume für Arbeitsgeräte heißen Gat(t), z.B. Hellegatt.

79 Zufuhrkrieg besser auch Handelskrieg.

80 Das Datum 8. November ist im KTB-BISMARCK falsch, es muß lauten der 11. und 12. November.

81 Im adriatischen Hafen Tarent und in der vorgelagerten Bucht Mare Grande ankerten außer kleineren Kriegsschiffen in Netzkästen 6 Schlachtschiffe und 3 Schwere Kreuzer.

82 LITTORIO, später ITALIA (* 37/i.D. 1940, 40 734 ts, SA: 3 x 3 38.1 cm, 128 200 PSW für 30 kn); CONTE DI CAVOUR (* 1911/i.D. 1915, 22 992 ts, 13 x 30.5 cm, 31 278 PSW für max. 22 kn; Duilio (* 1913/i.D. 1915, 27 994 ts, 13 x 30.5 cm, 31 009 PSW für 21 kn; alle [135], [134], [39.1], [189].

83 Nach Pemsel [189] erzielten die britischen Torpedoflieger auf der LITTORIO 3 Treffer und je einen Treffer auf der CONTE DI CAVOUR und der DUILIO, das trotz heftigen Flakfeuers der italienischen Flotte.

84 entfällt.

85/1 Ärger hat es während der Dockzeit nur in der Maschine gegeben, wo am 12. März, 04.00 Uhr, der Kesselhilfsmaschinenraum Steuerbord vollgelaufen war. Die Ursache waren ein offener Filter und ein offenes Bodenventil der Kühlwasserleitung. Zwar konnte der Raum nach »nur« zwölf Minuten durch die Leckpumpe gelenzt werden, die Verursachung selbst wurde nicht geklärt. Der Verdacht, daß Sabotage vorlag, ist nicht von der Hand zu weisen.

85/2 Der L.I. notiert in sein Maschinen-KTB »Hochgesteigerte Fahrt«, ohne die geforderte Höchstfahrt in Knoten zu nennen. Wieder einmal wird die konkrete Höchstfahrt nicht genannt.

86 Nachdenklich stimmt das Adjektiv »erheblich«, dem unstritig zu entnehmen ist, daß dem Artilleristen

Lindemann der Ausbildungsstand seines Artilleriepersonals durchaus nicht genügt. Die Tendenz dieser KTB-Eintragung widerspricht den mehrfachen Berichten, daß der Ausbildungsstand voll zufriedenstellend gewesen sei. Oder: Das Wort »erheblich« ist zudem eine harte Erkenntnis aus dem unmittelbaren Bereich der Fachkompetenz.

*

Ein ähnliches Argument ist auch Lindemanns Bericht über das A.V.K.S.-Programm zu entnehmen, dessen Versuchszeiten unter dem von Raeder ausgelösten Terminstreß zuungunsten des sehr viel notwendigeren Artillerieschießens eingekürzt werden mußten. Lindemann betont zwar in einer optimistischeren, gleichzeitig aber einschränkend formulierten Bewertung, daß auch der personelle Ausbildungsstand »noch nicht 100 %ig ist«.

87 Die vielfach konservativ gebliebene ex-kaiserliche Marine (hier Kapitän zur See Lindemann von der Crew 13 an der Spitze der Bismarck-Besatzung) bediente sich auch noch im »dritten Reich« in den KTBs usf. der repräsentativen Bezeichnung der später Nord-Ostsee-Kanal genannten künstlichen Wasserstraße, die, 1887 begonnen, am 21. Juni 1895 durch Kaiser Wilhelm II. als Kaiser-Wilhelm-Kanal (KW-Kanal) eröffnet wurde.

88 Der Besatzung größter Wunsch ist, baldmöglichst an den Feind zu kommen. Noch gab es relativ wenig deutsche Kriegsschiffverluste und wenn, dann wurden oft alle Mann oder ein großer Teil der Besatzungen gerettet. Bemerkenswerte, ja unerwartete Erfolge überschatteten die Opfer. Und die Siegesfanfaren im Rundfunk rüttelten weiter an jedem Mann: »Auch dabei zu sein.« Der Glaube an die – wie behauptet und versprochen gerechte – Sache dieses Krieges hat sich bei der Masse des Volkes tief eingegraben. Der Vertrag von Versailles und dessen Folgen darf als einer der Gründe angesprochen werden.

89 Erstmals veröffentlicht in von Rolf Güth, Die Ära Raeder; in: der vom Autor 1971 gegründeten und redigierten Fachzeitschrift SCHIFF UND ZEIT, Heft 31 (1993).

90 Der Operationsbefehl der DEUTSCHLAND auf ihrer ersten Fahrt unter Kapitän z.S. Paul Wennecker schrieb indessen äußerste Zurückhaltung vor. Danach wurde auch verfahren. Churchill hat in seinen Memoiren später bestätigt, daß gerade diese Verhaltensweise der Britischen Admiralität mehr Sorgen bereitete und größere Wirkungen auslöste, als dies ein besonders kühner Einsatz bewirkt hätte.

91 Der Gedanke der Zersplitterung wäre damals beruhigend und richtig zu werten, wenn vor dieser nicht die Konzentration der feindlichen Streitkräfte an den Zugängen zum Atlantik gestanden hätte. Bei unserer geographischen Lage war in diesem Sinne nichts oder nicht viel zu erhoffen.

92 Zum Fall »Barbarossa« sind (das heißt nach dem Zweiten Weltkrieg) Überlegungen von Kapitän z.S. Schulze-Hinrichs von Interesse: »Erschütternd erscheint uns heute die Einstellung der entscheidenden Kardinalfehler in der strategischen Zielsetzung für die Seestreitkräfte: Nach vielem Überlegen hatte man »Barbarossa« als das Kriegsziel dieser Phase herausgeschält. Es wurde damit selbstverständlich zur Hauptaufgabe der gesamten Wehrmacht. Von dieser aber distanzierte sich die Marine bewußt. Was wohl wäre aus der Operation »Barbarossa« geworden, wenn man die vom »Seelöwen« (der vorbereiteten, aber wieder abgesetzten Landung auf der Insel England) noch vorhandenen Landungsmittel für mehrere Divisionen unter dem Schutz der BISMARCK, ihrem Schwesterschiff TIRPITZ und allen verfügbaren Schweren Kreuzern gegen Reval und die Millionenstadt Leningrad eingesetzt hätte. Für eine solche umfassende Operation würde selbst der seefremde Hitler Verständnis gezeigt haben; sie hätte zudem auch im Sinne der deutschen Wehrmachtführung gelegen.«

Schulze-Hinrichs Überlegung deckt sich auch mit Gedanken, die der spätere erste Inspekteur der Bundesmarine, Vizeadmiral Friedrich Ruge, dem Verfasser gegenüber auf dem Treffen der Crew 14 in Travemünde machte. Ruge in seinem sächsischen Dialekt: »... und dann sind'se (die Soldaten vom Heer) an Land mühselig gedippelt und gedippelt, um die Schlüsselposition Leningrad zu erreichen, statt anstelle von atlantischen Seeoperationen im Zufuhrkrieg mit allen Schweren Schiffen der Marine in den Finnenbusen einzudringen, die Küsten von See her sturmreif zu schießen und mit den angelandeten Kampftruppen hinterrücks der russischen Westfront die russischen Kräfte zu spalten. Vgl.: Güth in SCHIFF UND ZEIT: »Großadmiral Raeder im Fall ›Barbarossa‹«!

93/1 HSK Pinguin brachte in der Antarktis im Januar 1941 die norwegische Walfangflotte auf. Die Schiffe, drei Kochereien und elf Fangboote, wurden bis auf ein Fangboot, das beim Hilfskreuzer verblieb, in die Heimat entsandt. Bis auf zwei Fangboote erreichte diese Beuteflotte ihr Bestimmungsziel.

93/2 Maßgebliche Kreise argumentieren: »Derartige technische Einzelheiten gehören nicht in eine Weisung. Die Bedeutung und Auswertung der Funkmeßgeräte wurde als bekannt vorausgesetzt.« – In diesem Zusammenhang sagt ein anderer hoher Marineoffizier, Hans Meyer: »Strenger Grundsatz der Befehlsgebung: so kurz wie möglich. Es war ohnehin jedem klar, daß der Gegner möglicherweise auch ein Funkmeßgerät haben könnte. Es ist zwar richtig, daß man deutscherseits immer wieder prüfte, ob nicht auch der Gegner über Funkmeß verfügte [oder verfügen könnte]; es ist aber auch richtig, daß bei maßgeblichen Stellen eine solche Möglichkeit bis dato verneint wurde (d.V.). Insbesondere war sich die Flotte über die Lage in dieser Beziehung völlig klar, wie ich von einem Besuch des Flottenchefs mit seinem A 1 bei der Gruppe West nach der ›Scharnhorst/Gneisenau-Unternehmung‹ weiß ...« Das ist alles richtig. Aber nach dem letzten Flottenchef, Generaladmiral a.D. Schniewind, im Gespräch an den Verfasser: »Funkmeß war ein Gerät, das sich erst langsam tiefer in das taktische Denken und Fühlen durchsetzte ... Den meisten Seeoffizieren war es ob seiner speziellen Technik zwar ein Begriff, aber kein aufgeschlagenes Buch. Und wo ist das Planspiel in der Heimat für den Fall, daß der Gegner doch über ein Funkmeß verfügt? Gießler dazu zum Autor: »Ich stimme Ihnen voll zu. In die Op.-Weisung **mußte** ein Hinweis über Funkmeß. Wenn er nicht darin enthalten war, dann hat man die Bedeutung vom Funkmeß nicht richtig eingeschätzt.«

94 Hier noch weitere Stimmen zum Thema Funkmeß. Zunächst noch einmal Gießler: »Natürlich ist man hinterher immer klüger, und sicherlich haben sich die Erkenntnisse inzwischen grundlegend geändert, aber ich nehme doch für uns auf Scharnhorst in Anspruch, daß wir genau wußten, was wir an unseren Funkmeßgeräten hatten (Generaladmiral Marschall kommentiert diese Erkenntnis: »Nicht nur auf der Scharnhorst! In der ganzen Flotte! Bei unsichtigem Wetter, in dunkler Nacht oder im dicken Nebel wußten wir bei der fraglichen Unternehmung stets genau, wo der Vordermann stand, wenn wir nach aufgelöster Tagesformation befehlsgemäß sammelten.«

95 Vizeadmiral K. Caesar Hoffmann, der damalige Kommandant der Scharnhorst, gab an Hand des KTB folgende Zusammenstellung der bis dato erzielten taktischen Erfolge, welche die Schiffsführung mit den Funkmeßgeräten zu verzeichnen gehabt hatte:
1. Alarmierung des Verbandes bei Annäherung der Renown in der Morgendämmerung des 9. April 1940 im Rahmen der Operation »Weserübung«;
2. Zusammentreffen mit Naiad wie vorerwähnt;
3. bei Durchbruch durch die Dänemarkstraße am 4. Februar 1941 um 03.35 Uhr Ausweichen vor einem mit E.M.2 einwandfrei georteten Ziel, das optisch nicht gesichtet wurde (wahrscheinlich Kreuzer, Hilfskreuzer oder anderer Bewacher) und
4. vorteilhafte Ausnutzung des Gerätes bei nächtlicher Jagd auf Handelsschiffe, so am 16. Mai 1941. Hierbei wurden Gegnerfrachter ohne Scheinwerfer und in einem Falle auf 180 hm über Funkmeß/Artillerieschaltung gezielt angegriffen.

96 Hier noch ein weiteres Beispiel, das auf der Admiral Scheer der Untersuchung über das strittige Vorhandensein von Funkmeß beim Gegner diente. Der damalige Kommandant, Kapitän zur See Theodor Krancke, wurde nach der Heimkehr der Admiral Scheer auf Grund seiner spezifischen Beobachtungen zur Berichterstattung nach Berlin ins OKM beordert: »Bei der nächtlichen Annäherung an einen gegnerischen Überwachungskreuzer vor der Dänemarkstraße zeigte der auch in den Nachtgläsern optisch beobachtete Gegner (es handelte sich um den A.M.C. Jervis Bay) keine Reaktion. Er ließ die Admiral Scheer, die aus Diversionierungsgründen unbemerkt bleiben sollte, abdrehen. Das wäre nicht der Fall gewesen, hätte der Britenkreuzer das Umfeld mit RADAR überwacht.« So jedenfalls argumentierte man auch am Tirpitzufer, wo diese Frage heftig und gründlich diskutiert wurde.

97/1 Warum soll nur Prinz Eugen nachbunkern? Warum nicht auch die Bismarck, wenn schon für die

PRINZ EUGEN ein Versorgungstanker eingeplant worden ist. So hieß es in der 1. und 2. Anlage laut Schulze-Hinrichs: »Ich erinnere mich, daß eine Brennstoffübernahme nur für PRINZ EUGEN und meine Zerstörer der 6. Z-Flottille in Bergen vorgesehen war. Ich wunderte mich damals auch, daß für die BISMARCK keine Brennstoffversorgung eingeplant war. Man erklärte mir das mit dem außerordentlich viel größeren Fahrbereich der BISMARCK als ihn die PRINZ EUGEN hätte.« – In der 3. Neuauflage vermerkte der Autor: »Es kann ja auch sein, daß der Flottenchef den Brennstoffbedarfsbestand synchron berechnete, solange die PRINZ EUGEN an die BISMARCK ›angebunden‹ war. Vielleicht schien ihm eine Beölung der BISMARCK in Norwegen auch zu auffällig, zu wegweisend für einen Ausbruch in den Nordatlantik. Bei der 4. Auflage ergibt sich in Verbindung mit der detaillierten Vorstellung des Schiffsrumpfes und seiner Einteilung, daß die BS (wie im Text auch vermerkt) bis nach Norwegen hin Brennstoff in den Wallgangzellen gefahren und daraus verbraucht haben könnte, hier aber wegen zu erwartender Feindberührung des Risiko wegens auf eine Nachbeölung in den Wallgangzellen verzichtete.«

97/2 Kz = Kopfzünder als Aufschlagzünder oder mit Verzögerung eingestellt; Bdz = Bodenzünder nur mit Verzögerung einzustellen.

97/3 Es fehlt der Hinweis, daß dieses nur geschehen kann, wenn das Funkbild keine weiteren schweren Seestreitkräfte in der Nähe oder im Anmarsch erkennen oder vermuten läßt.

98/1 Diese bei der Atlantikunternehmung gewonnene Erfahrung von der Wichtigkeit der Torpedowaffe beim Versenken von Dampfern angegriffener Geleitzüge führte auch dazu, auf SCHARNHORST und GNEISENAU während der Werftliegezeit in Brest je zwei Drillings-Torpedosätze einzubauen. 1942 erhielt dann auch die TIRPITZ 8 Decks-TR in 4er Rohren, Kaliber 53.3 cm.

98/2 Auch beim Endkampf der BISMARCK handelte dann der (überlegene) Gegner aus gleichen Gründen im Interesse seiner eigenen Besatzung nicht anders. Er rettete nur einen kleinen Teil der ins Wasser gekommenen Überlebenden der BISMARCK.

99 Der Schaden auf der PRINZ EUGEN entstand durch die Nahdetonation einer gegnerischen Magnetmine in 20–30 m Abstand im Fehmarn-Belt.

100 entfällt.

101 Admiral a.D. Krancke schriftlich an den Autor: »Wie es einem Schiff ergeht, das nicht voll gefechtsklar ist, zeigt die PRINCE OF WALES. Wäre, wie später noch ausführlich geschildert wird, die deutsche Kampfgruppe diesem neuen britischen Schlachtschiff, auf dem sich noch das Werftpersonal befand, gefolgt, so wäre auch diese Einheit mit Sicherheit vernichtet worden. Wenn man schon einen Vergleich zwischen der noch in der Ausbildung stehenden TIRPITZ und der gleichfalls noch nicht voll gefechtsklaren PRINCE OF WALES ziehen will, muß berücksichtigt werden, daß die Briten über altes, also über geschulteres Personal verfügten als die deutsche Kriegsmarine. Jedenfalls konnte bei uns nach ein bis zwei Monaten von einer Gefechtsausbildung noch nicht gesprochen werden. Solange noch die Erprobungskommandos für Waffen und Maschinen an Bord waren, war zwar ein Exerzierdienst, nicht aber eine Gefechtsausbildung möglich. Um alle Arten von Schießübungen durchzuführen, braucht ein Schiff dieser Größe gut vier bis fünf Monate, und erst dann kann die eigentliche Gefechtsausbildung begonnen werden, das heißt das Fahren von Gefechtsbildern mit den verschiedenen Störungen und deren Beseitigungen, der Ersatz für ausgefallene Männer usw. Schon das Ausarbeiten und Üben der Gefechtsbilder mit den verschiedenen Störungen und den vielfachen Möglichkeiten, sie zu beseitigen oder zu umgehen, braucht viel Zeit bei einem neuen Schiff.«

102 Auffallend ist, daß Lütjens mit keinem Wort auf den von ihm vorgesehenen Durchbruchsweg eingeht, stehen doch seine wahren Absichten (Dänemarkstraße) im Widerspruch zum Vorschlag der Gruppe Nord.

103 Aussage von Kapitän zur See a.D. Reinicke, Wuppertal, der sich an dieses Gespräch genau erinnerte.

104 Admiral Krancke: »Lütjens Unterredung mit Marschall war (siehe auch KTB Skl vom 26. April 1941) nur ein Erfahrungsaustausch, wobei Marschall besonders darauf hinwies, daß sich der taktische Führer in See allein bei Feindberührung oder neu gewonnener Erkenntnisse über die taktische Lage entscheiden muß und unter Umständen anders handeln kann, als es der Operationsbefehl vorsieht. Diese Ansicht von Marschall ist fraglos richtig. Sie wird ernstlich nie bestritten. Wenn bei der Unter-

nehmung ›JUNO‹ die Gruppe West anders gehandelt hatte und dadurch Marschall in starke seelische Konflikte brachte, so war das ein Fehler der Gruppe. Das hat auch die Skl anerkannt.«

105 Kommentierend wäre noch hinzuzufügen, daß sich Generaladmiral Marschall vorstehend im Prinzip ja nicht gegen eine Führungsstelle an Land ausgesprochen hat. Wenn er die Zusammenlegung von 1943 für einen idealen Zustand hielt und eintrat, dann plädierte er ja selbst für die Landdienststelle, denn von 1943 ab saß der Flottenchef an Land. Der letzte deutsche Flottenchef, der auf einem Flottenflaggschiff zur See fuhr, war Schniewind 1941 auf der TIRPITZ. Zu dem grundsätzlichen Streit um die Führung von See oder Land besagte die Neuregelung aber gar nichts, denn die Differenzen zwischen dem ranghöchsten zur See fahrenden Admiral (das war jetzt der »Befehlshaber der Kampfgruppe«) und der übergeordneten Landdienststelle (das war jetzt der Flottenchef, der zugleich Gruppenbefehlshaber war) bestanden ja weiter. Man wird also, wenn man Marschalls Stellungnahme auf ihren Kern untersucht, doch sagen können, daß die Einrichtung des Marinegruppenkommandos durchaus zweckmäßig war.

106 Heute ist darunter die ELOKA zu verstehen, das heißt die elektronische Kampfaufklärung als Nummer Eins in der Reihenfolge der High-Tech über den Horizont hinweg.

107 Am 6. April 1941 hatte der Balkanfeldzug begonnen.

108 Raeders Bericht konnte, soweit es den Kreuzerkrieg in überseeischen Gewässern betraf, wieder einmal positiv sein. Auch von den zahlreichen Versorgungsschiffen war bis zu diesem Tage noch kein einziges in Verlust geraten. Lediglich eine Prise war vom Gegner gestellt, drei andere von Überwasser-Kriegsschiffen genommene Prisen befanden sich auf dem Marsch nach Deutschland. – Bei diesem Referat erklärte der ObdM Hitler, daß die Zahl der Front-U-Boote ständig anwachse. Unter Berücksichtigung der Verlustquoten würden an Frontbooten zur Verfügung stehen: am 1. Mai 37, am 1. Juni 39, am 1. Juli 45 und am 1. August 52.

Großadmiral Raeder begegnete Hitlers versteckten Vorwürfen mit der sachlichen Feststellung, daß die Schlachtschiffe in Kiel oder Wilhelmshaven genauso gegnerischen Luftangriffen ausgesetzt sein würden. Der einzige Unterschied sei, daß auf dem Fluge nach Brest eine einzelne Maschine eine größere Bombenlast mit sich führen könne. Dessenungeachtet sollten aber größere Schiffe in Zukunft nur noch bei außergewöhnlichen Umständen Brest anlaufen. Die Besetzung von Ferrol, wie von Hitler für den Herbst vorgesehen, sei daher von großer Wichtigkeit. Bei dieser Gelegenheit wurde der Bau eines großen Trockendocks bei Drontheim durch die Organisation Todt besprochen.

109 Typisch für diese Grundeinstellung Hitlers ist sein Verhalten nach dem Eismeergefecht vom 31. Dezember 1942, obwohl dieses Gefecht praktisch ein klares Remis war, da beide Seiten je einen Zerstörer verloren. Strategisch und in der propagandistischen Auswertung durch den Gegner war es freilich eine klare deutsche Niederlage. Bei Hitlers Empfindlichkeit in solchen Fragen führte sie zum Wechsel im Oberkommando der Kriegsmarine.

110 Die Seeschlacht vor dem Skagerrak zwischen der deutschen Hochseeflotte und der englischen Grand Fleet am 31.5. und 1.6.1916 war die bislang größte Seeschlacht zweier Kriegsflotten. Sie entwickelte sich zufällig, da sowohl der deutsche Flottenchef, Vizeadmiral R. Scheer, wie der britische Flottenchef, Admiral J. Jellicoe, glaubten, nur auf feindliche Teilstreitkräfte gestoßen zu sein. Nach einem für die Engländer verlustreichen Gefecht der Schlachtkreuzer griffen die Gros ein, ohne bis zum Dunkelwerden eine Entscheidung herbeiführen zu können. Der Nachtangriff der deutschen Torpedoflottille stieß ins Leere, während sich die englischen Zerstörer auf die Schlußsicherung ihres Gros beschränkten. 37 englische und 21 deutsche Großkampfschiffe standen sich gegenüber. Die englischen Tonnageverluste betrugen 115 025 ts, die deutschen 61 180 ts. Die Schlacht war ein großer taktischer Erfolg der noch jungen deutschen Hochseeflotte, strategisch änderte sie jedoch nichts.

111/1 Zitiert nach einer Aktennotiz, die Kapitän z.S. a.D. Rolf Güth nach dem Kriege nach einem Gespräch mit Kapitän z.S. a.D. Otto Schuhart hatte: Danach war das Gespräch mit Hitler in der O-Messe TIRPITZ– ohne Flottenchef –.

111/2 Unverständlich ist, warum Lütjens nicht auf den sehr ausführlichen Skl-Bericht über den, so das OKM im

Skl-Bericht, »schneidigen« britischen Luftangriff von Tarent einging, bei dem »eine Handvoll« Trägerflugzeuge drei italienische Schlachtschiffe torpedierte. Wir wissen nicht, ob Lütjens über den Tarent-Trägerflugzeugangriffen mit Raeder bei dem Gespräch unter vier Augen gesprochen hat. Wenn ja, dann kennen wir Raeders Antwort auf diese neuartige Bedrohung nicht. Möglich ist zudem, daß Lütjens Raeder seine Bedenken wegen der britischen Seeluftüberlegenheit angesprochen hat, die dazu zwang, den atlantischen Einsatz der BISMARCK noch einmal kritisch und gründlich zu überdenken. Wann und wo ist er am Beispiel Tarent von Kompetenzen vorher untersucht worden? Es gibt in den diesbezüglichen Akten keine Hinweise auf eine detaillierte Untersuchung vor allem der britischen Angriffstaktiken. Die »Swordfishs« griffen nicht aus der Höhe an, sie kamen tief, dicht über den 300 m langen Schutznetzen. Tarent war Grund genug die vorhandenen, im Einsatz befindlichen Carriers zu überprüfen und daraus Konsequenzen zu ziehen. Eine davon hieß: Abbruch der »Rheinübung« bis zum möglichen Einsatz der TIRPITZ. Auf Vorschlag Hitlers … Weitere Verstärkungen des Luftabwehrbegleitschutzes, notfalls durch flakbewaffnete Schnellfrachter mit provisorischen Start- und Landedecks, wofür die Briten mit dem Hilfsflugzeugträger AUDACITY ein Beispiel gaben. Vier oder fünf schnelle Turbinenfrachter mußten mit starker Flak bestückt, bereit liegen, mit 35 bis zu 40 kn. Das aber setzte voraus, die Gefahr aus der Luft sehr ernst zu nehmen – und die Bedeutung einer im Atlantik operierenden BISMARCK in ihren Variationen rechtzeitig einzuschätzen schon, um die Mittel für solche Flak-Schnellfrachter bereit zu haben. Weder Hitler noch Göring begriffen sie. Mag sein, daß Überlegungen von Professor Dr.-Ing. H. Schneekluth so abwegig nicht sind, wenn er feststellt, daß die italienische Kriegsmarine zwar ausgesprochen schöne Schiffe hatte, für einen Ernstfall indessen wenig Neigung zeigte. »Wir haben die italienischen Kameraden von der Königlichen Navy nicht ernst genug genommen.«

*

Und hier noch ein Wort zu diesem aktuellen Schlüsselthema: Seeluftwaffe und Lufttorpedos: Zweifelsohne war der britische Angriff in Tarent Gesprächsstoff auch an Bord der BISMARCK. Mag sein, daß die Verantwortlichen auf dem neuen »unbesiegbaren« Schlachtschiff die Wirkung der kleineren Lufttorpedos nicht allzu dramatisch auf ein so stark gepanzertes Schiff wie die BISMARCK einschätzten und einen Treffer in die Ruder oder die Propeller höchstens in der Relation 1 : 1000 in Erwägung zogen. Viel heftiger wurde/wird bei der deutschen Marine das Fehlen von flotteneigenen Flugzeugträgern kritisiert – im Gegensatz zu den seefahrenden Briten. Trotz Verluste haben sie bereits fünf Träger im Dienst, während sie darüber hinaus enorme Anstrengungen erkennen lassen, eine zahlenmäßig weit überlegene Flotte an Aircraft Carriers aufzubauen. Für die Briten hat diese Waffe zur See einen hohen Stellenwert. Und bei der deutschen Marine sind Flugzeugträger ferne Planung, höchstens vor Ort der Erprobung und der taktischen Übungen des Schlachtschiffes BISMARCK, fliegen allenfalls Maschinen der Fliegerergänzungsgruppe (See) »Enge Sicherung« mit der einmotorigen *He 60*, ferner von Nest und Pillau Fernsicherung mit der *Do 18* und den ersten (neuen) *Bv-138*-Fernaufklärern.

Hier ist allenfalls noch anzumerken: Und da schließlich die augenblickliche Anwesenheit der Schlachtschiffe im Raum der Danziger Bucht den Briten einen Anreiz für einen Luftüberfall anbieten dürfte, wurde »am 24. November wieder Flakbereitschaft angeordnet«, nicht aber befohlen.

112 Raeder später retrospektiv in seinen Memoiren [83]: »Mit der Entscheidung über die Entsendung der BISMARCK stand ich vor einem außerordentlich schweren Entschluß. Die Voraussetzungen, von denen die Seekriegsleitung ursprünglich ausgegangen war, waren zum Teil **nicht mehr** gegeben. Der Vorstoß von BISMARCK, der zuerst im Rahmen eines großen operativen Planes gedacht war, wurde jetzt zu einer isolierten Einzelunternehmung, bei der der Gegner die Möglichkeit hatte, seine gesamten Kampfmittel auf diese eine Gruppe zu konzentrieren.

Das Risiko stieg dadurch erheblich.

Dem aber stand gegenüber, daß die Kriegslage ein Zurückhalten und bewußtes Schonen einer so starken Kampfeinheit nicht gestattete. Wenn man mit der Durchführung der Unternehmung warten woll-

te, bis die SCHARNHORST und die GNEISENAU wieder fahrbereit waren, konnte das unter Umständen den völligen Verzicht auf die offensive Atlantikverwendung der neuen Schlachtschiffe bedeuten.«
Raeder glaubt, bei den Luftangriffen auf französische Häfen keinen Zeitpunkt für die erneute Aktionsbereitschaft der SCHARNHORST und GNEISENAU zu sehen. Und die Einsatzbereitschaft der TIRPITZ sei erst in einem halben Jahr zu erhoffen. »… eine Zeit, in der die Lage auf dem Atlantik sich schon durch die Haltung der USA verschlechtern würde.«
Raeder weiter: »Ein überaus starkes psychologisches Moment für meine Entscheidung war das große Vertrauen, das ich in die Führung durch Admiral Lütjens setzte. Admiral Lütjens war ein Offizier, der den Seekrieg und seine Taktik genauestens kannte. Bereits als junger Offizier hatte er im Ersten Weltkrieg von Flandern aus eine Torpedobootflottille geführt. Er war später Flottillenchef, Kreuzerkommandant und Führer der Torpedoboote gewesen und war lange Zeit in Stäben verwandt worden. Als mein Personalchef hatte er sich in den Jahren der Zusammenarbeit mein besonderes Vertrauen erworben. Während eines Teils der Norwegenunternehmung hatte er in Vertretung des erkrankten Flottenchefs die schweren Streitkräfte geführt und schließlich bei der Atlantikoperation von SCHARNHORST und GNEISENAU sein Können bewiesen.«

113 Der damalige Kommandant der ADMIRAL SCHEER, Kapitän z.S. Krancke, dazu: »Mir unbekannt. Höchst unwahrscheinlich nach dem Verhalten des Gegners. Sein Verhalten war eigentlich Beweis, daß er kein Funkmeßgerät hatte.«

114 Generaladmiral Marschall: A. Verhalten der Gegnerkreuzer und Funkmeß in der Dänemarkstraße. Gegner-Funkmeß von der Front nicht bestritten. B. Funkmeß beim O.K.M. war bloße, dagegen aber indifferente Vermutung. Dazu der Funkmeßspezialist, K.z.S. Gießler (1960 für die erste Auflage) der Edition BISMARCK: »Es scheint mir für etwas Außenstehende einfach nicht mehr möglich, eine Ansicht über den Wert des Radars vor 20 Jahren zu erörtern. Inzwischen ist nämlich die Bedeutung von Radar soweit Allgemeingut geworden, daß es unvorstellbar ist, damals nicht die durch Funkmeß (oder englisch Radar) ausgelöste Revolution aller Seekriegsanschauungen in voller Breite erkannt zu haben. Ich bleibe dabei: Auch unsere Admirale konnten die Bedeutung von Funkmeß (Radar) nicht sofort voll erfassen. Wie sehr habe ich auf der SCHARNHORST anfangs noch um die Anerkennung der revolutionären Wirkung des Funkmeß-Gerätes und seiner Wirksamkeit ringen müssen.« Der elektronischen Strahlungsortung stand noch immer die »verläßliche« optische Ortung gegenüber. Typisch ist auch, daß die Meinung der deutschen Seekriegsleitung nach der Feststellung britischer Radargeräte eindeutig war. Sie lautete, so noch einmal Gießler: »Jetzt ist alles aus. Wir können nun nicht mehr unbemerkt fahren. Sie sehen alles. Also totale Resignation, anstatt zu erkennen, daß jetzt wieder ein Pari-Zustand erreicht worden ist, d.h., nun können beide Seiten ohne Sorgen vor dem anderen Radar bzw. FuMO einsetzen …«

115 bis 118 entfallen

119 Dann also war die Gefechtsausbildung der BISMARCK mit neun Monaten aus der Sicht des Kommandanten, Kapitän z.S. Lindemann (und des OKM) bis zur schlafwandlerischen Sicherheit viel zu kurz. Sie war in Wahrheit sogar noch fünf Wochen kürzer (Frostaffaire), wenn man die Reparaturzeit bei B & V und die Verzögerung beim K-W-Kanalmarsch in Rechnung stellt.

120 In seinem Brief vom 22. Januar 1960 teilt Generaladmiral Schniewind hierzu ergänzend und teilweise berichtigend mit, daß Angaben über einen Zusammenhang zwischen der zunächst für April geplanten Unternehmung und der bei der Planung noch ganz unbekannten Kreta-Aktion auf einen Irrtum beruhen würden. Allenfalls könnte beim Weitermarsch von Bergen und bei den Erörterungen über einen etwaigen Rückruf nach dem Island-Gefecht bei der Skl die Erwägung eine Rolle gespielt haben, daß damit auch eine gewisse Entlastung für das soeben angelaufene Kreta-Unternehmen eintreten würde. Die BISMARCK-Operation als Entlastungsoperation für Kreta hinzustellen, wie in anderen Werken und Veröffentlichungen behauptet, ist auch nach Generaladmiral Schniewind als einem der unzweifelhaft besten Sachkenner falsch.

121 Gemeinsame Übungen mit dem Leichten Kreuzer Leipzig: Treffenfahren, Aufklärungs- und Angriffsübungen der Bordflugzeuge der BISMARCK.

122 Die Force H gehörte nicht zur Mittelmeerflotte. Sie unterstand der Britischen Admiralität direkt und wurde überdies mehr im Atlantik als im westlichen Mittelmeer eingesetzt.
123 Spichern war interessanterweise die ehemalige, am 26. Juni 1940 vom Hilfskreuzer WIDDER aufgebrachte Prise KROSSFONN. Das 9 323 BRT große Schiff wurde nach St. Nazaire in Frankreich geschickt, wo es später zum Versorgungsschiff umgebaut wurde.
124 Bei Müllenheim-Rechberg [145] [146] war anstelle der bereits im Kapitel V.1 beschriebenen Schmutzarbeiten in den Vorwärmtanks die Rede von Vorbereitungen für die »Übernahme von besserem Heizöl«, wobei das von den Probefahrten herstammende »Schmutzöl« in die längsseits der BS liegenden Prähme geschafft werden sollte. Das ist technischer Unsinn. Bei dieser Aktion wurde kein »Schmutzöl für besseres Heizöl« entfernt, sondern die Bunkerwände mußten von hier festklebendem Ölschlamm gereinigt werden. Es ist auch falsch, daß es sich bei den Polen um »Zwangsarbeiter« gehandelt habe, die, so Müllenheim-Rechberg [145], mit Schnaps und Zigaretten abgefunden worden sein sollen. Wohl haben die an der Reinigung beteiligten BISMARCK-Besatzungsmitglieder die Polen, die ja als Werftarbeiter geführt und von der Werft entlohnt wurden, von sich aus mit Zigaretten versorgt.
125 Das überlebende Besatzungsmitglied Paul Hillen bemühte gegen die Fürsprecher der Todesfälle und Vergiftungen in einer Anzeige die Justizbehörden. Vor dem Amtsgericht in Hamburg wurde anhand der Beweislage richtiggestellt, daß keiner der sechs polnischen Werftarbeiter, die den deutschen Seeleuten als Hilfe zugeteilt worden waren, umgekommen ist. Kurt Lietz von der IV. Division ist einer der Zeugen dafür, stand er doch unmittelbar vor dem Kesselraum, unter dem die Polen den abgeschrapten Ölsud aus den Bunkern in Eimern durch die Mannlöcher herausreichten. Hillen: »Als die Arbeiten beendet waren, fehlte keiner von den polnischen Hilfskräften«. P. Hillen wies vor Gericht außerdem nach, daß die das Ansehen der Schiffsführung belastenden Gerüchte von Überlebenden stammten, die Divisionen angehörten, die gar keinen Zugang zu den Stationen der IV. Division und auch nichts vor den Bunkermannlöchern zu suchen hatten. Das Gericht folgte Paul Hillens Antrag. Es verbot in der Beschlußfassung unter Strafandrohung eine Weiterverbreitung der Falschbehauptungen. Damit ist auch der in den bisherigen Auflagen dieses Buches vermerkte, auf Aussagen eines überlebenden Besatzungsmitgliedes gestützte tödliche Unfall beim Reinigen der Vorwärmbunker hinfällig.
126 Marschall: »Das einzig Richtige!«
127 Auf der in Gotenhafen im Becken 4 vertäuten BISMARCK wurden bei der Kommandantenbesprechung laut KTB im Originaltext behandelt und entschieden:
1. Bei geeigneter Wetterlage wird nicht in den Korsfjord eingelaufen, sondern gleich ins Nordmeer zum Tanker WEISSENBURG gegangen. Luftwaffe hat Aufklärung Scapa-Island zugesagt. Eisaufklärung.
2. Flottenchef beabsichtigt, wenn möglich, Dänemarkpassage. Ausnutzung des Eisnebels. Geschwindigkeit ausnutzen, auch bei Nebel, nach E.M.2 fahren.
3. Falls Hilfskreuzer und Kreuzer im Wege, u.U. annehmen, sonst Schiffe schonen zum längeren Aushalten.
4. T-Angriff zu 3.) PRINZ EUGEN nur auf Befehl der Flotte.
5. Bekanntgabe an Besatzung nur »Marsch ins Nordmeer«. Passieren Dänemarkstraße erst auf Befehl bekanntgeben.
6. Spähdampfer sind Versorgungsschiffe und als solche zu bezeichnen.
7. Tarnfarbanstrich bleibt b.a.w.; Befehl folgt. Für evtl. längeren Aufenthalt in Norwegen (Drontheim) bunten Tarnanstrich bereithalten.
8. Bordflieger: Einsatz durch Flotte. Klarer Befehl, schriftlich mitgeben. Nicht angreifen bei Aufklärungsflug, sondern melden. Möglichst selbst nicht gesehen werden. Meldung bei Rückkehr optisch. Navigation nach Fliegeratlantikkarte. [!!, d.V.]
9. Prisen in erster Linie Tanker. Inmarschsetzen und Meldung an Gruppe durch Flotte.
10. Muni sparen! Bei Dampferversenken leichte Munition, Zeitzünder oder Aufschlagzünder.
11. U-Bootgefahr bei Dampfer anhalten.
12. Bekanntgabe neueste Verfügung über Waffengebrauch gegen Neutrale (USA?).
13. Nachrichten, daß Kriegsschiffgeleit bei Tag mitten im Geleitzug, nachts sich absetzt.
14. Wachstropp so leicht wie möglich.

15. Bei Ölübernahme auch Wasserübernahme üben.
16. Befehl: Einzeln Marsch zu Punkt GRÜN/3 Treffpunkt 19.5., 11.00 Uhr.

128 Rosengarten: Benannt nach den nach dem Fang an die Oberfläche gelangenden Rotbarschen, und zwar ist hier das Seegebiet über der 300 bis 600 m tiefen, knollenförmigen Erweiterung des Färöer-Island-Rückens um etwa 62° N und 12° W gemeint, ein Gebiet, das eines der wichtigsten europäischen und deutschen Fanggründe bei Island darstellt.

129 Auf PRINZ EUGEN wurde laut KTB die Unternehmung 11.30 Uhr, also nach dem Auslaufen, bekanntgemacht.

130 Generaladmiral Marschall meinte allerdings: »Ich halte es für sehr unwahrscheinlich, daß Lütjens davon gewußt hat.« – Ein finnischer Mitarbeiter des Autors dazu: »Ausländische Agenten, Polen etwa, dürften kaum den folkloristischen Sinn dieses Liedes gekannt haben.« · Die Auslegung ist ohnehin strittig. Die einen Informanten sagen, das Abschiedslied wurde beim Auslaufen aus Gotenhafen gespielt, die anderen verlegen dieses traditionelle Ritual auf das Ankeraufgehen und das Fahrtaufnehmen nach dem Ankern auf der Gotenhafener Reede.

131 Die Maßeinheit 1 t = 1 000 kg berechnet für Heizöl mit gs = 0.93 bis 1.00, Treiböl mit = 0.87, Leichtöl mit = 0.84 und Dieselöl mit = 0.81 als Mittelwerte.

132 Über die Stimmung an Bord und den Geist der Besatzung ist zu erfahren, was der damalige Stabsrichter und spätere Oberamtsrichter Dr. Hans-Joachim Meinke am Ostersonntag auf der BS beobachtete und welche Erinnerungen ihn sonst noch heute bewegten: »Am Ostersonntag hatte der IO der BISMARCK mit mir als dem zuständigen Kriegsrichter in Gotenhafen eine Besprechung seiner etwa 20 Straffälle abgehalten. Nie werde ich den Besuch an Bord des stolzen Schiffes unserer Flotte vergessen. Anschließend lud mich der IO noch in seine Messe ein. Im Offizierkorps herrschte eine ernste, nach meinem Empfinden auch gedrückte Stimmung. Das problemreiche Unternehmen warf wohl seine Schatten voraus.

Kurz vor der letzten Fahrt der BISMARCK wurde Oberkriegsgerichtsrat Lange an Bord kommandiert, der sich wenige Stunden vor dem Auslaufen des Schiffes – es war wiederum ein Sonntag – die Akten von meiner Dienststelle holte. Immer noch sind mir die klaren, steilen Schriftzüge des Kommandanten, Kapitän zur See Lindemann, gegenwärtig: Ein Feldwebel, der ein starker Trinker war und seine Kameraden schon mehrfach bestohlen hatte, fiel auf eine Falle herein. Er wurde auf frischer Tat ertappt. Der Dieb wurde vom »Heiligen Geist« lazarettreif geprügelt. Lindemann schrieb unter den Bericht: »Ich lehne es ab, gegen diesen Akt gesunder Selbstzucht an Bord meines Schiffes einzuschreiten!«

Ich habe dann im Einvernehmen mit dem Küstenbefehlshaber östliche Ostsee, Konteradmiral Krafft, seine Stellungnahme kriegsgerichtlich gedeckt. Der Feldwebel wurde mit Gefängnis bestraft, degradiert und blieb von der Teilnahme am Unternehmen »Rheinübung« ausgeschlossen und blieb mit großer Wahrscheinlichkeit am Leben.

Nicht am Leben blieb ein junger, frischer Seekadett. Er hatte von mir wegen einer dummen alkoholischen Angelegenheit eine Arreststrafe erhalten. Den Vollzug setzte ich auf sein inständiges Bitten aus. Er blieb an Bord und ging auf See mit den vielen Kameraden im Atlantik unter.

Abschließend sei mir die Feststellung gestattet, daß auch die übrigen Strafakten (in jeder Gemeinschaft gibt es unrühmliche Ausnahmen, also auch an Bord innerhalb der Gemeinschaft einer Besatzung: hier mehr, dort weniger, auf der BS waren es weniger als ein Prozent. Und unter all diesen Fällen war nur eine echte Straftat. Dieser Einzelfall hat mein positives Urteil über den soldatischen Geist der BISMARCK-Besatzung nicht beeinträchtigt.

gez. Oberamtsrichter Dr. Hans-Joachim Meinke, Marineoberstabsrichter a.D.«

133 Hierzu noch eine Anmerkung: Theoretisch ist es kein Problem, das Schiff nach einem Ruderausfall mit den Schrauben zu steuern, was sich um so leichter anbietet, als die BISMARCK drei Propeller hat, auf die man die Maschinenleistung je Welle in unterschiedlicher PS-Stärke einwirken lassen kann. Die Gründe, die maßgeblich für einen Verzicht auf Erprobungen waren, in verschiedenen Lagen mit den Schrauben zu steuern, sind, wie bereits im Text angemerkt, weder im KTB noch in anderen Dokumenten aufgeführt. Vielleicht ist die Überlegung ein Grund, daß ein solches Manöver technisch einfach

und so logisch schien, daß die Schiffsführung im Hinblick auf den Zeitdruck durch die eingeplante Unternehmung auf eine Erprobung verzichtete.

Die unterlassenen Erprobungen sind später der Anlaß für den Dipl.-Ingenieur und Kapitän zur See (Ing.) Hugo Moritz für eine weitere kritische, schriftliche Stellungnahme [D 32]. Sie lautet im Originaltext (und sie beweist erneut, daß es auf der BISMARCK keine diesbezüglichen Versuche bzw. Erprobungen gegeben hat): »… Weder aus dem mir vorliegenden E-Plan noch aus meiner Erfahrung heraus kann ich feststellen, daß – auch nicht in der Friedenszeit – selbst große Schiffe während der E.K.K.-Zeit das Steuern mit den Schrauben bei festgelegtem Ruder als **Pflichtfach** erprobt haben. Diese meines Erachtens so **überaus wichtige** Front-Geeignetheits-Erprobung blieb unter dem Terminstreß auf der BS dem Kommandanten großzügig für später überlassen, wenn er Zeit und genügend Sachverstand für ihre korrekte Durchführung hatte …!«

134 Zum Thema »Vertragsfahrten« sei hier noch eine Originalpassage von Kapitän z.S. (Ing.) Moritz beigegeben:
• »Da einerseits das Schiff während der EKK-Zeit schon wegen der Vertragsfahrten von der Bauwerft eine besonders saubere (glatte) Außenhaut erhält und alle Maschinen auf sparsamsten Verbrauch eingeregelt sind,
• da andererseits das Schiff im Ernstfall wohl immer mit mehr als der üblichen Zuladung ausläuft,
• muß die Front auf Fahrttabellenfahrten mit 100 % Zuladung bestehen,
• wenn sie später mit Werten operieren will, die den tatsächlichen Verhältnissen einigermaßen gerecht werden.
Es steht jedenfalls fest, daß die in den ersten Jahren der EAT- und EKK-Zeit im wesentlichen unter K'-Amtsgesichtspunkten aufgestellten Fahrttabellen für die Front **wenig brauchbar** waren und korrigiert werden mußten.
Ich möchte bei dieser Gelegenheit auch eine vielkolportierte Ansicht, die sogar von Leuten, die es eigentlich besser wissen müßten, als Tatsache hingenommen wurde, nämlich die Ansicht, daß in Stunden der Gefahr und des Gefechts die Schiffe plötzlich zwei oder gar mehr Knoten laufen als ihre einstmals festgestellte Höchstgeschwindigkeit, als ein ausgesprochenes Seemannslatein zurückweisen. Diese Ansicht gehört wie die Seeschlange von Loch Ness in das Reich der Fabel. Daran ändert auch die Tatsache nichts, daß einige Seeoffiziere, die an dieses Märchen glaubten, trotzdem Admiral wurden, m.W. aber wenigstens nicht gerade Chef des Konstruktionsamtes.«

135 An Bord der deutschen Schiffe galt während des Marsches durch die Ostsee die deutsche Sommerzeit, also die Zonenzeit des 30. östlichen Längengrades. Da der Große Belt etwa auf dem 11. östlichen Längengrad liegt, war die dortige Ortszeit um 76 Minuten früher als die in Deutschland und den von Deutschland besetzten Gebieten gültige offizielle Uhrzeit. Nach Ortszeit war es also erst 21.18 Uhr.

136 Der Inhalt des Paketes war Schulze-Hinrichs nicht bekannt, auch später nicht. Die, die den Inhalt kannten, leben nicht mehr.

137 Der Marineattaché der Königlich-Schwedischen Botschaft, Oberst Karl Sergel, hat dem Verfasser schriftlich Fragen über das Verhalten der GOTLAND am 20. Mai 1941 im Kattegat wie folgt beantwortet:
1. Es bestanden natürlich Anweisungen, nach denen ausgelaufene schwedische Kriegsschiffe immer an die nächsthöhere Landdienststelle die Entdeckung von ausländischen Kriegsschiffen in der Nähe von oder innerhalb schwedischer Hoheitsgewässer melden sollten.
2. Wenn es notwendig war, eine solche Meldung mit Funk zu senden, durfte Klartext nicht verwendet werden.
3. Ob die Britische Admiralität im Mai 1941 den Funkschlüssel (Chiffre) der schwedischen Marine forciert hatte, entzieht sich schwedischer Beurteilung.
4. Die GOTLAND befand sich am 20. Mai 1941 auf einer normalen Übungsfahrt, die u.a. auch Tubkanonenschießen südlich von Vinga umfaßte.
5. Der damalige Chef der GOTLAND, Kapitän zur See Ägren, hat erzählt, daß sofort mit Blinkgerät eine Meldung über das Zusammentreffen mit den deutschen Schiffen an die am nächsten liegende Signalstation gesandt wurde und daß auch später an den nächsthöheren Chef ein schriftlicher Bericht übersandt wurde. Dabei wurde eine Skizze beigefügt über den Weg, dem die deutschen Schiffe gefolgt waren, solange man die Schiffe beobachten konnte.

Später wurde auf Befehl des Chefs der Marine eine Untersuchung über den Vorgang durchgeführt, wahrscheinlich auf Grund einer Anfrage des deutschen Militärattachés. Dieser Untersuchung wurde die Radiokladde des Schiffes beigefügt. Von der Radiokladde war deutlich zu erkennen, daß überhaupt keine Radiomeldung betreffend entweder die Entdeckung oder die weitere Fahrt der deutschen Schiffe abgesandt war.

138 Nach [145] habe das schwedische Marineoberkommando in Stockholm erstmals von den deutschen Schiffsbewegungen über »vorherige Luftaufklärung« erfahren. Um 11.30 Uhr habe die GOTLAND nach Nay Varvet gemeldet, zwei deutsche Schlachtschiffe und drei Zerstörer gesichtet zu haben. (Über welchen Weg, wird in [145] nicht gesagt.) Nach der Meldung habe die GOTLAND nach Insichtkommen Dampf auf allen Kesseln gemacht und sei der deutschen Kampfgruppe entlang der schwedischen Hoheitsgewässer bis zum Außersichtkommen (15.45 Uhr) weiterhin gefolgt. Erst am Abend wird der schwedische Nachrichtendienst, das sogenannte C-Büro aktiv. – Doch darüber später. –

139 Die ADMIRAL SCHEER hatte damals Glück, ja sogar großes Glück, da die britische Luftaufklärung wegen der hohen Verluste während der Zeit der befürchteten deutschen Invasion bei wolkenlosem Himmel keine Aufklärung mehr flog. Im Sommer 1941 konnte von einer absoluten Luftüberlegenheit der Deutschen nicht mehr die Rede sein. Die Gefahr, in der Nordsee beobachtet und gemeldet zu werden, war wahrscheinlich noch größer als beim Marsch durch den Belt. – Außerdem lief die ADMIRAL SCHEER bereits während verhältnismäßig langer Nächte (Ende Oktober) durch die Nordsee. Auch die TIRPITZ verlegte im Februar 1942 durch die Nordsee nach Norwegen, ohne von dem sie im Hafen sonst kontrollierenden Feind gesehen zu werden. Anders liegen die Dinge natürlich in den kurzen Mai- und Sommernächten.

140 entfällt.

141 Die Marinegruppe Nord hat ersteres angenommen und an die Flotte gefunkt: »Halte wahrscheinlich Grundlage für Sichtmeldung Agentendienst Großer Belt.« – Dem Nachkriegsschriftwechsel zwischen dem damaligen Chef der 6. Z-Flottille Kapitän a.D. zur See Alfred Schulze-Hinrichs mit Kapitän zur See a.D. Werner Pfeiffer, ist zu entnehmen: »Daß Agentenmeldungen sowohl von der dänischen als auch schwedischen Küste des Kattegats über Passieren deutscher Schiffe nach England gingen, ist oft besprochen worden; es wurde auch gesagt, daß die englische diplomatische Vertretung in Göteborg sie durch Funk weitergäbe. Am 19./20. und 21. Mai 1941 haben wir aber von Funksprüchen nichts gehört.«

142 Stundenleistung 250 bis 300 cbm. Insgesamt werden bis 17.00 Uhr 764 cbm Heizöl übernommen. Der Gesamtbestand wird im KTB der PRINZ EUGEN mit 3 233 cbm angegeben.

143 Lütjens rechnete also mit Lufttorpedos und weniger mit Bomben.

144 Es würde dem Wesen von Lütjens entsprochen haben, sich dazu überhaupt nicht zu äußern.

145 Im Gröner [122] sind die maximal 7 200 sm / 20 kn mit einem Fragezeichen versehen, während die Angabe beim Schwesterschiff ADMIRAL HIPPER für die maximale Fahrstrecke bei 19 kn 7 900 sm beträgt, aber gleichzeitig berichtigt wird mit dem Vermerk »erreicht bei 19 kn : 4 430 sm«.

146 Der Flug wurde von der Bildaufklärungseinheit des britischen Coastal Command mit zwei am 21. Mai um 11.00 Uhr gestarteten »Spitfires« arrangiert. Der eine der Beobachter war der Flying Officer Oberleutnant Michael Suckling. Erst kurz vor der treibstoffbedingten Wendemarke entdeckte er 13.15 Uhr nacheinander die beiden relativ großen, in der Länge aber unterschiedlichen Schiffe, die bei der späteren Bildauswertung der zwei verschiedenen Aufnahmen identifiziert werden als ein Schlachtschiff der BISMARCK-Klasse und ein Schwerer Kreuzer der ADMIRAL-HIPPER-Klasse.

*

Nach [145] habe es auf der BISMARCK nach 13.30 Uhr – durch die Fla-Wache ausgelöst – Fliegeralarm gegeben. »Doch wir an Bord ahnten nichts von dieser Auswirkung eines für uns glücklich beendeten Alarms …« [145.]

Im BISMARCK-KTB findet sich indessen kein Eintrag über diesen Flakalarm.

147 Huhnholz richtete es im Mai 1960 an den späteren Brigadegeneral der Bundeswehr, Hermann Busch,

damals Amtschef ALA Wahn, früher Gruppenkommandeur I./KG. 26. Der Verfasser bekam davon Kenntnis durch Oberst a.D. Schellmann, seinerzeit Schriftleiter »Luftwaffe« bei der Zeitschrift »Truppen-Praxis«, der sich seit Jahren mit Forschungsarbeiten befaßt, die Rolle der Luftwaffe beim BISMARCK-Unternehmen operativ wie auch taktisch zu klären.

148 Inwieweit von einer wirklich »lückenlosen« Überwachung gesprochen werden kann, bedürfte der Untersuchung und des Beweises. – Meyer, Hans: »Nach den Begriffen, wie sie in unseren damaligen Vorschriften festgelegt waren, war es gerade das Kennzeichen einer ›Überwachung‹, daß sie nicht lückenlos war. Wahrscheinlich ist eine einmalige tägliche lückenlose Aufklärung gemeint, was aber wegen der häufigen Unsichtigkeit in diesem Gebiet angezweifelt werden muß.«

149 Zweifelsohne liegt hier bei Huhnholz ein Irrtum oder, was noch überzeugender klingt, ein Mißverständnis bei dem in solchen schiffbautechnischen Details weniger geschulten Luftwaffen-Hauptmann vor. Dem Flottenchef ist wahrscheinlich die Armierung der KING-GEORGE-V.-Klasse aufgefallen, die entgegen damaliger deutscher Unterlagen (Weyer 1940, vorläufige Skizze mit 2 Vierlingstürmen vorn und 1 Doppelturm achtern) aus je einem Vierlingsturm vorn und achtern und einem Doppelturm vorn über dem Vierling bestand.

Möglich ist aber auch, daß Lütjens nach Umbauten oder Reparaturen auf Hood suchte, die ja nach bisher von deutscher Seite noch nicht widerrufenen Meldungen der Luftwaffe (siehe auch Weyer, 1940) am 9. Oktober 1939 »durch Bombentreffer schwer beschädigt« worden war, in Wirklichkeit aber achtern nur einen abprallenden Treffer erhielt, der keinerlei Schaden verursachte. Hier wird auf die fast zur gleichen Zeit (26. September, nachmittags) gemeldete Versenkung der ARK ROYAL durch ein einzelnes Flugzeug verwiesen; nach britischen Angaben (Roskill) verfehlten die Bomben das Ziel (wenn auch nur knapp).

150 entfällt.
151 entfällt.
152 Falsch im KTB, irrtümlich 234° eingetragen.
153 Der Berghof war Hitlers Haus im Sperrgelände des Obersalzbergs. Nach dem Kriege ist viel darüber geschrieben worden, der Berghof sei zusammen mit dem Sperrgelände zu einer »uneinnehmbaren Festung« ausgebaut worden. Daran ist kein Wort wahr. Wie überall bei solchen oder ähnlichen Bauten gab es Luftschutzbunker, Flak-Stände und eine bewaffnete Schutztruppe, nicht aber Kanonen aller Kaliber in Bunkern, Flammenwerfer und was sonst noch eine Festung im konventionellen Sinne von damals auszeichnete.

154 Hin und wieder sieht ein Nichtfachmann die Dinge vorurteilsloser und daher gar nicht so selten richtiger.

155 »Das Flaggschiff des Chefs der Home Fleet war auch vor Anker durch Telefonboje und per Kabel mit London verbunden. Dadurch waren direkte Gespräche mit der Admiralität möglich, ohne die Funkstille zu brechen.

156 Die Dänemarkstraße zwischen Island und Grönland, geographisch 200 sm breit, meist einmal mehr, einmal weniger durch Packeis verengt, im Winter an der engsten Stelle cirka 60 sm breit; das Seegebiet südlich Islands bis zu den Färöern, 240 sm; der Raum zwischen den Färöern und den Shetlands, 150 sm; der Fair-Island-Kanal zwischen den Shetlands und den Orkneys, 60 sm; der Pentland Firth zwischen den Orkneys und Schottland, der aber ohnehin ausschied.

157 Die NORFOLK kam vorher, am 19. Mai 1941, im Hvalfjord-Island ein und gab die in Scapa übernommenen 100 Tiefwasserbomben wieder von Bord, nun »already for patrol«.

158 W.S. ist die originelle wie sinnreiche Abkürzung für »Winston Spezial«. Diese für den Raum »Middle East« bestimmten Geleitzüge wählten vornehmlich den Weg um Capetown, ab 1942 führen die W.S. fast nur noch via Mittelmeer.

159 VICTORIOUS wie auch PRINCE OF WALES waren ja nur, wie gesagt, beschränkt einsatzbereit. Beide Schiffe standen noch in der Erprobung. Auf beiden Schiffen befand sich noch Werftpersonal.
Am 15. Mai kam die VICTORIOUS, die ja nicht als »operational carrier« der Home Fleet eingeplant war, nach Scapa »... to carry out her commissioning trials ...« Ursprünglich war sie wie bereits vermerkt, nach Erledigung von Restarbeiten für den 23. Mai als Sicherung des Konvois WS 8 B bei der Überführung nach Gibraltar vorgesehen, wurde dann aber

als »operational carrier« der Home Fleet zugewiesen: mit »... 48 HURRICANS and the necessary R.A.F. personnal had already been embarked for this operation but, in view of the BISMARCK operations, she was retained for duty with the battle Fleet.«

160 Die 1930 erbaute BRITANNIC, ein Doppelschrauben-motor-Passagierschiff, stand im Frieden im Dienst der White Star Line. Während des ganzen Zweiten Weltkrieges wurde der 18 kn schnelle Zweischornsteiner als Truppentransporter eingesetzt.

161 Die für die REPULSE allgemein publizierten 31.5 kn (z.B. Weyer 1939) sind nach dem neuesten Stand (Conway 1922–1946, London, 1980) offenkundig falsch.

162 Bei Grenfell [37] heißt es über die gute Zusammenarbeit: »... Das wichtigste Mittel, den Gegner zu orten, bildete die Luftaufklärung. Die südwestnorwegische Küste war von den englischen Flugplätzen verhältnismäßig leicht zu erreichen. Man brauchte dazu aber die Unterstützung der Royal Air Force. Die Admiralität konnte entweder unmittelbar mit dem Luftfahrtministerium Fühlung aufnehmen und es dem Luftwaffenstab überlassen, der in Frage kommenden Küstenaufklärungsgruppe die notwendigen Befehle zu geben, oder sie konnte selbst das Coastal Command anrufen, mit dem sie ohnehin enge Fühlung hielt. Eine dritte Möglichkeit schließlich ist die, daß der Marineoberfehlshaber in Rosyth den in seiner Nähe stationierten Kommandeur der 18. Gruppe des Coastal Command unmittelbar um Aufklärungseinsatz von einem oder zweien seiner Horste aus bittet.«

163 Wie es um die unzulängliche Gefechtsbereitschaft der PRINCE OF WALES steht, wird nicht erwähnt. Noch am 28. März, abends ab 22.17 Uhr, hatte Tovey mit dem Kommandanten des Neubaues in voller Übereinstimmung Fragen der Planung und des Zustandes der SA-Türme besprochen und (erneut) bemängelt. »Der Zustand der Türme ist in diesem Stadium (most) enttäuschend. Frühzeitige und drastische Maßnahmen sind erforderlich, damit die Anfangsausbildung (!!) begonnen werden kann.«

164 Bergen lag im gleichen Operationsbereich der RAF wie etwa Wilhelmshaven, es war, im Gegensatz zu dem wesentlich entfernter liegenden Drontheim für Jäger und Bomber vom nördlichen Schottland ohne Schwierigkeiten zu erreichen.

165 Die Orkney-Inseln, Orkneys genannt, sind eine Inselgruppe direkt vor Nordschottland, vom Festland durch den Pentland Firth getrennt. Von den etwa 90 Inseln sind etwa 24 bewohnt. Auf der größten Insel, dem Mailand, liegt die Hauptstadt Kirkwall mit Hafen und Flugplatz. Die Küsten der Orkneys haben viele Buchten, die größte, Scapa Flow, wird durch die größten Inseln gebildet und bot sich als idealer Flottenstützpunkt an. In der Nähe von Kirkwall befand sich auch der Seefliegerhorst Hatson unter dem Kommando von Captain (Hauptmann Naval Air Craft) H.L. St. J. Fancourt. Hauptaufgabe des Horstes war es, neue Formationen der Marineluftwaffe auszubilden, bevor sie auf Flugzeugträgern eingesetzt wurden. Wenn eine Einschiffung auf einem Träger nicht möglich war, wurde die betreffende Squadron unter Leitung des Coastal Command im Konvoischutz verwandt. Just als die BISMARCK ins Gespräch kam, lag eine Konvoischutz-Squadron in Hatson. Fancourt erreichte eine Befreiung der ALBACORES zugunsten eines Einsatzes zur Suche der BISMARCK-Gruppe im Raum Bergen, der aber nur eben noch in der Reichweite dieses Seeflugzeug-Typs lag.

166 Die Shetland Inseln liegen im etwa 200 km Entfernung in nordöstlicher Richtung von den Orkneys. Sie bilden die kürzeste Entfernung nach Norwegen, und zwar bis zum Küstenraum um Bergen. Es findet sich in den deutschen KTBs keine Eintragung über die sich hier anbietende Gefahr einer Luftaufklärung der norwegischen Küstenlandschaft um Bergen oder Seegebietes dieser durch die Shetlands und den Bergenraum gegebenen, aus der Luft leicht kontrollierbaren Seefliegerhorst.

167 »... irgendeine Sicht«, das heißt, die vom A.S.V. eingeschlossen.

168 Diese Maschinen dienten sonst als Wetter- und Luftscheibenflugzeuge für Flottenübungen in Scapa. Sie hatten daher auch keine modernen nautischen Hilfsmittel an Bord.

169 Auch Admiral Tovey wurde auf dem Flottenflaggschiff gefragt, und auch er gab seine Zustimmung.

170 RADAR = Radio detecting and ranging.

171 Bei Grenfell findet sich eine Situationsbeschreibung: »Fregattenkapitän Rotherham (von dem Fancourt das Kunststück erhoffte) war zur Zeit in Hatson in der Bodenorganisation eingesetzt und flog norma-

lerweise nicht. Er war aber Beobachter bei der Naval Air Craft mit langer Erfahrung aus den Anfängen der Marinefliegerei, als die Navigationsmittel mit Instrumenten und Funkstrahlen noch nicht entwickelt worden waren. Das Marinepersonal war noch daran gewöhnt, sich in der Hauptsache auf so einfache Methoden zu verlassen wie die eingehende Beobachtung der Meereswellen, aus denen die Windrichtung und -stärke und damit die notwendige Kursverbesserung hergeleitet werden konnte. (Güth: »Genauso wie die deutschen ›Seeflieger‹, die ihren Kameraden – z.B. vom K.G. 26 in Banak – diese ›alte Navigation‹ erst beibringen mußten. [Das Rechengerät war die ›Knemeyer‹-Scheibe.] Mit Hilfe solcher Methoden hatten sie sich häufig zu ihren Flugzeugträgern im Sinne des Wortes ›zurückgetastet‹, wenn wissenschaftliche Hilfen nicht zur Verfügung standen oder ausgefallen waren. Für einen Flug von den Orkneys nach Bergen mußten derartige Methoden aus der Zeit der ersten Marinefliegerei von unschätzbarem Wert sein, vor allem bei der augenblicklich niedrigen Wolkenlage.«)

172 Güth: »Das ist lebensecht geschildert, weil ich es häufig so erlebte – und navigierte! – beim Rückflug. Nach meiner Erinnerung verloren wir von der 3/906 und der 3/406 in Tromsoe in diesen Tagen (vorher) drei bis vier Maschinen durch Notlandung oder dadurch, daß sie an der Küste zerschellten.«

173 Der Verfasser beläßt es auch hier bei dieser zwar nicht mehr zeitgemäßen, so doch seemännisch konservativen (und typisch britischen) Formulierung »segeln« für die Verben marschieren oder fahren …

174 Eigentlich hätte Wake-Walker seine Flagge auf der SUFFOLK setzen müssen. Hatte die NORFOLK nur ein Voraus-Radar an Bord, so war die SUFFOLK erstmals mit einem drehbaren Radar ausgestattet und somit als Patrol-Kreuzer der NORFOLK überlegen. Hielt Wake-Walker nicht viel vom Radar als Aufklärungsgerät? Allenfalls für seine Verwendung als Artillerie- und Leitgerät?

175 Es ist dem Verfasser nicht bekannt, ob diese Kontrollkreuzer ebenfalls schon mit Radar ausgerüstet waren. Mit an Sicherheit grenzender Wahrscheinlichkeit nicht. Wenn nicht, konnte sie also ein Funkmeß gesteuerter Verband bei entsprechender Wetterlage leicht ausmanövrieren und passieren.

176 Die KING GEORGE V. passierte dann am 22. Mai 23.07 Uhr Hoxa Gate;
23. Mai, 08.00 Uhr: Position 58.37 N/08.32 W, Kurs 320°, 18 kn, Zigzag Nr. 15. Inzwischen ist die REPULSE eingetroffen und in das Kielwasser der Kampfgruppe eingeschoren. Wenig später hatte Tovey eine Kursänderung nach NW vorgenommen, um in eine gute Position zur Überwachung des Seeraumes südlich der Färöer zu kommen.
08.30 Uhr: Minenabweiser in Betrieb.
12.00 Uhr: 59° 40 N/08° 32 W
15.00 Uhr: 60° 17 N/09° 30 W. Um diese Zeit hatte Tovey die von ihm beabsichtigte nördlichste Position erreicht und auf Westkurs gedreht, auf den vielleicht schon entgegenkommenden Gegner zu. Vor 24 Stunden hatte Tovey von Rotherham die entscheidende Meldung erhalten, der Gegner sei aus dem Fjord bei Bergen herausgelaufen. Und noch immer schweigen alle Schiffe auf Bewacherstationen. Die Luftaufklärung schweigt auch.
15.36 Uhr: Kursänderung auf 270°.
20.00 Uhr: 60° 24 N/12° 08 W, zusammen mit GALATEA, AURORA, ARETHUSA, KENYA, VICTORIOUS, REPULSE.
20.40 Uhr: erste Feindmeldung aufgenommen.
21.05 Uhr: Kursänderung auf 295°.
21.16 Uhr: Kurs 280°
21.21 Uhr: auf 27 kn gegangen
24. Mai: 00.45 Uhr: 60°41 N / 15°49 N
04.10 Uhr: 60°51 N / 18°47 W
07.40 Uhr: Kurs 280°
08.00 Uhr: 61°17 N / 22°08 W
08.10 Uhr: neuer Kurs 280°
10.50 Uhr: neuer Kurs 240°
12.00 Uhr: 60°47 N / 25°31 W
15.07 Uhr: Kurs 212° VICTORIOUS und 2. Cruiser SQUADRON detachiert
16.50 Uhr: neuer Kurs 210°
20.00 Uhr: 58°11 N / 30°14 W

177 In seinem Schlußbericht stellt Tovey später, am 5. Juni 1941, im Home-Fleet-KTB Nr. 896/H.F. 1325 fest, daß die erste Sichtung der BISMARCK-Gruppe zeigte, daß »… they have sailed on the evening of the 21st May, soon after they had been photographed at Bergen.«

178 Wegen ihrer zahlreichen Stützpunkte in aller Welt hatte die britische Flotte Verfahren zur Ölergänzung

in See nicht mit gleichem Nachdruck entwickelt, wie dies im Frieden schon in der deutschen Marine geübt wurde und dann in größtem Stil von der US-Flotte im pazifischen Krieg praktiziert worden ist. (Siehe auch die Brennstoffprobleme auf der BISMARCK nach dem Gefecht mit der Hood und der PRINCE OF WALES, wie aber auch die der KING GEORGE V. und der RODNEY beim Endkampf mit der BISMARCK, sonst auch noch tagszuvor bei den umfassenden Suchaktionen, der an der Jagd auf die BISMARCK beteiligten Schiffe.)

179 WEISSENBURG = Versorgungstanker auf 70° N, 1° W.

180 Dem KTB der PRINZ EUGEN ist nicht zu entnehmen, ob es sich hier um einen (etwa durch eine Sichtung des Periskops eines U-Bootes begründeten) echten Alarm handelte, oder nur um einen mit einer »Sichtmeldung« aufgemachten »Alarm zur Übung«. Das Zusammenfallen von U-Bootalarm und Fliegeralarm scheint in diesem Seebereich ohnehin sehr fraglich, während ein »Alarm zur Übung« durchaus im Interesse der Flottenführung lag, in den vorherigen Auflagen dieses Buches auch kommentiert mit: »Er wurde vom Flottenchef eingelegt, um die verständliche Nervosität, wie sie am Anfang jeder Feindunternehmung steht, abzubauen.«

*

Heute wissen wir, daß auf dem Marschweg der Kampfgruppe tatsächlich erst an Backbord ein französisches U-Boot und später, an Steuerbord, ein britisches U-Boot gestanden haben. Allerdings war dies schon in den ersten Morgenstunden des 22. Mai. Der Alarm zur Übung hatte also nichts damit zu tun. Auf dem deutschen Verband wurden keine Feindboote festgestellt. Bei der 27-Knoten-Fahrt war mit Horchergebnissen gegen U-Boote wegen der starken Eigengeräusche nicht zu rechnen. Wohl aber hätte man mit dem Horchgerät anlaufende Torpedos erfaßt. Auch die U-Boote hatten weder eine Peilung noch eine Sichtung.

181 Nicht uninteressant ist auch die Koordination mit der neutralen Schiffahrt, so laut BS-KTB-Eintrag vom 22. Mai 1941, 18.00 Uhr: »Von Gruppe Nord: 3. Skl teilt mit, daß die schwedischen Schiffe PERU, VINGARNE, RENMARGEN und GLIMMAREN einlaufen Blockadegebiet von Osten vorgeschriebenen Kurs 24. Mai abends. 14 sm in Linie und Sicht voneinander. Erstes Schiff PERU, Leitung Kolonne auf RENMARGEN. Tanker KAPELLA folgt 25. Mai, vormittags, 10 kn.«

182 Also nach wie vor ist man sich, auch in den Marinekommandostellen, dessen sicher, daß der Gegner kein Funkmeß (sprich DeTe) haben kann, keine »Augen in der Nacht«, wie Cajus Bekker diese Rückstrahltechnik in seinem Buch über das Funkmeß/Radarwesen bildhaft genannt hat [6].

183 Bei dem Schlachtschiff BISMARCK hatte der Kommandant (sozusagen einstimmig und in Übereinstimmung mit dem PRINZ EUGEN-Kommandanten) entschieden, von der britisch unterlegten Regel, daß Schiffe, gleich welcher Art, weiblich seien, abzuweichen, und von dem BISMARCK als Maskulinum zu sprechen. – Der Verfasser beläßt es in seinem Text bei der internationalen Sprachregelung als Femininum, nicht aber bei der eigenwilligen Sprachregelung Lindemanns, vor allem in dessen KTB.

184 Daß nur ein gegißtes, nicht aber ein astronomisches Mittagsbesteck möglich war, lag vor allem daran, daß an Bord der deutschen Schiffe noch immer die deutsche Sommerzeit galt, als ein Zeitsystem, das dem 30. östlichen Längengrad entspricht. Bei einem Schiffsort auf 19° West entspricht dieser Ortsunterschied einem Zeitunterschied von 196 Minuten. Als die Schiffsuhren 12.00 Uhr anzeigten, war es also auf 19° W erst 08.44 Uhr Ortszeit. Für ein astronomisches Mittagsbesteck ist aber erforderlich, daß die Sonne auch tatsächlich ihren höchsten Stand erreicht und wieder zu sinken beginnt. Dieser Zustand wäre jedoch ohne Umstellung der Schiffsuhren auf dieser geographischen Länge erst 15.16 Uhr eingetreten.

185 Es ist nicht ganz sicher, ob auch an Bord der BISMARCK diese Umstellung der Borduhren sofort erfolgte. Die Uhrzeiten einiger Funksprüche sprechen sogar gegen diese Annahme, obschon es die Regel ist, daß das Umstellen der Uhren Sache der Verbandsführung ist. Fest steht die Umstellung laut KTB nur bei der PRINZ EUGEN.

186 Güth-Kommentar: »Diese unvernünftige, übereifrige Funkerei.« Dazu auch U-Boot-Kommandant Flottillenadmiral Otto Kretschmer in seinem Kapitel über den »Irrsinn der Funkerei« bei der U-Boot-

waffe und deren Folgen. In J. Brennecke: Die Wende im U-Bootkrieg 1939–1943 [176].

187 Erst viel später, im Oktober 1942, wird das OKM in der MDV (= Marine Druckvorschrift) 601 diese Ergebnisse der Aufklärungsflüge der deutschen Luftwaffe kommentieren: »Nachträgliche Feststellungen lassen mit Sicherheit annehmen, daß die Augenerkundung vom 22. Mai, wonach vier Schlachtschiffe in Scapa Flow gelegen haben sollen, falsch war. Wahrscheinlich hatte sich die Luftwaffe durch die »dummy battle ships« (also durch die auf Frachtern aufgebauten Schlachtschiffsatrappen) täuschen lassen. Durch die Rückkoppelung der Stellung der englischen Schiffe am 24. Mai ist übrigens ersichtlich, daß auch das Gros der Home Fleet aus Scapa ausgelaufen sein muß, also wahrscheinlich unmittelbar nach Eingang der Meldung der MARYLAND. Wie bedingt zuverlässig die Augenerkundung aus der Luft bei ungünstigem Wetter ist, wird sich drastisch am 24. Mai zeigen: Am Nachmittag dieses Tages, Stunden nach dem Gefecht zwischen der Kampfgruppe BISMARCK und dem britischen Schlachtkreuzer Hood und dem Schlachtschiff PRINCE OF WALES, meldet der Fliegerführer Nord: »Augenerkundung nur durch Wolkenloch, doch wurden Liegeplätze eingesehen. Drei Schlachtschiffe, darunter vermutlich Hood. Ob hierbei auch ein Flugzeugträger, konnte nicht erkannt werden. Außerdem drei Kreuzer, vermutlich Leichte.« Am Abend wird die Meldung berichtigt in: »Scapa Flow, heute, 24. Mai, zeigt Belegung nicht wie durch Augenerkundung vorausgemeldet drei Schlachtschiffe, drei Kreuzer, sondern nur zwei, vermutlich Leichte Kreuzer und Artillerieschulschiffe.« Nachts folgt schließlich Berichtigung, der nicht zu entnehmen ist, ob sie nicht unter Umständen eine Folge des Bekanntwerdens des Islandgefechts gewesen ist. Sie lautet: »Nach eingehender Feindauswertung der Luftbilder von Scapa Flow am 24. Mai konnten nur ein Leichter Kreuzer, sechs Zerstörer sowie einige kleinere Kriegsfahrzeuge und Handelsschiffe erkannt werden.«

In der MDV 601 heißt es: »Auf Grund der Meldungen vom 22. Mai mußte der Flottenchef annehmen, daß das Gros der Home Fleet zumindest noch am Mittag des 22. Mai in Scapa gelegen hatte. Selbst wenn es dann ausgelaufen wäre und mit Höchstfahrt den Südausgang der Dänemarkstraße angesteuert hätte, war die Entfernung bis dahin mit 1 200 sm fast genau dieselbe wie die der deutschen Kampfgruppe von ihrem Mittagspunkt am 22. Mai. Eindeutig ist: Der Vorteil hätte auf deutscher Seite gelegen.

Die MDV 601 irrt, wenn deren Verfasser noch 1942 im Glauben waren, der Gegner des deutschen Verbandes beim Island-Gefecht sei das Gros der Home Fleet gewesen, während es doch tatsächlich »nur« zwei detachierte Großkampfschiffe waren: die Hood und die PRINCE OF WALES.

188 Das KTB BISMARCK wurde später auf Weisung der Skl vom BNO der PRINZ EUGEN, Fregattenkapitän (später KzS a.D.) Hans-Henning von Schulz rekonstruiert.

189 Hier die Zusammenfassung der Ergebnisse des auch nur B-Dienst genannten B-Dienstes vor und, vorgreifend, während der Zeitphase des Durchbruchs: »Nach langfristigen Beobachtungen werden die Dänemarkstraße und die rund 240 sm breite Färöer-Enge permanent von den Briten überwacht; festgestellt im Seeraum südöstlich Island werden die leichten Kreuzer BIRMINGHAM und MANCHESTER, in der Dänemarkstraße Einheiten der 1st Cr. Sq.

Das Wetter ist stark wechselnd, für Luftaufklärung (LA) meist ungünstig. Starke Verengung der geographisch 200 sm breiten Dänemarkstraße durch Packeis ist anzunehmen, vor Island erstrecken sich britische Minensperren nach NW und N, Lage nicht genau bekannt: Passieren des isländischen Nordkaps, des sogenannten Horns, aber erst mindestens in 40 sm Abstand. Am 23. Mai ist die Fahrwasserbreite nur 20 sm; über dem Eis und anschließend 2 bis 3 sm des Fahrwassers ist das Wetter klar, dann, nach der Insel zu, wogt Nebel unterschiedlicher Dichte. Die Sichtweiten schwanken zwischen 1 bis 18 sm. Regen und Schneeschauer sind im Verein mit Nebelschwaden für Funkmeß-(Radar-)Fühlunghalter vorteilhaft.

Am 23. Mai 11.38 gibt der CinCWA (= Commander in Chief Western Approaches) laut B-Dienst einen O-Spruch ab; er ist an drei Geleiteinheiten gerichtet: Das ist zwar auffallend, aber nicht als Feindmeldung zu werten, wohl aber als Warnung vor Auftreten möglicher deutscher Kräfte ... Weiter heißt es: Die inzwischen von der britischen Admiralität und dem C-in-C HF (= Commander in Chief Home Fleet, also Tovey) über Draht und optisch getroffenen Maßnahmen bleiben der Funkaufklärung natürlich verborgen.

Eine Ausnahme ist die »Force H«. Ihre Alarmierung und ihr Ansatz kann auch ohne Entzifferung von Funksprüchen für Gibraltar abgeleitet werden: Schlachtkreuzer RENOWN als Flaggschiff, Träger ARK ROYAL und der Leichte Kreuzer SHEFFIELD am 24. gegen 02.00 Uhr nach Augenbeobachtung nach Westen ausgelaufen. Der C-in-C HF hat – wie erwartet – seine Streitkräfte, wie bereits aufgelistet, in zwei Kampfgruppen geteilt:

1. HOOD als Flaggschiff, PRINCE OF WALES, 6 Zerstörer;
2. KING GEORGE V. als Flaggschiff, REPULSE, VICTORIOUS, 2. Kreuzerschwadron mit 4 Kreuzern und 6 Zerstörern.

Der Träger VICTORIOUS und der Schlachtkreuzer REPULSE, zum Schutz des Truppengeleitzuges WS 8 B bestimmt und am 22. Mai aus dem Clyde aus, sind nunmehr sofort der Home Fleet zugeteilt worden. Die REPULSE soll danach am 22. Mai aus Gibraltar auslaufen und im Seegebiet westlich von Gibraltar kreuzen. Dieser Spruch enthält fraglos Unrichtigkeiten bezüglich der Daten und Schiffsnamen. Sie können beim Aufsetzen, aber auch bei der Entzifferung entstanden sein. Klärung nicht möglich. Sicher ist nur, daß die REPULSE am 9. Mai Gibraltar verlassen hat und vor dem 21. Mai im Clyde eingelaufen ist. Daß mindestens eine der Kampfgruppen nach der Luftaufklärung des Korsfjords (nach britischen Quellen: Grimstadfjord) Auslaufbefehl erhalten hat, muß als sicher angenommen werden, vermutlich Einnahme einer Schlüsselstellung; ferner ist eine Verstärkung der Bewachung in der Dänemarkstraße und südöstlich Island anzunehmen ...

190 Am 23. Mai funkte der Flag-Officer-in-Charge Iceland, daß das Eis in der Dänemarkstraße »... was breaking up and that a well built ship would probably be able so pass through the Strait anywhere ...« Der xB-Dienst erfaßte dieses wichtige FT nicht.

191 Es ist den deutschen Stellen bekannt, daß die Briten außer in der Enge Island – Färöer im Einfahrtbereich zur Dänemarkstraße vom Kap Nord in Island in Richtung Nordwest zur Eisgrenze Grönlands hin mehrere Minensperren gelegt haben. Die Briten hatten ihr Vorhandensein schon früher bekanntgegeben, ohne indessen die genaue Lage zu nennen. Sie auszumanövrieren, ist nach deutschen Kenntnissen nur nahe der Packeisgrenze Grönlands möglich, denn die Skl konnte sich nach den Tiefenverhältnissen in den Seekarten nur ein ungefähres Bild machen, wie weit das Minengebiet nach Norden verlief. Grenfell [37]: »Es war daher bei den Briten sicher, daß die BISMARCK und ihr Kreuzer bei einem Durchbruch durch die Dänemarkstraße zwischen dem angenommenen Ende des Minenfeldes und der Eisgrenze passieren würden«.

192 Grundsätzlich ist zu den Uhrzeiten zu sagen: Die nach dem Krieg veröffentlichten halbamtlichen und privaten Darstellungen (Roskill und Grenfell) benutzen jenes Zeitsystem, das damals in England und an Bord der britischen Schiffe üblich war, und auch die vorliegende Darstellung hat, um Irrtümer zu vermeiden, dieses Zeitsystem – wenn nicht anders vermerkt – übernommen. England hatte aber damals die doppelte britische Sommerzeit eingeführt, das heißt, die Uhren um zwei Stunden gegenüber dem Friedenszustand vorgestellt, um durch Ausnutzung der hellen Morgenstunden und Verlängerung der Abende Strom zu sparen. Dieses nun auch an Bord der britischen Schiffe gültige Zeitsystem entsprach der Ortszeit des 30. östlichen Längengrades. – In Deutschland und den von Deutschland besetzten Gebieten galt das gleiche Zeitsystem. Hier waren aus den gleichen Gründen wie in England die Uhren gegenüber dem Friedenszustand (Mitteleuropäische Zeit = MEZ = Zonenzeit 15° Ost) nur um eine Stunde auf deutsche Sommerzeit (DSZ = Zonenzeit 30° Ost) vorgestellt worden und der im Frieden bestehende Zustand, daß die deutsche Zeit (MEZ = Zonenzeit 15° Ost) immer eine Stunde später ist als die britische Zeit (MGZ = Zonenzeit O8) war damit aufgehoben. – Für die Unternehmung »Rheinübung« war jedoch noch die MEZ (Zonenzeit 15° Ost) als taktische Zeit festgesetzt, und auf dieses Zeitsystem beziehen sich daher alle deutschen Funksprüche. Die hier genannten Uhrzeiten sind daher alle eine Stunde früher als die in England, Deutschland, der von Deutschland besetzten Gebieten und an Bord der britischen Schiffe benutzten

Uhrzeiten. Der Friedenszustand, wonach – entsprechend der geographischen Lage – die deutsche Zeit stets eine Stunde später als die britische ist, war dadurch in sein Gegenteil verkehrt.

Die Bordzeit der deutschen Schiffe, die während des Marsches durch die Ostsee auch noch deutsche Sommerzeit (= Zonenzeit 30° Ost) war, wurde beim weiteren Vormarsch nach Westen durch Zurückstellen der Schiffsuhren den tatsächlichen Verhältnissen wenigstens annähernd angepaßt. Es bleibt aber für die ganze Darstellung zu beachten, daß die Ortszeit immer ganz bedeutend früher war, als es die aus den britischen Darstellungen übernommenen Uhrzeiten angeben. Auf 30° West im Atlantik zum Beispiel – und ein großer Teil der Operationen hat sich gerade in dieser Zeitzone abgespielt – bestand zwischen der Ortszeit und den angegebenen Uhrzeiten ein Unterschied von vier Stunden, und auch die als taktische deutsche Zeit benutzte MEZ eilte dort den örtlichen Verhältnissen noch um drei Stunden voraus.

193a Die deutsche Funkmeßentwicklung ging ja einen anderen Weg der Nutzung: den im Sinne des Wortes »Funk-Meß«. Die Briten dagegen haben von Anbeginn Wert auf ein Artillerie-Radar gelegt. Sie konnten in einem Fall wie hier: »Gegner sucht Schutz im Nebel« weiter gezielt schießen (siehe auch den späteren Verlust der SCHARNHORST. Am 26. Dezember 1943 im Nordmeer in Höhe des Nordkaps durch 14 bis 15 Torpedotreffer beim Kampf mit schweren britischen Seestreitkräften und Zerstörern, 1803 Tote [39/1].

193b JD = Befehl: Jot Dora = in Kiellinie folgen.

194 entfällt.

195 entfällt.

196 Nach Schmalenbach 19.19 Uhr. Der Unterschied von neun Minuten beruht auf der verschiedenen Beobachtungszeit auf der BISMARCK und der PRINZ EUGEN. Der Unterschied von einer Stunde erklärt sich, daß auf den deutschen Schiffen die Schiffsuhren inzwischen auf MEZ zurückgestellt worden waren. Da die Sichtung auf etwa 26° West stattfand, war es nach Ortszeit erst 16.26 Uhr.

197 Im Kriege mußte in dem aus der Feder von Fritz Otto Busch, der an Bord der PRINZ EUGEN als Korvettenkapitän und Chefredakteur der Marinezeitschrift »Die Kriegsmarine« eingeschifft war, erschienenen Buch »PRINZ EUGEN im ersten Gefecht« die wahre Ursache des Nummernwechsels verschwiegen werden. Busch gab statt dessen an, der Flottenchef habe den Kreuzer so besser gegen überraschende Feuerüberfälle der beiden Fühlunghalter schützen wollen.

198 Ein hoher Bundesmarineoffizier, früher in leitenden Positionen der Kriegsmarine: »Versager. Ab Beginn der Unternehmung hätten die Nummern der aufgenommenen Funksprüche zur Kontrolle ausgetauscht werden müssen, etwa von Stunde zu Stunde optisch. Das wurde ja schon bei Übungen im Frieden gemacht und selbstverständlich auch während der Spanienverwendung ab 36.« – Dazu ein anderer, ebenfalls hoher Dienstgrad: »Diese Ansicht scheint mir zu primitiv! Die Übermittlung der Nummern der empfangenen FT's war bei gutem Arbeiten der Funkstellen nicht nötig, denn jedes FT hatte außer der Uhrzeitgruppe noch eine ›Leitnummer‹, die im Text verschlüsselt am Anfang stand. Außerdem wurden, gerade bei dieser Operation, alle wichtigen FT's laufend auf den verschiedenen Wellen wiederholt, um schlechte Empfangsverhältnisse unter allen Umständen auszuschalten. Ich habe mich gestern mit einem Offizier der Bundesmarine unterhalten, der in der fraglichen Nacht BÜ-Offz. in der Funkstelle Sengwarden war. Er sagte auf meine Frage, ob er sich erklären könne, warum BS eine Anzahl wichtiger FT's nicht empfangen hätte, PE dagegen alle: ›Reiner Versager im Funkraum BS! Dieser Offz. wurde bei mir als Funkgast ausgebildet, war dann als Lt.MN auf SH, er kannte also alle diese Dinge genau.‹«

*

198 Der Ic der Skl kommentiert dazu im KTB der PRINZ EUGEN handschriftlich: »Ich halte es für möglich, wenn nicht sogar für wahrscheinlich, daß es sich hier nicht um die KING GEORGE V. gehandelt hat, sondern um einen zweiten Schweren Kreuzer.

199 Meyer, Hans: »Das Argument, daß das Funkpersonal auf BS, im Gegensatz zu dem auf PE noch nicht voll eingearbeitet war, liegt zwar nahe, scheint aber doch recht abwegig zu sein, da ja PRINZ EUGEN nur drei Wochen früher in Dienst gestellt worden war, ganz abgesehen davon, daß wahrscheinlich für das Flottenflaggschiff nur die besten Kräfte ausgewählt

wurden. Es ist sogar als Begründung für den so unterschiedlichen Leistungsstand des Funkpersonals auf PRINZ EUGEN und BISMARCK darauf hingewiesen worden, daß eines der beiden Schiffe mit Nordsee-Personal, das andere mit Ostsee-Personal bemannt war ...« Bekräftigend fügt der Konteradmiral a.D., ex TIRPITZ-Kommandant Meyer (Hans), hinzu: »Die Funkmannschaft des Flaggschiffes konnte bestimmt nicht weniger. Der Flottenstab beanspruchte von jeher das beste Personal für sich. Der Flottenfunkmeister hat es immer verstanden, sich die besten Leute heranzuholen. Bei den jährlichen Leistungswettbewerben stand die Flotte immer an der Spitze. Es waren sicher die besonderen physikalischen oder technischen Verhältnisse, die den Empfang auf dem Flaggschiff beeinträchtigt haben.« Kapitän z.S. a.D. Gießler bleibt dennoch bei der Auffassung, daß auf der PE die besseren Leute waren und die ganze Organisation besser eingefahren war. Nach ihm bestand tatsächlich ein (großer) Unterschied zwischen Nord- und Ostseepersonal: »Das kann man heute gar nicht mehr verstehen ... Es liegt aber an der Handhabung der Auswahl durch den 2. Adm. Die Seele jeder Funkstelle war eben der Ob.-Funkmeister«. – Bleibt noch zu sagen: Von der BS als einem Flottenflaggschiff zu sprechen, scheint für diese Zeit nur eine papierne Aussage zu sein. Dazu war das Schiff viel zu kurze Zeit im Dienst. Ob der Flottenstab eigenes Funkpersonal mitbrachte, ist bis zur Stunde, da dieses Problem jetzt auftrat, nicht mehr festzustellen, wahrscheinlich aber nicht. Natürlich ist es gut, wenn neben dem Oberfunkmeister, dessen Einfluß auf seine Männer gar nicht hoch genug eingeschätzt werden kann, auch der BNO hervorragender Praktiker ist. Der A VI Flotte, Nietschke, war aber erst kurz vor dem Auslaufen auf BS eingestiegen, konnte sich also um diese Dinge (also auch um Wert und Leistung des Oberfunkmeisters usw.) vorher nicht kümmern. Außerdem war er in Berlin nur für den B-Dienst tätig gewesen. – Der jährliche Leistungswettbewerb der FT-Mannschaften kann hier auf keinen Fall als Wertmaßstab herangezogen werden. Dazu waren die Verhältnisse dann doch zu unterschiedlich.

200 Dieser Irrtum entstand dadurch, daß die britischen Schiffe im Funkverkehr nicht ihren richtigen Namen, sondern nur eine Gruppe aus Zahlen und Buchstaben benutzten. So trugen die meisten Fühlunghaltersignale auch in der dechiffrierten Fassung die Unterschrift »K 3 G«. Der deutsche B-Dienst glaubte nun in einer etwas zu weit gehenden Kombination an einen Zusammenhang dieser zwei Buchstaben mit dem wirklichen Schiffsnamen und schloß daher auf das Schlachtschiff KING GEORGE V. Tatsächlich aber war »K 3 G« der schwere Kreuzer SUFFOLK.

201 Die Engländer haben, wie wir heute wissen, während des Krieges niemals ein FuMB an Bord verwandt.

202 Admiral a.D. Förste L: »Das ist zweifelsohne ein Beweis, wie sehr die damals auch nur vermuteten Möglichkeiten der Funkortung dem Flottenchef vertraut gewesen sind.«

203 Es handelt sich um eines der auf Weisung von Admiral Wake-Walker am 23. Mai in Reykjavik um 22.25 Uhr und 23.18 Uhr gestarteten Flugboote. Sie sollen beidseitig das Seegebiet vor der Südspitze Islands auf 200 sm Tiefe kontrollieren.

204 Admiral Wake-Walker befiehlt am 23. Mai: »The dispositions of NORFOLK and SUFFOLK on the 23. May were in accordance with my signal 1 000 B as follows: SUFFOLK is patrol within R.D./F. distance of ice edge on line running north-east an south-east. Southern end of three hour beat to be on line 310° from Staalberg Huk. The turn at southern end to be at 2 300 an every six hours there after. When clear inshore NORFOLK will patrol about 15 miles abeam of you. When thick inshore NORFOLK will patrol to cover inshore passage. NORFOLK will make contact with you at 1 300 B, 24. May in position 66° 45 N 26° W to check position. Investigate ice up to minefield on parting company today Friday.
SUFFOLK was ordered to locate the ice near the minefield before taking up her patrol.

205 Wake-Walker gibt einen völlig anderen, aber sehr genauen Bericht über den Beschuß am 23. V., 20.30 Uhr, nach dem offenkundig nicht die BISMARCK, sondern PRINZ EUGEN die NORFOLK beschoß. Es kann sich hier nur um einen lapsus linguä handeln: »The enemy was met on a closing and opposite course. NORFOLK had time to turn away before the first salvo – from the 8inch-cruiser – fell. It fell close on the port quarter and splinters hit ‚X'-turret. I saw the salvo fall and it appeared to me as a bread wall of

smoke and water at right angles to the line of fire, and I think that the spread for range and line was very small. On our side of this the water was pocked with fragments and one complete burnished shell made what I think was its seconds bounce 50 yards our side of the salvo and rioecheted over the bridge«. (From Rear Admiral Commanding, First Cruiser SQUADRON, 7. Juli 1941, Ne. K. 856/196.)

206/1 Wie anders hätte das ausgesehen, wenn die Deutschen ebenfalls ein (sogar drehbares) Artillerie-Radar an Bord gehabt hätten. Der deutsche Vorsprung in der Funkmeßentwicklung ist unbestritten, aber auch der Mangel an technischer Phantasie wie hier, was den Artillerieeinsatz beim Funkmeßwesen angeht, und vor allem auch an einfühlsamem Verständnis bei den zuständigen Marinedienststellen, wo jede Neuerung von kritischem Mißtrauen überschattet wurde ... im Gegensatz zu den Briten, denen die Weite der See Großzügigkeit im Denken und Handeln eingeprägt hatte.

206/2 Hier Auszüge aus dem Bericht des Commanding Officer des H.M.S. SUFFOLK nach der Feuereröffnung der BISMARCK 20.31 Uhr:
20.43 Uhr Emerged from the mist and reported the enemy in sight bearing 250°, 14 miles. Shadowed by sight from 15 miles distance, gradually working astern of enemy whose mean course was now 220°, 28 knots.
21.52 Uhr: Enemy altered course to starboard in the edge of a distant rainstorm.
21.54 Uhr: Enemy bearing 231° momentarily observed at inclination 0° or 180°, looking more like the latter, was thought he might be abondoning his operation and steering back the way he had come.
Altered course at once to keep well ahead of enemy, should this be the case; intending to make for the gap between Q.Z.X. 366 and the ice where, by use of gunfire and smoke and by simultating torpedo fire, the enemy sight be diverted into the minefield.
21.58 Uhr: As by 21.58 Uhr the enemy had not emerged from the rainstorm, it was concluded that he had not reversed course, but had resumed his previous course, and SUFFOLK altered course to 230° to continue shadowing from astern.
Made reports at 20.46 Uhr; 21.16 Uhr, 21.29 Uhr; 21.52 Uhr; 22.09 Uhr and 22.14 Uhr during the above phase.

Phase 22.58 Uhr to 23.59 Uhr. (Tactical Plat Diagram IV)
22.58 Uhr: Re-sighted enemy bearing 232°, 18 miles.
22.58 1/2 Uhr: Enemy firing; possibly an aircraft to northward, where occasional distant white smoke puffs had been appearing in the clear sky at intervals for some 40 min.
22.58 Uhr to 23.41 Uhr: No change; enemy being kept in sight. Plot showed enemy course and speed to be 230°, 28 knots.
23.41 Uhr: Enemey bearing 232°, 18 miles. Enemy altered course 20° to port as he disappeared into some mist.
23.43 Uhr: Enemey momentarily re-sighted bearing 226°.
23.50 Uhr: Very large puff of white smoke shot some 300 feet into the air, bearing 221°; indicated when plotted that the enemy had altered course some 50° to port in all.
23.52 Uhr: Enemy momentarily re-sighted, steering 200°, 28 knots; and then disappeared into distant snowstorm.
SUFFOLK followed at 29 1/2 knots, to gain contact.
NORFOLK approximately 10 miles to port of SUFFOLK, out of sight.
Made reports 22.56 Uhr; 23.06 Uhr; 23.41 Uhr; 23.49 Uhr and 24.V. 00.09 Uhr.
00.15 Uhr: Entered snowstorm, mean course 200°, visibility until 03.15 Uhr averaged one mile.
00.28 Uhr: SUFFOLK's position 65° 39 N/28° 01 W, 29 1/2 knots.
01.51 Uhr: Resumed course 200°.
02.46 Uhr: Type 284 gained contact with as ship.
02.47 Uhr: One ship »right out bearing« 180°, 19 000 yards; presumed from the range to be a battleship. (This bearing was initially plotted without correction to »mid bearing«; error 58, but was subsequently corrected before enemy course and speed deductions were made).
02.52 Uhr: Enemy »mid bearing« 192°, 17 400 yards. Altered course and speed as requisite to open and maintain range at 10 miles, shodowing by Type 284.

207 Admiral Wake-Walker macht sich Gedanken über das Verhalten des Gegners, nachzulesen in seinem Bericht an Tovey: »... It was always wondering if the enemy were using R.D.F. (Radar) to locate us, but

I have the feeling that his R.D.F. is liked with his gun control and does not search independently. Otherwise the cruiser should have been prepared for us at 20.30 on 23rd and an various other occasions when clearing visibility brought us in sight at ranges from 8 to 13 miles. That he does fire at unseen targets is shown by the experience of the aircraft and destroyers when actually fired at under these conditions.
This was the first occasion that R.D.F. has been used for shadowing and the supreme value of it for this purpose cannot be ever-emphasised. SUFFOLK made good use of it but I think the long ranges she obtained during the day must have made her a little overconfident during the night when she must have been near the limit of effective R.D.F. range. This left no margin to cover a sudden change either in speed or course of the enemy such as was likely during the dark hours. Unless it brings the shadower within effective gun range of her quarry it is considered that a night touch should be kept with 85 % (?) of the ascertained R.D.F. range in hand«.
Darüber hinaus birgt aber auch eine plötzliche Sichtverbesserung eine ganz erhebliche Gefahr für die NORFOLK in sich, zumal eine radargelenkte Annäherung im Nebel (oder im Schneetreiben) nicht ausgeschlossen werden kann.

208 So ab 1936: Voll stabilisierte Fla-Leitstände. Vollendung der Seeziel- wie Luftabwehrartillerie. Vollendung der bisherigen Vorhaltrechner zum idealen Schußwertrechner, einem mechanischen Rechner mit automatischer Werteabgabe.

209 entfällt.

210 Der Kommandant der britischen Fregatte DIDO im Mai 1941 an Bord der Fühlunghaltergruppe SUFFOLK und NORFOLK sagte 1967 Gießler, als dieser fragte, wie es kam, daß die Fühlung mit der BS trotz Rundsichtradar verlorengehen konnte: »Dieses Gerät war neu bei uns an Bord. Wir hatten nur wenige Bedienungsleute, und diese waren nach der langen Zeit vor dem Schirm total erschöpft und ermüdet.« Das ist eine klare, überzeugende Antwort.

211 Siehe Roskill, Fußnote Vol. I, pg 398.

212/1 Die von der Britischen Admiralität festgesetzten Bezeichnungen der Geleitzüge lassen die Anzahl der Konvois, deren Routen, deren Zweck und Fahrtrichtung erkennen. SC und HX oder SHX Geleitzüge sind solche, die aus dem Raum Kanada, aus Sydney und Halifax oder aus beiden Häfen mit Kurs England ausliefen; Geleitzüge, deren erster Buchstabe mit O beginnt, sind sofort als »outward convois«, also als aus englischen Häfen ausgehende Geleitzüge erkenntlich, so jene unter den Kennungen OL (Liverpool), OB, OA, OG, OAG oder ON; hinzu kommen weitere Geleitzüge wie KJ (aus Kingston, Jamaika), BHX (aus Bermuda), SL (aus Sierra Leone, Freetown) und WS Geleitzüge für unmittelbare militärische Aufgaben, insbesondere Truppentransporte, deren Route jeweils von ihrer Aufgabe abhängt (im englischen Soldatenjargon wurde diese Abkürzung als »Winstons specials« = »Winstons Spezielle« bezeichnet).

212/2 Die in der MDV 601 erwähnte Feststellung, es war der B-Dienst, der 05.45 Uhr zwei weitere Einheiten an Backbord festgestellt habe, deren Rauchwolken laut MDV kurz danach querab an Backbord in Sicht kamen, stimmt nicht mit den Augenzeugenberichten und KTB-Unterlagen der PRINZ EUGEN überein. Tatsächlich aber hatte der Gegner um die fragliche Zeit gefunkt, nämlich die PRINCE OF WALES 05.37 Uhr eine Feindsichtung mit dem Zusatz: distance 17 miles. Und die Hood 05.44 Uhr ebenfalls eine Feindsichtung mit Zusatz jetzt: 14 miles. Die Feststellung der MDV kann sich nur auf eine zusätzliche Gegnererkennung beziehen, da zur genannten Uhrzeit die Verbände sich schon längst optisch gesichtet hatten.

212/3 Vom 23. Mai lag infolge der Wetterlage keine Meldung über die Belegung von Scapa vor, und erst am Abend dieses Tages erfolgte die Sichtung des deutschen Verbandes durch die SUFFOLK. Es gab also keinen Grund für die Annahme, erst auf Grund dieser Sichtung sei Admiral Tovey von Scapa ausgelaufen. Tatsächlich war ja auch das Flottenflaggschiff zum Zeitpunkt der Sichtung schon 20 Stunden in See. Wenn es vom Auslaufen an ständig einen Kurs von etwa 300° mit 28 Knoten gesteuert hätte (was zwar unwahrscheinlich war und auch tatsächlich nicht zutraf, aber doch immerhin theoretisch möglich war), dann hätte die KING GEORGE V. um 06.00 Uhr des 24. Mai auf dem gleichen Standort gestanden wie Admiral Hollands Verband.

212/4 Sie stand aber in Wirklichkeit, wie berichtet, bei dem am 22. Mai aus dem Clyde ausgelaufenen Truppentransporter-Konvoi WS 8 B.

212/5 Das wohl das markanteste Beispiel dafür, wie schwer es ist, Schiffsgrößen aus größerer Entfernung richtig zu schätzen, ist die Versenkung des Zerstörers AFRIDI durch ein deutsches Sturzkampfflugzeug vor Namsos am 3. Mai 1940. Die Versenkung dieses Schiffes, das mit seinen vier Doppeltürmen (freilich nur mit 12.7 cm-Geschützen), seinen zwei breiten Schornsteinen und seinem Klipperbug in der Silhouette stark der mehr als zwanzigmal größeren HOOD ähnelte, wurde damals im deutschen Rundfunk durch Sondermeldung als Versenkung eines Schlachtschiffes bekanntgegeben. – Ähnliches hat sich zu Beginn des Island-Gefechtes, wie noch dargestellt werden wird, auch auf der Gegenseite abgespielt.

212/6 Der Chef des Stabes vom Marinegruppenkommando West, Paris, Konteradmiral a.D. Hans Meyer: »Dieses Kurzsignal hat das Gruppenkommando nicht erhalten. Es ist also von keiner der vier oder fünf auf Empfang stehenden Landstellen gehört worden. Das erste, was wir in Paris vom Auftreffen auf schwere Gegnereinheiten erfuhren, war am frühen Nachmittag der Funkspruch über die Versenkung der HOOD.

212/7 Die HOOD, von der man schon vor ihrer Indienststellung im Jahre 1919 wußte und berechnet hatte, daß der zu dünn ausgelegte Horizontalpanzer von aus großer Distanz geschossenen und daher dann fast senkrecht einfallenden Granaten durchschlagen werden könnte, hatte 1939 zu einem grundlegenden, aber nicht durchgeführten Umbau angestanden.

212/8 Nach Roskills Text in »The war at sea«, Vol. I., pg. 402, eröffneten alle vier Schiffe zwischen 05.52 Uhr und 05.53 Uhr. Daß auch die deutschen Einheiten um diese Zeit eröffnet haben sollen, widerspricht den deutschen Unterlagen. Nach der Karte im Roskill eröffnete der britische Verband 05.53 Uhr. Nach Bradford's »The mighty Hood«, pg. 201, eröffneten die britischen Schiffe 05.52 Uhr. Leider fehlen diesem Buch alle Quellenhinweise. Bemerkenswert ist noch, daß nach britischen Berichten die englischen Einheiten das Feuer über optische Entfernungsmesser und nicht über Radarmessungen eröffnet und geleitet haben sollen. Das wiederum ist strittig.

212/9 Vizeadmiral a.D. Hoffmann: »Wenn Leach überzeugt davon war, daß das zweite Schiff die BISMARCK und das erste Schiff ein Schwerer Kreuzer war, war das Abgehen von diesem Befehl im Sinne des Admirals und daher gerechtfertigt.

212/10 Der II AO der PRINZ EUGEN Schmalenbach: »Die ersten von mir beobachteten Aufschläge lagen 200 bis 300 m backbord voraus (330–340° Schiffspeilung). Also hat die HOOD auf die PRINZ EUGEN geschossen.«

213 Siehe auch Unterlagen Paul Schmalenbach über die PE, in dem es anhand der KTB-Auszüge und minutiös festgehaltener Eigenbeobachtungen heißt: »Die Gegner eröffnen das Feuer. Donnerwetter, das sind keine Abschüsse der Mittelartillerie. Und jetzt dreht der Gegner nach Backbord auf gleichlaufenden Kurs. Immer länger werden die Rümpfe. ›Von Kommandant an I AO: SA Feuererlaubnis!‹ Krachend verläßt die erste Vollsalve die Rohre. Es ist 04.55 Uhr …« Hierzu der Verfasser: Die Schiffsuhren der PRINZ EUGEN waren zu jener Zeit auf MEZ gestellt. Dem angegebenen Zeitpunkt von 04.55 Uhr (MEZ) entsprach daher 05.55 Uhr britischer Bordzeit, aber 01.55 Uhr Zonenzeit des Ortes.

214 Auf die Frage, ob die Hood auch mit den achteren Türmen geschossen hat, erklärt der gerettete IV AO dem Verfasser: »Da ich, wie schon erwähnt, eine Sonderaufgabe hatte, konnte ich HOOD nur in Momenten dramatischer Gefechtsereignisse kurz beobachten. Ich habe nicht gesehen, daß HOOD auch mit den achteren Türmen gefeuert hat. Daß sie es getan hat, dürfte jedoch wahrscheinlich sein. Nach dem Aufdrehen zum laufenden Gefecht haben die Bestreichungswinkel ihrer Geschütze zweifellos zum Einsatz der gesamten schweren Artillerie ausgereicht.« – Schmalenbach von PRINZ EUGEN dazu später, 1960: »Nach meiner Erinnerung haben die achteren Türme von HOOD auch gefeuert. Ob aber von Anfang an, weiß ich nicht zu sagen, da ich in diesen Sekunden innerhalb des Mastes nach oben sauste (vom Kriegswachleiter auf der Brücke einschließlich Gespräch mit Kommandant über Gegnertypen zum Einsatzleiter auf Vormarsgalerie).«

215 Nach Padfield [177] habe die PRINZ EUGEN den ersten Treffer in der ersten Minute erzielt, »eine unglaubliche Schußleistung mit dem geringen Kaliber von 20.3 cm auf über 22 000 m Distanz«.

216 Der Engländer, hier vornehmlich Roskill, sagt später über das deutsche Schießen: »Das so schnelle Ein-

schießen ist typisch für die deutschen Großkampfschiffe gewesen und eine Folge der so ausgezeichnet vorbereiteten E-Meßanlagen, die den britischen überlegen waren.« Die von Roskill aufgeworfene Zweifelsfrage, ob die BISMARCK das Feuer unter Umständen nicht sogar mit Radar geleitet habe, kann inzwischen als geklärt gelten. Die BISMARCK hatte kein Artillerie-Funkmeßgerät. Das Artillerieschießen wurde nach wie vor über optische E-Meßgeräte geleitet. Wie erwähnt, konnten die deutschen Schiffe aber mit unserem normalen FuM auch nach Funkmeß schießen, denn alles an Bord konnte entsprechend geschaltet werden. Während des ganzen II. Weltkrieges erreichten die deutschen »Radar«-Geräte für Gefechtsentfernungen bei Tage und klarer Sicht allerdings niemals die Leistungen der optischen Geräte, wie Kapitän zur See Gießler im Gegensatz zu anderen Auffassungen bestätigt. Ein Artillerieradar ist deutscherseits, wie bereits vermerkt, erst gegen Ende des Krieges entwickelt worden, einfach, weil die optischen Geräte überlegen waren (aber nicht in der Nacht, nicht im Nebel, nicht im Dunst, das war der nicht klar erkannte Nachteil gegenüber Radar).

217 Die PRINZ EUGEN als deutsches Spitzenschiff ohnehin einer alten Regel zufolge, während die BISMARCK eigentlich das zweite Ziel, also die PRINCE OF WALES, hätte beschießen müssen.

218a Das galt stets als gute Faustregel.

218b Augenzeugenberichten (Flakbeobachter) auf der PRINZ EUGEN zufolge, soll sich diese Kursänderung sogar so ausgewirkt haben, daß die BISMARCK vorübergehend in der Feuerlinie der mit hoher Fahrt laufenden PRINZ EUGEN gestanden haben soll.

219 Nach noch später zu behandelnden britischen Augenzeugenberichten sei das Feuer nach der dritten Salve der BISMARCK ausgebrochen, es kann sich daher also nur, das beweisen diese Aussagen, um einen Treffer der PRINZ EUGEN gehandelt haben. Das beweisen aber auch die noch zu behandelnden Überlegungen der britischen Seite. Folgt man der Aussage in den heute zugänglichen britischen KTBs (War diaries), dann heißt es im Despatch of the Commander in Chief, Home Fleet, Converting the operations leading and sinking the German Battleship BISMARCK Ziffer 18: »... The BISMARCK's second or third salve started a fire in the HOOD in the vicinity of the port after 4-inch mounting. This fire spread rapidly and, at 0600, just after the ships had turned together open ‚A'-arcs, the HOOD was straddled again: there was a huge explosion between the after funnel and the mainmast and the ship sank in 3 or 4 minutes. She had fired 5 or 6 salves. The loss by one unlucky hit of this famous ship with Vice-Admiral Lancelot Ernest Holland, G.B., Captain Ralph Kerr, C.B.E., and the fine company was a grievous blow.«

220 Laut MDV nach der sechsten Salve.

221 Die PRINCE OF WALES hatte vorne einen Vierlings- und einen Doppelturm mit je 35.6 cm-Kanonen. Nach der ersten Salve fiel ein Rohr des vorderen Vierlingsturmes aus, so daß die PRINCE OF WALES ab nun nur noch mit fünf Rohren feuern konnte, bis durch Kursänderung auch der achtere Vierlingsturm zum Tragen kam. – Hierzu sei nach Roskill (I/402) erwähnt: »Vom deutschen Geschwader kamen alle Kanonen zum Tragen. Dadurch ging der größte Vorteil, den das britische Geschwader hatte, verloren, nämlich die Tatsache, daß es acht 38.1-cm- und zehn 35.6-cm-Kanonen besaß, gegenüber nur acht 38.0-cm- und acht 20.3-cm-Kanonen der Deutschen. Weil nun darüber hinaus eine der vorderen Kanonen der PRINCE OF WALES infolge des oben genannten Defektes nur bei der ersten Salve des britischen Geschwaders mitschießen konnte, ging dieses mit nur vier 38.1-cm-Geschützen der HOOD und fünf 35.5-cm-Geschützen der PRINCE OF WALES ins Gefecht, während der Feind seine vollen Breitseiten einsetzen konnte. Wie der Erste Seelord kurz nach dem Gefecht hierzu bemerkte, ging das britische Geschwader also mit nur »einer Hand« ins Gefecht, wo es doch dringend »beide Hände« benötigt hätte. Die Gründe, weshalb es zu dieser taktisch ungünstigen Entwicklung kam, sind oben erläutert worden. Das Ergebnis aber war, daß während der ersten, so überaus wichtigen Minuten der Schlacht das Breitseitgewicht ganz zugunsten des Feindes war. Außerdem ging das britische Geschwader in geschlossener Schlachtordnung in den Kampf und wurde nur vom Geschwaderchef geleitet. Die einzelnen Kommandanten durften ihre Kurse nicht so einrichten, wie es für ihre Schiffe jeweils von Vorteil gewesen wäre.

222 entfällt.
223 Ganz abgesehen davon, daß dies ein glatter Durchschuß war.
224 Der Informant kann sich hier nicht mehr genau entsinnen, wann genau dieser Treffer die BISMARCK traf, wohl aber daran, daß er auf der BISMARCK in den ersten Minuten nach der Gefechtseröffnung angebracht wurde.
225 Diese Bemerkung ist nur so zu verstehen, daß die Anzahl der vom I AO beobachteten Wassersäulen und Treffer um eins geringer als die Schußzahl der letzten Salve war. Dies deutete er zunächst so aus, daß die fehlende Granate wohl getroffen hatte, aber nicht oder noch nicht explodiert war, und dann, daß sie den Panzer durchlagen haben könnte …, denn in der Flotte war es allgemeine Auffassung, daß fehlende Aufschläge Volltreffer ins Innere waren. Wie wir später sehen, war jenes Geschoß in der Tat ins Schiffsinnere der HOOD eingedrungen und dort, den Folgen nach zu urteilen, in einer oder in der Nähe einer Munitionskammer explodiert.
226 II AO Schmalenbach von der PRINZ EUGEN: »Das ist meines Erachtens ein nachträglich erfundener Ausspruch. Daß die HOOD sank, war erst zu beobachten, als sie wieder frei von der POW war, dann aber gleich stark geneigt.«
227 siehe [8]
228 Das Feuer durch die PRINZ EUGEN findet bei Bradford [8] sonderbarerweise keine Erwähnung.
229 to straddle, verdeutscht: überdecken, artilleristisch: deckend liegen.
230 U.P. = unrotated projectile, das heißt nicht rotierende Geschosse; die Anlage war auch als »naval wire barrage« bekannt.
231 Flugabwehrraketen stimmt nur bedingt. Es handelte sich (im Wortlaut nach Schulze-Hinrichs) um die auch deutscherseits gegen Tiefflieger (Torpedoflieger pp.) eingesetzten »Draht raketen«. Das waren kleine Raketenkörper, die beim Anflug von Tiefffliegern in größerer Zahl geschossen wurden, um eine Art Drahtvorhang als Schutz zu bilden. Die Raketen stießen nach etwa 1 000 m in etwa 100 bis 200 m Höhe einen Fallschirm aus, von dem sich ein ca. 50 m langer Draht abwickelte und am Fallschirm langsam niederschwebte. Diese Drähte sollten sich in den Propellern anfliegender Torpedoflugzeuge verwickeln. Sie konnten aber auch die Tragflächen durchschneiden. Ein solcher Drahtvorhang erfüllte natürlich nur seinen Zweck, wenn das Schiff, das er schützen sollte, nicht zu schnell fuhr.
232 Die Folge des britischen Angriffs mit dem Ziel schnellstmöglicher geringer Entfernung war, daß nur die vorderen Geschütze zum Tragen kamen, somit also vier 38.1 cm der HOOD und theoretisch sechs 35.6 cm der PRINCE OF WALES, von denen sich aber, wie gesagt, ein Rohr bei der ersten Salve verklemmte. Obwohl die britischen Schiffe von ihrer Anzahl die schwerere Breitseite aufzuweisen hatten, gingen sie nunmehr mit einer etwa der Breitseite der BISMARCK entsprechenden Stärke ins Gefecht. Diese Gleichheit wandelte sich in echte Unterlegenheit, als die HOOD aufgrund eines Fehlers in der Schiffserkennung auf die PRINZ EUGEN und nur die PRINCE OF WALES auf die BISMARCK schoß. Da beide britischen Schiffe mit hoher Fahrt angriffen, wurden (nach Padfield [177]) die E-Meßgeräte der A-Türme durch Gischt derart geblendet, daß die PRINCE OF WALES ihre Eröffnungssalven aufgrund der Meßwerte der kleinen 4.6-m-Meßgeräte im Topp abgeben mußte. Diese zeigten bei der tatsächlichen Eröffnungsweite von etwa 23 000 m zu viel an, so daß die BISMARCK erst mit der sechsten Salve einer »down ladder« eingedeckt wurde. Das deutsche Schlachtschiff konnte daher in den ersten entscheidenden Minuten ein praktisch unbeeinträchtigtes »Übungsschießen« durchführen, da die HOOD ja, wie oben vermerkt, auf die BISMARCK begleitende PRINZ EUGEN feuerte. Dieses entsprach wieder dem Schlachtkreuzergefecht in der Skagerrak-Schlacht, und wie in jenem gaben die überlegenen deutschen E-Meßgeräte den Vorteil einer physikalisch überlegenen Eröffnung.
233 Zu diesem Zeitpunkt, unmittelbar vor der Explosion der HOOD, war also die Seeziel-Artillerie der BISMARCK wie folgt eingesetzt: Die Schwere Artillerie, also die vier 38.0-cm-Doppeltürme, schoß auf die HOOD, und die Hälfte der Mittelartillerie, nämlich die drei 15-cm-Doppeltürme der Backbordseite, auf die PRINCE OF WALES«.
234 Man ging nunmehr davon aus, auftreffende Geschosse, die vom Panzer nicht abgewiesen werden können, »zu verzögern«, das heißt, die Detonation

muß hinter dem Außengürtel erfolgen. Die Sprengwirkung soll von den lebenswichtigen Teilen im Innenschiff dadurch ferngehalten werden, daß sie von einer Binnenpanzerung aufgezehrt wird. Als vertikaler Binnenpanzer kommt das bis zum Oberdeck hochgezogene T-Schott in Betracht, ferner weitere Panzerlängsschotte und Panzerquerschotte – und -traversen. Das dabei angewandte gestaffelte System wird in der deutschen Terminologie als »Staffelpanzerung« bezeichnet. Hinzu tritt noch ein besonders hochelastisches Panzermaterial auch für größere Druckwirkungen auch schwerer Geschosse. Im horizontalen Bereich sind ähnliche Maßnahmen vorgesehen, hier sollen nun auch leichte Panzerungen der oberen Decks die gleichen Aufgaben gegenüber steil einfallenden Granaten und Bomben erfüllen.

235 Sie hatten in der Tat in diesem Augenblick gefeuert.

236 »Sink the BISMARCK« ein Film der 20th Century Fox. Drehbuch: Lord Brabourne, Regie: Lewis Gilbert. Uraufgeführt im Jahre 1960 im »Odeon« in London, in Gegenwart von Prinz Philip, Großadmiral Mountbatten, Admiral Sir Charles Lambe, des Ersten Seelords usw. Die britische Presse schloß sich dem Urteil kritischer Besucher an: »… nach der Premiere herrschte Beklommenheit … Die beiden Deutschen (Lütjens und Lindemann) benehmen sich so borniert, daß man nicht begreift, warum ihre BISMARCK nicht schon früher in die Falle ging und torpediert worden ist. Ihr Nazitum ist ihnen auf die laut Drehbuch beschränkten Gesichter geschrieben, so daß die spätere Versenkung der BISMARCK wie eine natürliche Konsequenz wirkt … Kein Engländer kann stolz darauf sein, solchen Gegner besiegt zu haben …« Oder der Kritiker des »Observer«: »… mir scheint es dumm, den bedeutenden Admiral Lütjens als nichts Besseres denn als Grobian und Speichellecker Hitlers hinzustellen. Die britischen Seeoffiziere fühlten sich schockiert, gegen einen »Hanswurst gekämpft zu haben …«. Das deutsche Nachrichtenmagazin »Der Spiegel« berichtete, zitierte und kommentierte in gleicher Form. Der in Bonn erscheinende WP (Wehrpressedienst): »… Während die englischen Offiziere noch trockener, noch steifer dargestellt werden, als sie sind, wurde aus dem deutschen Admiral eine Art schwimmender Nazi-Gaupropagandaleiter gemacht, der, wenn er zu seinen Männern spricht, verzückt vom Dritten Reich schwärmt und den Matrosen zuruft: »Vergeßt nicht, daß ihr Nazis seid.«

Gelegentlich der Premiere im französischen Fernsehen war der Verfasser zusammen mit den drei BISMARCK-Überlebenden als Kommentator nach Paris eingeladen worden. Hier konnte er auch mit einem der HOOD-Überlebenden sprechen.

237 Schmalenbach: »Eine weitere Kursänderung der PRINCE OF WALES habe ich nicht beobachtet, wohl aber aus der nachträglichen Auswertung der Vorhaltrechnerwerte rekonstruiert.«

Bei dem Schießen, bei dem die BISMARCK und die PRINZ EUGEN übrigens auch in eine Deckpeilung zur PRINCE OF WALES gerieten, fiel ein etwa 15 cm großer Splitter auf das Backbordseitendeck der PRINZ EUGEN, den der LI fand. Es wurde als Splitter eines 35.6-cm-Kalibers festgestellt und später nach der Heimkehr an das OKK zur Untersuchung abliefert.

239 In der MDV 601 heißt es über den vermeintlichen Torpedoangriff in dieser Zeitphase: »Zwischen 06.03 Uhr und 06.14 Uhr muß PRINZ EUGEN drei Torpedolaufbahnen ausweichen; es gelingt, sie auszumanövrieren, doch kommt der Kreuzer dadurch um die einzige sich während des Gefechts bietende Gelegenheit zum eigenen Torpedofächer gegen die an der Grenze der Reichweite stehende und nun die volle Breitseite zeigende PRINCE OF WALES.

240 Albrecht hatte seit dem Ende des I. Weltkrieges ununterbrochen bei Siemens an der Entwicklung der Artillerie und im besonderen ihrer Feuerleitung gearbeitet. Er dürfte wohl der einzige Zivilist gewesen sein, der den Artillerieoffizier-A-Lehrgang mitgemacht hat. Bei dem Islandgefecht zeigte sich der Lohn einer Arbeit von zwei Jahrzehnten, hatte Albrecht doch auch maßgebend an der auf dem Flaggschiff eingebauten Anlage mitgearbeitet, an einer Anlage also, die sich bei dem Gefecht vor seinen Augen bewährte.

241 Die PRINCE OF WALES hatte achtern als SA nur einen Vierlingsturm, aus dem aber, wie bei allen Vierlingstürmen, keine Vollsalve geschossen werden konnte. Nicht zuletzt aus diesem Grunde hatten deutsche Konstrukteure bewußt auf solche Türme verzichtet.

242 Nach Grenfell schoß sie insgesamt achtzehn, davon acht nach Antritt des Rückzuges.

243 Der in der Kommandozentrale als Rudergänger auf seiner Gefechtsstation stehende und später gerettete Matrosengefreite Heinz Staats erinnert sich genau an ein Telefonat, das der IO, Fregattenkapitän Öls, in Gegenwart der Männer der Kommandozentrale mit einem Offizier aus dem Flottenstab führte. Diesem Gespräch war zu entnehmen, daß der Kommandant vergeblich versucht habe, den Flottenchef zur Verfolgung des Gegners und zur Fortsetzung des Gefechts zu bewegen. Andere Überlebende aus der seemännischen Division verbürgen sich dafür, daß der Läufer Kommandant, der übrigens einen Splitter von einer der PRINCE OF WALES-Granaten aufgelesen hatte und behalten durfte, später, nach seiner Ablösung, über die Meinungsverschiedenheiten zu seinen ihm näherstehenden Divisionskameraden sprach. Nach seinen Aussagen sei auf der Brücke ziemlich »dicke Luft« gewesen.

Da von den Brückenoffizieren und dem Brückenpersonal keiner mehr lebt, sind wir in diesem Punkte auf diese spärlichen Aussagen angewiesen. Sie anzuzweifeln, besteht keine Veranlassung. Man sollte aber diese Meinungsverschiedenheiten nun auch nicht überbewerten, denn schließlich wird es in solchen Situationen immer verschiedene Auffassungen geben.

244 KING GEORGE V. (Flaggschiff), REPULSE, VICTORIOUS, 4 Leichte Kreuzer, 7 Zerstörer.

245 Nach Schmalenbach: »Was lange verschwiegen worden ist, ist die Tatsache, daß das Wasser nicht nur in verhältnismäßig unwichtige Räume, sondern auch in einen Wellentunnel vorgedrungen war.«

246/1 Unter anderem »Wehrwissenschaftliche Rundschau«, 5/59, Seite 270.

246/2 Freilich stehen diese Angaben in gewissem Widerspruch zu den britischen Darstellungen, ohne daß sie deshalb als unglaubwürdig abgetan werden können, vielmehr könnten die britischen Angaben in gewisser Hinsicht auch als subjektiv oder zweckgebunden gewertet werden. Grenfell spricht nur von dem Ausfall eines der sechs Rohre der vorderen Turmgruppe und nicht von einem völligen Ausfall beider Türme. Die Angaben über die Störungen beim achteren Vierlingsturm stimmen jedoch überein.

247 Laut N. Friedmann [167]: »The first production set of the 282–285 series (also auch das main battery surface gunnery radar 284) was fitted to H.M.S. NELSON in June 1940 after tests late 1939 showed dedection of a convoy at 30 000 yards and of a cruiser at 18 000. The first production was installed aboard KING GEORGE V., with a total of 24 dipoles (12 in H.M.S. NELSON. The total installation consisted a pair of 21 ft x 2 ft 6 in through reflectors, each with 24 dipoles (one to send, one to receive) fixed to the director, in some ships only 12 dipoles per antenna could be accommodated, in a 11 ft installation. Peak power was 25 kw (1.7 micro sec and pulses, PRF 500) and claimed accuracy was 200 yds, 1 – 28] on the 24 000 yd scale and 500 yds on the 48 000 yd scale. The beam was 8° wide.«

248 Der im Funkspruch genannte Y-Turm ist der achtere Vierlingsturm. In der britischen Marine werden Türme auf dem Vorschiff mit A und B und Türme auf dem Achterschiff mit X und Y bezeichnet.

249 Nach F.O. Busch: »Ein oder zwei Jahre später wird ein vierter, von einem Fischdampfer Geretteter gelegentlich einer Kontrolle der Londoner Häfen entdeckt. Er hatte von der Seefahrt genug gehabt und war desertiert.« Diese Behauptung ist aber unbestätigt, weder Bradford berichtet darüber in seinem Buch über die HOOD noch Roskill, noch ist in dem Bericht über die Überlebenden der HOOD in »The Sunday Express« vom 21. Mai 1961 von einem vierten Überlebenden die Rede.

250 Auch der Nauticus, Jahrbuch für Deutschlands Seeinteressen, seinerzeit herausgegeben auf Veranlassung des OKM von Admiral z. V. Hansen, Ausgabe 1942, spricht im Beitrag: »Dem Gedächtnis der Männer des Schlachtschiffes BISMARCK und des Flottenchefs Günther Lütjens«, auf der Seite 5, von der HOOD als »dem größten Kriegsschiff der Welt mit 46 680 ts deep load, abgelöst durch die BISMARCK-Schwester TIRPITZ mit max. 52 600 ts deep load«.

251 Yamato: 62 315 ts standard, 69 440 ts maximal (voll ausgerüstet) (Schwesterschiff MUSASHI) SA: 9–46 cm (18,1 inches), MA: 12–13 cm (5,1 inches). Das Gewicht eines 18.1-inch-Turmes wird (nach Hough) mit 2 774 ts angegeben.

252 Veröffentlicht in »Weltwoche«, Zürich, vom 16. Oktober 1959.

253 Hauptaufgabe dieser Kampfgruppe war an sich die Abriegelung des westlichen Mittelmeerausganges gegen einen Ausbruch der italienischen Flotte.

254 Lt. KTB Gruppe West 12.35 Uhr heißt es: B-Leitstelle teilt mit: In der Nacht zum 24.5. ist RENOWN, ARK ROYAL und 1 SHEFFIELD-Klasse« mit unbekanntem Kurs nach Westen zum Einsatz gegen Flotte gegangen.

255 Gemeint sind in Inch (1 Inch = 25,399 mm) der Gürtelpanzer, die Türme der SA, usw., nämlich: Seitenpanzer (Gürtelpanzer) im Wasserlinienbereich: mitschiffs 12" (= 304,788 mm), sonst nach oben nur noch 7", dann 5" und nach unten zu bis zum Ende »Gürtel« 3"; Seiten vorn 6" bis 5", Seiten achtern 6"; Bulkheads 5" bis 4"; Babetten 12" – 6" – 5"; Türme 15" – 11" – 5" crowns; conning tower 11–9; 6 base, 5 crown, director tower 6", control towers 4" – 3", Funnel uptakes 1 1/4".

256 Es wird außerdem auf das vorstehende Kapitel und die darin behandelten Schäden auf der PRINCE OF WALES durch PRINZ EUGEN verwiesen.

257 Generaladmiral Saalwächter ins KTB der Marinegruppe West: »Die Empfangsverhältnisse sind hier nicht günstig. Starke Luftstörungen und Schwunderscheinungen beeinträchtigen die Funksprüche und Signale, die trotz flächiger Empfangsorganisation meist nur von einer MFS aufgenommen werden und erst nach »Knobeln« zu lösen sind. Besonders ungünstig wird die Abgabe der FTs aus dem Raum südlich und westlich von Grönland beeinflußt. Dies erklärt auch das Ausbleiben der Meldungen der Versorger BELCHEN und der LOTHRINGEN. Es ist anzunehmen, daß sich die Funkverbindung mit Annäherung der Flotte bessert.«

258 Nach 12.00 Uhr übernahm die Gruppe West die Befehlsführung, denn die BISMARCK mußte um diese Zeit nach Kopplung der Heimat die Grenze des Befehlsbereichs der Gruppe Nord (60° Nord) überschritten haben. Diese Feststellung ist wichtig, denn die Befehlsbereiche waren geographisch und nicht etwa zeitlich abgegrenzt.

259 Alle Maschinengefechts- und Leckwehrgruppenführer haben außer dem Leckwehrgruppenführer 1, der ganz achtern seine Station hatte, nicht überlebt.

260 In der Reihe der vielen glücklichen und unglücklichen Zufälle, die für beide Seiten bei dieser Unternehmung so charakteristisch waren, ist auch dieser Treffer bemerkenswert. Übrigens glaubt der Gegner, diesen Treffer als den ersten Treffer auf BISMARCK beobachtet zu haben. Wenn Grenfell in seinem Buch die Beobachtung der Norfolk wiedergibt, nach der die BISMARCK kurz nach Gefechtsbeginn eine große schwarze Rauchwolke ausgestoßen habe, und er damit einen Treffer belegt sieht, dann kann dies durchaus durch die damit verbundenen schweren Erschütterungen ausgelöst worden sein. Ebensogut ist freilich denkbar, daß es sich nur um einen »Blubber« infolge plötzlicher Fahrtvermehrung gehandelt hat (Gießler dazu: »Das bezweifle ich«).

261 Die BISMARCK hatte sechs Kesselräume – mit je zwei Kesseln –, davon je zwei Räume an jeder Seite und zwei Räume mittschiffs. Zwischen je zwei hintereinander liegenden Kesselräumen lag je ein Kesselhilfsmaschinenraum.

262 Erwähnt wird das FT auch im KTB der PRINZ EUGEN. In beiden KTBs (BS und PE) wird festgestellt, daß sie nicht empfangen, beziehungsweise nicht bestätigt worden sind.

263a Meyer, Hans: »Daß die englischen FTs teilweise besser empfangen wurden, lag sicher nur an den anderen Wellenlängen. Vielleicht fehlte es bei uns an Erfahrung für die Entscheidung der Frage, welche Wellen für die Überbrückung Island – Heimat die geeignetsten wären.«

263b Gießler: »Der Unterschied zwischen der sofortigen Aufnahme der britischen FTs und der Verzögerung bei der Gruppe West wird wohl in der geeigneteren Welle gelegen haben. Auf den Kurzwellen spielen da schon ziemlich geringe Frequenzunterschiede eine entscheidende Rolle. Wenn das 1. Kurzsignal 06.32 Uhr, also noch bei Nacht gefunkt und erst 13.26 Uhr aufgenommen wurde, so beweist das, daß eben der Unterschied zwischen Tag- und Nachtwellen nicht richtig eingeschätzt worden ist.«

264a Generaladmiral Marschall, Vorgänger als Flottenchef: »Was richtig gewesen wäre, besser aber noch die vorherige Vernichtung des angeschlagenen Gegners und dann Rückkehr in die Heimat zur Reparatur. Dieser Ansicht schließen sich viele Seeoffiziere nach Studium dieses Buches an, u.a. auch Rogge; der sagt: »Man hätte die BISMARCK bei Kenntnis des Charakters von Lütjens befehlsmäßig zurückholen müssen. Er wollte sich aber bei einer Umkehr aus eigenem Ermessen nicht Feigheit vorwerfen lassen. Mitfühlen, nicht allein mit den sowie operatives Planen der Führungsstellen waren hier geboten!«

264b Persönliche Information durch Admiral Schniewind bei einem Gespräch mit dem Verfasser im Hause Schniewind.
265 Diese Größeneinstufung der HOOD entsprach nicht den Tatsachen, denn das allergrößte Kriegsschiff war zur Stunde die BISMARCK, deren Superlativ wenig später das Schlachtschiff TIRPITZ nach seiner Indienststellung beanspruchte, solange, bis die Japaner die maritime Welt mit den Giganten YAMAMATO und MUSASHI schockierten.
266 bis 268 entfallen.
269 19.35 Uhr antwortet der BdU auf das FT 16.30: »Für Aufstellung im Nordraum Färöer oder Shetland – Norwegen keine U-Boote z.Zt. verfügbar. BdU beabsichtigt, U-204-Ausmarsch nördlich Island durchführen zu lassen.«
270 Lütjens hatte nur an der französischen Westküste ein Großdock für die Abmessungen der BISMARCK zur Verfügung. Ob die Trefferwirkungen von Lütjens überschätzt oder von den Landdienststellen – noch 1942 laut MDV 601 – unterschätzt wurden, dürfte heute auch von einem Fachmann schwer zu entscheiden sein.
271 bis 276 entfallen.
277 Die I vor SHEFFIELD bedeutet: »ein Kreuzer des Typs SHEFFIELD, weil der deutsche B-Dienst nicht wußte, ob es die SHEFFIELD selber war.
278 Die drei Kreuzer waren im FT 19.35 Uhr gar nicht gemeldet worden, zumindest weder nach Grenfell noch nach dem im Brassey 1948 veröffentlichten FT (pg. 210); im Original, das aber nicht zur Verfügung stand, wahrscheinlich doch.
Wahrscheinlich erkannte man an Bord der BISMARCK jetzt zum ersten Male, daß insgesamt drei Gegnereinheiten Fühlung hielten. Das seit dem Island-Gefecht erstmalige optische Sichten der PRINCE OF WALES wirkte wie eine Bestätigung der Ergebnisse des B-Dienstes, der den Funknamen der SUFFOLK auf KING GEORGE V. bezog. Als neu in dem bisher falschen Bild über die Fühlungshalter wurde daher nur die Sichtung eines zweiten Schweren Kreuzers empfunden.
279 Die drei Kreuzer waren im FT 19.25 Uhr gar nicht gemeldet worden, zumindest weder nach Grenfell noch nach den im Brassey 1948 veröffentlichten FTs.
280 Gießler: Das ist ein erneuter Beweis der falschen Einschätzung der Funkmeßgeräte. Hier wird erstmals von einer »Fühlungnahme feindlicher Meßgeräte« gesprochen, kurzum von Geräten, die sich später mit dem Terminus Funkmeßbeobachtungsgeräte (= FuMBs) einführten. Im ersten Teil des Buches ist die Frage nach dem Vorhandensein solcher Geräte auf der Bismarck bereits behandelt worden, aber ohne zu einer konkreten Aussage zu kommen. Der Verfasser hat 1991 erneut ein Gespräch mit Fregattenkapitän d.D. Barre geführt, der seinerzeit zum Flottenstab der BISMARCK gehörte, indessen kurz vor dem Auslaufen abkommandiert wurde. Für ihn als Funkfachmann ist es unstritten, daß die BISMARCK gegnerische Funkmeßstrahlen »empfangen« konnte, nur sind ihm Einzelheiten nicht bekannt, da die Anlagen, abgesehen von der Geheimhaltung, erst kurz vor seiner Abkommandierung auf der BS installiert wurden. Fregattenkapitän Barre erinnert sich aber an die an der Drehhaube angebrachten Folienstreifen. »Diese Metallstreifen dienen«, so Barre, »bekanntermaßen dazu, einkommende Sendeimpulse zu »empfangen«.«
281 Die Angaben über die Brennstoffkapazitäten sind je nach Informationsquelle unterschiedlich, weichen aber nicht allzu stark voneinander ab. Die korrekteste Quelle sollte eigentlich das Maschinen-KTB der BISMARCK bis zum Auslaufen sein.
282 Überlebende der BISMARCK sagten, daß für den Umbau für einen zweiten Schornstein von der der NEW-JERSEY-Klasse zugehörigen amerikanischen MISSOURI die Rede gewesen sein soll. Keines der Schiffe dieser Zwei-Schornstein-Klasse kann es aber gewesen sein, da diese erst 1944/45 fertig wurden; hier liegt offenkundig eine Verwechslung mit der NORTH-CAROLINA-Klasse vor, die 1941 fertig sein sollte und deren erstes Schiff, als eben die NORTH CAROLINA, am 9. April 1941 in Dienst gestellt worden ist. Von den zur Stunde kriegsbereiten Schlachtschiffen der USA hatten nur die drei der COLORADO-Klasse und die zwei der CALIFORNIA-Klasse je zwei Schornsteine. Erstere hatten sogar die gleiche schwere Artillerie wie die BISMARCK. Trotzdem muß es als sehr unwahrscheinlich gelten, daß eine äußere Anpassung an diese fünf Schiffe ernsthaft beabsichtigt war. Auch die Annahme, daß an eine Anpassung an britische

Großkampfschiffe gedacht war, ist nicht abwegig, tatsächlich waren ja auch alle vier britischen Großkampfschiffe, die zwei Schornsteine hatten, auf die BISMARCK angesetzt (KING GEORG V., PRINCE OF WALES, RENOWN und REPULSE).

283 Nach Aussagen von Junack: »Einige Besatzungsmitglieder berichten, daß Anker und Ketten doch geopfert wurden. Danach habe Oberleutnant Sonntag von der VI. Division den Männern seiner Division noch eine Erklärung für dieses Manöver gegeben.

283/2 Dabei wird bei der PRINCE OF WALES u.a. die Backbord-Schraubenwellenlagerung zertrümmert, der Backbordpropeller geht verloren (the turbines driving this shaft were not stopped immediately, and the floating direktly or indirektly caused by the rotating shaft effectively dislabled the ship. Subsequently three torpedos with 450 lb charges hit the starboard side, one of which bent the outer shaft wedging the propellor between the inner shaft and the hull, but it should be noted that the PRINCE OF WALES capsized to port [135]).

284 Das aber konnte Wake-Walker nicht wissen. Wie oben ausgeführt, glaubt man an Bord der BISMARCK, der Gegner in diesem kurzen Gefecht sei die KING GEORG V. gewesen.

285 entfällt

286 Die drei Leichten Kreuzer standen zwischen Island und den Färöern-Inseln, um diese Durchfahrt in den Nordatlantik zu überwachen.

287 Daß sich (auch) die Briten in der Beölung in See verstanden, wurde deutscherweise bezweifelt, zumindest wurde es dem Verfasser auf dem V-Schiff NORDMARK von Offizieren dieses Großversorgers versichert, insbesondere von den Ing.-Offizieren, als die NORDMARK 1940/41 im Mittel- und Südatlantik die ADMIRAL SCHEER, Hilfskreuzer, U-Boote usw. versorgte. »Brennstoffversorgungen in See« haben die Briten vermöge der Vielzahl ihrer Stützpunkte »auf den Meeren der Welt nicht notwendig«, eine zwar naheliegende, aber taktisch nicht eingehend betrachtete Feststellung für die Ausnahmen beim Einsatz.

288 und 289 entfallen.

290 Nützlich ist hier die Erinnerung an den Ausbruchserfolg der beiden deutschen schnellen Schlachtschiffe, wie er bei J. Rohwer/G. Hümmelchen in [83a] beschrieben wird: »22.–30. Januar 1941: Neuer Ausbruchsversuch der Schlachtschiffe SCHARNHORST und GNEISENAU zum Handelskrieg in den Atlantik Unternehmen »Berlin« – 22.1.: Auslaufen Kiel, Meldung über Passieren des Belts erreicht am nächsten Tag London. – 25./26.1.: Home Fleet (Admiral Tovey) läuft mit den Schlachtschiffen NELSON und RODNEY, dem Schlachtkreuzer REPULSE, 8 Kreuzern und 11 Zerstörern von Scapa aus und bezieht südlich Island Auffangposition. – 27.1.: Teil der Home Fleet zur Treibstoffergänzung entlassen. – 28.1.: Die deutschen Schiffe treffen beim Durchbruchsversuch südlich Island auf 2 britische Kreuzer der Bewachungslinie und weichen rechtzeitig zur Versorgung ins Nordmeer aus. Sie werden beim Abdrehen vom Kreuzer NAIAD gesichtet, der die Fühlung gleich darauf wieder verliert.«

Hier ging ein FT des Ob.d.M. mit der Uhrzeitgruppe 21.06 Uhr für die Flotte ein: »Herzliche Glückwünsche für vorzügliche Waffenerfolge Ihnen und Ihren Streitkräften.«

291 Der Ansatz und Einsatz der U-Boote ist ein dramatisches und zugleich kritisches Kapitel für sich, allein wegen der wenigen und zum Teil verschossenen Boote. Es kann (und sollte) daher gesondert behandelt werden. Hier, in dieser Bucharbeit, finden U-Boote nur dann Erwähnung, wenn es operative und taktische Fakten im Rahmen der Operation »Rheinübung« notwendig machen.

292 entfällt.

293 Daß die britischen Flugzeuge mit den Funkmeßgeräten der BISMARCK (den E.M.2. bzw. DeTes) bereits bei deren Anflug in den Wolken gepeilt und angemessen wurden, ist bei der vorgegebenen Alarmbereitschaft der BISMARCK durchaus anzunehmen. Eine Bestätigung fehlt, da später kein Mitglied der Funkmeßbedienung überlebte, ebenso auch keiner der Funker.

294/1 Ob diese so wichtige Gefechtsstation absichtlich mit einem Hauptgefreiten besetzt wurde, ist auch nicht mehr zu klären, durfte sich ein Hauptgefreiter bei der Kriegsmarine doch als »Admiral im Mannschaftsstand« eines »besonderen« Rufs erfreuen. Hauptgefreite, die mit diesem Dienstgrad, aus welchen Gründen auch immer, am Ende ihrer militärischen Karriere standen und somit »nichts mehr zu verlieren hatten«, konnten viele Dienstjahre nachweisen und – außer ihrer Cleverness – somit auch ein gerüttelt Maß an praktischen Erfahrungen, die nicht selten in Widerspruch zu Überlegungen von Vorgesetzten standen und vom Hauptgefreiten im Klartext mutig und mit viel Ruhe vertreten wurden. Eben diese unerschütterliche Ruhe auch im Widerspruch war ein Markenzeichen der Hauptgefreiten.

294/2 Ein ähnlicher Fall ist auch bei einem Flugzeugangriff auf die TIRPITZ vorgekommen, siehe auch J. Brennecke: Schlachtschiff TIRPITZ [12].

295 Der Flugzeugtyp Focke-Wulf 200 mit dem Beinamen Condor war ein viermotoriges Großflugzeug, das in der deutschen Luftwaffe als Fernaufklärer Verwendung fand, aber auch als behelfsmäßiger Langstreckenbomber zum Einsatz kam. Der Konstrukteur und Erbauer war der in Bremen am 8. Oktober 1890 geborene Flugzeugbauer Heinrich Focke.

296 In der kameradschaftlichen Form eines Seemannes nimmt Hans Meyer die englischen Seeleute vor dieser Überlegung in Schutz. Er schrieb dem Verfasser: »Wenn man weiß, wie es bei solch einem Anlaß – wohl in allen Marinen – zuzugehen pflegt, ist eine Stunde bis zur Meldung leicht zu erklären. Die Meldung läuft ja über eine Kette von Radargasten über den Unteroffizier am Gerät, dann zur Nachrichtenzentrale, dann zum WO oder NO oder Kriegswachtleiter und schließlich zum Kommandanten. Jeder ist sich der Bedeutung bewußt, will aber gerade deshalb nicht zu früh melden. Also prüft jedes Glied der Kette nochmals nach oder läßt nachprüfen, ohne daran zu denken, daß der andere bereits nachgeprüft hat. Wahrscheinlich war die Fühlung beim naheliegenden Zack schon öfters abgerissen, nach dem Herandrehen aber jedesmal wiedergefunden worden. »Wir drehen ran. Aufpassen. Kontakt muß wiederkommen«, sagte wahrscheinlich der WO. Und schließlich der Kommandant, der zunächst von der bereits verstrichenen Zeit nichts ahnt und mahnt: »Nicht durchdrehen, Jungs … nachprüfen, bevor wir die ganze Flotte verrückt machen.« Natürlich ist dieser Fall ein Versager. Angeblich gab es solche aber nur bei uns!« Es wird hier auf die an anderer Stelle zitierte Aussage des heutigen DIDO Kommandanten hingewiesen: »Wir waren total erschöpft und konnten nicht mehr …«

297 FT 05.05 Uhr Suffolk an NORFOLK: »Fühlung mit Gegner 03.06 Uhr verloren.« – FT 05.52 Uhr NORFOLK an C-in-C: »Zur Nachfrage über die Luftaufklärung während der Dämmerung: Des Gegners Geschwindigkeit hat für einige Zeit 22 Knoten nicht überschritten.« – 06.05 Uhr NORFOLK an C-in-C: »Kontakt mit Gegner 03.06 verloren. SUFFOLK wurde zur Seite in westlicher Richtung geschickt. NORFOLK wird bei Tageslicht folgen und PRINCE OF WALES ist entlassen, um sich mit Ihnen zu vereinigen.«

298 23 000 Yards = 21 031 Meter = 210 hm. 20 000 Yards = 18 288 Meter = 183 hm.

299 Beide bekannt durch die ALTMARK-Affäre. Vian war damals Kommandant der COSSACK, auf der er auch blieb, als er zum Flottillenchef befördert wurde.

300 Die NERISSA, der britischen N-Klasse-Zerstörer, wurde am 5. November 1940 der polnischen Navy als Ersatz für die bei Narvik im Rombaksfjord vom Kampfgeschwader 100 gebombten und versenkten GROM überlassen.

301 Bezieht sich wahrscheinlich auf die drei Leichten Kreuzer BIRMINGHAM, MANCHESTER und ARETHUSA.

302 Der Funkspruch zeigt, welche Bedeutung nach den Erfahrungen des Island-Gefechtes die Admiralität starker Artillerie und Panzerung beimaß. Die Tausende von Seemeilen entfernte NELSON sollte herangeholt werden, weil nur sie und ihr Schwesterschiff RODNEY mit neun 40,6-cm-Geschützen eine nach Rohrzahl und Kaliber der BISMARCK überlegene Artillerie hatten. Da die zwei japanischen Riesenschlachtschiffe noch nicht fertig waren, waren NELSON und RODNEY damals listenmäßig noch die stärksten Schlachtschiffe der Welt.

303 Als solches galt HOOD allgemein, denn, wie schon gesagt, BISMARCKS wirkliche, nämlich fast gleiche Größe war geheim und nur den deutschen Spitzenstellen bekannt.

304 Die britischen Flugzeugtorpedos hatten nur 45,7 cm = 18 engl. Zoll Durchmesser, die auf Zerstörern und U-Booten verwandten dagegen 53,3 cm = 21 engl. Zoll, sie waren also wirksamer. Allerdings war der Schutz der BISMARCK auch auf diese stärkeren Torpedos ausgerichtet worden. Hierzu ist zu ergänzen: Torpedos sollen nicht den Gürtelpanzer anknacken, sie sollen ein gepanzertes Kriegsschiff möglichst weit unten treffen und dann erst detonieren. In diesem Fall war der Torpedo – natürlich unbeabsichtigt – ein Oberflächenläufer.

305 Nach Aussagen Überlebender mit diesen Worten.
306 Die Rede des Kommandanten ist umstritten. Die einen der Überlebenden haben sie gehört, andere wiederum nicht.
307 Trefferwirkungen, Brennstofflage.
308 KTB Skl vom 25. Mai.
309 Der damalige Chef des Stabes der Marine Gruppe West: »Empfahl dieser Funkspruch ein Anlaufen Frankreichs? Nein! Er sagte nur: »Wir, die Führungsstelle an Land, nehmen weiterhin an, daß ihr die französische Westküste weiterhin ansteuert. Wir werden die hier zu verantwortenden Maßnahmen darauf ausrichten.« So etwas kam häufig vor. Die Seebefehlshaber kannten diese Form der Übermittlung. Richtig ist die Annahme, daß solche Information das Funken in See überflüssig machen sollte.«
310 Nach Aussagen des überlebenden Obermaschinisten Schmidt sei vorgesehen gewesen, La Rochelle als ersten Reparaturhafen anzulaufen. Schmidt erfuhr es vom Obersignalmeister beim Flottenstab.
311 Bei der englischen wie auch bei der deutschen Luftwaffe war der Code wesentlich einfacher als der Marineschlüssel. – Der Flottenchef meldet 11.54 Uhr durch Kurzsignal, Großquadrat BE 27. – Allerdings wird dabei das Flugzeug von Lütjens als Radflugzeug gemeldet.
312 Eine solche Irreführung wäre auch bei einem zweiten Schornstein nur geglückt, wenn man das Erkennungssignal gekannt hätte; was im Kriege hin und wieder vorkam.
313 Meyer, Hans: »Das Ganze mit der Schornsteinattrappe ist meines Erachtens eine Utopie. Man hat zwar zunächst die Anfertigung des 2. Schornsteins befohlen, wird sich aber sehr bald darüber klargeworden sein, daß in der Lage, wie sie sich entwickelt hatte, die Aufstellung unterbleiben mußte. Die sehr harte Kritik in dem Sinne: »Nur wer sich selbst aufgibt, ist wirklich verloren«, halte ich zumindestens in der Verbindung mit der Schornsteinattrappe für absolut unberechtigt. Folgende Fragen: 1. Wo sollte der 2. Schornstein eigentlich stehen? Man sehe sich die Silhouette des Schiffes an, er hätte doch den achteren Flakleitstand und den achteren Kommandostand stark behindert, und ein »Druckknopf – Wegräumen« ließ sich gewißlich nicht einrichten. – 2. Sehr stabil konnte die Attrappe auch nicht werden. Hätte sie dem Gasdruck der hart voraus feuernden 38-cm-Kanonen standgehalten? Die Brocken wären dem Schiff um die Ohren geflogen. – 3. Es kam auch schlechtes Wetter auf. Auch dem Winddruck wäre die Attrappe wohl kaum gewachsen gewesen. Es handelte sich doch um Riesenflächen. Anders wäre die Lage vielleicht gewesen, wenn das Schiff die Weite des Atlantik erreicht haben würde, wo nur mit einzelnen Flugzeugen und nicht jeden Augenblick mit einer Gefechtsberührung zu rechnen war, wo man wohl auch Zeit zum Wegräumen der Attrappe gehabt hätte. Für diese Lage war die Attrappe vermutlich bestimmt.«
314 Nach mehr als siebenstündigem Suchflug hatte das britische Flugboot kein genaues Besteck mehr. Der gemeldete Standort der BISMARCK lag daher 35 sm nordwestlich des tatsächlichen Standortes.
315 Die Originalfunksprüche mit den vollständigen Daten standen nicht zur Verfügung; in der britischen Nachkriegsedition »Make a Signal« sind diese Daten nicht enthalten. Auf ihre Existenz im Original wird zwischen den Klammern lediglich hingewiesen.
316 Meyer, Hans: »Wenn man von dem her urteilt, was bei uns vorgeschrieben war, kann man von einem Versagen des FTO nicht sprechen. Bei uns mußte nach Vorschrift ein FT mit der Kennung »nachrichtlich« gegenüber den Funksprüchen, die diese Kennung nicht trugen, zurückgestellt werden. Der Versager läge dann beim Aufgeber.«
317 Die SHEFFIELD war mit ihren 9100 ts und zwölf 15.2-cm-Geschützen größer und damit auch schwerer als mancher schwerer Kreuzer, aber bekanntlich beziehen sich die zwei, 1922 bei der Washingtoner Flottenkonferenz erfundenen Kreuzerkategorien nur auf das Kaliber der Artillerie.
318 Bei dem sie aber mit Wahrscheinlichkeit auch Verluste gehabt haben würden, was zur Folge gehabt hätte, daß ihre Kampfkraft bei einem zweiten Angriff bereits vermindert war.
319 »Kampfverband erzielte keine Treffer und startet erneut um 18.30 Uhr.«
320 Da an Bord der Schiffe der Kampfgruppe H als Uhrzeit MGZ, an Bord der Home Fleet jedoch die doppelte britische Sommerzeit galt, sind zu den hier genannten Uhrzeiten jeweils zwei Stunden hinzuzuzählen, um sie der auch dieser Darstellung zu-

grunde liegenden doppelten britischen Sommerzeit (gleich Zonenzeit 30° Ost) anzupassen. Nach diesen Uhrzeiten starteten die ersten Flugzeuge dieser zweiten Welle von der ARK ROYAL also um 20.50 Uhr (nach Roskill 20.47), nach Zonenzeit des Ortes war dies aber 17.50 bzw. 17.47 Uhr. Diese Zonenzeit des Ortes war also und gegenüber der Bordzeit der Force H (also = MGZ) um eine Stunde gegenüber der Bordzeit der Home Fleet um drei Stunden zurück.

321 Auch bei diesen vier Uhrzeiten ist jeweils die Bordzeit der Force H (= MGZ) gemeint. Nach der in dieser Darstellung verwandten doppelten britischen Sommerzeit müßten sie lauten: 20.23, 20.50, 21.35 und 21.40 Uhr.

322 18.00 Uhr die starke RODNEY dazugestoßen und hat sich angehängt.

323 Hier und in allen anderen Funksprüchen steht die »Kampfgruppe H« als Abkürzung für den Befehlshaber dieser Kampfgruppe, also für Vizeadmiral Somerville auf der RENOWN. So erklärt sich der scheinbare Widerspruch, daß die »Kampfgruppe H« Befehle an die ARK ROYAL gibt, obwohl doch die ARK ROYAL selbst ein Teil der Kampfgruppe war. Die britische Edition »Make a Signal« läßt nicht erkennen, ob auch die Meldungen von 23.07 Uhr und 23.12 Uhr Funksprüche waren. Viel wahrscheinlicher waren es Blink- oder Winksprüche, denn RENOWN und ARK ROYAL standen dicht beieinander.

324 Ein solcher war auch tatsächlich erzielt worden. Ob dieser Torpedo, der BISMARCK achtern traf und am Heck detonierte, nun, wie oben gesagt, von Steuerbord anlief, oder, wie andere erklären, von Backbord querab einkam, ist auch von Überlebenden des Schlachtschiffes nicht mit Sicherheit zu klären.

325 SIKH war einer der Zerstörer der 4. britischen Zerstörerflottille, die seit etwa 22.50 Uhr an der BISMARCK Fühlung hielten.

326 Wie die britischen Seeoffiziere Churchills keineswegs immer sachverständige Anregungen generell aufnahmen, ist noch aus vielen Stellen von Roskills halbamtlicher Darstellung des Seekrieges zu erkennen. Am deutlichsten wird Roskill hierbei im Rahmen seiner Kritik am Norwegen-Unternehmen »versenkt die BISMARCK« in Roskill [87] Vol. I, pg. 202 und 203. Seine Ausführungen an dieser Stelle bilden eine interessante Parallele zu dem in dieser Darstellung erörterten Problem auf deutscher Seite, wieweit die Landdienststellen dem ranghöchsten Seebefehlshaber freie Hand ließen.

327 Es kann sich hier nur um das Artilleriefeuer der SHEFFIELD gehandelt haben.

328 Es handelte sich um die RENOWN. Sie gehörte zwar nicht zur KING GEORGE V.-Klasse, besaß aber mit dieser eine Reihe gemeinsamer typischer Merkmale (zwei Schornsteine, Turmmast, zwei schwere Türme vorn, einen achtern), so daß bei der beschränkten Sicht durch das Sehrohr eine Verwechslung leicht möglich war.

329 48° 20' Nord, 16° 20' West.

330 Diese in Brasseys Naval Annual 1948 »Fuehrer Conferences on naval affairs« erwähnte FT (pg 207) ist übrigens in keiner Sammelaufstellung der deutschen FT's während der BISMARCK-Unternehmung zu finden. Es wird aber in dem Hitler am 6. Juni 1941 auf dem Berghof von Großadmiral Raeder vorgetragenen Operationsbericht ausdrücklich genannt; auch findet Erwähnung, daß es sich um eine optische Sichtung der SHEFFIELD durch die BISMARCK gehandelt hat. Raeder stellte fest: Dieses (also die optische Sichtung) war für den weiteren Verlauf der Aktion von großer Bedeutung, seitdem der Gegner in einer Position war, seine Torpedoflugzeuge gegen die BISMARCK einzusetzen. – Konteradmiral a. D. Meyer: »Ich erinnere mich an diesen Funkspruch. Er beeindruckte uns (bei der Gruppe West) stark, da der Gegner nun wieder optische Fühlung von einem Schiff hatte.«

331 20.45 Uhr britischer Bordzeit und deutscher Sommerzeit (= Zonenzeit 30° Ost), entspricht 17.45 Uhr Zonenzeit des Ortes (= Zonenzeit 15° West).

332 entfällt.

333 Nach britischen Beobachtungen schossen jeweils immer vier Rohre der SA der nach einer Kursänderung fast quer zur SHEFFIELD liegenden BISMARCK.

334 Insgesamt sind im Zweiten Weltkrieg viermal dt. Großkampfschiffe durch Torpedotreffer ins Heck manövrierunfähig geworden. Nur in zwei der drei anderen Fälle (zweimal die LÜTZOW und einmal die PRINZ EUGEN) schoß ein U-Boot den Torpedo. Im dritten Fall war es ein Flugzeug. In keinem dieser drei Fälle ging das betreffende Schiff verloren.

335 Grenfell.

336 Neben den vielen anderen durchaus vermeidbaren Fehlern wird in Werken maritimer Literatur (auch in Bildbänden der Nachkriegszeit) immer wieder davon gesprochen, daß der Treffer Ruder und Schrauben beschädigte. Das ist Unsinn.

337 Nach Grenfell kehrten alle Flugzeuge, wenn auch beschädigt, zurück.

338 Generaladmiral Marschall: »Ich halte das für eine Utopie und für ausgesprochene Verzweiflungsvorschläge. Die Sprengladung hätte riesig sein müssen, um beide Ruder abzusprengen. Dabei wären die Schrauben erheblich beschädigt worden.«

339 Generaladmiral Marschall: »Bei dem herrschenden Seegang völlig ausgeschlossen.«

340 Bei höherer Fahrt ist die Ruderwirkung stark und kann durch Maschinenmanöver kaum ausgeglichen werden.

341 entfällt.

342 Generaladmiral Marschall: »Hätte nichts genutzt, auch dann wäre ein Kurshalten mit Not und Mühe nur gegen die See möglich gewesen.«

343 Siehe auch von Müllenheim-Rechberg.

344 Admiral a.D. Erich Förste in der Marine Rundschau 6/1961: »… Der Verfasser weist (die Zweifel am Kampfgeist) auch ausdrücklich zurück. Aber er unterscheidet dann doch zwischen diesem Kampfgeist und einem Siegeswillen, der bei vielen, am stärksten bei Lütjens selbst, gebrochen gewesen wäre. Einer solchen Vermutung kann nicht gefolgt werden. Was ist in der Lage, in der sich das Schlachtschiff befand, unter Siegeswillen zu verstehen. Es ist ohne weiteres klar, daß zu diesem Zeitpunkt nur der einheitliche Wunsch bestehen konnte, mit dem Schiff den Hafen zu erreichen und dann nach Brennstoffergänzung und Reparatur die Unternehmung fortzusetzen. Wenn es auf dem Wege dorthin zu einem neuen Gefecht kommen würde, so würde auch dieses mit Festigkeit durchgestanden werden. Eine derartige Kampfmoral war, wie auch dargestellt, durchaus und überall vorhanden. Die Besatzung hat in den letzten Stunden eine großartige Haltung bewiesen. Es ist daher außer jeder Frage, daß eine solche Besatzung auch die Initiative und das vom Verfasser erwähnte »aktive Heldentum« besessen hat, das noch in scheinbar aussichtsloser Lage jeden nur denkbaren Weg beschreitet, um die eigene Lage zu verbessern. Den am Schluß des Buches noch einmal angestellten Überlegungen, ob sich nicht doch irgendwelche Aushilfen ergeben hätten, steht die eindeutige Feststellung gegenüber, daß solche Möglichkeiten in der gegebenen Lage nicht vorhanden waren …«

345 Dafür gibt es Beispiele, ob man nun von psychologischen Erkenntnissen und Folgerungen etwas hält oder nicht oder sie als Imponderabilien abtut.

346 Im nachvollzogenen KTB heißt es später dazu: »Nach diesem Funkspruch muß angenommen werden, daß die durch die Überlebenden ausgesagte Inbetriebnahme des Handruders und der dadurch erzielten Steuerfähigkeit nur eine behelfsmäßige Maßnahme ohne Dauerwirkung war …« Das ist eine unklare Formulierung, denn auch nach dem Auskuppeln des Steuerbordruders in die Nullstellung klemmte das Backbordruder weiter in 15°. Die KTB-Formulierung sagt dann weiter aus: »Dagegen soll versucht worden sein, das Schiff durch Steuern mit den Schrauben gegen die See zu halten. Fahrt bis zum nachfolgenden Artilleriegefecht mit den schweren englischen Einheiten angeblich 19 sm (KTB-Bearbeiter).

347 Diese noch 1942 vertretene Auffassung des OKM war eine Kombination aus Beobachtungen des B-Dienstes und dem 23.25-Uhr-FT der BISMARCK: »Bin umringt von RENOWN und leichten Streitkräften.« Tatsächlich stand aber zur Stunde noch kein schweres Schiff bei BISMARCK. Vermutlich hat man an Bord der BISMARCK die SHEFFIELD für die RENOWN gehalten, denn um Mitternacht standen nur sie und die Zerstörer der 4. britischen Z-Flottille bei dem deutschen Schlachtschiff.

348 Es waren, wie wir heute wissen, RENOWN und ARK ROYAL.

349 Hier liegt eine Fehldeutung in der Entschlüsselung vor. Es muß heißen: vierte Zerstörer-Flottille, statt vier Zerstörerflottillen. Überdies: Aus den 16 Zerstörern der TRIBAL-Klasse, von denen einige schon vor der BISMARCK-Unternehmung verlorengegangen waren (z.B. AFRIDI vor Namsos, GURKHA beim Norwegenunternehmen), hätten sich kaum 4 Flottillen bilden lassen. Von den in diesem Buch erwähnten britischen Zerstörern gehörten nur die ESKIMO, die SOMALI, TARTAR, SIKH, COSSACK, ZULU, MAORI und MASHONA (die später von Flugzeugen versenkt

wurde) zur TRIBAL-Klasse. Sie hat ihren Namen übrigens nicht nach einem (nicht vorhandenen) Typschiff TRIBAL, sondern von engl. »tribe« = Volksstamm. »TRIBAL« ist Adjektiv zu »class«, also TRIBAL-class = »Volksstamm-Klasse«, weil alle Zerstörer dieses Typs nach mehr oder weniger primitiven Volksstämmen benannt worden sind.

350 Hoffmann, K. C.: »Mehr Zeit stand also für irgendwelche Überlegungen und Gegenmaßnahmen nicht zur Verfügung. Allein hieraus erweist sich die Überlegung mit dem Schlepp-U-Boot als Utopie.«

351 Nach [181] hatte die PIORUN diese Daten: 1 773/2 384 ts; L.: 108.70, Br.: 10,9 m; 40 000 WPS, 32/36 kn; 6 : 120 mm, 1 : 102 mm, 4 : 40 mm (Bofors), 4 : 20 mm^2, 10 TR 53.3.

352 Nach Sir Philipp Vian, damals Chef der 4. Zerstörerflottille (siehe »Action this day« »A War Memoir« by Admiral of the Fleet Sir Philipp Vian, Frederick Muller, London 1960; Kapitel 6: »The BISMARCK«) ist die PIORUN auf seinen Befehl zurückgerufen worden.

353 Hier auf etwa 16° W bestand zwischen Bordzeit und Ortszeit mehr als drei Stunden Unterschied.

354 Also: die Geschwindigkeit des Gegners durch Torpedotreffer zu vermindern.

355 Also: in die Nähe des Gegners kommen.

356 Admiral Vian vertritt also nach seinem 1960 erschienenen Buch auch weiterhin den Standpunkt, daß dieser Kurs von BISMARCK nur gewählt wurde, um an dem verklemmten Ruder zu arbeiten.

357 Verlieren trotz Radar an Bord der Zerstörer? Vian erwähnt doch später selbst, daß diese Schiffe mit Funkmeßgeräten ausgerüstet gewesen seien. – Zu dieser Frage Gießler: »Sir Vian verlangt eben viel zu viel vom Radar. Alles können solche Geräte nun auch wirklich nicht. Bei Seegang verliert ein Radargerät sehr leicht sein Ziel, da das Gerät ja nicht stabilisiert ist.« – Auf der anderen Seite bestritt Gröner das Vorhandensein von Radar auf Zerstörern um die damalige Zeit überhaupt. G. hat auf einer Reise nach England (1960) mit einem Fachmann aus der britischen Admiralität darüber gesprochen. »… Er hat mir eindeutig erklärt, daß bei der Unternehmung BISMARCK auf Zerstörern praktisch nichts vorhanden war, was dem Begriff Radar hätte entsprechen können. Ich glaube nicht, daß man den Komplex wird endgültig klären können … vielleicht schon aus dem Grund, weil solche Maßnahmen für Einführung und Erprobung solcher Geräte weder im Frieden noch im Kriege protokollarisch festgelegt worden sind.« – Cajus Bekker (Pseudonym von Dieter Besenbrok) schreibt in seinem Buche »Radar«, Stalling 1958, auf Seite 348: »18. März 1941: Britischer Zerstörer Vanoc ortet das deutsche U-Boot U 100, Kplt. Schepkte, mit seinem Marineradar, Type 286, und versenkt es durch Rammstoß. – Erstmals ortete Dr. Edward Bowen mit einem Gerät mit 1,50 cm Wellenlänge am 4. September 1937 aus der Luft Schiffsziele auf See. 1938 sieht die Planung für die Küstenradarkette in England 18 Stationen auf einer Wellenlänge von 12 m und weitere auf 1,50 m vor. Karfreitag 1939 wurde die Chaime Home, die Küstenradarkette, eingeschaltet. 1940 nahmen die Engländer ein Hochleistungs-Magnetron von 9 cm Wellenlänge in Betrieb.«

358 Gießler: »Wir hatten in der KM von Anfang an, also von 1939 an, immer nur das gleiche Gerät an Bord, eben das GEMA-Gerät auf 80 cm. Seetakt genannt. Dieses hatte eine Zackenanzeige (kein Rundsichtgerät, wie es heute die normalen Radargeräte haben). Und mit dieser Art von Anzeige – man nennt das heute im Ausland den »A-scope«, im Gegensatz zum PPI – plan position indicator – kann man auch die Länge elektrisch messen. Wir hatten z.B. auf der SCHARNHORST die normale Schaltung: »Funkmeß für Schiffsführung« und »Funkmeß für Artillerie«. Dementsprechend wurde das Gerät geschaltet, denn es handelte sich immer um das gleiche Gerät im Vormars. Bei Verwendung für die Schiffsführung bekam der NO oder Obersteuermann die Peilung und die Entfernung zu einem Ziel, bei Schaltung »Artillerie« wurden diese Werte unmittelbar in den »Entfernungsmittler der Artillerie« oder in die Feuerleitkreise eingespeist. Dann wurde die Entfernung (Länge) elektrisch bestimmt, Seiten- und Höhenwinkel mußten optisch gemessen werden. Wir konnten also mit unseren Geräten ohne weiteres auch in gewissem Maße »schießen«.« Aber eben nur in »gewissem« Maße.

359 Dieses Verfahren ist von den Engländern bei dem Gefecht mit SCHARNHORST am 26. Dezember 1943 angewandt worden.

360 Nach den Aussagen von Überlebenden sind während der Nachtangriffe der Zerstörer keinerlei Treffer auf BISMARCK erzielt worden. Bei den Trefferbeobachtungen der Engländer lagen offensichtlich optische Täuschungen vor.

361 Diese Formulierung wurde nach dem Kriege und insbesondere mit der Taufe des ersten deutschen Raketenzerstörers auf den Namen des damaligen Flottenchefs Lütjens, zum Anlaß genommen, dem Admiral NS- und Hitlerhörigkeit zu unterstellen. Obige Formulierung entsprach damals protokollarisch der Üblichkeit. Auch Rommel oder Mölders hätten keine dem Sinne nach andere Formulierung gewählt, zumindest nicht im Jahre 1941.

362 Von Müllenheim-Rechberg in der Zeitschrift »Weltwoche«, Zürich, 30.10.1959.

363 Außer der sehr allgemein gehaltenen Floskel Hitlers im 01.53-Uhr-FT lag kein Hilfeversprechen Hitlers und schon gar keines hinsichtlich des Einsatzes von Flugzeugen vor, wohl hatte die Marinegruppe West Hilfsmaßnahmen durch F.T. angekündigt. »… FW 200, Aufklärer, U-Boote …

364 Nach Aussagen Herzogs.

365 Aus diesem Grunde unterblieb auch die Eintragung dieser Beobachtung in das KTB – Großadmiral Karl Dönitz wegen Positionsverschiedenheit angesprochen: »Wenn Wohlfahrt der Ansicht ist, daß sein Besteck gestimmt hat, so muß das der BISMARCK falsch gewesen sein. Wir haben im Kriege und auch bereits bei Friedensübungen öfter die Erfahrung gemacht, daß die U-Boot-Bestecke manchmal zuverlässiger waren, als die der großen Schiffe. Die U-Boote treiben ja auch weniger, was sich bei der Genauigkeit gekoppelter Bestecke auswirkt.«

366 Der Verfasser hat absichtlich auch jenen Teil des Kampfberichtes belassen, der der Begegnung mit U 556 unmittelbar vorausging, ist doch dieses hier geschilderte Zusammentreffen mit der britischen Fregatte ein weiterer der vielen, im Zusammenhang mit der BISMARCK-Unternehmung so ausgesucht unglücklichen Zufälle.

367 Kommandantenschüler auf U 74 vom Mai bis Juni 1941, dann Kommandant U 505 von Juli 1941 bis Oktober 1942, anschließend Stab BdU op., Referent von Dezember 1942 bis Juli 1944, danach bis April 1944 im Reichsministerium für Rüstung und Kriegsproduktion, danach bis Kriegsende 1. Marine-Panzerjagdregiment.

368 Diese war falsch. Der Grund war ein Entschlüsselungsfehler bei der Entschlüsselung der von der BISMARCK gefunkten Position durch den zuständigen Funkwart bei der Gruppe West.

369 Nach Auskunft des ehemaligen Kommandanten von U 74 hat Kentrat U-Wohlfahrt nicht auf Grund der von U 556 gesandten Peilzeichen – sondern auf Grund des von Wohlfahrt gefunkten Standortes gefunden. Damit ist (wie auch Dönitz schon vermutete) erwiesen, daß Wohlfahrts Besteck richtig und das der BISMARCK falsch war.

370 Laut Duden (nach Einspruch Bidlingmaier) ist Pier, wenn seemännisch (also Berufsjargon) gebraucht, feminin.

371 Alle vier deutschen Schlachtschiffe waren zunächst mit geradem Steven geplant und begonnen, erhielten aber 1938/39 den ausfallenden sogenannten Atlantiksteven oder Klipperbug. Bei SCHARNHORST und GNEISENAU erfolgte der Umbau erst nach der Indienststellung. Bei BISMARCK, die noch mit geradem Steven vom Stapel gelaufen war, erfolgte er während des 2. Bauabschnitts und nur bei TIRPITZ schon auf der Helling, was deren Stapellauf damals verzögerte. Der entsprechende Umbau bei den Schweren Kreuzern erfolgte bei ADMIRAL HIPPER erst lange nach der Indienststellung, bei BLÜCHER, PRINZ EUGEN zwischen Stapellauf und Indienststellung, bei LÜTZOW auf der Helling und bei SEYDLITZ überhaupt nicht.

372 Es könnte sich hier nur um den in den britischen Berichten sonderbarerweise später nicht mehr erwähnten Schlachtkreuzer RENOWN der Force H gehandelt haben. Wenn aber RENOWN, die nach Beobachtung von U 556 hohe Fahrt lief und Kurs auf die Position der BISMARCK hatte, tatsächlich in die Nähe von BISMARCK auflief, dann findet das BISMARCK-FT mit der Uhrzeitgruppe 23.25 Uhr seine Erklärung. Bislang wurde vermutet, die Meldung der Anwesenheit von RENOWN sei auf eine um diese Stunde auf BISMARCK geglückte Entschlüsselung eines Gegnerfunkspruches, also von der RENOWN mit deren Funknamen zurückzuführen.

Es ist aber wahrscheinlicher, daß die betreffenden Beobachter, die seit Tagen ohne Schlaf waren und unter permanenter Anspannung standen, einen der Zerstörer mit einem Schlachtschiff verwechselt haben. Das ist deshalb gut möglich, weil alle vier beteiligten britischen Zerstörer (nur der polnische nicht) zur Tribal-Klasse gehörten, die mit ihren vier Doppeltürmen (freilich nur mit 12.7-cm-Geschützen) und zwei breiten Schornsteinen in der Silhouette stark Großkampfschiffen ähnelten.

373 In dem rekonstruierten KTB der Bismarck heißt es am 26.5., 23.00 Uhr, über die Zerstörerangriffe: »Der Angriff soll von BB achteraus und von StB angesetzt worden sein, dabei Benutzung von L.G.-Munition. Torpedo und/oder Artillerietreffer sind von den Überlebenden nicht beobachtet worden. Durch die Lautsprecheranlage wurde der Bismarck-Besatzung bekanntgegeben, daß es der eigenen Abwehr gelungen sei, einen Zerstörer zu versenken und zwei in Brand zu schießen. Die Zerstörerangriffe hielten bis zum Morgen des 27. Mai ca. 04.00 bis 05.00 Uhr an. Ein feindliches Flugzeug, das im Sturzflug angriff, wurde durch Flakbeschuß zum Abdrehen gezwungen. Nach Beendigung der Zerstörerangriffe trat eine längere Gefechtspause ein, in der der Flottenchef und der Kommandant über die Lautsprecheranlage zur Besatzung sprachen.«

374 Da ohne Zweifel sowohl diese deutschen Erfolgsmeldungen als auch die Meldungen der britischen Zerstörer über angeblich erzielte Treffer in gutem Glauben abgegeben wurden, aber gleichwohl sämtlich falsch waren, liegt hier ein geradezu klassisches Beispiel dafür vor, daß exakte Beobachtungen im Nachtgefecht und dazu bei solch einem Seegang einfach unmöglich sind.

375 Weil wegen der Aufbauten ein Start nur nach Steuerbord oder Backbord querab erfolgen kann, das Flugzeug aber wohl gegen den Wind, nie aber quer zum Wind starten kann.

376 Dieser Stoppbefehl, der nach 07.00 Uhr (und auch nach dem 07.10-Uhr-FT) gegeben wurde, hatte unzweifelhaft nur den einen Sinn: In der Nähe stehende U-Boote sollten heranschließen, um das KTB zu übernehmen.

377 Nach Junack D 33 »… sind später viele Gerüchte durch die deutsche und ausländische Presse gegangen über schwerste Auseinandersetzungen zwischen Flottenchef und Kommandant. Danach sei der Kommandant der Besonnenere, Vorsichtigere gewesen, der Flottenchef sei dagegen zwischen Draufgängertum und Niedergeschlagenheit hin und her gerissen worden … Sicher wird es manche Auseinandersetzung innerhalb des Flottenkommandos und mit dem Kommandanten gegeben haben, aber ich bezweifle, daß diese Gespräche die militärische Form überschritten haben.

Meine persönliche Auffassung ist es – und ich glaube, hier danach gefragt zu sein –, daß die Gerüchte trotz aller Übersteigerungen und Verzerrungen einen wahren Kern enthalten: Der Flottenchef ist besonders durch die vermeintliche RADAR-Überlegenheit der Engländer stark beeindruckt. Der Kommandant urteilt nüchterner und tritt der Niedergeschlagenheit des Flottenchefs zunächst entgegen, bis er endlich in soldatischem Gehorsam kapituliert.«

Ich glaube nicht, daß die Geschichte den Schleier über der Bismarck ganz lüften wird.

378 Das berichtete auch der deutsche Marineattaché in den USA, Vizeadmiral Witthoeft-Emden. – Die mehrere Monate andauernde Reparatur der Rodney war schon vor der Bismarck-Unternehmung vorgesehen, weil die Maschinen der Rodney dringend der Überholung bedurften.

379 Nach Auskunft der Britischen Admiralität wurden während der Aktion mit Bismarck beschädigt: Prince of Wales durch Granatfeuer am 24. Mai 1941, in der gleichen Aktion bei der die Hood versenkt wurde; Sheffield nur leicht durch einen Splitter; auf Cossack die Antenne durch Splitter kurz vor dem Schiff detonierender Granaten (»shorts«); Zulu ebenso durch Splitter von Nahtreffern (»shorts«). Ausdrücklich wird vermerkt: »The Rodney was not damaged.«

380 Junack: »Ich weiß nur von einem Treffer in den Maschinenbereich: der Prinz of Wales-Treffer in Abt. XIV beim Island-Gefecht. Sonst hat der Gegner das untere Panzerdeck nicht durchbrochen!«

381 Junack: Das kann nach meiner Beobachtung nur für das Vorschiff gelten.

382 Die MA schoß um diese Zeit ebenfalls nicht mehr.

383 Herr von Mullenheim-Rechberg gibt hierzu an, daß zu dem Zeitpunkt, als die beiden achteren Türme noch sporadisch schossen, längst der Befehl zum Schiff verlassen und Schiff versenken gegeben war,

384 Entfernungsmittler.
385 Anders als im Wachtdienst, wo die »Parole« ein geheimes, täglich wechselndes Kennwort ist, muß im Gefecht an Bord eines Schiffes auf eine solche Frage der Schiffsname genannt werden. Die BÜs der Türme hätten also BISMARCK antworten müssen. Der Sinn einer solchen Frage liegt darin, daß die Schiffsführung auf diesem Wege feststellen will, welche Stellen etwa ausgefallen sind.
386 Ebenfalls veröffentlicht in der inzwischen eingestellten Illustrierten »Weltbild«, Jahrgang 7, Nr. 26. Verlag Martens & Co. GmbH, München.
387 Der damalige Kapitänleutnant (Ing.) Junack: »Davon ist mir nichts bekannt.«
388 Die Munitionskammer für die Kartuschen liegt darüber, also im oberen Plattformdeck.
389 Insgesamt waren in den achteren Munitionskammern der 15 cm 350 Granaten eingelagert, während für die vorderen nur 300 Schuß an Bord gegeben worden waren, siehe auch Anhang über die Daten des BS.
390 Nach Paul Hillen kam über BÜ durch, daß ein Zerstörer in Brand geschossen und ein anderer versenkt worden sei.
391 Manthey hörte dies über sein Gefechtstelefon mit.
392 Der Informant hatte offenbar keinen Zeitbegriff mehr, denn bereits 15 Minuten nach der Gefechtseröffnung um 09.02 Uhr erhielt die BISMARCK die ersten Treffer [182]
393 Mantheys Aussagen sind recht ungenau, sie standen offenkundig noch unter dem Eindruck des furchtbaren Endkampfes. Er meint hier offenkundig den Turm C, der nach Aussagen anderer Überlebender noch bis zum Schluß schoß.
394 Zum Beispiel die Stewards.
395 Gefahr, daß die in den Munitionskammern auf Station befindlichen Soldaten ertrinken, besteht nicht, denn die Kammern laufen nicht ganz voll Wasser.
396 Daß die RODNEY alle ihre ganzen neun 40,6-cm-Geschütze, die in drei Drillingstürmen auf dem Vorschiff massiert waren, in der Breitseite einsetzen konnte, ist richtig. Daß sie aber, wie Grenfell behauptet, jede Salve mit allen neun Geschützen schoß, wird von verschiedenen Kreisen angezweifelt. Generaladmiral a.D. Witzell, vom Verfasser um Auskunft gebeten, dazu: »Diese Frage ist von drei Gesichtspunkten zu betrachten. 1. Feuerleitungstechnisch: Es besteht kein Zweifel, daß Anordnung und Schaltung der Feuerleitungs- und Abfeueranlagen auf RODNEY Vollsalven aller drei Türme möglich machten. – 2. Artilleristisch: Bei schwierigen Verhältnissen – Gegner mit hoher Geschwindigkeit und freiem Manöver – hat bei langen Flugzeiten die Vollsalve Nachteile gegenüber Teilsalven mit entsprechend höherer Salvenfolge. Im Falle der fast manövrierunfähigen BISMARCK fällt dieser Nachteil fort, und es treten dafür die Vorteile der Vollsalven in Erscheinung, besonders die bessere Zielbeobachtung durch längere Pausen zwischen zwei Salven (hinsichtlich Erschütterungen und Pulverqualmbehinderung). – 3. Schiffbaulich: Auf verhältnismäßig leicht gebauten Schiffen mit schweren Drillings- oder Vierlingstürmen – zum Beispiel den französischen Schlachtkreuzern und schnellen Schlachtschiffen – führen Vollsalven zu schweren Beschädigungen des eigenen Schiffes. Die verhältnismäßig langsamen Schlachtschiffe NELSON und RODNEY sind besonders stark gebaut, und da etwaige Beschädigungen nach Vernichtung der BISMARCK in Ruhe in einer Werft beseitigt werden konnten, habe ich keine Bedenken gegen die Angaben von Grenfell bezüglich Vollsalven.«
Schulze-Hinrichs ergänzend: »Zu erwähnen bliebe noch ein nicht von W. stammender Hinweis, daß es sehr schwer ist, aus neun Aufschlägen einer Vollsalve schwerer Artillerie etwas zu beobachten, weil die Sprengstoffladungen eine Riesenwasserwand aufwerfen, hinter der alles verschwindet (Unterschied gegenüber Schießübungen, bei denen keine scharfen Granaten verschossen werden).«
397 Die beiden letzten, die RODNEY an Bord hatte.
398 Vizeadmiral Hoffmann: »Wenn der Gürtelpanzer überhaupt durchschlagen werden konnte, dann nur bei Beschuß aus ganz geringer Entfernung, das heißt aus noch näherer Distanz.«
399 Tatsächlich war die BISMARCK wenige Minuten vor Abgabe dieses Funkspruchs gesunken, aber dem Flottenchef, der um zirka 10.15 Uhr mit der KING GEORGE V. und der RODNEY das Schlachtfeld verlassen hatte, war dies noch nicht bekannt.

400 Diese Zeit ist auch in der von der kriegswissenschaftlichen Abteilung des OKM 1942 ausgearbeiteten MDV 601 vermerkt.
401 Ebenso bei Bidlingmaier in der WWR 5/59.
402 Es konnten natürlich nicht alle erarbeiteten Augenzeugenberichte veröffentlicht werden. Die hier veröffentlichten werden, genügen, um die Situation an Bord und die Stimmung der Besatzung verständlich zu machen.
403 Von wem dieser Befehl gegeben wurde, vom Kommandanten oder einem von diesem Beauftragten, ist nicht festzustellen.
404 Der »Adolf-Hitler-Platz« war die Verwundeten-Sammelstelle im Achterschiff, daher auch die Sanitätsspinde mit Medikamenten und dergleichen im Raum. Diesen großen freien Platz hinter dem Turm Dora nannten die Soldaten scherzhaft so, weil es in jeder Stadt und jedem Dorf damals so üblich war, große Plätze so zu nennen.
405 Collani ist die aus der alten Kaiserlichen Marine stammende Bezeichnung für einen Extraüberzieher, so genannt nach der alten Schneiderfirma »Berger + Collani«.
406 Jene Anlage, die den zum Schutz vor Magnetminen etwa in Höhe der Wasserlinie um das Schiff führende Kabelring mit Strom versorgte (MES = Magnetischer Eigenschutz).
407 entfällt.
408 Das Kentern nach Backbord führte schließlich sogar dazu, daß die BISMARCK kurze Zeit kiel oben trieb, daß sich das Schiff also noch über der Wasserlinie 180[8] um seine Längsachse drehte, ehe es über den Heck versank.
409 Hier haben die weiteren medizinischen Forschungen völlig neue Erkenntnisse gebracht – eine Wendung um 180° nämlich. Die folgende Feststellung, die der Gegenwart wie auch der Zukunft zweckdienlich ist, verdankt der Verfasser dem Flottenarzt d. R. Professor Dr. med. H. Schadewaldt, Düsseldorf. Siehe auch: Thauer, R.: Physiologie und Pathophysiologie der Abkühlung im Wasser: »… Fassen wir die für das Überleben Schiffbrüchiger im kalten Wasser wichtigsten Ergebnisse zusammen, so ergibt sich, daß:
1. die Kapazität der menschlichen Temperaturregulation, die eine Konstanz der Körpertemperatur in einem weiten Bereich von Lufttemperatur gewährleistet, nicht ausreicht, um bei Körperruhe und Wassertemperaturen unter 20° C ein Gleichgewicht zwischen Wärmeentzug und Wärmeproduktion aufrechtzuerhalten;
2. die kritische Grenztemperatur bei Fetten tiefer liegt als bei Mageren;
3. die Überlebenszeit unterhalb dieser kritischen Temperatur steil absinkt, um bei 10 bis 0° C Werte von 2 bis 1 Stunden erreichen;
4. Muskelarbeit (Schwimmen) im kalten Wasser bei Fetten und Mageren die Senkung der Kerntemperatur beschleunigt; und
5. Kleidung auch bei Wasserdurchlässigkeit die Auskühlung im kalten Wasser verzögert. Aus diesen Ergebnissen muß gefolgert werden, daß die Überlebenschancen Schiffbrüchiger im kalten Wasser durch Schwimmen verringert, durch Kleidung – auch bei Wasserdurchlässigkeit – verbessert werden.«
Siehe auch Tidow, R. (Dr. med. und Flottenarzt, vormals Chefarzt und Leitender Arzt der Inneren Abteilung am Bundeswehrlazarett Glückstadt): »… Muskelarbeit erhöht die Wärmeproduktion, fördert aber gleichzeitig die Durchblutung der Körperschale. Der Wärmegewinn wird durch den -verlust um ein Vielfaches überschritten. Deswegen sind alle kraftraubenden Schwimmbewegungen zu vermeiden, sie verkürzen die Überlebenszeit erheblich …«
410 Das gleiche Schicksal ereilte die PRINCE OF WALES und die REPULSE. Beide Schiffe wurden bereits am 10. Dezember 1941 von der Ostküste von Malaya bei Kuantan durch in Saigon gestartete japanische Flugzeuge versenkt. Der Kommandant der PRINCE OF WALES, Captain J. C. Leach, derselbe, der das Schlachtschiff bei der BISMARCK-Aktion führte, überlebte die Katastrophe nicht. Mit ihm fiel auch der Befehlshaber der Kampfgruppe, Admiral Philipps.
411 entfällt.
412 Vizeadmiral a. D. Rogge vermutet, daß es sich bei dem feindlichen U-Boot-Angriff auf U 74 in der Nähe des Treffpunktes mit der Minensuchflottille nur um Verrat gehandelt haben kann. »Siehe u. a. auch Angriff auf U-Merten im Südatlantik bei der Torpedoübernahme im Herbst 1941 und zweimaligem Stellen von (HK) ATLANTIS und (V-Schiff) PYTHON am Treffpunkt mit U-Booten zur Treffpunktzeit. Die

U-Boot-Waffe wollte es bei meiner Meldung (1/42) nicht wahrhaben und sagte mir, wenn Sie Ihre Vermutung in Ihr KTB (als Kommandant des Hilfskreuzers Atlantis, der Verfasser) schreiben, lasse ich Sie vor ein Kriegsgericht stellen. Ich habe es dann natürlich trotzdem der Skl gemeldet. Funkschlüssel M mag sicher gewesen sein, aber in der U-Boot-Operationsabteilung oder in einer anderen Abteilung war ein Leck. Es ist ja auch immer etwas passiert beim Zusammentreffen U-Boot – Überwasserfahrzeug und beim Treffen Überwasserfahrzeug – Überwasserzeug (und beim Treffen in See von U-Versorgern und Kampf-U-Booten, der Verfasser).«

413 S in Klammern hinter Dienstgrad = Sonderführer im entsprechenden Dienstgrad.

414 Die CANARIS war ein 1931 erbauter schwerer Kreuzer von 10 000 ts.

415 Erst viel später, am 10.8.1944, erhält Ernst-Heinrich-Wilhelm Schütte eine der höchsten Auszeichnungen des damaligen Reiches: Für seine Einsätze im Wetterbeobachtungsdienst im Nordatlantik und im Eismeer, für die mutige Rettung der zwei Überlebenden des Schlachtschiffes BISMARCK, verbunden mit einer Fahrt mitten durch die alarmierten gegnerischen Flottengruppen hindurch, für seine Einsätze als Kommandant von Hilfskriegsschiffen, mit denen er neben der Erledigung schwerer und wichtiger Aufgaben auch Gefechte mit Flugzeugen, Zerstörern und Schnellbooten hatte. Aber Schütte, seit dem 31.1.1944 UK im Zivildienst in Häfen der östlichen Ostsee tätig, bekommt jetzt nur das Äquivalent für das Ritterkreuz des Eisernen Kreuzes, das Kriegsverdienstkreuz mit Schwertern, einen Orden, der Uniformierten und Zivilisten verliehen wird, die Wesentliches für die Front und nicht an der Front geleistet haben. Schütte, der sein Schiff und seine Männer immer wieder heimgebracht hatte, diesen an der Front unter wahrlich härtesten Bedingungen und vielfachem vollem und höchsten Einsatz verdienten »Ersatzorden«, nur einmal anlegte? Dies geschah bei der Verleihung, weil von ihm ein Foto verlangt wurde. Das zweite Mal öffnete Schütte das Etui, als ihm der Verfasser besuchte. Neben das Etui schüttete der Kapitän, der sein Leben auf See unter Grönland und Island verbracht hatte, weitere Orden aus einem Segeltuchbeutel dazu … EKs, Minensuchabzeichen, Blockadebrecherabzeichen … Über sie hinweg breitete er eine vergilbte, viel gebrauchte Seekarte aus. In der Karte D 379 im Maßstab 1 : 6 250 000 mit dem Hoheitsabzeichen, dem Adler mit dem Hakenkreuz in den Klauen, in der linken Ecke sind noch immer die mit spitzem Bleistift gemachten Eintragungen vom 27. und 28. Mai des Jahres 1941 zu lesen: der Anlaufkurs des Wetterbeobachtungsschiffes, die kreuz und quer verlaufenden Suchkurse, die Sichtungen von ertrunkenen Kameraden …

416 Nach Grenfell war das Ende der BISMARCK bereits anderthalb Stunden später in Berlin bekannt.

417 Der Gegner verlor dabei einen der Zerstörer, die MASBONA, Einzelheiten über den Einsatz der Luftwaffe folgen nachstehend in besonderem Kapitel.

418 Siehe Proccedings der US Naval Institutes, Annapolis, Juni 1959, Nummer 6, pg. 102 und 103, vergleiche Anhang 5, Seite 361–362.

419 entfällt.

420 Es wird auf die FT's des Flottenchefs mit den Uhrzeitgruppen 00.28 Uhr, 00.37 Uhr und 01.53 Uhr hingewiesen.

421 Es war natürlich nur von einem Angriff von Maschinen eines Flugzeugträgers die Rede.

422 FT vom 24. Mai, 20.56 Uhr.

423 Nach Aussagen des damaligen Luftwaffenadjutanten wurde Hitler vom Chef des Stabes des ObdM, Konteradmiral Schulte-Mönting, angerufen.

424 2. A.d.O. = 2. Admiral der Marinestation der Ostsee, Kiel.

425 Eine eingehende Betrachtung des Luftwaffeneinsatzes bei der Bismarck-Unternehmung auf höchster Ebene sowie seiner taktischen Durchführung ist inzwischen aus der Feder von Luftwaffenoberst a.D. Schellmann erschienen. Sich mit dieser interessanten kriegsgeschichtlichen Arbeit auseinanderzusetzen, ist nicht Sache dieses Buches.

426 Rußlandfeldzug.

427 Welche Schwierigkeiten allerdings auch beim ersten Teil der Unternehmung, zumindest psychologisch, zu überwinden waren, geht aus einer Erinnerungsschrift des schon früher erwähnten Luftwaffenhauptmanns Blauensteiner, damals Ia des Flieﬂ Stavanger, hervor. Wenn seine Darlegungen, vermutlich unter Einwirkung der Kritik der Marine an der Luftwaffe, auch recht subjektiv ausgefallen sind, so zeichnen sie

dem nach historischer Objektivität suchenden Fachmann doch ein Bild der Lage.

»… Der Einsatz war durch eine ungeheure Boden- und Luftabwehr im Bereich Firth of Forth-Orkneys sehr erschwert. In Stavanger startende Flugzeuge wurden bereits nach wenigen Minuten von der englischen Funkortung erfaßt, daher Tiefflug, Mitgabe von Dolmetscherfunkern, große Umwege nach Westen, wenn Scapa aufgeklärte werden sollte … Gegen einen deutschen Aufklärer bis zu 300 feindliche Jäger, ganz abgesehen von Ballonsperren und Flak … Aber auch diese Anflugmethode währte nur kurze Zeit. Erfolge daher nur bei – durchwachsenen – Wetterlagen, etwa 6/10 in 3 000 bis 5 000 m … Schon zu diesem Zeitpunkt traten die ersten Radarjäger auf …«

»… Die überspitzten und harten Forderungen der Marine, auch bei untergeordneten Verschiebungen von Schiffen, nach ständiger und lückenloser Scapa- und Seeaufklärung empfanden wir als … Ausflucht, um die Verantwortung für ein eventuelles Mißgeschick der Luftwaffe zuschieben zu können. Die von der Marine entsandten VOs (= Verbindungsoffiziere) hatten keine Ahnung von der Härte und den äußerst verlustreichen Einsätzen der Luftwaffe über Scapa. Die Marine nahm unsere Schwierigkeiten nicht zur Kenntnis. Sie war Erläuterungen von seiten der Luftwaffenstäbe nicht zugänglich … Bitternis befällt mich heute noch, wenn ich daran denke, daß von der Marineführung fast wegen jeder Bewegung … überspitzte Ansprüche an Sicherheit und Aufklärung durch die Luftwaffe gestellt wurden …«

Hierzu ist vom Verfasser anzumerken: Wie wenig einer Flotte mit einer Organisation ohne Marineluftstreitkräfte gedient ist, kennzeichnet das Wort »überspitzt«. Die Luftwaffe hat bei ihrer mangelnden Vorbildung in diesem Dingen nie eingesehen, daß Flugzeuge ein unentbehrlicher Bestandteil der Waffen und Ausrüstung jedes Kriegsschiffes darstellen. Bei der Luftwaffe waren Einsätze für die Marine gelinde ausgedrückt – ausgesprochen unbeliebt, wenn man schon ein Fazit ziehen will. Peter Bohlscheidt, am Ende des Krieges Chef einer Luftwaffen PK-Einheit, bei der BISMARCK-Affäre ebenfalls nach Frankreich herangeflogen und eingesetzt: »Ich gebe es ehrlich zu: Uns killten die Hosen, mit einer Ju 88 oder anderen Maschinen britische Seestreitkräfte anzugreifen. Mit uns meine ich auch alle aktiven Flieger, die ich kennenlernen durfte.«

428 Vortrag bei Hitler, am 6. Juni 1941, B. Nr. 1 Skl (Ib) 885/41 op. Chefs; Anlage 1.
429 Generalfeldmarschall Sperrle, Paris.
430 Briefwechsel Harlinghausen mit Schellmann, 1960.
431 Das Vorhandensein von einem FuMB (Funkmeßbeobachtungsgerät) wird zum Teil bestritten, zumal von NWa I kein Einbau erfolgte, was nicht ausschließt, daß das NVK ein Versuchsgerät aus einem der Arsenale mit an Bord gegeben hat. Ein Nichtvorhandensein würde an den Fakten der ersten Phase, also in der Dänemarkstraße, nicht viel ändern. Als die beiden Kreuzer Fühlung hielten, hätte die Erkenntnis, daß die Kreuzer FuMB an Bord hatten und damit laufend den Verband orteten, auch aus der Entzifferung der Fühlunghaltermeldungen leicht gewonnen werden können.

Etwas anderes ist die sehr viel spätere Phase, als BS durch das Hinterherdrehen sich praktisch hinter die Kreuzer gesetzt hatte. Wie soll BS dann die IMPULSE der Kreuzer gehört haben, so daß sie meldete: »Fühlunghalter können nicht abgeschüttelt werden.« – Die Abgabe der vier sehr langen FT's ist doch nur so zu erklären, daß BS zwar die IMPULSE aufnahm, aber nicht wußte, daß diese auf dem direkten Weg sehr viel weiter empfangen werden können als nach der Reflexion. Jede andere Erklärung oder nur Vermutung ließe sich nur mit Leichtsinn apostrophieren. Ein solches Attribut kann weder Lütjens noch dem Kommando der BS angelastet werden.

432 Nach Meyer, Hans, damals Kapitän zur See und 1. Asto im Stab der Marinegruppe West.
433 Laut KTB Marinegruppe West.
434 I/KG, 40 bedeutet: »Erste (von insgesamt drei) Gruppe des Kampfgeschwaders 40.« In der deutschen Luftwaffe betrug die Sollstärke einer Gruppe 27 Flugzeuge (nämlich drei Staffeln zu je drei Ketten mit je drei Flugzeugen), die tatsächliche Einsatzstärke war aber durch Verluste und Ausfälle durch Reparaturen fast immer geringer.
435 Laut Hümmelchen: »Weil die Fernbomberwaffe fehlte.« Der Einsatz der deutschen Luftwaffe beim Endkampf der BISMARCK. Nr. 5/85, »Der Deutsche Soldat«, Pressa Verlag, Flensburg: Kriegschroniken

436 Industrieanlagen oder Werftanlagen.
437 BS-Position mittags: etwa 54° 30' N 32° W.
438 Aus der Erinnerung.
439 Am 26. Mai, 11.15 Uhr, waren nach ObdM-Dokumenten vom 6. Juni 1941 vier FW 200 gestartet, um ein Seegebiet zwischen 43° 30' und 45° Nord bis 25° West aufzuklären. Andere (die Zahl wurde von der Luftwaffenführung offenbar nicht genannt) versuchten das gleiche im nördlichen Teil dieses Quadrates bis etwa 19° West und im südlichen bis etwa 14° West.
440 25. Mai, 19.32 Uhrzeitgruppe.
441 Weil die Marinegruppe West eine solche Maßnahme offenkundig ja noch gar nicht gefordert hatte. Ferner steht fest, daß die Luftwaffe von den Informationen der Marine (Skl und Marinegruppe West) schließlich abhängig war.
442 Leider ist eine Klärung nicht möglich gewesen, welche »bestimmten Gründen« maßgeblich gewesen sind, daß die Eindringtiefe geringer angegeben und weniger ausgenutzt wurde, als dies den tatsächlichen Verhältnissen und Möglichkeiten entsprach. Danach mußte also Flottenchef Lütjens, als der manövrierunfähigen BISMARCK noch westlich des 14. westlichen Längengrades der Endkampf aufgezwungen wurde, glauben, den Einsatzbereich deutscher Kampfflugzeuge überhaupt nicht erreicht zu haben.
443 Schellmann: »... auf die Möglichkeit einer Verlegung der in Norwegen befindlichen Kampf- und Aufklärungskräfte habe ich an anderer Stelle hingewiesen. Sie waren auf den Gegner und auf BS eingespielt. Sie hatten aber vorerst den Auftrag »Handelskrieg an englischer Ostküste«. Bei Umschalten am 24. Mai abends – Anstoß durch Skl – wären sie dann wohl am 25. Mai abends an der französichen Westküste einsatzbereit gewesen (Zeitbedarf zirka 24 Stunden). Ich neige also dazu, den Mangel an Antrieben auch bei Skl zu suchen, nicht nur bei Marinegruppe West – vor allem, wenn es sich darum handelte, gar einen »Großeinsatz« der Luftwaffe einzuleiten. Wobei dann noch an das für Bombenangriffe auf Kriegsschiffe ungünstige Wetter und an die Ungeübtheit der Masse der Besatzungen zu denken wäre ...«
444 Ob, so argumentieren Luftwaffenkreise, die Marine von der Luftwaffe darauf hingewiesen wurde, daß sich alle diese schon am 24. Mai und am 25. Mai, vormittags, verlangten Sicherungsmaßnahmen erst am 27. Mai auswirken konnten, ist nicht festzustellen. Gewiß, die Verlegung von Kampfverbänden mit ihrem Bodenpersonal, Munition, Bomben, Treibstoff usw. läßt sich nicht abrupt vollziehen, daß aber, wenn Not am Mann ist, eine solche plötzliche Verlegung dennoch möglich war, beweist ja der schnelle Einflug der drei Kampfgruppen in Lannion und auch das Zugeständnis, daß die Verlegung der Kräfte in Norwegen nur 24 Stunden gedauert hätte. Dessen ungeachtet kam aber die Anforderung am 26. Mai, abends, ohnehin zu spät.
445 Nach Meyer, Marinegruppe West.
446 Siehe auch Grenfell, der über die Sichtung der FW 200 von Bord der ARK ROYAL berichtet.
447 Position nach Luftwaffen-KTB.
448 Die deutschen Flugzeugbesatzungen der fünf Ju 88 werden also diese Swordfish für Jäger gehalten haben oder vielleicht auch ebenfalls in der Luft befindliche, vom Träger gestartete Fulmar.
449 In der MDV 601 findet der Luftwaffeneinsatz eine andere Darstellung, als er hier an Hand der Luftwaffendokumente geschildert werden konnte. Der Verfasser spricht aber die ins Detail gehenden Berichte der Luftwaffe als dokumentarischer an. Der Ordnung halber sei aber wiedergegeben, was in der MDV nachzulesen ist:
»Um 03.00 Uhr ergeht der Befehl des ObdL, alle verfügbaren Fernnachtjäger und Nachtjagddivisionen heranzuziehen und zum Schutz der BISMARCK gegen Torpedo- und Bombenangriffe einzusetzen. Um 03.07 Uhr startet die erste Welle mit 27 Kampf- und 6 Aufklärungsflugzeugen, erreicht gegen 10.00 Uhr das Gefechtsfeld und greift einen leichten Kreuzer und einen Flugzeugträger an, Fehlwurf. Die zweite Welle, Start 15.37 Uhr, mit 45 Kampfflugzeugen, die dritte, 20.09 Uhr, mit 50 Kampfflugzeugen und die vierte, Start 28. Mai 04.03 Uhr, können nur noch gegen den abziehenden Gegner wirken und haben nach englischen Meldungen den Zerstörer MASBONA durch Bombentreffer versenkt.«
450 So Schellmann, der noch hinzufügt: »Dabei nehme ich die verzweifelten Hoffnungen der Jungens an Bord der BISMARCK ausdrücklich aus, die durften sich zuletzt an jede Hoffnung klammern.« Dazu Meyer,

Hans: »Bei der Gruppe West hat man keine »Wunderdinge« von der Luftwaffe erwartet. Eine andere Sache war, daß in der Schlußphase die letzte Möglichkeit erschöpft, d.h. entsprechend gefordert werden mußte.«

451 Die Ziffern hinter den Buchstaben bedeuten das Gewicht der Bomben in kg.

452 Als später für GRAF ZEPPELIN der Baustopp (vorübergehend) aufgehoben wurde, wurden von der Marine sogar energische Pläne verfolgt, zusätzliche Schwere Kreuzer und Passagierschiffe zu Flugzeugträgern umzubauen. Tatsächlich begonnen (aber nicht vollendet) wurde ein solcher Umbau nur bei dem halbfertigen Schweren Kreuzer SEYDLITZ. Erwogen wurde er für die Schweren Kreuzer ADMIRAL HIPPER und PRINZ EUGEN und für die Passagierschiffe EUROPA, POTSDAM und GNEISENAU (alle NDL). Bei den letztgenannten zwei Schiffen war dieser Gedanke schon deshalb naheliegend, weil das in Japan befindliche und an die Japaner verkaufte Schwesterschiff SCHARNHORST 1942 tatsächlich zum Flugzeugträger SHINYO umgebaut wurde (so wie die Japaner ja viele andere Schiffe, Kriegsschiffe wie auch Fahrgastschiffe, zu Flugzeugträgern umgebaut haben).

453 Die Luftwaffe von damals heute: »Dieser Typ war eine Verlegenheitslösung für die Fernaufklärung von Seegebieten, die nun plötzlich – aber auch für die Marine unerwartet – ab Juli 1940 einigermaßen zugänglich geworden waren. Die Marine wäre sonst auf ihrer BV 138 sitzengeblieben und wäre damit noch mehr enttäuscht worden! Zehn Monate erst waren seitdem vergangen! Wie lange brauchte die Marine, bis sie mit den U-Booten einigermaßen stark wurde? Zum Einsatz der FW 200 selbst ist zu bedenken, daß die langen Flüge Flugstunden fraßen, die Besatzungen entsprechend erschöpft waren, die Maschinen immer erst nach längerer Zeit als bei den üblichen Typen wieder einsatzbereit waren. Man mußte also sehr ökonomisch vorgehen, um sich nicht in einem wichtigen Augenblick verausgabt zu haben ...«

454 Wozu die Luftwaffe einwendet, man habe damals über keine Zielgeräte gegen bewegliche Ziele, also fahrende Schiffe, verfügt, was auch die mangelnden Ergebnisse bei Luftangriffen auf Seeziele erkläre. – Das ist eine Erklärung, die indessen wenig befriedigt, weil Einsätze gegen Seeziele von der Luftwaffe ja nicht erst seit Kriegsbeginn in Rechnung gestellt wurden. Dieser Mangel ist erneut ein Beweis, wie folgenschwer sich das Fehlen einer Marineluftwaffe ausgewirkt hat.

455 Die Entlassung der PRINZ EUGEN erfolgte nach der in dieser Darstellung benutzten deutschen Sommerzeit (= doppelte britische Sommerzeit = Zonenzeit 30° Ost) um 19.14 Uhr. Nur nach der MEZ (= Zonenzeit 15° O) umgestellten Bordzeit des PRINZ EUGEN war es erst 18.14 Uhr.

456 Laut Gröner lag aber der größte Bunkervorrat der PRINZ EUGEN und ihrer Schwesterschiffe bei 4 250 t Öl, ein Zahl, die als verbürgt gelten darf. Wenn die in der MDV 601 genannten Zahlen aber stimmen (und warum sollten sie das nicht, da den Bearbeitern dieser Schrift alle damaligen diesbezüglichen Unterlagen zur Verarbeitung zur Verfügung standen), dann geht daraus hervor, daß die PRINZ EUGEN aus der WOLLIN nicht voll gebunkert hatte. Der LI der PRINZ EUGEN dazu: »Während des Tankens aus der WOLLIN wurde festgestellt, daß der Brennstoff stark verschmutzt und mit Wasser durchsetzt war.« Nach dem Einlaufen in Brest mußte Fregattenkapitän Walter Graser zur Berichterstattung zum OKM nach Berlin. Es wurde eine Untersuchung eingeleitet. Das Ergebnis ist hier nicht bekannt. – Im neuen Gröner, Lehmanns Vlg. München 1966: Die deutschen Kriegsschiffe 1815–1945, wird das max. Bunkerfassungsvermögen der PE (und ihrer Schwesterschiffe SEYDLITZ und LÜTZOW) mit 3 250 t Öl benannt; im Weyer 1953 dagegen habe die PE 5 600 t Öl bunkern können.

457 Also nach dem vorausgegangenen Befehl von BS an PE, die Fahrt zu verringern und (nach Schmalenbach) drei Stunden Kurs und Fahrt beizubehalten.

458 Es ist nirgendwo eine Unterlage zu finden, daß die deutschen Atlantikoperationen mit Überwasserstreitkräften auch nur irgendwie und irgendwann durch vorausgegangene Kriegsspiele theoretisch geübt worden sind. Ein hoher Seeoffizier äußerte sich dazu: »Wir waren in diesem Handwerksmäßigen des Führungsstabsdienstes manchmal sehr primitiv. Diese Sachen sollten immer aus den Ärmeln geschüttelt werden, und keiner nahm sich die Zeit, sich hinzusetzen, um alle, aber auch alle Möglichkeiten gründlich zu über-

legen. So gesehen, ist auch die Weisung an die PRINZ EUGEN sehr dürftig. Das arme Schiff sah sich nicht nur einer – wie meist – noch unklaren Feindlage gegenüber, sondern wußte über seinen »großen Bruder« überhaupt nichts. Diese Dinge werden hier auch nur genannt, nicht um »aufzudecken«, oder besser zu wissen, sondern um anhand der Ereignisse, die uns heute vorliegen, Konsequenzen daraus zu ziehen.«

459 1 100 Seemeilen.
460 BD 78 bzw. CD 36.
461 MGZ.
462 Hochinteressante Einzelheiten über diese Versorgung, deren Hintergründe und die daraus resultierenden Maßnahmen siehe Buch: Klähn: Käp'n Kölschbach. Koehlers Verlagsgesellschaft, Hamburg.
463 Damit war die Angleichung der Bordzeit an die Zonenzeit des Schiffsortes vollzogen. Zwischen diesen Uhrzeiten und der in der Heimat gültigen deutschen Sommerzeit bestand jetzt eine Differenz von vier Stunden.
464 Zu keinem Zeitpunkt der ganzen Unternehmung haben von den eingesetzten britischen Schlachtschiffen mehr als zwei zusammenoperiert. Selbst von der US Navy, an die allenfalls noch gedacht werden könnte, befanden sich keine fünf Schlachtschiffe im Atlantik, da sich das Gros damals wie fast immer im Pazifik aufhielt. Diese italienische U-Boot-Meldung war also mit Sicherheit falsch, was den Schiffstyp betrifft, nicht aber, was die Sichtung als solche oder die Zahl der gemeldeten Schiffe angeht. Gerade die Zerstörer der TRIBAL-Klasse, von denen auch hier mehrere eingesetzt waren, sind wegen ihrer Silhouette (vier Doppeltürme, zwei breite Schornsteine, Klipperbug) im Zweiten Weltkrieg aus großer Entfernung oft als Schlachtschiffe angesprochen worden. Die Vermutung scheint daher nicht abwegig, daß der Italiener Vians 4. Zerstörer-Flottille gesichtet hatte.
465 = 500 Seemeilen.
466 Mit den Eigenarten dieses Typs befaßt sich der Autor in: Eismeer, Atlantik, Ostsee, Schwerer Kreuzer ADMIRAL HIPPER. Koehlers Verlagssgesellschaft, Herford 1963 (vergriffen)
467 Der Weg, auf dem die SPICHERN und die KOTA PENANG sicher durchgekommen sind.
468 Als V-Schiff bestimmt gewesen für PINGUIN, KOMET, ORION, KORMORAN.
469 1 Skl/I k bedeutete: Referent für Kreuzerkrieg in der Operationsabteilung (von 1939 bis Februar 1942: Korvettenkapitän Schmidt, Kuno).
470 Haupteinsatzdienststelle des Verbandes war La Baule. Truppendienstlich war der Verband dem Admiral Frankreich, einsatzmäßig der 1/Skl unterstellt. Chef des TSV war vom 1. Juli 1940 bis 1. August 1943 Fregattenkapitän A. Stiller, von da ab bis Kriegsende Fregattenkapitän Koch.
471 Es wäre wohl sinnvoller gewesen, diesen damit suspekt gewordenen Kapitän sofort abzulösen und ihn nicht mehr in See zu schicken.
472 Nach Kölschbach von einem Minensuchboot aufgebracht.
473 Siehe auch Klähn: Käp'n Kölschbach, Koehlers Verlagsgesellschaft, Hamburg.
474 Also das britische Hilfskriegsschiff MARSDALE, auf dem dieser Engländer im Mai 1941 kommandiert war.
475 Kapitän H. Paradeis wurde nach dem Kriege von seinem nautischen Verband, dessen Mitglied er war, ausgeschlossen, eine später strittige Maßnahme, deren Sachverhalt noch der Klärung bedarf.
476 Am 1. September zum Admiral befördert.
477 Nach Aussagen der Deutschen Dienststelle in Berlin.
478 Siehe auch Raeders Memoiren.
479 Der Verfasser und einer der an verschiedenen Gesprächen beteiligten Mitarbeiter, hier Paul Rothfahl, ist von seinen Informanten nicht ermächtigt worden, diese privaten Überlegungen und Äußerungen für dieses Buch zu verwenden. Sie betreffen den Soldaten Lütjens nicht.
480 Humor, echten drögen Humor der »Katerkant« bewies Lütjens auch bei einer anderen Gelegenheit, so nachzulesen im »Bolzen-Buch« des Verfassers: Brennecke, Bolzen – Heiteres und Besinnliches aus Marine und Christlicher Seefahrt. Koehlers Verlagsgesellschaft, Herford 1966 (leider vergriffen).
481 G.D. Schneider, Schiffahrtsredakteur, am 2. September 1967 in der NZ, Bremerhaven, über die LÜTJENS und ihre beiden Schwestern: »... Bei 144/134 m Länge, 13,1 m Breite sowie 6,7 m Tiefgang werden sie eine Standardverdrängung von 3 370 ts bzw. eine Maximalverdrängung von 4 491 ts aufweisen. HD-Turbinen mit einer Leistung von 70 000 PS werden über ein Westinghouse-Getriebe und zwei Pro-

peller eine Geschwindigkeit von 36 bis 39 kn ermöglichen. Die Besatzung wird etwa 340 Mann stark, und als Bewaffnung sind zwei radargesteuerte 12,7 cm-Schnellfeuergeschütze des neuesten US-Typs, sechs Rohre für U-Jagdtorpedos, ein Achtfach-U-Jagd-Raketenwerfer ASROC sowie ein Einzelstarter für Lenkraketen zur Flugzeugbekämpfung vom neuen Typ Standard I A vorgesehen. An ihr wird z.Z. noch als Nachfolgerin der »Tartar«-Rakete gearbeitet, von der 40 Stück mitgeführt wurden. Forschung und Entwicklung seien abgeschlossen, wie ein US-Navy-Offizier in Bath auf der Pressekonferenz vor dem Stapellauf versicherte, so daß die Produktion aufgenommen werden kann. Zur Fertigstellung der LÜTJENS im Frühjahr 1969 (22. Januar?) werde die neue, 40 km weit reichende Rakete zur Verfügung stehen. Andere Änderungen sollen speziellen deutschen Erfordernissen Rechnung tragen. U.a. gehören dazu der mit Rücksicht auf den Tiefgang in den Wulstbug verlegte Sonardom, Verbesserungen in den Unterkünften sowie der Einbau einer Bilgenwasser-Entölungsanlage und deutscher Funk- und Navigationsgeräte. Auch sind die für deutsche Zerstörer typischen Schornsteinkappen vorgesehen. – Ganz neu für den unter den »Stars and Stripes« bereits seit einigen Jahren bewährten Typ dürfte die SATIR- oder »B2-Anlage« sein, eine vollautomatische Datenverarbeitungs- und Übertragungsanlage zur blitzschnellen Auswertung taktischer Informationen. Sie ist aus einer deutsch-französischen Gemeinschaftsentwicklung hervorgegangen. Größere US-Zerstörer verfügen bereits über ähnliche Anlagen, das NTDS (Naval Tactical Data System), doch soll die US-Navy für künftige Neubauten auch Interesse an der SATIR gezeigt haben. Ihre Univac-Computer werden z.Z. unter Aufsicht der US Navy angefertigt, während ein deutsch-amerikanisches Team von 15 Offizieren und drei Ingenieuren in San Diego an der Erstellung der erforderlichen Programme arbeitet. – Die zu Festpreisen bestellten drei Zerstörer werden zusammen über 600 Mill. DM kosten (pro Schiff zwischen 216 und 208 Mill. DM bzw. nach US-Angaben 43,7514 Mill. $). Die zusätzlichen Einbauten erfordern weitere 600 Mill. DM, davon, SATIR für alle drei etwa 7 Mill. $. Die deutsche Indienststellung der LÜTJENS soll im Juli 1969 erfolgen, und die Auslieferung der Serie wird bis zum Frühjahr 1970 abgeschlossen sein. Alle drei LÜTJENS-Zerstörer werden im 1. Zerstörer-Geschwader in Kiel zusammengefaßt. Der bisherige Zeitverlust von sechs Monaten beruhe auf der SATIR-Ausstattung.«

482 Die Benennung des ersten der drei neuen Raketenzerstörer der Bundesmarine auf den Namen des mit BISMARCK untergegangenen Flottenchefs, Admiral Günther Lütjens, hat in deutschen, vor allem aber in ausländischen Publikationsorganen heftige Diskussionen ausgelöst. Interessanterweise haben sich dabei auch ehemalige Marineangehörige (Offiziere, Unteroffiziere und Mannschaftsdienstgrade der ehemaligen Marine wie auch der Bundesmarine) beteiligt. Hier wurden zu den vornehmlich positiven auch negative Stimmen laut. Es ist nicht Aufgabe dieses Buches, auf diese Für und Wider einzugehen, zumal viele der hier und auch in der breiten Öffentlichkeit aufgeworfenen Fragen und Probleme im Buch gründlichst untersucht worden sind. Einige der nach der Namensgebung publizierten Darstellungen und Feststellungen verdienen dennoch eine kurze Stellungnahme (wobei sich kurzgefaßte Wiederholungen zu bereits Gesagtem nicht vermeiden lassen).
Da ist zunächst das Porträt von Lütjens, das das Bundesministerium für Verteidigung für die Presse herausgab. In dem Bericht heißt es nach vorangestellten Lebensdaten des Admirals über das BISMARCK-Unternehmen im nachstehenden Wortlaut: »... Auch bei seiner letzten, mit dem Namen seines Flaggschiffs BISMARCK in die Seekriegsgeschichte eingegangenen Unternehmung führte Admiral Lütjens selbst. Ziel dieser Unternehmung war wieder Handelskrieg im Atlantik, da ein Kampf mit der überlegenen britischen Flotte von vornherein aussichtslos schien. Als der BISMARCK und dem sie begleitenden Schweren Kreuzer PRINZ EUGEN bei ihrem Durchbruch in den Atlantik zwischen Island und Grönland, der sogenannten Dänemarkstraße, der größte Schlachtkreuzer der Welt, die HOOD, und das moderne Schlachtschiff PRINCE OF WALES (sie war zur Stunde modernste) entgegentraten, wurde die HOOD nach einem Artilleriegefecht von nur wenigen Minuten versenkt. Nunmehr entdeckt (historisch falsch: Die deutsche Kampfgruppe wurde bereits am Tag zuvor, beim Eintritt in die Dänemarkstraße, erst

von der SUFFOLK, dann von der NORFOLK entdeckt und seitdem beschattet [Radar]), stand Lütjens vor der Frage, ob er nach diesem beispiellosen Erfolg umkehren oder seine ursprüngliche Aufgabe trotzdem durchzuführen versuchen sollte. Im vollen Bewußtsein des großen Risikos entschied er sich für die Fortsetzung der Operation, die, außerordentlich kühn angelegt, auch nur mit Kühnheit und Glück zu einem noch größeren Erfolg geführt werden konnte. (Falsch: Das Gegenteil war der Fall: Lütjens entschied sich eben nicht zur Fortsetzung, sondern zum Abbruch der Operation, indem er, was er durch Kurzsignal auch mitteilte, wegen der Gefechtsschäden und der Brennstofflage auf BS sein sofortiges Einlaufen erst in St. Nazaire und später in Brest vorsah.) Das Glück verließ jedoch den Flottenchef und sein Flaggschiff in dem Augenblick, als die einzige verwundbare Stelle der BISMARCK, die Ruderanlage, von einem der zahlreichen Lufttorpedos britischer Trägerflugzeuge getroffen wurde. Das sonst noch fast völlig intakte Schlachtschiff lag nun in schwerem Sturm manövrierunfähig (aber nicht fahrunfähig) außerhalb der Reichweite eigener Kampfflugzeuge (nicht korrekt: siehe Kapitel »Die Luftwaffe und die BISMARCK«), dem Zugriff des von allen Seiten mit vielfacher Übermacht hereineilenden Gegners preisgegeben. (Eine solche Pauschalierung führt immer wieder zu der Vorstellung, die BISMARCK sei beim Endkampf den Einheiten der gesamten Home Fleet erlegen. Das war, wie im Buche bewiesen, nicht der Fall. Der Endgegner war zur Stunde des Gefechtsbeginns kaum weniger stark als am 24. Mai südlich von Grönland.) Admiral Lütjens, der sich der Aussichtslosigkeit der Lage voll bewußt war (War er das wirklich? Oder hoffte er, wenigstens noch ein Gegnerschiff »mitzunehmen«. Wir werden nie erfahren, was er wirklich wollte), dachte in diesen schweren Stunden vor allem daran, der Marine die teuer erworbene Erfahrung über die Wirksamkeit der britischen Radargeräte (mehr als die Vermutung, durch gegnerisches Funkmeß geortet zu werden, vermochten weder Lütjens noch sein Funkpersonal zu sagen. Außerdem hatte man die Wirksamkeit des gegnerischen Funkmeßgerätes, wie dargestellt, falsch berechnet) zu übermitteln. So gab er dann ausführliche Funkmeldungen ab (Falsch: Das tat er zu dieser Zeit eben nicht mehr) und forderte ein U-Boot an zur Übernahme des Kriegstagebuches der Flotte, leider ohne Erfolg.

Sein Sinn für Klarheit und Offenheit veranlaßte den Admiral, seine gewohnte Schweigsamkeit zu brechen und der Besatzung der BISMARCK über die Bordlautsprecheranlage eine ungeschminkte Darstellung der Lage zu geben (Falsch: Das geschah nicht nach dem Rudertreffer, also auch nicht kurz vor dem Endkampf. Lütjens gab diese »ungeschminkte Darstellung« bereits an seinem Geburtstage, am 25. Mai 1941, zu einer Zeit also, da er sich – fälschlicherweise – noch immer vom gegnerischen Funkmeß [Radar] georgelt glaubte, es in Wirklichkeit aber dank seines geschickten Manövers zuvor gar nicht mehr war). Treu ihrem Eid und der Tradition der deutschen Marine, kämpfte die Besatzung in dieser aussichtslosen Lage bis zur letzten Granate. (Die Lage war nicht 100prozentig aussichtslos, schon gar nicht bei der Anfangslage, denn bis auf die Manövrierbehinderung besaß BISMARCK noch ihre volle Gefechtskraft: Artillerie und Feuerleit waren völlig intakt. Die Manövrierbehinderung – sie war zweifelsohne ein entscheidender Faktor – gestattete indessen der Schiffsführung nicht, die BISMARCK – wie artillerie-taktisch üblich – sofort in die jeweils neuen Salvenaufschläge des Gegners hineinzudrehen, um dem Feind das Einschießen zu erschweren oder unmöglich zu machen. Es kam also darauf an, dem [oder den] Gegner[n] sofort mit der SA deckend zu erfassen. Die Chancen, dabei entscheidende Treffer anzubringen, waren gegeben, sie waren es auch dann noch eine Zeit, als der Gegner sich eingeschossen hatte [was in diesem Falle erstaunlich schnell und gut erfolgt sein muß, denn gleich in der ersten Phase des Gefechts muß die Brücke der BISMARCK schwer getroffen worden sein]. Es sei nur an das Gefecht mit der Kampfgruppe HOOD gedacht, bei der in wenigen Minuten nicht nur die HOOD versenkt, sondern auch die PRINCE OF WALES schwer beschädigt wurden. [Ausfall der Feuerleitanlage und fast der gesamten SA.] Zu behaupten, die BISMARCK hätte – allerdings nur mit sehr viel Glück – die Chance gehabt – zumindest eines der beiden britischen Schlachtschiffe zu versenken oder so schwer zu beschädigen, daß es ausfiel, ist durchaus nicht abwegig. Warum die BIS-

MARCK auch hier wie bei der Begegnung mit der HOOD-Kampfgruppe abwartete, das Feuer wiederum später als der Gegner und aus der Alternativlage heraus nicht früher oder gleichzeitig eröffnete, werden wir nie erfahren. Eine Darstellung über eine »aussichtslose Lage« aber, wie sie auch im Bericht des Ministeriums zu finden ist, nährt nur das, was einige Publikationen aus einer solchen, immer wieder apostrophierten »Aussichtslosigkeit« ableiten: »... daß Lütjens das Leben seiner Männer und sein eigenes auf der von britischen Torpedofliegern manövrierunfähig geschossenen und zur See schwimmenden Zielscheibe gewordenen BISMARCK für das überkommene Ideal vom Kampf bis zum Untergang mit wehender Flagge geopfert habe.« Inwieweit jedoch ein solcher Endkampf noch einen strategischen Erfolg erwarten und erhoffen ließ, steht auf einem anderen Blatt, auch, daß es wegen der Manövrierbehinderung besser gewesen wäre, man hätte das Schiff auf seinem Frankreichkurs halten können, und auch die Tatsache, daß die britischen Schlachtschiffe auch dann noch weiter schossen, als auf BISMARCK die Waffen schon lange schwiegen, indessen die Flagge auf dem brennenden Wrack noch immer wehte.)«

*

Mangelnde Sachkenntnis bewiesen jene, die davon sprachen, daß Lütjens keine glückliche Hand gehabt habe. Das ist Unsinn. Lütjens hat stets Glück, sogar sehr viel Glück gehabt (wobei Glück praktisch gleich Erfolg gesetzt werden darf); und zwar im Ersten Weltkrieg wie auch während der Zeit des Zweiten, während der »Weserübung« nämlich und auch während des so risikoreichen Atlantik-Unternehmens mit den beiden Schlachtkreuzern SCHARNHORST und GNEISENAU. Auch bei der BISMARCK-Unternehmung verließ ihn das Glück nicht, als er beim Kampf mit der überlegenen britischen Kampfgruppe die so mächtige HOOD versenkte, als es ihm trotz gegnerischen Radars glückte, die Fühlung abzuschütteln, als die gravierende Fehlentscheidung des britischen Flottenchefs Tovey seiner Absicht, nach Brest zu gehen sogar noch entgegenkam. (Gerade das macht das Unternehmen »Rheinübung« so interessant, weil auf beiden Seiten einige Entscheidungen getroffen wurden, die, wie wir heute nach Kenntnis der Gesamtlage wissen, falsch gewesen sind und aus denen gerade die englische Marine die Lehre zu ziehen gewillt ist, denn das Thema BISMARCK-Unternehmung könnte [sollte] nach wie vor ein Hauptthema des Unterrichts über Taktik und Strategie sein – dies allein schon der nicht vorausberechenbar gewesenen Ereignisse, der daraus resultierenden Ad-hoc-Entscheidungen und der fast schicksalhaft zu nennenenden Wechselfälle wegen). Erst das Wiederfinden der BISMARCK durch britische Flugzeuge leitete die kurzzeitige, aber so verhängnisvolle Wende vom bisher permanenten Glück zum zufallsbedingten Unglück ein. Hierzu sei vermerkt, daß sich aus der Geschichte genügend Beispiele nennen lassen, da sich Persönlichkeiten mit noch viel mehr fortune einer plötzlichen und unerwarteten Pechsträhne gegenübersahen und nicht entziehen konnten. In einem Kriege geht das, auch dafür gibt es Beispiele genug, für den oder die Betroffenen oft genug kritisch, wenn nicht gar tödlich aus.

*

Zum Streit um die Wahl der Namensgebung kann und will sich der Verfasser nicht weiter äußern. Sie erscheint ihm bei genauer Kenntnis der Ereignisse – und nach nochmaligem Studium der Unterlagen – gerechtfertigt, einmal vom Standpunkt der Leistung, des untadeligen Charakters des Admirals und zum anderen von der Summe der militärischen Erfolge schlechthin her, weiter aber auch, weil gerade das Beispiel Lütjens symptomatisch dafür ist, daß das Glück, das nach Moltke nur der Tüchtige verdient, sich einem so Tüchtigen irgendwann und irgendwo einmal zu versagen pflegt. So ist Lütjens Vorbild und, was das Wechselspiel vom Glück und Unglück angeht, auch Mahnung zugleich.
Es verdient höchstens noch der Erwähnung, was der erste Inspekteur der Bundesmarine, Vizeadmiral a.D. Professor Friedrich Ruge, zum Streit um die Namensgebung des ersten der neuen Zerstörer in der WELT zu sagen hatte: »... wir brauchen uns dieses Namens nicht zu schämen. Die negative Wirkung im Ausland war (nach einem schlechten Buch

und nach einem noch schlechteren Film im Ausland) aber vorauszusehen.«.

483 Geheime Kommandosache! Chefsache!
Seekriegsleitung Nur durch Offizier!
B.Nr. 1 Skl (Ib)885/41 op. Chefs Prüf Nr. 3.

Vortrag
Ob.d.M. beim Führer am 6.6.1941 auf dem Berghof. Anwesend: Zu 1) und 2) nur Führer, danach Chef OKW, Oberst Schmundt, Kapitän zur See v. Puttkamer.

1.) Verlauf der »Bismarckoperation«: siehe Anlage 1 und Kartenskizze A. (nur Prüf. 1 und 2 beigefügt).

Allen, die durch Überlassung von Vorlagen die Bebilderung des Werkes ermöglicht haben, sei hierdurch Dank ausgesprochen.

Leider war es uns nicht möglich, aufgrund des historischen Materials sämtliche Bildrechte zu ermitteln. Sollte es Fragen zur Veröffentlichung von Abbildungen geben, wenden Sie sich bitte an den Verlag.

Abkürzungsverzeichnis

Adm.F.H.Qu	Admiral im Führerhauptquartier	F.d.Z.	Führer der Zerstörer
Adm.KMD Hamburg	Admiral der Kriegsmarine-dienststelle Hamburg	FlieFü	Fliegerführer
ADO	Allgemeine Dienstanordnung	FRR	Hohe Dringlichkeitsstufe für Fernschreiben
AfK	Ausbildungsabteilung für Kriegsschiffneubauten	FT	Funktelegramm, Funkspruch nach dem Morsesystem
a.KB	Außer Kriegsbereitschaft	FuMO	Funkmeßortungsgerät (Radar)
AO	Artillerieoffizier	FuMB	Funkmeßbeobachtungsgerät/Passivradar
Asto	Admiralstabsoffizier		
AT-Minen	Ankertauminen	G-Sachen	Geheimsachen
AVK	Artillerieversuchskommando	gKdos	Geheime Kommandosache
B-Bericht	Bericht des Funkbeobachtungsdienstes (Funkaufklärung)	Gr.Nord	Marinegruppenkommando Nord
		H.M.S.	His Majesty's Ship
B-Dienst	Funkaufklärungsorganisation der Kriegsmarine	Jafü	Jagdfliegerführer
		K	Hauptamt für Kriegsschiffbau im Oberkommando der Marine
BNO	Bordnachrichtenoffizier		
Bord-B-Gruppe	Eingeschiffte Beobachtungsgruppe der Funkaufklärung	K-Amt	Konstruktionsamt im OKM
		KB	Kriegsbereit, auf Fahrzeuge bezogen
BRT	Bruttoregistertonnen, Raummaß für Schiffe = 2,832 m^3	K-Chef	Chef des Konstruktionsamtes der Marine
BSN	Befehlshaber der Sicherung Nordsee	K.Fl.Gr.	Küstenfliegergruppe
BSO	Befehlshaber der Sicherung Ostsee	KG	Kampfgeschwader der Luftwaffe
BSW	Befehlshaber der Sicherung West	KLA	Kriegsschiffbaulehrabteilung
BÜ	Befehlsübermittler	KMD	Kriegsmarinedienststelle
Chef M Rüst	Chef Kriegsmarine-Rüstung im OKM	Kmdt.	Kommandant
		Kom.Adm.	Kommandierender Admiral
Crew	Einstellungsjahrgang der Marine	Kptlt.	Kapitänleutnant
C/Skl	Chef des Stabes der Seekriegsleitung	KR-Blitz	Höchste Vorrangstufe für kriegswichtige Meldungen
DeTe-Gerät	Dezimeter-Telegrafie, Tarnname für Funkmeßortung (Radar)	Kr.Signal	Kurzsignal, der Kürze wegen schwer einzupeilen
EKK	Erprobungskommando für Kriegsschiffneubauten	KTB	Kriegstagebuch
		Kübef.	Küstenbefehlshaber
E-Meßgerat	Entfernungsmeßgerät	KWA	Kriegswissenschaftliche Abteilung bei C/Skl
E.S.	Erkennungssignal (Freund-Feind)		
F.d.Luft	Führer der Marineluftstreitkräfte bzw. Seefliegerverbände	L-Flak	Leichte Flak

LT-Flugzeug	Lufttopedo-Flugzeug	OZ	Ortungszentrale
MA	Marineartillerie	PK	Propagandakompanie (Kriegsberichter-Einheit)
Lw.Kdo.	Luftwaffenkommando	PSGR	Panzersprenggranate
MA (bei Schiffen)	Mittelartillerie	ROA	Reserveoffizieranwärter
Mar.Adj.	Marineadjutant	RRR-Meidung	Alliiertes Funksignal zur Warnung vor Handelsstörer
Mar.Gruppe West	Marinegruppenkommando West	SA	Schwere Artillerie
Mar.ND, auch MND	Marinenachrichtendienst	SAS	Schiffsartillerieschule
M.Dv.	Marinedienstvorschrift	SdF	Sonderführer (Wehrmachtangehöriger mit vorläufig verliehenem Dienstgrad)
MES	Magnetischer Eigenschutz von Schiffen gegen E-Minen	Skl	Seekriegsleitung
Mob	Mobilmachung	Skl I Op	Referat für operative Planung/Alle Seekriegsschauplätze
MOK	Marineoberkommando	SMA	Schiffsmaschinenausbildungsabteilung
MPA	Marinepersonalabteilung	SMI	Inspektion des Schiffsmaschinenwesens
M Wa	Marinewaffenhauptamt im OKM	TBA	Technisches Beschaffungsamt der Kriegsmarine
NEK	Nachrichtenmittelerprobungskommando	TSV	Troßschiffverband
NVK	Nachrichtenmittelversuchskommando	VAdm.	Vizeadmiral
NWa	Amtsgruppe Technisches Nachrichtenwesen im OKM	WBS	Wetterbeobachtungsschiff
ObdL	Oberbefehlshaber der Luftwaffe	Z-Plan	Zusatzplan für verstärkten Ausbau der dt. Flotte im Hinblick auf evtl. Gegnerschaft Großbritanniens (Planungsphase 1939–1948).
ObdM	Oberbefehlshaber, der Marine	VES	Vorausgerichteter Eigenschutz von Sperrbrechern
Ob.Mar.Nord	Oberbefehlshaber des Marinegruppenkommandos Nord	I.O.	Erster Offizier
Ob.Strm.	Obersteuermann	1. Skl	Operationsabteilung der Seekriegsleitung
OKM/ Mar.Rüst	Amt Kriegsmarinerüstung im OKM		
OWD	Oberwerftdirektor		

Anmerkung:
Die meisten Abkürzungen aus dem damaligen Dienstgebrauch der Kriegsmarine wurden unterschiedlich mal mit, mal ohne Punkt geschrieben – also M.E.S. oder auch MES. Hier wurde auf die Punktschreibweise weitmöglichst verzichtet. Sie blieb nur dann bestehen, wo Mißdeutungen zu vermeiden waren, z.B. E.S. statt ES für Erkennungssignal.

CWL CWL

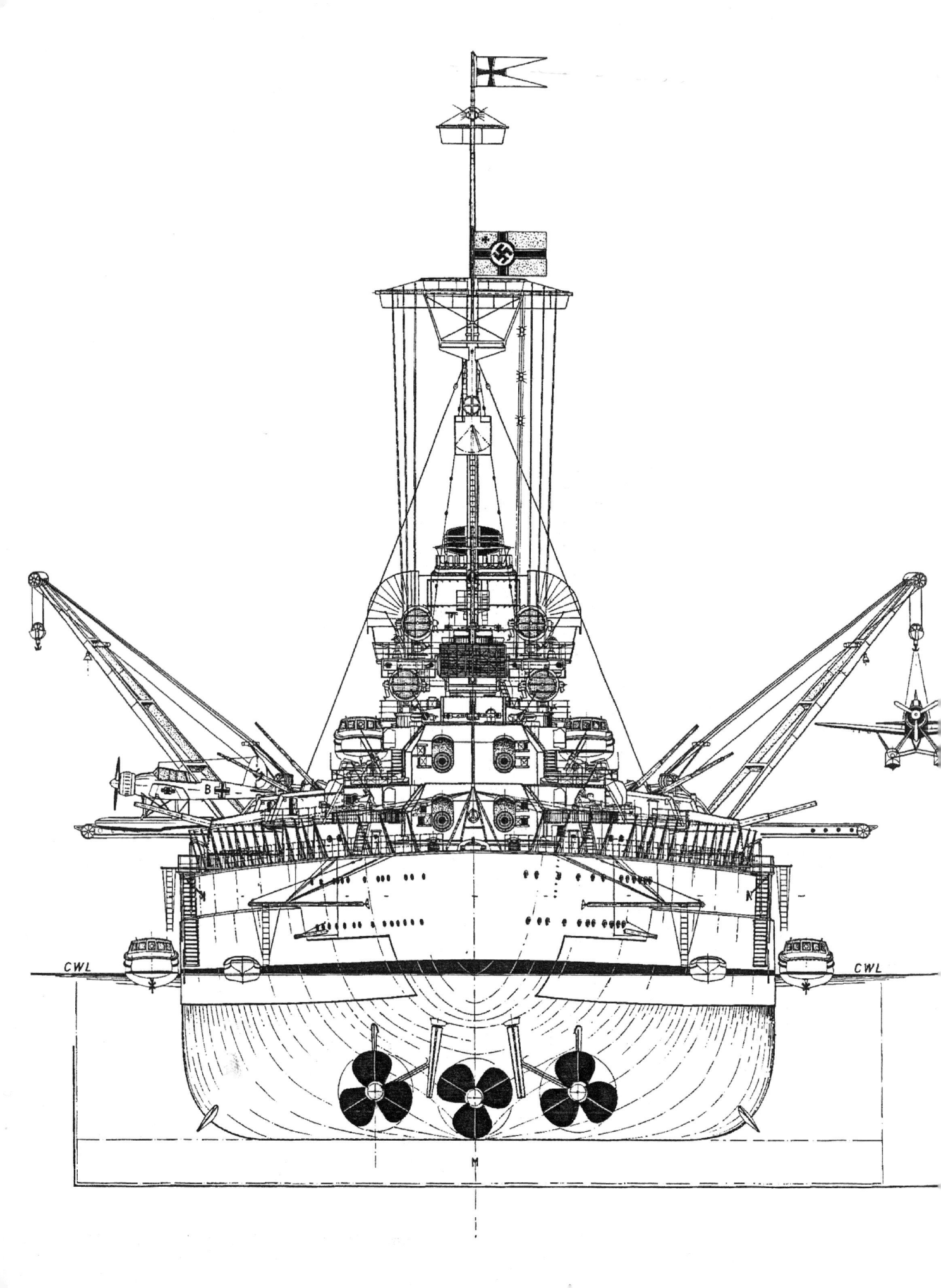